徳川歴代将軍事典

大石学編

吉川弘文館

はじめに

近年、江戸時代像が変わりつつある。それは、江戸幕府を中心とする国家権力と民衆の関係をめぐる、強制的、抑圧的なイメージから、合理的、契約的なイメージへの転換ともいえる。二百六十五年におよぶ「平和」「文明化」への注目が、この背景にある。また、かつて基準とされた「西洋モデル」＝個人主義や資本主義の限界と、江戸時代を起点として成立・発展し、今日のグローバリズムのもとで変質・解体しつつある日本型社会・日本型システムへの関心もある。

現代的視点から、あらためて江戸時代の全体像、歴史的位置を捉え直すべき時期にきているといえる。こうした認識のもと、私たちはこれまで、国家権力の中枢機関である幕府と藩を取り上げ、基礎データとして、『近世藩制・藩校大事典』(吉川弘文館、二〇〇六年)、『江戸幕府大事典』(同、二〇〇九年)を刊行し、研究の基盤整備と情報の共有化をはかってきた。

本書は、これらに続く企画であり、いよいよ国家権力の中心＝シンボルである江戸幕府の「将軍」をとりあげる。編集にあたり、私たちは、十五代の将軍別に章を立て、次の三つの視点から情報をデータ化することにした。

第一は、「十五代将軍の個人情報」である。ここでは、将軍各個人の履歴・個性・業績に関するデータ、あるいは正室・側室・子どもなど「家族」に関するデータを収録した。各将軍の言動、趣味、資質、才能、さらには健康状態などの「個人情報」は、その真偽は別として、社会の関心事であった。『徳川実紀』の付録や、社会に流布した諸本・落書などで知られるさまざまなエピソードについて、これら将軍の個人情報により、新たな将軍イメージが浮かんでくることになる。

第二は、「十五代各時代の幕府情報」である。ここでは、将軍各時代に活躍した人々、たとえば、大名・旗本などの幕府官僚、大奥の女性官僚、学者などブレーンたちの人物情報を収録した。これら将軍の政治・儀式・生活を支えた人々の最新データにより、各時代の幕府の実態が明らかになるとともに、それぞれの政治・政権イメージが、再認識されることになろう。

第三は、「十五代各時代の社会情報」である。ここでは、将軍各時代の政治・経済・社会・文化にかかわる政策、事件、人物、ことがらなどをデータ化した。これらの情報によって、各時代・各分野の展開・発展の実態を、トータルに捉えることができ、新たな時代像を描くことが可能になる。

もちろん、これら三つの視点の内容を直結させることは、慎重でなければならない。しかし、将軍に象徴される時代像や、各時代の雰囲気を読み取ることは可能であろう。

その他、「幕府情報」に関連して、老中・奉行ら幕府官僚の就任リストを収めた。

さて、「十五代史」というと、内藤耻叟《ちそう》(一八二七〜一九〇三)の『徳川十五代史』(一八九二〜九三年)を思い浮かべる。これは、水戸藩士で弘道館教授を勤めた内藤が、水戸学・尊王敬幕の立場から、徳川各将軍の時代の事績や事件を編年体で編んだ、考証主義・実証主義の成果として知られている。今回、百二十年前の明治期の内藤の仕事を、歴史学研究、近世史研究の最新成果をふまえて、新たなレベルに引き上げることが、本書の課題でもある。

なお、本書では「将軍年表」をはじめ、本書全編にわたって徳川宗家所蔵「御系譜略御宗家御三家御三卿」(現在公開されていない)を参照した。「御系譜略」は、緒言によれば、奥右筆所詰の小川忠左衛門らが編纂し、嘉永年間末までが完成していた。維新後、徳川家の御事跡調所で増補し、御家扶部屋に伝え、おりにふれ書き加えてきたものである。これまであまり知られていない将軍家家族の個人情報や、名前の読み方などを参照した。これら「御系譜略」の情報は、〈　〉で示した。「御系譜略」の閲覧と利用をお許しいただいた公益財団法人徳川記念財団の徳川恒孝理事長に謝意を表する次第である。新たな時代史の編集作業には、三人の編集協力者と、多数の若手研究者の協力を得た。徳川十五代＝二百六十五年の「平和」と「発展」の最新情報・データを、十分に活用していただければ幸いである。

二〇一三年七月

大　石　　学

目　次

凡例

項目

一　本事典は、江戸幕府の将軍十五代にわたる江戸時代を、将軍の各代ごとに、正室・側室、実子・養子などを〔家族〕、将軍に直接関わったりその時代に影響を与えたりした人物を〔関連人物〕、当該時代の政策・制度や事件、社会事象などを〔関連事項〕として掲載した。

二　家族の掲載順序は、おおよそ正室・側室を掲げ、その後ろに子ども世代を掲出した。なお、側室・妻妾は「側室」に用語を統一した。また、関連人物・関連事項は、五十音配列とした。

三　各将軍在世時の主要な幕閣を、将軍各代の末尾に役職一覧として掲げた。将軍不在位時の補職者や、補職・転免された者については、前将軍の一覧に付した。なお、江戸初期の幕閣については推定をもって掲載した場合がある。表中の略号は以下の通りである。

[実]『徳川実紀』『続徳川実紀』　[寛]『寛政重修諸家譜』　[柳]『柳営補任』　[元]『元寛日記』

[石]『石山要録』　[武]『累代武鑑』　[譜]東京大学史料編纂所所蔵「大名家譜」類

四　項目は太字見出しで表示した。よみは（　）内におさめた。

記　述

一　文体・用字

1　平易簡潔な文章を心がけ、敬語・敬称は省略した。

2　漢字まじりのひらがな書き口語文とし、かなづかいは、引用文をのぞき、現代かなづかいを用いた。

3　漢字は、新字体を用い、歴史用語・引用史料などのほかは、なるべく常用漢字により記述した。

4　数字は漢数字を使用し、西暦などを除き十・百・千・万などの単位語を付けた。

二　年次・年号

1　年次表記は原則として年号を用い、（　）内に西暦を付した。同年号が再出する場合は、西暦を省略した。

2　明治以前の改元の年は原則として新年号を用いた。ただし、慶応四年は、改元の日（九月八日）を以て明治元年とした。

3　太陽暦採用（明治五年、一八七二）前は、一月とはせず、正月とした。

三　記述の最後に、基本的な参考文献として著書・論文・史料集をあげた。

四　項目の最後に、執筆者名を（　）内に記した。

五　記号

『　』　書名・雑誌名・叢書名などをかこむ

「　」　引用文または引用語句、特に強調する語句、および論文名などをかこむ。

（　）　注および角書・割書を一行にしてかこむ。

〈　〉　徳川宗家所蔵『御系譜略御宗家御三家御三卿』を典拠とする読み方を示す。その際、通例に従い濁点を付した場合がある。なお、本文中では『御系譜略』と略して示し、本史料より明らかになることは可能な限り採用した。

六　図版

1　「徳川将軍家」の扉掲載の「江戸図正方鑑」は、東京都立中央図書館の所蔵にかかる。

2　名将軍の扉掲載の画像は、公益財団法人徳川記念財団の所蔵にかかる。画像に付した解説は、左記の文献を参照し大石学が執筆した。

ＮＨＫ・ＮＨＫプロモーション編『江戸開府４００年記念徳川将軍家展』図録、二〇〇三年
徳川記念財団編『特別展・徳川将軍家の遺宝―浜松から天下へ―』図録、二〇〇四年
「大徳川展」主催事務局編『大徳川展』図録、二〇〇七年
徳川記念財団編『徳川家茂とその時代―若き将軍の生涯―』図録、二〇〇七年
徳川記念財団編『徳川将軍家ゆかりの女性』図録、二〇〇八年

函写真
表　『洛中洛外図屛風』(部分、岐阜市歴史博物館所蔵)
裏　日光東照宮陽明門(部分、ＪＴＢフォト提供)

〔編者〕

大石　学

〔編集協力〕

種村威史
野本禎司
望月良親

〔執筆者〕

淺井千香子
穴井綾香
荒木仁朗
岩崎里子
岩田愛加
浦井祥子
榎本　博
大石　学
大沢　恵
大嶋陽一
大橋毅顕
小川和也
奥田敦子
刑部芳則
小田真裕
門松秀樹
神谷大介
川上真理
川村由紀子
菅野洋介
木村　涼
久住真也
工藤航平
栗原健一
河本　純
小酒井大悟
小関悠一郎
小宮山敏和
酒井一輔
酒井雅代
坂本達彦
佐々木克哉
佐藤宏之
清水有子
白石　烈
杉　岳志
杉山　綾
鈴木直樹
高橋伸拓
滝口正哉
武林弘恵
竹村　誠
田中　潤
田中丈敏
田中信行
種村威史
千葉拓真
綱川歩美
寺内健太郎
中川仁喜
中西　崇
中野　純
夏目琢史
鍋本由徳
西村慎太郎
野口朋隆
野村　玄
野本禎司
橋本賢一
原田知佳
檜皮瑞樹
福澤徹三
福留真紀
藤田英昭
堀越祐一
堀　智博
松本剣志郎
水村暁人
三野行徳
三宅正浩
宮原一郎
宮間純一
望月良親
山田将之
山端　穂
山本英貴
矢森小映子
吉崎雅規
吉田洋子
吉成香澄
ル＝ルー＝ブレンダン

徳川将軍家

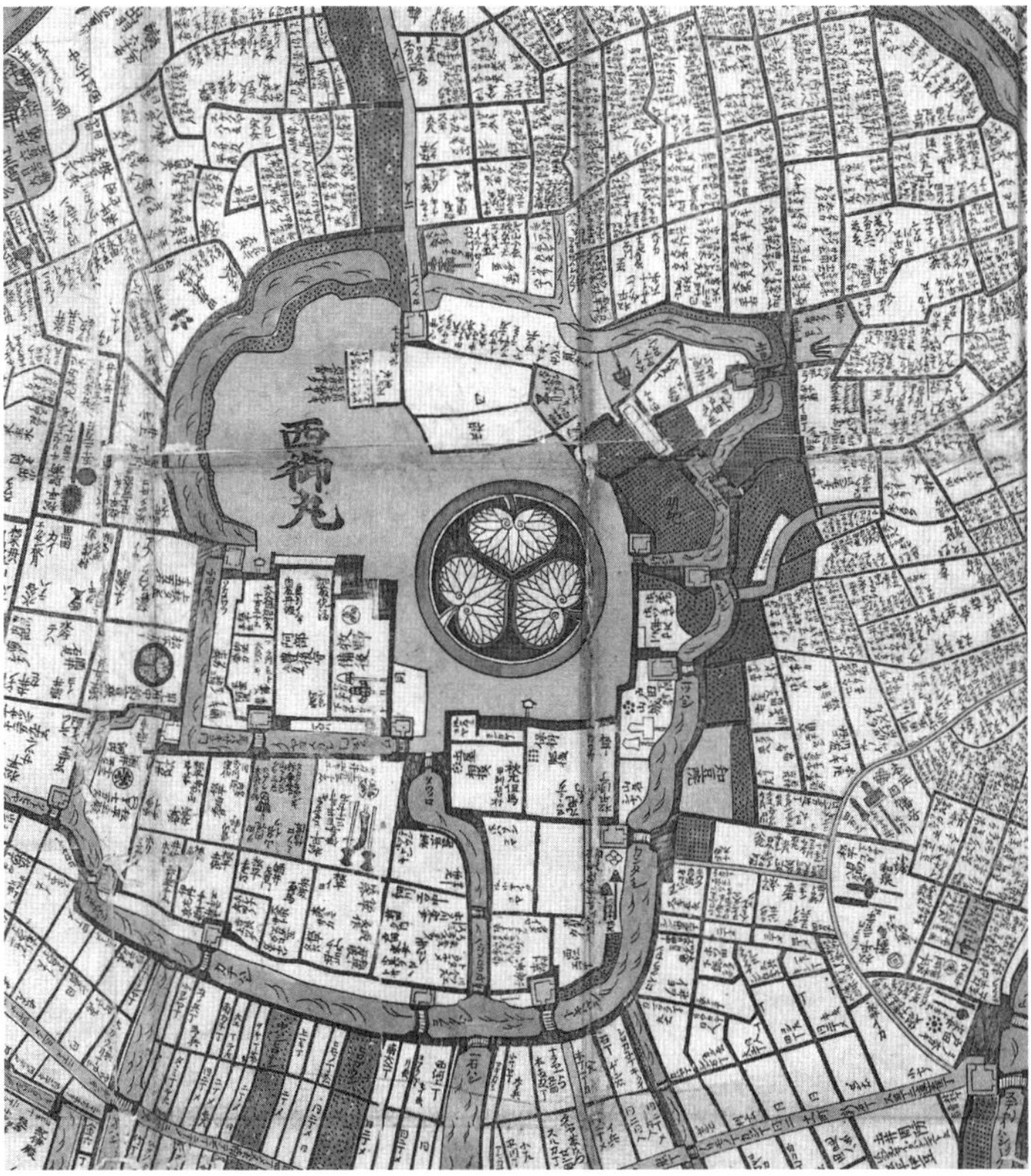

江戸図正方鑑　元禄 6 年(1693) 刊行。江戸城の中心部分。
本丸にあたる部分に葵紋を据える。

将軍家の歴史

大石　学

1　「伝説」から「歴史」へ―松平から徳川へ―

徳川将軍家の由緒と歴史を編纂した「徳川幕府家譜」(斎木一馬・岩沢愿彦校訂『徳川諸家系譜』第一、続群書類従完成会)などによると、徳川将軍家の歴史は、十五世紀なかごろにさかのぼる。永享十二年(一四四〇)三月、時宗の僧、長阿弥・徳阿弥(親氏)父子が、信濃から三河国坂井郷に移り住んだ。父子は還俗したが、近隣の庄官(土豪)の松平太郎左衛門重信が、子の親氏の力量を評価し娘婿にした。これが松平家の始祖とされ、その九代目が徳川家康にあたる。この間、さまざまな由緒や伝説が残されているが、諸説あり確定できない。いわば「徳川家伝説の時代」である。

このの ち、松平家は戦国武家としての歴史をたどる。記録や史料も少しずつ増え、「伝説の時代」から「歴史の時代」へと移行する。三代信光は、三河平野の中心の安祥《あんじょう》(安城)城を奪い、のちに「十八松平」とよばれる諸家を誕生させた。四代親忠のときに西三河をおさえ、菩提寺大樹寺《だいじゅじ》(愛知県岡崎市)を建立した。五代長親は駿河今川氏と対立し、六代信忠のときに勢力は衰えたが、七代清康は東三河を制圧し、拠点を安城城から岡崎城に移した。その後、天文四年(一五三五)、清康は尾張織田領に侵攻したものの戦死し、八代広忠は今川氏の援助をうけて織田氏と対抗した。天文十一年、広忠と刈谷城主水野氏の娘お大(伝通院)の間に家康(竹千代)が生まれた。天文十六年六歳のとき家康は、人質として駿河に向かう途中、戸田康光に奪われ、織田信秀(信長の父)のもとに送られて尾張で生活するが、二年後人質交換により岡崎に帰され、のち駿河に送られた。

永禄三年(一五六〇)、桶狭間の戦いで今川義元が織田信長に討たれると、家康は岡崎に戻った(十九歳)。その後、永禄五年に信長と同盟を結び、三河一向一揆を制圧するなどして三河一国を支配し、永禄九年、勅許を得て松平から徳川へと改姓し、従五位下・徳川三河守源家康を名乗った。徳川改姓は、祖父松平清康が、清和源氏新田流の世良田姓を名乗ったことに因むとされる。永禄十一年、家康は今川氏真を降伏させ、三河・遠江二ヵ国を支配した。元亀三年(一五七二)、三方が原の戦いで武田信玄に敗れるが、天正三年(一五七五)、長篠の戦いで子の武田勝頼に勝利した。のち、勝頼との内通を信長に疑われた正室築山殿(今川義元姪)を暗殺させ、長男信康を切腹させるなどの経験をしている。

天正十年、武田氏を滅ぼし、駿河・遠江・三河三ヵ国を支配するが、間もなく本能寺の変が起こり、政治的混乱が深まるなか、家康は甲斐・信濃を支配し、「五ヵ国時代」を迎える。その後、豊臣秀吉が信長後継の地位をうかがうと、天正十二年小牧・長久手の戦いで対立した。しかし、秀吉の懐柔政策を受け入れ、天正十八年小田原北条氏攻撃に従う。北条氏を倒すと、秀吉の命をうけ五ヵ国から関八州二百四十万石へと領地を拡大した。

慶長三年(一五九八)、秀吉が没すると、家康は、「五大老・五奉行」の筆頭として勢力をのばした。慶長五年、関ヶ原の戦いで、豊臣政権の継続をめざす石田三成らに勝利すると、慶長八年二月十二日征夷大将軍となり、江戸幕府を開いた。二年後、家康は三男秀忠を二代将軍とし、みずからは駿河城に隠居して「大御所」となった。戦国時代以来の「天下は回り持ち」の思想を否定し、徳川家による将軍職世襲を宣言したのである。元和元年(一六一五)大坂夏の陣で豊臣氏を滅ぼすと、翌年家康は駿府城で没した(七十五歳)。

2　三つの秩序確立

徳川家秩序の確立

家康から三代家光の時代までの四十年間、江戸幕府が支配体制を形成する過程は、徳川家を中心とする三つの秩序の確立過程でもあった。

第一は、徳川家内部の秩序＝宗主権の確立である。家康は、二代将軍を秀忠とするが、三男秀忠の上に次男秀康がいた。秀忠を選んだ理由は家康に柔順であったからといわれる。これは、個性や実力によって宗主になるという戦国時代の跡継ぎの決め方でもあった。この決定方法からいうならば、家康と秀忠にとって、次男秀康とその子忠直（越前北庄六十七万石）、および六男忠輝（越後高田六十万石）は、いまだ将軍就任の有資格者であった。結局、家康と秀忠は、この両家を改易し、当主を配流にすることによって、宗主権を確立していったのである。

より内輪の宗家内部でも確執が見られた。二代秀忠と正室江《ごう》には二人の男子がいた。竹千代《たけちよ》（家光）は、慶長九年（一六〇四）江戸城で生まれたが、無口で内気な子であった。二歳年下の弟の国千代《くにちよ》（忠長）は利発であったことから、江は、国千代をかわいがり、次の将軍にしようとした。しかし、駿府に隠居していた大御所家康は、鷹狩りの途中、江戸城により、上段にすわり、「竹千代殿これへこれへ」と、上段に上げた。国千代も上ろうとすると、「いないな勿体なし、国はそれに居候へ」と下段に控えさせた。菓子を渡すときもまず竹千代に渡し、そのあと国千代に渡すように指示したという（『徳川実紀』第三篇）。家康が、三代将軍を竹千代にするとの意思を公表したエピソードとして知られる。

弟の国千代は、成人ののち甲斐、駿河、遠江、信濃の四ヵ国に領地をもつ五十五万石の大名となり、駿河大納言とよばれた。しかし、母の江が亡くなると、忠長は素行が悪いとして甲斐に蟄居させられ、さらに大御所秀忠が亡くなると、上野国高崎に移され、自害した（二十八歳）。

家光は、大御所秀忠が没した際、諸大名や旗本を集め、天下を望む者には与える。ただし武力で奪うがよい、と述べたという（『武蔵燭談』）。家光は、強大な軍事力を背景に、全国を支配することを、大名たちに示したのである。

家康は、二代秀忠を適性で選んだが、三代家光は出生序列で選んだ。徳川将軍家内部の諸事件は、近世的「家」の秩序を確立する際の、「御家騒動」であった。他方、秀忠の子を宿した北条氏旧臣の娘の静が、正室江をはばかり江戸城を去り、生まれた男子を秀忠の命によって信濃高遠城主保科正光の養子（正之）とする一件もあった（『会津松平家譜』）。こののちも、五代綱吉就任に際しては親王将軍案がとり沙汰され、八代吉宗の際には、家格の劣る紀州家が尾張家に勝ち、九代家重の際には弟宗武

将軍家・御三家・御三卿関係図

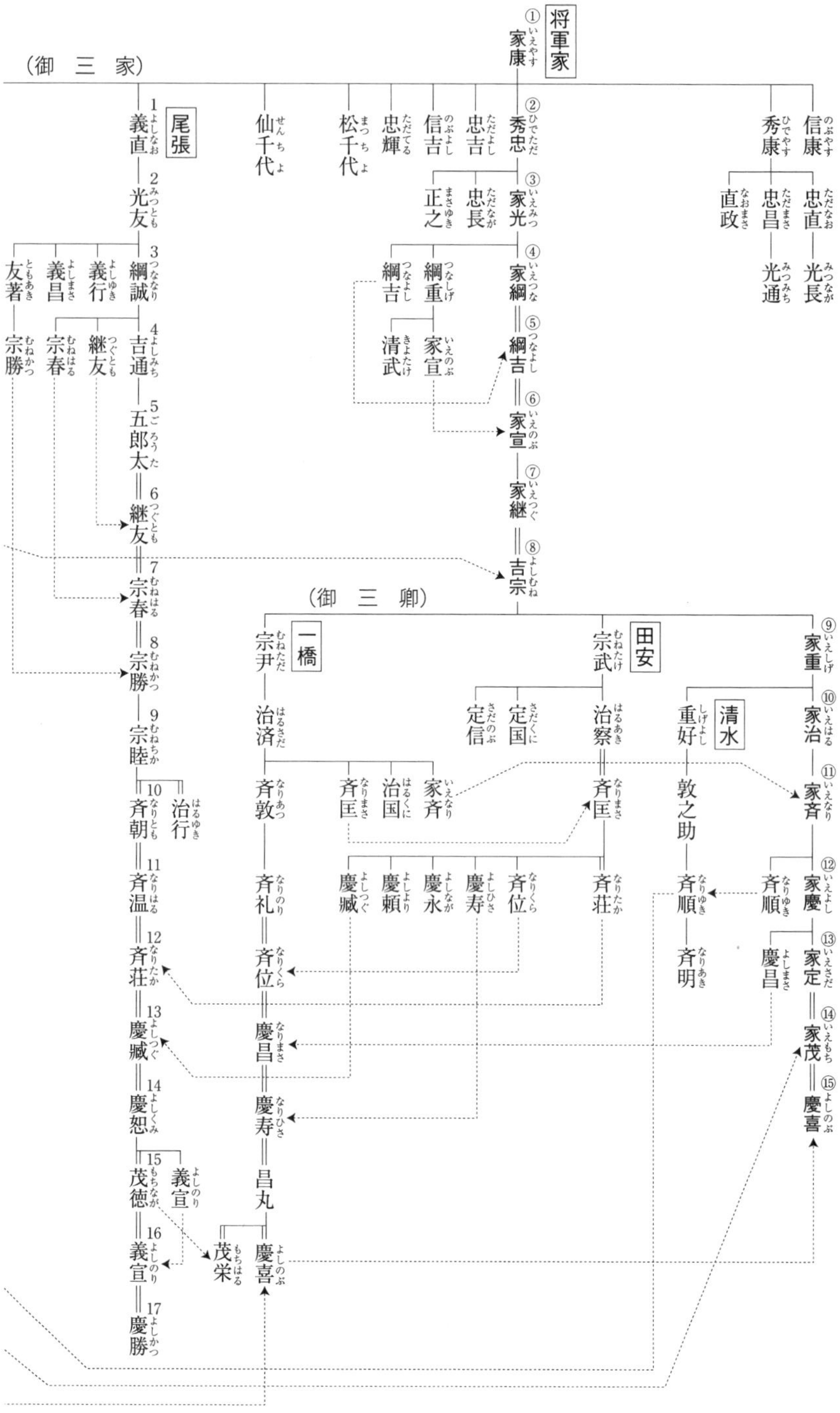

の擁立の動きがあり、十四代家茂の際には一橋慶喜支持派との対立があった。ただし、これらが武力や暴力をともなわず平和裡に決定したのは、徳川政権の成熟を示すものであった。

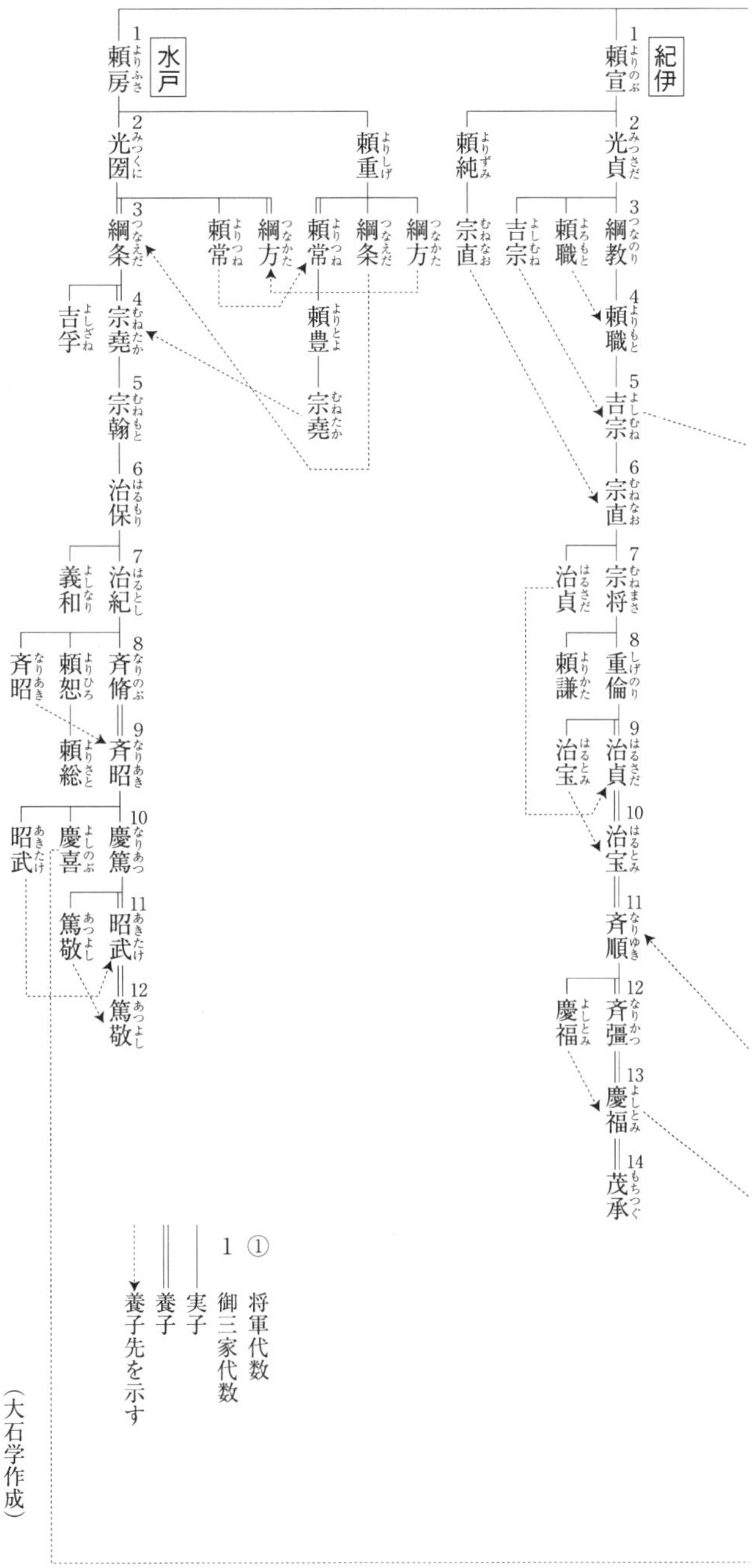

（大石学作成）

将軍家の正室関係図

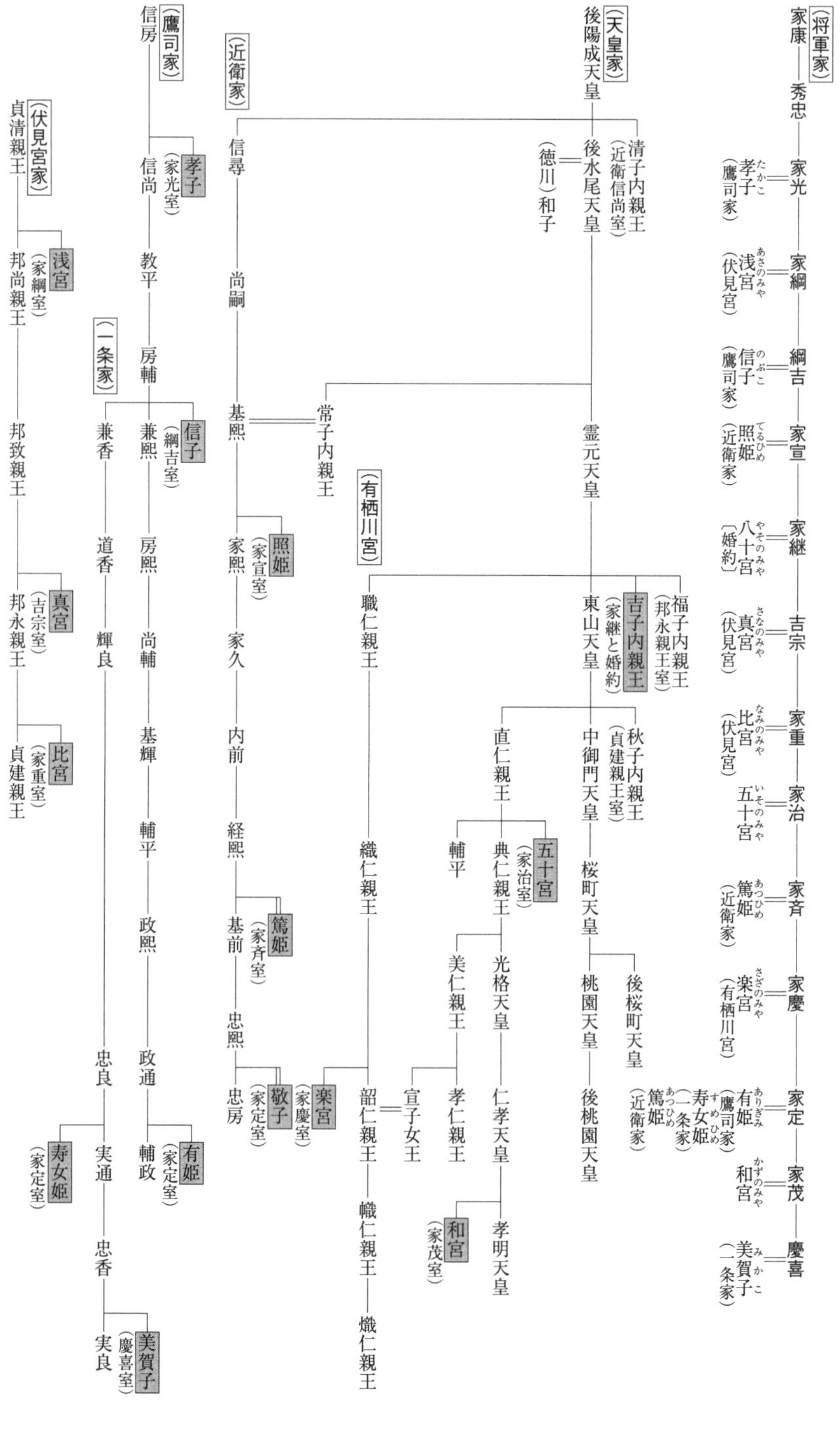
〔将軍家〕
家康
秀忠
家光
孝子《たかこ》（鷹司家）
家綱
浅宮《あさのみや》（伏見宮）
綱吉
信子《のぶこ》（鷹司家）
家宣
照姫《てるひめ》（近衛家）
家継
八十宮《やそのみや》〔婚約〕
吉宗
真宮《さなのみや》（伏見宮）
家重
比宮《なみのみや》（伏見宮）
家治
五十宮《いそのみや》
家斉
篤姫《あつひめ》（近衛家）
家慶
楽宮《さざのみや》（有栖川宮）
家定
有姫《ありぎみ》（鷹司家）
寿女姫《すめひめ》（一条家）
篤姫《あつひめ》（近衛家）
家茂
和宮《かずのみや》
慶喜
美賀子《みかこ》（一条家）
〔天皇家〕
後陽成天皇
清子内親王（近衛信尚室）
後水尾天皇
（徳川）和子
常子内親王
霊元天皇
福子内親王（邦永親王室）
吉子内親王（家継と婚約）
東山天皇
秋子内親王（貞建親王室）
中御門天皇
直仁親王
五十宮（家治室）
典仁親王
輔平
桜町天皇
後桜町天皇
桃園天皇
後桃園天皇
光格天皇
美仁親王
仁孝天皇
孝仁親王
孝明天皇
和宮（家茂室）
〔有栖川宮〕
職仁親王
織仁親王
楽宮（家慶室）
韶仁親王
宣子女王
幟仁親王
熾仁親王
〔近衛家〕
信尋
尚嗣
基熙
照姫（家宣室）
家熙
家久
内前
経熙
篤姫（家斉室）
基前
忠熙
敬子（家定室）
忠房
〔鷹司家〕
信房
孝子（家光室）
信尚
教平
房輔
信子（綱吉室）
兼熙
房熙
尚輔
基輝
輔平
政熙
政通
有姫（家定室）
輔政
〔一条家〕
兼香
道香
輝良
忠良
寿女姫（家定室）
実通
忠香
美賀子（慶喜室）
実良
〔伏見宮家〕
貞清親王
浅宮（家綱室）
邦尚親王
邦致親王
真宮（吉宗室）
邦永親王
比宮（家重室）
貞建親王

国家秩序の確立

第二は、国家秩序の確立である。徳川将軍家を中心とする秩序は、天皇、公家、僧・神官その他、大名、農民、町人など、すべての「国民」に及んだ。

たとえば、大名については、関ヶ原の戦いと大坂の陣で、家康に抵抗する豊臣系大名はほとんど消え、残った大名も、元和元年(一六一五)の武家諸法度にもとづき、元和五年に福島正則(広島四十九万八千石)、寛永九年(一六三二)に加藤忠弘(肥後熊本五十二万石)が改易となった。寛永十一年には大名妻子在江戸制、翌十二年には参勤交代制を採用し全国約二百六十の大名を秩序化した。

また、禁中并公家諸法度を発布し、秀忠の娘和子《かずこ》(のち「まさこ」)を後水尾天皇に嫁がせるなど、天皇や公家も秩序化していった。

寛永十年代には、大名、旗本、御家人など全武士を、将軍を頂点に編成した。幕政は、将軍やその側近の個性・能力に頼るのではなく、官僚機構が法と文書にもとづき遂行するようになった。

一方、士農工商とよばれる、すべての「国民」は、それぞれの身分に応じた「役」により国家や社会に位置づけられた。たとえば、武士は軍役、農民は年貢・夫役、町人は技術労働・人足役などを、それぞれの身分・集団をつうじて勤めている。人人は、これら「役の体系」により国家的に編成され、国家の一員、集団の一員として秩序化されたのである。

秩序の中心として、首都江戸の地位も確立した。天正十八年(一六一三)、家康は関東入国の際、戦国大名北条氏の拠点小田原(神奈川県小田原市)や古都鎌倉ではなく、当時の流通経済の中心地である江戸に本拠を構えた。ここに江戸は、小田原北条氏の支城地から、徳川領国の中心地へと発展したのである。

慶長八年(一六〇三)、家康は征夷大将軍に就任し、江戸に幕府を開いた。江戸は、徳川領国の中心地から、さらに全国統治の中心地＝「首都」へと発展したのである。家康の首都選定について、『徳川実紀』には、関ヶ原の戦いののち、家康が、「この戦いで西軍(三成方)の大名から奪った領地を、東軍(家康方)の功労者に与えるが、その前に、私たちの居城をどこにするか決めなくてはならない。江戸を拠点とするか」と秀忠に尋ねると、秀忠は「私は、いまだ若く何もわきまえがありません。ただ、天下を経営する場所を居城とすべきだと思います。いずれにしても父上の考えにしたがいます」と答え、この結果、江戸を居城とし、豊臣秀頼を大坂におくことになったという(『徳川実紀』第一篇)。家康は、大坂を居城とする可能性があったにもかかわらず、自ら江戸を選んだのである。こうして、江戸は全国統治の中心＝首都となった。江戸の首都機能について、家康は「江城は政令の出る所、天下諸侯朝覲の地なり」(同第一篇)と、江戸城が法令・政令の出るところ、全国の大名たちが、参勤して集まるところと述べている。

また、八代将軍吉宗は、参勤交代に関する会話のなかで、「大猷院《たいゆういん》殿のころまで府内ものさびしきさまにて国都の体を得ざりし故、当時の宰臣《さいしん》等唯府内にぎはふべき為にはからひしこと」(『徳川実紀』第九篇)と、三代将軍家光のころまで江戸は寂しく、「国都」＝首都としての体裁をなしていなかったため、当時の老中らが相談して、寛永十二年に参勤交代制度を創始したと述べている。吉宗のこの参勤交代の理解が正しいのか不明であるが、彼が江戸を首都と認識し、参勤交代の制度化により、江戸が首都としての景観を備えたと考えていたことは重要である。

家康と秀忠が首都として選んだ江戸は、家光の時代に将軍の居城、すなわち首都としての体裁を整えるにいたったといえるのである。

国際秩序の確立

第三は、国際秩序の確立である。それは、十六世紀ヨーロッパ諸国のアジア進出(幕末期に先行する第一次グローバリゼーション)と、中国の明を中心とする東アジア秩序(冊封体制)の動揺という新たな国際環境への対応でもあった。

日本へのヨーロッパ諸国の進出は、天文十二年(一五四三)のポルトガル人による鉄砲伝来、同十八年のスペインのイエズス会宣教師フランシスコ＝ザビエルの来日に始まる。一方、東アジア世界の動揺は、十四世紀以降アジアの中心として、南海諸国を含め三十ヵ国以上の国々から来貢を受けていた明が、十六世紀に入り国内の反乱や各地の独立運動などにより、勢力が衰えたことに起因する(明は李自成の反乱を契機に一六四四年に滅亡する)。

東アジア世界の動揺に対して、豊臣秀吉は、日本を中心とする新たな秩序の形成をめざし、琉球王国(沖縄)、高山《こうざん》国(台湾)、マニラ(フィリピン)のスペイン政庁、ゴア(インド)のポルトガル政庁に国書を送り、服属と入貢を求めたが拒絶された。

さらに秀吉は、天正十五年(一五八七)に対馬の宗氏を介して、朝鮮に対して入貢と明征服の先導を求めた。朝鮮が拒否すると、文禄元年(一五九二)と慶長二年(一五九七)の二度朝鮮を侵略したが、朝鮮の抵抗と明の援軍により撤兵した(文禄・慶長の役)。この間、慶長元年、スペイン船サン・フェリペ号が土佐に漂流すると、船員の噂をもとに畿内の宣教師と信者二十六人を処刑し、スペインとの関係も悪化させた。これら秀吉の強硬外交により、日本は国際関係を緊張させたのである。

新たに政権を担当した徳川家康は、秀吉の路線を修正し、平和的外交を推進した。まず、ヨーロッパ諸国に対して、慶長五年オランダ船リーフデ号が豊後(大分県)臼杵湾に漂着すると、乗組員のオランダ人ヤン＝ヨーステンとイギリス人ウイリアム＝アダムス(三浦按針《みうらあんじん》)を江戸に招き外交顧問とし、オランダ、イギリス両国と交易を開始した。慶長十四年にはオランダに、同十八年にはイギリスに、キリスト教の布教禁止を条件に貿易を許可し、両国は平戸(長崎県)に商館を設けて貿易を開始した。

また、家康はポルトガルとの貿易継続を認め、悪化していたスペインとの貿易にも乗り出した。家康は、スペイン領メキシコとの通商を求め、京都の商人の田中勝介《たなかしょうすけ》をメキシコに派遣した。しかし、その後国内のキリスト教徒が数十万人になり、家臣らにも広がっていることを知ると、信仰のもとに信者が結合することを警戒した。たしかにカトリック国のスペインとポルトガルは、貿易と布教を一体化しており、徹底した禁教は不可能であった。家康は、プロテスタント国で、貿易のみの関係が可能なオランダとイギリスの進出を背景に、慶長十七年以後、本格的にキリスト教を弾圧した。元和二年(一六一六)の家康没後、幕府は中国以外の外国船の寄港地を長崎と平戸(長崎県平戸市)の二港に限った。元和九年イギリスはオランダとの競争に敗れ、平戸の商館を閉じて撤退し、寛永元年(一六二四)スペイン船の来航を禁止し、同六年に絵踏を開始し、同十三年には出島を築きポルトガル人を移した。同十四―十五年の島原・天草一揆の鎮圧後、同十六年にポルトガル船の来航禁止、同十八年にオランダ人を平戸から長崎に移し、オランダ船の入港を長崎一港に限った。幕府は、ヨーロッパの相手国をオランダ一国に限定したのである。

一方において家康は、近隣の東アジア地域に対して、まず中国との関係は、朝鮮と琉球を介して国交回復をはかったが失敗した。しかし、中国船が長崎に来航する唐人《とうじん》貿易や、東南アジアで日本船と中国船が落ち合う出会い貿易など民間交流が活発化した。その後、元禄二年(一六八九)には、中国との貿易を管理するために、長崎に約一万坪の唐人屋敷を設け、中国人の居留地を限定した。こうして、長崎を窓口にオランダ、中国との関係を確定していったのである。

朝鮮については、対馬藩主の宗氏をつうじて国交を回復し、慶長十二年にはじめて朝鮮から使節が来日した。また、秀吉の侵略の際に日本に連行した朝鮮人を帰国させるなどして、両国の関係を改善していった。同十四年には、対馬藩と朝鮮の友好関係が復旧したことを示す修好通商条約の己酉《きゆう》約定も結んだ。その後、寛永十三年に朝鮮から通信使が派遣され、文化八年(一八一一)までの間に、江戸幕府の将軍就任の祝賀などの名目で、先の慶長十二年の最初の使節から数えると、計三回の使節と九回の通信使が来日した。

琉球(沖縄県)は、慶長十四年に家康の許可のもと、薩摩藩の島津家久《しまづいえひさ》が武力で制圧した。島津は、検地を実施して八万九千石を打ち出し、兵農分離をすすめ、琉球王国は薩摩藩島津氏の支配下におかれた。他方、琉球を明にも服属させ、貿易の利益を薩摩藩が得る体制も整備した。寛永十一年、三代将軍家光の島津家久宛の朱印状には、薩摩国(鹿児島県西部)、大隅国(同東部)、日向国(宮崎県)の計六十万五千石のほかに、琉球国の十二万三千七百石が領地として記載されている。この年、琉球国王は、家光の将軍就任に際して祝賀使節を送った。これをはじめとして、以後将軍の代替わりごとに慶賀使《けいがし》、琉球国王の代替わりごとに謝恩使《しやおんし》を江戸の将軍のもとに送っている。これら琉球使節は、寛永十一年から文化三年(一八〇六)までに十八回を数えた。幕府は、琉球使節の行列に、中国風の衣装を着せ、異民族の琉球人が徳川将軍に朝貢しているように演出し、将軍の偉大さを誇示した。

一方、北方の蝦夷地(北海道)では、アイヌの人々が独自の文化を発展させていた。慶長九年、幕府は蝦夷地南部を支配する松前藩に、蝦夷地でアイヌの人々と独占的に交易することを認めた。松前藩領は、寒冷気候のために米がとれなかったので、藩士がアイヌの人々と交易し、ニシン、サケ、コンブなどの海産物や、毛皮、木材、鷹などを入手することを許した。アイヌの人々は、千島列島、樺太(サハリン)、中国東北部とも交易しており、松前藩はさらに北方の産物を入手できるようになったのである。

以上のように、江戸幕府は、列島の南北を含めて、国際秩序を確定していった。

この他家康は、シャム、カンボジア、安南(ベトナム)などに書簡を送り、友好関係に務めた。東南アジアに移住する日本人も増加し、ルソン、安南、シャム、カンボジアなど各地に日本人町ができた。家康の対外政策により、ヨーロッパ、東アジア諸国との安定的・平和的な国際秩序が形成されたのである。

秩序統合のシンボル＝日光東照宮

これら三つの秩序を統合する象徴的役割を果たしたのが、徳川家康を祀った日光東照社(正保二年(一六四五)に東照宮、栃木県日光市)である。

第一の徳川家内部の秩序について、金地院崇伝《こんちいんすうでん》の日記によると、家康は本多正純《ほんだまさずみ》、南光坊天海《なんこうぼうてんかい》、崇伝の三人が徳川家康の遺言を聞いた。内容は、家康の死体は久能山におさめ、葬礼は増上寺(東京都港区)で行い、位牌は三河の大樹寺に立て、一周忌ののちに日光山に小さな堂を建てて勧請せよ、そうすれば自分は関八州の鎮守となろう、というものであった。家康の祀り方については、崇伝が吉田神道にもとづき大明神を主張したものの、山王神道をもとに権現として祀ることを主張した天海に押さえ込まれた。東照社は、元和三年(一六一七)三月に落成したが、それは遺言どおり小規模で質素なものであった。

しかし、家康を深く崇敬した三代将軍家光は、元和八年に本多が失脚し、寛永九年に父秀忠が没し、翌十年に崇伝が亡くなると、天海とはかり、家康の遺言を越えて、寛永十一年(一六三四)に日光社の大規模な再建工事を始め、同十三年四月に完成させた(朝尾直弘『日本の歴史』一七、小学館、一九七五年)。

こののち、日光山東照宮は、徳川家の守護神として、将軍の日光社参その他、さまざまな儀式・儀礼の場となるのである。

第二の国家秩序については、東照宮信仰が、全国各地の大名や民衆に広がったことである。江戸城(紅葉山)のほか、直轄地では大坂の天満川崎、長崎の安禅寺に建てられ、大坂の東照社は代々の城代が着任すると必ず参詣した。元和年間には、名古屋、和歌山、水戸の十七ヵ所に東照社が建立・分祀され、寛永年間には二十三ヵ所、幕末までに百数十ヵ所を数えるにいたった(朝尾前掲書)。全国各地の直轄領や城郭に東照宮が広く浸透していったのである。全国への東照宮信仰の拡大・浸透は、「平和」=「泰平」の達成者として家康を祀ることで、徳川氏を中心とする国家秩序を「国恩」と認識させ、を維持・安定化する役割を担うものとなった。

第三の国際秩序については、寛永十三年に朝鮮の通信使(寛永二十年、明暦元年の通信使も)が、同二十一年には琉球の慶賀使が日光に参詣した。寛永年間、オランダ商館長からはシャンデリア、燈火などが献上された。日光東照宮は、徳川家秩序、国家秩序、国際秩序の統合のシンボルとして期待され、機能したのである。

3 「革命」としての吉宗政権

十五代の将軍を将軍家の血統・血筋の上からみると、十五代慶喜を除いて、八代将軍吉宗の就任によって、大きく二分される。

系図からわかるように、家康に始まる江戸時代前期の将軍は、二代秀忠、三代家光、四代家綱までは、父子間の相続である。五代綱吉は兄弟間、六代家宣は叔父甥間、七代家継は父子間、と三通りあるが、家光の血統である点では共通している。

しかし、八代将軍吉宗の相続は、御三家紀州家からの相続であり、家康の血統に戻ることになった。こののち、吉宗の血統は、十四代家茂まで続く。

吉宗の将軍就任について、儒学者の室鳩巣《むろきゅうそう》の書簡をまとめた『兼山秘策《けんざんひさく》』には、「此度大猷院様御血脈は御絶被成候、去年東照宮百年にて、当年百一年目に又御元祖の御脈へもどり申候、是皆天命にて人力の預り申候処には無之と奉存候」(『日本経済大典』第六巻）と、三代将軍家光（大猷院）以来の血脈が絶え、元和二年（一六一六）の家康（東照宮）没後百一年目に、元祖血脈（家康の血統）に復したと意義づけ、この偶然は「天命」であり、人の力の及ぶところではないと記されている。

また、享保五年（一七二〇）から同十三年まで加賀藩の家老を務めた今枝民部直方は、享保二年当時の幕政や世情を「享保革命略史」（加越能文庫所蔵）としてまとめたが、その末尾で、「延宝ト享保ハ継世ノ革命ナリ、文照公ヲ御養君トシテ護持シ給フト、有章公ノ御相続ハ革命ノ内ニテモ順道ナレハ、延宝、享保トハ一同ニ不可称者か」と、延宝八年（一六八〇）の徳川綱吉の五代将軍就任と、享保元年の吉宗の八代将軍就任を「革命」と表現している。この「革命」は、ヨーロッパで使われる暴力的な支配階級の交代ではなく、中国の「易経《えききょう》」（陰陽にもとづく思想）における「天命」が改まること、すなわち、王統が代わって新たな統治者が生まれることをいう。六代将軍家宣（文照公）から七代家継（有章公）への父子相続を「順道」とし、延宝と享保を「革命」とするのは、この理解にもとづくものである。吉宗の将軍就任は、当時「革命」と捉えられていたのである。

『兼山秘策』には、吉宗の就任について、「東照宮御曾孫に候へば……殊に御英明の御聞も有之……此上には天下の御長久の基と群臣奉安堵候御儀に御座候」と、吉宗が家康の曾孫であり、英明の聞こえがあることから、天下平穏のもとになると、大名や旗本が安堵したとも記している。

さらに『兼山秘策』には、「頃日《けいじつ》天下一と申　諺《ことわざ》定て御聞可被成候、是は目出度《めでたき》諺にて候、天下一の君に御成可被成と奉仰望候……東照宮より当御代まで八代にて下字の小点有章院様に当り申候」と、当時「天下一」の語が流行っているが、これは天下一の総画数が八画であり、一画に一代ずつあてると、八代の吉宗で天下一の字になる。つまり、吉宗は天下一の名君になるというのである。なお、下の字の点は七画目であるが、八歳で早世した七代家継（有章院）にあたるという。

六代家宣、七代家継の侍講を務めた新井白石の自叙伝『折たく柴の記』には、「当家譜代の御家人など申さるゝ人々の、只今迄は、幼主の御事、いかにこゝろぐるしかりしに、今より後は、御家の事すでに定りぬなど、相賀し申され」と、将軍家継が幼かったので、譜代の家臣たちはたいそう心配していたが、吉宗の将軍就任により、今後は御家も安泰だと喜んでいる記述もみられる。

このように、吉宗は国民的期待のなかで、江戸時代後期の新たな血統を起こしたのである。吉宗の将軍就任とは、将軍家の新たな血統成立を意味するものであった。

4　幕末・維新期の血統—紀州と水戸—

八代将軍吉宗のあと、九代は吉宗の長子家重、十代は家重の長子家治が継いだが、十一代は一橋家から養子に入った家斉が就任した。十二代は家斉の次男家慶が、十三代は家慶の長子家定が継いでいる。

しかし、家定に跡継ぎがなかったこと、またペリーやハリスの来航など国際環境の緊迫化(第二次グローバリゼーション)のなかで、十四代をめぐって、譜代大名や大奥など《紀州派》が推す紀州家の徳川慶福《とくがわよしとみ》(家茂《いえもち》)と、尾張・水戸・越前など親藩、西南雄藩、幕府開明官僚など《一橋派》が推す水戸家出身で一橋家養子の慶喜《よしのぶ》とが鋭く対立した。これは、吉宗の血統の将軍家と、中央政界での発言力強化をめざす水戸家との対立でもあった。

十三代家定の三度目の婚姻の際、薩摩藩主の島津斉彬《しまづなりあきら》が記した文書には、「京都の方は御好ニも在らせられず、広大院様御例めでたく在らせられ候ニ付き、私方ニ娘御座候はばと申し御様子ニも相様子ニも相伺ひ申し候」と、家定は公家の娘は好みではなく、広大院の例もあることから、幕閣は島津家に適当な女子がいるか尋ねてきた。ここに篤子(天璋院)の輿入れが決定する。篤子は、一族の今和泉家(島津忠剛《しまづただたけ》家)から本家島津家の養女となった。篤子は幕府には、実子として報告され、さらに近衛家養女となり、安政三年(一八五六)家定の正室として大奥に入った。家定三十三歳、篤子二十一歳であった。しかし、この婚姻については、水戸藩の前藩主徳川斉昭《とくがわなりあき》が越前松平慶永《まつだいらよしなが》にあてた書状で、「東照宮御敵の薩の家来の娘を御台様にして、御腹(家定生母本寿院)初め御旗本の娘殿、夫へおぢぎ致し候」と、東照宮(家康)に敵対した外様薩摩藩の娘篤子に対して、大奥において将軍生母や旗本の娘たちがお辞儀をするのは嘆かわしいと記している。篤子の婚姻には一橋派内部で反対意見もあったのである。篤子の役割は、先の将軍後継について家定に働きかけ、一橋慶喜を優位に導くことであった。しかし、結局一橋派は敗れ、十四代将軍には十三歳の徳川慶福が就任したのである。

当時大老で、紀伊派の井伊直弼は、公武合体策として将軍家茂と、仁孝天皇の第八皇女で孝明天皇の異母妹の和宮《かずのみや》の婚姻を計画していた。万延元年（一九六〇）桜田門外の変で直弼が倒れると、老中の久世《くぜ》広周《ひろちか》と安藤信正がこれを進め、文久二年（一八六二）婚姻が成立した。家茂は温和で実直な性格で、幕臣からも信頼されていた。長州戦争で大坂に出陣した際、江戸和宮や天璋院との間でかわされた書状も残されている。慶応二年（一八六六）家茂が大坂で二十一歳で病死すると、和宮は薙髪し静寛院《せいかんいんの》宮《みや》と称した。

十五代慶喜は、天保八年（一八三七）徳川斉昭の七男に生まれた。吉宗・紀州の血統でない将軍であった。幕末の「革命」である。生母は有栖川宮家の娘吉子（貞芳院）、正室は今出川《いまでがわ》公久の長女で、一条忠香の養女となった美賀子であった。慶応二年、慶喜は京都で将軍に就任したが、江戸城に帰ることなく、同三年大政奉還ののち、王政復古により幕府が廃止されるとともに、将軍職も廃絶される。同四年（明治元年）鳥羽伏見の戦いで、薩摩・長州を中心とする新政府から「朝敵」とされると、慶喜は戦線を離脱し江戸上野の寛永寺で恭順の意を表した。同年、江戸開城に際して、天璋院と静寛院宮は、徳川家中に対して動揺や武力蜂起を防ぐための触を大奥から出す「内政」を展開するとともに、新政府軍に対して江戸城攻撃を中止し、徳川家の存続を願う「外交」を展開した。薩摩藩への書状に「徳川の土」になると記した天璋院は、文字通り上野寛永寺の徳川家廟所の家定の墓と並んで葬られている。

水戸家血統の「最後の将軍」慶喜が謹慎すると、徳川家十六代当主には、再び吉宗の血統である御三卿田安家から亀之助（家達、六歳）が養子となって就任し、近代徳川宗家の歴史が始まる。

将軍の領知宛行と大名

種村威史

1 徳川将軍の領知宛行

徳川将軍は大名と主従関係を構築するにあたり領地を宛行《あてが》い、その証明として領知宛行状を発給した。したがって、領知宛行制は将軍と大名の関係を概観し、両者の関係の成立と変容を確認するためには、格好の素材といえる。ここでは、主に八代吉宗までに限定し領知宛行制を概観してみたい。なお、秀忠以降、幼少で死去した七代家継と、倒幕直前に将軍に就任した、十五代慶喜を除き、代替りに際し、主従関係の更新を目的として、諸大名に一斉に領知宛行状を発給した(これを朱印改という)。また、家康・秀忠・家綱・綱吉・家宣・吉宗・家重・家治の各将軍は、加増や転封などの領地変動に応じても領知宛行状を発給した。ところで、吉宗までにほぼ限定する理由は、後述のように、以降の将軍は、吉宗の領知宛行制を踏襲したために大きな変化が見られないためである。

2 家康・秀忠・家光の領知宛行

慶長五年(一六〇〇)八月、関ヶ原合戦に勝利した徳川家康は、戦後処理に伴い、大規模な領知移動を実施した。ただし、合戦は秀忠の遅参などもあり、福島正則、池田輝政などの豊臣恩顧の大名の軍事力に大きく依存したため、これらの大名に戦功として大きな領地を与えなければならなかった。この時の領知宛行については、のち肥後熊本の細川家が「権現様(家康)より豊前一国、豊後之内拝領申時、御書出少も無之候、我等ニ不限何も其分にて候」(『大日本近世史料　細川家史料』四、東京大学出版会、一九七四年)と報じるように、家康は自身の取次による口頭伝達で実施したようで、宛行状を発給していない。さらに、慶長六年の知行目録の発給では豊臣家家老の片桐且元や小出秀政が署名することもあることからわかる通り、この時点での家康の領知宛行権は豊臣家の大老としてのものであった。七年以降になると、家康の領知宛行状発給が目立ってくるが、その多くは、石高の少ない武将であり、幕臣団の拡充を目的としたものであった。のちに、これらの武将は将軍家の書院番や小性組番を形成する。十年、家康は江戸の秀忠に将軍職を譲り、十二年になると、みずからは駿府に移転し大御所として政治を指揮する。いわゆる二元政治体制の開始である。この時期の領知宛行の様相をみると、まず、旗本への領知宛行権は家康が一手に握っている。秀忠や義直、頼宣に付属する家臣ですら家康から領知宛行状を拝領しているのである。これは、徳川将軍家の頂点は、将軍の秀忠ではなく家康であることを示すものである。ついで、特に十一年以後、複数の大名に対し領知宛行状の発給事例がみられるようになるが、これは①家康が単独の場合、②秀忠が単独の場合、③両者による場合、など複雑である。ただし、一番多いのは③の、ついで②のケースが多い。これは大名に対する支配権を将軍秀忠も所持していたこと、しかし、秀忠の領知宛行権は、なお、家康の保証を必要としていたこと示す(藤井譲治『徳川将軍家領知宛行制の研究』、思文閣出版、二〇〇八年)。また特に豊臣恩顧の大名への宛行状発給は、大名家側の家督継承に伴う場合、すなわち豊臣家と主従関係が断絶した時期に発給されている。この時期の領知宛行状発給は主従関係を表現するものとして明確に機能していることと同時に、依然、大坂の豊臣家を意識しなければならなかったことを示している。

二十年(一六一五)五月、大坂の陣による豊臣家滅亡は、徳川将軍家へ領知宛行権の完全な一元化をもたらした。その証拠に、元和二年(一六一六)、家康は、自身の死去の間際には、これで天下を譲ることができたとの喜びを秀忠にもらしている(土佐山内家宝物資料館所蔵「長帳」)。同年四月、家康死去後、親政を開始した二代秀忠は、翌年五月に東国の大名を率い上洛を実施した。この際、姫路の池田氏を因幡鳥取へ移すなど、大規模な所領移動を実施するとともに、譜代大名を畿内に配備した。その一方で、島津家や黒田家、福島家、毛利家などの西国大名や旗本、公家、寺社に領知宛行状を一斉に発給した。特に、西国の大名へ領知宛行状を発給することで、西国に蟠踞する豊臣恩顧の大名へ、領知宛行権掌握を明示した意義は大きい。ただし、宛行状の書札礼の基準は、大名が国持であるか、否かが中心であり、依然、国持大名の潜在的な実力を重視している。秀忠は、この上洛を機に、自己の家臣団を強力なものとするとともに、大名や朝廷統制など全国的政策を断行し、徳川政権の基礎を築いていく。特に、元和五年には、武家諸法度への違反の罪で広島の福島正則を改易し自己の権力を示すとともに、城受取に際し、毛利家、山内家、生駒家などの近隣の大大名を動員し領知宛行に対する軍役奉仕を求めている。西国に対する将軍家の支配が確固たるものであることを示すものである。

元和八年七月、秀忠は家光に三代将軍を譲る。しかし、寛永二年(一六二五)の譜代大名や旗本、のべ二百七十人余に対しての領知宛行状一斉発給は大御所秀忠によるものであり、領知宛行権までは家光に譲っていないことが明らかである。領知宛行権は将軍ではなく「天下人」が掌握すべきものであったのである(藤井前掲書)。秀忠の死後、親政を開始した家光は十一年、三十万人に及ぶ大規模な軍勢を率いて、代替りを誇示する上洛を実施し、秀忠大御所時代には持つことのできなかった、全武家領主に対する軍事指揮権の掌握を明示した。この上洛で禁裏や京都町人に多額の銀や大量の米を下賜し、幕府の財力を誇示する一方、大規模な転封を実施する。そして、上洛に供奉、あるいは京都で家光を出迎えた、五万石以上と城持大名、およそ七十名余に対し、領知宛行状を一斉に発給した。この時、宛行状を拝領した大名の領知は全国的なものであり、秀忠期に比べ、将軍権力の一層の強力化を示すものである。ところで、本来、将軍と緊密な関係にある旗本には、寛永八年以降、宛行状を発給していないことからすれば、この時期に、旗本には宛行状を発給しない原則が立てられたものと考えられる。主従関係の紐帯であった領知宛行はその性格を大きく変えたのである。なお、これに関連し、翌年の老中職務規定制定や武家諸法度の改定により、大名は一万石以上という原則が成立し、家綱期の寛文印知での発給は、武家についていえば、大名に限定される。

また、寛永十一年の宛行状をみると、石高と武家官位を取り交ぜることで、整然とした書札礼を完成している。これは、前代以上に将軍家の大名統制が深化しこと、その際の手段として、官位による序列を重視したことを示すものである。既に述べたように、元和三年・寛永十一年の宛行状発給は上洛に伴って実施されていることに留意が必要である。つまり、当時の幕府の政治拠点は、江戸には一元化してはおらず、特に西国統治については依然、京都においての政治が必要であったのである。

3　家綱の領知宛行

慶安四年(一六五一)、家光の死に伴い幼少の家綱が将軍に就任した。就任直後、慶安事件などが勃発したが、この不穏な政治情勢を幕閣の集団指導体制で乗り切り、以後、安定的な全国支配を実現した。家綱は寛文三年(一六六三)四月に日光社参を実施することで、みずからが家康に連なる存在であることを誇示した(藤井讓治「家綱政権論」『講座日本近世史』四、有斐閣、一九八〇年)。その上で、翌月に武家諸法度を改定し、併せて殉死を禁じる命令を出した。翌年四月、奏者番の小笠原長矩と小性の永井尚庸を朱印改の奉行に任命し、一万石以上の武家に対し、翌年には寺社、公家に対して一斉に領知宛行状を発給することを明示した。これが寛文印知である。家綱は、一万石以上の武家に宛行状を発給すること、併せて代々の宛行状と領知の郷村高辻帳を提出することを命じた。ここで、一万石以上＝大名という大名身分が改めて示されている。翌四月二十八日から八月二十六日にわたって、家綱は江戸城において計二百十九通の宛行状を交付したが、その日付は四月五日で統一した。なおこれ以降、朱印改めは江戸で実施することが慣例となる。宛行状の書札礼は、十万石以上あるいは侍従以上の大名には判物(花押)を添え、十万石未満には朱印を捺印し、さらに、宛所の高さ、敬称の「殿」の書き方、特に三位中将以上には将軍の諱を書くなど、大名の家格に応じて格差を付けることで、将軍を頂点とした身分序列を明示したのである(大野瑞男「領知判物・朱印状の古文書学的研究」、『史料館研究紀要』一三、一九八一年)。加えて、文面には「充行之訖」という文言を入れ、将軍による大名への宛行権を強調した。さらに、地名なども古来のものを可能な限り採用し、古代以来の伝統の線上に自己を位置づけることで、支配の正当性を強調した(藤井前掲書)。

判物・朱印状には、奉行の署名による領知目録を添えたが、統一的な領知目録の発給はこの時が最初である。この前提には家光による正保国絵図・郷帳の徴収による国土掌握の深化を想定できる。将軍が日本全土の統一的知行体系の頂点にあることを誇示したのである。

ただし、家綱が寛文印知まで十三年の歳月を費やしていることは見落とせない。十三年は、将軍に就任してから天下人になるまでの期間であり領知宛行権は将軍就任によって掌握できるものではなかったのである(藤井前掲論文)。したがって、島原の乱以降、大規模な戦争がなくなったとはいえ、将軍は大規模な施策にあたり、まずは、軍事力の掌握を天下に示し、自己の実力を誇示する必要があったのである(根岸茂夫「寛文三年徳川家綱日光社参の行列と政治的意義」、『国史学』一九五、二〇〇八年)。のち、家綱は、数々の全国的政策を実施する一方、寛文五年に証人制度を廃止するなど、これまでの大名統制策を緩和する政策を実施した。これらは、「平和」な時代の定着を示すものである。かかる「平和」な時代の中で、五代将軍に就任した綱吉である。綱吉は将軍就任からわずか四年で、しかも軍事的行動の実施をせずとも朱印改実施に成功しているのである。そして、「徳川の平和」を前提とした綱吉期に、大名誓詞の提出、武家諸法度の発令、朱印改の実施、諸国巡見使の派遣という、将軍代替り儀礼のサイクルが定着していくのである。

4　綱吉の領知宛行

家綱から綱吉期の「平和」の定着に従い、軍事指揮権発動の機会のない将軍は、種々の儀礼を通じて、大名の階層序列を明確化し、一方、大名にも、これを遵守させることによって大名統制を実現した。その儀礼の一つに、将軍の代替りに伴う朱印改を挙げることができる。ここでは、その朱印改について、貞享元年(一六八四)―二年の綱吉期の代替り朱印改を事例として概観してみる(以下、綱吉の領知宛行については、種村威史「寛文印知以降の領知朱印改について」(『国史学』二〇三、二〇一一年)、同「領知宛行制史における元禄七年令の位置」(『国史学研究資料館　アーカイブズ研究篇』六、二〇一〇年)参照)。まず、各大名家では、幕府より、朱印改実施の触れが到着すると、歴代将軍の領知判物・朱印状や写、領知目録など必要書類を準備する。大名家では、国元から判物や朱印状と領知目録の原本と写、そのほかの必要書類を送付したのち、幕府役人の点検、すなわち「朱印改」が実施される。「朱印改」が終了すると、領知判物・朱印状の伝達となる。貞享の朱印改の概要についてであるが、これを見ると、まず、準備から伝達儀礼まで七ヵ月近い準備をかけているが、この間、宛行状の筆写や郷村帳の確認などに労力を費やしている。

準備が済んだのち、綱吉よりの宛行状交付となる。十一月十三日、江戸城内で、伝達儀礼の初日となった。まず黒書院にて、松平頼純、松平義昌など十万石以上、あるいは従四位下侍従以上の官職のものが伝達を受け、ついで織田信久、松平乗久など十万石以下のものが拝領した。石高や官職によって拝領順が決められていたのである。前者についても、官職の侍従を基準として拝領位置が「閾《しきい》」の内か外か異なった。さらに十万石以上、侍従以上のものは奏者番の披露があるのに対して、十万石以下の者には披露はない。黒書院における伝達を終えた綱吉は、将軍の居間である御座之間へ移動し、大久保忠朝、阿部正武といった老中や牧野成貞、喜多見重政などの側用人に対して判物や朱印状を授与している。特に、幕閣に対しては、外様大名と比較して将軍の私的空間で伝達しているところに、その優遇ぶりが表れている。なお、若年寄については、寛文年間（一六六一―八一）には老中と同様に御座之間で拝領していたのが、貞享年間（一六八四―八八）は側用人の成立に関わって、黒書院での拝領となる。政治的位置の変動によって、拝領空間も変化していることがわかる。加えて徳川将軍家と特別な関係にある彦根の井伊直該や会津の保科正容は、他の大名とは区別され別な日に拝領している。このように、朱印改は将軍と大名との関係を再確認する場であり、大名は、幕藩関係における自己の位置を、改めて確認することになる。大名の家格上昇願望もかかる儀礼参加により醸成されるといえる。

伝達儀礼の中で注目したいのは、在府大名であっても、「遠慮」や「差合」など病気や身内に不幸のあったものなどは忌の期間が明けてから拝領していることである。家綱から綱吉期にかけては、「平和」の到来に伴い、社会的価値観が大転換した時期であるが、その表徴の一つに武家社会への服忌＝穢の観念などの浸透がある。本来、戦闘集団である武家は、穢とは切り離すことのできない存在であった（高埜利彦『日本の時代史一五　元禄の社会と文化』、吉川弘文館、二〇〇三年）。そしてその戦闘に対する恩賞こそが領地の宛行いであったはずである。しかし、戦争の終結に伴う「平和」の定着により、領知宛行に対する発想が大きく転換した。これは将軍と大名との関係を考える上で画期的なことである。

以上で、おおむね、江戸城における伝達儀礼は終了するが、宛行状を拝領した大名家にとって、儀礼はまだ終了しない。たとえば、阿波徳島の蜂須賀家、藩主忠英は在国中であり、江戸殿中では名代が受領した。拝領の数日後、領知判物は国元へと輸送されるが、その輸送は不寝の番を伴うなど厳重を極めた。さらに、大坂から徳島までは飾りを仕付けた藩主の御座船で運ばれ、徳島上陸後は、街道では、町人による盛り砂が用意された。まさに将軍そのものを迎えるがごときである。判物は、城内に運ばれると雪舟の屏風を設えた部屋に運ばれる。その後、忠英は判物を上座に置き、自身、のち家老など特定の家臣による拝見の式が行われ、家中には判物拝領の喜びとして酒食が振舞われる(国文学研究資料館所蔵阿波蜂須賀家文書「御判物頂戴一巻之覚書」)。大名家にとって、判物の到来はまさに藩を挙げて祝うべき出来事であったといえる。のち、大名家では次の朱印改に備え宛行状を厳重に保管する。これは大名が、将軍権威の象徴である宛行状を、世代を超えて継承していく義務を負っていることを示している(藤實久美子「江戸時代中後期の「判物・朱印改め」について」、『学習院大学史料館紀要』一二、二〇〇三年)。

ところで、綱吉は、諸大名を「地頭」と呼び、自己の家臣同様に扱う姿勢を見せるなど強権をふるったが、領知宛行制もまた大きく改変した。元禄七年(一六九四)に、綱吉は加増や所替などの場合に宛行状を発給する際には、判物格(十万石以上、侍従以上)であっても、全て朱印状で発給する旨の法令を制定した。この法令の意義については諸説あるが、なにより重要なのは、朱印改とそれ以外の発給を明確に区別したことであり、判物を「書く」(実際は花押印を使用するが)という行為を、将軍の代替り儀礼に限定したのである。この法令は大名家にも深刻な影響をもたらしたようで、たとえば、秋田佐竹家では享保二十年(一七三五)に下野国内の分知の所替えに伴い、朱印状を拝領したが、判物の受給資格をもつ同家では、朱印改の際には、従来通り判物で発給されることを、幕府右筆に、わざわざ確認し、加えて、その旨を同時に受領した領知目録の封紙に記述している。大名にとっては、その印章が判物であるか朱印であるかは重大なことであった。

5　家宣・吉宗そしてそれ以降の将軍の領知宛行

六代家宣政権は、特に、新井白石の指導により領知宛行状の書札礼を従来から大きく変更している(新井白石「折たく柴の記」、以下、家宣・吉宗の知行宛行については、種村前掲論文参照)。伝達儀礼では、幕閣の拝領を外様大名の先に置き、幕府優位の方針を儀礼に反映する。また、大名とともに、旗本へ領地の「書付」の一斉発給を実施しようとしている。さらに、宛行状の書札礼も大きく変更している。たとえば、従来「武蔵国埼玉郡」の記述が「武蔵国埼玉郡忍領」と、伊達家では「陸奥国仙台」が「陸奥国仙台領」などと、全ての大名の領知に「領」を付与している。これにかかわり、国持大名の領知目録に記述されていた「一円」の文字を削除している。いずれも、古代の政治を理想とした白石独自の発想であり、特に後者については「一円」は俗字であるから「一州」に変更する旨を大名に説明している。白石にとっては宛行状とは将軍の言葉そのものであり、理想の将軍像を宛行状に表現したものであろう。加えて、宛行文言が「全可領知(しっかりと領地を支配しなさい)」から「宜可領知(よいように領地を支配しなさい)」へ変化しているなど、以前ほど、将軍権力を全面に表現していない点に、さらなる将軍権力の安定化を見ることができるのである。

正徳二年(一七一二)九月、家宣の死去後、幼少の家継が七代将軍に就任したが、代替り儀礼を実施する間もなく死去する。家宣夫人の天英院の命により紀州藩主吉宗が、享保元年八月に八代将軍に就任する。吉宗朱印改実施は就任後、一年目であり、家綱が十三年、綱吉が四年、家宣が三年目であったのに対し大きく短縮している(藤井前掲書)。将軍就任から朱印改の期間を「天下人」の実質化の過程とするなら、吉宗期において、はじめて将軍に就任することと「天下人」になることが同義となったといえる。その反映として吉宗は、家綱や綱吉が家格に応じ設定した四種類の書止文言を一種類に統一した。もちろん家格に応じた印章の使い分けや宛所の高下などの格差は存在するものの、もはや書止文言においては全ての大名を均等に扱っている点に、将軍の尊大さが示されている。なお、文面などは綱吉期のそれに戻しており、白石の発想を否定しているが、伝達儀礼の次第などは家宣のそれを踏襲する。吉宗は白石の施策を全く否定したのではなく、先代の利便を取捨選択し、自己の政権に適合的な制度としていったと考えるべきである。

吉宗政権以降は、たとえば「有徳院様御代御文言御同様」とするように吉宗期を先例として踏襲し、伝統化していったが、これは吉宗の遺命によるものであった(国立公文書館内閣文庫所蔵「御判物御朱印御用留」)。かかる儀礼の伝統化は武家諸法度や日光社参などにも指摘できるが、これらが、当時、吉宗期を「革命」とする言説(大石学『徳川吉宗』、山川出版社、二〇一二年)とどのように関連するのだろうか。この点は江戸時代中後期の将軍と大名との関係を考えるうえでも引続き追究すべき問題であろう。

将軍と幕臣—旗本を中心に—

野本禎司

1　幕臣集団の形成過程

幕臣というと、江戸時代、徳川将軍に直属した家臣(直臣)のことを指す用語として理解されている。直臣を示す「御家人」と表題のある「御家人分限帳」(享保十年浄書、国立公文書館蔵)では、大老・老中をはじめ譜代大名が就任する役職が含まれ(鈴木寿校訂『御家人分限帳』近藤出版社、一九八四年)、『古事類苑』官位部三「徳川氏職員総数」には、「幕府ノ職員ハ譜代大名幷ニ旗本家人ノ内ヨリ任ズルノ制ナリトス」とある。ただし、一般的に旗本・御家人を幕臣という場合が多く、ここでは譜代大名の位置づけが問題となるが、幕臣の範囲を旗本・御家人とし、以下旗本家を中心に、その集団の成立・展開過程を歴代将軍ごとに概観していくことにしたい。

旗本は、もとは将軍の直轄軍を形成する軍団である。したがって旗本集団の成立は、研究上も将軍直轄軍(五番方)の成立として明らかにされてきている(根岸茂夫『近世武家社会の形成と構造』吉川弘文館、二〇〇〇年、小池進『江戸幕府直轄軍団の形成』吉川弘文館、二〇〇一年)。江戸時代、俗に「旗本八万騎」と称される旗本集団の成立を軍事的性格からみることは当然のことといえる。

初代家康、二代秀忠の頃の徳川将軍家の軍団は、譜代大名家と旗本家との区別なく編成されており、両者が区別され将軍直轄軍としての旗本集団が成立するのは三代将軍家光のときといわれる。初代家康から秀忠までは、三河以来の家臣のほかに、今川家、織田家、豊臣家、武田家らの旧臣などが主要な構成員である(煎本増夫「初期江戸幕府の大番衆について」『日本歴史』

第一五五号、一九六一年)。

三代家光、四代家綱の頃は、主に大名・旗本家が分家していくことで旗本家数が増加した。佐々木潤之介が明らかにしたように当該期における譜代大名の機能の一つとして旗本家の分家創出があった(佐々木潤之介「幕藩関係における譜代大名の地位」、同『幕藩制国家論』下、東京大学出版会、一九八四年)。新番の増設や番方の増強が図られ、旗本の番方組織が確立してくる時期でもあった(北島正元『江戸幕府の権力構造』岩波書店、一九六四年、横山則孝「江戸幕府新番成立考」『日本歴史』第三〇二号、一九七三年)。

五代綱吉は、将軍就任以前は上野国館林二十五万石の大名であった。綱吉は誕生直後から幕臣を付属させられ、館林城主に就いたころ少なくとも二百人の幕臣およびその子弟が付属していた(深井雅海『徳川将軍政治権力の研究』吉川弘文館、一九九一年)。将軍就任直前、綱吉が抱える御目見以上の家臣団四百六十九名のうち、幕臣およびその子弟は二百八十九名(六二%)を占めた。彼らをはじめ綱吉に付属する総家臣二千五百十一名は、綱吉の将軍就任と同時に一部が幕臣に編入され、残り大半の家臣は世子徳松の死後に幕臣に編入された。もともと幕臣であった付属家臣は再編入されるとともに、新規召抱などそれ以外の付属家臣は新たに幕臣団に編入された。また、綱吉は、柳沢吉保や牧野成貞などの側近邸にたびたび御成し、その際に彼らの家臣を幕臣に編入した(大石学編『高家前田家の総合的研究—近世官僚制とアーカイブズ—』(東京堂出版、二〇〇八年)。彼らは、綱吉将軍在職期に新設された桐間番、廊下番、次番、近習番など、綱吉期特有の役職に就任しており、綱吉死後は、高家や両番(小性組・書院番)などに編入されたが、一部は小普請入りし解雇されるものもいた(竹村誠「「家来ニ申付候覚」における「仲ヶ間」の機能」、前掲『高家前田家の総合的研究—近世官僚制とアーカイブズ—』)。以上のように大名となって自立していた養子将軍の誕生により、幕臣が増加するという現象が生じる。この時、幕臣に編入された綱吉付属の家臣の多くは、勘定方の役職に就き、柳沢吉保や荻原重秀らが立案する元禄地方直しや貨幣改鋳などの政策実行部隊となり(前掲『徳川将軍政治権力の研究』、大舘右喜『幕藩制社会形成過程の研究』校倉書房、一九八七年)、側近邸御成によって小性衆として幕臣となった一部は幕臣家として継続した。

六代家宣の将軍就任時にも綱吉と同様の現象がみられる。家宣は将軍就任以前、甲斐国甲府三十五万石の大名であり、その家臣団として約千三百名がおり、うち百名強の幕臣化の様子がわかる(前掲『徳川将軍政治権力の研究』)。彼らも御側や小性、小納戸など将軍側近となるものと勘定方役人に就職するものとに大別され、正徳の治を遂行するメンバーを構成した。

八代吉宗は将軍就任以前、紀州五十五万石の大名であったが、五代綱吉、六代家宣と違い、将軍就任後も紀州藩が存続しているので、一部が幕臣化された。その数は二百五名で、多くは将軍側近役に就任した。また吉宗将軍期には、御庭番が創設され、紀州藩出身者が就任、多くが幕末まで世襲し、御庭番筋を形成した(深井雅海『江戸城御庭番』中央公論社、一九九二年)。

これ以後幕府は、寛政三年(一七九一)の家格統制令による御家人から旗本への身分上昇を制限する法令をだすなど、幕府財政の悪化ともあいまって旗本家の大幅な増加を図るような政策はとらなかったと思われる。幕臣団総数の推移を享保時と幕末時で比べると、享保七年(一七二二)には、万石以下総数が二万二千六百四人、うち御目見以上が五千二百五人、御目見以下が一万七千三百九十九人(『吹塵録』)、幕末時には、万石以下総数が三万二千七百九十九人、うち御目見以上五千九百二十七人、御目見以下二万六千人であった(『静岡県史』通史編五)。この数値をそのままとらえれば、享保から幕末にペリー来航以降の御目見以上が七百二十二人、御目見以下が約九千人増加していることになる。この実像を知るためには、ペリー来航以降の幕府の人材登用政策や軍制改革による番方の改変などを考慮し、「家」だけでなく「個」による増加などを丁寧に追いかけ、その全貌を把握する作業が必要となるが、これまでの研究では全貌は明らかにされていない。江戸時代における幕臣集団の展開過程に関する研究において今後の課題といえる。

2　幕臣内部における身分

一般的に万石以上が大名、万石以下が旗本・御家人といわれる。大名と旗本・御家人の区別は石高によってはっきりしているが、旗本と御家人の区別は将軍に御目見できる武士が旗本、御目見できない武士が御家人といわれているものの、江戸時代においても明確な区別の典拠はなくきわめて複雑であった。

この複雑な点を小川恭一は、「班をすゝめ」という旗本家昇進を意味する史料用語に着目した検討や、「永々御目見以上」(旗本家認定に関する寛政三年の幕府法令の用語)などのキーワードを用いて、「家禄万石以下(未満)で、家格として代々将軍家への御目見が許される家」と、旗本を定義している(『徳川幕府の昇進制度―寛政十年末旗本昇進表』岩田書院、二〇〇六年)。代代御目見を許される家という点を重視することで、「役御目見」などは「一代旗本」として、旗本家とは認定しないのである。これによれば「御目見」というキーワードは、御家人家から旗本家への身分上昇を直接示す判断基準とはならない場合があるのである。

旗本内部には、両番筋、大番筋、小十人筋という家筋が決まっていた。両番筋(書院番、小性組番)の家格が最も高く、二千八百石から三百俵まで、つぎが大番筋で、二千石から二百俵まで、そのつぎが小十人筋で、二百俵から百五十俵までとされた(『徳川盛世録』)。基本的に旗本家の当主、惣領は、その家に定まった番入先(家筋)にそって、まず何れかの番方に所属し(御番入)、その家筋ごとにある程度決まった昇進コースにしたがって出世した(『明良帯録』)。時期によって組数の増減はあるが、大番十二組、書院番十組(うち西丸四組)、小性組番十組(うち西丸四組)、新番八組(うち西丸二組)、小十人組十一組(うち西丸四組)の五番方を中心に構成され、各組とも番頭一名と組頭によって統率された(『吏徴』)。よって、まずは江戸城や将軍の警衛などを行う番方に就き、そののち町奉行や勘定奉行など幕府行政や司法を担う役方へと登用された。ただし、番士として一生を終える者も多く、なかには無役のまま一生を終える者もいた。無役の場合、家禄三千石以上あるいは布衣以上の役職退職者は「寄合」に、それ以外は「小普請」に編入され、家禄に応じて小普請金を納めることで役を果たした。ほかに小納戸や小性など将軍近侍の役職から就任する場合、世襲職である高家や交代寄合の家があった。

御家人内部には、譜代席、二半場(准譜代席)、抱席と大きく三つの身分があった。御家人の身分は、基本的には初代将軍徳川家康から四代将軍徳川家綱まで四代の間に就任した役職によって決定された。譜代席は、留守居付属の与力・同心などの職を勤めたものの子孫、二半場は、西ノ丸留守居付属の与力・同心などの職を勤めたものの子孫、抱入は、大番・書院番・町奉行附属の与力・同心を勤めたものの子孫であった。譜代席・二半場は、家禄があって家督相続が可能であるが、抱入は一代限りの勤めであった。つまり、譜代席・二半場は、無役になった際、譜代の場合は小普請入し、二半場の場合は小普請入か目付支配無役となり、家禄が支給された。しかし、抱席は無役となると御家人の身分を失った。

小川恭一は、旗本の身分定義を確定する作業の中で、御家人の旗本昇進前後の役職から、昇進しやすい役職や、昇進後の就任先の傾向について言及し、御家人から旗本に身分上昇する例が多くあったことを明らかにしている。御家人から旗本へという幕臣内部の身分の流動性は、松本良太(「近世後期の武士身分と都市社会—「下級武士」の問題を中心に—」『歴史学研究』七一六、二〇〇四年)や田原昇(「江戸幕府御家人の抱入と暇—町奉行所組同心を事例に—」『日本歴史』七一六、二〇〇四年)、山本英貴(『江戸幕府大目付の研究』吉川弘文館、二〇一一年)によって町奉行や闕所物奉行の与力・同心などの役職で、御家人を中心に近年具体的に明らかにされつつある。

3　旗本の内部構造を理解するために

旗本の内部構造を理解する一つの手立ては、彼らが勤める幕府官僚組織と身分を決めている家筋、そして石高とを関連させてとらえることである。以下、先に課題とした幕末期における旗本家の両番筋を例に、その実態を示したい。

幕府官僚としての旗本家の全体像を描き出したのは、江戸時代において官僚制(幕藩官僚制)の研究を進めた藤井讓治であった(『江戸時代の官僚制』青木書店、一九九九年)。氏は、寛政十年(一七九八)以前における御目見以上の大名家・旗本家の家譜系図を幕府が編纂した『寛政重修諸家譜』から抽出した旗本家について、職と知行高の関係を検討し、近世中期には、職と家筋が固定的となっていたことを明らかにした。旗本家の中核をなす五番方(大番・書院番・小性組番・新番・小十人組)では、大番筋、両番筋(書院番・小性組番)といった家筋が存在し、それが幕府官僚職と対応していた。また、昇進にあたっては、大番筋よりも両番筋の方が幕府要職に昇進する率が高かったことが指摘されている。ゆえに、両番筋の旗本家は、「旗本中のエリート」であるともいわれる。

幕末期における両番組は書院番十組、小性組番十組の計二十組によって構成されていた。各組は五十名ずつ、計千名というのが最大規模数である。安政期(一八五四―五九)における両番内の階層分布について、「諸向地面取調」をもとにまとめると表1のようである。「諸向地面取調」は、安政年間に江戸に住んでいる旗本の屋敷の取り調べを幕府役職ごとに行なったものである。この取調によると、両番筋の総員は七百六十一名、書院番十組の一組の平均人数は三十八名、小性組番の場合も三十八名であった。このうち石高記載がある人数は全体の五四%に減ってしまうが、その階層分布をみると、三千石以上は存在せず、千石台、五百石台、三百石台が多いことがわかる。両番組内において千石台は上層に位置する階層である。

では、千石台の旗本家は、どのような家筋に属するのか、つぎに石高をもとに探ってみよう。幕末期における千石台の旗本家数を抽出するのに使用した資料は、「寛政期以降の幕臣団の人事記録を編集」した『江戸幕臣人名事典』(新人物往来社、一九八九年)である。『寛政重修諸家譜』以降、幕府は、諸家譜の編纂を完成させることはできなかったが、そのもととなる「明細短冊」などが大名家・旗本家から提出されており、江戸城多門櫓に残されていた。それを編集したのが『江戸幕臣人名事典』である。「明細短冊」には、氏名・年齢・家紋・生国・本国・持高足高・祖父父勤務先・家督相続・履歴・叙任などの年月日、居屋敷住所が記されている。この『江戸幕臣人名事典』のほかに、『旧旗下相知行調』(埼玉県史調査報告書、一九八六年)などを参考として、幕末期における千石台旗本四百余家のうち、三百四家を抽出することができた。このうち、就任した幕府官職が判明するものは二百六十六家である(未詳三十八家)。この二百六十六家を家筋によって分類した表2によれば、千石台の旗本家は、九一%が両番の家筋であることがわかる。残り九%の内訳は、高家(六%)、交代寄合家(一%)、寄合医師家(一%)、大番家(〇・五%)、その他(〇・五%)である。このうち高家は朝廷関係の儀礼を、交代寄合は定府ではなく「特定の任務」を、寄合医師家は医業を代々専門職とする特殊な旗本家である。この点で三家の政治的位置には注意を要するが、千石台旗本家において注目すべきは、やはり、その九割が両番の家筋であることであろう。つまり、千石台旗本家の多くは、幕府要職に昇進する可能性をもつ「エリート」層であり、幕府運営にあたり重要な政治的位置を占めることがわかる。では、実際に、どの程度の要職まで昇進していたのかみていくことにしよう。

千石台両番筋の旗本二百四十二家について、江戸時代最後の当主が昇進した幕府要職についてまとめたのが表3である。幕府要職については、藤井にならったが、ほかに布衣以上の職を加え、昇進段階についてその大凡を1～4段階で示した。表3で、まず注目されるのは、使番への昇進者の多さである。二百四十二家のうち六十七家が昇進していたことがわかる。つぎに昇進数が多いのは目付の十二家である。この目付への昇進者は一家を除き(設楽家)、すべて使番を経験している。藤井によれば、使番から目付へという昇進は多くみられ、この昇進のうえで重要な位置を占めることが指摘されている。つまり、昇進ルートのうえで重要な通過点である使番に昇進するのが、両番筋のスタンダードであったといえよう。つぎに、幕閣(勘定奉行、町奉行、大目付、目付、陸軍奉行、海軍奉行、外国奉行、同並)まで昇進した家をみると、十五家ある(表中塗りつぶし)。このレベルにまで昇進した家は、まさに幕府政治の中枢で、その運命を左右する者たちである。

表1　安政期両番組内の階層分布

	地方取	蔵米取	計	備考＊
3000石以上				
2000石	30	1	31	
1000石	89	1	90	
900石	6	0	6	
800石	11	1	12	
700石	25	2	27	
600石	30＊	0	30	1名現米取り
500石	57＊	5	62	1名石・扶持取り
400石	11	13	24	
300石	21	64	85	
200石	7＊	16	23	1名石・扶持取り
100石	0	19＊	19	4名俵・扶持取り
100石未満	1＊	2＊	3	現米/俵・扶持取り
計			412	

注　書院番384名、小性組番377名で、両番合わせて761名うち知行形態・高の判明する、書院番212名、小性組番200名、計412名により作成。

表2　1000石台旗本家の家筋

両番筋家	242家	略（一部表3参照）
大番筋家	1家	間宮家
高　家	14家	日野家、京極家、上杉家、吉良家、長沢家、前田家、今川家、大友家、小笠原家、中条家、前田家、山名家、由良家、横瀬家
交代寄合家	4家	榊原家、座光寺家、高木家、那須家
寄合医師家	4家	曲直瀬家、半井家、数原家、竹田家
その他	1家	今大路家

注　『江戸幕臣人名事典』より作成。

	就任職	就任者			場所高	人員	備考
新設職	銃隊差図役頭	梅村		老			慶応2設置
	歩兵差図役	天野、長坂			300俵		文久3設置
	歩兵差図役頭取	天野、日根野			400俵		文久3設置
	歩兵頭	戸田		老	2000石		文久2設置
	歩兵奉行並	藤沢		老	—		文久2設置
	歩兵奉行	下曽根、藤沢		老	3000石		文久2設置
	騎兵差図役	鵜殿			300俵		文久3設置
	騎兵差図役頭	鵜殿			400俵		文久3設置
	騎兵頭並	倉橋		老	1000石	1	文久2設置
	騎兵頭	倉橋、長井		老	2000石	2	文久2設置
	軍艦役	内田			400俵		慶応2設置
	軍艦頭並	内田		老	1000石		慶応2設置
	軍艦頭	内田		老	2000石		慶応2設置
	軍艦奉行並	藤沢		老	1000石	1	安政6設置
	軍艦奉行	内田、岡部、藤沢		老	3000石	1	安政6設置
	講武所奉行	坪内		老			安政3設置
	陸軍奉行並	藤沢		若			文久3設置
	外国奉行	小出、長井、岡部、一色、根岸		老	2000石	10	安政5設置
	外国奉行並	梶					文久2設置
	神奈川奉行	岡部、大久保		老	2000石	2	安政6設置、専任2名万延1
	箱館奉行	小出		老	2000石	2	安政1設置
文化関連出役	実紀調出役	安藤、稲垣					
	系図調出役	安藤、設楽、三嶋、依田					
	書物御用出役	山下、諏訪、三嶋、松平、伊丹、依田					
	書物御用頭取	伊丹、諏訪					
	沿革調頭取	松平					
	地誌調頭取	諏訪					文久1設置
	系図御用出役頭取	三嶋					
	開成所頭取	設楽、倉橋					
	蕃所調所句読教授出役	長井					文久3設置
	和学所頭取	伊丹					文久1設置
	和学所書物手伝出役	服部					

第3表　1000石台両番筋旗本家の江戸時代最終当主の昇進職

	就任職	就任者			場所高	人員	備考
1	使番	天野、天野、小出、落合、土屋、松野、伊奈、大島、松野、長井、小笠原、加藤、土屋、戸川、牧野、松平、長谷川、近藤、安藤、伏屋、今井、鵜殿、岡部、日根野、平岩、鈴木、大久保、大久保、岡部、牧、松平、大屋、牛込、星合、松平、柳生、木原、赤井、朝倉、阿部、板橋、市岡、一色、伊藤、伊奈、稲垣、井上、岡部、岡部、梶、川村、河野、佐橋、新庄、内藤、内藤、永井、永井、長坂、根岸、林、本多、松平、松平、溝口、森川、依田	☆	若	1000石	46	
	小十人頭	稲葉	☆	若	1000石	11	慶応2廃止
	徒頭	本間、板橋、藤堂	☆	若	1000石	20	慶応3廃止
	持筒頭	跡部、大久保	☆	若	1500石		慶応2減
	先手弓頭	水野、永井	☆	若	1500石		慶応2廃止
	先手鉄砲頭	諏訪、北条、板橋、下曽根、新庄、内藤、内藤、松平	☆	若	1500石		慶応2廃止
	新番頭	稲生、戸川、水野、松平	☆	若	2000石	6	慶応2廃止
2	目付	小出、松野、伊奈、長井、設楽、大久保、松平、牛込、一色、岡部、新庄、根岸	☆	若	1000石	16	
	目付介	松野、加藤、牧野、伏屋、平岩、牛込、木原、岡部、新庄、永井					
	西丸留守居	内藤、永井、跡部	☆	若	2000石		
	作事奉行	水野、松平、大久保	★	老	2000石	2	
	普請奉行	松平	★	老	2000石	2	
	京都町奉行	長井、水野	★	老	1500石	2	慶応3廃止
	大坂町奉行	一色、永井	★	老	1500石	2	
	日光奉行	松平、新庄	★	老	2000石	2	
	新潟奉行	根岸	★	老	1000石	1	
	奈良奉行	根岸	★	老	1000石	1	
	堺奉行	一色、長井、永井	★	老	1000石	1	慶応3廃止
	駿府町奉行	永井	☆	老	1000石	1	
3	旗奉行	松平	★	老	2000石	3	慶応2廃止
	鎗奉行	岡部、内藤	☆	老	2000石	4	慶応2廃止
	書院番頭	一色、水野	★	若	4000石	10	慶応2廃止
	小性組番頭	戸川、根岸、水野	★	若	4000石	10	慶応2廃止
	勘定奉行	小出、一色、根岸	★	老	3000石	4	
	大目付	岡部、一色	★	老	3000石	4	
4	留守居	小出	★	老	5000石	5	

注　『江戸幕臣人名事典』をもとに作成。1～4は大凡の昇進段階、☆は布衣、★は諸大夫、若は若年寄支配、老は老中支配であることを示す。

また、幕末期における新設職への就任者、開成所・和学所などを含む文化関連への出役者については、別に項目を設けた。ペリー来航以降幕府内で安政・文久・慶応と三度行われた職制改革と人材登用の変化について考慮したことによる。同表によれば、新設職就任者は十九家、文化関連出役者は十三家である。つまり、近世中期までの幕府官僚職のみならず、新設職や文化関連の職に対応できており、幕末期においても、彼らによる幕府の行政・軍事・文化に及ぼす影響は少なくなかった。以上から、幕末期における千石台・両番筋の旗本家の昇進先の就任職は、①使番・目付というスタンダード、②幕閣にまで昇進する者、③文化関連職に出役する者、と大きく分けて三タイプにわけることができ、それぞれ幕府運営の中核となって職務を遂行すべき政治的地位にあったといえるであろう。このように幕府官僚組織と身分を決めている家筋、そして石高とを具体的に関連させてとらえることが、旗本集団の内部構造を知る一つの手がかりになると考えている。今後、両番筋における他の石高階層の実態、大番、小十人番など他の家筋の実態を見ていくことによって幕末期における旗本の内部構造が明らかになるであろう。

江戸城における将軍と民衆

望月良親

はじめに

江戸時代、幕府の頂点にいたのは将軍である。十五人に及んだ江戸幕府の将軍は、人びとといかに接し、その頂点に居続けたのであろうか。ここでは、江戸城内での両者の接点に注目して論じていく。

昭和六十一年(一九八六)に発表された渡辺浩「「御威光」と象徴―徳川政治体制の一側面―」(『思想』七四〇、一九八六年)によると、将軍は圧倒的な軍事力を背景にした厳めしい「御威光」によって民衆や大名を服従させていたとする。将軍の「御威光」は、初代将軍家康が祀られた日光へ社参をする将軍の行列や、将軍がいる江戸を目指す大名の参勤交代の行列などにより示されたという。行列は支配身分の威勢を顕示し、同時に格式の序列を一層強化し、江戸などへ向うといった進行方向によって、行列は権力の所在、政治社会の中心を万人に示したとされる。さらに「御威光」は、江戸城で繰り返し行われた儀礼によっても表出し、保持されたという。大名たちの江戸城での殿中儀礼においては、彼らがいかなる部屋で、何枚目の畳で将軍に平伏するかといったことなど、全てにおいて厳密な定めがあり、将軍との関係が明示されたという。大名たちは江戸に上り、そして登城し、着席し、平伏するまで、濃厚な象徴的空間の中で、その「位置」を執拗に思い知らされたとされる。

江戸時代、行列と殿中儀礼にもとづいた将軍の「御威光」により幕府の支配が続いたとしている。この研究を画期にして、行列や殿中儀礼の研究が近世史において深まっていった。

1 近世社会と行列

行列に関しては、黒田日出男・ロナルド＝トビ編『行列と見世物』(朝日新聞社、一九九四年)が基本的な文献の一つとしてあげられる。近年では、『行列にみる近世―武士と異国と祭礼と―』(国立歴史民俗博物館、二〇一二年)という展覧会の図録も発刊され、江戸時代の行列に対する認識は深まりつつある。

本稿と特に関係する将軍の行列に関していえば、江戸時代、将軍が行列を成す契機には次のものがあったとされる。初期には、二代将軍秀忠・三代将軍家光は、朝廷との関係で上洛を繰り返した。家光は、家康を祀った東照宮がある日光への社参や大行列を組んだ鹿狩りや鷹狩りも行なった。四代将軍家綱以降、日光社参は四回を数えるのみとなり、鷹狩りも吉宗が享保十年(一七二五)、家斉が寛政七年(一七九五)、家慶が嘉永二年(一八四九)に行うのみとなった。その間も将軍家の菩提寺である寛永寺・増上寺への参詣、家康を祀った紅葉山東照宮への参詣、将軍家の別邸であった浜御殿への「御成」はあった。行列は、時代を下ると規模も小さくなったとされるが、近世を通じて将軍の行列は編成され、「御威光」は示されていたといえよう。

このような将軍の行列と民衆の関係で、一例をあげると、日光社参時における行列の意義があげられよう。従来、社参で用いるための人馬役の編成や、それに伴う民衆の役負担の諸相、地域秩序に与えた影響などの問題が論じられていた。近年では、民衆との関係は、将軍権威のあり方についても検討されている(椿田有希子「日光社参を見る眼」『日本歴史』七七一、二〇一二年など)。十二代将軍家慶の天保十四年(一八四三)の社参は、幕初の社参と違い形骸化したという今までの評価のようなものではなく、当該期の深刻な社会状況に対応した将軍の新たな治者イメージを民衆に広める幕府の営為があったとする。社参以外にも、将軍の鷹狩りに関しては、江戸周辺の鷹場編成に伴う地域秩序の再編成に関する研究(根崎光男『将軍の鷹狩り』同成社、一九九九年)などがあげられる。将軍の行列を契機とした将軍と民衆との関係は、明らかになりつつあるといえよう。

2　江戸城における将軍と人びと

江戸城での殿中儀礼に関しては、行列とは違い、武家に関する研究が中心である。代表的な成果としては、深井雅海『図解・江戸城をよむ』(原書房、一九九七年)がある。将軍宣下・武家諸法度の発布をはじめとする殿中儀礼における大名の席次などについて詳述している。以降も江戸城での武家儀礼に関する研究はある(二木謙一『武家儀礼格式の研究』吉川弘文館、二〇〇三年など)。また、近年では、寺社などの宗教組織の殿中儀礼での様子も明らかになり、地域社会への影響などが検討されつつある(靫矢嘉文「近世神主と幕府権威—寺社奉行所席次向上活動を例に—」『歴史学研究』八〇三、二〇〇五年など)。

江戸城での儀礼において、大名などの武士が将軍に謁見するという行為は、先に見たように、よく知られている事実であるが、江戸城には武士のみならず民衆も時には登り、将軍に会っていた。正月に行われた将軍への年始の御目見(将軍年始参上)・将軍代替・町入能、殿中儀礼ではないが山王祭・神田祭といった天下祭にも民衆は江戸城に入った。

将軍年始参上とは、毎年正月に大名をはじめとした種々の身分の者が、それぞれの格式に応じて、将軍に御目見をする儀礼である。正月一日には将軍の家門や幕閣、二日には国持大名など、三日には無官の大名などとともに、江戸城白書院で江戸・京都・大坂などの幕府直轄都市の町役人などの町人たちが、将軍に御目見をした。町役人のみならず、江戸の銀座年寄、糸割賦年寄なども同時に御目見をしていた。

将軍代替とは、前将軍の葬儀、代替りの御礼、将軍宣下から成る儀礼のことである(岩橋清美「将軍代替り儀礼の社会的意義」『東京都江戸東京博物館研究報告』八、二〇〇二年)。年頭と同様に、代替の御礼時にも大名たちは、将軍に御目見をした。町役人たちも年始参上と同様に御目見をしている。こちらも格式・身分に応じて将軍に御目見をする日、場所などが決まっていた。この時には、町入能も行われた。町入能とは、将軍宣下後に朝廷からの勅使の饗応のために江戸城表向の白洲で行われた能のことであり、江戸の町人たち約五千人にも特別に拝見が許された。町入能は、将軍代替時のみならず、将軍継嗣の誕生、元服、婚姻時、日光参詣時などにも行われた。

天下祭とは、六月十五日の日吉山王神社の祭礼と九月十五日の神田明神社の祭礼のことである(木下直之・福原敏雄編『鬼がゆく―江戸の華神田祭―』平凡社、二〇〇九年)。両祭は、ともに神幸の行列が江戸城内に入り将軍の上覧を得たことから、その名が付いている。上覧回数は、江戸時代を通して、確認できるのが、山王祭が七十一回、神田祭が三回であった。将軍の上覧場所は、神田祭の場合、江戸城吹上郭の北端にあったとされる。山王神社は徳川家の産土神、神田明神社は江戸の総鎮守であったために、将軍の上覧を受けたのであった。なお、六代家宣の産神であった根津神社の祭礼も正徳四年(一七一四)に一度江戸城内で将軍の上覧があった。

このように将軍と民衆はさまざまな場面で接点があった。しかし、いずれの場面においても研究の蓄積は多くないのが現状である。将軍の行列と民衆との関係を検討したものを踏まえ、その意義を念頭に置くと、当然殿中儀礼における民衆との関係も考えるべきであり、それは多くの影響を民衆に与えたであろう。その中でも圧倒的に回数が多かったのが将軍年始参上であると考えられる。将軍年始参上は、毎年江戸城にて行われていた。将軍代替は幕府の最重要儀礼の一つであったが、当然その回数は将軍の数しか行われない。町入能も正確な回数は判然としないが、毎年定期的に行われるものではなく、将軍年始参上ほどは多くないであろう。天下祭の上覧回数は、先にみたとおりである。それぞれの事柄について民衆との関係について詳細に考える必要があり、量のみではなく質も重視するのはもちろんであるが、江戸幕府の儀礼の基本的な意味は、服属儀礼にあるということを想起すると(小宮木代良『江戸幕府の日記と儀礼史料』吉川弘文館、二〇〇六年)、将軍年始参上が年中行事の一つとして定期的に行われていたということは重要である。それをまずは分析するのが肝要であろう。

3　町人の将軍年始参上

町役人たちを含む町人の将軍への年始参上は、先述の通り、毎年正月三日に江戸城白書院にて行われていた。従来の研究では、町人たちの将軍年始参上は、概説的に触れらている程度のものであったが、近年では新たな研究が出てきている。京都の場合では、都市秩序の変容過程を明らかにするなかで、将軍への年始参上を含む統一権力との間の儀礼は、織豊政権から徳川政権を通じて京都の上京・下京といった惣町の枠組みを維持したものであったとされる（牧知宏「近世京都における都市秩序の変容―徳川将軍家に対する年頭御礼参加者選定にみる―」『日本史研究』五五四、二〇〇八年）。幕府直轄都市の一つである甲府の場合では、甲府町年寄と呼ばれる町役人たちが将軍年始参上を行い、彼らの由緒に将軍年始参上の由緒を積極的に取り込んでいった過程が明らかになっている（望月良親「甲府町年寄の由緒と将軍年始参上」大石学編『近世公文書論』岩田書院、二〇〇八年）。京都など五ヵ所糸割符たちの最高の身分格式・特権が、将軍年始参上であったという指摘もある（尾脇秀和「幕末期京糸割符の動向とその終焉」『日本史研究』五九九、二〇一二年）。このように少しずつ将軍年始参上の様子は明らかになっているが、いまだ充分なものとはいえない。例えば、町人たちの将軍年始参上にいかなる参加者があったのかなどの基礎的な事実も明らかになっていない。将軍年始参上の開始の契機、彼らが献上した物、地域社会への影響なども明らかにする必要があるであろう。

ここでは、どのような人物が将軍年始参上を行い、いかなる物を献上していたかを明らかにして、町人の将軍年始参上を踏まえた新たな近世社会像への寄与を試みたい（詳細は、望月良親「移動する将軍と町役人」大石学編『近世首都論』岩田書院、二〇一三年）。

将軍年始参上の参加者などを明らかにする前に、甲府を事例に将軍年始参上の行程をみていく。嘉永四年（一八五一）の将軍年始参上の場合である。嘉永三年十二月二十四日に、事前に献上物の準備などを入念にし、甲府の町役人である甲府町年寄は、甲府（山梨県甲府市）を出立した。甲州街道を行き、その日は花咲宿（山梨県大月市）に宿をとった。翌日二十五日は与瀬宿（神奈川県相模原市）に泊まり、二十六日には八王子宿（東京都八王子市）に到着した。二十七日には江戸に着き、甲府町年寄は、その足で支配役人である甲府勤番支配の屋敷に行き、到着の挨拶をした。甲府から江戸へは、四日かかった。

翌二十八日には、町役人の年始参上を管轄している寺社奉行へ宿泊先の報告などをした。同日には、前甲府勤番支配屋敷にも挨拶に出向いている。二十九日には、殿中での行動を恙《つつが》なく行えるように幕府の御城坊主に挨拶に行っている。翌晦日には、上野の浅草観音などに参詣に行き、買物などをしている。

年が明けると、元旦には江戸の総鎮守である神田明神に参詣している。御目見の前日、二日には、寺社奉行屋敷に行き、御目見の打ち合わせをした。そして、三日には、江戸城白書院で、江戸の町年寄などとともに十二代将軍家慶に御目見をした。当日中には、老中、若年寄、御側御用取次などの屋敷に年始参上の御礼の挨拶に行っている。なお、白書院とは、江戸城大広間や黒書院と同様に儀礼が執り行われた場所であり、玄関に最も近い大広間で一番公的な行事が行われ、白書院は大広間と黒書院の中間的位置であった。

その後、甲府町年寄は、前の甲府勤番支配の屋敷に行ったり、日本橋・浅草などで買い物をして過ごした。正月十三日に江戸を出立し、十四日は犬目宿(山梨県上野原市)泊、十五日は鶴瀬宿(山梨県甲州市)に泊まり、十六日に甲府に到着した。実に二十四日間に及ぶ旅であった。

4 将軍への贈り物と御目見

将軍年始参上は、寛永年間(一六二四―四四)以降に確立され、都市や集団ごとに参上する人物の役職、参上に掛かった経費の負担方法、参上時の献上品などさまざまな違いがあり、一様ではなかった。まずは、幕府直轄都市の様子である。ここでは、各都市ごとに献上物の種類と参上者を書き上げた。主に十八世紀以降の様子である。

①江戸　惣町(熨斗百把・樽酒二斗入十)、町年寄三人(熨斗三把・扇子五本)、名主百七人・角屋敷町三十八人(扇子三本)

②京都　上京惣町(熨斗目三十端)、上京年寄惣代(唯紋綾縞二端)〈年寄二人・町代四人〉、下京惣町(熨斗目三十端)、下京年寄惣代(唯紋綾縞二端)〈年寄二人・町代四人〉

③大坂　惣町(緋縮緬十五巻・白紗綾十五巻)〈惣代二人〉、惣年寄二人(白紗綾二巻宛)

④堺　　惣町〈京織白飛垣紗織二十端〉〈惣代一人〉、惣年寄二人〈京織白飛垣紗織二端宛〉
⑤奈良　惣町〈晒布二十疋〉〈年寄二人〉
⑥伏見　惣町〈桃宮五端・黒段五反〉〈年寄二人〉
⑦甲府　惣町〈熨斗目〉〈甲府町年寄一人〉
⑧長崎　惣町〈紅白縮緬十端〉〈長崎町年寄一人〉

江戸では、惣町として「熨斗百把」などを献上し、町年寄三人が将軍に御目見をして「熨斗三把」を献上し、名主百七人と角屋敷三十八人が御目見をして「扇子三本」を献上していたということである。以下、長崎の町役人たちまでの将軍年始参上の様子である。献上物、人数など都市ごとに格があったことがわかる。献上物から、直轄都市の将軍年始参上の格式には、大きく四つに類型化できる。㈠江戸（惣町、町年寄、名主・角屋敷）、㈡京都（上下惣町、上下年寄・町代）、㈢大坂・堺（惣町・惣年寄）、㈣奈良・伏見・甲府・長崎（惣町）である。幕府は、大名たちだけではなく、都市間にも序列を付け、その支配を行なっていたといえよう。ただし、幕府直轄都市であっても、駿府のように将軍年始参上は行わず、将軍代替御礼だけをするという都市もあり、すべての幕府直轄都市の町役人たちが行なっていたのではなかった点には注意する必要がある。

また、近江国大津は、幕初から直轄都市であり、将軍年始参上を行なっていた。しかし、安永元年（一七七二）に京都町奉行支配から大津代官支配になり、地方《じかた》として扱われるようになったが、引き続き幕末まで将軍年始参上を行なっていた（惣年寄・町代一名宛、高宮布献上）。直轄都市以外では、下野国宇都宮は、大津とは違い幕領でさえもなかったが、町年寄たちは将軍年始参上を行なっていた。家康により宇都宮町が地子免許をされたことによって将軍御目見がはじまったとしている（献上物は蠟燭二百挺）。将軍年始参上は、幕府の直轄都市に留まらず、将軍との関係の中で行われるものであり、幕領か藩領かというのを問うものではなく、幕府の全国政権としての性格が窺える。他にも淀川の水運を支配した淀過書の役人である年寄三人（献上物・惣中色羽二重十疋、年寄白紗綾一巻宛）、大坂・京都などの糸割符年寄などが将軍年始参上を行なっていた。詳細は不明であるが、銀座・朱座の役人や幕府の御用達商人も正月三日に幕府直轄都市の町役人などと将軍年始参上をしていた。

　このように幕府直轄都市の町役人のみならず多くの町人たちは、正月になると江戸を目指し、将軍へ御目見をした。正月に武士のみならず、全国の町役人をふくむ町人たちが江戸城を目指していたのであった。甲府や宇都宮といった都市の町人たちは、幕府の正史である『徳川実紀』などの将軍年始参上の記述にも現われない。記述されるのは奏者番に名前が将軍に披露される者のみであると考えられ、将軍年始参上をしていた町人たちは、今後の調査によって、より増える可能性がある。正月三日に江戸城に登り、将軍に御目見をした町人は、江戸の名主に限っても百人を超えており、それらの者たちが将軍年始参上を二百六十年間近く繰り返してきた。先にも述べたとおり、武家社会における、江戸城内での儀礼の意義を想定するまでもなく、町人にとっての江戸城での儀礼を考える必要があろう。殿中での儀礼の様子からはじまり、道中、在地・幕府側の準備の様子、地域社会への影響など、種々の課題がある。まずは、今回のように全体をサーヴェイするとともに、焦点を一つの都市に絞り歴史的変遷を追う必要がある。地域での都市社会の構造を明らかにする動向が顕著である近年の都市史研究を踏まえ、政治史とリンクさせることにより、全国支配の中心としての新たな首都江戸、新たな近世国家・社会がみえるであろう。

初代　徳川家康

徳川家康画像　紙本着彩。東照宮《とうしょうぐう》御影《みえい》。「慶安元年戊子年極月十六日御開眼上意、十七日拝礼可被成」の箱書がある。家康命日の４月17日、歴代将軍と近親者が、毎年拝礼したとされる。束帯から家康晩年の姿とみられる。背景は松、竹と白鷹。

徳川家康（とくがわいえやす）　一五四二―一六一六

江戸幕府の初代将軍。一六〇三―〇五在職。太政大臣。三河国岡崎城主松平広忠《まつだいらひろただ》の子として、天文十一年（一五四二）十二月二十六日に生まれる。蟇目役《ひきめやく》は石川清兼《いしかわきよかね》、胞刀《えながたな》は酒井政親《ちか》。幼名は竹千代。長じてのち、信元、元康、家康と改める。母は同国刈谷城主水野忠政《みずのただまさ》の娘お大（於大、伝通院）。松平広忠・水野忠政ともに今川方に属していたが、水野家は忠政の子の信元《のぶもと》が当主になると今川氏に背いて対立する織田方に転じたため、お大は離別されて三歳の竹千代を残して刈谷に帰り、のち尾張国阿久比《あぐい》城主久松俊勝《ひさまつとしかつ》に再嫁した。その後、幼少の竹千代を養育したのは、祖父松平清康《まつだいらきよやす》の姉於久（随念院）であったという。天文十六年、織田信秀《おだのぶひで》の安城城侵攻により、広忠は今川義元《いまがわよしもと》に援助を要請。義元の要求により、竹千代は六歳で今川家に人質として送られることとなった。しかし、今川家へ送られる途中、継母真喜姫の父で三河国田原城主の戸田康光《とだやすみつ》に奪われ、織田信秀のもとに送られる。天文十八年に父広忠が没すると、今川義元は太原雪斎《たいげんせっさい》らを派遣して岡崎城を接収するとともに、安城城を攻略して、信秀の子で信長の庶兄である城主織田信広《のぶひろ》を捕えた。この信広との人質交換によって、竹千代は帰されたが、ついで駿府に移ることとなった。弘治元年（一五五五）三月には元服して、義元より一字を与えられて次郎三郎元信と称した。冠者は今川義元、理髪は今川家一族の関口義広《せきぐちよしひろ》が行なった。弘治三年、関口義広の娘（築山殿）と結婚した。翌年までの間に元康と改名。永禄三年（一五六〇）五月の桶狭間の戦いの際には、丸根砦の攻略、敵中に孤立した大高城（名古屋市）への兵糧入れに成功している。今川義元が敗死したことを機に、岡崎の大樹寺に入り、のち今川勢が退去した岡崎城に入って自立した。翌年には織田信長と和睦。駿府にいた正室築山殿と子の信康・亀姫は、永禄五年に東三河の西郡上之郷城主で今川氏真《いまがわうじざね》の従兄弟にあたる鵜殿長照《うどのながてる》を討ったのち、その二子と交換されて岡崎に移った。同年に清洲で信長と会見し、翌六年には、義元の偏諱である「元」の字を捨てて、家康と改名した。また、嫡男信康と信長の次女徳姫との婚姻が三月に成立しており、今川家からの離別、戦国大名としての自立化がなされることとなった。同年秋から翌七年はじめまで、三河の一向一揆が勃発している。この一揆は、従来、一向宗寺院の不入特権を家康の家臣が侵害したことが発端とされていたが、本願寺教団が掌握する水運・商業などを押さえるため家康側から誘発したものとの説も出されている。また、一向宗門徒の多かった松平家中では、一族が家康方と一揆方に分かれて相対した例も多く、戦後には松平家を退去した者も多い。同一揆が鎮まったのち、東三河の平定が進められる。なお、従来、同七年六月ごろには吉田(豊橋)城と田原城の両城を攻略したとされていたが、両城の攻略は翌八年三月ごろとすべきとの指摘がある。同八年には吉田城に城代として酒井忠次《さかいただつぐ》を置き、東三河の支配を委ね、さらに同九年には牛久保城(愛知県豊橋市)の牧野《まきの》成定《なりさだ》が帰順したことにより、東三河から今川方の勢力を一掃することに成功した。また、同九年十二月には松平から徳川に改姓し、氏も藤原(のち源氏)に変更することによって、朝廷より従五位下三河守に叙任されている。なお、通説では、同八年あるいは同十年ごろに、本多重次《ほんだしげつぐ》・高力清長《こうりききよなが》・天野康《あまのやす》景《かげ》の三人を奉行に任命して(いわゆる三河三奉行)、三河支配にあたらせたとされてきたが、実際の奉行人は三人に限られたものではないとの指摘がある。同十一年十二月、武田信玄に呼応して、家康は本坂峠を越えて遠江に出兵。同時に信玄も駿府を攻略しているが、北条方のすばやい対応により駿河の戦局は停滞していく。一方で徳川家は順調に遠江を平定していった。従来、大井川を境に、駿河を武田家、遠江を徳川家が治めるとした約定が事前になされていたとされているが、武田方が遠江にも侵攻した形跡があり、必ずしも明確に線引きされたものではなかったようである。同十二年五月には今川氏真との間で和議が成立して掛川城が開城。今川氏真は義父北条氏康《ほうじょううじやす》のもとに落ちていったが、信玄に無断で和議を行なったため、のちに遺恨を残した。なお、氏真は北条氏政《ほうじょううじまさ》の子息国王丸(のちの北条氏直《ほうじょううじなお》)を養子として今川の名跡を継がせたという。この掛川城開城により、遠江はほぼ平定された。元亀元年(一五七〇)家康は信長とともに上洛。四月にはともに越前朝倉攻めに向かうが、浅井長政《あさいながまさ》の裏切りにより一旦退却し、岡崎城に帰還した。同年六月には、再び信長とともに浅井攻めに向かい、いわゆる姉川の戦いにより浅井・朝倉連合軍を破っている。同月、遠江の引馬《ひくま》に築城して浜松と改め、居城をこの浜松に移すとともに、岡崎は嫡男信康に譲っている。当初は同国の国府が置かれていた見附(静岡県磐田市)に居城を移す計画であったが、信長の意見により浜松に変更になったという。さらに同年十月には上杉輝虎(謙信)と同盟を結び、信玄との断交を誓っている。元亀二年、武田・北条間で甲相同盟が復活、翌三年には、信玄が西上に向けて大規模な軍事行動を起こし、遠江・三河・飛騨などに武田軍が侵入している。同年十二月には、駿河より侵攻した信玄との間で、いわゆる三方原の戦いが行われ、家康は大敗し、多くの家臣を失って浜松城に逃げ帰った。みずからへの戒めのため、その時の情けない姿を描かせたとされる画像が残っている(徳川美術館所蔵)。天正元年(一五七三)四月に信玄は死去。翌二年には、信玄の跡を継いだ武田勝頼《たけだかつより》の攻勢が活発となり、遠江の高天神城《たかてんじん》(静岡県掛川市)が攻略される。同三年、武田勢が三河に侵入し、同年五月のいわゆる長篠の戦いで織田・徳川連合軍に大敗すると、織田・徳川方が反攻し、美濃・遠江の武田方の諸城を落としている。この後も勝頼との対立は続いたが、天正七年に越後で勃発した、上杉謙信の後継を巡る御館《おたて》の乱に勝頼が介入したことにより、武田・北条間の甲相同盟が破棄されたため、家康は北条家と連携し武田勢を東西両面から挟撃し、ついに天正九年に至って高天神城を陥落させ、ようやく遠江全域を支配下に入れた。この間、同七年には、武田方との内通を疑われた正室築山殿と嫡男信康が、それぞれ殺害および切腹に至るという事件が起こっている。同十年三月、信長の武田家攻略に伴い、家康は武田家の親族である穴山信君《あなやまのぶきみ》(梅雪)を降して駿河から甲斐に侵攻し、戦後に駿河を領国に加えた。同年六月に本能寺の変が起ったとき、家康は穴山信君とともに和泉国堺にいたが、宇治田原・信楽《しがらき》・伊賀を経て(伊賀越え)、伊勢から船で岡崎に帰った。なお、別行動をとった穴山信君は途中で殺害されている。家康は信長の弔い合戦のため出陣するが、やがて山崎の戦いで明智光秀が敗れたことが羽柴秀吉から報じられたため、浜松へ帰陣。翌七月に、混乱状態にある甲斐・信濃に出兵し、八月に甲斐の新府城《しんぷ》(山梨県韮崎市)を押さえ、若神子城《わかみこ》(山梨県北杜市)に陣を張った北条家と対陣した。同十月には和議を結び、甲斐都留郡と信濃佐久郡を徳川領、上野国を北条領とすることでまとまり、甲斐・信濃(東・南部)に対する支配権を得た。また、次女督姫を北条氏直の正室として嫁がせることとなった。天正十二年、秀吉と対立した織田信雄《おだのぶかつ》の要請を受け出陣。尾張の小牧山を本陣として、秀吉の軍勢と対峙した。長久手での戦いでは大きな勝利を得たが(小牧・長久手の戦い)、その後は主力同士の戦いはなく、秀吉の工作により信雄と秀吉との間で和議が成立したため、家康も兵を引いている。秀吉と講和ののち、人質として家康の次男於義丸(のちの結城秀康《ゆうきひでやす》)と石川数正《いしかわかずまさ》・本多重次の子息が差し出されている。同十四年になると、秀吉の妹の旭姫(南明院)と家康との婚儀が五月に行われ、さらに同年十月には旭姫の見舞いと称して秀吉の老母(大政所)が人質として岡崎へ送られたため、家康も上洛を決意。同月二十七日に大坂城で秀吉に臣従の礼をとった。また、同年十二月に五ヵ国経営と北条家対応のため駿府に本拠を移している。これ以後、領内統治を推進し、同十七年には支配下の五ヵ国で総検地を実施して、検地結果を踏まえた年貢・夫役に関する七ヵ条の定書を下すなど、領国支配体制の一層の進展を図っている。なお、家康は同十五年には従二位権大納言に昇進している。同十八年に秀吉の小田原攻めに従軍し、北条家が滅びると、北条家の旧領である伊豆・相模・武蔵・上総・下総の全域、上野の大半、下野の一部への転封が秀吉より命じられ、家康はこれに従って、江戸を本拠と定めた。すでに七月二十日ごろには江戸城に入っていたようであるが、八月一日を以て正式に江戸入城の日とし、こののち八朔《はっさく》は関東入国を記念する日とされた。新領国は近江などに散在する約十万石を合わせると、二百五十万石余りに達し、豊臣政権下で最大の大名となった。翌十九年には葛西大崎一揆鎮圧のため陸奥に出兵を命じられ、豊臣秀次らとともに出陣。文禄元年(一五九二)からの朝鮮出兵では渡海せず肥前名護屋(佐賀県唐津市)に在陣したのみであったが、前田利家《まえだとしいえ》とともに秀吉の渡海を引き留めたという。同四年の秀次事件に際して出された起請文では、同時に連署した毛利輝元《もうりてるもと》・小早川隆景《こばやかわたかかげ》の「坂西」に対して家康には「坂東」の仕置きが委ねられ、また、慶長三年(一五九八)、秀吉は死に際して、政務を家康に、豊臣秀頼の補佐を前田利家に託しており、同年に設置された五大老制においては筆頭となった。官位も慶長元年には正二位内大臣に昇進している。秀吉が没したあと、家康は伊達政宗《だてまさむね》や福島正則《ふくしままさのり》・蜂須賀家政《はちすかいえまさ》らと姻戚関係を結び、ほかの大老・奉行が抗議する事態となり、石田三成らとの間に対立が深まった。また、同四年には、前田利家の死や、いわゆる豊臣七将の三成襲撃事件などが勃発したことにより、五大老・五奉行による集団指導体制が崩壊し、家康の主導による豊臣公儀の運営がなされていく。翌五年九月の関ヶ原の戦いに勝利したことにより、武家政権の代表者としての地位を獲得。ただし、秀頼らへの戦勝報告を行なっており、名目上は豊臣公儀の枠中である。同八年二月十二日、家康は征夷大将軍に補任され、従一位右大臣に昇進。江戸に幕府(徳川公儀)を開き、豊臣公儀を相対化していく。同十年四月十六日、将軍職を子の徳川秀忠に譲り、将軍職が徳川家に世襲されるべきものであることを示すとともに、その後も大御所とよばれて実権を掌握。同十二年からは駿府に居城を移し、朝廷・寺社関係や外交、および貨幣・交通など、全国的な政務を統轄するなどいわゆる大御所政治を行い、江戸の将軍と並び、二元的な政治体制をなした。同十六年には京都の二条城で豊臣秀頼と会見し、徳川公儀が豊臣公儀に優位するものであることを示し、ついで同十九年から翌元和元年(一六一五)にかけての冬夏二度の大坂の陣によって豊臣家を滅ぼした。また、同じ元和元年には、『武家諸法度』と『禁中并公家諸法度』とを制定させて、幕府の支配体制の基礎を固めた。翌二年正月、家康は鷹狩に出た際に発病。同年三月には病身ながら勅使を迎え、太政大臣に任官。同年四月十七日に駿府城にて七十五歳で病死した。辞世の句は「嬉やと二度さめて一眠りうき世の夢は暁のそら」または「先にゆき跡に残るも同じことつれて行ぬを別とぞ思ふ」とされる。遺言により、同夜に久能山に遺体を移し、梵舜《ぼんしゅん》が吉田神道(唯一神道)による神式で葬った。のち家康の神号を「大明神」号にするか「権現」号にするかを巡って問題化したが、結局、天海《てんかい》の主張により天台系の山王一実神道に基づき、東照大権現の神号が勅許されて、翌三年四月には下野の日光山に改葬された。

家康は、幕藩体制を確立し、徳川の平和と呼ばれる、こののち二百六十年余りに及ぶ大規模な戦争のない平和な社会秩序を成立させており、大きな歴史的役割を果たしたといえる。

自身は、健康な身体に恵まれ、また武術にも優れ、野戦にも強く、海道一の弓取りとも称されたとされる。また、鷹狩を好んだようであり、鷹狩に関する逸話も多い。さらに、みずから薬を調合して家臣らに与えるなど、健康面に特に気を遣っていた様子も窺われる。

家康の家臣団には優れた家臣も多いが、家臣ではない僧侶の天海・以心崇伝《いしんすうでん》らを寺社や朝廷対策・外交などに、また茶《ちゃ》屋四郎次郎《やしろうじろう》や後藤庄三郎《ごとうしょうざぶろう》・角倉了以《すみのくらりょうい》などの豪商、ヤン＝ヨーステンやウィリアム＝アダムスなどの外国人らも活用しており、身分にかかわらず多くの有能な人材を掌握していた。さらに、学問を好み、自身は史書を通じて唐の太宗や源頼朝を尊敬していたとされるが、藤原惺窩《ふじわらせいか》や林羅山《はやしらざん》らを招いて講義を聞き、学問を奨励して多くの文化人とも交流を持つとともに、古書や古記録を蒐集させ、五山の僧に書写させて写本を作成し(慶長写本)、また『孔子家語』『貞観政要』『吾妻鏡』『大蔵一覧』『群書治要』などを活字版で刊行(慶長古活字本)させているなど、文化面での功績も見逃せないものとなっている。

参考文献　『徳川実紀』(『新訂増補国史大系』、吉川弘文館、一九六四—六六年)、大久保彦左衛門『三河物語』(『日本思想大系』二六、岩波書店、一九七四年)、松平家忠『家忠日記』(『増補続史料大成』一九、臨川書店、一九七九年)、『松平記』(久曾神昇編『三河文献集成』中世編、国書刊行会、一九八〇年)、『朝野旧聞裒藁』(『内閣文庫所蔵史籍叢刊』特刊一、汲古書院、一九八二—八四年)、中村孝也『徳川家康文書の研究』(日本学術振興会、一九五八—六一年)、北島正元『江戸幕府の権力構造』(岩波書店、一九六四年)、中村孝也『家康伝』(講談社、一九六五年)、同『家康の臣僚』(人物往来社、一九六五年)、同『家康の族葉』(講談社、一九六八年)、同『家康の政治経済臣僚』(雄山閣出版、一九七八年)、煎本増夫『幕藩体制成立史の研究』(雄山閣出版、一九七九年)、小和田哲男編『徳川氏の研究』(『戦国大名論集』一二、吉川弘文館、一九八三年)、所理喜夫『徳川将軍権力の構造』(吉川弘文館、一九八四年)、平野明夫『三河松平一族』(新人物往来社、二〇〇二年)、徳川義宣『新修徳川家康文書の研究』一・二(徳川黎明会、二〇〇六年)、大石学・佐藤宏之・小宮山敏和・野口朋隆編『家康公伝』一―五(『現代語訳徳川実紀』、吉川弘文館、二〇一〇―一二年)、本多隆成『定本徳川家康』(吉川弘文館、二〇一〇年)、藤井讓治編『織豊期主要人物居所集成』(思文閣出版、二〇一一年)

(小宮山敏和)

〔家族〕

松平広忠（まつだいらひろただ）　一五二六―四九

徳川家康の父。幼名千松丸、仙千代、次郎三郎。父は松平清康、母は青木定景(または守隆)の娘。正室は水野忠政の娘於大(伝通院)、のちに渥美郡田原城主戸田康光の娘。大永六年(一五二六)山中城(愛知県岡崎市)生まれ。天文四年(一五三五)十二月に、父清康が守山崩れにて殺害されたため、十歳で家督を継いだ。しかし、一時一族の松平信定が岡崎城を奪取し、広忠を追放したため、伊勢・遠江国などを流浪。二年後の天文六年六月今川義元の援助により、岡崎に帰還を果たした。以後、通説では今川義元の下で活動し、松平家の権力は解体されたとされている。しかし近年は松平氏を前提とした支配体制が三河で確立されていたことが改めて明らかにされ、一方では軍事関係や儀礼的な側面からは、家康を人質に送った天文十七年以降から今川氏との間で主従関係が確認されるといった実態が指摘されている。こうした今川氏との関係を背景に、尾張の織田信秀と抗争を繰り返した。天文十二年には、妻於大の兄水野信元が織田方に寝返ったため、於大を離縁し今川家への忠節を示している。また天文十六年八月には、竹千代(家康)を義元へ人質として送るが、途中で舅である戸田康光に奪われ信秀の手に渡されるなどの事件が発生している。この苦境は天文十七年ごろから次第に好転し始める。しかし、その最中の天文十八年三月六日死去。織田方の佐久間九郎左衛門尉(全孝)の刺客岩松八弥に刺殺されたという。二十四歳だった。岡崎城外能見原《のみはら》で茶毘に付され、大樹寺に葬られた。法名慈光院殿応政道幹大居士。のち永禄四年(一五六一)に茶毘に付した地に家康が能見山松応寺(愛知県岡崎市)を建立している。その後、慶長十六年(一六一一)三月二十二日には、従二位権大納言を追贈されている(『大日本史料』一二ノ七)。この時家康は、太政大臣への任官を辞退するかわりに、徳川氏の祖新田義重ならびに父広忠への追贈を求めたとされる(『台徳院殿御実紀』巻一五)。また、広忠三百回忌にあたる嘉永元年(一八四八)将軍徳川家慶の時、正一位太政大臣と、院号「成烈院」が贈られた(『慎徳院殿御実紀』巻一四)。

参考文献　『新編岡崎市史』二(一九八九年)、平野明夫『徳川権力の形成と発展』(岩田書院、二〇〇六年)、『新編安城市史』一(二〇〇七年)、平野明夫『三河松平一族—徳川将軍家のルーツ—』(『MC新書』、洋泉社、二〇一〇年)

(山田　将之)

伝通院　(でんづういん)　一五二八—一六〇二

徳川家康の生母。於大の方。松平広忠《まつだいらひろただ》室。のち久松俊勝《ひさまつとしかつ》の室。三河刈谷城主水野右衛門大夫忠政の娘。母は大河内元綱《おおこうちもとつな》養女お富。享禄元年(一五二八)生まれ。天文十年(一五四一)に広忠に嫁ぎ、翌年家康が生まれる。この婚姻は、当時三河国安城まで進出した織田信秀への対抗のため、水野氏との連合を狙った政略結婚であった。なお『松平記』など、広忠と於大は義理の兄妹とする記録も見受けられるが、これは誤りとみられる。その後、天文十二年九月に、広忠と離縁。その理由は同年七月十二日に父忠政が亡くなったのち、その跡を継いだ兄信元が、今川方から織田方に従ったためである。当時松平家は、今川方につき織田方と対抗関係にあったため、今川氏との友好を重んじた結果、水野家との姻戚関係を解消せざるを得なかったとみられる。同時に形原《かたのはら》松平家広の室で於大の姉もこのとき離縁されている。この水野家との連合関係の解消は、周辺諸国にも大きな影響を及ぼした。とりわけ美濃斎藤家とは、連携して織田家へ対抗していたため、今回の解消について斎藤道三が「不可然候」としていることからも、危機感を募らせていた様子がうかがえる。離縁の後、於大は知多郡阿久比《あぐい》(愛知県知多郡阿久比町)の久松俊勝の妻となり、のちの松平康元、松平勝俊(または康俊)、松平定勝など三男四女をもうけたとされる。慶長七年(一六〇二)八月二十九日に、七十五歳で京都伏見城において死去。小石川伝通院(東京都文京区)に葬られた。法名は伝通院殿蓉誉光岳智光大禅定尼。

参考文献 『徳川諸家系譜』一(続群書類従完成会、一九七〇年)、『新編岡崎市史』二(一九八九年)、平野明夫『徳川権力の形成と発展』(岩田書院、二〇〇六年)、『安城市史』一(二〇〇七年)
(山田　将之)

西光院(さいこういん)　?—一五七九

徳川家康の正室。築山殿《つきやまどの》。瀬名姫、駿河御前とも呼ばれる。父は今川家家臣関口親永《せきぐちちかなが》(義広)、母は今川義元の妹とされるが、井伊直平の娘で義元の側室となっていたものが義元の義妹として嫁いだという説もある。弘治三年(一五五七)、家康と結婚。松平信康《のぶやす》、亀姫をもうける。しかし、桶狭間以後、家康が今川方と敵対したため、岡崎城内への居住は認められず正室の地位から外されたとする指摘がある。天正七年(一五七九)八月二十九日、いわゆる信康・築山殿事件で家康により殺害された。岡崎城を出て遠江国富塚(静岡県浜松市)に至った際、家康の家臣、岡本平左衛門時仲、石川太郎左衛門義房、野中三五郎重政らによって殺害されたとされる。法名ははじめ西光院殿政岩秀貞大姉、のち清池院殿潭月秋天大姉。現在、静岡県浜松市中区広沢の西来院《せいらいいん》に廟がある。通説によれば、信康に嫁いだ織田信長の娘徳姫が、信康と姑築山殿の行状を父に報告したことにより、二人は信長の不興を被り、信康の切腹、築山殿の殺害に至ったとされる。しかしこの事件については、関連史料が乏しく、数少ない同時代史料の『家忠日記』でも、関連する記述は一切見られない。一方後世では、家康への配慮からか、信康・築山殿悪人説として語られることが多く、結局事の真偽は不詳である。近年では、家康の冷遇を恨んだ築山殿が信康を誘って武田に内通した謀叛説、家康・信康父子の離反をはかった武田方による謀略説、そして酒井忠次《さかいただつぐ》の讒言、あるいは信長が信忠の将来を憂い殺害を命じたとする冤罪説のおおむね三つの説が挙げられている。

参考文献 『徳川諸家系譜』一(続群書類従完成会、一九七〇年)、『新編岡崎市史』二、一九八九年)、平野明夫『徳川権力の形成と発展』(岩田書院、二〇〇六年)
(山田　将之)

南明院(なんみょういん)　一五四三—九〇

徳川家康の継室。天文十二年(一五四三)生まれ。父は織田信秀の同朋とされる竹(筑)阿弥(豊臣秀吉と同じく木下弥右衛門とする説もある)、母はなか(天瑞院、大政所)。豊臣秀吉の異父妹で羽柴秀長の妹にあたる。朝日姫《あさひひめ》(旭姫とも)と称す。家康との婚姻後は駿河御前と呼ばれた。前夫は佐治日向守《さじひゅうがのかみ》、副田吉成ほか諸説ある。徳川家康を上洛させるため、秀吉により夫と離縁の後、天正十四年(一五八六)大坂より浜松城へ入輿する。のち、家康が本拠を駿府に移したことにより同行。同十六年六月に大政所の病を見舞うため上洛し、その後聚楽第に留まる。同十八年正月十四日聚楽第にて死去、享年四十八。東福寺中南明院(京都市東山区)に葬られる。法名は南明院殿光室総旭大姉(南明院殿光室宗玉大禅定尼とも)。

参考文献　『徳川諸家系譜』一・二(続群書類従完成会、一九七〇・七四年)、中村孝也『家康の族葉』(講談社、一九六五年)、福田千鶴『江の生涯』(『中公新書』、中央公論新社、二〇一〇年)　(淺井千香子)

竜泉院(りゅうせんいん)　一五六二―八九

徳川家康の側室。お愛(於相)の方、西郷殿、西郷局など。永禄五年(一五六二)生まれ。家康につかえるまでには諸説あり不明な点が多いが、三河国の西郷清員《さいごうきよかず》の養女として、天正六年(一五七八)岡崎城の奥勤となる。同七年四月七日浜松にて、のちに江戸幕府二代将軍となる徳川秀忠を、同八年九月、松平忠吉を生む。正室築山殿の死去後は、妻妾の中で第一位の立場に置かれていたが、同十四年に朝日姫《あさひひめ》を正室として迎えたため、表向き、お愛を正室の扱いとすることができなくなったとの指摘もある。同十七年五月十九日、駿府にて二十八歳で死去。何らかの事件に巻き込まれて命を落としたようである。竜泉寺(静岡市葵区)に葬られ、竜泉院殿松誉貞樹大姉と号した。寛永五年(一六二八)、秀忠の代に贈位がなされたが、『徳川幕府家譜』ほかでは正一位、『徳川実紀』では『東武実録』などを典拠に従一位とする。宝台院殿一品大婦人松誉貞樹大禅定尼と改号され、竜泉寺も金米山宝台院となった。

参考文献　『徳川諸家系譜』一・二(続群書類従完成会、一九七〇・七四年)、『新訂寛政重修諸家譜』六(続群書類従完成会、一九六四年)、福田千鶴『徳川秀忠―江が支えた二代目将軍―』(新人物往来社、二〇一一年)　(淺井千香子)

長勝院(ちょうしょういん)　一五四八―一六一九

徳川家康の側室。お万、小督局と称す。天文十七年(一五四八)生まれ。父は三河国池鯉鮒《ちりゅう》明神の社人(一説に伊勢山田の神職)永見志摩守吉英とされるが、田村意斎の娘とする説、大坂の住人村田意竹の娘とする説、永見吉英がのちに大坂に移り町医者として村田意竹を称したとする説もあり、判然としない。正室築山殿の侍女であったというが、天正二年(一五七四)二月八日、遠江国敷知郡有富美《うぶみ》(宇布見)村(浜松市)で於義《おぎ》丸《まる》(のちの結城秀康)を生む。なお、一説に双子であり、一子はすぐに死亡したとされる。また、出産時には本多重次《ほんだしげつぐ》または本多広孝《ほんだひろたか》の家老が関与していたともされる。慶長十二年(一六〇七)閏四月八日に秀康が没すると薙髪して長勝院と号す。元和五年(一六一九)十二月六日、越前北庄(福井市)で没す。享年七十二。孝顕寺（福井市）に葬られた。法名は、長勝院殿松室妙戒大姉。
参考文献 『徳川実紀』一（『新訂増補国史大系』、吉川弘文館、一九六四年）、『徳川諸家系譜』一・二（続群書類従完成会、一九七〇・七四年）
（原田　知佳）

妙真院（みょうしんいん）　一五七一―九一
徳川家康の側室。下山の方、おつま（於津摩）の局などと呼ばれる。元亀二年（一五七一）生まれ。父は武田氏の旧臣の秋山越前守虎康だが、穴山陸奥守入道梅雪の養女として、家康に仕えた。天正十一年（一五八三）、浜松において家康五男の万千代（武田信吉）を生んだ。同十九年十月六日に下総国で死去し、同国本土寺（千葉県松戸市）に葬られた。二十一歳。法名は妙真院殿日上。『徳川幕府家譜』では長慶院殿天誉寿清大姉、また良雲院殿と号すとある。子の信吉は水戸城主となるが、慶長八年（一六〇三）死去により、無嗣のため絶家となった。後年、信吉の甥にあたる徳川光圀は、かつて水戸を領していた信吉の母の墓が荒廃していることを憐れみ、その改葬を行なった。
参考文献 『徳川諸家系譜』一・二（続群書類従完成会、一九七〇・七四年）、中村孝也『家康の族葉』（講談社、一九六五年）
（岩﨑　里子）

蓮葉院（れんよういん）　？―一六〇六
徳川家康の側室。西郡局。生年不詳。父親については今川義元旧臣である三河上之郷城主鵜殿長持《うどのながもち》とされるが、ほかに鵜殿長祐、同長忠など諸説ある。出自が鵜殿家であることは、墓碑などが鵜殿氏と関係が深い長応寺（東京都品川区）ほかにも置かれたことから確実であろうが、世代には混乱がある。永禄八年（一五六五）、岡崎城で家康次女督姫《とくひめ》（良正院）を生む。慶長十一年（一六〇六）五月十四日、伏見で没し、京都本禅寺に葬られた。法名は、蓮葉院日浄。
参考文献 『徳川実紀』一（『新訂増補国史大系』、吉川弘文館、一九六四年）、『新訂寛政重修諸家譜』一二（続群書類従完成会、一九六五年）、中村孝也『家康の族葉』（講談社、一九六五年）、『徳川諸家系譜』一・二（続群書類従完成会、一九七〇・七四年）、秋元茂陽『徳川将軍家墓碑総覧』（パレード、二〇〇八年）
（原田　知佳）

朝覚院（ちょうかくいん）　？―一六二一
徳川家康の側室。茶阿局《ちゃあのつぼね》。名を「八」とするものもあるが、娘が「於八」と称されることから、混同された可能性が指摘されている。生年不詳。父は花井氏とも山田氏とも山田之氏ともされるが、不詳である。前夫が山田氏とされ、また娘の嫁ぎ先が花井氏であるため、混同が生じたと思われる。また、河村氏とする説もある。遠江金谷村《かなや》(静岡県掛川市)の鋳物師(または農夫)の妻であったといわれ、一女(於八)をもうけるが、前夫は事件に巻き込まれ殺害されたという。一説には、放鷹中の家康に事件を訴え出たことが縁になったともいわれている。文禄元年(一五九二)に浜松で辰千代(のちの松平忠輝)を、同三年に松千代を生んだとされているが、文禄元年に松千代・辰千代を双子として出産したとの説もある。元和二年(一六一六)に家康が没するにともなって落飾し、駿府から江戸へ移る。元和七年六月十三日(『幕府祚胤伝』では十二日)に没し、小石川の宗慶寺に葬られた。法名は、朝覚院殿貞誉宗慶大姉。

参考文献　中村孝也『家康の族葉』(講談社、一九六五年)、『徳川諸家系譜』一・二(続群書類従完成会、一九七〇・七四年)

(原田　知佳)

相応院　(そうおういん)　一五七三—一六四二

徳川家康の側室。石清水八幡宮の神職清水加賀守菅原清家の娘で、志水甲斐守宗清の養女となる。お亀の方と呼ばれる。家康八男の仙千代、九男徳川義直(尾張徳川家始祖)の母。天正元年(一五七三)生まれ。伏見において、文禄四年(一五九五)に仙千代、慶長五年(一六〇〇)に徳川義直を生んだ。また、義直に付属されて付家老を勤めた竹腰山城守正信は、相応院と前夫(竹腰正時)との間に誕生した子である。相応院は養珠院《ようじゅいん》、英勝院《えいしょういん》とともに家康の「女中三人衆」と呼ばれ、家康の正妻築山、継室朝日や秀忠生母が没した後、実質的に家康の妻の立場に置かれていたとの指摘もある。寛永十九年(一六四二)閏九月十六日、没す。七十歳。葬地は、寛永二十年、子の義直によって建立された妙亀山相応寺(愛知県名古屋市)。当初、江戸小石川の伝通院(東京都文京区)に葬られたが、のちに同寺に改葬されたとされる。法名は相応院殿信(心)誉公安大姉。

参考文献　『徳川実紀』三(『新訂増補国史大系』、吉川弘文館、一九六四年)、『徳川諸家系譜』一(続群書類従完成会、一九七〇年)、福田千鶴『徳川秀忠—江が支えた二代目将軍—』(新人物往来社、二〇一一年)

(岩崎　里子)

養珠院　(ようじゅいん)　?—一六五三

徳川家康の側室。於万《おまん》。蔭山殿《かげやま》ともいう。家康の十男頼宣《よりのぶ》・十一男頼房《よりふさ》の生母。天正五年(一五七七)生まれか。出自については諸説があるが、父は上総国勝浦城主の正木《まさき》邦時《くにとき》、母は北条氏堯《ほうじょううじたか》の娘。母の再縁により小田原北条家家臣の蔭山氏広《かげやまうじひろ》に養われたといわれる(蔭山氏広が実父ではないかという指摘もある)。天正十八年(一五九〇)に奥勤めとなり、慶長七年(一六〇二)三月に頼宣(紀伊徳川家の祖)、同八年八月に頼房(水戸徳川家の祖、英勝院の養子となる)を生む。相応院・英勝院とともに「女中三人衆」と呼ばれ、家康の正室築山・継室朝日や秀忠の生母が没したあと実質的に妻の立場に置かれていたとの指摘もある。家康の死後は剃髪して養珠院と号し、承応二年(一六五三)八月二十一日(一説に二十二日)に七十七歳(一説に七十四歳)で死去。甲斐国大野(山梨県南巨摩郡身延町)の本遠寺《ほんのんじ》に葬られる(『甲斐国志』)。法名は養珠院殿妙紹日心大姉。日蓮宗に帰依していた。

参考文献 『徳川諸家系譜』一・二(続群書類従完成会、一九七〇・七四年)、『新訂寛政重修諸家系譜』二・九(続群書類従完成会、一九六四・六五年)、大石泰史「養珠院お萬の方(一五七七?～一六五三)―紀州・水戸徳川家初代の生母となった正木氏の娘―」(『千葉文学』五四、二〇〇九年)、小山譽城「徳川頼宣の母養珠院について」(『南紀徳川史研究』九、二〇一〇年)、福田千鶴『徳川秀忠―江が支えた二代目将軍―』(新人物従来社、二〇一一年)

(大沢　恵)

英勝院 (えいしょういん)　一五七八―一六四二

徳川家康の側室。お加知の方、勝、お梶、お八などと呼ばれる。太田新六郎康資の娘。天正六年(一五七八)生まれ。十三歳の時、家康の側近として仕えるようになる。慶長十二年(一六〇七)正月に家康五女の市姫を産んだが、四歳で早世した。その死を悲しみ、弔いのため剃髪を願い出たが、許されなかった。悲嘆を慰めるため、家康の側室、お万の方が生んだ子(十一男の徳川頼房《とくがわよりふさ》、水戸徳川家始祖)の養育を命じられ、准母(養母)となる。家康の寵愛を受けたとみられ、家康の孫虎松(結城秀康の次男)を養子とし、外孫の振姫(次女督姫《とくひめ》と池田輝政の娘)の養育も任された。人物としては、聡明で倹約家な面もあったようで、垢のついた小袖を洗濯するように命じる英勝院に対し、侍女がいつも新品を着用するようにとすすめたところ、侍女たちを召し集めて贅沢を戒め、倹約の重要性を説いたというエピソードなどが伝わっている(『東照宮御実紀』付録巻二〇、ほかに同付録巻一八など)。また、相応院《そうおういん》、養珠院《ようじゅいん》とともに家康の「女中三人衆」と呼ばれ、家康の正妻築山、継室朝日や秀忠生母が没した後、実質的に家康の妻の立場に置かれていたとの指摘もある。家康の死後は英勝院と号す。寛永十九年(一六四二)八月二十三日死去し、鎌倉の英勝寺に葬られた。六十五歳。法名は英勝院殿長誉清春(奏)大禅定尼。

参考文献 『徳川諸家系譜』一・二(続群書類従完成会、一九七〇・七四年)、中村孝也『家康の族葉』(講談社、一九六五年)、福田千鶴『徳川秀忠―江が支えた二代目将軍―』(新人物往来社、二〇一一年)

(岩崎　里子)

良雲院（りょううんいん）　？―一六三七

徳川家康の側室。お竹と称す。生年不詳。父親は武田氏旧臣の市川昌永（あるいは昌清）、武田信玄など諸説あるが、旗本市川氏の家譜にも未記載のため、詳細は不明とされる。天正八年（一五八〇）、浜松で振姫を生む。『幕府祚胤伝』では同十年以後奥勤とするが、それでは振姫の生年と合わないため、それ以前より仕えていたと思われる。寛永九年（一六三二）、徳川秀忠の死去に伴い遺金として大判百枚を賜っているが、この金額から、相応院・英勝院らより格下の侍妾の扱いであったとの指摘がある。寛永十四年三月十二日、死去。浅草の西福寺に葬られた。法名は、良雲院天誉寿清大姉。

参考文献　『徳川諸家系譜』一・二（続群書類従完成会、一九七〇・七四年）、福田千鶴『徳川秀忠―江が支えた二代目将軍―』（新人物往来社、二〇一一年）　（原田　知佳）

正栄院（しょうえいいん）　？―一五九二

徳川家康の側室。おむす（牟須）。生年未詳。父は武田氏旧臣の三井十郎左衛門吉正。天正十年（一五八二）、奥勤めに上がる。文禄元年（一五九二）三月、家康に従って肥前名護屋へ供奉。同年、名護屋で出産するが難産のため母子ともに死去した。葬地は未詳であるが、『幕府祚胤伝』では唐津の浄泰寺かと推測している。ただし、現在では墓碑なども不詳のようである。法名は、正栄院感誉昌光大姉。

参考文献　『徳川諸家系譜』二（続群書類従完成会、一九七四年）、秋元茂陽『徳川将軍家墓碑総覧』（パレード、二〇〇八年）　（原田　知佳）

雲光院（うんこういん）　一五五五―一六三七

徳川家康の側室。須和《すわ》。弘治元年（一五五五）生まれ（『幕府祚胤伝』では二月十三日とする）。父は武田家家臣の飯田直政。今川家家臣の神尾忠重に嫁ぐが、その死後、家康に召された。阿茶局《あちゃのつぼね》と称し、奥向きの用向きなどを任され、戦場にも供奉した。慶長十九年（一六一四）の大坂冬の陣では、常高院（初、淀の妹、江の姉）とともに講和の使者を務めた。家康との間に子はなかったが、その才覚により活躍し、徳川家の中では相《そう》応院《おういん》・英勝院《えいしょういん》らと同格に位置付けられていたとの指摘もある。家康の死後はその命により剃髪しなかった。元和六年（一六二〇）、東福門院和子が入内する際には母親代わりとしてともに上洛。のちに従一位に叙せられ、神尾一位《かんおいちい》とも称された。徳川秀忠死去後に剃髪し、寛永十四年（一六三七）正月二十二日に死去、享年八十三。雲光院（東京都江東区、滝徳山高巌寺より改名）に葬られた。法名は雲光院従一位尼公正誉周栄大法女（雲光院殿従一位尼公松誉周栄大姉とも）。

参考文献　『徳川諸家系譜』一・二（続群書類従完成会、一九七〇・七四年)、中村孝也『家康の族葉』(講談社、一九六五年)、福田千鶴『徳川秀忠―江が支えた二代目将軍―』(新人物往来社、二〇一一年)

(淺井千香子)

清雲院（せいうんいん）　一五八一―一六六〇

徳川家康の側室。於奈津《おなつ》(お夏、阿夏とも)。父はもと伊勢北畠家家臣の長谷川藤直《はせがわふじなお》。兄の長谷川藤広《ふじひろ》は長崎奉行や堺奉行を勤めた。天正九年(一五八一)生まれ。慶長の初めごろに奥勤めとなる。家康の信頼が厚かったようで、遺金の預かり人の一人としてその名が見える(『久能御蔵金銀請取帳』)。家康の死後は剃髪して清雲院と号し、駿府から江戸へ移り、武蔵国中野に五百石の所領を与えられた(のちに百石十人扶持に改められる)。また江戸城三丸脇に屋敷を与えられ、明暦の大火で類焼すると小石川門内へ移り住んだ。伊勢国津城下(三重県津市)の西来寺《せいらいじ》の方丈、観音寺《かんのんじ》の鐘の寄進などに活動の跡が認められる。万治三年(一六六〇)九月二十日に八十歳で死去。伝通院(東京都文京区)に葬られる。法名は清雲院心誉光質大禅定尼。晩年に至るまで徳川家一門や幕閣の者から手厚く待遇されたようである。

参考文献　『徳川諸家系譜』二(続群書類従完成会、一九七四年)、中村孝也『家康の族葉』(講談社、一九六五年)

(大沢　恵)

養儼院（ようげんいん）　一五九七―一六二五

徳川家康の側室。お六。慶長二年(一五九七)生まれ。父は北条氏旧臣の黒田五左衛門直陣。家康側室お梶の方(英勝院)の出た太田氏とは、ともに北条氏に仕えた間柄であったため、お梶の部屋子となり、のちに側室となったという。慶長十九年の大坂冬の陣では家康に供奉。元和二年(一六一六)に家康が没すると尼になり養儼院と号した。田安比丘尼屋敷に住み、のち徳川秀忠の計らいで喜連川義親《きつれがわよしちか》に嫁したともいわれる。寛永二年(一六二五)三月二十八日、日光東照宮参拝時に没し、日光山中の養源院に葬られた。享年二十九。法名は、養儼院鑑誉心光大姉。

参考文献　『徳川諸家系譜』一・二(続群書類従完成会、一九七〇・七四年)、中村孝也『家康の族葉』(講談社、一九六五年)

(原田　知佳)

泰栄院（たいえいいん）　?―一六一九

徳川家康の側室。お仙。生年未詳。父は信濃国伊奈郡駒場村(長野県下伊那郡阿智村《あち》)の宮崎泰景で、武田氏旧臣とされる。天正年間(一五七三―九二)に召し出され、奥勤めとなる。元和五年(一六一九)十月二十五日、駿府で死去。藤枝宿の浄念寺に葬られたが、のちに故郷である信濃国駒場村の浄久寺に改葬された。法名は、泰栄院宗誉昌清大姉。

参考文献 『徳川諸家系譜』二(続群書類従完成会、一九七四年) (原田 知佳)

蓮華院 (れんげいん) 一五八六―一六四七

徳川家康の側室。於梅《おうめ》。父はもと近江佐々木六角家家臣の青木一矩。天正十四年(一五八六)生まれ。慶長年間(一五九六―一六一五)に奥勤めとなる。家康祖母華陽院(伝通院の母)の姪であるための召し出しという。その後、本多正純《ほんだまさずみ》の妻となるが、元和八年(一六二二)に正純が出羽国に配流されると、尼となり駿府に退居し、また京都や伊勢国山田(三重県伊勢市)へと移り住んだ。正保四年(一六四七)九月十一日に六十二歳で死去。梅香寺(三重県伊勢市)に葬られる。法名は蓮華院窓誉梅香大姉(または蓮華院窓誉梅香大禅尼)。

参考文献 『徳川諸家系譜』二(続群書類従完成会、一九七四年) (大沢 恵)

法光院 (ほうこういん) 生没年不詳

徳川家康の側室。お松と称したともいわれる。法名未詳。天正十年(一五八二)、家康四十一歳の時に松平民部を生む。しかし、「四十二の二つ子」の俗信を避け、民部は家康の次男結城秀康《ゆうきひでやす》の養子とされたという。その後、民部は秀康長男忠《ただ》直《なお》のもとで大坂の陣に出陣し軍功をたてるも、間もなく病死した。

参考文献 『徳川諸家系譜』二(続群書類従完成会、一九七四年) (原田 知佳)

松平重吉女 (まつだいらしげよしのむすめ) 生没年不詳

徳川家康の側室。生没年、法名など未詳。松平次郎右衛門重吉の娘。家康の侍女であったが、のちに松井《まつい》(松平《まつだいら》)忠次《ただつぐ》(康《やす》親《ちか》)に嫁したという(『寛政重修諸家譜』)。なお、康親の継室とする説(『寛政重修諸家譜』)とともに側室とする説(『武蔵川越松井家譜』)もある。子には嫡男康重《やすしげ》、忠喬《ただたか》がいる。『武蔵川越松井家譜』では、康重を家康の落胤であるとするが、康重の実母については異説を採って三河加茂氏の女とし、家康の侍女である同女が、家康の子を身ごもったのち康親の側室となったとする。康重については、出生ののち重吉の女の子として扱われたとしており、重吉の女が家康の侍女であったとの説は採用していない。

参考文献 『大日本史料』一一ノ四、天正十一年六月十七日条、『新訂寛政重修諸家譜』六(続群書類従完成会、一九六四年) (小宮山敏和)

小笠原権之丞生母 (おがさわらごんのじょうせいぼ) 生没年不詳

徳川家康の側室。京の三条某の娘という。法名未詳。家康との間に小笠原権之丞を儲けたとされる。権之丞は六男松平《まつだいら》忠輝《ただてる》より先に誕生したと伝わり、文禄元年(一五九二)以前には権之丞を生んでいたと考えられる。権之丞は出生後、小笠原広朝《ひろとも》の養子となるもキリスト教を信奉したため、慶長末年に家康から除封された。豊臣方の明石《あかし》掃部助守重《もりしげ》と親交があったことから大坂城に入り、夏の陣の際に天満橋にて戦死したとされる。

参考文献 『徳川諸家系譜』二(続群書類従完成会、一九七四年)

(原田　知佳)

その他の側室

『幕府祚胤伝』などでは、土井利勝《どいとしかつ》や内藤信成《ないとうのぶしげ》を徳川家康の落胤とする説もあるが、その証拠はなく、それぞれの家伝などに記されているのみであるとする。よって、ここでは『幕府祚胤伝』に拠り、土井利勝と内藤信成の母についてのみ触れておく。土井利勝の母は、葉佐多(田)美作守則勝の女とされる(『寛政重修諸家譜』ほか)。『土井(古河)家譜』では、天正元年(一五七三)三月十八日に遠江国浜松城にて家康の庶子として利勝を産み、その後深溝《ふこうず》松平好忠の被官である土居小左衛門利昌《としまさ》に嫁したため、利勝も母に従ったとされる。一方、『寛政重修諸家譜』水野家条によると、水野家の呈譜では利勝を家康の伯父にあたる水野信元《みずののぶもと》の末子として記載しているとしており、こちらに従えば、利勝は家康の従兄弟にあたることとなる。なお、『寛政重修諸家譜』土井家条では、どちらの説も記載していない。内藤信成の母は、内藤右京進某女(『寛政重修諸家譜』)または内藤清長《きよなが》の女(『内藤(村上)家譜』)とされる。ただし、どちらも家康の側室ではなく、家康の父親である松平広忠《まつだいらひろただ》の側室であるとしている。広忠の子を身ごもったのちに三河の住人島田久左衛門景信のもとに嫁し、そこで信成を出産。のち内藤清長の養子として内藤家に入ったとされる。信成は天文十四年(一五四五)生まれとされていることから、信成の母が同十一年に生まれた家康の側室であったとするには無理があるだろう。

参考文献 『大日本史料』一二ノ九、慶長十七年七月二十四日条、『史料稿本』正保元年七月十日第一条、『新訂寛政重修諸家譜』五・六・一三(続群書類従完成会、一九六四・六五年)、『徳川諸家系譜』二(続群書類従完成会、一九七四年)

(小宮山敏和)

松平信康(まつだいらのぶやす)　一五五九―七九

徳川家康の嫡男。母は関口親永《せきぐちちかなが》の娘(築山殿《つきやまどの》、西光院《さいこういん》)。幼名は竹千代。通称次郎三郎。永禄二年(一五五九)三月六日駿府で誕生。永禄五年に人質交換で母とともに岡崎へ入る。妻は織田信長の娘徳姫。婚姻時期は諸説あるが、永禄十年五月が有力とされる。元亀元年(一五七〇)元服して岡崎城主となり、岡崎次郎三郎信康と称す。『三河物語』によれば、昼夜武勇の者を集めて武辺話をし、馬と鷹を好んだとされ、武勇の者であった。しかし天正七年(一五七九)九月十五日、いわゆる信康・築山殿事件で二俣城にて切腹。二十一歳。法名騰雲院殿達岩善道大居士(または騰雲院殿隆岩長越大居士、潮雲院殿隆岩長越大居士とも)。墓所は清滝寺(静岡県浜松市)。この事件の背景には、徳姫との不和があったとされる。『家忠日記』には、天正六年に家康が二人の間を取り持つため岡崎に来ていることや、前年には信長も岡崎を訪れていることが記されており、二人の関係は深刻な状況にあったことがうかがえる。こうした中で、徳姫によって信康と築山殿の行状を記した書状が信長に送られ、通説ではこれが事件の発端とされる。しかし、この事件に関する史料は乏しく、要因として、謀叛説・陰謀説・冤罪説が挙げられるが、いずれも確実ではない。近年ではこうした通説に対して疑問も提示されており、当時広く起きていた父子間の抗争を未然に防ぐため、家康が信康と国衆の関係の親密化を恐れ、廃嫡ではなくあえて切腹という処断を下したとの意見もある。

参考文献 『新編岡崎市史』二(一九八九年)、平野明夫『徳川権力の形成と発展』(岩田書院、二〇〇六年)、小笠原春香「駿遠国境における徳川・武田間の攻防」(久保田昌希編『松平家忠日記と戦国社会』、岩田書院、二〇一一年)、谷口克広『信長と家康—清須同盟の実態—』(『学研新書』、学研パブリッシング、二〇一二年)

(山田 将之)

盛徳院 (せいとくいん) 一五六〇—一六二五

徳川家康の長女。亀姫《かめひめ》。永禄三年(一五六〇)三月十八日、駿府にて生まれる。母は築山殿。同母兄には松平信康がいる。天正四年(一五七六)七月、奥平信昌《おくだいらのぶまさ》に嫁ぎ、新城《しんしろ》城(愛知県新城市)へ入輿したため新城殿と呼ばれた。のち、同十八年に信昌が上野国小幡《おばた》(群馬県甘楽郡甘楽町)に移ると小幡殿、慶長六年(一六〇一)に美濃国加納城(岐阜県岐阜市)へ移ると、加納殿と称された。子供は、家昌・家治・忠政・忠明のほか、大久保《おおくぼ》忠常《ただつね》に嫁いだ女子の四男一女。元和元年(一六一五)信昌の死後、盛徳院と称した。寛永二年(一六二五)五月二十七日(一説では二十五日)に同所にて死去。享年六十六。雑翠寺(増瑞寺、岐阜県岐阜市、のちに盛徳寺と改号)に葬られる。法名は盛徳院殿香林慈雲大姉。

参考文献 『徳川諸家系譜』一・二(続群書類従完成会、一九七〇・七四年)、『新訂寛政重修諸家譜』九(続群書類従完成会、一九六五年)、福田千鶴『徳川秀忠—江が支えた二代目将軍—』(新人物往来社、二〇一一年)

(淺井千香子)

良正院（りょうしょういん）　一五六五―一六一五

徳川家康次女。督姫《とく》。永禄八年（一五六五）三河国岡崎城で生まれる。『幕府祚胤伝』では、天正三年（一五七五）生まれとある。母は側室の西郡（郷）局。天正十一年七月、相模国小田原城主北条氏直に嫁す。同十八年七月の小田原城の落城後、岡崎へ帰った。なお、氏直との間に生まれた娘は池田輝政の養女として池田利隆に嫁いでいる。文禄二年（一五九三）九月、池田輝政と再婚。慶長十八年（一六一三）正月、夫輝政が死去したため、落飾して良正（照）院と号した。元和元年（一六一五）二月四日（一説には五日）、京都二条城（『徳川幕府家譜』では播磨国姫路とする）において死去。享年五十一。東山知恩院（京都府京都市）へ葬られた。法名は良正（照）院殿知（智）光慶安大姉。子に、池田忠継、池田忠雄、池田輝澄、池田政綱、池田輝興、京極高広室らがいる。

参考文献　『徳川諸家系譜』一・二（続群書類従完成会、一九七〇・七四年）

（岩崎　里子）

結城秀康（ゆうきひでやす）　一五七四―一六〇七

徳川家康の次男。母は側室於万の方（知立《ちりゅう》神社神官永見吉英の女、長勝院）。幼名、於義《おぎ》丸、於義伊、あるいは『譜牒余録』では義丸とも。越前国北庄（福井）城城主。越前松平家の祖。天正二年（一五七四）に生まれる。しばらくは本多重次《ほんだしげつぐ》に育てられたという。『松平記』によれば、家康は当初実子として認めず、嫡男信康《のぶやす》のはからいで対面を果たしたとされる。天正十二年十一月、小牧・長久手の戦いによる豊臣氏と徳川氏の和議の中で、豊臣秀吉の養子として上洛。この時の立場について『家忠日記』では「養子」、『多聞院日記』では「猶子」といわれているが、実質人質のような存在であった。天正十三年に元服、秀吉と家康から一字ずつもらい受け、秀康と名乗る。同年十月に侍従に叙任され、同十六年四月には少将。初陣は十四歳で、秀吉の九州出兵に従った。同十八年に結城《ゆうき》晴朝《はるとも》の養子となり、晴朝の養女を娶って結城家を継ぎ、結城三河守と称した。この時一時秀朝と名乗っている。慶長五年（一六〇〇）関ヶ原の戦いの折は、上杉景勝《うえすぎかげかつ》に備えるため下野小山に在陣。戦後、加賀前田家に対しての戦略上の要地である、越前国北庄六十八万石へ転封。越前に入った秀康は、荒廃した北庄城下町の整備・拡張や領内惣検地など積極的な領地経営を行なった。慶長九年、徳川ないし松平に復姓したとされる。なお結城家はのちに五男秀康の五郎八（直基《なおもと》）が相続した。慶長十二年閏四月八日死去。『当代記』によれば、死因は唐瘡（梅毒）。享年三十四。秀康の死を家康は大変嘆いたようであり、秀康の重篤な状況を聞いた家康は、その境遇を哀れんで百万石に加増する旨の書状を発したとの逸話もある

(『東照宮御実紀』付録巻一二)。結城家菩提寺の孝顕寺(曹洞宗、福井県福井市)に葬られた。法名は孝顕院殿三品黄門吹毛月珊大居士。のちに徳川一門は浄土宗とされたため、越前国浄光院(のち運正寺、福井県福井市)に改葬され、法名も浄光院殿森巌道慰運正大居士と改められた。

参考文献 『徳川諸家系譜』一(続群書類従完成会、一九七〇年)、『結城市史』四(一九八〇年)、『新編岡崎市史』二(一九八九年)、『福井県史』通史編三(一九九四年)

(山田　将之)

松平忠吉(まつだいらただよし)　一五八〇―一六〇七

徳川家康の四男。幼名は福松丸または於次。諱は忠康、のち忠吉と改める。天正八年(一五八〇)九月十日浜松城で誕生。母は宝台院(西郷局)。同母兄に徳川秀忠がいる。同九年十二月に松平(東条《とうじょう》)家忠《いえただ》の遺跡を継ぎ、同十年駿河国沼津(三枚橋)城に後見役の松平康親《やすちか》とともに入城してその城地などを領す。同十八年元服、従五位下下野守に叙任。武蔵国忍城十万石(一説に十二万石)を領す。慶長五年(一六〇〇)の関ヶ原の戦いでは東海道を西進する東軍先手衆の大将を勤めているが、その役割は象徴的・名目的なもので、軍監として付属した井《い》伊《い》直政《なおまさ》(忠吉の岳父)・本多《ほんだ》忠勝《ただかつ》が実質的に統括したようである。また九月十五日の本戦では直政とともに戦いの口火を切り、さらに西軍方が潰走するなかで島津勢を追撃して軍功をあげる一方で自身も負傷している。戦後、忠吉の存在感は高まり、尾張国五十七万千七百二十石(五十二万石、六十二万石など諸説あり)を与えられ清洲城主となる。同六年三月従四位下侍従、同十年四月従三位左近衛権中将に進み、同十一年四月薩摩守と改める。同十二年三月五日江戸において二十八歳の若さで病死。一歳違いの同母兄である秀忠は多くの兄弟のなかでも忠吉と特に親しくしており、病中の忠吉を日夜気遣い、危篤と聞くと湯も飲まず悲嘆したという(『台徳院殿御実紀』五)。家康は忠吉の病状から回復は難しいと早くから覚悟していたとの逸話もあり(『東照宮御実紀附録』一二)、日ごろ病気がちであったようである。同月二十日に増上寺(東京都港区)で盛大な葬儀が執り行われた。法名は広度院殿憲瑩玄伯大居士。元和二年(一六一六)七月には、性高院と追諡されている。正室は井伊直政の娘(清泉院覚窓栄正大姉)。慶長二年正月に一子(梅貞大童子)が誕生していたが早世している。嗣子なく家は断絶となった。遺領や家臣団は異母弟の徳川義直が継承した。

参考文献 『徳川諸家系譜』一・二(続群書類従完成会、一九七〇・七四年)、中村孝也『家康の族葉』(講談社、一九六五年)、下村信博「松平忠吉文書についての一考察」(『名古

屋市博物館研究紀要』一一、一九八八年)、同「松平忠吉と関ヶ原の戦い」(同三四、二〇一一年)　(大沢　恵)

松清院（しょうせいいん）　一五八〇―一六一七

徳川家康の三女。振《〈より〉》姫。天正八年(一五八〇)十月浜松城で誕生。母は良雲院(於竹《おたけ》)。慶長元年(一五九六)二月に陸奥国会津城主の蒲生秀行《がもうひでゆき》と縁組、同三年十一月入輿。二男一女(蒲生忠郷《ただきと》・蒲生忠知《ただとも》・加藤忠広《かとうただひろ》室)を儲けるが、同十七年五月に秀行が死去。元和元年(一六一五)十一月に紀伊国和歌山城主の浅野長晟《あさのながあきら》と再縁、同二年四月入輿。同三年八月十二日に男子(浅野光晟《みつあきら》)を生むが、産後の肥立ちが悪く、同月二十九日和歌山において三十八歳で死去した。金戒光明寺(京都府京都市)に葬られている。法名は松清院殿英誉果悦善芳大姉(『徳川幕府家譜』)・正清院英誉果悦善芳大姉(『幕府祚胤伝』)・正清院殿泰誉果安大信女(金戒光明寺墓碑銘)など諸説がみられる。

参考文献　『徳川諸家系譜』一・二(続群書類従完成会、一九七〇・七四年)、秋元茂陽『徳川将軍家墓碑総覧』(パレード、二〇〇八年)　(大沢　恵)

武田信吉（たけだのぶよし）　一五八三―一六〇三

徳川家康の五男。天正十一年(一五八三)九月十三日、浜松にて生まれる。生母は下山殿(秋山虎康の女、穴山梅雪の養女、於都摩《おつま》の方、のち妙真院)。幼名は武田万千代丸、のちに松平七郎と改める。甲斐武田家の名跡を継いでいた穴山信君(梅雪)の嫡男勝千代(武田信治)が早世し、家が断絶したため、家康により武田七郎信義(のちに信吉)と改められ、武田家の名跡を継ぐこととなった。その際、武田信玄の娘で穴山信君の室であった見性院が後見となった。天正十八年下総国小金三万石を、文禄元年(一五九二)下総佐倉十万石を給い、慶長五年(一六〇〇)の関ヶ原の戦いでは、江戸城の留守役を勤めた。慶長七年には常陸国水戸二十五万石に封ぜられ、このとき、穴山家の旧家臣のうち三十三人が信吉付として、ほかに三十四人が水戸国付として付けられた。慶長八年九月十一日(二十一日とも)に死去、享年二十一。浄鑑院(茨城県水戸市、もと心光寺)に葬られた。法名は浄鑑院殿栄誉善香崇厳大禅定門(浄鑑院殿英誉崇岩大居士など諸説有り)。妻は木下勝俊(北政所の甥)の女(天祥院)であったが、子供がなかったため武田家は廃絶となった。その後、家臣の多くは水戸へ入部した異母弟の徳川頼房《よりふさ》へ仕え、その家臣団の約四割を占めた。また水戸へ残らなかった者の多くは、一旦江戸へ出たのちに、家康によって紀伊徳川家に付属させられている。

参考文献　『徳川諸家系譜』一・二(続群書類従完成会、一九七〇・七四年)、中村孝也『家康の族葉』(講談社、一九六

五年）、三鬼清一郎「水戸藩家臣団の形成過程」（『名古屋大学文学部研究論集』七四、一九七八年）　（淺井千香子）

松平忠輝（まつだいらただてる）　一五九二―一六八三

徳川家康六男。母は家康側室の於茶阿の方。文禄元年（一五九二）浜松（『幕府祚胤伝』では江戸城）にて生まれ、幼名を辰千代といった。長沢松平家（武蔵国深谷一万石）の養子となった同母弟の松千代が早世したため、忠輝がその家督を相続した。慶長七年（一六〇二）、下総国佐倉城四万石を与えられ、松平上総介忠輝と名乗った。翌年二月には信濃国川中島十四万石に転封となり、同十年四月十六日に従四位下左衛門権少将となる。同十四年十二月には、仙台藩主伊達政宗の娘五郎《いろ》八《は》姫を室に迎えた。翌十五年閏二月に越後国福島城主（新潟県上越市）となって四十五万石前後を領し（領知高は四十五万石から七十五万石まで諸説ある）、越後少将と称した。同十九年には高田城（新潟県上越市）が築城され、居城を移した。同年の大坂冬の陣では、江戸城の留守居を担当した。翌元和元年（一六一五）の大坂夏の陣では、大和口の総督を任されたが遅参し、軍功はなかった。加えて、大坂へ向かう途中近江国守山宿において、将軍徳川秀忠の旗本長坂信時らを忠輝家来が殺害していた。こうした事態に家康は激怒し、忠輝は謝罪に赴くものの、面会が許されることはなかった。家康死去後の同二年七月、忠輝は改易となり、伊勢国の朝熊《あさま》（三重県伊勢市）への配流を命じられた。改易の理由については、さきに述べた戦への遅参や将軍の旗本を殺害したこと以外に、キリシタンとの関わりなども指摘されている。しかし根本理由は、将軍政治を確立する過程において、障害的な存在とみなされたためであろう。同四年三月五日、飛騨国高山城主金森重頼《かなもりしげより》へ預け替えとなり、飛騨へ移った。寛永三年（一六二六）四月には、さらに信濃国諏訪城主諏訪頼水《すわよりみず》へと預け替えが行われ、諏訪へ移った。天和三年（一六八三）七月三日に九十二歳で死去し、貞松院《ていしょういん》（長野県諏訪市）に葬られた。法名は寂林院殿心誉輝窓（憲）月（日）仙大居士。子は徳松と於竹姫とされるが、生母については不明。

参考文献　『徳川諸家系譜』一・二（続群書類従完成会、一九七〇・七四年）、『新潟県史』通史編三（一九八七年）、『上越市史』別編五・通史編四（一九九九・二〇〇四年）
（岩崎　里子）

栄昌院（えいしょういん）　一五九四―九九

徳川家康の七男。松千代《まつちよ》。文禄三年（一五九四）浜松（『幕府祚胤伝』では江戸城）にて生まれる。母は於茶阿の方（朝覚院）で、松平忠輝の同母弟である。長沢松平家（武蔵深谷一万石）の養子となるが、慶長四年（一五九九）正月十二日に六歳で死去した。なお、『幕府祚胤伝』では、文禄元年(一五九二)生まれの忠輝の双子の兄とされ、同三年三月八日に死去とある。松千代が長沢松平家の養子となった経緯については、『寛政重修諸家譜』四〇に、文禄二年に当主松平康直が嗣子なく没し、家名が断絶することを松平家が嘆き訴えたところ、家康が憐れみ取り計らったという記載がみられる。法名は栄昌院殿、または松葉院殿暁月浄幻大童子など諸説ある。

参考文献 『徳川諸家系譜』一・二(続群書類従完成会、一九七〇・七四年)、中村孝也『家康の族葉』(講談社、一九六五年)

(岩崎 里子)

松姫(まつひめ) 一五九五—九八

徳川家康の四女。母は間宮豊前守康俊の女とも、お茶阿《ちゃあ》の方ともいわれる。生年についても、文禄四年(一五九五)二月、伏見で誕生とする。ほかに慶長元年(一五九六)の生まれとする説がある。『幕府祚胤伝』では、新館比丘尼高月院(武田信玄の娘、松姫のことか、信松尼)の養女として育てられたとされるが、詳細は不明である。『徳川幕府家譜』では、慶長三年正月二十九日夭折し、嵯峨の清凉寺に葬られたとされるが、これは五女市姫との混同の可能性が指摘されている。法号は不詳。

参考文献 『御系譜略』、『徳川諸家系譜』一・二(続群書類従完成会、一九七〇・七四年)、秋元茂陽『徳川将軍家墓碑総覧』(パレード、二〇〇八年)

(原田 知佳)

高岳院(こうがくいん) 一五九五—一六〇〇

徳川家康の八男。仙千代《せんちよ》。文禄四年(一五九五)三月十三日伏見で誕生。母は相応院《そうおういん》(於亀《おかめ》)。尾張徳川家の祖徳川義直の同母兄にあたる。慶長四年(一五九九)三月に平岩親吉《ひらいわちかよし》の養子となるが、同五年二月七日大坂において六歳で夭折。一心寺(大阪府大阪市)に葬られる。法名は高岳院殿華窓林陽大童子。のちに上野国厩橋(群馬県前橋市)の正幸寺、さらに親吉の転封に伴い、甲斐国西青沼村(山梨県甲府市)の極楽寺高岳院、尾張国名古屋(愛知県名古屋市)の高岳院へ改葬されたといわれる。仙千代の生涯は短かったが、死後もその存在は平岩親吉の権力形成の後ろ盾となったようである(なお親吉は慶長八年より義直の付家老を勤める)。また親吉が名古屋に建てた菩提寺高岳院は平岩家断絶後も、仙千代・義直の母である相応院の篤い庇護を受け、尾張徳川家由縁の寺院の格と保護を受けた。

参考文献 『徳川諸家系譜』一・二(続群書類従完成会、一九七〇・七四年)、徳川義宣「家康の第八子 仙千代」(『新修徳川家康文書の研究』、徳川黎明会、一九八三年)

(大沢 恵)

徳川義直（とくがわよしなお）　一六〇〇―五〇

江戸時代前期の甲斐国甲府城主、尾張国清洲城主、同国名古屋城主。尾張徳川家の初代。慶長五年（一六〇〇）十一月二十八日、初代将軍徳川家康の九男として大坂城西丸で生まれる。生母はお亀《かめ》の方。幼名は五郎太《ごろうた》。長じて義知《よしとも》、義利《よしとし》、義俊、義直と名乗る。同母兄に仙千代がいる。同八年正月二十八日、四歳で甲斐国府中二十五万石を与えられて城主となり、同年十二月に国主と定められる。ただし、幼少のうちは封地には赴かず、駿府の家康のもとで養育されたため、領国経営は後見役として付属された平岩親吉《ひらいわちかよし》によって運営された。同十一年八月十一日に七歳で元服し、従四位下右兵衛督に叙任され、義利と改名する。同十二年閏四月二十六日、異母兄で清洲城主の松平忠吉《まつだいらただよし》が無嗣で没したため同城主となり、また尾張国主となった。尾張の所領を安堵する正式な領知判物は、同十三年閏四月に二代将軍徳川秀忠から与えられたが、それには「尾張国一円」を与えるというのみで、知行目録もなく、正確な地域や石高が明示されていない特殊なものであった。さらに、領知判物は本来、将軍の代替わりごとに下付されることを通例としたが、尾張家への領知判物はこの最初の一通のみであった。同十五年閏二月家康の命により清州城下町を名古屋へ移転し、名古屋城の「天下普請」が行われた。同十六年三月二十日従三位参議兼右近衛権中将に叙任され、義直と名を改める。同十九年とその翌年の大坂の陣に出陣。元和元年（一六一五）浅野幸長《あさのよしなが》の娘春姫《はるひめ》との婚儀に際して信州木曾と美濃国内を加増される。同二年に家康が死去すると、母とともに尾張に入国する。同三年権中納言になり、親政を開始する。同五年に岐阜と美濃国の一部を加増される。これにより、所領は、木曾川・飛騨川・長良川・揖斐《いび》川の流域を中心とした尾張・美濃・信濃、さらに三河・近江・摂津などの一部も含まれ、尾張徳川家の領知高は寛永年間（一六二四―四四）の定めで高六十一万九千五百石となった。同六年、義直はそれまで家康や秀忠によって給されていた家臣たちへの知行を、改めて自身で安堵して黒印状を発給した（「御仕置始」「御黒印始」）。寛永三年八月十九日従二位権大納言に任じられ、この官位が尾張家の極位極官となる。義直は領内の治水・用水工事に尽力し、積極的な新田開発を行なった。そして、いわゆる御三家として幕府政治にも参画し、将軍を補佐した。また、文武に励み、多くの武道達者を召し抱えたり、著名な文化人との交流を盛んに行なったりした。学問の面では、家康の遺品である「駿河御譲本《するがおゆずりぼん》」に和漢の蒐集書籍を加えた膨大な蔵書を有し、『御年譜』や『神祇宝典』などの編纂を行なった。慶安三年（一六五〇）五月七日江戸麴町屋敷において死去。五十一歳。瀬戸の定光寺(愛知県瀬戸市)の地に祀られた。法名は尾張二品亜相尾陽候源敬公。

参考文献 『徳川諸家系譜』二(続群書類従完成会、一九七四年)、『新修名古屋市史』三(一九九九年)、『尾張の殿様物語—尾張徳川家初代義直就封四〇〇年—』(徳川美術館、二〇〇七年)

(吉成　香澄)

徳川頼宣(とくがわよりのぶ)　一六〇二—七一

紀伊国和歌山城主、紀伊徳川家初代。慶長七年(一六〇二)三月七日江戸幕府初代将軍徳川家康の十子として伏見城で生まれる。幼名は長福丸。長じて頼将、頼信、頼宣を名乗った。実母はお万の方(養珠院)。同八年十一月、異母兄武田信吉《たけだのぶよし》(家康五男)の遺領である常陸国水戸城主となり、二十万石を与えられた。翌年には常陸国久慈郡保内・下野国那須郡武茂の五万石を加増されて二十五万石となった。しかし幼少であるため、水戸に赴くことはなく、駿府城の家康のもとで育てられた。そのため領知経営は、武田信吉家臣であった芦沢信重《あしざわのぶしげ》が頼宣の家臣となって財務を行い、村々の支配は幕府の代官頭伊奈忠次《いなただつぐ》・彦坂元正《ひこさかもとまさ》などがあたった。なお、幼少時、家康により厳しく鍛錬されたという頼宣の思い出話が『徳川実紀』(「東照宮御実紀付録」巻二五)に掲載されている。同十一年八月十一日元服し、従四位下に叙されて常陸介頼将と名乗った。同十四年十二月、駿河国・遠江国および東三河の五十万石を与えられて転封され、遠江国横須賀城(静岡県掛川市)を居城とした。同十六年三月二十日従三位参議左近衛権中将となり、遠江宰相中将と称する(のちに参議は辞職)。元和二年(一六一六)駿府城に移封され、駿河宰相を称する。同三年七月権中納言に任じられると、駿河中納言と称した。同五年七月紀伊・伊勢五十五万五千石に移され、代わりに松平忠長《まつだいらただなが》(徳川秀忠子)が駿府に入った。和歌山藩は前領主の浅野氏によって藩政の基礎が築かれていたため、頼宣はその統治方法をほぼ踏襲しつつ、各種の法整備を行なった。また、地士制度を用いて国人を懐柔し、領知支配をすすめた。頼宣が和歌山に転封された理由については、幕府の全国統治のための一環として、大坂の陣後の畿内の動向に対処するというものや、大坂・江戸間の海上交通を掌握するためとするもの、さらに、吉野・熊野や伊勢を視野に入れたものという説があげられる。寛永三年(一六二六)八月十九日後水尾天皇の二条城行幸に際し、従二位大納言に叙任された。これは、兄義直《よしなお》、秀忠の子忠長と同じ官位であり、弟頼房《よりふさ》や他の大名との明確な差異化が行われた。慶安四年(一六五一)の慶安の変では、頼宣が首謀者の由比正雪《ゆいしょうせつ》と関わっていたとする嫌疑がかけられたが、証拠品とされた書状が偽造と判明し、頼宣の疑惑が晴れたという。

寛文七年(一六六七)五月二十二日病気のため隠居し、嫡男光貞《みつさだ》に家督を譲る。同十一年正月十日に死去。享年七十。海士郡浜中村の長保寺(和歌山県海南市)に葬られる。法名は南竜院殿前二品亜相頻永天晃大居士。

参考文献　『徳川諸家系譜』二(続群書類従完成会、一九七四年)、『和歌山県史』近世(一九九〇年)、笠原正夫『紀州藩の政治と社会』(清文堂出版、二〇〇二年)、小山譽城『徳川将軍家と紀伊徳川家』(清文堂出版、二〇一一年)

(吉成　香澄)

徳川頼房(とくがわよりふさ)　一六〇三―六一

常陸国水戸城主。水戸徳川家初代。慶長八年(一六〇三)八月十日江戸幕府初代将軍徳川家康の十一子として伏見城で生まれる。幼名は鶴千代。実母はお万の方(養珠院)。同十五年七月家康の命により、お八の方(お勝、お梶の方とも、英勝院)の養子となる。同十一年九月二十三日常陸国下妻(茨城県下妻市)十万石を賜る。しかし幼少であるため、下妻に赴くことはなく、駿府城の家康のもとで育てられた。そのため下妻は、家康から付けられた城代の朝比奈《あさひな》泰雄《やすお》らによって守られた。同十二年には中山信吉《なかやまのぶよし》が付家老となった。同十四年十二月十二日、同母兄の徳川頼将(頼宣《よりのぶ》)が駿河へ転封したことにより、水戸城主となり二十五万石を領した。しかし依然として幼少であるため、水戸では頼宣時代と同様に武田信吉時代からの家臣である芦沢重信《あしざわしげのぶ》が財務を担当し、幕府の代官頭伊奈《いな》忠次《ただつぐ》が民政をつかさどった。慶長十六年三月二十日に元服すると、従四位下少将に任じられ、名を頼房と改めた。元和二年(一六一六)の家康死去後、江戸に移り住み、同五年にはじめて水戸に入った。同六年八月二十二日正四位下中将となり、同日参議に任じられる。同八年、三万石を加増されて二十八万石となる。寛永三年(一六二六)八月十九日後水尾《ごみずのお》天皇の二条城行幸に際して従三位権中納言に叙任され、これが水戸徳川家の極位極官となるが、頼房はさらに同四年正月七日正三位に任じられている。同六年江戸小石川(東京都文京区)に屋敷を拝領する。頼房が藩主として水戸に入ったのは、元和年中(一六一五―二四)に一回、寛永年中(一六二四―四四)に七回、慶安年中(一六四八―五二)・明暦年中(一六五五―五八)・寛文年中(一六六一―七三)それぞれ一回の十一回のみであった。さらに、滞在期間はたいてい十月に国元入りして十二月に帰府しており、五十三年の治世のほとんどは江戸にいて、国元の城代・家老・奉行らに指示を出して藩政を執り行なった。頼房治世下では、家臣団の増強、水戸城の修築と城下町の整備、領内総検地、法令発布、商業・諸産業の振興、交通運輸の整備、用水普請、新田開発などが行われ、水戸藩の体制が確立した。頼房の人柄は、剛毅勇武で古き良き武将の風格があったと伝えられる。一方で学問を好み、学者を招聘して儒教の古典や史記などを学んだという。寛文元年(一六六一)七月二十九日江戸において死去。享年五十九。常陸国久慈郡太田郷瑞龍山(茨城県常陸太田市)に葬られる。法名は顕孝正三位前権中納言水戸府君源威公。頼房の長男松平頼重《よりしげ》は讃岐国高松城主となり、次男徳川光圀《みつくに》が水戸徳川家を継いだ。

参考文献 『水戸市史』中一(一九六八年)、『徳川諸家系譜』二(続群書類聚完成会、一九七四年)、小山譽城『徳川御三家付家老の研究』(清文堂出版、二〇〇六年)

(吉成　香澄)

一照院(いっしょういん)　一六〇七―一〇

徳川家康の五女。母は遠山丹波守直景の女(英勝院)。市姫と称す。慶長十二年(一六〇七)正月元日、駿府(『幕府祚胤伝』では江戸)で誕生。伊達政宗の嫡男虎菊丸(のちの伊達忠宗)と縁組するも、慶長十五年二月十二日に夭折した(『幕府祚胤伝』では閏二月十二日、『徳川実紀』では閏二月十三日または十二日)。四歳。駿河の華陽院(静岡市)に葬られる。なお、画像および位牌は京都嵯峨清涼寺に置かれたとされる。法号は清雲院円芳功心大童女(『幕府祚胤伝』『徳川実紀』では一照院円芳功心大童女)。

参考文献 『徳川実紀』一(『新訂増補国史大系』、吉川弘文館、一九六四年)、『徳川諸家系譜』一・二(続群書類従完成会、一九七〇・七四年)

(原田　知佳)

その他の養子・養女・猶子

家康の養子などについては生年などの情報は諸本により異同が多く、真偽も未詳なものがある。順序の確定が困難であるため、以下主に『幕府祚胤伝』を参照して記述した。

【養女1】本多忠勝《ほんだただかつ》の娘。天正十三年(一五八五)、徳川家と真田家の和睦の際、養女として真田信之《さなだのぶゆき》と縁組、翌年に入輿。元和六年(一六二〇)二月二十四日、四十八歳で死去。信濃国松代大英寺に葬られる。法名は大倫院英誉皓月大禅定尼。

【養子1】松平家治《まつだいらいえはる》。天正七年、奥平信昌《おくだいらのぶまさ》次男として生まれる。母は家康娘の亀姫。同十六年に養子となり右京大夫に任官。併せて松平姓と諱字を拝領。松平右京大夫家治を名乗る。文禄元年(一五九二)三月四日に駿府にて十四歳で死去。上野国甘楽郡宮崎桃林寺に葬られる。法名は桃林院谿宗大禅定紋門。

【養子2】松平忠政《まつだいらただまさ》。天正八年、奥平信昌三男として生まれる。母は亀姫。なお、『幕府祚胤伝』『寛政重修諸家譜』では文禄四年、秀忠の養子になり諱字を拝領するとある。しかし、特に前書では忠政を家康の養子とし系図に結んでいるために、あえてここに置いた。菅沼定利《すがぬまさだとし》の養子となるも、養子縁組を解消される。慶長七年(一六〇二)、父の隠居により奥平家の当主になり美濃加納城主になる。はじめ飛驒守、のち摂津守に叙任される。同年、松平姓を拝領する。十九年七月二日、三十五歳で死去。美濃加納の光国寺に葬られる。法名は雄山常栄光国院。【養女2】松平康俊《やすとし》娘。『幕府祚胤伝』には、山《やま》内一豊《うちかずとよ》へ嫁ぐとある。【養子3】松平忠明《ただあき》。天正十一年、三河新城で奥平信昌の四男として生まれる。最初、鶴松。のち下総守に叙任される。十六年家康の養子になり、「松平姓」を拝領する。また、秀忠より諱を拝領し「忠明」を名乗る。たびたび加増があり、慶長二十年には十万石で大坂城主。最終的には寛永十六年(一六三九)に十五万石で播磨姫路城主となった。位階・官職も従四位下侍従まで昇る。二十一年三月二十五日に六十二歳で死。京都の妙心寺に葬られる。法名は天祥院心巌玄機大居士。【養女3】松平信康娘で、養女となり小笠《おがさ》原秀政《わらひでまさ》へ嫁ぐ。【養子4】経歴未詳。【養女4】松平康元《やすもと》娘で家康の姪。慶長四年に養女となり岡部長盛《おかべながもり》へ嫁ぐ。寛永六年七月三日に死去。【養女5】松平康元の娘。満天《(まて)》姫。慶長四年に養女となり、福島忠勝《ふくしまただかつ》に嫁ぐ(『御系譜略』によれば、これは再婚で、それ以前は兄正之《まさゆき》に嫁いだとする)。忠勝死後、津《つ》軽信政《がるのぶまさ》へ再縁。寛永十五年三月二十二日に死去。弘前長勝寺に葬られる。法名は葉縦院桂月栄嬾大姉。【養女6】保科正直《ほしなまさなお》娘で家康の姪。栄姫、祢々姫。慶長五年に養女として、黒田《くろだ》長政《ながまさ》へ縁組。寛永十二年正月十日に三十六歳で死去。天徳寺に葬られる。法名は大梁院徳誉栄春大姉。【養女7】松平康元娘。養女として田中忠政《たなかただまさ》に嫁ぎ、忠政死後松平成重《なりしげ》に再縁。寛永六年十一月(『御系譜略』では十二月)二十一日に死去。法名は久松院椿岳宗寿大姉。【養女8】松平康元娘で家康の姪。慶長九年に中村忠一《なかむらただかず》に嫁ぐ。忠一死後、十七年に毛利秀元《もうりひでもと》へ再縁。承応二年(一六五三)六月朔日没。芝泉岳寺に葬られる。法名は浄明院柏庭宗樹大姉。なお秀忠の養女とする説もある。【養女9】松平康元娘で家康の姪。養女として榊原忠政《さかきばらただまさ》に嫁ぐ。忠政死去後、菅沼定芳《すがぬまさだよし》に嫁ぐ。【養女10】松平定勝《さだかつ》娘で家康の姪。阿姫。慶長十年に養女となり、山内忠義《やまうちただよし》へ嫁ぐ。寛永九年二月二十三日に三十八歳で死去。深川雲巌寺に葬られる。法名は光照院泰誉皓月大姉。【養女11】松平康忠《やすただ》(『御系譜略』では松平康直)娘。蓮姫。慶長七年七月、養女として有馬豊氏《ありまとようじ》へ嫁ぐ。承応元年(一六五二)七月二十一日に死去。渋谷祥雲寺へ葬られる。法名は長寿院普光宗照大姉。【養女12】松平康《やす》親《ちか》娘。養女として井伊直政《いいなおまさ》に嫁ぐ。寛永十六年七月三日に安中大泉寺に葬られる。法名は唐梅院台誉崇玉大姉。【養女13】岡部長盛《おかべながもり》娘。慶長十年四月に養女として鍋島勝茂《なべしまかつしげ》に嫁ぐ。寛文元年(一六六一)九月六日に死去。麻布賢崇寺に葬られる。

法名は源院乾秀正貞大姉。【養女14】本多忠政娘で家康の曾孫女。慶長十一年十一月に養女として堀秀政《ほりひでまさ》の嫡子久太郎《きゅうたろう》（のちの忠俊《ただとし》）に嫁ぐ。十四年に忠俊の改易に伴い、駿府へ移住する。十五年十一月一日に有馬直純《ありまなおずみ》と再婚。十七年に直純の父、晴《はる》信《のぶ》が岡本大八事件に連座・処刑された際、将軍家の計らいがあり、直純は越前丸岡城に加増転封となり、同女も丸岡へ移る。慶安二年二月二十九日に五十五歳で死去。江戸天徳寺に葬られる。同寺内に栄寿院が建立され位牌が安置される。法名は栄寿院長覚秋岳祐円大姉。【養女15】本多忠政《ただまさ》娘で家康の曾孫女。元和二年十二月に養女として小笠原忠政《おがさわらただまさ》に嫁ぐ。寛永二十年十月十八日に七十二歳で死去。浅草の海禅寺に葬られる。法名は円照院華陽宗月大姉。なお、はじめ、堀忠俊に嫁ぎ、忠俊の改易後に忠政に嫁ぐとする説もある。【養女16】水野忠重《みずのただしげ》娘。養女として加藤忠広《かとうただひろ》に嫁ぐ。慶長十六年六月二十四日に死去。京都の本国寺に葬られる。法名は清浄院。【養女17】慶長十七年に小笠原秀政娘として生まれる。家康の曾孫女。万姫。元和二年正月、阿波徳島城主蜂須賀至鎮《はちすかよししげ》に嫁ぐ。化粧料三千石。寛文六年正月四日に死去。阿波国の敬台寺に葬られる。法名は敬台院妙忍日紹大姉。【養女18】小出吉《こいでよし》英《ひで》娘で家康の姪。寛文四年六月十九日に死去。天徳寺に葬られる。法名は貞松院心誉運月光栄大姉。【養女19】戸田氏鉄《とだうじかね》の娘で、家康の姪。養女として加藤明成《かとうあきなり》に嫁ぐ。一説に安倍信盛、あるいは大久保忠隣に嫁ぐともあるが、詳細は不明。

【猶子】良純入道親王《りょうじゅんにゅうどうしんのう》。八宮《はちのみや》。慶長九年後陽成天皇《ごようぜいてんのう》の第十三皇子として生まれる。十九年には知恩院門跡。同年十二月には親王宣下。元和元年六月に猶子となる、のち、故あって甲斐国の天目山に配流されるも、万治二年（一六五九）六月には京都へ戻り、泉涌寺内の新善光寺に住む。寛文九年八月朔日に六十六歳で死去。泉涌寺に葬られる。明和五年（一七六八）に百回忌を機に本位に復することが許され、また追号として無礙光院宮専蓮社行誉を授与する。

参考文献 『御系譜略』、『徳川諸家系譜』二（続群書類従完成会、一九七四年）、『新訂寛政重修諸家府』一・五（続群書類従完成会、一九六四年）

（種村　威史）

〔関連人物〕

アダムス William Adams 一五六四—一六二〇

日本に来た最初の英国人。日本名三浦按針《みうらあんじん》。一五六四年九月二十四日、ケント州ジリンガムに生まれ、少年時代を造船所の徒弟として過ごした。一五八八年スペイン無敵艦隊との交戦の際、イギリス艦隊に船長として参加。九八年、オランダ東インド会社が派遣する五艘の東洋遠征船隊に加わり、ロッテルダムを出航。マゼラン海峡通過後、暴風雨に遭遇し、乗船のリーフデ号が慶長五年(一六〇〇)三月十六日、豊後の海岸(推定佐志生《さしう》)に漂着した。アダムスは大坂にいた徳川家康を訪問し、リーフデ号を浦賀に回航。その後は家康の外交顧問となり、日本橋近辺に邸宅、相模三浦郡逸見《へみ》(神奈川県横須賀市)に二百五十石の知行地を得た。アダムスは持ち前の造船技術を生かし、家康の命を受け伊豆伊東でイギリス型帆船二艘を建造したほか、幾何学や数学を教えたという。十八年、イギリス東インド会社派遣のクローブ号(船長ジョン＝セーリス)が来航し、アダムスの斡旋により家康から通商許可を得て、平戸に商館を開設した。その後イギリス平戸商館のために暹羅《シャム》貿易を行い、また朱印船主として安南・東京《トンキン》に渡航した。晩年、家康没後は不遇であったといわれ、元和六年(一六二〇)四月二十四日、平戸で病死。五十五歳。イギリスに妻マリーと二人の子を残し、江戸の日本人妻との間にはジョセフ、スザンナの二子がおり、平戸にも女性と子がいた。神奈川県横須賀市にアダムスとその妻とを祀った按針塚がある。

参考文献 菊野六夫『ウイリアム・アダムスの航海誌と書簡』(南雲堂、一九七七年)、皆川三郎『William Adams研究』(泰文堂、一九七七年)、岡田章雄『岡田章雄著作集』五(思文閣出版、一九八四年)、P・G・ロジャーズ『日本に来た最初のイギリス人—ウイリアム・アダムズ＝三浦按針—』(新評論、一九九三年)

(清水 有子)

井伊直政 (いいなおまさ) 一五六一—一六〇二

徳川家康の重臣。永禄四年(一五六一)遠江国生まれ。井伊家は遠江国井伊谷《いいのや》(静岡県浜松市)周辺に勢力を持つ家柄であったが、佞臣の讒言により父直親が今川氏真《いまがわうじざね》に殺害され、直政は本領を追われた。その後諸国を放浪していたところを、天正三年(一五七五)に家康に召出されている。当初直政は家康の小性扱いであったが、天正十年に家康が武田旧領の甲斐・信濃を領するようになると、直政は武田旧臣と家康の間の人事交渉を担当し、成果をあげた。この過程で、武田家中でも猛将で知られた飯富虎昌《おぶとらまさ》の精鋭部隊を配下に組み込み、いわゆる「井伊の赤備え」軍団を形成している。その後数々の戦果をあげたことで、家康の関東入部時には上野国箕輪(群馬県高崎市)で十二万石を与えられている。このような直政の活躍は豊臣秀吉からの評価も高く、天正十六年には従五位下侍従に叙任されており、これは徳川家中の諸将よりも上位に位置する。さらに、秀次事件後の文禄四年(一五九五)に、秀吉が諸大名から徴収した起請文には、陪臣として直政が唯一署名しており、直政が徳川家中でも抜きんでた存在であったことをうかがわせる。慶長五年(一六〇〇)の関ヶ原合戦に際しては、黒田長政を介して事前に小早川秀秋の内応を確約しており、徳川方の勝利に貢献した。関ヶ原で勝利した後も、西軍諸将との講和交渉に務めていたが、慶長七年、関ヶ原での戦傷が悪化し、新領地の彦根で没した。四十二歳。墓所は清涼寺(滋賀県彦根市)に所在する。

参考文献　中村孝也『家康の臣僚武将編』(人物往来社、一九六八年)、小宮山敏和「井伊直政家臣団の形成と徳川家中での位置」(『学習院史学』四〇、二〇〇二年)、野田浩子「徳川家康天下掌握過程における井伊直政の役割」(『彦根城博物館研究紀要』一八、二〇〇七年)、丸島和洋「豊臣大名からみた「取次」―相良氏と石田三成の関係を素材として―」(阿部猛編『中世政治史の研究』、日本史史料研究会企画部、二〇一〇年)

(堀　智博)

池田輝政　(いけだてるまさ)　一五六四―一六一三

織豊・江戸時代初期の武将、播磨姫路城主。永禄七年(一五六四)十二月二十九日、池田恒興《つねおき》の次男として、尾張国春日井郡清洲(愛知県清須市)に生まれる。母は荒尾善次の女。恒興とともに織田信長に仕え、信長没後は豊臣秀吉に与した。天正十二年(一五八四)の長久手合戦で、父恒興・兄元助が討死すると、恒興の家督を継承し、秀吉より美濃国岐阜城を与えられた。同十八年の小田原合戦に従軍した後、三河国東部に五万二千石を与えられ、吉田城(愛知県豊橋市)に入る。文禄三年(一五九四)、秀吉の命により、徳川家康の息女督姫《とくひめ》を継室に迎える。嫡男利隆《としたか》の母は前の正室中川清秀《なかがわきよひで》の女であるが、次男忠継《ただつぐ》・三男忠雄《ただかつ》らの母は督姫である。慶長五年(一六〇〇)の関ヶ原合戦では家康率いる東軍に属し、勝利に貢献したことで播磨国五十二万石を得、姫路城に入った。同八年には忠継に備前国二十八万石、同十五年には忠雄に淡路国六万石が与えられる。一方で、同六・七年には豊臣秀頼の名代として上洛したり(『言経卿記』)、同十六年の二条城会見では加藤清正らとともに秀頼に付き従ったりしている。また、同十四―十六年の京都天竜寺塔頭陽春院をめぐる争論に関与すると、幕府の裁許が変更され、輝政への配慮を重視した結果になったという。同十七年には、正四位下参議に叙任され、松平姓を許された。同十八年正月二十五日に姫路城で病没、五十歳。

参考文献『池田家履歴略記』(日本文教出版、一九六三年)、黒田基樹「池田輝政の発給文書について」(『岡山藩の支配方法と社会構造―一九九四・九五年度科学研究費補助金一般研究(B)研究成果報告書―』、一九九六年)、鍋本由徳「慶長期における駿府政権の対大名意識―嵯峨天龍寺塔頭陽春院一件を素材にして―」(『戦国史研究』四二、二〇〇一年)

(穴井　綾香)

板倉勝重（いたくらかつしげ）　一五四五―一六二四

江戸幕府の京都所司代。天文十四年(一五四五)、板倉好重《よししげ》次男として三河国額田《ぬかた》郡小美《おい》村(愛知県岡崎市)に生まれる。甚平、四郎右衛門、伊賀守。母は本多光次《ほんだみつつぐ》の娘。妻は粟生永勝の娘。幼時に出家し、玉庵和尚の弟子となり香誉宗哲《こうよそうてつ》と称す。のち父好重と兄の忠重、後嗣弟定重の相つぐ戦死により、天正九年(一五八一)還俗して家をつぐ。同十四年、徳川家康が駿府へ移ると駿府の町奉行に、同十八年の家康関東移封に伴い、江戸町奉行と関東代官に就任する。慶長六年(一六〇一)九月に京都所司代に就任。同八年、家康の将軍宣下の際、従五位下伊賀守に叙任される。所司代就任後は、京都や畿内の検察や裁判、朝廷対策、さらに西国の幕政を担当した。特に、同十四年の宮中での宮女と公家衆の密通事件(猪熊事件)発覚の際には事件解決に大きな役割を果たす。この結果、所司代の検察権を禁中に浸透させることになる。その恩賞からか、同年、山城・近江のうちで九千八百六十石の加増を受け、計一万六千石余となる。同十七年より、金地院崇伝《こんちいんすうでん》とともに公家諸法度・勅許紫衣・諸入寺法度などを作成するなど、公家・寺社統制を強化する。なお、就任年は不詳ながら元和初年まで山城国奉行を兼任し、山城一国の庶務も沙汰した。元和六年(一六二〇)所司代を辞任。同九年には従四位下侍従に昇進。寛永元年(一六二四)四月二十九日京都堀川にて八十歳で死去。愛知県西尾市の長円寺と京都市北区光悦寺に供養碑がある。法名は傑山源英園寺《けつざんげんえいえんじ》。後年、勝重とその子重宗の所司代在職中の施政や裁許が『板倉政要』として編纂されて流布するなど、勝重父子の治世は後年の所司代政治の模範とされることとなった。

参考文献『新訂寛政重修諸家譜』二(続群書類従完成会、一九六五年)、『京都の歴史』四(学芸書林、一九六九年)、横田冬彦「板倉勝重の居所と行動」(藤井讓治編『近世前期政治的主要人物の居所と行動』、京都大学人文科学研究所、一九九四年)

(種村　威史)

伊奈忠次（いなただつぐ）　一五五〇―一六一〇

江戸時代初期の代官頭。諱ははじめ家次、通称は熊蔵、備前守。天文十九年(一五五〇)三河国幡豆《はず》郡小嶋《おじま》城主の伊奈忠家(康定)の長男として生まれ、当初徳川家康の嫡男信康に仕えるが、天正七年(一五七九)信康自殺後、一時和泉国堺へ出奔した。同十年六月に家康側近の小性小栗大六《おぐりだいろく》の与力として帰参し、のちに同十四年駿府城移城の際、家康の近習となった。同十七年・同十八年徳川氏の五ヵ国総検地とそれに伴う知行割・年貢制度改革では中心的な役割を果たした。同十八年家康の関東入部後、忠次は武蔵国鴻巣・小室などに一万石(一説には一万三千石)の所領を与えられ、足立郡小室(埼玉県北足立郡伊奈町)に陣屋を構え、治水・検地・新田開発・年貢収取など地方支配を担った。特に検地では備前検地が名高く、河川改修でも伊奈流と呼ばれ、のちの幕府の地方支配の基礎となった。また同時に市川・松戸・房川の関所を警備し、交通路の整備、徳川家臣団の知行割、寺社領の宛行なども行なっている。慶長五年(一六〇〇)関ヶ原の戦いでは、大久保長安・彦坂元正らと小荷駄《こにだ》奉行として活躍し、江戸幕府の開府とともに徳川家康・秀忠のもとで民政を中心に幕政に参画した。忠次の支配領域は、関東を中心に甲斐・駿河・遠江・三河・尾張に及び、徳川権力の確立に重要な役割を果たした。江戸に役宅・御蔵を設けた。彼の子孫は幕府職制上正式な役職ではなかったが、「関東郡代」を呼称し世襲した。慶長十五年六月十三日没。六十一歳。鴻巣の勝願寺(埼玉県鴻巣市本町)に葬られた。法名秀誉長久運勝林院。

参考文献　村上直「関東郡代成立の歴史的前提」(『徳川林政史研究所研究紀要』昭和四十三年度、一九六九年)、和泉清司『徳川幕府成立過程の基礎的研究』(文献出版、一九九五年)、太田尚宏「「関東郡代」の呼称と職制」(『徳川林政史研究所研究紀要』三四、二〇〇〇年)

(荒木　仁朗)

今井宗薫（いまいそうくん）　一五五二―一六二七

織田信長・豊臣秀吉・徳川家康の時代に堺で活躍した豪商・茶人。天文二十一年(一五五二)に生まれる。諱は兼久、別に帯刀左衛門久胤。父は、千利休・津田宗及《つだそうぎゅう》とともに三茶頭の一人として信長・秀吉に仕えた今井宗久。秀吉の御伽衆で茶頭でもあったが、伊達政宗との結びつきも深く、家康六男忠輝と政宗長女との縁談を仲介したり、政宗から大坂城の石垣普請を請負うなど、政商としても活躍した。関ヶ原の戦い・大坂の陣では徳川方に与し、元和三年(一六一七)に所領千三百石を安堵され、家康・秀忠の茶頭として仕える。寛永四年(一六二七)四月十一日に没する。七十六歳。

参考文献　『堺市史』三(一九二九年)、泉澄一「関ヶ原役前後の堺商人—天王寺屋一族と今井宗薫を中心にして—」(『ヒストリア』五三、一九六九年)

(川上　真理)

大久保長安（おおくぼちょうあん）　一五四五―一六一三

江戸時代初期の代官頭、奉行衆、国奉行。「ながやす」とも読む。通称は藤十郎・十兵衛。天文十四年（一五四五）甲斐武田氏の猿楽衆大蔵大夫の次男として生まれ、蔵前衆（代官）となる。天正十年（一五八二）武田氏滅亡後、徳川家康に登用され、甲斐経略にあたる。天正十八年家康の関東入国後、伊奈《いな》忠次《ただつぐ》らとともに代官頭として検地や知行割などに活躍した。長安の検地は石見検地・大久保縄とも呼ばれ、伊奈氏の備前検地と並んで初期の幕府検地の代表的仕法となった。また、武蔵国八王子（東京都八王子市小門町）に陣屋を設け、山の根九万石を所領として陣屋支配を行い、八王子・青梅（東京都）・桐生（群馬県）の町立などを担当した。慶長五年（一六〇〇）関ヶ原の戦い後、家康の側近勢力となり、その支配領域は関東から甲斐・信濃・駿河・美濃・越後・佐渡・伊豆・大和・近江・石見へと拡大し、領高にして百二十万石に達した。慶長八年幕府奉行衆（老職）に加えられ、家康の駿府政治の一翼を担った。また、大和・美濃など畿内およびその周辺の非領国地域の国奉行を兼務した。長安は駿府・江戸を拠点として各地に出先機関を設け、直系の代官・手代を配置し、みずから頻繁に各地を巡視して直接指揮をとる一方、駿府・江戸その他から書状によって指示を与えた。石見・佐渡・伊豆の鉱山開発では先進的な技術をもって産出額を激増させ、幕府財政の拡充に貢献した。さらに一里塚や伝馬宿の設定による東海道・中山道の交通制度の整備、江戸・駿府・名古屋城の築城などに卓越した手腕を発揮し、初期江戸幕府の財政基盤の確立に貢献した。慶長十八年四月二十五日、駿府において病没した。六十九歳。死後、存命中の巨額の蓄財と幕府転覆の陰謀発覚を理由として遺子七人が死罪となり、石川康長《いしかわやすなが》以下の大名、代官が連坐して失脚した。これは、幕閣との権力闘争の結果とされる。

参考文献　所三男「大久保石見守長安と信濃」（一志茂樹先生還暦記念会編『地方史研究論叢』、一志茂樹先生還暦記念会、一九五四年）、村上直「幕府創業期における奉行衆」（『日本歴史』一六〇、一九六一年）、和泉清司「徳川幕府成立期における代官頭の歴史的役割―大久保長安と伊奈忠次を中心に―」（『地方史研究』一九八、一九八五年）、同「徳川政権成立過程における代官頭の歴史的役割」（『古文書研究』二五、一九八六年）、杣田善雄「大久保長安の居所と行動」（『幕藩権力と寺院・門跡』、思文閣出版、二〇〇三年）

（田中　信行）

大蔵卿局（おおくらきょうのつぼね）　？―一六一五

淀殿《よどどの》に仕えた女性。夫は大野定長《おおのさだなが》。子に大野治長《はるなが》・治房《はるふさ》・

治胤《はるたね》。慶長十九年(一六一四)方広寺鐘銘事件の際に、淀殿の使者として二位局《にいのつぼね》・正永尼《しょうえいに》とともに駿府《すんぷ》の徳川家康のもとへ赴く。また大坂冬の陣後、大坂城の復旧に不信感を抱いた家康のもとに、淀殿の使者として弁明に赴いた。大坂夏の陣に敗れ、豊臣秀頼《ひでより》母子とともに、元和元年(一六一五)五月八日、大坂城内で自害して果てた。

参考文献　『大日本史料』一二ノ一四・一七・二〇(東京大学出版会、一九九五・九六・九七年)　(吉田　洋子)

奥平信昌（おくだいらのぶまさ）　一五五五—一六一五

戦国・江戸時代の武将で京都所司代。奥平貞能《さだよし》の長男として弘治元年(一五五五)三河に生まれる。母は牧野成種《まきのなりたね》の娘。妻は徳川家康の娘亀姫《かめひめ》(加納殿《かのうどの》)。はじめは久八郎定昌《さだまさ》を名乗る。父とともに徳川家康に仕える。元亀元年(一五七〇)姉川の戦いに父とともに従軍。天正三年(一五七五)の長篠合戦では武田勝頼の包囲を受けた長篠城を死守。これにより、織田信長より偏諱を受け信昌と改称する。同四年に三河国新城《しんしろ》に城を築き居城とする。同年七月に、信長の命により、家康の娘亀姫と結婚。のち、甲州征討、小牧の戦い、小田原攻めに従軍。同十六年には従五位下美作守に叙任。同十八年の家康の関東入国に伴い、上野国甘楽《かんら》郡小幡《おばた》(宮崎)三万石を拝領し小幡城を居城とする。慶長五年(一六〇〇)八月の関ヶ原の戦いに参加後、同年九月より翌年二月中旬まで京都所司代に就任。本願寺内に潜伏中の安国寺《あんこくじ》恵瓊《えけい》を捕縛するなど西軍方の探索を実施するとともに、北野社祭礼の警護を勤める。同六年三月美濃加納城十万石に加増・転封する。同年に三男忠政《ただまさ》に六万石を分与し本丸へ入れ、翌年、信昌は四万石で二丸に隠居し、忠政の政治を補佐する。なお、加納城は本多忠勝を奉行とする公儀普請によって築城されたことからも、家康は同城を西国支配の重要拠点として位置付けていたことが明らかであり、そこに婿であり、功績豊かな信昌を配置したのである。信昌もこれに応え、治水事業をはじめ城下の整備に勤めた。元和元年(一六一五)三月十四日に六十一歳で死去。菩提寺は同地の増瑞寺《ぞうずいじ》(のち盛徳寺《せいとくじ》に改称)。法号が泰雲院道安《たいうんいんどうあん》久昌院《きゅうしょういん》。

参考文献　『新訂寛政重修諸家譜』九(続群書類従完成会、一九六五年)、『岐阜県史』通史編近世上(一九六八年)、藤井譲治「徳川政権成立期の京都所司代」(森杉夫先生退官記念会編『政治経済の史的研究—森杉夫先生退官記念論文集—』、巌南堂書店、一九八三年)　(種村　威史)

片桐且元（かたぎりかつもと）　一五五六—一六一五

豊臣秀吉の家臣、のち豊臣秀頼《とよとみひでより》の家老。助作《すけさく》、のち直盛《なおもり》・直倫とも名乗る。弘治二年(一五五六)、浅井《あざい》長政《ながまさ》の家臣片桐直貞《なおさだ》の長男として近江国に生まれる。天正二年（一五七四）ごろから秀吉に仕えたとされる。天正十一年の賤《しず》ヶ岳《がたけ》の戦いで功績をあげ三千石の恩賞をうけ、「賤ヶ岳の七本槍」の一人として賞される。天正十三年十月六日、従五位下《じゅごいのげ》東市正《ひがしいちのかみ》に任じられる。九州平定や小田原合戦では秀吉の先発隊として従軍し、占領地での調整に能力を発揮した。文禄元年（一五九二）から二年の文禄《ぶんろく》の役《えき》では、釜山《プサン》に在陣し、晋州城《ジンジュソン》の戦いなどに参加。文禄四年八月に摂津茨木《せっついばらき》城主として五千八百石の加増をうける。慶長三年（一五九八）五月ごろから秀吉が病床に着くようになり、且元は小出秀政《こいでひでまさ》らとともに秀頼の傅役《もりやく》に任命された。慶長五年九月の関ヶ原の戦いでは西軍として大津《おおつ》城の戦いに参戦した。戦後徳川家康から一万八千石の加増をうける一方、家老として豊臣家を代表する存在となる。慶長十年代には摂津・河内《かわち》・和泉《いずみ》の国奉行となり、徳川方の奉行として支配を行なった。方広寺鐘銘事件ののち、家康との和平交渉に奔走するも、淀殿《よどどの》らから家康への内通を疑われ、大坂城を退去。大坂の陣では徳川方として大坂城を攻撃する。秀頼の死から二十日後の元和元年（一六一五）五月二十八日、京都の屋敷で死去。享年六十。

参考文献　曽根勇二『片桐且元』（『人物叢書』、吉川弘文館、二〇〇一年）

（吉田　洋子）

加藤正次（かとうまさつぐ）　一五四九―一六一三

戦国・江戸時代の武将。天文十八年（一五四九）、加藤正任《まさとう》の子として生まれる。母は某氏。妻は加藤利正《としまさ》の娘で加藤正《まさ》信《のぶ》の妹。はじめ嘉助、のち喜左衛門。はじめ織田信長、のち徳川家康に仕える。当時は竹本を称したが、永禄十一年（一五六八）家康の命により、三河国に居住するとともに、加藤姓に改称する。元亀元年（一五七〇）の姉川の戦いで本家筋にあたる正信の戦死に伴い、その妹を娶り家督を継承。天正三年（一五七五）の長篠の戦い、同十二年の長久手の戦いで戦功を挙げ、同十八年の小田原の陣では弓鉄砲の者を指揮する。家康の関東入国に伴い、武蔵国比企《ひき》・上総国望陀《もうだ》両郡内で二千石を知行することになった。慶長五年（一六〇〇）の関ヶ原の戦いでは使番を勤める。合戦終了後には、与力二十五騎・足軽五十人を預かり京都支配に関与。同六年二月京都所司代奥《おく》平信昌《だいらのぶまさ》の京都退去以降、伏見で所司代の役割を果たす。同年八月板倉勝重《いたくらかつしげ》の所司代就任以降も、少なくとも同七年十二月までは京都支配に関与する。慶長八年三月、家康の将軍宣下の参内に扈従。同十八年八月十七日死去。六十五歳。法名善阿。

参考文献　『新訂寛政重修諸家譜』一三（続群書類従完成会、一九六五年）、藤井譲治「徳川政権成立期の京都所司代」（森

杉夫先生退官記念会編『政治経済の史的研究—森杉夫先生退官記念論文集—』、巌南堂書店、一九八三年）

（種村　威史）

亀屋栄任（かめやえいにん）　？—一六一六

近世初期の京都の豪商。家業は呉服師。若名は比隅兵衛久《ひすみひょうえひさ》正《まさ》。「呉服師由緒書」によると代々丹波国比隅に居住したが、京都の町家に移って商業に従事し、亀屋と称した。十六歳から徳川家康に仕え、天正十年（一五八二）の本能寺の変に際して、堺に滞在中の家康に事変を報告した。文禄三年（一五九四）、家康が豊臣秀吉を伏見に招いた際に茶屋四郎次郎とともに菓子奉行を務める。慶長五年（一六〇〇）の関ヶ原合戦後、茶屋とともに京都で家康の代官のような働きをし、諸寺・諸社に高札を掲げるなど社寺行政に関与する。また以心崇伝《いしんすうでん》と家康を仲介して、日蓮宗不受不施派の日奥流罪や、所領宛行・造営など京都の寺社支配に関わった。家康の側近として呉服の御用調達をし、元和二年（一六一六）、家康の死に際しても日夜詰めた。栄任の屋敷は京都下立売にあり、永任町とよばれた。慶長九年（一六〇四）には女院御所で踊りを興行した。同年、東京《トンキン》への通交の朱印状を得て、海外貿易にも参画した。元和二年八月二十六日死去。

参考文献　工藤敬一「近世初頭の一特権町人像—亀屋栄任について—」（『日本歴史』一三三、一九五九年）

（田中　信行）

黒田長政（くろだながまさ）　一五六八—一六二三

織豊・江戸時代初期の武将、筑前国福岡城主。永禄十一年（一五六八）十二月三日、黒田官兵衛孝高《よしたか》（如水）の子として、播磨国飾東《しきとう》郡姫路（兵庫県姫路市）に生まれる。母は櫛橋伊定《くしはしこれさだ》の女。幼時より人質として豊臣秀吉に預けられ、天正十年（一五八二）の中国地方の戦いに初陣した後、諸戦に従軍して次第に加増された。同十七年五月、孝高の致仕により、豊前国内六郡の所領を相続する。文禄・慶長の朝鮮出兵には二度とも渡海した。秀吉に続き、慶長四年（一五九九）に前田利家が没すると、福島正則らと謀って徳川家康と対立する石田三成を襲撃した。同五年六月には、家康の養女（保科正直《ほしなまさなお》の女）を継室に迎えている。関ヶ原合戦でも家康率いる東軍に属し、西軍の小早川秀秋や吉川広家に内応を働きかけた。その功により、筑前国五十二万石を得、はじめ名島城に入ったが、那《な》珂《か》郡警固《けご》村福崎《ふくさき》（福岡市）に城を築いて移り、城地を先祖発祥の地にちなんで福岡と名づけた。同時に、国境沿いに六端城を築くが、のち一国一城令によって破却することになる。また、筑前に移った後、豊前には細川忠興《ほそかわただおき》が入るが、長政がすでにその年の貢租を徴収していたことが問題化し、以来、細川氏とは不仲になったと伝わる。同八年三月、家康の参内に供奉し、従四位下筑前守に叙任された。同十九年の大坂冬の陣では江戸に留め置かれたが、翌年の夏の陣では少数ながら兵を率いて徳川秀忠に従軍した。元和九年(一六二三)、秀忠の上洛に先立って上京したが、八月四日に宿所の京都報恩寺《ほうおんじ》で病没、五十六歳。

参考文献 『新訂寛政重修諸家譜』七(続群書類従完成会、一九六五年)、『新訂黒田家譜』一(文献出版、一九八三年)、『黒田家文書』一・二(福岡市博物館、一九九九・二〇〇二年)

(穴井　綾香)

後藤庄三郎（ごとうしょうざぶろう）　一五七一―一六二五

江戸時代初期の御金改役。諱は光次。元亀二年(一五七一)生まれ。京都の金工大判座後藤徳乗《とくじょう》の手代で、文禄二年(一五九三)、京都聚楽第で徳川家康に拝謁する。同四年、家康の招請により徳乗の名代として江戸に下り、武蔵小判を鋳造する。慶長五年(一六〇〇)、家康政権が確立すると御金銀改役に任命され、慶長小判、一分判を鋳造し、金座を組織した。同六年には銀座の設立にあたって頭人、座人を選定するなど幕府の幣制確立に貢献し、貨幣鋳造に支配的な権力を握るようになった。また朱印船貿易にも上方の貿易家に渡航許可証である朱印状の交付方を斡旋し、貿易家が帰国すると庄三郎の取次ぎで家康に土産の献上品を上納したり、上方の貿易商人との交渉にあたるなど、家康の側近として財政や朱印状の発給、外交に関与した。元和元年(一六一五)、眼病を煩い子に庄三郎の名跡を譲る。寛永二年(一六二五)七月二十三日に江戸で病没。五十五歳。

参考文献 中田易直「後藤庄三郎の出自について」(『中央大学文学部紀要』一〇〇、一九八一年)、木村荘五『徳川時代の金座』(『東京市史』外篇、聚海書林、一九八八年)

(田中　信行)

酒井忠次（さかいただつぐ）　一五二七―九六

徳川家康の重臣。大永七年(一五二七)三河国生まれ。小平次・小五郎と称す。酒井家は徳川譜代の中でも最古参の家柄で、徳川宗家とも縁戚関係を重ねており、忠次の妻もまた松平清康の娘で家康の叔母にあたる。忠次は家康より十五歳年長で、先代松平広忠のころより仕えていたので家康の信頼も厚かった。たとえば三河統一後の永禄七年(一五六四)には、忠次に単独で吉田城を任せ、東三河の旗頭として松平一族・国人層に対する軍事指揮権を与えている。さらに、天正十年(一五八二)に本能寺の変が生じ、空白地帯となった旧武田領の掌握を図った際にも、家康は忠次に信濃計略の全権を委ねている。このように忠次の地位・軍事的位置付けは他の譜代家臣と比較して常に高かった。なお、天正七年に家康の長子信康が生害した事件において、忠次は救命に尽力せず、信康を死に追いやったとする説が広く流布しているが、このように忠次の地位がその後も変化なく、家中随一にとどまっているところをみれば、後世創作された逸話とみるのが妥当である。忠次の器量には家康だけでなく、周囲も一目置いていたようで、天正十四年には忠次は豊臣秀吉から近江の内千石の土地を与えられ、従四位下左衛門督に叙任、さらに京都桜井に邸宅も下賜されている。その後天正十六年に致仕し、家督を嫡子家次に譲ると、自身は一智と号して京都に隠居、慶長元年(一五九六)に死去した。七十歳。墓所は知恩院の塔頭先求院に所在する。

参考文献　北島正元『江戸幕府の権力構造』(岩波書店、一九六四年)、中村孝也『家康の臣僚武将編』(人物往来社、一九六八年)、谷口克広『信長と消えた家臣たち』(『中公新書』、中央公論新社、二〇〇七年)

(堀　智博)

榊原康政　(さかきばらやすまさ)　一五四八―一六〇六

徳川家康の重臣。天文十七年(一五四八)三河国生まれ。榊原家は、康政の祖父清長が伊勢から三河に移住して松平家に仕えたという由来をもち、譜代古参の家柄にあたる。康政は幼名を小平太といい、永禄三年(一五六〇)三河大樹寺《だいじゅじ》において家康に召出され、同六年には元服して家康の一字を拝領し康政と名乗った。康政は武勇に秀でており、三河一向一揆・姉川の戦い・三方原の戦い・長篠合戦など家康の指揮下で目覚ましい活躍を遂げた。天正十二年(一五八四)の小牧長久手の戦いに際しては、織田家乗っ取りを非難する檄文を作成し、豊臣秀吉を大いに挑発したと伝わる。また、小牧長久手最大の激戦である岩崎城の戦いにおいて、三好孫七郎秀次(のちの関白豊臣秀次)を破り、戦局を徳川勢に有利に導いた。その結果、両軍の和睦に際しては、秀吉もまた康政の勇戦を賞美し、従五位下式部大輔に叙任させている。天正十八年の小田原の陣以降は吉例として徳川方の先鋒を務める栄誉に預かった。家康の関東入部後は、上野国館林において十万石を与えられている。その後慶長五年(一六〇〇)関ヶ原合戦に際しては、徳川秀忠の補佐役として東山道の進軍に随行、この時信濃上田城において真田昌幸《さなだまさゆき》と交戦した。戦後は家康の側近である本多正信《ほんだまさのぶ》・正純《まさずみ》ら吏僚派の台頭とともに康政は政治の表舞台からは退けられ、慶長十一年に五十九歳で死去した。墓所は善導寺(群馬県館林市)に所在する。

参考文献　北島正元『江戸幕府の権力構造』(岩波書店、一九六四年)、中村孝也『家康の臣僚武将編』(人物往来社、一九六八年)、小宮山敏和「榊原家家臣団の形成過程と幕藩関

係—館林・白河時代を中心に—」(『学習院大学人文科学論集』一五、二〇〇六年)
(堀　智博)

島津義弘（しまづよしひろ）　一五三五—一六一九

戦国・江戸時代初期の武将。天文四年(一五三五)七月二十三日、薩摩・大隅・日向三国の守護島津貴久の次男として、薩摩国伊作《いさく》城(鹿児島県日置市)に生まれる。母は入来院重聡《いりきいんしげさと》の女。貴久の跡を襲った兄義久に従って、日向の伊東氏や肥後の相良氏などをつぎつぎに攻略し、島津領国の拡張に貢献した。北部九州に進出した島津勢は、豊臣秀吉の和平勧告を拒否して大友領国への攻撃を続行したが、天正十五年(一五八七)豊臣勢に敗れて秀吉に服属し、義久は薩摩一国、義弘は大隅一国および日向真幸院《まさきいん》を安堵された。朝鮮出兵では、病気を理由に参加しない義久に代わって、義弘が自分の子を伴って二度とも渡海する。第一次出兵で次男久保《ひさやす》は朝鮮で病没。第二次出兵に伴った三男忠恒(のち家久)はほどなく義久の跡を相続した。慶長五年(一六〇〇)関ヶ原の戦いでは、義弘は石田三成に与することに決し、国元に再々軍勢の派遣を促したが、当主忠恒は動かなかった。西軍加担の理由は、義弘が伏見城の守備を申し入れたが、徳川家康家臣鳥居元忠に入城を拒否されたためとも伝わる。決戦当日、西軍諸将が敗走するなか、義弘率いる少数の島津勢は、家康本陣前面を駆け抜けて関ヶ原を逃れたという。その後、東軍の追撃を交わしつつ帰国を果たし、桜島に蟄居。同十一年に大隅国帖佐《ちょうさ》(鹿児島県姶良《あいら》市)から平松城へ移り、翌年には加治木《かじき》(姶良市)に移った。元和五年(一六一九)七月二十一日死去、八十五歳。

参考文献　三木靖『島津義弘のすべて』(新人物往来社、一九八六年)、山本博文『島津義弘の賭け』(読売新聞社、一九九七年)
(穴井　綾香)

角倉了以（すみのくらりょうい）　一五五四—一六一四

近世初期の京都の豪商。朱印船貿易家、河川土木事業家。通称与七、諱は光好、了以は法名。父は嵯峨の土倉家の一門で医家の吉田宗桂《よしだそうけい》。天文二十三年(一五五四)生まれ。元亀三年(一五七二)弟吉田宗恂《よしだそうじゅん》が家業の医者を継ぎ、了以は土倉経営を継ぐ。宗恂が仲介となって徳川家康と緊密な関係を結び、慶長七年(一六〇二)に家康から朱印状を与えられ、同八年に安南国(ヴェトナム)に渡航する。このとき了以の子角倉与一、弟宗恂が連名で「安南国に遣す書」を認め、了以は「日本国回易大使司」として日本安南両国間の友好と貿易の進め方について提案し、親善に貢献する。以後、同十二年を除いて慶長十九年まで毎年のように安南国に朱印船が派遣され、角倉了以と与一父子は安南国東京《トンキン》に合計十六回渡航した。朱印船貿易は与一に継承され角倉氏が経営する角倉船が中心となって寛永十三年(一六三六)まで存続した。また了以は河川開鑿事業にも関与し、慶長十年に嵯峨を流れる大堰川の開疏を幕府に建議。同十一年三月に工事に着手し、同年八月に工事を完遂した。慶長十二年には幕府から富士川、天竜川の疏通を命じられる。慶長十四年加茂川の開疏を行い、通船に成功する。慶長十六年高瀬川の開鑿を行い、大坂から伏見、京都に通じる水運が開かれ、木材、食糧、薪炭などの諸物資が運送された。角倉家は幕府から運航料の徴収が特許され、代々淀川の河川交通や高瀬川を支配した。子の与一は淀川過書船支配を命じられ、元和元年(一六一五)には山城国の代官に登用されるなど、角倉家は京都の町とその商品流通を支配する代官として重用された。了以は慶長十九年七月十二日に死去。六十一歳。嵯峨の二尊院に葬られた。

[参考文献] 林屋辰三郎『角倉了以とその子』(星野書店、一九四四年)、中田易直「近世初頭の大事業家角倉了以」(『月刊金融ジャーナル』一五ノ九、一九七四年)、同『近世対外関係史の研究』(吉川弘文館、一九八四年)、川名登『近世日本の川船研究』下(日本経済評論社、二〇〇五年)

(田中　信行)

高山右近 (たかやまうこん)　一五五二―一六一五

安土桃山時代・江戸時代初期の武将、キリシタン大名。天文二十一年(一五五二)高山友照《ともてる》(図書)の子として生まれる。幼名彦五郎。のちに友祥《ともなが》・長房。通称右近・右近大夫・右近允。受洗名ジュスト。千利休の高弟の一人で南坊・等伯と号する。天正元年(一五七三)、荒木村重の後援を得て摂津国高槻城主となる。同六年、荒木村重が織田信長に叛いた際には、村重方に属すも、パードレのオルガンティノの勧めに従い出家を条件に信長に降る。天正十年の本能寺の変以降は羽柴秀吉に属し、蒲生氏郷・黒田孝高らの改宗に尽力した。天正十五年、九州征伐に参陣するも同年六月に禁教令が発令され改易。以降、小西行長の所領である小豆島・天草に隠れ住み、翌年前田利家の客将となる。利家の死後、利長のもとで加判に列して実務にあたる。加賀では、金沢城の修築などを行い、慶長五年(一六〇〇)の関ヶ原の戦いの際は、小松城・大聖寺城の攻略にあたる。翌年、金沢教会を建設し、利長の庇護のもとで布教に努めた。十八年、徳川家康による禁教令発令に伴い、翌年マニラへの国外追放処分を受ける。元和元年(一六一五)正月五日、六十四歳で病死。墓所はサン＝ホセ学院。

[参考文献] 海老沢有道『高山右近』(『人物叢書』、吉川弘文館、一九八九年)、ルイス・フロイス『完訳フロイス日本史』四(松田毅一・川崎桃太訳、『中公文庫』、中央公論新社、二〇〇〇年)

(橋本　賢一)

伊達政宗（だてまさむね）　一五六七―一六三六

戦国・江戸時代初期の武将、陸奥仙台城主。永禄十年（一五六七）八月三日、伊達輝宗《てるむね》の長男として出羽国米沢城に生まれる。母は出羽国山形城主最上義守《もがみよしもり》の女。天正七年（一五七九）、陸奥国三春《みはる》城主田村清顕《たむらきよあき》の女と結婚、同十二年十月に家督を相続した。以来、周辺領主を滅亡あるいは服属させ、急速に領土拡張を進めるが、同十八年に小田原に参陣して豊臣秀吉に臣従すると、同十五年以後に攻め取った諸郡を没収された。同十九年の大崎《おおさき》・葛西《かさい》一揆の後、領地替えを受けて陸奥国玉《たま》造《つくり》郡岩出山《いわでやま》城（宮城県大崎市）に移った。慶長四年（一五九九）正月、長女を徳川家康の七男忠輝《ただてる》と婚約させる。同五年の関ヶ原合戦に際して、上杉景勝方の陸奥国白石《しろいし》城を攻略し、刈《かっ》田《た》郡の領有を許された。同六年には近江国に五千石、のち同十一年には常陸国に一万石、寛永十一年（一六三四）にも近江国に五千石を与えられることになる。慶長六年、仙台城と城下の建設を開始し、領民とも岩出山より仙台に移した。同十三年、松平姓を許される。同十八年、宣教師の布教活動と連携してスペインとの通商の交渉を図り、支倉常長《はせくらつねなが》をスペインやローマへ派遣した。しかし交渉は成らず、またこの間、日本では幕府のキリシタン禁令が強化され、政宗の計画は潰えた。同十九年の大坂冬の陣、翌年の夏の陣ともに出陣を果たす。元和二年（一六一六）、病気の家康を見舞うため駿府に赴き、謁見を許される。寛永十三年五月二十四日、江戸桜田屋敷で死去、七十歳。幼時に右眼を失明し、長じて「独眼竜」と畏れられたという。

参考文献　小林清治『伊達政宗』（『人物叢書』、吉川弘文館、一九五九年）、同『伊達政宗の研究』（吉川弘文館、二〇〇八年）、福田千鶴「伊達政宗の居所と行動」（藤井譲治編『織豊期主要人物居所集成』、思文閣出版、二〇一一年）

（穴井　綾香）

茶屋四郎次郎（ちゃやしろうじろう）　一五四二―九六

文禄年間（一五九二―九六）より寛永年間（一六二四―四四）まで朱印船貿易家として活躍した豪商。代々四郎次郎を名乗る。初代は天文十一年（一五四二）に生まれる。諱は清延。父明延が永禄ごろより徳川氏の御用商人を勤めたことから、清延は若年より三河で家康の側近に仕えた。戦いでは、武功を治めると同時に戦略物資の調達にもあたった。上方での隠密御用を担い、小牧・長久手合戦後の家康と豊臣秀吉との和解に役割を果たした。天正十八年（一五九〇）に家康が関東に領地替になると、同年九月江戸の町割に直接関与した。天正十六年ごろからの一時期に江州代官を勤めるも辞し、江戸幕府の呉服師として京都町人を支配した。慶長元年（一五九六）閏七月二十七日没する。五十五歳。法名情延。

参考文献　中田易直「茶屋四郎次郎由緒考」(『歴史地理』八七ノ一・二合併号、一九五七年)　(川上　真理)

藤堂高虎（とうどうたかとら）　一五五六―一六三〇

戦国・江戸時代初期の武将、伊賀国津城主。弘治二年(一五五六)、藤堂虎高の次男として、近江国犬上郡藤堂村(滋賀県犬上郡甲良町)に生まれる。母は多賀良氏の女といわれる。はじめ浅井長政に属し、つぎつぎに主君を変えた。羽柴秀長・秀俊に仕えたのち、豊臣秀吉の直臣となって文禄四年(一五九五)に伊予国に七万石を与えられる。二度の朝鮮出兵には、水軍を率いて従軍した。秀吉が死去した翌年、慶長四年(一五九九)には人質として弟正高を江戸に出した。同五年の関ヶ原合戦では、徳川家康率いる東軍に属し、勝利に貢献したことから、伊予国内に加増されて二十万石の領地を認められ、今治城を築いて居城とした。同十一年には備中国内で二万石を加増される。この二万石を領有したまま、同十三年に伊賀一国および伊勢国内へ領地替えとなって津城に入り、上野城も引き継いだ。両城とも、同十六年に大修築を加えている。同十九年には大坂冬の陣に出兵し、翌年の夏の陣では河内路の先鋒を務めた。この戦功により、伊勢国四郡のうちで五万石、元和三年(一六一七)にも同国の田丸に加増され、合計三十二万石余の領主となる。なお、田丸領は同五年に徳川頼宣《とくがわよりのぶ》の移封に伴い、大和・山城国内五万石と交換になった。同六年の徳川和子入内をめぐって、朝廷と幕府との間を周旋した。この間、築城の名手であった高虎は、自身の領国の城だけでなく、徳川家康や秀忠の命により、近江国膳所《ぜぜ》城・丹波国篠山城・京都二条城や、大坂城再建などの縄張りも担った。寛永七年(一六三〇)十月五日死去、七十五歳。

参考文献　『津市史』一(一九五九年)、『三重県史』資料編近世一(一九九三年)、久保文武『藤堂高虎文書の研究』(清文堂出版、二〇〇五年)　(穴井　綾香)

豊臣秀頼（とよとみひでより）　一五九三―一六一五

太閤豊臣秀吉の第二子。文禄二年(一五九三)八月三日、大坂城にて生まれる。生母は側室淀殿《よどどの》。幼名拾丸《ひろいまる》。この時すでに秀吉の長男鶴松《つるまつ》は死去し、秀吉の甥秀次《ひでつぐ》が後継者として関白に就任していたが、秀次は謀反の疑いをかけられ文禄四年七月十五日に自害した。秀頼は、慶長元年(一五九六)五月十三日にはじめての参内を果たす。この参内には徳川家康や前《まえ》田玄以《だげんい》のほか、多数の諸大名が付き従った。慶長二年(一五九七)九月二十八日、摂家の先例に従い元服が行われた。また、その日のうちに従四位下左近衛少将《じゅしいのげさこのえしょうしょう》に叙任され、翌日権中将《ごんのちゅうじょう》に昇進した。翌年四月二十日、権中納言《ごんちゅうなごん》に昇進する。慶長三年八月、五月ごろから病床に着いていた秀吉は、秀頼の後継者としての立場を強固なものとするため、徳川家康・前田利《まえだとし》家《いえ》らの有力大名と、石田三成《いしだみつなり》らの奉行衆との間で誓詞を交換させた。秀吉の死後、当初は「太閤様御置目《たいこうさまおんおきめ》」を第一に、五大老・五奉行が政務を行なっていたが、秀頼の傅役《もりやく》であった利家が慶長四年閏三月三日に死去したことを契機に、五大老・五奉行体制が大きく揺らぐ。慶長五年九月の関ヶ原の合戦で家康が勝利すると、家康は天下人としての地位を確立させていく。また、家康はその戦後処理において豊臣家の直轄地を処分し、豊臣家の所領は摂津《せっつ》・河内《かわち》・和泉《いずみ》の約六十五万石程度まで削がれることとなった。その一方で秀頼は、慶長六年三月二十七日に権大納言《ごんだいなごん》、同八年四月二十二日に内大臣、同十年四月十三日に十三歳で右大臣に就任した。将軍就任以降、家康は武家官位の執奏権を手中に収めていったが、依然として秀頼とその家臣に対する叙位任官は家康の手の及ばないところにあった。さらに慶長五年以降、秀頼から朝廷へ年頭の使者が送られ、また朝廷から秀頼のもとへ年頭の使者が送られていた。また慶長十四年の官女密通事件では、武家伝奏の勧修寺光豊《かじゅうじみつとよ》が事件の経緯を秀頼に報じていた。この一連の動きは、朝廷内で秀頼を「摂家」豊臣家の後継者とみなしていることに起因しており、方広寺の大仏供養においても朝廷は秀頼のために文書を調え、法要を行うこととなっていた。しかしこの供養会はいわゆる方広寺鐘銘事件の発生により中止となる。嫌疑への釈明工作は、片桐且元《かたぎりかつもと》の大坂城退去により失敗に終わり、慶長十九年大坂冬の陣へと突入する。一旦は和平交渉が成立するが、翌年、大坂方は浪人の総追放や国替えを拒否するなどしたため、大坂夏の陣が勃発する。大坂方は敗戦を重ね、元和元年(一六一五)五月八日、豊臣秀頼は大坂城内で自害した。二十三歳。

参考文献 朝尾直広「幕藩制と天皇」(『大系日本国家史』三、東京大学出版会、一九七五年)、吉田洋子「豊臣秀頼と朝廷」(『ヒストリア』一九六、二〇〇五年)、藤井譲治『天皇と天下人』(『天皇の歴史』五、講談社、二〇一一年)

(吉田　洋子)

鳥居元忠 (とりいもとただ)　一五三九―一六〇〇

徳川家康の重臣。天文八年(一五三九)三河国生まれ。鳥居家は代々徳川宗家に仕える家柄で、元忠の父忠吉は松平清康・広忠・元康(のちの家康)の三代に歴仕している。元忠もまた、家康が今川家の人質として駿府にあったころから近侍しており、その後家康の三河統一、遠江計略、姉川の戦い、長篠合戦などに従軍して数々の軍功を挙げた。天正三年(一五七五)の諏訪原城攻撃に際して元忠は、案内者を務めて勝利に貢献するも、銃丸を左股に貫かれたため、以降は足に障害を残したという。小牧長久手の戦いを経た天正十四年には、家康とともに上洛し、豊臣秀吉から官位推挙を受けるもこれを固辞、さらに嫡子忠政を秀吉のもとに士官させよとの命令も辞退する。このように家康への忠義を曲げることはない元忠に対し、秀吉も感服したと伝わる。天正十八年の小田原合戦に際しては、浅野長政らを助けて岩槻城の太田氏房を攻略し、その功によって秀吉から感状を与えられている。家康の関東入部後は下総矢作四万石の領主となった。慶長五年（一六〇〇）、会津の上杉景勝征討に際し、石田三成をはじめとする諸将の挙兵を警戒して、家康は元忠に伏見城の防衛にあたらせた。家康が出立したのち、予想通り三成ら四万余騎が伏見城を取り囲み、開城を求めたが、元忠はこれを拒絶する。城内の手勢はわずか千八百人であったが奮戦し、十三日間持ち応えて討死した。六十二歳。墓所は知恩寺（京都市左京区）に所在する。

参考文献　中村孝也『家康の臣僚武将編』（人物往来社、一九六八年）、『新訂寛政重修諸家譜』九（続群書類従完成会、一九六五年）

（堀　智博）

内藤清成（ないとうきよなり）　一五五五―一六〇八

奉行、年寄。修理亮。弘治元年（一五五五）生まれ。内藤忠《ただ》政《まさ》の養子となり、遠江国浜松（静岡県浜松市）にて徳川家康に仕官した。天正八年（一五八〇）、青山忠成《あおやまただなり》とともに二歳の徳川秀忠に傅役《もりやく》として付属し（『徳川実紀』では天正十三年とある）、以後、秀忠に従って行動した。天正十八年正月、秀忠の上洛に供奉し、相模国東郡に采地五千石を与えられた。慶長六年（一六〇一）に常陸国・下総国・上総国にて一万六千石を加増されて、都合二万千石の譜代大名となった。江戸開幕前後から、本多正信《ほんだまさのぶ》・青山忠成らとともに、いわゆる関東総奉行として関東領国内の行政に携わっていたが、慶長七年の連署所務状などでは、清成と忠成の連署によるものがよく見られる。慶長十一年正月、家康の鷹狩の際に不興を買い、清成と忠成は秀忠から罰せられた。禁猟地として指定された場所に罠をしかけることを清成と忠成が許し、それを家康が知ったからであるが、本多正信の取成によって、両名の罰は蟄居で済んだという。以後、清成は政務から遠ざかった。同十三年十月二十日没。五十四歳。なお、本多正信・青山忠成らとともに加判となったとする説がある。その立場を、関東総奉行あるいは、年寄とするなど複数の見解がある。

参考文献　『徳川実紀』一（『新訂増補国史大系』、吉川弘文館、一九六四年）、『新訂寛政重修諸家譜』一三（続群書類従完成会、一九六五年）、藤野保『徳川政権論』（吉川弘文館、一九九一年）

（鍋本　由徳）

中井正清（なかいまさきよ）　一五六五―一六一九

幕府作事方京大工頭を勤めた中井家の初代。永禄八年（一五六五）、大和国法隆寺村（奈良県生駒郡斑鳩町《いこまぐんいかるがちょう》）に生まれる。正清の父孫太夫は、法隆寺工匠中村伊太夫のもとで養われ、のちに中井氏を名乗るようになった。正清は、天正十六年（一五八八）、徳川家康に拝謁し、知行二百石で召し抱えられる。関ヶ原の戦いの後、慶長六年（一六〇一）畿内・近江六ヵ国の大工・杣《そま》の支配を許され、国奉行と協働して諸職人を統轄した。江戸城本丸殿舎、駿府城、名古屋城など幕府の主要作事に携わるかたわら、内裏、方広寺大仏殿などの造営もてがける。慶長十一年従五位下大和守に叙任、同十七年従四位下に上る。元和五年（一六一九）正月二十一日没。五十五歳。

参考文献　平井聖『中井家文書の研究』一（中央公論美術出版、一九七六年）、高橋正彦編『大工頭中井家文書』（慶応通信、一九八三年）、横田冬彦「中井正清―棟梁たちをひきいた大工頭―」（永原慶二他編『講座・日本技術の社会史』別巻一、日本評論社、一九八六年）

（川村由紀子）

長谷川藤広（はせがわふじひろ）　一五六七―一六一七

江戸時代初期の長崎奉行。永禄十年（一五六七）に生まれる。もとは進藤氏と称し、藤直の代に長谷川と称する。通称左兵衛。慶長八年（一六〇三）、徳川家康に仕える。同十一年、長崎奉行に就任。同十四年十二月、有馬晴信とともにポルトガル船マードレ＝デ＝デウス号を撃沈した。慶長十八年幕府により禁教令が発令されると、翌年には山口駿河守直友とともに肥前国有馬に赴いてキリシタンを追捕した。この際、大坂出陣の命令（大坂冬の陣）を西国諸将に伝達する役目を負う。両軍の講和が成ると、慶長十九年（一六一四）十二月には堺の奉行を兼任する。奉行在任期間中は糸割符《いとわっぷ》仕法が行われ、キリスト教の取り締まり・将軍の貿易品購入・貿易管理に実績をあげ、茶屋四郎次郎・亀屋栄任《かめやえいにん》らとともに徳川家康側近として厚遇された。元和三年（一六一七）十月二十六日死去。五十一歳。法名は秀月盛白。墓所は近江国坂本の西教寺（滋賀県大津市坂本本町）。藤広には男子があったが、若年のため跡職を命じられなかった。

参考文献　『新訂寛政重修諸家譜』一三（続群書類従完成会、一九六五年）、三宅英利「長崎奉行長谷川左兵衛論考」（『史淵』六九、一九五六年）

（橋本　賢二）

林羅山（はやしらざん）　一五八三―一六五七

幕府儒者として、徳川家康・秀忠・家光の三代にわたって仕えた。名は信勝、通称は又三郎である。僧号は道春、羅山は号で、ほかに浮山、梅花村などと称した。天正十一年（一五八三）八月京都四条新町に林信時の長子として生まれる。十三歳で元服して、建仁寺の僧慈稽《じけい》や藤原惺窩《ふじわらせいか》に学び朱子学を奉じる。慶長八年(一六〇三)『論語集註』の講筵を開き、儒者としての活動を始める。慶長十年二条城で家康にはじめて謁見し、慶長十二年には剃髪して道春と名乗り、家康の御伽衆として仕える。家光の代になると、法令や外交文書の作成に携わり、寛永十二年(一六三五)の『武家諸法度』や、寛永十三年朝鮮礼聘使への国書の起草などを担当した。正保元年(一六四四)には改元の奏進が羅山に命じられ、以後これは林家の任務となる。その林家の家塾に対して、寛永七年家光は忍岡《しのぶがおか》(東京都台東区上野)に別地五千三百五十三坪と費用二百石を与えて学寮とした。寛永九年には聖廟も完成し釈奠《せきてん》(孔子を祭る儀式)を行なった。以降、幕府儒者として家を継承する林家の祖としての礎を築いた。朱子学を以て仕えることを儒者としての任と考えていた羅山だが、当初から十分に力を発揮できたわけではなかった。出仕にあたっての僧形は、排仏論を唱える羅山にとって自己矛盾であった。しかし朱子学者としての矜恃を持ちつつ、「従容の論理」によってこれを受け入れたとされる。また朱子学の理論によって神道を説明する理当心地神道《りとうしんちしんとう》を提唱した。神儒合一による儒家神道のさきがけである。明暦三年(一六五七)正月二十三日没。七十五歳。

参考文献　堀勇雄『林羅山』(『人物叢書(新装版)』、吉川弘文館、一九九〇年)、鈴木健一『林羅山年譜稿』(ぺりかん社、一九九九年)、前田勉『近世日本の儒学と兵学』(ぺりかん社、二〇〇二年)、鈴木健一『林羅山』(ミネルヴァ書房、二〇一二年)

(綱川　歩美)

彦坂元正(ひこさかもとまさ)　?—一六三四

近世初期の代官頭。小刑部。今川旧臣の系譜を引く地方巧者。徳川家康に仕えて、はじめ近江国の代官に任じられる。天正十七年(一五八九)・同十八年の五ヵ国総検地に関与し、彦坂の署名で駿河・遠江・三河の一部の村に七ヵ条定書を公布。天正十八年の小田原合戦では長柄奉行として参加。家康の関東入国後は、相模国鎌倉郡岡津村(横浜市戸塚区)に陣屋を構えて、同国淘綾《ゆるき》・大住・愛甲・高座・鎌倉郡と津久井領を支配。文禄三年(一五九四)には伊豆の地方や浦方も支配。天正十九年相模国で天正検地を実施。一反三百歩による小割制検地を実施。文禄二年・同三年文禄検地で六尺二分竿を使用した彦坂検地を実施。間竿の短縮により打ち出しを強化。慶長九年(一六〇四)の慶長検地では、相模国で一反・三百歩の畝歩制のほか、単位を貫文に年貢高を表示した永高制検地を実施。その検地仕法は彦坂流と呼ばれる。天正十八年八月、板倉勝重《いたくらかつしげ》とともに町奉行として江戸経営に参画。天正十九年・文禄元年ごろから知行地や直轄領の設定に活躍。慶長五年、関ヶ原の合戦では小荷駄奉行として参戦。同年十二月には大《おお》久保《くぼ》長安《ちょうあん》とともに石見銀山の接収に下向。のち慶長十年まで伊豆地方の金銀山も管轄。陸奥国白川郡にも支配領域があった。また寺社領寄進状や伝馬定書に連署。慶長九年に戸塚宿を新設するなど交通行政にも関与した。慶長六年、鶴岡八幡宮の造営を勤めるが、六月二十五日に閉門、十二月に赦される。慶長十一年正月、支配地の農民からの訴えによって非分や年貢の横領が露顕し、改易となる。元和元年(一六一五)閏六月二十八日、増上寺の源誉が赦免を願い出るが許されなかった。その後、古河藩主で老中を勤めた土井利勝《どいとしかつ》に勤仕。寛永十一年(一六三四)正月八日死去。

参考文献　『神奈川県史』通史編二(一九八一年)、村上直「近世初期南関東における代官頭の支配―彦坂小刑部元正を中心に―」(村上直・神崎彰利編『近世神奈川の地域的展開』、有隣堂、一九八六年)

(田中　信行)

日野輝資(ひのてるすけ)　一五五五―一六二三

堂上公家、正二位権大納言、武家昵近衆。初名兼保、兼潔。法号唯心。実父は広橋国光。弘治元年(一五五五)生まれ。永禄二年(一五五九)に日野家を相続。天正十五年(一五八七)十二月正二位権大納言叙任。慶長七年(一六〇二)正月七日、近衛家と争論により息子資勝《すけかつ》とともに出奔。徳川家康の執り成しにより帰洛。翌年官を辞して、同十二年五月出家し唯心と号す。以後駿府にしばしば伺候し千三十石を知行。婿である幕臣花房正栄《はなぶさまさよし》の息子資栄《すけよし》が高家となり輝資の知行地を相続した。元和九年(一六二三)閏八月二日没。六十九歳。

参考文献　『公卿補任』(『新訂増補国史大系』、吉川弘文館、一九六五年)、久保貴子「江戸時代の公家と武家―公家から武家への身分移動―」(『早稲田大学教育学部学術研究(地理学・歴史学・社会科学編)』四一、一九九二年)、橋本政宣「慶長七年における近衛家と徳川家康の不和」(『近世公家社会の研究』、吉川弘文館、二〇〇二年)

(西村慎太郎)

福島正則(ふくしままさのり)　一五六一―一六二四

織豊・江戸時代初期の武将、安芸国広島城主。永禄四年(一五六一)、福島正信の長男として、尾張国海東郡二寺村(愛知県海部郡美和町)に生まれる。母は豊臣秀吉の伯母木下氏と伝わる。幼年より秀吉に仕え、天正十一年(一五八三)の賤ヶ《しずが》岳《たけ》合戦で名を顕し、次第に加増され、文禄四年(一五九五)に尾張国南半分に二十四万石を与えられ清洲城主となる。慶長五年(一六〇〇)の関ヶ原合戦では徳川家康率いる東軍に属し、勝利に貢献したことで安芸・備後二ヵ国を得、広島城に入った。同十四年春、領内の端城普請をめぐって家康の機嫌を損ねたが、端城の破却を申し出て許される。同十九年、大坂冬の陣が起こると、正則は黒田長政《くろだながまさ》・加藤嘉明《かとうよしあき》らとともに江戸に留め置かれ、翌年の夏の陣もそのまま過ごした。元和三年（一六一七）、徳川秀忠の上洛に供奉し、従四位下参議に叙任される。同五年、広島城の無断修築が『武家諸法度』違反だとして咎められ、城破りを命じられる。正則は本丸の一部を破却したが、これは本丸を除くすべての破却という幕府の意と異なったことから、安芸・備後二ヵ国の没収と津軽への国替が命じられた。幕府軍による城地の収公に際し、国元家老の指揮で福島家臣団は籠城し臨戦態勢をとったが、江戸から正則の手書が届いて開城した。このような武士の本分に叶った行動は、のちに城地引き渡しの作法として定着することになる。結局、正則は津軽ではなく越後・信濃国内に四万五千石を与えられ、信濃国高井郡高井野村（長野県上高井郡高山村）に居住した。寛永元年（一六二四）七月十三日死去、六十四歳。

【参考文献】笠谷和比古「徳川幕府の大名改易政策を巡る一考察（一・二）」（『日本研究』三・四、一九九〇・九一年）、黒田基樹「福島正則文書の基礎的研究（上・下）」（『芸備地方史研究』二二〇・二二一、一九九八年）、福田千鶴「戦争の終焉と城郭—福島正則の改易をめぐる三つの疑問—」（藤田達生編『近世成立期の大規模戦争』、岩田書院、二〇〇六年）

（穴井　綾香）

藤原惺窩（ふじわらせいか）　一五六一—一六一九

近世初期の儒者。名は粛、字は斂夫《れんぷ》。惺窩はその号。ほかに柴立子・北肉山人・惺々子・妙寿などと称した。永禄四年（一五六一）播磨国三木郡細河荘（兵庫県三木市）に中世歌学の名門冷泉家に生まれた。父は冷泉為純《れいぜいためずみ》。惺窩は七、八歳で仏門に入ったが、天正六年（一五七八）父為純が戦死すると、上洛して相国寺に入り儒仏の研鑽に励んだ。天正十八年豊臣秀吉の命により名護屋（佐賀県唐津市）で朝鮮国史と会談した。文禄二年（一五九三）三十三歳で徳川家康に招かれ、翌年にかけて江戸に赴き、『貞観政要』を講じた。文禄・慶長の役の際に捕虜となった、朝鮮の朱子学者李《り》退渓《たいけい》の流れを汲む姜沆《きょこう》と出会い、最先端の儒学に触れた。慶長五年（一六〇〇）には、入洛中の家康に深衣道服で謁している。林羅山《はやしらざん》・松永尺五《まつながせきご》・堀杏庵《ほりきょうあん》・那波活所《なばかっしょ》・菅得庵《かんとくあん》・石川丈山《いしかわじょうざん》・林東舟《はやしとうしゅう》（羅山の弟）・吉田素庵《よしだそあん》・吉田意庵《よしだいあん》らの高弟らを輩出し、近世儒学の祖といわれた。家康だけでなく、諸大名にも重んじられ、後陽成天皇も惺窩に道を問うまでになった。惺窩の学問は、朱子学を主としつつも、陽明学をも積極的に受容した。慶長十年の夏秋に京都北郊の市原に山荘を営んで隠栖し、木下長嘯子《きのしたちょうしょうし》・松永貞徳《まつながていとく》らと親交を結んだ。同十九年春、羅山の建議と推薦により、京都に設立されるはずであった学校の長官に擬せられたが受けず、市井の学者に終始した。元和五年（一六一九）九月十二日、京都において五十九歳で没した。墓所は相国寺林光院。刊本の著書には、『惺窩先生文集』（藤原為経編）、『惺窩文集』（正編林羅山編・続編菅得庵編）、『惺窩先生倭歌集』（『惺窩先生文集』所収）、『寸鉄録』『逐鹿録』『文章達徳綱領』があり、ほかに自筆稿本として『明国講和使に対する質疑草稿』『姜沆筆談』『朝鮮役捕虜との筆談』『南航日記残簡』、『日本書紀神代巻』（改修本）などがある（いずれも『藤原惺窩集』所収）。

参考文献　金谷治「藤原惺窩の儒学思想」（『日本思想大系』二八、岩波書店、一九七五年）、太田青丘『藤原惺窩』（『人物叢書（新装版）』、吉川弘文館、一九八五年）

（榎本　博）

舟橋秀賢（ふなはしひでかた）　一五七五―一六一四

堂上公家。明経道を伝来した清原家。天正三年（一五七五）生まれ。同十二年元服ののち蔵人・式部大丞を歴任。慶長六年（一六〇一）昇殿が許され舟橋を称する。同七年明経博士、同九年には式部少輔に任じられ、侍講を勤め、従四位上まで進む。多くの公家・武家に対する講読などを行なった。慶長十二年正―二月、同十六年九―十一月に江戸へ下向し徳川家康・秀忠と面会している。体調が芳しくない折に家康より薬を贈られたことなどの記事が日記『慶長日件録』に記されている。慶長十九年六月二十八日没。四十歳。

参考文献　『慶長日件録』二（『史料纂集』、続群書類従完成会、一九九六年）

（西村慎太郎）

細川忠興（ほそかわただおき）　一五六三―一六四五

大名、茶人。永禄六年（一五六三）十一月十三日細川藤孝《ふじたか》の長子として生まれる。幼名は熊千代。母は沼田光兼《ぬまたみつかね》の娘麝香《じゃこう》（のち光寿院《こうじゅいん》）。父とともに織田信長に従う。同八年に信長から丹後十二万石を、のち信長の長子信忠の「忠」の諱字を拝領する。本能寺の変後は信長を倒した舅明智光秀《あけちみつひで》（娘のガラシャが忠興の室）に期待をされるが、信長に弔意を表し、豊臣秀吉に与同後、秀吉より本領を安堵される。慶長元年（一五九六）の秀吉と明使との接見に際し奏者番を勤め、このとき、従三位参議・越中守に叙任される。忠興は一流の文化人でもあり、特に茶湯については利休七哲に数えられる。忠興の茶湯の系統を三斎流とよぶ。豊臣秀吉没後、朝鮮出兵の際の怨恨から石田三成の伏見城内の屋敷を襲撃し隠居に追い込む。この後、同五年正月、三男光（のち忠利）を証人として江戸に送るなど徳川家の勢力に投じる。九月の関ヶ原の戦いでは、徳川家康軍に従軍し戦功を挙げ、豊前一国と豊後国国東《くにさき》郡および同国速水郡の旧領を併せ三十九万石を拝領する。なお、この戦いでは大坂屋敷に残留する妻ガラシャが、西軍からの人質を要求された末に自害している。豊前に入国した忠興は小倉城を築城。大坂の陣後、元和四年(一六一八)・五年ころから病気がちになり、同六年には嗣子忠利に家督を譲り隠居し三斎宗立を号するが、中津城に、ついで、寛永九年(一六三二)十月の細川家熊本転封後は、八代《やつしろ》城にあり、忠利の藩主権力の確立を後援する。その一方、藩主在位時より卓抜な政治判断によって、徳川幕府成立後、本多正純《ほんだまさずみ》、金地院崇伝《こんちいんすうでん》、土井利勝《どいとしかつ》や幕府右筆の曾我家、春日局《かすがのつぼね》・稲葉正勝《いなばまさかつ》など幕府の要人との人的関係を確保・維持し、情報収集に努めるとともに、徳川将軍家の信頼を獲得するなど、幕藩関係・藩政の両面において近世細川家の確立に尽力した。正保二年(一六四五)十二月二日に八十三歳で死去。法号は三斎宗立松向寺大居士《さんさいしゅうりつしょうこうじだいこし》。菩提寺は熊本の泰勝寺《たいしょうじ》。

参考文献　石田晴男他編『綿考輯録』二・三(『出水叢書』二・三、出水神社、一九八八・八九年)、吉村豊雄『近世大名家の権力と領主経済』(清文堂、二〇〇一年)、山本博文『江戸城の宮廷政治—熊本藩細川忠興・忠利父子の往復書状—』(『講談社学術文庫』、講談社、二〇〇四年)

(種村　威史)

梵舜(ぼんしゅん)　一五五三—一六三二

神道家。吉田兼右《よしだかねみぎ》の次男で兼見《かねみ》の弟。徳川家康からも神道に関する諮問をたびたび受けている。天文二十二年(一五五三)生まれ。吉田氏の氏寺である神龍院の住持を経て、豊臣秀吉の死後は京都豊国神社《とよくにじんじゃ》の社僧となる。慶長九年(一六〇四)には秀吉の七回忌に臨時祭を成功させるが、豊臣家滅亡後は社の衰退を食い止めることはできなかった。家康が没した際、大明神の神号を主張したものの採用されずに大権現と決まったため、吉田神道の影響力は一時後退した。寛永九年(一六三二)十一月十八日没。八十歳。日記『舜旧記《しゅんきゅうき》』を残す。

参考文献　曽根原理『徳川家康神格化への道—中世天台思想の展開—』(吉川弘文館、一九九六年)

(堀越　祐一)

本多忠勝(ほんだただかつ)　一五四八—一六一〇

戦国時代から江戸時代初期にかけて、徳川家康に仕えた武将。通称は平八郎。中務大輔《なかつかさのたいふ》。父は松平広忠に仕えた本多忠《ただ》高《たか》。母は同じく広忠に仕えた植村氏義の娘。天文十七年(一五四八)、三河国で生まれる。父忠高は天文十八年、二歳のときに戦死した。永禄三年(一五六〇)、家康の大高城攻めに十三歳で従ったのが初陣である。以後、元亀三年(一五七二)の三方原合戦、天正三年(一五七五)の長篠合戦、同十二年の小牧・長久手合戦など数多くの戦陣において活躍し、大きな戦功をあげた。酒井忠次《さかいただつぐ》・榊原康政《さかきばらやすまさ》・井伊直政《いいなおまさ》とともに徳川四天王と呼ばれる。永禄九年、都筑・本多・三浦・渡辺・梶・河合・

長坂などの士が与力として付属せられたが、これらの士がのちの本多家家臣団の中心となる。天正十六年四月、聚楽第行幸《じゅらくだいぎょうこう》に従い、従五位下中務大輔に叙任される。天正十八年八月の家康の関東入りに際し、上総国大多喜(千葉県大多喜町)城主となり、十万石を与えられる。慶長五年(一六〇〇)の関ヶ原合戦の際には、福島正則《ふくしままさのり》・池田輝政《いけだてるまさ》ら豊臣系諸大名の軍監となって家康本隊に先駆けて東海道を西上するなど活躍した。翌慶長六年正月、伊勢国に領知を移され桑名(三重件桑名市)城主となる。このとき、忠勝の戦功により旧領大多喜五万石が次男忠朝《ただとも》に与えられる。慶長十三年、筒井定次《つついさだつぐ》改易の際、伊賀国上野城の受取役を勤める。慶長十五年十月十八日、桑名城において死去。六十三歳。嫡男忠政《ただまさ》が跡を継いだ。法名は長誉良信西岸寺。

参考文献 『新訂寛政重修諸家譜』一一(続群書類従完成会、一九六五年)、『寛永諸家系図伝』八(続群書類従完成会、一九八五年)

(三宅 正浩)

本多正信(ほんだまさのぶ) 一五三八―一六一六

年寄、佐渡守、相模国玉縄《たまなわ》領主。天文七年(一五三八)生まれ。古くから徳川家康に仕えていたが、永禄六年(一五六三)三河一向一揆で一揆方に与したことにより、追放の身となった。元亀元年(一五七〇)の姉川合戦のころには再び家康の許へ戻り、大久保忠隣《おおくぼただちか》や井伊直政《いいなおまさ》らとともに奉行として活躍した。家康の関東入国とともに相模国玉縄(神奈川県鎌倉市)に領知を与えられ、慶長五年(一六〇〇)の関ヶ原の合戦時には徳川秀忠に従軍し、江戸開幕以後は、将軍家康と世嗣秀忠とをつなぐ役割を担っていたが、慶長・元和期に展開した「二元政治」期では秀忠のもとで江戸年寄として政務に携わった。正信の特徴は、年寄としての重鎮として活動しながらも、その領知がほかの年寄に比べて非常に少ない点にある。その禄高には諸説あり、一万石とも二万二千石ともいわれている。息子の本多正純《まさずみ》は家康に近侍しており、親子でそれぞれ「江戸政権」「駿府政権」の中枢にいた。正信は戦国期以来の活動や、家譜の記述から、家康との関係が強調されるが、秀忠への進物取次は正信と土井利勝《どいとしかつ》が担い、進物以外にも大名家から将軍家への取次は正信が行なっていたこと、正信がほかの江戸年寄と奉書に連署したことから、江戸年寄としての職務も十分に果たしていた。元和二年(一六一六)六月七日没。七十九歳。なお、教訓書として知られる『本佐録《ほんさろく》』は正信の著作であると伝えられているが、実際のところ、その著者は未詳である。

参考文献 『新訂寛政重修諸家譜』一一(続群書類従完成会、一九六五年)、藤野保『新訂幕藩体制史の研究』(吉川弘文館、

一九七五年)、藤井譲治『徳川将軍家領知宛行制の研究』(思文閣出版、二〇〇八年)　(鍋本　由徳)

ヤン＝ヨーステン　Jan Joosten van Lodensteijn　?―一六二三

オランダ人、朱印船貿易家。生年は不詳だが、遅くとも一五五七年初め以前と考えられる。ロッテルダムの会社が発した東インド向け艦隊に乗り組み、慶長五年(一六〇〇)三月十六日、ウィリアム＝アダムスらとともにリーフデ号にて豊後に漂着。徳川家康に仕え、長崎と江戸に宅地を与えられ、二人の日本人女性との間に子がいた。八重洲の地名は彼の居宅地にちなむといわれる。平戸の英蘭両商館のために働き、慶長十七年以降は朱印船貿易に従事したが、一六二三年南シナ海のパラセル諸島で難破し溺死した。

参考文献　岩生成一「日蘭交渉の先駆者ヤン・ヨーステン」(『日本歴史』一一七、一九五八年)　(清水　有子)

淀殿　(よどどの)　?―一六一五

豊臣秀吉の側室。本名は茶々《ちゃちゃ》。近江小谷《おうみおだに》(滋賀県長浜《ながはま》市)城主浅井長政《あざいながまさ》の長女として生まれる。その生年については種々の説があるが、永禄十二年(一五六九)説が妥当とされる。母は織田信長の妹市《いち》、妹は京極高次《きょうごくたかつぐ》の正室初《はつ》、徳川秀忠の正室江《ごう》。元亀元年(一五七〇)朝倉義景《あさくらよしかげ》討伐の信長を裏切った長政は、天正元年(一五七三)八月に信長軍に攻められ、小谷城は落城、長政は自害した。小谷城落城の前後に市と三姉妹は脱出し、岐阜《ぎふ》城、ついで伊勢上野《いせうえの》城(三重県津《つ》市)で過ごしたのち、尾張清洲《おわりきよす》城に移ったとされる。天正十年六月の清洲会議の直後に、母市が柴田勝家《しばたかついえ》に再嫁し、三姉妹は勝家の居城北の庄城に入ったが、ほどなく秀吉の攻撃により勝家と市は自害して果てた。母の死後三姉妹は秀吉のもとに送られるが、その後の動向について具体的に伝える史料はない。天正十六年ごろ、秀吉の側室となったとされる。翌天正十七年長男鶴《つる》松《まつ》を淀城にて出産する。天正十九年八月五日鶴松死去。文禄二年(一五九三)八月三日、第二子秀頼《ひでより》を出産。慶長三年(一五九八)八月十八日の秀吉死去後は、秀頼の後見人として実権を掌握する。大坂夏の陣で敗北、元和元年(一六一五)五月八日、秀頼とともに大坂城内で自害した。

参考文献　福田千鶴『淀殿』(『ミネルヴァ日本評伝選』、ミネルヴァ書房、二〇〇七年)　(吉田　洋子)

〔関連事項〕

一里塚（いちりづか）

一里の目安として街道の両側に築いた塚。この制度は、中国魏の時代に起源を持つ。日本では、戦国時代末期にその存在が確認され、豊臣秀吉が天正十八年(一五九〇)三十六町を一里と定め、一里塚を築造した。しかし、制度としての一里塚の築造は、慶長九年(一六〇四)、日本橋を起点として、本格的に開始された。この時、本多光重《ほんだみつしげ》・永井白元《ながいあきもと》らが一里塚奉行に任命され、江戸町年寄の奈良屋市右衛門や樽屋藤左衛門を付属させ、大久保長安が総督となり、幕領は代官、私領は領主が実際の指揮を行なった。慶長十七年には東海道・東山道の一里塚が完成し、次第に全国に普及していった。

参考文献 丸山雍成『日本近世交通史の研究』(吉川弘文館、一九八九年)、荒井秀規他編『日本史小百科交通』(東京堂出版、二〇〇一年)

(荒木 仁朗)

糸割符制度（いとわっぷせいど）

糸割符は中国産生糸の統制を主な目的として独占的価格決定と購入を行い、さらに購入白糸を諸国商人へ分配する貿易仕法。糸割符仕法には慶長九年(一六〇四)から明暦元年(一六五五)まで施行されたものと、貞享元年(一六八四)以降に再興されたものがある。糸割符は慶長九年、徳川家康により長崎来航のポルトガル船に「糸割符御奉書」が下されたことに始まり、当初は京都・堺・長崎の三ヵ所商人(三ヵ所糸割符仲間)によって一括独占購入されたという。寛永八年(一六三一)、糸割符仕法が唐船・オランダ船へ適用されるに伴い、大坂(寛永九年)・江戸(寛永八年)が加わり五ヵ所糸割符仲間となる。糸割符仲間は代表者(糸割符年寄、のちに糸割符宿老)を選出して諸国商人を統制し、糸割符年寄は輸入白糸の品質を鑑定して価格を折衝して購入した(白糸値組、値組、パンカダという)。仲間は購入した生糸を諸国商人に売却し、その仕入価格と売却価格とに生じた利益を分配した(糸割符増金《いとわっぷましがね》)。輸入白糸は長崎の船来品の七〇%を占め、その価格は諸貨物の標準価格決定に大きな影響を持っており、一度値組された生糸価格は一年間据え置かれたという(『崎陽群談』)。承応二年(一六五三)、長崎入津唐船の唐人がこれ以降、生糸を積載した唐船の入津がない旨を伝えると糸割符仲間は高値で生糸を購入し、多額の損失をこうむったという(『崎陽群談』)。これを契機として明暦元年に糸割符仕法は廃止され、相対商売・市法貨物仕法へと移行する。貞享元年に再興された糸割符仕法は、元禄十年(一六九七)に、五ヵ所糸割符仲間の配分率などが変更された。五ヵ所糸割符仲間の構成員は特権的商人から零細な商人が目立つようになり、特に長崎では零細な小商人が再興された糸割符仕法を担うようになる。

参考文献　中村質『近世長崎貿易史の研究』(吉川弘文館、一九八八年)、太田勝也『長崎貿易』(同成社、二〇〇〇年)

(橋本　賢一)

江戸城（えどじょう）

江戸城は、江戸時代を通じて徳川将軍家が居住し、政務を執った政庁である。江戸には戦国時代、太田道灌《おおたどうかん》築城の江戸城があったが、徳川家の江戸城はその規模を大きく凌駕する。天正十八年(一五九〇)八月一日、徳川家康は東海からの転封で関東に入国し、江戸城に入った。入国時は現在の内桜田大手より平川口あたりに土居が、土手には竹木が茂っており、海岸側には四、五の門があり、建物も朽ちている箇所が多かったという。その後、文禄年間(一五九二―九六)に本多正信《ほんだまさのぶ》や井伊直政《いいなおまさ》が担当して城の修築が行われた。西丸・三丸・吹上・北丸を増設して城郭の改造を施してはいるものの、慶長初年までは、江戸開幕以後にみられるような大規模な普請は行われていない。慶長八年(一六〇三)、いわゆる千石夫による江戸城下町の拡張工事が天下普請により行われた。大名は各地に屋敷を構える準備を始め、また、助役大名として城下町拡張工事を進めていった。神田山(東京都千代田区)を切り崩して日比谷の入江を埋め立てたことはよく知られている。江戸城の拡張は慶長九年六月、諸大名へ伝達されたことに始まる。翌年、翌々年つぎつぎと大名たちが助役を命ぜられた。大名らは、石垣を構築するための石材を運ぶ船を江戸へ送り、また人足を以て石材や木材を運搬させ、多くの大名はみずから江戸に入っていった。この間に将軍職は家康から秀忠へ移り、慶長十一年三月、江戸城の造営が秀忠のもとで開始された。藤堂高虎《とうどうたかとら》が縄張りをし、内藤忠清《ないとうただきよ》や石川重次《いしかわしげつぐ》らが奉行となった。この時の助役大名の多くは西国大名であった。細川《ほそかわ》忠興《ただおき》、前田利常《まえだとしつね》、池田輝政《いけだてるまさ》、加藤清正《かとうきよまさ》、福島正則《ふくしままさのり》、鍋島勝茂《なべしまかつしげ》、毛利秀就《もうりひでなり》らが外郭石壁、黒田長政《くろだながまさ》が天守台を築き、山内忠義《やまうちただよし》らが本丸石垣、吉川広家《きっかわひろいえ》らが本丸を構築した。しかし、この年に工事が完了しなかったため、翌慶長十二年には、伊達政《だてまさ》宗《むね》、上杉景勝《うえすぎかげかつ》、蒲生秀行《がもうひでゆき》、最上義光《もがみよしあき》、相馬利胤《そうまとしたね》などの東国大名が助役大名となって、工事が継続された。慶長十五年十二月、再び江戸城拡張工事のため、前回助役となった伊達政宗や佐竹義宣《さたけよしのぶ》らが再び助役として命ぜられ、翌慶長十六年から十七年にかけて西丸修築普請が開始された。この時も秀忠は連日のように巡視したと伝えられる。さらに慶長十八年から十九年にかけて、西丸下の石垣工事が開始された。この時の普請には細川忠興や加藤忠広《ただひろ》ら西国大名が助役として動員された。江戸城普請における全国諸大名の動員、ことに西国大名の動員は、将軍秀忠の権力確立のために必要なものであったと考えられている。一方、家康・秀忠による「二元政治」下における徳川政権と豊臣政権との緊張は高まっていた。丹波篠山《ささやま》城(兵庫県篠山市)、丹波亀山城(兵庫県亀岡市)、尾張名古屋城(愛知県名古屋市)などは大坂包囲の意味を持ち合わせた天下普請であり、江戸城の拡張もその一環とみることができる。大坂の陣が終了してからも江戸城の修築・拡張は続けられ、元和三年(一六一七)から四年にかけて半蔵門や大手門が作られ、元和六年に北丸や二丸の石垣修築が進められた。家光の時代になり、寛永五年(一六二八)から翌年にかけ、寛永七年にかけて、西丸・西丸下の石垣の拡張工事と城門・枡形の造営、寛永十二年には二丸の拡張、さらに寛永十三年には外郭部分と見附が完成した。これを以て、天正十八年の家康入国以来続いていた江戸城の修築・拡張工事はほぼ完了し、江戸城の形が固まった。

参考文献　『東京市史稿』皇城篇(一九一一―二五年)、深井雅海『図解・江戸城をよむ』(原書房、一九九七年)、白峰旬『豊臣の城・徳川の城』(校倉書房、二〇〇三年)、村井益男『江戸城―将軍家の生活―』(『講談社学術文庫』、講談社、二〇〇八年)

(鍋本　由徳)

江戸幕府（えどばくふ）

江戸幕府のはじまりは慶長八年(一六〇三)の徳川家康の征夷大将軍任官を指すのが一般的である。鎌倉・室町両幕府の伝統に拠った江戸幕府の、初代将軍家康から三代将軍家光までは、幕府成立期にあたる。成立当初の江戸幕府は、年寄を中心とする家政機関的な性格を帯びていたが、慶長から寛永初年ごろは、「二元政治」形態をとりながら権力確立を図った。すなわち、家康はわずか二年で将軍職を辞したが、その後も大御所として実質的に幕政を主導した。大御所家康と将軍秀忠は、拠点をおのおの駿府と江戸に置き、家康の周囲では武士・商人・僧侶などが、その能力に応じた政務を執る出頭人政治体制を基盤とし、一方将軍秀忠の周囲にも出頭人がいたが、譜代大名や旗本で固められ、組織確立の準備が進められた。元和二年(一六一六)から元和九年の秀忠親政期を経て、大御所秀忠と将軍家光による「二元政治」が展開された。家康・秀忠の時と異なり、大御所と将軍はともに江戸城にいた。家光付の本丸年寄と、秀忠付の西丸年寄との合議が、その後の老中制の基礎となり、「二元政治」解消後、将軍家光を頂点とした江戸幕府職制の整備へとつながった。寛永十一年(一六三四)からの職務規程制定は、その過程を具体化したものである。また、かつて円光寺元佶《えんこうじげんきつ》や金地院崇伝《こんちいんすうでん》ら僧侶が担った寺院行政は、大名が就任する寺社奉行が、また、貿易家長谷川《はせがわ》藤正《ふじまさ》らが管轄した長崎貿易は、大名、のちに旗本が就任する長崎奉行が担当するように、役職に就くのは武士となった。江戸幕府を支える直参《じきさん》は、番方と役方に分かれる。大名と旗本・御家人は、それぞれ就く役職が決められ、政務の中枢である老中や若年寄、京都所司代、寺社奉行などは大名が、町奉行・勘定奉行、長崎奉行など遠国奉行は旗本が就任し、与力・同心などには御家人が就いた。また直参も増加していったため、職に就けない旗本や御家人は寄合《よりあい》・小普請《こぶしん》に属することになった。幕府成立後、『武家諸法度』に代表される大きな法度から、町や村に出される触書など、数多くの法律が出されたが、それらを総括した法令集は、一部の私撰法令集は編まれたものの、享保年間(一七一六―三六)まで作られていない。また裁許の基準となる判例も寛保年間(一七四一―四四)に一応の完成を見る『御定書百箇条』が知られるが、原則非公開であった。大名領における自分仕置権、支配違いによる評定所の裁定など、裁判をめぐっても多種多様な形態がみられた。江戸幕府の財政は、主に幕領からの年貢によって支えられていた。幕領は、寛文年間(一六六一―七三)以後、新田開発の抑制が見られるものの、享保年間の開発などによって拡大した。その他の財政基盤として、江戸・大坂など主要都市や、佐渡金山や石見銀山などの鉱山を直轄地化し、長崎・対馬・薩摩・松前を窓口に展開した外交のうち、オランダ・中国を相手にした長崎貿易は大名を仲介させずに幕府が直接行なっていた。四代将軍家綱以後に慢性化する財政難は、三大改革をはじめとした改革の大きな要因だったが、抜本的解決は見られなかった。

参考文献 北島正元『江戸幕府の権力構造』(岩波書店、一九六三年)、藤井譲治『江戸幕府老中制形成過程の研究』(校倉書房、一九九〇年)、同『天下人の時代』(『日本近世の歴史』一、吉川弘文館、二〇一一年)

(鍋本 由徳)

阿国の踊り(おくにのおどり)

近世歌舞伎の祖とされる出雲の阿国が創始した踊り。慶長八年(一六〇三)ころ、京都において出雲大社の巫女と称する阿国という女性芸能者が、男装して「かぶき者」に扮し、茶屋通いをして女と戯れるさまを、南蛮風などの華麗な扮装で歌と踊りをまじえて演じ人気を博した。『当代記』によると、当時徳川家康が在した伏見城においてもたびたび踊られ、これをまねた複数の座が諸国を廻ったが、徳川秀忠はついに観賞することはなかったという。

参考文献 小笠原恭子『出雲のおくに』(『中公新書』、中央公論社、一九八四年)

(武林 弘恵)

過書船（かしょせん）

近世の淀川で貨物・乗客を運んだ特権川船。もとは関所の通行手形である過書を所持する船の呼称。「かしょぶね」とも読む。慶長八年（一六〇三）徳川家康の朱印状により、旧来の淀船と新規の三十石積以上の大船が包摂され、運上銀・公役・上米・運賃が規定されて過書船となった。過書船支配には河村与三右衛門（のち角倉与一《すみのくらよいち》）・木村宗右衛門《きむらそうえもん》が命じられた。過書船は大坂・伝法・尼崎・木津川を就航範囲とし、過書年寄が大坂に三名、尼崎・大塚・枚方・淀・京都に各一名置かれ、船の積載量は二十—二百石、年銀四百枚の運上が課された。三十石船は乗客を主とし、定期は一日二回、伏見—大坂間を上下し、上り船は一日または一晩、下り船は半日または半夜を要した。寛文十年（一六七〇）、三十石積以上の大船のなかに二十石船を新造する者が現れ、淀船の営業を圧迫し、過書船仲間の内部抗争に発展した。元禄十一年（一六九八）には、伏見船が免許を受けて貨客運送を始め、過書船は打撃を被った。また上荷船・茶船との競争、近世中期以降の屎船の台頭、万延—文久期（一八六〇—六四）以後の荷寄屋など新規の運輸業者の出現によって過書船の営業は打撃を受け、次第に衰退した。明治元年（一八六八）、新政府によって過書座が廃止され、過書船は制度上消滅した。

参考文献　黒羽兵治郎『近世交通史研究』（日本評論社、一九四三年）、泉雄照正「淀船史考」（『地方史研究』七六、一九六五年）、『大阪市史』一（清文堂出版、一九六五年）、日野照正『畿内河川交通史研究』（吉川弘文館、一九八六年）、川名登『近世日本の川船研究』下（日本経済評論社、二〇〇五年）

（田中　信行）

かぶき者（かぶきもの）

「かぶく」（＝「傾く」）とは、まっすぐなものが一方に斜めになることで、近世前期に横行した異形・異装あるいは通常とは異なる行動をとった無頼の者をいう。慶長年間（一五九六—一六一五）のかぶき者は、中間・若党・小者などの武家奉公人が一つの中心勢力で、道理を重んじ、主従関係よりも組や党を結んだ仲間との横のつながりを強く考える行動をとった。寛永年間（一六二四—四四）から、その主体は武士・町人を通じて諸階層に拡大し、旗本奴・町奴などとよばれる集団も登場した。明暦三年（一六五七）には、遊山に誘った町奴の幡随院長兵衛《ばんずいいんちょうべえ》に慮外の申条があったとして、旗本奴の水野十郎左衛門《みずのじゅうろうざえもん》が長兵衛を殺害した事件も起きている。芝居や講談では旗本奴と町奴の抗争として有名だが、実際にはかぶき者同士の縄張り争い、鞘とがめの意地ばらしという性格が強かったと思われる。このように、幕藩体制が安定し階層秩序が固定した時期のかぶき者は、党や組の横の連帯ではなく、異様な服装や辻斬りという残虐行為や乱暴行為など、刹那的な形で社会秩序に抵抗を示すという性格であった。幕府は、社会秩序・身分秩序を保つために、家綱政権下の慶安四年(一六五一)から六年間にわたり、市中のかぶき者を検挙した。また、綱吉政権下でも大量検挙が行われ、素行不良や勤務不良、争いごとなどを理由に、旗本・御家人など幕臣の処罰は二十年余りで三百件にのぼった。先の事件で不問とされた水野十郎左衛門も、その後の行跡がよくないとの理由で徳島藩預けとなり、さらに不作法があり寛文四年(一六六四)に切腹となった。

参考文献 北島正元「かぶき者―その行動と論理―」(『近世史の群像』、吉川弘文館、一九七七年)、高埜利彦『元禄・享保の時代』(『日本の歴史』一三、集英社、一九九二年)

(武林　弘恵)

京都所司代 (きょうとしょしだい)

上方(山城・大和・近江・丹波・摂津・河内・和泉・播磨の八ヵ国)に配置された幕府役人の一つ。大名を以てあてられる常置の職であり、その地位は老中に次ぐものとされた。定員は一名。京都に拠点を構え、京都町奉行と連携して上方八ヵ国の幕府領における公事・訴訟を扱った。また、天皇家と公《く》卿《ぎょう》・門跡《もんぜき》などに関する監察と許認可・諸届事務などを行い、上方のほか西国大名をも監督した。江戸時代中期ごろからは幕府要職の昇進階梯の一つとして、老中就任者は京都所司代を経ることがほぼ固定化された。幕初の板倉勝重《いたくらかつしげ》と板倉重宗《しげむね》は京都所司代として長期間在職したが、その後は原則数年で交替することとなり、寛文・延宝年間(一六六一―八一)ごろまでは、京都所司代の就任時、将軍から料理・点前・拝領物を下賜されるほか、緊急事態における江戸への注進なしでの即応権限と速やかな事後報告を命じた将軍自筆の花押の据えられた書状が下付されていた。その後、天和年間(一六八一―八四)ごろからは、就任時、そのような将軍名の文書に代わり、京都所司代の職務を箇条書きにした老中名の勤方心得が手交された。京都所司代に対して手交された勤方心得は、京都町奉行の職掌変更に伴って若干の内容変更と整序がなされ、享保の国分けに伴い、京都町奉行の公事・訴訟の取り扱い範囲が山城・大和・近江・丹波の四ヵ国に確定されたことにより、京都所司代がそれを掌握することが明記されてほぼ内容が確定された。

参考文献 『古事類苑』官位部三(吉川弘文館、一九九六年)、山口和夫「近世史料と政治史研究―江戸時代前期の院近臣の授受文書を中心に―」(石上英一編『歴史と素材』、吉川弘文館、二〇〇四年)、小倉宗「近世中後期の上方における幕

府の支配機構」(『史学雑誌』一一七ノ一一、二〇〇八年)、田中暁龍『近世前期朝幕関係の研究』(吉川弘文館、二〇一一年)　（野村　玄）

キリシタン政策（キリシタンせいさく）

徳川家康のキリシタン政策は、関ヶ原以前からの和親通商政策を背景とする教会関係者の優遇策と宣教抑制策を基調とし、晩年は禁教政策へ転換した。慶長三年(一五九八)八月の豊臣秀吉死後から同年末までに、家康は国内に潜伏していたフランシスコ会のジェロニモ＝デ＝ジェスス神父を探索、接触し、江戸滞留と領民への宣教を許可したが、これは関東浦賀港におけるスペイン船貿易構想を実現する目的があった。またマカオ―長崎貿易を掌握するため、慶長九年に同貿易に強い影響力のあったイエズス会に財政援助を行い、同十一年に日本司教ルイス＝セルケイラを伏見で、翌年イエズス会準管区長のフランシスコ＝パシオを駿府でそれぞれ引見した。このほか家康は豊後での宣教許可を求めるアウグスチノ会士と、島津氏が領内に招致していたドミニコ会士にもそれぞれ会っている(慶長七・九年)。以上の一連の施策は、豊臣秀吉の伴天連追放令以降潜伏を余儀なくされたキリシタン宣教師が、国内滞留と宣教の黙認を家康から公式に得たことを意味した。しかし一方で家康は、慶長七年のフィリピン総督に宛てた朱印状に、「外国の法を持ち込むことは固く禁止する」法令を明示し、同十一年には江戸と関東諸国、大坂城下で禁教令を発して宣教拡大の阻止を図った。同十七年三月の岡本大八事件以降は禁令を強化し、翌年年末「伴天連追放文」を全国に発して、宣教師を国外に追放するに至った。

参考文献　レオン・パジェス『日本切支丹宗門史』(吉田小五郎訳、『岩波文庫』、岩波書店、一九三八年)、五野井隆史『徳川初期キリシタン史研究(補訂版)』(吉川弘文館、一九九二年)　（清水　有子）

久能山東照宮（くのうさんとうしょうぐう）

静岡県静岡市に所在する神社。祭神は徳川家康。元和二年(一六一六)四月十七日、駿府城で家康が死去すると、遺言により久能山上の仮殿で葬儀が執行された。その後大工棟梁中井正清を奉行として社殿や社僧四院(古坊)が造営された。権現造の本社を中心に唐門・宝蔵・御供所・神楽殿・五重塔・鐘楼・厩舎・山王社・本地堂・神廟(宝塔)が造営され社殿が整った。元和六年、徳川秀忠から社領三千石を寄進されている。その後徳川家光の代に日光東照社が大造替されると、久能山東照社も寛永十六年(一六三九)から翌年にかけて増改築が行われた。本社を銅瓦葺に改め、奥院宝塔も木造から石造に造替されている。祭祀は家康の遺命を受けた榊原照久《さかきばらてるひさ》が神主と警護を勤めた。正保三年(一六四六)子の照清《てるきよ》が継いだが、寛文四年(一六六四)神主を辞し、榊原家は代々久能山総門番を勤めた。正保三年からは旗本から久能山目代を任じていたが、元文二年(一七三七)以後は輪王寺宮の御内から選ばれている。正保三年学頭(別当)徳音院および新坊四院が新築され社僧は八坊となった。明治三年(一八七〇)神仏分離により、社地から五重塔・本地堂・徳音院などが撤去された。旧別格官幣社。平成二十二年(二〇一〇)には、権現造の本社が国宝に指定された。その他の社殿も重要文化財に指定されている。また、神宝の太刀や徳川家康関係史料など、国宝・重要文化財を多く所有している。

参考文献 『久能山叢書』一(久能山東照宮社務所、一九七〇年)、山澤学『日光東照宮の成立―近世日光山の「荘厳」と祭祀・組織―』(思文閣出版、二〇〇九年)

(中川　仁喜)

慶長期の出版　(けいちょうきのしゅっぱん)

近世は出版文化が飛躍的に発展した時代であるが、その最も早い時期の展開が慶長年間(一五九六―一六一五)ごろから表れる。時の為政者たちの開版事業である。なかでも徳川家康は、慶長四年―同十一年にかけて文教政策の一つとして積極的に展開している。この時期の特徴としては、木活字あるいは銅活字を使った、古活字版による開版がある。木活字で刷られたものには、『孔子家語』『三略』『六韜《りくとう》』『貞観政要』などがあり伏見版と呼ばれる。家康の隠居後に展開された、銅活字によるものは『大蔵一覧』『群書治要』があり、これらを駿河版と呼んでいる。

参考文献 笠井助治『近世藩校に於ける出版書の研究』(吉川弘文館、一九六二年)、川瀬一馬『古活字版之研究(増補版)』(日本古書籍商協会、一九六七年)

(綱川　歩美)

慶長金銀　(けいちょうきんぎん)

慶長六年(一六〇一)から、元禄の金銀改鋳までの長期にわたって使用された金銀貨幣のこと。金貨幣には、小判・一分判と大判が、銀貨幣(秤量貨幣)には丁銀と豆板銀(小玉銀)があった。小判・一分判は文禄二年(一五九三)豊臣秀吉の許可を得て関東に下った後藤庄三郎が、関ヶ原の戦いののちに製作にあたった。丁銀・豆板銀は伏見においてとりたてられた銀座において世上の灰吹銀を改鋳し、製作した。純分量は金貨(小判)八四％、銀貨(丁銀)八〇％と非常に高かった。品位の一定した金銀貨幣が、江戸幕府の成立とともに全国において使用されるべき貨幣となった。

参考文献 日本銀行調査局編『図録日本の貨幣』二(東洋経済新報社、一九七三年)、岩橋勝「近世の貨幣・信用」(桜井

英治・中西聡編『流通経済史』、山川出版社、二〇〇二年）

（福澤　徹三）

慶長の国絵図・郷帳（けいちょうのくにえず・ごうちょう）

慶長期に、江戸幕府が、諸大名らに命じて作成・提出させた一国ごとの絵図と郷帳。慶長九年（一六〇四）、伏見在城中の徳川家康は、諸藩の伏見詰役人を通じて諸大名へ国絵図と郷帳の調達を命じた。各三通の調進要請は、禁中献納用と江戸・伏見両城での保管用で、これは天正年間（一五七三―九二）の豊臣秀吉による御前帳・国絵図の禁中収納の前例にならったものとされる。事業は全国を東西に分け、家康家臣の西尾《にしお》吉次《よしつぐ》を関東、津田秀政《つだひでまさ》を関西の責任とする分担がなされたと考えられている。各国の責任者は、薩摩・筑前・土佐・周防・長門・摂津など数国分は明らかになっている。摂津国を担当した豊臣家臣の片桐且元《かたぎりかつもと》は、摂津・河内・和泉三ヵ国の国奉行でもあることから、国奉行の職務が、幕府布令の伝達や夫役徴収を超えた、一国全体の監察などに及んでいた証左とされている。幕府へ提出された正図は現存していない。若干の関連資料についても、それが本当に慶長国絵図であるかは判断が分かれるものもある。

参考文献　黒田日出男「江戸幕府国絵図・郷帳管見（一）」（『歴史地理』九三ノ二、一九七七年）、福井保『内閣文庫書誌の研究』（『日本書誌学大系』一二、青裳堂書店、一九八〇年）、川村博忠『江戸幕府撰国絵図の研究』（古今書院、一九八四年）、同『国絵図』（『日本歴史叢書』、吉川弘文館、一九九〇年）、杉本史子『領域支配の展開と近世』（山川出版社、一九九九年）、国絵図研究会編『国絵図の世界』（柏書房、二〇〇五年）

（佐々木克哉）

鉱山開発（こうざんかいはつ）

十六世紀半ばから十七世紀前半は、全国で金銀山が開発され、金銀の産出量が激増した日本鉱業史上の画期である。天文二年（一五三三）大陸から伝えられた灰吹法《はいふきほう》による銀製錬を導入した石見銀山（島根県大田市）では、産銀が激増し、以後、但馬国生野銀山（兵庫県朝来市）をはじめ灰吹法が全国に伝播した。また探鉱や測量技術、坑道掘削技術が進歩し、排水・通風などの大規模な坑道が敷設された。十六世紀半ば以降、外国貿易における日本銀の需要が高まり、オランダやイギリスを仲介として生糸や絹織物が中国から輸入され、日本からは銀が輸出された。十七世紀初期には年間の銀輸出は二〇万キログラムに達した。国内では、戦国期の領国経済から政治的統一が進むにつれて、金銀は軍資金や恩賞用としての貨幣価値を高め、商品経済の拡大を背景として金銀山の開発が進められた。豊臣政権や江戸幕府は金銀山を直轄とし、莫大な金銀を蓄積した。慶長五年(一六〇〇)関ヶ原の戦い以降、徳川家康は佐渡国相川金銀山(新潟県佐渡市)や石見国大森銀山(石見銀山、島根県大田市)、伊豆国土肥《とい》金山(静岡県伊豆の国市)などの金銀鉱山を直轄とし、代官頭の大久保《おおくぼ》長安《ちょうあん》や彦坂元正《ひこさかもとまさ》を派遣して江戸幕府の財政的な基礎とした。金銀山の直轄により江戸幕府は金銀貨幣制度を確立し、外国貿易における銀輸出も拡大した。鉱山の領有形態には直山と請山があり、いずれも領主に多大の収入をもたらし、鉱山開発に伴って鉱山業者である山師のもとに多種の職人が集住するようになり、鉱山町が繁栄した。十七世紀中ごろになると金銀の産出は次第に減退していき、代わって銅鉱業が勃興するようになった。輸出品も銀から銅へ変化したが、十八世紀以降は銅も減産した。十六世紀以降に開発された主要な鉱山として、甲斐国黒川金山(山梨県甲州市)、駿河国安倍金山(静岡県静岡市)、伊豆国土肥金山、石見国大森銀山、但馬国生野銀山、摂津国多田銀山(兵庫県川辺郡猪名川町)、佐渡国相川銀山、出羽国院内銀山(秋田県湯沢市)、陸奥国半田銀山(福島県伊達郡桑折町)、出羽国尾去沢《おさりざわ》銅山(秋田県鹿角市)、同国阿仁《あに》銅山(秋田県北秋田市)、下野国足尾銅山(栃木県日光市)、伊予国別子銅山(愛媛県新居浜市)がある。

参考文献 小葉田淳『鉱山の歴史』(『日本歴史新書』、至文堂、一九五六年)、同『日本鉱山史の研究』(岩波書店、一九六八年)

(田中 信行)

郷村法度(ごうそんはっと)

慶長八年(一六〇三)三月、将軍になった徳川家康が最初に出した農村支配に関する法令。全七ヵ条で、関東総奉行内藤《ないとう》清成《きよなり》・青山忠成《あおやまただなり》の名で公布された。法度全体は、百姓の訴訟を制度的に保障するものであった。特に第六条では代官・領主に非分があるために所を立ち退いた時には、たとえその領主が求めても、安易に送還されることはないとする。第七条では百姓は理由なく殺されることはなく、たとえ罪があっても私的制裁を加えてはならず、必ず奉行所において裁判を受けることを定めている。郷村法度は長く戦乱が続いた中世から平和な近世への転換の第一歩を象徴するものであった。

参考文献 横田冬彦『天下泰平』(『日本の歴史』一六、講談社、二〇〇二年)

(鈴木 直樹)

五街道(ごかいどう)

江戸時代の主要な五つの街道。東海道・中山道・日光道中・奥州道中・甲州道中を指し、幕府の道中奉行が直轄支配した。当初明確な定義はなかったが、宝暦八年(一七五八)以降五街道はほぼ統一された。東海道は品川—京都間に五十三宿を置き、中山道は板橋—守山、そして東海道の草津宿に連絡し、その間に六十九宿を置く。日光道中は、千住―日光間に二十三宿を置く。奥州道中は、厳密には宇都宮以北の白沢―白川間に十宿を置く。甲州道中は、上高井戸―上諏訪宿間に四十四宿を置く。各街道には、宿が設置され、人馬を常備し、旅客・荷物・通信の運搬伝達や宿泊業務にあたった。

参考文献　丸山雍成『日本近世交通史の研究』(吉川弘文館、一九八九年)、荒井秀規他編『日本史小百科交通』(東京堂出版、二〇〇一年)

(荒木　仁朗)

五大老・五奉行（ごたいろう・ごぶぎょう）

豊臣政権末期に設けられた臨時の職制。ただしこれらの呼称は当時用いられたものではなく江戸期以降の創作。実際には五大老は「奉行」、五奉行は「年寄」などと呼ばれていた。五大老は徳川家康(内大臣)・前田利家《まえだとしいえ》(大納言)・宇喜多秀家《うきたひでいえ》(中納言)・毛利輝元《もうりてるもと》(中納言)・上杉景勝《うえすぎかげかつ》(中納言)。利家没後は嫡男利長《としなが》(中納言)がその任を継いだ。五奉行は前田玄以《まえだげんい》(徳善院僧正)・浅野長政《あさのながまさ》(弾正少弼)・増田長盛《ましたながもり》(右衛門尉)・石田《いしだ》三成《みつなり》(治部少輔)・長束正家《なつかまさいえ》(大蔵大輔)。成立時期はどちらも豊臣秀吉が死去する直前の慶長三年(一五九八)七月ごろ。このことからも窺われるように、設置の目的は秀吉の後継者である豊臣秀頼《とよとみひでより》が成人するまでこれを補佐し、政権を維持・運営することにあった。五大老は諸大名に対する領地給与状の発給、五奉行は全国に分散する豊臣家直轄領の管理が主な職務であったが、五大老は幼少の秀頼に代わって安堵状を発しただけであって、きわめて限定的な権限しか与えられていなかった。官位や石高などあらゆる面で五奉行を凌駕していることから、五大老は五奉行の上位に立つ最高決定機関として重要政務を執り行なったとみなす向きもあるが、実際には大きな制約を受けていたのである。しかし慶長四年閏三月に石田三成が失脚した後は家康の勢威は飛躍的に増大していく。前田・上杉の両大老は領国から離れようとはせず、三成を欠いた残りの奉行らも家康への隷属を余儀なくされる。宇喜多・毛利の二人のみがかろうじて家康を掣肘しうる存在であったが、同五年二月、両人の不在を見計らって、家康は細川忠興《ほそかわただおき》や森忠政《もりただまさ》らに対して単独で領地の加増を行うに至る。豊臣家直轄領の減少を招くこの行動は三成ら反家康勢力を刺激し、関ヶ原の戦いの一因ともなった。

参考文献　阿部勝則「豊臣五大老・五奉行についての一考察」(『史苑』四九ノ二、一九八九年)、堀越祐一「豊臣「五大老」・「五奉行」についての再検討―その呼称に関して―」(『日本歴史』六五九、二〇〇三年)、同「知行充行状にみる豊臣「五大老」の性格」(『国学院大学紀要』四八、二〇一〇年)

(堀越　祐一)

御内書（ごないしょ）

将軍が発給する文書の一つ。御内書とは、主に書状形式で公的な内容を有する文書で、古くは足利将軍、戦国大名、豊臣秀吉など、時代の最高権力者が発給した。徳川将軍もそれを継承したが、内容は時代によって異なり、徳川家康や秀忠のころは諸種の献上、普請助役などの答礼や政治的内容の伝達などもみられるが、徳川家光以降は、ほぼ端午・重陽・歳暮の三季の、諸大名などによる時服《じふく》献上に対する答礼のみとなった。料紙は大高檀紙を折紙にして使用する。印章は主に黒印であり、書止文言も「候也」とするのが大半であるが、例えば御三家や両典家《りょうてんけ》、加賀前田家などに対しては花押を使用し、また文末を「謹言」で結ぶほか敬称の「殿」のくずし方、文章の表現、さらには、大名の位階により格差を付ける。文末には「誰可申候也」などとあり、進物の披露や将軍への披露などを執務する、御内書の懸り（貞享元年（一六八四）以降は老中）の名前が記される。なお、伝達場所は、大名の家格により、江戸城殿中と老中私宅の違いがある。

参考文献　日本歴史学会編『概説古文書学』近世編（吉川弘文館、一九八九年）、福田千鶴「「御内書」の史料学的研究の試み」（『史料館研究紀要』三一、二〇〇〇年）

（種村　威史）

三貨制度（さんかせいど）

金・銀・銭《ぜに》の三種類による江戸時代の貨幣制度のこと。銭は銅である。中世末にかけて貨幣（銭貨《せんか》）需要が高まるにつれ、室町時代の末から安土桃山時代に西日本では一時的に米が使用されたのち銀に移行していったのに対し、東日本では銭貨流通が続き、近世における三貨の流通状況の違いの前提となった。慶長年間（一五九六―一六一五）に徳川氏は慶長金銀を鋳造し、江戸幕府の成立とともに全国において使用されるべき貨幣となり、金銀貨が中心となった。銭は小額貨幣とはいえ、金貨・銀貨に対してそれぞれ銭相場が立ち、独立した価値を持っていた。金銀銭相場の変動は、幕府・大名だけでなく、庶民にとっても大きな問題であった。

参考文献　岩橋勝「近世の貨幣・信用」（桜井英治・中西聡編『流通経済史』、山川出版社、二〇〇二年）

（福澤　徹三）

朱印船貿易（しゅいんせんぼうえき）

十六―十七世紀にかけて、統一政権発給の朱印状を介して実施された東南アジア各地との貿易。慶長二年（一五九七）豊臣秀吉が呂宋《ルソン》島当局に与えた返書に、商船は「予押印之一書」を持つべしとあるが、秀吉が実際に下付した朱印状は伝存しない。徳川家康は、慶長六年、安南《アンナン》国その他諸国に、朱印状携行船の保護について了解を求めた。朱印状の発給は、僧侶の西笑承兌《せいしょうじょうたい》、閑室元佶《かんしつげんきつ》、以心崇伝《いしんすうでん》が担当し、原簿に相当する『異国御朱印帳』『異国渡海御朱印帳』を残した。創設以降「鎖国」に至る朱印状発給数は、少なくとも三百五十六隻に達し、その渡航先は、赤道以北の東南アジア各地が多く、高砂《タカサゴ》・毘《ビ》耶宇《ヤウ》・信州、西洋《サイヨウ》、安南・交趾《コウチ》・順化《ソンハ》・迦知安《カチアン》・占城《チャンパ》・柬埔《カンボ》寨《ジア》・暹羅《シャム》・太泥《パタニ》・摩利伽《マラッカ》・呂宋・密西耶《ミサイヤ》・芠萊《ブルネイル》・摩陸《モルッカ》・田弾《タダン》などがあった。輸出品は銀・銅・鉄・硫黄・樟脳・米穀・陶器・漆器・銅鉄製食器・刃物など諸雑貨であり、輸入品は生糸・絹織物・綿布・鹿皮・鮫皮や蘇木・鉛・錫・砂糖など、主として原料品であった。朱印船貿易はこれらの商品によって十割以上の純益を挙げ、最盛期の年間貿易額はマカオ船に匹敵したといわれる。朱印船派遣者は、大名、商人、外国人など百名以上にのぼったが、幕府は慶長十四年以降に貿易取締りとキリシタン統制を強化し、ついに寛永年間(一六二四—四四)には「鎖国」政策を断行して、朱印船渡航は全面禁止となった。

参考文献　中田易直『近世対外関係史の研究』(吉川弘文館、一九八四年)、岩生成一『新版朱印船貿易史の研究』(吉川弘文館、一九八五年)、永積洋子『朱印船』(『日本歴史叢書(新装版)』、吉川弘文館、二〇〇一年)、清水有子『近世日本とルソン—「鎖国」形成史再考—』(東京堂出版、二〇一二年)

(清水　有子)

関ヶ原の戦い (せきがはらのたたかい)

慶長五年(一六〇〇)九月十五日に美濃国関ヶ原(岐阜県不破郡関ヶ原町)で行われた合戦。徳川家康率いる東軍と石田三成《いしだみつなり》を中心とする西軍合わせて十五万ともいわれる軍勢が激突、小早川秀秋《こばやかわひであき》の裏切りや吉川広家《きつかわひろいえ》の内応などもあって東軍が圧勝した。「天下分け目の戦い」としてあまりにも有名だが、この主決戦以外にも両派の軍事衝突は全国規模で行われていたことにも注意すべきであろう。きっかけとなったのは五大老《ごたいろう》の一人上杉景勝《うえすぎかげかつ》の上洛拒否で、これを豊臣政権への謀反と断定した家康は上杉氏討伐を宣言、同年六月には大坂を発した。家康に追随する諸大名もそれぞれ軍勢を率いて上杉領会津へと向かったが、その際に前田玄以《まえだげんい》・増田長盛《ましたながもり》・長束正家《なつかまさいえ》ら豊臣家の奉行衆は、路次の便宜を図るなど協力的であった。つまりこの時点では家康の行動は公的なものとして認められていたのである。一変するのは三成挙兵後のことで、七月十七日には三成への味方を決意した奉行衆の手によって家康弾劾状が諸大名へ送られる。家康とこれに従う大名たちの立場は「政府軍」から「賊軍」へと転落したが、結束をみだすことはなかった。東山道を進んだ徳川秀忠率いる徳川主力軍が間に合わないなど家康にも誤算はあったものの、西軍の内部分裂や戦略上の過失により大勝した。三成ら敵対勢力を撃滅したことによって、家康は豊臣政権内において圧倒的な権力を有することになり、開幕への準備を進めていく。ただし、合戦で主力として活躍した豊臣恩顧の大名たちに対し家康は大幅に領地を加増せねばならず、このことが後の大名配置にも大きな影響を与えることになった。

参考文献 笠谷和比古『関ケ原合戦』(『講談社選書メチエ』、講談社、一九九四年)、同『関ケ原合戦と近世の国制』(思文閣出版、二〇〇〇年)、光成準治『関ケ原前夜』(『NHKブックス』、日本放送出版協会、二〇〇九年)

(堀越 祐一)

浅草寺 (せんそうじ)

東京都台東区浅草に所在する寺院。山号は金龍山。もと天台宗であったが、昭和二十五年(一九五〇)に独立して聖観音宗となる。縁起によれば推古天皇三十六年(六二八)檜前浜成《ひのくまのはまなり》・竹成《たけなり》兄弟が宮戸川《みやとがわ》(現隅田川)で漁をして網にかかった観音像を土師真人中知《はじのまひとなかとも》が祀ったのがはじまりとされる。大化年間(六四五—五〇)に勝海《しょうかい》の再興開山、平公雅《たいらのきんまさ》の伽藍再建、円仁・円寂《えんじゃく》、源頼朝や北条氏による復興が伝えられる。『吾妻鏡』治承四年(一一八〇)の条で頼朝が鎌倉鶴岡八幡宮の造営を始めたとき、浅草に大工を見いだしており、江戸近郊の中心的伽藍であったことを裏付けている。以来炎上と再建を繰り返しているが、江戸時代に入り徳川氏の外護を得て、五百石の寺領と十一万四千坪余りの寺域を有するに至った。近世初期は江戸遠山氏の一族が別当として支配したが、元禄年間(一六八八—一七〇四)別当は追放され、寛永寺の山主である輪王寺宮の直接支配を受け、実質的な寺務を伝法院が勤めた。また宝暦八年(一七五八)には輪王寺宮の隠殿が設けられた。浅草寺は観音信仰の代表的寺院として貴賤の信仰を集め、とりわけ将軍をはじめ徳川家の一族や諸大名も信仰し、頻繁に参詣した。伽藍裏手の奥山は見せ物小屋など遊興地として栄え、八代徳川吉宗や十代徳川家治など将軍も見物した。伽藍は幾多の焼失と再建を繰り返し昭和二十年(一九四五)に戦災で大半を焼失、現在の本堂や五重塔、宝蔵門などは戦後の再建である。

参考文献 『浅草寺日記』一—三一(吉川弘文館、一九七八—二〇一一年)、網野宥俊『(改訂新版)浅草寺史談抄』(浅草寺教化部、一九八二年)、金龍山浅草寺編『図説浅草寺—今むかしあさくさかんのん—』(金龍山浅草寺、一九九六年)

(中川 仁喜)

増上寺 (ぞうじょうじ)

東京都港区芝公園に所在する浄土宗寺院。三縁山広度院と号する。もとは光明寺という真言宗寺院で豊島郡貝塚(東京都千代田区)にあったが、明徳四年(一三九三)浄土宗白旗派の聖《しょう》聡《そう》が入り増上寺と改名した。千葉氏・佐竹氏などの帰依を受けて、江戸における浄土宗の中心寺院となり、学問所として確立した。天正十八年(一五九〇)徳川家康が江戸に入府すると、程なく郷里の菩提所である三河大樹寺にかえて増上寺を江戸の菩提寺とした。江戸でもっとも由緒があり勢力がある浄土宗寺院であったこと、江戸城から距離的に近かったことが理由と考えられる。慶長三年(一五九八)現在地に移転、家康の援助により慶長年間(一五九六―一六一五)に伽藍を整えた。慶長十三年には常紫衣《じょうしえ》の勅願所となり、同十八年には寺領千石を安堵され、関東における浄土宗の本山として京都知恩院と比肩するに至る。元和元年(一六一五)に檀林筆頭・僧録所として浄土宗を統制する機関となった。初代家康をはじめ、二代秀忠・六代家宣・七代家継・九代家重・十二代家慶・十四代家茂の歴代将軍、そして於江与《おえよ》の方をはじめ多くの徳川家夫人や子女が葬送され、霊廟と墓域が形成された。明治八年(一八七五)には浄土宗大本山となり、現在に至っている。伽藍は数度の火災で焼失と再建を繰り返し、昭和二十年(一九四五)戦災により大半を焼失した。現在の伽藍は昭和四十九年に再建されたものである。

参考文献　鈴木尚・矢島恭介・山辺知行編『増上寺―徳川将軍墓とその遺品・遺体―』(東京大学出版会、一九六七年)、玉山成元『三縁山増上寺』(山喜房仏書林、一九八八年)、大本山増上寺編『大本山増上寺史』(一九九九年)

(中川　仁喜)

津軽騒動　(つがるそうどう)

陸奥弘前藩で生じた、家督相続をめぐる家中騒動の総称。弘前藩では初代藩主津軽為信《つがるためのぶ》の死後、遺言に従って次男信牧《のぶひら》が所領を相続したが、長男信建《のぶたけ》の子大熊がこれを不服とし、みずからの家督継承を幕府に願い出た。しかし、慶長十四年(一六〇九)に将軍徳川秀忠の裁決によって大熊は蟄居、信牧には改めて相続と領内仕置が命じられた。その後、信牧は家中の大熊擁立派であった者たちの大量処分を行なったが、その際高坂蔵人ら家臣による武力蜂起がみられた。

参考文献　『弘前市史』藩政編(一九六三年)、長谷川成一『弘前藩』(『日本歴史叢書』、吉川弘文館、二〇〇四年)

(堀　智博)

天下普請　(てんかふしん)

天下人が大名を動員して行なった土木工事。豊臣秀吉は、大坂城・聚楽第・肥前名護屋城・伏見城などの造営に際し、諸大名に命じて人夫や資材を供出させた。その役賦課は、石高を基準にして行われた。基準はそのつど異なり、たとえば文禄三年(一五九四)の伏見城普請では、石高一万石につき人夫二百人であった。慶長五年(一六〇〇)の関ヶ原合戦に勝利した徳川家康は、豊臣家大老という立場を継続しながら、畿内やその近国での城郭普請に大名を動員する。具体的には、徳川譜代家臣の居城となる近江国膳所《ぜぜ》城・同彦根城・美濃国加納城や、家康が入る二条城・伏見城などである。しかし同八年、家康は将軍に就任すると、畿内周辺ではなく江戸城市街地の造営のため、全国諸大名に高千石に一人を供出する千石夫を課した。徳川秀忠に将軍職を移譲した翌年、同十一年には西国大名を中心に、同十二年には東国大名を江戸城修築のために動員した。このとき普請奉行は家康付家臣・秀忠付家臣・豊臣家家臣で構成されたが、これ以後は豊臣家の関与は見られなくなる。同十二・十三年には家康の居城となる駿府城、同十四年には丹波国篠山城、同十五年には丹波国亀山城・尾張国名古屋城と普請役は続き、次第に動員される大名の範囲も拡大していった。いずれも家康が主導したが、篠山城普請に限って秀忠付年寄衆の奉書で動員命令を発し、秀忠の権限拡大を企図した。こうした普請役賦課の実績によって、家康・秀忠と諸大名との主従関係は強化されていったが、豊臣家が滅亡すると、大坂城再建や江戸城普請を除いて、大規模な大名の動員は行われなくなった。

参考文献　堀崎嘉明「幕藩制成立期における城普請について」(『日本近世史論叢』上、吉川弘文館、一九八四年)、白峰旬『日本近世城郭史の研究』(校倉書房、一九九八年)、穴井綾香「慶長十四年丹波篠山城普請の意義」(『日本歴史』六七二、二〇〇四年)

(穴井　綾香)

伝通院(でんづういん)

東京都文京区小石川に所在する浄土宗寺院。無量山寿経寺と号する。応永二十二年(一四一五)、了誉聖冏《りょうよしょうげい》が小石川久保の地にむすんだ草庵が起源とされる。はじめ極楽水宗慶寺の地にあり、無量山寿経寺と称した。慶長七年(一六〇二)徳川家康の生母於大《おだい》の方が京都伏見で死去すると、伝通院殿蓉誉光岳智光大禅定尼の法名を授けられ寿経寺に葬送された。境内地が狭小なため七回忌を過ぎて小石川に移転し、寺名も伝通院と改めた。慶長十三年ころから伽藍を整備、同十八年に普請を完了して、住職に正誉廓山《しょうよかくざん》を迎えて中興開山とした。また寺領六百石を付与され、僧侶を養成する檀林に定められて修学僧である所化三百人を付し学寮も設けられた。正保四年(一六四七)に徳川家光の次男亀松が葬られ、続いて徳川秀忠の娘千姫や家光の正室孝子《たかこ》、歴代将軍の側室など、徳川家の婦女子が数多く葬られている。

参考文献　『東京市史稿』市街篇二・市街篇三・遊園篇一・宗教篇二(一九一四・二八・二九・三六年)

（中川　仁喜）

伝馬制度（てんませいど）

宿ごとに馬を乗り換えて旅人や物資を運ぶ制度。もともと戦国大名は、領内の要地に宿駅を設置し、公用旅客荷を運送するため馬や人足を無料ないしは低賃金で提供させていた。江戸幕府は、戦国期の体制をもとに、慶長六年(一六〇一)正月、伝馬三十六疋の常備を義務付けた「伝馬定書」と「伝馬手形」を照合する「伝馬朱印状」を、東海道の各宿へ下付した。この下付を画期として、各宿の負担人馬数・荷物の重量制限・地子免許率を統一し、そして慶長—元和期(一五九六—一六二四)に五街道が整備されていく中で、伝馬制度は全国的に確立された。

参考文献　児玉幸多『宿駅』(『日本歴史新書』、至文堂、一九六〇年)、荒井秀規他編『日本史小百科交通』(東京堂出版、二〇〇一年)

（荒木　仁朗）

東照宮（とうしょうぐう）

徳川家康を祭神とした神社。正保二年(一六四五)宮号宣下により、東照宮と称する。家康が東照大権現として神に祀られ、元和三年(一六一七)四月に日光東照社正遷座が執行された。徳川幕府の祭祀が形成され、各地でも東照社の勧請が行われた。元和四年江戸城紅葉山に建立され、毎月十七日には将軍、もしくは老臣による代参が行われた。徳川御三家でも元和五年名古屋、翌六年和歌山、翌七年水戸と、早い時期に勧請されている。諸大名による勧請も、元和三年津軽信牧《つがるのぶひら》が弘前城内に勧請したのをはじめ、各地に東照社が勧請された。特に金沢東照社(寛永十七年)・岡山東照宮(慶安元年)・福岡東照宮(同年)・仙台東照宮(慶安二年)など、家光政権期に勧請されたものが多い。また、滝山寺(正保二年)・鳳来寺(慶安四年)など、家康縁故地への勧請も進められた。芝増上寺安国殿(元和二年)・上野寛永寺(寛永四年)・延暦寺(比叡山麓坂本、寛永十一年)・仙波喜多院(寛永十年)など、徳川家の外護を受けた寺院にも早くから造営されている。東照宮勧請についてば幕府が強請したり、禁止や制限を加えることはなかったとされる。しかし、勧請に際して幕府の許可を求める事例が多いため、規模や建築様式に一定の規制もみられる。地方の東照宮については権現造様式を必ずしも採用せず、比較的簡素に造営されることが多かった。また東照宮信仰は民衆層にも受容され、家康との由緒などによる村の鎮守としての勧請や、個人による奉祀も多い。必ずしも全てにあてはまるわけではないが、公儀の神、国家神である東照宮が民間信仰と無縁でないことがわかる。

参考文献　高藤晴俊『家康公と全国の東照宮』(東京美術、一九九二年)、中野光浩『諸国東照宮の史的研究』(名著刊行会、二〇〇八年)

(中川　仁喜)

取次（とりつぎ）

豊臣政権における職制。戦国大名に対して豊臣秀吉の命令を伝達したのがはじまり。大名が服属した後も取次は継続した。天正十一年(一五八三)に秀吉が徳川家康を通じて北条氏に対して私戦を禁ずる「関東惣無事《かんとうそうぶじ》」を伝達したのがその端緒といえる。本格化するのは同十四年に家康が秀吉に臣従した後で、北条氏のみならず他の関東の諸将や奥羽の諸大名へも秀吉の意向を伝えている。家康のほかにも、上杉景勝《うえすぎかげかつ》が奥羽へ、毛利輝元《もうりてるもと》が九州に対してそれぞれ取次を行なった。これら大大名だけではなく、秀吉側近も同時に動いており、たとえば東国の諸大名に対しては富田一白《とみたいっぱく》や浅野長政《あさのながまさ》などが働きかけをしている。取次の初期の目的は大名間の私戦をやめさせて秀吉への臣従を促すことにあったが、臣従が確定した後には大大名は取次の立場を退き、その地位は秀吉側近が占有することになる。「指南《しなん》」とも呼ばれたかれらは、秀吉の命令を伝える以外にも担当大名の領国経営や軍事行動などについて指示するなど、強い発言力を持った。このような、単なる命令伝達者に留まらないという点が豊臣期取次の特徴であり、大大名と秀吉側近とで、または服属の前後とで質的に大きく異なることには留意が必要であろう。「指南」的立場の取次としては伊達氏に対する浅野長政、島津氏に対する石田三成《いしだみつなり》などが知られている。また寺沢正成《てらざわまさなり》(広高《ひろたか》)は九州取次としての地位にあり、慶長四年(一五九九)に島津氏領内で発生した庄内の乱の調停に尽力したが、のちに家康家臣の山口直友《やまぐちなおとも》がこれに取って代わることになる。これによって、従来関係が希薄であった九州に対しても、家康の影響力が強化されていった。

参考文献　藤木久志『豊臣平和令と戦国社会』(東京大学出版会、一九八五年)、山本博文『幕藩制の成立と近世の国制』(校倉書房、一九九〇年)

(堀越　祐一)

鍋島騒動（なべしまそうどう）

肥前佐賀藩で生じた家中騒動の総称。鍋島直茂《なべしまなおしげ》は、本来竜《りゅう》造寺《ぞうじ》隆信《たかのぶ》の重臣の立場であったが、天正十二年(一五八四)に隆信が戦死を遂げると、家中から領内統治の実権を委ねられ、豊臣、徳川政権ともこれを承認した。しかし、竜造寺一門はこの処置に納得せず、隆信の孫高房は慶長十二年(一六〇七)に抗議のため自害した。そこで直茂が高房の父政家に「おうらみ状」を送り、竜造寺家を奪ったという主張は心外で、御家の存続に自分がいかに尽力してきたかを説くも、不満は依然解消されず、寛永十一年(一六三四)には高房の遺児伯庵が家名再興を再三幕府に訴えている。伯庵の主張はいずれも却下された上、寛永十九年には遠島に処された。

参考文献　高野信治『近世大名家臣団と領主制』(吉川弘文館、一九九七年)、同「鍋島猫騒動」(福田千鶴編『新選御家騒動』下、新人物往来社、二〇〇七年)　(堀　智博)

二条城(にじょうじょう)

京都市中京区二条城町に所在する城郭。徳川家康は、慶長六年(一六〇一)五月、普請に着工、同八年三月工事は完成した。伏見城が将軍上洛時の常の居館である一方、二条城は儀式典礼の場としての機能を果たした。慶長八年二月十二日に、家康は伏見城にて将軍宣下を受けた後、三月二十日に二条城に入り、二十五日、二条城を出発、参内し将軍拝賀の礼を執り行なった。かかる将軍就任儀式の形式は三代家光まで踏襲される。同十六年、豊臣秀頼《とよとみひでより》が上洛、家康は同城で引見し、徳川家の優位を天下に示した。大坂の陣後、元和六年(一六二〇)、徳川和子《まさこ》(「かずこ」とも)の後水尾天皇《ごみずのおてんのう》の女御としての入内に際しての儀式を執り行う拠点となり、さらに寛永三年(一六二六)には後水尾天皇の行幸を仰ぐなど、公武融和の場となった。なお、この時期は、同元年より大名の助役による大規模な修築工事が開始され、さらに、天皇行幸に伴い行幸御殿や付属建物を建築、庭園も整備されるなど、同城の最盛期となる。同十一年には、三代家光が三十万七千人の大軍勢を率い代替りの上洛を挙行し、改めて将軍家の権力を京都に誇示したが、この上洛を最後に、幕末の文久三年(一八六三)まで将軍の上洛は中絶する。それに伴い、殿舎は順次、仙洞御所や中宮御所に移築される。さらに、寛延三年(一七五〇)には五層の天守が落雷によって焼け落ち、天明八年(一七八八)の大火の類焼のため、二丸御殿を残して、本丸御殿・二隅櫓・二門が焼失するなど、城内規模は縮小し続けた。しかし、同城が京都における徳川幕府の権力の象徴であることには変わりはなく、周辺に京都所司代屋敷、東西町奉行所などの諸官庁を配置するなどし、京都支配の拠点として機能し続けた。なお、同城は元禄二年(一六八九)までは二条城代が、それ以降は二条域番が守衛した。文久三年に十四代徳川家茂が二百三十年振りの上洛。以降、同城は幕末政局の重要な場となる。慶応二年(一八六六)に十五代徳川慶喜が同城で将軍宣下を受け、翌年十月十四日、同城大広間にて大政奉還が行われた。明治元年(一八六八)、二条城は新政府に収公され、同四年、京都府に移管され京都府庁として利用された。

参考文献　『京都の歴史』五—七(学芸書林、一九七二—七

四年)、『二条城』(『歴史群像名城シリーズ』一一、学習研究社、一九九六年)、笠谷和比古「禁裏と二条城—朝幕関係をめぐる政治的表象—」(『武家政治の源流と展開—近世武家社会研究論考—』、清文堂出版、二〇一一年)

(種村　威史)

日光東照宮（にっこうとうしょうぐう）

栃木県日光市に所在する神社。祭神は徳川家康。元和二年(一六一六)四月一日、家康は本多正純《ほんだまさずみ》・崇伝《すうでん》・天海《てんかい》を呼び、死後は久能山《くのうさん》に葬り、葬儀は増上寺で執行し、位牌を大樹寺(愛知県岡崎市)にたて、一周忌が過ぎたら日光山に勧請して神に祀るよう遺言した。為政者が死後神に祀られる思想は豊臣秀吉の豊国神社を踏襲したものである。日光山が選ばれたのは、天海が貫主であり、古来から続く山岳霊場だったからである。同年四月十七日、家康が駿府城で死去すると即日久能山上に埋葬され、神龍院梵舜《ぼんしゅん》により吉田神道で祀られた。その後、祭祀方針をめぐり吉田神道を主張する梵舜・崇伝と天台の山王神道を主張する天海との間で論争が起こり、二代将軍徳川秀忠は天海の主張を容れて祭祀の一切を天海に一任した。同年十月三日、勅使が江戸城において「東照大権現」の神号勅許を伝え、十月二十六日には日光山で社地が見立てられ縄張が実施された。翌月普請が始められて元和三年四月二日上棟、家康の神柩は三月十五日に久能山を出発、四月四日日光山に入り、四月十七日に正遷宮が実施された。日光東照社は本殿と拝殿を石の間で繋ぐ様式(権現造建築)が採用され、東照大権現の本地薬師如来を祀る薬師堂・瑞籬・仮殿・廻廊・御供所・楼門・御厩・石鳥居などが造営された。その後も元和五年に神庫、同八年に奥院宝塔が造営され、社殿が整備されている。徳川家光は東照社の大造替を企図、寛永十一年(一六三四)十一月に開始して二十一回神忌《しんき》にあたる寛永十三年四月に完成、社殿の面目が一新した。寛永十三年には『東照社縁起』の真名本が、同十七年の二十五回神忌には同仮名本が家光によって奉納され、東照大権現祭祀が将軍主体のもと理論づけされた。さらに正保二年(一六四五)後光明天皇の宣命による宮号宣下により東照宮は徳川家の宗廟と位置付けられた。加えて神位を正一位とされ、同三年には臨時奉幣使、同四年には例祭に勅使が下向する例幣使派遣が慣例となった。神領は一万石余、祭祀・行政は上野寛永寺の輪王寺宮による支配であった。明治の神仏分離令により明治四年(一八七一)、東照宮から二荒山《ふたらさん》神社と満願寺が分離独立、日光東照宮は別格官幣社となった。社殿や神宝の多くが国宝・国指定重要文化財に指定されている。

参考文献　大河直躬『東照宮』(『ＳＤ選書』、鹿島研究所出

版会、一九七〇年)、山澤学『日光東照宮の成立―近世日光山の「荘厳」と祭祀・組織―』(思文閣出版、二〇〇九年)

(中川　仁喜)

武家伝奏(ぶけてんそう)

幕府と朝廷との意思疎通を担うため、朝廷に設置された役職。人員は原則二名。就任者の官職は前官・現官の別を問わず、大納言から選ばれることが多く、中納言・参議からの登用は少なかったさとれる。比較的高齢で実務能力の高い人物が選ばれた。人材供給の母体となる家々は、幕初は武家昵近《じっきん》の家であったが、時期が下るにつれて内々の家となり、内々の家出身で天皇の側近くで仕えて議奏《ぎそう》を経験した人物が武家伝奏に転じるケースも見られるようになる。武家伝奏の選考と任命方法は、当初、幕府が候補者を二名ほど選んで朝廷に伝え、朝廷は幕府の人選に沿って任命していたが、元禄年間(一六八八―一七〇四)以降は朝廷が候補者を絞り込み、内慮伺いの制度によって幕府と調整し、そのうえで任命がなされた。武家伝奏人事における幕府の関与の仕方は変化したが、幕府の発言権は担保されており、時によっては幕府の意向が優先されることもあった。この内慮伺いの制度は文久二年(一八六二)から止められ、任命は朝廷のみで行い、幕府へは事後報告のみとされた。就任者は、幕府より役料五百俵が支給され、朝幕間の任務に粗略なきことなどを誓う老中宛の血判起請文を提出することが例とされた。その任務は天皇家・公卿・門跡らの家々の事柄に関する幕府との調整や諸公家領・公家屋敷に関する幕府への陳情、公家・武家を問わず官位叙任に関する諸調整・諸手続の実行など多岐にわたった。

参考文献　『古事類苑』官位部一(吉川弘文館、一九九六年)、大屋敷佳子「幕藩制国家における武家伝奏の機能(一・二)」(『論集きんせい』七・八、一九八二・八三年)、平井誠二「武家伝奏の補任について」(『日本歴史』四二二、一九八三年)、田中暁龍『近世前期朝幕関係の研究』(吉川弘文館、二〇一一年)

(野村　玄)

伏見城(ふしみじょう)

現在の京都市伏見区桃山町二ノ丸一帯に所在した城郭。本丸のあった場所より指月城《しげつじょう》、または木幡山城《こばたやまじょう》ともいう。文禄元年(一五九二)八月、豊臣秀吉の隠居屋敷として普請・縄打を開始。文禄三年からは本格的な城と城下の建設に発展する。城下には有力大名が屋敷を設置。慶長元年(一五九六)閏七月十三日の地震で倒壊後、指月から木幡へ移し再建し、城下の整備に伴い中央政治の場となる。秀吉が没すると、同三年閏三月に徳川家康が入城。同年九月に大坂城西丸へ移るまで、豊臣政権の大老としてここで政務を行う。当時、家康の伏見入城は「天下殿《てんかどの》に成られ候」と評された。同五年、関ヶ原の戦いに先立つ攻防で、大坂方の攻撃を受け徳川麾下の鳥居元《とりいもと》忠《ただ》などが敗死する。合戦後、慶長六年から小堀政一《こぼりまさかず》を作事奉行、藤堂高虎《とうどうたかとら》を普請奉行、中井正清《なかいまさきよ》を大工棟梁として、さらに諸大名の手伝普請によって同城を再建した。以降、家康は同十二年までは連年に渡り上洛し、伏見城を拠点にして政務を行う。慶長八年二月、家康は同城で将軍宣下を受ける。なお、宣下後は、二条城から参内し、将軍拝賀の礼を行なった。かかる将軍就任儀式の形式は三代家光まで踏襲される。同城には再建時より、城番を配置し、同八年七月には、城番に対する規定を制定するなどして番城としての体制を整備し、徳川幕府の京都を含む西国支配の拠点とした。同十年には秀忠将軍宣下を契機に、本格的に本丸作事を実施。しかし、同十二年家康が駿府に政治拠点を移行するのに伴い、普請を中止し、同城の器財や屋敷、さらには政治的機能も駿府城に移行された。大坂の陣以降は、二条城が儀式典礼用、伏見城は居館用として利用するも、一国一城令との関わりもあり、元和五年(一六一九)に伏見城廃止が決定。元和九年、家光の将軍宣下後に廃止し、同城の機能は大坂城に引き継がれた。

参考文献 『京都の歴史』四(学芸書林、一九六九年)、竹岡林・近藤在滋・河原純之編『日本城郭大系』一一(新人物往来社、一九八〇年)、白峰旬『日本近世城郭史の研究』(校倉書房、一九九八年)

(種村 威史)

領知宛行状(りょうちあてがいじょう)

将軍が大名に対し、領地の宛行《あてがい》(「あておこない」とも)や安堵をする際に発給する文書。領知宛行状は、それ自体が土地を媒介とした将軍と大名の主従関係を明示する文書であり、したがって、将軍家・大名家で最重要視された。領知宛行状の発給権は、慶長十年(一六〇五)以降の徳川家康・秀忠の二元政治期には両者が、元和九年(一六二三)以降の徳川秀忠・家光の二元政治の時期には将軍家光ではなく大御所秀忠が所持するなど、必ずしも将軍に一元化されていない。将軍のもとに統一されるのは、寛永十一年(一六三四)に京都で実施された家光の代替り朱印改となる。四代徳川家綱は、寛文四年(一六六四)に江戸城において、二百五十名余の大名に、翌年には公家・寺社へ一斉発給を実現し、統一的知行体系の掌握者であることを明示した。これが寛文印知であるが、以降、十四代家茂までの将軍は代替りに際しては、寛文印知の形式を踏襲し領地安堵を行なった。領知宛行状は、料紙には大高檀紙が使用される。書札について細かな規定があり、特に十万石以上の石高か侍従以上の官職の者には判物(花押)が、それ以下の者へは朱印が宛行状に捺印された。さらに、宛所の高さ、敬称の「殿」の書き方、さらに、特に三位中将以上には将軍の諱を書くなどして格差を付けた。領知宛行状は、領知の加封や転封など領地変動があった際にも発給されるが、こちらについては元禄七年(一六九四)に五代徳川綱吉は全て朱印状で発給することを規定した。なお、四代家綱以降は、領知宛行状とともに宛行う村の詳細を記述した領知目録を添付することを原則とするが、こちらは代替り朱印改の際には朱印改の奉行が、それ以外の際は老中が署名し発給する。

参考文献　大野瑞男「領知判物・朱印状の古文書学的研究」(『史料館研究紀要』一三、一九八一年)、藤井讓治『徳川将軍家領知宛行制の研究』(思文閣出版、二〇〇八年)、種村威史「寛文印知以降の領知朱印改について」(『国史学』二〇三、二〇一一年)

(種村　威史)

老中

氏名	称呼	前職	補職年月日	転免年月日	後職
大久保忠隣	相模守			慶長一九(一六一四)・正　実 一九・正・一九 寛 一九・正・二〇	免職、改易
本多正信	佐渡守			元和二(一六一六)・六・七	卒
本多正純	上野介			元和八(一六二二)　実 八・八・一三 寛 八・一〇	免職、改易
青山忠成	常陸介		慶長六(一六〇一)	慶長一一(一六〇六)・正・二五	免職、籠居
内藤清成	修理亮			慶長一一(一六〇六)・正・二五	免職、籠居
成瀬正成	隼人正	堺奉行			義直付家老
安藤直次	帯刀				頼宣付家老

京都所司代

氏名	称呼	前職	補職年月日	転免年月日	後職
板倉勝重	四郎左衛門 伊賀守	町奉行 [実][寛]京都町奉行	慶長八(一六〇三)・三・二 [実][寛]六・九・二八	元和六(一六二〇)	隠居 [実][寛]辞、致仕

町奉行

氏名	称呼	前職	補職年月日	所在	転免年月日	後職
板倉四郎左衛門 [実][寛]勝重	四郎左衛門	[実][寛]駿府町奉行	天正一八(一五九〇)・八・一		[実][寛]慶長六・九	[実][寛]京都町奉行
彦坂小刑部 [実]元正・元成[寛]元成	小刑部	[実][寛]近江代官	天正一八(一五九〇)・八・一		[寛]慶長五・九	[実][寛]小荷駄奉行
青山常陸 [実][寛]忠成	常陸	[実][寛]諸事を奉行	慶長六(一六〇一) [実][寛]六・三・五		[実]慶長一一・正・二五 [寛]慶長一一・正	[実][寛]罷免、籠居
内藤修理 [実][寛]清成	修理	[実][寛]関東の奉行	慶長六(一六〇一) [実][寛]六・三・五		[実][寛]慶長一一・正・二五	[実][寛]罷免、籠居
米津田政 [実]田政・由政			[実][寛]慶長九	北	[実][寛]寛永元・一一・三	[実][寛]卒
土屋権左衛門 [実][寛]重成	権左衛門	使番 [実][寛]なし	慶長九(一六〇四) [実][寛]なし	南		[実][寛]慶長一六・七卒

2代　徳川秀忠

徳川秀忠画像　紙本白描淡彩。本図は元になる画像と考えられるが、他に奈良長谷寺などに数点伝わる。唇や下襲に薄紅、平緒には薄藍が施されている。長谷寺蔵の少しふくよかな表情の画もある。

徳川秀忠（とくがわひでただ）　一五七九—一六三二

江戸幕府二代将軍。一六〇五—二三在職。天正七年（一五七九）四月七日、三河国の戦国大名であった徳川家康の三男として遠江国浜松城に生まれる。生母は側室西郷局《さいごうのつぼね》。幼名は長もしくは長《（おさ）》丸。竹千代とも。天正十九年に秀忠を名乗った可能性が高い。元服は九歳とも十二歳とも。同十五年八月、従五位下蔵人頭に叙爵。同十六年正月、正五位下。同十八年十二月、従四位下侍従に昇進。同十九年十一月、参議右近衛権中将、文禄元年（一五九二）九月、従三位権中納言、慶長六年（一六〇一）三月、従二位権大納言、同八年三月、右近衛大将・右馬寮御監を兼ねる。同十年四月、将軍宣下を受け征夷大将軍となり内大臣を兼ねた。なお従四位下侍従以前の叙爵については、すでに叙爵されていたかのように日付をさかのぼって叙位文書が発給される遡及叙任であった。

天正十八年に豊臣秀吉が相模の北条氏《ほうじょうし》を攻めた、いわゆる小田原攻めで初陣を飾る。慶長五年、天下分け目の合戦として、東西両軍あわせて十五万ともいわれる軍勢が集結した関ヶ原の戦いでは、徳川家の主力を率いて江戸城を出陣し、中山道を通り主戦場に向かうが、真田昌幸《さなだまさゆき》・幸村《ゆきむら》親子が籠もる信濃国上田城を攻め落とせず時間を過ごし、関ヶ原に到着したのは合戦終了後であった。このため関ヶ原では豊臣恩顧の大名福島正則《ふくしままさのり》、浅野幸長《あさのよしなが》、黒田長政《くろだながまさ》、池田輝政《いけだてるまさ》らが主力となり西軍を破っており、彼らは戦後の論功行賞で大幅な加増を受け、一国もしくは複数国を有する国持大名となるなど、その後の幕藩体制を考える上でけっして無視できない存在となった。

慶長十年、秀忠は父家康から将軍職を譲られ二代将軍となり、任官のために十万とも十五万ともいわれる軍勢を率いて上洛した。しかし、政治の実権は同十二年に駿府城へ移っていた大御所の家康がいまだ握っており、重要な政策についても駿府政権が決定していた。家康は江戸城の秀忠のもとに側近本多正信《ほんだまさのぶ》を付属させ、重要事項についても、家康の意向は、正信の子で家康のもとにいた本多正純《まさずみ》から正信に伝えられて秀忠が実行する二元政治が展開された。ただ全国統治において、家康が尾張・美濃・北陸より以西を支配し、秀忠が関東甲信の譜代大名と出羽・越後などの外様大名を、同十六年には家康から譲られた近畿や関東における幕府蔵入地を支配するなど、秀忠にもそれなりの支配の実態はあった。

家康・秀忠親子にとって、いまだ大坂にいる豊臣秀吉の遺児秀頼《ひでより》や秀吉恩顧の大名達が存在するなか、政権をいかに確立していくかが重要な課題であった。こうしたなかで慶長十九年の大坂冬の陣、翌年五月の夏の陣において、父家康とともに秀忠も大坂へ出陣し豊臣氏を滅ぼした。閏六月には主に西国の外様大名に対して一国一城令を発布し、七月には、伏見城において、上洛していた秀忠付の年寄本多正信から、諸大名へ『武家諸法度』が公布された。この時、家康は二条城に居たが、あくまで将軍秀忠による公布であることを示すものであった。

元和二年(一六一六)四月、家康が七十五歳で死去すると、秀忠による幕政の運営が本格化する。一門・大名・家臣団統制では、同年、大坂の陣の不手際を理由に、弟で越後高田城主であった松平忠輝《まつだいらただてる》を改易して伊勢朝熊《あさま》(三重県伊勢市)に流し、同九年には参勤交代を怠る兄結城秀康《ゆうきひでやす》の子松平忠直《まつだいらただなお》を豊後萩原《はぎわら》(大分市)へ配流とするなど、一門であっても体制に従わない者に対しては厳しい処分を行なった。また同五年には安芸・備後二ヵ国五十万石を領する豊臣恩顧の大名福島正則を『武家諸法度』に違反したかどで改易している。同八年、秀忠は家康の死後も幕府内で年寄(のちの老中)として権勢を振るった本多正純(下野宇都宮十五万石)を改易した。これは正純が家康の七回忌に日光へ赴いた秀忠を、宿泊地とされていた宇都宮城内の釣天井を仕掛けた部屋で暗殺しようと計画した宇都宮釣り天井事件として後世流布したが、実際は福島正則を改易した際、正純が正則に与する大名が十人はいるといって秀忠を制するとともに脅したこと、宇都宮城は自分には不似合いな城だと直訴したことなどが改易の主な理由であった。正純は、御家騒動で改易された出羽の外様大名最上氏の城地を接収する役目のため永井直勝《ながいなおかつ》とともに山形に赴いた際、現地で改易を通告され、そのまま同国秋田由利《ゆり》に幽閉された。なお、当時、正純は、松平忠直などとともに反幕府勢力を結集して秀忠に対抗しようとしているとも噂されていたことから、改易はこうした政情と密接に絡んでいたという説もある。このように、秀忠は一門や大名の改易を通じて権力の基盤を固めるとともに、元和六年には代始めの普請として大坂城の大改修を全国の諸大名を動員して行うなど、武家の棟梁として将軍権威の確立につとめた。

秀忠は正純を政権から外すと、幼少から自身に仕えてきた土井利勝《どいとしかつ》や、酒井忠世《さかいただよ》、青山幸成《あおやまよしなり》、井上正就《いのうえまさなり》、永井尚政《ながいなおまさ》ら側近を年寄として奉書の連署者にして幕府運営の中枢に据えており、これらがのちの老中に相当することになる。また家康の近習であった小性組《こしょうぐみ》を含めた軍団の再編成を行い、同組をそれまでの四番から六番に増番するとともに、自身の警護のために設置された書院番《しょいんばん》ともども、子飼いの側近を番頭に任命して、こちらも六番として警備体制の再編成・強化を図っている。

元和九年七月には、嗣子家光に将軍職を譲り、江戸城西丸へ隠居したが、寛永九年(一六三二)正月に死去するまでの十年間は、父家康と同じように大御所として実権を握っていた。このことはたとえば、寛永二年に大名や旗本に対して領地を安堵する領知朱印状が発給されたが、発給者は将軍家光ではなく秀忠となっていることからもうかがえ、諸大名・旗本に対する統一的知行体系および軍事指揮権をいまだ秀忠が掌握していたことを示している。ただし、大御所政治は、将軍権力を安定的に後継者へ移行させていく側面も有しており、秀忠の死去後、三代将軍となった家光は弟徳川忠長《とくがわただなが》に自害を命じ、また肥後熊本の大名加藤忠広《かとうただひろ》を改易にしたが、これは秀忠側近の土井利勝と忠長・忠広の謀反との関連が取り沙汰されるなど、この時期の権力の継承がいかに困難であったかを示している。

朝廷・公家との関係については、元和元年七月、秀忠と家康が署名する「禁中幷公家諸法度」を公布し、天皇は学問をすべきことを明記するなど、天皇の行為を法的に規定した。同六年には娘和子《かずこ》を入内させ後水尾《ごみずのお》天皇の女御とし、同九年には前関白鷹司信房《たかつかさのぶふさ》の娘孝子《たかこ》を子家光の正室に迎えた。以後、十一代将軍徳川家斉《いえなり》を除き、歴代将軍が宮家・摂関家から正室を迎える先例となっている。また禁裏御料として家康が与えた一万石と同じ石高の一万石を寄進するなど、公武の融和を進めた。もっとも家康以来の朝廷・公家の支配下に組み込まれない武家の優位性を明らかにしていく方針も継承しており、後水尾天皇とは確執も生じている。このことをよくあらわす事件が紫衣事件《しえじけん》で、寛永四年、秀忠は元和元年に出された「諸宗出世法度」が十分守られていないとして、法度以後の僧侶の出世を停止してあらためて器量を吟味するように、金地院崇伝《こんちいんすうでん》や土井利勝に審議させた。これにより京都大徳寺では紫衣を剝奪される僧侶が十五人に及んでおり、翌寛永五年には大徳寺の沢庵宗彭《たくあんそうほう》などがこれを不服として抗弁書を京都所司代に提出したが幕府は受け入れず、沢庵を配流とした。紫衣・上人号を勅許していた天皇にとっても、こうした幕府の方針は無関係ではなかった。また同六年十月には上洛した家光の乳母ふくが春日局《かすがのつぼね》という名称を与えられ参内し、後水尾天皇と対面している。これら幕府の方針に不満を持っていた天皇は、十一月に突然譲位し、翌年九月に女一宮(母は和子)が即位して明正天皇となっており、奈良時代の称徳《しょうとく》天皇以来の女帝が誕生した。

秀忠は父家康に対しては従順、律儀者であり、また正室である江与《えよ》に気兼ねして、江戸城外で側室静《しづ》に幸松丸(のちの保科正之《ほしなまさゆき》)を生ませた恐妻家といったイメージをもたれがちだが、戦国の遺風が残り、秀吉から秀頼への政権委譲がうまくいかなかった前例もあるなか、もともと徳川家とは肩を並べる存在であった諸大名を従え、公家・寺社に対する将軍の支配権をも確立して、無事に政権を子家光へ譲り渡した政治的力量は高く評価される。

また秀忠は兄結城秀康を差し置いて将軍に就任したが、慶長五年十一月に秀康が父家康から越前六十七万石を拝領するとこれを祝い、晩年は病がちであった兄に対して、たびたび見舞いの書状を出すなど気遣っており、慶長九年に秀康が病をおして江戸へ参勤した際には、秀忠はこれに驚き品川まで出迎えたという。

秀忠は長男の家光より、正室江与とともに次男の忠長を愛したといわれる。このため、家光の乳母であったふく(春日局)が駿府の大御所家康のもとへ訴えたため、家康の裁定により次期将軍として家光が決定したという逸話が残されている。前代の戦国時代は、必ずしも長男が家督を相続した訳ではなく、器量によっては次男以下が相続することもありえたが、平和な江戸時代へ移行するなかで、将軍家において長子による相続が確立したことは、諸大名以下、武家の相続事情を左右する重要な意味を持っていた。

寛永九年正月二十四日、五十四歳で死去。芝増上寺に葬られる。法名は台徳院殿一品大相国公尊儀。正室は豊臣秀吉の養女、実は浅井長政の娘、江与(崇源院)。

参考文献　朝尾直弘「幕藩制と天皇」(原秀三郎他編『大系日本国家史』三、東京大学出版会、一九七五年)、同「将軍政治の権力構造」(『岩波講座日本歴史』一〇、岩波書店、一九七五年)、高木昭作『日本近世国家史の研究』(岩波書店、一九九〇年)、藤井譲治『江戸幕府老中制形成過程の研究』(校倉書房、一九九〇年)、井上光貞他編『幕藩体制の成立と構造』上(『日本歴史大系』八、山川出版社、一九九六年)、小池進『江戸幕府直轄軍団の形成』(吉川弘文館、二〇〇一年)、福田千鶴『徳川秀忠—江が支えた二代目将軍—』(新人物往来社、二〇一一年)

(野口　朋隆)

〔家族〕

崇源院（すうげんいん）　一五七三―一六二六

徳川秀忠の正室。豊臣秀吉の養女。実は浅井長政の三女。母は織田信長の妹市《いち》。江与《えよ》、達子を名乗る。天正元年（一五七三）に生まれる。姉に茶々（淀殿、豊臣秀吉室）、初（京極忠次室）がいる。父浅井長政が伯父織田信長に敵対したため、居城近江小谷《おだに》城（滋賀県長浜市）を攻められ自害し、その後母は柴田勝家に嫁いだが、秀吉と敵対したため、越前北庄《きたのしょう》城（福井市）で自害、さらに大坂の陣により姉とは敵味方に分かれ姉もまた自害するなど、乱世の悲哀を身をもって経験した。崇源院は最初、尾張知多《ちた》半島の領主佐治《さじ》一成《かずなり》へ嫁したが、豊臣秀吉によって離縁させられ、その甥羽柴《はしば》（豊臣）秀勝《ひでかつ》へ天正十四年（文禄元年とも）に再嫁した。文禄元年（一五九二）に秀勝が死去すると、同四年にまだ徳川家康の世嗣であった秀忠と再々婚する。江戸幕府が徳川一門の系図を編纂した『徳川幕府家譜』によれば、秀忠との間に生まれた子として、長女千《せん》、次女子々《ねね》、三女勝《かつ》、四女初《はつ》、次男家光《いえみつ》、三男忠長《ただなが》、五女和子《かずこ》をあげる。このほか、秀勝との間に女子完子《さだこ》が誕生しているが、慶長九年（一六〇四）六月に公家九条幸家《くじょうゆきいえ》に嫁いでいる。崇源院は家光よりも忠長を愛したといわれるが、忠長へは織田信良《おだのぶよし》（信雄《のぶお》（「のぶかつ」とも）の子）の娘を配しており、織田家との縁を大切にしていた。寛永三年（一六二六）九月十五日、五十四歳で死去。芝増上寺に葬られる。法名は崇源院殿一品大夫人昌誉和興仁清大禅尼。

参考文献　小和田哲男『戦国三姉妹物語』（『角川選書』、角川書店、一九九七年）、平野明夫「将軍の母、天皇の祖母―崇源院―」（小和田哲男編著『戦国の女性たち』、河出書房新社、二〇〇五年）、福田千鶴『江の生涯』（『中公新書』、中央公論新社、二〇一〇年）

（野口　朋隆）

春昌院（しゅんしょういん）　一五八五―九一

織田信雄《おだのぶお》（「のぶかつ」とも）の娘。小姫と名乗る。天正十三年（一五八五）生まれ。同十八年に徳川秀忠が上洛すると、豊臣秀吉は小姫を自身の養女として秀忠と婚約させる。しかし同十九年七月九日に小姫は七歳で死去してしまったため、婚約も解消となった。

参考文献　『時慶記』一（本願寺出版社、二〇〇一年）

（野口　朋隆）

浄光院（じょうこういん）　？―一六三五

徳川秀忠の子保科正之《ほしなまさゆき》の母。静《しづ》を名乗る。北条氏の旧臣神尾栄加の娘とも、武蔵板橋の大工の娘とも。大奥へ勤めに上がる内に秀忠の寵愛を得る。臨月間近の静が氷川神社（さいたま市大宮区)へ捧げた願文に、秀忠の正室江与《えよ》の嫉妬により江戸城内で子を産めないことや、武田信玄の娘見性院《けんしょういん》の庇護を得ていることが書かれている。寛永十二年(一六三五)九月十七日死去。のち会津浄光寺に葬られる。法名は浄光院殿法昭日慧大姉。

参考文献　『徳川諸家系譜』一(続群書類従完成会、一九七〇年)、福島県立博物館編『保科正之の時代』(福島県立博物館、二〇一一年)

(野口　朋隆)

天樹院(てんじゅいん)　一五九七―一六六六

徳川秀忠の長女。千《せん》を名乗る。豊臣秀頼《とよとみひでより》へ嫁した後、本多《ほんだ》忠刻《ただとき》と再縁。慶長二年(一五九七)四月十一日に京都で生まれる。母は江与《えよ》。同八年七月二十八日、豊臣秀吉の遺言により、その子秀頼の正室として伏見城より大坂城へ入輿する。結婚時、秀頼は十歳、千は七歳であった。秀頼の母淀殿《よどどの》と千の母江与は姉妹であることから、千にとって秀頼は母方の従兄弟であった。元和元年(一六一五)の大坂夏の陣では、淀殿と秀頼の助命のため、大野治長《おおのはるなが》によって徳川家康と秀忠のいる岡山の陣所に送られたが、秀忠はことのほか不機嫌であったという。合戦後、豊臣氏が滅びると江戸城へ下向した。なお、千は津和野藩主坂崎直盛《さかざきなおもり》によって送り届けられたとの説もある。直盛は家康から千との婚姻を約束されていたにもかかわらず戦後反故にされ、千と伊勢桑名藩主本多忠政《ただまさ》の子忠刻との再縁が決定したため、千の強奪を計画したという理由で改易となっている。千には化粧料として十万石が与えられ、本多家は播磨姫路へ転封となった。寛永三年(一六二六)三月に忠刻も死去してしまったため江戸へ戻り、竹橋御殿《たけはしごてん》に住み、天樹院と号す。北の丸とも。弟徳川家光の代になると、将軍の姉として大奥でも大きな影響力を持ち、江戸城内では家光の次男徳川綱重《つなしげ》の養育もつとめている。綱重は家光四十二歳の厄年の子であったため、これを忌み嫌う風習から天樹院に預けられていた。寛文六年(一六六六)二月六日、七十歳にて死去。江戸小石川伝通院に葬られる。法名は天樹院殿栄誉源法松山大姉。

参考文献　藤井讓治『徳川家光』(『人物叢書』、吉川弘文館、一九九七年)、福田千鶴『淀殿―われ太閤の妻となりて―』(『ミネルヴァ日本評伝選』、ミネルヴァ書房、二〇〇六年)

(野口　朋隆)

天徳院(てんとくいん)　一五九九―一六二二

徳川秀忠の次女。子々《ねね》、珠《(たま)》を名乗る。前田利常《まえだとしつね》の正室。慶長四年(一五九九)六月十一日に江戸で生まれる。母は江与《えよ》。同六年九月に前田利常と婚姻し加賀国金沢へ下向する。前田家と徳川家との関係を安定させるために、前田利長《としなが》の母芳春《ほうしゅん》院《いん》(まつ)を人質として江戸へ下向させたことへの引き替えであった。長男光高《みつたか》、次男利次《としつぐ》、三男利治《としはる》など三男五女をもうけたものの元和八年(一六二二)七月三日、二十四歳にて死去。金沢小立野《こだつの》天徳院に葬られる。法名は天徳院殿乾運淳貞大姉。

参考文献　『徳川諸家系譜』一(続群書類従完成会、一九七〇年)、見瀬和雄『利家・利長・利常』(北国新聞社、二〇〇二年)

(野口　朋隆)

天崇院(てんすういん)　一六〇一—七二

徳川秀忠の三女。勝《かつ》を名乗る。松平忠直《まつだいらただなお》の正室。母は江与《えよ》。慶長六年(一六〇一)五月十二日に江戸城に生まれる。同十六年に父の兄結城秀康《ゆうきひでやす》の子松平忠直と婚姻し越前福井へ下向する。しかし夫忠直は大坂の陣での勲功が報われていないとして勝の侍女を手討ちにしたり、重臣永見氏一族を誅するなど次第に乱行を重ねるようになり、元和九年(一六二三)五月、ついに秀忠から隠居と豊後国萩原《はぎわら》(大分市)への配流を命じられる。このため勝は江戸高田屋敷へ移り住むことになった。寛文十二年(一六七二)二月二十一日、七十二歳にて死去した。江戸西久保天徳寺に葬られる。法名は天崇院殿穏誉泰安豊寿大善女人。

参考文献　『徳川諸家系譜』一(続群書類従完成会、一九七〇年)

(野口　朋隆)

秋徳院(しゅうとくいん)　一六〇一—〇二

徳川秀忠の長男。慶長六年(一六〇一)十二月三日江戸城内にて生まれるが慶長七年九月二十五日死去する。母の名は不明。長丸《おさまる》。死去した際、鹿苑院門主有節瑞保《ゆうせつずいほう》は伏見城で徳川家康に面会しようとしたが、孫の死によって機嫌が悪く面会ができなかった。家康の落胆のほどがうかがえる。法名は秋徳院殿羨嶺容心大童子。

参考文献　『徳川諸家系譜』一(続群書類従完成会、一九七〇年)、福田千鶴『江の生涯』(『中公新書』、中央公論新社、二〇一〇年)

(野口　朋隆)

興安院(こうあんいん)　一六〇二—三〇

徳川秀忠の四女。初《はつ》を名乗る。京極忠高《きょうごくただたか》の正室。母は江与《えよ》。慶長七年(一六〇二)七月九日伏見城内にて生まれる。実子のいなかった母の姉常高院《じょうこういん》(京極高次《たかつぐ》の正室)の希望により、出生前から女子であればもらい受ける約束をしていた。その後、高次の子忠高(母は側室)と婚姻するが夫婦仲はよくなかったようで、忠高は妻の危篤の際にも相撲興行に熱中していたという。寛永七年(一六三〇)三月四日、二十九歳にて死去。江戸小石川伝通院に葬られる。法名は興安院殿豊誉天清陽山大姉。

参考文献　『徳川諸家系譜』一(続群書類従完成会、一九七

〇年)、福田千鶴『江の生涯』(『中公新書』、中央公論新社、二〇一〇年)　(野口　朋隆)

徳川忠長（とくがわただなが）　一六〇六―三三

徳川秀忠の三男。慶長十一年(一六〇六)五月七日江戸城内にて誕生。幼名は国千代、国松、門松丸とも。母は江与《えよ》。元和二年(一六一六)甲斐一国を賜り、同六年、従四位上参議右近衛中将に任じられる。寛永二年(一六二五)、駿河・遠江にて五十五万石と駿府城を拝領し、同三年、従二位大納言に昇進、このため駿河大納言と称する。父母の寵愛を受け、幼少時には兄家光と同等に扱われたが、元和元年末ごろに家光が次期将軍となることが決定し臣下となる。しかし家光への対抗心は消えず、これがもとで次第に乱行を重ねるようになり、寛永七年ごろからは駿府城下へ辻斬りに出たり、翌八年には小浜光隆《おばまみつたか》の子やお伽坊主《とぎぼうず》を切り捨てるなど、分別のない行動を取るようになった。当時豊前小倉藩主だった細川忠興《ほそかわただおき》は、忠長は、やはり不行跡により改易・配流となった徳川一門松平忠直《まつだいらただなお》や忠輝《ただてる》と同じ行く末になるだろうと予想していた。こうした状況に、父秀忠も忠長の江戸城への出仕を止める処分を下しており、事実上親子が対面することはなくなった。家光は酒井忠世《さかいただよ》や土井利勝《どいとしかつ》を使者にして意見したため忠長も一度は承知するものの、乱行は収まらず、ついに甲斐への蟄居を申し渡している。同九年十月には罪を許さないまま秀忠が死去し、家光は上野高崎城主安藤重長《あんどうしげなが》へ預けることと駿河・甲斐の没収を命じた。翌十年十二月六日高崎大進寺において、二十八歳で自害。同寺に葬られる。法名は峯厳院殿清徹暁雲大居士。

参考文献　藤井譲治『徳川家光』(『人物叢書』、吉川弘文館、一九九七年)、小池進『江戸幕府直轄軍団の形成』(吉川弘文館、二〇〇一年)　(野口　朋隆)

東福門院（とうふくもんいん）　一六〇七―七八

徳川秀忠の五女。後水尾《ごみずのお》天皇の中宮《ちゅうぐう》。慶長十二年(一六〇七)十月四日江戸城内にて誕生。幼名は和、松。諱は和子《(かず)》(「まさこ」とも)を名乗る。のち、東福門院と称する。母は江与《えよ》。豊臣家と朝廷との密接な関係にくさびを打ち、公家衆と女房衆の密通事件であった猪熊事件、さらに譲位をめぐる徳川家康と後陽成天皇との対立を緩和するため、慶長十六年ごろから入内《じゅだい》の準備がされていたものの、途中大坂の陣などもあり、実際に入内したのは元和六年(一六二〇)六月になってからで、幕府年寄(のちの老中)土井利勝《どいとしかつ》、酒井忠世《さかいただよ》や松平正綱《まつだいらまさつな》、板倉《いたくら》重宗《しげむね》も上京して差配を行なった。和子は入内に先立って従三位に叙される。同九年十一月、女一宮を出産する。のちの明《めい》正《しょう》天皇である。寛永元年(一六二四)十一月、中宮(皇后)となり、中宮御所・中宮職が設けられる。同三年十一月には高仁《すけひと》親王を出産する。後水尾天皇は高仁の即位を前提に譲位しようとしていたが、同五年六月に死去したため一時中止となった。しかし紫衣《しえ》事件《じけん》で幕府との関係がこじれていくなか、同六年十一月、幕府へ通告もせず女一宮へ譲位した。このため和子も天皇の生母である国母となり、東福門院と院号を定められた。夫後水尾天皇との仲は良好だったと伝えられているが、父と夫との確執のなかで苦悩することにもなった。また生涯で二皇子五皇女を出産したが、成人したのは四皇女のみであった。延宝六年(一六七八)六月十五日、七十二歳にて死去。京都泉涌寺に葬られる。

[参考文献] 野村玄『日本近世国家の確立と天皇』(清文堂出版、二〇〇六年)、久保貴子『徳川和子』(『人物叢書』、吉川弘文館、二〇〇八年)、同『後水尾天皇』(『ミネルヴァ日本評伝書』、ミネルヴァ書房、二〇〇八年)

(野口　朋隆)

保科正之(ほしなまさゆき)　一六一一—七二

徳川秀忠の四男。慶長十六年(一六一一)五月七日武蔵国足立郡大昌木《おおまぎ》村(埼玉県さいたま市)にて誕生。幼名は幸松を名乗る。母は静《しず》。出生が江戸城内でなかったのは秀忠が正室江《え》与《よ》をはばかったためで、同十八年から見性院《けんしょういん》(武田信玄の娘、穴山信君室《あなやまのぶきみ》)に養われ田安《たやす》屋敷へ移る。元和三年(一六一七)には武田の旧臣で見性院とも懇意であった信濃高遠三万石の城主保科正光《ほしなまさてる》の養子となる。寛永六年(一六二九)六月実父秀忠にはじめて御目見、九月には正光が同道して駿府の兄徳川忠長ともはじめて対面する。同八年養父正光の死去により家督を相続。同年従五位下諸大夫に叙爵。同九年従四位下、同十一年には侍従に昇進。同十三年、出羽山形二十万石を拝領。同二十年には陸奥会津二十三万石に加増転封。このほか南山《みなみやま》五万石を預地とする。正保二年(一六四五)従四位上左近衛権少将、承応二年(一六五三)正四位下右近衛左中将に叙任。甥にあたる三代将軍徳川家光の信任が厚く、その嫡子で四代将軍となる徳川家綱の元服時には理髪役《りはつやく》をつとめる。以後家光の遺言により家綱の後見的立場から幕政へも参与しており、正之が関わった代表的な幕府の政治として、慶安四年(一六五一)、由井正雪《ゆいしょうせつ》の乱の処理、明暦の大火で消失した江戸城天守閣再建の延期、証人制の廃止などがあげられる。正之は謙虚な人柄で、常に幕府のことを考えていたといわれ、承応二年に四代将軍家綱の右大臣転任の御礼として上洛した際には、姉の東福門院《とうふくもんいん》が面会を求めたが、正之は幕府の承諾を得ていないとして丁重に断っている。またこの時、従三位への昇進を辞退したが、その理由については酒井忠勝《さかいただかつ》に対して、自分は栄誉を求めておらず、将軍家のために草履をつかむこともいとわない者であると言ったという。寛文十二年(一六七二)十二月十八日、六十二歳で死去。土津霊神。猪苗代見禰山に葬られる。

参考文献　阿部綾子「将軍家元服儀礼における加冠・理髪役について」(『福島県立博物館紀要』二一、二〇〇七年)、福島県立博物館編『保科正之の時代』(福島県立博物館、二〇一一年)

(野口　朋隆)

その他の養女

秀忠の養女については、生年などの情報は諸本において異同が多い。したがって、順番の確定が困難であるため、以下主に『幕府祚胤伝』を参考に一括して記述した。

【養女1】慶長二年(一五九七)十二月二十四日に大坂城で生まれる。父は、結城秀康《ゆうきひでやす》で秀忠の姪。土佐姫。十三年六月十六日に養女として、毛利秀就《もうりひでなり》と縁組。十五年に嫁ぐ。慶安四年(一六五一)に秀就の死に伴い落飾。明暦元年(一六五五)六月二十五日に五十九歳で死去。菩提寺は天徳寺。法名は龍照院長誉光山秋英大禅定尼。なお、長門国萩の龍照院に位牌が安置される。【養女2】慶長二年に生まれる。父は信濃飯田城主の小笠原秀政《おがさわらひでまさ》で、秀忠の又姪。千代姫。十三年、養女として細川忠利《ほそかわただとし》と縁組をし、翌年に江戸を発輿。豊前国中津城に入り、化粧料として三千石を拝領する。慶安二年十一月に江戸において五十三歳で死去。菩提寺は肥後国熊本の妙解寺。法名は保寿院三英紹春大姉。【養女3】父は美濃加納城主奥平家《おくだいらいえ》昌《まさ》で、秀忠の又姪。慶長十五年六月十二日に養女として、堀《ほり》尾忠晴《おただはる》と縁組をし、出雲松江城に入輿。寛永十年(一六三三)九月、忠晴死後の堀尾家無嗣断絶に伴い、奥平家に戻る。慶安三年(一六五〇)閏十月二十六日に死去した。菩提寺は品川東海寺内の清光院に葬られる。法名は雲松院長天正久大姉。【養女4】慶長十二年四月二十一日に姫路城で生まれる。父は池田輝政《いけだてるまさ》、母は家康娘の督姫。秀忠の姪。元和三年(一六一七)十月、養女として伊達忠宗《だてただむね》に嫁ぐ。万治二年(一六五九)二月五日に五十三歳で死去。菩提寺は仙台の孝勝寺。法名は孝勝院秀岸日訊大姉。【養女5】父は陸奥国会津城主蒲生秀行《がもうひでゆき》娘。母は家康娘振姫。秀忠の姪。慶長十五年二月十五日に養女として、肥後熊本城主加藤忠広《かとうただひろ》に嫁ぐ。翌年四月に入輿。寛永九年六月、忠広の息子光広《みつひろ》による将軍家に対する謀反の連判状を作成したことが一因となり加藤家は改易処分された。これ以降、同女は京都に移住。明暦二年九月十七日に、京都において五十五歳で死去。菩提寺は京都の本国寺宗法院。院号未詳。【養女6】元和三年四月三日に生まれる。父は松平忠直《まつだいらただなお》。秀忠の又姪にあたる。亀姫。寛永七年十一月養女として高松《たかまつ》宮好仁親王《みやよしひとしんのう》と縁組。承応二年(一六五三)親王薨去後、越後高田に移る。天和元年（一六八一）正月十七日、高田において六十五歳で死去。菩提寺は同国長恩寺。法名は宝珠院殿光誉寥郭冲意大姉。【養女7】榊原康政《さかきばらやすまさ》の娘。慶長十年九月に養女として池田利隆《いけだとしたか》に縁組。寛文十年（一六七〇）九月に江戸で死去。菩提寺は深川雲厳寺。法名は福照院明誉源光恵大禅定尼。なお、のち、同女のために備前国和意谷に豊光寺が建立され、江戸の新知恩寺（のち幡随院に改称）に位牌が置かれる。【養女8】松平忠良《まつだいらただよし》娘で、養女として、黒田忠之《くろだただゆき》に嫁ぐ。【養女9】本多忠刻《ほんだただとき》の娘で、勝姫を名乗る。寛永五年正月、養女として備前岡山城主の池田光政《いけだみつまさ》に嫁ぐ。延宝六年（一六七八）十月七日に死去。菩提寺は江戸深川の雲厳寺。法名は円盛院明誉光岳泰崇大姉（法名については諸説あり）。なお、同女のために備前岡山に泰崇院が建立される。なお徳川財団所蔵の『御系譜略』によれば、名は篤《（とく）》姫、家光の養女とする。

参考文献　『御系譜略』、『徳川諸家系譜』一・二（続群書類従完成会、一九七〇・七四年）

（種村　威史）

〔関連人物〕

青山忠成（あおやまただなり）　一五五一―一六一三

関東総奉行、町奉行。常陸介、播磨守。天文二十年（一五五一）八月六日生まれ。幼いころから徳川家康に仕え、小性を務める。天正八年（一五八〇）に家康の命によって内藤正成《ないとうまさなり》らとともに徳川秀忠に付属し、天正十五年、のちに久野衆《くのしゅう》と称される与力二十五騎と同心百人を預けられた。天正十八年の秀忠の上洛に供奉し、同年、家康の関東入国にしたがい、相模国高座郡のうちに五千石を領した。天正十九年の秀忠上洛に供奉し、文禄元年（一五九二）、豊臣秀吉の朝鮮出兵の際は、江戸在城の秀忠のもとで、榊原康政《さかきばらやすまさ》、内藤清成《きよなり》らとともに諸事を預かっていた。その後も秀忠上洛のたびに供奉し、関ヶ原合戦後の慶長六年（一六〇一）、上総・下総両国内に一万千石を加増され、譜代大名となった。その後、本多正信《ほんだまさのぶ》・内藤清成とともに総奉行となった。慶長八年、豊臣秀頼と秀忠娘千姫の婚儀の際、忠成が千姫をみずからの屋敷まで案内した。また慶長十年に秀忠養女（榊原康政娘）を池田利隆《いけだとしたか》に嫁がせる際も輿渡《こしわたし》を務めた。慶長十一年正月、家康の鷹狩に際し不興を買い、忠成は清成とともに秀忠から罰せられた。忠成と清成が禁猟地での罠の仕掛けを許可し、そのことを家康が知ったからであるが、本多正信の取成により、両名の罰は蟄居で済んだという。以後、清成は政務から遠ざかったが、しばしば加増を受け、相模国・近江国・上総国・下総国にて都合二万八千石を領有した。慶長十八年二月二十日没。六十三歳。なお、本多正信・内藤清成らとともに加判《かはん》となったとする説がある。この立場を、関東総奉行とする場合や、年寄とする場合があるように複数の見解がある。

参考文献　『徳川実紀』一（『新訂増補国史大系』、吉川弘文館、一九六四年）、『新訂寛政重修諸家譜』一二（続群書類従完成会、一九六五年）、藤野保『徳川政権論』（吉川弘文館、一九九一年）

（鍋本　由徳）

秋元泰朝（あきもとやすとも）　一五八〇―一六四二

大名。天正八年（一五八〇）、秋元長朝《ながとも》の長男として武蔵国深谷で生まれる。母は不詳。通称は、はじめ牛坊、のち源七郎、茂兵衛。文禄元年（一五九二）、父長朝とともに徳川家康に拝謁。慶長五年（一六〇〇）関ヶ原の戦いに従軍。同七年、武蔵国足立郡のうちで五百石を拝領する。のちたびたび加増あり。慶長八年、家康の将軍宣下の上洛に供奉し、この時、従五位下但馬守に叙任。同十二年、家康の駿府城移徙に伴い駿府へ移り、松平正綱《まつだいらまさつな》・板倉重昌《いたくらしげまさ》とともに家康の近習出頭人となる。大坂の陣では、堤建築による大坂方の通路封鎖など、また、大坂落城後は、中国西国海上改などを勤める。元和二年（一六一六）四月十七日の家康の死後、同じく家康の出頭人であった本多正純《ほんだまさずみ》とともに久能山へ霊柩を運送している。これ以後、泰朝は日光山と深く関わることになり、翌三年三月、東照社造営奉行、寛永十八年（一六四一）、日光山廟塔奉行などを勤めており、この後も徳川家光の命を受け、たびたび日光山へ出張している。なお、寛永十年二月三日、甲斐国郡内の城代に就任し、同国都留郡内で一万八千石を知行、谷村《やむら》城主となる。寛永十九年十月二十三日、六十三歳で死去。法号は道哲泰安照尊院《どうてつたいあんしょうそんいん》。菩提寺は上野国群馬惣社光巌寺。妻は大河内秀綱の娘。

参考文献　『新訂寛政重修諸家譜』一五（続群書類従完成会、一九六五年）

（種村　威史）

阿部正次（あべまさつぐ）　一五六九―一六四七

書院番頭、大番頭、伏見城番、奏者番、大坂城代。備中守。上総国大多喜《おおたき》城主、相模国小田原城主、武蔵国岩槻城主。永禄十二年（一五六九）生まれ。江戸開府前から徳川家康に仕え、慶長五年（一六〇〇）四月に父正勝《まさかつ》の遺領を継ぎ、武蔵国鳩谷（埼玉県鳩ヶ谷市）で五千石を領し、書院番頭を務めた。同年十一月に従五位下備中守に叙任され、その後、相模国高座《こうざ》郡一之宮（神奈川県高座郡寒川町）で加増されたとされ、一万石を領する大名となった。慶長十五年に下野国鹿沼《かぬま》(栃木県鹿沼市)で五千石を加増、同十六年八月に大番頭となり、伏見城番を務めた。大坂の陣では徳川秀忠に従い、その戦功として元和二年(一六一六)下野国都賀《つが》郡で七千石を加増、奏者番となり、さらに元和三年九月に八千石を加増され上総国大多喜城主となった。元和五年に二万石を加増され、相模国小田原城(神奈川県小田原市)に移った。同九年には武蔵国岩槻城(埼玉県さいたま市)に移って五千石を加増された。この岩槻への転封は、秀忠が大御所として小田原城へ入る計画が前提にあった。なお、元和六年(あるいは元和九年)、老中就任の説がある。元和九年の場合は青山忠俊《あおやまただとし》の老中辞職にともなう交替となるが、元和六年説の説明には適合しない。また、正次の年寄としての活動の形跡を確認することができず、年寄就任は不詳である。寛永二年(一六二五)、武蔵国足立・埼玉郡、下総国葛飾郡、上総国夷隅《いすみ》郡などで千石余を加増され、同三年から大坂城代を務めた。また、摂津国豊島《としま》郡などで三万石を加増され、都合八万六千石余を領することとなった。正保元年(一六四四)十月十五日に従四位下に進み、正保四年十一月十四日没。七十九歳。

参考文献　『新訂寛政重修諸家譜』一〇(続群書類従完成会、一九六五年)、藤井譲治『江戸幕府老中制形成過程の研究』(校倉書房、一九九〇年)、白峰旬「老中就任者についての基礎的考察」(『別府大学紀要』四八、二〇〇七年)

(鍋本　由徳)

安藤重信(あんどうしげのぶ)　一五五七―一六二一

年寄、対馬守。上野国高崎城主。弘治三年(一五五七)生まれ。徳川家康に仕え、関ヶ原合戦以後は徳川秀忠に付属した。慶長十年(一六〇五)、上野国吉井(群馬県高崎市)で五千石を与えられ、慶長十六年、奉書に書判を加える加判《かはん》となり、江戸年寄として活躍した。慶長十七年に下総国香取・結城両郡で一万石を加増され、さらに元和元年(一六一五)、二万石を加増された。元和二年、秀忠の朱印状を発給してもらうためにイギリス商館長が江戸へ下向した際、土井利勝《どいとしかつ》や酒井忠世《さかいただよ》とならび、「**noble man neare the Emp'r**」すなわち「将軍の側近の貴人」としてはじめて認知された話がある。元和五年、上野国高崎で五万六千石を与えられた。元和七年六月二十九日没。六十五歳。

参考文献　『新訂寛政重修諸家譜』一七(続群書類従完成会、一九六五年)、藤井譲治『幕藩領主の権力構造』(岩波書店、二〇〇二年)

(鍋本　由徳)

安藤直次(あんどうなおつぐ)　?―一六三五

年寄、徳川頼宣《とくがわよりのぶ》の付家老。帯刀。紀伊国田辺城主。天文十

三年(一五四四)生まれとされるが不詳。幼い時より徳川家康に仕えた。慶長八年(一六〇三)、家康の将軍宣下に供奉し、同十年に武蔵国・近江国に二千三十石余を与えられ、本多正純《ほんだまさずみ》らとともに家康に近侍した。その後五千石を加増され、慶長十四年十二月に常陸国水戸城主徳川頼将《とくがわよりまさ》(のちの頼宣)の傅《もり》役《やく》となり、その後、家康と、駿府(静岡県静岡市)へ移った頼宣の両者に仕える形となった。元和二年(一六一六)、家康の死去により「駿府政権」は解体し、直次は徳川頼宣の付家老としての務めに重点を置くようになった。元和三年、頼宣は徳川秀忠の命を受けて、直次の禄高に一万石を加え、都合二万石として遠江国掛川城(静岡県掛川市)に移した。元和五年、直次や水野重仲《みずのしげなか》らが頼宣の紀伊国への転封を秀忠に願い出た。しかし秀忠は、頼宣の封地を駿河国・遠江国とするのは家康の遺命に拠ることを理由に、この願いを一度は退けた。これに対して直次らは再度、頼宣の紀伊国への転封を願い出た。そこには、西国に対する牽制的役割を果たしたいという頼宣の希望が背後にあったとされ、それを受けて秀忠は頼宣の紀伊国へ転封を決定したという。直次は頼宣の転封に伴って紀伊国田辺(和歌山県田辺市)に入り、都合三万八千八百石余を与えられ、頼宣の付家老として藩政を支えた。寛永十二年(一六三五)五月十三日没。

参考文献 『南紀徳川史(復刻版)』一(清文堂出版、一九八九年)、藤野保『近世国家史の研究―幕藩制と領国体制―』(吉川弘文館、二〇〇二年)、小山譽城『徳川御三家付家老の研究』(清文堂出版、二〇〇六年) (鍋本 由徳)

井伊直孝 (いいなおたか) 一五九〇―一六五九

彦根二代藩主。天正十八年(一五九〇)駿河国生まれ。初代井伊直政が没した後、家督は正室の子である直継が継承したが、当時直継は幼少であったために指導力を発揮できず、家臣間で派閥抗争が繰り返されていた。徳川家康はこの事態を憂慮し、慶長十九年(一六一四)、大坂冬の陣に際して新たに直孝を井伊家当主に指名し、直継を直政遺領の上野国安中へと遠ざけた。直孝は直継と同年齢であったが、側室の子であったためにそれまで江戸にあり、書院番頭、大番頭、伏見城番役などの重役を歴任していた。家康は直孝のこうした実績を評価した上で家督交替を断行したのである。直孝は家康の期待に違わず、大坂の陣において敵将木村重成《きむらしげなり》・長宗我部盛親《ちょうそかべもりちか》を打ち破るなど勇猛さを発揮し、「日本一の大手柄」と称賛される戦果をあげた。その行賞で直孝は従四位下侍従に進み、五万石の加増を受けている。戦後、直孝は藩職制と各種法令の整備にあたり、彦根藩政の基礎を固めた。そのため直孝の政治方針は崇敬を受け、以後「御家風」として歴代藩主に引き継がれることになる。寛永九年(一六三二)には臨終間際の徳川秀忠から、松平忠明《まつだいらただあきら》とともに徳川家光の後見を勤めるよう遺言され、幕政にも参与するようになった。その立場は他の年寄と異なり、連署奉書の署名は免除された上、儀礼の場では誰よりも上位を占めるというのちの大老職に匹敵するものである。以降万治二年(一六五九)に七十歳で死去するまで直孝は江戸に在府し、家光・家綱政権下で政務補佐に尽力した。墓所は豪徳寺(東京都世田谷区)に所在する。

参考文献　中村孝也『家康の臣僚武将編』(人物往来社、一九六八年)、野田浩子「井伊家の家格と幕府儀礼」(朝尾直弘編『譜代大名井伊家の儀礼』、サンライズ出版、二〇〇四年)、同「江戸幕府初期大老と井伊直孝の役割」(『立命館文学』六〇五、二〇〇八年)

(堀　智博)

板倉重宗(いたくらしげむね)　一五八六―一六五六

京都所司代。天正十四年(一五八六)、板倉勝重《かつしげ》の長男として駿府に生まれる。初名は重統《しげむね》、十三郎、又右衛門を名乗る。母は粟生永勝の娘。最初の妻は成瀬正成《なるせまさなり》の娘。後妻は戸田氏《とだうじ》鐵《かね》の娘。永井尚政《ながいなおまさ》・井上正就《いのうえまさなり》とともに二代将軍徳川秀忠近侍の三臣と称される。慶長五年(一六〇〇)関ヶ原の戦いに参戦、同十年秀忠将軍宣下の際に、従五位下周防守に叙任。大坂冬の陣では徳川家康の動静を秀忠に伝達する役目を勤め、ついで夏の陣にも従軍。秀忠に近侍し、書院番頭を兼ね、六千石の知行を拝領する。元和六年(一六二〇)に父勝重の後任として京都所司代に就任。寛永元年(一六二四)には勝重の遺領一万八千六十石余を継承し、三万八百石を領す。同十年には一万二千石を加増され計五万石。重宗は三十四年に渡り所司代を勤め、朝幕関係の調整や寺社統制、さらに京都や畿内近国八ヵ国の公事・訴訟・検断を担うなど西日本全体の幕政において中枢的役割を果たした。特に、寛永十四年の島原の乱にあたって、阿部正次とともに、独自に西日本の大名へ軍勢を督促したといわれるように一定の専決権を持っていた。一方、元和八年・寛永六年に計三度、のべ二十一ヵ条に及ぶ京都市中への法度を作成し庶政の規範を定めた。なお、勝重と重宗の所司代在職中の施政や裁判の大要については、後人により『板倉政要《いたくらせいよう》』・同続編としてまとめられている。正保二年(一六四五)五月に少将に任じられる。承応三年(一六五四)に老齢を理由に所司代を辞職するが、後任を補佐するように命じられる。明暦二年(一六五六)八月に下総国関宿《せきやど》城主となる。同年十二月朔日に関宿において七十一歳で死去。法号は秀峯源俊《しゅうほうげんしゅん》松雲院《しょううんいん》。菩提寺は愛知県西尾市の長円寺。

参考文献　『新訂寛政重修諸家譜』二(続群書類従完成会、一九六五年)、『京都の歴史』五(学芸書林、一九七三年)、

塚本明「板倉重宗の居所と行動」(藤井讓治編『近世前期政治的主要人物の居所と行動』、京都大学人文科学研究所、一九九四年)

(種村　威史)

伊丹康勝（いたみやすかつ）　一五七五―一六五三

江戸幕府勘定頭。甲斐国徳美《とくみ》藩主、播磨守。通称は喜之助。伊丹康直の三男。母は岡部常慶《おかべつねのり》の女。天正三年(一五七五)駿河国清水に生まれ、天正十四年(一五八六)徳川秀忠に近侍、のち納戸頭をつとめる。慶長五年(一六〇〇)秀忠の信濃国上田城攻めに供奉し、のち代官役を兼務する。そののち、勘定頭となる。駿府勘定頭が松平正綱《まつだいらまさつな》であるのに対して、康勝は江戸の勘定頭であった。本多正純・加藤忠広の改易に際しては、現地に赴いて活躍する。寛永元年(一六二四)三代将軍徳川家光に仕える。寛永十年二月には徳川忠長改易後の甲斐に入り、甲府城番となった。同年三千石加増され、甲斐国徳美一万二千石の譜代大名となる。同年九月、家光は、勘定頭松平正綱と伊丹康勝の二名に出仕停止を命じた。理由は、松平真次《まさつぐ》の知行三千石を新しく知行を得た者に割付けたことにある。しかし、この真の目的は、徳川家康・秀忠以来の勢力であり、当時の幕閣にあって年寄とならぶ実力者であった両名を牽制することであったとされている。翌年天海の取りなしで赦免されたが、年寄並の権限は伊奈忠治《いなただはる》・大河内久綱《おおこうちひさつな》・曾《そ》根吉次《ねよしつぐ》の勘定頭に移る。十二年五月佐渡奉行を兼ねる。のち留守居。慶安三年(一六五〇)佐渡奉行以外の職を辞職。承応二年(一六五三)六月三日に七十九歳で没する。江戸芝西久保の天徳寺に葬られる。法号は蓮誉順斎道哲長仙院。

参考文献　『新訂寛政重修諸家譜』五(続群書類従完成会、一九六四年)、大野瑞男『江戸幕府財政史論』(吉川弘文館、一九九六年)、藤井讓治『幕藩領主の権力構造』(岩波書店、二〇〇二年)

(鈴木　直樹)

井上正就（いのうえまさなり）　一五七七―一六二八

小性組番頭、年寄、主計頭。遠江国横須賀城主。天正五年(一五七七)生まれ。天正十七年から徳川秀忠に仕え、慶長十九年(一六一四)の大坂冬の陣では徒士頭《かちがしら》として供奉した。元和元年(一六一五)、従五位下主計頭に叙任され、禄高は合計一万石になり譜代大名となった。ただし、この段階では城主となっていない。元和三年に奉行人となり、元和八年に下野国・武蔵国・近江国・遠江国であわせて五万二千五百石を領し、遠江国横須賀城主となった。同年十一月には六組に分けられた小性組番頭の一人となった。なお元和九年(八年とする説もある)には、永井尚政《ながいなおまさ》とともに秀忠付の年寄として連署奉書への加判が始まったとされる。寛永三年(一六二六)、後水《ごみずの》尾《お》天皇の二条城行幸にともない、大御所秀忠と将軍家光が上洛するが、その際、両番頭を兼ねて土井《どい》利勝《としかつ》や金地院崇伝《こんちいんすうでん》らとともに随行した。同五年八月十日、目付豊島信満《としまのぶみつ》(正次《まさつぐ》とも)に江戸城西丸において殺された。この刃傷事件の原因は、豊島信満が仲人をつとめていた正就の嫡男正利《まさとし》と大坂町奉行島《しま》田《だ》直時《なおとき》の娘との縁談が破談となったことへの遺恨であったと伝えられる。五十二歳。

参考文献 『新訂寛政重修諸家譜』四(続群書類従完成会、一九六四年)、藤井讓治『江戸幕府老中制形成過程の研究』(校倉書房、一九九〇年)、藤野保『徳川政権論』(吉川弘文館、一九九一年)　(鍋本　由徳)

大久保忠隣(おおくぼただちか)　一五五三—一六二八

年寄、治部大輔、相模守。相模国小田原城主。天文二十二年(一五五三)生まれ。永禄六年(一五六三)に徳川家康の近習《きんじゅう》として仕えた。元亀三年(一五七二)に徳川家の奉行となり、天正十八年(一五九〇)に家康が関東に入国すると、武蔵国羽《は》生《にゅう》に禄を得て譜代大名となった。天正のはじめより奉行職にあった。文禄二年(一五九三)に徳川秀忠に付属し、同三年、父忠世《ただよ》の遺領を継ぎ、相模国小田原六万五千石を領した。慶長十年(一六〇五)、秀忠が将軍職を継ぐと、忠隣は年寄となり、その後も江戸年寄として活動した。慶長十八年、秀忠より京の伴天連《ばてれん》・キリスト教徒らの活動を糺し、必要ならば長崎へ出向き西国を糺すべき命令を受けた。翌慶長十九年、伴天連がいたという四条の二つの寺を焼き、キリスト教徒たちを捕縛した数日後、京都所司代板倉勝重《いたくらかつしげ》より改易の報せを受けた。小田原を改易されたのち、近江栗太郡《くりもとぐん》中村郷(滋賀県草津市)に移されて五千石を与えられた。忠隣が改易された理由として、忠隣養女(石川康通《いしかわやすみち》娘)と山口重信《やまぐちしげのぶ》の婚姻に際して家康と秀忠の許可を得なかったこと、忠隣に豊臣家と通じて謀叛を起こす計画があるとの馬場八左衛門の目安を家康がとり上げたことなどが知られている。また、本多正信《ほんだまさのぶ》との不和が改易の背景にあるとされるが不詳である。ただし、江戸時代において、忠隣と正信との不和が伝え広まったことは事実で、『台徳院《たいとくいん》殿御実紀』では、本多正信との不和や、忠隣の上方大名らとの交際が、豊臣家と通じた噂につながったことを付記する。改易後、中村から近江国佐和山《さわやま》(滋賀県彦根市)へ移り、寛永五年(一六二八)六月二十七日没。七十六歳。

参考文献 『徳川実紀』一(『新訂増補国史大系』、吉川弘文館、一九六四年)、『新訂寛政重修諸家譜』一一(続群書類従完成会、一九六五年)、高木昭作『江戸幕府の制度と伝達文書』(角川書店、一九九九年)　(鍋本　由徳)

小堀政一(こぼりまさかず)　一五七九—一六四七

江戸時代前期の大名で茶人。天正七年(一五七九)近江国坂

田郡小堀村(滋賀県長浜市)に小堀新介正次の長男として生まれる。母は浅井家臣磯野丹波守員正(昌)の娘真玉。幼名作介。正室は藤堂高虎の養女。慶長九年(一六〇四)十月、父の遺領備中国松山一万二千四百六十余石と備中国奉行を継ぐ。同十一年七月後陽成院御所の作事奉行を勤める。同十三年正月駿府城の作事奉行を勤め、この功績により従五位下遠江守に叙任される。同十七年名古屋城天守、同十八年禁中の作事奉行を勤める。元和元年(一六一五)郡代となる。同三年九月三日、将軍徳川秀忠より領知朱印状を受ける。同年河内国奉行となり、伏見城本丸書院の作事奉行を勤める。同五年、近江国小室(長浜市)に移封され小室城主となる。同六年、大坂城外曲輪・門・惣廻り・櫓修繕の作事奉行を勤める。同八年近江国奉行となり、大坂城御殿の作事奉行を勤める。同九年伏見奉行となる。寛永三年(一六二六)正月大坂城天守・本丸御殿の作事奉行、同十一年八月仙洞御所の庭和泉石構造奉行、同十七―二十年禁中造営奉行を勤める。作事奉行として建築・庭園に能力を発揮するとともに、郡代・国奉行として民政を掌る能吏であった。また、幼少より茶事に優れ、古田織部亡き後は大名茶の総帥として、多くの大名茶人を指導した。その茶風は、装飾豊かで洗練された優美さと都市的な均衡のとれた瀟洒な美を基本とし、「綺麗さび」といわれる。正保四年(一六四七)二月六日没する。六十九歳。京都大徳寺孤篷庵(京都市北区紫野)に葬られる。

参考文献　熊倉功夫「小堀遠州の生涯」(『別冊太陽小堀遠州』、平凡社、二〇〇九年)、深谷信子『小堀遠州の茶会』(柏書房、二〇〇九年)

（川上　真理）

後水尾天皇（ごみずのおてんのう）　一五九六―一六八〇

後陽成《ごようぜい》天皇の第三皇子。慶長元年(一五九六)六月四日に生まれる。母は近衛前子《このえさきこ》、中宮は徳川秀忠の娘和子《まさこ》。第二皇女は明正《めいしょう》天皇、第四皇子は後光明《ごこうみょう》天皇、第八皇子は後西《ごさい》天皇、第十九皇子は霊元《れいげん》天皇となる。後水尾天皇の上には二人の皇子がいたが、慶長三年に二宮が、慶長五年には一宮が仁和寺に入室し、三宮である政仁《ただひと》親王が儲君《ちょくん》となる。慶長十五年十二月、元服の儀が行われ、名の読みを「ことひと」に改める。慶長十六年三月二十七日、後陽成天皇の譲位が行われ、受禅《じゅぜん》。四月十二日に即位式が紫宸殿で挙行され、徳川家康は即位式を拝観している。その後『公家衆法度』『禁中幷公家諸法度』が制定されるなど、天皇・朝廷に対する幕府の法度支配が進むこととなる。寛永四年(一六二七)七月の紫衣《しえ》事件により、幕府が紫衣・出世勅許破棄を行なったことなどに不満を持った後水尾天皇は、寛永六年十一月八日朝、幕府にも知らせず突然譲位する。この突然の譲位を幕府は追認せざるをえなかった。その後延宝八年(一六八〇)八月十九日に八十五歳で死去するまで、四代の天皇の後見人として院政を行なった。一方で立花を好み、また茶会を催したり、和歌を好み数々の歌を詠み(『後水尾院御集』)、『伊勢物語』の講釈を行う『伊勢物語御抄』)など、京都を中心として花開いた寛永文化の一翼を担った。また、六年以上もの歳月をかけ比叡山麓に山荘(修学《しゅがく》院《いん》離《り》宮《きゅう》)を造営している。

参考文献　熊倉功夫『後水尾天皇』(『中公文庫』、中央公論新社、二〇一〇年)、藤井譲治『天皇と天下人』(『天皇の歴史』五、講談社、二〇一一年)

（吉田　洋子）

金地院崇伝（こんちいんすうでん）　一五六九—一六三三

臨済宗僧侶。僧録。永禄十二年(一五六九)、室町幕府十三代将軍足利義輝家臣一色秀勝《いっしきひでかつ》の子として生まれた。京の南禅寺にて玄圃霊三《げんぽれいさん》に師事し、慶長十年(一六〇五)に南禅寺二百七十世住職となった。豊臣秀吉・徳川家康のもとで外交や寺院行政に携わった西笑承兌《さいしょうじょうたい》の死後、慶長十三年に家康の招きにて幕政に参画するようになった。慶長・元和期に展開した「二元政治」期には、主に外交や寺社行政を担当し、『武家諸法度』をはじめとする法令作成など政治的活動も多かった。また家康への取次など、家康からの信頼と恩寵を得て台頭した出頭人的な役割も果たした。元和二年(一六一六)、故家康の神号をめぐり南光坊天海《なんこうぼうてんかい》と争い敗れたことはよく知られる。元和四年、江戸に金地院を建立し、翌年、室町時代以来、代々鹿苑院《ろくおんいん》院主が任じられる伝統を持つ僧録となり、禅宗寺院に関わる実権を手中に収めた。僧侶としての地位が上昇する一方で、元和・寛永期に展開した「二元政治」期になると、外交問題や、寺院争論の審理では必要に応じて年寄宅へ召喚されるようになった。それにより、職務も吉凶占いが多くなり、家康の側近であったころに比べ、政治的活動は限られたものとなった。寛永三年(一六二六)に円照本光国師《えんしょうほんこうこくし》の諡号《しごう》を与えられた。翌年、紫衣勅許をめぐる幕府の措置に対抗した沢庵宗彭《たくあんそうほう》らに対して厳罰を主張し、紫衣事件をめぐって軽罰を主張する天海らと対立したが、沢庵らの遠島を決定した。その他、細川忠興《ほそかわただおき》ら大名や旗本などとの交流も多く、寛永八年、徳川忠長《とくがわただなが》が改易される際も忠長との書状授受を頻繁に行なっている。文化面では家康の指示で古書類を謄写するなどの活躍がみられた。著作に『異国日記』『本光国師日記』などがある。寛永十年正月二十日没。六十五歳。

参考文献　『新訂本光国師日記』一—七(続群書類従完成会、一九六六—七一年)、圭室文雄編『天海・崇伝—政界の導者—』(『日本の名僧』一五、吉川弘文館、二〇〇四年)、大嶌聖子「近世初頭大名細川家の情報収集—徳川家康隠居への対応—」(『地方史研究』五七ノ三、二〇〇七年)、鍋本由徳「江戸初期幕政の展開と金地院崇伝の政治的役割」(『日本大学経済学部研究紀要』五七、二〇〇七年)　(鍋本　由徳)

酒井忠利　(さかいただとし)　一五五九—一六二七

留守居、備後守。駿河国田中城主、武蔵国川越城主。永禄二年(一五五九)生まれ。兄重忠《しげただ》とともに徳川家康に仕えた。天正十八年(一五九〇)、家康の関東入国に際し、武蔵国川越三千石を与えられた。関ヶ原合戦の後、一万石を領して駿河国田中城主となった。慶長十四年(一六〇九)、一万石の加増を受けて川越城主となり、将軍不在時の江戸城の留守役として留守居となった。このころ、年寄とともに証人や関所などについて管掌し、また、大御所家康や将軍徳川秀忠から、出陣時における江戸留守居の命を受けた。元和二年(一六一六)、青山忠俊《あおやまただとし》・内藤清次《ないとうきよつぐ》らと徳川家光の傳役《もりやく》となり、このころから家光付年寄の立場にあったようである。同年武蔵国内で七千石、同五年には一万石を加増され、都合三万七千石を領した。年寄から離れたのは不詳であるが、元和十年ごろであろうとされる。寛永四年(一六二七)十一月十四日没。六十九歳。

参考文献　『新訂寛政重修諸家譜』二(続群書類従完成会、一九六四年)、藤井譲治『江戸幕府老中制形成過程の研究』(校倉書房、一九九〇年)　(鍋本　由徳)

酒井忠世　(さかいただよ)　一五七二—一六三六

年寄、老中。右衛門大夫、雅楽頭。上野国厩橋城主。元亀三年(一五七二)六月五日生まれ。徳川家康に仕えていたが、天正十八年(一五九〇)に徳川秀忠に付属して家老職をつとめ、武蔵国川越に領知を与えられた。慶長六年(一六〇一)に上野国那波《なわ》郡内へ移り一万石余を領する譜代大名となり、慶長十年には近江国内の加増を受け、このころから土井利勝《どいとしかつ》らとともに江戸年寄として活動した。大坂冬・夏の陣では秀忠に従って出陣し、元和二年(一六一六)に上野国内で三万二千石を加増され、翌年に父重忠の遺領を継いだ。都合八万五千石を領し、上野国厩橋城(群馬県前橋市)に住んだ。秀忠親政期、特に外交関係においては年寄のなかでも土井利勝や本多正純《ほんだまさずみ》よりも上位であったようである。元和六年、和子《まさこ》が後水尾《ごみずのお》天皇へ入内する際は土井利勝とともに供奉し、元和八年に新田分を加増され、都合十二万二千五百石を領した。元和九年に秀忠が将軍職を辞すと、秀忠の命により家光付年寄となり、本丸筆頭年寄として活躍し、西丸年寄土井利勝との連携に努めた。寛永三年(一六二六)の秀忠上洛時は秀忠に供奉しており、家光付ではあったが、大御所秀忠との関係も維持されていた。寛永九年に秀忠が死去し、家光の親政期に入ると、西丸留守居を命じられて政権の中枢から離れるかにみえたが、その後も筆頭年寄であり続けた。しかし、同年に中風により倒れ、家光より出仕をとどめられたことで、年寄としての機能は果たせなくなった。同十三年三月十九日没。六十五歳。

[参考文献]『新訂寛政重修諸家譜』二(続群書類従完成会、一九六四年)、藤野保『新訂幕藩体制史の研究』(吉川弘文館、一九七五年)、藤井譲治『江戸時代の官僚制』(青木書店、一九九九年)

(鍋本　由徳)

土井利勝(どいとしかつ)　一五七三―一六四四

年寄。大炊助、大炊頭。下総国佐倉城主、下総国古河城主。天正元年(一五七三)三月十八日生まれ。水野信元《みずののぶもと》庶子、徳川家康の落胤とも伝えられる。幼い時から家康に仕え、天正七年に徳川秀忠が生まれると、安藤重信《あんどうしげのぶ》らとともに傅役《もりやく》として秀忠に仕えるようになった。天正十九年に相模国内で知行千石を与えられ、慶長五年(一六〇〇)、関ヶ原合戦の後に五百石を加増された。慶長七年、下総国小見川《おみがわ》(千葉県香取市)で一万石を領する譜代大名となった。慶長十年、秀忠の上洛に供奉し、慶長十五年、下総国佐倉三万二千四百石に移り、その二年後には四万五千石に加増された。慶長・元和期に展開した「二元政治」期においては江戸年寄として秀忠を支え、大坂夏の陣が終了すると六万五千二百石に加増された。家康の死後、秀忠の出頭人として権勢を振るった。元和九年、秀忠の参内に供奉して大炊頭に昇任した。同年、青山忠俊《あおやまただとし》や酒《さか》井《い》忠世《ただよ》とともに徳川家光に付属した。しかし、大御所となった秀忠の側近的性格はそのまま持ち続け、寛永三年(一六二六)秀忠上洛にも供奉し、従四位下侍従に昇任した。寛永九年正月、秀忠が死去し、家光の親政が始まってからも家光に重用された。秀忠の死後まもなく徳川忠長《とくがわただなが》と加藤忠広《かとうただひろ》が改易されたが、忠広の嫡男光正《みつまさ》による謀書に、利勝が徳川忠長と組んで謀叛を起こす、と書かれたことはよく知られる。寛永十年、加増されて十六万石余を領し、下総国古河城主として移封した。寛永十五年十一月、若狭国小浜城主酒井忠勝《ただかつ》とともに、文書連署の加判から離れ、重要政務の時に関与することとなった(記録上に残る大老のはじめとされる)。正保元年(一六四四)七月十日没。七十二歳。

[参考文献]『新訂寛政重修諸家譜』(続群書類従完成会、一九六五年)、山本博文『江戸城の宮廷政治』(『講談社文庫』、講談社、一九九六年)、藤井譲治『江戸時代の官僚制』(青木書店、一九九九年)、杣田善雄『将軍権力の確立』(『日本近世の歴史』二、吉川弘文館、二〇一二年)

(鍋本　由徳)

内藤清次(ないとうきよつぐ)　一五七七―一六一七

年寄、若狭守。天正五年(一五七七)生まれ。幼いころより徳川秀忠に近侍して書院番頭となり、常陸国信太《しだ》郡内・茨城郡内において五千石を与えられた。慶長十年(一六〇五)、秀忠の上洛に供奉し、慶長十三年、父清成《きよなり》の上総・下総両国などの遺領を継ぎ、都合二万六千石の譜代大名となった。慶長十九年、大久保忠隣《おおくぼただちか》が改易された際、安藤重信《あんどうしげのぶ》・松平定綱《まつだいらさだつな》・高力忠房《こうりきただふさ》・牧野忠成《まきのただなり》・浅野長重《あさのながしげ》・本多忠朝《ほんだただとも》・西郷正員《さいごうまさかず》とともに相模国小田原城(神奈川県小田原市)の請取に出向き、小田原城の勤番を命ぜられた。同年の大坂冬の陣では、酒井重忠《さかいしげただ》や酒井忠利《ただとし》らとともに江戸にて政務を執り、その後、奏者番となった。翌年の大坂夏の陣も秀忠にしたがって出陣し、大坂落城後に青山忠俊《あおやまただとし》らと大坂城桜門極楽橋を守衛した。同年、秀忠上洛に供奉し、翌元和二年(一六一六)五月二十九日に、酒井忠利や青山忠俊らとともに徳川家光に付属して傅役《もりやく》となった。この事実を以て、家光付年寄となったとする見方がある。忠利や忠俊の年寄としての加判事例は元和七年ごろから確認できるようだが、それより前の時期についてはわからず、清次の年寄としての活動については不詳である。元和三年七月一日に嗣子がないまま四十一歳で没し、跡は弟の清政が継いだ。

参考文献 『徳川実紀』一(『新訂増補国史大系』、吉川弘文館、一九六四年)、『新訂寛政重修諸家譜』一三(続群書類従完成会、一九六五年)

(鍋本　由徳)

永井尚政(ながいなおまさ)　一五八七—一六六八

年寄(老中)、信濃守。上総国潤井戸《うるいど》領主、下総国古河城主、山城国淀城主。天正十五年(一五八七)生まれ。父直勝《なおかつ》とともに徳川家康に仕え、慶長七年(一六〇二)、徳川秀忠に付属した。慶長十年、秀忠上洛の時、信濃守に叙任された。大坂夏の陣では家康に属し、小性組番頭となった。元和二年(一六一六)、武蔵国内・近江国内にて四千石を領し、元和五年には上総国潤井戸(千葉県市原市)にて一万石を与えられ、譜代大名となった。元和八年から井上正就《いのうえまさなり》らとともに秀忠付年寄となり、秀忠が大御所となってからは、秀忠にしたがい江戸城西丸へ移り、書院番頭となった。寛永三年(一六二六)父直勝の遺領から相続した六万二千石をあわせ、都合八万九千百石を領し、下総国古河城主となった。寛永六年、秀忠が江戸城西丸にある山里の庭園を改造した際、伏見奉行の小堀遠州《こぼりえんしゅう》(政一《まさかず》)とともに造営の奉行を務めた。寛永九年、秀忠が死去すると西丸年寄を解任された。秀忠の死去をうけて、薙髪したとの話が伝えられる。また、江戸増上寺に台徳院《たいとくいん》(秀忠)の廟を造る時、土井利勝《どいとしかつ》らとその工事を管轄した。寛永十年、下総国古河から山城国淀(京都府京都市)に転封した。年寄を辞してのちも、たびたび徳川家光の命を受けて、承応二年(一六五三)には江戸在府中の京都所司代板倉重宗《いたくらしげむね》に代わって火災後の京の市政を指図したり、同年・翌年の内裏造営では造営奉行を務めたりした。寛文八年(一六六八)九月十一日に死去した。八十二歳。

参考文献　『新訂寛政重修諸家譜』一〇(続群書類従完成会、一九六五年)、藤井譲治『江戸幕府老中制形成過程の研究』(校倉書房、一九九〇年)、同『江戸時代の官僚制』(青木書店、一九九九年)　(鍋本　由徳)

中院通村（なかのいんみちむら）　一五八八―一六五三

江戸時代前期の公家。父は、中院通勝《なかのいんみちかつ》、母は一色義次《いっしきよしつぐ》の娘。天正十六年(一五八八)正月二十六日生まれ。内大臣従二位まで昇叙した。後水尾天皇《ごみずのおてんのう》の信任が厚く、元和九年(一六二三)武家伝奏《ぶけてんそう》に補され、朝幕間の交渉に尽力した。寛永六年(一六二九)の興子内親王《おきこないしんのう》への譲位に際し、謀議への参画と幕府への不注進を咎められ、免職の上、江戸上野に幽閉された。承応二年(一六五三)二月二十九日没。六十六歳。書・香道・古典に通じ、和歌は堂上歌壇で指導的位置にあり、家集『後十輪院内府集』と、『中院通村日記』がある。

参考文献　久保貴子『後水尾天皇―千年の坂も踏みわけて―』(『ミネルヴァ日本評伝選』、ミネルヴァ書房、二〇〇八年)、鈴木健一『近世堂上歌壇の研究(増訂版)』(汲古書院、二〇〇九年)　(田中　潤)

成瀬正成（なるせまさなり）　一五六七―一六二五

年寄、隼人正。尾張徳川家付家老。尾張国犬山城主。永禄十年(一五六七)生まれ。幼少のころから徳川家康に仕え、天正十八年(一五九〇)、家康の関東入国に伴い、下総国葛飾郡内にて四千石を与えられた。慶長五年(一六〇〇)の関ヶ原合戦後、米津親勝《よねきつちかかつ》や細井正成《ほそいまさしげ》と堺の行政を担い、のち、甲斐国にて二万石、さらに三河国加茂郡にて一万石を与えられた。本多正純《ほんだまさずみ》や安藤直次《あんどうなおつぐ》らと年寄に列し、家康が大御所となってからも家康に近侍した。慶長十二年、徳川義直《とくがわよしなお》が甲斐国から尾張国に移封したが、この時竹腰正信《たけのこしまさのぶ》らとともに義直に付属した(慶長十五年とする書もある)。慶長十六年、甲斐国の所領を割いて尾張国知多郡内に所領を与えられ、翌年平岩親吉《ひらいわちかよし》の死去により、尾張国での政務を任せられ、同時に駿府年寄も兼ねる形となった。逸話では、慶長十八年、馬場八郎左衛門の訴えにより大久保忠隣《おおくぼただちか》の異心が取り沙汰され、家康から急ぎ義直を守るべき指示が出されたが、その後、忠隣の訴状を読み異心がなかったことを知ったという。大坂の陣では義直の先鋒を務め、大坂城惣堀埋め立ての際は、本多正純・安藤直次らと奉行を務めた。その際、大野治長《おおのはるなが》の抗議に「惣堀とは内外の堀のことをいう」と回答した話も伝わる。元和三年(一六一七)、徳川秀忠より尾張国犬山城(愛知県犬山市)を与えられ、元和六年に一万石の加増を義直から受けた。寛永二年(一六二五)正月十七日没。五十九歳。

参考文献 『新訂寛政重修諸家譜』一五(続群書類従完成会、一九六五年)、『当代記・駿府記』(続群書類従完成会、一九九五年)、成瀬律子「尾張藩付家老成瀬正成に関する一考察」(『徳川林政史研究所研究紀要』二九、一九九五年)、白根孝胤「徳川一門付家老の成立過程と駿府政権」(同三三、一九九九年)

(鍋本 由徳)

支倉常長 (はせくらつねなが) 一五七一―一六二二

伊達家家臣で、伊達政宗《だてまさむね》派遣の慶長遣欧使節の大使。通称与市、六右衛門。元亀二年(一五七一)山口常成《やまぐちつねなり》の息子として生まれ、天正五年(一五七七)伯父支倉時正《ときまさ》の養子となる。慶長十八年(一六一三)九月、政宗の命によりフランシスコ会修道士ソテーロとともに出航。同十九年十一月にマドリードに到着。元和元年(一六一五)にスペイン国王フェリペ三世に謁見、洗礼を受け、霊名をフェリーペ＝フランシスコとする。同年九月にローマ教皇パウロ五世に謁見し、政宗の書状を渡す。ローマ市より市民権と貴族の称号を授与。政宗はメキシコとの貿易を望んでいたが、マニラ市の反対や日本国内の禁教令の影響から常長は目的を果たせず、同六年八月二十六日に仙台へ帰る。同七年六月中旬以降八月ころまでに病没。五十一歳。彼のものとされる墓碑の一つが仙台市の光明寺にある。

参考文献 五野井隆史『支倉常長』(『人物叢書』、吉川弘文館、二〇〇三年)

(種村 威史)

本多正純 (ほんだまさずみ) 一五六五―一六三七

年寄、上野介。下野国小山領主。下野国宇都宮城主。永禄八年(一五六五)生まれ。父の本多正信《まさのぶ》とともに徳川家康に仕え、慶長五年(一六〇〇)、関ヶ原合戦の時は家康に従った。慶長・元和期に展開した「二元政治」の時、正純は家康に近侍し、「駿府政権」で出頭人として権勢を振るった。このころ、下野国・近江国において三万三千石を領した。「駿府政権」の筆頭年寄として最上位に加判し、国内政務のほか、外交政策で渡海朱印状発給の取次を担うなど、活動範囲は広かった。元和二年(一六一六)、「駿府政権」が解体すると江戸年寄に吸収されたが、家康時代と異なり、筆頭年寄ではなかった。秀忠親政期、正純は家康の威光を背景にした恣意的な行動が原因で、秀忠と疎遠となったとされる。大名は取次を正純から土井利勝《どいとしかつ》へ代えつつあったのは事実である。しかし、元和二年にイギリス商館長が朱印状を求めて江戸下向した際、利勝や酒井忠世《さかいただよ》らは、正純の署名が必要であると述べ、それ以降もイギリス人らから利勝・忠世とほぼ同等の音信が贈られたことから、幕政の中心から完全に離れてはいなかったといえる。元和五年、下野国・近江国内で十五万五千石を領し、下野国宇都宮城主となったが、元和八年、最上義俊《もがみよしとし》の改易に伴う出羽国山形城受取の際に突如改易となった。新知五万五千石も辞退し、寛永元年（一六二四）に佐竹義宣《さたけよしのぶ》に預けられ、出羽国横手（秋田県横手市）に流された。改易は秀忠に対する奉公姿勢に原因があったとされ、将軍徳川秀忠が日光参詣の帰りに寄宿予定であった宇都宮城に釣天井をしかけ、秀忠を殺害しようとしたという、いわゆる宇都宮釣天井事件は後世の創作である。同十四年三月十日没。七十三歳。

参考文献『新訂寛政重修諸家譜』一一（続群書類従完成会、一九六五年）、高木昭作『日本近世国家史の研究』（岩波書店、一九九〇年）、藤井譲治『江戸時代の官僚制』（青木書店、一九九九年）

（鍋本　由徳）

松平正綱（まつだいらまさつな）　一五七六―一六四八

江戸幕府の勘定頭や書院番・小性組番の番頭を歴任した大名。天正四年（一五七六）大河内《おおこうち》金兵衛秀綱《ひでつな》の次男として生まれ、天正十五年徳川家康の命により、松平正次《まさつぐ》に養われ松平を姓とする。文禄元年（一五九二）正綱は家康に仕え、慶長元年（一五九六）相模国淘綾《ゆるぎ》郡に三百八十石、同七年山城国久世《くぜ》郡・綴喜《つづき》郡に五百石で合計八百八十石を知行した。板倉重昌《いたくらしげまさ》・秋元泰朝《あきもとやすとも》とともに家康の近習出頭人として勘定頭を兼務した。大坂の陣では家康の側で供奉した。元和二年（一六一六）四月秋元・板倉・本多正純《ほんだまさずみ》とともに家康の遺言を聞く。家康死去ののち、駿河国久能山や元和三年下野国日光山への改葬に従事した。その後も日光造営などで江戸と往復することが多く、没年までに日光街道などへ杉並木を寄付した。その後、正綱は駿府から江戸へ移り、徳川秀忠付きの伊丹康勝《いたみやすかつ》とともに勘定頭を務めた。元和九年徳川家光が京で将軍宣下をうける際に正綱は同行した。寛永二年（一六二五）相模国玉縄を居所として二万二千百石を拝受。同四年家康の娘の子である蒲生《がもう》（松平）忠郷《たださと》の城を収公するとき会津へ赴き、また同九年家光の弟である徳川忠長《とくがわただなが》の領知没収のときには、永井尚政《ながいなおまさ》とともに駿河・信濃に赴いた。一時家光から遠ざけられていたが、同十年に伊丹康勝とともに、関東地域の山野争論の裁定にかかわり、同十二年関八州の代官や百姓に関する業務や訴訟の裁決を担当した。慶安元年（一六四八）六月二十二日、七十三歳で死去し、武蔵国平林寺に葬られる。

参考文献『新訂寛政重修諸家譜』四（続群書類従完成会、一九六四年）、村上直「関東郡代の成立に関する一考察」（北島正元編『幕藩制国家成立過程の研究』、吉川弘文館、一九七八年）、宮原一郎「近世前期の幕府裁許と訴訟制度」（『徳

川林政史研究所研究紀要』三八、二〇〇四年）

（宮原　一郎）

森川重俊（もりかわしげとし）　一五八四～一六三二

大名。天正十二年（一五八四）、森川氏俊《うじとし》の三男として生まれる。母は大村《おおむら》某の娘。通称長十郎。慶長二年（一五九七）、はじめて徳川秀忠に拝謁し側に仕える。同五年、関ヶ原の戦いでは、木曾路より西上する秀忠に供奉する。同十年秀忠の将軍任官のための上洛に供奉。四月十六日には従五位下内膳正に叙任し、二十六日には秀忠将軍宣下拝賀に供奉する。同十四年には三千石を拝領、同十九年には大久保忠常の病状見舞いのために、許可を得ず小田原を訪れたため、譴責を受け、酒井《さかい》家次《いえつぐ》に預けられる。元和元年（一六一五）の大坂の陣では家次に付属し従軍。寛永四年（一六二七）に赦免され、再度、秀忠に出仕し知行を拝領する。のち加増があり、上総・下総・相模の内で一万石の知行となり、下総国千葉郡生実《おゆみ》（千葉市）を居所とする。翌五年九月十三日付の西丸年寄奉書に重俊も加判していることから、同年八月井上正就《いのうえまさなり》死去に伴い、九月十三日以前に西丸年寄に就任したと考えられる。同時に書院番頭を兼任。同九年正月二十四日秀忠死去に伴い四十九歳で殉死する。活国正英重俊院と号す。菩提寺は生実の重俊院。妻は大久保忠隣の養女。

参考文献　『新訂寛政重修諸家譜』七（続群書類従完成会、一九六五年）、井上準之助「生実藩の成立とその展開」（『千葉市史』史料編三、一九八〇年）、藤井譲治『江戸幕府老中制形成過程の研究』（校倉書房、一九九〇年）、小池進『江戸幕府直轄軍団の形成』（吉川弘文館、二〇〇一年）

（種村　威史）

〔関連事項〕

浅草御蔵（あさくさおくら）

幕府直轄地から回漕された米を納め貯蔵しておく幕府の米蔵で、全国各地に置かれた米蔵中最大のもの。元和六年（一六二〇）、鳥越《とりごえ》丘の土を大川《おおかわ》（隅田川）右岸（東京都台東区蔵前《くらまえ》一—二丁目）に埋め立て築造した三万六千余坪の敷地に創設された。川沿いに一番堀から八番堀までの堀割が並び、船により米を搬出入した。一年に蔵入される米は約四十万石で、主に蔵米取の旗本らに支給された。蔵の管轄には勘定奉行配下の御蔵奉行があたり、その下に手代などが置かれた。御蔵の規模は天明年間（一七八一—八九）までは五十一棟二百五十八戸前、寛政年間（一七八九—一八〇一）と弘化年間（一八四四—四八）に建増しされ六十七棟三百五十四戸前に増加した。蔵前と呼ばれる西側の町地には、札差《ふださし》や米問屋が店を構えていた。

参考文献　大野瑞男「浅草米蔵について—「浅草米廩旧例」の紹介—」（『史料館研究紀要』九、一九七七年）、飯島千秋「江戸幕府の米蔵」一（『横浜商大論集』三四—一、横浜商科大学、二〇〇〇年）

（川村由紀子）

一国一城令（いっこくいちじょうれい）

幕府が諸大名に居城を除く城を破却させた命令。織田信長は敵対者の城を破却したが、豊臣秀吉は領土を安堵した者にも城の破却を命じた。この秀吉の政策は、領国支配に必要な城は取り立て、不要な城は破却させるというものであった。しかし、要不要の判断は各領主に委ねられ、実際には相当数の城が存置された。関ヶ原合戦後、新しい領地に移った諸大名のなかには、居城だけでなく端城を新築する者も少なくなく、これに徳川家康は不快感を示したという（『当代記』）。慶長十四年（一六〇九）には、福島正則が端城普請で家康の不興を買い、破却を申し出て許されている。ただし、家康の城郭統制は、諸大名を個別に牽制するに留まった。同二十年に豊臣家が滅亡して約二ヵ月後、閏六月十三日付の徳川秀忠付年寄衆奉書によって、諸大名は居城のみを残し、その他の城をすべて破却するよう命じられた。これを一国一城令と呼ぶ。実際には、律令制以来の国郡制における国ではなく、大名の領有地域を単位として施行されたケースもある。たとえば、肥前国には鍋島・寺沢・大村・松倉・松浦氏の所領があるため、五つの大名居城が存置された。また、周防・長門両国を領有する毛利氏は、長門国にある萩城のみを残した。さらに同年七月七日には、諸大名に『武家諸法度』が申し渡され、第六条で居城普請の許可制、新規の築城禁止が定められて、幕府の城郭統制は強化された。

参考文献 福田千鶴「十七世紀初頭における城郭政策の展開―城破りの視点から―」(『論集きんせい』一七、一九九五年)、白峰旬「元和一国一城令の再検討」(『日本近世城郭史の研究』、校倉書房、一九九八年)、同「一国一城令と廃城の実態について」(『豊臣の城・徳川の城―戦争・政治と城郭―』、校倉書房、二〇〇三年)

(穴井　綾香)

猪熊事件 (いのくまじけん)

慶長十四年(一六〇九)に処罰された複数の堂上公家と複数の禁裏女房による姦淫事件。後陽成天皇は関係した公家と女房に厳罰を望むものの、京都所司代板倉勝重《いたくらかつしげ》と武家伝奏勧修《かじゅう》寺光豊《じみつとよ》の間で関係者の尋問がなされ徳川家康によって処分が決められた。処分は猪熊教利《いのくまのりとし》と医師兼保頼継が死罪、花山院忠長は蝦夷、飛鳥井雅賢《あすかいまさかた》は隠岐、大炊御門頼国《おおいみかどよりくに》・中御門宗信《なかみかどむねのぶ》は薩摩硫黄島、難波宗勝《なんばむねかつ》は伊豆への流罪。女房たちも伊豆新島へ流罪となった。武家によって主体的に朝廷の干渉が行われた事件である。

参考文献 三上参次『尊皇論発達史』(冨山房、一九四一年)、平井誠二「江戸時代の公家の流罪について」(『大倉山論集』二九、一九九一年)、藤井譲治「江戸幕府の成立と天皇」(永原慶二他編『講座・前近代の天皇』二、青木書店、一九九三年)

(西村慎太郎)

大坂冬の陣・夏の陣 (おおさかふゆのじん・なつのじん)

慶長十九年(一六一四)と元和元年(一六一五)にあった、徳川氏と豊臣氏との合戦。豊臣秀吉の遺志を受け継いで、秀頼《ひでより》は京都東山の地に大仏と大仏殿を再建した。その際に鋳造された鐘の銘に「関東不吉之語」があるとして、徳川家康は大仏開眼供養の延期を迫った。この難局に際して、豊臣家の家老片桐且元《かたぎりかつもと》は、釈明のため駿府へ赴くも一ヵ月ものあいだ家康との対面はなされなかった。且元は、家康から求められた、徳川方に不審なき証明を行う方策を考え、㈠秀頼の大坂退城、㈡秀頼の駿府・江戸への参勤、㈢淀殿《よどどの》を関東へ人質に出すという三ヵ条を秀頼・淀殿に示すが、秀頼母子の不信を招き、且元は大坂城を退去せざるをえなくなる。釈明工作を行なっていた且元の大坂城退去を、家康は豊臣方の宣戦と捉え、大坂城への攻撃を決定した。十月二日、豊臣方は戦争準備に着手する。各地の有力大名に助成を依頼し牢人衆を全国から集めたが、島津家久《しまづいえひさ》・福島正則《ふくしままさのり》などの豊臣恩顧の大名は依頼に応じなかった。十月十八日、大坂冬の陣の本格的な戦いは、木津川河口一帯の攻防をめぐって開始された。家康が二条城に入ったのは十月二十三日、また総勢二十万余といわれる大軍を率いた徳川秀忠が伏見城に入ったのが十一月十日であった。十一月十五日、家康と秀忠は出陣し、十七日にそれぞれ住吉《すみよし》・平野《ひらの》に着陣した。家康は、織田有楽斎《おだうらくさい》に講和の斡旋をさせるとともに、十二月九日ごろから城内へ砲撃して威嚇を加えた。十二月二十日、講和が成立。その条件は、大坂城の総構・二丸・三丸を破却し、城堀を埋め立て、織田有楽斎・大野治長《おおのはるなが》から人質を提出させること、また秀頼の身分の保証と将士の所領の安堵であった。大坂城の総構・二丸・三丸の破却と城堀の埋め立ては、家康方により強硬に進められた。翌元和元年二月十四日に、家康は駿府に、秀忠は江戸に帰るも、大坂周辺の警備を強化するとともに、西国大名の船の大坂への入港を禁止している。また豊臣方に対し、大坂城内の牢人を全て放逐するように迫った。九男義直《よしなお》の婚儀を名目として、四月四日に名古屋に向けて駿府を出発した家康は、婚儀を見届け名古屋を出発し、十八日に二条城に入った。五月五日、家康と秀忠は出陣、五月七日に大坂まで軍を進め、開戦の火ぶたが切って落とされた。豊臣方は奮戦するも敗走を重ね、二丸・本丸は炎上した。翌八日、秀頼・淀殿は、大野治長ら三十名とともに自害し、ここに豊臣氏は滅亡した。後世、このときをもって元和偃武《げんなえんぶ》といわれる。「偃武」とは武をしずめるという意味であり、これ以降大きな戦争が跡を絶ったことをいう。

参考文献　北島正元『江戸幕府』(『日本の歴史』一六、小学館、一九七五年)、青木直己「家康合戦事典」(北島正元編『徳川家康のすべて』、新人物往来社、一九八三年)、曽根勇二『片桐且元』(『人物叢書』、吉川弘文館、二〇〇一年)、笠谷和比古『関ヶ原合戦と大坂の陣』(『戦争の日本史』一七、吉川弘文館、二〇〇七年)

(吉田　洋子)

岡本大八事件(おかもとだいはちじけん)

九州大名有馬《ありま》晴信《はるのぶ》と本多《ほんだ》正純《まさずみ》の家臣岡本大八との間に生じた贈収賄事件。大八は有馬晴信に慶長十四年(一六〇九)のマードレ=デ=デウス号焼討の褒賞として、有馬氏の旧領で鍋島領であった肥前三郡の奪還を斡旋する見返りに、晴信から多額の賄賂を得た。同十七年二月事件が発覚し、三月二十三日に大八は火刑、晴信は所領没収の上甲州都留《つる》郡に配流され、五月六日に賜死。両者はキリシタンであり、幕府が禁教政策に着手する契機となった。

参考文献　『大日本史料』一二ノ九、慶長十七年二月二十三日・三月二十一日条

(清水　有子)

キリスト教禁令(キリストきょうきんれい)

江戸幕府は徳川家康のキリスト教禁令を祖法とし、幕末まで維持した。家康は和親通商政策から一部の宣教を黙認していたが、岡本大八事件がおきると、駿府の旗本・奥女中のキリシタンを改易・追放処分にする一方、慶長十七年(一六一二)

三月二十一日以降京都・江戸・駿府ほかの幕府直轄領へ「キリシタン御法度」を布告し、禁教を強化した。同年八月六日付、藤田能登守(信吉)宛年寄下知状に一季居・煙草吸等の禁止とともに「伴天連門徒制禁」の条目がみえるが、この禁令の対象地域については、幕府直轄領、関東地域、全国の諸説がある。翌慶長十八年十二月二十二日夜、家康は金地院崇伝に「伴天連追放之文」を作成させ、清書に将軍徳川秀忠の朱印を捺し、翌日「日本国中諸人此旨を存ずべし」として京都に送り発令させた。同文によれば、日本は神道・仏教・儒教の国であるが、キリシタンの徒党は来日し邪教を弘め正宗を惑わし、日本の政治を改めて自分のものにしようとしている、よって伴天連の徒党は速やかに日本から掃攘しなければならないとする。これに基づき、翌年十月五日以降、国内にいた宣教師百四十四名のうち九十九名と高山右近ら有力キリシタンが長崎からマカオ、マニラに追放され、前後して京都、大坂、長崎、有馬では教会堂が破壊され、信徒の棄教が強要された。徳川秀忠の親政期中の元和二年(一六一六)八月八日付で出された、貿易港制限・キリシタン禁教令では、家康の命令すなわち慶長十八年の「伴天連追放之文」が禁教の根拠にあげられている。

参考文献 『大日本史料』一二ノ一三・一四、村上直次郎訳注『異国往復書簡集・増訂異国日記抄』(『異国叢書』一一、雄松堂書店、一九六六年)、五野井隆史『日本キリスト教史』(吉川弘文館、一九九〇年)、高木昭作「秀吉・家康の神国観とその系譜—慶長十八年「伴天連追放之文」を手がかりとして—」(『史学雑誌』一〇一ノ一〇、一九九二年)、清水紘一「伴天連追放文の発令過程」(『長崎歴史文化博物館研究紀要』三、二〇〇八年)

(清水　有子)

金銀銭公定相場 (きんぎんぜにこうていそうば)

江戸幕府が、金・銀・銭相互の交換割合を公定した相場のこと。金・銀・銭の三貨がそれぞれの単位をもって併用されたことから、その交換割合を示す相場が必要であった。慶長十三年(一六〇八)金一両につき銭四貫文(四千文)、翌十四年金一両につき銀は五十匁と公定した。延宝年間(一六七三—八一)には金一両につき銀六十匁に達し、元禄の金銀改鋳後の元禄十三年(一七〇〇)には公定相場は六十匁に改定された。天保十三年(一八四二)には、江戸では金一両につき銭六貫五百文に公定された。これら公定相場とは別に、特に金銀の改鋳や新鋳の小額貨幣が発行されるたびに、市中の金銀銭相場は変動した。

参考文献 瀧澤武雄・西脇康編『貨幣』(『日本史小百科』、東京堂出版、一九九九年)

(福澤　徹三)

禁中幷公家諸法度（きんちゅうならびにくげしょはっと）

元和元年(一六一五)七月十七日、大御所徳川家康と将軍秀忠、二条昭実《にじょうあきざね》の連署により二条城において公布された十七ヵ条の法令。元和元年五月八日の大坂夏の陣での勝利ののち、七月七日に『武家諸法度』が発布され、七月十三日に元和改元が行われるなど、名実ともに統治者となった家康が、徳川政権確立の総仕上げとして行なった政策の一つといえる。この法度は江戸時代を通して改定されることがなく、天皇・朝廷支配の基本法とされる。法度制定の動きは慶長十九年(一六一四)四月から始まる。家康は『群書治要《ぐんしょちよう》』などから公家・武家の法度とすべき箇所を抜き出すように命じるとともに、公家衆が所蔵する記録類を提出させ、五山の僧を動員して書写を行なった。また、翌年三月には、書写事業を統括した金地《こんち》院崇伝《いんすうでん》に古今の礼儀や法令の調査を行わせた。崇伝はこの調査をもとに法度の条文を作成する。その内容は、第一条で『禁秘抄《きんぴしょう》』の記述を引用しながら、天皇に修養することを求める。この第一条ではじめて天皇の行動について規定したという意味で、画期的な法令と評価される。しかしここで天皇に求められたのは、為政者としての教養の学問であり、天皇を日本の君主として、その地位にふさわしい教養を求めたとも評価される。第二条・第三条では大臣と親王との座順を規定、第四条・第五条では大臣・摂関の資格を規定する。第六条は養子の規定。第七条では武家の官位を公家官位と別立てとすることとし、第八条では改元の際に中国の年号から新元号を選定することを定めた。さらに第九条では衣服の制、第十条では公家衆の昇進について言及し、第十一・十二条で関白・武家伝奏・奉行職事の命に背く者の懲罰について定める。第十三条以降は寺家に対する規定で、第十三条では摂家門跡と親王門跡の座順について、第十四・十五条では僧正・僧都・法印などの叙任について規定し、第十六条で紫衣勅許、第十七条で上人号の基準を示す。以上十七ヵ条については、天皇の意志や権限を統制し、公家の主体的な行動への統制を意図したものという評価がある一方、朝廷という組織全体としての運営方式を定め、朝廷秩序の形成を意図したものとの評価もある。

参考文献　尾藤正英「家康の文教政策と国家構想」(北島正元編『徳川家康のすべて』、新人物往来社、一九八三年)、橋本政宣「禁中幷公家中諸法度の性格」(『近世公家社会の研究』、吉川弘文館、二〇〇二年)

（吉田　洋子）

国奉行（くにぶぎょう）

近世初期に、江戸幕府が五畿内など十一ヵ国に設置した役職。幕領や中小領主の領地が錯綜する国において、一国単位で行政を担当した。国奉行の設置時期については不明な点が多いが、慶長十二年(一六〇七)、駿府城築城を契機として設置したとする説もある。設置国は、同十七年時点では、山城・大和・美濃・近江・丹波・摂津・河内・和泉・但馬・備中・伊勢の十一ヵ国であることが当時の史料より確認できる。職掌は、支配国の分業編成を掌握し、普請や戦時に必要な人員や物資の動員をすること、さらには絵図・郷帳の作製・管理、給人への知行地の引渡し、全国各地の城や国内の堤普請のための千石夫の徴収、幕府蔵入地の管理、幕令伝達にあたった。国奉行は、江戸幕府の全国、特に畿内支配のための組織や制度が未成熟な段階に必要とされた役職である。したがって、幕府の組織や制度が整備された十七世紀後半には、国奉行制は変質・消滅した。

参考文献　高木昭作『日本近世国家史の研究』(岩波書店、一九九〇年)、三鬼清一郎「書評　高木昭作著『日本近世国家史の研究』」(『史学雑誌』一〇四ノ三、一九九五年)

(種村　威史)

元和大殉教（げんなだいじゅんきょう）

元和八年八月五日(一六二二年九月十日)、長崎西坂において幕府が施行したキリシタン宣教師と信徒の大量処刑。最初に長崎の牢にいた信徒やその家族ら三十名が斬罪に処され、ついで大村・鈴田牢の宣教師とその宿主ら二十五名が火炙りとなった。遺体は三日晒されたのち、宗教用具とともに焼却され、灰は海中に投棄された。当時マニラで作成された殉教の油絵図がローマのジェス教会にある。平山常陳事件の影響による処刑と考えられる。

参考文献　『大日本史料』一二ノ四六、『十六・七世紀イエズス会日本報告集』二期三巻(松田毅一監訳、同朋舎出版、一九九七年)

(清水　有子)

御三家（ごさんけ）

徳川家康の九男義直《よしなお》から始まる尾張家、十男頼宣《よりのぶ》から始まる紀伊家、十一男頼房《よりふさ》から始まる水戸家を指す。将軍家にとっては、政治的な藩屛《はんぺい》として、また家康以来の血統を維持する役割を担う分家として位置付けられる。このため、御三家は、将軍家と同じ「徳川」を名乗るとともに諸大名中最高の格式を与えられた。たとえば官位の極位極官については、尾張家と紀伊家が従二位権大納言、水戸家が従三位権中納言であり、八代将軍徳川吉宗の代には諸大名が将軍へ提出する誓詞も御三家に限り廃止されている。御三家という格式は創設当初よりあった訳ではなく、特に徳川秀忠の子忠長《ただなが》が元和九年(一六二三)に従三位権中納言となり、義直・頼宣と同格になるとともに、正四位下参議兼左近衛権中将であった頼房より上位に位置付けられた。しかし忠長は不行跡により寛永十年(一六三三)十二月に幽閉先の上野高崎で自害を命じられ一代で断絶となったため、以降、将軍の最近親である御三家としての格式が整備されていった。なお、御三家を将軍家・尾張家・紀伊家とする考え方も江戸時代からあり、『武野燭談』には、頼房が水戸家は同じ家康の子である結城秀康《ゆうきひでやす》から始まる越前家や越後家と同格と語った逸話があり、また紀伊藩主から将軍となった吉宗の進める倹約令に対抗した尾張家の当主徳川宗春《むねはる》も、幕府からの詰問使に対して、将軍家と尾張家は同格であると主張した。御三家には幕府から一万石以上の領地を有する付家老が配置され、尾張家には成瀬《なるせ》、竹腰《たけのこし》両家、紀伊家には安藤《あんどう》、水野《みずの》両家、水戸家には中山《なかやま》家が、代々藩政に携わった。付家老は将軍とそれぞれの藩主との間で主従関係を結ぶ二重主従制にあった。御三家は正徳年間(一七一一―一六)ごろになると将軍家との関係が疎遠となり、十八世紀後半の田沼政権下においては、家格や儀礼面において前例を無視されるなど御三家の不満が高まった。その後、続く松平定信政権では、十代将軍徳川家治が遺言で新将軍徳川家斉の補佐を依頼していたことから、御三家が政治顧問的な存在として幕政に参加するようになる。安政五年(一八五八)、十三代将軍徳川家定の死去により、紀伊家から十四代将軍徳川家茂を輩出している。一方、元治元年(一八六四)七月幕府による長州戦争においては、尾張家の当主徳川慶勝《よしかつ》が総督を命じられている。水戸家は幕末の当主徳川斉昭《なりあき》が尊王攘夷の立場をとっており、尾張家も戊辰戦争以降、新政府への参加の立場を明確にし、佐幕派の家臣を処罰する青松葉《あおまつば》事件を経て、東海道・中山道の大名家・旗本家へ勤王方となるように説諭を行なった。明治元年(一八六八)七月、御三家の格式が廃止され、諸大名並となった。

参考文献　林董一「「御三家」の格式とその成立」(『史学雑誌』六九ノ一二、一九六〇年)、小山誉城「徳川秀忠政権の「御三家」構想」(安藤精一編『紀州史研究』二、国書刊行会、一九八七年)、大石学編『規制緩和に挑んだ「名君」―徳川宗春の生涯―』(小学館、一九九六年)、白根孝胤「徳川一門付家老の成立過程と駿府政権」(『金鯱叢書』二六、一九九九年)、小山誉城『徳川御三家付家老の研究』(清文堂出版、二〇〇六年)、高澤憲治『松平定信政権と寛政改革』(清文堂出版、二〇〇八年)

(野口　朋隆)

三ヵ条の誓詞　(さんかじょうのせいし)

後水尾《ごみずのお》天皇の即位を機に徳川家康と秀忠が諸大名に誓約させた法令。慶長十六年(一六一一)四月十二日に行われた後水尾天皇の即位式を見届けたあと、大御所徳川家康は、二条城に細川忠興《ほそかわただおき》・池田輝政《いけだてるまさ》・福島正則《ふくしままさのり》・島津家久《しまづいえひさ》・毛利秀就《もうりひでなり》など二十二名の西国外様大名を集めて三ヵ条の法令を申し渡し、署名をとり誓約させた。その内容は、㈠源頼朝以来の法式を守り、江戸からの法令はとくに遵守すべきこと、㈡法度に背いたり将軍の意向に違反した者を国々に隠しておくことを禁止する、㈢家中の武士・奉公人から反逆人・殺害人がでたときは、その者の召し抱えを禁止する、というものであり、のちの『武家諸法度』の先駆となる法令であった。また、翌慶長十七年正月五日には、江戸城において将軍秀忠が江戸へ参勤してきた諸大名に、ほぼ同内容の法令三ヵ条を申し渡し、署名させた。このとき署名したのは上杉景勝《うえすぎかげかつ》・伊達政宗《だてまさむね》・最《も》上義光《がみよしあき》などの陸奥《むつ》・出羽《でわ》の外様大名であり、前年の諸大名とあわせて、ほぼ全国の有力外様大名の署名をとりつけたことになる。さらに同時に関東・甲信の譜代大名および外様小藩の大名五十名にも同文の三ヵ条を示し、誓約させた。

参考文献 北島正元『江戸幕府』(『日本の歴史』一六、小学館、一九七五年)、辻達也編『天皇と将軍』(『日本の近世』二、中央公論社、一九九一年)

（吉田　洋子）

出頭人（しゅっとうにん）

近世初期、将軍や大名などの主君の寵愛をうけて取り立てられ権勢をふるった者をいう。「出頭」とは、主君の御前に出ること、さらに主君の御前で権勢をふるうことを意味し、そこから、主君の信頼を得て側近として活躍した者を「出頭人」と呼ぶ。徳川家康の出頭人としては、本多正信《ほんだまさのぶ》・正純《まさずみ》父子、大久保長安《おおくぼちょうあん》ら、武士以外では金地院崇伝《こんちいんすうでん》、南光坊天海《なんかいぼうてんかい》ら、徳川秀忠の出頭人としては、土井利勝《どいとしかつ》、井上正就《いのうえまさなり》らが知られている。また、徳川家光の出頭人として松平信綱《まつだいらのぶつな》、堀田正盛《ほったまさもり》、阿部忠秋《あべただあき》らがあげられることもある。彼らの多くは幼少の際から主君に近侍し、主君の恩寵をうけて、大名などからの請願・陳情を取り次ぐ役割を果たした点が特徴である。また、幕政の機構が未だ整備されていなかった時期、制度の中であらかじめ職掌が定められた職に就くのではなく、その個々人の能力に応じて果たす職掌の範囲が後から定まったことも特徴である。幕府・藩における機構の整備が進むにつれて、その役割は縮小・消滅していった。彼らの権勢の源泉は、個人の能力に加えて主君からの個人的な信頼であり、したがって主君の死によって権勢が失われる場合が多くあった。たとえば、家康の大御所政治期に駿府の年寄として政治・外交に活躍した本多正純は、家康死後は秀忠の年寄となったが、秀忠と軋轢が生じて元和八年(一六二二)十月に改易され、下野国宇都宮(栃木県宇都宮市)十五万五千石を没収された。

参考文献 高木昭作『日本近世国家史の研究』(岩波書店、

一九九〇年)、同『江戸幕府の制度と伝達文書』(『角川叢書』、角川書店、一九九九年)、藤井讓治『江戸時代の官僚制』(『Aoki library日本の歴史』、青木書店、一九九九年)

(三宅　正浩)

初期藩政改革（しょきはんせいかいかく）

おおむね元和年間(一六一五—二四)ごろから寛文年間(一六六一—七三)ごろにかけて行われた諸大名家(藩)における政治改革。その内実は、改革というよりは近世的な藩政(制)の確立を目指した政治支配機構・制度の整備であり、軍事的な組織を政治的な組織へ改編させていく動きであったといえ、程度の差こそあれほとんどの大名家で実施されたと考えられる。まず、元和から寛永期ごろにかけては、幕府による城郭《じょうかく》普請《ぶしん》や上洛《じょうらく》へのたび重なる動員に対応するための財源・人材の確保や、家臣団形成、特に半独立的な大身家臣の家臣団への取り込みが大きな課題であり、そのための諸政策が藩主とその側近を中心として推進された。寛永十九年(一六四二)ごろから深刻化した寛永飢饉の影響により、百姓経営維持のための御救《おすく》い政策の実施や、地方《じかた》支配(農村支配)機構の整備が急務とされるようになる。そのため、蔵入地《くらいりち》(藩主直轄地)と給地《きゅうち》(家臣の知行地)の区分をこえた一元的な藩政の成立が目指された。家臣に直接知行地を与える地方《じかた》知《ち》行制《ぎょうせい》から蔵米《くらまい》を支給する俸禄《ほうろく》知《ち》行制《ぎょうせい》への転換や、蔵入地の拡大と知行地の不均衡の是正をねらった「ならし」といった知行制改革が実施された。その過程で検地が行われた例もあり、年貢賦課の基準が定まるなど農政の基礎が整えられた。そして、藩政の中心に位置づけられた家老の合議の下に地方支配機構をはじめとした諸機構が整備され、のちにつながる藩政のしくみが次第に整えられていった。なかでも、岡山藩の池田《いけだ》光政《みつまさ》や会津藩の保科《ほしな》正之《まさゆき》のように学問にもとづいて改革を主導した藩主は名君として有名である。なお、土佐藩山内家の元和改革を松平《まつだいら》定綱《さだつな》らが指導した事例が知られているように、初期藩政改革においては、幕府の意向を背景とした親類譜代大名による政治指導が多く見られた点も特徴である。こうした藩政(制)の確立にむけた諸政策は、全幕藩領主の共通の課題として諸藩において取り組まれたといえるが、旧来のあり方を改変する過程でさまざまな軋轢が生じることも多くあり、政治の方向性をめぐる家臣間の紛争や君臣対立から御家騒動が引き起こされた例も多い。

参考文献　高木昭作「初期藩政改革と幕府」(『日本近世国家史の研究』、岩波書店、一九九〇年)、福田千鶴『幕藩制的秩序と御家騒動』(校倉書房、一九九九年)

(三宅　正浩)

人身売買禁令（じんしんばいばいきんれい）

拉致・誘拐など違法な人商い行為（「人売買《ひとうりかい》」）を禁止した法令。「人売買」禁止の解釈には諸説あり、人身の永代売の禁止を指すとの解釈もあるが、近年は人身売買それ自体の禁止は意味しないことが説明されている。幕府は、従来からの人売買禁止の法的伝統を継承し、元和二年（一六一六）十月「人売り買い」と「勾引売《かどわかし》」を一円に禁ずるとともに、奉公年季に三年の制限を設ける定を発令した。これが、幕府の人身売買禁令の最初であり、続いて元和五年十二月には詳細な処罰規定を定めた。すなわち、人を勾引して売った者、人商いをしている者、およびその両者への「宿（場所の提供）」「口入れ（周旋）」は基本的に死罪とされた。この時、年季制限は三年から「永年季」となるが、寛永二年（一六二五）には十ヵ年と定められ、その後の定法となった。このように、幕府の人身売買禁令の特徴の一つは、年季制限と組み合わせた政策として、特に元和年間に集中的に実施されたことである。十七世紀中ごろを過ぎると、年季奉公人契約は一般化していくが、一方で、遊女や飯盛女など実質的な人身売買であった身売り奉公においては、奉公年季の延長や転売が必然なものとなった。そして幕府は、元禄十一年（一六九八）には年季制限を撤廃するに至り、身売り奉公は公儀のルールをもって正統な行為と位置づけられていくが、人売買については法秩序をもって禁止され続けた。

参考文献　牧英正『人身売買』（『岩波新書』、岩波書店、一九七一年）、下重清「身売り奉公と女性」（薮田貫・柳谷慶子編『〈江戸〉の人と身分』四、吉川弘文館、二〇一〇年）

（武林　弘恵）

朝廷政策（ちょうていせいさく）

元和六年（一六二〇）六月十八日、徳川秀忠の女和子は、後水尾天皇のもとに入内した。この入内は慶長十九年（一六一四）の徳川家康存命中から計画されていたといい、同年の大坂冬の陣とその翌年の大坂夏の陣、そして元和二年の家康の死と元和三年の秀忠在京中の後陽成上皇の死により延期になったものだという。さらに元和四年にはおよつ御寮人《ごりょうにん》一件と称される事件が発生している。これは四辻公遠《よつつじきんとお》の女であるおよつ御寮人が後水尾天皇の第一皇子を出産したことが事件化したものであったが、本来は通常の皇子誕生のはずであり、事件性はなかった。ところが、延期となっていた徳川和子の入内を控えた秀忠を刺激し、この一件による秀忠の不快感によって入内はさらに延引された。翌年、およつ御寮人は皇女も産んだが、このように徳川和子の入内前におよつ御寮人から両度にわたって皇子女が生まれたことは、朝廷と幕府双方に緊張をもたらした。この緊張発生と入内の度重なる延期に際し、将軍徳川秀忠の指示をうけた藤堂高虎が事態打開のために近《この》衛《え》信尋《のぶひろ》と後水尾天皇生母の女御近衛前子に接触してさまざまに周旋していたことが明らかとなっている。この周旋に対して後水尾天皇は譲位の意向を表明したが、秀忠は宮中の風紀紊乱の廉で天皇の近臣を流罪または出仕停止の処分とし、入内前の天皇の行動を抑制・牽制するとともに、京都所司代板《いた》倉《くら》勝重《かつしげ》を更迭して、勝重の子の重宗《しげむね》を新京都所司代とした。秀忠は女和子の入内を目前にしての天皇の行動と宮中の混乱に不快感を隠さなかった。天皇は秀忠の怒りを目の当たりにして再び譲位の意向を示すが、藤堂高虎と近衛信尋の周旋は、一方で天皇が近臣の赦免を求めたことで一層の困難を極めた。これに対して藤堂高虎は京都所司代板倉重宗とともに、もし天皇家に将軍家への申し分があるならば高虎が聴き取って将軍家へ言上すると強硬に迫ったところ、ついに天皇側が折れて徳川和子の入内が元和六年に内定したという。この高虎の周旋を含む徳川和子入内に至る政治過程については、『元和六年案紙』の発見・紹介によって解明が進んだものである。

[参考文献]　藤井譲治・吉岡眞之監修『後水尾天皇実録』一（ゆまに書房、二〇〇五年）、朝尾直弘『鎖国』（『朝尾直弘著作集』五、岩波書店、二〇〇四年）、同「『元和六年案紙』について」（『朝尾直弘著作集』四、岩波書店、二〇〇四年）

（野村　玄）

二条城会見（にじょうじょうかいけん）

慶長十六年（一六一一）三月二十八日、徳川家康と豊臣秀頼が京都二条城で対面したこと。豊臣秀吉の死去にあたり、五大老筆頭として豊臣秀頼の補佐を誓約した徳川家康だったが、その後影響力を強め、関ヶ原合戦で反家康派の諸大名を破り覇権を握ると、慶長五年（一六〇〇）には征夷大将軍に就任した。さらに、慶長十年四月十六日に将軍職を息子の秀忠に譲り、徳川氏が政権を継承することを宣言する。翌月家康は、秀忠将軍職就任を祝うために上洛し、京都で会見するよう高《こう》台院《だいいん》を通じ秀頼に求める。しかし秀頼の母淀殿《よどどの》がかたくなに拒否をし、このときは徳川方が折れ、五月十一日には家康の七男松平忠輝《まつだいらただてる》が大坂城を訪れ、秀頼と対面している。だが、後水尾《ごみずのお》天皇が践祚《せんそ》（前天皇の譲位をうけて即位）した翌日の慶長十六年三月二十八日、織田有楽斎《おだうらくさい》や高台院を通じて会見を要請し、家康は京都二条城で秀頼と対面した。当日は、織田有楽斎・片桐且元《かたぎりかつもと》・片桐貞隆《さだたか》・大野治長《おおのはるなが》らを従え上洛した秀頼を、家康の九男義利《よしとし》（のちの義直《よしなお》）・十男頼将《よりまさ》（のちの頼宣《よりのぶ》）と諸大名が鳥羽《とば》まで出迎えた。これは慶長四年正月に秀頼が大坂城に移って以来はじめての上洛であった。この対面は秀頼の家康への臣礼とされ、家康が秀頼を臣従させたことを諸大名・公家衆に見せつけるものとなった。

参考文献 『大日本史料』一二ノ八(東京大学出版会、一九九六年)、福田千鶴『淀殿』(『ミネルヴァ日本評伝選』、ミネルヴァ書房、二〇〇七年)、藤井讓治『天皇と天下人』(『天皇の歴史』五、講談社、二〇一一年)

(吉田　洋子)

菱垣廻船 (ひがきかいせん)

上方より江戸の必要物資(木綿・油・酒・酢・醬油・紙など)を海上輸送した廻船。近世中期以降、樽廻船とともに海上輸送の主力をなした。菱垣廻船は元和五年(一六一九)に和泉国堺の商人が、紀伊国富田浦の二百五十石積の廻船を借用して大坂―江戸間の物資運送にあてたのがはじまりとされる。菱垣廻船は弁才船《べんざいせん》の垣立《かきだつ》下部の格子を菱組にしている点に特徴があり、これは領主の御用荷物輸送にもあたる特権の象徴でもある。寛永元年(一六二四)から同四年にかけて、大坂で江戸積問屋の開業が相つぎ、大坂菱垣廻船問屋が成立した。これに対応して元禄七年(一六九四)には江戸で十組問屋が結成された。しかし江戸時代初期の菱垣廻船は、集荷と輸送の迅速性に欠け、仕入荷物と委託荷物により海損勘定の査定が相違するなどの問題を抱えていた。享保十五年(一七三〇)には十組問屋のうち酒店組が脱退、樽廻船の運航を開始させるに至る。菱垣廻船は荒荷(雑貨品)の洩積《もれづみ》をめぐり、しばしば樽廻船と対立を繰り返すが、安全性・迅速性・低賃金に勝る樽廻船に終始圧倒され経営は低迷した。

参考文献 柚木学『近世海運史の研究』(法政大学出版局、一九七九年)、石井謙治『図説和船史話』(至誠堂、一九八三年)

(橋本　賢一)

人質の制 (ひとじちのせい)

幕府が諸大名にその妻子や重臣の子弟を人質(証人)として江戸に置かせた制度。戦国期より、人質の提出は服属・和親の証として頻繁に行われた。豊臣秀吉没後、諸大名は自発的に妻子や重臣子弟を江戸に置くようになった。幕府の命令による重臣子弟の提出は、慶長十四年(一六〇九)に始まり、寛文五年(一六六五)に廃止された。大名妻子の江戸居住は、元和八年(一六二二)に外様大名、寛永十一年(一六三四)に譜代大名にも強制されるようになり、翌年の『武家諸法度』によって制度的に確立、文久二年(一八六二)まで継続した。

参考文献 在原昭子「江戸幕府証人制度の基礎的考察」(『学習院大学史料館紀要』二、一九八四年)

(穴井　綾香)

平山常陳事件 (ひらやまじょうちんじけん)

キリシタン平山常陳の船から、日本へ密航中の宣教師二名が発見された事件。常陳はマニラに居住する貿易商人であり、同地から日本へ渡航する途次の台湾沖でイギリス・オランダ連合艦隊に拿捕され、一六二〇年八月四日(元和六年七月六日)、平戸に曳航された。取調べの過程で船中にいたアウグスチノ会士P・ズニガとドミニコ会士L・フロレス両神父の正体が明らかになった。同事件は元和大殉教やスペイン断交など、幕府が禁教・鎖国政策を強化する一要因となった。

参考文献　『大日本史料』一二ノ三四・四五、清水有子『近世日本とルソン―「鎖国」形成史再考―』(東京堂出版、二〇一二年)

(清水　有子)

武家諸法度（ぶけしょはっと）

大名を対象にした幕府の基本法令。七代徳川家継・十五代徳川慶喜を除いて、代々の将軍より発布された。元和元年(一六一五)豊臣家が滅亡した直後の七月七日、二代将軍徳川秀忠のいる伏見城に御能見物として召集された諸大名に対し、『武家諸法度』が公布された。これは徳川家康が以心崇伝らに命じて起草させたもので、崇伝の朗読によって諸大名に伝達された。十三条の漢文体で、「文武弓馬の道専ら相嗜むべき事」に始まり、品行方正、法度違反者の隠匿禁止、反逆・殺害人の追放、他国者召し抱えの禁止、城郭普請の許可制および新規築城の禁止、徒党の禁止、私婚の禁止、朝廷への参勤作法、衣類の制、乗輿の制、諸国諸侍の倹約、そして国主の人選を定めて結びとし、各条には注釈が付された。こうした条文は、伝統的な武家法や和漢の古典などを引用しつつ、文禄四年(一五九五)の豊臣秀吉の掟や、慶長十六(一六一一)・十七年に幕府が諸大名より提出させた三ヵ条の誓詞を継承したものである。寛永六年(一六二九)の大御所秀忠による『武家諸法度』は、朝廷への参勤作法、他国者召し抱えの禁止を削除した以外は、元和令を踏襲した。しかし同十二年、三代徳川家光によって大幅に改訂され、在江戸参勤交代制、私の関所および新たな津留の禁止、五百石以上の大船建造禁止、幕府法令の遵守などが加わって全十九条となり、第一条以外の注釈がなくなった。寛文三年(一六六三)の四代徳川家綱の法度は、第一条の注釈もなくしたが、私婚禁止の条文に公家との婚姻を許可制にすること、大船建造禁止の条文に荷船を除くことが補足され、キリスト教禁止などの条文が加わり、全二十一条となる。天和三年(一六八三)の五代徳川綱吉の法度は、部分的に和文体を用い、全体にわたって条文を整理しつつ、養子の制および殉死の禁止を加えて全十五条になった。また、従来、『諸士法度』で統制されてきた旗本・御家人も、これより『武家諸法度』の対象となる。宝永七年(一七一〇)の六代徳川家宣の法度は、新井白石の起草で全十七条にわたって和文体に統一されたが、享保二年(一七一七)に八代徳川吉宗によって綱吉の天和令に戻され、十二代徳川家慶までこれを用いた。安政元年(一八五四)の十三代徳川家定の法度になると、大船建造禁止が許可制に緩和され、同六年の十四代徳川家茂の法度に継承された。なお、読み聞かせるという形式も踏襲されていき、大名に正文が交付されることはなかった。綱吉の時には在江戸の大名に限って写を渡されたが、これ以外の場合、大名は家臣を老中や他大名家に遣わして写し取らせることで、『武家諸法度』の内容を手元に残した。

参考文献 塚本学「武家諸法度の性格について」(『日本歴史』二九〇、一九七二年)、朝尾直弘「将軍政治の権力構造」(『岩波講座日本歴史』一〇、岩波書店、一九七五年)、笠谷和比古『近世武家文書の研究』(法政大学出版会、一九九八年)

(穴井　綾香)

マードレ＝デ＝デウス号事件 (マードレ＝デ＝デウスごうじけん)

慶長十四年十二月(一六一〇年一月)、長崎港外で有馬晴信軍がマカオ船を爆沈した事件。晴信は前年徳川家康の意を受け占城《チャンパ》に朱印船を派遣。同船船員は寄港したマカオで騒擾事件を起し、日本人側に多数の死者を出した。翌年事件を鎮圧したアンドレ＝ペッソアが年航船のカピタン＝モール(司令官)として長崎に来航すると、長崎奉行長谷川藤広と晴信は家康に事件を報告、許可を得て攻撃した。日本でのマカオ貿易優勢の状況が変化する過程で起きた事件といえる。

参考文献 『大日本史料』一二ノ六、慶長十四年十二月九日条

(清水　有子)

老中

氏名	称呼	前職	補職年月日	転免年月日	後職
大久保忠隣	相模守			慶長一九(一六一四)・正 実一九・正・一九 寛一九・正・二〇	免職、改易
本多正信	佐渡守			元和二(一六一六)・六・七	卒
本多正純	上野介			元和八(一六二二) 実八・八・二三 寛八・一〇	免職、改易

氏名	称呼	前職	補職年月日	転免年月日	後職
青山忠成	常陸介		慶長六(一六〇一)	慶長一一(一六〇六)・正・二五	免職、籠居
内藤清成	修理亮			慶長一一(一六〇六)・正・二五	免職、籠居
成瀬正成	隼人正	堺奉行			義直付家老
安藤直次	帯刀				頼宣付家老
青山成重	図書助		慶長一三(一六〇八)・三・二五	慶長一八(一六一三) 実一八・一〇・一九 寛一八・八	免職、勘気、減封
酒井忠世	雅楽頭			寛永一一(一六三四) 寛一一・三	免
土井利勝	大炊頭		慶長一五(一六一〇)	寛永一五(一六三八)・一一・七	大老
安藤重信	対馬守		慶長一六(一六一一) 実一六・正・三	元和七(一六二一)・六・二九	卒
酒井忠利	備後守				
青山忠俊	伯耆守	書院番頭	元和二(一六一六)・五・二九	元和九(一六二三)・一〇・一九	免職、勘当、減封
内藤清次	若狭守	奏者番	元和二(一六一六) 実二・五・二九	元和三(一六一七)・七・一	卒
井上正就	主計頭	小性組番頭	元和八(一六二二)	寛永五(一六二八)・八・一〇	殺害せらる
永井尚政	信濃守	小性組番頭	寛元和八	寛永一〇(一六三三) 実一〇・二 寛一〇・三・二五	免
稲葉正勝	丹後守	書院番頭	元和九(一六二三)	寛永一一(一六三四)・正・二五	卒

京都所司代

氏名	称呼	前職	補職年月日	転免年月日	後職
板倉勝重	四郎左衛門 伊賀守	町奉行 [実][寛]京都町奉行	慶長八(一六〇三)・三・二 [実][寛]六・九・二六	元和六(一六二〇)	隠居 [実][寛]辞、致仕
板倉重宗	周防守	小性組番頭 侍兼書院番頭 [実][寛]近	元和六(一六二〇)・二・二六 [実][寛]元和六	[実]承応三・七・二九 [寛]承応三・二・六	辞

大坂城代

氏名	呼称	前職	補職年月日	転免年月日	後職
内藤信正 [元]信照	紀伊守	伏見城代	元和五(一六一九) [元]五・二・五[実]五・八	寛永三(一六二六)・四 [寛]三・四・二八	卒

町奉行

氏名	称呼	前職	補職年月日	所在	転免年月日	後職
青山常陸 [実][寛]忠成	常陸	[実][寛]諸事を奉行	慶長六(一六〇一) [実][寛]六・三・五		[実]慶長二・正・二五 [寛]慶長二・正	[実][寛]罷免、籠居
内藤修理 [実][寛]清成	修理	[実][寛]関東の奉行	慶長六(一六〇一) [実][寛]六・三・五		[実][寛]慶長二・正・二五	[実][寛]罷免、籠居
米津田政 [実]田政・由政			[実][寛]慶長九	北	[実][寛]寛永元・二・三	[実][寛]卒
土屋権左衛門 [実][寛]重成	権左衛門	使番 [実][寛]なし	慶長九(一六〇四) [実][寛]なし	南		[実][寛]慶長一六・七卒
島田利政〔正〕 [実][寛]利正	治兵衛 弾正忠	徒頭	慶長一八(一六一三) [実]一八・三	南	寛永八(一六三一) [実]一九・九[寛]一九・九・一五	[実]病[寛]卒

勘定奉行

氏名	称呼	前職	補職年月日	管掌	転免年月日	後職
松平正綱	右衛門大夫					
伊丹康勝	播磨守 順斎				慶安三(一六五〇)・七・一一	辞 [実]留守居、小普請支配 [寛]佐渡国支配
伊奈忠治	半十郎				寛永一九(一六四二)・八・一六	(関東郡代)
大河内久綱	金兵衛				寛永一五(一六三八)・三・五	
曾根吉次	源左衛門				寛文元(一六六一)・一一・一九	[実]老免[寛]辞

3代　徳川家光

徳川家光画像　紙本墨白描淡彩。同様の図は日光山輪王寺、奈良長谷寺、堺市博物館などに伝わる。唇や下襲に薄紅、平緒に薄藍が施され、柔和な表情である。

徳川家光（とくがわいえみつ）　一六〇四―五一

江戸幕府三代将軍。一六二三―五一在職。幼名は竹千代。父は二代将軍徳川秀忠。母は秀忠の正室江（崇源院）。

慶長九年（一六〇四）七月十七日、江戸城で秀忠の次男として生まれる。兄長丸は慶長七年九月に二歳で早世していたため、実質的に嫡男として扱われ、祖父徳川家康の幼名と同じ竹千代と名付けられる。乳母は福（春日局《かすがのつぼね》）。また、稲葉正勝《いなばまさかつ》・松平信綱《まつだいらのぶつな》らが小性として付けられる。十一月八日、江戸城内の紅葉山山王社に宮参りする。世継ぎの座をめぐり、弟国松（のちの徳川忠長《ただなが》）と軋轢があったともされるが、祖父家康の意向によって三代将軍となることが確定したといわれる。こうしたことから家光は祖父家康への崇敬の念が強く、家康が祀られた日光東照宮（栃木県日光市）にたびたび社参した。また、寛永十一年（一六三四）から同十三年にかけて日光東照宮の大造替を行い、その費用は全て幕府が拠出したことからみても、家光の家康に対する崇敬心が知れよう。

元和三年（一六一七）末、江戸城西丸に移徙《いし》し、次期将軍としての立場を明確に示す。元和六年九月、元服して家光と名乗り、従三位権大納言《じゅさんみごんのだいなごん》に叙任される。元和九年六月に江戸を出発、将軍宣下《せんげ》のため上洛し、同年七月二十七日、伏見城において将軍宣下をうけ、正二位内大臣《しょうにいないだいじん》に叙任される。寛永元年十一月三日、秀忠と入れ替わりで本丸に移り、同時に鷹司孝子《たかつかさたかこ》が正室となる。ただし、将軍となって本丸に入ったとはいえ、領知朱印状《りょうちしゅいんじょう》の発給権をはじめとした実権はなお大御所秀忠の手にあり、未だ代替わりはなされていなかった。寛永三年、上洛し、八月十八日従一位右大臣《じゅいちいうだいじん》に叙任され、翌月十三日に左大臣に昇任する。

寛永九年正月十日の秀忠死去による代替わりにより家光政権が始動する。家光はまず、秀忠大御所時代に本丸と西丸に分かれていた年寄を統合・再編し、書院番・小性組番・大番といった将軍直轄軍団の再編・強化を行なった。「御代始《みよはじ》めの御法度《ごはっと》」といわれた加藤忠広《かとうただひろ》の改易で始まった家光政権は恐怖政治的様相を呈し、目付や新たに設置された大目付による監察が厳しく行われた。前年の寛永八年に秀忠によって甲斐国に蟄居させられていた弟忠長に対しては、領知を没収して上野国高崎（群馬県高崎市）に逼塞《ひっそく》させ、翌寛永十年十二月に自害に追い込んだ。また、寛永十年、全国に諸国巡見使《しょこくじゅんけんし》を派遣し、以後、将軍の代替わりごとに派遣されるようになる。家光は、特定の個人に権力が集中するような出頭人政治《しゅっとうにんせいじ》を嫌い、また、当時の旗本層の窮乏を気にかけ、しきりに奢侈《しゃし》を禁止して倹約を促した。こうした家光の志向性は、神経質な性格と相俟って尖鋭化した。

同年二月十六日、翌年の上洛に備えて軍役令《ぐんやくれい》を定める。寛永十一年三月三日、老中宛法度・六人衆宛法度によりそれぞれの職掌を明示する。同年六月に江戸を出発して上洛する。この三十万人を動員したとされる代替わりの上洛は、幕末期以前における将軍の最後の上洛となった。上洛中、京都町人に銀五千貫を下賜し、後水尾院に七千石を献じるなど、代替わりをアピールした。上洛中、五万石以上の大名に領知朱印状を一斉に発給し、領知宛行権《りょうちあてがいけん》を掌握した。

上洛の翌寛永十二年六月二十一日、『武家諸法度』を発布する。この法度は家康・秀忠の定めた規定を踏襲したほか、参勤交代の時期を定め、音信贈答の簡略化など倹約を命じ、「万事江戸の法度の如く国々所々においてこれを遵行すべき事」と、幕府法度に従って領内統治を行うことを諸大名に命じた点が特徴である。こうした家光の中央集権的な方針は、キリシタンへの対応でも同様であった。キリシタン禁制の方針は前代以来のものであったが、家光は強い意志でキリシタン根絶を図る。寛永十二年八月、全国の大名にキリシタン改めを命じて一斉検挙を行う。寛永十四年十月に勃発し翌寛永十五年年二月に鎮圧された島原の乱を契機として、同年九月に出されたキリシタン禁令は、各大名領国におけるキリシタンの訴人《そにん》に幕府が褒美を与えるとしたもので、キリシタン禁制を個別領国の枠組みを超えた国家レベルの公儀《こうぎ》の法度と位置づけたものであった。

ところで、家光は能や踊りの見物を好み、しばしば大名らを江戸城に招いて能を催したが、その際に、キリシタン禁制と奢侈禁制というみずからの意向を上意《じょうい》として諸大名に伝達した。諸大名はこうした上意に対して、家光の顔色をうかがいながら対応し、キリシタン禁制と奢侈禁制は公儀の法度として全国に浸透していったと考えられる。

キリシタン禁制と並行して、家光政権はいわゆる「鎖国《さこく》」に至る対外政策を推進する。寛永十年二月に長崎奉行に対して奉書船《ほうしょせん》以外の船の海外渡航禁止や海外からの日本人の帰国の禁止などを内容とした条目を出したことを皮切りに、寛永十二年には日本人の海外渡航を禁止する。寛永十三年五月にポルトガル人を長崎の出島へ移し、島原の乱を経た寛永十六年七月にはポルトガル人を追放し、寛永十八年五月にオランダ人を出島に移す。家光は、キリシタンへの警戒から、のちに「鎖国」と呼ばれる対外関係のあり方を選択し、追放したポルトガル人の報復を恐れて沿岸防備を強化した。

この間、寛永十四年の初頭から、家光は病気になる。家光の症状は翌年まで一進一退を繰り返し、神経過敏になっていたとされる。家光はこの以前・以後にもたびたび病気になっており、こうした家光の病弱・神経質な体質・性格は、しばしば幕政に停滞をもたらし、老中制をはじめとした幕府政治のあり方に大きな影響を及ぼした。寛永十二年十二月に作り出された将軍諸職直轄制は、老中をはじめ、寺社奉行・勘定奉行などの諸役人を将軍が直接支配・指示するあり方であり、翌年までの家光の健康状態が良好であった間は上手く機能していたが、寛永十四年から翌年にかけての病気により機能不全におちいった。そこで寛永十五年十一月には将軍のもとで老中が諸役人を統轄する老中制が生み出される。この老中制が一部かたちを変えながらも次代以降へ引き継がれ、家光死後に徳川家綱が幼少で四代将軍となっても老中が集団で将軍を支えて政治が行われ、そのあり方が幕政機構の基本となった。

寛永末年の寛永の飢饉は、寛永十六年ごろから西日本一帯で干魃・牛疫(牛の流行病)が発生し、寛永十九年から翌年にかけて飢饉状況が全国的に深刻化した。家光政権は、寛永十九年五月に全国に飢饉対策の実施を指示する高札を立て、六月および閏九月には、全国の大名に対して飢饉対策を命じる触状《ふれじょう》を出し、帰国を命じる。こうした動きは、飢饉という非常時に限定されたものであったとはいえ、幕府が大名家(藩)の内政に具体的に指示を与えて介入したという点で注目すべき画期である。

寛永十八年二月七日、家光は諸大名家に系図を提出することを命じる。そして太田資宗《おおたすけむね》を総裁、林羅山《はやしらざん》・林鵞峯《がほう》を編集責任者として大名・旗本から系図類を提出させ、寛永二十年九月に『寛永諸家系図伝《かんえいしょかけいずでん》』として完成する。この事業により、諸大名・旗本の徳川将軍家に対する忠節が意識させられ、将軍と大名・旗本の上下の秩序が再確認されたといえる。

正保元年(一六四四)十二月、家光は全国の国絵図・城絵図の作成・提出を命じる。この正保の国絵図は、港や街道について細かく記載することを規定するなど、軍事的な目的、特に対外的な沿岸防備を念頭においたものであったとされる。ただし、このとき同時に国々の高を村単位で記載した郷帳《ごうちょう》の作成・提出も命じられている。幕府が全国を国郡単位で把握し、全国統治政権としての性格を打ち出したものといえよう。

家光の時代は、キリシタン禁制にしろ飢饉対策にしろ、幕府と大名家(藩)を包括して全国的に対応する必要のある課題が生じた時期であり、これに家光の中央集権的な志向性が加わって、近世国家の政治的枠組みの基礎が形作られた時代であったといえる。

家光は、神経質な性格もあって物事や他人に対する好き嫌いがはげしく、それが政治に多くの影響を及ぼしていた。また、家光には衆道《しゅうどう》(同性愛)好みの性癖があったといわれ、なかなか跡継ぎが誕生しないことを憂えた春日局らは、家光の好みの女性を見つけるなどの努力をしていたという。

慶安三年(一六五〇)から病気がちであった家光は、慶安四年四月二十日、江戸城で死去する。四十八歳。同日夜、下総国佐倉(千葉県佐倉市)城主で家光に取り立てられた堀田正盛《ほったまさもり》、老中の阿部重次《あべしげつぐ》、家光の側に仕えていた内田正信《うちだまさのぶ》が殉死し、翌二十一日には旗本の奥山安重《おくやまやすしげ》、二十三日には同じく旗本で家光に取り立てられた三枝守恵《さえぐさもりしげ》が殉死した。家光は遺言で、遺骸を東叡山寛永寺(東京都台東区)に安置し、その後日光東照宮に葬ることを望んだ。遺言通り遺骸は寛永寺から日光へと移され葬られる。正一位太政大臣《しょういちいだじょうだいじん》が追贈される。法名は大猷院殿贈正一位大相国公。

参考文献 山本博文『寛永時代』(『日本歴史叢書』、吉川弘文館、一九八九年)、朝尾直弘「将軍政治の権力構造」(『将軍権力の創出』、岩波書店、一九九四年)、藤井讓治『徳川家光』(『人物叢書(新装版)』、吉川弘文館、一九九七年)、山本博文『遊びをする将軍踊る大名』(『江戸東京ライブラリー』、教育出版、二〇〇二年)、藤井讓治『徳川将軍家領知宛行制の研究』(思文閣出版、二〇〇八年)

(三宅 正浩)

〔家族〕

本理院(ほんりいん) 一六〇二―七四

徳川家光の正室。父は鷹司信房《たかつかさのぶふさ》。名は孝子《たかこ》。慶長七年(一六〇二)五月に生まれる。元和九年(一六二三)、家光の母崇源院《すうげんいん》の人選により家光正室として迎えられることになり、閏八月四日に京都を発ち、江戸に移った。家光よりも二歳年長であった。同年十二月二十日に家光のいた江戸城西丸に入輿した。寛永元年(一六二四)十一月三日、家光とともに本丸に移り、このとき正室となることが定まった。翌寛永二年八月九日に婚礼を行い、御台《みだい》と呼ばれることになった。しかし、家光との仲はよくなかったようで、のちに江戸城本丸と北丸の間につくられた中丸《なかのまる》に移り、中丸様と呼ばれるようになった。慶安四年(一六五一)四月二十日、家光が死去すると落飾して本理院と称した。また、家光の遺金五千両を受領した。延宝二年(一六七四)六月八日、死去。七十三歳。正室でありながら世子家綱の「嫡母」に立てられていなかったため、家綱は喪に服すこともなかったという。江戸小石川の伝通院(東京都文京区)に葬られる。また、遺言により、遺骨が高野山(和歌山県)におさめられる。法名は本理院殿照誉円光徹心大姉。宝暦十三年(一七六三)四月十六日、従一位を追贈される。

参考文献　『徳川諸家系譜』一・二（続群書類従完成会、一九七〇・七四年）、『史料徳川夫人伝（新装版）』（新人物往来社、一九九五年）、藤井譲治『徳川家光』（『人物叢書（新装版）』、吉川弘文館、一九九七年）

（三宅　正浩）

自証院（じしょういん）　?―一六四〇

徳川家光の側室。振《ふり》。父は蒲生氏郷《がもううじさと》に仕えた岡重政とされるが諸説がある。同じく蒲生氏郷の家臣であった町野幸和（または繁仍）の妻で当時春日局《かすがのつぼね》とともに大奥で権勢をふるっていた祖心尼《そしんに》の養女として、寛永三年（一六二六）三月に大奥に上がったとされる。寛永十四年閏三月五日、家光にとって最初の子である千代姫を生む。寛永十七年八月二十八日死去。法名は自証院殿光山暁桂大姉。

参考文献　『徳川諸家系譜』一・二（続群書類従完成会、一九七〇・七四年）、『史料徳川夫人伝（新装版）』（新人物往来社、一九九五年）

（三宅　正浩）

宝樹院（ほうじゅいん）　一六二一―五二

徳川家光の側室。徳川家綱の生母。らん（蘭）。楽。元和七年（一六二一）生まれ。父は、下総国猿島郡（あるいは下野国幸島郡）鹿麻村出身で旗本朝倉才三郎に仕えた朝倉惣兵衛、または下野国都賀郡高島村（栃木県栃木市）出身の青木三太郎利長とも伝わる。父の死後、永井尚政《ながいなおまさ》の家臣七沢作左衛門に再嫁した母に連れられて江戸浅草に住んでいたところ、寛永十年（一六三三）、春日局《かすがのつぼね》に見出されて大奥へ召し出されたという。寛永十八年八月三日、竹千代（のちの家綱）を生み、お楽と名を改めた。家光が死去すると落飾して宝樹院と称した。また家光の遺金五千両を受領した。承応元年（一六五二）十二月二日死去。三十二歳。法名は宝樹院殿華域天栄大姉。実弟増山《ましやま》正利《まさとし》は召し出されて二万石の大名となった。

参考文献　『徳川諸家系譜』一・二（続群書類従完成会、一九七〇・七四年）、『史料徳川夫人伝（新装版）』（新人物往来社、一九九五年）

（三宅　正浩）

順性院（じゅんしょういん）　?―一六八三

徳川家光の側室。徳川綱重の母。夏。父は京都の町人で、弥市郎、または岡部重家ともされる。家光正室の鷹司孝子《たかつかさたかこ》に従って京都から江戸に来たとされるが、寛永八年（一六三一）から鷹司家に仕えて江戸に下向し、寛永十四年から本丸大奥に勤めたともいう。御湯殿《おゆどの》の役を勤めて家光の目にとまり、正保元年（一六四四）五月二十四日に長松（のちの綱重）を生む。家光が死去すると落飾して順性院と称した。また、家光の遺金二千両を受領した。天和三年（一六八三）七月二十九日死去。法名は順性院殿妙喜日円大姉。

参考文献　『徳川諸家系譜』一・二（続群書類従完成会、一

九七〇・七四年)、『史料徳川夫人伝(新装版)』(新人物往来社、一九九五年)　(三宅　正浩)

桂昌院　(けいしょういん)　一六二七―一七〇五

徳川家光の側室。徳川綱吉の生母。光・秋野・玉・宗子。寛永四年(一六二七)生まれ。父は京都堀川通西藪屋町の八百屋仁左衛門と伝えられている。母の再嫁により二条家の家司本庄宗利《ほんじょうむねとし》(宗正)の養女となったという。初名は光。お万の方(永光院)の縁故によって大奥に勤め、秋野・お玉の方と称した。正保二年(一六四五)二月二十九日、四男亀松を生むが、亀松は正保四年に早世。なお、亀松については生母を養春院(やうしゅん院)とする説もある。正保三年正月八日、五男徳松(のちの綱吉)を生む。慶安四年(一六五一)の家光死去により、落飾して桂昌院と称した。また、家光の遺金二千両を受領した。綱吉の江戸神田屋敷に住したが、延宝八年(一六八〇)綱吉の将軍就任に伴い江戸城に入る。同年十一月十二日から江戸城三丸に住し、将軍の母として権勢をふるった。元禄十五年(一七〇二)三月九日、従一位に叙せられる。宝永二年(一七〇五)六月二十二日、江戸城三丸で死去。七十九歳。法名は桂昌院殿仁誉興国恵光大姉。増上寺(東京都港区)に葬られる。深く仏教に帰依し、寺社への寄進、再建を多く行なった。綱吉の孝心が厚く、綱吉に大きな影響を与えたとされ、綱吉が将軍となって以降、生類憐《しょうるいあわれ》みの令の発布をはじめ、幕政にも多くの影響を与えた。また、一族が多く取り立てられ、異父弟の本庄宗資《ほんじょうむねすけ》は大名となった。

参考文献　『徳川諸家系譜』一・二(続群書類従完成会、一九七〇・七四年)、『史料徳川夫人伝(新装版)』(新人物往来社、一九九五年)　(三宅　正浩)

永光院　(えいこういん)　一六二四―一七一一

徳川家光の側室。万(満)・梅。父は公家の六条有純《ろくじょうありずみ》。寛永元年(一六二四)生まれ。伊勢内宮慶光院《けいこういん》の院主となり、継ぎ目の御礼(相続の挨拶)のために江戸に下り、家光に拝謁したところ、家光に見初められて強引に還俗させられ愛妾となりお万と称した。家光との間に子はなかったが、特に寵愛されていたという。本丸大奥に勤め、大上臈《だいじょうろう》と称された。正徳元年(一七一一)十月十一日死去。八十八歳。法名は永光院殿相誉心安法寿大姉。

参考文献　『徳川諸家系譜』一・二(続群書類従完成会、一九七〇・七四年)、山本博文『徳川将軍家の結婚』(『文春新書』、文藝春秋、二〇〇五年)　(三宅　正浩)

定光院　(ていこういん)　?―一六七四

徳川家光の側室。五男鶴松の生母。里佐・佐野。出自は斎藤氏・太田氏・成瀬氏・青木氏と諸説あり不詳。家光の正室鷹司孝子《たかつかさたかこ》に従い京都から江戸に下向、奥勤めをしていたという。慶安元年(一六四八)正月十日に鶴松を生むが早世する。四年の家光死去により剃髪して尼となり長心と称し、江戸牛込済松寺の祖心尼《そしんに》を戒師(戒を授ける師僧)とした。延宝二年(一六七四)六月二十日死去。法名は定光院殿性岳長心大姉。

参考文献 『徳川諸家系譜』二(続群書類従完成会、一九七四年)、高柳金芳『徳川妻妾記』(『江戸時代選書』九、雄山閣、二〇〇三年)

(三宅　正浩)

芳心院(ほうしんいん)　一六一四―九一

徳川家光の側室。琴。江戸牛込榎町の徳円寺住職の娘とされるが、定かではない。慶長十九年(一六一四)生まれ。寛永十八年(一六四一)、大奥に勤め、家光の寝所へ召し出されたという。元禄四年(一六九一)二月十八日、七十八歳で死去。葬地・法名は不詳。

参考文献 『徳川諸家系譜』二(続群書類従完成会、一九七四年)

(三宅　正浩)

養春院(ようしゅんいん)　生没年不詳

徳川家光の側室。まさ。三男亀松の生母とする説があるが不詳。成瀬氏の出身という。

参考文献 『史料徳川夫人伝(新装版)』(新人物往来社、一九九五年)

(三宅　正浩)

霊仙院(りょうぜんいん)　一六三七―九八

徳川家光の長女。千代姫。生母はお振の方(自証院)。家光にとって最初の子として寛永十四年(一六三七)閏三月五日に生まれた。同年七月十六日に宮参りした際、南光坊天海《なんこうぼうてんかい》によって名付けられた。寛永十五年二月二十日、徳川光友《とくがわみつとも》との縁組が決まる。翌年九月二十一日、三歳で尾張徳川家の江戸市ヶ谷屋敷へ入輿《にゅうよ》。正保元年(一六四四)十二月九日、賄料《まかないりょう》として毎年金五千両が幕府から給されることになる。家光にとって唯一の娘であり、嫁いでからも清泰院(家光の養女・前田《まえだ》光《みつ》高《たか》室)と同じくしばしば江戸城に登城して家光・家綱に謁した。慶安四年(一六五一)に家光が死去すると、遺金三万両を受領した。承応元年(一六五二)に長男徳川綱誠《つななり》、明暦元年(一六五五)五月十九日に長女豊姫、明暦二年十一月九日に次男徳川義《よし》行《ゆき》、万治元年(一六五八)六月一日に次女直姫を生む。元禄十一年(一六九八)十二月十日に死去。六十二歳。増上寺(東京都港区)に葬られる。法名は霊仙院殿長誉慈光松月大姉。尾張徳川家へ入輿した際の嫁入り道具である「初音《はつね》の調度」(国宝)が徳川美術館(名古屋市)に収蔵されている。

参考文献 『徳川諸家系譜』一・二(続群書類従完成会、一九七〇・七四年)、『初音の調度』(『徳川美術館蔵品抄(新版)』五、徳川美術館、二〇〇五年)

(三宅　正浩)

徳川綱重（とくがわつなしげ）　一六四四―七八

徳川家光の次男。幼名は長松。生母はお夏の方（順性院）。正保元年（一六四四）五月二十四日に江戸城三丸で生まれる。家光四十一歳の時の子であり、「四十二ノ御二ツ子」を忌む風習により、家光の姉天樹院《てんじゅいん》（千姫）の屋敷で誕生し、育てられる。同年九月二十三日に宮参りをし、正保三年正月十一日、髪置《かみおき》の儀式を天樹院の屋敷で行う。慶安元年（一六四八）九月二十三日、竹橋（東京都千代田区）に屋敷を与えられ、翌年十一月九日に移り住む。慶安四年四月三日、徳松（のちの徳川綱吉）とともに各十五万石の領知を与えられる。承応二年（一六五三）八月十二日、元服して従三位《じゅさんみ》左馬頭《さまのかみ》左近衛中将《さこのえちゅうじょう》に叙任され綱重と名乗る。この間、旗本とその子弟を中心に家臣が付属され、家臣団が形成されていく。明暦の大火で屋敷が類焼し、明暦三年（一六五七）七月二十六日、新築された桜田（東京都千代田区）の屋敷に移る。寛文元年（一六六一）閏八月九日、甲府城主となり、十万石を加増されて二十五万石となる。ただし、甲府城に赴くことはなく、江戸の桜田屋敷に居住した。同年十二月二十八日、参議に任ぜられ、甲府宰相《こうふさいしょう》と呼ばれた。延宝六年（一六七八）九月十四日、三十五歳で死去。伝通院（東京都文京区）に葬られ、宝永二年（一七〇五）に増上寺（東京都港区）に改葬された。法名は清揚院殿円誉天安永和大居士。正室は二条光平の娘。

参考文献　『徳川諸家系譜』一・二（続群書類従完成会、一九七〇・七四年）、深井雅海『徳川将軍政治権力の研究』（吉川弘文館、一九九一年）

（三宅　正浩）

月渓院（げっけいいん）　一六四五―四七

徳川家光の三男。亀松。生母はお玉の方（桂昌院）。生母を養春院（やうしゅん院）とする説もある。正保二年（一六四五）二月二十九日に生まれる。同年九月十一日、紅葉山東照宮へ宮参りをする。正保四年八月四日、三歳で死去。江戸小石川の伝通院（東京都文京区）に葬られる。法名は月渓院殿花玉尊栄大童子。

参考文献　『徳川諸家系譜』一・二（続群書類従完成会、一九七〇・七四年）

（三宅　正浩）

齢真院（れいしんいん）　一六四八―四八

徳川家光の五男。鶴松。生母はお里佐（定光院）。慶安元年（一六四八）正月十日に生まれる。同年三月二十九日に宮参りをしたが、七月四日、一歳で早世した。天徳寺（東京都港区）に葬られる。法名は齢真院殿秋感利貞大童子。

参考文献　『徳川諸家系譜』一・二（続群書類従完成会、一九七〇・七四年）

（三宅　正浩）

清泰院（せいたいいん）　一六二七―五六

徳川家光の養女。糸・亀・鶴・大・阿智。実父は徳川頼房《とくがわよりふさ》。寛永四年(一六二七)十一月二十七日に生まれる。寛永九年五月十日、家光の養女となる。同年十二月十三日、前田光高《まえだみつたか》との縁組が決まり、翌寛永十年十二月五日に入輿《にゅうよ》。寛永二十年十一月十六日、犬千代(のちの前田綱紀《まえだつなのり》)を生む。正保元年(一六四四)二月十二日、犬千代を連れて家光に謁する。正保二年四月五日に光高が死去すると落飾して清泰院と称した。光高死後に生んだ次男万菊丸は早世。明暦二年(一六五六)九月二十三日、江戸において死去。三十歳。法名は清泰院殿法誉性栄大姉。

参考文献　『徳川諸家系譜』一・二(続群書類従完成会、一九七〇・七四年)、『加賀藩史料』三(清文堂出版、一九八〇年)

（三宅　正浩）

廉貞院（れんていいん）　一六一八―七一

徳川家光の養女。鶴。実父は徳川家康次男結城秀康《ゆうきひでやす》の嫡子松平忠直《まつだいらただなお》。母は徳川秀忠の三女勝。元和四年(一六一八)六月六日に生まれる。寛永八年(一六三一)九月、家光の養女として九条通房《くじょうみちふさ》に嫁ぐことが決まる。同九年二月、秀忠の遺金として銀千枚を受領する。同年十一月五日に江戸を発し、京都の九条家へ嫁ぐ。寛文十一年(一六七一)九月十九日死去。五十四歳。法名は廉貞院殿機夾俊巧大禅定尼。

参考文献　『徳川諸家系譜』二(続群書類従完成会、一九七四年)

（三宅　正浩）

靖厳院（せいげんいん）　一六三六―一七一七

徳川家光の養女。通・輝。実父は池田光政《いけだみつまさ》。母は本多忠刻《ほんだただとき》と天樹院《てんじゅいん》(千姫)の間に生まれた勝姫(円盛院)。寛永十三年(一六三六)五月二十二日に生まれる。正保四年(一六四七)九月、家光と祖母天樹院の相談により、一条教輔《いちじょうのりすけ》に嫁ぐことになった。慶安元年(一六四八)五月、家光の養女として嫁ぐことが決まる。慶安二年十一月二十日、天樹院に連れられて江戸城に登城、家光に拝謁し、知行二千石を賜る。同二十八日に江戸を発ち、翌月京都で婚礼。享保二年(一七一七)四月十五日死去。八十二歳。東福寺(京都府京都市)に葬られる。

参考文献　『池田光政日記』(山陽図書出版、一九六七年)、『徳川諸家系譜』二(続群書類従完成会、一九七四年)

（三宅　正浩）

洪妙院（こうみょういん）　一六一四―三〇

徳川家光の准女(『幕府祚胤伝』、なお、同書では、「一説には御養女にあらず」とし、このように表記する)。亀鶴姫。実父は前田利常《まえだとしつね》で、母は秀忠次女の天徳院。慶長十九年(一六一四)に加賀で生まれる。寛永三年(一六二六)正月二十四日に養女として、森忠広との縁組が決まり、五年に嫁ぐ。七年に十七歳で病死した。武蔵国池上本門寺（東京都大田区）に葬られる。法名は洪妙院天窓日真大姉。

参考文献 『徳川諸家系譜』二（続群書類従完成会、一九七四年）

（種村 威史）

尊光入道親王（そんこうにゅうどうしんのう） 一六四五―一六五六

徳川家光の猶子。後水尾院《ごみずのおいん》の第二十五皇子で、母は四辻季継《よつつじすえつぐ》の娘。栄宮。正保二年（一六四五）九月二十九日に生まれる。慶安元年（一六四八）、家光の猶子となる。承応三年（一六五四）四月十六日に親王宣下。俗諱は良賢《りょうけん》。明暦二年（一六五六）五月に知恩院で得度。延宝七年（一六七九）十一月に二品宣下。八年正月六日、三十六歳で死去。菩提寺は京都の一心院。法名は無量威王院宮大蓮社超誉。安永八年（一七七九）正月、百回忌にあたり、前年十二月に贈一品宣下。

参考文献 『徳川諸家系譜』二（続群書類従完成会、一九七四年）

（種村 威史）

〔関連人物〕

青山幸成（あおやまゆきなり） 一五八六―一六四三

大名。天正十四年（一五八六）に遠江国浜松で青山忠成《ただなり》の四男として生まれる。母は天方通興《あまかたみちおき》の娘。通称石之助、藤蔵。慶長四年（一五九九）に徳川秀忠の御前で元服。同六年、近習として配膳役を勤め、翌七年には下総国印旛郡内で五百石を知行。慶長九年五月、秀忠の勘気を受けるも赦免。翌十年、秀忠の上洛に供奉し、四月十六日には従五位下雅楽助に叙任、同年七月三日に大蔵少輔に改める。同十七年に千石加増、父の遺領千五百石を併せ計三千石になる。同十九年五月には大久保忠隣《おおくぼただちか》改易に連座し、再度秀忠の勘気を受けるも、十月の大坂の陣にひそかに参加。井伊直孝《いいなおたか》軍に属し首級を挙げ、勘気をゆるされる。元和五年（一六一九）、常陸国新治・筑波両郡で一万石を拝領し、計一万三千石となる。同年書院番・小性組・小十人組の番頭を兼任し、評定の席に列座。寛永五年（一六二八）八月の井上正就《いのうえまさなり》死去に伴い、少なくとも九月十三日以前に、西丸年寄となり奉書に加判する。同九年十月二十三日、徳川忠長の領知収公のため、上使として甲斐に出張。翌十年二月三日、遠江国のうちで一万石を加増、掛川城主となるが、一方で、この時期には年寄を離任している。寛永十二年七月二十八日に一万石加増のうえ転封、尼崎城主となる。同十七年七月二十七日、御家騒動による讃岐国高松城主生駒《いこま》高俊《たかとし》改易の際、井上政重《いのうえまさしげ》とともに高松に出張し、改易を申し渡す。翌十八年山崎家治《やまさきいえはる》の丸亀転封、十九年四月、松平頼定の高松転封に際しても讃岐国へ出張し諸事を沙汰する。翌二十年に入り病に伏すが、この間、家光は、たびたび老中などの使者を通じて幸成を見舞い、さらに、幸成危篤に際しては、松平信綱《まつだいらのぶつな》を通じ、悲しみの意とともに、どのような願いでも言上するべき旨を伝えている。同年二月十六日に五十八歳で死去。法号は香誉浄薫梅窓院《こうよじょうくんばいそういん》。芝増上寺に埋葬される。妻は小笠原信之《おがさわらのぶゆき》の娘。

参考文献 『新訂寛政重修諸家譜』一二(続群書類従完成会、一九六五年)、藤井讓治『江戸幕府老中制形成過程の研究』(校倉書房、一九九〇年)　（種村　威史）

阿部重次（あべしげつぐ）　一五九八—一六五一

大名、老中。慶長三年(一五九八)、阿部正次《あべまさつぐ》の子として生まれる。作十郎と称する。母は佐原義成《さわらよしなり》の娘。のち、三浦重成《みうらしげなり》の養子となり、その娘を室とする。徳川秀忠の近習として仕え、大坂の陣へも出陣。のち、重成に実子重勝《しげかつ》が生まれたため、これに三浦家の家督を譲り、重成より近江国浅井郡内、三千石の知行地を与えられ別家となる。小性組組頭となり、寛永五年(一六二八)十二月二十八日に、山城守に叙任。同年、兄政澄の死去により正次の嫡子となり、阿部姓に復する。秀忠死後は徳川家光の側近となり、同九年十二月に小性組番頭となる。翌年二月二十三日に、同職を兼務し、松平信綱・阿部忠秋・堀田正盛・三浦正次・太田資宗とともに、「六人衆」として幕政に参画する。なお、この日に、対馬守に改める。四月十六日には持弓・持筒も支配。同年九月より安藤重長の上野国高崎城にたびたび出向く。これは、安藤のもとに幽閉されていた家光弟徳川忠長《とくがわただなが》の処置に関わるものであり、一説には、重次は忠長に自殺を勧める家光の上意を安藤に伝えたというが定かではない。ただし、重次は大規模な軍勢を率い高崎に出向しており、武力行使も辞さない行動であったことは確実である。寛永十二年八月には下野国都賀《つが》郡鹿沼領で一万石加増、同十五年四月二十二日には、父正次の領地のうち四万六千石を拝領し、計五万九千石余を領する。また、岩槻城主となる。十一月七日に老中に就任する。翌十六年正月朔日従四位下に叙任。のち、正次死去に伴い、摂津国内の遺領三万石を拝領し、計九万九千石を領する。慶安四年(一六五一)四月二十日、家光の死去に伴い殉死する。五十四歳。東叡山の現龍院に葬り、のち幕命により日光山の妙道院に石碑が建てられる。法号は全厳浄心芳松院。妻は三浦重成の娘。継室は松平定勝《さだかつ》の娘。

参考文献 『新訂寛政重修諸家譜』一〇(続群書類従完成会、一九六五年)、『新編埼玉県史』通史編三(一九八八年)

(種村　威史)

阿部忠秋（あべただあき）　一六〇二―七五

老中。慶長七年(一六〇二)、徒頭《かちがしら》阿部忠吉の次男として生まれる。幼名は小平次。母は松平康高の女。同十五年に徳川家光に付けられ小性となる。その後御膳番《おぜんばん》や小性組番頭《こしょうぐみばんがしら》となり、蔵米に代わって武蔵国埼玉郡のうちに千石を拝領する。同年七月に家光の上洛に供奉し、従五位下豊後守《ぶんごのかみ》に叙任する。寛永元年(一六二四)に家督を相続し、合わせて六千石を知行し、同三年に上野国新田郡に四千石を加増され、一万石を領した。その後も加増が繰り返され、寛永十二年六月二十日には下野国壬生《みぶ》へ加増転封となり、二万五千石を領した。その後も加増が行われ、寛永十六年に武蔵国忍《おし》へ転封となり、最終的には八万石を知行した。寛永元年に松平信綱《まつだいらのぶつな》とともに家光の小性頭となり、のち小性組番頭に復帰する。寛永十年三月二十三日に松平信綱、堀田正盛《ほったまさもり》、三浦正次《みうらまさつぐ》、太田資宗《おおたすけむね》、阿《あ》部重次《べしげつぐ》とともに「六人衆」(のちの若年寄)の一人として、江戸城に出仕する諸職人の支配などを命じられた。同年には老中格、ついで老中へ就任し、忠秋は家光の寵臣としての立場を一層明確にしていった。寛永十五年十一月七日には松平信綱とともに大番および寄合の指揮を命じられ、のちに大奥の奉行も命じられ、その後も家光政権の中枢にあった。慶安三年(一六五〇)には西丸老中となり、なお本丸での政務にも参与した。家光が死去した慶安四年からは本丸老中となり、八月十六日に侍従へ昇進した。家光時代の老中で殉死をしなかった阿部忠秋と松平信綱は、まだ幼い徳川家綱にかわって幕政を司り、家光の死とそれに伴う家綱の若年での将軍就任という難局に対処した。しかし、寛文二年(一六六二)に松平信綱が死去すると、のちに大老となる酒井忠清《さかいただきよ》ら譜代門閥層が幕閣として台頭し、忠秋は次第に孤立した。寛文五年、病により老中の月番と評定所への参加を免除される。延宝三年(一六七五)五月三日死去。享年七十四。法名は空煙透玄院。正室は稲葉道通《いなばみちとお》の女、後室は戸田康長の女。

参考文献 『徳川実紀』(『新訂増補国史大系』、吉川弘文館、一九六四・六五年)、『新訂寛政重修諸家譜』一〇(続群書類従完成会、一九六五年)、朝尾直弘「将軍政治の権力構造」(『岩波講座日本歴史』一〇、岩波書店、一九七五年)、藤井譲治『江戸幕府老中制形成過程の研究』(校倉書房、一九九〇年)、根岸茂夫『近世武家社会の形成と構造』(吉川弘文館、二〇〇〇年)、小池進『江戸幕府直轄軍団の形成』(吉川弘文

館、二〇〇一年)、行田市郷土博物館編『徳川三代と忍藩』(行田市郷土博物館、二〇〇九年)

(千葉　拓真)

天野長重（あまのながしげ）　一六二一―一七〇五

幕臣、旗奉行。弥五右衛門。元和七年(一六二一)に生まれる。寛永十一年(一六三四)閏七月に二条城で将軍徳川家光に拝謁する。同十五年十月に書院番となる。正保二年(一六四五)閏五月に家督を継ぐ。寛文二年(一六六二)九月に使番となり、延宝四年(一六七六)五月に先手鉄炮頭、元禄二年(一六八九)五月に鎗奉行、同七年八月には旗奉行をつとめる。禄高は天和二年(一六八二)に三千三十石余。元禄十四年八月五日、老年のため職を辞し、寄合に列し、同年十二月十二日致仕、隠居となる。宝永二年(一七〇五)十二月十二日死去。八十五歳。法名天長。浅草の長敬寺に葬られた。長重の著した『思忠志集』からは、「忠の道」を「息災」とするなど、健康や養生を武士道の本質とする、十七世紀の武士たちの価値観や思想などがうかがえる。

参考文献　氏家幹人『江戸藩邸物語』(『中公新書』、中央公論社、一九八八年)

(田中　信行)

池田光政（いけだみつまさ）　一六〇九―八二

岡山藩藩主。従四位下左近衛権少将。はじめ幸隆《よしたか》、のちに三代将軍徳川家光の偏諱を受け光政と改める。母は二代将軍徳川秀忠養女の鶴子(福照院、榊原康政《さかきばらやすまさ》の娘)、夫人は同じく秀忠養女の勝子(円盛院、本多忠刻《ほんだただとき》と天樹院の娘)であり、娘輝子は将軍家光養女として一条教輔《いちじょうのりすけ》に嫁している。慶長十四年(一六〇九)四月四日生まれ。元和二年(一六一六)父利隆《としたか》の遺領播磨を相続するも、幼少を理由に因幡・伯耆へ減封、寛永九年(一六三二)従弟池田光仲《みつなか》との国替により備前一国と備中のうちで三十一万五千二百石を領した。血縁によって結ばれた将軍家光との関係は良好であり、正保二年(一六四五)には東照宮を勧請した。藩政においては安民をむねとする仁政を敷いたことで知られ、承応三年(一六五四)の大洪水に際しては飢人救恤などの農政を行う一方、地方知行制を変革して領民の直接支配を図るなど、家臣団を統制し藩政の確立に努めた。承応年間の危機に際しては家臣や領民の救済のために天樹院および幕府より借銀を調達している。正保二年に熊沢《くまざわ》蕃山《ばんざん》を登用し一時はその心学《しんがく》に心酔、この後儒学に傾倒する。教育政策にも力を入れ、寛文六年(一六六六)に藩学校を、寛文八年に郡中手習所を設置した。その一方、この時期には仏教への不信を深め、寛文六年より大規模な寺院破却を断行、神社整理を行なった上で、神職が宗門改を行うキリシタン神職請を実施した。心学心酔や宗教政策は幕閣からの疑念と軋轢を生むも、理念を変えることはなかった。寛文十二年に隠居。天和二年(一六八二)五月二十二日没。七十四歳。寛永十四年から寛文九年にかけて記された自筆日記(林原美術館所蔵『池田光政日記』)が今に伝わる。のちに複数の言行録が編纂され、近世初期の明君として知られる。

参考文献 谷口澄夫『池田光政』(『人物叢書』、吉川弘文館、一九六一年)、深谷克己『偃武の政治文化』(『深谷克己近世史論集』二、校倉書房、二〇〇九年)、倉地克直『池田光政―学問者として仁政行もなく候へば―』(『ミネルヴァ日本評伝選』、ミネルヴァ書房、二〇一二年)、上原兼善『「名君」の支配論理と藩社会―池田光政とその時代―』(清文堂出版、二〇一二年)

(河本　純)

石谷貞清(いしがやさだきよ)　一五九四―一六七二

幕臣。文禄三年(一五九四)に石谷清定《いしがやきよさだ》の三男として生まれる。母は今川義元《いまがわよしもと》家臣久嶋某の娘。通称十蔵。慶長十四年(一六〇九)に徳川秀忠に仕え、大番組に所属する。元和元年(一六一五)、大坂夏の陣に際して江戸留守居を命じられるも、従軍を請願。不許可となるが、強いて歩行で秀忠に従う。のち合戦に参加し斥候を勤める。同二年には、腰物持に就任。同年、上総国金剛寺村(千葉県市原市)と山辺郡内で三百石を拝領、のち同四年五月には相模国愛甲郡内で二百石の加増を受ける。寛永九年(一六三二)七月五日に徒歩頭、翌十年四月に目付に転任。同年十二月二十六日には、甲斐国山梨・八代郡内で千五百石を知行する。同十三年には、寛永通宝鋳造のため近江坂本へ出張、同十四年、島原の乱では、上使板倉重昌《いたくらしげまさ》の副使として派遣され、原城総攻撃にあたるも失敗。同年三月五日、江戸帰還後、徳川家光の譴責を受け逼塞を命じられる。十二月晦日に赦免。寛永十八年十二月十五日には先手鉄砲頭に就任し、与力十騎・同心五十人を預かる。正保二年(一六四五)九月二十三日、近江国水口城を守衛、同四年六月十八日には江戸町奉行に就任し、八月十六日には従五位下左近将監に叙任。慶安四年(一六五一)の慶安事件では丸山忠弥《まるやまちゅうや》を、承応元年(一六五二)の承応事件では別木庄左衛門《べつきしょうざえもん》を捕縛する。なお石谷は、この事件を契機として、事件の根底にある、浪人問題の解決のため、町奉行在職中から死去までの間千人あまりの浪人の士官を斡旋したとされる。同年正月二十八日に町奉行を辞職、養老料六百俵を拝領し、隠居後は土入と号す。寛文十二年(一六七二)九月十二日に七十九歳で死去。武蔵国多摩郡泉村(東京都杉並区)の泉龍寺に葬られる。法名は土入宗鉄大居士《どにゅうそうてつだいこし》。妻は板倉重昌の養女。

参考文献 『新訂寛政重修諸家譜』一四(続群書類従完成会、一九六五年)、『徳川実紀』四(『新訂増補国史大系』、吉川弘文館、一九八一年)

(種村　威史)

板倉重昌（いたくらしげまさ）　一五八八―一六三八

江戸時代初期の大名。宇右衛門・主水《もんど》・内膳正《ないぜんのかみ》。父は板倉勝重《かつしげ》。板倉重宗《しげむね》の弟。天正十六年（一五八八）、駿府で生まれる。慶長八年（一六〇三）から徳川家康に仕え、同十年四月十六日に従五位下内膳正に叙任され、同十三年に俸禄千俵を与えられ、翌年、知行千石に改められる。駿府において家康の近習として仕え、各地への使者を務める。大坂冬の陣・夏の陣に出陣し、豊臣方への使者として和平交渉に携わる。元和二年（一六一六）に三千石を加増される。徳川秀忠政権期にも諸大名への上使となるなど秀忠に信任されて活躍し、寛永元年（一六二四）、加増されて一万千八百五十石余を領し、三河国深溝《ふこうず》（愛知県額田郡幸田町）陣屋を本拠とする。秀忠没後、徳川家光政権においても重用され、城引き渡しの上使などを務める。寛永十年、領知が一万五千石となる。寛永十四年十一月、九州島原・天草で一揆が勃発すると上使として派遣され、一揆勢の立て籠もった肥前国原城（長崎県南島原市）を攻める九州諸大名の軍勢を指揮した。しかし、鎮圧後の上使として松平信綱《まつだいらのぶつな》らが九州に向かったことを聞いた重昌は、翌年正月一日に総攻撃を行い、陣頭に立って戦い、鉄砲で撃たれて戦死した。五十一歳であった。島原の乱における重昌の上使登用が不適任であったとする説もあるが、重昌は家康・秀忠・家光の三代に仕えて重用され、特に将軍の上使として各地、特に諸大名家へ派遣されており、その経歴から登用されたといえる。法名は剱峯源光撑月院。正室は山口直友の娘、継室は林吉定の娘。

[参考文献]『新訂寛政重修諸家譜』二（続群書類従完成会、一九六四年）、煎本増夫『島原・天草の乱』（新人物往来社、二〇一〇年）

（三宅　正浩）

稲葉正勝（いなばまさかつ）　一五九七―一六三四

江戸時代前期の大名。慶長二年（一五九七）稲葉正成の三男として京都で生まれる。母はのちに徳川家光の乳母となる春日局である。幼名千熊、通称宇右衛門。正勝は、慶長九年七月二十三日、八歳のとき家光の小性となり、上野・下野国にて禄五百石・月俸二十口を拝領する。のちに小納戸・徒頭・小性組番頭を経て、元和七年（一六二一）十一月書院番頭となり、同十二月上総国で加増され、二千石となる。元和九年家光の上洛に供奉し、八月二日従五位下丹後守に叙任され、常陸国新治郡柿岡（茨城県石岡市）にて三千石加増される。また同年本丸付属の年寄（老中）となり、家光の個人的要件を中心に取扱い、家光の直轄軍団である旗本を支配する。寛永元年（一六二四）五月五千石、寛永二年一万石加増され、寛永五年には下野国真岡の父の遺領二万石を継ぎ、四万石となる。寛永九年六月加藤忠広の改易に伴い、命を受け熊本城受取りの上使として肥後へ派遣される。この派遣は、帰府後に正勝を「御取立」するためともいわれ、実際に同年九月十一月二十三日相模国小田原藩主となり、八万五千石を拝領した。この小田原入封は、「関東御要害」構想の一環であった。寛永十年四月十九日唐物方・碁・将棋・座頭・舞々・猿楽の者の支配を命じられる。寛永十一年正月二十五日没。三十八歳。正勝が開基した湯島の養源寺(東京都文京区千駄木)に葬られた。法名古隠紹太養源寺。

参考文献　藤井譲治『江戸幕府老中制形成過程の研究』(校倉書房、一九九〇年)、小池進『江戸幕府直轄軍団の形成』(吉川弘文館、二〇〇一年)、下重清『幕閣譜代藩の政治構造—相模小田原藩と老中政治—』(岩田書院、二〇〇六年)

(荒木　仁朗)

梶定良(かじさだよし)　一六一二—九八

江時代戸前期の幕臣。姓は源、諱は定良、官位は従四位下左兵衛督。幼名金兵衛。慶長十七年(一六一二)七月一日伊勢国長島城主菅沼定芳《すがぬまさだよし》の家臣菅沼権右衛門尉の子として生まれ、のちに母方の叔父梶家の養子となる。寛永七年(一六三〇)小十人組として奉公し、寛永十九年小納戸役に任じられ、常に徳川家光の側に仕えた。承応三年(一六五四)家光が死去すると葬送に供奉して日光に赴き、大猷院霊廟近くに居を構えた。承応元年(一六五二)に「大猷院御役儀」「東照宮御用」を勤めることが命じられ、日光守護役として霊廟の俗事一切を取りしきった。この職はのちに日光定番・日光山守護と称され、日光奉行の元となった。寛文二年(一六六二)の水害や貞享元年(一六八四)の大火の時など、日光で災害があった際には救済に努めている。元禄十一年(一六九八)五月十四日、八十七歳で死去。

参考文献　「附説　梶定良」(『徳川家光公伝』、日光東照宮社務所、一九六一年)、『社家御番所日記』一四(『日光叢書』、日光東照宮社務所、一九七四年)、柴田宜久「大猷院定番梶定良について」(『日光山輪王寺』五三、一九八九年)

(中川　仁喜)

春日局(かすがのつぼね)　一五七九—一六四三

徳川家光の乳母。名はお福《ふく》。父は明智光秀《あけちみつひで》の重臣斎藤利三《さいとうとしみつ》、母は稲葉通明《いなばみちあきら》の女。天正七年(一五七九)生まれ。父利三が山崎の戦いで敗軍して磔に処されたのち、お福は母方の一族に養われて稲葉正成《まさなり》と結婚、三人の男子(正勝《まさかつ》・正定《まささだ》・正利《まさとし》)を儲ける。のち故あって正成とは離別したが、慶長九年(一六〇四)竹千代《たけちよ》(家光)誕生の時、江戸城に出仕して乳母となる。竹千代に献身的に尽くし、徳川秀忠夫妻が弟の国松《くにまつ》(忠長《ただなが》)を寵愛したことから、駿府の徳川家康に竹千代を徳川の正嫡とするよう直訴したともいう。寛永六年(一六二九)十月、お福は後水尾《ごみずのお》天皇から天盃をもらい、春日局の称号を得る。家光の春日への信頼は厚く、家光と老中との間の取次として老中たちにも権勢をふるう存在であった。このように春日が重用された原因には、秀忠正室のお江(崇源院《すうげんいん》)死没後、実質的な江戸城大奥における御台所の不在という事情もあった。というのも、京都の摂関家鷹司《たかつかさ》家から入輿した家光正室の孝子《たかこ》は、江戸城内に別に建てられた「中の丸」に住み、家光に寵愛されることなく空しく年月を送ったという。つまり、家光は乳母である春日に将軍家御台所の役割をも期待しなければならなかった。こうしたなか、春日の夫正成は大名に、子の正勝は老中に出世した。春日はのち出家して麟祥院《りんしょういん》と称し、京都妙心寺《みょうしんじ》に塔頭麟祥院を建立、江戸代官町(東京都千代田区)と春日町(東京都文京区)に屋敷を得、相模国に三千石を領した。寛永二十年九月十四日に死去、湯島天沢寺《てんたくじ》(のち麟祥院、東京都文京区)に葬られる。六十五歳。

参考文献　高木昭作『江戸幕府の制度と伝達文書』(『角川叢書』、角川書店、一九九九年)、長野ひろ子「明治前期におけるジェンダーの再構築と語り―江戸の女性権力者『春日局』をめぐって―」(氏家幹人・桜井由幾・谷本雅之・長野ひろ子編『日本近代国家の成立とジェンダー』、柏書房、二〇〇三年)

(武林　弘恵)

朽木稙綱　(くつきたねつな)　一六〇五―六〇

大名、六人衆。慶長十年(一六〇五)、朽木元綱《もとつな》の三男として近江国朽木(滋賀県高島市)に生まれる。母は田中氏。元和四年(一六一八)、徳川家光に近侍する。同九年七月、家光上洛に供奉し、八月四日に従五位下民部少輔に叙任。同年十一月に千石を拝領。のち寛永二年(一六二五)二月二十八日と十一月にそれぞれ千石の加増を受け、同九年十二月には父の隠居料のうち千百十石を拝領する。この間、同八年五月二十一日、小性組組頭、同十年六月二十九日には書院番頭に転任するなど家光の近習出頭人として台頭する。寛永十二年十一月二十日には小性組番頭に就任するとともに、太田資宗《おおたすけむね》・阿部《あべ》重次《しげつぐ》・酒井忠朝《さかいただとも》・土井利隆《どいとしたか》・三浦正次《みうらまさつぐ》とともに、「六人衆」(のちの若年寄)として幕政へ参画する。同十五年十一月七日に常番士支配を命じられる。同年十二月五日に小性組番頭を辞任し、行政専管となる同十六年には一万石を拝領、正保四年(一六四七)、下野国鹿沼に五千石、慶安二年(一六四九)三月には、三万石の常陸国土浦城主となる。なお、同月には「六人衆」を辞任し鴈間詰となるが、『徳川実紀』慶安二年八月二日の地震の際の登城の制などの記事によれば、依然として幕閣と同様の扱いを受けており、家光側近として政権の重要な地位にいたことがわかる。家光死後の、承応元年(一六五二)十一月朔日には奏者番に就任、三年十二月四日には鷹匠支配。万治三年(一六六〇)十二月十三日に五十六歳で死去。法号雄《ゆう》山良英豪徳院《ざんりょうえいごうとくいん》。菩提寺は芝泉岳寺。妻ははじめ稲葉正成《いなばまさなり》の娘。後室は安藤重長《あんどうしげなが》の娘。

参考文献 『新訂寛政重修諸家譜』七(続群書類従完成会、一九六五年)、北原章男「朽木稙綱と家光期の幕閣」(『史叢』一六、一九七二年)、小池進『江戸幕府直轄軍団の形成』(吉川弘文館、二〇〇一年)

(種村 威史)

鴻池幸元 (こうのいけゆきもと) 一五七〇—一六五〇

豪商鴻池家の始祖。新右衛門。家伝によると元亀元年(一五七〇)十二月に遠祖山中鹿之介幸盛《やまなかしかのすけゆきもり》の子として生まれる。摂津国川辺郡鴻池村(兵庫県伊丹市)で成長し、十五歳で元服した。濁り酒の行商をし、慶長年間(一五九六—一六一五)に鴻池村で清酒の醸造を始める。鴻池屋と称して酒の製法の改良に努めた。慶長四年には陸路による清酒の江戸積みを始め、陸路だけでは需要を満たせなかったため、大坂から江戸まで海上運送を用いた。慶長十九年、『子孫制詞条目』を制定した。元和五年(一六一九)、大坂内久宝寺町(大阪府大阪市中央区)に店舗を設けて醸造や酒販売を行う。寛永二年(一六二五)、海運業を開始し、営業の清酒を運送するかたわら、物資輸送を行なった。諸藩が大坂に設けた蔵屋敷への米穀も鴻池に委託され、参勤交代の荷物も引き受けた。また寛永年間(一六二四—四四)には大名貸しを開始する。正保三年(一六四六)に剃髪して法名を一翁宗円と称した。慶安三年(一六五〇)十二月五日、八十一歳で死去。鴻池村の菩提寺慈眼寺の本寺である池田(大阪府池田市)の大広寺に葬られた。

参考文献 宮本又次『鴻池善右衛門』(『人物叢書』、吉川弘文館、一九五八年)、作道洋太郎『近世封建社会の貨幣金融構造』(塙書房、一九七一年)

(田中 信行)

近衛信尋 (このえのぶひろ) 一五九九—一六四九

堂上公家、関白。後陽成天皇第四皇子。母は中和門院(近衛前久《さきひさ》女、前子)。慶長四年(一五九九)五月二日生まれ。伯父である近衛信尹《のぶただ》の養子となる。元和九年(一六二三)関白宣下、寛永六年(一六二九)に辞職しているが朝幕間の諸交渉に深く関与した。寛永文化の担い手の一人であり、特に書は養父信尹による三藐院流《さんみゃくいんりゅう》を継承した。正保二年(一六四五)出家し応山と号す。慶安二年(一六四九)十月十一日死去。五十一歳。日記として『本源自性院記』が遺されており朝幕関係や朝廷内部の動向が把握できる。

参考文献 『公卿補任』(『新訂増補国史大系』、吉川弘文館、一九六五年)、『本源自性院記』(『史料纂集』、続群書類従完成会、一九七六年)、熊倉功夫『寛永文化の研究』(吉川弘文館、一九八八年)、野村玄『日本近世国家の確立と天皇』(清文堂出版、二〇〇六年)
(西村慎太郎)

酒井忠勝 (さかいただかつ) 一五八七―一六六二

老中・大老。天正十五年(一五八七)、三河国西尾《にしお》に酒井忠《ただ》利《とし》の長男として生まれる。はじめ鍋之助《なべのすけ》、のち与四郎《よしろう》。母は鈴木重直の娘。妻は松平親能の娘。慶長五年(一六〇〇)に徳川秀忠の信州上田城攻撃に供奉。同十四年に従五位下讃岐守に叙任、元和六年(一六二〇)徳川家光に付属し西丸入り。同八年に七千石の加増を受け一万石を知行、武蔵国深谷《ふかや》城に居住し、父の職務を助ける。寛永元年(一六二四)に老中に就任。同三年十一月には武蔵国忍城にて二万石の加増。同四年には父の遺領三万石を拝領し計八万石を知行し、武蔵国川越城に移住。同九年には武蔵国内で二万石の加増があり、従四位下侍従に叙任する。秀忠の死去後、酒井忠世《ただよ》・土井利勝《どいとしかつ》とともに幕閣の中心となり、寛永十一年の忠世の失脚後は、土井とともに新たに台頭した松平信綱《まつだいらのぶつな》・阿部忠秋《あべただあき》・堀田正盛《ほったまさもり》の新参譜代衆の上位に立ち家光政権初期の幕政を主導した。同年に若狭一国と越前国敦賀など十一万三千五百石を拝領し、小浜城に居住する。同十三年正月には下野国内一万石が在府領として加増され計十二万三千五百石となる。なお、忠勝は幕府の要職にあったため、小浜城拝領後から明暦二年(一六五六)に致仕するまで、入国は計四度のみである。この内、寛永十三年は小浜城天守閣造営にかかわるもの、同十九年は全国的に飢饉が深刻化する中、領内に飢饉対策を講じるためのものである。同十五年十一月の幕政機構改革にあたり、土井利勝とともに、細務の赦免と朔日と十五日のみ登城し大政に参画することを命じられる。これをもって、土井利勝と酒井忠勝は「大老」として政治中枢より棚上げにされたという評価がされてきたが、少なくとも忠勝については、重要案件についての奉書・加判や申渡しへの列座は史料から確認でき、従来の評価はあたらない。家光死去後、保科正之《ほしなまさゆき》・井伊直孝《いいなおたか》などとともに家綱の初政を支えた。万治三年(一六六〇)に剃髪し空印《くういん》と号す。寛文二年(一六六二)七月二十六日に死去。七十六歳。江戸牛込の長安寺《ちょうあんじ》に埋葬されたが、大正十三年(一九二四)には小浜の空印寺《くういんじ》に改葬される。法名は傑伝長英《けつでんちょうえい》空印寺。

参考文献 『新訂寛政重修諸家譜』二(続群書類従完成会、一九六五年)、藤井譲治『江戸幕府老中制形成過程の研究』(校倉書房、一九九〇年)、『小浜市史』通史編上(一九九二年)、小池進『江戸幕府直轄軍団の形成』(吉川弘文館、二〇〇一年)
(種村威史)

酒井忠朝（さかいただとも）　一六一九―六二

大名、六人衆。元和五年（一六一九）に酒井忠勝《ただかつ》の長男として生まれる。母は松平親長《まつだいらちかなが》の娘。通称隼人。寛永八年（一六三一）十二月二十八日に従五位下備後守に叙任。同十二年十月二十九日に土井利隆とともに小性組番頭に就任し、太田資宗《おおたすけむね》・三浦正次《みうらまさつぐ》・阿部重次《あべしげつぐ》・土井利隆《どいとしたか》・朽木稙綱《くつきたねつな》とともに「六人衆」（のちの若年寄）として家光政権に参画する。同十五年には免職。慶安二年（一六四九）九月に、父忠勝の進言により、嫡男を弟忠直に譲る。のち、父忠勝の勘気を受けて蟄居。寛文二年（一六六二）三月二十四日、安房国平《へい》郡市部《いちぶ》村（千葉県南房総市）で、四十四歳にて死去。法号は独立葉山用雲院大居士。菩提寺は若狭国小浜の建康寺。室は松平定行《さだゆき》の娘。

参考文献　『新訂寛政重修諸家譜』二（続群書類従完成会、一九六五年）、『鋸南町史』通史編（改訂版、一九九五年）

（種村　威史）

島田利正（しまだとしまさ）　一五七六―一六四二

江戸時代前期の町奉行。通称兵四郎、治兵衛。天正四年（一五七六）島田重次《しげつぐ》の次男として生まれる。母は多田慶忠の娘。慶長五年（一六〇〇）、関ヶ原の戦いでは徳川秀忠に従軍し、信州上田城攻に参加。同九年に使番、同十三年徒士を預かる。同十八年に江戸の町奉行に就任し、寛永八年（一六三一）の辞職まで、長期に渡って江戸町奉行を勤めた。なお、町奉行という職名の呼称は、利正と米津勘兵衛田政の就任時がはじめてという。寛永二年正月に従五位下弾正忠に叙任。しかし、寛永八年に町奉行を辞職し、同十四年に家督を継ぐ。寛永十二年に徳川家光の許可を得て剃髪し、幽也を名乗る。寛永十八年には、それまでの五千石に三千石を加増し計八千石となり、知行地を武蔵国入間・比企両郡内に移す。実務に熟練することから、剃髪後も、たびたび重要な会議に呼ばれたようである。中でも、有名なのは、寛永十七年より同二十年にかけて起こった寛永飢饉の時である。被害が深刻化する中、家光は飢饉対策にあたるメンバーを組織したが、その際、老中や畿内「八人衆」、江戸町奉行らとともに、利正もこれに加えた。理由は、飢饉の影響による都市流入難民への対応のために、江戸市政に熟練した利正の力を求めたためである。しかし、多忙な業務の中で、利正は過労のためか病に臥し、寛永十九年九月十五日に六十七歳で死去する。法名幽也。

参考文献　『新訂寛政重修諸家譜』五（続群書類従完成会、一九六五年）、所理喜夫「町奉行」（西山松之助編『江戸町人の研究』四、吉川弘文館、一九七五年）、『徳川実紀』三（『新訂増補国史大系』、吉川弘文館、一九八一年）

（種村　威史）

末次平蔵（すえつぐへいぞう）　?―一六二一

江戸時代初期の朱印船貿易商、長崎代官。平蔵政直。末次久四郎興善の子として生まれる。末次家は博多に一家、長崎に一家ある。元亀二年（一五七一）長崎開港とともに久四郎興善が移住し町の建設に尽力し、その一町に興善町の名がつく。平蔵政直は朱印船貿易を営む一方で町乙名《まちおとな》を務めた。元和五年（一六一九）、末次家の使用人で長崎代官の村山等安《むらやまとうあん》の一族が処刑されると長崎代官となり、以後代々代官を務めた。平蔵政直は幕府の外交にも関与し、支配下の町々より多額の地子銀を徴収し、貿易以外にも産を築いた。代官交代の背景には村山等安が当初、ポルトガル船の生糸貿易に絶大な力を有したイエズス会から離反し、ドミニコ会などのイスパニア系宣教師に接近したことによる平蔵政直とイエズス会側の反発があった。貿易面では安南（ベトナム中部）・台湾に力を入れ、特に中国人密貿易商から生糸や絹織物を入手できる台湾での貿易に力を入れたために、植民地化を進めつつあったオランダとの競合が起こり、浜田弥兵衛事件に至る。この事件は、幕府の権力確立過程にあって、朱印状が毀損されるという深刻な外交問題へと発展した。元和七年死去。末次家の墓所は、子孫が代々禅宗に深く帰依したため京都建仁寺の両足院・春徳寺境内に設けられた。

参考文献　川島元次郎『朱印船貿易史』（巧人社、一九四二年）、森永種夫『犯科帳―長崎奉行の記録―』（『岩波新書の江戸時代』、岩波書店、一九九三年）　（橋本　賢一）

鈴木正三（すずきしょうさん）　一五七九―一六五五

仏教思想家。徳川家の家臣として天正七年（一五七九）三河国加茂郡に、則定《のりさだ》城主鈴木重次の長子として生まれる。通称は九太夫、号を玄々軒。関ヶ原の戦いや大坂冬の陣で武功を立て、二百石取りの幕臣として仕える。若い時から仏教に傾倒し信仰をあつくしていたが、元和六年（一六二〇）、四十二歳で出家し諸国参禅の後、三河国に石平山恩真寺を開く。島原の乱の後に、天草へ赴き仏教によってキリシタン宗門の改宗を説いた。明暦元年（一六五五）六月二十五日没。七十七歳。著述は平易な仮名書きでかかれたもので、『万民徳用』『盲安杖《もうあんじょう》』『破吉利支丹』、門人の恵中が筆記した『驢鞍橋《ろあんきょう》』などがある。

参考文献　三浦雅彦「儒者からの儒仏一致論の成立―一八世紀徳川思想史の知識人論的考察―」（『比較思想研究』二九、二〇〇二年）、神谷満雄・寺沢光世編集・校注『鈴木正三全集』（鈴木正三研究会、二〇〇六・〇七年）　（綱川　歩美）

曾我古祐（そがひさすけ）　一五八六―一六五八

幕臣。天正十四年（一五八六）、曾我尚祐《なおすけ》の長男として生まれる。通称又左衛門《またざえもん》。慶長六年より徳川秀忠に仕える。大坂の陣では、軍令違反により譴責を受ける。寛永三年(一六二六)に遺跡を継ぎ、上総国海上《うながみ》郡のうちで千石を知行する。のち、使番、目付、長崎奉行に就任。父尚祐よりの曾我流書札礼継承者でもある古祐は、時期は不明ながら徳川家光の命により久保正元《くぼまさもと》に故実伝授する。寛永十一年七月二十九日、大坂町奉行に転任、与力十五騎、同心五十人を与えられる。のち明暦四年(一六五八)三月十九日の辞職まで長く勤務する。その後千石加増、寛永十五年十二月、従五位下丹波守に叙任。万治元年(一六五八)四月二十一日、大坂において七十三歳で死去。法名是聖《ぜせい》。菩提寺は浅草海禅寺。最初の妻は小笠原光正《おがさわらみつまさ》の娘、後妻は彦坂光正《ひこさかみつまさ》の娘。

参考文献 『新訂寛政重修諸家譜』九(続群書類従完成会、一九六五年)

(種村 威史)

祖心尼(そしんに) 一五八八―一六七五

大奥取締。名はおなあ(阿能、奈)。父は伊勢国岩出城主牧《まき》村利貞《むらとしさだ》、母は稲葉一鉄《いなばいってつ》の次男重通《しげみち》の娘。天正十六年(一五八八)生まれ。父利貞は朝鮮よりの帰国の船中で病没したため、幼いおなあは加賀の領主前田利家《まえだとしいえ》に預けられ、成長後に一族の小松城主前田長種《まえだながたね》の嫡男直知《なおとも》に嫁し二子を儲ける。しかし、故あって離縁となり父利貞の菩提所であり、父の弟一宙和尚《いっちゅうおしょう》が住職を務める京都花園妙心寺《はなぞのみょうしんじ》の塔頭雑華院《ざつけいん》に身を寄せ、禅学仏道の修行をする。慶長十三年(一六〇八)、二十一歳で会津蒲生《がもう》家の重臣町野幸仍《まちのゆきより》の嫡男幸和《ゆきかず》に再嫁するが、寛永四年(一六二七)蒲生家断絶により幸和は家禄を失い江戸に出る。おなあは、義理の叔母にあたる春日局《かすがのつぼね》を頼り、幸和は幕府百人組頭五千石の旗本に新規召し出される。のち、おなあは春日局の推挙により江戸城大奥に上がって禅学を講じ、一時徳川家光の不審をかう。しかし疑いは晴れ、剃髪して祖心と名乗り再び大奥に出仕し、春日局の死後は大奥取締の後任を務め、表の大老酒井《さかい》讃岐守忠勝《ただかつ》に比べて「奥讃岐《おくさぬき》」ともよばれた。また、会津以来旧知の兵学者山鹿素行《やまがそこう》が幕府に取り立てられるよう働きかけもしている。祖心は、幸和との間の娘たあが儲けた孫娘である振《ふり》の局を養女とし、家光の側室に上がらせている。家光の信任を得た祖心は、正保三年(一六四六)牛込榎町(東京都新宿区)に一万五千坪をもらい済松寺《さいしょうじ》を建立。家光死去に伴い隠棲し、延宝三年(一六七五)三月十一日に死去、同寺に葬られる。八十八歳。

参考文献 山鹿光世『山鹿素行』(原書房、一九八一年)

(武林 弘恵)

沢庵宗彭(たくあんそうほう) 一五七三―一六四五

江戸時代前期の臨済宗大徳寺派の僧。俗姓は秋庭氏。天正元年(一五七三)十二月一日但馬国出石(兵庫県豊岡市)に生まれる。同十四年宗鏡寺山内勝福寺の希《き》先秀先《せんしゅうせん》について受戒し、秀喜《しゅうき》と名乗った。希先寂後は董甫紹仲《とうほしょうちゅう》に随い上洛、大徳寺三玄院の春屋宗園《しゅんおくそうえん》を拝して法諱を宗彭と改めた。大徳寺・南都・泉南大安寺を歴学した。慶長九年(一六〇四)堺の陽春寺一凍《いっとう》紹滴《しょうてき》から沢庵の道号を付与された。同十二年大徳寺の第一座となり、徳禅寺・和泉南宗寺を歴住した後、同十四年大徳寺の百五十三世に出世した。元和二年(一六一六)故郷の宗鏡寺を復興して泉南に帰り、南宗寺も復興した。奈良や京都に閑居の後、元和六年宗鏡寺の後山に投淵軒を建てて庵居した。寛永三年(一六二六)幕府は大徳・妙心両寺の奉勅出世を禁止したが沢庵は随わず、古法先規を幕府に提出した。そのため同六年沢庵は玉室宗珀《ぎょくしつそうはく》・江月宗玩《こうげつそうがん》とともに江戸に召喚され、寺法を説いて弁明するも許されず、玉室は奥州棚倉に、沢庵は羽州上山に配流された(紫衣事件)。天海などの歎願により同九年には赦免、寛永十一年六月大徳寺に帰り、七月二条城で徳川家光に謁し、八月には上皇に法を説き、九月には和泉祥雲寺の初祖となった。翌年幕府の命で江戸に下り、柳生宗《やぎゅうむね》矩《のり》の麻布別邸に仮寓した。寛永十三年七月玉室・江月とともに江戸城で宗旨を説いた。寛永十五年家光の命で品川東海寺が創建され、柳生宗矩も大和小柳生に芳徳寺を創建して開山に迎えた。家光は江戸城内に休憩のための館を建てるとともに、みずから東海寺に出駕して宗要を聞いた。正保二年(一六四五)十二月十一日に東海寺で寂した。享年七十三、法臘五十七。東海寺後山に葬る。

参考文献　『江戸の名僧沢庵宗彭』(品川区立品川歴史館、一九八六年)、『沢庵和尚全集』(日本図書センター、二〇〇一年)

(中川　仁喜)

天海(てんかい)　一五三六―一六四三

江戸時代前期の天台僧。南光坊と号する。天文五年(一五三六)会津高田の生まれで蘆名氏支族の出自といわれる。会津黒川稲荷堂の弁誉舜幸《べんよしゅんこう》のもとで得度、随風《ずいふう》と名乗る。十四歳で遊学し、宇都宮粉河寺皇舜《こうしゅん》に師事、十八歳で比叡山に登り神蔵寺実全《じつぜん》に師事した。以来各地を遊学、織田信長の叡山焼き討ちの際は甲府の武田信玄に身を寄せる。天正元年(一五七三)黒川稲荷堂別当となり、その間に上野国世良田《せらだ》長楽寺で宣海《せんかい》豪春《ごうしゅん》を拝して葉上流灌頂大阿闍梨位についた。天正十八年常陸国江戸崎不動院に入寺、慶長八年(一六〇三)下野久下田の新宗光寺を兼帯、さらに長沼宗光寺を復興した。この前後に名を天海に改めている。慶長十二年比叡山南光坊に入り再興につとめた。慶長十七年に武蔵国仙波喜多院に入院、同十八年に徳川家康から下野国日光山の貫主を命じられた。天海は御前論義や教義伝授を通じて家康の信任を得ており、元和二年(一六一六)駿府で家康が死去すると徳川家の祭祀権を掌握、日光東照社の造営に着手した。翌年久能山から日光山への東照大権現遷座に際しては指揮をとった。各地の東照社遷座で導師をつとめ、一方で天台宗の権益拡大にも尽力した。寛永二年(一六二五)江戸上野に東叡山寛永寺円頓院を創建し、天台宗支配を強化した。十四年から寛永寺で一切経を開板、多くの書籍も蒐集し、「天海蔵」と呼ばれ現存する。初代家康・二代秀忠・三代家光にわたって帰依を受けた。朝廷に対する影響力も大きく、朝幕間の仲介役もつとめた。晩年は比叡山諸堂の再興・日光山の造替・長楽寺の天台化などをこなし、寛永二十年十月二日、寛永寺本覚院で死去。百八歳。日光山に葬送され、寛永寺・喜多院・比叡山坂本にも廟堂が建立された。慶安元年(一六四八)慈眼大師号が宣下された。

参考文献　『慈眼大師全集』(寛永寺、一九一六年)、『天海僧正と東照権現』(栃木県立博物館、一九九四年)、圭室文雄編『天海・崇伝—政界の導者—』(『日本の名僧』一五、吉川弘文館、二〇〇四年)、宇高良哲『南光坊天海の研究』(青史出版、二〇一二年)

(中川　仁喜)

土井利隆(どいとしたか)　一六一九—八五

大名、六人衆。元和五年(一六一九)に土井利勝《としかつ》の長男に生まれる。母は某氏。嫡母に養われる。寛永七年(一六三〇)十二月六日に従五位下遠江守に叙任。同十二年十月二十九日酒《さか》井《い》忠朝《ただとも》とともに小性組番頭となり、酒井・太田資宗《おおたすけむね》・三浦正《みうらまさ》次《つぐ》・阿部重次《あべしげつぐ》・朽木稙綱《くつきたねつな》とともに「六人衆」(のちの若年寄)として幕政に参画し、旗本を支配した。同十五年十一月七日に免職。正保元年(一六四四)九月朔日に父利勝の遺領を継ぎ、下野国古河《こが》城主となり十三万五千石を領す。うち五千石は弟利直《としなお》に分知する。慶安元年(一六四八)正月の秀忠十七回忌法会の奉行を、同三年二月五日には江戸城西丸石垣普請などを勤める。万治元年(一六五八)隠居。貞享二年(一六八五)二月二十八日に六十七歳で死去する。法号は憲誉直到感覚照院。菩提寺は浅草誓願寺。妻は松平信綱《まつだいらのぶつな》の娘。

参考文献　『新訂寛政重修諸家譜』五(続群書類従完成会、一九六五年)

(種村　威史)

内藤信正(ないとうのぶまさ)　一五六八—一六二六

大名。永禄十一年(一五六八)、内藤信成の長男として三河国に生まれる。母は栗生長勝の娘。通称弥七郎。徳川家康に従い数々の陣に従軍。天正十四年(一五八六)に大番頭となる。文禄四年(一五九五)三月、従五位下紀伊守に叙任。慶長五年(一六〇〇)関ヶ原の戦いでは、父信成とともに伊豆国韮山城守備、近江国佐和山城受取などを勤める。某年に襲封。同十九年の大坂冬の陣では長浜城、元和元年（一六一五）の夏の陣では、摂津国尼崎城と要所の守備に勤めた。同年閏六月には摂津国高槻城主、元和三年には伏見城代となり、一万石の加増をうけ計五万石を知行する。同五年八月に大坂城代となった。なお、翌年九月には徳川秀忠が大坂城を巡視し、同城再築を命じている。寛永二年（一六二五）十二月には領地を近江国内などに改める。同三年四月二十八日に重病のため大坂城にて五十九歳で死去。法号は本誉善寿宗誉光院。妻は石川康通の娘。

参考文献　『新訂寛政重修諸家譜』一三（続群書類従完成会、一九六五年）、『新修大阪市史』三（一九八九年）

（種村　威史）

中根正盛（なかねまさもり）　一五八八―一六六五

徳川家光の側近。天正十六年（一五八八）に生まれる。実父、近藤正則の次男として生まれ、のち、中根正時の養子になったという。母は平岩親吉《ひらいわちかよし》の娘。徳川秀忠に拝謁し、のち小性、大番を勤める。寛永二年（一六二五）に秀忠より相模国内で二百二十石を拝領。同九年小納戸に転任し、新恩百八十石、同十一年に四百石の加増、十二年に御側となり、家光と大名との取次を勤めるとともに、家光の耳目として評定所、諸大名を監察した。そのため、正盛には与力（国目付）二十二騎が付属された。当時、正盛の出頭ぶりが「無二比類一出頭故、威勢つよく、奥向にては老中も手をつきあひさつ」（『寛永小説』）するほどの権勢と評価されたのも、かかる職掌に由来するものである。家光が側近正盛に対し、正式な監察機構（大目付）とは別な監察機能を付与したのは、当時確立しつつあった幕政機構の独走に歯止めをかけ、将軍が政治状況から遊離することを防ぐためのものであったと考えられる。同十五年正月朔日には従五位下壱岐守に叙任、同年四月に千石と翌十六年六月に二千石、十七年四月にも二千石の加増があり、計五千石を知行する。同年十一月十四日には宿直勤務が免除された。同二十年十月七日に、後光明《ごこうみょう》天皇即位にあたり京都へ使いとして出張したのをはじめ、のち京、大坂、若狭国小浜へも出張する。明暦元年（一六五五）八月三日に致仕し、寛文五年（一六六五）十二月二日に、七十八歳で死去。法名は幽仙《ゆうせん》。菩提寺は知行地内の橘樹《たちばな》郡菅《すげ》村（神奈川県川崎市）の福昌寺。妻は大橋氏の娘。

参考文献　『新訂寛政重修諸家譜』一四（続群書類従完成会、一九六五年）、北原章男「家光政権の確立をめぐって」（森泰彦・大舘右喜編『論集日本歴史』七、有精堂出版、一九七三年）、深井雅海『徳川将軍政治権力の研究』（吉川弘文館、一九九一年）

（種村　威史）

日野資勝（ひのすけかつ）　一五七七―一六三九

堂上公家、正二位権大納言、武家昵近衆。日野輝資《てるすけ》男。天正五年（一五七七）生まれ。慶長十九年（一六一四）正月十一日権大納言任官。後水尾天皇が内慮伺いをせずに譲位し、武家伝奏中院通村が罷免されたことにより寛永七年（一六三〇）九月十五日に武家伝奏就任。寛永十六年六月十五日に六十三歳で死去するまで務めた。立花の名人であり椿の栽培を行なって「日野椿」の品種を生んだ。日記『資勝卿記』（原題『凉源院殿御記』）が遺されている。

参考文献 『公卿補任』（『新訂増補国史大系』、吉川弘文館、一九六五年）、平井誠二「武家伝奏の補任について」（『日本歴史』四二二、一九八三年）、熊倉功夫『寛永文化の研究』（吉川弘文館、一九八八年）、野村玄『日本近世国家の確立と天皇』（清文堂出版、二〇〇六年）　（西村慎太郎）

細川忠利（ほそかわただとし）　一五八六―一六四一

大名。天正十四年（一五八六）、細川忠興《ただおき》の三男として生まれる。幼名光。内記。母は明智光秀の娘玉。妻は小笠原秀政の娘で徳川秀忠養女の千代姫。慶長五年（一六〇〇）正月十五日、証人として江戸に赴いた際、秀忠より一字を拝領し忠利に改名。同九年八月兄忠隆・興秋を差し置いて忠興の嗣子となる。同十年に従五位下侍従に任官。同十四年三月には秀忠養女千代姫を娶る。同十九年の大坂の陣では秀忠に従軍。元和六年（一六二〇）閏十二月家督を相続する。寛永三年（一六二六）八月には従四位下少将に昇進。同九年加藤忠広改易後、五十四万石の大国肥後を拝領し熊本城に入った。忠利は、まず加藤氏の遺臣を召抱えた。ついで郷村支配のために広域的地域行政制度の手長制《てながせい》を施行し、都市政策のために特別町政町である五ヶ町（高瀬・熊本・川尻・高橋・八代）を設置した。また、人畜改《じんちくあらた》めと地撫検地《じなしけんち》を実施し、それぞれ、領内の人別・棟数・牛馬数と土地生産力を把握する一方で、小物成運上の銀減など農民生活の安定を図った。忠利は、熊本藩の領国支配に取り組む一方で、父忠興と同様、自家と幕府との関係を安定的なものとするために積極的に幕府要人と交流し、情報収集に意を払った。また、忠利は、寛永十一年に参勤交代制やキリシタン改めの強化案を永井直清《ながいなおきよ》・酒井忠勝《さかいただかつ》・堀田正盛《ほったまさもり》を介して徳川家光に献策しており、結果、前者は翌十二年発布の『武家諸法度』第二条に、後者については十二年十一月実施の全国的宗門改めに結実している。これは、家光の忠利に対する信頼があればこそで、忠利の外交努力の成果といえる。寛永十四年の天草・島原の乱に際しては、早速下国し、従軍大名中では最大の二万八千六百人の軍勢を動員し、幕府へ忠誠を示した。なかでも家臣の陣佐左衛門は乱の首領天草四郎時貞を討ちとっている。寛永十八年三月十七日、熊本にて五十六歳で死去。なお、家光は、忠利死去に際し、細川家は「御譜代同前」と伝えて弔意を表している。法名妙解院殿《みょうげいんでん》雲宗伍居士《うんしゅうごこし》。菩提寺は熊本の妙解寺《みょうげじ》。

参考文献　石田晴男他編『綿考輯録』四―六(『出水叢書』四―六、出水神社、一九八九・九〇年)、吉村豊雄『近世大名家の権力と領主経済』(清文堂、二〇〇一年)、山本博文『江戸城の宮廷政治―熊本藩細川忠興・忠利父子の往復書状―』(『講談社学術文庫』、講談社、二〇〇四年)

(種村　威史)

堀田正盛　(ほったまさもり)　一六〇八―五一

徳川家光期の老中。慶長十三年(一六〇八)十二月十一日、旗本堀田正吉の長男として江戸で生まれる。幼名は三四郎。生母は稲葉正成の女。元和六年(一六二〇)、徳川秀忠の子家光に拝謁し側近となる。同九年、相模国十箇市八朔に七百石を賜る。同年従五位となる。寛永二年(一六二五)相模国恩田・常陸国北条などを加増され五千石となる。同三年小性組三十騎番頭となり、上野国のうち五千石を加増され合計一万石の大名となる。同十年、老中並となる。松平信綱・阿部忠秋・三浦正次・太田資宗・阿部重次らとともに六人衆と呼ばれる。同年甲斐国のうち五千石加増。同十一年、従四位下となる。同十二年、武蔵国川越藩三万五千石の城主となる。同十三年小性頭を免ぜられる。同十五年、老中職をゆるされ、信濃国松本藩十万石の城主となる。致仕後も幕政に参与する。同十九年、下総国佐倉藩に転封、一万石加増され十一万石となる。慶安四年(一六五一)四月二十日、三代将軍家光の後を追い、殉死。臨終の席において五人の息子を呼び、徳川家綱に忠義を励むよう遺言し、辞世の和歌「行方は暗くもあらじ時を得て浮き世の夢の曙の空」を遺す。享年四十四。上野現龍院に埋葬され、日光東照宮にも墓碑が建つ。法号は玄性院。

参考文献　藤井譲治『江戸幕府老中制形成過程の研究』(校倉書房、一九九〇年)、根岸茂夫『近世武家社会の形成と構造』(吉川弘文館、二〇〇〇年)

(小川　和也)

本阿弥光悦　(ほんあみこうえつ)　一五五八―一六三七

桃山時代から江戸時代前期に活躍した芸術家。書画・陶芸・漆芸に秀でた。永禄元年(一五五八)京都の富商に生まれる。元和元年(一六一五)大坂夏の陣の後、師匠古田織部の自刃の見返りか、二条城で徳川家康より鷹ヶ峰(京都市北区鷹ヶ峰)を賜り、開発地主的境遇を得る。また、加賀藩前田家より二百石を受け、鷹ヶ峰に法華宗寺院四ヵ所を建立して芸術活動を行なった。寛永二年(一六二五)に急死した宗家十代光室に代わり江戸へ下向し将軍徳川家光に拝謁するも、下総国正中山法華寺を参詣し早々に帰京する。書は近衛《このえ》信尹《のぶただ》・松花堂《しょうかどう》昭《しょう》乗《じょう》とともに寛永の三筆といわれる。寛永十四年二月三日に没する。八十歳。墓所は光悦寺（京都市北区鷹峯光悦町）。

参考文献　林屋辰三郎「光悦の人と時代」（『日本史論聚』五、岩波書店、一九八八年）、正木篤三『本阿弥行状記と光悦』（中央公論美術出版、一九九三年）

（川上　真理）

牧野親成（まきのちかしげ）　一六〇七―七七

大名、京都所司代。慶長十二年（一六〇七）に牧野信成《のぶしげ》の長男として生まれる。母は土岐定政《ときさだまさ》の娘。通称半右衛門。親成の誕生した年、徳川秀忠・家光の牧野邸来訪があり、そこで御目見。のち家光に仕え、小性を勤める。寛永九年（一六三二）十二月六日、従五位下佐渡守に叙任。のち、膳番、徒頭、書院番頭へと転任。正保元年（一六四四）三月十八日には四千石の加増、父信成の旧地石戸で計五千石を知行する。同四年十一月二十六日に襲封し、下総国関宿藩主となる。承応二年（一六五三）九月十八日、書院番頭を許され、徳川家綱の側役に就任。牧野などの側役は、交代で宿直し家綱の側向の御用を勤める一方で、大名や評定所の監察など家綱の耳目の役割も果たした。同三年十一月、老齢の京都所司代板倉重宗《いたくらしげむね》の補佐役として上洛。十二月、重宗辞職に伴い、正式に所司代就任。明暦元年（一六五五）二月、侍従に任官。翌年正月には従四位下に叙任するとともに、関宿より摂津・河内両国内二万二千六百石の知行に転じる。親成の所司代政治の特徴は、明暦元年十一月の「九ヵ条」の定、翌二年正月の町年寄に関する規定にみえるように、京都の町の主体性と自治性を尊重した上で、幕府の京都支配を浸透させたことにある。特に「九ヵ条」の定は、板倉重宗の「二十一ヵ条」の制法とともに、幕府の京都支配の基本法典として後世に継承された。親成は、所司代在任中、数度辞職を申請しているが、そのつど、家綱よりの慰留を受けていることからもわかるように、家綱の信頼の厚い、優れた所司代であった。寛文八年（一六六八）五月十六日に辞職。同時に二千四百石の加増、丹後国田辺城を拝領し、家綱より築城の命を受ける。延宝元年（一六七三）に隠居。哲山と号する。五年九月二十三日、七十一歳で死去。法号は方誉善朗哲山。菩提寺は武蔵国足立郡鴻巣（埼玉県鴻巣市）勝願寺。妻は酒井忠勝《さかいただかつ》の養女。

参考文献　『新訂寛政重修諸家譜』六（続群書類従完成会、一九六五年）、鎌田道隆『近世都市・京都』（『季刊叢書日本文化』四、角川書店、一九七六年）

（種村　威史）

松平忠直（まつだいらただなお）　一五九五―一六五〇

江戸時代前期の越前国福井藩主。文禄四年（一五九五）六月十日下総国結城（『徳川諸家系譜』は摂津国東成《ひがしなり》郡生魂《いくたま》邸（大阪

府大阪市）とする）において誕生。父は越前国福井藩主結城秀康（徳川家康次男）、母は中川一茂妹岡山。幼名国丸（また国若丸・永吉丸とも）。慶長十一年（一六〇六）三月三日元服、二代将軍徳川秀忠より偏諱を賜り忠直と称し、従四位下右近衛権少将に叙任、三河守を兼ねる。同十二年閏四月八日父秀康の死去により同年閏四月二十七日家督相続。同十四年将軍秀忠三女勝姫と婚姻。同十六年三月二十日従四位上左近衛権少将に叙任。同十七年起こった家中を二分対立した久世騒動（越前騒動・自休騒動とも）により幕府の裁許を受け、以後家老本多《ほんだ》富正《とみまさ》に「国中仕置」に尽力するように命じた。またこの騒動に関連し、同十八年には付家老として本多成重《なりしげ》が幕府より付属させられ、同国丸岡城四万石を領した。同十九年・翌元和元年（一六一五）の大坂の両陣では越前勢が大坂城一番乗りを果たし、首級三千七百五十を挙げた。同年六月十九日従三位参議に叙任。同三年越前守を称した。しかし大坂の両陣による恩賞の不満などから参勤を怠るなどの不行跡が目立つようになり、同九年五月豊後国大分郡萩原《はぎわら》（大分県大分市）に賄料五千石が与えられ（のち同国同郡津守《つもり》村（大分市）に移る）配流となった（隠居とする説もある）。豊後国に配流となる直前には敦賀にしばらく滞在、同地で薙髪し一伯と号した。慶安三年（一六五〇）九月十日同地において没し、同国府内生石《いくし》村（大分市）見仏山西巌院浄土寺に葬られた。法名は西巌院殿前越前太守源三位相公相誉蓮友大居士。五十六歳。

参考文献　『徳川諸家系譜』四（続群書類従完成会、一九八四年）、『福井県史』通史編三（一九九四年）、『福井市史』通史編二（二〇〇八年）

（田中　丈敏）

松平信綱（まつだいらのぶつな）　一五九六―一六六二

江戸幕府の老中。武蔵国忍藩や川越藩などの藩主を務めた。慶長元年（一五九六）十月三十日代官の大河内久綱《おおこうちひさつな》の長男として生まれる。慶長六年叔父の松平正綱《まさつな》の養子となり、同九年七月十七日に徳川家光が生まれると、同月二十五日にはその小性を命じられた。以後家光の死去まで四十七年間彼の側に仕えることになる。元和六年（一六二〇）の元服ののち、采地五百石を賜り、同九年六月小性組番頭として三百石加増され、同年七月家光の将軍宣下に伴う上洛に供奉し、従五位下伊豆守に叙任される。その後も加増をうけ、寛永十年（一六三三）五月には阿部忠秋《あべただあき》・堀田正盛《ほったまさもり》とともに、老中を命じられ、武蔵国忍城三万石を賜った。老中としてさまざまな政務にあたるとともに、同十四年に起きた肥前国島原領でのいわゆる島原の乱では直接指揮をとり、同十六年正月に三万石を加増され、武蔵国川越に入封した。慶安四年（一六五一）家光が死去し、老中の阿部重次《あべしげつぐ》・堀田正盛らが殉死する中、阿部忠秋とともに幼い徳川家綱を補佐し、慶安事件や明暦の大火など筆頭老中として政務を果たした。寛文二年(一六六二)三月十六日死去し、武蔵国平林寺に葬られた。六十七歳。藩政に注目すると、武蔵野新田の開発、大火後の川越城下町の再建、新河岸川改修による舟運の開始と河岸場の建設、現在も続く川越祭など、信綱が川越藩政に与えた業績は計り知れない。

参考文献　大野瑞男「近世前期譜代藩領農村の特質―川越領を中心に―」(宝月圭吾先生還暦記念会編『日本社会経済史研究』近世編、吉川弘文館、一九六七年)、同『松平信綱』(『人物叢書(新装版)』、吉川弘文館、二〇一〇年)、川越市立博物館編『智恵伊豆　信綱―松平信綱と川越藩政―』(川越市立博物館、二〇一〇年)

（宮原　一郎）

松平乗寿（まつだいらのりなが）　一六〇〇―五四

大名、老中。慶長五年(一六〇〇)、松平家乗《いえのり》の長男として生まれる。通称は源次郎、はじめ乗勝《のりかつ》と名乗る。大給《おぎゅう》松平氏。慶長十九年、父家乗の美濃国岩村城二万石の遺領を継ぎ、はじめて徳川家康・秀忠に御目見。同十九年の大坂冬の陣では、二条城に至り、先手として美濃衆とともに河内国枚方《ひらかた》に出陣。豊臣家と和睦の際には、大阪城玉造口の堤の破却・堀埋めに従事。翌年の夏の陣では、美濃衆ほかの部隊の組頭となり枚方に出陣する。元和元年(一六一五)正月、和泉守に叙任。寛永十一年(一六三四)、堀尾忠晴《ほりおただはる》の無嫡断絶に伴う封地収公の際には、使役を勤め、諸事を差配する。同十五年四月二十五日には奏者番に就任、同時に遠江国浜松城に計三万六千石をもって加増転封。なお、『柳営補任』によれば、乗寿は同十九年十一月十五日、あるいは十二月十五日に老中に就任したとある。しかし『江戸幕府日記』や『徳川実紀』には、その旨の記載はない。正保元年(一六四四)二月二十八日には、上野国館林城に計六万石で加増転封。同年四月二十一日には徳川家綱に付属。翌二年正月に従四位下に昇進。慶安三年(一六五〇)九月、家綱の西丸移徙に伴い、西丸詰に。翌四年の家綱本丸移徙に伴い、引き続き老中として家綱政権を支える。八月十六日、侍従に昇進。乗寿は老中として幕政に参画する一方、特に館林城主時代の慶安三年には、領内総検地を実施し、増石に成功するなど、藩主としても業績を残している。承応三年(一六五四)正月二十六日、五十五歳で死去。法号深誉道徹《しんよどうてつ》源高院《げんこういん》。菩提寺は館林の善導寺。妻は松平康長《やすなが》の娘。

参考文献　『新訂寛政重修諸家譜』一(続群書類従完成会、一九六五年)、『群馬県史』通史編四(一九九〇年)

（種村　威史）

三浦正次（みうらまさつぐ）　一五九九―一六四一

大名、六人衆。慶長四年(一五九九)に三浦正重《まさしげ》の長男として三河国重原《しげはら》(愛知県刈谷市)に生まれる。母は土井利昌《としまさ》の娘で土井利勝《としかつ》の妹にあたる。通称甚太郎、左兵衛。同八年三月に父とともに江戸に赴き、利勝のもとで暮らす。同十二年、はじめて徳川家康・秀忠に御目見、この時、徳川家光に付属する。のちたびたび、使番として各所に出張するとともに、家光の鷹狩などの出行にも供奉する。なお、同十七年には三浦を改め、土井を称する。元和八年(一六二二)正月に小性組組頭に就任、翌九年には三浦に復している。同年六月、家光上洛に供奉し、この時、従五位下志摩守に叙任、家光の命により源姓に改姓する。寛永元年(一六二四)正月、書院番組頭に転任。十一月上総国内で千石の加増。同五年十月、小性組番頭に就任し、家光の身辺を昼夜警護する。十一月二日、上野国内で三千石、同七年には同国内で五千石の加増で一万石の知行となる。同十年三月二十三日に、松平信綱《まつだいらのぶつな》・阿部忠秋《あべただあき》・堀田正盛・太田資宗・阿部重次とともに、「六人衆」(のちの若年寄)として「小事」の政議に携わる旨を命じられる。政次は忠秋とともに腰物方を勤める。同十五―十六年、島原の乱鎮圧のために御使として出兵、江戸帰還後は家光に戦況を復命する。寛永十六年十一月七日には朽木稙綱《くつきたねつな》とともに当番諸士を支配し、小性組番頭を免除される。同年に下野国壬生《みぶ》城を拝領、一万石加増で計二万五千石となる。同十八年九月、病となり、十月二十七日に四十三歳で死去。法号斎林道照院。菩提寺は浅草の誓願寺。妻は堀直之《ほりなおゆき》の娘。

参考文献　『新訂寛政重修諸家譜』九(続群書類従完成会、一九六五年)、『壬生町史』通史編一(一九九〇年)

(種村　威史)

宮本武蔵　(みやもとむさし)　一五八四―一六四五

江戸時代前期の剣客。新免武蔵玄信《しんめんむさしはるのぶ》と名乗り、二天と号した。天正十二年(一五八四)生まれ。出生地は播磨・美作国など諸説ある。天正年中に美作国新免無二之助一真の養子になったとされる。関ヶ原の戦い時黒田家、大坂夏の陣には水野勝成《みずのかつなり》軍の客将として出陣。その後姫路本多家・明石小笠原家・熊本細川家に客将として仕える。二天一流兵法の祖とされ、『五輪書』『独行道』を著した。また絵画・木彫・金工などにも通じ、多くの作品を残した。正保二年(一六四五)五月十九日没。六十二歳。

参考文献　福原浄泉『宮本武蔵の研究』(宮本武蔵顕彰五輪の会、一九七三年)、福田正秀『宮本武蔵研究論文集』(歴史研究会、二〇〇四年)

(田中　丈敏)

明正天皇　(めいしょうてんのう)　一六二三―九六

後水尾天皇の第二皇女。母は中宮和子(徳川氏)。徳川秀忠の孫にあたる。元和九年(一六二三)十一月十九日誕生、女一宮。寛永六年(一六二九)十月二十九日に内親王宣下、興子《おきこ》内親王となる。同年十一月八日、後水尾天皇より突然禅譲されて受禅。寛永七年九月十二日に即位式が挙行され、寛永二十年十月三日に後光明天皇へ禅譲した。以後、新院と称せられて、元禄九年(一六九六)十一月十日、数え七十四歳で病没。奈良時代より絶えて久しかった女帝として在位十四年を数えたが、天皇の在位中はみずから政務をみることはなく、幼少期のみならず成人後も摂政が置かれた。明正天皇の即位は幕府の事前了解なしに父帝が実行した突然の譲位に起因しており、幕府は禅譲を事後承諾したものの、その経緯の故か、天皇の政務は事実上幕府によって否定され、しかも父後水尾上皇の権能も大御所徳川秀忠により否定されたため、天皇在位中の官位叙任は停滞した。秀忠没後、将軍徳川家光によって後水尾上皇の権能が回復され、官位叙任の停滞が解消されたことをうけ、天皇は異母弟の紹仁親王(後光明天皇)へ譲位した。譲位後の余生は長く、十禅寺《じゅうぜんじ》(京都市)の江玉真慶《こうぎょくしんきょう》に帰依していたことが知られる。追号の由来は、奈良時代の女帝である元明・元正両帝からおのおの一字をとったものといわれている。

参考文献　藤井讓治・吉岡眞之監修『明正天皇実録』(ゆまに書房、二〇〇五年)、埼玉県立博物館・霞会館資料展示委員会編『女帝明正天皇と将軍家光—松平信綱とその時代—』(社団法人霞会館・埼玉県立博物館、一九九七年)、橋本政宣『近世公家社会の研究』(吉川弘文館、二〇〇二年)、野村玄『日本近世国家の確立と天皇』(清文堂出版、二〇〇六年)

(野村　玄)

柳生三厳　(やぎゅうみつよし)　一六〇七—五〇

幕臣、剣術家。慶長十二年(一六〇七)に、柳生宗矩《むねのり》の長男として生まれる。母は松下之綱《まつしたゆきつな》の娘、通称七郎、十兵衛。妻は秋條《あきじょう》和泉守の娘。元和二年(一六一六)に徳川秀忠に出仕、のち元和五年、徳川家光の小性となり、のち剣術の相手を勤める。寛永三年(一六二六)に家光の勘気を蒙り致仕するも、寛永十五年九月九日には赦免。この間、新陰流《しんかげりゅう》の研究に尽力し、江戸で、父宗矩より奥義取得の証明を受ける。のち書院番士に就任。正保三年(一六四六)に父の遺領の内、八千三百石を継承する。慶安三年(一六五〇)三月二十一日に四十四歳で死去。法名は長岩院殿金甫宗剛大居士。菩提寺は柳生の中宮寺。兵法書『月之抄』を残す。

参考文献　『新訂寛政重修諸家譜』一七(続群書類従完成会、一九六五年)

(種村　威史)

柳生宗矩　(やぎゅうむねのり)　一五七一—一六四六

幕臣、剣術家。元亀二年(一五七一)に、新陰流《しんかげりゅう》柳生宗厳《むねよし》の

五男として生まれる。通称新左衛門、又右衛門。母は興原助《おきはらすけ》豊《とよ》の娘。妻は松下之綱《まつしたゆきつな》の娘。宗厳の推挙により、文禄三年(一五九四)に徳川家康に仕える。慶長五年(一六〇〇)、関ヶ原の戦いでは家康の命により、父宗厳に柳生一族の東軍参加の旨の書状を伝達し、合戦にも参加。戦後、旧領の柳生庄二千石を拝領する。のち将軍家の新陰流剣術指南となり、徳川秀忠・家光より誓約書の提出を受ける。寛永六年(一六二九)三月に従五位下但馬守に叙任、同九年十月三日には三千石の加増を受け、惣目付(のちの大目付)として幕政に参画する。同十一年、家光の上洛の際は、近江国の水口御殿に出張し、御殿や供奉の者の宿舎などを巡視し、上洛行軍では、井上政重《いのうえまさしげ》とともに押役を勤める。同十三年七月二十日、江戸城普請奉行を勤める。同年八月十四日には大和国内で加増があり一万石となる。同時に大目付を辞任。同十六年、家光に新陰流兵法印可の書を献上する。同十七年に五百石加増、正保三年(一六四六)三月二十六日、七十六歳で死去。法名は西江院殿大通宗活居士。下谷広徳寺に埋葬される。家光は宗矩死後、林信勝《はやしのぶかつ》に宗矩の功績の編集を命じ、完成した一巻の奥に自身が捺印し宗矩菩提寺に寄付している。加えて、従四位下を追贈するなどし、宗矩生前の忠勤に報いている。なお、宗矩は兵法書『玉成集《ぎょくせいしゅう》』『兵法家伝書』を残している。

参考文献　『新訂寛政重修諸家譜』一七(続群書類従完成会、一九六五年)、『徳川実紀』三(『新訂増補国史大系』、吉川弘文館、一九八一年)

(種村　威史)

山田長政　(やまだながまさ)　?—一六三〇

シャム(タイ)で活躍した人物。駿河出身。通称は仁左衛門。大久保《おおくぼ》忠佐《ただすけ》の駕籠かきだったといわれる。慶長十七年(一六一二)ころにシャムに渡り、日本人町の代表者となり国王の信頼を得て、同国の高官となる。元和七年(一六二一)に国王が幕府に国書を送る際、老中宛添え状を書くなど両国の外交および貿易に関わった。国王の後継問題に関与したことから、南部のリゴール(六昆《ろっこん》)の太守となる。一六三〇年に戦傷を受け、その治療の際に毒殺されたとされる。静岡浅間神社に戦艦図絵馬を奉納し、その写しが現存する。

参考文献　小和田哲男『山田長政—知られざる実像—』(講談社、一九八七年)

(中野　純)

〔関連事項〕

会津騒動（あいづそうどう）

会津若松藩で起きた家中騒動の総称。堀主水一件ともいう。寛永十六年（一六三九）、家老三千石の堀主水《ほりもんど》が藩主の加藤明成《かとうあきなり》と対立し、一族百余人を引き連れて出奔した。この時主水は橋を焼き払い、城に向けて発砲するという実戦さながらの退却であったと伝えられている。両者対立の原因は諸説あるが、堀主水は先代嘉明の時に取り立てられた大身家臣であるため明成に対する忠誠心は薄く、その結果堀に自律的な行動がしばしば見られたことに起因する。その後主水は行方をくらませていたが、明成が執拗に追跡した結果、紀伊高野山に隠れ棲んでいることをつきとめる。明成は高野山に対し主水の身柄引き渡しを求めるが、幕府大老の土井利勝・酒井忠勝の仲介もあって、いったんは手を引く。しかし、結局その後も明成から主水への迫害は続いたようで、溜まりかねた主水は、寛永十八年に幕府大目付井上政重に対し、七ヵ条にわたる明成批判の條書を提出し、両者は幕府審理を受けることになった。評定にあたった将軍徳川家光は明成に対し、主従の義を説いた上で、これに反した非道な主水を処罰するよう命令を下した。その結果、主水は明成に引き渡され、江戸芝浦邸において処刑された。こうして長年にわたる宿願を遂げた明成だったが、これまで家臣団のとりまとめを務めていた主水を処罰したことで、加藤家家中に対する統率力を欠く結果を招いた。その結果、信頼できる従者のいない明成は、領内仕置きや公儀御用を満足に果たせなかったとされる。これがこたえたのか、主水処刑からわずか二年後に明成は、心神耗弱を理由に知行返上を願い出て改易され、会津を去ることになった。

参考文献　庄司吉之助『会津藩政史の研究』（『庄司吉之助著作集』三、吉川弘文館、一九八五年）、福田千鶴『御家騒動―大名家を揺るがした権力闘争―』（『中公新書』、中央公論新社、二〇〇五年）

（堀　智博）

安宅丸（あたけまる）

三代将軍徳川家光のとき、御船手向井《むかい》将監忠勝《ただかつ》が担当して造った巨大な軍船形式の御座船。後世の見聞集ではあるが、『久夢日記《きゅうむ》』によると、安宅丸の建造命令者は二代将軍徳川秀忠、建造目的は江戸城危機に際しての将軍逃亡用であったとされる。秀忠は建造を命じた翌年の寛永九年（一六三二）正月に没し、同十一年伊東で完成した安宅丸は江戸に回航後、竜頭や天守以下の装飾的艤装が加えられ、同十二年六月、はじめて家光が試乗した。建造史料『安宅御船仕様帳』（東京大学史料編纂所所蔵）と『安宅御船諸色註文帳』（東京大学史料編纂所所蔵）によると、主要寸法は、全長約六一メートル、総矢倉の大きさが長さ四五メートルに最大幅二二メートル、船底から天守の棟までの高さ約二〇メートルであった。推定排水量は約一七〇〇トンに及び、二人掛かりの大櫓百丁で漕ぐ設計で、防火と防食のために船体と上廻りを銅板で包んでいた。巨船の割に喫水が川船程度に浅かったのは、有事に備えて常時深川沖に繋留されていたという使用条件による。日光東照宮にも比べられた華麗な装飾の巨船は、江戸名物の一つとなった。従来の通説では、安宅丸は家光の権力誇示のために造られたとされてきたが、前述の建造史料により実体を明らかにした石井謙治は通説に異を唱え、四代将軍徳川家綱の時代まで江戸防衛用の移動要塞的浮沈艦という役割を果たしたと再評価する。しかし、幕藩体制も安定化した延宝―天和期（一六七三―八四）には不要となり、五代将軍徳川綱吉は破却を命じ、天和二年（一六八二）に解体された。

参考文献　石井謙治「巨船安宅丸の研究」（『海事史研究』二二、一九七四年）、同「安宅丸の艤装上の矛盾と計画者のこと」（同二七、一九七六年）、同『和船』二（『ものと人間の文化史』七六ノ二、法政大学出版局、一九九五年）

（川村由紀子）

池田騒動（いけだそうどう）

山崎池田家（兵庫県宍粟市山崎町）で起きた家中騒動の総称。寛永八年（一六三一）に所領が加増されたことを契機に、藩主の池田《いけだ》輝澄《てるずみ》は家臣の新規召し抱えを行なった。しかし、新参の存在は譜代古参の者たちの反発を招き、やがて家中を二分する対立に発展した。そこで、池田家一門が説得に乗り出すも効果はなく、寛永十七年には譜代百余名の藩士が出奔し、藩政が立ち行かない状況に陥った。この事態を重く見た幕府は、家臣二十余名を死罪、藩主である輝澄も改易の上、鳥取藩主池田光仲《みつなか》の預りとする厳罰に処した。

参考文献　柴田光彦「池田騒動」（北島正元編『御家騒動』、人物往来社、一九六五年）、福田千鶴『御家騒動―大名家を揺るがした権力闘争―』（『中公新書』、中央公論新社、二〇〇五年）

（堀　智博）

生駒騒動（いこまそうどう）

讃岐高松藩で起きた家中騒動の総称。元和七年（一六二一）に生駒正俊が急死し、その子高俊が藩主になったが、幼少のため、高俊の外祖父である藤堂高虎が後見人として藩政を監督した。高虎は新たに前野助左衛門・石崎若狭の両名を江戸家老に抜擢しこれを重用したが、国家老の生駒帯刀《たてわき》と次第に対立を深め、寛永十四年（一六三七）に帯刀は、両名が藩政を専横していると幕府に訴え出た。これに対し、前野・石崎らも大勢で徒党を組んで退去するなど抵抗したので、藩政が膠着する状況に陥った。事態を重くみた幕府は評議の上、石崎・前野を死罪、帯刀を大名預りとし、さらに藩主高俊も、領内不始末を理由に改易とする厳しい処分を下した。

参考文献 草薙金四郎「生駒騒動」(北島正元編『御家騒動』、人物往来社、一九六五年)、『香川県史』三(一九八九年)

(堀　智博)

オランダ風説書（オランダふうせつがき）

オランダ人が幕府の要請に応えて提供した海外情報。その内容は、大きく二種類に分けられる。一つは、寛永十八年(一六四一)ポルトガル・スペインなどのカトリック勢力に対する警戒から、幕府が貿易許可の条件としてオランダ人に義務づけたもので、長崎で作成される。長崎入津のオランダ船によってもたらされた情報を、商館長や船長が原則として口頭で語り、加除修正のうえで通詞が和文文書に仕立て、商館長が署名、通詞が連印した。カトリックの脅威が薄れるにつれ、形式化・簡略化していく。もう一つは、アヘン戦争を機に天保十一年(一八四〇)から作成されたものであり、バタフィア(インドネシアのジャカルタ)の政庁においてオランダ語で作成され、日本に送られた。オランダ側ではこれを「別段《べつだん》風説書《ふうせつがき》」と呼び、従来の風説書を「通常の」風説書と呼んで区別するようになった。その内容は、当初はアヘン戦争を中心とする中国情勢だったが、弘化三年(一八四六)より世界各国の時事情報に変化し、内容の重複した「通常の」風説書はさらに短く簡略なものとなった。また十九世紀以降は特定の情報を伝えるため、不定期に書面での情報提供もなされるようになる。「通常の」風説書は安政五年(一八五八)以降存在せず、別段風説書も同年バタフィアからの送付が中止される。幕府は情報提供の継続を要請し、安政六年に二通の風説書が長崎商館内で作成され、蘭文文書の形で提供された。そのため、この最後の風説書二通をオランダ風説書の最終形態である第三類型とみなすこともある。同年長崎のオランダ商館は正式に領事館となり、オランダ風説書も消滅した。

参考文献 板沢武雄「阿蘭陀風説書の研究」(『日蘭文化交渉史の研究』、吉川弘文館、一九五九年)、日蘭学会・法政蘭学研究会編『和蘭風説書集成』上・下(吉川弘文館、一九七七・七九年)、松方冬子『オランダ風説書―「鎖国」日本に語られた「世界」―』(『中公新書』、中央公論新社、二〇一〇年)

(矢森小映子)

寛永寺（かんえいじ）

東京都台東区上野に所在する天台宗寺院。開基は天海、東叡山寛永寺円頓院《えんどんいん》と号する。元和八年(一六二二)徳川秀忠により江戸城の鬼門に位置する上野の台地約半分が天海に寄進された。さらに翌九年、御殿山の別殿と白金五万両が寄進され、寛永二年(一六二五)に本坊が完成、江戸における天台宗の拠点となった。徳川家の祈禱寺といわれるが、その実は東照社(正保二年(一六四五)以降東照宮)の宗廟祭祀を担う鎮護国家の寺院であった。そのため東の比叡山を意味する東叡山、元号をとって寛永寺とした。発足当初の寛永寺は天海の私坊としての性格が濃かったが、幕府や天台宗に対する天海の影響力は大きく、結果官寺の機能もあわせもった。また、当初から宮門跡の擁立も企図されていた。天海が寛永二十年死去すると、毘沙門堂公海《こうかい》を経て承応三年(一六五四)後水尾院第二皇子守澄《しゅちょう》法親王を迎え、輪王寺宮(門跡)が創設された。輪王寺宮は慣例的に天台座主も拝命し、比叡山の実質的支配権も掌握した。東叡・日光・比叡の三山を統轄したため三山管《さんざんかん》領宮《れいのみや》と呼ばれ、宗派のみならず政治・宗教に大きな影響を与えた。寛永寺は江戸時代を通じて寺領と伽藍を拡張し続け、元禄十一年(一六九八)徳川綱吉による根本中堂の造営によって最盛期を迎える。また徳川家光(霊廟のみ、享保五年(一七二〇)焼失)・家綱・綱吉・吉宗・家治・家斉・家定や徳川家婦女子の墓所と霊廟が造営されて徳川家の菩提寺ともなった。明治元年(一八六八)彰義隊が境内に立て籠もり新政府軍と衝突、伽藍の大半を焼失した。明治八年一部寺地を返還され、川越喜多院本地堂を根本中堂として移築し存続している。

参考文献　『台東区史』通史編一(二〇〇二年)、圭室文雄編『天海・崇伝—政界の導者—』(『日本の名僧』一五、吉川弘文館、二〇〇四年)、浦井正明『上野寛永寺将軍家の葬儀』(『歴史文化ライブラリー』、吉川弘文館、二〇〇七年)、『東叡山寛永寺徳川将軍家御裏方霊廟』(吉川弘文館、二〇一二年)

（中川　仁喜）

寛永諸家系図伝（かんえいしょかけいずでん）

幕府編纂の諸大名と旗本以上の諸家系図。寛永十八年(一六四一)二月七日、徳川家光の上意をうけて編纂が開始された。まず各大名家・旗本家に系図のもととなる提出用の系図(呈譜)の作成が命じられる。そして同年末ごろからそれらの呈譜を材料として、本編の編纂に着手した。編纂作業を実質的に担ったのは、林家とその門人たち、および京都の五山僧、高野山の僧侶、そして幕府の右筆《ゆうひつ》である。はじめ林家に近い誓願寺にて作業が行われたが、寛永十九年からは幕府評定所にて編輯体制が整えられた。系図の一応の完成は寛永二十年九月ごろとされている。しかし、本文には明暦年間(一六五五—五八)までの記事が見受けられ、系譜の「序」は林《はやし》鵞峰《がほう》が万治元年(一六五八)に作成しているため、系図編輯事業は少なくとも明暦ごろまでは継続されていたといえる。系図編纂の方針としては、㈠姓別に矛盾のすくない整合的な体系構築を目指すものであったこと、㈡個々の家の系譜の内容について必要以上の吟味は行わず、全体との関わりで非合理な部分についてのみ介入するものであったことが挙げられる。編纂の目的は、現実的で具体的な場面への課題に応えるものであった。すなわち幕府の儀礼の場において武家の秩序化が必要であり、すべての大名の姓の確定が急務であったためとされる。また各大名家にとっても自家の系譜を確定させる契機でもあり、この事業によって、将軍家を中心とした近世のイエ秩序の正統性と合理性が確立された。

参考文献 大塚英明「林靖と「寛永諸家系図伝」編纂の周辺―靖自筆「欽哉亭日録」を素材として―」(『東京国立博物館研究誌』五〇八、一九九三年)、梶原正昭「幕府・諸藩の修史事業と戦国軍記―『寛永諸家系図伝』と『本朝通鑑』を中心に―」(『早稲田大学教育学部学術研究 国語・国文学編』四三、一九九四年)、小宮木代良「近世前期領主権力の系譜認識―寛永諸家系図伝の作成過程から―」(九州史学研究会編『境界のアイデンティティ』、岩田書院、二〇〇八年)

(綱川　歩美)

寛永通宝(かんえいつうほう)

江戸時代の代表的な銭貨のこと。寛永銭ともいう。寛永通宝は、寛永年間(一六二四―四四)ないし寛文年間(一六六一―七三)に大量に鋳造されたが、この時期以降の銭貨の増鋳においても、たいていは、その年号にかかわらず「寛永通宝」という銭文を踏襲させ、幕末まで(一部には明治期のものもある)発行された。江戸幕府は、慶長十三年(一六〇八)に、永楽銭を廃止し、安土桃山時代以来の鐚《びた》銭の一律通用を命じ、金との交換比率を公定した。寛永通宝という新銭が発行されたのは寛永十三年であったが、鐚銭はそれまでの約三十年間、三貨制度の一角を十分担っていた。寛永通宝は、すでに機能していた三貨制度を補強する、銭貨供給増加政策として鋳造が始まった。銭座における寛永通宝の鋳造は、江戸と近江坂本で始められた。銭座は普通、銭貨を必要とする場合に、鋳造量や鋳造期間を定めて一時的に開設され、条件が達成されると閉鎖された。万治二年(一六五九)までに鋳造されたものを古寛永、寛文八年(一六六八)以降のものを新寛永とよぶ。古寛永は銅の一文銭のみであるが、新寛永には銅の一文銭のほかに鉄の一文銭があり、真鍮の四文銭、鉄の四文銭がある。幕府は、寛文十年、寛永の新銭の内にこれまでの鐚銭を交えて売買してはならないと命じ、銭貨は統一されることになった。

参考文献　大貫摩里「江戸時代の貨幣鋳造機関（金座、銀座、銭座）の組織と役割」（『金融研究』一八ノ四、一九九九年）、瀧澤武雄・西脇康編『貨幣』（『日本史小百科』、東京堂出版、一九九九年）、岩橋勝「近世の貨幣・信用」（桜井英治・中西聡編『流通経済史』、山川出版社、二〇〇二年）

（福澤　徹三）

寛永の飢饉（かんえいのききん）

江戸時代前期の大飢饉。寛永十五年（一六三八）ごろから全国各地域において飢饉の兆候がみられたが、寛永十八・十九年の二年続きの凶作により、天下大飢饉とよばれる状態となった。寛永十九年に入ると、各地で飢饉の影響が顕在化する。こうした事態に対応し、まず二月にはこの年に予定していた諸国巡見使派遣を中止した。五月一・二日には西国大名ら四十五人に帰国の暇が与えられ、同じ二日には大番頭以下の地方知行を与えられている旗本、ついで九日には譜代大名に対して、交替で領地に帰り凶作・飢饉対策を実施するように指示した。六月には諸国に対して諸事倹約・五穀の節約・たばこの本田畑作付禁止などを命じた。さらに、幕府内部でも飢饉対策グループが老中のもと組織された。このグループは関東方（勘定頭松平正綱《まつだいらまさつな》・江戸町奉行朝倉在重《あさくらありしげ》など）と上方（京都所司代板倉重宗《いたくらしげむね》、山城淀城主永井尚政《ながいなおまさ》ら）に大きく二つに分かれるものであった。このグループは従来の老中合議や三奉行らを加えた評定所合議の枠を大きく越える体制であった。幕府では凶作・飢饉に対する諸政策を行なったが、十九年も凶作になり飢饉が避けられない情勢となった。寛永十九年末から二十年春にかけて、各地で餓死者が増加し、飢人・乞食が溢れた。こうした諸対策を通じて、田畑永代売買禁止令などの小農維持政策が確立するなど農政の抜本的見直しが行われた。また、飢饉時には領主・代官の責任において年貢減免、夫食米・種籾の貸し付けといった「百姓成立」のための御救いを行うべきものという意識が明確にされるようになり、また実際に実施されるようになった。

参考文献　藤田覚「寛永飢饉と幕政」（『歴史』五九・六〇、一九八二・八三年）、菊池勇夫『近世の飢饉』（『日本歴史叢書』、吉川弘文館、一九九七年）、横田冬彦『天下泰平』（『日本の歴史』一六、講談社、二〇〇二年）

（鈴木　直樹）

寛永文化（かんえいぶんか）

寛永年間（一六二四―四四）を中心に花開いた文化。その期間は、広義では慶長初年から延宝年間（一六七三―八一）までの七十年間、狭義では慶長末年から明暦末年までの四十年間とみなす。従来の文化史では、十六世紀から十七世紀後半にかけての文化の様相を、安土桃山文化から元禄文化へという流れで捉えてきた。しかし、安土桃山文化と元禄文化に挟まれる十七世紀前半の文化は、前後の時期に同一化するには豊かすぎる独自性を持っているため、林屋辰三郎《はやしやたつさぶろう》によって「寛永文化」という新たな概念が提唱された。林屋辰三郎の説く寛永文化とは、京の上層町衆《ちょうしゅう》と後水尾院《ごみずのおいん》を中心とする宮廷サロンが、江戸の徳川幕府が武家の新文化を創生していくのに対抗して、王朝文化の復興を志向していく文化活動をメインとする。また、これら宮廷と江戸幕府の二つの中心を持つ楕円形の文化圏を基礎とする文化とみなした。続いて熊倉功夫《くまくらいさお》は、林屋辰三郎の説を受け継ぎながら、担い手側から全体を結論付けるだけでなく、さまざま分野から検討し直し、寛永文化の総合性と啓蒙性とを説いている。総合性とは、京の王朝以来の和学、東山文化以来の武家文化の伝統、儒教を中核とする新しく移入された中国文化、南蛮文化などを総合化した幅広さを性質として持つことを指す。また、啓蒙性と、寛永文化の担い手である後水尾院や本阿弥光悦《ほんあみこうえつ》、小堀遠州《こぼりえんしゅう》などが、それぞれ百科全書的な教養を有し、各サロンなどの集まりにおいてその知識や価値観を普及していく性質を持つことをいう。各分野を概観すると、絵画では、狩野探幽《かのうたんゆう》が徳川幕府の御用絵師《ごようえし》となり、二条城、日光東照宮、名古屋城の障壁画を手掛け、桃山の豪華絢爛な様式を変容させ、瀟洒で洒脱な江戸狩野の新様式を確立していく。一方、本阿弥光悦に才能を見出された俵屋宗達《たわらやそうたつ》は、王朝文化の当世化を絵画において行い、琳派《りんぱ》の先駆となる。また光悦自身も書では、近衛信《このえのぶ》尹《ただ》、松花堂昭乗《しょうかどうしょうじょう》とともに寛永の三筆と並び称される能書家であり、そのほか陶芸や漆芸の分野で秀作の生産に努めている。建築では、幕府が二条城や日光東照宮の大建築を造営したのに対し、宮廷では桂離宮、修学院《しゅがくいん》離宮、また町屋では角屋《すみや》の揚屋《あげや》建築、黄檗宗《おうばくしゅう》の崇福《すうふく》寺や万福《まんぷく》寺など中国風の寺院建築が造られた。学問では、藤原惺窩《ふじわらせいか》が朱子学を中心とする儒学を究めて、その門人であった林羅山《はやしらざん》は徳川家康に登用され、以後林家は代々幕府の儒官を務めた。文芸では、松永貞徳《まつながていとく》による俳諧が流行した。また、茶の湯では千宗旦《せんのそうたん》や金森宗和《かなもりそうわ》、小堀遠州、生け花では池坊専好《いけのぼうせんこう》が出て、家元制度が確立されていった。

参考文献　林屋辰三郎「寛永文化論」(『中世文化の基調』、東京大学出版会、一九五三年)、同「寛永文化論」(『日本史論聚』五、岩崎書店、一九八八年)、熊倉功夫『寛永文化の研究』(吉川弘文館、一九八八年)、岡佳子・岩間香編『寛永文化のネットワーク』(思文閣出版、一九九八年)

(奥田　敦子)

キリシタン屋敷（キリシタンやしき）

正保三年（一六四六）、小石川小日向《こいしかわこびなた》（東京都文京区小日向一丁目）に宗門改役井上政重《いのうえまさしげ》の下屋敷を改造して設けられた切支丹の禁固所。はじめは山屋敷と呼ばれた。その目的は、キリスト教の伝播を防止し、外国人宣教師を隔離して一般民衆との接触を断つことであった。三代将軍徳川家光の時代は切支丹の徹底的根絶が行われた。幕府は島原乱後の寛永十七年（一六四〇）に宗門改役を設置し、井上を改役に任命し、切支丹摘発と弾圧を強化した。同二十年、筑前国大島《おおしま》（福岡県宗像《むなかた》市大島）に密航上陸したイタリア人司祭キアラが捕られ、江戸に送られ井上の屋敷に預けられた。その後、棄教したキアラは正保三年切支丹屋敷に置かれ、岡本三右衛門と名乗り日本人を妻とし扶持を与えられ、ここに四十年近く暮らした。ほかの収容者には、宝永五年（一七〇八）大隅《おおすみ》国屋久島《やくしま》（鹿児島県熊毛郡《くまげぐん》屋久島町）に潜入したイタリア人司祭シドッチがいる。シドッチは江戸に護送され、六代将軍徳川家宣の命をうけた新井白石《あらいはくせき》から切支丹屋敷吟味所で尋問を受けた結果、宣教師として来日したことが明らかになり、同屋敷に終世監禁された。シドッチの博識と人格は白石を感動させ、白石が編述した『西洋紀聞《せいようきぶん》』により、鎖国下の日本は西洋文明と世界地理の知識を伝えられた。同屋敷の構造は、設立初期と推定される屋敷図によると、空堀《からぼり》と木立で囲われた中に厳重な内囲があり、内囲の中の面積は千四百七十二坪、ここに八戸の長屋が建てられて計二十八軒に区切られ、一軒は十五～九坪の広さであった。敷地内には、吟味所・牢獄なども置かれていた。寛政四年（一七九二）、宗門改役の廃止に伴い閉鎖されるまで、屋敷は約百五十年間存続した。

参考文献　川村恒喜『史蹟切支丹屋敷研究』（郷土研究社、一九三〇年）、中井信彦「切支丹山屋敷図について」（『史学』二三ノ四、一九四九年）、栗原元吉「江戸キリシタン屋敷について」（『立正大学人文科学研究所年報』二、一九六四年）、窪田明治『切支丹屋敷物語』（雄山閣出版、一九七〇年）

（川村由紀子）

黒田騒動（くろだそうどう）

筑前黒田家で起きた家中騒動の総称。元和九年（一六二三）、初代藩主黒田長政が死去すると、嫡子忠之《ただゆき》が家督を継承した。長政は、譜代家臣を粗略に扱わぬよう遺命を残していたが、忠之はこれを嫌い、父長政の側近であった者たちをつぎつぎと排除していった。その一方で忠之は、みずからの寵臣に対しては破格の加増を行い、一挙に家老にまで取り立てている。家中に対する忠之のこのような性急な方針は、譜代古参の者たちの反発を招き、たびたび主従間対立が表面化した。具体的には、寛永五年(一六二八)・同八年の二度にわたって栗山《くりやま》大膳《だいぜん》ら家老衆が忠之の悪政を上級旗本や幕府老中に訴え出ている。しかし当時の幕閣は各藩の家中騒動に対して積極的に介入することはなく、この時の調停においても両者の和解案を示すだけで、忠之を処罰することはなかった。そのため忠之による側近の重用は止むことはなく、ついには大膳の誅伐をも決意する。寛永九年に忠之は大膳の邸宅を大軍で取り囲んだ。一方の大膳も十分な軍備と人員を用意し、抵抗の構えを見せたため一触即発の事態に陥るが、長崎奉行竹中重義の仲介により大膳の国外退去が実現する。その後同十年に改めて幕府審議が開始され、藩主忠之と大膳双方の申し開きが行われた。この時の大膳の主張に「忠之謀反」を訴える一節があったが、これは虚言であり、あえて問題を大きくすることで幕閣の事件介入を不可避のものとし、改めて忠之の非を認めて貰おうという大膳側の策略であった。判決は、将軍徳川家光から諸大名に対し広く公示された。その結果忠之にはお咎めはなく、謀反の意志がないことが認められた。一方の大膳は盛岡南部家の預りとする処分が下った。

参考文献 福田千鶴『幕藩制的秩序と御家騒動』(校倉書房、一九九九年)、同「黒田騒動」(同編『新選御家騒動』上、新人物往来社、二〇〇七年)

(堀　智博)

軍役令(ぐんやくれい)

軍役とは、武士が主君(将軍・大名)に対して負った軍事的な負担であり、その負担を量的に規定したのが軍役令である。江戸幕府が出した軍役令としては、かつては「元和令」(元和二年(一六一六)六月)・「寛永令」(寛永十年(一六三三)二月)・「慶安令」(慶安二年(一六四九)十月)が知られたが、現在では「慶安令」の存在は否定されている。徳川秀忠政権期初頭に出された「元和令」では、知行高五百石から一万石までの武士に対する軍役が定められた。「寛永令」は徳川家光政権期初頭に知行高二百石から十万石に対象範囲を広げて規定・改定されたものである。翌寛永十一年の家光の上洛に際して動員の基準となり、その後の幕府による軍事動員の基礎となった。「寛永令」の規定によれば、たとえば千石取りの武士の場合、軍役は人数二十三人・持鑓二本・弓一張・銃一挺であった。なお、慶安二年、沿岸防備の必要性などもあって家光は軍役令の改定を考えた可能性があり、その際に軍学者北条氏長《ほうじょううじなが》が家光に提出した「御旗本人数積」が、幕末期に軍役令と誤認され「慶安令」となったとされている。また、諸大名家においても幕府の軍役令を参考としながら独自の軍役令が定められた。

参考文献 佐々木潤之介『幕藩権力の基礎構造』(御茶の水

書房、一九六四年）、高木昭作「寛永期における統制と反抗—寛永軍役令への一視点—」（『日本近世国家史の研究』、岩波書店、一九九〇年）、根岸茂夫「いわゆる「慶安軍役令」の一考察」（『近世武家社会の形成と構造』、吉川弘文館、二〇〇〇年）

（三宅　正浩）

慶安の御触書（けいあんのおふれがき）

慶安二年（一六四九）に幕府が百姓へ下したとされる法令。三十二ヵ条にわたり、百姓の日常生活の心得や農作業について具体的に示した教諭書。「年貢だけ納入すれば百姓ほど気楽なものはない」や、「大茶を飲み物見遊山が好きな女房は美しくても離縁せよ」など、その条文のユニーク性もさることながら、強固な百姓統制という幕府の支配の側面を強調できることから、教科書では必ずといっていいほど紹介された法令だった。しかし、『御触書寛保集成』や『御当家令条』にはなく、早くからその存在が疑問視されていた。現在では、元禄十年（一六九七）甲府藩法「百姓身持之覚書」三十二ヵ条がその元で、慶安二年に発布された幕府の全国法令であるという従来の理解はほぼ否定されている。江戸時代前期の幕府法令は、幕府が支配代官を通して間接的に百姓へ命じる形が多いなかで、幕府が直接百姓へ教諭する形式をもつこの慶安の御触書は特異である。この慶安の御触書を有名にしたのは、美濃国岩村藩が天保元年（一八三〇）に木版で出版したことに始まる。その後天保の大飢饉を背景に、米沢・掛川の諸藩や幕府の旗本や代官などにより、慶安年間（一六四八—五二）の幕府法令として活用されていく。明治時代になると司法省編纂の『徳川禁令考』に掲載されることで、幕府の全国法令であることは当然視されていった。

参考文献　神崎直美「『慶安御触書』再考」（『古文書研究』三九、一九九四年）、山本英二『慶安御触書成立試論』（日本エディタースクール出版部、一九九九年）

（宮原　一郎）

倹約令（けんやくれい）

ここでは、特に江戸時代幕府が社会に質素・倹約の励行を求めた法令を指す。幕府の倹約令でももっとも早いものは、寛永五年（一六二八）二月の衣服制限令である。これは武家奉公人の衣服は絹・木綿、百姓の場合、一般の百姓は布・木綿、名主・百姓の女房には紬まで許可することで、下級武士と百姓、百姓内では、名主とそれ以外の百姓との差別化を目的としたものである。同十八年・十九年の寛永の飢饉に際して、衣食住・家作・祭礼仏事など、日常生活全般にわたって質素・倹約を奨励しているが、これは食物や物資の消費を抑制した飢饉対策の意味があった。慶安元年（一六四八）には数多くの倹約令を発布し、町人は、長刀・大脇指の禁止、駄賃馬装束の制限、菖蒲甲・燈籠・破魔弓・破魔矢・羽子板など多方面にわたり規制した。さらに、寛文八年(一六六八)には諸大名に対しても参勤や継目などの祝儀、将軍への献上品などの額や数量を規定したほか、社会の全階層の生活に規制を加えた。なお寛文八年の場合、幕府の発令に対応し、多数の大名も領内に倹約令を発令している。このように、幕府は倹約を奨励しながら分限に応じた生活を社会に求めたわけであるが十八世紀以降は、たとえば江戸の三大改革といわれる享保・寛政・天保改革などの幕政改革において、商品経済の進展に対する対応や財政の緊縮を目的とした倹約令が連年のように発布された。時代が下るとともに、規定も詳細になり、たとえば天保改革においては、農民の衣食住・冠婚葬祭・年中行事、休日の娯楽などまで規制し、また大都市に対しては、町々の裏店住まいの者に至るまで毎月繰り返し布達を要求するほど厳しく励行を求めた。倹約令は、分限を超えた奢侈を抑制し、身分制を維持することに要点があった。初期のかぶき者の取り締まりなどもこのような幕府の方針に関連する。したがって、社会が成長・成熟し、幕藩制的秩序が解体へと向かうにつれて、分限を越えた奢侈を恐れる幕府が倹約令を頻繁に発布するのは必然であった。

参考文献 北島正元『水野忠邦』(『人物叢書』、吉川弘文館、一九六九年)、辻達也『江戸幕府政治史研究』(続群書類従完成会、一九九六年)、峯岸賢太郎『近世身分論』(校倉書房、一九八九年)、朴普煐「近世前期における「倹約令」の全国的展開とその特質」(『史林』八六ノ三、二〇〇三年)

(種村 威史)

鎖国令（さこくれい）

通常は、徳川家光政権が寛永十年(一六三三)以降同十六年までに発した鎖国政策と法令を指す。寛永鎖国令ともいう。徳川秀忠政権期、キリシタン禁令と貿易統制政策を結びつけた鎖国政策は順次打ち出されていったが、寛永九年正月大御所秀忠が死去し将軍徳川家光の独裁が始まると、鎖国政策はさらに強化された。翌年家光は、長崎に赴任する長崎奉行に二月二十八日付条目十七ヵ条を与え、同様に同十三年までに毎年下付する文書を通して、鎖国政策を指示した。それらを列記すれば、㈠寛永十年二月二十八日(十七ヵ条)、㈡同十一年五月二十八日(十七ヵ条)、㈢同十二年日付欠(十七ヵ条)、㈣同十三年五月十九日(十九ヵ条)であり、内容を要約すると、(1)日本人海外往来の禁止(第一〜三条)、(2)キリシタン(伴天連)の取締り令(第四〜八条)、(3)外国船貿易取締りの規定(第九条〜)となる。(1)日本人海外往来に関して、㈠では奉書船の渡航を認めそれ以外の日本船の海外往来を禁止し、海外在留五年未満の者の帰国は認可した。しかし㈢では、日本船の海外渡航と海外在住日本人の帰国を、死罪を科して全面的に禁止した。⑵キリシタンの取締りは、伴天連の訴人に対する懸賞金を㈠は銀百枚と規定したが、㈣で銀二百枚または三百枚に増額した。貿易のため来日し滞在するポルトガル人に対しては、キリスト教への警戒から従来も監視を置いていたが、寛永十一年暮に長崎港内に築島(出島)を構築させ、工事が完成すると市内に散宿していたポルトガル人を移住させ、その出入りを厳重に制限・監視した。さらに同十三年九月、ポルトガル定航船四艘の出帆時に、ポルトガル人とその混血児など二百八十七人をマカオに追放した。なお同十六年二月には、オランダ人や中国人に対しても居住に制限が加えられた。同十四年秋から翌年の春にかけて島原・天草一揆が勃発し、その鎮圧に手を焼いた幕府は、オランダ船による貿易代替の可能性を検討したうえでポルトガルとの断交を決意し、㈤寛永十六年七月五日付、老中七名連署のポルトガル船渡航禁止令を発布した。ここに一世紀続いたポルトガル船の対日貿易は完全に禁止され、鎖国は完成した。翌年マカオ市は貿易再開嘆願のため大使を派遣するが、幕府は一行六十一名を処刑し、法令の厳重な実施の態度を示した。鎖国令は、ふつう以上の㈠—㈣と㈤を指すが、㈠—㈣は一般に公示されない長崎奉行宛下知状であり、法令といえないとする指摘もある。

参考文献　岩生成一『鎖国』(『日本の歴史』一四、中央公論社、一九六六年)、山本博文『寛永時代』(『日本歴史叢書』、吉川弘文館、一九八九年)、清水紘一「寛永鎖国令をめぐって」(『日本海地域史研究』一〇、文献出版、一九九〇年)、山本博文『鎖国と海禁の時代』(校倉書房、一九九五年)、朝尾直弘『鎖国』(『朝尾直弘著作集』五、岩波書店、二〇〇四年)、清水有子『近世日本とルソン―「鎖国」形成史再考―』(東京堂出版、二〇一二年)

(清水　有子)

参勤交代　(さんきんこうたい)

諸大名が交代で江戸に参勤した制度。大名が将軍に拝謁するため、江戸に参府することを参勤、その暇を許され、帰国することを就封といった。「参勤」の語は鎌倉期に現れ、御家人の鎌倉番役や京都番役などの軍役負担が源流とされ、室町幕府による守護大名の京都集住や、戦国大名による家臣の本城勤仕に展開したという。織田信長は、服属させた大名を岐阜城や安土城に出仕させた。豊臣秀吉は、「御礼」に来て服属の意を示した者には本領を安堵し、来なかった者には武力を行使して服属あるいは滅亡させた。秀吉に服属すると、妻子を人質として京都に置き、自身もしばしば京都滞在を余儀なくされた。秀吉没後、諸大名はその遺子秀頼に「御礼」を行い、慶長八年(一六〇三)徳川家康は諸大名に対し、元日には大坂城の秀頼に、二日には伏見城の家康に出仕するように指示したという(『当代記』)。しかし、同年二月に家康が将軍に任ぜられると、東国大名を中心に年頭の江戸参勤が定例化していった。西国大名については、個別に江戸に参勤する者もあったが、同十七年暮れになって一斉に江戸に参集し、越年して将軍徳川秀忠への年頭参賀を行なった。豊臣家滅亡後、元和三(一六一七)・四年ころより、諸大名の江戸参勤は隔年に変化し、一定でなかった滞在時期も次第に越年する形で定着する。寛永十二年(一六三五)、『武家諸法度』の第二条「大名小名在江戸交替所相定也、毎歳夏四月中可致参勤、従者之員数弥不可及繁多、以其相応可減少之、但公役者任教令、可随分限事」で参勤交代は制度化された。これにより、西国大名が四月に参府すると、江戸にいる東国大名が暇を許されて帰国し、一年後再び東国大名が参府すると西国大名が帰国する、ということが繰り返されることになる。また、四月中という時期設定や、従者数抑制の指導は、大名の負担軽減を図るものであり、前年に提出された肥後熊本藩主細川忠利の意見を踏まえたものとされる。同十九年には、譜代大名に隔年交代や半年交代の参勤が命じられた。三年に一回参勤する対馬藩主宗氏や、定府の水戸徳川氏などもいた。享保七年(一七二二)には、大名に高一万石につき百石を上納させ、その代わりに在府期間を短縮したが、この上米の制と参勤交代の緩和は同十五年に廃止された。文久二年(一八六二)、参勤は三年に一回、在府期間は最長百日、大名妻子の帰国は自由になった。これは慶応元年(一八六五)に旧制に復すとの命令が出されたが、ほとんど実行されないまま、幕府倒壊とともに参勤交代は消滅した。

参考文献 波田野富信「参勤交代制の一考察—参勤交代制の確立過程—」(『日本歴史』三五九、一九七八年)、吉村豊雄「参勤交代の制度化についての一考察—寛永武家諸法度と細川氏—」(『熊本大学文学部論叢』二九、一九八九年)、山本博文『参勤交代』(『講談社現代新書』、一九九八年)、丸山雍成『参勤交代』(『日本歴史叢書(新装版)』、吉川弘文館、二〇〇七年)

(穴井 綾香)

島原・天草一揆 (しまばら・あまくさいっき)

寛永十四年(一六三七)から翌年にかけて、益田四郎を擁立した島原半島と天草諸島の農民が、原城に拠って幕府軍と戦った一揆。島原・天草の乱ともいう。島原、天草はともにキリシタン大名の有馬《ありま》晴信《はるのぶ》、小西行長《こにしゆきなが》らの旧領であり、キリスト教に改宗した領民が多かった。その後松倉勝家《まつくらかついえ》、寺沢堅高《てらさわかたたか》が入部したが、両氏はともにキリシタン迫害を強化したほか、過重な貢租を課し、未納者を厳罰に処した。そうした状況下で有馬・小西らに仕えた土豪層が談合し、寛永十四年十月十五日付で天童の出現を告げる檄文を村々に回付。同月二十五日ごろ、島原南部の有馬地方で農民が代官を殺害して一斉に蜂起、天草でも二十七日ごろから益田四郎の出身地大矢野《おおやの》島を中心に蜂起し、島原勢と合流した三、四千人は、鎮圧のため出兵した富岡城代三宅藤兵衛を敗死させた。幕府は宗門（キリシタン）一揆と規定し、征討の上使として板倉重昌《いたくらしげまさ》を派遣。一揆勢（推定三万人前後）は原城に結集し、正月元日の幕府軍の総攻撃で重昌を戦死させるなど激しく抵抗した。その後戦後処理のため派遣された松平信綱《まつだいらのぶつな》が幕府軍の指揮権を継承し、徹底した兵糧攻めの一方で仕寄り構築、投降勧告、オランダ船の参戦砲撃を行い、ついに二月二十八・二十九日の総攻撃で落城させた。一揆勢は大半が殺され、松倉勝家の斬首・改易、天草没収の処分がなされた。一揆が幕政に与えた影響は大きく、ポルトガルと断交したほか、農民統制のための政策が多数打ち出された。

参考文献 深谷克己「「島原の乱」の歴史的意義」（『歴史評論』二〇一、一九六七年）、中村質「島原の乱と鎖国」（『岩波講座日本歴史』九、岩波書店、一九七五年）、神田千里『島原の乱―キリシタン信仰と武装蜂起―』（『中公新書』、中央公論社、二〇〇五年）、大橋幸泰『検証島原天草一揆』（『歴史文化ライブラリー』、吉川弘文館、二〇〇八年）

（清水 有子）

奢侈禁止令（しゃしきんしれい）

奢侈を禁じ、身分にふさわしい暮らしを命じた身分統制令の一種。いかに裕福であろうと自由に華美な服装をしたり、立派すぎる屋敷を構えてはならなかった。同令は、江戸時代を通じて、幕府財政の窮乏があるとたびたび発令されたが、そのはじまりは家光政権期であった。寛永十一年（一六三四）に、中間・小者・草履取などに対してはじめて発布され、翌年の『旗本法度』にも規定、のち同十六年には万石以上の者すべてに発令された。この時は、幕府財政の窮乏が原因ではなく、主に奢侈による旗本層の窮乏が原因であった。こうして、旗本の窮乏に歯止めをかけるとともに、社会諸階級全般の奢侈を禁止して揺らぎはじめた身分秩序を整然としたものに立て直そうとした。その意味では、当時派手な服装をしていた「かぶき者」弾圧の手段でもあった。江戸時代の倹約令は、家光政権期までは、武士対象には、献立・従者・衣服・婚礼・分相応・奢侈などに関するものがあり、町人対象には、衣服のほか五月節句・盆灯籠・雛道具などの奢侈品の製作が禁じられた。なお、農民対象は、衣食住に対する節約の発令くらいで少ない。このように、いわゆる身分相応をめざすところの倹約令であったのが、元禄年間(一六八八―一七〇四)にみられた経済的発展と裕福な町人の台頭に伴い武士や町人の生活は奢侈化し、徐々に禁令は具体性を増していく。そして、享保年間(一七一六―三六)以降には支出の抑制を目的とするいわゆる財政政策としての性格をもつものになっていく。

参考文献 山本博文『寛永時代』(『日本歴史叢書』、吉川弘文館、一九八九年)、土肥鑑高「奢侈禁止と倹約令」(『日本歴史』五二六、一九九二年)

(武林 弘恵)

巡見使(じゅんけんし)

諸国の監察を目的とした江戸幕府の臨時職制の一つ。諸国巡見使と国々御料所村々巡見使からなる。諸国巡見使は、『江戸幕府日記』などの記載において、「諸国巡見」という言葉が用いられる初見の寛文七年(一六六七)以前においては、「国廻」などと呼称される。ただし、人員構成や派遣地域区分などの共通性から寛永十年(一六三三)の国廻を第一回の諸国巡見使とする見解が一般的である。寛永十年の巡見使は大名・使番・両番より構成される。主な目的は道筋・境目調査であるが、個別領主の内政を監察する目的もあったとされ、巡見に際しては絵図を徴収した。寛文七年のそれは、使番・両番のうちより構成された三人一組で、関東を除く全国を六地域に分け、物価などの在地状況を監察している。ついで、天和元年(一六八一)、五代将軍徳川綱吉代替りに際し派遣された巡見使は、全国を八地域に分けて幕府領・私領の区別なく巡見し、民衆を直接掌握し、個別領主の政治領を監察した。以降は、この形式を先例として、七代将軍徳川家継を除く将軍代替りごとに、天保九年(一八三八)の十二代徳川家慶の時代まで継続した。しかし、巡見使到来以前に、領主は領民に対し模範回答を訓練するなどの対応をしたために、監察の実効性は失われて儀式化していった。一方、国々御料所村々巡見使は、正徳二年(一七一二)全国の幕府領を十数地域に分け、勘定・支配勘定・徒目付の三人一組を一斉に派遣したのが先例となった。以降、正徳三年、享保元年(一七一六)に派遣され、延享二年(一七四五)、九代徳川家重以降は諸国巡見使と同様に代替りごとに派遣された。諸国巡見使と比較すると、こちらは、幕府が自己の権力を直接行使できたことから、幕末に至るまで実効性を持ち続けた。

参考文献 誉田宏「諸国巡見使の研究―奥羽松前派遣巡見使を中心に―」(『福島県歴史資料館研究紀要』一、一九七九年)、小宮木代良「幕藩体制と巡見使」(『九州史学』七七・七八、一九八三年)、山本博文『寛永時代』(『日本歴史叢書』、吉川弘文館、一九八九年)

(種村 威史)

正保の国絵図・郷帳（しょうほうのくにえず・ごうちょう）

正保期に、江戸幕府が、諸大名らに命じて作成・提出させた一国ごとの絵図と郷帳。正保元年（一六四四）十二月、主要大名に国絵図・郷帳とともに城絵図および道帳《みちのちょう》の調進を命じ、慶安初年ころまでに収納を終えたと考えられる。事業は老中土《ど》井《い》利勝《としかつ》の意向が強かったと考えられ、実際に指揮したのは大目付井上政重《いのうえまさしげ》であった。国ごとの担当者（絵図元）が割り当てられ、国許で下図を作成し江戸で井上の内見を経て仕上げられた。絵図は、幕府の意向にそって様式の統一化が進み、縮尺が六寸一里（二万一六〇〇分の一）と定められ、村形の図式も全国すべて小判型の楕円形に統一され、画風も狩野派にほぼ統一されるなど、正保度以降の幕府国絵図の規格となった。こうした統一が進んだものの図面の隅に載せる郡ごとの高目録や色凡例など、国ごとの不揃いは残された。また国郡図でありながら、領分記載も併記されている。幕府が収納した原本は全く現存しないものの、模写図はその大半が国立公文書館に現存している。あわせて調進された城絵図は、石垣の高さや堀幅・水深など軍事的情報を含むもので、城下の町割や周辺の自然地形まで描かれている。紅葉山文庫に収納された百三十一鋪のうち、国立公文書館に六十三鋪が現存している。

参考文献　福井保『内閣文庫書誌の研究』（『日本書誌学大系』一二、青裳堂書店、一九八〇年）、川村博忠『江戸幕府撰国絵図の研究』（古今書院、一九八四年）、同『国絵図』（『日本歴史叢書』、吉川弘文館、一九九〇年）、杉本史子『領域支配の展開と近世』（山川出版社、一九九九年）、国絵図研究会編『国絵図の世界』（柏書房、二〇〇五年）

（佐々木克哉）

諸士法度（しょしはっと）

江戸幕府が旗本・御家人を主対象として発布した法令。大名を主対象とした『武家諸法度』に対応したものである。旗本法度ともいう。寛永九年（一六三二）九月二十九日、旗本を統率する諸番頭・諸奉行に対して九ヵ条からなる法度が出された。この九ヵ条を基礎としてより詳細・具体的な規定として出されたのが寛永十二年十二月十二日付の二十三ヵ条からなる『諸士法度』である。内容は、文武の奨励、軍役《ぐんやく》規定の遵守、武具の常備、縁組・交際・音信などの際の奢侈《しゃし》の禁止、喧嘩口論の禁止、知行地支配に関わる非法・争論の禁止、相続に関する規定、徒党の禁止、勤務の心得などであり、同年六月に発布された『武家諸法度』と一部共通した内容を持ち、徳川家光の意向から特に風紀粛正が重視されている点に特徴がある。旗本を主対象として発布された法度ではあるが、法度の対象範囲は『武家諸法度』と同様に必ずしも明確ではなく、大名家でも『諸士法度』を参考とした事例がある。徳川家綱政権期の寛文三年(一六六三)八月に一部が改定されて発布され、新規に寺社を建立することの禁止、末期養子《まつご》に関わる規定が加えられる。徳川綱吉による天和三年(一六八三)の『武家諸法度』発布の際に廃止され、『武家諸法度』に統合された。

参考文献 『御触書寛保集成』(岩波書店、一九三四—三六年)、小池進『江戸幕府直轄軍団の形成』(吉川弘文館、二〇〇一年)

(三宅　正浩)

大君外交(たいくんがいこう)

江戸幕府が東アジアの国・地域と取り結んだ対外関係の総称。近世日本の外交主体である徳川将軍は、「大君」を対外的称号として用いた。「大君」は『易経』に、「大君命あり、国を開き家を承く」「武人大君と為る」などとあり、いずれも天子を意味する。同号が外交文書に使用された契機は、寛永元年(一六二四)の朝鮮国王への書翰中の将軍署名「日本国源家光」に対し、対馬藩が「日本国王」と改ざんした事件(柳川一件)の発覚にあった。同事件を裁定した幕府は、日朝関係の刷新を意図し、通信使の派遣要請とともに、日本が中国明朝の国際秩序下にないことを強調するため、寛永十二年、「大君」号を定めて朝鮮側に使用を求めた。こうして翌年通信使がもたらした朝鮮国王の国書に、はじめて大君号が採用された。また正保二年(一六四五)以降、琉球との間でも同号の使用が確認される。しかし六代将軍徳川家宣の時、新井白石の意見により一時中止され、「日本国王」と改められた。中国では大君は天子の称であり、朝鮮では王子の嫡子の称であるというのがその理由である。この復号に関しては、国内的要因に基づく武家の編成目的と、朝鮮を敵礼(対等)の関係(交隣)、琉球を従属国(藩国)と位置付けようとする対外関係の再編目的が指摘されている。しかし八代将軍徳川吉宗は日朝外交の体制を五代将軍徳川綱吉の時代に戻すことに決し、以後再び「日本国大君」の称号が用いられ、幕末に至るまで、欧米諸国との外交文書にもこの称号が使用された。

参考文献 中村栄孝「前近代アジア外交史上の徳川政権—「日本国大君」外交の確立とその終末—」(『朝鮮学報』四五、一九六七年)、荒野泰典『近世日本と東アジア』(東京大学出版会、一九八八年)、豊見山和行「江戸幕府外交と琉球」(『沖縄文化』六五、一九八五年)、紙屋敦之『大君外交と東アジア』(吉川弘文館、一九九七年)

(清水　有子)

大名留守居(だいみょうるすい)

諸大名の江戸藩邸などに設置された役職。幕府や諸大名家との連絡調整、折衝、情報収集などを主とした。物頭など旗本層の家臣が任じられることが多かった。本来的には、大名不在時に、居城や江戸藩邸などにおいて大名に代わってその統括にあたる役職であり、家老級の家臣が任じられていた。一方で、江戸が政治の場として成熟するにつれ、江戸藩邸における前述の諸機能の必要性が次第に高まり、本来、聞番・聞役・御城使などと呼ばれていた前出の役職が、次第に「留守居」と呼ばれるようになったという。江戸城では蘇鉄之間に詰め、幕政等に関する情報収集などを行なった。留守居は、さまざまな繋がりを元に留守居組合という集団を形成し、組合内で先例などの照会、幕政や他大名家の情報等の交換などを行なった。留守居組合の構成は多様であり、たとえば、江戸城における同じ殿席同士で結成した同席組合、大名の親類関係による親類組合、江戸藩邸などの近隣で結成した近所組合などが存在し、同時に複数組合に所属することもあった。留守居組合は、組合を通じた先例格式などの情報収集、留守居回状等による幕府からの情報伝達、幕府法令の解釈を行うなど、武家社会内においてその存在の重要性を増していったが、一方で組合の寄合などが、藩の公金を使用して高級茶屋(留守居茶屋)や遊所などで行われ、次第に豪奢な様態となり、社会風紀上で問題とされるようになった。幕府は茶屋での寄合を禁止し、寛政の改革では組合を解散させるなどの対策を行なったが、ついに幕末まで存続することとなった。

参考文献 服藤弘司『大名留守居の研究』(『幕藩体制国家の法と権力』三、創文社、一九八四年)、山本博文『江戸お留守居役の日記』(読売新聞社、一九九一年)、笠谷和比古『近世武家社会の政治構造』(吉川弘文館、一九九三年)、同『江戸御留守居役』(『歴史文化ライブラリー』、吉川弘文館、二〇〇〇年)、白石良夫『幕末インテリジェンス―江戸留守居役日記を読む―』(『新潮文庫』、新潮社、二〇〇七年)

(小宮山敏和)

勅許紫衣事件 (ちょっきょしえじけん)

紫衣は高僧のみが身につけることを許された法衣であり、その着用許可は天皇によりなされた。幕府は、慶長十八年(一六一三)の『勅許紫衣之法度』および元和元年(一六一五)の『禁中幷公家中諸法度』により紫衣勅許への介入を繰り返した。しかし、幕府の了解のない勅許によって紫衣は許され続けたため、幕府は寛永四年(一六二七)に「上方御出世御法度共」を出して元和元年以降の紫衣勅許の無効を宣言した。このような幕府の動きに対し、大徳寺の沢庵宗彭《たくあんそうほう》らが抗弁書を作成して幕府に提出し、沢庵らは大御所徳川秀忠の怒りにふれて流罪に処せられた。この政治過程を捉えて勅許紫衣事件(または紫衣事件)と呼称するが、この事件に寛永六年の後水尾天皇による突然の譲位を含めるかどうかは、見解の分かれるところである。紫衣勅許無効を宣言した幕府への抵抗として後水尾天皇の譲位を位置づける見解は根強くある。だが、後水尾天皇の譲位の理由自体、史料的に不明な点が多い。また、当時の幕府によって紫衣勅許の無効が宣言された背景として、偽綸旨による紫衣勅許の横行など、当時の朝廷による寺院支配の空洞化を指摘する新たな学説も登場し、幕府による紫衣勅許無効化は、そのような空洞化の是正の側面を有していたことも明らかになりつつあり、勅許紫衣事件と後水尾天皇の譲位を結びつけることには今のところ慎重であるほうがよいだろう。なお、前述の「上方御出世御法度共」については、のちに徳川家光が沢庵らの意見を容れて見直しを行なっている。

参考文献　辻善之助編註『沢菴和尚書簡集』(岩波書店、一九四二年)、東京大学史料編纂所編『大日本近世史料　細川家史料』三(東京大学出版会、一九七二年)、斎藤夏来『禅宗官寺制度の研究』(吉川弘文館、二〇〇三年)、野村玄『日本近世国家の確立と天皇』(清文堂出版、二〇〇六年)

(野村　玄)

田畑永代売買禁止令　(でんぱたえいたいばいばいきんしれい)

江戸幕府が、農民による田畑の永代売買を禁止した法令。ただし、田畑永代売買禁止令という特定の法令があるのではなく、寛永二十年(一六四三)三月に幕府から発せられた三つの法令の総称。代官あてに出された「堤川除普請其外在方取扱之儀ニ付御書付」のうち第三条、農民あてに出された「在々御仕置之儀ニ付御書付」のうち第十三条、そして罰則にあたる「田畑永代売御仕置」からなる。当時の土地の売買には、永代売のほか、売主(本主)が請戻しの権利を保持する年季売や本物返しといった形態があったが、幕府はこれらのうちの永代売を禁止した。法令の目的をめぐっては、近世より諸説あるが、富裕な農民が土地を集積し、困窮した農民が土地を失うのを防ぐためとされる。しかし、その後も質流れなどにより田畑の実質的な移動は行われ、貞享四年(一六八七)十一月の法令では、田畑の永代売買禁止が再度強調されるとともに、質流れを防ぐための措置が講じられた。以降、元禄八年(一六九五)六月には質流れによる事実上の永代売が認められ、また、享保八年(一七二三)八月には前年四月に出された質流禁止令が撤回。延享元年(一七四四)五月には永代売に対する罰則が大幅に緩和され、田畑永代売買禁止令の形式化が進んだ。そして、明治五年(一八七二)の太政官布告により、最終的に廃止された。

参考文献　大石慎三郎『享保改革の経済政策』(御茶の水書

房、一九六一年)、北島正元編『土地制度史』二(『体系日本史叢書』七、山川出版社、一九七五年)　(小酒井大悟)

東海寺（とうかいじ）

東京都品川区に所在する臨済宗大徳寺派の寺院。山号は万松山、開基は徳川家光。沢庵宗彭《たくあんそうほう》を招請するため、八木守直《やぎもりなお》を奉行として寛永十五年(一六三八)四月二十七日に着工、翌十六年五月に完成した。寺域は四万七千二百四十坪、寺領五百石の朱印を付されている。堀田正盛の臨川院、酒井忠勝の長松院、細川光尚《ほそかわみつなお》の妙解院《みょうげいん》などの塔頭と雲龍・清光・定慧などの諸庵が建立され、小堀政一が庭園や茶亭坊舎を手がけている。大徳寺派の輪番地として江戸触頭の一つとされた。近代に入り寺地を公収され、さらに火災などにより旧観を失った。

参考文献　『東京市史稿』市街篇五・遊園篇一(一九二八・二九年)、『品川を愛した将軍徳川家光―品川御殿と東海寺―』(品川区立品川歴史館、二〇〇九年)　(中川　仁喜)

土民仕置令（どみんしおきれい）

寛永二十年(一六四三)三月十一日に関東に出された全十七ヵ条の法令。寛永飢饉対策法令の総括的法令であり、その後の幕府農政の基本法令となる。第一条では家作について、第二条では衣服の種類について、第三条では衣類を染める色合いについて、第十一条では乗物の禁止、第十六条で仏事祭礼等の華美を禁止した。以上の条目では、農民に風俗面から倹約を命じている。第四条では米をみだりに食べることの禁止、第五条ではうどんなどの商売禁止、第六条では酒造と酒の販売禁止、第十条ではたばこの田畑作付禁止を定めた。以上の条目では、農民の飲食に規制を加え作付を制限することで、食料の確保をねらうものであった。第八条では田畑の手入れを入念にするよう命じ、もし不念にするものがあるときは詮索のうえ「曲事」に申し付けることを命じ、第九条では独身や病気の農民が耕作できないときには、五人組はいうまでもなく村としても相互に助け合い、田畑を仕付け、年貢を収納するように命じた。また第十三条で田畑永代売買禁止が示されている。以上の条目は、農民の生産に深く関わるもので、飢饉以前に在方向けに出された幕府の法令にはみられなかったものである。幕府農政が寛永飢饉を画期に「百姓成立」を重視した政策を取り始めたことをよく示す。第十五条で地頭・代官の仕置が悪く堪忍しがたいときには年貢を皆済のうえで他郷に移ることを許可した。飢饉の中で出されたこの法令内で、慶長八年(一六〇三)に発布された郷村法度の内容が再確認されている。

参考文献　『御触書寛保集成』(岩波書店、一九七六年)、藤井譲治『徳川家光』(『人物叢書』、吉川弘文館、一九九七年)、横田冬彦『天下泰平』(『日本の歴史』一六、講談社、二〇〇二年)

(鈴木　直樹)

日蓮不受不施派弾圧（にちれんふじゅふせはだんあつ）

不受不施派は日蓮宗の一派で、京都妙覚寺住持の二十一世仏性院日奥《にちおう》(一五六五―一六三〇)を派祖とする。不受とは、日蓮宗の僧侶が法華未信・謗法(他宗)の者からの布施・供養(経済的支援)を受けないことをいう。中世の日蓮宗は、こうした考えを持ちつつも、政治権力者と巧みに関係を持ちつつ、発展を続けていた。しかし、統一政権が誕生すると、こうした排他的な日蓮宗の考え方は問題とされるようになる。また、不施とは日蓮宗の信者が謗法(他宗)の僧に布施・供養を捧げないことをいう。文禄四年(一五九五)豊臣秀吉は京都方広寺千僧供養会のため諸宗に出仕の通達をする。妙心寺日奥は不受の立場を終始崩さず不出仕を主張した。慶長四年(一五九九)、徳川家康は大坂城において日奥と受派の妙顕寺日紹《にっしょう》らを対論させたが、あくまで不受を主張する日奥を対馬流刑とした。この判決がその後の不受僧処断の先例となる。寛永七年(一六三〇)、江戸城において不受不施を唱える池上本門寺の日樹《にちじゅ》らと、受不施を主張する身延山久遠寺日暹《にっせん》が対論を行い(「身池対論」)、最終的に幕府は不受不施派の日樹を流罪に処した。寛文五年(一六六五)、幕府は寺社領朱印交付に際して、日蓮宗寺院に対し、供養としての寺領を受ける旨の手形の提出を迫った。日講《にっこう》らはこれを拒否して流罪に処される。同九年、幕府は不受不施の信仰を禁じた。そのため、公のかたちでの布教活動が行えなくなり不受不施を守ろうとする僧・俗は地下に潜行して、禁制宗門不受不施派が成立する。同派はその後日堯《にちぎょう》・日了《にちりょう》を指導者とする日指《ひさし》派と日講が指導した津寺《つでら》派に分裂した。宗名の公称が許されたのは明治九年(一八七六)であった。

参考文献　宮崎英修『禁制不受不施派の研究』(平楽寺書店、一九五九年)、同『不受不施派の源流と展開』(平楽寺書店、一九六九年)、寺尾英智・北村行遠編『日親・日奥―反骨の導師―』(『日本の名僧』一四、吉川弘文館、二〇〇四年)

(鈴木　直樹)

日光門跡（にっこうもんぜき）

幕藩体制のもとで、徳川将軍家の祖先神である東照大権現に天下泰平・武運長久を祈禱し、神威の護持・増幅をはかるため、江戸幕府が新たに創設した親王を住持とする天台宗山門派の門跡寺院。徳川家康・秀忠・家光の信任を受けた天海《てんかい》の遺言により、正保四年(一六四七)九月、後水尾上皇《ごみずのおじょうこう》の皇子、尊敬《そんけい》(のちに守澄《しゅちょう》)法親王がはじめて京都から迎えられ、以後十二人の法親王が住山した。承応三年（一六五四）、守澄は天海の法嗣《ほうし》である公海《こうかい》から、日光・東叡《とうえい》両山の寺務を継承し、初代の日光門跡となった。翌年上洛した際には、慣例を退けて天台座主《てんだいざす》となり、翌月には輪王寺門跡《りんのうじもんぜき》の号を賜与されて、幕府の威光を背景に日光門跡が、既存の天台宗山門派を掌握する形態が整えられた。一方、幕府は同年の「日光山条目」で、安定的な日光門跡の法脈相承《ほうみゃくそうじょう》、門跡の継承の手順を定めている。門跡は、寛永寺に起居し、年に三度日光山へ登山して幕府の安寧を祈禱することを例とした。祈禱を担う日光門跡に対して、幕府は遅くとも享保十九年（一七三四）までには一万三千石を給し、寺領千石平均の諸門跡と比べて圧倒的な存在とした。このほか附弟《ふてい》の優先的確保や、一品《いっぽん》・准后《じゅごう》への昇叙《しょうじょ》、諸門跡所縁の全国の大寺社を日光門跡の管領下に組み入れるなど、幕府は日光門跡を優遇したが、これは既存の諸門跡への統制の一環であった。門跡は没後、日光山もしくは東叡山のいずれかに葬られ、他方には髪爪塔が営まれた。

参考文献　日光山史編纂室編『日光山輪王寺史』（日光山輪王寺門跡教化部、一九六六年）、高埜利彦「近世国家と本末体制」（『近世日本の国家権力と宗教』、東京大学出版会、一九八九年）、杣田善雄『幕藩権力と寺院・門跡』（思文閣出版、二〇〇三年）、田中潤「徳川将軍の年忌法要にみる門跡」（『近世の天皇・朝廷研究』一、朝幕研究会、二〇〇八年）

（田中　潤）

浜田弥兵衛事件　（はまだやひょうえじけん）

寛永五年（一六二八）、タイオワン Tayouan（台南外港安平）で発生した日蘭両国人による紛争事件。台湾事件・ゼーランディア城事件とも称する。浜田弥兵衛は末次船船長。オランダ東インド会社は一六二四年以降、台湾南部とその島嶼部に城塞と商館を建設して東アジア貿易の拠点を形成しつつあった。一方、台湾近海では日中両国人による出会貿易が行われ、東インド会社は排他的貿易を実現すべく輸出品に一〇％の関税を課した。しかし日本人はこれに応ぜず、同地の長官マルチヌス＝ソンク **Martinus Sonck** は、日本側が購入した生糸を押収した。翌寛永三年には、朱印船がオランダの妨害により越年を余儀なくされ、これは幕閣の知るところとなった。日蘭両国の関係悪化を打開すべく東インド総督ピーテル＝デ＝カルペンチール **Pieter de Carpentier** は、一六二七年にタイオワン長官にピーテル＝ヌイツ **Pieter Nuijts** を任命、日本に派遣して関税の正当性を釈明し、将軍の朱印状発給を一時停止することを要請したが、ヌイツの身分的問題と末次平蔵・弥兵衛らの策動で将軍への謁見はかなわなかった。翌寛永五年、弥兵衛を船長とした多数の武装日本人の乗船する末次船がタイオワンに入港するも、ヌイツは日本人の武器を没収しゼーランディア城に拘禁した。ヌイツから帰国許可も取引許可も与えられず進退窮まった日本人は、隙を見て長官を捕縛し、その際二名のオランダ人を殺害した。この事件により、幕府は同五年にオランダ貿易を停止する。その後、バラビヤからオランダ使節が問題解決のために来日するが、交渉は難航した。この間に幕府は、奉書船制度を設けて、朱印船の海外渡航を厳しく制限した。同九年、最終的に解決をみた。当該事件は朱印状の侵犯により将軍権威の毀損を危惧した幕閣に朱印船渡航を禁止させる結果となった。

参考文献 『長崎オランダ商館の日記』(村上直次郎訳、岩波書店、一九五六—五八年)、『平戸オランダ商館の日記』(永積洋子訳、岩波書店、一九六九—七〇年)（橋本　賢一）

評定所（ひょうじょうしょ）

幕府が設置した裁判機関。江戸城辰ノ口そばの伝奏屋敷に隣接して置かれた。成立については、寛永十二年(一六三五)の法令から、この時期に設置されたとされるが諸説がある。ただ当初は「評定所」ではなく「寄合場」と呼ばれたていた。のちに、裁判機関としての役割が明確になるにつれ、慶安年間(一六四八—五二)より「評定所」とその呼称が定着した。江戸時代は支配ごとに訴訟を審理する場所が異なり、訴訟方(原告)・相手方(被告)が異なる支配であった場合に、訴訟の吟味が評定所で行われた。評定所では「式日」と「立合」と呼ばれる吟味が、月にそれぞれ三日ずつ合計六日あった。当初は老中を中心に行われたが、寛文年間(一六六一—七三)には三奉行と呼ばれた寺社奉行・町奉行・勘定奉行を中心に、大目付・目付が加わり審理が行われた。実際の審理は評定所留役などの下級役人がその責にあたり、新井《あらい》白石《はくせき》の批判にもかかわらず、江戸時代を通じて留役の役割に負うところが多かった。また幕府諸役人の誓詞が行われた場所としても評定所は活用され、享保六年(一七二一)、いわゆる目安箱の設置が徳川吉宗から命じられると、その箱は評定所の門前に置かれた。また寛保二年(一七四二)成立の『公事方御定書』には、三奉行を中心とした評定所一座が大きくかかわった。幕末の元治元年(一八六四)国家への建白書などの受理が老中から評定所に命じられ、「天下の理非」を定める機関として江戸時代を通じてその役割を果たした。

参考文献 小早川欣吾『近世民事訴訟制度の研究』(有斐閣、一九五七年)、『古事類苑』官位部三(吉川弘文館、一九六八年)、『旧事諮問録』(『岩波文庫』、岩波書店、一九八六年)、宮原一郎「成立期の評定所」(『徳川林政史研究所研究紀要』四二、二〇〇七年)（宮原　一郎）

奉書船貿易（ほうしょせんぼうえき）

朱印船貿易の最終形態。朱印船制度下で東南アジアに渡航する貿易船は、将軍の発給する異国渡海特許の朱印状を携行したが、慶長十四年（一六〇九）以降、その発給は次第に特定の大名や幕府と関係の深い豪商などに限定されてきた。またこのころより海外で紛争事件が多発し、寛永五年（一六二八）に朱印船が暹羅《シャム》（タイ）のアユタヤ港外でスペイン船に焼打ちにされると、この事件を重くみた幕府は朱印状の発給を数年間見合わせたが、この間商人や諸大名のなかには、長崎奉行竹中重次の許可状やオランダ人の通行証を得て在住中国人名義で船を出す者がおり、朱印船制度は有名無実化しつつあった。幕府はこれらの事態に対処するため、同八年、以前に朱印状で渡航していた商人が重ねて商船を出す際には、当年より長崎奉行竹中へ老中奉書を指し副えるべきことを定めた（『寛明日記』六月二十日条）。この年末次平蔵が東京へ渡海するための奉書が発給され、平蔵船はこの奉書とともにオランダ人の許可証ほかを携行して出帆したとある。しかし、同十年の事情を記した『平戸オランダ商館の日記』には、例年のように七名が老中奉書を得たが、今後同書は長崎で回収され、それと引き換えに長崎奉行が発給する通行許可証が海上に持ち出されるとある。この措置は、幕府発給文書の侵犯を防ぎ、将軍権威を護持する目的があったとされている。奉書船貿易は、同十二年鎖国による日本船の渡航禁止まで続いた。

参考文献　岩生成一『鎖国』（『日本の歴史』一四、中央公論社、一九六六年）、朝尾直弘『鎖国』（『日本の歴史』一七、小学館、一九七五年）、加藤榮一「八幡船・朱印船・奉書船―幕藩制国家の形成と対外関係―」（『海外視点・日本の歴史』九、ぎょうせい、一九八六年）、武田万里子『鎖国と国境の成立』（『同成社江戸時代叢書』、同成社、二〇〇五年）

（清水　有子）

明清交替（みんしんこうたい）

中国の明朝が滅び、清朝が成立した王朝交替のこと。ヌルハチにより中国東北部の女真族は統一され、一六一六年に後金を建国、その子ホンタイジは、一六三六年に女真・モンゴル・漢族に推戴される形で皇帝となり、清が成立した。一方漢民族による王朝の明は、十六世紀後半からの文禄・慶長の役での朝鮮支援などの対外戦争、政治の紊乱、そして農民蜂起などにより弱体化していた。一六四四年三月、農民反乱の指導者である李自成《りじせい》は北京を落とし、明の崇禎帝《すうていてい》は自殺した。山海関を守っていた明の将軍呉三桂《ごさんけい》は李自成に対抗するため清と講和し、ともに北京に攻め込んだ。この連合軍に敗北した李自成は北京から逃れる途中、殺害された。皇帝の死を知った明の遺臣たちは、中国南部でつぎつぎに皇族を即位させ、福王の弘光政権、唐王の隆武政権、魯王の監国政権、桂王の永暦政権などの「南明」政権が作られた。これらの政権は併存する場合にも協力関係がなく、最後まで残った永暦政権は一六六二年四月に呉三桂によって滅ぼされた。この過程で鄭《てい》芝龍《しりゅう》・成功《せいこう》父子などの明の遺臣は、江戸幕府に対して十回ほどの援軍要請を行なったが拒絶された。そのうち正保三年(一六四六)の援軍要請の場合、幕府が検討中に福州の陥落の情報を得たため、応じなかった。また清は台湾に拠って清に抵抗していた鄭氏の貿易を妨害するため、沿岸の住民を内陸に移住させる遷界令《せんかいれい》を出し、鄭氏降伏後はそれを解除したため、長崎での貿易量に大きな変動をもたらした。

参考文献　岸本美緒・宮嶋博史『世界の歴史』一二(『中公文庫』、中央公論新社、二〇〇八年)

(中野　純)

紅葉山文庫（もみじやまぶんこ）

江戸城内、紅葉山のふもとに建てられた幕府の文庫。その前身は、徳川家康が各地に設置した三つの書物庫のうちの一つである。三つとは、江戸城内の「富士見の亭」・京都二条城の文庫・駿府城の文庫である。「富士見の亭」は、慶長七年(一六〇二)に江戸城本丸の南端に創設された。この文庫には、文禄・慶長の役(壬申倭乱)の際に朝鮮から持ち帰った朝鮮本や唐本が納められていた。また金沢文庫の一部、和漢歴世の稀書も集められた。その後、慶長十二年と元和二年(一六一六)の二度、駿府城から追加され、林羅山などの徳川秀忠側近によって管理された。寛永十年(一六三三)十二月、徳川家光は幕臣四名からなる書物奉行の職を設け、文庫は幕府の組織の中に位置づけられ、正式に幕府の管理となった。そして寛永十六年七月に、文庫の名前の由来でもある紅葉山に新たに書庫が建てられた。白壁、瓦葺きで二階建ての土蔵で、その側には書物奉行や配下の役人が執務する会所が設けられた。紅葉山文庫は、現用・半現用の幕府の公文書や、歴代将軍の蒐書・手沢本などの保存や管理を担った。書物奉行以下の業務は、書物目録を作成して蔵書を整理し、書物の風干しや修復を行うことであった。また諸本の購入や、献上本や没収本の受け入れなど、新規書物の受け入れも業務の一環であった。とりわけ市中本の購入にあたっては、書肆出雲寺家などの関与が明らかにされている。文庫の蔵書には、徳川家宣が将軍徳川綱吉の後継となった際、桜田邸にあった家宣文庫を江戸城内へ移管したものが、桜田文庫本として追加された。在職中に二度の蔵書整理を行わせた徳川吉宗は、享保七年(一七二二)には全国にむけて逸書探索を実行し、さらなる蒐書に努めた。それにより、良本を増やし諸本の校合にも備え、将軍文庫としての質と威儀を高めた。幕末・維新期には、組織の所属を転々とした。慶応二年(一八六六)に書物奉行が廃止され、配下の役人は学問所の支配へ移った。維新後は大学、修史局・修史官と所管を変え、明治十七年(一八八四)太政官文庫となり、翌年の所管名の変更に伴い内閣文庫となる。

参考文献　福井保『紅葉山文庫―江戸幕府の参考図書館―』(『東京郷学文庫』、郷学舎、一九八〇年)、藤實久美子『近世書籍文化論』(吉川弘文館、二〇〇六年)　(綱川　歩美)

柳川事件(やながわじけん)

対馬藩家老柳川調興《やながわしげおき》が自身の将軍直臣化を狙い、文禄・慶長の役により途絶えた朝鮮との国交回復のために、対馬藩が徳川家康の国書などを偽造していたことを暴露した事件。家老が藩からの自立を目指した一種の御家騒動。柳川一件とも。調興は幕府要人との繋がりが強く、朝鮮からも重要人物とみなされ、通商上の特権が認められる受図書人《じゅとしょにん》とされていた。そのため、独力で朝鮮との外交の仲介をできると考えて事件を起こしたとされる。寛永三年(一六二六)に肥前にある対馬藩領のうち柳川氏に与えられていた千石分の領知宛行状を幕府に願い出た。この千石は、対馬藩が加増された領知の中から徳川家康の指示により調興の祖父柳川調信《しげのぶ》に与えたものであったが、調興はこれを将軍より直接与えられたものであると主張したのである。この主張は認められなかったが、幕府要人の斡旋もあり、対馬藩主宗義成《そうよしなり》と調興は和解した。寛永十年になり調興は再度、義成の不当行為を訴え、その調査過程で国書偽造を暴露した。寛永十二年に徳川家光により、参勤中の全ての大名が列席する江戸城本丸大広間で処分が下された。義成は無罪、調興は弘前藩に配流、外交文書の作成を担当していた以酊庵《いていあん》庵主の規伯玄方《きはくげんぽう》も改竄に関わったとして盛岡藩に配流、このほかの関係者は双方から同等になるよう処罰がなされた。義成が罪に問われなかったことから、秩序や朝鮮との関係を重視した裁決であるとされる。この事件以後、国書偽造を防ぐため、京都五山から外交文書の作成にあたる僧を派遣する以酊庵輪番制が導入された。寛永十三年、はじめて「通信使」という名目で朝鮮からの使節を来日させる。その際には、将軍の称号を「日本国大君」とし、日本からの国書には、日本年号を用いるなど、対朝鮮外交における幕府の関与が強化された。

参考文献　長崎県史編集委員会編『長崎県史』藩政編(吉川弘文館、一九七三年)、田代和生『書き替えられた国書』(『中公新書』、中央公論社、一九八三年)　(中野　純)

老中制(ろうじゅうせい)

老中とは、江戸幕府の常置の最高職で、幕政の諸政務を統轄した。江戸時代初期には「年寄《としより》」と呼ばれ、職掌は個々人の能力に拠るところが大きく、定まった制度としての職は未成立であったが、徳川家光政権期の寛永年間（一六二四―四四）に制度として確立し、「老中」という呼称が定着する。徳川秀忠の死による代替わりの翌寛永十年三月、家光はのちの若年寄のもととなる六人衆を設置し、年寄の権限の一部を分与する。同十一年三月三日、酒井忠世《さかいただよ》・土井利勝《どいとしかつ》・酒井忠勝《さかいただかつ》に宛てた「老中宛法度《ろうじゅうあてはっと》」により老中（年寄）の職務を、朝廷関係や一万石以上の大名の御用・訴訟などの取り扱いと規定し、三名に半月交代で政務にあたることを命じ、老中制が制度として整えられた。同十二年十一月には前年に老中となった松平《まつだいら》信綱《のぶつな》・阿部《あべ》忠秋《ただあき》らを含めて月番制《つきばんせい》が導入される。同十五年十一月七日、家光は、これまで老中であった土井利勝と酒井忠勝の日常的な役務を免除するとともに、老中松平信綱・阿部忠秋・阿部《あべ》重次《しげつぐ》のもとに諸職を編成し、幕政機構を老中が統轄する仕組みをつくる。ここに老中制が制度的に確立する。こうした老中制の成立は、家光による専制的な政治運営の中で、家光の健康状態の不安定さにも影響されつつ制度が整えられ、前代の出頭人《しゅっとうにん》政治的なあり方が否定されていった過程であった。

参考文献　山本博文『寛永時代』（『日本歴史叢書』、吉川弘文館、一九八九年）、藤井譲治『江戸幕府老中制形成過程の研究』（校倉書房、一九九〇年）

（三宅　正浩）

大老

氏名	称呼	前職	補職年月日	転免年月日	後職
土井利勝	大炊頭	老中	寛永一五（一六三八）・一一・七	正保元（一六四四）・七・一〇　実元・七・三	卒
酒井忠勝	讃岐守	老中	寛永一五（一六三八）・一一・七	明暦三（一六五七）・五・二六　実寛二・三・一九	卒　実老免寛辞

老中

氏名	称呼	前職	補職年月日	転免年月日	後職
酒井忠世	雅楽頭			寛永一一(一六三四) 寛一一・三	免
土井利勝	大炊頭		慶長一五(一六一〇)	寛永一五(一六三八)・一一・七	大老
青山忠俊	伯耆守	書院番頭	元和二(一六一六)・五・二九	元和九(一六二三)・一〇・一九	免職、勘当、減封
井上正就	主計頭	小性組番頭	元和八(一六二二)	寛永五(一六二八)・八・一〇	殺害せらる
永井尚政	信濃守	小性組番頭	寛元和八	寛永一〇(一六三三) 実一〇・二 寛一〇・三・二五	免
稲葉正勝	丹後守	書院番頭	元和九(一六二三)	寛永一一(一六三四)・正・二五	卒
酒井忠勝	讃岐守		寛寛永元・一一	寛永一五(一六三八)・一一・七	大老
内藤忠重	伊賀守	書院番頭			
青山幸成	大蔵少輔	小性組番頭	寛永五(一六二八)・一〇 実五・一〇・一一		
森川重俊	出羽守		寛寛永八	寛永九(一六三二)・正 実九・正・二五 寛九・正・二四	殉死
堀田正盛	加賀守	小性組番頭兼若年寄	実寛永一二・一〇・二九	寛永一五(一六三八)・三・八	免
松平信綱	伊豆守	小性組番頭兼若年寄	実寛永一二・一〇・二九 寛寛永一〇・五・五	寛文二(一六六二)・三・一六	卒
阿部忠秋	豊後守	小性組番頭兼若年寄	寛永一二(一六三五)・一〇・二九	寛文六(一六六六)・三・二九	免
阿部重次	対馬守 備中守	若年寄	寛永一五(一六三八)・一一・七	慶安四(一六五一)・四・二〇	殉死
松平乗寿	和泉守	実寛奏者番	寛永一九(一六四二)・一一・一五 実寛正保元・四・二	正保三(一六四六)・正・二六 実なし寛承応三・正・二六	卒

京都所司代

氏名	称呼	前職	補職年月日	転免年月日	後職
板倉重宗	周防守	小性組番頭兼書院番頭 実寛近侍	元和六(一六二〇)・一一・二六 実寛元和六	実承応三・七・二九 寛承応三・三・六	辞

大坂城代

氏名	呼称	前職	補職年月日	転免年月日	後職
内藤信正 元信照	紀伊守	伏見城代	元和五(一六一九) 元五・二・五 実五・八	寛永三(一六二六)・四 寛三・四・二八	卒
阿部正次	備中守		寛永三(一六二六)・四 実寛三・四・六	正保四(一六四七)・一一・一四	卒
永井直清	日向守		慶安元(一六四八)(仮役) 実元・二・一〇 石元・三・二五	慶安元(一六四八)・九 石寛元・九・一〇	
稲垣重綱 石重種	摂津守	大坂定番	慶安元(一六四八)・九 石元・九・一〇 武元・九・一一	慶安二(一六四九)・一〇・二五	実病もてゆるさる 寛辞
内藤信照	豊前守		慶安二(一六四九)・一〇・二五	承応元(一六五二) 実元・五	

寺社奉行

氏名	称呼	前職	補職年月日	転免年月日	後職
安藤重長	右京亮	奏者番 実寛書院番頭	寛永一二(一六三五)・三・一〇 実寛一二・一一・九	万治元(一六五八)・九・二九 実寛明暦三・九・二九	辞 実寛卒
松平勝隆	出雲守	奏者番 実寛奏者番兼大番頭	寛永一二(一六三五)・三・一〇 実寛一二・一一・九	万治二(一六五九)・三・三	辞 実老免 寛両職辞、雁間詰
堀利重	東市正	奏者番 実寛大番頭	寛永一二(一六三五)・三・一〇 実一二・一一・九 寛日付記なし	寛永一五(一六三八)・四・二四	辞 実寛卒

氏名	称呼	前職	補職年月日	転免年月日	後職
堀直之	式部少輔	町奉行	寛永一五(一六三八)・正・二六 実寛一七・正・二三	寛永一九(一六四二)・七・一〇	卒

若年寄

氏名	称呼	前職	補職年月日	転免年月日	後職
堀田正盛	加賀守	小性組番頭	寛永一〇(一六三三)・三・二三	寛永一二(一六三五)・一〇・二九	老中
松平信綱	伊豆守	小性組番頭	寛永一〇(一六三三)・三・二三	寛永一二(一六三五)・一〇・二九	老中
阿部忠秋	豊後守	小性組番頭	寛永一〇(一六三三)・三・二三	寛永一二(一六三五)・一〇・二九	老中
太田資宗	備中守	小性組番頭	寛永一〇(一六三三)・三・二三	寛永一五(一六三八)・四・二四	奏者番
阿部重次	対馬守	小性組番頭	寛永一〇(一六三三)・三・二三	寛永一五(一六三八)・一一・七	老中
三浦正次	志摩守	小性組番頭	寛永一〇(一六三三)・三・二三	寛永一八(一六四一)・一〇・二七	卒
酒井忠朝	備後守		寛永一二(一六三五)・一〇・二九	寛永一五(一六三八)・一一・七	職ゆるさる
土井利隆	遠江守		寛永一二(一六三五)・一〇・二九	寛永一五(一六三八)・一一・七	職ゆるさる
朽木稙綱	民部少輔	書院番頭	寛永一二(一六三五)・一一・二〇	慶安二(一六四九)・二・一九	職ゆるさる

町奉行

氏名	称呼	前職	補職年月日	所在	転免年月日	後職
米津田政 【実】田政・由政			【実】【寛】慶長九	北	【実】【寛】寛永元・一一・三	【実】【寛】卒
島田利政〔正〕 【実】【寛】利正	治兵衛 弾正忠	徒頭	慶長一八(一六一三) 【実】一八・三	南	寛永八(一六三一) 【実】一九・九【寛】一九・九・一五	【実】病【寛】卒
加々爪忠隆〔澄〕 【実】忠澄・直澄【寛】忠澄	甚十郎 民部少輔	目付	寛永八(一六三一)・一〇・五 【実】八・九・三【寛】八	北	寛永一七(一六四〇)・正・二三	大目付
堀直之	三右衛門 式部少輔	使番	寛永八(一六三一)・一〇・五 【実】八・九・三【寛】八・九	南	寛永一五・正・二八(一六三八) 【実】【寛】一五・五・一六	寺社奉行
酒井忠知	因幡守	作事奉行	寛永一五(一六三八)・五・一六	南	寛永一六(一六三九) 五・一八	改易 【実】【寛】追放
朝倉在重	仁左衛門 石見守	使番	寛永一六(一六三九)・七・一八	北	慶安三(一六五〇)・一一・九 【実】なし【寛】三・一一・一九	卒 【実】日付なし
神尾元勝	備前守	作事奉行 【実】【寛】長崎奉行	寛永一七(一六四〇)・五・一八 【実】【寛】一五・五・一六	南	寛文元(一六六一) 三・八	辞 【実】職ゆるさる
石谷貞清	十蔵 左近将監	先手 【実】先手頭【寛】目付	慶安三(一六五〇) 六・一八 【実】【寛】四・六・一八	北	万治二(一六五九)・正・二六	辞 【実】老衰ゆるさる

勘定奉行

氏名	称呼	前職	補職年月日	管掌	転免年月日	後職
松平正綱	右衛門大夫					
伊丹康勝	播磨守 順斎				慶安三(一六五〇)・七・一一	辞 【実】留守居、小普請支配【寛】佐渡国支配
伊奈忠治	半十郎				寛永一九(一六四二)・八・一六	(関東郡代)

氏名	称呼	前職	補職年月日	管掌	転免年月日	後職
大河内久綱	金兵衛				寛永一五(一六三八)・三・五	
曾根吉次	源左衛門				寛文元(一六六一)・一一・一九	実老免寛辞
杉浦正友	内蔵允	留守居	寛永一九(一六四二) 実一九・八・一六寛一九・三・三		慶安四(一六五一)・七・三	留守居
酒井忠吉	和泉守 紀伊守	留守居	寛永一九(一六四二)・八・一六		慶安四(一六五一)・七・三	留守居
伊丹勝長	蔵人 播磨守		慶安三(一六五〇)・七・一		寛文二(一六六二)・三・二七	卒
村越吉勝 実勝吉	治左衛門 長門守	二丸留守居	慶安四(一六五一)・六・一八 (将軍不在位時、補職)		万治二(一六五九)・二・九	町奉行

4代　徳川家綱

徳川家綱画像　紙本墨画。元になった画像は奈良長谷寺にある。「永徳先祖書」と本図の款記により、画像は延宝8年(1680)に狩野安信が制作し、天保12年(1841)安信の下絵を狩野養信が模写したとみえる。

徳川家綱（とくがわいえつな）　一六四一―八〇

江戸幕府四代将軍。一六五一―八〇在職。寛永十八年（一六四一）八月三日、三代将軍徳川家光の長子として江戸城本丸に生まれる。生母は側室於楽《おらく》の方。幼名は竹千代。正保元年（一六四四）、家綱を名乗る。なお、土佐山内家の史料に誕生から間もなくして、家光とならび「両上様」と記載されていることからもわかるように、家綱は誕生時点で将軍になることが周囲より期待された、まさに「生まれながらの将軍」であった。翌正保二年に五歳にして元服、従三位権大納言に叙任、従二位に昇進し西丸へ移徙《いし》する。慶安元年（一六四八）に日光へ社参する。同三年九月二十日に二丸へ移徙。慶安四年四月二十日の父家光の死によって、同年八月十八日、十一歳にして将軍宣下を受け、内大臣を兼ねる。位階は正二位。家綱の将軍宣下は、先代までが京都であったのに対し江戸で実施され、以降の先例となる。

慶安四年の将軍宣下の年には由井正雪らによる幕府への反逆計画（慶安事件）が発覚するなど、将軍就任当初は政情不安もあった。しかし、家綱政権は酒井忠勝・松平信綱・阿部忠秋ら先代の遺臣を中心とする幕閣と将軍補佐役の保科正之《ほしなまさゆき》などによる集団指導体制によって、この危機を乗り切った。こののち、幕府の支配体制は強固となる。承応二年（一六五三）、右大臣任官。寛文三年（一六六三）、家光の十三回忌にあたって日光へ社参し、同年には五月二十三日付で『武家諸法度』を発布。翌寛文四年から五年にかけて、全国の大名・公家・寺社に対し領知朱印状を一斉に発給し（寛文印知）、将軍が統一的知行体系の掌握者であることを示す。同六年には蝦夷でシャクシャインの乱が起こるも平定する。なお、万治二年（一六五八）には、朝廷より左大臣昇進の内旨があるが、若年を理由として辞退している。

家綱の時代は、社会が安定に向かうなかで、組織や制度が確立し、その上で徳川幕府が全国政権として展開を始める時期にあたり、したがって特徴的な政策が多くみられる。家綱政権は、まず、寛文三年の殉死の禁、同五年の証人制度の廃止といった、これまでの大名統制策を緩和する政策を実施した。これらの政策は「寛文の二大美事《にだいびじ》」といわれ、家綱政権の善政として評価される。次に、酒造制限政策、諸藩の津止《つどめ》品調査、全国諸浦への高札、升《ます》・秤《はかり》の統一、宗門改め人の設置などの全国政策を実施した。一方、寛文年間（一六六一―七三）の関東幕領検地、延宝年間（一六七三―八一）の畿内幕領検地により幕領支配の強化に努めた。さらに寛文年間には、大名・旗本、あるいは幕府の諸組織、さらには朝廷・寺社に対し、諸規則を数多く発布した。それらの政策を担う幕府政治機構も、老中・若年寄の支配分掌の明確化、勘定奉行機構の確立などを実現し、寛永十年代に成立した幕府の諸制度はいっそう整備されものとなった。

家綱の時代には都市江戸の景観も大きく変化した。その直接の契機は、明暦三年(一六五七)の大火であるが、商品経済の発達が諸藩の財政に圧迫を加えたこともあり、華美な大名屋敷は姿を消し、防災を重視した都市へと変化した。加えて大名屋敷や寺社の郊外への移転によって、江戸市域は大幅に拡大した。家綱政権は、寛文八年には、数多くの倹約令を発布したが、これは町人の帯刀制限を強化することで、武士と町人の身分差別を強化したものである。

家綱は、終生温厚で、慈悲深い人物であったとされる。たとえば、父家光の在世時、家綱が遠流に処せられている罪人の境遇を憐れみ、食糧の輸送を歎願したが、これを聞いた家光は喜び、家綱の「仕置はじめ」にするようにといったことは有名である。加えて、将軍在職時には、阿部忠秋や酒井忠勝などに、鶴や諸道具を下賜するなどして老臣を労《いた》わる姿勢もみせた。その一方で、家綱は成人後も病弱なこともあり、政治にはあまり関心がなく、老中・若年寄・大奥の意見に任せるだけで自身の主張はなく「左様せい様」と評価されることさえあった。確かに、初期の元老らの引退・死去後、引き続いて、大老酒井忠清が譜代の門閥として政治を主導していた。しかし、特に重要な政策の指示については、家綱自身が表に立って面命を下すなど、政務推進の要点に立っていたことが当時の史料から確認でき、単に奥に引き籠った将軍との評価は必ずしもあたらない。なお、家綱は、特に画技や茶の湯、幸若などの芸能を好み、加えて武芸鑑賞や鷹狩などにも積極的であった。

延宝八年(一六八〇)五月八日、子のないまま四十歳で死去。寛永寺(東京都台東区)に葬られる。法号は厳有院殿《げんゆういんでん》。没後に正一位太政大臣を追贈される。正室は、伏見宮貞清親王の姫、浅宮《あさのみや》(顕子《あきこ》)。

参考文献　朝尾直弘「将軍政治の権力構造」(『岩波講座日本歴史』一〇、岩波書店、一九七五年)、辻達也「「下馬将軍」政治の性格」(『横浜市立大学論叢』人文科学系列三〇ノ二・三、一九七九年)、藤井譲治「家綱政権論」(『講座日本近世史』四、有斐閣、一九八〇年)、福田千鶴『酒井忠清』(『人物叢書』、吉川弘文館、二〇〇〇年)、根岸茂夫「寛文三年徳川家綱日光社参の行列と政治的意義」(『国史学』一九五、二〇〇八年)

(種村　威史)

〔家族〕

高厳院（こうげんいん） 一六四〇―七六

徳川家綱の正室。二品親王伏見宮貞清親王の姫浅宮《あさのみや》。顕子《あきこ》を名乗る。寛永十七年（一六四〇）二月十三日に京都に生まれる。明暦三年（一六五七）四月十日、家綱へ入輿のため京を発し、十八日に江戸着。竹橋内の天樹院《てんじゅいん》（徳川秀忠長女、千姫）御殿に入る。その後、西丸に移り、七月十日に婚姻の儀を行う。この時家綱は十七歳、顕子は十八歳である。万治二年（一六五九）九月五日、本丸に移り、御台所《みだいどころ》を称する。その後、家綱との間に子供を儲けることなく、延宝四年（一六七六）八月五日、三十七歳にて死去。土井利房を奉行として東叡山寛永寺（東京都台東区）に別当寺春性院《しゅんしょういん》が創建され、ここに葬られる。のち延宝五年八月二日、従一位を追贈される。法名は高厳院殿従一位潤円心大姉。

参考文献 『徳川諸家系譜』一（続群書類従完成会、一九七〇年）、『徳川実紀』四（『新訂増補国史大系』、吉川弘文館、一九八一年）、高柳金芳『徳川妻妾記』（雄山閣、二〇〇三年）

（種村 威史）

振（ふり） 一六四九―六七

徳川家綱の側室。吉田兼敬《よしだかねゆき》（元兼連《かねつら》）養女だが、実は吉田兼起《よしだかねおき》の娘。母は通仙院瑞龍の娘。寛文五年（一六六五）三月に小上臈として下向し、大奥に勤仕することとなった。同七年五月十八日、家綱の子を懐胎するものの傷寒《しょうかん》（現在のチフス）のため、六月二十八日、十九歳で死去した。なお、『幕府祚胤伝』では、死去後、牛込済松寺に葬られ、法名は、養春院殿《ようしゅんいんでん》和徳永大姉と記す一方、家光の側室の可能性を指摘している。また、近代になってからの調査によれば済松寺に養春院の墓石そのものが現存しないとされ、振をめぐる詳細は不明なままである。

参考文献 『徳川諸家系譜』二（続群書類従完成会、一九七四年）、高柳金芳『徳川妻妾記』（雄山閣、二〇〇三年）

（種村 威史）

円明院（えんめいいん） ?―一六八九

徳川家綱の側室。佐脇安清《さわきやすきよ》の娘。お満流《まる》の方。延宝六年（一六七八）に家綱の子を懐妊し、十月には着帯するも、十二月に流産。延宝八年、家綱の死去に伴い尼となる。元禄二年（一六八九）十一月二十三日に死去。四谷天龍寺に葬られる。法名は円明院智本心鏡沙弥尼《えんめいいんちほんしんきょうしゃみに》。

参考文献 『徳川諸家系譜』二（続群書類従完成会、一九七四年）、高柳金芳『徳川妻妾記』（雄山閣、二〇〇三年）

（種村 威史）

冬晃院（とうこういん）　一六五八―六一

徳川家綱の養女。尾張大納言徳川光友の三女で、母は千代姫（雲仙院、徳川家光長女）。直姫《なおひめ》を名乗る。万治元年（一六五八）六月朔日、江戸で生まれる。のち家綱の養女となるが、その年月日や詳細は詳らかではない。寛文元年（一六六一）十一月二十日に江戸において早世。四歳。天徳寺（東京都港区）に葬られる。法号は冬晃院。

参考文献　『徳川諸家系譜』二（続群書類従完成会、一九七四年）

（種村　威史）

〔関連人物〕

板倉重矩（いたくらしげのり）　一六一七―七三

老中、京都所司代。元和三年（一六一七）、板倉重昌《しげまさ》の長男として生まれる。幼名は長命、又右衛門。母は林吉定の女。寛永十一年（一六三四）十二月二十九日に従五位下主水佑《もんどのすけ》に叙任される。寛永十四年には父とともに島原の乱に参加した。その際に幕府の指示よりも早く、鍋島勝茂《なべしまかつしげ》らとともに原城《はるじょう》に乗り入れたことが、軍令違反とされ、逼塞の処分となるが、同十六年六月十五日に家督を相続し、一万石を領した。なお五千石を弟の板倉重直に分知している。明暦二年（一六五六）内膳正に改め、万治三年（一六六〇）に大坂定番となり、一万石を加増される。寛文五年（一六六五）十二月二十三日に老中となり、二十七日に従四位下となる。同八年に京都所司代牧野親成《のちかしげ》が免職されたが、後任として老中であった重矩が京都所司代をつとめることとなった。『徳川実紀』などではこれを中継ぎ人事のように記載しているが、重矩の所司代就任の理由としては、当時の霊元《れいげん》天皇近習公家衆の統括および武家伝奏など統制機構の整備や、幕府による従来の畿内支配の体制を新説された京都町奉行を中心とした体制へ転換させることを期待されたものとする説もある。寛文十年に永井尚庸《ながいなおつね》の京都所司代就任に伴い、重矩は老中へ復帰し、寛文十一年には、自邸において伊達騒動の関係者を尋問し、その裁決に関わっている。寛文十二年閏六月三日には、父祖の板倉忠功、島原の乱での戦功、大坂城落雷に際しての処置、所司代在任時の勤務などを報償され、下野国烏山《からすやま》の城主となり、それまでの加増分と合わせて五万石を領した。延宝元年(一六七三)五月二十九日死去。五十七歳。法名は義雲源忠高徳院。なお葬儀は儒教の作法に則って行われた。正室は小出吉親の女。

参考文献 『徳川実紀』(『新訂増補国史大系』、吉川弘文館、一九六四・六五年)、『新訂寛政重修諸家譜』二(続群書類従完成会、一九六四年)、『寛文年録』一―六(『江戸幕府日記』一ノ三、汲古書院、一九八六―九四年)、朝尾直弘他『京都府の歴史』(山川出版社、一九九九年)、田中暁龍「板倉重矩の京都所司代就任の意義」(『日本史研究』四六六、二〇〇一年)、『長崎県の地名』(『日本歴史地名大系』四三、平凡社、二〇〇一年)

(千葉　拓真)

稲葉正則 (いなばまさのり)　一六二三―九六

江戸時代前期の相模国小田原藩主。元和九年(一六二三)年寄稲葉正勝の嫡子として生まれる。幼名鶴千代。母を早くになくし、祖母である徳川家光の乳母春日局に育てられる。妻は長門府中藩主毛利秀元六女の万菊。正則は、寛永十一年(一六三四)二月三日父の遺領八万五千石を相続する。同年六月家光の上洛の際、正則は、小田原城で出迎え、御膳を献じ、時服十領白銀二百枚を拝賜し、同年十二月二十九日従五位下美濃守に叙位される。その後、将軍名代としての日光社参・江戸城御手伝い普請、真鶴《まなづる》(神奈川県足柄下郡真鶴町)で産する石材献上など数多くの軍役を勤めて、明暦三年(一六五七)九月二十八日老中に就任する。翌万治元年(一六五八)七月評定所への出座が許され、同年閏十二月二十九日老中奉書への加判と月番御用を命じられる。寛文元年(一六六一)十二月晦日侍従に叙任し、同三年伊豆・相模・武蔵三国において一万石加増され、計九万五千石となる。延宝八年(一六八〇)正月十二日老中奉書への加判と月番御用が解かれ、伊豆国賀茂郡・駿河国駿河郡の二郡において一万五千石加増され、計十一万石となり、大政参与に就任する。同年十二月二十三日御内書御用を命じられる。天和元年(一六八一)十二月八日大政参与を辞職する。正則は、家綱政権後半の十数年間および綱吉政権初政において実質的に幕政を主導する存在であった。元禄九年(一六九六)九月六日没。七十四歳。小田原の紹太寺《しょうたい》(神奈川県小田原市)に葬られた。法名泰応元如潮信院。

参考文献 『小田原市史』通史編近世(一九九九年)、下重清『稲葉正則とその時代―江戸社会の形成―』(夢工房、二〇〇

二年）、同『幕閣譜代藩の政治構造―相模小田原藩と老中政治―』（岩田書院、二〇〇六年）　（荒木　仁朗）

隠元（いんげん）　一五九二―一六七三

明僧。黄檗宗《おうばくしゅう》の開祖で、京都府宇治市に所在する黄檗山万《まん》福寺《ぷくじ》の開山《かいさん》。道号は隠元、法諱《ほうき》は隆琦《りゅうき》。万暦二十年（一五九二）十一月四日、明国福建省に、林徳龍の末子として生まれ、黄檗山万福寺（古黄檗）で鑑源興寿《かんげんこうじゅ》を師として得度した。当時高名の密雲円悟《みつうんえんご》に参じ、その法嗣《はっす》の費隠通容《ひいんつうよう》に嗣法《しほう》して、黄檗山万福寺の住持となった。明清交代や長崎崇福寺からの拝請に応じ、渡東途中で溺死した弟子也嬾性圭《やらんしょうけい》の悲劇もあり、長崎興福寺の逸然性融《いつねんしょうゆう》らによる四度による懇請に応じ、弟子三十人を伴って承応三年（一六五四、清順治十一年）長崎に渡来。長崎興福寺・崇福寺に住し、翌年には妙心寺派の龍渓宗潜《りゅうけいしゅうせん》・竺印祖門《じくいんそもん》らの請に応じて摂津富田の普門寺《ふもんじ》に移った。竺印は隠元の為に松平信綱《まつだいらのぶつな》ら幕閣との交渉に奔走し、万治元年（一六五八）隠元は四代将軍徳川家綱と対面した。来日以来の行動制限や、故国からの求めもあり、帰国を意識していた隠元であったが、酒井忠勝《さかいただかつ》らの勧めもあって永住を決意した。幕府は宇治に寺地と四百石を寄せ、隠元は黄檗山万福寺を開創した。寛文元年（一六六一）閏八月に晋山《しんざん》した隠元は、翌年正月新造の法堂《はっとう》で祝国開堂《しゅっこくかいどう》し、万福寺の開山・黄檗宗の開祖となった。詩偈《しげ》・書に優れ、語録や詩偈集など四十余が開版され、黄檗宗に付随した諸文化は、のちの文人文化に大きな影響を与えた。二十三人の法嗣に恵まれ、延宝元年（一六七三）四月三日八十二歳で示寂。隠元に問法した後水尾法皇《ごみずのおほうおう》は大光普照《だいこうふしょう》の国《こく》師号《しごう》を特賜《とくし》し、大正天皇は真空大師《しんくうだいし》と諡《おくりな》した。

参考文献　平久保章『隠元』（『人物叢書』、吉川弘文館、一九八九年）、能仁晃道編著『隠元禅師年譜』（禅文化研究所、一九九九年）、木村得玄『黄檗宗の歴史・人物・文化』（春秋社、二〇〇五年）　（田中　潤）

榎本弥左衛門（えのもとやざえもん）　一六二五―八六

江戸時代前期に活躍した武蔵国入間郡川越の商人。寛永二年（一六二五）生まれ。『三子よりの覚』『万の覚』という記録を残しており、近世町人の記録としては古くその内容も興味深い。『三子よりの覚』は、寛永四年（一六二七）から貞享元年（一六八四）までの、塩商人として弥左衛門が成長するまでの経歴や事件・世情などが記載された編年の記録で、親や兄弟をめぐる葛藤など、近世前期に生きた人の考えなどもうかがえる。『万の覚』は、商業関係をはじめ、川越のみならず江戸の明暦の大火や慶安事件などの記事が見られ、非常に貴重である。貞享三年（一六八六）没。六十二歳。

参考文献　『川越市史』史料編近世二（一九七七年）、大野瑞

男校注『榎本弥左衛門覚書―近世初期商人の記録―』(『東洋文庫』、平凡社、二〇〇一年)　(宮原　一郎)

狩野探幽　(かのうたんゆう)　一六〇二―七四

江戸時代前期の狩野派画家。名は守信、幼名宰相、のちに采女。慶長七年(一六〇二)正月十四日、狩野孝信・佐々成政女の長男として生まれる。慶長十七年に徳川家康に拝謁し、江戸へ赴く。元和三年(一六一七)幕府御用絵師となり、同四年に父孝信の遺跡を継ぐ。同七年江戸鍛冶橋門外に屋敷を受領した。このため、探幽の画系は鍛冶橋狩野と称される。狩野家は、このほかに本家の中橋・木挽町・木挽町狩野家分家の浜町があった。寛永十五年(一六三八)法眼、寛文二年(一六六二)法印に叙せられる。寛永十一年徳川家光名古屋城御成にあたり制作した上洛殿の障壁画は、余白を余韻のある空間に仕上げる探幽様式の典型。同十七年家康二十五回忌には『東照宮縁起絵巻』を完成させる。ほかに大徳寺、聖衆来迎寺《しょうじゅらいごうじ》、増上寺など京都・江戸の寺社障壁画制作、禁裏造営や江戸城の障壁画制作などにおいて、狩野派筆頭絵師として勤める。明暦三年(一六五七)四代将軍徳川家綱の婚礼に際して描かれた「桐鳳凰図屏風」は、桃山時代の狩野派の花鳥図屏風を型としながらも、桐と鳳凰のみを広い金地の余白に際立たせ、狩野派における型の好例として高い完成度を示す。探幽は、豪壮な桃山様式を形式的に継承する一方、漢画と大和絵を分離させ、「軽み」を旨とする瀟洒淡麗な画風を創造し、江戸狩野様式の基礎を確立した。延宝二年(一六七四)十月七日に没する。七十三歳。法名玄徳院法印守信日道大居士。江戸池上本門寺南之院(東京都大田区)に葬られる。

参考文献　武田恒夫『狩野探幽』(『日本美術絵画全集』一五、集英社、一九七八年)、朝岡興禎「古画備考」三七(『古画備考』下、思文閣出版、一九八三年)、安村敏信「狩野探幽」(『別冊太陽狩野派決定版』別冊太陽、平凡社、二〇〇四年)　(川上　真理)

河村瑞賢　(かわむらずいけん)　一六一八―九九

江戸時代前期の商人。幕臣。元和四年(一六一八)二月、伊勢国度会郡東宮邨(三重県度会郡南伊勢町)政次の子として生まれる。諱は義通。七兵衛・十右衛門、束髪してからは平大夫と称した。瑞賢(瑞軒・随軒)と号す。十三歳の時に江戸へ出て車力を業としたとされ、その傍ら役人と知り合い、信頼を得ることで人夫頭となり、その指導力が評判となってさらに富を築き、家を建て商売を営むようになったという。その後、材木屋を営み、明暦三年(一六五七)の江戸大火に際し、木曾の山林を買い占め、富を得た。さらに土建業にも進出し、幕府や諸大名の注文をうけ、巨万の富を得るようになった。

瑞賢は、東・西廻り海運の刷新、淀川など畿内治水事業に多大な功績を挙げた。寛文十年(一六七〇)には陸奥国信夫郡、同十二年には出羽国村山郡の幕領米の江戸回漕を命じられ、綿密な現地調査を実施、立務場など諸施設を設け、沿海の諸大名・代官らと協力し、海運の安全確保と経費節減などを計り、幕領米の江戸直送を経常化させた。貞享元年(一六八四)から同四年には、淀川沿いに新安治川を開削し、瑞賢山と呼ばれる防波丘を設け、さらに淀川と中津川の水量を均分するなど畿内の治水に力を尽した。元禄十年(一六九七)七月二十八日にはじめて五代将軍徳川綱吉に拝謁し、翌十一年三月九日、禄米百五十俵を受け幕臣となる。同年四月二十八日、再度大坂へ出向き川々普請を担当した。元禄十二年六月十六日、病により江戸において死去。八十二歳。法号は英正院伝籌瑞軒居士。墓所は鎌倉建長寺。

参考文献 古田良一『河村瑞賢』(『人物叢書』、吉川弘文館、一九六四年)、『新訂寛政重修諸家譜』二一(続群書類従完成会、一九六六年)、渡辺信夫『日本海運史の研究』(『渡辺信夫歴史論集』二、清文堂出版、二〇〇二年)

(榎本　博)

久世広之 (くぜひろゆき)　一六〇九―七九

江戸時代前期の老中。慶長十四年(一六〇九)に久世三左衛門広宣《ひろのぶ》の三男として生まれる。幼名三之丞。正室は戸田因幡守忠能《ただよし》の養女。元和三年(一六一七)二月九歳で将軍徳川秀忠に拝謁する。寛永三年(一六二六)三月に長兄広当《ひろまさ》が父の遺領を継ぐと下総国に五百石を分けられる。慶安元年(一六四八)九月八日加領を受けて新規取立の譜代大名となる。承応二年(一六五三)九月十八日御側衆となり、寛文二年(一六六二)二月二十二日若年寄、同三年八月十五日老中となる。同九年六月二十五日下総国関宿城《せきやど》(千葉県野田市)を賜り、五万石を領有する。延宝七年(一六七九)六月二十五日没する。七十一歳。法名自証院心光日悟。墓所は徳栄山本妙寺(東京都豊島区)。

参考文献 『久世家譜』(東京大学史料編纂所所蔵)、『新訂寛政重修諸家譜』八(続群書類従完成会、一九六五年)

(川上　真理)

酒井忠清 (さかいただきよ)　一六二四―八一

老中、大老。従四位下、少将。河内守、雅楽頭。母は徳川家康の義弟で久松平家の祖松平定勝《まつだいらさだかつ》の娘。寛永元年(一六二四)生まれ。同十五年十一月七日、雅楽頭家の家職である殿中晴儀の奏者と年男を命じられ、同十八年八月三日の徳川家綱誕生の際には、蟇目役を務める。慶安四年(一六五一)八月八日には江戸城での将軍宣下の儀式を執り行い、その後、京都への使者を務める。承応二年(一六五三)閏六月五日、老中に就任、寛文三年(一六六三)五月二十三日の『武家諸法度』の公布や、同四年四月五日の寛文印知などの、家綱政権期の主要政策を実施した。同六年三月二十九日に大老となり、伊達騒動や越後騒動など、諸大名の御家騒動の調停に携わった。延宝八年(一六八〇)十二月九日に、病気を理由に大老を解任される。これについては忠清が、有《あり》栖《す》川宮幸仁《がわのみやゆきひと》親王を将軍に擁立して、執権のような立場になろうとしたために、徳川綱吉の将軍就任と同時に失脚した、という宮将軍擁立説がよく知られている。しかし、この説は『武野燭談』や戸田茂睡『御当代記』に記された噂話がもとになっていること、一次史料の分析から、忠清は家綱の病気を死に至るものとは考えていなかったこと、解任は家綱の死去から半年以上経過しており、それまで綱吉の将軍就任の儀礼をつとめていること、忠清の病気が事実で、交際していた諸大名も失脚とは考えていなかったことなどが指摘されている。現在では、解任と越後騒動再審の時期が一致していることから、家綱政権期の越後騒動での対応が不適切と判断されたことが本質的な原因と考えられている。天和元年(一六八一)二月二十七日に隠居を許され、五月十九日に死去した。五十八歳。長得源成大昌院と号す。

参考文献　『新訂寛政重修諸家譜』二(続群書類従完成会、一九六四年)、福田千鶴『酒井忠清』(『人物叢書』、吉川弘文館、二〇〇〇年)

（福留　真紀）

佐倉惣五郎（さくらそうごろう）　生没年不詳

江戸時代の代表的な義民。下総国印旛郡公津《こうづ》村(千葉県成田市)の佐倉藩領の名主と伝承される。木内姓。宗五郎、宗吾、惣吾などともされるが、公津村の名寄帳には石高二十六石余りを所持する百姓として惣五郎の名が確認される。しかし、一揆に関する確実な実績を証明する史料はない。承応年間(一六五二—五五、正保年間(一六四四—四八)とも)、佐倉藩堀田正信の苛政を寛永寺参詣途中の将軍に直訴(駕籠訴)し、その罪で妻子とともに処刑された彼の怨霊は藩主堀田正信に祟り、佐倉藩が改易される原因をつくったとされている。こうした伝承の大筋は十八世紀後半に成立した義民物語(『地蔵堂通夜物語』『堀田騒動記』)を元にしている。嘉永四年(一八五一)江戸中村座で上演された『東山桜荘子《ひがしやまさくらそうし》』は、こうした伝説を背景にしたものとして大ヒットした。惣五郎を主人公とする物語や芝居は多く作成され、惣五郎は義民の代表者とされ物語や口説として諸方に流布し、各地の義民物語にも影響を与えた。こうしたあり方は、明治になると惣五郎が自由民権運動の先駆者とされるなど、明治時代以降にも影響を与えている。惣五郎にまつわる物語はフィクション性が高く、事実とはかけ離れたものではあるが、社会の各方面に与えた影響は大きい。

参考文献　児玉幸多『佐倉惣五郎』(『人物叢書』、吉川弘文館、一九五八年)、国立歴史民俗博物館編『地鳴り山鳴り―民衆のたたかい三〇〇年―』(国立歴史民俗博物館、二〇〇〇年)、保坂智編『近世義民年表』(吉川弘文館、二〇〇四年)

(鈴木　直樹)

土屋数直（つちやかずなお）　一六〇八―七九

老中。慶長十三年(一六〇八)に土屋《つちや》民部少輔忠直《ただなお》の次男として生まれる。母は森川氏俊の息女。幼名は辰之助。元和五年(一六一九)に徳川家光の近習となり、のちに家光の上洛や日光参詣にも供奉した。その後御膳番《おぜんばん》となり、寛永元年(一六二四)十二月二十八日に従五位下大和守に叙任される。寛永十八年に書院番頭《しょいんばんがしら》となり、承応二年(一六五三)九月十八日には久世広之《くぜひろゆき》や内藤忠清《ないとうただきよ》らとともに将軍に近侍し、交替での宿直《とのい》を命じられる。これがのちの側衆《そばしゅう》の起源である。明暦三年(一六五七)十二月二十五日に千三百石を加増され、常陸国茨城郡宍戸《ししど》(茨城県笠間市)に領地を移され、五千石を知行した。その後漸次加増を受け、寛文九年(一六六九)六月に常陸国土浦へ転封となった際に一万石を加増され、合わせて四万五千石を知行した。寛文二年二月二十二日に若年寄、同五年には老中となり、従四位下に昇進し、同十年には侍従となる。なお老中在任時には、幕府内部で財源捻出のため、貨幣改鋳が議論されたが、これを退けたのは数直であったとされる。また古学・兵学に通じ、山鹿素行《やまがそこう》とも親交があった。延宝三年(一六七五)には崇源院(徳川秀忠室浅井氏)五十回忌法会の奉行をつとめた。同七年四月二日死去。享年七十二。法名は寛翁道智融相院。墓地は浅草の海禅寺。正室は水野忠貞の女。

参考文献　「史料稿本」(承応二年九月十八日条)、『徳川実紀』(『新訂増補国史大系』、吉川弘文館、一九六四・六五年)、『新訂寛政重修諸家譜』二(続群書類従完成会、一九六四年)、『土浦市史』(一九七五年)

(千葉　拓真)

鄭成功（ていせいこう）　一六二四―六二

明清交替期に明の遺臣として中国沿岸部で抵抗し続けた人物。その活躍は近松門左衛門の『国性爺合戦《こくせんやかっせん》』によって、日本でも知られた。寛永元年(一六二四)七月、中国人貿易商の鄭芝龍《ていしりゅう》、日本人の田川氏の間に平戸で生まれ、幼名は福松。一六三〇年に鄭氏の出身地福建省安南県安平鎮に移り、名を森と改める。明の滅亡の翌年、一六四五年に亡命政権の一つである唐王政権の隆武帝に謁見し、明の皇帝の姓(国姓)である朱姓と成功の名を与えられるが、朱姓は畏れ多いとして使わなかった。その翌年には唐王政権は崩壊し、鄭芝龍は清へ降り、安平鎮に清軍が入り、その地にいた母は殺害される。そのような状況の中、従兄弟を殺すなどして鄭氏の主導権を握り、亡命政権の永暦帝に従う形で抗清運動を継続する。一六五五年に六官とよばれる行政組織を整備し、厦門を思明州と名付けるなど行政機構を整える。一六五八年、大規模な南京攻略戦を行うが失敗した。さらに一六六一年には清が、鄭氏の貿易を阻害するため遷界令《せんかいれい》を出したことから勢力を弱めた。新たな拠点を手に入れるためオランダ東インド会社の拠点の置かれていた台湾に侵攻する。翌年一月に鄭芝龍が清によって処刑され、鄭成功も同年五月八日に三十九歳で病死した。鄭成功の軍は日本式の武装をした隊を有効に用いた。また軍規が厳しく略奪などを行わなかったが、それが原因となり有力な配下が清に投降してしまうこともあった。他の明の遺臣と同様に、江戸幕府に支援を求めたが、軍事支援は得られなかった。

参考文献 石原道博『国姓爺』(『人物叢書(新装版)』、吉川弘文館、一九八六年)、林田芳雄『鄭氏台湾史—鄭成功三代の興亡実紀—』(『汲古選書』、汲古書院、二〇〇三年)

(中野　純)

徳川光圀(とくがわみつくに)　一六二八—一七〇〇

水戸藩二代藩主。初代藩主徳川頼房《よりふさ》の三男として誕生。母は、側室久子。幼名は、長丸・千代松。字は、徳亮《とくりょう》・観之《かんし》・子龍《しりゅう》。号は常山・日新斎・梅里・率然子、隠居後は西山《せいざん》・採薇。五十代中ごろまでは光国と名乗っていた。寛永五年(一六二八)六月十日に誕生し、同十年に頼房の長男松平頼重《まつだいらよりしげ》を越えて世嗣となった。同十三年、従四位下左衛門督に任ぜられた。正保二年(一六四五)には、『史記』を読み学問を志したという。承応三年(一六五四)、近衛家の泰姫と結婚した。明暦三年(一六五七)には、駒込の別邸に史局を設けて、後世に『大日本史』と名づけられた史書の編纂を始めた。頼房の死去により、寛文元年(一六六一)に水戸藩の藩主となった。藩政は、儒教的な精神に基づき行われた。藩主就任以降、駒込の史局を小石川邸に移し彰考館《しょうこうかん》と名づけ、本格的に『大日本史』の編纂を行なった。光圀は、彰考館の館員を日本各地に派遣して、『大日本史』編纂のための史料調査を行い、その調査は蝦夷にまで及んだ。『大日本史』の編纂は、光圀の存命中には終わらなかったが、この編纂事業により、天保年間(一八三〇—四四)には水戸学と呼ばれる学風も生まれた。光圀は、元禄三年(一六九〇)に家督を兄頼重の子で養子となった徳川綱條《つなえだ》に譲った。同年には、権中納言に任ぜられ、翌年には西山の山荘に移り、那須国造碑などの保存活動などを行なった。元禄十三年十二月六日、七十三歳で没。諡は義公。光圀は、将軍徳川綱吉による生類憐みの令には反対の意思を持っており、光圀の致仕も綱吉との不和が原因であるという説があるが、根拠があるとは言い難い。十八世紀以降、光圀の言動は、実録などで語られ、「水戸黄門」像が広がった。

参考文献 瀬谷義彦『水戸の光圀』(茨城新聞社、二〇〇〇年)、吉田俊純『水戸光圀の時代』(校倉書房、二〇〇〇年)、鈴木暎一『徳川光圀』(『人物叢書』、吉川弘文館、二〇〇六年)

(望月 良親)

林鵞峰(はやしがほう) 一六一八—八〇

主に徳川家光から徳川綱吉までの将軍に仕えた儒者。名は春勝、号を春斎《しゅんさい》または鵞峰といい、通称は又三郎である。元和四年(一六一八)五月、林羅山の三男として京都に生まれ、寛永七年(一六三〇)に元服し春勝を名乗る。十四歳で『史記』『前漢書』『後漢書』『十八史略』の歴史書を好んで読む。さらに『論語』『孟子』などの五経の類も読み進めた。寛永十年、十六歳のとき那波道円《なわどうえん》に師事した。翌年十七歳で幕府へ仕官し、寛永十七年からは、父羅山のもとで『寛永諸家系図伝』の編集を手伝う。明暦三年(一六五七)、羅山の死去ののち家督を継ぎ、儒者としての林家を率いていく。ところで、本来の朱子学では、仏教思想との習合を忌避するものであった。しかし日本では中世以来、権力者に近侍する知識人は、僧形・「法印」号での出仕が一般的であった。林家もこの慣習にならったわけであるが、このことは、朱子学の理念を曲げることであり、江戸幕府における儒者の地位が決して高くなかったことを意味している。寛文三年(一六六三)徳川家綱に五経の講義を行い、「弘文院学士」の称を与えられ、それまでの僧形を改め蓄髪も許された。「弘文院」とは東アジアの文化圏において、教育や外交に参与する文官の地位を表す官職・名号であり、この名号の獲得は、国内外における林家の地位向上を意義づけるものであった。寛文二年、幕府から『本朝編年録』続編の編修に与る。のちに『本朝通鑑《ほんちょうつがん》』として完成する日本通史編修の事業である。明暦の大火以降頓挫していたこの国史編纂の事業は、幕府の費用負担をうけて、寛文十年に完成する。修史事業は、幕府にとっては、みずからの政治支配の正当性を説明することであるとともに、鵞峰にとっては儒官としての林家がもっとも力量を発揮できる場でもあった。延宝八年(一六八〇)五月五日没。六十三歳。

参考文献 小沢栄一『近世史学思想史研究』(吉川弘文館、一九七四年)、安川実『本朝通鑑の研究』(安川実先生遺著刊行会、一九八〇年)、高橋章則「弘文院学士号の成立と林鵞峰」(『東北大学文学部日本語学科論集』一、一九九一年)

(綱川 歩美)

堀田正信（ほったまさのぶ）　一六三一―八〇

大名。下総国佐倉藩主。寛永八年（一六三一）六月二十七日、堀田正盛の長男として江戸で生まれる。母は酒井忠勝の娘。正保元年（一六四四）、従五位となる。慶安四年（一六五一）、将軍徳川家光に殉死した父正盛の遺領下総国佐倉藩のうち十万石を引き継ぎ、残りを正俊ら弟に分与する。万治三年（一六六〇）、上野寛永寺の家光廟を参拝したのち、突然、国元の佐倉藩に帰ってしまうという事件を起こす。その後、保科正之と老中阿部忠秋に、天下の万民・牛馬の困窮は老中にあるという批判と、自領を差し出すので旗本救済にあててほしいという趣旨の諌言書を提出した。『武野燭談』『明良洪範』によれば、正信は武勇を好み、牢人を多数召し抱えたという。その結果、領民への年貢が加重になり、悪政に抵抗する農民の象徴として「義民佐倉惣五郎」伝説を生むに至る。同年、改易となり、実弟の信濃国飯田藩主脇坂安政に預けられる。家名のみ、子の正休が一万石で引き継ぐ。その後、寛文十二年（一六七二）には、叔父の若狭国小浜藩主酒井忠正に預けられるが、延宝五年（一六七七）、将軍徳川家綱の継嗣誕生を祈願するため、隠密裏に上京し、石清水八幡宮や清水寺に向かった。これが幕府の逆鱗に触れることとなり、同年、阿波国徳島藩主蜂須賀綱通に預けられ、厳重な監視下におかれる。同八年五月二十日、家綱死去の報に接し、鋏で自死を遂げる。五十歳。

参考文献　尾藤正英『元禄時代』（『日本の歴史』一九、小学館、一九七五年）、根岸茂夫『近世武家社会の形成と構造』（吉川弘文館、二〇〇〇年）

（小川　和也）

安井算哲（やすいさんてつ）　一五九〇―一六五二

江戸時代前期の囲碁棋士。安井家初代で、織田信長の家臣安井九兵衛定吉（道卜）の兄弟忠右衛門宗順の第二子として天正十八年（一五九〇）に生まれる。幼名六蔵。慶長五年（一六〇〇）十一歳の時、榊原式部大輔康政の推薦で、伏見城で徳川家康に御目見する。同十七年二月、切米二十石六人扶持を賜る。駿府詰の節に六人扶持を加増される。元祖本因坊《ほんいんぼう》算《さん》砂《さ》の弟子で、名人・上手の譜をうち、八段に進んだ。承応元年（一六五二）正月九日に京都で没する。六十三歳。法号正哲院紹元。墓所は京都寂光寺（京都市左京区北門前町）。

参考文献　『安井家文書』（『大阪市史史料』二〇、大阪市史料調査会、一九八七年）、林元美「爛柯堂棋話」巻之九（『爛柯堂棋話』二、平凡社、一九七八年）

（川上　真理）

山鹿素行（やまがそこう）　一六二二―八五

江戸時代前期の儒者、兵学者。名を高祐（高興とも）、字を子敬、通称は甚五左衛門という。号を素行といった。元和八年(一六二二)八月十六日会津若松に生まれる。父の貞以《さだもち》は、当時の会津藩主蒲生氏の家老であった町野家を頼り、会津の地にあった。母は町野家の侍女であった。のちに一家で江戸へ移住し、父貞以は町医者となって生計を立てる。素行は幼少のうちから漢籍に親しんだ。みずからの履歴を記した『配所残筆』によれば、九歳のとき林羅山の門に連なり朱子学を学ぶ。儒学のほかにも和歌や和学を広田坦斎《ひろたたんさい》(忌部坦斎)から学び、高野山按察院《あぜち》の光宥《こうゆう》から神道も受ける。一方で武芸や兵法へも触手をのばし、十五歳のとき甲州流兵法を名乗る小《お》幡景憲《ばたかげのり》や北条氏長《ほうじょううじなが》へ入門する。数年で兵法を会得し、二十一歳で印可を受けて、『兵法神武雄備集』を著す。兵学者として名をあげた素行には武家からの注目が集まった。諸大名から招かれたが、このときは不首尾に終わった。また町野幸和の妻祖心尼は、春日局との人脈を利用して素行を幕臣にしようとしたが、将軍徳川家光の死去などによって結局実現しなかった。承応元年(一六五二)結果的に素行を召し抱えたのは、赤穂藩浅野家であった。千石の知行を宛がわれ、翌年赤穂へ下った。赤穂藩へは九年間仕えて致仕するが、この間に兵法書『武教全書』を著している。寛文年間(一六六一―七三)以降、朱子学を批判し、『山鹿語類』には直接古代の聖賢の教えに立ち帰って学ぶべきであるという古学的な態度を鮮明にする。寛文五年に『聖教要録』を著し、古学の立場をすすめ「聖学」として独自の儒学体系を展開した。しかし翌寛文六年、本書が幕府の忌憚にふれ赤穂藩へ配流される。この処罰は、幕府が政策的に素行の思想を弾圧したというよりも、会津藩主保科正之《ほしなまさゆき》の個人的思想によるものとされている。当時、幕閣の有力人物で将軍徳川家綱の後見的立場にあった正之は、熱心な朱子学徒であったためである。正之の死去後、許されていることもその根拠とされる。素行にとって、九年間の配流は絶望的なものであったが、学問に集中する期間ともなり得たようで、『四書句読大全』『謫居童問』『中朝事実』『武家事紀』などの大著をつぎつぎと執筆した。延宝三年(一六七五)に罪を許されると、江戸へ戻り浅草田原町に住み、堂号を積徳堂と名付けた。平戸藩主松浦鎮信《まつらしげのぶ》や弘前藩主津軽信政《つがるのぶまさ》らの知遇を得て、易の象数論(『原源発機』)や政治論(『治平要録』)などを著している。貞享二年(一六八五)九月二十六日、六十四歳で死去する。

参考文献 尾藤正英「山鹿素行の思想的転回」上・下(『思想』五六〇・五六一、一九七一年)、石岡久夫『山鹿素行兵法学の史的研究』(玉川大学出版部、一九八〇年)、堀勇雄『山鹿素行』(『人物叢書(新装版)』、吉川弘文館、一九八七年)

(綱川 歩美)

山崎闇斎（やまざきあんさい）　一六一八―八二

江戸時代前期の儒者、神道家。名は嘉、字は敬義で通称は嘉右衛門。元和四年（一六一八）十二月九日鍼医を営む父浄印《じょういん》と母舎奈の末子として生まれる。幼少から四書を暗記するなど聡明さを発揮する反面、剛気な性格が人々を困らせ、十二歳で比叡山へ預けられ小僧となった。十三歳のときに妙心寺へ移り剃髪して僧侶となる。十九歳でさらに土佐の吸江寺《ぎゅうこうじ》へ入寺する。土佐の地で谷時中《たにじちゅう》や小倉三省《おぐらさんせい》、野中兼山《のなかけんざん》らと交わり朱子学を学ぶようになる。そこで朱子学への確信を得た闇斎は、二十五歳で仏教と決別し、蓄髪して還俗する。京都へもどった闇斎は朱子学の探究をすすめ、明暦元年（一六五五）三十八歳のとき京都ではじめて講説を開く。万治元年（一六五八）からは毎年江戸へ降り、井上河内守正利（笠間藩主）や加藤美作守泰義《やすよし》（大洲藩主）などの大名と交流を持つようになる。寛文五年（一六六五）からは、保科正之《ほしなまさゆき》に賓師として招かれるようになる。正之の信頼を得た闇斎は『玉山講義附録』『二程治教録』『伊洛三子伝心録』など、朱子学の要項をまとめた書物を編纂し、確信をもって朱子学による実践道徳の正しさを示した。また、会津藩が実施した藩領内の神社調査・整理に助言し、土俗信仰や神仏習合の神社を「淫祀《いんし》」として選別することにも積極的に関わった。五十二歳のときに河辺精長《かわべきよなが》から「中臣祓《なかとみのはらい》」の伝授を受け、さらに五十四歳で吉田神道を受け、吉川惟足《よしかわこれたる》から霊社号「垂加《すいか》」を授けられる。闇斎は朱熹《しゅき》の語録などの原本史料への強いこだわりを持ち、厳格に追究してきた朱子学と、神道との一致を見出し、のちに垂加神道と呼ばれる神道説を提唱するようになる。天和二年（一六八二）九月十六日没。六十五歳。

参考文献　近藤啓吾『山崎闇斎の研究』（神道史学会、一九八六年）、ヘルマン・オームス『徳川イデオロギー』（ぺりかん社、一九九〇年）、朴鴻圭『山崎闇斎の政治理念』（東京大学出版会、二〇〇二年）、田尻祐一郎『山崎闇斎の世界』（ぺりかん社、二〇〇六年）

（綱川　歩美）

霊元天皇（れいげんてんのう）　一六五四―一七三二

後水尾天皇の第十九皇子。母は新広義門院国子（園氏）。承応三年（一六五四）五月二十五日に誕生、高貴宮《あてのみや》。万治元年（一六五八）正月二十八日に親王宣下、識仁《さとひと》親王となる。寛文二年（一六六二）十二月十日に元服し、寛文三年正月二十六日に後西天皇より譲位されて受禅。同年四月二十七日に即位式を挙行した。貞享四年（一六八七）三月二十一日、朝仁《あさひと》親王（東山天皇）へ譲位し、二度の院政を経て正徳三年（一七一三）八月十六日に落飾、享保十七年（一七三二）八月六日に病没した。七十九歳。のちの霊元天皇となる高貴宮は、承応三年に兄の後光明天皇の末期養子とされたが、数え一歳の段階での高貴宮の皇位継承は叶わず、兄の花町宮良仁《ながひと》親王（後西天皇）が践祚した。この時、後水尾法皇・東福門院と将軍徳川家綱との間で、高貴宮が十四、五歳となった際に後西天皇が高貴宮へ譲位することが約定され、また将軍家綱からは、もし後西天皇の「天子御作法」（天皇の日常または儀式等における行動・所作・言動）がよろしくない場合には何時でも高貴宮へ譲位するようにとの条件が付された。結果、予定された高貴宮が十四、五歳となるよりも五、六年早い寛文三年に後西天皇から高貴宮（識仁親王）への譲位が実行された。後西天皇に何らかの問題点があったのかどうかは定かではないが、譲位自体は後西天皇からの申し出であった。霊元天皇の在位中には近臣との放埒行為などの問題も起こしたが、立太子節会や大嘗会《だいじょうえ》の再興が将軍徳川綱吉の同意の下で完全な形ではなかったものの行われた。

参考文献　藤井譲治・吉岡眞之監修『後西天皇実録』（ゆまに書房、二〇〇五年）、同監修『霊元天皇実録』一―三（ゆまに書房、二〇〇五年）、同監修『東山天皇実録』（ゆまに書房、二〇〇六年）、久保貴子『近世の朝廷運営―朝幕関係の展開―』（岩田書院、一九九八年）、野村玄『日本近世国家の確立と天皇』（清文堂出版、二〇〇六年）、石田俊「霊元天皇の奥と東福門院」（『史林』九四ノ三、二〇一一年）

（野村　玄）

〔関連事項〕

浦触（うらぶれ）

海辺で発生する重要事項について、各地の浦へ々伝えられた触を指す。その内容は、難船救助や漂流物に関するもの、幕府廻米や御用材木などの輸送に関するもの、のちには異国船など治安に関するものがその対象となった。領主支配に関わらず、幕府勘定所などから代官を通して直接に浦や海辺の村々へ触が伝えられた点が特徴である。浦触が村継ぎで送られることから、領内に海辺をもつ諸大名たちはその通行に神経をとがらせた。

参考文献　水本邦彦「公儀浦触について」（『日本歴史』五〇一、一九九〇年）　（宮原　一郎）

回向院（えこういん）

本所にある浄土宗の寺。明暦三年（一六五七）正月の明暦の大火後、将軍の代参で増上寺におもむいた保科正之《ほしなまさゆき》が町方に放置された夥しい死骸に驚き、幕府が埋葬するよう提案したことを契機に創立された。幕府下付の本所牛島《ほんじょうしじま》新田（東京都墨田区両国《りょうごく》二丁目）の地に大穴を掘って遺骸を集め埋葬し、穴の上に塚を築き金銅の地蔵尊を安置し、諸宗山無縁寺回向院と号した。同年二月、幕府の命で増上寺の貴屋《きおく》により犠牲者の法要が営まれた。その後、災害犠牲者など無縁の霊が当寺で供養され、不断念仏の道場として信仰を集めた。当寺は、延宝年間（一六七三―八一）以降、諸国の霊仏の出開帳が行われ、多くの参詣人で賑わった。また、境内には山東京伝《さんとうきょうでん》や鼠小僧次郎吉など著名人の墓が多い。

参考文献　黒木喬『明暦の大火』（『講談社現代新書』、講談社、一九七七年）、宇高良哲編『江戸浄土宗寺院寺誌史料集成』（大東出版社、一九七九年）　（川村由紀子）

寛文印知（かんぶんいんち）

寛文四（一六六四）―五年にかけて、四代将軍徳川家綱が全国の大名や公家、寺社などに対し、領知判物《りょうちはんもつ》・朱印状を一斉に発給し所領を安堵したこと。寛文四年三月、家綱は奏者番の小笠原長矩《おがさわらながのり》と小性の永井尚庸《ながいなおつね》を朱印改の奉行に任命し、一万石以上の武家に領知宛行状《りょうちあてがいじょう》を発給すること、併せて代々の宛行状と領知の郷村高辻帳を提出することを命じた。ついで諸大名に対し、江戸城において翌四月二十八日から八月二十六日にわたって、家綱は計二百十九通の宛行状と領知目録を交付したが、その日付は四月五日で統一した。その書札は、十万石以上あるいは侍従以上の大名には判物（花押）を添え、十万石未満には朱印を捺印し、さらに、宛所の高さ、敬称の「殿」の書き方、さらに、特に三位中将以上には将軍の諱《いみな》を書くなど、大名の家格に応じて格差を付けた。加えて、文面には「充行之訖」という文言を入れ、将軍による大名への宛行権を強調した。さらに、地名なども古代以来のものを可能な限り採用することも試みている。なお、判物・朱印状には、奉行の署名による領知目録が添えられた。翌五年三月には、寺社に対し、㈠徳川家三代、あるいは二代の朱印状を所持しているすべての寺社に、㈡一代のみの朱印状を所持する場合は五十石以上の寺社に、㈢境内ばかりの朱印状を所持する場合は一宗の本寺に、それぞれ朱印状を発給することを触れた。この時に、あわせて公家・門跡にも領知判物・朱印状を発給した。奉行は寺社奉行の井上正利《いのうえまさとし》、加々爪直澄《かがつめなおずみ》が担当した。八月から翌年六年五月までに、公家九十七通、門跡二十七通、比丘尼二十七通、院家十二通、神社三百六十五通、その他の寺院千七十六通、集物《しゅうぶつ》と称される朱印状七通、計千六百十一通の判物・朱印状を交付した。家綱は以上の過程を経て、将軍が日本全土の統一的知行体系の頂点にあることを誇示したのである。のち、七代家継と十五代慶喜を除く歴代将軍の朱印改は、寛文印知の形式を踏襲した。

参考文献 大野瑞男「領知判物・朱印状の古文書学的研究」(『史料館研究紀要』一三、一九八一年)、千葉一大「「寛文印知」と奥羽地方」(『青山史学』二三、二〇〇五年)、藤井譲治『徳川将軍家領知宛行制の研究』(思文閣出版、二〇〇八年)

(種村 威史)

寛文寺社法度 (かんぶんじしゃはっと)

寛文五年(一六六五)七月十一日、幕府から発せられた『諸《しょ》宗寺院法度《しゅうじいんはっと》』と『諸社禰宜神主法度《しょしゃねぎかんぬしはっと》』の総称。幕府の諸制度が完備してきたこの時期に、諸寺社への寺社領安堵と引き換えに発せられた。寺院法度は、将軍朱印状の「定」九ヵ条と、老中連署の「条々」五ヵ条からなる。幕初以来寺院法度は、本末体制構築を企図し、大寺院や宗派を単位として発せられた。しかし宗派の組織化が進んだこの時期に至り、各宗派に共通の法度として、仏教教団組織の秩序化と、幕府への役割を果たすべき存在としての機能を求める内容が定められ、江戸時代を通じて寺院法度の根幹となった。また神社に対しては、将軍朱印状「定」五ヵ条(「神社条目」)が令された。内容では神祇道の勧学と、神体の崇敬、神事祭礼の厳修を求め、位階昇叙には吉田家の執奏を要することや、白張以外の装束着用は吉田家の許状を得ることが定められた。幕府は、戦国・織豊期以来、地方の神社・社家と執奏関係を有する吉田家の動向を幕府の政策に沿うものとし、吉川惟足《きっかわこれたる》からの保科正之《ほしなまさゆき》から幕閣に対する周旋を受けて条文を作成した。しかし、出雲《いずも》大社《たいしゃ》・阿蘇宮《あそぐう》・熱田社《あつたしゃ》など地方の大社から反発があり、吉田家からの妥協案も示され、延宝二年(一六七四)には幕府から条文解釈的な「覚」が出され、執奏は吉田家に限定されないことが示された。この「神社条目」は社会情勢の変化に応じ、天明二年(一七八二)・寛政三年(一七九一)にも再令された。

参考文献　辻善之助『日本仏教史』八(岩波書店、一九五三年)、橋本政宣「寛文五年「諸社禰宜神主等法度」と吉田家」(橋本政宣・山本信吉編『神主と神人の社会史』、思文閣出版、一九九八年)、高埜利彦「江戸時代の神社制度」(同編『元禄の社会と文化』、吉川弘文館、二〇〇三年)

(田中　潤)

寛文の二大美事(かんぶんのにだいびじ)

「二代美事」とは、当時、家綱政権の善政と評価された、殉《じゅん》死《し》の禁止と証人制の廃止のことである。まず、寛文三年(一六六三)五月二十三日、幕府は江戸城で『武家諸法度』の申渡しを行なった直後、別紙で、殉死の禁止も申渡した。殉死とは、主従の情愛の表現として、武家社会においては広くみられた行為であるが、ここに至り、殉死は不義無益なものとして法的に否定されたのである。幕府が自己否定ともいえる政策を実施した背景としては、㈠主従関係の発想転換、つまり、一代限り的奉公を否定することによる主従関係の安定化の企図、㈡当時深刻な社会的問題となっていた、かぶき者や男色への対応(すなわち、これらの者は殉死の心性に強く影響されていた)、㈢儒教主義による秩序の強化などが考えられる。一方、寛文五年七月十三日、江戸城で、保科正之《ほしなまさゆき》・酒井忠清《さかいただきよ》が諸大名に対し、証人制の廃止を申渡した。証人制とは、大名が将軍への忠誠の証として、大名の長男や大名家の重臣の長男を人質(証人)として江戸屋敷に置いたことが起源であるが、これは一面で、未だ宗主権の不安定な大名からすれば、家中統制の手段ともなっていた。証人提出は、当初はあくまで大名の自発的行為であったが、のちに制度化された。廃止理由は、将軍と大名との関係が安定化したと幕府が判断したことや、大名家においても、大名宗主権が確立し、家臣から証人を取る必要がなくなったという事情が考えられる。このように、「寛文の二大美事」とは、当該期に至り、平和が到来し、社会が安定化してきたことを象徴する政策であった。

参考文献　高埜利彦『元禄・享保の時代』(『日本の歴史』一三、集英社、一九九二年)、福田千鶴『酒井忠清』(『人物叢書』、吉川弘文館、二〇〇〇年)、山本博文『殉死の構造』(『講談社学術文庫』、講談社、二〇〇八年)

(種村　威史)

慶安事件(けいあんじけん)

慶安四年(一六五一)七月に発覚した由井正雪《ゆいしょうせつ》らによる反乱

計画。由井正雪の乱とも呼ばれる。同年四月に徳川家光の死去ののち、同年八月にわずか十一歳で徳川家綱が将軍に就任する。その前月には三河国刈谷藩主松平定政《まつだいらさだまさ》による幕政批判の上書が出され改易をうけた最中の出来事であった。計画では、江戸の丸橋忠弥《まるばしちゅうや》が大風の日に江戸城二丸の煙硝蔵《えんしょうぐら》に火を放ち水道に毒を流すなど、まず江戸で反乱の狼煙《のろし》をあげ、大坂の吉田初右衛門・金井半兵衛、京は熊谷三郎兵衛・加藤市右衛門らが呼応し、駿府の由井正雪が久能山から東西に号令をかけるというものだった。しかし、同年七月二十三日訴人により幕府の知るところとなり、丸橋忠弥が捕らえられ、同月二十六日駿府では正雪らを自害に追い込んだ。この事件は、幕府による大名や旗本の改易により多くの牢人が生み出されたため、その不満に因るところが大きいと考えられる。そのため、幕府は末期養子の禁を手始めに、養子の範囲を広げるなどして、大名・旗本の改易は激減した。家綱期の殉死の禁止とともに、武断政治から文治政治へと幕政が転換を果たす契機となった。

参考文献 『徳川実紀』四(『新訂増補国史大系』、吉川弘文館、一九六五年)

(宮原　一郎)

三藩の乱（さんぱんのらん）

清朝成立時に中国南部に成立した漢民族系の藩国による清朝への反乱。旧南明勢力や台湾に拠っていた鄭氏《てい》とも協調するが、失敗した。明の滅亡により生じた中国南部の占領地に、功績のあった漢民族の将軍、呉三桂《ごさんけい》(平西藩・雲南)、尚可喜《しょうかき》(平南藩・広東)、耿精忠《こうせいちゅう》(靖南藩・福建)に大きな権限を与え立藩させ、統治させた。清の支配が安定化するにつれ、皇帝や朝廷は中央集権化のために直轄化を望むようになった。一六七三年、尚可喜が高齢を理由に引退と藩の息子への継承を願い出たが、康熙帝《こうきてい》はこれを機に撤藩を決めた。平西藩・靖南藩から皇帝の意向を知るために出された形式的な撤藩願いも受理された。そのため翌年、呉三桂は「反清復明」を掲げて蜂起し、平南藩、靖南藩や陝西提督王輔臣《おうほしん》も巻き込み、台湾の鄭氏もこれに呼応したため、中国の西南部が反乱軍の支配地域となった。しかし同格の連合体であったために、足並みに乱れが生じるようになり一六七六年には王輔臣、尚之信《ししん》(尚可喜の子)、耿精忠が降伏する。一六七八年には呉三桂は劣勢を挽回するために皇帝に即位することを宣言したが、半年後に病死した。呉三桂の孫が皇帝を継いだが、一六八一年に清に滅ぼされ、乱は終結した。また一六八三年には台湾の鄭氏も降伏し、清による中国支配が完成した。

参考文献 岸本美緒・宮嶋博史『世界の歴史』一二(『中公文庫』、中央公論新社、二〇〇八年)

(中野　純)

シャクシャインの乱（シャクシャインのらん）

アイヌの首長シャクシャインが松前藩に対して起こした戦い。豊臣秀吉、徳川家康からアイヌとの交易独占権を認められた松前氏は、家臣に知行として商場（交易場）を与える商場知行制を導入していた。アイヌ社会は和人（日本人）に依存する鉄製品、穀類などをより多く求めるようになっており、商場知行制によって自由な交易を阻害され、アイヌ側の交換商品である毛皮や鮭の価値が相対的に低下したため不満が高まっていた。その一方で、のちにシャクシャインが首長となるシブチャリ（静内《しずない》）を中心とする集団と、松前に地理的にも立場的にも近いハエ（門別《もんべつ》）を拠点とした集団による、アイヌ同士の狩り場や漁場の境界争いが戦いに発展し、松前藩の仲介により明暦元年（一六五五）に一時和睦した。寛文七年（一六六七）から対立は再燃し、後者が劣勢となり松前藩に援助を求めたが断られ、その使者は帰路に病死した。シャクシャインはこれを毒殺としてアイヌを糾合し、寛文九年六月に増毛《ましけ》から白糠《しらぬか》のアイヌは、和人の交易船や鷹匠、金山掘りを襲った。当時の松前藩主松前矩広《まつまえのりひろ》は幼少であったため、松前氏の一族で旗本である松前泰広が将軍の上意を奉じ派遣され、家老とともに鎮圧にあたった。また東北諸藩にも派兵準備の命が下り、特に弘前藩は蝦夷地に上陸したが、実戦には参加しなかった。松前藩が有利に戦いを運び、十月に和睦の酒宴の席でシャクシャインらを暗殺した。なお、アイヌの中にも松前藩についた者、中立を守った者もおり、またアイヌに協力し処刑された和人もいた。寛文十一年に松前藩はアイヌから起請文を取り、その支配権を強化した。

参考文献　菊池勇夫『アイヌ民族と日本人―東アジアのなかの蝦夷地―』（『朝日選書』、朝日新聞社、一九九四年）、ブレット・ウォーカー『蝦夷地の征服―一五九〇―一八〇〇―日本の領土拡張にみる生態学と文化―』（秋月俊幸訳、北海道大学出版会、二〇〇七年）

（中野　純）

宗門改制度（しゅうもんあらためせいど）

幕府がキリシタンを摘発・発見するための制度のこと。のちには民衆がどこの寺の檀家であるか、その宗旨を登録させることが中心になる。幕府がキリスト教を禁止したのは慶長十八年（一六一三）で、キリシタンから改宗したことが事実であるかどうかを証明するために、改宗後の檀家寺から寺請を出させた。寛永十二年（一六三五）徳川家光が二度目の『武家諸法度』を下すが、その中に「耶蘇宗門」の禁止をはじめて加えた。以後各藩で宗門改が本格化した。幕府も寛永十七年井上政重《いのうえまさしげ》を宗門改役に任命し、その支配を強化した。徳川家綱政権期の寛文四年（一六六四）十一月、幕府から大名へ宗門探索の役人の設置が命じられ、旗本知行所では名主・年寄などが吟味し、毎年「五人組手形」を出して改めることとなった。これが同十一年には、宗門人別改帳の作成が命じられ、宗門人別改帳を村ごとに作成することが宗門改の中心となっていった。宗門人別改帳は、各村の百姓の檀家寺ごとに、百姓とその家族が記載され、年月を追うごとに、家の構成や成員の年齢が書かれ、戸籍としての役割を果たすようになる。しかし、明治六年(一八七三)キリシタン禁止の高札が撤廃されると、宗門改制度も停止された。

参考文献 藤井学「江戸幕府の宗教統制」(『岩波講座日本歴史』一一、岩波書店、一九六三年) (宮原 一郎)

酒造半減令 (しゅうぞうはんげんれい)

江戸幕府が米の需給と米価調節のため、酒造米量に基づき酒造高を制限した法令。酒造半減令は、寛永末期の大飢饉に対応して限定的にはじめて出された。本格的な酒造半減令は、寛文六年(一六六六)から天和三年(一六八三)にかけて、江戸を中心とした全国的な米の需給構造に対処するために継続的に出された。この時から同時に酒造米高・酒屋敷の調査が全国的に行われ、その結果を勘定奉行へ提出するようにもなった。以後酒造半減令は、同様の手順で約六十回も布達された。

参考文献 藤井譲治「幕藩制前期の幕令―酒造制限令を素材に―」(『日本史研究』一七〇、一九七六年)、同「家綱政権論」(松本四郎・山田忠雄編『講座日本近世史』四、有斐閣、一九八〇年) (荒木 仁朗)

承応事件 (じょうおうじけん)

承応元年(一六五二)九月に発覚した別木《べっき》庄左衛門《しょうざえもん》・林戸右衛門・三宅平六・藤江又十郎・土岐与左衛門ら牢人による反乱計画。前年の慶安四年(一六五一)七月の由井正雪《ゆいしょうせつ》らによる慶安事件ののち、同年八月に幼年の徳川家綱が将軍に就任するという幕政の不安定な時期に起こされた事件であった。九月十五日の徳川秀忠夫人崇源院(江《ごう》・お江与)の二十七回忌の法会以降、風の強い日を狙い火を放ち、寺から金銀を奪い、老中などが消火の指揮を執るところを銃撃し、江戸を騒動に落とし入れるという計画であった。九月十三日普請奉行の城《じょう》朝茂《とももち》の家人長島嘉林《ながしまよしもと》より計画の報告をうけた老中の松平信綱《まつだいらのぶつな》は、阿部忠秋《あべただあき》・酒井忠勝《さかいただかつ》らと協議し、町奉行みずから出頭して謀反人を逮捕するよう命じついに捕縛した。同月二十一日謀反の輩は磔に、一族らは死罪を命じられた。同月二十八日計画を報告した長島は、反逆の者たちを訴えた行賞として知行五百石取りの御家人として取り立てられた。幕府による大名や旗本の改易が多くの牢人を生み出し、不満を持つ者の拡大がこのような事件の原因と考えられる。そのため、幕府は末期養子の禁を手始めに、養子の範囲を緩和するなどして、その後の大名・旗本の改易は激減した。家綱期の殉死の禁止とともに、武断政治から文治政治へと幕政が転換を果たす契機となった。

参考文献　『徳川実紀』四(『新訂増補国史大系』、吉川弘文館、一九六五年)

（宮原　一郎）

関所女手形（せきしょおんなてがた）

江戸時代の女性の関所通行許可書。女性は関所通行の際に手形の携帯を義務づけられ、その記載内容に基づき厳重に検閲された。一般に関所では、幕府への人質である大名の妻子が江戸から逃亡することを防止するため「出女」を取り締まったが、初期の女手形には「売買なとの女」でないことが記されるなど、人身売買禁止策とも深い関連があった。中期以降になると庶民女性たちの無手形による旅が盛んに行われるようになり、重罪なはずの関所破りを手助けする宿泊業者なども多かった。

参考文献　小暮紀久子「近世における女性の関所通行について―「箱根御関所日記書抜」にみられる女通行手形を中心に―」(近世女性史研究会編『論集近世女性史』、吉川弘文館、一九八六年)、深井甚三『幕藩制下陸上交通の研究』(吉川弘文館、一九九四年)、渡辺和敏「江戸時代初期の女手形にみる関所機能」(『東海道交通施設と幕藩制社会』、岩田書院、二〇〇五年)

（武林　弘恵）

大日本史（だいにほんし）

徳川光圀《とくがわみつくに》の命により編纂が開始された歴史書。本紀・列伝・志・表の四部からなる漢文で書かれた紀伝体の書物。神武天皇から後小松天皇の治世までを記載している。編纂事業は、明暦三年(一六五七)に開始されたが、本格化したのは寛文十二年(一六七二)に江戸小石川水戸藩邸に彰考館《しょうこうかん》が設置されてからであった。光圀の死後、正徳五年(一七一五)に紀伝が脱稿し、享保五年(一七二〇)に幕府へ本紀七十三巻・列伝百七十巻が献上された。しかし、これ以降事業は停滞し、天明六年(一七八六)に立原翠軒《たちはらすいけん》が彰考館総裁に任ぜられると、再び事業が活発化した。その間、学派内での争いなどもあり、維新後、水戸徳川家が志百二十六巻・表二十八巻を完成したのは明治三十九年(一九〇六)のことであった。『大日本史』の編纂は、神功皇后を后妃・大友皇子の即位・南朝を正統とする三大特筆などにより水戸学、幕末期の思想に多大な影響を与えた。

参考文献　尾藤正英「水戸学の特質」(『日本思想体系』五三、岩波書店、一九七三年)、鈴木暎一『徳川光圀』(『人物叢書(新装版)』、吉川弘文館、二〇〇六年)

（望月　良親）

伊達騒動（だてそうどう）

陸奥伊達家で起きた一連の家中騒動の総称。万治元年（一六五八）、二代藩主伊達《だて》忠宗《ただむね》が没すると、兄弟の夭折を理由に、忠宗の六男綱宗《つなむね》が家督を継承した。しかし、綱宗は藩主就任直後から遊行放蕩を重ねたため、親族大名である立花忠茂《たちばなただしげ》（柳川藩主）が繰り返し諫言を行なったが、綱宗は聞き入れることはなかった。一門の伊達宗勝《むねかつ》（一関藩主）は伊達家の将来を危惧し、仙台藩内の重臣と秘密裏に協議の上、綱宗の強制隠居と、綱宗の長男亀千代（のちの伊達綱村《つなむら》）の家督相続を幕府に願い出た。その結果、万治三年に藩主交替が実現している（万治事件）。その後万治事件を主導した立花忠茂・伊達宗勝の二名が綱村の後ろ盾となり、藩政の指揮・監督を行なったが、家中間の抗争が相ついだ。中でも、伊達宗重《むねしげ》（涌谷藩主）と伊達宗倫《むねとも》（登米藩主）の一門同士の境界論争が長期化した。両後見人は説得を試みたものの収まらず、宗重は、後見人である宗勝に対する不満を募らせ、寛文十一年（一六七一）には、宗勝の専横を批判する内容の條書を幕府に提出している。その結果、宗勝・宗重の両派が江戸に招致され、幕府評定を受けることになった。幕府は宗重方の主張を支持する方向で審議をすすめていたが、宗勝一派の原田《はらだ》宗輔《むねすけ》が、突如宗重を切り付け死亡させるという事件を起こした（寛文事件）。事件後、幕府は藩主綱村を幼少のためお構いなしとし、惨殺された宗重は忠臣として子息の後継が承認された。その一方で、刃傷沙汰を起こした原田家は断絶、宗勝も騒動の責任を負わされたのち、一関藩を改易となった。

参考文献　笠谷和比古『主君「押込」の構造—近世大名と家臣団—』（平凡社、一九八八年）、吉田真夫「伊達騒動—一門の藩政介入—」（福田千鶴編『新選御家騒動』下、新人物往来社、二〇〇七年）

（堀　智博）

玉川上水（たまがわじょうすい）

江戸の上水道の一つ。江戸市中の水不足により、承応元年（一六五二）幕府は玉川上水の開削を計画した。同二年正月、江戸の町人といわれる庄右衛門・清右衛門兄弟が工事を請け負った。両人による開削工事は難航したため、玉川上水惣奉行で老中松平伊豆守信綱の家臣安松金右衛門による水路設計が採用され、工事が進められたという（「玉川上水起元」）。同年十一月十五日までに四谷大木戸まで開削。翌年には江戸城虎の門までの上水堀が完成。武蔵国多摩郡羽村《はむら》（東京都羽村市）の取水堰で多摩川から取水し、武蔵野台地を東流し、四谷大木戸の水番所を経て江戸城中・市中の飲料水・生活用水として供給された。また、水路沿岸の武蔵野の村々の生活・灌漑用水としても分水され、新田開発にも寄与した。元文年間

（一七三七―四一）、武蔵国多摩郡押立村《おしたてむら》東京都（東京都府中市）川崎平右衛門定孝らが中心となり、玉川上水の小金井《こがねい》橋付近の両岸二里余りに桜樹を植えた。江戸時代後期になると、小金井の桜並木は名所記や地誌などに紹介され、江戸近郊の有数の名所となり、天保十五年（一八四四）二月には、当時の将軍世子徳川家定が観桜に訪れている。

参考文献 『東京市史稿』上水篇一（一九一一年）、伊藤好一『江戸上水道の歴史』（吉川弘文館、一九九六年）、『小金井市史』資料編小金井桜（二〇〇九年）　（榎本　博）

利根川付け替え（とねがわつけかえ）

近世前期に行われた江戸幕府の一連の利根川改流工事。元和七年（一六二一）、伊奈半十郎忠治《いなはんじゅうろうただはる》は、下総国川辺領《かわべりょう》を横切り佐波《ざわ》（埼玉県加須《かぞ》市）地先から栗橋（埼玉県久喜市）に至る延長四里の新川通《しんかわどおり》、中田《なかだ》（茨城県古河市）と川妻《かわつま》（茨城県猿島《さしま》郡五霞《か》町）のあいだから境町（茨城県猿島郡境町）に至る赤堀川《あかぼりがわ》（開削当時は備前堀とされた）を開削。赤堀川は寛永二年（一六二五）、承応三年（一六五四）に切り広げられ、利根川本流は常陸川に流入し、銚子河口より太平洋に流出することとなった。この間、寛永十二年から十八年にかけて、関宿《せきやど》（千葉県野田市）から金杉（埼玉県北葛飾郡松伏町）に至る大地を掘り割り、江戸川の新河道が開削。現古利根川筋を流下して東京湾に注いでいた利根川本流は、ほぼ現在の利根川流路と、関宿から南下する江戸川とにまとめられた。この事業目的は、江戸城の防衛、舟運航路の整備、河川流域の低湿地帯の耕地整備など諸説ある。

参考文献 大熊孝『利根川治水の変遷と水害』（東京大学出版会、一九八一年）、大谷貞夫『江戸幕府治水政策史の研究』（雄山閣出版、一九九六年）、同「近世における関宿周辺の治水事情」（『房総の近世』一、二〇〇二年）　（榎本　博）

秤・升の統一（はかり・ますのとういつ）

寛文年間（一六六一―七三）に幕府が推進した秤・升の全国的統一。近世初期は、秤・升ともその大きさが東西で異なっていた。秤の統一は、承応二年（一六五三）、徳川家康以来関東において秤の特権を有した江戸の守随《しゅずい》家と京都の秤座神《じん》家との争論が発端であった。同年閏六月この争論の幕府裁許によって、守随家が東三十三ヵ国の、神家が西三十三ヵ国の秤を支配する東西分掌体制が成立した。しかし、幕領支配の関係からその分掌体制は浸透しなかった。そこで寛文八年十月二十六日幕府は、守随家に老中連署による東国三十三ヵ国の「国分秤証文」を与え、東西の秤座の支配国を明確にした。一方、升についても、寛文九年幕府は江戸升座樽屋藤左衛門が作成した京升へすべての使用升を改めようとした。この統一は、大名による抵抗によって、升購入先が樽屋と京都の升座福井家の二名になり、京升座の升も全国の升の大きさの基準とするに止まり、完全ではなかったが、その後の升の支配のあり様を大きく規定するものであった。のちに安永年間(一七七二―八一)になって、幕府は、漠然と東西に分割されていた升の支配について、樽屋が東三十三ヵ国を、福井家が西三十五ヵ国を支配する体制を確立させた。この寛文年間における秤・升の全国的統一政策は、同時期の酒造制限令や諸藩の津留品調査、全国諸浦への高札設置、東廻り航路・西廻り航路の完成などの一連の動向に関わって実施され、幕府が勘定奉行を中心にはじめて全国を対象として行なった流通・経済政策の一つといわれている。

参考文献　林英夫『秤座』(『日本歴史叢書』、吉川弘文館、一九七三年)、馬場章「近世日本の計量統制」(『歴史学研究』六九〇、一九九六年)、藤井譲治『幕藩領主の権力構造』(岩波書店、二〇〇二年)

(荒木　仁朗)

幕政批判　(ばくせいひはん)

慶安四年(一六五一)七月九日、三河国刈谷(愛知県刈谷市)二万石の大名松平定政《まつだいらさだまさ》は突然剃髪して「能登入道不白」と名乗り、井伊直孝《いいなおたか》・阿部忠秋《あべただあき》に和歌を書き連ねた封書を提出した。定政は、徳川家康の異父弟松平定勝の六男で、寛永十年(一六三三)から小性として徳川家光に仕えて次第に加増され、家光の法会の差配を担当した。定政は、上下の困窮を憂えて領知二万石を返上しようと、墨染めの衣の下に刀をさして江戸の町を托鉢して廻ったという。幕府は定政の所行を狂気によるものとし、同十八日、領知を没収して兄松平定行に預けることを申し渡した。定政の行動は、家光の恩を想い、幼い徳川家綱を補佐する幕閣への不満が理由であったといわれる。この事件が世上に与えた影響は大きく、直後に生じた由比正雪《ゆいしょうせつ》の乱では、正雪が遺書中で定政事件における幕府の処置を批判している。また、万治三年(一六六〇)十月八日、下総国佐倉(千葉県佐倉市)十万石の大名堀田正信《ほったまさのぶ》は、保科正之《ほしなまさゆき》・阿部忠秋に意見書を提出し、幕府に無断で帰国した。正信は、家光に殉死した堀田正盛の子である。正信の意見書は、定政事件の処置など幕閣の失政を非難し、旗本の困窮を救うために領知を返上するので分配してもらいたいという内容であった。幕府は無断帰国を咎めて正信を改易し、父正盛の功績を考慮して子堀田正休に一万俵を給付して家名を存続させた。正信は、老中などに就任して幕政に参画できないことに不満を抱いていたともいわれる。定政・正信の幕政批判は、当時の幕閣に対する不満が譜代大名層を中心に蓄積していたことをうかがわせる。

参考文献 『新訂寛政重修諸家譜』一・一〇(続群書類従完成会、一九六四・六五年)、大野瑞男『松平信綱』(『人物叢書(新装版)』、吉川弘文館、二〇一〇年)　(三宅　正浩)

分地制限令 (ぶんちせいげんれい)

江戸時代の基本的土地法令。名主・百姓の所持高を、名主は二十石以上・百姓は十石以上とし、それ以下の所持高になるような農民の分地を制限する法令である。土地の売買による、農民の没落を防止することを目標としたものである。初出は延宝元年(一六七三)とされている。しかし、根拠となる『日本財政経済史料』所引の「伍簿案」なる史料は現在まで確認されていない。確実なものでは『御触書寛保集成』所収の正徳三年(一七一三)四月のものがある。

参考文献 大石慎三郎『享保改革の経済政策』(御茶の水書房、一九六一年)　(鈴木　直樹)

本朝通鑑 (ほんちょうつがん)

漢文・編年体の日本通史。叙述の範囲は神武から慶長にわたり、本編(前編・正編・続編)と「目録」「提要」「附録」をあわせて総冊数三百十冊に及ぶ。編修事業は、寛文二年(一六六二)十月三日、林《はやし》鵞峰《がほう》に『本朝編年録』の続修が命じられたことに始まる。先行していた『本朝編年録』の編修は、六国史から抄出した記事を基本とする通史叙述であった。のちに『本朝通鑑』と名前を変え、六国史やその他の古記録などと校合して、記事の補訂が行われ、幕府の事業として遂行された。寛文十年六月七日の徳川家綱への献上により事業は終了した。同年九月二十九日に浄書した全編が納められている。台命をうけて鵞峰らは寛文四年十一月から編修に着手する。鵞峰を総裁として、鵞峰の二子である梅洞《ばいどう》(春信)と鳳岡《ほうこう》(春常)、そして門人の人見友元《ひとみゆうげん》(宜卿)、坂井伯元《さかいはくげん》らを中心とする二十名ほどが編修にあたった。鵞峰は『本朝編年録』の続修にあたり、大老酒井忠清《さかいただきよ》に献言するなど、意欲をみせた。それは『本朝通鑑』を六国史につぐ本格的な修史事業として捉え、また林家史学を発揮する最大の場と考えたからである。同時に幕府側にとっても、将軍徳川家光の遺命であった『本朝編年録』の編修は、幕藩体制の確立を象徴する文化事業であり、『本朝通鑑』としての完成が期待された。このため、編修に際して幕府側から林家へさまざまな支援が行われた。たとえば、寺社奉行や武家伝奏を通じて、寺社や公家へ資料提出を促し、また編修費を幕府負担でまかない、林家の学寮弘文院内に編修所と文庫を建設した。この編修所は国史館と名付けられ、編修の拠点とされた。鵞峰は、六国史のような基本的な史料がない以上、より多くの旧記を求めることを目指していたが、幕命によってもあまり有益な結果を得られなかった。とりわけ朝廷・公家からの提供は十三部の書物にとどまった。幕府が正史として意欲を傾けた編修事業であったが、家蔵資料の提供を求められた公家や朝廷との間に意識の違いがあったためである。

参考文献　小沢栄一『近世史学思想史研究』(吉川弘文館、一九七四年)、安川実『本朝通鑑の研究』(安川実先生遺著刊行会、一九八〇年)　(綱川　歩美)

明暦の大火（めいれきのたいか）

明暦三年(一六五七)正月十八―十九日に江戸で発生した三件の大規模火災の総称で、振袖火事の俗称がある。第一の出火は、十八日昼過ぎ本郷丸山《ほんごうまるやま》(東京都文京区本郷五丁目)の本妙寺《ほんみょうじ》が火元と伝えられる。延焼地域は当時の市街地の約六割に及び、およそ大名屋敷百六十、旗本屋敷七百七十、町人地八百余町を焼失した。死者数は史料により差があり実数は不明であるが、数万人単位の人数にのぼる。江戸城においても、十九日に本丸・二丸に火がかかり天守が炎上、西丸を除く全てを焼失した。四代将軍徳川家綱は十八日の夜中、二丸櫓に登り火事を見分し、十九日に西丸へ避難し、二月十二日に市街に出て焼跡の惨状を巡見した。大火後、江戸城殿舎は直ちに再建に着工、万治二年(一六五九)八月に本丸御殿が完成した。しかし、天守は保科正之の進言により再建されず、天守台のみ修築された。復興政策で幕府はまず都市改造の基礎資料となる江戸大絵図を作製し、市街地の整備を進めた。江戸城内にあった御三家邸をはじめとする大名屋敷を城外に出し、江戸城周辺の武家屋敷を郭外の新開地へ大規模に移動し、外郭内の寺社を外堀の先かさらに遠方の新開地へ大量に移転した。市内は道路を拡張し広小路《ひろこうじ》・火除地《ひよけち》を設置した。この結果、江戸の景観・都市構造は大きく変化し、市街は周辺部に拡大発展した。大火後の都市計画は江戸の都市政策史上の画期となり、市街の防災対策を進展させた。消防体制は、万治元年に定火消、延宝四年(一六七六)に大名火消が設けられ、この後、八代将軍徳川吉宗の意を受けて享保四年(一七一九)に設置された町火消組織をもって完成する。

参考文献　『東京市史稿』変災篇四・市街篇七・皇城篇二・救済篇一(一九一七・三〇・二二・二一年)、黒木喬『明暦の大火』(『講談社現代新書』、講談社、一九七七年)、坂巻甲太・黒木喬編『「むさしあぶみ」校注と研究』(桜楓社、一九八八年)　(川村由紀子)

大老

氏名	称呼	前職	補職年月日	転免年月日	後職
酒井忠勝	讃岐守	老中	寛永一五(一六三八)・一一・七	明暦三(一六五七)・五・二六 [実][寛]二・三・一九	卒 [実]老免[寛]辞
酒井忠清	雅楽頭	老中	寛文六(一六六六)・三・二六 [実][寛]六・三・二九	延宝八(一六八〇)・一二・九	辞 [実]病免

老中

氏名	称呼	前職	補職年月日	転免年月日	後職
松平信綱	伊豆守	小性組番頭兼若年寄	[実]寛永一二・一〇・二九 [寛]寛永一〇・五・五	寛文二(一六六二)・三・一六	卒
阿部忠秋	豊後守	小性組番頭兼若年寄	寛永一二(一六三五)・一〇・二九	寛文六(一六六六)・三・二九	免
酒井忠清	雅楽頭		承応二(一六五三)・六・五 [実][寛]二・閏六・五	寛文六(一六六六)・三・二九	大老
稲葉正則	美濃守	奏者番 [実][寛]なし	明暦三(一六五七)・九・二八	天和元(一六八一)・一二・八	辞 [実]免
久世広之	大和守	若年寄	寛文三(一六六三)・八・一五	延宝七(一六七九)・六・二五	卒
土屋数直	但馬守	若年寄	寛文五(一六六五)・一二・二三	延宝七(一六七九)・四・二	卒
板倉重矩	内膳正	大坂城代 [実][寛]大坂定番	寛文五(一六六五)・一二・二三 [実][寛]五・一二・二三	延宝元(一六七三)・五・二九	卒
阿部正能	播磨守	奏者番	延宝元(一六七三)・一二・二三	延宝四(一六七六)・六・六 [実][寛]四・一〇・六	卒 [実]病免[寛]辞
大久保忠朝	加賀守		延宝五(一六七七)・七・二八 [実][寛]五・七・二五	元禄一一(一六九八)・二・一五	辞 [実]老免[寛]職ゆるさる

氏名	称呼	前職	補職年月日	転免年月日	後職
土井利房	能登守	若年寄	延宝 七(一六七九)・七・一〇	天和元(一六八一)・二・二一	免 実寛職ゆるさる
堀田正俊	備中守 筑前守	若年寄	延宝 七(一六七九)・七・一〇	天和元(一六八一)・一二・一一 実寛元・一二・一一	大老

京都所司代

氏名	称呼	前職	補職年月日	転免年月日	後職
板倉重宗	周防守	小性組番頭 侍兼書院番頭 実寛近	元和 六(一六二〇)・一一・二八 実寛元和 六	実承応 三・七・二九 寛承応 三・一二・六	辞
牧野親成	佐渡守	側衆 実御側出頭寛 御側に候す	承応 三(一六五四)・一一・二八	寛文 八(一六六八)・五・三 実寛 八・五・一六	辞 実寛職ゆるさる
板倉重矩	内膳正	老中	寛文 八(一六六八)・六・二 実寛 八・五・一六	寛文一〇(一六七〇)・二 実寛一〇・七	
永井尚庸	伊賀守	若年寄	寛文一〇(一六七〇)・二・四	延宝 四(一六七六)・四・三 実寛 四・四・四	辞 実病免
戸田忠昌	越前守 山城守	寺社奉行 番兼寺社奉行 実寛奏者	延宝 四(一六七六)・四・三	天和元(一六八一)・一一・一五	老中

大坂城代

氏名	称呼	前職	補職年月日	転免年月日	後職
内藤信照	豊前守		慶安 二(一六四九)・一〇・二五	承応元(一六五二) 実元・五	
水野忠職 武忠胤	出羽守		承応元(一六五二)(仮役) 寛元・五・一六	承応 三(一六五四)	

氏名	称呼	前職	補職年月日	転免年月日	後職
内藤忠興	帯刀		承応三(一六五四)(仮役) 寛三・三・三	明暦二(一六五六)	
松平光重	丹波守		明暦二(一六五六)(仮役) 実二・三・八	万治元(一六五八)	
水野忠職 武忠胤	出羽守		万治元(一六五八)(仮役) 実元・三・一八	万治二(一六五九)	
内藤忠興	帯刀		万治二(一六五九)(仮役)	万治三(一六六〇)	
松平光重	丹波守		万治三(一六六〇)(仮役)	寛文元(一六六一)	
水野忠職 武忠胤	出羽守		寛文元(一六六一)(仮役) 実閏八・七賜暇	寛文二(一六六二)	
青山宗俊	因幡守	元大番頭 実なし寛大番頭	寛文二(一六六二)・三・二九	延宝元(一六七三)・六・一〇 実寛六・六・一七	辞 実免
太田資次	摂津守	奏者番兼寺社奉行	延宝元(一六七三)・六・一九 実寛六・六・一九	貞享元(一六八四)・四・六	卒

寺社奉行

氏名	称呼	前職	補職年月日	転免年月日	後職
安藤重長	右京亮	奏者番 実寛書院番頭	寛永一二(一六三五)・三・一〇 実寛一二・一一・九	万治元(一六五八)・九・二九 実寛明暦三・九・二九	辞 実寛卒
松平勝隆	出雲守	奏者番 実寛奏者番兼大番頭	寛永一二(一六三五)・三・一〇 実寛一二(一六三五)・一一・九	万治二(一六五九)・三・三	辞 実老免寛両職辞、雁間詰
板倉重郷	阿波守		万治元(一六五八)・七・四	寛文元(一六六一)三・一八 実なし寛元・一一・二六	卒 寛辞

氏名	称呼	前職	補職年月日	転免年月日	後職
井上正利 [実]正利・正則	河内守	[実][寛]奏者番	万治元(一六五八)・七・四	寛文七(一六六七)・三・二八 [実][寛]七・三・一八	辞 [実]両職ゆるさる[寛]加役辞
加々爪真澄 [実]直澄・真澄	甲斐守	大番頭	寛文五(一六六五)・一一・一一 [実][寛]元・一一・一一	寛文一〇(一六七〇)・三・一一	召放・閉門
小笠原長頼 [実][寛]長矩	山城守	[実][寛]奏者番	寛文六(一六六六)・六・一九 [実][寛]六・七・一九	延宝六(一六七八)・二・六	辞 [実][寛]両職辞
戸田忠能〔昌〕 [実][寛]忠昌	越前守 伊賀守		寛文一二(一六七二)・四・二五 [実][寛]一一・正・二五	延宝四(一六七六)・四・三	京都所司代
本多忠利	長門守	[実][寛]奏者番	寛文一二(一六七二)・四・二五 [実][寛]一一・正・二五	延宝四(一六七六)・三・二五 [実][寛]四・三・二八	辞 [実]病免[寛]両職辞
太田資次	摂津守	奏者番	延宝四(一六七六)・七・二六	延宝六(一六七八)・六・一九	大坂城代
板倉重通〔道〕 [実][寛]重種	石見守	[実][寛]雁間詰	延宝五(一六七七)・六・二	延宝八(一六八〇)・九・二一	老中
松平重治 [実]忠勝	山城守 修理亮	[実][寛]奏者番	延宝六(一六七八)・三・一三 [実][寛]六・三・一三	天和元(一六八一)・一一・二八 [実]元・一一・二九	辞 [実]病免[寛]両職辞
阿部正武	美作守	[実][寛]雁間詰	延宝八(一六八〇)・八・二 [実][寛]八・閏八・二 (将軍不在位時補職)	天和元(一六八一)・三・二六	老中

若年寄

氏名	称呼	前職	補職年月日	転免年月日	後職
久世広之	大和守	側衆	寛文二(一六六二)・二・二二 [実][寛]二・二・二二	寛文三(一六六三)・八・一五	老中

氏名	称呼	前職	補職年月日	転免年月日	後職
土屋数直	但馬守	側衆	寛文二(一六六二)・二・二二 実寛二・二・二二	寛文五(一六六五)・一二・二三	老中
土井利房	能登守	奏者番	寛文三(一六六三)・八・一六	延宝七(一六七九)・七・一〇	老中
永井尚庸	伊賀守	奏者番	寛文五(一六六五)・一二・二三 実寛五・一二・二三	寛文一〇(一六七〇)・二・一四	京都所司代
堀田正俊	備中守	奏者番	寛文一〇(一六七〇)・二・二三	延宝七(一六七九)・七・一〇	老中
松平信衡 実寛信興	因幡守	側衆	延宝七(一六七九)・七・一〇	天和二(一六八二)・三・一九 実寛二・二・一九	奏者番
石川乗政	美作守	側衆	延宝七(一六七九)・七・一〇	天和二(一六八二)・三・一九 実寛二・三・二三	奏者番

町奉行

氏名	称呼	前職	補職年月日	所在	転免年月日	後職
神尾元勝	備前守	作事奉行 実寛長崎奉行	寛永一七(一六四〇)・五・一八 実寛一五・五・一六	南	寛文元(一六六一)三・八	辞 実職ゆるさる
石谷貞清	十蔵 左近将監	先手 実先手頭寛目付	慶安三(一六五〇)六・一八 実寛四・六・一八	北	万治二(一六五九)・正・二八	辞 実老衰ゆるさる
村越吉勝 実吉勝・勝吉	治左衛門 長門守	勘定頭	万治二(一六五九)・二・九	北	寛文七(一六六七)・閏三・一六 実寛七・閏二・一六	辞 実職ゆるさる寛辞、寄合
渡辺綱貞 実広綱・綱貞	半右衛門 大隅守	新番頭	寛文元(一六六一)・四・一二	南	延宝元(一六七三)・正・二三	大目付

氏名	称呼	前職	補職年月日	所在	転免年月日	後職
島田忠政 [寛]利木・守政・忠政	久太郎 出雲守	寄合 元長崎奉行	寛文七(一六六七)・閏二・二 [実][寛]七・閏二・二	北	天和元(一六八一)・三・二七	召放され小普請入、差控 [実]職うばわれ閉門[寛]職うばわれ小普請、閉門
宮崎重成 [実][寛]政泰・重成	若狭守	京都町奉行	延宝元(一六七三)・正・二三	南	延宝八(一六八〇)・二・二三	辞 [実]病免[寛]辞、寄合
松平忠冬	与右衛門 隼人正	新番頭	延宝八(一六八〇)・二・二六 [実]八・二・二六	南	延宝八(一六八〇)・八・八 [実][寛]八・八・三	館林家家老

勘定奉行

氏名	称呼	前職	補職年月日	管掌	転免年月日	後職
曾根吉次	源左衛門				寛文元(一六六一)・一一・一九	[実]老免[寛]辞
伊丹勝長	蔵人 播磨守		慶安三(一六五〇)・七・一		寛文二(一六六二)・三・二七	卒
村越吉勝 [実]勝吉	治左衛門 長門守	二丸留守居	慶安四(一六五一)・六・一八		万治二(一六五九)・二・九	町奉行
岡田善政 [寛]義政	豊前守	美濃郡代 [寛]美濃国奉行・近江伊勢筑後等郡代・山田奉行	万治三(一六六〇)・五・三〇		寛文一〇(一六七〇)・一〇・一三 [実][寛]一〇・二・一三	辞 [実]病免
妻木頼照(熊) [実]頼熊[寛]重直	彦右衛門	長崎奉行	寛文二(一六六二)・四・二		寛文一〇(一六七〇)・三・三 [実][寛]一〇・三・二三	辞 [実]職ゆるさる [寛]辞、寄合
松浦信貞	猪右衛門	小性組 [寛]小性組・進物番	寛文六(一六六六)・六・三		延宝元(一六七三)・七・三 [実][寛]元・七・二〇	辞 [実]病免[寛]辞、寄合
杉浦正昭 [実]正昭・正綱[寛]正綱	市左衛門 内蔵允	中川番 [寛]なし	寛文八(一六六八)・六・一〇		延宝八(一六八〇)・閏八・二	留守居

氏名	称呼	前職	補職年月日	管掌	転免年月日	後職
徳山重政	五兵衛	寄合 [実][寛]本所奉行	寛文一〇(一六七〇)・五・一六		天和元(一六八一)・三・二九	免職 [実]職ゆるされ小普請[寛]免
甲斐庄正親	喜右衛門 飛騨守	使番	寛文一二(一六七二)・九・一一 [実][寛]一二・九・七		延宝八(一六八〇)・八・三〇	町奉行
岡部勝重	左近 角左衛門 駿河守	目付	延宝三(一六七五)・五・一三		延宝六(一六七八)・八・一六	辞 [実]病免[寛]辞、寄合
大岡重清 [実][寛]清重	五郎左衛門 備前守	目付	延宝八(一六八〇)・三・二五		貞享四(一六八七)・九・一〇	免職

5代　徳川綱吉

徳川綱吉画像　絹本着色。複製。原本は奈良法隆寺にある。元禄7年(1694)法隆寺の江戸出開帳の際、江戸城で綱吉と母桂昌院が寺宝を上覧し、修復料寄進への謝意として、綱吉顕彰のために作成、寺宝として伝える。大きな耳と鰓《えら》の張った表情が特徴的である。

徳川綱吉（とくがわつなよし）　一六四六―一七〇九

江戸幕府五代将軍。一六八〇―一七〇九在職。正保三年(一六四六)正月八日、三代将軍徳川家光の第四子として江戸城本丸大奥に生まれる。生母は側室お玉の方(桂昌院)。幼名は徳松。長兄は竹千代(のちの家綱)。次兄は長松(のちの綱重)、三兄は亀松で三歳で早世している。綱吉の正室は、鷹司信子。

綱吉の生涯は大きく三つに区分できるだろう。㈠将軍につくまで、㈡将軍就任後の初政「天和の治」、㈢その後の側用人を起用した統治、である。綱吉が将軍になったのは三十五歳と遅く、六十四歳で没している。したがって、もっとも長いのは㈠である。

慶安四年(一六五一)四月、綱吉は兄長松とともに賄料として、おのおの十五万石を拝領し、御家人を付属される。以降、長松と「同格」となる。承応元年(一六五二)竹橋の邸宅に移る。このころ、幕府儒医人見《ひとみ》元徳《げんとく》(玄徳)より儒学の手ほどきをうける。同二年元服、従三位右馬頭左近衛中将に叙任される。将軍徳川家綱より偏諱をもらい、松平右馬頭綱吉と名乗る。明暦三年(一六五七)、江戸大火により江戸城が焼失し、綱吉の屋敷も焼け神田に移る。

寛文元年(一六六一)閏八月九日、十万石加増され二十五万の上野国館林藩主となり、参議に任じられる。兄綱重も同様に二十五万石の甲府藩主となり、参議となる。綱重・綱吉は甲府宰相・館林宰相と称され、また、左馬頭(綱重)・右馬頭(綱吉)という官職名から「両典厩《りょうてんきゅう》」とも称された。寛文三年、綱吉は将軍につづいて日光社参し、帰路に領地館林藩に立ち寄る。これが藩主として、ただ一度の領国への入部となる。

寛文五年、館林城代大久保《おおくぼ》忠辰《ただとき》が江戸に訴状を捧げたことが綱吉の勘気にふれ罷免する。訴状の内容は、綱吉の非行を告げたものと推測されるが詳かではない。同六年、博奕をする武士を家臣から追放する。同七年、家計逼迫により、幕府から金七万両を借り受ける。延宝五年(一六七七)側室のお伝の方が長女鶴姫を出産する。同六年、家臣の物見遊山・不作法に訓戒をあたえる。九月、兄綱重が死去する。十月、将軍家綱の側室が懐妊し、綱吉は出産祈願の祈禱を行う。十二月、家計逼迫につき、幕府より、米五万俵の助成を受ける。延宝七年五月、側室お伝の方、長男徳松を出産する。十一月、家計逼迫により幕府から三万両を借り受け、家中に倹約令をだす。

綱吉の運命が大きく転換したのは延宝八年である。四月、将軍家綱の病気が悪化、五月六日、家綱の養子となり、館林藩は徳松が二歳で継承する。七日、二丸に入り、権大納言に叙任される。八日、家綱が死去し、綱吉の将軍就任が確定する。

このとき、大老酒井忠清が有栖川宮を将軍にたてようとし、「宮将軍擁立」を主張したが、老中堀田正俊が論破したという伝承がある。家光の四子である綱吉が将軍になれたのは、三人の兄が死去したことにある。しかし、なお将軍継承の優先順位第一位は将軍の甥綱豊であり、綱吉は第二位である。順位を飛び越えて将軍に就任したことが、当時からさまざまな憶測を呼んだ。以降、堀田正俊が酒井忠清にとって代わるように、綱吉の権威を背景に重用され、幕政の中心に位置するようになる。

実権を握った綱吉はただちに(二)「天和の治」に着手する。「天和」という年号が用いられているが、実際には綱吉が将軍になった延宝八年五月から貞享元年(一六八四)までを指している。

延宝年間は何度も凶作に襲われた時期で、農村は疲弊していた。綱吉は八月六日、堀田正俊に諸国の民事を司るよう特命を下し、民政を一手に握らせる。さらに、七日、正俊と勘定頭四人を召しだし、百姓困窮の打開策を謀るべき旨の命を下している。財政・民政専管の老中は、このときから始まる。八月二十三日、将軍宣下の大礼が行われ、内大臣に任じられる。綱吉は幕閣の権力を正俊に集中する一方、十二月、酒井忠清を罷免する。

天和元年(一六八一)六月、越後騒動の再審が行われ、綱吉が親裁して松平光長を改易し、関与した大名などを処罰する。これは、たとえ徳川一門大名であっても、「仕置」(家中統制・民政)が悪ければ改易になること、また、その決定に将軍みずからが乗り出すという、強い姿勢を天下にアピールしたものといえる。以後、四十を超える大名が改易・減封・転封されている。加えて、前年閏八月に出された、「民は国之本」という儒教的な民本主義理念で始まる触書を背景にして、不正な代官を処罰し、民政を刷新した。これらの政策は「賞罰厳明」と儒教的な「仁政」の徹底・浸透といえる。

同十二月、堀田正俊は大老に進み、牧野成貞が側用人となる。同二年五月、諸国に忠孝を励ます高札を掲げる。七月、天下一の称号を禁止する。八月、朝鮮通信使に謁見する。九月安宅丸を廃却する。天和三年閏五月二十八日、徳松死去。翌年の服忌令制定のきっかけとなったとされる。七月、『武家諸法度』を改訂し、公布する。

貞享元年正月、紅葉山参拝の際、正俊は御三家並に扱われ絶頂期を迎える。二月、服忌令を制定する。制定には正俊の命により、息子正仲が関与している。ところが、八月二十八日、正俊は稲葉正休に刺殺され、「天和の治」は終焉を迎える。

「天和の治」は善政とされ、それは綱吉が主導したされる。その根拠の一つは、『颺言録《ようげんろく》』という史料である。だが、これは正俊が描いた明君録で、正俊のあるべき将軍像が多分に含まれている。正俊没後は綱吉の腹心、側用人が台頭する。㈢の開始である。側用人は前半が牧野成貞、後半が元禄元年(一六八八)に登用された柳沢吉保である。

綱吉の家臣団は、館林藩主時代に、神田橋の屋敷の神田館において形成された。その中核は幕府の番方出身者であるが、数多くの浪人も含まれる。綱吉が将軍となって以降、家臣団五百人あまりが幕臣化する。そのうち、過半数が幕府の役職につく。側用人の二人はその象徴的存在である。家臣団の幕臣化と側用人政治は、有能な吏僚による政権運営と、将軍の手足となる側用人によって、将軍独裁・親裁体制を樹立・強化したとされる。

財政面の中心にいたのは勘定奉行荻原重秀で、元禄八年以降、度重なる金銀貨の改鋳を行なった。金銀の含有率を低くして通貨量を増やす政策であるが、のち、新井白石によって厳しく弾劾される。

「生類憐れみの令」は、正俊の死の翌年より始まる。貞享二年将軍が通る道筋に犬や猫がでてきてもお構いなしという旨の町触れがだされる。九月には馬の尾や腹の筋を伸ばして姿を整えることは「不仁」な行為として禁止。十一月、江戸城中の調理で鳥魚類の使用を禁止。同三年、病人・病牛馬を捨てることを禁止。四月、捨て子養育令をだす。綱吉の在世期間に、こうした生き物・生命を憐れむ触れは百十六件に及んでいる。「生類憐れみの令」とは、これらの総体を指している。これは肉食を忌む食文化を固定化する一方、犬を保護する広大な中野犬小屋などの維持費が民衆にのしかかり、法令違反者は厳しく処罰された。この法令は、度重なる倹約令とあわせ、民衆の怨嗟の的になった。

「生類憐れみの令」は儒教と仏教に基づくとされる。儒教に関しては、林家による進講を受けていたが、元禄年間になると、みずから大名や幕臣に『大学』『中庸』などをはじめとする儒書を講義するようになる。元禄三年には儒教の祖孔子を祀る湯島聖堂を建設し、近世における儒教浸透の画期となる。仏教に関しては、天和元年に、生母桂昌院が帰依していた僧侶亮賢に護国寺の建立を命じた。綱吉が厚遇したのは知足院、のち護持院の僧侶隆光である。その一方、不受不施派の僧侶を流刑にするなど弾圧を加えた。

儒教・仏教の振興や帰依は、将軍継承の正統性の弱さを補うためとされることがあるが、それだけでは説明がつかない。儒教、ことに朱子学は科挙制度にもとづく、宋代の中央集権的な官僚国家の思想的支柱であった。綱吉は大名を旗本並の「地頭」と呼び、強い将軍権力のもとでの中央集権的な国家像を構想していた。仏教信仰に関しても、迷信や災異を恐れたからというだけではなく、綱吉の生命観・世界観を問題とする必要がある。

「天下泰平」「徳川の平和」を盤石のものとした綱吉だが、「犬公方」の名で知られるように、「生類憐れみの令」による暗君イメージが定着している。綱吉を「偏執狂(パラノイア)」「異常人格」とする病理学的な研究もある。政治は結果責任であり、「生類憐れみの令」が民衆を苦しめたのは事実である以上、暗君という評価は免れない。しかし、実際に、綱吉が何を考えていたのか、その意識・思想を探った研究は数少ない。綱吉の意識・思想を明らかにしたうえで、たとえば、綱吉が掲げた「仁政」理念が、なぜ、民衆を苦しめたのか、主観的意図と結果のズレ、そのダイナミズムを突き止めることが必要である。

綱吉の晩年には、元禄十五年十二月、浅野家の遺臣大石良雄らによる吉良邸襲撃、いわゆる赤穂事件や、元禄十六年の大地震、宝永四年(一七〇七)富士山噴火などの大事件や「天変地異」が頻発している。

徳松の死後、綱吉は世継に恵まれず、宝永元年四月、紀州徳川家に嫁していた鶴姫が死去し、十二月、甥綱豊を養子とする(家宣と改名)。同二年右大臣に任じられたが、同六年正月十日、死去する。死因は麻疹《はしか》とされる。死の直後の十九日、六代将軍徳川家宣は葬儀もまたず、「生類憐れみの令」を撤回している。ただし、捨て子禁止令など、その後も継承されたものもある。その後、上野寛永寺に埋葬された。諡号常憲院殿。

参考文献 大石慎三郎『元禄時代』(『岩波新書』、岩波書店、一九七〇年)、尾藤正英『元禄時代』(『日本の歴史』一九、小学館、一九七五年)、塚本学『生類をめぐる政治』(『平凡社新書』、平凡社、一九八三年)、深井雅海『徳川将軍政治権力の研究』(吉川弘文館、一九九一年)、塚本学『徳川綱吉』(『人物叢書(新装版)』、吉川弘文館、一九九八年)、小川和也「あらまほしき将軍の治」(『牧民の思想—江戸の治者意識—』、二〇〇八年)、福田千鶴『徳川綱吉』(『日本史リブレット』、山川出版社、二〇一〇年)

(小川　和也)

〔家族〕

浄光院（じょうこういん）　一六五一—一七〇九

徳川綱吉の正室。左大臣の鷹司教平《たかつかさのりひら》の娘。小石君《こいしのぎみ》、信子《のぶこ》を名乗る。母は後水尾天皇の第一皇女である梅宮（文智女王）という（冷泉為満の女という説もある）。兄は摂政・関白を歴任した鷹司房輔《ふさすけ》。慶安四年（一六五一）生まれ。寛文三年（一六六三）十月十五日、当時、上野国館林城の城主であった綱吉（のちの五代将軍）と縁組。翌年九月十八日には、京都から江戸へ下向し、神田橋御殿に輿入れした。翌月十九日に婚礼の儀を執り行う。延宝八年（一六八〇）七月十日、綱吉が四代将軍徳川家綱の養嗣子となったことにより、夫とともに江戸城二丸に入った。その後、綱吉が将軍に就任したことに伴い、本丸に移動。将軍御台所となったが、子に恵まれなかった。宝永六年（一七〇九）正月、綱吉の死去に伴い、落飾し、浄光院と称した。しかし、疱瘡を患い、綱吉の没後まだ間もない同年二月九日に死去。享年五十九であった。綱吉の葬儀の前日に発疹があり、出棺の翌日には隆光僧正の祈禱を受けていたといわれる。同月十九日に出棺。上野寛永寺に葬られた。この際、新たに別当寺として観成院が建立された。法名は浄光院殿円岸真珠大姉。同年三月六日に従一位が追贈された。なお、和歌山県の光台院にある信子の墓碑には、「浄光院殿円岸心珠大姉」との記載がみられ、「真」ではなく「心」の字が使用されている。また、『徳川諸家系譜』によれば、鷹司家の菩提寺である山城国葛野郡嵯峨の二尊院（天台宗）にも信子の位牌が安置されたと伝えられる。

参考文献　『徳川諸家系譜』一・二（続群書類従完成会、一九七〇・七四年）、塚本学『徳川綱吉』（『人物叢書』、吉川弘文館、一九九八年）、秋元茂陽『徳川将軍家墓碑総覧』（パレード、二〇〇八年）、徳川記念財団・江戸東京博物館編『将軍綱吉と元禄の世』（二〇〇九年）

（夏目　琢史）

瑞春院（ずいしゅんいん）　一六五八—一七三八

徳川綱吉の側室。お伝と名乗る。土木工事や草履取りなどの雑務に携わる黒鍬者《くろくわもの》小谷権兵衛正元の女とされる。万治元年（一六五八）生まれ。寛文年中（一六六一—七三）に綱吉生母桂昌院付として奉公に上がり、十二歳で綱吉の側室となった。延宝五年（一六七七）に鶴姫を、続いて同七年に徳松を出産する。将軍世嗣の生母として大奥で力をもち、五の丸様と呼ばれた。綱吉没後は落飾し瑞春院と称す。元文三年（一七三八）六月九日に死去。享年八十一。法名は瑞春院殿到誉清月涼池大禅定尼。芝増上寺山内の別当寺である秀蓮社（のち岳蓮社）に葬られる。

参考文献 『徳川諸家系譜』二(続群書類従完成会、一九七四年)、高柳金芳『徳川妻妾記』(雄山閣、二〇〇三年)

(夏目　琢史)

寿光院（じゅこういん）　?—一七四一

徳川綱吉の側室。大納言の清閑寺熙房《せいかんじひろふさ》の娘(清閑寺定俊とする説もある)。大典侍《おおすけ》という。京都御所の勾当内侍《こうとうのないし》であったが、召し出され、江戸城奥勤めとなった。一説に綱吉の正室信子に従い江戸へ下ったともいう。また、綱吉の信任を受けた大奥総支配の右衛門佐《うえもんのすけ》に権力が集中することを恐れ、桂昌院とお伝の方が教養の高い大典侍を大奥に招いたとも伝えられる。綱吉の没後、宝永六年(一七〇九)正月十八日に落飾。寿光院と称し、馬場先屋敷、浜御殿へと移り住んだ。寛保元年(一七四一)十月十日、浜御殿において死去。寛永寺山内の大慈院に葬られた。法名は寿光院印月恵海大姉。

参考文献 『徳川諸家系譜』二(続群書類従完成会、一九七四年)、山本博文監修『大奥列伝』(世界文化社、二〇〇八年)

(夏目　琢史)

清心院（せいしんいん）　一六六七—一七三九

徳川綱吉の側室。新典侍《しんすけ》と名乗る。権大納言の日野弘資《ひのひろすけ》の養女。実父は大蔵権大輔豊岡有尚という。寛文七年(一六六七)生まれ。はじめ館林藩の神田橋御殿の上臈として奉仕するが、綱吉の正室信子にしたがい大奥に入り、やがて天和二年(一六八二)三月、中臈となった。綱吉の没後は落飾し、清心院と称した。享保二年(一七一七)には理由は定かでないが、飯田町のもちの木屋敷に蟄居となり、高家長沢氏に介抱されたという。元文四年(一七三九)正月十九日同所において死去。七十三歳。谷中の大円寺に葬られる。法名は清心院貞岳妙瑛日証大姉。

参考文献 『徳川諸家系譜』二(続群書類従完成会、一九七四年)、山本博文監修『大奥列伝』(世界文化社、二〇〇八年)

(夏目　琢史)

明信院（めいしんいん）　一六七七—一七〇四

徳川綱吉の長女。鶴姫という。母は側室お伝の方(瑞春院)。延宝五年(一六七七)四月八日、江戸白山御殿にて生まれる。延宝八年七月十日江戸城本丸に入り、和歌山藩主の徳川綱教《つなのり》と縁組が決まり、貞享二年(一六八五)二月二十二日輿入れした。元禄十四年(一七〇一)正月に疱瘡を煩い、宝永元年(一七〇四)四月十二日に死去。二十八歳。芝増上寺山内の別当寺秀蓮社(のち鑑蓮社)に葬られた。法名は明信院殿登誉恵鑑光耀大姉。綱吉とお伝の方は綱教を次期将軍の候補と考えていたが、宝永二年に綱教も死去したため断念したという。

参考文献 『徳川諸家系譜』二(続群書類従完成会、一九七

四年)、山本博文監修『大奥列伝』(世界文化社、二〇〇八年)

(夏目　琢史)

浄徳院（じょうとくいん）　一六七九―八三

徳川綱吉の長男。徳松という。母は側室お伝の方(瑞春院)。延宝七年(一六七九)五月六日、江戸神田橋御殿にて生まれる。同年三月十三日、山王へ宮参りの際、大奥へはじめて入る。同八年十一月二十六日には西丸へ移った。天和二年(一六八二)十一月十五日、髪置の祝儀。綱吉が将軍に就任すると、将軍世子のまま上野国館林藩の藩主となった。同三年閏五月二十八日に死去。享年五。増上寺山内の鑑蓮社(のち岳蓮社)に葬られた。鳴物の使用が二十七日間、普請は七日間禁止された。法名は浄徳院殿霊岳崇心大童子。

参考文献　『徳川諸家系譜』二(続群書類従完成会、一九七四年)、山本博文監修『大奥列伝』(世界文化社、二〇〇八年)

(夏目　琢史)

随性院（ずいしょういん）　一六九〇―一七四六

徳川綱吉の養女。実父は輔信入道有鄰軒。のちに摂政・関白を歴任した公卿鷹司房輔の養女となった。八重姫という。元禄三年(一六九〇)生まれ。元禄四年九月十五日、二歳のときに京都より下向、同十年二月十五日に綱吉の養女となった。同年四月十八日に水戸藩の三代藩主徳川綱條《つなえだ》の三男徳川吉孚《よしざね》と縁組。同十一年六月十三日に輿入れした。宝永六年(一七〇九)十月に吉孚が死去したため、落飾。養仙院と称し、目白台屋敷へと移った(のちに根津屋敷へ移る)。延享三年(一七四六)六月十七日に死去。享年五十七。上野寛永寺に葬られた。法名は随性院霊応妙感大姉。

参考文献　『徳川諸家系譜』二(続群書類従完成会、一九七四年)

(夏目　琢史)

知法院（ちほういん）　一六九七―九八

徳川綱吉の養女。実は尾張藩の三代藩主徳川綱誠《つななり》の十四女。喜知《きち》姫と呼ばれた。元禄十年(一六九七)十一月二十九日、尾張名古屋城にて誕生。翌年正月十八日江戸へ下向した。三月十八日、綱吉の尾張藩屋敷御成の際に、綱吉の養女となることが約束された。四月二日に江戸城本丸に入り、綱吉の姉千代姫のもとで養育されたというが、三ヵ月後の七月七日に早世。二歳。小石川伝通院に葬られた。鳴物は三日間禁止されたが、普請は許可された。法名は知法院栄誉本香良薫大童女。

参考文献　『徳川諸家系譜』二(続群書類従完成会、一九七四年)、塚本学『徳川綱吉』(『人物叢書』、吉川弘文館、一九九八年)

(夏目　琢史)

光現院（こうげんいん）　一六九九―一七二〇

徳川綱吉の養女。実父は尾張中納言の徳川綱誠《つななり》。磯姫、松姫という。元禄十二年(一六九九)生まれ。宝永五年(一七〇八)三月二十七日、綱吉の養女となることが決まった。同四月九日に後に加賀前田家の五代藩主となる松平若狭守吉治(前田吉《よし》徳《のり》)と縁組。同十一月十八日には本郷の加賀藩屋敷へ輿入れした。享保五年(一七二〇)九月二十日に死去。享年二十二。同月二十六日に出棺され、小石川伝通院に葬られた。鳴物が七日間禁止された。法名は光現院鏡誉円清大姉。

参考文献 『徳川諸家系譜』二(続群書類従完成会、一九七四年)

(夏目　琢史)

浄岸院(じょうがんいん) ?—一七七二

徳川綱吉の養女。竹姫という。実父は権大納言の清閑寺《せいかんじ》熙《ひろ》定《さだ》であり、寿光院の姪にあたる。宝永五年(一七〇八)七月十五日、会津藩主松平《まつだいら》(保科《ほしな》)正容《まさかた》の長男久千代(正邦)と縁組するが、同年十二月に久千代が死去したため、輿入れは行われなかった。同七年八月十九日、有栖川宮正仁親王へ再び縁組。同年十一月二日に結納を済ますが、享保元年(一七一六)九月二十四日に親王が死去したため、またも輿入れは実現されなかった。同十四年六月四日、薩摩藩の五代藩主である島津《しまづ》継《つぐ》豊《とよ》と再々縁組。同年十二月十一日輿入れを果たした。宝暦十年(一七六〇)十月二十九日、継豊が死去したため落飾し、浄岸院と称した。安永元年(一七七二)十二月五日に死去。鹿児島の福昌寺《ふくしょうじ》に葬られた。法名は浄岸院信誉清仁祐光大禅定尼。

参考文献 『徳川諸家系譜』二(続群書類従完成会、一九七四年)

(夏目　琢史)

〔関連人物〕

阿部正武（あべまさたけ）　一六四九―一七〇四

老中。慶安二年（一六四九）六月十五日、上総国大多喜城主阿部正能《まさよし》の長男として生まれる。母は牧野信成の女。寛文三年（一六六三）十二月二十八日に従五位下美作守に叙任する。延宝五年（一六七七）七月四日に跡目を相続、八万石を領し、弟正明に五千石を、正房に二千石を分知する。その後も加増が行われ、最終的には十万石を知行した。延宝八年閏八月十一日に奏者番と寺社奉行を兼ねる。天和元年（一六八一）三月二十六日に老中となり、豊後守に改める。同年四月十八日に従四位下に叙され、江戸城二丸修理の奉行をつとめ、十二月十一日に侍従に任じられる。天和二年五月九日に徳川家光三回忌法要の総奉行をつとめる。同年九月十五日には正武の娘が会津藩主保科正信《ほしなまさのぶ》の正室に決定したが、正信が若年であったため、会津藩政を後見するように命じられる。また若年寄稲葉正休《いなばまさやす》による大老堀田正俊《ほったまさとし》刺殺においては現場に居合わせたため、戸田忠昌《とだただまさ》らと稲葉を殺害している。天和三年には徳川綱吉による『武家諸法度』改訂に携わり、堀田正仲《ほったまさなか》とともに『武徳大成記《ぶとくたいせいき》』編纂の奉行をつとめるなど、江戸幕府による法令改訂や歴史編纂に関わっている。また元禄の貨幣改鋳においてはその責任者に任じられるなど、綱吉政権による重要政策を主導した。その後も三丸修理の奉行や京都への上使、日光落雷への検察使などをつとめた。宝永元年（一七〇四）九月十七日に死去。五十六歳。法名は皓山徳厳院。正室は井伊直澄の養女。

参考文献　「史料稿本」（元禄八年八月十一日条）、『徳川実紀』（『新訂増補国史大系』、吉川弘文館、一九六四・六五年）、『東京市史稿』市街篇一二、（一九三一年）、『新訂寛政重修諸家譜』一〇（続群書類従完成会、一九六五年）

（千葉　拓真）

石川乗政（いしかわのりまさ）　一六三七―八四

若年寄。寛永十四年（一六三七）、美濃国岩村藩主の松平乗寿《まつだいらのりなが》の次男として生まれ、のち石川姓を名乗る。通称は助十郎。母は赤城氏。妻は最初、岩城重隆《いわきしげたか》の娘。継室は松浦鎮信《まつらしげのぶ》の娘。正保元年（一六四四）四月二十二日、徳川家光の命により徳川家綱に近侍し、慶安三年（一六五〇）九月九日には、家綱の奥小性となる。同四年八月十六日には従五位下美作守に叙任される。承応元年（一六五二）六月七日、父乗寿の遺領のうち上野国邑楽《おうら》郡内五千石を拝領。寛文元年（一六六一）閏八月三日には領地を常陸国筑波郡に移す。同二年四月には小性組番頭に就任、奥勤を兼任する。同十二年四月に御側に就任、延宝七年(一六七九)七月十日には若年寄に就任し幕閣の一員となるが、近侍も兼任する。このように、乗政は家綱に一貫して近侍し続けており、家綱の信頼のほどもうかがえる。事実、家綱は乗政の献身に応えるかのように、書画や書物、器玩類を下賜し、また乗政の家臣本目親宣《ほんめちかのぶ》を右筆として召出すなどしている。また、若年寄就任時に常陸国西河内・真壁両郡のうちで五千石の加増を受け、計一万石を領し、筑波郡小張《おばり》(茨城県つくばみらい市)を拠点とする。家綱死去後、五代徳川綱吉期の天和二年(一六八二)三月二十二日には奏者番へ転任し、この時、所領を小諸《こもろ》へ移され五千石加増、これまでの加増分と合わせて計二万石となり、翌年八月十日に暇を与えられ、はじめて城地へ入る。貞享元年(一六八四)十月十七日に小諸にて四十八歳で死去。菩提寺は東叡山春性院。法号は感厳道応瑞院大居士。

参考文献 『新訂寛政重修諸家譜』一(続群書類従完成会、一九六四年)

(種村 威史)

石田梅岩(いしだばいがん) 一六八五―一七四四

江戸時代中期の思想家。石門心学《せきもんしんがく》の創始者。諱は興長、通称勘平、梅岩・梅巌と号した。貞享二年(一六八五)九月十五日、丹波桑田郡東懸《とうげ》村(京都府亀岡市)百姓の次男として生まれた。十一歳の時から京都の商家に奉公、数年を経ていったん家に帰り家業を手伝ったが、二十三歳のとき、再び京都へ出て商家に奉公した。商売の暇に読書に励み、諸方の講釈をよく聴聞した。三十五、六歳のころから人性に疑を懐き、種々煩悶を重ねるうち、老僧小栗了雲と出会い、その指導によって人性、己れの心と世界との一体性という開悟に達した。梅岩の学問の究極目標は、「性」を知ることにあったが、実践と切り離された心性の思弁的な解釈にとどまるものではなく、思想を生活の場での実践と不可分に結びつけ、確固とした人格形成の原理を高めようとするところに、学風の独自性があった。享保十四年(一七二九)はじめて自宅に講席を開き、やがて少しずつ門弟がふえ、京都市中のみならず、摂津・河内・泉に赴き講話するまでになった。門弟のほとんどは比較的裕福な商家の主人たちであった。こうした人々に梅岩は、「性」を知ることによって確信ある生活態度をとるように教え、倹約・正直・孝行などの町人道徳に普遍的な意義をあたえた。さらに、商業活動を積極的に位置づけ、致富を肯定して、儒者や武士階級の商人蔑視観を批判した。梅岩は、講釈のほかに、門弟を集めて会輔《かいほ》とよばれる集団学習の場を設け、師弟がともに切磋琢磨することを重んじた。延享元年(一七四四)九月二十四日に病没した。六十歳。京都鳥辺山延年寺に葬られた。生前に刊行された主著は『都鄙《とひ》問答』(元文四年刊)、

『倹約斉家論』(延享元年刊)。梅岩死後に彼の講説を門人が集録した『石田先生語録』などがある。

参考文献　柴田実『石田梅岩』(『人物叢書』、吉川弘文館、一九六二年)、辻本雅史「マスローグの教説─石田梅岩と心学道話の「語り」─」(『江戸の思想』五、一九九六年)、佐久間正「石田梅岩の思想」(『季刊日本思想史』六五、二〇〇四年)

(榎本　博)

伊藤仁斎(いとうじんさい)　一六二七─一七〇五

江戸時代前期の儒者。名は維貞、のちに維楨《これえだ》と改める。通称は源吉、源佐、源七など。屋号が鶴屋七右衛門。仁斎は号である。寛永四年(一六二七)七月二十日、商業を営む伊藤長勝と妻那倍《なべ》の長子として京都に生まれる。父の長勝は多くの儒書を所持し学問的な関心を有していたと仁斎の回想にある。母も連歌師の里村家の出身で、那倍の母、すなわち仁斎の外祖母は京都の豪商角倉《すみのくら》の一族であった。仁斎の出自と生育環境は、経済的・文化的な活気に満ちた京都町衆の世界の中にあった。仁斎は七~八歳で文字を習いはじめ、十一歳ごろから『小学』『大学章句』などへと本格的な学問修養を始めることになった。学問への専念を心に決めた仁斎であったが、そのことが周囲との軋轢を生み、また仁斎の学問的苦悩を呼ぶことになった。親類や友人は、商家としての家業を第一義に考え、学問ばかりに没頭する仁斎に猛反対をしたのである。仁斎は周囲の反応に苦しみながらも、学問とりわけ朱子学への情熱を持ち真摯に向き合っていた。しかしあるときから充足感に満ちた朱子学へ思想的な疑念を持つようになる。思弁的で抽象度の高い朱子学の理想を求めるあまり、物事の現実感を失っていったようである。仁斎は二十九歳で、家督を弟に譲りほとんどの交際を絶ち隠居状態の生活を送る。その間も学問的苦悩は続き、陽明学や老荘思想、さらには白骨観法(肉体に対する執着を捨てきる禅の修法)などへも拠るべき所を探しもとめた。結果として朱子学を否定することになり、孔子や孟子そのものの言葉を直接的に理解しようとする古義《こぎ》学《がく》を提唱するに至った。それは、真実の道とは、孔子や孟子の言葉にみずから向き合うことで直感的・体験的に得られるとするものである。仁斎は、真理を日常卑近の日々の生活の中に求めていった。仁斎が京都堀川に開いた塾では、同志会という名の研究会を主宰して、古典の解釈を続けた。仁斎のほとんどの著作は生前に公刊されることはなかったが、のちに息子の伊藤東涯《とうがい》によって『論語古義』『孟子古義』が刊行されることになった。宝永二年(一七〇五)三月十二日没。七十九歳。

参考文献　三宅正彦『京都町衆伊藤仁斎の思想形成』(思文

閣出版、一九八七年)、黒住真『近世日本社会と儒教』(ぺりかん社、二〇〇三年)、田尻祐一郎『江戸の思想―人物・方法・連環―』(『中公新書』、中央公論新社、二〇一一年)

(綱川　歩美)

稲葉正休(いなばまさやす)　一六四〇―八四

江戸時代前期の美濃国青野藩主。寛永十七年(一六四〇)書院番頭稲葉政吉の嫡子として生まれる。母は奏者番太田資宗の女。通称権左。正休は、明暦二年(一六五六)十二月二十六日父の遺領五千石を相続する。寛文二年(一六六二)五月二十五日釣命を受けて下館城を守衛することとなる。延宝二年(一六七四)五月十五日小性組番頭となり、同年十二月二十七日従五位下石見守に叙任される。延宝五年四月十四日書院番頭、延宝七年八月十二日近習と昇進し、天和元年(一六八一)七月二十二日には二千石加増される。そして天和二年三月二十二日、若年寄に就任し、同年八月十一日五千石を賜り、美濃国青野(岐阜県大垣市)において一万二千石を領し、大名となる。天和三年三月二十八日摂津・河内両国の河川を巡検し、治水工事を担当する。貞享元年(一六八四)八月二十八日、江戸城内において従兄弟の大老堀田正俊を刺殺し、正休自身もその場でかけつけた老中大久保《おおくぼ》忠朝《ただとも》らに切り殺され、その家も改易となった。四十五歳。江戸浅草の宗延寺に葬られる(同寺は杉並区堀ノ内に移転)。この事件以降、徳川綱吉が側用人を重用しつつ専制政治色を強めていくようになり、幕政上重要な転換点ともいわれている。ただ事件の原因は、「乱気」「発狂」説、堀田の専横や驕奢を見かねて将軍家の御恩に応えようとした義憤説、河村瑞賢の淀川開削工事をめぐる請負金額の対立説など諸説あるが、確かではない。

参考文献　『新訂寛政重修諸家譜』一〇(続群書類従完成会、一九六五年)、『徳川実紀』五(『新訂増補国史大系』、吉川弘文館、一九七六年)、下重清『幕閣譜代藩の政治構造―相模小田原藩と老中政治―』(岩田書院、二〇〇六年)

(荒木　仁朗)

井原西鶴(いはらさいかく)　一六四二―九三

江戸時代前期の俳諧師、浮世草子作者。寛永十九年(一六四二)大坂に生まれ、本名は平山藤五という。裕福な商家の出であったようだが、俳諧の道に志し二十一歳のときには俳諧の点者として現れる。このころ俳号を鶴永と称す。俳風ははじめ貞門古風を学び、のちに西山宗因《にしやまそういん》に師事して談林俳諧をもっぱらとする。延宝元年(一六七三)に、宗因の別号である西翁から一字をうけて西鶴と名乗る。俳諧師としての西鶴は、一昼夜にどれだけの歌を詠めるか速吟を競う矢数俳諧で名をあげる。まず延宝五年(一六七七)五月二十五日に、千六百首を吟じ『西鶴俳諧大句数』として出版した。この記録が塗り替えられると、延宝八年には四千句の独吟を達成した。矢数俳諧は談林俳諧の盛況ぶりを示すような吟詠形式である。しかし、天和二年(一六八二)に宗因が死去すると談林一派の活動は急速に衰える。時代は蕉風俳諧へと移るなかで、貞享元年(一六八四)六月五日、西鶴は二万三千五百句という独吟を成し遂げる。これが俳諧師の興行としては最大のものであるが、以降活動の主体は草双紙の執筆へと移っていく。天和二年『好色一代男』が西鶴の浮世草子作者としての第一歩である。遊里社会に材を採る、新しい表現は文学史上の画期でもある。西鶴はさらに市井の生活の中に題材を求めた奇譚集や小説の執筆にも取り組んだ。姦通事件や心中などを取り入れて、元禄年間(一六八八―一七〇四)の世相を反映させた町人物や、武家社会の衆道や敵討ちなどの義理物、徳川綱吉の孝道奨励政策に反応した雑話物などもある。武家や町人の生活に焦点をあてた作品は、当世の人々の現実を描くとともに、揺れ動く人心の機微までを表現し、大流行して広範な読者層を獲得した。さらには、当時流行の浄瑠璃や歌舞伎劇の恰好の題材となり、演劇としても大いに発展する。こうして西鶴の著作は、十六世紀後半ごろからの商業出版の躍進に大いに寄与し、近世書物文化の指標ともなる。晩年は目を病み、小説執筆が困難になっていく。元禄六年八月十日、五十二歳で死去する。

参考文献　野間光辰『増刪西鶴年譜考証』(中央公論社、一九八三年)、森鉄三『井原西鶴』(『人物叢書(新装版)』、吉川弘文館、一九八五年)

(綱川　歩美)

正親町町子（おおぎまちまちこ）　?―一七二四

徳川綱吉の側近柳沢吉保の側室。権大納言正親町実豊《さねとよ》の娘。兄は権大納言正親町公通《きんみち》。初名は弁子。『柳沢系譜』によると、町子は、五代将軍徳川綱吉の大奥で権力を持っていたとされる年寄右衛門佐《うえもんのすけ》の養子である桃井内蔵允(田中半蔵)の養女となる。正親町実豊の妾であった町子の実母が、田中の妻となったためであり、このことにより、町子を通して吉保は、大奥に強力な繋がりを持つことになったといえよう。なお、『柳営婦女伝系』では、田中半蔵の前妻は、右衛門佐の部屋子で、その死後迎えた後妻の姪が町子で、その実母は「倡伎(妓)」であり、実父は不明であると書かれているなど、その出自には諸説ある。元禄七年(一六九四)十一月十六日に吉保の四男経隆《つねたか》、同九年六月十二日に五男の時睦《ときちか》を産む。和歌に才能を発揮し、宝永元年(一七〇四)には、兄の公通を通して、霊元天皇に「千首和歌」を献上したという。宝永六年に、吉保の隠居に伴い、六義園に従った。吉保の『栄花物語』ともいうべき『松蔭日記』は、この六義園に居住していたころに書かれたといわれる。享保九年(一七二四)三月十一日に死去した。江戸牛込(東京都新宿区市谷河田町)の月桂寺に埋葬された。法名は理性院本然自覚。

参考文献　正親町町子『柳沢吉保側室の日記―松蔭日記―』(増淵勝一訳、国研出版、一九九九年)、関口すみ子『御一新とジェンダー』(東京大学出版会、二〇〇五年)

(福留　真紀)

荻原重秀(おぎわらしげひで)　一六五八―一七一三

勘定奉行。万治元年(一六五八)に荻原十助種重の次男として生まれる。延宝二年(一六七四)に勘定となり、同三年に百五十俵を賜った。天和三年(一六八三)に勘定組頭となり、百俵を加賜される。貞享四年(一六八七)に勘定差添《さしそえ》役(のち勘定吟味役)となり、三百石を加増された。元禄二年(一六八九)に二百石加増され、同三年に佐渡の支配を兼ねた。同八年に千石加増された。同九年には勘定奉行となり、二百五十石を加増され、従五位下近江守に叙任された。同十一年に五百石、宝永二年(一七〇五)に七百石、同七年に五百石を加増され、都合三千七百石を知行した。重秀は、財政政策に優れており、貨幣の質を落として量を増やすことで、流通量を増やすことを提言し、元禄八年から金銀貨の改鋳を行なった。幕府は出目(改鋳差益金)により、同十六年までの間に四百五十二万両の益金を上げた。また、同十年には、幕領の収納年貢の中から蔵米を支給されていた旗本に知行地を与える地方直しを行い、幕府財政の軽減をはかった。そのほかにも、酒運上の賦課や富士山噴火による復興策として諸国高役金を命じた。重秀の財政政策は金座・銀座の利害関係と結び付いていたこともあり、不正がつきまとっていた。そのため、六代将軍徳川家宣の時代になると、これに異を唱える新井《あらい》白石《はくせき》により三度にわたり意見書が将軍家宣に出され、正徳二年(一七一二)に罷免された。翌三年九月二十六日に死去。五十六歳。墓所は谷中の長明寺。

参考文献　『新訂寛政重修諸家譜』一〇(続群書類従完成会、一九六五年)、辻達也『享保改革の研究』(創文社、一九六三年)、塚本学『徳川綱吉』(『人物叢書』、吉川弘文館、一九九八年)

(大橋　毅顕)

喜多見重政(きたみしげまさ)　?―一六九三

徳川綱吉の側近。彦五郎・五郎左衛門・若狭守。従五位下。父は禁裏付石谷《いしがや》武清《たけきよ》、母は普請奉行喜多見重恒の娘。実祖父にあたる重恒の養子となり、寛文十二年(一六七二)五月十四日に家督を相続した。同年五月二十六日に書院番士、延宝八年(一六八〇)八月晦日に中奥番士、同年九月二十六日に御側に就任する。天和二年(一六八二)九月六日に、牧野成貞の職務を見習うよう命じられており、この日から側用人に就任したと考えられている。戸田茂睡『御当代記』貞享四年(一六八七)二月の記事には、犬のことについての「大支配極り」は、喜多見若狭守である、と記されており、綱吉政権期の代表的政策の一つである、いわゆる生類憐みの令へ深く関与していたようである。加増を重ね、二万石の大名にまでなったが、元禄二年(一六八九)二月二日に任を解かれ、桑名藩主松平定重に預けられた。『寛政重修諸家譜』では、近年しばしば将軍の意向に背き、職務も怠慢であったことを原因としている。しかし実際は、同年正月二十三日に叔父の小普請喜多見重治が、重治の妹の夫である小普請朝岡直国を殺害し、幕府の調査で偽証して斬罪となっているため、この事件がきっかけであったと考えられる。なお、『葉隠』には、桑名へ御預となる道中、宿に到着するたびに、江戸に背を向けないように方角の張り紙をし、桑名についてからも裃で毎朝江戸の方角を拝んだというエピソードが記されている。同六年七月二十八日に死去。

参考文献　『新訂寛政重修諸家譜』九(続群書類従完成会、一九六五年)、福留真紀『徳川将軍側近の研究』(校倉書房、二〇〇六年)

(福留　真紀)

北村季吟 (きたむらきぎん)　一六二四―一七〇五

江戸時代前期の俳人、歌人、古典研究家。幕府歌学方。名は静厚、通称久助。捨穂、湖月亭などと号す。寛永元年(一六二四)十二月十一日、近江国野洲《やす》郡北村(滋賀県野洲市)に宗円の次男として生まれる。祖父宗龍は医学を曲直瀬道三《まなせどうさん》に、連歌を里村紹巴《さとむらじょうは》に学び、父宗円も医者で連歌をたしなんだ。十六歳で安原貞室《やすはらていしつ》に入門し俳諧をならう。十九歳のとき貞門の計らいで松永貞徳《まつながていとく》の門に入り、直接指導を受ける。俳句・連歌の研鑽を積み、貞徳没後の明暦二年(一六五六)に祇園社社頭で宗匠独立の俳諧合興行を行う。詠作、門弟の指導、興行、そして句集・式目書の刊行などを行なって貞門の維持に努める傍ら、『土佐日記抄』に始まる古典注釈書をつぎつぎと刊行した。天和二年(一六八二)子息湖春《こしゅん》に跡を譲り新玉津島神社の社司となり、古典研究に打ち込む。元禄二年(一六八九)季吟に二百俵、湖春に二十人扶持を下され江戸に下向し、五代将軍徳川綱吉の和歌指南の任に着く。一日と空けず登城し、同三年二月神田鷹匠町(東京都千代田区)に屋敷を拝領し、同年八月三百俵を加増、同四年十二月法眼に叙任される。同十年六百俵、同十二年十二月再昌院法印叙任、同十三年八百俵と金川に屋敷を賜る。出仕の経緯は明らかでないが、『徳川実紀』によると『伊勢物語』『土佐日記』などの注釈書を後水尾天皇に献上し、『徒然草文段抄』を幕府へ内々に献上し、その歌学についての名声が高かったためという。宝永二年（一七〇五）六月十五日に没する。八十二歳。下谷池之端七軒町（東京都台東区）正慶寺に葬られる。

参考文献　野村貴次『北村季吟の人と仕事』（新典社、一九七七年）

（川上　真理）

木下順庵（きのしたじゅんあん）　一六二一―九八

江戸時代前期の儒者。名は貞幹、字は直夫、号は順庵のほかに錦里・薔薇洞・敏慎斎などである。元和七年（一六二一）六月四日京都で生まれた。松永尺五《まつながせきご》に師事して朱子学を奉じ、長く京都の東山に寓して読書人的生活を送った。そのため京学派と呼称されることがある。順庵は特に教育者として優れ、室鳩巣《むろきゅうそう》・雨森芳洲《あめのもりほうしゅう》・新井白石《あらいはくせき》・榊原篁洲《さかきばらこうしゅう》など「木門十哲《ぼくもんじってつ》」と称される優秀な儒者たちを輩出した。彼らはのちに幕府や藩に登用されるなどして、活躍していくことになる。万治三年（一六六〇）京都で生活する順庵は加賀の前田綱紀《まえだつなのり》の招聘に応じた。当時の禄は七百石である。以後、京都を拠点として金沢と江戸とをほぼ三年周期で往復していた。順庵は行動範囲の拡大によって多くの門人を得、人間関係の広がりももたらされ、順庵の名声も世に知られていく。将軍徳川綱吉の時、天和二年（一六八二）すでに六十歳を過ぎた高齢であったが、将軍の侍講に数えられ、三百石の禄を食んだ。幕府儒官としての順庵は、林鳳岡《はやしほうこう》や人見竹洞《ひとみちくどう》ら当時一線の幕府儒者らとともに徳川氏の創業記である『武徳大成記《ぶとくたいせいき》』（貞享三年（一六八六）完成）の編纂に携わった。江戸幕府も開府から百年を迎えつつあるなかで、徳川の治世の正統性を補強するための編纂事業の人材として期待されたようである。また、順庵の儒学知識の豊かさは、朝鮮通信使の応対の場でも発揮された。朝鮮の一級知識人である通信使と対等に詩文などが交わせることは、幕府の外交面においても重要な問題であった。順庵は、元禄十一年（一六九八）十二月二十三日、七十八歳で江戸で死去するまでの約二十年近くを幕府儒官としてすごした。

参考文献　竹内弘之・上野日出刀『木下順庵・雨森芳州』（『叢書・日本の思想家』七、明徳出版社、一九九一年）

（綱川　歩美）

熊沢蕃山（くまざわばんざん）　一六一九―九一

江戸時代前期の儒者。名は伯継、字は了介、幼時は左七郎、のち次郎八、さらに助右衛門が通称であった。息游軒、不敢散人などいくつかの号を持つ。蕃山という名称は隠退した備前の村名に由来するものである。元和五年（一六一九）京都に生まれ八歳のときに外祖父の養子となる。寛永十一年（一六三四）から岡山藩主池田光政に児小性として仕える。しかし二十歳の時に一旦致仕し修学の道に入る。この間、懇願の末中江《なかえ》藤樹《とうじゅ》に師事して『孝経』『大学』『中庸』などの教えをうける。藤樹からの直接的な教授は半年であったが、以降も長く学問的交流を続けている。正保元年(一六四四)ころ再び、蕃山は光政に仕える。はじめ側役として三百石を食んだが、慶安三年(一六五〇)には番頭として三千石の知行取となる。岡山藩での蕃山は、治水や治山、飢饉対策などにおいて大きな成果をあげている。思弁的な朱子学に疑念を抱いた藤樹と同様に、蕃山の儒学も「実学」的であり経世の術に長けていた。そのため光政に限らず、幕府の要人や諸大名・幕臣たちも教えを請う者は多かった。しかし、実学者として名をあげた蕃山に対する批判は、幕閣や池田家の家中にも存在した。それもあって病気を理由に明暦三年(一六五七)蕃山村《しげやま》(岡山県備前市)に隠退する。のちに京都に移り住むも、公家や武士、町人たちの支持を集めるようになると再び蕃山へ批判的な視線が注がれた。寛文九年(一六六九)蕃山の理解者であった板倉重矩《いたくらしげのり》の斡旋で、明石藩松平信之《まつだいらのぶゆき》のもとへ身をよせ、備前蕃山村と往復する生活を送る。この間、天和三年(一六八三)に大老堀《ほっ》田正俊《たまさとし》に招かれ、幕府への出仕を打診されるが固辞する。貞享四年(一六八七)信之の転封にしたがって、古河へ招かれた時、幕命によって禁錮の身となり、そのまま古河城に幽閉された。原因は、前年に執筆した『大学或問《だいがくわくもん》』が幕政批判とされたためである。幽閉の身のまま、蕃山は元禄四年(一六九一)八月十七日に死去する。七十三歳。

参考文献　宮崎道生『熊沢蕃山の研究』(思文閣出版、一九九〇年)

(綱川　歩美)

契沖(けいちゅう)　一六四〇―一七〇一

江戸時代前期の古典学者。寛永十七年(一六四〇)、加藤清正の家臣下川家に生まれる。十一歳で出家して、二十四歳で阿闍梨《あじゃり》の位を得る。のちに大坂今里の妙法寺の住職となる。この間徳川光圀《とくがわみつくに》から『万葉集』注釈事業のために仕官を打診されるも固辞する。しかし心友であった下河辺長流《しもこうべちょうりゅう》の代わりに『万葉集』注釈を著すことを光圀と約束し、以後『万葉集』を中心とする和歌の学問に没頭する。契沖の手法は、古典の記載を客観的にとらえ、古書によって古書を説明するという実証的なものであり、近世国学発展の起点となった。元禄十四年(一七〇一)正月二十五日没。六十二歳。

参考文献　久保田収「水戸学と国学との交渉―とくに光圀と契沖をめぐって―」(『藝林』一〇ノ四・五、一九五九年)、久松潜一『契沖』(『人物叢書(新装版)』、吉川弘文館、一九八九年)、宮川康子「契沖学の系譜」(『季刊日本思想史』六九、二〇〇六年)

(綱川　歩美)

酒井忠挙（さかいただたか）　一六四八―一七二〇

奏者番兼寺社奉行、大留守居。従四位下、少将。河内守、雅楽頭。慶安元年（一六四八）三月七日に生まれる。父は大老まで務めた酒井忠清。寛文四年（一六六四）九月十一日、雅楽頭家の家職である晴儀御奏者、御年男を務めるため、元服。この時江戸城内に部屋が与えられ、老中に準じて勤めるようにとも命じられる。同十年十二月二十九日に侍従、老中の上座となる。天和元年（一六八一）六月二十九日、父忠清の越後騒動処理の不手際の責任を問われ、死去していた父の代りに逼塞処分となる。同年十二月二十七日に赦免となるが、しばらく役職に就くことはなく、貞享四年（一六八七）三月十日に、奏者番兼寺社奉行に就任する。しかし、元禄二年（一六八九）七月二十一日に、舌の腫れ物のため言語不自由になったことを理由として同職を辞している。同十年十一月十四日に、四女の槌姫（のち頼姫）と柳沢吉保の嫡男吉里《よしさと》との縁組が許可された。翌年二月十五日に大留守居に就任し、十三年二月十五日まで務めるが、その後再び役職に就くことはなかった。大留守居は、格は高いが形ばかりの役職であり、幕府の思惑としては、父忠清のことを理由として老中への昇進ルートから外していたものの、家柄の高い忠挙をそのままにはしておけず、格好を整えるために任命したにすぎなかったようである。官職は、最終的に、宝永二年（一七〇五）二月十五日に、将軍徳川綱吉が右大臣、徳川家宣が正二位権大納言に任じられるための京都への上使を務めたことにより、少将まで昇進している。晩年は、八代将軍徳川吉宗が、忠挙を「歴世の遺老」として厚遇し、たびたび下問があったという。享保五年（一七二〇）十月十三日に死去。七十三歳。諄良源信咸休院と号する。

参考文献　『新訂寛政重修諸家譜』二（続群書類従完成会、一九六四年）、福留真紀『徳川将軍側近の研究』（校倉書房、二〇〇六年）、同『名門譜代大名・酒井忠挙の奮闘』（角川学芸出版、二〇〇九年）

（福留　真紀）

渋川春海（しぶかわはるみ）　一六三九―一七一五

幕臣、碁方、天文職。苗字は初め安井、延宝ごろに保井と改め、元禄十五年（一七〇二）、先祖の苗字である渋川へ再度改めた。通称は初め算哲《さんてつ》、元禄三年より順正、元禄五年四月に束髪を命じられた後は助左衛門《すけざえもん》。寛永十六年（一六三九）閏十一月三日、京都に生まれる。山崎闇斎《やまざきあんさい》・土御門泰福《つちみかどやすとみ》・岡野井玄貞《おかのいげんてい》・松田順承《まつだじゅんしょう》らに師事し、儒学・神道・天文暦学を学んだ。承応元年（一六五二）、幕府碁方であった父安井算哲の跡を継いで算哲を名乗り、万治二年（一六五九）、御城碁に初出仕した。延宝元年（一六七三）、宣明暦《せんみょうれき》の不備を指摘して改暦を請うが、改暦は実施されなかった。天和三年（一六八三）に再度改暦を請うて改暦御用を命じられ、京都で陰陽頭の土御門泰福とともに改暦作業に従事した。貞享元年(一六八四)十月に改暦が宣下されると、碁方を免じて新設の天文職に任じられた。以後、観測に従事し、天変の発生が予想される場合はその旨を報告して祈禱を実施するよう求めた。春海は天変に強い関心を抱く五代将軍徳川綱吉の下で重用され、当初百俵だった俸禄は二百五十俵まで加増された。元禄九年十二月二十一日には、綱吉から直接天象について下問を受け、御紋付の服一重を拝領した。また、宝永二年(一七〇五)十月十日の夜、御前に召し出され、精勤に対して懇ろな上意を蒙った。正徳元年(一七一一)十二月十九日、願いの通り隠居を命じられ、同五年十月六日、七十七歳で死去した。

参考文献　『東京市史稿』市街篇一〇(一九三一年)、西内雅『渋川春海の研究』(至文堂、一九四〇年)、林淳『天文方と陰陽道』(『日本史リブレット』、山川出版社、二〇〇六年)

(杉　岳志)

関孝和(せきたかかず)　?―一七〇八

江戸時代前中期の数学者。甲府藩士、幕臣。通称新助《しんすけ》。正確な生年は不明であるが、寛永の末年ごろと考えられている。生地は、上野国藤岡(群馬県藤岡)とする説と江戸とする説がある。内山永明《うちやまながあきら》の次男として生まれ、関家に養子入りした。寛文五年(一六六五)、桜田御殿《さくらだごてん》の勘定方であった養父の跡を継いで甲府宰相徳川綱重《こうふさいしょうとくがわつなしげ》に仕え、賄頭(『甲府様御人衆中分限帳』)や勘定方用改(『甲府分限帳』)を勤めた。甲府藩士時代には、貞享元年(一六八四)から二年にかけて甲府藩領で実施された検地や、元禄年間(一六八八―一七〇四)の国絵図作製に携わっている。宝永元年(一七〇四)、綱重の子綱豊《つなとよ》が五代将軍徳川綱吉の養子となって江戸城西丸に入るのに従い、幕臣となった。西丸納戸組頭を勤め、同三年十一月に辞した(『寛政重修諸家譜』)。宝永五年十月二十四日没。関は日本を代表する和算家として知られるが、数学の学習過程はよくわかっていない。著作は二十数点に上るとされ、その範囲は、数学のみならず暦学にまで及んでいる。しかし、その中には、関自身ではなく、彼の門流による著作が含まれている可能性が指摘されている。主要な門弟に、建部《たけべ》賢明《かたあきら》・賢弘《かたひろ》兄弟と荒木《あらき》村英《むらひで》がいる。建部兄弟は関とともに天和三年(一六八三)に数学書の編纂に着手し、最終的に賢明の手で『大成算経《たいせいさんけい》』としてまとめられた。

参考文献　佐藤賢一『近世日本数学史―関孝和の実像を求めて―』(東京大学出版会、二〇〇五年)、上野健爾他『関孝和論序説』(岩波書店、二〇〇八年)、佐藤健一・真島秀行編『関孝和の人と業績』(研成社、二〇〇八年)

(杉　岳志)

近松門左衛門（ちかまつもんざえもん）　一六五三―一七二四

江戸時代前期の浄瑠璃作者、歌舞伎作者。本名杉森信盛、幼名次郎吉、通称平馬。承応二年（一六五三）越前吉江藩主松《まつ》平昌親《だいらまさちか》の付き人で高三百石の信義の次男として生まれる。弟に岡本一抱《おかもといっぽう》。十五―十九歳のころ京都に流浪して公家に仕え、和漢の古典に関する知識・教養を培う。正親町公通《おおぎまちきんみち》のもとで宇治加賀掾《うじかがのじょう》に接触し、浄瑠璃を書き始める。貞享二年（一六八五）には、竹本義太夫《たけもとぎだゆう》のために『出世景清』を著す。作劇法は、状況と葛藤を、そうなるしかないように積み重ねて追い込んでいくという意味での「義理」を一貫して採用した。慣例を破って正本に作者名を出し、作者の相対的な自立性を主張した。享保九年（一七二四）十一月二十二日に没す。七十二歳。

参考文献　河竹繁俊『近松門左衛門』（『人物叢書』、吉川弘文館、一九五八年）、松崎仁「浄瑠璃作者としての近松門左衛門」（『近松浄瑠璃集』上、岩波書店、一九九三年）

（川上　真理）

土屋政直（つちやまさなお）　一六四一―一七二二

老中。寛永十八年（一六四一）二月五日、土屋数直《かずなお》の長男として生まれる。母は水野忠貞の女。万治元年（一六五八）閏十二月二十八日に従五位下能登守に叙任し、寛文五年（一六六五）十二月二十七日に相模守に改める。延宝七年（一六七九）五月十日に家督を相続し、雁間詰となる。同年九月十三日に奏者番となり、天和元年（一六八一）十二月二十五日に酒井忠能《さかいただよし》の改易に伴い、常陸国土浦から駿河国田中（静岡県藤枝市）へ転封、四万五千石を領した。貞享元年（一六八四）七月十日に大坂城代、同二年九月二十三日に京都所司代となり、十月六日に従四位下侍従、同四年には老中となる。同年に再び駿河国田中から常陸国土浦へ転封となり、それまでの加増分と合わせて六万五千石を知行した。土浦転封後も加増が行われ、合わせて九万五千石を知行し、土屋逵直《みちなお》の四男友直に五百俵を分知している。この間に徳川家綱の十七回忌法要や徳川綱吉養女八重姫の入輿、綱吉の三回忌法会、徳川家継の元服と将軍宣下などの奉行をつとめた。政直は綱吉の前で『中庸』や『大学』を講じるなど、綱吉にその学識を高く評価されていた。また宝永七年（一七一〇）からは老中奉書への加判を免除されながら、京都や外交に関わる奉書については連署に加わるように命じられ、正徳元年（一七一一）の朝鮮通信使来聘においても奉行をつとめた。さらに享保元年（一七一六）にも朝鮮通信使の接待について、対馬藩主宗義方《そうよしかた》と協議を行うなど、徳川吉宗からも重きを置かれ、幕府の対朝鮮外交においても重要な役割を果たした。享保三年三月三日に老中を辞職した後も、朔望の出仕に際して老中と同席での伺候を認められるなど、特別な待遇を与えられた。享保四年五月二十八日に致仕し、享保七年十一月十六日に死去した。八十二歳。法名は俊翁道者徳相院。正室は松平康信の女、後室は六条中納言有知の女。

参考文献　『徳川実紀』(『新訂増補国史体系』、吉川弘文館、一九六四―六六年)、『新訂寛政重修諸家譜』二(続群書類従完成会、一九六四年)　(千葉　拓真)

土井利房(どいとしふさ)　一六三一―八三

老中。寛永八年(一六三一)、老中土井利勝《としかつ》の四男として生まれる。母は不明。幼名は七助。寛永十六年五月五日に江戸城で将軍徳川家光に拝謁し、同十八年八月九日、七夜の祝の時から竹千代(のちの徳川家綱)に近侍した。正保元年(一六四四)九月一日に下野国足利郡《あしかがぐん》のうちに一万石を拝領し、同三年十二月晦日に従五位下能登守に叙任する。領地はその後数度の加増や兄土井利隆からの分知によって、最終的には四万石となり、天和二年(一六八二)三月には越前国大野へ転封となる。寛文六年(一六六六)六月十四日に奏者番となり、同年八月十六日に若年寄に転じる。その際に数寄屋《すきや》頭を兼務し、徳川家康の五十年忌に際して行われた日光東照宮での祭礼や、家綱の御台所高厳院(伏見宮貞清《ふしみのみやさだきよ》親王の姫、浅宮顕子《あさのみやあきこ》)による大仏殿造立の奉行をつとめ、延宝元年(一六七三)五月には禁裏炎上に対する見舞いの上使をつとめた。延宝七年七月十日に老中となり、同年十二月二十八日に従四位下に昇進、のちに侍従に任じられた。天和元年二月二十一日に老中を免じられた後も、江戸城に登城して家綱に拝謁するよう命じられる。なお土井利勝の子息のうち、老中となったのは利房一人である。惣領ではなかったが、利房が老中に就任したのは家綱の小性をつとめた後に出世し、家綱政権の中で重きをなしていったためである。天和三年五月二十五日、越前国大野で死去。享年五十三。法号は真誉凉山道空隆興院。墓所は浅草の誓願寺。室は弘前藩主津軽信義の女。

参考文献　『徳川実紀』(『新訂増補国史大系』、吉川弘文館、一九六四・六五年)、『新訂寛政重修諸家譜』五(続群書類従完成会、一九六四年)　(千葉　拓真)

戸田忠昌(とだただまさ)　一六三二―九九

京都所司代。寛永九年(一六三二)、戸田忠次の長男として三河国渥美郡田原《たばる》(愛知県田原市)に生まれる。同十六年九月十六日に田原城主戸田忠能《ただよし》の養子となり、正保四年(一六四七)八月に家督を相続する。万治元年(一六五八)閏十二月二十七日に従五位下伊賀守に叙任した。寛文四年(一六六四)五月九日に肥後国天草へ転封となり、この時新たに富岡城の築城を許されるが、寛文十一年に関東へ転封となった際に富岡城を破却した。京都所司代就任時には関東の領地を畿内へ移されている。天和二年(一六八二)には武蔵国岩槻、貞享三年(一六八六)には下総国佐倉へ転封となる。漸次加増を受け、最終的に七万石を知行した。寛文十一年に奏者番となり、寺社奉行を兼ねた。延宝四年(一六七六)四月三日に京都所司代となり、同年七月二十三日に従四位下侍従に昇進し、越前守に改めた。またこの年に雁間詰となる。貞享元年には若年寄稲葉正休《いなばまさやす》による大老堀田正俊《ほったまさとし》の刺殺に居合わせたため、阿部正武《あべまさたけ》らとともに稲葉を殺害した。天和元年に山城守に改める。同五月九日に東叡山寛永寺で行われた徳川家綱七回忌の奉行をつとめたほか、家綱の廟所選定や再営の責任者もつとめている。元禄十二年(一六九九)九月十日死去。六十八歳。法名は法雲龍沢松源寺。墓所は牛込の松源寺で、以降戸田家の菩提寺となる。正室は秋元富朝の女。

参考文献　『徳川実紀』(『新訂増補国史大系』、吉川弘文館、一九六四・六五年)、『新訂寛政重修諸家譜』一四(続群書類従完成会、一九六五年)　(千葉　拓真)

英一蝶　(はなぶさいっちょう)　一六五二—一七二四

江戸時代中期の画家。承応元年(一六五二)医者多賀白庵(伯庵)の子として京都に生まれる。八歳(一説には十五歳)のころ、亀山藩主石川憲之《いしかわのりゆき》の侍医となった父とともに江戸に下り、狩《か》野安信《のうやすのぶ》に師事する。元禄十一年(一六九八)に伊豆三宅島に配流となるが、宝永六年(一七〇九)将軍代替の大赦により江戸に帰る。古典の軽妙なパロディーや吉原風俗、江戸市民の風俗などを題材とした。松尾芭蕉らとの親交の影響もうけ、江戸の市民生活を軽妙に活写する洒脱な絵画様式を確立し、英派の祖となる。享保九年(一七二四)正月十三日没す。七十三歳。法名英受院一蝶日意居士。江戸芝二本榎の承教寺塔頭顕乗院(東京都港区高輪)に葬られた。

参考文献　小林忠編『英一蝶』(『日本の美術』二六〇、至文堂、一九八八年)、安村敏信「英一蝶」(『別冊太陽狩野派決定版』、平凡社、二〇〇四年)　(川上　真理)

林鳳岡　(はやしほうこう)　一六四四—一七三二

幕府儒者。林鵞峰《がほう》の次男として生まれる。名は戇、また信篤、通称は春常、鳳岡、整宇は号である。正保元年(一六四四)十二月十四日生まれ。一歳年長に兄の梅洞がいたが、寛文六年(一六六六)この兄の急死によって、のちに林家の三代目を継ぐことになる。鵞峰を総裁とする『本朝通鑑《ほんちょうつがん》』の編修事業へ参加し、その一翼を担う。延宝八年(一六八〇)家督を継いだ鳳岡を、同じ年に将軍職についた徳川綱吉が寵用するようになる。儒学を好んだ綱吉は、鳳岡に『大学』を月に二三度の回数で継続して進講させた。また四書・五経などの読法の改正も命じた。天和二年(一六八二)の通信使来聘に際しては、通信使に与える返翰の草案や老中答書の文案作成などにあたった。同時に、通信使らとの詩文の贈答応酬に、その力量を発揮して幕府より恩賞を得た。貞享二年(一六八五)には、新たな居宅と加増を受け、知行高はあわせて千三百石となった。貞享四年には、侍講の功績をもって父の鵞峰と同様に「弘文院学士」を称することを許された。元禄四年(一六九一)綱吉は忍岡《しのぶがおか》(東京都台東区上野)にあった聖堂を湯島に移転した。それと同時に鳳岡を従五位下・大学頭へ叙任し、蓄髪が命ぜられた。林家は鳳岡の代に至ってはじめて幕府の職制の中で大学頭という儒者として位置づけられたことになる。綱吉の寵遇を得た鳳岡だが宝永六年(一七〇九)に綱吉が死去し、徳川家宣・徳川家継の時代になると、一転して冷遇されるようになる。家宣の側近である儒者新井白石が代わって登用されるからである。幕府内の権力関係の影響をうけたのである。白石との間には儒者としての確執もあり、大学頭としての面目を維持できないでいた。しかし、徳川吉宗が将軍になると、旧勢力の一掃という政治意図から、結果として林家の復権がかなうことになる。吉宗の儒学奨励政策の一端として、昌平坂学舎での日講の再活性化を命じられた。享保十七年(一七三二)六月一日没。八十九歳。

参考文献　小沢栄一『近世史学思想史研究』(吉川弘文館、一九七四年)、揖斐高「林鳳岡論—守成の憂鬱—」(『文学』一二ノ三、二〇一一年)

(綱川　歩美)

堀田正俊(ほったまさとし)　一六三四—八四

徳川綱吉期の大老。寛永十一年(一六三四)十一月十二日、堀田正盛の三男として江戸で生まれる。幼名は久太郎。生母は酒井忠勝の女(正統院)。寛永十二年、将軍徳川家光の命で、春日局の養子となり八歳まで大奥で育つ。寛永十八年、のちの四代将軍徳川家綱が生まれると、正俊は、初七日の祝儀に招かれ扈従役(小性)につくよう命じられる。寛永二十年、養母春日局死去。春日局の采地のうち、相模国吉岡三千石を受ける。慶安二年(一六四九)中奥に移る。同四年将軍家光が死去し、父正盛が殉死する。臨終の席で正俊に「不矜《ふきん》」の遺訓を与える。正俊は、のちに、不矜斎・不矜叢翁などと号し、不矜公と呼ばれる。この年、正盛の十一万八千石の領地のうち下総国相馬郡守谷付近の一万石を受け、都合一万三千石の大名、守谷藩主となり、従五位下備中守となる。寛文七年(一六六七)七千石加増(都合二万石)。安中藩へ移封され、安中藩主となり、同十年若年寄に進む。延宝六年(一六七八)五千石加増(都合二万五千石)。同七年土井利房とともに老中となる。一万五千石加増(都合四万石)。従四位下となる。同八年五月六日四代将軍家綱の病状悪化により一門大名が登城する。正俊は病気平癒のため沐浴し祈禱する。同八日、綱吉が家綱の養子となり未刻家綱は死去する。『徳川実紀』など、この将軍継嗣の際、大老酒井忠清が有栖川宮を将軍に擁立しようとしたのを、正俊が論破したという有名な伝承がある。同年八月六日、綱吉より諸国の民事を司るよう特命が下った。七日、綱吉は、正俊と勘定頭四人を召しだし百姓困窮の打開策を謀るべき旨の命を下した。閏八月三日に正俊は、「民は国之本」という儒教的な「仁政」理念を掲げた条目を幕府領の代官に通達。条目発布から綱吉の治世二十九年間に、三十四人の代官が死刑あるいは免職となり、土豪的な代官が一掃され、地方官機構を一新する思想的な梃子となったとされる。天和元年(一六八一)江戸城大手門の酒井忠清の屋敷を与えられる。二月、古河藩主となり、五万石加増され、合計九万石となり、受領名を筑前守と改める。十一月、大老となり、左近衛少将に任ぜられる。同二年四万石加増(都合十三万石)。琉球中山王の使いを応接し、さらに、名護王子を諸侯とともに江戸城に迎える。八月、朝鮮通信使を饗応し、「筆談唱和」を行う。同三年『勧忠書』『芥説』『続芥説』『帰去来図跋』『颺《よう》言録《げんろく》』などを著す。『颺言録』は将軍綱吉の明君録である。貞享元年(一六八四)『芥説余録』『五十首和歌』を著す。同年八月二十日、江戸城において、正盛の従弟、若年寄稲葉正休に刺殺される。刺殺の理由は、正休の関西治水事業の不正が発覚するのを防ぐためとも、正俊の横暴を阻止するためともいわれるが定かではない。享年五十一。不矜院殿又新叢翁大居士。はじめ東叡山円覚院に埋葬されたのち浅草金蔵寺に改葬、現在は千葉県佐倉市甚大寺にある。

参考文献　三上参次『江戸時代』上(富山房、一九四三年)、辻達也「天和の治について」(『享保の改革』、創文社、一九六三年)、徳富蘇峰『近世日本国民史元禄時代政治篇』(『講談社学術文庫』、講談社、一九八二年)、小川和也「あらまほしき将軍の治」(『牧民の思想―江戸の治者意識―』、平凡社、二〇〇八年)

(小川　和也)

前田綱紀　(まえだつなのり)　一六四三―一七二四

江戸時代の大名。五代金沢藩主。四代光高の嫡男。母は正室大姫(清泰院)。幼名犬千代。寛永二十年(一六四三)十一月十六日、江戸に生まれる。正保二年(一六四五)六月、父の死により三歳で家督を相続し、祖父で隠居の利常が後見した。承応三年(一六五四)正月に正四位下・左近衛権少将兼加賀守に叙任し、徳川家綱の偏諱をもらい綱利と称した。万治元年(一六五八)七月、会津藩主で徳川家光の異母弟保科正之《ほしなまさゆき》の娘摩須(松嶺院)と結婚、同年十月利常死去により十二月その養老領も相続し、閏十二月左近衛権中将に進んだ。後見は寛文九年（一六六九）まで保科正之が行なった。寛文元年はじめて領国へ入部、貞享元年（一六八四）正月諱を綱紀と改め、元禄六年（一六九三）十二月参議に任じ、宝永四年（一七〇七）十二月従三位に叙す。享保八年（一七二三）五月隠居して嫡子吉治（のち吉徳）に家督を譲り、六月肥前守と改めた。治世は藩政の確立期にあたり、改作仕法をはじめとする諸制度の整備につとめ「名君」とうたわれたが、晩年には財政の均衡を失うに至った。将軍徳川綱吉の講筵に列するとともに、相ついで『中庸』『大学』『論語』などの一節を講じ、元禄七年には将軍より「徳不孤」の文字を大書して与えられている。元禄二年以後、五節の佳辰に御三家並に白書院で将軍に拝謁するのが通例となり、同十五年、将軍徳川綱吉を迎えるために本郷の江戸藩邸上屋敷に豪壮な御成御殿を建て饗応を尽くした。儒学に造詣があり、武技・兵法、書画、茶の湯、能楽、割烹など諸事百般にわたり緻密に観察し考究する資質と才能を示した。享保九年（一七二四）五月九日に没する。八十二歳。法号松雲院。金沢郊外野田山（金沢市野田山）に葬る。明治四十二年（一九〇九）九月従二位を追贈される。

参考文献　近藤磐雄『加賀松雲公』（羽野知顕、一九〇九年）、『加賀藩史料』三―六（石黒文吉、一九三一―三六年）、若林喜三郎『前田綱紀』（『人物叢書』、吉川弘文館、一九六一年）

（川上　真理）

牧野成貞（まきのなりさだ）　一六三四―一七一二

徳川綱吉の側近。従四位下、侍従、備後守。寛永十一年（一六三四）生まれ。父は綱吉の館林藩主時代の神田館家老牧野儀成《のりなり》。万治三年（一六六〇）七月三日、二千石を相続し、神田館で綱吉の側に勤務したことから始まり、奏者役、家老を歴任した。綱吉の将軍就任の際江戸城に従い、御側となる。天和元年（一六八一）十二月十一日に、従四位下に叙せられるが、この時に側用人に就任したといわれる。翌十二日には、牧野の登城の際、門を守る与力や同心に、老中に対してと同じく下座するよう命じられていることや、御三家や徳川綱豊（のちの家宣）の将軍対面の際には、老中とともに出座するなど、老中に準ずる扱いとなる。元禄元年（一六八八）四月二十一日、はじめて綱吉が牧野の屋敷を訪問する。それ以来、綱吉の訪問は元禄十六年まで二十九回に及ぶ。元禄四年、五十八歳当時の牧野に対面したドイツ人医師エンゲルベルト＝ケンペルは、その印象を「長身でやせていて、ドイツ人に似た細長い普通の顔」で、「立ち居振舞もゆったりしていて、親しみやすい人柄」などと書き残している。また、碁をたしなみ、牧野家には本因坊道悦《ほんいんぼうどうえつ》が出入りしていた。道悦は、伊勢松坂の出身で、親類で幼馴染の三井高利を牧野に紹介した。そのことで三井は、牧野家の呉服御用を勤めるようになり、それがのちの幕府の納戸御用達になるきっかけとなったといわれる。牧野は、たび重なる加増を受け、最終的には七万三千石を領することとなった。元禄八年十一月二十九日に致仕。宝永六年(一七〇九)正月十日に、綱吉の死去により剃髪し、大夢と号する。正徳二年(一七一二)六月五日に死去。七十九歳。深川別荘の要津寺に埋葬される。法名は、長威虎雪東光院と号する。

参考文献 中田易直『三井高利』(『人物叢書』、吉川弘文館、一九五九年)、『新訂寛政重修諸家譜』六(続群書類従完成会、一九六四年)、福留真紀『徳川将軍側近の研究』(校倉書房、二〇〇六年)

(福留　真紀)

松尾芭蕉（まつおばしょう）　一六四四―九四

江戸時代前期の俳諧師。幼名金作、のち宗房。正保元年(一六四四)十月、伊賀国上野赤坂町(三重県伊賀市)に藤堂藩の無足人松尾与左衛門の次男として生まれる。伊賀付士大将で藤堂家より五千石を給されていた藤堂新七郎良精の嫡子主計良忠のもとに仕えた。良忠の死後、京都の北村《きたむら》季吟《きぎん》の門に入るが、寛文十二年(一六七二)季吟の同門で江戸日本橋本船町名主小沢卜尺《おざわぼくせき》を頼って江戸へ出、小田原町の御用商人鯉屋杉山杉風《すぎやまさんぷう》にも世話になる。延宝五年(一六七七)より四年間、小石川関口水道の普請に書役として関わる。卑俗な判詞、小唄や奴言葉を駆使した洒落や独特のリズムを持った俳諧集『貝おほひ』を江戸で出版する。延宝三年五月に深川大徳院に談林派の西山宗因《にしやまそういん》を迎えて行われた百韻に桃青の名で一座した。同八年、居を深川に移し、これを芭蕉庵と称して俳諧一筋に打ち込む。このころから江戸の俳人は談林派の滑稽な俳諧に飽き足らず、閑寂な風趣の「わび」からさらに内面にこもった「さび」の情調を志向する句を生んでいる。芭蕉は貞享元年(一六八四)八月より『野ざらし紀行』の旅に出、談林派的俳諧を離れて蕉風を打ち立てる。元禄四年(一六九一)十月末、二年半ぶりに江戸に戻り『奥の細道』の旅を終えるが、これにより旅に風雅を求める生き方を体得する。この後は、情の表出を抑え、日常の景を淡々と描き出す「軽み」の境地に達し、江戸の新風を生む。同七年五月上方に江戸新風を及ぼすための旅に出るが、十月十二日に客死。五十一歳。近江国義仲寺(大津市馬場一丁目)に葬られた。

参考文献 阿部喜三男『松尾芭蕉』(『人物叢書』、吉川弘文館、一九六一年)、林屋辰三郎「芭蕉の文化史的背景」(『日本史論聚』五、岩波書店、一九八八年)、市川通雄『松尾芭蕉研究』(笠間書院、一九八九年)

(川上　真理)

松平忠冬（まつだいらただふゆ）　一六二四―一七〇二

幕臣。寛永元年（一六二四）、松平忠隆《ただたか》の長男として生まれる。従五位下隼人正。母は山岡景似《やまおかかげもち》の娘。慶安三年（一六五〇）九月、徳川家綱に付属し西丸書院番に就任したのをはじめとして、寛文五年（一六六五）に書院番組頭、延宝四年（一六七六）十月に新番頭、同八年二月に町奉行、同年八月には徳松（徳川綱吉の長男）付、貞享二年（一六八五）十月に勘定奉行、同年十二月に御側を歴任する。この間に加増を重ね、最終的には元禄四年（一六九一）九月に美濃国、常陸国内で五千石を知行する。同十五年五月一日、七十九歳で死去。法名は宗單《そうたん》。菩提寺は赤坂（東京都港区）の種徳寺《しゅとくじ》。忠冬は幕府の能吏として活躍する一方、『家忠日記』を著した祖父松平家忠《いえただ》の志を継ぎ、寛文五年に、松平清康《きよやす》から徳川家康までの徳川家創業記『家《いえ》忠日記増補追加《ただにっきぞうほついか》』二十五巻二十五冊、貞享元年に綱吉の命により徳川秀忠の事績録である『東武実録《とうぶじつろく》』四十巻十七冊をそれぞれ編纂・献上し、幕府の歴史編纂事業にも大きく貢献した。なお前者は未刊。後者は影印版が『内閣文庫所蔵史籍叢刊』一・二巻（汲古書院、一九八一年）に所収されている。

参考文献　『新訂寛政重修諸家譜』一（続群書類従完成会、一九六四年）、福井保『江戸幕府編纂物』（雄松堂出版、一九八三年）

（種村　威史）

松平輝貞（まつだいらてるさだ）　一六六五―一七四七

徳川綱吉の側近。諱は、はじめ武綱。右京亮・右京大夫。従四位下、侍従。妻は、綱吉の側近柳沢吉保の娘。寛文五年（一六六五）六月二十日生まれ。元禄元年（一六八八）五月二十二日に中奥小性、同二年五月十八日に御側となる。同四年九月二十五日、松平信綱の五男信興の養子となる。同六年正月七日に、いわゆる側用人となったと考えられており、同七年八月二十七日に、柳沢吉保と同様に諸事を務めるよう命じられている。同八年五月十日に綱吉が、はじめて輝貞の屋敷を訪れ、その後宝永五年（一七〇八）にかけて、二十五回に及んだ。同六年正月十七日に雁間詰となる。その後、八代将軍徳川吉宗に厚く遇される。享保二年（一七一七）正月十一日には溜間詰となり、江戸城内で行われる儀礼では、京都所司代・大坂城代と同じ格式で拝謁することを命じられた。加えて、同年九月二十三日には、老中の会議への同席を命じられ、二十五日には、老中口からの登城を許されている。吉宗に仕えた儒学者室鳩巣《むろきゅうそう》は、この処遇について、輝貞の諂うことのない一本気な性格が、吉宗の御意に応じたと解釈している。同五年七月二十七日には、老中とともに将軍の名代を命じられている。また、綱吉の十三回忌の奉行を務めた。同十五年七月十一日には、加判はしないが、老中と同様に国政に携わるよう命じられる。延享二年(一七四五)十二月十一日に致仕、同四年九月十四日に死去した。八十三歳。東叡山の明王院(東京都台東区)に葬られた。節翁道義天休院と号する。

参考文献 『新訂寛政重修諸家譜』四・五(続群書類従完成会、一九六四年)、福留真紀『徳川将軍側近の研究』(校倉書房、二〇〇六年)

(福留　真紀)

松平光長（まつだいらみつなが）　一六一五—一七〇七

江戸時代前期の越後国高田藩主。元和元年(一六一五)十一月二十九日越前国北庄城(福井県福井市)に生まれる。父は福井藩主松平忠直、母は二代将軍徳川秀忠三女勝姫。幼名仙千代。元和九年三月父忠直の改易により家督相続、寛永元年(一六二四)三月十五日光長幼少により越後国高田城二十五万石へ転封。同六年十一月十一日元服、従四位下左近衛権少将に叙任、三代将軍徳川家光より偏諱を賜り光長と改称し、越後守を兼ねた。同八年長州藩主毛利秀就女土佐と婚姻。同十一年暇を賜り初入国、家光の上洛時には堀直吉《ほりなおよし》(越後村上城主)・牧野《まきの》忠成《ただなり》(同長岡城主)・溝口《みぞぐち》宣直《のぶなお》(同新発田城主)・佐久間《さくま》勝《かつ》長《なが》(信濃飯山城主)・真田《さなだ》信之《のぶゆき》(同松代城主)・松平直政《なおまさ》(同松本城主)・仙石《せんごく》政俊《まさとし》(同上田城主)の七名を旗下として供奉した。慶安三年(一六五〇)九月十日父忠直が豊後国津守(大分県大分市)において死去。翌四年三月同地で忠直が儲けた三子を引取り越後国川原崎庄において松千代に三千石、熊千代に二千石を分知。同年十二月二十五日には従三位右近衛権中将に叙任した。光長の治世期には城下町整備、年貢増徴策、新田開発、直江今町湊改築・河川舟運開発、中江用水の開発、魚沼銀鉱開発などが行われた。一方で延宝七年(一六七九)十一月に起こった家中を二分対立した越後騒動を契機として、天和元年(一六八一)改易され、光長は伊予国松山の松平定直に預けられた。貞享四年(一六八七)十月二十四日赦免され、三万俵を与えられた。元禄十年(一六九七)五月六日隠居。宝永四年(一七〇七)十一月十七日没し、法名を恵照院殿開心一法大居士と諡られ、江戸西窪天徳寺に葬られた。九十三歳。

参考文献 『徳川諸家系譜』四(続群書類従完成会、一九八四年)、『上越市史』通史編四(二〇〇四年)

(田中　文敏)

三井高利（みついたかとし）　一六二二—九四

豪商。三井の創業者。元和八年(一六二二)伊勢国松坂に生まれ、延宝元年(一六七三)に江戸に進出し呉服店を開く。天和三年(一六八三)に両替店を設置。貞享二年(一六八五)に、将軍徳川綱吉の側用人牧野《まきの》成貞《なりさだ》の推挙により幕府の払方納戸御用達となる。元禄二年(一六八九)に元方納戸御用達、同四年に幕府為替御用達となる。元禄年間(一六八八—一七〇四)

までに京都・大坂・江戸の三都に呉服店と両替店を設置し、幕府御用達商人の地位についた。同七年五月六日没。七十三歳。

参考文献　中田易直『三井高利』(『人物叢書』、吉川弘文館、一九五九年)、大橋毅顕「三井家の発展と大名貸―延岡藩牧野氏を事例として―」(『宮崎県地域史研究』二四、二〇〇九年)

(大橋　毅顕)

宮崎安貞(みやざきやすさだ)　一六二三―九七

江戸時代前期の農学者。通称は文太夫。元和九年(一六二三)、安芸国広島藩士宮崎儀右衛門の次男として生まれる。二十五歳のとき筑前国福岡藩主黒田忠之《くろだただゆき》に仕え二百石を給されるが、暇を乞い、貞享年間(一六八四―八八)に再出仕、切扶持を給せられた。この間、筑前国志摩郡女原村《みょうばる》(福岡市)に隠居し農事を業とし、みずからも栽培技術の改良を試みた。また、安貞は庶民を率い、私財を投じて、女原村・怡土《いと》郡徳永村(福岡市)に宮崎開と称される新田を開墾した。山陽道をはじめ畿内・伊勢・紀伊など諸国を廻り老農の説を聞書きする一方、貝原《かいばら》益軒《えきけん》らとも交わり中国の農書や本草書を研究。元禄九年(一六九六)、四十年の経験と研究をもとに『農業全書』十巻を著わし、翌年出版した。同書は、安貞著の十巻と貝原篤信《かいばらあつのぶ》著の付録一巻からの十一巻からなる。安貞著の一巻農事総論は、主として『農政全書』に拠る著述であり、残りの九巻では個別作物栽培論が説かれ、主として安貞独自の観察に基づく知識に拠り著述された。安貞は、元禄十年七月二十三日に七十五歳で病没するが、同書は上梓直後、水戸藩主徳川光圀《とくがわみつくに》に献上。光圀のみならず、貝原益軒、対馬藩家老陶山訥庵《すやまとつあん》などに称讃された。また、八代将軍徳川吉宗も座右の書としていた。同書は日本初の刊行農書として、明治期に至るまで広い読者を得た。

参考文献　『大日本農功伝』(『日本人物誌叢書』二、日本図書センター、一九九〇年)、古島敏雄『日本農学史第一部』(『古島敏雄著作集』五、東京大学出版会、一九七五年)

(榎本　博)

柳沢吉保(やなぎさわよしやす)　一六五八―一七一四

徳川綱吉の側近。諱は、はじめ房安《ふさやす》・保明《やすあきら》。主税・弥太郎・出羽守・美濃守と称した。万治元年(一六五八)十二月十八日生まれ。延宝三年(一六七五)七月二十五日に家督相続し、綱吉付きの小性組となる。同八年に綱吉の将軍就任に伴い本丸入りし、十一月三日に小納戸に就任。元禄元年(一六八八)十一月十二日には、南部直政とともにいわゆる側用人となり、若年寄の上座となる。同十四年十一月二十六日の綱吉の柳沢邸御成の際には、諱の一字「吉」と松平の称号を賜り、美濃守吉保に改める。なお、綱吉の御成は、五十八回に及んだ。加増を重ね、宝永元年(一七〇四)十二月二十一日には、十五万石を駿河国、甲斐国に与えられる。同二年三月十二日には、駿河国の領地を甲斐国に移され、山梨・八代・巨摩の三郡を領することになるが、実質二十二万石以上あったという。吉保は、老中を筆頭とする官僚組織の職務領域を侵すことはなかったが、将軍綱吉が主導した独自の政策においては、諸大名から将軍への唯一のルートとして、権力を発揮していた。綱吉は、越後騒動再審で将軍家一門である越後国高田藩の松平光長を改易したように、大名に対して厳しい政策を行なっていたため、諸大名は、みずからの家の存続のため、将軍側近である吉保との交際を重視したのである。つまり吉保は、はからずも大名に対して権力を持つ存在になったことに加えて、大名側からは、新興大名が自分たちの上に立つという階層秩序を乱す存在とみなされることにもなった。そのため、吉保自身はもちろん、家臣にまで身を律することを求め、大名との交際も公正に務めたが、結局は、文芸作品などを通して、絶大な権力を握る悪役像が世間に広まることとなった。正徳四年(一七一四)十一月二日没。五十七歳。

参考文献 『新訂寛政重修諸家譜』三(続群書類従完成会、一九六四年)、福留真紀『徳川将軍側近の研究』(校倉書房、二〇〇六年)、大石学『元禄時代と赤穂事件』(『角川選書』、角川学芸出版、二〇〇七年)、福留真紀『将軍側近 柳沢吉保』(『新潮新書』、新潮社、二〇一一年)　(福留 真紀)

隆光（りゅうこう）　一六四九―一七二四

江戸時代中期の新義真言宗《しんぎしんごんしゅう》の僧侶。慶安二年(一六四九)二月八日大和国添下郡に誕生。万治元年(一六五八)唐招提寺で得度し、諱を隆長《りゅうちょう》、字を俊宣《しゅんせん》と称し、のちに諱を隆光《りゅうこう》、字を栄春《えいしゅん》と改めた。寛文元年(一六六一)に、新義真言宗本山の豊山《ぶざん》長谷寺《はせでら》に移り、亮汰《りょうたい》に師事して顕密の奥旨を修めた。寛文七年(一六六七)には南都興福寺で宥専《ゆうせん》から両部灌頂を受け、翌年には盛源《せいげん》から唯識《ゆいしき》を学ぶなど南都の教学にも通じた。天和二年(一六八二)には醍醐寺報恩院有雅《だいごじほうおんいんゆうが》から秘密儀軌《ひみつぎき》・重鈔秘訣《じゅうしょうひけつ》を伝受した。貞享元年(一六八四)には長谷寺山内六坊の慈心院《じしんいん》住持となり、同三年には、将軍家の祈禱を勤める筑波山《つくばさん》知足院《ちそくいん》の住持に任じられた。同年には、智積院《ちしゃくいん》・小池坊《こいけぼう》の新義両能化《のうげ》と同じ権僧正《ごんのそうじょう》となり、祈禱専心のため新義の触頭《ふれがしら》を免じられた。元禄元年(一六八八)には知足院を江戸に移し、神田橋外に伽藍を構えて千石(のちに千五百石)が給された。同八年護持院《ごじいん》と改名して一派の僧録《そうろく》として院家《いんげ》とされ、隆光は新義真言宗最初の大僧正《だいそうじょう》となった。徳川綱吉や生母桂昌院《けいしょういん》の帰依を受け隆光は、大和東大寺の再建や法隆寺《ほうりゅうじ》の修理などに助力し、新義の始祖覚鑁《かくばん》に興教大師《こうきょうだいし》への諡号宣下《しごうせんげ》に尽力した。綱吉没後は故郷に帰り、享保九年(一七二四)六月七日大和超昇寺《ちょうしょうじ》で没した。七十六歳。隆光の動向は、綱吉や桂昌院からの帰依のみで評価すべきでなく、同時代における新義真言宗への宗教政策などの中で広い視野に立って評価されるべきである。

参考文献 永島福太郎・林亮勝校訂『隆光僧正日記』(続群書類従完成会、一九六九・七〇年)、辻善之助『日本仏教史』九(岩波書店、一九五四年)、高埜利彦「元禄の社会と文化」(同編『元禄の社会と文化』、吉川弘文館、二〇〇三年)

(田中　潤)

〔関連事項〕

赤穂事件 (あこうじけん)

元禄十五年(一七〇二)に発生した赤穂藩浪士四十七名による仇討事件の総称。元禄十四年三月十四日、播磨赤穂藩主浅《あさ》野《の》内匠頭長矩《たくみのかみながのり》が江戸城松の廊下において、高家吉良《きら》上野介義《こうずけのすけよし》央《なか》を切り付ける刃傷事件を起こした。内匠頭が上野介に対し何らかの遺恨を抱いていたことは事実だが、その具体的内容は不明である。五代将軍徳川綱吉は事件の報に接し、勅使を迎える儀礼が行われている最中に、殿中を憚らず、理不尽に切り付けたことを不届きとして内匠頭には即日切腹を申し付け、さらには赤穂藩五万石も没収とする厳しい処分を下した。その一方で、上野介に対してはお構いなしとし、手傷の療養を命じている。赤穂藩解体後、残された遺臣たちは、内匠頭の実弟である浅野大学長広による御家再興を期待し、幕閣をはじめとする政界の有力者たちにさまざまな働きかけを行なっていた。しかし、はかばかしい成果は得られず、元禄十五年七月十八日には大学の身柄は広島藩差し置きとされてしまう。こうして浅野家再興の可能性が潰えると、同年七月二十八日、京都の丸山において遺臣たちは主君の恥をすすぐため吉良邸討ち入りを決意する。途中離脱者が出るも、同年十二月十四日には赤穂藩国家老であった大石内蔵介良雄《おおいしくらのすけよしお》を中心とする四十七名が吉良邸を襲撃して上野介を殺害し、その首を泉岳寺の内匠頭の墓前に供えている。元禄十六年二月四日には、諸大名に預けられていた四十六名は幕命により切腹に処され、その後泉岳寺に葬られた。

参考文献 鍋田昌山『赤穂義人叢書』一―三(国書刊行会、一九一一年)、松島栄一『忠臣蔵』(『岩波新書』、岩波書店、一九六四年)、野口武彦『忠臣蔵―赤穂事件史実の肉声―』(『ちくま新書』、筑摩書房、一九九四年)、平井誠二「吉良上野介と赤穂事件」(高埜利彦編『元禄の社会と文化』、吉川弘文館、二〇〇三年)、山本博文『赤穂事件と四十六士』(『敗者の日本史』一五、吉川弘文館、二〇一三年)

(堀 智博)

浅間山噴火(あさまやまふんか)

宝永元年(一七〇四)正月一日から三月まで続いた大噴火。この噴火における被害は、小諸《こもろ》藩の所領である信濃国佐久郡塩野村(長野県北佐久郡御代田町塩野)まで焼石が降り注ぎ、甚大であった。浅間山の噴火は、この宝永元年を契機に活発になり、確認できる限りで宝永三年十月十六日、宝永五年十一月十八日、宝永七年三月十五日、正徳元年(一七一一)二月二十六日と頻繁に発生した。特に宝永五年の噴火では、灰が関東近国に及び江戸にも降り注いだため、幕府の検使が噴火の状況を確認するため派遣されるほどであった。

参考文献 菊池清人『浅間山の噴火と八ヶ岳の崩壊』(櫟、一九八四年)

(荒木 仁朗)

越後騒動(えちごそうどう)

越後国高田藩二十六万石で起こった家中騒動。藩主松平光《まつだいらみつ》長《なが》は徳川家康の子結城秀康の孫で、母は二代将軍徳川秀忠の娘勝姫《かつひめ》という名門であり、越前松平家と呼ばれた。寛文五年(一六六五)の大地震後、藩財政再建のため家老小栗美作《おぐりみまさか》は開発・治水・殖産政策を推し進め成果を上げたが、それと同時に小栗とその配下の吏僚に権力が集中したため譜代藩士の多くが反感をもつに至った。そのようなときに光長の嫡子が死去。その後継をめぐって、小栗美作(光長の妹婿)と永見大蔵《ながみおおくら》(光長の異母弟)の間で抗争が激化し、幕府への出訴となる。延宝七年(一六七九)に幕府は小栗を引退させ家老による合議制を採るべく調停を命じたが、永見らは納得せず、大老酒井《さかい》忠清《ただきよ》は永見大蔵、荻田主馬《おぎたしゅめ》らを処罰し各藩へ預けた。その後も脱藩や混乱が続いたため、将軍就任とともにこれを再審にかけた徳川綱吉は、延宝九年六月、江戸城大広間において御三家・譜代大名・諸役人列座のなかで両者を対決させ、これを親裁した。小栗父子は切腹、永見は八丈島流罪、そのほかも両成敗となり、光長自身も騒動の責を問われて領知没収、伊予国松山への配流を命じられた。その処分は、酒井忠清の子や大目付、さらには本家筋の家の内紛を処理できなかった越前松平系の大名たちへと波及した。この騒動に関する実録は比較的早い段階で作成されており、延宝九年四月七日以前には騒動の関係者や他藩の藩士が読むことができるほど流布していた。やがて、この騒動は「小栗美作派＝逆意方」「永見大蔵派＝お為方」の二派の争いによる御家騒動という構図で認識されるようになっていく。しかし、実際には、改易後、光長の配流に供奉した家臣の多くがいわゆる「逆意方」と呼ばれた小栗美作派の家臣であった。藩主の「為」ではなく、「逆意」を示した側が配流先まで随行し、元禄十一年（一六九八）に美作国津山藩十万石に御家が再興される際には家臣団の中核を担うのである。後年、『越後騒動通夜物語』や『越後騒動日記』などの書物によって物語化された越後騒動は娯楽として人びとに享受された。その一方で、近世の「越後騒動物」は、自家・自他の戒め、国家静謐の一助となすための教訓書としても読み継がれ、「越後騒動＝御家存続のための教訓」という歴史的な位置づけを与えられるのである。

参考文献　渡辺慶一「越後騒動」（北島正元編『御家騒動』上、新人物往来社、一九七〇年）、福田千鶴『幕藩制的秩序と御家騒動』（校倉書房、一九九九年）、佐藤宏之「読み継がれる越後騒動―「越後騒動通夜物語」と「越後騒動日記」―」（『一橋論叢』一三四ノ四、二〇〇五年）、福田千鶴『御家騒動』（『中公新書』、中央公論新社、二〇〇五年）、佐藤宏之「続・読み継がれる越後騒動」（『書物・出版と社会変容』一、二〇〇六年）、内野豊大「越後騒動」（福田千鶴編『新選御家騒動』上、新人物往来社、二〇〇七年）、佐藤宏之「歴史・実録・講談―「越後騒動物」の変遷―」（『歴史評論』六九四、二〇〇八年）、同「御家騒動の構図―歴史・記憶・メディア―」（『江戸文学』三九、二〇〇八年）、吉永昭『御家騒動の研究』（清文堂出版、二〇〇八年）、佐藤宏之『近世大名の権力編成と家意識』（吉川弘文館、二〇一〇年）

（佐藤　宏之）

江戸十組問屋（えどとくみどんや）

元禄七年（一六九四）に、大坂からの下り荷物を扱う江戸の仕入問屋が結成した連合組合。結成の目的は、大坂―江戸間の海上物資輸送を行なっていた菱垣廻船《ひがきかいせん》を江戸問屋商人の支配監督下におくことであった。十組とは、通町《とおりちょう》組・内店《うちだな》組・塗物店《ぬりものだな》組・釘店《くぎだな》組・表店《おもてだな》組・薬種店《やくしゅだな》組・綿店《わただな》組・紙店《かみだな》組・酒《さけ》店《だな》組・川岸《かし》組のことで、取扱商品は、小間物・太物・荒物、絹、塗物類、釘、畳表、薬種、綿、紙、酒、水油などである。

十組問屋は組ごとに行事を定め、廻船に関する事務と海難の損害処理を行なったため、廻船組織を手船同前にして、下り荷物の江戸流通市場を独占した。しかし、のちに天保改革の一環として仲間解散令が出されたことから流通独占は望めなくなり、十組の組織は幕末期には大きく変化した。

参考文献　林玲子『江戸問屋仲間の研究』(御茶の水書房、一九六七年)、日本海事史学会編『続海事史料叢書』三・四(成山堂書店、一九七八—七九年)、林玲子『近世の市場構造と流通』(吉川弘文館、二〇〇〇年)

(川村由紀子)

大坂堂島(おおさかどうじま)

大阪市北区の地名で、堂島川北岸一体をさす。はじめは天満村とよばれ、人家が増加するに従い、古町五町が形成された。元禄元年(一六八八)に堂島新地が開発されたのち、当初大坂の北浜にあった米市が、元禄十年に移転してきた。将軍徳川吉宗の米価政策の下で、享保十五年(一七三〇)には米相場の寄場が設置され、翌十六年に米仲買株が許可され、米仲買や両替屋、諸藩の蔵屋敷も設けられた。堂島米市場は諸国米市場の中心的存在で、ここでの相場が全国の基準となっていった。

参考文献　『新修大阪市史』四(一九九〇年)

(福澤　徹三)

関東大地震(かんとうだいじしん)

元禄十六年(一七〇三)十一月二十三日丑刻(午前二時ごろ)に発生した、千葉県白浜沖の伊豆大島近海(東経一三九度八分、北緯三四度七分)を震源とした推定マグニチュード八・二の大地震。元禄地震。武蔵・相模・安房・上総・伊豆など広範囲で被害が確認されている。津波が小名浜(福島県いわき市)から伊豆下田までの沿岸を波高最大一二メートルとなって襲い、紀伊半島や釜石まで波及していた。余震も長く、同年十二月二十二日まで一ヵ月ほどはほぼ連日、少なくとも翌年の宝永元年(一七〇四)五月十九日まで継続し、半年も強い揺れが続いた。甚大な被害は、震源地に近い安房・上総だけでなく、江戸・相模・伊豆においてもみられた。小田原では、城中城下全滅で死者二千三百人、倒壊した家約九千五百軒と被害が大きく、小田原藩は、復興費として幕府から一万五千両を拝借した。伊豆では津波が伊東市の宇佐美・和田で波高五メートル、同じく伊東市の川奈で波高四メートルを記録し、伊東市域だけで七百四十人が少なくとも犠牲となった。江戸では、特に江戸城の西丸下・常盤橋《ときわばし》・雉子橋《きじばし》や桜田辺・八重洲河岸・本所辺の大名・旗本屋敷において大きな揺れが確認され、江戸城の諸門や多くの大名・旗本屋敷が被害を被った。特に江戸城では、幕府がこの地震を契機にして、殿舎に将軍の緊急の避難場所として耐震構造である地震の間を設けた。江戸城の石垣修復は、実質十ヵ月間という短期間に毛利家をはじめ二十二家の大名が担当する大規模なものであった。全体としては潰家流家約二万八千五百軒、死者約一万三百人という。

参考文献 宇佐美龍夫「元禄地震の全体像」(千葉県郷土史研究連絡協議会編『房総災害史—元禄の大地震と津波を中心に—』、千秋社、一九八四年)、同『最新版日本被害地震総覧』(東京大学出版会、二〇〇三年)、野中和夫『江戸の自然災害』(同成社、二〇一〇年)

(荒木 仁朗)

元禄の金銀改鋳 (げんろくのきんぎんかいちゅう)

元禄八年(一六九五)九月から発行した、それまでの慶長金銀に銀や銅を加えて改鋳し、品位を低下させて発行した金銀貨幣のこと。この改鋳を命じられたのは、勘定方役人を長年勤め、改鋳が始まった翌元禄九年四月勘定奉行に昇進した荻《おぎ》原重秀《わらしげひで》であった。近世貨幣改鋳の歴史の大半は、ほとんど貨幣の貶質化であった。元禄の金銀改鋳のように純分率を落とした改鋳の際は等価交換が一般的であったから幕府には出目益が入った。元禄・宝永期(一六八八—一七一一)のみで、銀貨は二十七万五千貫匁、金貨は約六百万両にものぼる。従来は、五代将軍徳川綱吉の後期からの財政不足は、出目益をもって改善するほかはないと重秀が考えていたこともあり、幕府の改鋳政策の目的を出目益の確保とする見方が強かったが、貨幣素材が限られるなかで経済発展に見合う貨幣供給を行わなければならない場合、貨幣の貶質化しか方法はなかったことも知らなければならない。元禄の金銀改鋳は、金貨の改悪率が三四%、銀貨が二〇%と金貨の価値下落率の方がはるかに大きく、金銀相場が銀高に転じた。幕府は宝永三年(一七〇六)から五ヵ年にわたり、元禄金よりも改悪率の大きい銀貨を四次にわたって大量に発行した。諸国の領国貨幣は寛文年間(一六六一—七三)ごろまで流通していたことが確認されるが、元禄年間にかけて急速に消滅していく。これを決定的にしたのが、元禄銀の大量発行と、それに基づいて布告された元禄九年七月の古金銀灰吹銀停止令であった。元禄の改鋳は、幕府による幣制統一の観点からも考えられなければならない。

参考文献 田谷博吉『近世銀座の研究』(吉川弘文館、一九六三年)、瀧澤武雄・西脇康編『貨幣』(『日本史小百科』、東京堂出版、一九九九年)、岩橋勝「近世の貨幣・信用」(桜井英治・中西聡編『流通経済史』、山川出版社、二〇〇二年)

(福澤 徹三)

元禄の国絵図・郷帳 (げんろくのくにえず・ごうちょう)

元禄期に、江戸幕府が、諸大名らに命じて作成・提出させた一国ごとの絵図と郷帳。古くなった正保国絵図改訂事業として、元禄十年(一六九七)閏二月に開始され、同十五年十二月までに新国絵図の収納を終えている。幕府は、寺社奉行(のちに若年寄)井上正岑《いのうえまさみね》・町奉行能勢頼相《のせよりよ》・勘定奉行松平重良・大目付安藤重玄《あんどうしげはる》を担当奉行として、各国担当者(絵図元)へ古国絵図・郷帳を貸出し、本郷に設置された絵図小屋で下絵図改め、清書仕立を実施するように、強い統制下で事業をすすめた。続く日本総図の編集に関連して、国絵図・郷帳収納のあとに、隣国間との国境を確認した国境縁絵図《くにざかいへりえず》と海際縁絵図を加えて徴収し、絵図小屋で突合せを行なった。収納された献上図には、領分記載がないことから、寛文印知により統一的な領主別石高把握がされたため、国絵図・郷帳ではこれらの把握を必要としなかったと考えられ、ここに純粋な国郡図として完成をみた。また、細部に至るまで幕府の意向が貫徹し、規格・様式はかなり統一された。収納された全国八十三鋪のうち、常陸・下総・日向・大隅・薩摩・琉球の五ヵ国分八鋪が国立公文書館に収蔵されているほか、国許の控図も少なからず現存している。

参考文献 福井保『内閣文庫書誌の研究』(『日本書誌学大系』一二、青裳堂書店、一九八〇年)、川村博忠『江戸幕府撰国絵図の研究』(古今書院、一九八四年)、同『国絵図』(『日本歴史叢書』、吉川弘文館、一九九〇年)、杉本史子『領域支配の展開と近世』(山川出版社、一九九九年)、国絵図研究会編『国絵図の世界』(柏書房、二〇〇五年)　(佐々木克哉)

元禄の地方直し (げんろくのじかたなおし)

元禄十年(一六九七)七月、勘定奉行荻原重秀《おぎわらしげひで》を中心に、五百俵以上の蔵米取の旗本・御家人に知行地を与える地方直しが実施された。地方直しとは、江戸幕府が、蔵米取の旗本に知行地を与え、地方知行に切り替える政策である。元禄の地方直し政策では、江戸より十里以遠に知行地を宛行うこと、一村を五、六給以上に分割しない方針が決められていた。また、元禄検地と関連して実施され、さらに元禄十一年三月に示された「知行割示合覚」によれば、生産力の高い地域を幕領とする一方で、生産力の低い地域を旗本知行所に割り当て、幕府財政と幕領支配機構の立て直しを図り、年貢高三ッ五分(三五%)の物成渡し知行を基準に知行地が宛行われた。ただし相模国に関しては、元禄検地と元禄地方直しとの政策的関係性は確認されていない。ほかに元禄検地の特徴として、均等分給がある。たとえば三家の旗本家に対して、知行地として同じ三ヵ村を定め、一ヵ村をその三家で均等に分割し宛行われた。元禄十一年七月に完了した。幕府の地方直し政策によって、旗本知行所の多くが、いくつかの国や郡の遠隔地に知行地が分散されるとともに、数人が一ヵ村を支配するという相給の村落形態となった。

参考文献　北島正元『江戸幕府の権力構造』(岩波書店、一九六四年)、神崎彰利「相模国の旗本領設定」(北島正元編『幕藩制国家成立過程の研究』、吉川弘文館、一九七八年)、森安彦『幕藩制国家の基礎構造』(吉川弘文館、一九八一年)、所理喜夫『徳川将軍権力の構造』(吉川弘文館、一九八四年)、大舘右喜『幕藩制社会形成過程の研究』(校倉書房、一九八七年)

(野本　禎司)

元禄文化　(げんろくぶんか)

元禄年間(一六八八―一七〇四)を中心に、寛永年間(一六二四―四四)が過ぎてから正徳年間(一七一一―一六)が終わるまでの十七世紀中後期の文化。社会経済史研究の観点からは、十七世紀後半、平和な時代が継続して商品生産と流通が発展し、流通の結節点である都市、なかでも「天下の台所」と称された大坂や伝統的産業都市である京都など、上方の大都市が著しい繁栄をみせた。そうしたなか、それら上方大都市の住人である町人層、そしてその近郊農村に生活する農民たちは経済的な成長を遂げ、生じてきた生活的余裕を文化の領域に向けるようになった。その結果、広汎な文化の担い手が出現し、従来は貴族・武士・上層町人らによって独占されてきた文化的世界が庶民層にも開放されるに至り、上方を中心にして町人的色彩を強く帯びた華やかな文化が開花したとされる。一方で、経済の伸長と文化の展開とを直接結びつけて理解するべきでないという見解もある。これは、元禄文化の代表的創造者とされている人物(松尾芭蕉や近松門左衛門ら)の中には、もともとは武士階級であった者もおり、文化の享受者というレベルでは確かに庶民層にまで裾野が広がったものの、元禄文化すなわち町人文化・庶民文化であるというような単純な図式は必ずしも成り立たないと主張する。さらに、元禄文化が開花したのは、近世前期に社会の秩序化が進行して、従来のような自己表現の機会や可能性が制限されるようになり、浪人層を含む武士をはじめとする人々が、そうした欲求やエネルギーを文化創造の領域に向けるようになったからではないかとする。こういった国内の社会・経済状況に加えて、東アジアの国際関係からの観点も提示されている。すなわち、一六一六年から一六八三年までおよそ半世紀に及ぶ中国王朝の明から清への交代を受けて、明清文化が渡来文人によって日本へ伝えられ、中央都市の武家・町人文化から、漁山村の在村文化へと受容され、文化の熟成を促すというものである。したがって、この時期の文化の担い手は、松尾芭蕉や井原西鶴らに代表される町人文化の担い手だけでなく、黄檗《おうばく》宗の仏教建築・仏像彫刻・書・画・詩文・普茶《ふちゃ》料理などを伝えた僧侶隠元のような渡来文人、そして地方でこれの開基に協力して地域での書画・漢詩文など在村文化の先駆けをなした在地有力者が存在した。また、身分集団内での階層序列の明確化と職分の分化が進み、公家や宗教者といった多様な文化の担い手が生まれた。

[参考文献] 原田伴彦「元禄文化」(『岩波講座日本歴史』一一、岩波書店、一九六三年)、赤井達郎「元禄期の都市生活と民衆文化」(『岩波講座日本歴史』一〇、岩波書店、一九七五年)、高埜利彦「元禄の社会と文化」(同編『元禄の社会と文化』、吉川弘文館、二〇〇三年)、杉仁「明清文化と日本社会」(同)、松澤克行「元禄文化と公家サロン」(同)　(川上　真理)

寺社再興（じしゃさいこう）

戦国の争乱は、人心の荒廃とともに、古代以来の寺社の伽藍・社殿・存立基盤にも大きな影響を与え、泰平の江戸時代を迎えてその再建・再興は為政者の行うべき務めであった。五代徳川綱吉政権は施政方針を示す『武家諸法度《ぶけしょはっと》』の第一条を改め、武威に代わり忠孝・礼儀による上下秩序の維持を最重要事項とした。これは、泰平の世にふさわしい政治論理の呈示であり、仏教・神道など学問・文化を重視する姿勢として確認される。前近代において国家安全の祈禱を命じ、それを主宰することは国家権力の務めであり、統治者の証であったことは、鎌倉幕府の『御成敗式目《ごせいばいしきもく》』一条・二条にみられる通りである。綱吉は、大和東大寺大仏殿や法隆寺、延暦寺や仁和寺などの官寺の再興をはかった。特に東大寺大仏殿再建に関してはその関与が顕著であり、自力勧進で大仏の修造を成し遂げた公慶《こうけい》に全国への「御免勧化《ごめんかんげ》」を許し、その不足分については全国から百石につき金一分の勧化金を幕領は五年間、私領は二年間集め、再建費用の資として十万両を確保した。こうした勧化は、江戸時代後期の幕府による主要寺社修復の手段とされた。こうした国家的援助により、今日に残る大仏殿は宝永六年(一七〇九)落慶した。神社についても、同様の傾向がみられ、綱吉生母桂昌院所縁の京都の今宮神社《いまみやじんじゃ》はこの時期に社殿の造営を受けた。このほか律令以来の官寺や神社の積極的な造営・修理が進められ、費やした膨大な費用は幕府財政窮乏の一因となるものであった。

[参考文献] 辻善之助『日本仏教史』八(岩波書店、一九五三年)、杣田善雄『幕藩権力と寺院・門跡』(思文閣出版、二〇〇三年)、高埜利彦「元禄の社会と文化」(同編『元禄の社会と文化』、吉川弘文館、二〇〇三年)　(田中　潤)

自分仕置令（じぶんしおきれい）

徳川綱吉が発布した法令。「一家一領中」で起こった逆罪・火付、生類へ傷害する者に限り、幕府の法に準拠の上で、大名は独自に刑罰を執行することができる。ただし事件が他の大名領地にも関わる場合は、月番老中に申告を必要とするなどの内容を持つものであり、綱吉の生類憐み政策の一環であることは明らかである。大名の仕置権を認めた法令としては、江戸時代で、唯一のものである。もちろん、本法令発布以前から慣習として、大名に自分仕置権が認められていたが、本法令の発令により、不文法を成文化するとともに、仕置の発動権とは本来幕府の権利であり、大名はその権利を幕府より分与されたにすぎないことを示したのである。

参考文献　塚本学「幕藩関係からみた生類憐み政策」（『徳川林政史研究所研究紀要』昭和五四年度、一九八〇年）

（種村　威史）

酒造制限令（しゅぞうせいげんれい）

酒造を制限する法令のこと。酒は米をもとに製造することから、凶作時には米価安定のために酒造が制限された。酒造石高の改めが行われたのは万治三年（一六六〇）がはじめて、明暦三年（一六五七）以降の酒造高が改められ、従来からの酒造業者は長雨や洪水のためその半分、また新規の酒造の製造は認められなかった。その後は何度か酒造高が改められ、酒造の制限令が繰り返し出された。元禄十年（一六九七）、徳川綱吉は全国の酒造家より運上を課した。このときに確認された株高を「元禄調高」と称し、全国的な規模で幕府に掌握された点で異例であった。綱吉の死後宝永六年（一七〇九）三月に廃止された。綱吉政権の経済政策が幕閣の発案によるものが多いなか、この法令は綱吉自身による発案で、元禄九年の飲酒抑制を求めた法令との関連を塚本学は指摘する。元禄十年代に行われた国絵図の作成や自分仕置令とともに、統一国家の長としての将軍権力に関わる法令と理解できる。生類憐み令や服忌令を通して肉食の忌避を綱吉は明らかにした。ほかにも酒を忌避するなど、武家・庶民の生活面も統制した、特異な権力者としての綱吉の姿を示す一つの政策といえる。この後、享保年間（一七一六―三六）の米価下落により酒造制限が緩和され、その後天明八年（一七八八）に酒造高改が行われるが、元禄の調高が酒造家の古さを示す一つの由緒として記載されることが多く、ここに綱吉期の形式が残されている。

参考文献　塚本学『徳川綱吉』（『人物叢書（新装版）』、吉川弘文館、一九九八年）、柚木学『酒造りの歴史（新装版）』（雄山閣、二〇〇五年）

（宮原　一郎）

貞享暦（じょうきょうれき）

貞享二年（一六八五）から宝暦四年（一七五四）まで、七十年間にわたって施行された暦法。また、この暦法に基づく暦本も貞享暦という。貞享暦施行以前に用いられていた宣明暦《せんみょうれき》は、貞観四年(八六二)以来、八百年以上にわたって施行されていた。そのため、実際の季節とは二日の誤差が生じ、日月食の予報が外れることが少なくなかった。延宝元年(一六七三)、幕府碁方の保井算哲《やすいさんてつ》(渋川春海《しぶかわはるみ》)は、元の授時暦《じゅじれき》への改暦を上表した。ところが、授時暦では延宝三年五月一日の日食を予測することができず、授時暦への改暦は頓挫した。これを受けて算哲は、授時暦にみずからの観測結果を盛り込んで日本に適合させた暦法を作成し、天和三年(一六八三)十一月、再度改暦を請うた。この月、暦本に記載された月食が発生しなかったため、陰陽頭の土御門泰福《つちみかどやすとみ》が改暦に従事することになり、算哲は京都に赴いて泰福とともに事にあたった。朝廷は新たな暦法に明の大統暦《だいとうれき》を採用することを決定して改暦を宣下するものの、算哲は大統暦の不備を指摘してみずからの暦法を採用するよう上表し、両者を実証実験で比較した結果、算哲の暦法が採用されることとなった。貞享元年十月二十九日、改暦宣下。暦法は貞享暦と名付けられ、翌二年から施行された。貞享改暦に伴い、幕府は暦本の記載内容と形式を統一した。この結果、例外的に認められた薩摩暦を除き、全国に同一内容の暦本が流通することとなった。

[参考文献] 西内雅『渋川春海の研究』(至文堂、一九四〇年)、渡辺敏夫『近世日本天文学史』上(恒星社厚生閣、一九八六年)、林淳『天文方と陰陽道』(『日本史リブレット』、山川出版社、二〇〇六年)

(杉　岳志)

定高貿易 (じょうだかぼうえき)

長崎貿易の上限額を決定し、その枠内で貿易を行うこと。定高設定の意義は金・銀の国外流出の防止と舶来品の価格抑制にある。貞享元年(一六八四)、幕府は従来の市法貨物仕法を停止し、糸割符仲間を再興した。再興された糸割符仲間は生糸に限り独占購入を認めるもので、ほかの唐物は相対売買が行われ、国内商人による競り買いにより舶来品の価格が騰貴した。そこで幕府は貞享二年七月二十五日、唐船銀高六千貫・オランダ商館銀高三千貫、都合九千貫と決定した。この上限額は市法貨物仕法期の出来高を踏襲したもので、このうち生糸などの糸代銀を三分の一、薬種・荒物・端物代を三分の一とした。定高を超過した場合、唐船は積戻しを命じられ、この積戻し船による抜荷が横行した。定高設定の背景には国内における金・銀産出量の低下と国外流出が指摘されている。さらに、東アジア地域の政治変動による多数の唐船入津が、右の状況に拍車をかけた。糸割符の再興と定高の設定は、元禄年間(一六八八―一七〇四)以降の唐人屋敷の設置・長崎会所の設立とともに管理貿易体制の構築のはじまりであり、同時に貿易都市長崎の特徴と欠点を決定づけた。

参考文献　中田易直・中村質校訂『崎陽群談』（近藤出版社、一九七四年）、中村質『近世長崎貿易史の研究』（吉川弘文館、一九八八年）、太田勝也『長崎貿易』（同成社、二〇〇〇年）、橋本賢一「正徳新例前後期の長崎における抜荷の主体変化と町の展開」（『史学研究集録』三四、二〇〇九年）

（橋本　賢一）

生類憐み令（しょうるいあわれみれい）

五代将軍徳川綱吉の時代に下された生類の憐れみに関する法令の総称。貞享二年（一六八五）から、馬の筋のべの禁止、幕府御台所での鳥類・貝類・海老の使用が禁止され、また生類憐み令を多く載せる『御当家令条』巻三十三が貞享二年を初発とすることから、貞享二年をそのはじまりと見る説がある。一方、貞享四年に「生類あハれみ」などの文言が法令上に現れ、実際の処罰例も見られるほか、金沢藩・熊本藩・松山藩など全国へ触れられた五ヵ条の覚が出されたのが同年四月とあることなどから、貞享四年を始まりとする説がある。終わりは綱吉が死去した宝永六年（一七〇九）正月までで、法令の総数については、そのはじまりをいつにするかで諸説ある。対象の生類は牛・馬・犬・鳥類などで、必ずしも犬だけが保護されたわけではなく、むしろ当初は馬に関するものが多い。しかし、戌年である元禄七年（一六九四）近辺から、犬に対する法令が頻繁に見られる。同年には、「痩せた犬が多く見られるためさらに犬を大事にせよ」という内容の法令や、同八年犬殺しの犯人密告者に金二十両を与えるとする高札が日本橋に立てられたり、同九年殺した犬に他人の名をつけて張札にしたものが磔になるなど、特に江戸での犬に対する保護がエスカレートする。同八年に武蔵国中野村に犬小屋が設置され、およそ三十万坪の敷地に最大十万匹の犬が飼育された。一方、捨子の禁止など法の対象は動物だけでなく人へも向けられている。人も含めた一切の生類への慈しみという教化を通じて、その頂点に立つ将軍のもと幕府の庇護・管理下に置こうとする現れと理解できる。これらの法令の一部が全国の諸藩まで伝えられたり、また犬小屋に収まりきれない犬を武蔵の村で預かった例はあるものの、内容は江戸を中心にした都市法令という性格が強い。法令の遵守で江戸の町民を苦しめた反面、食犬の風習が止められ、都市に野犬のはびこりを抑えたという側面もあった。しかし、その法令たるや苛酷で、延宝八年（一六八〇）綱吉の就任直後の法令で示した「民之辛苦」を察するとした為政者の姿を示すものとは見なしがたい。綱吉の死後、徳川家宣により即座にこれらの法令は撤回され犬小屋は廃止される。表面上は、「万民の患にかへがたき」ために綱吉が遺言で生類憐み令を撤回するよう柳沢吉保《やなぎさわよしやす》に命じたとされたようである。また、徳川吉宗の時期に編纂された『御触書集成』に生類憐み令のほとんどを載せなかったのは、やはり「良き法」ではなかったからだろう。

参考文献 大舘右喜「生類憐愍政策の展開」(『所沢市史研究』三、一九七九年)、塚本学『生類をめぐる政治』(『平凡社選書』平凡社、一九八三年)、根崎光男『生類憐みの世界』(『同成社江戸時代史叢書』、同成社、二〇〇六年)

(宮原　一郎)

諸国鉄砲改(しょこくてっぽうあらため)

生類憐み政策の一環として実施された全国的な在村鉄砲調査。豊臣秀吉の刀狩以降、江戸時代における全国的な在村鉄砲政策としては唯一のものである。貞享三年(一六八六)十一月二十八日、徳川綱吉が大目付水野《みずの》守政《もりまさ》へ「鳥銃考察」を命じたのがはじまりで、翌年から各地で調査が開始され、調査結果は大目付に提出された。在村鉄砲は、㈠猟師が使用する猟師鉄砲、㈡田畑を荒らす鹿・猪・猿などを追い払うため空砲で用いる威《おど》し鉄砲、㈢「所がら物騒」(治安のよくない所)の地に許可する用心鉄砲、の三種類に分類され、これ以外の鉄砲は没収となった。許可された鉄砲の半数以上は威し鉄砲であったが、害獣に対して空砲では効果が薄いため、元禄二年(一六八九)、元禄六年と段階的に実弾発射規制が緩和され、定められた手続きを踏めば、期間を限って実弾発射が認められるようになった。諸国鉄砲改以前から幕府は関東に対して在村鉄砲調査を実施していたが、綱吉死後、幕府の在村鉄砲政策の対象地は関東のみに復した。しかし、全国の領主には百姓の鉄砲使用状況を毎年幕府大目付へ報告することが引き続き命じられた。諸国鉄砲改以前から独自の在村鉄砲調査を行なっていた藩もあったが、諸国鉄砲改によって在村鉄砲の実情をはじめて把握する藩も少なくなかった。諸国鉄砲改は、幕府や藩の在村鉄砲政策を方向付けた政策といえる。

参考文献 塚本学『生類をめぐる政治』(『平凡社選書』、平凡社、一九八三年)、根崎光男『生類憐みの世界』(『同成社江戸時代叢書』、同成社、二〇〇六年)、武井弘一『鉄砲を手放さなかった百姓たち—刀狩りから幕末まで—』(『朝日選書』、朝日新聞出版、二〇一〇年)

(中西　崇)

側用人(そばようにん)

将軍側近の最高職。江戸城の奥(将軍の執務・生活の場所)に所属する小性・小納戸・奥儒者・奥医師などの職務上の支配や、将軍と老中の間の取次を行う。ほぼ万石以上の者が任命され、役料はなく、格式は老中に準じた。五代将軍徳川綱吉が館林藩主時代に家老を務めた牧野《まきの》成貞《なりさだ》が、天和元年(一六八一)十二月十一日に就任したのをはじめとし、八代徳川吉宗のころに一時中断するが、その後非常置となり、幕末まで続いた。初期のころは、出自や就任期間、石高は一様でなく、人数も一定せず、側用人を昇進の最後とすることがほとんどだった。職務内容もさまざまで、役職というより、将軍との個人的な関係を基盤とする立場であったといえる。対して、吉宗政権期以降は、定員は一名となり、半分以上が若年寄の出身者で、側用人退任後は老中となる者が多い。将軍との関係に立脚した性質は、御側御用取次に受け継がれることになり、側用人は、老中昇進コースの一画として官僚化したと考えられる。また、その権力の実態についても、たとえば柳沢吉保は、老中の合議に参加するといった単なる取次以上の権限があったが、みずからが政策を立案し、老中へ伝達するという例は多くはなかったという。また、田沼意次は、老中に就任した後も側用人としての職務を兼ねたが、田沼政治といわれた政策のほとんどは、老中になってからのものである。つまり、側用人は、文芸作品の中にみられるような思いのままに政治権力を発揮できるような存在ではなく、老中を筆頭とする表の官僚組織の職務領域に踏み込むことはなかったのである。

参考文献 松尾政司「宝暦期政局の動向について」(『歴史地理』九一ノ四、一九六八年)、深井雅海『徳川将軍政治権力の研究』(吉川弘文館、一九九一年)、福留真紀『徳川将軍側近の研究』(校倉書房、二〇〇六年)、同「柳沢騒動―まぼろしの御家騒動―」(福田千鶴編『新選御家騒動』上、新人物往来社、二〇〇七年)

(福留 真紀)

大嘗会の再興 (だいじょうえのさいこう)

貞享四年(一六八七)十一月十六日の大嘗会は、文正元年(一四六六)に後土御門天皇が挙行して以来中絶していたものを不完全ながら再興したものである。大嘗会とは、四日間にわたって行われる天皇即位後初の大々的な新嘗祭で一度限りの大嘗祭のうち、とくに節会《せちえ》の部分に注目して呼称したとされるもので、その再興は霊元《れいげん》天皇が要望したものであったが、当初、新たな経費支出を拒む幕府によって拒絶された。しかし、新たな経費支出を行わず、本来の東山天皇即位に係る経費に含めて挙行することを主たる条件に、朝幕間で交渉が繰り返され、かつ歴史的に武家政権下で挙行しても差し支えない儀式であることを徳川綱吉が確認した結果、幕府の同意により再興が実現したものである。

参考文献 『古事類苑』神祇部一(吉川弘文館、一九九五年)、武部敏夫「貞享度大嘗会の再興について」(『書陵部紀要』四、一九五四年)、野村玄「天和・貞享期の綱吉政権と天皇」(『史林』九三ノ六、二〇一〇年)

(野村 玄)

勅額大火（ちょくがくたいか）

元禄十一年（一六九八）九月六・七日に江戸で発生した大火。六日未明、南鍋町《みなみなべちょう》（東京都中央区銀座《ぎんざ》六丁目）から出火、千住《せんじゅ》（東京都足立区）まで延焼し、大名屋敷八十三、旗本屋敷二百二十五、寺院二百三十二、町屋一万八千七百三、寺地・代官地四百八十八ヵ所、町数三百二十六町を焼失し、明暦以後の大火となった。前月に落成したばかりの上野東叡山寛永寺《とうえいざんかんえいじ》根本中堂の「瑠璃殿」の勅額が六日に到着したことにちなみ、中堂火事・勅額火事とも呼ばれる。中堂はからくも被災を免れたが、同寺本坊と境内の四代将軍家綱（厳有院）霊廟が炎上した。幕府は直ちに再建を命じ、翌十二年二月に本坊と霊廟が相ついで完成した。

参考文献 『東京市史稿』変災篇四・市街篇一三・産業篇九（一九三〇・三一・六四年）

（川村由紀子）

天和の治（てんなのち）

江戸幕府五代将軍徳川綱吉の初期の政治、すなわち綱吉が将軍となった延宝八年（一六八〇）八月から貞享元年（一六八四）八月までの四年間を「天和の治」と呼ぶ。その政治を特徴づけたのは「賞罰厳明」政策であった。既決の案件でも是非を糾明する方針が打ち出され、越後高田藩二十六万石で起きた家中騒動（越後騒動）を綱吉みずからの手で裁断した。これは徳川家康の子結城秀康の孫で越前松平家と呼ばれた家門大名を改易に処することで、将軍の権威と厳しさを演出した裁決であった。まさに、綱吉の「御代始」の改易であったといえる。さらに、役職勤務ないし藩政を乱す大名を改易や大幅な減封処分に処したり、古くからの土地の有力者が世襲して年貢請負人のような立場にあった代官を大量に粛正・罷免・更迭したりと、職務精励を厳しく求めた。なかでも勝手掛（農政専管）を命じられた老中堀田正俊《ほったまさとし》は、延宝八年閏八月に七ヵ条の代官職務規程を出し、その冒頭で「民は国の本也」と代官の心構えを説いた。すなわち、綱吉は大名の徳川政権に対する自立性を認めず、将軍家の官僚とする体制へと展開させると同時に、代官もまた政府の忠実な官僚と位置づけられ、農民と農村の管理を密に行うことが幕府財政の基礎になった。また、天和三年（一六八三）七月には、『武家諸法度』を大幅に改定した。「忠孝」と「礼儀」を冒頭に掲げ、主君の「家」に対する忠義や父祖によく仕える孝、礼儀による秩序を説き、『諸士法度』を『武家諸法度』に統合することで全国の諸大名を旗本・御家人と同じ主従制の原理に包摂、すなわち「公儀」を「家中」に統合したのである。綱吉はその初期の政治において、徳川家の家政機関としての幕府を中央政府として一元化する政治体制の構築を図ったのである。

参考文献 辻達也『享保改革の研究』(創文社、一九六三年)、深谷克己『士農工商の世』(『大系日本の歴史』九、小学館、一九八八年)、深井雅海『徳川将軍政治権力の研究』(吉川弘文館、一九九一年)、高埜利彦『元禄・享保の時代』(『集英社版日本の歴史』一三、集英社、一九九二年)、塚本学『徳川綱吉』(『人物叢書』、吉川弘文館、一九九八年)、横田冬彦『天下泰平』(『日本の歴史』一六、講談社、二〇〇二年)、小川和也『牧民の思想』(平凡社、二〇〇八年)、福田千鶴『徳川綱吉』(『日本史リブレット』、山川出版社、二〇一〇年)、深井雅海『綱吉と吉宗』(『日本近世の歴史』三、吉川弘文館、二〇一二年)

(佐藤　宏之)

徳川綱吉の御成（とくがわつなよしのおなり）

五代将軍徳川綱吉は、三代将軍徳川家光の四男として生まれ、六歳にして石高十五万石を賜り、邸を竹橋に構えた。明暦の大火に遭い神田に移ると、のちに十六歳で上野国館林藩二十五万石を賜る。延宝八年(一六八〇)五月六日に四代将軍徳川家綱の継嗣となり、同月八日跡を継ぐと、館林藩時代の家臣を幕臣に編入し、綱吉政権を支える勢力とした。綱吉の治世は、前半を「賞罰厳明」を勧めて「天和の治」と称えられる時代、後半を側用人の重用と奢侈生活に耽溺した弊政の時代と評価される。江戸幕府ではじめて側用人をおき、それに神田邸時代からの家臣牧野成貞《まきのなりさだ》を任じた。御成とは宮家・摂家・将軍家などの他出や訪問をいうが、徳川将軍の場合には日光社参、江戸城内紅葉山社参、上野寛永寺・芝増上寺参詣や、御鷹野御成・川通御成など江戸近郊への出遊、また江戸市中の諸大名邸への御成などが頻繁に行われた。諸大名邸への御成は、三代家光の時代に大御所徳川秀忠の御成とともに特に多かった。ついで多いのが五代綱吉で、将軍在職二十九年間(一六八〇―一七〇九)に百四十八回行なった。綱吉の御成は、元禄元年(一六八八)牧野成貞邸に行ったのを皮切りに、側用人牧野成貞・柳沢保明《やなぎさわやすあきら》(吉保)・松平輝貞《まつだいらてるさだ》、館林家老本庄宗資《ほんじょうむねすけ》といった神田館家臣団へ行ったのが全体のおよそ八割を占める。これらの御成では、「賞罰厳明」と相まって、重臣の引立てが行われた。また、学問への傾倒から、儀式次第には茶の湯に代わって儒学講釈や綱吉をはじめとして御成先の当主やその家臣らによる能・囃子の披露が組み込まれ、武具・馬具の献上・下賜を主体とした主従関係の確認から、礼を重視した儀式へと転換した。さらに、室礼は唐風から和風へと変化した。

参考文献 佐藤豊三「将軍御成について(八)」(『金鯱叢書―史学美術史論文集―』一一、徳川黎明会、一九八四年)、福留真紀『徳川将軍側近の研究』(校倉書房、二〇〇六年)、川

上真理「関宿藩牧野家の将軍御成について」(『野田市史研究』二〇、二〇〇九年)

(川上　真理)

磔茂左衛門一揆（はりつけもざえもんいっき）

天和元年(一六八一)、上野国沼田藩領内で発生した越訴事件。伝承によると、同年春、利根郡月夜野村(群馬県利根郡みなかみ町)に在住した茂左衛門が、当時の沼田藩主真田信利の悪政について幕府に直訴するため、偽造した寛永寺輪王寺宮の文箱に訴状を入れ、中山道板橋の茶屋に置文をした。その結果、訴状が将軍徳川綱吉のもとに届いたといわれる。同年十一月信利は、両国橋御用材切出し御用の遅れや失政で改易処分になった。天和二年十二月五日、茂左衛門は磔の刑に処されたといわれる。同時期に政所村(みなかみ町)の名主松井市兵衛なども越訴したとされるが、この一揆は多くを伝承に依拠し、その実態は不明である。

参考文献　丑木幸男『磔茂左衛門一揆の研究』(文献出版、一九九二年)、保坂智『百姓一揆と義民の研究』(吉川弘文館、二〇〇六年)

(荒木　仁朗)

藩翰譜（はんかんふ）

江戸時代初期の大名の系譜や家伝を編修した書物。一万石以上の大名三百三十七家について、慶長五年(一六〇〇)から延宝八年(一六八〇)までの八十年間分を収載する。文体は平仮名交じり文で、全十二巻と序目一巻からなる。編者は新井《あらい》白石《はくせき》で、元禄十五年(一七〇二)に成稿している。白石が仕えた将軍徳川家宣が甲府藩主時代の元禄十三年に命じたもので、各種の古書や古記録をもとに簡潔な伝記的体裁をとる。構成は御三家や越前松平家・保科家など徳川家の家門の記述を筆頭に、譜代大名、外様大名と続き、附録部分に廃絶の諸家を載せている。『藩翰譜』は江戸時代前期における大名家の鳥瞰図の様相をもち、文章内容も簡潔で正確であったため、大名家の間でも一目置かれた書物であった。将軍家宣は座右の書として傍らにおいていたといわれる。侍講として家宣に仕える白石は、本書の編修により、家宣に将軍として大名家全体を熟知させる目的があったといわれる。以降、本書は写本として流通し広く読まれたようである。文化二年(一八〇五)には、この続編『藩翰譜続編』が幕府により編修されている。

参考文献　宮崎道生「『藩翰譜』考」(『文経論叢史学篇』二、一九六六年)、荒川久寿男「藩翰譜成立小考」(『皇学館論叢』一六ノ三、一九八三年)、根岸茂夫「近世における『藩翰譜』の影響と長州藩」(『季刊日本思想史』四六、一九九五年)

(綱川　歩美)

富士山噴火（ふじさんふんか）

宝永四年(一七〇七)十一月二十三日から十二月八日まで続

いた富士山南東側山腹での大噴火。最も被害を受けたのは、駿河国駿東郡須走《すばしり》村（静岡県駿東郡小山町）であり、降灰量が九尺（二・七メートル）と最も深く、灰は北西の風に乗り、相模国・武蔵国に及び、江戸でも灰が降り注いでいた。この被害により、宝永五年正月小田原藩領百四ヵ村が、扶持米の支給や田畑の砂除を求めて江戸に出訴しようとするほどであった。幕府は、同年閏正月諸国高役金令を出し、救済・復興の資金として石高百石につき金二両を徴収し、小田原藩領などの私領被災地五万六千石を幕領に切替えた。この被災地の復興は、関東代官伊奈忠順《いなただのぶ》が担当し、相模国足柄下郡酒匂《さかわ》村（神奈川県小田原市）に会所を置き、砂除け・酒匂川などの川浚い普請・被災民への夫食援助を実施した。しかし、復興は困難を極め、宝永六年三月駿東郡三十九ヵ村が御救い金の支給継続を求めて、江戸の伊奈屋敷に出訴するに至った。復興の苦難から、忠順が駿府代官所の米蔵を無断で開き、米を農民に与えたとも伝えられ、幕末には伊奈神社が創設されている。田畑の再開発は、享保年間（一七一六—三六）になって進展し、享保元年約半分の被災地が小田原藩に戻り、御厨領は、寛保三年（一七四三）に駿府代官の支配となった。相模国西岸の被災地は、享保七年一旦小田原藩の預地となるが、享保十二年再び幕領となり、関東地方御用掛大岡忠相の下で、田中丘隅《たなかきゅうぐ》や蓑笠之助《みのかさのすけ》が中心となり、治水事業を柱に復興を推進した。そして延享四年（一七四七）おおむね被災地は小田原藩に復帰した。

参考文献　永原慶二『富士山宝永大爆発』（集英社、二〇〇二年）、松尾美恵子「富士山噴火と浅間山噴火」（大石学編『享保改革と社会変容』、吉川弘文館、二〇〇三年）

（荒木　仁朗）

服忌令（ぶっきれい）

近親者に死者があったときなどに喪に服する期間を定めた法令。もともと服忌は、朝廷や神道において死や血の穢れを排する習俗として存続していたが、徳川綱吉の子、徳松《とくまつ》死去の際に服忌令が混雑しているとして、林春常《はやしじゅんじょう》（信篤《のぶあつ》）、人見友元《ひとみとももと》、木下順庵《きのしたじゅんあん》、神道家の吉川惟足《よしかわこれたり》に調査が命じられ、貞享元年（一六八四）二月三十日に公布、その後数度の改訂を経て元文元年（一七三六）に確定した。こうして幕府は、従来から存続した服忌・穢れの観念と制度を統制の下に置き、幕府の設定した基準のもとに服忌を行わせることになった。具体的には、忌中の者は将軍の社参当日には出勤を遠慮しなければならず、忌中の者に出会った場合でも身を清めなければならなかった。実父母死去では五十日が忌、十三ヵ月を服喪の期間とし、養父母ではそれぞれ三十日と百五十日、などというように細かく規定された。服忌令は、直接には将軍家への出仕について適用したものだが、ことに親族の範囲と軽重を全国規模で定め、国法の権威により親族規定がなされたことに意義がある。なお、諸藩もこれをおおむね準用した。こうして、戦国時代以来、人を殺すことが価値であり、主人の死後追腹を切ることが美徳とされた武士の論理は、死の穢れとともに排され、武家の儀礼の中に、朝廷から伝わった服忌の観念が制度化徹底され、広く社会に浸透していった。

参考文献 高埜利彦『元禄・享保の時代』(『日本の歴史』一三、集英社、一九九二年)、塚本学『徳川綱吉』(『人物叢書』、吉川弘文館、一九九八年)、林由紀子『近世服忌令の研究―幕藩制国家の喪と穢―』(清文堂出版、一九九八年)

(武林 弘恵)

別子銅山(べっしどうざん)

伊予国宇摩郡別子山村(愛媛県新居浜市)にあった江戸時代の代表的な鉱山の一つ。貞享四年(一六八七)銅鉱が発見され、元禄三年(一六九〇)に泉屋(住友)によって幕府に開発が出願された。同四年から採鉱、製錬が始まった。泉屋の請負期間は五ヵ年で、産銅のうち山師取分の一割三分が運上と定められ、炭竈十口につき一ヵ年に銀三十枚が運上とされた。産銅高は逐年増加し、元禄八年分は百万斤(六〇〇トン)を越え、同十年分は一二〇〇トン以上を産出し、同十二年に二百五十三万四千四百四十斤六十二匁(一五〇〇トン以上)となって明治以前の最高を記録した。以後、宝永三年(一七〇六)分まで二百万斤台で推移し、享保二年(一七一七)分まで百万斤台の産銅があった。元禄十五年、泉屋は幕府に産銅振興策を進言し、拝借金一万両十ヵ年延べ上納と、一石あたり代銀五十匁十ヵ月延べ上納の買請米六千石が許可され、別子銅山は泉屋による永代請負となった。泉屋による永代請負は長期的・計画的な鉱山経営を可能とさせるもので、江戸時代では画期的な仕法であった。宝暦十二年(一七六二)別子と隣接する立川銅山(愛媛県新居浜市)を泉屋が一手に経営することとなった。別子銅山の産銅は宝暦四年から長崎輸出銅に用いられ、一ヵ年に四十二万斤(二五二トン)が定高とされ、同五年以降、幕末まで定高は七十二万斤であった。産銅高は享保三年以降減少し、文政八年(一八二五)―十二年には平均六十九万斤台となり、天保十二年(一八四二)以降、御用銅は定高七十二万斤に達しない状態が続いた。文化年間(一八〇四―一八)から生産コストが上昇し、幕末にかけて泉屋の経営を圧迫した。

参考文献 小葉田淳「別子銅山史上の若干の問題」(『日本経済史の研究』、思文閣出版、一九七八年)、『住友別子鉱山史』上(住友金属鉱山、一九九一年)、小葉田淳『日本銅鉱業史の研究』(思文閣出版、一九九三年)、安国良一「別子銅山の

開坑と周辺幕領」（朝尾直弘教授退官記念会編『日本国家の史的特質』近世・近代、思文閣出版、一九九五年）

（田中　信行）

宝永通宝（ほうえいつうほう）

江戸幕府が宝永五年（一七〇八）から翌六年にかけて発行した大銭のこと。幕府の公鋳銭としては、ほかに例のない十文銭（当十銭）である。大銭は、市中では一文銭一枚に対して二枚半ないし三枚程度の価値しかなかったので評判がきわめて悪く、両替商も苦情を申し立てる有様となり、五代将軍徳川綱吉の没後、宝永六年正月、通用停止を命じた。通用期間は、わずか十ヵ月半であった。元禄・宝永期（一六八八―一七一一）に勘定奉行を勤めた荻原重秀《おぎわらしげひで》のときに発行された銭には、荻原銭とよばれた寛永通宝と、この宝永通宝があった。この二種の銅銭は、いずれも京都糸割符《いとわっぷ》仲間の請負によるもので、願人は京都糸割符年寄の長崎屋忠七であった。宝永通宝は、長崎屋忠七から若年寄稲垣重富に働きかけが行われ、その許可を得て、宝永五年二月から吹き立てが始められた。銭貨についても、金銀と同じように、貶質化の趨勢は変わらず、元禄の金銀貨改鋳の際、銭貨も二年遅れて悪鋳が始まったのである。

参考文献　関山直太郎『日本貨幣金融史研究』（新経済社、一九四三年）、瀧澤武雄・西脇康編『貨幣』（『日本史小百科』、東京堂出版、一九九九年）、岩橋勝「近世の貨幣・信用」（桜井英治・中西聡編『流通経済史』、山川出版社、二〇〇二年）

（福澤　徹三）

湯島聖堂（ゆしませいどう）

はじめ林家が家塾として営んでいたものを、のちに幕府が接収して広く幕臣や諸藩士などの学問修養の場としたもの。寛永七年（一六三〇）徳川家光は林羅山へ金二百両を与え、上野忍岡《しのぶがおか》に別邸と書庫・塾舎を建設させた。寛永九年には、尾張藩の徳川義直が孔子を祭る聖廟を同地に建設した。さらに寛文元年（一六六一）に、幕府によってより大きな聖廟へと改築された。寛文年間（一六六一―七三）には幕府の修史事業が本格化するが、林家塾内におかれた国史館は、編修の拠点となり、幕府の費用が投下された。元禄三年（一六九〇）幕府は新たに忍岡から湯島へ聖廟と塾舎などを移し、公的な機関として規模の拡大と整備が開始された。高崎藩主松平輝貞《まつだいらてるさだ》が総奉行に、蜂須賀隆重《はちすかたかしげ》が手伝役に任じられ、聖堂建設が着手された。「大成殿」と名付けられた聖廟本殿をはじめとして、学寮や服属の諸舎などもあわせて建てられた。大規模な整備は、学問に強い関心をよせた徳川綱吉の影響によるところが大きく、聖廟の扁額は綱吉の自筆である。このころから仰高門東舎で行われる講釈が一般にも公開され、身分を問わず聴講がゆるされるようになった。徳川吉宗の代になるとこの公開講釈が日講とされ、毎日林家の門人に四書などを講義させた。吉宗の文教政策の一環として進められた日講は、毎月の出席者を上申させたが、出席状況は芳しくなかった。聴講数が伸び悩むなか聖堂は、宝永元年(一七〇四)、安永元年(一七七二)、天明六年(一七八六)と、たび重なる火災にあう。その都度、再建はされるものの、規模は縮小傾向にあり、聖堂の認識自体も低下していった。そして聖堂は寛政年間(一七八九—一八〇一)の改革の中で再び、昌平坂学問所として新たな意義を付されていくことになる。

[参考文献] 橋本昭彦「江戸時代の教育と湯島聖堂」(『斯文』九九、一九九〇年)、中山久四郎編『聖堂略志(復刻版)』(大空舎、一九九八年)

(綱川 歩美)

大老

氏名	称呼	前職	補職年月日	転免年月日	後職
酒井忠清	雅楽頭	老中	寛文六(一六六六)・三・二六 [実][寛]六・三・二九	延宝八(一六八〇)・一二・九	辞 [実]病免
堀田正俊	筑前守	老中	天和元(一六八一)・一二・一一 [実][寛]元・一二・一一	貞享元(一六八四)・八・二八	被害
井伊直興・直該 [実][寛]直該	掃部頭		元禄一〇(一六九七)・六・一三	元禄一三(一七〇〇)・三・二	免、隠居 [実]病免[寛]辞

老中

氏名	称呼	前職	補職年月日	転免年月日	後職
稲葉正則	美濃守	奏者番 [実][寛]なし	明暦三(一六五七)・九・二八	天和元(一六八一)・一二・八	辞 [実]免

氏名	称呼	前職	補職年月日	転免年月日	後職
大久保忠朝	加賀守		延宝五(一六七七)・七・二六 実寛五・七・二五	元禄一一(一六九八)・二・一五	辞 実老免寛職ゆるさる
土井利房	能登守	若年寄	延宝七(一六七九)・七・一〇	天和元(一六八一)・二・一一	免 実寛職ゆるさる
堀田正俊	備中守 筑前守	若年寄	延宝七(一六七九)・七・一〇	天和元(一六八一)・一二・一二 実寛元・一二・一一	大老
板倉重通(道) 実寛重種	石見守 内膳正	寺社奉行 実寛奏者番兼寺社奉行	延宝八(一六八〇)・九・二一	天和元(一六八一)・一一・二六 実寛元・一一・二五	免 実職ゆるさる寛免職、逼塞
阿部正武	美作守 豊後守	寺社奉行 実寛奏者番兼寺社奉行	天和元(一六八一)・三・二六	宝永元(一七〇四)・九・一七	卒
戸田忠昌	越前守 山城守	京都所司代	天和元(一六八一)・一一・一五	元禄一二(一六九九)・九・一〇	卒
松平信之	日向守	詰衆 寛雁間詰	貞享二(一六八五)・六・一〇	貞享三(一六八六)・七・二二 実寛三・七・二三	卒
土屋政直	相模守	京都所司代	貞享四(一六八七)・一〇・一三	享保三(一七一八)・三・三	免 実寛職ゆるさる
小笠原長重	佐渡守	京都所司代	元禄一〇(一六九七)・四・一九	宝永七(一七一〇)・五・一八	辞
秋元喬朝 実寛喬知	但馬守	若年寄	元禄一二(一六九九)・一〇・六	正徳四(一七一四)・八・一四	卒
稲葉正通 実寛正往	丹後守	大留守居	元禄一四(一七〇一)・正・一一	宝永四(一七〇七)・八・二	辞 実病免
本多正永	紀伊守 伯耆守	若年寄	宝永元(一七〇四)・九・二一 実寛元・九・二七	正徳元(一七一一)・四・二	辞 実病免
大久保忠増	加賀守	詰衆 寛雁間詰	宝永二(一七〇五)・九・二一	正徳元(一七一一)・四・二 実寛三・七・二五	辞 実職ゆるさる

氏名	称呼	前職	補職年月日	転免年月日	後職
井上正峯〔岑〕 [実][寛]正岑	大和守 河内守	若年寄	宝永二(一七〇五)・九・三	享保七(一七二二)・五・一七	卒

京都所司代

氏名	称呼	前職	補職年月日	転免年月日	後職
戸田忠昌	越前守 山城守	寺社奉行 [実][寛]奏者番兼寺社奉行	延宝四(一六七六)・四・三	天和元(一六八一)・一一・一五	老中
稲葉正通 [実][寛]正往	丹後守	寺社奉行 [実][寛]奏者番兼寺社奉行	天和元(一六八一)・一一・一五	貞享三(一六八六)・九・三 [実]二・九・二三[寛]二・九・二四	辞 [実][寛]職ゆるさる
土屋政直	相模守	大坂城代	貞享三(一六八六)・九・二三 [実][寛]二・九・二三	貞享四(一六八七)・一〇・一三	老中
内藤重頼	大和守	大坂城代	貞享四(一六八七)・一〇・一三	元禄三(一六九〇)・一一・二七	卒
松平信興	因幡守	大坂城代	元禄三(一六九〇)・一二・二 [実][寛]三・一二・二六	元禄四(一六九一)・閏八・三	卒
小笠原長重	佐渡守	寺社奉行 [実][寛]奏者番兼寺社奉行	元禄四(一六九一)・閏八・二六	元禄一五(一七〇二)・四・一九 [実][寛]一〇・四・一九	老中
松平信庸	紀伊守	側用人 [実]昵近[寛]近習	元禄一五(一七〇二)・四・一九 [実][寛]一〇・四・一九	正徳四(一七一四)・九・六	老中

大坂城代

氏名	呼称	前職	補職年月日	転免年月日	後職
太田資次	摂津守	奏者番兼寺社奉行	延宝元(一六七三)・六・一九 [実][寛]六・六・一九	貞享元(一六八四)・四・六	卒

氏名	呼称	前職	補職年月日	転免年月日	後職
水野忠春	右衛門大夫	奏者番 [実]寺社奉行 [寛]奏者番兼寺社奉行	貞享元(一六八四)・四・一三 (仮役)	貞享元(一六八四)・七・一三 [実]元・一二・一九帰謁 [寛]元・一二	
土屋政直	相模守	奏者番	貞享元(一六八四)・七・一〇	貞享二(一六八五)・九・二三	京都所司代
内藤重頼	大和守	若年寄	貞享二(一六八五)・九・二七	貞享四(一六八七)・一〇・一三	京都所司代
松平信興	因幡守	奏者番	貞享四(一六八七)・一〇・一三	元禄三(一六九〇)・一二・二一 [実][寛]三・一二・二六	京都所司代
土岐頼隆 [実][寛]頼殷	伊予守	奏者番 [実]なし	元禄四(一六九一)・正・一一	正徳二(一七一二)・二・二 [実][寛]二・五・一五	免 [実]老病により職ゆるさる [寛]辞

側用人

氏名	称呼	前職	補職年月日	転免年月日	後職
牧野成貞	備後守	館林家老 [実][寛]御側	延宝八(一六八〇)・一〇・九 [実][寛]天和元・一二・一一	元禄八(一六九五)・一二・一 [実][寛]八・一一・二九	辞 [実]願により隠退 [寛]致仕
喜多見重政	若狭守	小性 [実]側小性 [寛]御側	天和二(一六八二)・九・六 [寛]なし	元禄二(一六八九)・二・二	御預け [実][寛]召預け
松平忠易 [実][寛]忠周	伊賀守	若年寄	貞享二(一六八五)・七・二一 [実][寛]二・七・二一	元禄二(一六八九)・三・一三	免 [実]ゆるさる [寛]病免
太田資直	摂津守	若年寄	貞享三(一六八六)・正・一一	貞享三(一六八六)・六・二九	辞 [実][寛]病免
牧野忠広(英) [実][寛]忠貴	伊予守	御側	元禄元(一六八八)・九・一二	元禄元(一六八八)・一一・一三 [実][寛]元・一〇・一三	召放さる [実]職うばわれ、逼塞 [寛]職ゆるされ、逼塞
柳沢保明 松平吉保 [寛]柳沢吉保	出羽守 美濃守	小納戸上席 [実][寛]小納戸	元禄元(一六八八)・一一・一二	宝永六(一七〇九)・六・三	願により免、隠居 [実][寛]致仕をゆるさる

氏名	称呼	前職	補職年月日	転免年月日	後職
南部直政	遠江守	御側	元禄元(一六八八)・一一・三	元禄二(一六八九)・正・二六	辞 [実]病免
金森頼時 [実][寛]頼旹	出雲守	奥詰	元禄二(一六八九)・五・二 [実]二・四・二	元禄五(一六九二)・七・二八 [実]三・四・一四[寛]三・四・一五	免、城地召上 [実][寛]昵近をゆるさる
相馬昌胤	弾正少弼	奥詰	元禄二(一六八九)・六・四	元禄三(一六九〇)・四・一四 [実][寛]二・八・二一	辞 [実]病免
畠山基玄	民部大輔	御側	元禄二(一六八九)・三・一 [実]二・三・六[寛]二・三・七	元禄四(一六九一)・二・五 [実][寛]四・二・三	奏者番
酒井忠真	左衛門尉	奥詰 [寛]なし	元禄六(一六九三)・二・三 [実]六・二・一一[寛]六・正・二八	元禄六(一六九三)・三・二 [実][寛]六・三・一	辞 [実]ゆるさる
松平輝貞	右京亮 右京大夫	御側	元禄七(一六九四)・八・二七 [実][寛]六・正・七	宝永六(一七〇九)・正・一七	免、雁間詰
松平忠位・信庸 [実][寛]信庸	紀伊守	奥詰	元禄九(一六九六)・一〇・一	元禄一〇(一六九七)・四・一九	京都所司代
間部詮房	越前守	桜田より召連 [実][寛]西丸御側	宝永元(一七〇四)・正・九 [実][寛]三・正・九	享保元(一七一六)・五・一六	免、雁間詰 [寛]職ゆるさる
戸田忠利 [寛]忠時	大炊頭	御側 [実][寛]西丸御側	宝永元(一七〇四)・三・五 [実]二・八・一[寛]なし	宝永三(一七〇六)・一〇・一五 [寛]なし	辞 [実]ゆるされ、雁間詰
松平忠徳 [実][寛]忠周	伊賀守	奥詰	宝永二(一七〇五)・九・二	宝永六(一七〇九)・正・一七	免 [実][寛]職ゆるされ、雁間詰

寺社奉行

氏名	称呼	前職	補職年月日	転免年月日	後職
板倉重通(道) [実][寛]重種	石見守	[実][寛]雁間詰	延宝五(一六七七)・六・二	延宝八(一六八〇)・九・二	老中

氏名	称呼	前職	補職年月日	転免年月日	後職
松平重治 実忠勝	山城守 修理亮	実寛奏者番	延宝六(一六七八)・三・二三 実寛六・三・二三	天和元(一六八一)・一一・二八 実元・一一・二九	辞 実病免寛両職辞
阿部正武	美作守	実寛雁間詰	延宝八(一六八〇)・八・二一 実寛八・閏八・二一	天和元(一六八一)・三・二六	老中
水野忠春	右衛門大夫		天和元(一六八一)・二・一六	貞享二(一六八五)・五・二二	召放 実寛両職ゆるされ、雁間詰
稲葉正通 実正往寛正通・正往	丹後守		天和元(一六八一)・四・九	天和元(一六八一)・一一・一五	京都所司代
秋元喬朝 実寛喬知	摂津守	実寛奏者番	天和元(一六八一)・一一・二九	天和二(一六八二)・一〇・一六	若年寄
酒井忠国	大和守	大番頭	天和元(一六八一)・一一・二九	天和三(一六八三)・正・一一	卒
坂本重治	右衛門佐 大内記	大目付	天和二(一六八二)・一〇・一六	貞享四(一六八七)・五・一四	召放・閉門
板倉重形	伊予守	大番頭より詰衆 寛元大番頭	天和三(一六八三)・二・二	貞享元(一六八四)・七・二六	辞 実病、職ゆるさる
本多忠向〔当〕 実寛忠周	伊予守 淡路守	大番頭	天和三(一六八三)・二・二	貞享四(一六八七)・五・一四 寛四・五・一〇	召放・閉門
大久保忠増	安芸守	奏者番	貞享二(一六八五)・七・二三	貞享四(一六八七)・一一・一八 実寛四・一二・一八	若年寄
酒井忠挙	河内守	実寛奏者番	貞享四(一六八七)・三・一〇	元禄二(一六八九)・一一・二三 実寛二・七・二二	辞 実病、両職ゆるされ、雁間詰寛両職辞
戸田忠真	能登守	実寛奏者番	貞享四(一六八七)・五・一八	元禄三(一六九九)・九・二三 実寛三・閏九・二三	免 実寛両職免、雁間詰
米津正盛 実寛政武	伊勢守 出羽守	柳(奏者番項)奏者番	貞享四(一六八七)・五・一八	元禄元(一六八八)・一〇・二	召放 実寛職奪われ遠慮

氏名	称呼	前職	補職年月日	転免年月日	後職
本多正永	紀伊守	大番頭	元禄元(一六八八)・一二・一四	元禄九(一六九六)・一〇・一	若年寄
加藤明英	佐渡守 越中守	実寛雁間詰	元禄二(一六八九)・八・三	元禄三(一六九〇)・一〇・一二 実寛三・一〇・一二	若年寄
小笠原長重	佐渡守	実寛書院番頭	元禄三(一六九〇)・三・三	元禄四(一六九一)・閏八・二六	京都所司代
松浦任 実寛棟(松浦家譜)任・棟	壱岐守	実寛奥詰	元禄四(一六九一)・一二・二五	元禄七(一六九四)・一二・二五 実寛七・一二・三	辞 実病辞、雁間詰寛両職辞、雁間詰
永井直敬	伊賀守	奏者番	元禄七(一六九四)・一二・一五	宝永元(一七〇四)・一〇・一	若年寄
井上正岑	大和守	実寛奏者番	元禄九(一六九六)・一〇・一	元禄一二(一六九九)・一〇・六	若年寄
松平重頼(栄) 実寛重栄	日向守	実寛奏者番	元禄九(一六九六)・一〇・一	元禄一二(一六九九)・一〇・六 実寛一五・閏八・一九	辞 実寛両職ゆるされ、雁間詰
阿部正喬	飛騨守	部屋住 実寛奏者番	元禄一二(一六九九)・九・二八 実寛一二・閏九・二八	宝永元(一七〇四)・一〇・二九	免 実両職ゆるされ、雁間詰寛両職ゆるさる
青山幸督	播磨守	実寛奏者番	元禄一二(一六九九)・一〇・一三	元禄一五(一七〇二)・六・五	辞 実寛加役ゆるさる
本多忠晴	弾正少弼	大番頭	元禄一五(一七〇二)・六・二 実寛一五・六・一〇	正徳三(一七一三)・閏五・七	辞 実病、両職ゆるさる寛両職辞
三宅康雄	備前守 備後守	実寛奏者番	宝永元(一七〇四)・一〇・一	宝永七(一七一〇)・九・二七 実寛七・九・一二	辞 実病、両職免、雁間詰寛両職辞
久世重之	出雲守	実寛奏者番再任	宝永元(一七〇四)・一〇・九	宝永二(一七〇五)・九・二一	若年寄
鳥居忠救 実寛忠英	伊賀守	寛帝鑑間席	宝永二(一七〇五)・九・二一	正徳元(一七一一)・六・二七	若年寄
堀直利	左京亮 丹波守		宝永二(一七〇五)・九・二一	宝永五(一七〇八)・五・二六	召放・閉門

若年寄

氏名	称呼	前職	補職年月日	転免年月日	後職
松平信衡 [実][寛]信興	因幡守	側衆	延宝七(一六七九)・七・一〇	天和二(一六八二)・三・一九 [実][寛]二・二・一九	奏者番
石川乗政	美作守	側衆	延宝七(一六七九)・七・一〇	天和二(一六八二)・三・一九 [実][寛]二・三・二三	奏者番
堀田正央(英) [実][寛]正英	対馬守	傅役 [実]側衆	天和元(一六八一)・九・六	貞享二(一六八五)・六・一〇	奏者番
稲葉正休	石見守	側衆	天和二(一六八二)・三・二三	貞享元(一六八四)・八・二八	殺害せらる
秋元喬朝 [実][寛]喬知	摂津守 但馬守	寺社奉行 [寛]奏者番兼寺社奉行	天和二(一六八二)・一〇・六 [実][寛]二・一〇・一六	元禄六(一六九三)・九・二九 [実][寛]三・一〇・六	側用人 [実][寛]老中
内藤重頼	若狭守 伊賀守 大和守	傅役 [実]元西丸側衆 [寛]元傅役	貞享元(一六八四)・三・一〇	貞享二(一六八五)・九・二七	大坂城代
松平忠徳 [実][寛]忠周	伊賀守	詰衆 [実]なし	貞享二(一六八五)・六・三 [実][寛]二・六・二	貞享二(一六八五)・七・二	側用人 [寛]近習
太田資直	備中守 摂津守	奏者番	貞享二(一六八五)・八・九	貞享三(一六八六)・正・二 [実][寛]三・正・二	側用人 [寛]近習
稲垣重定	安芸守	側衆	貞享二(一六八五)・一一・六	元禄二(一六八九)・二・六 [実][寛]二・二・三	御役被召放 [実]職うばわる [寛]職ゆるされ出仕を憚る
大久保忠増	安芸守 隠岐守	寺社奉行 [実][寛]奏者番兼寺社奉行	貞享四(一六八七)・一二・一八	元禄元(一六八八)・八・二七	辞 [実]病免
三浦直次 [実][寛]明敬	壱岐守	詰衆 [実][寛]奏者番	元禄二(一六八九)・二・六	元禄二(一六八九)・五・二	奏者番
山口(内)直久 [実][寛]山内豊明	大膳亮	奥詰	元禄二(一六八九)・五・三	元禄二(一六八九)・五・一二	免 [実]病免、逼塞[寛]免職、逼塞

氏名	称呼	前職	補職年月日	転免年月日	後職
松平信孝	安房守	側衆	元禄二(一六八九)・五・一一	元禄三(一六九〇)・九・一三 [実][寛]三・九・二九	卒 [実]病免[寛]辞
内藤正親 [実][寛]政親	右近大夫 丹波守	奏者番	元禄三(一六九〇)・七・一〇	元禄七(一六九四)・三 [実][寛]七・四・一三	辞 [実]免
加藤明英	佐渡守 越中守	寺社奉行 [寛]奏者番兼寺社奉行	元禄三(一六九〇)・一一・一一 [実][寛]三・一〇・一二	正徳元(一七一一)・三・一三	辞 [実]病免
松平正久	弾正忠	奏者番	元禄七(一六九四)・二・一九	元禄九(一六九六)・三・一八	奏者番仮役 [実][寛]職に応ぜず、奏者番に復す
米倉昌忠 [実][寛]昌尹	丹後守	側衆	元禄九(一六九六)・三・二八	元禄一二(一六九九)・七・一三	卒
本多正永	紀伊守 伯耆守	寺社奉行	元禄九(一六九六)・一〇・一	宝永元(一七〇四)・九・二七	老中
稲垣重富	対馬守	小性	元禄一二(一六九九)・七・二八	宝永六(一七〇九)・九・二五 [実]六・九・二六	辞 [実]病免
井上正峯(岑) [実][寛]正岑	大和守	寺社奉行 [実][寛]奏者番兼寺社奉行	元禄一二(一六九九)・一〇・六	宝永二(一七〇五)・九・二一	老中
永井直敬	伊賀守 伊豆守	寺社奉行 [実][寛]奏者番兼寺社奉行	宝永元(一七〇四)・一〇・一	正徳元(一七一一)・六・一三	卒
久世重之	隠岐守 大和守	寺社奉行 [実][寛]奏者番兼寺社奉行	宝永二(一七〇五)・九・二一	正徳三(一七一三)・八・一三	老中
大久保教寛	長門守	側衆 [実][寛]西丸側衆	宝永三(一七〇六)・一〇・一五	享保八(一七二三)・三・六	老免 [実][寛]職ゆるさる

町奉行

氏名	称呼	前職	補職年月日	所在	転免年月日	後職
島田忠政 [寛]利木・守政・忠政	久太郎 出雲守	寄合 元長崎奉行	寛文七(一六六七)・閏三・二 [実][寛]七・閏二・二	北	天和元(一六八一)・三・二七	召放され小普請入、差控 [実]職うばわれ閉門[寛]職うばわれ小普請、閉門
甲斐庄正親	飛騨守	勘定奉行 [実][寛]勘定頭	延宝八(一六八〇)・八・三〇	南	元禄三(一六九〇)・一二・三 [実]なし[寛]三・一二・一五	卒 [実]日付なし
北条氏平	新蔵 安房守	持頭 [実][寛]持弓頭	天和元(一六八一)・四・六	北	元禄六(一六九三)・一二・二六 [実][寛]六・一二・一五	留守居
能勢頼相 [実]頼寛[寛]頼相・頼寛	出雲守	大坂町奉行	元禄三(一六九〇)・一二・二三	南	元禄一〇(一六九七)・四・三	辞 [実]病免
川口宗恒	摂津守	長崎奉行	元禄六(一六九三)・一二・一五	北	元禄一一(一六九八)・一二・一	辞 [実]老衰ゆるさる[寛]辞、寄合
松前嘉広	伊豆守	京都町奉行	元禄一〇(一六九七)・四・一四	南	元禄一六(一七〇三)・一一・一三	大目付
保田宗郷	越前守	大坂町奉行	元禄一一(一六九八)・一二・一	北	宝永元(一七〇四)・一〇・一	留守居
丹羽長守	遠江守	長崎奉行	元禄一五(一七〇二)・閏八・一五	中	正徳四(一七一四)・正・二六	辞 [実]病免、寄合[寛]辞、寄合
林忠詞(朗) [実]忠和[寛]忠朗・忠和	土佐守 伊豆守	長崎奉行	元禄一六(一七〇三)・一一・一五	南	宝永二(一七〇五)・正・二六	辞 [実]病免[寛]辞、寄合
松野助義	河内守 壱岐守	大坂町奉行	宝永元(一七〇四)・一〇・一	北	享保二(一七一七)・二・二	老衰辞 [実]病免、寄合[寛]老衰辞、寄合
坪内定鑑	源五郎 能登守	先手 [実]先手頭[寛]先鉄炮頭	宝永二(一七〇五)・四・二八 [実][寛]二・正・二八	南	享保四(一七一九)・正・二八	辞 [実]病免、寄合[寛]辞、寄合

勘定奉行

氏名	称呼	前職	補職年月日	管掌	転免年月日	後職
杉浦正昭 [実]正昭・正綱[寛]正綱	市左衛門 内蔵允	中川番 [寛]なし	寛文八(一六六八)・六・一〇		延宝八(一六八〇)・閏八・一一	留守居
徳山重政	五兵衛	寄合 [実][寛]本所奉行	寛文一〇(一六七〇)・五・一六		天和元(一六八一)・三・二九	免職 [実]職ゆるされ小普請[寛]免
甲斐庄正親	喜右衛門 飛驒守	使番	寛文一二(一六七二)・九・一一 [実][寛]一二・九・七		延宝八(一六八〇)・八・三〇	町奉行
大岡重清 [実][寛]清重	五郎左衛門 備前守	目付	延宝八(一六八〇)・三・二五		貞享四(一六八七)・九・一〇	免職
高木守蔵 [実]守養[寛]守勝	善左衛門 伊勢守	目付	延宝八(一六八〇)・一〇・七		天和二(一六八二)・一〇・一六	大目付
彦坂重治	源兵衛 壱岐守	目付	延宝八(一六八〇)・一〇・七		貞享四(一六八七)・九・一〇	免職
中山信久 [寛]吉勝	主馬 隠岐守 遠江守	先手 [実]先手頭 [寛]先鉄炮頭	天和二(一六八二)・一一・六		貞享二(一六八五)・九・六 [実][寛]二・九・三〇	辞 [実]病免、寄合[寛]辞、寄合
松平忠冬	隼人正	寄合	貞享二(一六八五)・一〇・三		貞享二(一六八五)・三・七	御側格 [実][寛]御側
仙石政勝	治左衛門 和泉守	新番頭	貞享二(一六八五)・一〇・二九 [実][寛]二・三・二九		貞享四(一六八七)・九・一〇	免職 [寛]免職、小普請
小菅正武	遠江守	小普請奉行組頭	貞享四(一六八七)・九・一〇		元禄元(一六八八)・一〇・二 [実]元・八・二三[寛]元・一一・二	卒 [実]免職
佐野正周	六右衛門 長門守	勘定吟味役 [実]勘定奉行差添役 [寛]勘定頭にそうて勤仕	貞享四(一六八七)・九・一〇		元禄元(一六八八)・八・二三	免職

氏名	称呼	前職	補職年月日	管掌	転免年月日	後職
松平重良	孫大夫 美濃守	普請奉行	元禄元(一六八八)・七・二七	公事	元禄一一(一六九八)・三・六 [実]なし[寛]一一・三・二六	卒
戸田直武	又兵衛 美作守	寄合 [実][寛]小普請	元禄元(一六八八)・一一・一四		元禄二(一六八九)・四・一八 [寛]二・四・二六	免職
稲生正照	五郎左衛門 伊賀守 下野守	作事奉行	元禄二(一六八九)・五・三		元禄一二(一六九九)・四・四	辞 [実]病免[寛]辞、寄合
井戸良弘	三十郎 志摩守 対馬守	先手 [実]先手頭 [寛]先弓頭	元禄七(一六九四)・二・一九		元禄一五(一七〇二)・一一・二八	留守居
荻原重秀	彦次郎 近江守	佐渡奉行・勘定吟味役 [実]勘定吟味役	元禄九(一六九六)・四・一一		正徳二(一七一二)・九・一一	免 [実]職うばわれ寄合[寛]職ゆるされ寄合
久貝正方	忠左衛門 因幡守	持頭 [実][寛]持筒頭	元禄一二(一六九九)・正・一一	公事	宝永二(一七〇五)・三・一	留守居
戸川安広	備前守 日向守	西丸留守居	元禄一二(一六九九)・四・一三 [実][寛]一二・四・一四		宝永五(一七〇八)・三・二九 [実][寛]五・二・二九	辞 [実]病免、寄合[寛]辞、寄合
中山時春	出雲守	大坂町奉行	元禄一五(一七〇二)・一一・二八		正徳四(一七一四)・正・二八	町奉行
石尾氏信	阿波守	長崎奉行	宝永二(一七〇五)・三・一		宝永五(一七〇八)・一一・二九 [実]なし	卒
平岩親庸	若狭守	持頭 [実][寛]持弓頭	宝永五(一七〇八)・四・一		正徳三(一七一三)・三・一三	辞 [実]病免、寄合
大久保忠形(香) [実][寛]忠香	大隅守	大坂町奉行	宝永五(一七〇八)・三・一五		享保元(一七一六)・二・一四 [実][寛]元・二・三	免職、小普請

6代　徳川家宣

徳川家宣画像　紙本淡彩。元になった奈良長谷寺の画像に彩色を施したものとされる。表情は柔和である。

徳川家宣（とくがわいえのぶ）　一六六二―一七一二

江戸幕府六代将軍。一七〇九―一二在職。甲府藩主徳川綱重（三代将軍徳川家光三男）嫡男。母は長昌院（於保良之方、田中治兵衛勝宗女）。寛文二年（一六六二）四月二十五日未刻谷中千駄木館（甲府藩山手屋敷）にて誕生。幼名虎松。はじめは甲府藩家老新見正信《しんみまさのぶ》に引き取られて新見左近と称するが、同十年戻され徳川虎松を名乗る。延宝四年（一六七六）十二月十二日元服し従三位左中将に叙任。将軍徳川家綱の一字偏諱を受け綱豊と称する。同五年綱重の遺領甲府二十五万石を相続。のちに十万石が加増されて三十五万石を領する。延宝七年正室として近衛基熙《このえもとひろ》の女熙子（天英院）が嫁ぐ。近衛基熙は日記『基熙公記』にこの縁組を「無念」と記すほど不快感を示したが、のちには親しい間柄となり、家宣将軍就任に際しては徳川綱吉の治世が「愁優」であったので諸国人民が内心悦んでいると記している。熙子は一男一女を出産するがいずれも早世した。宝永元年（一七〇四）十二月五日、五代将軍綱吉に後継者がいなかったため養子になり、江戸城西丸に入る。甲府藩以来の家臣をそのまま西丸家臣として幕臣化させた。同六年五月朔日征夷大将軍就任。同時に正二位内大臣兼右大将叙任。直後の七月三日に側室於喜世之方（月光院）との間に家継が生まれる。綱吉の死後八日目に評判の悪かった生類憐みの令を停止した。綱吉政権を支えた柳沢吉保《やなぎさわよしやす》を免職して側用人間部詮房《まなべあきふさ》と儒者新井白石《あらいはくせき》を権力の中枢に据えて綱吉政権同様将軍と側近による権力体制を構築する。この体制は間部詮房を老中格に据えることによって老中の合議に参加させ、その結果を間部詮房が単独で家宣に伝えるものであり、譜代大名による幕政を抑止するものとなった。また甲府藩以来の側近集団である小性十四名と小納戸十九名および奥右筆をそのまま登用し、家宣政権独自の権力機構を作り上げた。宝永七年四月十五日、新井白石によって改定されたはじめての和文体による『武家諸法度』を発布し、綱吉政権以来の儒教色強い性格が進められた。このころ義父である近衛基熙が京都より招かれ朝幕関係の安定が図られるとともに政策面でも関与していった。東山天皇皇子の秀宮直仁《なおひと》親王から始まる閑院宮《かんいんのみや》家創設は家宣と近衛基熙との親密な関係によるところが大きい。家宣の政治としては新井白石の建議に従って次のようなものが挙げられる。㈠朝鮮通信使の国書を「日本国大君」から「日本国王」へ改定することと待遇の簡素化。正徳元年（一七一一）将軍宣下の祝賀を述べるため朝鮮通信使が来訪するが、将軍権威を高めることを目指すため、「日本国王」号の使用と饗応費の削減を求めた。朝鮮側の反発があったものの承諾され、以後の朝鮮通信使来訪の規範となった。㈡幕府領への巡見使の派遣。代官役人の不正による年貢収入の減少を抑えるために幕府領に派遣し摘発した。その際派遣された中に甲府藩以来の勘定所役人も必ず含まれた。これら不正防止策として正徳二年勘定吟味役が設置され杉岡能連《すぎおかよしつれ》・萩原美雅《はぎわらよしまさ》が就任した。㈢貨幣改鋳。『武家諸法度』発布と同時に金の含有率の低い元禄小判から乾字金に改めるが成功はしなかった。家宣は死の直前に元禄改鋳以来金融政策に関与した勘定奉行荻原《おぎわら》重秀《しげひで》を罷免し、新井白石による正徳改鋳が進められることとなる。家宣は将軍就任後わずか三年ほどで死去するが、七代将軍家継に至っても新井白石による政策が進められ、これらは正徳の治と称される。この時期に至って清朝が安定したことにより東アジアの平和が訪れた。上洛や日光社参（ただし家康百回忌のための日光社参は計画された）といった大規模な軍事演習も行われることなく身分序列と儀礼を中心とした政策へと移行していった。正徳二年十月十四日死去。五十一歳。『折たく柴の記』によれば、尾張藩主徳川吉通《よしみち》へ譲るか、家継に譲って死に際し徳川吉通に後見させるかのいずれがよいか家宣が白石に述べたのに対し、白石は家継に継がせて家臣一同盛り立てる旨を伝えたと記されている。同年十一月三日贈正一位太政大臣。増上寺（東京都港区）に葬られる。仮法名浄岳院殿順蓮社清誉廓然大居士。法名文昭院殿贈正一位大相国公。

参考文献　栗田元次『新井白石の文治政治』（石崎書店、一九五二年）、『徳川諸家系譜』一・二（続群書類従完成会、一九七〇・七四年）、宮崎道生『新井白石』（『人物叢書』、吉川弘文館、一九八九年）、深井雅海『徳川将軍政治権力の研究』（吉川弘文館、一九九一年）、高埜利彦「一八世紀前半の日本―泰平のなかの転換―」（朝尾直弘他編『岩波講座日本通史』一三、岩波書店、一九九四年）、瀬川淑子『皇女品宮の日常生活―『无上法院殿御日記』を読む―』（岩波書店、二〇〇一年）

（西村慎太郎）

〔家族〕

長昌院（ちょうしょういん） ?—一六六四

徳川綱重の側室、徳川家宣の母。町人の田中治兵衛勝宗女。田中治兵衛は北条氏直の家臣とも記されている。於保良之方を名乗る。天樹院(千姫)付松坂局(綱重乳母、畠山義継女)に奉公。正保元年(一六四四)徳川家光の息子長松(のちの綱重)が誕生すると天樹院の元で養育されることとなる。寛文二年(一六六二)四月二十五日、於保良之方は綱重の長男虎松(のちの家宣)を出産した。同三年四月二十九日に再び懐妊が判明したのち、綱重の家老新見正信《しんみまさのぶ》と松坂局の取り計らいで松坂局養女となり、四月二十九日馬廻役の二百俵取り越智与右衛門清重(喜清とも)の妻となった。綱重正室である隆崇院を憚ったものと評価されている。十月二十日に熊之助(のちの越智清武)を出産したのち、同四年二月二十八日死去した。善性寺(東京都荒川区)へ葬られる。法名は専光院修観日妙大姉。家宣が将軍徳川綱吉の世子となると宝永二年(一七〇五)十月十二日東叡山林光院へ改葬され、従三位贈位。さらに正徳二年(一七一二)十月十三日には従一位贈位となった。法名は長昌院殿大岳善光大姉。

参考文献 高柳金芳『江戸城大奥の生活』(雄山閣出版、一九六九年)、『徳川諸家系譜』一・二・三(続群書類従完成会、一九七〇・七四・七九年)

（西村慎太郎）

天英院（てんえいいん） 一六六二—一七四一

徳川家宣の正室。近衛基熙《このえもとひろ》女。母は品宮常子内親王(後水尾天皇皇女)。熙子、常子、照姫と名乗る。寛文二年(一六六二)生まれ。延宝七年(一六七九)六月縁組。父近衛基熙は日記『基熙公記』に「無念」と記すほど不本意な縁組であった。武家との婚姻は先祖の「御遺誡」に背くものであるため、内密に堂上公家平松時量《ひらまつときかず》の養女とした上で家宣に嫁ぐこととなる。同年十二月十八日婚礼。父近衛基熙の日記『基熙公記』や母品宮の日記『无上法院殿御日記《むじょうほういんどのごにっき》』からは家宣との仲がよい記事が散見される。天和元年(一六八一)八月二十六日豊姫(清華院)を出産。また、元禄十二年(一六九九)九月十八日長男(夢月院)を出産するが、即日死去してしまう。宝永元年(一七〇四)家宣が将軍徳川綱吉の養子となったことを受けて西丸へ移る。宝永六年正月御台所様と称し、家宣の将軍宣下に伴い同年六月十二日従三位。家宣の死去により正徳二年(一七一二)十月落飾し天英院と号す。翌年四月二日従一位に昇進し一位様と称する。徳川家継と八十宮《やそのみや》との縁組や徳川吉宗の将軍就任に対して月光院(家宣妾、家継実母)とともに積極的に関与した。また姪である近衛尚子(近衛家熙女)の入内も勧める役割も果たす。享保二年(一七一七)十二月十五日西丸へ移り、同十六年九月二十七日二丸へ移る。寛保元年(一七四一)二月二十八日二丸にて死去。八十歳。増上寺(東京都港区)へ葬られる。法名は天英院光誉和貞崇仁大姉。

参考文献 高柳金芳『江戸城大奥の生活』(雄山閣出版、一九六九年)、『徳川諸家系譜』一・二・三(続群書類従完成会、一九七〇・七四・七九年)、久保貴子『近世の朝廷運営』(岩田書院、一九九八年)、瀬川淑子『皇女品宮の日常生活―『无上法院殿御日記』を読む―』(岩波書店、二〇〇一年)、山本博文『徳川将軍家の結婚』(『文春新書』、文芸春秋、二〇〇五年)

(西村慎太郎)

月光院(げっこういん) 一六八五―一七五二

徳川家宣の側室、徳川家継母。唯念寺(東京都台東区)塔頭林昌軒(東京都葛飾区)住持勝田玄哲著邑女。於喜世之方を名乗る。貞享二年(一六八五)生まれ。讃岐国丸亀藩京極家・出羽国新庄藩戸沢家に仕え、宝永元年(一七〇四)大番矢島治太夫(家綱乳母の矢島局養子)の娘分として桜田御殿奥勤めをする。宝永六年七月三日鍋松(家継)を出産し、三之御部屋(三ノ御部屋)と呼ばれる。左京と名称を改める。家宣の息子大五郎(母は蓮浄院)の死去は於喜世之方による陰謀であったという評価もある。正徳二年(一七一二)十月二十七日家宣死去により落飾。月光院と号する。同三年従三位叙位しその後吹上御殿へ住する。実子である家継の妻に八十宮《やそのみや》吉子内親王(霊元院皇女)を迎えることを天英院(家宣正室近衛《このえ》熙子《ひろこ》)とともに画策し、霊元院は「公武御合体」推進のため許諾することとなった。宝暦二年(一七五二)九月十九日死去。六十八歳。増上寺(東京都港区)へ葬られる。文政十一年(一八二八)二月朔日贈従二位。法名は月光院理誉清玉智天大禅定尼。

参考文献 高柳金芳『江戸城大奥の生活』(雄山閣出版、一九六九年)、『徳川諸家系譜』一・二・三(続群書類従完成会、一九七〇・七四・七九年)、山本博文『徳川将軍家の結婚』(『文春新書』、文芸春秋、二〇〇五年)、山口和夫「近世の朝廷・幕府体制と天皇・院・摂家」(大津透編『王権を考える』、山川出版社、二〇〇六年)

(西村慎太郎)

法心院(ほうしんいん) 一六八二―一七六六

徳川家宣の側室。町医者であったといわれる太田宗庵(宗順・道哲)女。於古牟之方、または右近之方を名乗る。天和二年(一六八二)生まれ。元禄十五年(一七〇二)三月桜田御殿に奉公に上がり御湯殿掛を勤める。のちに中臈まで昇進。宝永三年(一七〇六)二月には弟(兄とも)太田文次郎(内記)が旗本として召し出される。同四年七月十日に家千代(智幻院)を出産し一之部屋様(一ノ御部屋・一之御部屋)と呼ばれる。家宣死去後落飾。法心院と号し馬場先御用屋敷に住す。のちに享保十七年(一七三二)十二月十二日浜御殿に住す。明和三年(一七六六)六月二日死去。八十五歳。東叡山林光院へ葬られる。法名は法心院遍浄至覚大姉。

参考文献　高柳金芳『江戸城大奥の生活』(雄山閣出版、一九六九年)、『徳川諸家系譜』一・二(続群書類従完成会、一九七〇・七四年)　(西村慎太郎)

蓮浄院（れんじょういん）　?—一七七二

徳川家宣の側室。櫛笥《くしげ》隆賀《たかよし》養女。実は園池季豊女。於須免《おすめ》之方を名乗る。延宝七年(一六七九)天英院(近衛《このえ》熙子《ひろこ》)が徳川綱豊(家宣)と婚姻の折に京都より江戸へ至る。宝永五年(一七〇八)十二月二十二日に家宣の子として大五郎(理岸院)を生み二之部屋様(二ノ御部屋・二之御部屋)と呼ばれる。また、大典侍(大助)とも称された。正徳元年(一七一一)八月二十五日(二十六日とも)虎吉(俊覚院)を出産。家宣死去後落飾。蓮浄院と号し馬場先御用屋敷に住す。のちに享保十七年(一七三二)十二月十一日浜御殿に住す。安永元年(一七七二)四月十八日死去。東叡山林光院へ葬られる。法名は蓮浄院霊池恵蕚大姉。

参考文献　高柳金芳『江戸城大奥の生活』(雄山閣出版、一九六九年)、『徳川諸家系譜』一・二(続群書類従完成会、一九七〇・七四年)　(西村慎太郎)

本光院（ほんこういん）　?—一七一〇

徳川家宣の側室。幕臣小尾十郎左衛門直易女。斎宮を名乗る。父が浜御殿(元は甲府藩下屋敷)に勤めている際に召し出されたといわれる。宝永七年(一七一〇)七月二十四日に流産し、それがもとで翌二十五日死去。常泉寺(東京都墨田区)に葬られる。歴代将軍の側室で墓碑に三つ葉葵紋が刻まれた者はなく、待遇のほどがうかがわれると評価されている。法名は本光院妙秋日円大姉。

参考文献　高柳金芳『江戸城大奥の生活』(雄山閣出版、一九六九年)、『徳川諸家系譜』二(続群書類従完成会、一九七四年)　(西村慎太郎)

清華院（せいがいん）　一六八一—八二

徳川家宣の長女。母は照姫(天英院、近衛《このえ》基熙《もとひろ》女)。豊姫を名乗る。天和元年(一六八一)八月二十六日、江戸桜田御殿にて生まれる。天和二年十月二十一日、江戸桜田御殿にて死去。二歳。祖母の品宮常子内親王の日記によれば「虫気さし起こり」と記されており、腹痛のひきつけによる突然死であろう。上行寺(東京都港区)に葬られ、導師日顕が常泉寺(東京都墨田区)に転住したことにより、同寺にも位牌がある。法名は妙敬日信大童女。

参考文献　『徳川諸家系譜』一・二(続群書類従完成会、一

九七〇・七四年)、瀬川淑子『皇女品宮の日常生活—『无上法院殿御日記』を読む—』(岩波書店、二〇〇一年)
(西村慎太郎)

夢月院(むげついん) 一六九九—九九
徳川家宣の長男。母は照姫(天英院、近衛基熙《このえもとひろ》女)。元禄十二年(一六九九)九月十八日、江戸桜田御殿にて生まれる。即日死去。常泉寺(東京都墨田区)に葬られるが、関東大震災後の区画整理により墓碑や遺骨は行方不明。法名は夢月院殿幻光大童子。
参考文献 『徳川諸家系譜』一・二(続群書類従完成会、一九七〇・七四年)、秋元茂陽『徳川将軍家墓碑総覧』(パレード、二〇〇八年)
(西村慎太郎)

智幻院(ちげんいん) 一七〇七—〇七
徳川家宣の三男。母は於古牟之方(右近之方とも、法心院、太田宗庵女)。宝永四年(一七〇七)七月十日、江戸城西丸にて生まれる。同月十八日に新田家千代と名乗る。九月二十八日、江戸城西丸にて死去。伝通院(東京都文京区)に葬られる。法名は智幻院殿露月涼華大童子。
参考文献 『徳川諸家系譜』一・二(続群書類従完成会、一九七〇・七四年)
(西村慎太郎)

理岸院(りがんいん) 一七〇八—一〇
徳川家宣の四男。母は於須免《おすめ》之方(蓮浄院、櫛笥隆賀《くしげたかよし》養女、実は園池季豊女)。宝永五年(一七〇八)十二月二十二日、江戸城西丸にて生まれる。同月二十八日に新田大五郎と名乗る。宝永七年(一七一〇)八月十二日、江戸城本丸にて死去。三歳。その死因が鍋松(のちの家継)の母である於喜世之方(月光院)の陰謀という評価もある。伝通院(東京都文京区)に葬られる。法名は理岸院殿月光秋華大童子。
参考文献 高柳金芳『江戸城大奥の生活』(雄山閣出版、一九六九年)、『徳川諸家系譜』一・二(続群書類従完成会、一九七〇・七四年)
(西村慎太郎)

俊覚院(しゅんかくいん) 一七一一—一一
徳川家宣の六男。母は於須免《おすめ》之方(蓮浄院、櫛笥隆賀《くしげたかよし》養女、実は園池季豊女)。正徳元年(一七一一)八月二十五日(二十六日とも)、江戸城本丸にて生まれる。虎吉と称す。同年十一月六日、江戸城本丸にて死去。天徳寺(東京都港区)に葬られ、昭和三年(一九二八)に谷中霊園内寛永寺墓地へ改葬された。法名は俊覚院殿霜岸智英大童子。
参考文献 『徳川諸家系譜』一・二(続群書類従完成会、一九七〇・七四年)、秋元茂陽『徳川将軍家墓碑総覧』(パレード、二〇〇八年)
(西村慎太郎)

本乗院（ほんじょういん）　?—一七〇四

徳川家宣の養女。近衛《このえ》家熙《いえひろ》女。政姫を名乗る。元禄十六年（一七〇三）十一月四日、桜田御殿に到着するも、宝永元年（一七〇四）七月一日（二十一日とも）死去。常泉寺（東京都墨田区）に葬られる。法名は本乗院妙融日耀大童女。

参考文献　『徳川諸家系譜』一・二（続群書類従完成会、一九七〇・七五年）

（西村慎太郎）

〔関連人物〕

雨森芳洲（あめのもりほうしゅう）　一六六八—一七五五

江戸時代中期の儒学者。名は俊良《としなが》・東・誠清《のぶきよ》、字は伯陽、号は芳洲。通称、東五郎。近江国伊香郡雨森（滋賀県長浜市高月町）の出身。寛文八年（一六六八）生まれ。父の医業を手伝っていたことから伊勢出身の名医高森正因《たかもりまさよし》に学んだが、次第に儒学の道をこころざすようになり、江戸の木下順庵《きのしたじゅんあん》に入門する。新井白石とは同門である。元禄二年（一六八九）、順庵の推挙により対馬藩の藩儒となり、藩主宗義倫《そうよしつぐ》・義方《よしみち》の侍講もつとめた。外交・貿易などに関する先例や慣例の整備を進める一方、朝鮮外交の実務にたずさわった。正徳元年（一七一一）・享保四年（一七一九）の二度の朝鮮通信使には、外交文事に関わる真文役として江戸へ随行した。特に、正徳通信使に通訳官として同行した倭学訳官の玄徳潤《ヒョンドギュン》や、享保通信使に同行した製述官の申維翰《シンユハン》との交流が知られる。正徳通信使に際しては、新井白石による通信使聘礼行事の改変、とりわけ「日本国王」の復号について、藩儒松浦允任《まつうらまさただ》とともに異議を唱えた。語学にも造詣が深く、長崎において中国語を学び、釜山の草梁倭館においては朝鮮語だけでなく朝鮮の歴史・地理・風俗を学んだ。その経験から、外交の実務において重要な役割を果たす朝鮮語通詞の待遇改善を図り、朝鮮語通詞の養成所を創設した。稽古では、芳洲が著した朝鮮語の教科書『交隣須知《こうりんしゅち》』などが用いられた。その他著作に、朝鮮外交の心得をまとめた『交隣提醒《ていせい》』などがある。宝暦五年(一七五五)正月六日没。八十八歳。

参考文献 上垣外憲一『雨森芳洲―元禄享保の国際人―』(『中公新書』、中央公論社、一九八九年)、泉澄一『対馬藩藩儒雨森芳洲の基礎的研究』(『関西大学東西学術研究所研究叢刊』一〇、関西大学出版部、一九九七年)、田代和生『日朝交易と対馬藩』(創文社、二〇〇七年)、上田正昭『雨森芳洲―互に欺かず争わず真実を以て交り候―』(『ミネルヴァ日本評伝選』、ミネルヴァ書房、二〇一一年)

(酒井 雅代)

新井白石(あらいはくせき) 一六五七―一七二五

江戸時代中期の儒者。名を君美《きんみ》、通称を勘解由《かげゆ》といい、白石はその号である。明暦三年(一六五七)二月十日生まれ。父正済《まさなり》が東奔西走の末、久留里藩へ仕えるが、のちに白石とともに藩を去る。ついで白石は大老堀田正俊《ほったまさとし》に仕えるも、堀田の暗殺によって再び浪人となる。はじめ儒学を独学で学び、三十歳ごろ木下順庵《きのしたじゅんあん》の門をたたき朱子学を受ける。その順庵の推挙によって、甲府藩主であった徳川綱豊《とくがわつなとよ》に侍講として仕える。綱豊にはほかにも侍講がいたが、白石の進講の回数が最も多く、好学の綱豊の意に適うものであったようである。また白石も綱豊を「堯舜《ぎょうしゅん》の君」に比するような理想的君主とするために献身的に仕えた。白石の『藩翰譜《はんかんふ》』は、綱豊の甲府藩主時代に編修に着手された事業として特筆されるべきものである。将来、将軍となる可能性の高い綱豊に、大名家全体の情報を熟知させる目的があったとされる。宝永六年(一七〇九)正月、綱豊が六代将軍家宣となると、側近の間部詮房《まなべあきふさ》とともに、白石は侍講としてだけでなく政治顧問的存在として、前将軍時代から積み残された政治的・経済的課題に取り組んだ。家宣から七代将軍徳川家継の治世下、いわゆる正徳の治の推進である。元禄年間(一六八八―一七〇四)、幕府の財政難を救済するために荻原重秀《おぎわらしげひで》が主導した貨幣改悪は物価の混乱を招いていた。それに対して金銀貨改良を打ち出し、民間の政治不信の払拭を目指した。正徳五年(一七一五)には、白石の提案によって海舶互市新例が発せられる。貿易量の削減によって、国外への金銀流出を防ぎ、同時に密貿易の取り締まりを強化した。外交政策としては、日朝外交の刷新が行われた。幕府財政上の負担軽減と、朝廷からの勅使対応との比較・不均衡から、朝鮮使節待遇の簡素化がなされた。また将軍と朝鮮国王を対等の関係とする観点から、外交文書上において将軍を「大君」から「日本国王」と表現することを採用した。そのほかにも儀式典礼の整備などの面においても、儒教的理想主義の政治を掲げ、幕政の中枢において活躍した。八代将軍徳川吉宗の就任以降は、主立った政治の場面に登用されることはなかったが、金銀の復古政策と、長崎貿易の統制については継承された。晩年は著述に専念し、死の前年には、かつて家宣に語った日本史の講義案を『読史余論《とくしよろん》』として完成させている。享保十年（一七二五）五月十九日没。六十九歳。

参考文献　宮崎道生『新井白石の時代と世界』（吉川弘文館、一九七五年）、同『新井白石』（『人物叢書（新装版）』、吉川弘文館、一九八九年）

（綱川　歩美）

越智清武（おちきよたけ）　一六六三―一七二四

徳川綱重次男、徳川家宣弟。玄蕃、民部、下総守、出羽守、兵部大輔、侍従、右近将監。母は於保良之方（長昌院、田中治兵衛勝宗女）。於保良之方は越智与右衛門清重（喜清とも）に嫁ぐ。寛文三年（一六六三）十月二十日誕生し、越智熊之助を名乗る。諱は吉忠・清宣。元服後は平四郎。養父越智清重の死後、跡目三百石を相続。その後加増され宝永三年（一七〇六）大名となり雁間席。宝永四年松平姓と館林の地を賜る。正徳二年（一七一二）葵紋を用いることが認められる。相続後加増が繰り返され、正徳二年に計五万四千石を知行。享保九年（一七二四）嫡子清方死去により松平義行次男行高が養子となる。同年九月十六日死去。六十二歳。善性寺（東京都荒川区）へ葬られる。法名は本賢院泰意日学大居士。

参考文献　高柳金芳『江戸城大奥の生活』（雄山閣出版、一九六九年）、『徳川諸家系譜』一・二・三（続群書類従完成会、一九七〇・七四・七九年）

（西村慎太郎）

貝原益軒（かいばらえきけん）　一六三〇―一七一四

江戸時代前期の筑前国福岡藩の儒者、本草学者。名は篤信、字は子誠、通称助三郎、のち久兵衛。はじめ損軒、晩年益軒と号す。寛永七年（一六三〇）十一月十四日、福岡藩右筆役貝原寛斎の五男として生まれる。慶安元年（一六四八）十月、福岡藩の御納戸御召料方に出仕。同三年八月、藩主黒田忠之の怒りにふれ浪人となり、長崎・京都・江戸を遊学。江戸滞在中にはたびたび幕府儒者林鵞峰《はやしがほう》を訪れている。明暦二年（一六五六）、福岡藩に再出仕。元禄十三年（一七〇〇）七月に致仕するまで、儒者として福岡藩に仕える。藩命により『黒田家譜』『筑前国続風土記』の編纂、黒田家世子綱之の侍講を勤める。明暦三年より京都へ遊学し、松永尺五《まつながせきご》・山崎闇斎《やまざきあんさい》・木下順庵《きのしたじゅんあん》・伊藤仁斎《いとうじんさい》・向井元升《むかいげんしょう》らと交流。三十六歳のころ、帰藩後藩士としての正式の待遇を与えられ、従来の朱陸兼取を捨て朱子学に専念する。著作は膨大で、主著のほとんどは致仕の後完成している。理気一元論の立場から朱子の理気二元論への疑いを著わした『大疑録』のほか、儒書『自娯集』『慎思録』、初の本格的本草書『大和本草』、益軒十訓と総称される平易な通俗教訓書、事典類など、人倫と物との関わり方を説いたものが多い。益軒は、学問の実用性を重視し、出版というあらたなメディアを積極的に活用し、広範に登場してきた識字層を読者にして「学問」を提供し、道徳的啓蒙の役割を担った。また、自然的世界(「物」)をも積極的に学問の対象とし、「物」を「物」として客観的にとらえようとする視点をもった。著書は、益軒没後にも何度も版を重ね、近代に至るまでながく読み継がれてきた。正徳四年(一七一四)八月二十七日没。八十五歳。墓所は福岡市中央区金龍寺。主要な著書は『益軒全集』全八巻に収められる。

参考文献　井上忠『貝原益軒』(『人物叢書(新装版)』、吉川弘文館、一九八九年)、辻本雅史「貝原益軒と出版メディア―『大学新疎』編纂と出版の努力―」(衣笠安喜編『近世思想史研究の現在』、思文閣出版、一九九五年)

(榎本　博)

近衛家熙(このえいえひろ)　一六六七―一七三六

堂上公家、関白、六代将軍徳川家宣正室天英院(熙子《ひろこ》)弟、尾張藩主徳川継友正室光雲院(安己君)父。父は関白近衛基熙《もとひろ》。母は品宮常子内親王(後水尾院皇女)。寛文七年(一六六七)六月四日生まれ。祖父である後水尾院と誕生日が一緒であったことから院の寵愛を受けた。霊元天皇との関係もよく、累進して貞享三年(一六八六)にはわずか二十歳で内大臣に昇進した。以後宝永四年(一七〇七)十一月には関白就任、同六年の中御門天皇即位に際して摂政となる。将軍徳川綱吉が同年死去したため即位延期が図られたが、新将軍家宣との親密な関係がある基熙・家熙父子の働きによってスムーズに進められた。翌年父基熙に引き続いて太政大臣に進む。近衛家は朝廷運営に政治力を発揮し将軍家・幕府の親密さも増していくが、このことが他の摂家との対立を招いた。他方で二度目の院政を敷いた霊元院とは融和的な関係になっていったと評価されている。正徳二年(一七一二)摂政辞任。享保十年(一七二五)准三后宣下、同年落飾して予楽院と号す。元文元年(一七三六)十月三日死去。七十歳。日記『家熙公記』が遺されている。書道・茶道・有職故実・作庭などに長じており享保年間の家熙の文化動向について記した山科道安《やましなどうあん》『槐記』もある。

参考文献　『公卿補任』(『新訂増補国史大系』、吉川弘文館、一九六五年)、久保貴子『近世の朝廷運営―朝幕関係の展開―』(岩田書院、一九九八年)、山口和夫「霊元院政について」

（今谷明・高埜利彦編『中近世の宗教と国家』、岩田書院、一九九八年）、瀬川淑子『皇女品宮の日常生活―『无上法院殿御日記』を読む―』（岩波書店、二〇〇一年）

（西村慎太郎）

近衛基熙（このえもとひろ）　一六四八―一七二二

堂上公家、関白、六代将軍徳川家宣正室天英院（熙子《ひろこ》）父。父は関白近衛尚嗣、母は昭子内親王（後水尾院皇女）。慶安元年（一六四八）三月六日生まれ。累進して延宝五年（一六七七）左大臣昇進。延宝七年六月、娘である熙子が甲府藩主徳川綱豊（家宣）と縁組した。しかしこの縁組について日記『基熙公記』に、武家との婚姻は先祖の「御遺誡」に背くものであるため「無念」と記すほど不本意な縁組であった。そこで内密に堂上公家平松時量《ひらまつときかず》の養女とした上で家宣に嫁いだがのちに家宣とは親密な関係を築く。当時霊元天皇の親政に対して批判的であったため、天和二年（一六八二）には右大臣一条冬経（兼輝《かねてる》）に越官され、一条が関白に就任する。霊元天皇譲位後の幕府の推挙によって、元禄三年（一六九〇）関白就任。同六年に霊元院から東山天皇に政務が移譲されたのちは朝廷運営の中心として政治力を発揮し、同十六年まで関白を務めた。宝永六年（一七〇九）五月家宣が将軍宣下を受けると、十月に基熙は近世最初の公家としての太政大臣に昇進した。宝永七年江戸へ下向し、二年以上滞在。滞在中文化的な活動はもちろん、東山天皇皇子秀宮直仁《なおひと》親王新宮家創設の交渉や朝鮮通信使の待遇簡素化など幕政にも大きく関与した。享保七年（一七二二）隠居し悠山と号す。享保七年九月四日死去。七十五歳。日記『基熙公記』は近世中期の朝廷運営や朝幕関係を検討する上で基本的な史料である。

参考文献　『公卿補任』（『新訂増補国史大系』、吉川弘文館、一九六五年）、久保貴子『近世の朝廷運営―朝幕関係の展開―』（岩田書院、一九九八年）、瀬川淑子『皇女品宮の日常生活―『无上法院殿御日記』を読む―』（岩波書店、二〇〇一年）、山口和夫「近世の朝廷・幕府体制と天皇・院・摂家」（大津透編『王権を考える』、山川出版社、二〇〇六年）

（西村慎太郎）

シドッチ　Giovami Battista Sidotti　一六六八―一七一四

宣教師。一六六八年、イタリアのシチリア島パレルモ市に生まれる。ローマで広く諸学を学び、「鎖国」下の日本でのキリスト教布教を望み、教皇クレメント十一世の使節として派遣された。一七〇四年九月、フィリピンに到着。マニラの王立軍事病院で病人の世話・布教などに尽力する一方、在留日本人から日本語を学んだ。フィリピン総督の支援を得て、ルソンを出発し、宝永五年（一七〇八）八月二十九日、月代を剃り和服帯刀姿で大隅国屋久島に上陸。恋泊村の百姓に助けられた。その後、長崎に護送され、通詞やオランダ商館員・商館長の同席でラテン語を介した取り調べが行われた。さらに江戸に連行され、六代将軍徳川家宣の特命を受けた新井白石により、宝永六年十一月二十二日から十二月四日にかけて四度の尋問がなされた。結果、シドッチは布教のために来日したことが明らかになったが、シドッチの人格・学識を評価した白石の進言と、ローマの「使節」であるとのシドッチの主張が受け入れられたことにより、シドッチはキリシタン屋敷にそのまま留め置かれることになった。しかし、身の回りの世話をしていた長助・はる夫婦に洗礼を施したため地下牢に移され、正徳四年(一七一四)十月二十一日、衰弱して死没した。シドッチとの交流から、白石は自然科学やキリスト教の教義など多くの知識を得て、『采覧異言《さいらんいげん》』や『西洋紀聞』を著し、その後の日本での洋学発展の道を開いた。

参考文献　宮崎道生「ローマの使節シドチの潜入事情」(『弘前大学国史研究』一〇・一一、一九五八年)、新井白石著・宮崎道生校注『新訂西洋紀聞』(『東洋文庫』、平凡社、一九六八年)、カパッソ・カロリーナ「宣教師シドッティの研究」(『神戸女学院大学論集』四九ノ二、二〇〇二年)

(酒井　雅代)

新見正信　(しんみまさのぶ)　一六〇四―九二

幕臣、甲府藩家老、但馬守。慶長九年(一六〇四)生まれ。元和四年(一六一八)大番に列したのち、寛永十九年(一六四二)目付に転じて布衣。慶安二年(一六四九)徳川綱重に付属され家老となる。寛文三年(一六六三)八月二十七日綱重の息子である虎松(綱豊、のちの将軍徳川家宣)を養うこととなる。延宝二年(一六七四)歩行不自由のために家老を免ぜられ甲府蟄居。その後もたびたび藩政に対する意見を述べるが、綱重の死後甲州百姓の一揆が桜田御殿にまで訴え出た責任により改易。養子信義の知行地である武蔵国新座郡へ移った。元禄五年(一六九二)十一月十五日死去。八十九歳。徳翁寺(横浜市戸塚区)に葬られる。

参考文献　『新訂寛政重修諸家譜』三(続群書類従完成会、一九六七年)、『山梨県史』資料編八・通史編三(一九九八・二〇〇六年)

(西村慎太郎)

土肥元成　(どいもとなり)　一六九三―一七五七

江戸時代中期の儒者。字を允仲、号を霞洲という。元禄六年(一六九三)江戸に生まれる。幼少より聡明で、六歳の時に賦した詩が徳川光圀《とくがわみつくに》の目にとまり奇才を賞される。また元禄十六年、わずか十一歳で当時の甲府藩主徳川綱豊《とくがわつなとよ》に召され、面前で『論語』『中庸』を講じた。また自作の詩を大書するなどしてもその才能を発揮し、綱豊によって侍講の列に加えられた。すでに綱豊の侍講であった新井白石《あらいはくせき》のもとで預け門人として学問研鑽を積んでいった。宝暦七年(一七五七)八月十六日没。六十五歳。

参考文献 『新訂寛政重修諸家譜』二〇(続群書類従完成会、一九六六年)、荒川久寿男「新土手簡年次小考—白石と門人土肥元成—」(『皇学館論叢』一七ノ一、一九八四年)

(綱川　歩美)

中御門天皇(なかみかどてんのう)　一七〇一—三七

東山天皇第五皇子。母は新崇賢門院賀子(櫛笥《くしげ》隆賀《たかよし》女)。幼称長宮《ますのみや》、諱慶仁《やすひと》。元禄十四年(一七〇一)十二月十七日に生まれる。宝永五年(一七〇八)立太子礼、翌六年六月二十一日に東山天皇が譲位し践祚する。東山院は直後死去したため祖父の霊元院が二度目の院政を行うこととなった。元日の大床子御膳などの朝儀再興を進め、享保二十年(一七三五)三月二十一日皇太子昭仁《てるひと》親王(桜町天皇)に譲位。元文二年(一七三七)四月十一日死去。三十七歳。泉涌寺月輪陵(京都市東山区)に葬られる。

参考文献 久保貴子『近世の朝廷運営—朝幕関係の展開—』(岩田書院、一九九八年)、『中御門天皇実録』一・二(ゆまに書房、二〇〇六年)

(西村慎太郎)

服部保考(はっとりやすたか)　?—一七二九

江戸時代前期の儒者。通称は清助、号を鷲渓という。甲府藩主徳川綱豊《とくがわつなとよ》(のちの徳川家宣)に仕える。綱豊が徳川綱吉の後継に指名されると、保考も御家人に取りたてられ、儒者並となる。正徳二年(一七一二)十月の家宣死去に対して、琉球国王尚敬《しょうけい》から弔慰書が送られてくると、その返書を担当し、同年十二月二十七日、賞与をうける。享保十四年(一七二九)十一月二十四日死去。法名は湛心、小石川の徳雲寺へ葬る。同じく儒者である服部寛斎《かんさい》(一六六七—一七二一)は保考の息子である。

参考文献 『新訂寛政重修諸家譜』二〇(続群書類従完成会、一九六六年)

(綱川　歩美)

深見玄岱(ふかみげんたい)　一六四九—一七二二

江戸時代中期の儒者。慶安二年(一六四九)二月十五日、長崎に生まれる。六代将軍徳川家宣の時代、宝永六年(一七〇九)十二月に幕府儒者として出仕し、約十年間その任を勤めた。玄岱は号を天漪《てんい》、婺山《ぼざん》といい、通称は新右衛門である。唐通事の家に生まれた玄岱は、中国語に熟達し、書家・文筆においての能力を買われ、幕府の外交面で力を発揮した。正徳元年(一七一一)に家宣が朝鮮国王に贈る金彩屏風への題辞作成と筆書を命じられた。同年十一月の朝鮮通信使とは筆談唱和でもって応対した。また明律書にも通じた玄岱は、新井白石《あらいはくせき》の正徳新令起草にも関与した。享保七年(一七二二)八月八日没。七十四歳。

参考文献 『新訂寛政重修諸家譜』二三(続群書類従完成会、一九六六年)、石村喜英『深見玄岱の研究』(雄山閣、一九七三年)、朱全安「深見玄岱について―近世日本における中国語の受容に関する一考察―」(『千葉商科大学紀要』四一ノ四、二〇〇四年)

(綱川　歩美)

本多忠良(ほんだただよし)　一六九〇―一七五一

側用人、老中。元禄三年(一六九〇)生まれ。実父は播磨国山崎藩主本多忠英《ただひで》。越後国村上藩主本多忠孝《ただたか》の急死によって、養子となり、その跡を継いだ。石高は、十五万石から五万石に減らされた。宝永七年(一七一〇)には三河国刈谷に転封し、正徳二年(一七一二)には下総国古河へ転封した。幕府の役職としては、宝永七年に側用人となり間部詮房《まなべあきふさ》を見習うようにと命じられている。正徳元年には侍従となり、その席順は「老中にひとし」と称され(『寛政重修諸家譜』)、徳川家宣期の幕政において重要な役割を果たした。家宣死去の際には、幼少の徳川家継を「保護」するようにと家宣らの遺命を受けている。しかし、家継が死去し、徳川吉宗が将軍に就任したことにより、側用人の職を解かれ、政権の中枢から一旦離れた。その後、享保七年(一七二二)には家継の七回忌法会の奉行を勤めた。享保十九年に老中となり、同年に家宣の二十三回忌法会の奉行を勤めた。翌年閏三月には、徳川家重付の西丸老中になったが、五月には本丸の老中に戻っている。忠良は、先祖である本多忠勝《ただかつ》が所持していた蜻蛉切《とんぼぎり》と呼ばれる鎗など先祖伝来の品を家宣、吉宗たちにたびたび見せている。宝暦元年(一七五一)七月十五日没。六十二歳。

参考文献 『新訂寛政重修諸家譜』一一(続群書類従完成会、一九六五年)、『徳川実紀』六―八(『新訂増補国史大系』、吉川弘文館、一九六五年)

(望月　良親)

間部詮房(まなべあきふさ)　一六六六―一七二〇

六代将軍徳川家宣・七代将軍徳川家継の側用人。寛文六年(一六六六)、武蔵国忍(埼玉県行田市)にて誕生。甲府徳川家に仕え家宣の小性となり、宝永元年(一七〇四)、家宣が将軍世嗣になると、これに従い西丸番頭となり、扶持は千五百俵となった。以後書院番頭、従五位下越前守に任ぜられ、宝永二年には側衆となり、三千石の采地となった。昇進は続き、宝永三年には若年寄格となり、側用人を勤め、七千石加増され、大名となった。同年には従四位下に叙され、老中次席の扱いとなった。翌年には一万石加増、家宣が将軍に就任した宝永六年にはさらに一万石加増され、老中格となった。宝永七年には、二万石を加増され、所持高は五万石となり、上野国高崎城主となった。詮房は、甲府徳川家時代の家宣に仕え、西丸時代・将軍就任以後は側用人として仕え、家継の代にも側用人として仕え、正徳の治を主導した。家宣将軍就任以後は、加判・月番開始時期、勝手掛など人事案件の多くは、側用人の詮房が老中や若年寄に伝達していた。幼少将軍家継の時には、老中・若年寄の任命など幕閣重要人事についても詮房が伝達していた。詮房は、将軍の意思伝達以外にも、将軍の名代として老中層の合議に参加し、その結果を将軍に報告することも行い、正徳年間(一七一一―一六)の政治を新井白《あらいはく》石《せき》とともに推進した。徳川吉宗の将軍就任以後は、その職を解かれ、領知を越後国村上に移され、享保五年(一七二〇)七月十六日に村上の地で死去した。五十五歳。

参考文献　『新訂寛政重修諸家譜』二二(続群書類従完成会、一九六六年)、深井雅海『徳川将軍政治権力の研究』(吉川弘文館、一九九一年)、福留真紀『徳川将軍側近の研究』(校倉書房、二〇〇六年)

(望月　良親)

三宅観瀾(みやけかんらん)　一六七四―一七一八

江戸時代中期の儒者。名は緝明《つぐあき》、字は用晦、九十郎を通称とし、観瀾は号の一つである。延宝二年(一六七四)京都町儒者の子として生まれ、幼少より父から学問の手ほどきをうける。青年期に浅見絅斎《あさみけいさい》に師事しているが、見識の相違からのちに義絶。元禄十一年(一六九八)江戸へ行き、翌年栗山潜鋒《くりやませんぽう》の推薦で水戸の彰考館の史官となり、『大日本史』の編纂に加わる。宝永七年(一七一〇)、彰考館総裁に就任した。翌正徳元年(一七一一)室鳩巣《むろきゅうそう》とともに幕府の儒官に登用され、将軍徳川家宣に仕えた。享保三年(一七一八)八月二十一日没。四十五歳。

参考文献　『新訂寛政重修諸家譜』二〇(続群書類従完成会、一九六六年)、進藤英幸『三宅観瀾・新井白石』(『叢書・日本の思想家』一四、明徳出版社、一九八四年)

(綱川　歩美)

〔関連事項〕

閑院宮家（かんいんのみやけ）

江戸時代に世襲した親王家の一つ。東山天皇第六皇子直仁《なおひと》親王より始まる。直仁親王の母は櫛笥《くしげ》隆賀《たかよし》女の賀子。新井白石は宝永六年（一七〇九）正月二十七日には将軍徳川家宣に対して親王に対する処遇について上申した。天皇家・朝廷の中でも霊元院政期ごろから新宮家創設の意向があった。その意向は東山天皇も強く、東山天皇の死去の遺勅を伝える際、宝永七年（一七一〇）六月に六代将軍家宣とその養父である前関白近衛基熙《このえもとひろ》が話し合い、新宮家の創設が決定された。同年八月十一日直仁親王に新宮家の家領として千石が幕府より与えられ、享保三年（一七一八）に宮号を閑院宮に定めた。二代目の典仁《すけひと》親王の皇子兼仁《ともひと》親王が後桃園天皇亡き後を相続し光格天皇となる。光格天皇は父典仁親王が下座となることを憂慮し太上天皇号を与えようとするが、幕府による反対を受け、関係した公家が処罰される尊号一件が起きる。典仁親王は明治十七年（一八八四）に慶光天皇の諡号と太上天皇の尊号が与えられた。以後、美仁《はるひと》親王・孝仁《たつひと》親王・愛仁《なるひと》親王と相続し、後継者がいなかったため明治維新後伏見宮家より載仁《ことひと》親王を迎える。閑院宮邸は京都御苑内に唯一遺っている公家屋敷で明治維新後は華族会館・裁判所・宮内省京都支庁として利用された。

参考文献 霞会館華族家系大成編輯委員会編『平成新修旧華族家系大成』（霞会館、一九九六年）、久保貴子『近世の朝廷運営』（岩田書院、一九九八年）、山口和夫「朝廷と公家社会」（歴史学研究会・日本史研究会編『近世社会論』、東京大学出版会、二〇〇五年）

（西村慎太郎）

正徳の治（しょうとくのち）

六代将軍徳川家宣と七代将軍徳川家継の治世に行われた政治の称。家宣が将軍に就任した宝永六年（一七〇九）から家継が死去した享保元年（一七一六）までの期間に行われた。五代将軍徳川綱吉は、嗣子がおらず、宝永元年に兄徳川綱重《つなしげ》（甲府徳川家）の子の家宣を養子として迎えた。家宣は、江戸城西丸に入り、宝永六年に綱吉の死後、将軍となった。家宣は、将軍になるにあたって、甲府徳川家時代の家臣団を幕臣に編入し、側近グループを形成した。前代に政権中枢を担い側用人をつとめた柳沢吉保《やなぎさわよしやす》などは、その地位を追われた。しかし、家宣は引続き側用人を用い、譜代門閥層の大名勢力を抑え、将軍専制の政治体制を構築した。その政権の中心となったのが、側用人間部《まなべ》詮房《あきふさ》と儒者新井《あらい》白石《はくせき》である。彼らは、譜代門閥とは違い、家宣に仕える以前は、間部は能楽者の弟子、白石は浪人であり、前代の柳沢と同様に幕府内では新参者であった。家宣の時代には、側用人は将軍の意志の伝達役であるとともに、将軍の名代として老中層の合議に加わり、その合議結果を一人で将軍家宣に報告する役割を果たした。政策ブレーンとして、白石が将軍に意見の上申や諮問をし、白石の儒学思想に基づいた政治が行われた。綱吉が死去すると、家宣は将軍に就任するよりも前に、十文銭(宝永通宝)の廃止と生類憐みの令を停止し、前代からの政治の刷新を図った。代替わりの『武家諸法度』は、内容に大きな変化はなかったが、新井白石が起草し、全文が書き下し文で発布された。家宣の正室は、前関白近衛《このえ》基熙《もとひろ》の娘照姫《てるひめ》(天英院)であり、この時期基熙を通じて朝幕関係は融和した。宝永七年には、白石の建議により、皇統継承者の確保のために、新たな宮家である閑《かん》院宮《いんのみや》家が創出された。さらに、白石は、朝鮮通信使への対応も改めた。正徳元年(一七一一)に朝鮮からの国書における将軍の呼称を従来の「日本国大君」から「日本国王」とし、通信使への饗応も簡素化し、儀礼制度を整えた。新たな政治を行なった家宣であったが、前代から経済政策を担った勘定奉行荻原重秀《おぎわらしげひで》を政権の中心から外すことはなかった。重秀は、前代の元禄八年(一六九五)に貨幣改鋳を行い、幕府財政を救済したが、物価の上昇を招き、流通は混乱していた。重秀は、宝永七年に乾字金《けんじきん》の改鋳を行い、混乱を静めようとしたが、その品位は改良されなかったため、元禄金銀などとの交換は進まなかった。これに対し、白石は重秀の政策に反対し、重秀の罷免をたびたび家宣に願い、正徳二年にようやく認められた。ほかにも、同年には、勘定吟味役を再置し、勘定所内の不正を糺し、年貢納入に不正を働いた代官・手代を処分するなど、年貢の増徴にも努めた。しかし、この年に家宣は死去し、その治世はわずか三年余で終わった。後を継いだのが、四歳の家継であった。家継政権においても、その中心は間部詮房と新井白石であった。だが、この時期には両者の幕政主導には、譜代層からの反発が強まっていた。白石は、幼い将軍の権威づけのために、正徳四年に霊元《れいげん》天皇の娘八十宮《やそのみや》と家継の婚約を実現した。しかし同年には、大奥年寄絵島と歌舞伎役者生島新五郎らが、江戸木挽町の芝居小屋山村座で酒宴を行なったことが問題となった。(絵島・生島事件)。絵島は、家継の生母で家宣の側室月光院に仕えていたが、家継が将軍になると月光院は、将軍の生母として、大奥で勢力を持ち、絵島も大奥の老女として権勢を振るうようになった。しかし、絵島・生島事件により、絵島に連なる人物の多くは処分され、月光院の勢力は弱まり、正室天英院の力が強まった。これは、月光院と結ぶ新興勢力新井白石・間部詮房と、天英院と結ぶ譜代派との争いであったとされる。権勢が弱まりつつあった白石であったが、以降も新たな政策を実施した。同年に、懸案の貨幣改鋳を行い、正徳金銀を発行し金銀貨の品位を慶長金銀に戻し、翌五年には海舶互市新例《かいはくごししんれい》を発布し金銀の海外への流失を防ぐなどの経済政策を実施した。しかし、家継は、享保元年にわずか八歳で死去し、正徳の治は七年余でその幕を降ろし、八代将軍徳川吉宗の時代となった。

参考文献 宮崎道生『新井白石の研究(増訂版)』(吉川弘文館、一九八四年)、深井雅海『徳川将軍政治権力の研究』(吉川弘文館、一九九一年)、高埜利彦『元禄・享保の時代』(『集英社版日本の歴史』一三、集英社、一九九二年)、大石学『吉宗と享保の改革(改訂新版)』(『教養の日本史』、東京堂出版、二〇〇一年)

(望月 良親)

大名火消 (だいみょうびけし)

寛永二十年(一六四三)にはじめて設置された本格的な江戸の消防組織。それ以前は、火事のたびに老中奉書により大名たちが消火活動を行なっていた。この時期、頻発する火事に備えて、その組織が恒常化したのである。大名火消は、六万石以下の大名十六家が任じられ、四組に編成され、一万石につき三十人の割当で、一組が十日交代で勤務した。翌年の正保元年(一六四四)には十家となり三組に再編された。以後も、数度の組織再編が行われたが、大きな変容はなかった。明暦の大火(明暦三年(一六五七))後には、特定の方面の火災時のみに出動する方角火消も設けられた。大名五家に桜田筋・山手筋、三家に下谷筋の防火が命じられた。元禄年間(一六八八―一七〇四)には、江戸を東西南北の四地域に分け、各三家の大名が消火にあたり、以降も数度の組織再編が実施された。ほかに大名火消には、特定の場所の消火活動をする所々火消も設置された。寛永十六年に、保科正之《ほしなまさゆき》などが紅葉山霊廟の防火を命じられたのがはじまりである。以降、江戸城・寛永寺・増上寺・浅草米蔵・両国橋・永代橋など幕府の重要施設に三十六家の大名が配置された。所々火消は、八代将軍徳川吉宗の時代になると、大手方・桜田方など十一ヵ所になり、同数の大名が消防にあたった。江戸の消防組織としては、各大名が独自に組織する各自火消もあった。これは、自身の屋敷などに留まらず、幕府の命により近隣の消火にもあたった。

参考文献 池上彰彦「江戸火消制度の成立と展開」(西山松之助編『江戸町人の研究』五、吉川弘文館、一九七八年)、黒木喬『江戸の火事』(同成社、一九九九年)

(望月 良親)

日本国王 (にほんこくおう)

外交文書における日本国の支配者の称号。近世初頭、東アジア諸国から徳川将軍への外交文書ではごく一部の例外をのぞいて「日本国王」が宛先として用いられ、将軍の対外的呼称は「日本国源某」であった。朝鮮とは「鎖国」後も通交が結ばれたが、寛永十二年(一六三五)以降、「王」字を忌避し、朝鮮からの外交文書に「大君《たいくん》」号を用いさせた。宝永七年(一七一〇)、新井白石は、「大君」号を「国王」号へと戻させた。中国の古典『周易』によれば「大君」は「天子」を意味する語であるので、天皇と抵触しないように「国王」を使用することは適切であり、また、「大君」は朝鮮では世嗣を意味するために避け、日本と朝鮮との対等外交を鮮明にしようとしたのである。復号は、正徳元年(一七一一)、釜山で朝鮮側に提示された。将軍徳川家宣の襲職祝賀のための朝鮮通信使はすでに漢城を出発していたため交渉は難航したが、朝鮮国王粛宗《スクジョン》の指示により日本の要求は受け入れられ、朝鮮からの国書には「日本国王」が宛先として使用された。家宣からの返書でも「日本国王」が自称された。白石の改革については、対馬藩の儒者雨森芳洲《あめのもりほうしゅう》などから批判が上がり、享保四年(一七一九)の通信使の際に将軍徳川吉宗は旧例に戻すこととしたため、以後「大君」号が再び使われるようになった。ただ、正徳通信使の際、対馬藩から朝鮮宛に送られた書契では、将軍の呼称として「大君」、その後は「殿下」が使用されており、一貫して「国王」号は使われなかった。

参考文献　三宅英利『近世日朝関係史の研究』(文献出版、一九八六年)、藤井讓治「一七世紀の日本—武家の国家の形成—」(朝尾直弘他編『岩波講座日本通史』一二、岩波書店、一九九四年)、池内敏『大君外交と「武威」』(名古屋大学出版会、二〇〇六年)

(酒井　雅代)

万石騒動（まんごくそうどう）

正徳元年(一七一一)に起きた百姓一揆。北条《ほうじょう》藩の新役人川《かわ》井《い》藤左衛門《とうざえもん》は、財政難を打開するため、過酷な検見を行うとともに、神社仏閣の大木を伐って売る、農繁期の百姓に労役を課すなど増徴策を実施した。これに対し、北条藩領の安房国安房・朝夷《あさい》両郡二十七ヵ村(現千葉県館山市)が反発。藩主への門訴から老中への駕籠訴に発展した。藩は三名の名主を斬罪に処したが、幕府は百姓の要求を認め、藩主屋代忠位《やしろただたか》の領地を没収し、川井父子は打ち首とするなどの裁許をくだした。のちに、一揆の記録として『万石騒動日録』などがまとめられた。

参考文献　小野武夫『増訂徳川時代百姓一揆談叢』上(刀江書房、一九二七年)、森嘉兵衛・原田伴彦・青木虹二編『一揆』(『日本庶民生活史料集成』六、三一書房、一九六八年)

(小酒井大悟)

大老

氏名	称呼	前職	補職年月日	転免年月日	後職
井伊直興・直該 [実][寛]直該	掃部頭		正徳元(一七一一)・二・一三	正徳四(一七一四)・二・一三 [実][寛]四・二・二三	辞 [実][寛]致仕

老中

氏名	称呼	前職	補職年月日	転免年月日	後職
土屋政直	相模守	京都所司代	貞享四(一六八七)・一〇・一三	享保三(一七一八)・三・三	免 [実][寛]職ゆるさる
小笠原長重	佐渡守	京都所司代	元禄一〇(一六九七)・四・一九	宝永七(一七一〇)・五・一八	辞
秋元喬朝 [実][寛]喬知	但馬守	若年寄	元禄一二(一六九九)・一〇・六	正徳四(一七一四)・八・一四	卒
本多正永	紀伊守 伯耆守	若年寄	宝永元(一七〇四)・九・二 [実][寛]元・九・二七	正徳元(一七一一)・四・二	辞 [実]病免
大久保忠増	加賀守	詰衆 [寛]雁間詰	宝永二(一七〇五)・九・二	正徳元(一七一一)・四・二 [実][寛]三・七・二五	辞 [実]職ゆるさる
井上正峯(岑) [実][寛]正岑	大和守 河内守	若年寄	宝永二(一七〇五)・九・二	享保七(一七二二)・五・一七	卒
阿部正喬	飛驒守 豊後守	詰衆	正徳元(一七一一)・四・一一	享保二(一七一七)・九・一九	免 [実][寛]職ゆるさる

京都所司代

氏名	称呼	前職	補職年月日	転免年月日	後職
松平信庸	紀伊守	側用人 [実]昵近[寛]近習	元禄一五(一七〇二)・四・一九 [実][寛]一〇・四・一九	正徳四(一七一四)・九・六	老中

大坂城代

氏名	呼称	前職	補職年月日	転免年月日	後職
土岐頼隆 実寛頼殷	伊予守	奏者番 実なし	元禄四(一六九一)・正・一一	正徳二(一七一二)・二・二 実寛二・五・一五	免 実老病により職ゆるさる 寛辞
内藤弐〔弌〕信 実寛弌信	豊前守	御詰 実寛なし	正徳二(一七一二)・四・一五 実寛二・五・一五	享保三(一七一八)・八・一 実寛三・八・二	辞

側用人

氏名	称呼	前職	補職年月日	転免年月日	後職
柳沢保明 松平吉保 寛柳沢吉保	出羽守 美濃守	小納戸上席 実寛小納戸	元禄元(一六八八)・一一・一二	宝永六(一七〇九)・六・三	願により免、隠居 実寛致仕をゆるさる
間部詮房	越前守	桜田より召連 実寛西丸御側	宝永元(一七〇四)・正・九 実寛三・正・九	享保元(一七一六)・五・一六	免、雁間詰 寛職ゆるさる
本多忠良	中務大輔	奥詰 寛御側	宝永七(一七一〇)・九・三 寛七・三・一五	享保元(一七一六)・五・一六	免、譜代席 実寛職ゆるされ、帝鑑間詰

寺社奉行

氏名	称呼	前職	補職年月日	転免年月日	後職
本多忠晴	弾正少弼	大番頭	元禄一五(一七〇二)・六・三 実寛一五・六・一〇	正徳三(一七一三)・閏五・七	辞 実病、両職ゆるさる 寛両職辞
三宅康雄	備前守 備後守	実寛奏者番	宝永元(一七〇四)・一〇・一	宝永七(一七一〇)・九・二七 実寛七・九・三	辞 実病、両職免、雁間詰 寛両職辞
鳥居忠救 実寛忠英	伊賀守	寛帝鑑間席	宝永二(一七〇五)・九・三	正徳元(一七一一)・六・二七	若年寄

氏名	称呼	前職	補職年月日	転免年月日	後職
安藤重行 実寛信友	右京亮	奏者番	宝永六(一七〇九)・一一・一三	正徳三(一七一三)・三・三	辞 実病、加役ゆるさる 寛加役辞
森川重興 実寛俊胤	出羽守	御側	宝永七(一七一〇)・九・二一	正徳四(一七一四)・九・六	若年寄
松平近昭〔禎〕 実寛近禎	対馬守 相模守	奏者番	正徳元(一七一一)・三・一三	享保一〇(一七二五)・八・一 実寛一〇・八・二四	卒
土井利忠 実寛利意	山城守 伊予守	奏者番	正徳三(一七一三)・三・一三 実寛三・三・二八 (将軍不在位時補職)	享保九(一七二四)・閏四・一一	辞 実病、両職免寛病、両職辞

若年寄

氏名	称呼	前職	補職年月日	転免年月日	後職
加藤明英	佐渡守 越中守	寺社奉行兼寺社奉行 寛奏者番	元禄三(一六九〇)・一一・一一 実寛三・一〇・一一	正徳元(一七一一)・三・三	辞 実病免
稲垣重富	対馬守	小性	元禄一二(一六九九)・七・二八	宝永六(一七〇九)・九・一五 実六・九・二六	辞 実病免
永井直敬	伊賀守 伊豆守	寺社奉行番兼寺社奉行 実寛奏者	宝永元(一七〇四)・一〇・一	正徳元(一七一一)・六・三	卒
久世重之	隠岐守 大和守	寺社奉行番兼寺社奉行 実寛奏者	宝永二(一七〇五)・九・二一	正徳三(一七一三)・八・三	老中
大久保教寛	長門守	側衆 実寛西丸側衆	宝永三(一七〇六)・一〇・一五	享保八(一七二三)・三・六	老免 実寛職ゆるさる
鳥居忠救 実寛忠英	伊賀守	寺社奉行兼寺社奉行 寛奏者番	正徳元(一七一一)・六・二七	享保元(一七一六)・三・一一	卒

氏名	称呼	前職	補職年月日	転免年月日	後職
水野忠之	大監物	奏者番	正徳元(一七一一)・一二・一三 [実][寛]元・一二・一三	正徳四(一七一四)・九・六	京都所司代

町奉行

氏名	称呼	前職	補職年月日	所在	転免年月日	後職
丹羽長守	遠江守	長崎奉行	元禄一五(一七〇二)・閏八・一五	中	正徳四(一七一四)・正・二六	辞 [実]病免、寄合[寛]辞、寄合
松野助義	河内守 壱岐守	大坂町奉行	宝永元(一七〇四)・一〇・一	北	享保二(一七一七)・二・二	老衰辞 [実]病免、寄合[寛]老衰辞、寄合
坪内定鑑	源五郎 能登守	先手 [実]先手頭[寛]先鉄炮頭	宝永二(一七〇五)・四・二八 [実][寛]二・正・二八	南	享保四(一七一九)・正・二八	辞 [実]病免、寄合[寛]辞、寄合

勘定奉行

氏名	称呼	前職	補職年月日	管掌	転免年月日	後職
荻原重秀	彦次郎 近江守	佐渡奉行・勘定吟味役 [実]勘定吟味役	元禄九(一六九六)・四・一一		正徳二(一七一二)・九・一一	免 [実]職うばわれ寄合[寛]職ゆるされ寄合
中山時春	出雲守	大坂町奉行	元禄一五(一七〇二)・一一・二八		正徳四(一七一四)・正・二八	町奉行
平岩親庸	若狭守	持頭 [実][寛]持弓頭	宝永五(一七〇八)・四・一		正徳三(一七一三)・三・三	辞 [実]病免、寄合
大久保忠形(香) [実][寛]忠香	大隅守	大坂町奉行	宝永五(一七〇八)・二・一五		享保元(一七一六)・二・一四 [実][寛]元・二・三	免職、小普請
水野忠順	対馬守 因幡守 讃岐守	普請奉行	正徳二(一七一二)・一〇・三		享保四(一七一九)・四・一	辞 [実]職ゆるさる [寛]辞、寄合

氏名	称呼	前職	補職年月日	管掌	転免年月日	後職
水野信房 [実][寛]守美	小左衛門 伯耆守	駿府町奉行	正徳三(一七一三)・三・二八 (将軍不在位時補職)		享保八(一七二三)・三・二	旗奉行

7代　徳川家継

徳川家継画像　紙本墨画。本図はオリジナルとされる。画面右上に「享保元丙申七月十八日、久世大和守殿被付」とあり、家継期の老中久世重之が関わったとみられる。8歳で亡くなったため、表情は幼い。

徳川家継（とくがわいえつぐ）　一七〇九―一六

江戸幕府七代将軍。一七一二―一六在職。宝永六年（一七〇九）七月三日、六代将軍徳川家宣の第三子として江戸城内山里の別殿にて誕生。生母は、家宣の側室於喜世（月光院）。長子家千代は、宝永四年に誕生したが同年には早世し、次子大五郎は、翌宝永五年に生まれたが同七年八月には夭折した（なお、正室天英院の男子は、元禄十二年（一六九九）に誕生したが即日死去）。幼名は、世良田鍋松。宝永六年七月、鍋松が徳川家発祥の地である世良田を称したことから、上野国新田郡世良田（群馬県太田市）の長楽寺に秘蔵されていた「御系図」が、幕府に差出された。同年十月二十三日、色直（産児と産婦の白装束を常の色の衣服に戻すこと）の賀。同年十一月二日、改修が終わった江戸城本丸御殿に家宣、家宣の次子大五郎とともに移る。宝永七年七月二十五日、髪置（幼児がはじめて頭髪を伸ばす時に行う儀式）の式。同年閏九月三日、根津権現に宮詣。正徳二年（一七一二）十月十四日、家宣の死去に伴い、家督を継ぐ。この時、四歳であった。同年十二月十八日、代替の御礼。同年十二月二十五日、正二位権大納言に叙任され、家継と名乗る。家継という名は、新井《あらい》白石《はくせき》が選んだ（『折りたく柴の記』）。翌正徳三年正月一日袴着の式、正月十一日具足の祝、三月二十六日元服、四月二日将軍宣下され、七代将軍となる。

家継の将軍継承に関しては、新井白石が家宣の言葉を書き記している（『折りたく柴の記』）。死去の直前に家宣は白石に、家継が幼少であるので、尾張藩主徳川吉通《よしみち》に将軍職を譲るか、吉通に家継が成人するまでは後見をさせ、もし家継に不幸があれば吉通を将軍にしたいと述べた。白石は、これに反対し、吉通が将軍や後見職に就くようなことになれば、天下が二派に分かれ、応仁の乱のころのようになってしまうと懸念した。白石の言の影響は定かではないが、結局、家宣は家継を後継とした。

家宣は遺言として、三家や幕閣、近習に細やかな心配りをし、幕府の存続を願った（『徳川実紀』）。家継を支える家臣団の心懸け、自身を増上寺へ葬ること、貨幣改鋳のことなど内容は多岐に及んだ。特に「幼主」である家継には、「正道」を教え、家臣団が支えていくことを願った。

家継政権においても、政治の中心は前代に続き、側用人間《ま》部《べ》詮房《あきふさ》と新井白石であり、正徳の治と呼ばれる政治が引き続き行われた。幼い将軍であったので、間部詮房がその代行者の役割を果たしていた。老中・若年寄の任命では、従来のように将軍が直接申し渡すのではなく、間部が将軍の御前で申し渡しをした。しかし、この時期には新参者であった両者の幕政主導には、譜代層からの反発も強まっていた。白石は、幼い将軍の権威づけのために、正徳四年に霊元《れいげん》天皇の娘八十《やその》宮《みや》と家継の婚約を行なった。同年には、大奥年寄絵島と歌舞伎役者生島新五郎らが、江戸木挽町の芝居小屋山村座で酒宴を行なったことが問題となった(絵島・生島事件)。これは、絵島が仕えていた月光院と結ぶ新興勢力新井白石・間部詮房と、天英院と結ぶ譜代派との争いであったとされる。権勢が弱まりつつあった白石であったが、以後も新たな政策を実施した。家宣の死去直前に荻原重秀《おぎわらしげひで》らの勢力を一掃した白石は、正徳四年に家宣の遺言にもあった貨幣改鋳を行い正徳金銀を発行し金銀貨の品位を慶長金銀に戻した。翌五年には海舶互《かいはくご》市新例《ししんれい》を発布し金銀の海外への流失を防ぐなどの経済政策を実施した。

家継は、幼少であったが、「天資聰慧」であり、非常に賢かったとされる。家継の側には、常に間部詮房がおり、近習に家継が無理をいうと間部に厳しく諫められたという。しかし、家継は間部を慕っており、「えちえち」と呼びかけ、「厳父」のようであったとされる。間部が寛永寺・増上寺などに参詣に出て帰りが遅くなると、家継は外廷まで間部を迎えに行き、帰ってくると間部に抱かれて奥に戻った。家継は、老臣を敬い、大老井伊《いい》直治《なおはる》(掃部頭)を「掃部ぢい」と呼び、自身の食膳にあった鱚《きす》の焼物を与えようとした逸話も伝わる。

正徳五年正月十五日の朝、家継は体調を崩し、大名たちが行う月次の御礼のために本丸御殿の表向に出ることはなかった。二月中は養生のため表向には出なかったが、三月半ばには体調は回復し、表向にも出るようになった。しかし、七月十三日に再び体調を崩し、奥医師から薬を処方され、月次の御礼に出なくなった。一月後の八月二十九日には、病気は平癒したようで、三家から魚が祝儀として献上されている。平癒はしたが、このころから再び家継の体調は芳しくなかったようであり、冬にかけて、寒さが厳しいことなどのため、月次の御礼をたびたび休んでいる。一方では、享保元年(一七一六)三月十八日、天英院が京都の父近衛基熙《このえもとひろ》に宛てた書簡には、家継は皇女八十宮との婚姻後も順調に成長している様子が記されている。しかし、同年四月三十日、家継はわずか八歳で死去した。法号は有章院殿、父家宣と同じく増上寺に葬られた。家光の血統は絶え、家宣の遺言で後継するように記されていた尾張藩主徳川吉通はすでに世になく、紀伊藩主徳川吉宗が跡を継いだ。

参考文献 『徳川実紀』七(『新訂増補国史大系』、吉川弘文館、一九六五年)、『徳川諸家系譜』二(続群書類従完成会、一九七四年)、新井白石『折りたく柴の記』(『岩波文庫』、岩波書店、一九九九年)、深井雅海『徳川将軍政治権力の研究』

（吉川弘文館、一九九一年）、高埜利彦『元禄・享保の時代』（『集英社版日本の歴史』一三、集英社、一九九二年）、深井雅海『綱吉と吉宗』（『日本近世の歴史』三、吉川弘文館、二〇一二年）

（望月　良親）

〔家族〕

浄琳院（じょうりんいん）　一七一四—五八

霊元天皇の十三番目の姫宮。七代将軍徳川家継と婚約。八《や》十宮《そのみや》吉子。正徳四年（一七一四）八月二十二日誕生。正徳五年九月に家継との婚約が正式に発表された。この婚約は同年五月の幕府からの打診を霊元天皇が受入れたものであった。結納の使いとして老中阿部《あべ》正喬《まさたか》、入輿の御用掛として若年寄大《おお》久保《くぼ》常春《つねはる》が任命された。この時、浄琳院は二歳、家継は七歳であった。享保元年（一七一六）二月には、結納が交わされた。浄琳院は、七歳になった五年後に江戸下向が予定され、それまでは幕府が建設した京都の屋敷に居住していた。天皇家と徳川家の婚約はこれまで例がないことであり、幕府は幼い将軍家継の権威の確立を目指したのであった。しかし、家継は、同年四月にわずか八歳で死去し、浄琳院の江戸下向もなくなった。幕府は、同年七月に浄琳院へ山城国葛野郡など五百石を与えた。享保十一年には、内親王の宣下をされ、宝暦八年（一七五八）九月二十二日に没した。四十五歳。知恩院に葬られた。

参考文献　『徳川諸家系譜』二（続群書類従完成会、一九七四年）、『徳川実紀』七（『新訂増補国史大系』、吉川弘文館、

一九六五年）、久保貴子『近世の朝廷運営』（岩田書院、一九九八年）

（望月　良親）

〔関連人物〕

井伊直該（いいなおもり）　一六五六―一七一七

四代彦根藩主。老中、大老。直興《なおおき》、直治《なおはる》とも。明暦二年（一六五六）三月六日に井伊直縄の長男として誕生。寛文十二年（一六七二）に彦根藩主三代井伊直澄《なおずみ》の養子となり、同年には従四位下侍従、玄蕃頭になった。延宝四年（一六七六）、直澄死去に伴い、四代藩主となる。延宝八年、徳川家綱の死去時には、御三家と同様に病床に詰め、徳川綱吉のことを頼まれた。同年には掃部頭、少将となった。元禄八年（一六九五）には老中となり、同十年には大老職に就いた。元禄十三年には、その職を辞し、翌年には隠居して子の直通《なおみち》が跡を継いだ。しかし、直通は宝永七年（一七一〇）に二十三歳で死去し、その跡を継いだ直恒《なおつね》も同年中に十九歳で死去した。直該の末子直惟《なおのぶ》が養子となったが、幼少のため直該が再び家督を継ぎ、七代藩主となった。直該は、以前と同様に老中となり幕政の中心を担った。正徳元年（一七一一）には、再び大老職に就き、正四位上、中将となった。正徳二年の徳川家宣臨終時には、幼少の徳川家継のことを頼まれた。翌年の家継元服の折には、加冠の役を勤めた。正徳四年には再び隠居し、享保二年（一七一七）四月二十日に彦根で死去した。六十二歳。

参考文献 『新訂寛政重修諸家譜』一二（続群書類従完成会、一九六五年）

（望月　良親）

寺島良安（てらじまりょうあん）　一六五四―？

江戸時代前中期の医師。字は尚順。号は杏林堂《きょうりんどう》。法橋に叙せられる。承応三年（一六五四）生まれ。和気仲安《わけちゅうあん》に学び、大坂城に勤仕した。天文・地理・人事に通じてはじめて疾病を語ることができるとの師の言葉を受け、明の王圻《おうき》の『三才図会《さんさいずえ》』に倣って『和漢三才図会《わかんさんさいずえ》』を編纂した。同書には大学頭の林鳳岡《はやしほうこう》（信篤《のぶあつ》、春常《しゅんじょう》）が序、大蔵卿の伏原宣通《ふしはらのぶみち》が後序を寄せているが、両者と良安の関係は詳らかでない。その他の著作に『通俗三才諸神本紀《つうぞくさんさいしょじんほんぎ》』『済生宝《さいせいほう》』などがある。

参考文献 島田勇雄「解説『和漢三才図会』上」（『和漢三才図会』二、平凡社、一九八五年）

（杉　岳志）

〔関連事項〕

絵島・生島事件（えじま・いくしまじけん）

江戸城大奥年寄絵島、歌舞伎役者生島新五郎などが処罰された事件。正徳四年（一七一四）、絵島など江戸城の多くの女中たちが、寛永寺・増上寺に参詣の途中で、江戸木挽町の山村座に寄り、「薄暮」に帰城したことが事件の発端であった。同年二月に絵島と宮路は親戚の家に預けられ、梅山・吉川などの女中七人は禁錮された。翌三月になると、絵島は遠流を命じられた。絵島は、水戸藩士奥山喜内の導きにより、遊楽にふけり、御使いの時には寄り道、休暇時にはゆかりもない家に止宿、劇場にて俳優と遊び、遊女を呼び酒宴を開き、自身のみならずほかの女中を誘ったことを咎められた。連座して、兄の小普請白井勝昌《しらいかつまさ》は死刑、弟新番豊島平八郎《としまへいはちろう》は追放を命じられた。山村座の座元長太夫、生島新五郎は流刑に処された。この事件により、山村座は断絶した。親戚に預けられた女中は、六十七名に及んだ。ほかにも多数の関係者が連座した。絵島の遠島は、徳川家継生母月光院の執成しにより、信濃国高遠藩へ預けられることになった。この事件の背景には、将軍生母として重きをなすようになった月光院と六代将軍徳川家宣正室天英院の勢力争いがあったとされる。絵島は、高遠の地で寛保元年(一七四一)に六十一歳で死去した。この事件は、後世になると、さまざまに語られるようになり脚色が加えられ、近代になると歌舞伎などで演じられるようになった。

参考文献 『徳川実紀』七(『新訂増補国史大系』、吉川弘文館、一九六五年)、山本博文『大奥学事始め』(日本放送出版協会、二〇〇八年)

(望月　良親)

海舶互市新例(かいはくごしかしんれい)

正徳五年(一七一五)、新井白石により行われた長崎貿易の改革。正徳新例(令)、長崎新例(令)ともいう。正徳五年正月十一日付で長崎奉行へ通達された二十三条の新例をいうが、広義には同年追加された令達も含める。主要輸出品である銅の不足により長崎貿易が停滞し、沖合で抜荷が頻発しているという長崎奉行大岡清相《おおおかきよすけ》の「注進」をうけて行われたものである。新例の過半は唐船関係の規定で、唐船の来航数は年間計三十艘、取引額銀高は六千貫目分、そのうち輸出銅の量は三百万斤に制限された。出航地別に船数および取引高も規定された。オランダ船については、来航数年間二艘、銀高三千貫目分、うち銅は百五十万斤とされた。新例の遵守を約諾した船主には信牌を与え、次回の来航を認めた。来航していた清の船主は信牌を得て帰国したが、讒訴により清朝官府の詮議をうけることとなった。しかし、鼓鋳原料として日本銅が必要な清にとって貿易遅延は問題であったから、康熙帝の直裁により信牌が返却され、貿易は継続された。オランダに対しては、正徳五年の春・秋に新旧オランダ商館長に新例が伝達され、ほぼ以前からの政策の継続に過ぎなかった新例はそのまま受け入れられた。新例発布後、幕府は信牌制度により貿易主導権を確立し、長崎廻銅の集荷体制を強化していく過程で長崎貿易の管理・運営権を手中におさめた。また、貿易での銅輸出の制限により輸出品となる俵物・諸色の増産が急務となったため、国内産業の発達がうながされた。

参考文献 『通航一覧』四(国書刊行会、一九一三年)、菊池義美「正徳新令と長崎貿易の変質」(中田易直編『近世対外関係史論』、有信堂高文社、一九七七年)、永積洋子「正徳新令とオランダ貿易」(宮崎道生編『新井白石の現代的考察』、吉川弘文館、一九八五年)、松浦章「康熙帝と正徳新例」(箭内健次編『鎖国日本と国際交流』下、吉川弘文館、一九八八年)

(酒井　雅代)

正徳金銀(しょうとくきんぎん)

正徳四年(一七一四)五月、元禄金銀・宝永金銀の悪貨に代えて、慶長金銀とほぼ品位を同じくする小判・一分判、丁銀・小玉銀を鋳造発行した金銀貨幣のこと。この貨幣政策はつぎの八代将軍徳川吉宗の享保年代まで引き継がれたので、合わせて正徳・享保金銀という。六代将軍徳川家宣は、元禄金銀や宝永金銀の発行による貨幣政策の乱れを憂い、改善の希望を持っており、正徳二年九月には改革に着手したが、志を果たせず病死した。幕府は、朱子学者の立場から、金銀貨の量目・品位の低下が公儀の威信の低下につながると力説した将軍家侍講の新井《あらい》白石《はくせき》の建議で貨幣改鋳に着手。正徳四年五月十三日には銀座町人のうち、荻原《おぎわら》重秀《しげひで》とともに銀貨の改鋳にあたって私曲のあった者をことごとく処分し、五月十五日に金銀貨改鋳の触書を出した。その内容は、新古金銀の併用を認めるだけでなく、諸相場の元建てに、現在通用の金銀を使用させることと、併用される新古金銀の優劣による割合使用の規定を付属するというものであった。享保元年（一七一六）五月、吉宗が将軍となり新井白石を罷免したが、通貨の統一については方針を踏襲し、新金銀の吹き継ぎを行い、通用については一段と強力な措置を講じた。近世貨幣改鋳の歴史の大半はほとんど貨幣の貶質化であったが、唯一行われた貨幣の良鋳はきわめて異例といえよう。物価騰貴期の良鋳による解決策を幕府が二度と立てていないだけに、貨幣政策としては試行錯誤的なものであったといわざるをえない。

参考文献　田谷博吉『近世銀座の研究』（吉川弘文館、一九六三年）、瀧澤武雄・西脇康編『貨幣』（『日本史小百科』、東京堂出版、一九九九年）、岩橋勝「近世の貨幣・信用」（桜井英治・中西聡編『流通経済史』、山川出版社、二〇〇二年）

（福澤　徹三）

那谷寺一揆（なたでらいっき）

正徳二年（一七一二）に起きた百姓一揆。同年八月、強風により甚大な被害を受けた加賀国大聖寺藩領の百姓が年貢の減免を願い出た。藩は、役人を派遣して実態調査にあたらせたが、その査定に不満を募らせた百姓らは十月に、大挙して那谷寺（石川県小松市）に宿泊中の役人を襲い、六割の年貢減免を約束させた。十一月には、百姓の要求を基本的に容れることを、藩が正式に承認。翌年三月に十五名の百姓が捕縛、斬罪に処せられたが、一揆の首謀者として処罰されたのは一人のみで、ほかは別の罪名により処罰された。のちに、一揆の記録として『那谷寺通夜物語』などがまとめられ、民間に流布した。

参考文献　森嘉兵衛・原田伴彦・青木虹二編『一揆』（『日本庶民生活史料集成』六、三一書房、一九六八年）、歴史教育者協議会編『図説日本の百姓一揆』（民衆社、一九九九年）

（小酒井大悟）

大老

氏名	称呼	前職	補職年月日	転免年月日	後職
井伊直興・直該 [実][寛]直該	掃部頭		正徳元(一七一一)・二・一三	正徳四(一七一四)・二・二三 [実][寛]四・二・二三	辞 [実][寛]致仕

老中

氏名	称呼	前職	補職年月日	転免年月日	後職
土屋政直	相模守	京都所司代	貞享四(一六八七)・一〇・一三	享保三(一七一八)・三・三	免 [実][寛]職ゆるさる
秋元喬朝 [実][寛]喬知	但馬守	若年寄	元禄一二(一六九九)・一〇・六	正徳四(一七一四)・八・一四	卒
井上正峯(岑) [実][寛]正岑	大和守 河内守	若年寄	宝永二(一七〇五)・九・二一	享保七(一七二二)・五・一七	卒
阿部正喬	飛驒守 豊後守	詰衆	正徳元(一七一一)・四・一一	享保二(一七一七)・九・一九	免 [実][寛]職ゆるさる
久世重之	大和守	若年寄	正徳三(一七一三)・八・三	享保五(一七二〇)・七・二七 [実][寛]五・六・二七	卒
松平信庸	紀伊守	京都所司代	正徳四(一七一四)・九・六	享保元(一七一六)・三・五	辞 [実]病免
戸田忠真	能登守 山城守	詰衆 [実][寛]雁間詰	正徳四(一七一四)・九・六	享保一四(一七二九)・一〇・二九 [寛]一四・一〇・二八	卒

京都所司代

氏名	称呼	前職	補職年月日	転免年月日	後職
松平信庸	紀伊守	側用人 [実]昵近[寛]近習	元禄一五(一七〇二)・四・一九 [実][寛]一〇・四・一九	正徳四(一七一四)・九・六	老中

氏名	称呼	前職	補職年月日	転免年月日	後職
水野忠之	和泉守	若年寄	正徳四(一七一四)・九・六	享保二(一七一七)・九・二七	老中

大坂城代

氏名	呼称	前職	補職年月日	転免年月日	後職
内藤弐〔弌〕信 【実】【寛】弌信	豊前守	御詰 【実】【寛】なし	正徳二(一七一二)・四・一五 【実】【寛】二・五・一五	享保三(一七一八)・八・一 【実】【寛】三・八・二	辞

側用人

氏名	称呼	前職	補職年月日	転免年月日	後職
間部詮房	越前守	桜田より召連 【実】【寛】西丸御側	宝永元(一七〇四)・正・九 【実】【寛】三・正・九	享保元(一七一六)・五・一六	免、雁間詰 【寛】職ゆるさる
本多忠良	中務大輔	奥詰 【寛】御側	宝永七(一七一〇)・九・三 【寛】七・三・一五	享保元(一七一六)・五・一六	免、譜代席 【実】【寛】職ゆるされ、帝鑑間詰

寺社奉行

氏名	称呼	前職	補職年月日	転免年月日	後職
本多忠晴	弾正少弼	大番頭	元禄一五(一七〇二)・六・三 【実】【寛】一五・六・一〇	正徳三(一七一三)・閏五・七	辞 【実】病、両職ゆるさる 【寛】両職辞
森川重興 【実】【寛】俊胤	出羽守	御側	宝永七(一七一〇)・九・三	正徳四(一七一四)・九・六	若年寄
松平近昭〔禎〕 【実】【寛】近禎	対馬守 相模守	奏者番	正徳元(一七一一)・一二・二三	享保一〇(一七二五)・八・一 【実】【寛】一〇・八・二四	卒

氏名	称呼	前職	補職年月日	転免年月日	後職
土井利忠 [実][寛]利意	山城守 伊予守	奏者番	正徳三(一七一三)・三・一三 [実][寛]三・三・二八	享保九(一七二四)・閏四・一一	辞 [実]病、両職免[寛]病、両職辞
建部正〔政〕宇 [実][寛]政宇	内匠頭	伏見奉行	正徳四(一七一四)・七・一一	正徳五(一七一五)・正・二六	卒
石川総茂	近江守	奏者番	正徳四(一七一四)・九・六	享保二(一七一七)・九・二七	若年寄
井上正長	遠江守	御側 [実][寛]西城御側	正徳五(一七一五)・二・一八	享保元(一七一六)・九・晦 [実][寛]元・九・二八	辞 [実]病、両職免、雁間詰[寛]病、両職辞、雁間詰

若年寄

氏名	称呼	前職	補職年月日	転免年月日	後職
久世重之	隠岐守 大和守	寺社奉行 [実][寛]奏者番兼寺社奉行	宝永二(一七〇五)・九・一一	正徳三(一七一三)・八・三	老中
大久保教寛	長門守	側衆 [実][寛]西丸側衆	宝永三(一七〇六)・一〇・一五	享保八(一七二三)・三・六	老免 [実][寛]職ゆるさる
鳥居忠救 [実][寛]忠英	伊賀守	寺社奉行 [寛]奏者番兼寺社奉行	正徳元(一七一一)・六・二七	享保元(一七一六)・三・一二	卒
水野忠之	大監物	奏者番	正徳元(一七一一)・一二・一三 [実][寛]元・一二・一三	正徳四(一七一四)・九・六	京都所司代
大久保常春	山城守 佐渡守	側衆	正徳三(一七一三)・八・三	享保一三(一七二八)・五・七	老中
森川俊胤	出羽守	寺社奉行 [実][寛]奏者番兼寺社奉行	正徳四(一七一四)・九・六	享保二(一七一七)・一一・一六	免 [実][寛]職ゆるさる

町奉行

氏名	称呼	前職	補職年月日	所在	転免年月日	後職
丹羽長守	遠江守	長崎奉行	元禄一五(一七〇二)・閏八・一五	中	正徳四(一七一四)・正・二六	辞 [実]病免、寄合[寛]辞、寄合
松野助義	河内守 壱岐守	大坂町奉行	宝永元(一七〇四)・一〇・一	北	享保二(一七一七)・二・二	老衰辞 [実]病免、寄合[寛]老衰辞、寄合
坪内定鑑	源五郎 能登守	先手 [実]先手頭[寛]先鉄炮頭	宝永二(一七〇五)・四・二六 [実][寛]二・正・二六	南	享保四(一七一九)・正・二六	辞 [実]病免、寄合[寛]辞、寄合
中山時春	出雲守	勘定奉行	正徳四(一七一四)・正・二六	北	享保八(一七二三)・六・二九	老衰辞 [実]職ゆるされ寄合

勘定奉行

氏名	称呼	前職	補職年月日	管掌	転免年月日	後職
中山時春	出雲守	大坂町奉行	元禄一五(一七〇二)・一一・二六		正徳四(一七一四)・正・二六	町奉行
大久保忠形(香) [実][寛]忠香	大隅守	大坂町奉行	宝永五(一七〇八)・一二・一五		享保元(一七一六)・二・一四 [実][寛]元・二・三	免職、小普請
水野忠順	対馬守 因幡守 讃岐守	普請奉行	正徳二(一七一二)・一〇・三		享保四(一七一九)・四・一	辞 [実]職ゆるさる [寛]辞、寄合
水野信房 [実][寛]守美	小左衛門 伯耆守	駿府町奉行	正徳三(一七一三)・三・二六		享保八(一七二三)・三・二二	旗奉行
伊勢貞数(勅) [実][寛]貞勅	伊勢守	普請奉行	正徳四(一七一四)・正・二六		享保六(一七二一)・三・一六	辞 [実]病免、寄合[寛]辞、寄合
大久保忠位	下野守	普請奉行	享保元(一七一六)・二・三		享保八(一七二三)・一一・一五	留守居

8代 徳川吉宗

徳川吉宗画像　絹本着色。付属の添書により、有徳公合祀奉賛会の依頼をうけ、狩野忠信(1864－？)が狩野祐清《かのうゆうせい》英信《てるのぶ》(1717－63)の下画をもとにしたことがわかる。落ち着いた風格と大きな耳は吉宗の実像を示すと思われる。

徳川吉宗（とくがわよしむね）　一六八四―一七五一

江戸幕府八代将軍。一七一六―四五在職。貞享元年（一六八四）十月二十一日、御三家の一つ紀州藩二代藩主徳川光貞の四男（兄一人が早世のため三男ともいわれる）として生まれる。生母は側室お由利の方。幼名は源六。元禄七年（一六九四）二月には新之助と改名した。のちに頼方《よりかた》と名乗り、宝永二年（一七〇五）徳川綱吉から一字を与えられ吉宗と改める。元禄九年、従五位下主税頭に任ぜられ、翌年には従四位下左近衛少将にすすんでいる。また、吉宗は長身で六尺（一八〇センチ）をこえていたという。

吉宗は将軍就任以前の元禄十年、赤坂の紀州藩邸において、徳川綱吉から越前の丹生《にう》郡三万石を与えられているが、現地には赴いてはいない。なお、丹生郡葛野《かずらの》（福井県丹生郡越前町）に陣屋を置いた。宝永二年、三代藩主の長兄綱教《つなのり》、四代の次兄頼職《よりもと》が相ついで死去し、紀州藩五代藩主となる。翌年、伏見宮貞致《さだゆき》親王の娘、真宮理子《さなのみやまさこ》（「さとこ」とも）を正室にむかえる。藩主在任十二年の間、財政再建に積極的に取り組んだ。

享保元年（一七一六）、江戸幕府七代将軍徳川家継の死去に伴い、同年八月十三日、江戸幕府八代将軍へ就任する。これに伴い、伊予西条藩主松平頼致《よりよし》（のちの宗直）が紀州藩主に就任した。吉宗は在職中、幕府財政の再建と支配体制全般の再編に取り組み、成果をあげた。これを、一般に享保の改革という。著名な政策として享保六年の評定所前への目安箱の設置、小石川養生所の設置、米価の安定化などが挙げられる。なお米の問題に尽力したことから「米将軍」と呼ばれることもある。また経済政策に関連して、当時の尾張藩主徳川宗春《むねはる》との路線対立が知られる。

吉宗の将軍就任は、それまでの将軍の血統、すなわち徳川宗家（秀忠系）の血統が途絶えたことを意味した。したがって、秀忠の血統に代わり、吉宗の家系が徳川宗家を継承することになる。いわば紀州家がのちの歴代将軍家の血統になったのである。そのため吉宗が江戸幕府中興の祖とも評される。この歴代将軍の血統に関連する問題として、日光社参の復活、将軍廟所の縮小、御三卿の創設が挙げられる。日光社参は、享保十三年に行われ、紀州出身の吉宗が秀忠系統との違いを前提としつつ、初代将軍徳川家康との血統を確認するために日光山へ参詣したものである。六十五年ぶりの復活であり、その意義は多岐に及ぶが、徳川将軍家の先祖祭祀としての意義を確認すべきである。なお、吉宗社参以降、日光山の「御遊覧」が付加された。すなわち参拝を終えた後、東照宮・大《たい》猷院《ゆういん》の建築美を鑑賞をしたり、『東照社縁起』を拝見するなどを行なった。一方、吉宗は、将軍廟所の新たな造成を停止している。享保五年、寛永寺境内の御霊屋を焼失すると、これを機に改革を断行した。吉宗の意向として当時の輪王寺宮公寛親王から日光山に次の三点が伝えられた。㈠今後は、銘々の御霊屋を造営するなど大きな造り替えはしてはならないこと、㈡綱吉の十三回忌法会は、その御霊屋のある寛永寺のみで行うこと、㈢歴代の年忌に執行される法会も、今後は縮減すること、である。この方針提示により、吉宗以降の将軍は、寛永寺・増上寺にある既存の御霊屋に奥院建築のみ新造されることになった。莫大な経費をかけて日光社参が実施される一方、将軍廟所の縮減は相矛盾するかにうつるが、共通する意識は徳川将軍家の血統を再確認しつつ、その立場を固めていくことにあったと評価される。さらに、御三卿(田安・一橋・清水家)の創設は、その後の将軍家の血統を考える上でも重視される。田安家は、吉宗の第二子宗武《むねたけ》、一橋家は吉宗の第四子宗尹《むねただ》、清水家は九代将軍家重の第二子重好《しげよし》に始まる。それぞれ賄料地十万石が支給された。

また吉宗は、江戸近郊の地域政策とそれに関連する人材登用を積極的に行なっている。これらの政策は将軍権力の強化ともつながる事象として評価される。具体的な地域政策については、特に、鷹場制の復活、下総における鹿狩の実施、新田開発、医薬政策が注目される。鷹場制の復活は、綱吉政権期に中止されていた鷹狩を復活させると同時に、制度の見直しを意味した。江戸城から五里(約二〇キロ)四方の範囲に、「御拳場《おこぶしば》」と呼ばれる将軍家の鷹場を設置した。御拳場の外側には、改めて徳川御三家の鷹場や鷹匠が鷹の訓練などを行う捉《とり》飼場《かいば》(「とらえかいば」とも)も設置された。なお、吉宗出身の紀州徳川家の鷹場は、江戸北部の浦和・大宮周辺に設定され、藩主の宗直が鷹狩を行なっている。また将軍家の鷹場の一部をのちに「御借場《おかりば》」として、田安・一橋・清水の徳川御三卿に貸し与えている。御拳場は、各方面を六つの筋に分けた。各筋には、鳥見《とりみ》役所が設置され、鳥見役が居住して鷹場の管理が実施された。江戸近郊農村の支配を捉える上でも、鳥見の役割は捨象できない。さらに吉宗が実際に鷹狩に出かけたことも確認される。江戸の北郊では、戸田・雑司が谷・落合などの場所が知られる。また将軍による鷹狩には、その獲物の種類によって、鶴御成・雉御成・鶉御成などの種類があった。そして、将軍が休息や食事を行う場所(御小休・御膳所)には、鷹場内の寺院などが宛てられることがあった。中野の宝仙寺、志村の延命寺、護国寺が知られるが、将軍御成が各地の寺院の寺歴にもかかわることになる。なお、吉宗と寺社との関わりでは、氷川神社の整備が知られる。享保十四年、赤坂氷川神社の朱印地について代々木村へ二百石を宛てている。翌年同社の造成に伴って吉宗が直拝している。このような吉宗の将軍就任に伴う御成は、江戸近郊の寺社の格付けにもインパクトを与えており、地域再編の契機にもなった。このほか、享保六年には、和歌浦東照宮や熊野三山などへ黄金などを贈っている。この鷹狩とも関連する動向として鹿狩の実施も知られる。下総小金原で実施された鹿狩は享保年間に二度実施されている。こののち、寛政年間・嘉永年間にも大規模な鹿狩が実施されており、実施に伴い地域再編の契機となっている。次に新田開発でも吉宗政権は特徴的な動きをみせている。新田開発は、享保七年七月、日本橋に開発を推奨する高札が出たことを端緒とする。特に、江戸周辺の有力百姓らが参画した武蔵野新田の開発が著名である。これに伴い、新田には新たに寺院が建設される引寺政策も進展した。また、開発は水利政策とも不可分に展開した。著名な例として武蔵国における見沼代用水《みぬまだいようすい》の開発が知られる。当地では、それまで溜井《ためい》(見沼)による水利政策がとられてきたが、利根川からの取水を軸にした政策変更がなされた。見沼代用水の開発には、紀州藩士の井沢弥惣兵衛(為水)を幕臣として取り立て指揮にあたらせている。井沢は吉宗政権期において多くの土木事業に携わった。地域側には水利政策を通じて、江戸と近郊社会との新たな繋がりをもたらす契機ともなった。このほか、吉宗政権は下総行徳《ぎょうとく》(千葉県市川市)の塩浜の管理にも関与し、小宮山杢之進(昌世)らの活動が知られる。次に医薬政策については、代表的な政策として小石川養生所の設置が知られるが、各地への薬園の設置も注目される。なお、これらの政策基調には、吉宗自身の本草学への傾倒も挙げられる。具体的には、下総の薬園台《やくえんだい》(千葉県船橋市薬円台)や日光などが知られる。薬園台の運営は、丹羽正伯《にわしょうはく》を中心に行われた。丹羽は、紀州藩領にあたる伊勢松坂の生まれである。薬園台において、実際にどのような薬草が植えられたのか詳細は不明であるが、吉宗政権期の地域政策の一環に位置づけられる。なお紀州藩においては、丹羽主導のもとに『紀州産物帳』が作成されている。また、日光薬園では朝鮮種人参が栽培された。これは日光神領での限定的な実施である。さらに救荒作物としての、さつまいもの栽培も勧奨している。

　人材登用については、紀州藩士を幕臣に登用したことが知られる。御側御用取次役として、紀州藩時代からの家臣である有馬氏倫《ありまうじのり》・加納久通《かのうひさみち》の登用が知られる。このことは紀州藩政時代の諸政策が、将軍就任以降、幕政に影響を及ぼしていることを意味する。このほか御庭番の設定が知られ、将軍権力の強化が進められた。また江戸の町奉行に大岡忠相《おおおかただすけ》を抜擢したことも注目される。大岡のもとで町火消組合の結成など町制機構の再編がなされている。また大岡の下では地方巧者《じかたこうしゃ》が抜擢され、武蔵野新田の開発などに影響を及ぼしている。

このような地域政策に関連した問題以外に、史料保存に関連するアーカイブ政策も注目される。特に寺社奉行の大岡忠相日記の内容などから導き出されるが、吉宗政権期においては、青木昆陽などを登用しながら古文書・古書調査も積極的に実施している。さらに、法令書の『公事方御定書』の編纂も代表的である。また法令伝達のあり方にも、御用取次が関与するなど再編が図られている。全般的に当該期の行政運営の再編が図られたとする評価が可能である。

一方、江戸時代後半の文化事情を捉えていく上でも、吉宗政権の性格は注目される。漢訳洋書輸入の禁止の緩和などは、のちの洋学の進展を捉える上での画期となっている。この時期には、オランダ語の翻訳が進められたことやオランダ象が江戸城で上覧されたことも知られる。また吉宗は多くの書籍を読み、絵画の鑑賞、さらには書画も残している。吉宗の文化的素養は、さまざまな方面に影響をもたらしたとみられるが、その中でも次男の徳川(田安)宗武の学問・文化活動にも連なる動向とみられる。このほか、吉宗は、延享二年(一七四五)三月に江戸城内の紅葉山東照宮において輪王寺宮を主催としながら家康百三十回忌の大法要を実施している。その年のうちに居所を西丸に移し、家重へ将軍職を譲り、大御所となった。宝暦元年(一七五一)六月二十日、六十八歳で没し、上野寛永寺に葬られる。法号は有徳院殿。

参考文献 深井雅海『徳川将軍政治権力の研究』(吉川弘文館、一九九一年)、サントリー美術館他編『将軍吉宗とその時代展』(NHKプロモーション、一九九五年)、大石学『吉宗と享保の改革』(東京堂出版、一九九五年)、同『享保改革の地域政策』(吉川弘文館、一九九六年)、竹内誠他『江戸時代の古文書を読む—享保の改革—』(東京堂出版、二〇〇四年)、深井雅海「法令の伝達と将軍吉宗の主導」(『徳川林政史研究所研究紀要』三九、二〇〇五年)、菅野洋介「近世中後期における在地寺社の秩序化と社会動向—紀州鷹場・開発の影響をめぐって—」(『関東近世史研究』六九、二〇一〇年)、同「武蔵野新田成立と寺院創出」(『史潮』六八、二〇一〇年)、徳川記念財団・東京都江戸東京博物館編『日光東照宮と将軍社参』(徳川記念財団、二〇一一年)、大石学『徳川吉宗—日本社会の文明化を進めた将軍—』(『日本史リブレット人』、山川出版社、二〇一二年)、小高昭一「幕府代官小宮山杢之進昌世の前歴について—享保改革と小金牧研究に向けて—」(『松戸市立博物館紀要』一九、二〇一二年)

(菅野　洋介)

〔家族〕

徳川光貞（とくがわみつさだ）　一六二六―一七〇五

徳川吉宗の実父。紀州藩二代藩主。初代紀州藩主徳川頼宣の長男。母は理真院（中川氏）。幼名は長福丸。寛永三年（一六二六）十二月十一日生まれ。寛永九年元服し、三代将軍徳川家光より偏諱《へんき》を与えられ、光貞と名乗った。正室は伏見宮貞清親王の娘安宮（天真院）。安宮は、明暦三年（一六五七）京都から和歌山に赴いて婚礼をあげ、その後江戸の紀州藩邸に入っている。紀伊徳川家は、こののち、たびたび伏見宮から正室を迎えているが、和歌山で婚礼を挙げたのは安宮のみである。ただし、伏見宮から正室をむかえることは、のちの将軍徳川吉宗・家重にも同様にみられ、光貞段階の婚姻形態の意味が重要視される。寛文七年（一六六七）、父の隠居により紀州藩（五十五万石）を四十二歳で相続し、紀州藩二代藩主となる。同年、権中納言に任ぜられ、元禄三年（一六九〇）には従二位権大納言に任ぜられている。寛文八年、異母弟の頼純《よりずみ》に紀伊国内で五万石を分与した。のちに、頼純は伊予国西条藩三万石を拝領し、紀州藩の連枝《れんし》となった。光貞は、紀州藩主として、寛文七年から元禄十一年までの三十一年間の在任期間に、藩財政の健全化につとめ、藩政を確立させた。この間、元禄年間において同藩は江戸での火災や高野山内の僧侶・行人の対立に伴った出兵などにより財政窮乏が必至となった。これを背景としてのちの五代藩主徳川吉宗の政策が遂行されていく。また、光貞は紀州藩領に含まれていた伊勢領の積極的な統治を行い、伊勢には、初代藩主時代から紀州藩の鷹場が設定されていた。光貞は江戸からの帰藩の途中時などにおいて、たびたび伊勢領を含めて鷹狩を実施した。なお、この時期の参勤交代は、和歌山から伊勢領を通っていた（のち大坂方面から実施）。さらに在任期後半の元禄年間には、地方巧者の大畑才蔵を登用しつつ、伊勢領の新田開発や小田井堰の構築など水利政策を進めた。また井沢弥惣兵衛（為永）の例のように、光貞に登用された人物がのちの吉宗政権期に幕臣として登用されている。また光貞は側室紋子（於由利）との間に、吉宗をもうけている。光貞は父頼宣同様に風流を好み、特に絵画は狩野探幽に師事し、水墨画の妙手とされ、布袋図などが伝来する。宝永二年（一七〇五）八月八日に八十歳で没し、長保寺に葬られる。法号清渓院。没後、従一位を追贈された。

参考文献　笠原正夫『紀州藩の政治と社会』（清文堂出版、二〇〇二年）、和歌山市立博物館編『和歌山城―南海の鎮その歴史と文化―』（和歌山市教育委員会、二〇〇七年）

（菅野　洋介）

浄円院（じょうえんいん）　?―一七二六

徳川吉宗の生母。お由利の方。諱は紋子。二代紀州藩主徳川光貞の側室。生年は明暦元年（一六五五）と思われる。出自については、近江出身説、巡礼の娘とする説、紀州藩士巨勢《こせ》八左衛門利清《としきよ》の娘とする説などがある。吉宗の将軍就任に伴い江戸に出向くことになるが、この際に巨勢利清の次男巨勢十左衛門由利や孫の六左衛門が御供として召しだされている。なお、お由利（紋子）は五千石を賜っており、当時としては、巨勢の一族として扱われたとみられる。ただし、実際には巨勢家との繋がりがあったかは不明である。当初、光貞の湯殿掛になったことで光貞と関係をもったとされる。そして三十歳の時に和歌山で吉宗を出産する。享保三年（一七一八）、和歌山から江戸城二丸へ移る。江戸までの行程（東海道本坂通り、美濃路）には、石川近江守総茂《ふさしげ》らが同行し、止宿や休憩先にあった領主が石川に謁見することなどがなされた。光貞没後は落飾して、浄円院と称した。享保十一年六月九日、七十二歳で没し、上野寛永寺に葬られた。没後、十四日間は鳴物がとどめられたという。その廟所には吉宗の御成がみられるなど、年忌法要が実施されている。また養源寺（和歌山県有田郡広川町）には、浄円院が奉納した八稜双鸞鏡が伝来している。日蓮宗の信仰心の厚い人物としても知られ、養源寺へ頻繁に祈禱の依頼をしていたという。初代紀州藩主の正室養殊院（お万の方）の日蓮宗への強い信仰が知られ、紀州藩主の正室は日蓮宗への信仰心が篤い傾向が認められる。なお養源寺には、吉宗正室理子《まさこ》の江戸の御殿が移築されている。

参考文献　小宮謽城「八代徳川吉宗の正室真宮理子」（『歴史読本』五三ノ七、二〇〇八年）、和歌山市立博物館編『紀州徳川家のお姫さま』（和歌山市教育委員会、二〇一〇年）

（菅野　洋介）

寛徳院（かんとくいん）　一六九一―一七一〇

徳川吉宗の正室。真宮理子《さなのみやまさこ》（「さとこ」とも）。元禄四年（一六九一）八月十八日、伏見宮貞致《さだゆき》親王の娘として、京都で生まれる。宝永三年（一七〇六）、紀州藩主に就任したばかりの吉宗と婚約し、江戸の紀州藩邸で婚儀の式をあげ、居を江戸に移す。この時、吉宗二十三歳、理子十六歳であった。宝永六年に懐妊するが、同七年五月に女児を流産し、自身も六月四日に没す。二十歳。池上本門寺（東京都大田区）で火葬され、報恩院（和歌山市）に納骨される。吉宗は、理子没後も正室をもうけておらず、唯一の正室となる。没後、本門寺で十七年忌などの年忌法要の開催も確認される。そして、理子が住居としていた江戸の御殿は、吉宗生母浄円院と縁が深い養源寺（和歌山県有田郡広川町）に移築された。

参考文献『徳川諸家系譜』二(続群書類従完成会、一九七四年)、小宮譽城「八代徳川吉宗の正室真宮理子」(『歴史読本』五三ノ七、二〇〇八年)
(菅野 洋介)

深徳院(しんとくいん) 一六八八―一七一三

徳川吉宗の側室。をすま。於須磨《おすま》とも称した。元禄元年(一六八八)生まれ。紀州藩士大久保忠直の娘。吉宗の紀州藩時代からの側室として正徳元年(一七一一)十二月二十一日、九代将軍となる長男長福丸(家重)を生む。この時点で、吉宗の正室理子が没していたので、世子の生母として権勢を誇ったという。しかし正徳三年、再び懐妊するも難産のため十月二十四日母子ともに死去した。二十六歳。没後、享保四年(一七一九)七月には、池上本門寺において七年忌が実施されるなど、年忌法要の実施が確認できる。この七年忌では、寺社奉行牧野英俊などが出向いている。宝暦十三年(一七六三)四月十六日、従二位が追贈された。なお、於須磨の父が早く死去したため、その兄の大久保忠相が家重の小性をつとめるなど、将軍吉宗の嫡子を生んだ側室の血縁者として優遇された面も確認できる。

参考文献『徳川諸家系譜』二(続群書類従完成会、一九七四年)、小宮譽城「八代徳川吉宗の正室真宮理子」(『歴史読本』五三ノ七、二〇〇八年)
(菅野 洋介)

本徳院(ほんとくいん) 一六九六―一七二三

徳川吉宗の側室。こん。於古牟。元禄九年(一六九六)生まれ。紀州藩士竹本正長の娘。吉宗紀州藩主時代以来の側室で、正徳五年(一七一五)十二月二十七日、吉宗との間に次男小次郎(御三卿田安家の祖となる田安宗武《むねたけ》)をもうけた。吉宗が将軍になったことに伴い、江戸城本丸に移り、御内証之方と呼ばれたともいう。享保八年(一七二三)二月二十一日に二十八歳で没し、武蔵国池上本門寺(東京都大田区)に葬られた。なお、こんの兄の正綱・弟の正堅《まさかた》は享保三年、紀州藩士から御家人になっている。

参考文献 小宮譽城「八代徳川吉宗の正室真宮理子」(『歴史読本』五三ノ七、二〇〇八年)
(菅野 洋介)

深心院(じんしんいん) 一七〇〇―二一

徳川吉宗の側室。久、梅。元禄十三年(一七〇〇)生まれ。京都の谷口長右衛門正次の娘といわれ、吉宗生母の浄円院の奥女中として奉公中に吉宗の「お手」が付いたという。吉宗紀州藩時代以来の側室で、吉宗の将軍就任に伴い、江戸城本丸に移った。享保四年(一七一九)三月十四日、三男源三をもうけたが、生後まもなく夭折した。同六年閏七月十六日に四男小五郎(のちの一橋宗尹《むねただ》)をもうけたが、産後の肥立ちが悪く、同年十月七日に没し、寛永寺に葬られた。二十二歳。法号深心院。なお梅の兄の正乗は京都に住んでいたが、御家人となっている。

参考文献 『徳川諸家系譜』二(続群書類従完成会、一九七四年)、小宮譽城「八代徳川吉宗の正室真宮理子」(『歴史読本』五三ノ七、二〇〇八年)　（菅野　洋介）

覚樹院（かくじゅいん）　一六九七―一七七七

徳川吉宗の側室。くめ、久免。元禄十年(一六九七)紀州藩士福葉定清の娘として生まれる。お梅の方らの側室が立て続けに死去し、和歌山城で吉宗生母の浄円院の世話をしていた久免が吉宗の側室としてむかえられた。享保六年(一七二一)九月七日、吉宗との間に芳姫(正雲院)をもうけるが、翌年に夭折した。宝暦元年(一七五一)、吉宗没後に出家し、覚樹院と号した。安永六年(一七七七)十一月二十八日死去。八十一歳。小石川伝通院に葬られ、教樹院と改称された。なお位牌供養料として伝通院に百五十両を下賜したとの記録もある。

参考文献 『徳川諸家系譜』二(続群書類従完成会、一九七四年)　（菅野　洋介）

さめ　生没年不詳

徳川吉宗の側室。側室にあたるとされるが、多くの文献に掲載がない。一般には、京都の町医師久保田氏の娘と伝わる。

参考文献 『徳川諸家系譜』二(続群書類従完成会、一九七四年)、大石学『吉宗と享保の改革』(東京堂出版、一九九五年)　（菅野　洋介）

咲（さき）　生没年不詳

徳川吉宗の側室。側室にあたるとされるが、多くの文献に記載がない。一般には、江戸町人の娘と伝わる。

参考文献 『徳川諸家系譜』二(続群書類従完成会、一九七四年)、大石学『吉宗と享保の改革』(東京堂出版、一九九五年)　（菅野　洋介）

田安宗武（たやすむねたけ）　一七一五―七一

徳川吉宗の次男。正徳五年(一七一五)十二月二十七日、江戸赤坂の紀州藩邸で生まれる。幼名小次郎。母は側室おこんの方。父吉宗が将軍に就任すると、江戸城に移る。享保十四年(一七二九)、元服して官位叙任し、賄料が給付された。さらに享保十六年、田安門内の屋敷を拝領して二丸から移居し、田安家が創設された。なお、幼少期から文学や『論語』を学ぶなど、利発・聡明であり、父の吉宗が宗武の学才に期待するなど、宗武を次期将軍に推挙する声もあったという。享保十八年、江戸城二丸に住居していた天英院(六代将軍家宣正室)は、生家近衛家の当主で甥の関白家久の娘森姫を二丸に迎えた。これは宗武との縁組をふまえたもので、享保二十年、森姫は二丸から田安屋敷に入輿した。延享二年(一七四五)九月、吉宗が隠居し大御所として西丸に移り、家重が九代将軍に就任すると、宗武は異母兄弟の宗尹《むねただ》(一橋家を創設)とともに参議に任ぜられたので、以後、田安家と一橋家が両卿と称され、のちに、清水家とともに御三卿といわれた。延享三年、将軍家重は、摂津・和泉・河内・播磨・甲斐・武蔵・下総の六ヵ国のうちに十万石の領知を与えた。このほか、御三卿は「御借場」とする鷹場を拝領した。一方、宗武は学問を好み、はじめ、荷田在満《かだのありまろ》に国学を学び、のちに賀茂真淵《かものまぶち》とも交流をもった。なお、寛保二年(一七四二)、在満が献じた歌論集『国家八景』をめぐり、在満と真淵の間で論争になっている。宗武は、歌人としても優れ、万葉風の格調ある歌を詠んだ。このほか、服飾学・雅楽・有職故実の研究者としても知られ、作品をのこしている。このような文化人としての性格は、宗武の婚姻とも関係している。たとえば関白近衛家当主の近衛家久に就いて和歌の添削指導を受けており、また近衛家(摂関家)から嫁いだ森姫は和歌を嗜むなど、田安徳川家に宮廷文化の一面をもたらした。一方、森姫との間には三男四女をもうけた。大半が早世するが、五男寿麻呂(のちの治察《はるあき》)が世子となった。側室との間にもうけた六男定国は松山藩主松平定静の養嗣子、七男定信は陸奥白河藩主松平定邦の養嗣子となった。七男定信は、寛政の改革で著名な松平定信である。また娘の種姫は十代将軍家治の養女となり、紀伊家徳川治宝《はるとみ》に嫁いでいる。明和五年(一七六八)、権中納言に叙せられるが、三年後の明和八年六月四日、五十七歳で没し、寛永寺に葬られる。

参考文献　竹村誠「御三卿の領知変遷」(大石学編『近世国家の権力構造―政治・支配・行政―』、岩田書院、二〇〇三年)、徳川記念財団編『徳川将軍家ゆかりの女性』(徳川記念財団、二〇〇八年)、徳川記念財団・東京都江戸東京博物館編『徳川御三卿』(徳川記念財団、二〇一〇年)

(菅野　洋介)

源三（げんぞう）　一七一九―一九

徳川吉宗の三男。母は側室お梅の方。宗尹《むねただ》(のちの御三卿一橋家)の同腹で兄にあたる。享保四年(一七一九)三月十四日、江戸城で出生する。同年三月には、七夜祝いが実施され、名前が源三と決められた。生後一ヵ月半で五月六日に没し、寛永寺に葬られる。

参考文献　『徳川実紀』八(『新訂増補国史大系』、吉川弘文館、一九七六年)

(菅野　洋介)

一橋宗尹（ひとつばしむねただ）　一七二一―六四

徳川吉宗の四男。母は側室お梅の方。享保六年(一七二一)閏七月十六日、江戸城で出生する。幼名小五郎。享保二十年元服、将軍吉宗から一字を賜わり宗尹と名乗った。また、それまで山本茂明《やまもとしげあき》・建部広次《たけべひろつぐ》を傅役《もりやく》としていたが、家老と名称変更をし、家政運営を監督させた。なお家老は老中支配となる。元文五年(一七四〇)、江戸城一橋門内の屋敷を拝領し、翌寛保元年(一七四一)、一橋門内に新しい屋形を築いて居住し、一橋家を創設した。この年、関白一条兼香の娘通君《みちぎみ》(この年俊姫《まさひめ》に改名)を正室にむかえることが発表される。この縁組は、徳川綱吉養女の養仙院が世話したものといわれ、翌年十一月、養仙院邸(水戸家駒込御守殿)に入り、ここで結納をすませ、同月中に一橋屋敷に入って婚儀が行われた。なお、寛延二年(一七四九)、俊姫は没し寛永寺に葬られている。延享二年(一七四五)、次兄の宗武《むねたけ》とともに参議に任ぜられ、田安家とともに両卿が発足した。また長兄で九代将軍家重から、播磨・和泉・甲斐・武蔵・下総・下野六ヵ国内において十万石の領知を与えられた。なお、従三位以上の官位をもつ者を古来より公卿と呼んでいたことから、田安・一橋・清水の三家に敬意をこめて御三卿と呼んだという。さらに当主不在でも家が存続する明屋形《あきやかた》の制度が用いられ、将軍の世継や有力大名の養子が輩出された。宗尹には、八人の子女がおり、嫡男重昌は越前福井藩松平家の養嗣子となる。一橋家自体は四男の治済《はるさだ》が継ぎ、いわゆる田沼政権、定信政権、家斉政権期において幕政に影響を及ぼした。また十一代将軍家斉、十二代将軍家慶は、それぞれ宗尹の孫、曾孫にあたる。一方、宗尹は武芸を好み、鷹狩りを好んだ。他方、陶芸や染色も手がけた。明和元年(一七六四)十二月二十二日に四十四歳で没し、寛永寺に葬られた。鳴り物は停止七日とする。法号覚了院。

参考文献　竹村誠「御三卿の領知変遷」(大石学編『近世国家の権力構造—政治・支配・行政—』、岩田書院、二〇〇三年)、久保貴子「将軍家と天皇家」(『歴史読本』五三ノ七、二〇〇八年)、徳川記念財団・東京都江戸東京博物館編『徳川御三卿』(徳川記念財団、二〇一〇年)

(菅野　洋介)

正雲院　(しょううんいん)　一七二一—二二

徳川吉宗の子女。芳《(よし)》姫。享保六年(一七二一)九月六日生まれ。母は側室お久免の方。吉宗の唯一の娘であるが、翌七年十一月六日に早世した。鳴物は三日停止。小石川伝通院に葬られる。

参考文献　『徳川諸家系譜』一(続群書類従完成会、一九七〇年)

(菅野　洋介)

雲松院　(うんしょういん)　一七一七—四五

徳川吉宗の養女。利根《(とね)》姫。享保二年(一七一七)八月一日生まれ。六代紀州藩主徳川宗直の娘で、のちに吉宗の養女になり、仙台藩主伊達宗村《だてむねむら》の正室となる。仙台藩側は徳川将軍家の娘を正室にむかえることになり、愛宕下の江戸藩中屋敷の一角に幕府主導のもと、御守殿を造営している。また仙台領内では、「とね」と称する女性名の禁止および利根姫の敬称を将軍養女である点を考慮して「姫君様」と呼ぶように通達された。利根姫の年間経費は六千両と定められた。元文四年(一七三九)、源姫を出産。源姫は佐賀藩主鍋島重茂《なべしましげもち》の正室となる。延享二年(一七四五)閏十二月十六日没。二十九歳。墓所は奥州大年寺(仙台市)。

参考文献　『徳川諸家系譜』二(続群書類従完成会、一九七四年)、『将軍吉宗と宮廷「雅」—象がゆく—』(埼玉県立博物館、二〇〇〇年)、『仙台市史』通史編五(二〇〇四年)

(菅野　洋介)

〔関連人物〕

青木昆陽(あおきこんよう)　一六九八—一七六九

江戸時代中期の儒学者、蘭学者、書誌学者。諱は敦書《あつのり》、名は半十郎、字は厚甫、通称は文蔵、号が昆陽。元禄十一年(一六九八)五月十二日、魚問屋の子として日本橋小田原町(東京都中央区)に生まれた。享保四年(一七一九)より京都の伊藤《いとう》東涯《とうがい》のもとで古義学を学んだ。同七年、江戸八丁堀の町奉行与力加藤枝直《かとうえなお》の組屋敷地内に塾を開講。のち、加藤の推挙により町奉行大岡越前守忠相《ただすけ》の知遇を得、享保十八年救荒作物としての薩摩芋の効用を説いた『蕃薯考《ばんしょこう》』を提出、八代将軍徳川吉宗の上覧を得た。同二十年、吉宗の命により『薩摩芋《さつまいも》功能書《こうのうがき》』を刊行、種芋とともに諸国へ頒布された。薩摩芋御用掛として小石川養生所、下総国馬加《まくわり》村(千葉県千葉市花見川区)、上総国不動堂《ふどうどう》村(千葉県山武郡九十九里町)などで薩摩芋の試作に尽力、薩摩芋の普及につとめたことから、世人から甘藷《かんしょ》先生と称されるようになる。享保二十年幕府御書物・御写物御用を命じられ、元文四年(一七三九)御書物御用達、同五年寺社奉行大岡忠相支配となり、関東・東海地方で古書や古文書を採訪し、『諸州古文書』(国立公文書館所蔵)にまとめた。延享元年(一七四四)紅葉山火之番《もみじやまひのばん》、同四年評定所儒者、明和四年（一七六七）書物《しょもつ》奉行となる。『経済纂用』『昆陽漫筆』など著作多数。昆陽は蘭学興隆の祖とされ、元文五年、将軍吉宗に野呂元丈《のろげんじょう》とともにオランダ語習得を命じられて以降、『阿蘭陀文字大通詞答書《おらんだもんじだいつうじこたえがき》』など多くの訳書をなした。弟子に前《まえ》野良沢《のりょうたく》がいる。明和六年十月十二日、七十二歳で没す。墓所は滝泉寺（東京都目黒区下目黒）にあり、国の史跡。

参考文献 大槻文彦「青木昆陽先生に就て」（帝国教育会編『六大先哲』、一九〇九年）、東京甘藷問屋組合『贈正四位青木昆陽先生伝』（一九一二年）、沼田次郎他編『洋学』上（『日本思想大系』六四、岩波書店、一九七六年）

（大嶋 陽一）

有馬氏倫（ありまうじのり） 一六六八―一七三五

江戸時代中期の幕臣、御側御用取次《おそばごようとりつぎ》、伊勢国西条藩初代藩主。兵庫頭。通称は四郎右衛門。寛文八年（一六六八）紀州藩士有馬清兵衛義景《よしかげ》の子として生まれた。母は建部宇右衛門光延娘。藩主徳川吉宗の側近で、年寄役の補佐役である御用役兼番頭を勤め、藩政の中枢を担った。享保元年（一七一六）吉宗の八代将軍就任に伴って幕臣となり、新設の御側御用取次を、同じく紀州藩から幕臣化した小笠原胤次《おがさわらたねつぐ》、加納久通《かのうひさみち》とともに勤めた。翌二年四月、小笠原は隠居したため、享保改革では同僚の加納とともに将軍吉宗の側近として参画し、重要事項の上申・審議・決定に重要な役割を果たした。特に、吉宗への取り次ぎとしての権限は大きく、当時、幕府の農財政を専管する勝手掛《かってがかり》老中であった水野和泉守忠之《ただゆき》ですら、有馬の意向を確認しなければ将軍に直に上申することができなかったという（室鳩巣『兼山秘録』）。享保元年、伊勢国において千三百石を加増されて以降、同二年に千石、同十一年に七千七百石とそれぞれ加恩され、一万石の大名に取り立てられた。有馬の性格は「さえかしこく、かどかどしき所ある」（『徳川実紀』）と切れ者とされ、加納が「おいらかにつつしみぶかく」とおおらかで慎み深いとされたのと対照をなす。享保二十年十二月十二日、六十八歳で没す。墓所は祥雲寺（東京都渋谷区）。

参考文献 深井雅海『徳川将軍政治権力の研究』（吉川弘文館、一九九一年）、大石学『吉宗と享保の改革』（東京堂出版、一九九五年）、大石慎三郎『享保改革の商業政策』（吉川弘文館、一九九八年）、『四日市市史』一七（一九九九年）

（大嶋 陽一）

井沢為永（いざわためなが） 一六六三―一七三八

紀伊藩士。幕臣。寛文三年（一六六三）、紀伊国那賀郡溝口村（和歌山県海南市）で生まれる。通称は弥惣兵衛。元禄の初年に紀州藩主徳川光貞に登用され勘定方となり、以後綱教、頼職、吉宗、宗直の五代に仕え、約三十年間にわたり土木事業に尽くした。享保七年(一七二二)十月八日、八代将軍徳川吉宗の命により、近江国湖水辺の新田開発に携わり、翌八年七月十八日に幕臣として召出され勘定に就任、蔵米二百俵を賜る。同月二十一日にはじめて吉宗に拝謁する。同十年十一月二十五日に勘定吟味役格となり、新恩三百俵を賜り、同年十二月十八日には布衣の着用を許される。享保十二年六月二十五日には、勘定吟味役の職務分担により、新田開発・荒蕪地の監査担当を命じられる。下勘定所の新田方に所属し、下総国飯沼新田、武蔵国見沼新田の開発、常陸国牛久沼、下総国手賀沼の干拓などを担当した。同十六年正月には、職務を褒賞され、三百俵を下賜。同年三月には甲斐・信濃両国の河川普請、同十七年八月には越後国、十一月には駿河・遠江国の河川普請の巡察を命じられた。享保十八年八月二十七日には伊勢幕領の検察を命じられる。同十九年四月には大井川の普請を担当。同年九月には甲斐国の検見と代官支配を検察。享保二十年八月十日より、美濃郡代を兼務する。元文元年(一七三六)正月には大井川普請を担当。精勤により金五枚を下賜される。同年九月甲斐国の河川を視察。元文二年九月五日に病気を理由に美濃郡代を解職。同十二月二十九日には勘定吟味役も辞して寄合となる。元文三年三月一日に七十六歳で死去。法名は賢厳。墓所は麴町心法寺。没年齢については諸説あるが、心法寺墓碑に拠った。なお、彼が採用してきた土木技術は、幕府が従来採用してきた「関東流(伊奈流)」に対して「紀州流」と呼ばれる。

[参考文献] 『新訂寛政重修諸家譜』一九(続群書類従完成会、一九六六年)、『浦和市史』通史編二(一九八八年)、大谷貞夫『江戸幕府治水政策史の研究』(雄山閣出版、一九九六年)

(榎本　博)

大岡忠相(おおおかただすけ) 一六七七―一七五一

江戸時代中期の幕臣、町奉行、寺社奉行。三河国西大平《にしおおひら》藩主。通称は求馬、市十郎、忠右衛門。能登守、越前守。延宝五年(一六七七)二千七百石取の旗本大岡美濃守忠高《ただたか》の四男として生まれた。母は北条出羽守氏重《うじしげ》娘。貞享三年(一六八六)大岡忠右衛門忠真《ただざね》の養子となり、元禄十三年(一七〇〇)七月遺跡千九百二十石を相続。同十五年書院番《しょいんばん》、宝永元年(一七〇四)徒頭《かちがしら》、同四年使番《つかいばん》、同五年目付、正徳二年(一七一二)山田奉行、享保元年(一七一六)普請奉行を歴任し、翌二年江戸町奉行(南町奉行)となり、能登守から越前守へと改めた。以降、元文元年(一七三六)八月寺社奉行、寛延元年(一七四八)より大名役である奏者番《そうじゃばん》を兼任した。このとき、二度の加増で五千九百二十石となっていたが、さらに四千八十石を追増され一万石の大名となった。宝暦元年(一七五一)に奏者番のみ免ぜられた。町奉行として町火消組合の結成やいろは四十七組(四十八組とも)再編成など江戸の防火体制整備、小石川養生所の設置など下層民対策、米価の公定化や仲間組合許可、元文金銀通用など米価・物価・貨幣政策を行なった。また、法典集の整備も行い、町奉行時代に『享保度法律類寄《きょうほうどほうりつるいよせ》』『撰要類集《せんようるいじゅう》』、寺社奉行として『公事方御定書《くじかたおさだめがき》』『御触書集成《おふれがきしゅうせい》』などの編纂に携わった。さらに、享保七年地方御用掛《じかたごようかかり》を命じられ、延享二年(一七四五)職を免ぜられるまで、勘定所とは一定の距離を置きつつ、忠相を「御頭」と仰ぐ配下の地方巧者《じかたこうしゃ》らにより武蔵野新田の農村支配を行なった。忠相は才知に優れた人物として知られ、公務においても権威がましいことはなく、その公正な裁判は名君・仁徳者として人々を心服させたという。こうした民衆の間の人気が『大岡政談《おおおかせいだん》』などの書物によって誇張され、名奉行・名裁判官のイメージが後世定着していった。宝暦元年十二月十九日七十五歳で没す。大岡家文書は国文学研究資料館に寄託されている。

参考文献 辻達也『大岡越前守』(『中公新書』、中央公論社、一九六四年)、大岡家文書刊行会編『大岡越前守忠相日記』(三一書房、一九七二―七五年)、大石慎三郎『大岡越前守忠相』(『岩波新書』、岩波書店、一九七四年)、大石学『享保改革の地域政策』(吉川弘文館、一九九六年)、大石慎三郎『享保改革の商業政策』(吉川弘文館、一九九八年)、大石学『大岡忠相』(『人物叢書(新装版)』、吉川弘文館、二〇〇六年)

(大嶋　陽一)

小川笙船（おがわしょうせん）　一六七二―一七六〇

医者。名は広正、号は雲語。寛文十二年(一六七二)生まれ。先祖は近江国の出身であり、笙船の代に江戸小石川にて医者となった。享保六年(一七二一)に、目安箱に十九ヵ条からなる投書を行い、施薬局設立を望み、翌年小石川に養生所を設けることが幕府により認められた。笙船と子の円治が肝煎を命じられ、笙船はその功績により銀二十枚と屋敷地を与えられた。のちには幕府の医官を命じられたが、高齢を理由にこれを辞した。宝暦十年(一七六〇)六月十四日没。八十九歳。

参考文献 富士川游『日本医学史』(メディカル出版、一九七二年)、南和男『江戸の社会構造』(『塙選書』、塙書房、一九六九年)

(望月　良親)

荻生徂徠（おぎゅうそらい）　一六六六―一七二八

江戸時代中期の儒者。名を茂卿《もけい》、通称は双松《なべまつ》のちに惣右衛門と改めた。徂徠、蘐園《けんえん》は号である。祖先を物部氏に持つとし、約めた名字とともに物茂卿と署名する。寛文六年(一六六六)二月十六日、医者荻生方庵の次男として生まれる。方庵は徳川綱吉の側医であったが、延宝七年(一六七九)怒気に触れ、江戸追放の処罰をうける。それに伴い一家で上総国長柄郡本納村(千葉県茂原市)へ退去した。元禄の初めに赦されて江戸へ戻り、芝増上寺門前に居を定め講釈を始めた。元禄九年(一六九六)八月、三十一歳のとき柳沢吉保《やなぎさわよしやす》に十五人扶持で召し抱えられる。同年九月十八日に柳沢邸においてはじめて綱吉に謁見する。このとき、綱吉が伴った大学頭林鳳岡《はやしほうこう》と儒学の論題について論争している。九月二十六日には、吉保に従って江戸城へ登り、綱吉の講釈する『周易』を聴く。この後も、月に三度ほど登城して、綱吉の経書講義や演能の席に加わった。また将軍生母桂昌院への講釈も命じられ、柳沢邸で『周易』などを講じている。たびたび加増され、最終的には五百石の禄を食んだ。宝永六年(一七〇九)綱吉の死により吉保が隠居すると、徂徠も藩邸を出て日本橋茅場町に開塾、蘐園を名乗る。中国古代の言語研究や儒学の古典解釈を追求し、古文辞学という学風を確立した。この立場から朱子学を批判し、道徳から政治を分離して重点をおいた。享保六年(一七二一)九月、徳川吉宗より『六諭衍義《りくゆえんぎ》』への訓点を命じられる。これ以後も、「御隠密御用」として、内々に吉宗からの諮問にこたえる。この間、儒官登用の内意もあったが辞退している、享保十一年幕府政治の改革案『政談《せいだん》』を執筆する。これを機に翌十二年、吉宗に拝謁した。享保十三年正月十九日死去する。六十三歳。

参考文献　平石直昭『荻生徂徠年譜考』(平凡社、一九八四年)、今中寛司『徂徠学の史的研究』(思文閣出版、一九九二年)、田尻祐一郎『荻生徂徠』(『叢書・日本の思想家』一五、明徳出版社、二〇〇八年)

(綱川　歩美)

荷田春満 (かだのあずままろ)　一六六九―一七三六

江戸時代中期の学者。古典研究を「古道」を明らかにするものと規定し、国学という領域を開いた。幼名を鶴丸、成長して信盛、斎宮《いつき》と名乗る。伏見稲荷社の御殿預かり、東羽倉家で、信詮《のぶあき》の次男として寛文九年(一六六九)正月三日生まれる。春満は東麻呂とも書く。誰を師としたのかは不明であるが、神職家の子弟として神道や歌学、有職、儀礼などを学ぶ。元禄十年(一六九七)霊元天皇の皇子妙法院宮の家来となる。同十二年にはそれを辞して、翌年三月に江戸へ下向して神道や和歌の教授活動を行う。これは羽倉家の家名を広める目的があったらしい。江戸では神田明神の神職芝崎氏とも親交を深める。正徳三年(一七一三)に一度京都へ帰るも、同年十月には再び下向。二度目の下向のときに、牧野駿河守忠辰《ただとき》から五人扶持を与えられる。享保七年(一七二二)三度目に江戸を訪れた春満は、同八年三月、徳川吉宗の上意をうけて、奥祐筆下田幸太夫と「御尋之義一々御返答」というように、有職故実に関した討議を行う。このときの吉宗の覚えがよく、下田へ和学を教えることになった。さらに、同年五月、和書の真偽吟味を命じられる。これは、前年の享保七年正月、幕府の佚書探索令によって諸国から提出、収集された書物が対象である。集まった書物は、林家によって要・不要が判別され、その後春満が真偽判断を行なった。このときの成果が『和書真偽考』にまとめられている。そして享保十二年ごろまで、幕命によって和学や書物に対する下問に応じ、翌十三年には養子在満《ありまろ》を後継に据える。享保十一年ころから胸痛を煩い、同十五年には中風症を発症する。一度は回復したが、元文元年(一七三六)に再発して七月二日に死去した。六十八歳。

参考文献 大久保正『江戸時代の国学』(『日本歴史新書』、至文堂、一九六三年)、阿部秋生「契沖・春満・真淵」(『日本思想大系』三九、岩波書店、一九七二年)、三宅清『荷田春満の古典学』一(一九八〇年)、吉岡孝「享保期和学御用の再検討」(『国学院雑誌』一〇七ノ一一、二〇〇六年)、白石愛「荷田春満『和書真偽考』の再検討」(同一一二ノ一、二〇一一年)

(綱川　歩美)

荷田在満 (かだのありまろ)　一七〇六―一七五一

江戸時代中期の国学者。京都伏見稲荷御殿預かり東羽倉家の神職である。宝永三年(一七〇六)信盛(荷田春満《あずままろ》)の弟高惟の息子として生まれるが、春満に嗣子がなかったので養子として家を継いだ。幼名を藤之進(東之進)、字を持之、仁良斎とも号した。享保十三年(一七二八)、江戸へ下向して養父春満が行なっていた、幕命による和学や書物の下問応答を引き継いだ。のちに御三卿の一つである田安家へ仕える。この出仕の時期は不明であるが、元文三年(一七三八)九月ごろには、田安家の小十人格の地位にあった。同年、幕命をうけて大嘗会儀式拝観および、畿内の諸寺社に関する調査のために京都へ赴く。調査の報告は『大嘗会儀式具釈』として撰述された。しかし、翌元文四年に別途『大嘗会便蒙』を出版したことが問題視され、閉門の処罰をうける。閉門が赦された後、今度は田安宗武《たやすむねたけ》との関係で問題を抱える。寛保二年(一七四二)に在満が書いた『国家八論』を巡って宗武と意見を対立させた。このことも重なって、延享三年(一七四六)ごろには、田安家を致仕した。後任には賀茂真淵《かものまぶち》を推薦している。しかし、これ以降も田安家や幕臣とも交流を続け、有職故実や歌論研究を深化させていった。宝暦元年(一七五一)八月四日四十六歳で死去し、浅草の金竜寺に埋葬された。

参考文献 阿部秋生「契沖・春満・真淵」(『日本思想大系』三九、岩波書店、一九七二年)、三宅清『荷田春満の古典学』一(一九八〇年)

(綱川　歩美)

加納久通（かのうひさみち） 一六七三―一七四八

江戸時代中期の御側御用取次《おそばごようとりつぎ》、若年寄。上総国一宮藩主。通称は孫市、角兵衛。近江守、遠江守。延宝元年（一六七三）紀州藩士加納政直《まさなお》の子として生まれ、のち同藩士加納久政《ひさまさ》の養子となる。五代藩主徳川吉宗に仕え、藩主側近である御用役兼番頭を勤め、藩政の中枢を担った。享保元年（一七一六）吉宗の八代将軍就任に伴い幕臣となり、新設の御側御用取次を勤めた。同年千石を拝領、翌二年に千石加増、同十一年に八千石が加えられ、一万石の大名に列した。加納は穏やかで慎み深い性格であったといわれ、切れ者でかどかどしいとされた同僚の有馬氏倫《ありまうじのり》とともに、将軍吉宗の側近として、享保改革では実務役人との間にあり、上申・審議・決定に携わった。特に改革前期には、刑法や訴訟制度などの整備に重要な役割を果たしたとされる。御側御用取次の加納と有馬はともに早くから権勢があり、目付なども老中や若年寄を差し置き、まずこの両名に相談し事を決定するほどであったという。享保二十年十一月の有馬氏倫の死去後は、久通が吉宗との取り次ぎを担い、享保改革後期の実質上の政治実権者であったと評価される。延享二年（一七四五）大御所《おおごしょ》吉宗が西丸へ移ると、西丸若年寄となり吉宗と本丸とのパイプ役としての役割を果たすとともに、御側御用取次小笠原政登《おがさわらまさなり》と申し合わせて西丸奥向役人の支配を行なった。寛延元年（一七四八）八月十九日、七十六歳で没す。

参考文献 本間修平「加納久通の西丸若年寄昇進と老中松平乗邑罷免について―吉宗大御所政治に関する一試論―」（『法学新報』八六、一九八〇年）、大石学「吉宗取り立て大名加納氏の所領構成―東京大学史料編纂所加納氏旧蔵史料を中心に―」（『四日市市史研究』三〇、一九九〇年）、深井雅海『徳川将軍政治権力の研究』（吉川弘文館、一九九一年）、大石慎三郎『享保改革の商業政策』（吉川弘文館、一九九八年）、福留真紀『徳川将軍側近の研究』（校倉書房、二〇〇六年）

（大嶋 陽一）

川崎平右衛門（かわさきへいえもん） 一六九四―一七六七

近世中期の代官、農政家。諱は定孝《さだたか》。元禄七年（一六九四）三月十五日、武蔵国多摩郡押立《おしたて》村（東京都府中市）の名主の家に生まれる。先祖は戦国大名北条氏に仕えたという。八代将軍徳川吉宗のもとでの享保改革に際し開発された武蔵野新田（東京都西部、埼玉県南部）内の栗・竹植林御用、また私財を投じての窮民救済の功績により、元文四年（一七三九）から南北武蔵野新田世話役として登用され、新田経営にあたることになった。それまでの過酷な年貢収奪や元文三年の凶作によって荒廃した武蔵野新田に対し、年貢の引き下げ、肥料の貸付と飢饉の備としての貯穀の実施、染料となる紫草《むらさきぐさ》や薬用のはと麦・芍薬《しゃくやく》といった新たな作物の導入など、新田を保護する政策を打ち出した。こののち、寛保三年(一七四三)に支配勘定格。寛延二年(一七四九)には美濃国本田《ほんでん》陣屋(岐阜県瑞穂市)に赴任し、四万石の幕領を支配。宝暦四年(一七五四)に百五十俵を給され、正規の代官となった。美濃国在任中は、諸河川の治水に努めている。宝暦十二年に石見国大森陣屋(島根県大田市大森町)に代官として赴任したのち、明和四年(一七六七)に勘定吟味役となり、石見国銀山奉行を兼任、同年五月には布衣の着用を許された。そして、翌六月六日に江戸にて死去、七十四歳。押立村の竜光寺に葬られた。法名道栄。

参考文献　村上直「幕府代官川崎平右衛門定孝について」(『法政大学文学部紀要』一九、一九七四年)、森安彦「享保期農政と畑作農村」(『関東近世史研究』一二、一九八〇年)、大友一雄「武蔵野新田支配政策の特質」(『徳川林政史研究所研究紀要』昭和五六年度、一九八二年)、大石学『享保改革の地域政策』(吉川弘文館、一九九六年)、同『吉宗と享保の改革(改訂新版)』(『教養の日本史』、東京堂出版、二〇〇一年)

(小酒井大悟)

神尾春央（かんおはるひで）　一六八七―一七五三

近世中期の幕臣、勘定奉行。通称五郎三郎、若狭守。貞享四年(一六八七)、下嶋為政《しもしまためまさ》の次男として誕生し、旗本の神尾春政《はるまさ》の養子となる。母は館林徳川家の臣稲葉重勝《いなばしげかつ》の娘。元禄十四年(一七〇一)から遺跡を継ぎ、二百俵を給される。以後、腰物方・桐間番・腰物方・細工頭・賄頭・納戸頭を経て、徳川吉宗の享保改革の終盤にあたる元文元年(一七三六)に勘定吟味役、翌年には勘定奉行となる。そして、老中松平乗邑《まつだいらのりさと》のもと、勘定組頭堀江芳極《ほりえただとう》らとともに年貢増徴策を断行した。具体的には、田畑の等級に関係なく、実際の作柄を調査して年貢を賦課する有毛検見取法《ありげけみどりほう》の導入、河川敷や山林・原野の開発と年貢賦課、さらに延享元年(一七四四)には、畿内・中国筋へ赴き、綿作をはじめとする著しい商品生産の発展成果を百姓から吸収すべく、大幅な年貢増徴を行なっている。これらの結果、年貢収納量は増加し、幕府財政も一応の安定を見せつつあったが、百姓や町人といった民衆の反発も招いた。なお、寛政十年(一七九八)に成立した本多利明《ほんだとしあき》の経世書『西域物語《さいいきものがたり》』では、「胡麻の油と百姓は、絞れば絞るほど出るものなり」と語った人物とされている。松平乗邑が老中を罷免された翌延享三年には権限が縮小されるが、引き続き勘定奉行の地位にあった。宝暦三年(一七五三)五月五日に六十七歳で没するが、この間千五百石にまで加増された。江戸浅草海禅寺(東京都台東区松が谷)に葬られる。法名玄厚。

参考文献 『新訂寛政重修諸家譜』一六（続群書類従完成会、一九六五年）、森杉夫『近世徴租法と農民生活』（柏書房、一九九三年）、大石学『享保改革の地域政策』（吉川弘文館、一九九六年）、同『吉宗と享保の改革（改訂新版）』（『教養の日本史』、東京堂出版、二〇〇一年）

（小酒井大悟）

小宮山昌世（こみやままさよ）　?—一七七三

江戸時代中期の幕臣、代官、儒者。字は君延、通称を杢之《もくの》進《しん》、号を謙亭と称した。太宰春台《だざいしゅんだい》の門人。幕臣辻弥五左衛門《つじやござえもん》守誠《もりのぶ》の四男として生まれた。母は岡田五右衛門俊易《としやす》娘。のち小宮山友右衛門昌言の養子となる。享保六年（一七二一）家督を相続（四百俵）、代官に任じられた。昌世は享保前期の農政の専門家、すなわち地方巧者《じかたこうしゃ》として知られ、叔父の辻六郎左衛門守参《もりみつ》とともに地方の聖《ひじり》と呼ばれる優れた農政家である。『正界録《せいかいろく》』『地方問答書《じかたもんどうしょ》』など農政に関する著作を持つ（『近世地方経済史料』八所収）。『正界録』は、八代将軍徳川吉宗の命により、検地に関わる注意事項をまとめたものである。また、『地方問答書』は享保七年吉宗の意を受けた御側御用取次《おそばごようとりつぎ》有馬氏倫《ありまうじのり》の尋問に対して答申されたもので、主に上方と関東の代官所の運営方法や必要経費について記されている。同十年十月、この答申を受け、幕府は代官所経費を従来の各支配地の農民からとりたてた口米《くちまい》によるものから、支配地規模に応じて勘定所から支給する方法に切り替えた。地方書《じかたしょ》以外にも往来物『手習童蒙七尽《てならいどうもうしちづくし》』、有職故実書『有職玉の枝《ゆうそくたまのえだ》』、随筆『竜渓小説《りゅうけいしょうせつ》』などを著している。同十九年七月、年貢徴収の不行届により職を免ぜられ、小普請入りとなる。宝暦九年（一七五九）八月に隠居し、家督は実子昌国《まさくに》が相続。安永二年（一七七三）閏三月二十日に没す。昌世の死後、小宮山家は孫の太郎兵衛の代に罪があり断絶となった。

参考文献 大石慎三郎『享保改革の経済政策（増補版）』（御茶の水書房、一九六八年）、鈴木淳「小宮山木工進昌世年譜稿」（『国文学研究資料館紀要』二〇、一九九四年）、同「続小宮山木工進昌世年譜稿」（同二一、一九九五年）

（大嶋　陽一）

シュパンベルグ Morten Spangsberg　?—一七六一

デンマーク出身のロシア海軍軍人。一七〇〇年ごろの生まれ。ベーリングを中心とした第二次カムチャツカ探検隊の別働隊として、クリル諸島（千島列島）の調査と日本への航路探索を行なった。元文三年（一七三八）、元文四年、寛保二年（一七四二）の三回にわたって探検隊を率いたが、特に元文四年の調査では六月にシュパンベルグ本隊による仙台藩領沖に停泊しての仙台藩士との会見（「元文の黒船」）や、僚船ガヴリール号の房総半島での上陸など、多くの日本人と接触した。一七六一年没。

参考文献　秋月俊幸『日本北辺の探検と地図の歴史』(北海道大学図書刊行会、一九九九年)　(檜皮　瑞樹)

高間伝兵衛（たかまでんべえ）

江戸日本橋本船町(東京都中央区)の米問屋。代々高間伝兵衛を称したが、著名なのは享保十八年(一七三三)に江戸最初の打ちこわしの対象となった伝兵衛である。享保七年以降、「米価安諸色高」が持続しており、このことで都市住民の購買力は上がり、その暮らしに寛ぎをもたらしていた。それとは反対に米価の低落は、年貢米を得てこれを換金する幕藩領主層の購買力の停滞を意味する。領主層としては高米価であることが望ましいから、幕府は物価引き下げ策と米価引き上げ策を実施した。この米価引き上げ策に大きく関与したのが高間伝兵衛であった。伝兵衛は、享保十六年六月、幕府の「米方役人」として大坂へ遣わされ、大坂御金蔵から六万八千五百両と銀三千六百三十一貫余をもって米穀買い入れを実施した。このほかの買い入れもあって米価引き上げ策は同年末まてに一定の成果をみている。これで領主層の購買力が増大し、そのことで都市全体の利益となることが見込まれたが、現実には領主層を含まないところでの経済循環が生まれており、都市住民の再生産に打撃を与えることとなった。これに翌十七年秋の西国凶作(享保の大飢饉)が追い打ちをかけ、米価は高騰した。こうして江戸市中の人々の困窮が深まるなかで、伝兵衛による米の買い占めが口の端に上ったのである。享保十八年正月二十六日夜、二千人とも三千人ともいわれる群衆が、本船町の伝兵衛の店を打ち壊した。伝兵衛の家財諸道具は打ち破られ、帳面類も破られて川へ投げ込まれた。このとき当の伝兵衛は妻子とともに上総へ里帰りしており、不在であった。幕府は打ちこわしの首謀者として、五月に一名を重遠島、三名を重追放とした。なお高間伝兵衛家はその後も米問屋を続けており、寛保二年(一七四二)の江戸洪水の際には、多量の施行を行なった。このほか、大名貸なども営んだ。

参考文献　『東京市史稿』産業編一三(一九六九年)、東島誠『公共圏の歴史的創造』(東京大学出版会、二〇〇〇年)、岩田浩太郎『近世都市騒擾の研究』(吉川弘文館、二〇〇四年)　(松本剣志郎)

太宰春台（だざいしゅんだい）　一六八〇―一七四七

江戸時代中期の儒者。名は純、通称は弥右衛門といい、字は徳夫、春台・紫芝園《ししえん》はその号である。延宝八年(一六八〇)九月十四日信州飯田に生まれる。飯田藩士の父言辰《のぶとき》と妻梅の次男であったが、病のため僧籍へ入った長兄にかわり家を継ぐ。元禄元年(一六八八)父の致仕に伴い江戸へ一家で移る。

元禄七年十五歳のとき、但馬出石藩の松平忠徳へ仕えたが、折り合い悪く再三にわたって致仕を願い出ている。元禄九年最初の師となる中野《なかの》撝謙《ぎけん》へ師事する。朱子学を宗とする撝謙の元で、春台も朱子学から学問を始めた。そして、同じく撝謙の門人であった安藤東野《あんどうとうや》の紹介で、荻生徂徠《おぎゅうそらい》の門下に連なる。古文辞学を修めた春台は経学に長じ、詩文派の服部南郭《はっとりなんかく》とともに、徂徠門下での双璧に数えられた。享保十四年(一七二九)、『経済録』十巻を完成させ、国家論を展開する。国家とは礼楽や官職体系などの整備によって、制度的な枠組みが確立され、人々を支えるものであるとする。それは制度なき国家としての徳川政権へ、国家的体裁を求めるものであった。この観点から春台は、徳川綱吉が行なった天文方の設置や国絵図作成の事業を、新しい制度の制定として評価している。享保十七年には、徳川吉宗へあてた上書(『春台上書』)において、天譴論を駆使した批判的な政道論を展開している。また徳川綱吉・家宣・家継にわたる将軍の事跡を記した野史『三《さん》王外記《のうがいき》』は、春台の作とされている。延享四年(一七四七)春、病に伏して、五月晦日に死去する。六十八歳。

参考文献　高橋博巳「太宰春台論」(『文化』三八ノ三・四、一九七五年)、田尻祐一郎・疋田啓佑『太宰春台・服部南郭』(『叢書・日本の思想家』一七、明徳出版社、一九九五年)、小島康敬「太宰春台と朝鮮通信使」(『国文学解釈と教材の研究』四六ノ七、二〇〇一年)

（綱川　歩美）

田中丘隅（たなかきゅうぐ）　一六六二―一七二九

武蔵国川崎宿役人。幕臣。諱は喜古《よしふる》。丘愚、休愚、休愚右衛門と称す。寛文二年(一六六二)に武蔵国多摩郡平沢村(東京都あきる野市)に生まれる。若年のころは八王子・青梅で学問に接し、農業の傍ら行商をしながら見聞を広めたという。その後、同国橘樹《たちばな》郡小向村(神奈川県川崎市)の田中源左衛門宅に出入りし、この関係で天和二年(一六八二)ごろ、川崎宿の名主で本陣・問屋役を兼帯する田中兵庫家の養子となった。宝永元年(一七〇四)に家督を継ぎ、翌年川崎宿の名主・本陣・問屋に就き、川崎宿の経営の責任を担うことになる。正徳元年(一七一一)に川崎宿の役職を退いた。退職前後より、江戸で本格的な勉学に励み、荻生徂徠《おぎゅうそらい》や成島道筑《なるしまどうちく》に師事している。また、詩歌・俳諧にも親しみ、川崎雪川の名で歌集にも加わっている。享保五年(一七二〇)に『民間省要《みんかんせいよう》』の起草を決意し、翌年九月に脱稿。享保七年六月六日、『民間省要』は師の成島道筑を介して将軍徳川吉宗に上覧される。この献上に対し吉宗は町奉行大岡忠相《おおおかただすけ》に諮問。翌八年、井沢弥惣兵衛(為永)の下で、丘隅は武蔵国の荒川・多摩川・六郷用水・二ヶ領用水の川除《かわよけ》御普請御用を勤め、同十一年には相模国酒匂《さかわ》川の治水工事を手がける。享保十四年七月には、大岡忠相配下の支配勘定格となり、多摩・埼玉二郡で三万石を支配したが、その年の十二月二十二日病死した。六十八歳。著書に『玉川堂稿』『続夢評』『玉匣』『作法書』などがある。

参考文献 『新訂寛政重修諸家譜』二〇(続群書類従完成会、一九六六年)、深谷克己「田中丘隅―地方功者の民政技術―」(永原慶二他編『講座・日本技術の社会史』別巻一、日本評論社、一九八六年)、村上直校訂『新訂民間省要』(有隣堂、一九九六年)、村上直『江戸幕府の代官群像』(同成社、一九九七年)

(榎本　博)

辻守参(つじもりみつ)　一六五三―一七三八

江戸時代中期の幕府勘定方の役人。通称は弥市兵衛、六郎左衛門、号は鶴翁。承応二年(一六五三)生まれ。父は館林藩士辻八郎兵衛守敬《もりたか》、母は長谷川市左衛門安利娘。享保改革期のすぐれた農政家、いわゆる地方巧者《じかたこうしゃ》として著名で、甥で幕府代官であった小宮山昌世《こみやままさよ》とともに地方の聖《ひじり》と呼ばれた。館林藩主徳川綱吉の家臣で勘定役を勤めていたが、延宝八年(一六八〇)綱吉の五代将軍就任に伴い幕臣となる。天和三年(一六八三)勘定、元禄元年(一六八八)勘定組頭、同十二年美濃郡代となり、知行五百石を給される。宝永七年(一七一〇)には伊勢国長島新田(三重県桑名市)の堤川除《かわよけ》普請を行い、享保三年(一七一八)には勘定吟味役に昇進し、主に公事・訴訟を担当した。新参者である辻を八代将軍徳川吉宗に推挙したのは、享保改革前期の政治顧問であった前橋藩主酒井《さかい》忠挙《ただたか》であったという(『徳川実紀』)。吉宗の諮問に応じて『辻六郎左衛門上書』(『日本経済叢書』六、『日本経済大典』一一に所収)を執筆。内容は美濃郡代、勘定吟味役といったみずからの経験をもとに、幕府の田制・税制を中心に勘定方の実務に必要と思われる各事項が箇条書きに記されている。最後に付録として、当時の大名数や旗本知行取数、日本国中惣村数など、勘定所役人ならではの各種資料がつけられている。著作としてほかに『地方要集録』(『日本農民史料聚粋』一一所収)があるが、『辻六郎左衛門上書』と内容が類似している。享保十七年寄合となる。元文三年(一七三八)三月五日、八十六歳で没す。

参考文献 辻達也『享保改革の研究』(創文社、一九六三年)、深井雅海『徳川将軍政治権力の研究』(吉川弘文館、一九九一年)、大石学『享保改革の地域政策』(吉川弘文館、一九九六年)

(大嶋　陽一)

徳川綱教(とくがわつなのり)　一六六五―一七〇五

徳川吉宗の兄。三代紀州藩主。寛文五年(一六六五)八月二十六日、二代藩主光貞の長子として生まれる。生母は側室山田氏。幼名は長光丸、のち長福丸。寛文十二年(一六七二)、八歳の時に四代将軍徳川家綱に拝謁し、偏諱《へんき》を与えられ、諱を綱教と称した。延宝四年(一六七六)、従三位に叙せられた。貞享二年(一六八五)、五代将軍徳川綱吉の娘鶴姫を正室にむかえる。この時、綱教二十一歳、鶴姫九歳であった。紀州家では、将軍家から姫君を迎えるにあたり、麴町の上屋敷に御守殿をつくり、鶴姫はそこで暮らした。鶴姫は綱吉の子で唯一成人した愛娘であり、綱吉が綱教を気にいっていたとみられる。綱教は元禄四年(一六九一)参議に任ぜられ、同十一年、父光貞の隠居により家督を相続し、三代藩主となる。同十六年には、紀州藩の江戸中屋敷が類焼するなど、臨時出費がかさみ、藩財政が窮乏した。この時、幕府より二万両を拝領している。なお宝永元年(一七〇四)、鶴姫(法号明信院)は病没し、増上寺に葬られる。みずからも藩主就任七年後の宝永二年五月十四日に病没した。四十一歳。側室をおかず、世子もなく、異母弟の頼職《よりもと》を養嗣子とした。法号高林院。長保寺に葬られる。なお綱教は、綱吉からみると次期将軍候補として想定されていた可能性がある。

参考文献　『徳川諸家系譜』二(続群書類従完成会、一九七四年)、徳川記念財団編『徳川将軍家ゆかりの女性』(徳川記念財団、二〇〇八年)、和歌山市立博物館編『紀州徳川家のお姫さま』(和歌山市教育委員会、二〇一〇年)

(菅野　洋介)

徳川宗春（とくがわむねはる）　一六九六―一七六四

尾張藩七代藩主。幼名万五郎。元禄九年(一六九六)十月二十六日、尾張藩三代藩主徳川綱誠《つななり》の二十子として名古屋に生まれる。母は三浦太次兵衛娘。享保元年(一七一六)従五位下主計頭、さらに従四位下。同十四年陸奥国梁川《やながわ》三万石を与えられ、侍従。同十五年の兄で尾張藩六代藩主継友《つぐとも》の死去に伴い、本家を相続。翌十六年四月、浅黄《あさぎ》色の頭巾にべっ甲の笠、衣装は全身黒といういでたちで初入国。入国に際し、みずからの政治理念を著した『温治政要《おんちせいよう》』を藩士へ配布し、法規制の緩和や庶民消費の拡大などを説き、時の八代将軍徳川吉宗の享保改革を批判した。宗春は前藩主時代に簡素化された東照宮祭礼を再興したほか、芝居小屋増設や遊郭の設置を許可、さらに商工業振興など諸政策を打ち出した。こうした一連の施策により、経済・文化面で城下町名古屋は三都に次ぐ大都市となった。宗春の積極策は、緊縮、尚武、法治の政策を基調とする吉宗の政治と対立、享保十七年には幕府から三ヵ条の詰問を受ける。のち、藩財政悪化、宗春と重臣との対立などにより、元文四年(一七三九)幕府から隠居謹慎を命じられ、名古屋城三丸東大手内の屋敷に幽閉された。その十五年後の宝暦四年（一七五四）には城下の下屋敷に移された。明和元年（一七六四）十月八日、六十九歳で没す。墓所は菩提寺建中寺（名古屋市東区）に葬られたが、その墓石には天保十年（一八三九）に許されるまで金網が掛けられたという。のち名古屋市千種区の平和公園内に改葬された。

参考文献　辻達也『徳川吉宗』（『人物叢書』、吉川弘文館、一九五八年）、大石学『吉宗と享保の改革』（東京堂出版、一九九五年）、大石学編著『規制緩和に挑んだ「名君」―徳川宗春の生涯―』（小学館、一九九六年）、大石慎三郎『享保改革の商業政策』（吉川弘文館、一九九八年）
（大嶋　陽一）

徳川頼職（とくがわよりもと）　一六八〇―一七〇五

徳川吉宗の兄。四代紀州藩主。延宝八年（一六八〇）正月十七日、二代藩主光貞の三男として生まれる。幼名は長七。元禄九年（一六九六）、五代将軍徳川綱吉に謁見している。同年十月十一日、従四位下左近衛権少将に任じられている。元禄十年、五代将軍綱吉から越前丹生《にう》郡三万石を与えられ、高森（福井県越前市）の地に陣屋を置いた。この時、のちの吉宗にあたる頼方《よりかた》も越前葛野三万石を与えられた。宝永二年（一七〇五）、三代藩主綱教《つなのり》に世子がなかったために養嗣子となり、家督を相続し、四代藩主となった。それに伴って新領地の三万石を幕府に返上した。同二年、父光貞の危篤の報を受け、急遽江戸から和歌山へ向かったが、道中の疲労からか発病し、在任三ヵ月で、九月八日に二十六歳で急死した。正室・側室などは確認できない。こののち、弟の吉宗が五代藩主となる。なお、頼職が和歌を賛じ、吉宗が墨画の鳩を描いた画幅が伝来している。頼職自身の文化への関心をうかがわせる。法号深覚院。長保寺に葬られる。

参考文献　『徳川諸家系譜』二（続群書類従完成会、一九七四年）、和歌山市立博物館編『和歌山城―南海の鎮その歴史と文化―』（和歌山市教育委員会、二〇〇七年）
（菅野　洋介）

中島常房（なかじまつねふさ）　一六八六―一七七二

徳川吉宗の近習。通称勘三郎・浅右衛門。貞享三年（一六八六）生まれ。紀伊で吉宗に仕え、享保元年（一七一六）将軍襲職に伴い御家人に列し、切米三百俵で小納戸に任じられた。この間、吉宗から朝鮮通信使来聘時に用いた紅栗毛の馬を、同十三年の日光社参供奉に際して時服を拝領した。吉宗考案の烽火《のろし》の試行も管掌したという。元文三年（一七三八）常房は、小納戸頭取に進み従五位下内匠頭に叙任されて徳川家治に近侍したが、これは妙手常房からの鉄砲伝授を企図したものという。以後、将軍の隠退・死去などに伴い、延享二年（一七四五）西丸、宝暦元年（一七五一）本丸、同十年二丸、翌年本丸と異動した。同十二年致仕、閑休と号し、毎年時服三領・金百両を給された。安永元年(一七七二)三月二十八日没。八十七歳。四谷戒行寺に葬る。

参考文献 『徳川実紀』九・一〇(『新訂増補国史大系』、吉川弘文館、一九六六年)、『新訂寛政重修諸家譜』一九(続群書類従完成会、一九六六年)

(小関悠一郎)

成島道筑(なるしまどうちく)　一六八九—一七六〇

江戸時代中期の儒者。名を信遍《のぶゆき》、通称を己之助ほか、号を錦江・芙蓉道人という。元禄二年(一六八九)正月十五日奥州白川の平井信休の家に生まれる。宝永二年(一七〇五)成島道雪の養子となり表坊主に召し出され、正徳五年(一七一五)に家督を継いだ。さらに将軍徳川吉宗の代に奥坊主として側近く仕えた。豊富な教養を活かして、朝鮮通信使や公家との対応の場面で活躍し、吉宗に重宝された。弟子に田中丘隅《たなかきゅうぐ》がおり、『民間省要《みんかんせいよう》』は道筑を通じて将軍吉宗に献上され、民間の状況と民政批判が日の目をみることになった。宝暦十年(一七六〇)九月十九日没。七十二歳。

参考文献 『新訂寛政重修諸家譜』一九(続群書類従完成会、一九六六年)、久保田啓一「成島信遍年譜稿」四・五(『日本文学研究』三〇・三一、一九九三・九六年)、同「成島信遍年譜稿」六—一二(『広島大学院文学研究科論集』五六・六四・六五・六七—七〇、一九九六—二〇一〇年)

(綱川　歩美)

西川如見(にしかわじょけん)　一六四八—一七二四

江戸時代前中期の天文家、地理学者。通称次郎右衛門。名は忠英。慶安元年(一六四八)、長崎に生まれる。祖父の忠政は長崎に居住して海外貿易に従事したというが、如見自身の生業は不明である。寛文十二年(一六七二)に長崎に来住した京都の儒者南部草寿《なんぶそうじゅ》に師事し、儒学を学んだ。また、キリシタンの嫌疑により処刑された長崎の天文・地理・暦学者林吉右衛門《はやしきちえもん》の門弟小林謙貞《こばやしけんてい》から南蛮学系天文学を学んだ可能性や、交流のあった唐通詞の劉善聰や林道栄を通じて南蛮学系の漢訳天文書を入手した可能性が指摘されている。著作は広範かつ多数に及び、その多くが出版された。『教童暦談《きょうどうれきだん》』『虞書暦象俗解《ぐしょれきしょうぞくかい》』『天文義論《てんもんぎろん》』『両儀集説《りょうぎしゅうせつ》』『怪異弁断《かいいべんだん》』『華夷通商考《かいつうしょうこう》』『増補華夷通商考《ぞうほかいつうしょうこう》』『水土解弁《すいどかいべん》』『日本水土考《にほんすいどこう》』『町人嚢《ちょうにんぶくろ》』『百姓嚢《ひゃくしょうぶくろ》』などが代表的な著作である。享保三年(一七一八)八月ごろ、七十一歳と高齢であったにもかかわらず、天文暦学に強い関心を抱く八代将軍徳川吉宗の命により、長崎聖堂の学頭盧草拙《ろそうせつ》とともに江戸に召された。如見は同年十一月、草拙は翌四年正月に長崎を出立して江戸に赴いた。如見への下問は数十条にわたったというが、質疑応答の内容は不明である。

江戸滞在中、著作を献上した。三月七日に暇を賜り、九日に褒美として白銀五枚を拝領した。享保九年八月十九日、長崎において死去。七十七歳。

参考文献 細川潤次郎「西川如見伝」(西川忠亮編『西川如見遺書』一、西川忠亮、一八九九年)、古賀十二郎『長崎洋学史』上(長崎文献社、一九六六年)、佐久間正「西川如見論―町人意識、天学、水土論―」(『長崎大学教養部紀要人文科学篇』二六ノ一、一九八五年) (杉 岳志)

野呂元丈(のろげんじょう) 一六九三―一七六一

幕府医師、本草学者、蘭学者。名は実夫、号は連山。元禄六年(一六九三)十二月二十日、伊勢国多気郡波多瀬《はたせ》村(三重県多気郡多気町波多瀬)に紀州藩地士高橋善太郎重英の次男として生まれた。母は富田五郎兵衛娘。正徳二年(一七一二)父重英の従兄で医師をしていた野呂三省の養子となる。京都に出て医学を禁裏《きんり》付医師山脇道立《やまわきどうりつ》、本草学を稲生若水《いのうじゃくすい》、儒学を並《なみ》河天民《かわてんみん》に学んだ。享保五年(一七二〇)三月、薬草採取の幕命を受け、以後全国を見分する。同九年屋敷の拝領を受け、元文四年(一七三九)幕府御目見医師、延享四年(一七四七)寄合医師に列し、廩米《りんまい》二百俵を給された。享保十九年より師である稲生若水『庶物類纂《しょぶつるいさん》』の増補に同門の幕医丹羽正伯《にわしょうはく》らと取り組む。元文五年幕命を受け、青木昆陽とともにオランダ語の学習を始めた。寛保元年(一七四一)―寛延三年(一七五〇)には江戸参府中のオランダ商館長一行に教示を受け、ヨンストン『動物図説』の一部を訳した『阿蘭陀禽獣虫魚図和解《おらんだきんじゅうちゅうぎょずわげ》』一巻、ドドネウス『草木誌』の抄訳『辛酉《しんゆう》阿蘭陀本草之内御用ニ付承合候和解』一冊、『阿蘭陀本草和解』八冊を著すなど、本格的な西洋本草学受容の先駆となり、蘭学隆盛の基礎を築いた。ほかに『狂犬咬傷治法《きょうけんこうしょうちほう》』『仏足石碑銘』『朝鮮筆談』などの著作がある。宝暦十一年(一七六一)七月六日没。六十九歳。墓は泉岳寺(東京都港区)。大正三年(一九一四)正五位が贈位された。

参考文献 松島博『近世伊勢における本草学者の研究』(講談社、一九七四年)、上野益三『日本博物学史』(講談社、一九八九年)、大石学『享保改革の地域政策』(吉川弘文館、一九九六年)、『野呂元丈関係歴史資料目録』(勢和村教育委員会、二〇〇一年) (大嶋 陽一)

松平武元(まつだいらたけちか) 一七一三―七九

江戸時代中期の老中。陸奥国棚倉《たなぐら》藩主。上野国館林《たてばやし》藩主。幼名を源之進、右近将監《うこんのしょうげん》と称す。正徳三年(一七一三)水戸徳川家の分家常陸国石岡藩主松平頼明《よりあき》の次男として生まれた。母は久野氏。享保十三年(一七二八)に棚倉藩主松平武雅《たけまさ》の臨終に際し養子となり五万四千石を相続する。元文四年(一七三九)奏者番《そうじゃばん》、延享元年(一七四四)寺社奉行を兼帯。武元は人柄・才能とも優れた人物であったとされ、その才を高く評価していた八代将軍徳川吉宗は、同二年みずからの隠居にあたり、武元に継嗣家重の補佐を依頼。同三年には西丸老中となり、領地も館林へ移封される。翌四年本丸老中となり、以後将軍家重、家治の両政権下で重きをなした。田沼意次《たぬまおきつぐ》も武元に敬意を表し、武元存命中は権威を振るうことはなかったという。宝暦十二年(一七六二)勝手掛《かってがかり》老中に任じられる。以後、死去するまで勝手掛老中を十六年勤めたが、在任期間は歴代勝手掛老中のなかでもっとも長期にわたった。明和六年(一七六九)七千石を加増され、すべて六万千石を領す。安永八年(一七七九)七月二十五日、六十七歳で没す。墓所は善性寺(東京都台東区)。

(大嶋　陽一)

参考文献　大石慎三郎『田沼意次の時代』(岩波書店、一九九一年)、同『享保改革の商業政策』(吉川弘文館、一九九八年)

松平乗邑(まつだいらのりさと)　一六八六―一七四六

江戸時代中期の老中。下総国佐倉藩主。源次郎、和泉守、左近将監《さこんのしょうげん》を称す。貞享三年(一六八六)名門譜代で肥前国唐津藩主大給《おぎゅう》松平乗春の子として誕生。母は奥平大膳亮昌能娘。元禄三年(一六九〇)家督を相続後、同四年志摩国鳥羽《とば》、宝永七年(一七一〇)伊勢国亀山、享保二年(一七一七)山城国淀と移封を重ねた。同七年大坂城代に任じられ、左近将監と改める。翌八年四月、八代将軍徳川吉宗は乗邑の才能を見込み、三十八歳という若さで老中に抜擢、所領も淀から江戸に近い下総国佐倉(千葉県佐倉市)へ転封となる。元文二年(一七三七)、幕府農財政を統括する勝手掛《かってがかり》老中に就任し、享保改革後期の政治を主導した。乗邑は勘定奉行神尾春央《かんおはるひで》、勘定組頭堀江芳極《ほりえただとう》、「新代官」と呼ばれる農財政官僚を率い、有毛検見法《ありげけみほう》(検地に基づく田畑の位や石盛《こくもり》を無視し、実際の坪刈《つぼがり》によって実収穫を計算する方法)の導入や新田開発を行わせ、強引な年貢増徴により財政の建て直しを計った。延享元年(一七四四)には、幕領の石高四百六十三万石余、年貢百八十万石と江戸時代の最高額に達した。乗邑は幕府の基本法典である『公事方《くじかた》御定書《おさだめがき》』の編纂主任として法制の整備を行なった。延享二年、一万石を加増され、計七万石を領したが、同年十月吉宗の意に叶わないとして突如勝手掛老中を罷免される。一説に乗邑の強引なやり方が朝廷・大名・旗本・農民・町人の各層の反発・批判を招き、その責を負わされ罷免されたともいわれる。このとき新恩一万石は収公され、八丁堀の邸宅に蟄居を命じられた。延享三年四月十六日、六十一歳で没す。

参考文献　辻達也『徳川吉宗』(『人物叢書』、吉川弘文館、

一九五八年)、本間修平「加納久通の西丸若年寄昇進と老中松平乗邑罷免について—吉宗大御所政治に関する一試論—」(『法学新報』八六、一九八〇年)、大石学『享保改革の地域政策』(吉川弘文館、一九九六年)、大石慎三郎『享保改革の商業政策』(吉川弘文館、一九九八年)　(大嶋　陽一)

水野忠之（みずのただゆき）　一六六九—一七三一

江戸時代中期の老中。三河国岡崎藩主。斎宮《いつき》、主水《もんど》、監物《けんもつ》、和泉守と称す。寛文九年(一六六九)六月七日、岡崎藩主水野忠春《ただはる》の四男として誕生。母は前田淡路守利次娘。延宝二年(一六七四)同族の旗本水野忠近《ただちか》の養子となり使番《つかいばん》、新番頭《しんばんがしら》を歴任したが、元禄十二年(一六九九)実家の兄忠盈《ただみつ》の死去により五代岡崎藩主となる。同十四年の赤穂藩主浅野長矩《あさのながのり》の刃傷事件の際、浅野家の屋敷へ赴き家臣団の沈静に尽力。翌年吉良邸に討ち入った浪士九名を預かっている。その後、奏者番、若年寄、京都所司代を経て享保二年(一七一七)老中となった。所司代時代の忠之を知る近衛基熙《このえもとひろ》はその性格を「只人にあらず。尤も聡明、比類なし」と評価している(『基熙公記』)。同七年勝手掛《かってがかり》老中となり、八代将軍徳川吉宗が進めた享保改革前期の農財政再建を主導。緊縮財政を基調として、関東を中心に新田開発を進め、幕領の年貢収奪方法の切り替えや年貢率引き上げなど年貢増徴策を押し進め、幕府財政を好転させた。ただし、勝手掛の忠之も当時御側御用取次《おそばごようとりつぎ》として威勢のあった有馬氏倫《ありまうじのり》の意向を確認しなければ将軍吉宗に直に上申することができなかったという(室鳩巣『兼山秘録』)。一方、その性急な政策に庶民は反発を強めた。同十年一万石が加増され、計六万石を領した。同十五年六月、病により老中を辞任するが、一説には悪評の責任をとらされ罷免されたともいわれる。同十六年三月十八日、六十三歳で没す。墓所は万松寺(茨城県結城市、現在は廃寺)。

参考文献　辻達也『徳川吉宗』(『人物叢書』、吉川弘文館、一九五八年)、北島正元「水野忠之」(『近世史の群像』、吉川弘文館、一九七七年)、大石学『吉宗と享保の改革(改訂新版)』(東京堂出版、二〇〇一年)　(大嶋　陽一)

室鳩巣（むろきゅうそう）　一六五八—一七三四

江戸時代前期から中期の儒者。幼名を孫太郎、名を直清、通称を新助とした。字を師礼または汝玉という。鳩巣は号で『詩経』に由来する。万治元年(一六五八)二月二十六日、武蔵国豊島郡谷中村(東京都台東区谷中)に生まれる。寛文十二年(一六七二)十五歳で金沢藩の小坊主として仕える。藩主前田《まえだ》綱紀《つなのり》に才能を見いだされ京都へ遊学、寛文十二年の秋より木下順庵《きのしたじゅんあん》に学ぶ。のちに鳩巣は、木門五先生の一人に数えられる。元禄五年(一六九二)『明君家訓《めいくんかくん》』を執筆する。この書は、のちに出版され徳川吉宗の目にもとまった。また元禄後期に、羽黒養潜《はぐろようせん》（一六二九—一七〇二）に接近し、朱子学への理解を深めていく。正徳元年（一七一一）、新井白石《あらいはくせき》の推挙により幕府の儒官となる。同年十月、漢詩文能力が買われ、徳川家宣の将軍即位の祝賀使である朝鮮通信使の接待役を命じられた。享保四年（一七一九）、吉宗は八重洲河岸堀端の高倉屋敷での経書講義を開始させ、文教政策の梃子入れを行なった。鳩巣もこの講義の一端を担当したが、受講者は少なく閑散としていた。享保六年七月、鳩巣は吉宗から『六諭衍義《りくゆえんぎ》』の和訳を命じられる。同書は明の時代に全国へ頒布した教化本で、琉球の儒者程順則《ていじゅんそく》による刊行を通じて日本に伝わっていた。吉宗もまた同書に民衆の教化を期待したのである。鳩巣は、同年九月に和訳本を献上し、翌年『六諭衍義大意』として印刷された。享保七年、殿中侍講に任じられ、たびたび吉宗に進講する。享保十年十二月、西丸の奥儒者に任命され、世子徳川家重の教育役となる。持病の痛風が悪化する中で、学問的内容の随筆『駿台雑話《すんだいざつわ》』五巻を脱稿する。鳩巣の学問を披瀝する本書は、みずからの手で浄書され家重へ献上されている。享保十九年八月十四日駿河台の自宅で死去する。七十七歳。

参考文献 多田顕「室鳩巣の社会思想—享保期経済思想研究の一掬—」（『文化科学紀要』六、一九六四年）、柴田篤・辺土名朝邦『中村惕斎・室鳩巣』（『叢書・日本の思想家』一一、明徳出版社、一九八三年）、白石良夫『説話のなかの江戸武士たち』（岩波書店、二〇〇二年）

（綱川　歩美）

山下幸内（やましたこうない）　生没年不詳

江戸麻布青山辺りに居住していた浪人。幕府の目安箱に投書した上書で知られている。この上書は、将軍徳川吉宗の改革政治を批判したものであり、その中心は奢侈禁止や緊縮財政の緩和などについてであった。幸内の上書の内容自体は受け入れられなかったが、吉宗により老中・三奉行などにも披露され、政治に対して意見を述べることの重要性を示すものとして利用された。のちには、寛政改革時の老中松平定信にも注目され、政策立案の参考意見として用いられた。

参考文献 『日本経済叢書』五（日本経済叢書刊行会、一九一七年）、『徳川実紀』九（『新訂増補国史大系』、吉川弘文館、一九六六年）、滝本誠一編『日本経済大典』一一（明治文献、一九六七年）

（望月　良親）

〔関連事項〕

相対済令（あいたいすましれい）

金銭貸借の訴訟を当事者間で解決させるための法令。江戸時代には数度出されたが、享保四年（一七一九）のものがよく知られている。江戸町奉行所の管轄内では、享保年間（一七一六―三六）になると、公事訴訟が増加し、年間五万件程度の訴訟で裁許されたのは全体の三割に留まっていた。相対済令は、旗本・御家人の救済という点よりも、訴訟の激増を抑え、評定所・奉行所における審理促進を図ったものといわれる。相対済令は、寛文元年（一六六一）、貞享二年（一六八五）、元禄十五年（一七〇二）にも出されていたが、その範囲は問屋の売掛を除き、前年以前の金銀出入を取り上げないなど、適用範囲は限定され、一時的な措置であった。それに対して、享保年間には借金銀買掛のすべてを将来にわたって一切取り上げなくなった。また、この時期に公事訴訟は、「本公事」（領主による裁定の必要度が高い）、「金公事」（利足付無担保の債権・訴権が弱い）、「仲間事」（訴権がない）の三つに分類されており、相対となる公事訴訟が定まったのであった。相対済令は、享保十四年に廃止されるが、内済の重視がこの時期に徹底して行われており、訴訟の増加に伴う制度的・政策的措置が充分に行われたので、従来の相対済令廃止とは大きな違いがあった。

参考文献　大石慎三郎『享保改革の経済政策』（御茶の水書房、一九六一年）、曾根ひろみ「享保期の訴訟裁判権と訴」（松本四郎・山田忠雄編『講座日本近世史』四、有斐閣、一九八〇年）

（望月　良親）

会津御蔵入騒動（あいづおくらいりそうどう）

享保五年（一七二〇）、陸奥国会津南山《みなみやま》地方（福島県南会津郡全域と大沼郡の大半、河沼郡柳津《やないづ》町の一部）で起こった百姓一揆。当地方は、会津藩預支配と幕府直支配が繰り返された地域で、一揆が起こったのは二度目の直支配のとき。享保五年十一月、当地方の百姓たちが、年貢延納・拝借金貸与・田方米納の金納への変更・郷頭《ごうがしら》制廃止を求め、田島《たじま》陣屋（福島県南会津町）へ強訴したが認められなかった。翌年正月、百姓の代表が江戸へ出訴し、貢租負担軽減・郷頭制廃止・江戸廻米廃止を求めたが容れられず、享保七年に、一揆の首謀者とされた六名が獄門に処せられるなど、三百七十七名が処罰された。その後、当地方は会津藩預所とされ、騒動の主な原因であった江戸廻米は中止となった。

参考文献　『福島県史』二（一九七一年）、丸井佳寿子「近世中期の大名預所について」（小林清治先生還暦記念会編『福

島地方史の展開』、小林清治先生還暦記念会、一九八五年）
（小酒井大悟）

上米の制（あげまいのせい）

享保七年（一七二二）七月から、幕府財政の再建に向けて行われた政策。徳川吉宗が将軍に就任した時期は、幕府財政が非常に逼迫していた。五代将軍徳川綱吉、六代将軍徳川家宣、八代将軍徳川吉宗と、幕臣が増え続けたため、切米《きりまい》・扶持米《ふちまい》などの出費がかさみ、年貢収入が追いつかず、毎年赤字となった。そのため、各地の城に非常用として貯蓄していた城米《じょうまい》や城金《じょうきん》を充てて凌いでいたが、享保七年には、旗本・御家人に支給すべき切米も渡せなくなり、日常政務のための支出も不足する事態となっていた。そこで、一万石以上の諸大名に対して石高一万石について百石の米の上納を命じ、その代わり参勤交代の期間を半年に短縮したのである。米は春と秋の二度、半分ずつ、大坂蔵または江戸蔵に納められたが、米納できない場合は、張紙値段で金納することも認められた。上米の制により、諸大名から差し出された米の総額は、年間十八万七千石にのぼった。これは幕府の年貢収入の一三％、旗本・御家人への給米の五〇％強にあたる量であった。上米の制は、全国統治者である将軍がすべての大名領を課税の対象とみなし、収入を増加させようとしたことに意義があるが、将軍吉宗は、幕府財政は幕領の農民に課した年貢を基本とするものと考えていたため、一時的な政策であった。幕府財政が安定した享保十六年には上米の制は廃止され、参勤交代制も元に戻された。

参考文献　高柳真三・石井良助編『御触書寛保集成』（岩波書店、一九五八年）、辻達也『徳川吉宗』（『人物叢書』、吉川弘文館、一九五八年）、大石学『吉宗と享保の改革』（『教養の日本史』、東京堂出版、一九九五年）
（大橋　毅顕）

磐城平藩元文一揆（いわきたいらはんげんぶんいっき）

元文三年（一七三八）九月、陸奥国磐城平藩領において、小物成の増税や特産物に対する新税の撤回などを要求して起きた百姓一揆。磐城平藩は、藩の財政立て直しのため諸税の増税・新税設定などを行なった。こうした藩の動向を受けて、全藩領を覆う一揆が発生した。この一揆は、藩主であった内藤氏の日向国延岡への転封を促した大きな原因の一つであるといわれる。

参考文献　青木美智男「「元文一揆」の展開と構造」（明治大学内藤家文書研究会編『譜代藩の研究』、八木書店、一九七二年）
（鈴木　直樹）

因伯一揆（いんぱくいっき）

元文四年（一七三九）二月、因幡・伯耆二ヵ国の鳥取藩領において、前年の凶作に有効な手が打てない藩に対する不満によって起きた百姓一揆。年貢減免・大庄屋の任免など十二ヵ条を要求し、鳥取藩領の農民が鳥取城下に押し寄せた。藩はその一部を受け入れて沈静化を図ったが、一部強硬派は城下へ押しかけたため、藩の武力によって鎮圧。翌年、首謀者の八東郡東村(鳥取県八頭郡八頭町)松田勘右衛門は処刑された。一揆の民間側の記録として『因伯民乱太平記』などがある。

参考文献　坂本敬司「鳥取藩元文一揆の構造」(『鳥取県立博物館研究報告』二七、一九九〇年)

(鈴木　直樹)

御側御用取次（おそばごようとりつぎ）

将軍と表向諸役人を取り次ぎ、奥(中奥《なかおく》)の取締りを行う職。旗本役の側衆《そばしゅう》のなかから特に将軍に親任されたものが就き、人員は二、三名程度。八代将軍徳川吉宗が享保元年(一七一六)五月に、五代将軍徳川綱吉以降権勢をふるっていた大名役の御用人《ごようにん》をいったん廃止し、紀州藩出身の小笠原胤次《おがさわらたねつぐ》、有馬氏《ありまうじ》倫《のり》、加納久通《かのうひさみち》を任命したのがはじめ。当初は三名とも御用懸《ごようがか》り側衆と称されたが、宝暦四年(一七五四)、同五年ごろから正式に「御用取次《ごようとりつぎ》」とされた。一般の側衆と違い宿直がなく日勤であった。享保以降四十六名(再任者五名は除く)が歴任した。職掌は㈠中奥の総裁(小性・小納戸《こなんど》の支配、奥納戸入用、小性・小納戸の黜陟《ちゅっちょく》、大奥御錠口《おおおくごじょうぐち》の事、吹上《ふきあげ》の事、浜御殿の事、野馬《のま》の事、日光でできる御種《おたね》人参の事、奥之番元掛《おくのばんもとがか》り(奥入用筋の支配)・御膳番《ごぜんばん》元掛り(御膳所の取り締まり)・鷹《たか》場《ば》掛りなど小納戸頭取《とうどり》が管掌する事務の総括)、㈡将軍と老中以下諸役人との取り次ぎ、㈢将軍の政事・人事両面の相談役として政策などの立案・決定に参画、㈣目安箱《めやすばこ》の取り扱いと御庭番《おにわばん》の管掌など多岐にわたる。登城前対客日《とじょうまえたいきゃくび》(毎月三・十三・十八・二十五日)を設け、諸役人と面会した。御用取次は小性・小性頭取など将軍側近職を経験しているものが半数以上を占め、石高二、三千石以下の中下級幕臣の就任者が多かったが、ほとんどが在職中に二千石以上加増された。八代将軍吉宗の有馬氏倫、加納久通、九代将軍家重の大岡出雲守忠光《ただみつ》、家重・十代将軍家治の田沼主殿頭意次《たぬまとのものかみおきつぐ》、家治の水野豊後守忠友《ただとも》・稲葉越中守正明《まさあき》などが有名で、いずれも将軍側近として幕閣に強い影響力を有した。

参考文献　大石学「吉宗取り立て大名加納氏の所領構成—東京大学史料編纂所加納氏旧蔵史料を中心に—」(『四日市市史研究』三〇、一九九〇年)、深井雅海『徳川将軍政治権力の研究』(吉川弘文館、一九九一年)、同『図解江戸城をよむ』(原書房、一九九七年)、大石慎三郎『享保改革の商業政策』(吉川弘文館、一九九八年)、福留真紀『徳川将軍側近の研究』(校倉書房、二〇〇六年)

(大嶋　陽一)

御庭番（おにわばん）

江戸幕府の職名。紀州藩主の徳川吉宗は享保十一年（一七二六）に将軍家を相続し、八代将軍に就任した。その際、吉宗は紀州藩において隠密御用を務めていた薬込役十六名を幕府の広敷伊賀者に取り立て、将軍直属の隠密とした。十六名は、同十一年に休息御庭締戸番や伊賀庭番に任じられ、同十四年には、紀州藩において馬口之者を務めていた川村新六が伊賀庭番に起用されている。十七名を先祖に持つ家は、代々将軍の隠密（御庭番）を務める家筋となった。十七家のうち、四家は家筋より追放され、残る十三家より別家が九家でき、最終的には二十二家で幕末に至る。御庭番の職務は表向き、江戸城の天守台近辺や吹上の御庭などを警備することになってい る。しかしその裏では、将軍や御側御用取次の指示にもとづき、㈠諸藩や遠国奉行所・代官所の実情、㈡老中以下諸役人の行状、㈢世間の風聞などを調査・報告した。御庭番の報告書（風聞書）は、天明七年（一七八七）の江戸打ちこわし、それに伴う田沼派の失脚など、幕政を転換させる画期にもなった。なお御庭番の家筋に属する者は、御目見以上の両番格・小十人格および御目見以下の添番・添番並・伊賀などの名称を冠した庭番を初任とし、さまざまな役職に転任・昇任した。なかには隠密としての活躍から力量を将軍に認められ、勘定奉行や遠国奉行にまで昇任する者も存在した。

参考文献　深井雅海『徳川将軍政治権力の研究』（吉川弘文館、一九九一年）、同『江戸城御庭番―徳川将軍の耳と目―』（『中公新書』、中央公論社、一九九二年）　（山本　英貴）

御触書寛保集成（おふれがきかんぽうしゅうせい）

江戸幕府の評定所が編集した官撰の法令集。正式な書名は『御触書』だが、幕府が同名での続撰を進めた結果、相互を区別するため「寛保集成」「享保集成」「古御触書」などと称されるようになった。現在は『御触書寛保集成』という書名で岩波書店より刊行されている。その書名は、高柳真三と石井良助が昭和九年（一九三四）の刊行時に付したものである。『御触書寛保集成』について、八代将軍徳川吉宗は『公事方御定書』の完成した寛保二年（一七四二）三月、評定所に元和元年（一六一五）以後の幕府法令を編集するように指示した。その意図は、幕府が成立期より出してきた法令を、一書に整理しようとしたことにある。収録すべき御定目や触書は、右筆所の奥留日記、町方の触書、勘定所および目付方の留書などから集められた。元和元年より寛保三年に至る百二十九年間に出された約三千五百五十通の法令を収録し、法令は「武家諸法度之部」など八十部に分類され、編年で整理されている。『御触書寛保集成』は将軍の手元のほか、評定所と御定書掛三奉行の手元にもおかれ、三奉行の交代時には新任者に引き継がれた。また同書は必ずしも幕府の法令を網羅していないが、江戸の町触や法令とはいえない書付類を収録する。そのため雑多な様相を呈するが、幕府の評定所が編纂した官撰の法令集であり、近世史を専攻する者にとっては分野に限らず不可欠な史料集となっている。

参考文献　高柳真三・石井良助『御触書寛保集成』解題(岩波書店、一九三四年)、石井良助『民法典の編纂』(創文社、一九七九年)

(山本　英貴)

懐徳堂(かいとくどう)

享保九年(一七二四)五月、大坂尼崎町に創設された漢学塾。懐徳堂の五同志と呼ばれる、三星屋武右衛門(中村睦峰《なかむらむつみね》)・道明寺屋吉左衛門(富永芳春《とみながほうしゅん》)・舟橋屋四郎右衛門(長崎克之《ながさきかつゆき》)・備前屋吉兵衛(吉田盈枝《よしだみつえ》)・鴻池又四郎(山中宗古《やまなかそうこ》)ら好学の町人たちの出資により学舎を創建した。運営費は同志たちの寄付金(義金)を運用して、その利息をもってまかなった。同年十一月、学主に三宅石庵《みやけせきあん》を、運営面の学校預かりを中井甃庵《なかいしゅうあん》として開校した。享保十一年、懐徳堂は官許を願い出て、同年六月許可された。背景には、幕府の威光を借りて懐徳堂を永続させようとする甃庵の意図があったようである。その意向は甃庵の息子中井竹山《なかいちくざん》にも継続された。享保十五年八月、塾舎移転のため幕府より代銀二十貫目を受け取る。さらに同二十年には、「懐徳堂定約」の内容を主要な成員の間で確認した。これにより初代学主石庵の私塾的要素を薄め、より公的な性格をまとおうとした。天明八年(一七八八)六月四日、老中松平定信の上京の際、竹山との面談が実現し、学問から政治まで多岐にわたって議論した。竹山は同年十一月から政治への意見書『草茅危言《そうぼうきげん》』を献上する。また、寛政十一年(一七九九)、『逸史《いつし》』を成稿し、幕府へ献上する。徳川家康の生涯を中心に、幕府草創期の歴史を編年体で書いた同書は、家康を理想的な君主として描き、幕藩体制社会の起源を明らかにするものである。その後も懐徳堂は、寛政四年の大火で焼失した塾舎などの再建に乗じて、昌平黌《しょうへいこう》のような官立化を企図したようである。これは実現しなかったが、開校より折衷的学問を展開し、西国出身者を中心に多くの人々が門を叩いた。明治二年(一八六九)十二月、大坂の教学機関としての幕を閉じた。

参考文献　高橋章則「近世の家康研究と『逸史』」(『季刊日本思想史』三六、一九九〇年)、小堀一正『近世大坂と知識人社会』(清文堂、一九九八年)、大石学『江戸の教育力』(東京学芸大学出版会、二〇〇七年)、湯浅邦弘編『懐徳堂研究』(汲古書院、二〇〇七年)

(綱川　歩美)

勝手掛老中（かってがかりろうじゅう）

財政・農政を専管する江戸幕府老中のこと。五代将軍徳川綱吉の治政、延宝八年（一六八〇）八月、従来老中が合議で行なっていた所管事項のうち、財政と幕領農民の支配を分離し、老中堀田備中守正俊《まさとし》に専管させたことに始まる。堀田以後、享保七年（一七二二）八代将軍徳川吉宗が水野和泉守忠之《ただゆき》を任命するまで、有名無実化していたとされる。主な職務は、月番の勤務をこなしながら、勘定所をはじめとする財政・農政関係役人の上申の審査・決定・下達を行なったほか、財政役人の任免にも関わるなど多岐にわたっており、多忙を極めた。延宝—天明期（一六七三—一七八九）の勝手掛老中はおおむね一名であったが、天明年間以降は同時に複数が任命されることもあった。適任者が不在の場合、老中が輪番で担当した。常置されるようになるのは、宝暦十二年（一七六二）に松平右《う》近将監武元《こんのしょうげんたけちか》が任命されて以後である。在任期間は多くが五年未満で、最長は松平武元の十六年八ヵ月、ついで文政年間（一八一八—三〇）の水野出羽守忠成《ただなり》の十六年であった。特に幕末期は阿部伊勢守正弘《まさひろ》の十二年を除くと、ほとんどが二年未満で退任している。勝手掛の着任者は必ずしも老中首座《しゅざ》ではなく、就任時に首座であったものはわずか二割、在職中に首座にのぼった者をあわせても五割にとどまる。一方で、享保改革期の水野忠之、松平左《さ》近将監乗邑《こんのしょうげんのりさと》、寛政改革期の松平越中守定信《さだのぶ》、天保改革期の水野越前守忠邦《ただくに》のごとく老中首座が勝手掛を勤めた場合、幕閣内での影響力は多大であった。

参考文献　辻達也『享保改革の研究』（創文社、一九六三年）、松平太郎著・進士慶幹校訂『校訂江戸時代制度の研究』（柏書房、一九六四年）、美和信夫「江戸幕府勝手掛老中就任者に関する考察」（『麗澤大学紀要』三一、一九八一年）、大石学『享保改革の地域政策』（吉川弘文館、一九九六年）

（大嶋　陽一）

株仲間公認（かぶなかまこうにん）

幕府は八代将軍徳川吉宗の権威のもとに株仲間の公認を行い、商業統制組織の再編成を推進した。享保三年（一七一八）に、通貨統一のため江戸両替屋に、同六年には奢侈禁止および新規物品製造販売禁止のため江戸諸商人・職人を対象に仲間を結成させた。組合ごとに月行事を立てるように命じ、各仲間を一つの機関として取り扱った。同八年には、江戸町奉行大岡《おおおか》越前守忠相《ただすけ》が、諏訪《すわ》美濃守頼篤《よりあつ》と連名で物価引下げに関する意見書を提出した。これは、適正な流通政策を行い、物価の引き下げを目的として実施されたものである。その結果、同九年には、江戸で、真綿・布・繰綿・絹紬・晒・ほうれい綿・木綿・米・水油・蠟燭・蠟・魚油・茶・醤油・薪炭・

たばこ・味噌・酢・塩・酒・紙・畳表の二十二品目を取り扱う商人に対して仲間の結成が命じられた。組合結成の対象はすべて生活必需品にわたり、同時期の生活必需品の高騰を抑えこむことを目指していた。享保十一年には、水油・魚油・繰綿・真綿・酒・薪・木綿・醬油・塩・米・味噌・生蠟・下蠟燭・紙・炭の十五品目に関する仲間が登録された。また、同十七年には米価調節のために大坂堂島米仲買に株仲間を結成させた。享保年間(一七一六―三六)より積極的に仲間の結成は進められ、次第に仲間数を限定した株として固定化していった。

参考文献 辻達也『享保改革の研究』(創文社、一九六三年)、大石慎三郎『享保改革の商業政策』(吉川弘文館、一九九八年)、岡崎哲二『江戸の市場経済』(『講談社選書メチエ』、講談社、一九九九年)

(大橋 毅顕)

漢訳洋書輸入緩和 (かんやくようしょゆにゅうかんわ)

享保の改革の一環で行われた、禁書の輸入制限を緩和する政策。十六世紀初期、布教のため中国を訪れたイエズス会士は、西洋諸科学を漢語に翻訳して中国にもたらした。それら漢訳書は中国を通して日本へ輸入され、日本に西洋の幅広い知識を広めた。寛永七年(一六三〇)、キリスト教の流入を防ぐため幕府が禁書令を出したことで、中国からの書物は長崎で検閲が行われることになり、宣教師によってまとめられたキリスト教や西洋学術の漢訳書など三十二種の輸入が禁止された。貞享二年(一六八五)には禁書が追加され、キリスト教に関して少しでも記載のあるものはすべて焼却・墨塗りとなるなどさらに厳しく取り締まられるようになった。享保五年(一七二〇)、八代将軍徳川吉宗は、キリスト教教義について直接の記述がないものについて漢訳洋書の輸入を認め、一般での売買も許可した。寛永年間に禁書に定められた三十二種のうち『職方外紀《しょくほうがいき》』など十二種および、貞享年間以降に禁止された禁書のうち七種の輸入が解禁された。この政策は、貞享暦の改正を構想していた吉宗に対し、諮問をうけた暦算家の中根玄圭《なかねげんけい》が進言したことによるという。この後、漢訳洋書によって西洋科学は本格的に受容されるようになった。さらに吉宗は、実学への関心からオランダ語の文献を直接利用しようと考え、青木昆陽《あおきこんよう》や野呂元丈《のろげんじょう》にオランダ語の習得を命じ、蘭学の勃興へとつながった。

参考文献 佐藤昌介『洋学史研究序説』(岩波書店、一九六四年)、沼田次郎『洋学』(『日本歴史叢書』、吉川弘文館、一九八九年)、大石学『吉宗と享保の改革』(『教養の日本史』、東京堂出版、一九九五年)、川村博忠『近世日本の世界像』(ぺりかん社、二〇〇三年)

(酒井 雅代)

享保金銀（きょうほうきんぎん）

享保年間（一七一六―三六）を中心に鋳造された貨幣。享保金（小判・一分判）と呼ばれた。幕府は正徳五年（一七一五）に正徳金（武蔵判）よりもやや品位がよい金含有率八六・七％の新金（享保金）を鋳造し、元文元年（一七三六）まで鋳造した。鋳造高は八百二十八万両であった。そのほか、幕府は享保十年に享保大判を鋳造した。大判は、量目・品位とも慶長大判と同等で万延元年（一八六〇）まで通用し、鋳造高は八千五百十五枚であった。また、幕府は正徳四年に慶長銀と同じ品質で銀含有率八〇％の銀貨を鋳造した。ほとんどが享保年間に鋳造されたので、享保銀（丁銀・小玉銀）と呼ばれる。元文元年まで鋳造され、鋳造高は三十三万千四百二十貫目であった。正徳・享保金銀が流通するまでは、慶長・元禄・宝永の旧金銀貨も通用していた。そのため、将軍徳川吉宗は享保二年に元禄金の通用を停止し、同七年には宝永金の通用を停止した（同十五年に再許可）。また、同七年までに元禄以降に発行された銀貨も通用停止とし、停止した旧金銀貨の回収を進めた。その結果、正徳・享保金銀の通用が支配的となったが、鋳造高が宝永金銀に比べて少なかったため、金銀貨の流通量が著しく減少した。したがって、経済活動が停滞して物価が下落した。特に米価は正徳年間（一七一一―一六）の三分の一以下となり、幕府や大名の収入が減少したほか、武士、農民、商人の生活も影響を受けることとなった。

参考文献 小葉田淳『日本の貨幣』（『日本歴史新書』、至文堂、一九五八年）、田谷博吉『近世銀座の研究』（吉川弘文館、一九六三年）、辻達也『享保改革の研究』（創文社、一九六三年）

（大橋 毅顕）

享保日本図（きょうほうにほんず）

将軍徳川吉宗の命で作成された日本絵図。元禄年間（一六八八―一七〇四）に作成された国絵図は、国境筋の接合に厳密さを求めた結果かえって全体がゆがんでしまったため、元禄国絵図に基づいて再編集されたものが享保日本図である。勘定奉行大久保《おおくぼ》忠位《ただたか》を総裁として享保二年（一七一七）に作成が始められ、享保三年から同五年にかけて、三回にわたり諸国の大名による全国一斉の望視調査が実施された。そして日本全体を八つに分けそれぞれ地域図をつくり、それらをつないで全体図がつくられた。享保八年に一旦編成されたが、不備の補正や離島の望視調査などが加えられ、享保十三年に完成した。技術面では、はじめ北条氏如《ほうじょううじすけ》が指揮をとったが、三回目の望視調査において建部《たけべ》賢弘《かたひろ》に交代し、技術上の軌道修正が図られた。隣接の諸国相互の位置関係を相対的に決定する、遠望術あるいは交会法という科学的方法が新しく導入されたのが特徴である。大きさは元禄日本図の四分一里縮尺よりやや大縮尺の六分一里縮尺(二十一万六千分の一)で作成された。絵図紙には生漉紙、裏打ちには美濃紙が用いられ、紙の継目を平らにするために、表・裏ともに摺合せ仕立てでつくられた。絵図のにじみ散りを防ぐため礬砂《どうさ》を二回塗り、経年変化による絵具の剝落を防ぐため五回の重ね塗りを施すなど、彩色も念入りに行われた。事業の総経費は金七百九両二分余で、九〇%が絵師・経師の経費であった。

参考文献 川村博忠「享保日本図の編成について」(『史学研究』一四五、一九七九年)、同『国絵図』(『日本歴史叢書』、吉川弘文館、一九九〇年)、杉本史子『領域支配の展開と近世』(山川出版社、一九九九年)

(酒井 雅代)

享保の改革 (きょうほうのかいかく)

八代将軍徳川吉宗を中心にして実施された政治改革の総称。一般に将軍を頂点として官僚的な行政機構のもとで、強い国家づくりを目指した改革と評価される。寛政・天保期の改革とあわせて、幕府の三代改革とも評される。この改革は、概して三段階に整理できる。第一段階は享保元年(一七一六)から同六年までの期間で、この時期は、前代まで続いた側用人制を廃止し、譜代派たちの老中を重視しつつ、紀州藩士を幕臣に登用して諸政策を実施した。また、鷹場の再興に伴う江戸近郊の地域再編、御庭番の設置に伴う大名・幕臣の動向把握、目安箱の設置などが実施された。特に目安箱の設置に関しては、庶民の捨文を廃し、将軍のもとへ直訴を集中させることを意図したとみられ、将軍権力の強化がうかがえる。第二段階は、享保六年から元文年間(一七三六―四一)にかけての時期で、吉宗の指導力が発揮され、行政機構の改編、財政再建、物価・物流対策、国家・公共政策など、本格的な改革が実施された。たとえば享保六年以降、勘定所機構改革が打ち出され、さまざまな政策が実施された。同七年には、当面の財政不足を補う目的で諸大名から所領高一万石につき百石の米を上納させ、その代償として参勤交代で江戸に滞在する期間を半年に短縮すると通達した。これが、いわゆる上米の制である。これにより年間十八万七千石の米が幕府御蔵に納められることになった。この上米の制で急場をしのぐ一方、財政の根幹である年貢収入を増加させるため、新田開発を促進する税制改革にも着手した。特に、民間資金に依存しながら開発政策を進める方針へと転換した。なお、開発にあたっては紀州藩で治水・土木などに業績を残していた井沢為永《いざわためなが》を幕臣に取り立て、その業務にあてた。さらに税制に関しては、定免法への移行が重要視され、実質的に増税となった。ただし、全般的に「米価安の諸色高」への対処に苦慮し、米価対策に力を入れたため「米将軍」という異名もつけられた。このほか、自然災害や薬園の設定に象徴される疾病対策にも積極的に取り組んだ。第三段階は元文二年から吉宗引退の延享二年(一七四五)までの期間で、この時期には、徹底した年貢増徴政策がみられた。たとえば田畑の等級を無視し、田畑の坪刈りを通じた実際の実り方に基づいて年貢額を決める有毛検見法を推進した。こうして、この時期、幕府の年貢収納量は江戸時代のピークに達した。以上を通じて、国家・行政のあり方に変化(改革)が認められるが、地域社会側には変化にいかに対応していくかの新たな課題が浮上したことにも注意を要する。

参考文献　大石学『吉宗と享保の改革』(東京堂出版、一九九五年)、同『享保の改革の地域政策』(吉川弘文館、一九九六年)、竹内誠他『江戸時代の古文書を読む—享保の改革—』(東京堂出版、二〇〇四年)、菅野洋介「近世中後期における在地寺社の秩序化と社会動向—紀州鷹場・開発の影響をめぐって—」(『関東近世史研究』六九、二〇一〇年)

(菅野　洋介)

享保の飢饉　(きょうほうのききん)

享保十七年(一七三二)に畿内以西の西日本に起こった大飢饉。天明・天保の飢饉とともに江戸時代の三大飢饉といわれている。享保十七年は五月ごろから長雨で洪水が起こり、閏五月末には一転して旱魃となるという異常気象であった。六月ごろには虫(ウンカ)が異常発生し、蝗害となった。西日本の年貢収穫は大きく落ち込み、平年の一〇%を切るところもあった。『虫附損毛留書』によると、諸藩から幕府へ餓死者一万二千百七十二人・飢人数二十五万六千五百三十九人が報告されているが、餓死者の増大に対して藩の失政を問われる恐れから実態よりも少なめに報告する傾向があったと考えられている。幕府の対応は早く、老中松平乗邑《まつだいらのりさと》のもと、四人の御用掛に飢饉対策を担当させ、勘定所役人を現地に派遣した。日田代官所では、八月に夫食米の貸与を開始し、大坂御蔵の痛米・買米三万二千九十石が廻送された。四国・畿内の代官所における夫食米の貸与は、総量米十一万七百八十八石・銀千二百四十九貫余・貸与人数四十三万二千七百四人にも上った。一方、私領では各藩の御救機能が十分に働かず、公儀による御救に頼らざるを得ない状況で、年貢収納が半分以下であった大名・旗本に拝借金三十三万九千百四十両が貸与され、食糧不足の地域へ大坂から二十六万二千三百二十五石が廻米された。また、登米が減少した都市部の米不足も深刻化し、大坂では富裕町人による飢人への施行が盛んで、京都では寺院による施行が行われた。それらは幕府から褒賞され、その人名は『仁風一覧《じんぷういちらん》』として刊行された。畿内以西の西日本を中心とした享保の飢饉は一年で収束したが、一方の江戸では、享保十八年正月に米価高騰を背景とした高間伝兵衛打ちこわしという、江戸で最初の打ちこわしが起こった。

参考文献 北原糸子『都市と貧困の社会史』(吉川弘文館、一九九五年)、菊池勇夫『近世の飢饉』(『日本歴史叢書』、吉川弘文館、一九九七年)

(栗原　健一)

公事方御定書（くじかたおさだめがき）

江戸幕府の官撰の裁判法典。編纂は老中松平左近将監乗邑《のりさと》を主任とし、元文年間(一七三六―四一)に寺社・町・勘定の三奉行を中心に進められ、寛保二年(一七四二)正月に完成した。上巻と下巻に分かれ、上巻は八十一通の法令を収めた法令集、下巻は幕府の先例・取り決めなどからなる。両巻ともに条文の体裁に整理されているが、成立の年代が記されており、不明なものについては「従前々之例」という形をとっているため、先例集としての側面が強い。内容は、刑法に関わる規定が最も多いが、民事法や訴訟法なども含まれており、単なる刑法典とはいえない。編纂の意図は、経済活動の発展などにより増加傾向にあった訴訟問題を、明確な準則にもとづき迅速・客観的に処理することにあった。なお八代将軍徳川吉宗は『公事方御定書』の編纂にあたり、担当の奉行からの上申にたびたび意見を加えている。その様子は『公事方御定書』編纂に関わる諸記録を整理・編集した『科条類典』よりうかがえる。また『公事方御定書』は秘密法典であり、閲覧は評定所において審議を務める三奉行および、裁判の任にあたる京都所司代と大坂城代にのみ認められていた。これは『公事方御定書』が、老中より諮問のあった案件を、評定所において審議する基準として作成されたことによる。しかし実際は、評定所において裁判の審理にあたる留役が、職務上の必要から密かに筆写していたこともあり、多くの写本が伝存する。

参考文献 『徳川禁令考』後集一(創文社、一九五九年)、平松義郎『近世刑事訴訟法の研究』(創文社、一九六〇年)、服藤弘司『刑事法と民事法』(創文社、一九八三年)

(山本　英貴)

頸城質地騒動（くびきしっちそうどう）

越後国頸城郡の幕府領一帯(現新潟県上越市)で起こった近世中期の百姓一揆。享保七年(一七二二)に江戸幕府から出された質流し禁令を契機に、当地では、百姓が地主を襲って質地返還を迫り、米を強奪する事件などが起きていた。その後事態は悪化し、同九年三月には、百五十ヵ村約二千名が質流地を奪回するため実力行使に出た。これに対して幕府は、同年閏四月に越後国の幕府領を高田藩など五藩の預所とし、一揆の鎮圧を命じた。翌年七月には逮捕者百六名の処罰が決し、騒動は終結した。

参考文献　『新潟県史』通史編四(一九八八年)、松永靖夫『近世農村史の研究』(法律文化社、一九八九年)

(小酒井大悟)

久留米一揆(くるめいっき)

享保十三年(一七二八)八月、筑後国久留米藩領において、夏物成(麦、菜種などへの課税)の増徴撤回を要求して起きた百姓一揆。正徳二年(一七一二)以来の税制改革に対する不満も加わり一揆となる。領内東部の農民を中心に一揆は展開する。藩側は高十石につき一石一斗ずつの年貢減免を申し渡し、強訴は終息した。農民側に犠牲者はなく、藩の改革担当者本庄主計・久米新蔵が断罪された。

参考文献　永尾正剛「久留米藩正徳期税制改革と享保農民一揆の考案」(『地方史研究』一一七、一九七二年)

(鈴木　直樹)

元文金銀(げんぶんきんぎん)

八代将軍徳川吉宗が、元文元年(一七三六)に発行した。元文元年五月の触書には、「世上金銀不足ニ付、通用不自由之由相聞候付而、此度金銀被吹改候事」とあり、金銀流通量の減少による不景気を貨幣改鋳理由とする。その他の元文金銀発行の理由として、貨幣の品位引き下げによる米価上昇、貨幣供給量の増加による世上の金銀不足の緩和などが考えられている。元文金銀は「文」の字の極印が押されているため、文《ぶん》字金《じきん》・文字銀《ぶんじぎん》、または文金・文銀と呼ばれた。また、のちの文政金銀と区別するために、「文」の字が真書(楷書)で書かれていることから、真文金《しんぶんきん》・真文銀《しんぶんぎん》とも呼ばれた。元文金(小判・一分判)の金含有率は六五・三%であった。元文金は元文元年から文政二年(一八一九)にわたり鋳造され、その鋳造高は千七百四十三万五千七百十一両に及んだ。元文銀(丁銀・豆板銀)の銀含有率は四六%であった。元文銀は元文元年から文政三年にわたり鋳造され、その鋳造高は五十二万五千四百六十五貫に及んだ。元文金銀の発行により、通貨の収縮は解消し、米価をはじめ諸物価は寛保三年(一七四三)ごろまでには下落傾向から立ち直った。このように、米価をはじめ諸物価の相場が上昇となり景気も好転した。元文金銀は文政年間(一八一八—三〇)に至る約八十年にわたり安定的に流通したのである。

参考文献　小葉田淳『日本の貨幣』(『日本歴史新書』、至文堂、一九五八年)、田谷博吉『近世銀座の研究』(吉川弘文館、一九六三年)、辻達也『享保改革の研究』(創文社、一九六三年)

(大橋　毅顕)

小石川養生所（こいしかわようじょうしょ）

享保七年(一七二二)に、幕府によって設置された貧民対策の施設。江戸の町医小川笙船《おがわしょうせん》の目安箱への投書により実現した。当時の江戸は、地方より流入した出稼ぎ人・日雇い・奉公人などの増加があり、それらの貧窮人への救済措置が必要とされていた。笙船は、投書後に町奉行からたびたび意見を求められ、養生所の規模・建築費・運営費などについて述べている。養生所の建築費の見積もりは、金二百十両三分・銀十二匁であった。養生所には、柿葺《こけらぶき》の四十人収容の長屋があり、収容人数は、のちには百名を超えた。享保七年の運営維持費は、金二百八十九両・銀十二匁一分八厘であった。治療費は無料であり、逗留病人へは米などが支給され、通いの治療は享保八年以降は行われなかった。町奉行支配であり、その構成員として、当初は与力二名・同心十名が配置され、翌年には小普請同心九人が出役した。ほかにも中間八名、女性の使用人二名が従事していた。同心などは、いずれも時代によりその人数の変遷があった。医師は、幕府の寄合医師・小普請医師が五名程度出仕しており、天保十四年(一八四三)からは町医師と交代した。医師は、本道・外科・眼科と分かれていた。養生所は、天保年間(一八三〇―四四)になると、中間が逗留病人へ支給される米などの転売などを行い、医師も病人部屋への見廻りを怠るなどその環境は劣悪なものであった。慶応元年(一八六五)に、養生所は町奉行支配を離れ、幕府医学館多紀養安院・多紀安叔《たきあんしゅく》が預かることになった。明治元年(一八六八)には鎮台府の支配下となり、貧病院と改称されたが、まもなく廃止となった。

参考文献　南和男『江戸の社会構造』(『塙選書』、塙書房、一九六九年)

（望月　良親）

御三卿（ごさんきょう）

八代将軍徳川吉宗の次男宗武《むねたけ》と四男宗尹《むねただ》、九代将軍徳川家重の次男重好《しげよし》をそれぞれ祖とする田安徳川家、一橋徳川家、清水徳川家の徳川将軍家庶子の家。屋敷の近くの江戸城門の名にちなみそれぞれの名がある。吉宗が紀州家に始まるみずからの将軍家の血統断絶に備えたものとされ、十一代将軍徳川家斉や十五代将軍徳川慶喜は一橋徳川家出身であった。将軍家の家族として優遇され、将軍家厄介といわれた。居城はなかったが、十万石の領知を与えられ、領知替も経済的優遇措置として行われている。邸臣(家臣)には御三卿が独自に抱える役人と、幕府からの出向役人がいた。御三卿の家格については、官位は元服後に八省の長官(民部卿など)や右衛門督に任じられ、従三位に叙せられ左近衛権中将を兼ねた。しばらくして参議となり、長命の者は権中納言まで進んだ。十一代将軍家斉の実父一橋治済《はるさだ》は特別で従一位・准大臣へと進んでいる。当主・嫡子は徳川を称し、庶子は松平を名乗った。また、当主は権中納言になると田安、一橋などを称すようになる。江戸城での席次は御三家の下、御三家嫡子の上であり、御三卿内での席次は任官順で変動した。将軍との対面は御座之間で最も将軍に近かった。御三卿の登城は諸大名や御三家とは異なり、平河門から登城し奥に最も近い風呂屋口から入っていた。田安・一橋徳川家が賄料の十万石を賜り、甲府・館林の先代の格を以って御両卿と称し、その後、重好も十万石を賜り、御三卿と称した。つまり、清水徳川家は後発であり、最初から御三卿構想やその呼称があった訳ではない。御三卿の「卿」の呼称は当主が八省の長官である「卿」に任じられることに由来するといわれるが、田安宗武は右衛門督に任じられており、俗説といえるだろう。御三卿は当主自身が他家に養子に出ることがあるのが特徴で、当主不在となっても領知や邸臣団が解体されずに存続する明屋形となることがあった。田安家の場合は二代治察《はるあき》死去後から斉匡《なりまさ》が三代当主となるまでの十四年間が明屋形であった。しかし、清水家初代重好死去後に当主不在となった際は、領知は収公され邸臣は幕臣に編入された。また、清水家四代斉彊《なりかつ》が紀伊家に養子へ出た後は、当初領知と邸臣は残されたが、漸次収公、幕臣への編入が行われた。御三卿は将軍家の次男、三男を他家へ養子へ出すための待機の場であったともいわれるが、御三卿の子がほかの御三卿の当主となったり、幕末には高齢の元尾張藩主徳川玄同《げんどう》(茂徳)が一橋家当主となったり、しだいに御三卿の性格も変化し、幕政に関与することもあった。明治元年(一八六八)田安・一橋家は藩屏に列せられ、将軍家より独立して藩主となる。翌年には版籍奉還を願い出て許可されるが、知藩事任命の沙汰がなく廃藩となった。

参考文献　一橋徳川家文書(茨城県立歴史館所蔵)、田安徳川家伝来古典籍(国文学研究資料館寄託)、北原章男「御三卿の成立事情」(『日本史研究』一八七、一九六三年)、辻達也編『新稿一橋徳川家記』(続群書類従完成会、一九八二年)、辻達也「徳川御三卿の生活―『一橋徳川家文書』に拠る―」(『専修人文論集』五三、一九九四年)、同「御三卿の生格」(『江戸幕府政治史研究』、続群書類従完成会、一九九六年)、竹村誠「御三卿の領知変遷」(大石学編『近世国家の権力構造』、岩田書院、二〇〇三年)、武子裕美「御三卿の家臣団構造―一橋徳川家を事例として―」(『学習院史学』四九、二〇一一年)

(竹村　誠)

山中一揆(さんちゅういっき)

享保十一年(一七二六)、美作国津山《つやま》藩領真島《ましま》・大庭《おおば》両郡(岡

山県真庭郡)の山中一帯で起きた百姓一揆。同年十一月に藩主松平浅五郎《まつだいらあさごろう》が死去し、藩の取りつぶしや両郡の幕府領化が噂された。こうしたなか、大庄屋や藩役人が、作徳米や年貢米を郷蔵から積み出したことに対し、山中の百姓が蜂起したが、その背景には、四歩加免(四%の追加年貢)など、藩の年貢増徴策に対する不満もあった。翌年正月、藩は武力で一揆を鎮圧。十分な吟味もせずに現地で処刑された者は四十五名、津山(岡山県津山市)での吟味後に処刑された者は六名にのぼった。

参考文献 ひろたまさき・坂本忠次編『神と大地のはざまで—岡山の人びと—』(『日本民衆の歴史』地域編一、三省堂、一九八四年)、歴史教育者協議会編『図説日本の百姓一揆』(民衆社、一九九九年)

(小酒井大悟)

質流し禁令(しちながしきんれい)

享保七年(一七二二)に江戸幕府が出した土地法令。質流れ禁令ともいう。八代将軍徳川吉宗のもとで進められた享保改革の諸政策の一つ。幕府は、元禄八年(一六九五)六月の質地取扱に関する十二ヵ条の「覚」で、田畑の質入時の証文に、年季が来ても請け返しができない場合、質入れ地を渡す(質流れとする)という文言が明記されているのを条件に、事実上の永代売買となる質流れを認めていた。これに対し、享保七年の当法令では、田畑の質流れが田畑永代売買禁止令の本旨にもとるうえ、江戸町方の屋敷を対象とした質取引の慣習を、農村の田畑の質取引に適用したものであるとの理由から、以後の田畑の質流れを禁止。あわせて、請け返しの条件など質地の取扱を詳細に規定した。しかし、法令が実施されると、質地返還を命じた徳政令のように解されるなど、各地で混乱を招いた。なかでも、出羽国村山郡の幕府領にあった長瀞村《ながとろ》(山形県東根市)、越後国頸城郡《くびき》(新潟県上越市)の幕府領に属する村々では、質地返還を求める百姓たちにより、大規模な一揆が起こった。いずれも、所管する代官所では鎮圧することができず、隣接する諸藩に鎮圧させる事態となった。このような問題を多数引き起こしたため、発令翌年の享保八年に撤回された。

参考文献 大石慎三郎『享保改革の経済政策』(御茶の水書房、一九六一年)、北島正元編『土地制度史』二(『体系日本史叢書』七、山川出版社、一九七五年)

(小酒井大悟)

定免法(じょうめんほう)

近世の年貢徴租法の一つ。過去数年間の年貢量の平均を基準にして、年貢量を前もって決定し、これを作柄の豊凶に関わらず一定期間固定する方法をいう。この固定期間を定免年季といい、三年・五年・十年などがあった。定免年季が明けると更新されることもあった。また、定免年季中でも、著しい不作となったときには定免が中止され、臨時の作柄調査(検見《けみ》)による年貢の減免が行われた。これを破免という。定免法に対し、毎年領主役人が村を訪れて検見を行い、それに基づいて年貢量を決定する方法が検見法である。藩領では、十七世紀段階から定免法を取り入れていたところもあったが、幕府領では、享保七年(一七二二)以降、従来の検見法から定免法に切り替えられていった。これは、八代将軍徳川吉宗のもと、幕府の年貢増収を企図し、新田開発とともに進められた税制改革の一環である。定免法自体には、検見役人の接待などの費用が削減できる、検見による稲刈り時期の遅れを防げる、また収穫が増せばそれだけ剰余が蓄積できるなど、百姓にとって有利な面もあったが、この時に導入にされた定免法は、定免年季の更新に際して、年貢率を引き上げるという増税の意図を含んだ税法だった。

参考文献　大石慎三郎『享保改革の経済政策』(御茶の水書房、一九六一年)、大石学『享保改革の地域政策』(吉川弘文館、一九九六年)、同『吉宗と享保の改革(改訂新版)』(『教養の日本史』、東京堂出版、二〇〇一年)
(小酒井大悟)

新田開発　(しんでんかいはつ)

近世において、屋敷や田畑を新たに造成すること。新田開発が盛んに行われたのは、近世前期の十七世紀においてであり、この間に全国の耕地面積は約二倍に増加した。しかし、過剰開発による国土の荒廃が進んだため、寛文六年(一六六六)、幕府は「山川掟」を出して新田開発を禁止、そして、貞享四年(一六八七)には町人請負新田を禁止した。これに対し、八代将軍徳川吉宗のもとで財政再建を図る幕府は、税制改革と並ぶ増収策として新田開発を奨励する方針に転換。享保七年(一七二二)七月には、江戸日本橋に高札を建て、それまで禁止していた町人請負も含めた開発を促進する方針を示した。また、この高札と同年九月の法令では、同一領主の支配地に完全にとり囲まれている場合を除き、山林原野などの未開発地は、幕府が開発・支配するという原則を打ち出している。そして、同年には、勘定所機構の内部に新田方《しんでんかた》を新たに設置し、吉宗の紀州藩時代に、藩領内の治水・農政の分野で活躍した井沢弥惣兵衛為永《いざわやそべえためなが》を起用。同十二年には、新田開発や荒れ地の再開発などを、全て井沢為永の専管とした。こうして整えられた体制のもと、下総国の飯沼《いいぬま》新田(茨城県水海道市付近)、越後国の紫雲寺潟《しうんじがた》新田(新潟県新発田市)、武蔵国の武蔵《むさし》野《の》新田(東京都西部、埼玉県南部)、見沼《みぬま》新田(埼玉県さいたま市)など、各地の新田が開発された。

参考文献　大石慎三郎『享保改革の経済政策』(御茶の水書

房、一九六一年)、大石学『享保改革の地域政策』(吉川弘文館、一九九六年)、同『吉宗と享保の改革(改訂新版)』(『教養の日本史』、東京堂出版、二〇〇一年)　(小酒井大悟)

鷹場の再置(たかばのさいち)

八代将軍徳川吉宗は、それまで中止していた将軍の鷹狩を復活させた。享保元年(一七一六)八月、江戸城外堀より十里四方の地を鷹場とする旨の触れを出した。この鷹場は禁猟区の性格をもつことになった。翌享保二年には鷹匠頭・鳥見頭などの鷹狩関係の職掌を整備し、鷹狩を管理する制度を整えた。また同年には、従来の鷹場を六つの筋に分けて、それぞれに鳥見を配置し、江戸周辺の村々に対して、幕領・私領の区別なく鷹狩に伴う人足役や普請役を賦課する体制をつくりあげた。このような鷹場政策は若年寄の大久保常春や小納戸の松下当恒《まつしたまさつね》を中心に推進された。また、鷹場に設定された村は鷹場法度の遵守が促されることになった。この鷹場法度では案山子《かかし》や鉄砲の規制なども含まれ、該当村をさまざまな形で規制した。そして、実際に将軍や御三家藩主などの御成や鷹匠の廻村も認められる。概して、該当村の負担の面が強調されるが、御成を通じて地域側が将軍などと社会関係をもつことになり、地域側が将軍権威を誇示する論理ともなった。享保十三年三月、吉宗が下総真間《まま》周辺を訪れた際には、弘法寺《ぐほうじ》(日蓮宗)の楓や国府台《こうのだい》の合戦の古城跡を上覧するなど、地域の名所化の問題にも影響を与えており、鷹場再設置に伴い地域への影響は多岐に及んだ。また、この動向に関して将軍の休憩所となった寺院などを御膳所として指定することもみられ、新たな寺社の格付けにも関係した。なお、将軍の鷹場の周縁地域には御三家鷹場、さらに鷹の調教の場として捉飼場《とりかいば》(「とらえかいば」とも)も設定された。

参考文献　『徳川実紀』八(『新訂増補国史大系』、吉川弘文館、一九七六年)、大石学『享保改革の地域政策』(吉川弘文館、一九九六年)、足立区立郷土博物館編『葵の御威光』(足立区立郷土博物館、二〇〇六年)　(菅野　洋介)

足高の制(たしだかのせい)

幕府が享保改革の一環として、享保八年(一七二三)六月より施行した人材登用策のこと。その内容は、役職ごとに就任の基準となる高を定め、それに満たない家禄の幕臣(旗本・御家人)が当該職に就いた際、在任中に限り不足分を支給(足高)するというものである。この時に定められた役高は、側衆・留守居・大番頭が五千石、書院番頭・小性組番頭が四千石、大目付・町奉行・勘定奉行が三千石などであった。これにより、家禄千五百石の旗本が役高三千石の大目付に就いた場合、在任中は幕府より千五百石の足高を受けたのである。施行の目的は、定額の役料制では家禄に不相応な役職に就いた際、職務の遂行が困難になったからである。なお本来、幕臣にとって家禄は幕府への奉公に対する給付であり、就職による負担など家禄で賄うべき問題であった。そのため幕府は、家禄の高い者に負担の多い職を務めさせる、という方針をとっていた。しかし当該職を担える人材が家禄の高い層に存在するとは限らず、少禄の層からも起用を図る必要があったのである。また足高は、家禄への加増ではなく個人への支給であり、その期間も在任中に限られたので、幕府に積極的な人材登用を促した。足高制の導入は、幕府の任用体系が知行(家格)を基準としたものから、知行(家格)のみにはとらわれない能力主義的な段階へと移行したことを示すものであり、官僚機構の飛躍的な発展をもたらす契機となったのである。

参考文献 高柳真三・石井良助編『御触書寛保集成』第一七一三号(岩波書店、一九三四年)、泉井朝子「足高制に関する一考察」(『学習院史学』二、一九六五年)

(山本 英貴)

堂島米市場 (どうじまこめいちば)

大坂で天満の青物市場、雑喉場《ざこば》の魚市とともに三大市場として並称された米市。その取引を行なった場所を米会所といった。淀屋橋南詰の淀屋の門前から元禄十年(一六九七)に堂島新地に移転して、米市場が発足した。幕府が禁止していた、米切手による取引や延売買が大坂では早くから行われていたが、正徳・享保のころから低米価に苦しむ幕府の政策転換により緩和されていった。江戸商人の大坂での米取引の会所(市場)設立願いに反対した大坂商人は、享保十五年(一七三〇)八月十三日、公的に認められた堂島帳合米市場を設立した。ここでは延売買が行われ、のちに株仲間が認められた。堂島における米取引は、正米取引市場・帳合米取引市場・石建米取引市場からなっていた。このうち、正米取引とは、米切手による米取引であり、帳合米取引は帳簿に記入することによる取引で、代金の授受は行わない、名目的な先物取引であった。米切手は、蔵米と対応関係を持たず、売買が行われ、金融の担保として扱われた。大坂の米相場の価格は全国の米価をリードするもので、近世日本における市場経済の全国的展開を表すものである。米価は幕府政策の最重要の対象であり、金融との関わりをもった米切手の保護とも関連した大坂町奉行所の対応は重要な位置を占めていた。

参考文献 島本得一『徳川時代の証券市場の研究』(産業経済社、一九五三)、土肥鑑高『近世米穀流通史の研究』(隣人社、一九六九年)、高槻泰郎『近世米市場の形成と展開』(名古屋大学出版会、二〇一二年)

(福澤 徹三)

長瀞質地騒動（ながとろしっちそうどう）

出羽国村山郡の幕領長瀞村（山形県東根市）で起こった近世中期の百姓一揆。享保七年（一七二二）に、江戸幕府から質流し禁令が出されていたが、長瀞村名主は混乱を恐れ、これを村民に伝えなかった。しかし、法令を知った百姓たちは、三百八十名の連判状を作成し、質地の取り返しなどを求め名主に強訴。また、金主のもとにも押しかけ、金主六十四名から、三百二十通の証文類を奪い返す行動に出た。幕府は、山形藩など近隣諸藩に命じてこれを鎮圧。百十四名の百姓が処罰され、騒動は終結した。

参考文献　北島正元編『土地制度史』二（『体系日本史叢書』七、山川出版社、一九七五年）、『山形県史』二（一九八五年）

（小酒井大悟）

藩札（はんさつ）

江戸時代に諸藩が発行した紙幣のこと。以前は最初に藩札を発行したのは越前福井藩の寛文元年（一六六一）であったとされていたが、近年は寛永七年（一六三〇）の備後福山藩であったとする説が有力である。藩札には、金札・銀札・銭札があったが、銀札の発行量が最も多い。藩札の表面には額面・発行年月日・発行主体の藩名・札元などが印刷され、正貨との兌換文言を記していた。藩は、札奉行などの職制を設けて、城下町や領内の主要な地点に藩札会所を設け、城下町商人や有力商人、豪農、大坂両替商など領外の豪商を登用して札元とした。これらの発行目的は領内正貨を回収して当座の領外支払いにあてる、藩財政金融目的である場合が多い。藩札は、本来は兌換紙幣であるが、乱発によって価値が下がり、領民が被害を蒙った場合などには一揆が起こる場合もあった。一方で、領内の正貨需要に応じるような形で発行された場合には、比較的円滑に流通を維持することができた。その際には、小額札を中心に発行額面の構成を整えることも重要であった。幕府が、宝永四年（一七〇七）に元禄・宝永銀を普及させるために、一時的に藩札の流通を禁じた時点では、四十以上の藩が藩札を発行していた。その後、享保十五年（一七三〇）に解禁し、明治維新まで停止することはなかった。解禁令の際に、幕府は通用許可年限を定め、継続使用の際には幕府の許可がそのたびに必要とした。藩札の発行は畿内以西の西日本で盛んであり、江戸時代には八〇％の藩が発行していた。上州沼田藩のように、関東の大名でも畿内で藩札を発行して、財政補塡を行うような事例も存在した。また、十九世紀には藩札が地方通貨として他領においても流通していた現象も興味深い。

参考文献　作道洋太郎『日本貨幣金融史の研究』（未来社、

一九六一年)、瀬島宏計「近世初期の藩札」(『日本史研究』四七一、二〇〇一年)、岩橋勝「近世の貨幣・信用」(桜井英治・中西聡編『流通経済史』、山川出版社、二〇〇二年)

(福澤　徹三)

町火消(まちびけし)

享保三年(一七一八)に設置された江戸の消防を担った町人たちのこと。町火消が設置される以前の江戸の防火体制は大名火消《だいみょうびけし》、旗本が担った定火消《じょうびけし》など武士を中心とするものであった。しかし、この体制は膨張していく江戸にとっては、充分な防火体制ではなかったため、八代将軍徳川吉宗は町火消の設置を命じた。幕府は町人たちで構成された町火消に、消火に必要であれば屋敷の破壊活動を認め、梯子・鳶口《とびぐち》・斧などの消火道具を準備させ、出動の目印として、小さな幟や提灯を用意させた。享保五年には、町火消は、「いろは四十七組」に再編成され、各組ごとに地域を担当させる体制を整えた。隅田川より西の町々をおよそ二十町ごとに四十七の組に分け、いろは四十八字をあてた。四十八字のうち「へ」「ら」「ひ」は音が悪いということで除かれ、「百」「千」「万」組と称された。「ん」は当初から除かれ、のちに「本」組が加えられ四十八組となった。町火消は、当初は町人自身が出動したが、のちには鳶を人足として雇うようになり、大火の場合以外は、鳶人足が火事に対応した。町火消の人数は、十八世紀前半には、一万人を越え、江戸の防火体制は、従来の武士中心から町人中心へと変化していった。延享四年(一七四七)の江戸城二丸での火事の際には、従来大名火消・定火消が行なっていた江戸城の消火活動にもあたり、以降も天保九年(一八三八)の江戸城西丸の火事にも出動するなど、その活動の範囲は広がっていった。

参考文献　池上彰彦「江戸火消制度の成立と展開」(西山松之助編『江戸町人の研究』五、吉川弘文館、一九七八年)、黒木喬『江戸の火事』(『同成社江戸時代叢書』、同成社、一九九九年)、大石学『大岡忠相』(『人物叢書(新装版)』、吉川弘文館、二〇〇六年)

(望月　良親)

民間省要(みんかんせいよう)

地方《じかた》書・政治献言書。享保六年(一七二一)成立。著者は武蔵国川崎宿役人田中丘隅《たなかきゅうぐ》。別名『国家要伝』。乾七巻、坤八巻、序目録一巻、口伝書一巻の十七巻から成る。宿駅の損益や飢饉・凶作対策についての得失などを考えて、賦税や治水、宿駅の項目を中心に、農民の負担、鷹場、普請、地主と小作、用水、農民の気風、村役人、地方役人、信仰、交通と広範囲にわたって、独自の経世済民論を展開する。また、農民的立場から地方役人の不正、役人と御用商人の結託を非難し、民間からの人材の抜擢、地方政策に対する民間の意見の採用など、農村や宿場の実情を理解し、民情の把握を積極的に行うことを提議する。享保五年九月中旬から執筆を始め、翌年九月下旬に脱稿。同七年六月、丘隅の師事する奥坊主成島道筑《なるしまどうちく》を通じ、本書のうち十六巻が将軍徳川吉宗の上覧に供された。同書は吉宗への献上に関わって、数度加筆修正された可能性があるとされる。なお、同書はいくつかの写本が伝来しているが、平川家本(村上直校訂『新訂民間省要』)が田中家伝来本であると比定されている。

参考文献 深谷克己「田中丘隅—地方功者の民政技術—」(永原慶二他編『講座・日本技術の社会史』別巻一、日本評論社、一九八六年)、斉藤司「『新訂民間省要』の構成と内容」(『関東地域史研究』一、一九九八年)　(榎本　博)

目安箱(めやすばこ)

享保六年(一七二一)に、八代将軍徳川吉宗により評定所前に設置された民衆からの直訴を受け取る箱。目安箱(訴状箱)に投書して直訴すべきこととして、三つのことが上げられていた。一つは、政治に関して有益な提言を行うこと、二つは、役人たちの不正を告げることである。三つは、訴訟時に役人が詮議をしないことを訴え出ることであって、これはその役人たちに断ってから申し出るということであった(『御触書寛保集成』)。このような目安箱を用いた直訴の制度は、幕府の瓦解まで続いた。諸藩においては、早い藩で、十七世紀半ばごろから訴状箱は設置されており、各藩で処理されていた。幕府での初発は、元和五年(一六一九)時点で確認できる京都の訴状箱である。この目安箱に投書された投書は、江戸には送られず、京都において処理されていたようである。京都以外にも美濃などにも設置されたが、享保年間(一七一六—三六)の江戸設置以前は幕府の直轄地には広がらず、部分的に留まった。しかし、享保年間以降は、大坂・駿府・甲府・長崎など多くの直轄地に設置された。これらの地で投書された直訴は、京都・大坂では特別な案件以外は江戸には送らず、それぞれの地で処理していた。江戸の目安箱への投書は、将軍が閲覧して、老中から関係諸機関に渡されて、そこで討議して老中へ答申していた。目安箱の設置は、吉宗が将軍権力の確立を目指す中での施策の一つであり、将軍が官僚機構のうえに立ち、民衆の声を直接聞き、政治に反映させる国家統治者として位置付けられた。投書には、小石川養生所の設置など、政策に取り入れられた意見もあった。幕末の投書の多くは、諸役人の不正を追及するものであった。

参考文献 大石学『吉宗と享保の改革(改訂新版)』(『教養の日本史』、東京堂出版、二〇〇一年)、大平祐一『目安箱の研究』(創文社、二〇〇三年)、望月良親「「訴状留」にみる民衆の直訴」(徳川記念財団編『家康・吉宗・家達―転換期の徳川家―』、徳川記念財団、二〇〇八年)

(望月　良親)

薬園（やくえん）

徳川吉宗の薬草政策の一環で、全国に整備された薬園のこと。将軍就任以前に全国で疫病が流行していたこともあり、吉宗は薬草政策に力を入れた将軍であった。吉宗は、丹羽貞機などの本草学者を登用して、本格的な薬草政策を展開した。本草学者らは、享保五年(一七二〇)以降、吉宗の命により幕府領だけではなく日本全国を行脚して、各地の薬草の調査を行なった。この調査により、各地の薬草の知識などが幕府に集まり、幕府からも薬草の知識などが各地に広まり、相互の交流がみられた。薬草の調査だけでなく、各地に薬園も作られた。享保五年には江戸で一万坪の駒場薬園が開設された。翌年には、以前からあった小石川薬園を十倍の四万四千八百坪の広さにした。さらに、下総国には、享保七年に三十万坪もの小金野薬園が開設された。ほかにも幕府の薬園は、浜庭園・久能山・駿府・佐渡などに開設された。尾張・紀伊・南部・弘前・会津などの諸藩においても薬園の開設・整備が進み、享保年間(一七一六―三六)は全国的な薬園の整備・充実期であった。また、吉宗は、朝鮮人参の国産化、民衆向けの医書『普救類方《ふきゅうるいほう》』の出版、和薬改会所の設置による流通統制など、享保年間に多くの薬草政策を展開させていった。

参考文献　大石学『享保改革の地域政策』(吉川弘文館、一九九六年)、同『吉宗と享保の改革(改訂新版)』(『教養の日本史』、東京堂出版、二〇〇一年)、若尾政希「享保〜天明期の社会と文化」(大石学編『享保改革と社会変容』、吉川弘文館、二〇〇三年)

(望月　良親)

老中

氏名	称呼	前職	補職年月日	転免年月日	後職
土屋政直	相模守	京都所司代	貞享四(一六八七)・一〇・一三	享保三(一七一八)・三・三	免　実寛職ゆるさる
井上正峯〔岑〕　実寛正岑	大和守　河内守	若年寄	宝永二(一七〇五)・九・二一	享保七(一七二二)・五・一七	卒

氏名	称呼	前職	補職年月日	転免年月日	後職
阿部正喬	飛騨守 豊後守	詰衆	正徳元(一七一一)・四・二	享保二(一七一七)・九・一九	免 [実][寛]職ゆるさる
久世重之	大和守	若年寄	正徳三(一七一三)・八・三	享保五(一七二〇)・七・二七 [実][寛]五・六・二七	卒
戸田忠真	能登守 山城守	詰衆 [実][寛]雁間詰	正徳四(一七一四)・九・六	享保一四(一七二九)・一〇・二九 [寛]一四・一〇・二八	卒
水野忠元〔之〕 [実][寛]忠之	和泉守	京都所司代	享保二(一七一七)・九・二七	享保一五(一七三〇)・六・三	免 [実][寛]病免
安藤信友	対馬守	大坂城代	享保七(一七二二)・五・二	享保一七(一七三二)・七・二五	卒
松平乗邑	左近将監	大坂城代	享保八(一七二三)・四・二	延享二(一七四五)・一〇・九	免職、差控
松平忠周	伊賀守	京都所司代	享保九(一七二四)・一二・一五	享保一三(一七二八)・五・一 [実][寛]一三・四・三〇	卒
大久保為〔常〕春 [実][寛]常春	佐渡守	若年寄	享保一三(一七二八)・五・七	享保一三(一七二八)・九・一〇 [実][寛]一三・九・九	卒
酒井忠音	讃岐守	大坂城代	享保一三(一七二八)・一〇・七	享保二〇(一七三五)・五・一八 [実][寛]二〇・五・一九	卒
松平信税〔祝〕 [実][寛]信祝	伊豆守	大坂城代	享保一五(一七三〇)・七・一	延享元(一七四四)・四・一八	卒
松平輝貞	右京大夫	溜詰	享保一五(一七三〇)・七・二	延享二(一七四五)・一二・一	辞 [実]致仕
黒田直邦	豊前守	寺社奉行 [実][寛]奏者番兼寺社奉行	享保一七(一七三二)・七・二九	享保二〇(一七三五)・三・二七 [実][寛]二〇・三・二六	卒
本多忠良	中務大輔	元側用人	享保一九(一七三四)・六・六	延享三(一七四六)・六・一	免 [実][寛]職ゆるさる

氏名	称呼	前職	補職年月日	転免年月日	後職
松平乗賢	能登守	西丸若年寄 [実]若年寄	享保一〇(一七二五)・五・二三	延享三(一七四六)・五・八	卒
土岐頼稔	丹後守	京都所司代	寛保二(一七四二)・六・一	延享元(一七四四)・九・一三	卒
酒井忠恭	雅楽頭	大坂城代	延享元(一七四四)・五・一	寛延二(一七四九)・正・一五	溜詰
西尾忠直〔尚〕 [実][寛]忠尚	隠岐守	若年寄	延享二(一七四五)・九・一	宝暦一〇(一七六〇)・三・一〇	卒

京都所司代

氏名	称呼	前職	補職年月日	転免年月日	後職
水野忠之	和泉守	若年寄	正徳四(一七一四)・九・六	享保二(一七一七)・九・二七	老中
松平忠固 [実][寛]忠周	伊賀守	詰衆 [実]なし [寛]雁間詰	享保二(一七一七)・九・二七	享保九(一七二四)・一二・一五	老中
牧野英成	因幡守 佐渡守 河内守	寺社奉行 [実][寛]奏者番兼寺社奉行	享保九(一七二四)・一二・一五	享保一九(一七三四)・六・六	辞 [実]職ゆるさる
土岐頼稔	丹後守	大坂城代	享保一九(一七三四)・六・六	寛保二(一七四二)・六・一	老中
牧野貞道 [実][寛]貞通	越中守 備後守	寺社奉行 [実][寛]奏者番兼寺社奉行	寛保二(一七四二)・六・一	寛延二(一七四九)・九・六 [寛]二・九・一三	卒

大坂城代

氏名	呼称	前職	補職年月日	転免年月日	後職
内藤弐〔弌〕信 [実][寛]弌信	豊前守	御詰 [実][寛]なし	正徳二(一七一二)・四・一五 [実][寛]二・五・一五	享保三(一七一八)・八・一 [実][寛]三・八・二	辞

氏名	称呼	前職	補職年月日	転免年月日	後職
安藤重行 [実][寛]信友	右京亮 対馬守	寺社奉行	享保三(一七一八)・八・四	享保七(一七二二)・五・二	老中
松平乗邑	和泉守 左近将監		享保七(一七二二)・六・一 [寛]七・六・六(仮役)	享保八(一七二三)・正・一五 [実][寛]八・四・二	老中
酒井忠音	修理大夫 讃岐守	寺社奉行 [実][寛]享保七・正・三まで奏者番兼寺社奉行	享保八(一七二三)・正・一五	享保一三(一七二八)・七・七 [実][寛]一三・一〇・七	老中
堀田正虎	伊豆守	御詰 [実][寛]なし	享保一三(一七二八)・一〇・七	享保一四(一七二九)・正・一三 [実][寛]一四・正・一三	卒
松平信祝 [実][寛]信祝	伊豆守	奏者番 [実]なし	享保一四(一七二九)・二・二	享保一五(一七三〇)・七・二	老中
土岐頼稔	丹後守	寺社奉行 [実][寛]奏者番兼寺社奉行	享保一五(一七三〇)・七・二	享保一九(一七三四)・六・六	京都所司代
稲葉正親	佐渡守	奏者番	享保一九(一七三四)・六・六	享保一九(一七三四)・九・一四 [実]なし	卒 [実]なし
太田資晴	備中守	若年寄	享保一九(一七三四)・九・二五	元文五(一七四〇)・二・二四 [実][寛]五・三・二四	卒
酒井忠知 [実][寛]忠恭	雅楽頭	御詰 [実][寛]なし	元文五(一七四〇)・四・三	延享元(一七四四)・五・一	西丸老中
堀田正亮	相模守	寺社奉行 [実][寛]奏者番兼寺社奉行	延享元(一七四四)・五・一	延享二(一七四五)・一一・一三	老中

側用人

氏名	称呼	前職	補職年月日	転免年月日	後職
松平輝貞	右京大夫	溜詰	享保二(一七一七)・九・二四 [実]二・九・二五 [寛]二・九・二三	享保一五(一七三〇)・七・二	老中格

氏名	称呼	前職	補職年月日	転免年月日	後職
石川総茂	近江守	若年寄 [実][寛]西丸若年寄	享保一〇(一七二五)・一一・二六	享保一八(一七三三)・九・一六	卒

寺社奉行

氏名	称呼	前職	補職年月日	転免年月日	後職
松平近昭(禎) [実][寛]近禎	対馬守 相模守	奏者番	正徳元(一七一一)・一二・二三	享保一〇(一七二五)・八・一 [実][寛]一〇・八・二四	卒
土井利忠 [実][寛]利意	山城守 伊予守	奏者番	正徳三(一七一三)・三・二三 [実][寛]三・三・二八	享保九(一七二四)・閏四・二	辞 両職辞 [実]病、両職免 [寛]病、
石川総茂	近江守	奏者番	正徳四(一七一四)・九・六	享保二(一七一七)・九・二七	若年寄
井上正長	遠江守	御側 [実][寛]西城御側	正徳五(一七一五)・二・一八	享保元(一七一六)・九・晦 [実][寛]元・九・二八	辞 [実]病、両職免、雁間詰 [寛]病、両職辞、雁間詰
安藤重行	右京亮		享保二(一七一七)・一〇・一 [実][寛]二・一〇・五	享保三(一七一八)・八・四	大坂城代
酒井忠音	修理大夫 讃岐守	奏者番	享保三(一七一八)・八・四	享保七(一七二二)・正・三 [実]七・正・二	辞 [実]病、両職ゆるさる [寛]両職ゆるさる
牧野英成	因幡守	[実][寛]奏者番	享保三(一七一八)・八・四	享保九(一七二四)・一二・一五	京都所司代
黒田直邦	豊前守	元小性 [実][寛]雁間詰	享保八(一七二三)・三・二五	享保一七(一七三二)・七・二九	西丸老中
本多忠統	伊予守	奏者番 [実][寛]帝鑑間席	享保九(一七二四)・一二・二三	享保一〇(一七二五)・六・一一	若年寄
小出英貞	信濃守	奏者番	享保一〇(一七二五)・六・一一	享保一七(一七三二)・三・一	西丸若年寄
太田資晴	備中守	奏者番	享保一〇(一七二五)・九・一一	享保一三(一七二八)・五・七	若年寄

氏名	称呼	前職	補職年月日	転免年月日	後職
井上正之	河内守	奏者番	享保一三(一七二八)・七・六	元文二(一七三七)・一〇・一 実寛二・九・一七	卒
土岐頼稔	丹後守	奏者番	享保一三(一七二八)・七・六	享保一五(一七三〇)・七・二	大坂城代
西尾忠直〔尚〕 実寛忠尚	隠岐守	奏者番	享保一七(一七三二)・三・一五	享保一九(一七三四)・九・二五	若年寄
松平忠暁	玄蕃頭	奏者番	享保一七(一七三二)・八・七	享保一九(一七三四)・五・三	辞 実寛病、加役ゆるさる
仙石政春〔房〕 実寛政房	信濃守	奏者番	享保一九(一七三四)・六・六	享保二〇(一七三五)・四・三 実寛二〇・四・三	卒
北条氏直〔朝〕 実寛氏朝	遠江守	伏見奉行	享保一九(一七三四)・一〇・一五	享保二〇(一七三五)・七・二九	辞 実病、両職免寛両職辞
牧野貞通	越中守	奏者番	享保二〇(一七三五)・五・二	寛保二(一七四二)・六・一	京都所司代
板倉勝清	伊予守	奏者番	享保二〇(一七三五)・五・二	享保二〇(一七三五)・六・五	若年寄
松平信岑	紀伊守	奏者番 実寛帝鑑間席	享保二〇(一七三五)・六・三	元文四(一七三九)・三・四	辞 実加役ゆるさる寛加役辞
大岡忠相	越前守	町奉行	元文元(一七三六)・八・三	宝暦元(一七五一)・一一・二	辞 実寛病、加役ゆるさる
本多正珍	紀伊守 伯耆守	奏者番	元文四(一七三九)・三・一五	元文三(一七三八)・一〇・二五 実寛延享三・一〇・二五	老中
山名豊就	因幡守	大番頭	元文四(一七三九)・三・一五	延享四(一七四七)・九・二 実なし寛四・八・二六	卒 実なし
堀田正亮	相模守	奏者番	寛保二(一七四二)・七・一	延享元(一七四四)・五・一	大坂城代
松平武元	右近将監 主計頭	奏者番	延享元(一七四四)・五・一五	延享三(一七四六)・五・一五	西丸老中

若年寄

氏名	称呼	前職	補職年月日	転免年月日	後職
大久保教寛	長門守	側衆 [実][寛]西丸側衆	宝永三(一七〇六)・一〇・一五	享保八(一七二三)・三・六	老免 [実][寛]職ゆるさる
大久保常春	山城守 佐渡守	側衆	正徳三(一七一三)・八・三	享保一三(一七二八)・五・七	老中
森川俊胤	出羽守	寺社奉行 [実][寛]奏者番兼寺社奉行	正徳四(一七一四)・九・六	享保二(一七一七)・一一・一六	免 [実][寛]職ゆるさる
石川総茂	近江守	寺社奉行 [実][寛]奏者番兼寺社奉行	享保二(一七一七)・九・二七	享保一〇(一七二五)・一一・一八	側用人 [実][寛]西丸側用人
松平乗堅(賢) [実][寛]乗賢	能登守	奏者番	享保八(一七二三)・三・六	享保二〇(一七三五)・五・一三	老中 [実][寛]西丸老中
水野忠定	壱岐守	大番頭	享保八(一七二三)・三・六	寛延元(一七四八)・六・二五 [実][寛]元・六・二六	卒
本多忠統	伊予守	寺社奉行 [実][寛]奏者番兼寺社奉行	享保一〇(一七二五)・六・一一	寛延三(一七五〇)・一〇・二	辞 [実][寛]病免
太田資晴	備中守	寺社奉行 [実][寛]奏者番兼寺社奉行	享保一三(一七二八)・五・七	享保一九(一七三四)・九・一五	大坂城代
小出英貞	信濃守	寺社奉行 [実][寛]奏者番兼寺社奉行	享保一七(一七三二)・三・一	延享元(一七四四)・一一・二〇 [実][寛]元・一一・一九	卒
西尾忠直(尚) [実][寛]忠尚	隠岐守	寺社奉行 [実][寛]奏者番兼寺社奉行	享保一九(一七三四)・九・二五	延享二(一七四五)・九・一	老中 [実][寛]西丸老中
飯倉勝清	伊予守 佐渡守	寺社奉行 [寛]奏者番兼寺社奉行	享保二〇(一七三五)・六・五	宝暦一〇(一七六〇)・四・一	側用人
戸田氏房	右近将監 淡路守	奏者番	延享元(一七四四)・一一・一三	宝暦八(一七五八)・三・一九 [実][寛]八・三・一八	辞 [実]老免

氏名	称呼	前職	補職年月日	転免年月日	後職
堀田正陳	出羽守 加賀守	大番頭	延享二(一七四五)・七・一	宝暦元(一七五一)・七・三	雁間詰 [寛]職ゆるさる
加納久通	遠江守	側衆	延享二(一七四五)・九・一	寛延元(一七四八)・八・一九	卒
堀直旧	式部少輔	大番頭	延享二(一七四五)・九・一	寛延元(一七四八)・六・一九 [実][寛]元・六・二〇	卒

町奉行

氏名	称呼	前職	補職年月日	所在	転免年月日	後職
松野助義	河内守 壱岐守	大坂町奉行	宝永元(一七〇四)・一〇・一	北	享保二(一七一七)・二・二	老衰辞[実]病免、寄合[寛]老衰辞、寄合
坪内定鑑	源五郎 能登守	先手[実]先手頭[寛]先鉄炮頭	宝永二(一七〇五)・四・二六 [実][寛]二・正・二六	南	享保四(一七一九)・正・二六	辞[実]病免、寄合[寛]辞、寄合
中山時春	出雲守	勘定奉行	正徳四(一七一四)・正・二六	北	享保八(一七二三)・六・二九	老衰辞 [実]職ゆるされ寄合
大岡忠桐(相) [実][寛]忠相	能登守 越前守	普請奉行	享保二(一七一七)・二・三	南	元文元(一七三六)・八・三	寺社奉行
諏訪頼篤	美濃守	京都町奉行	享保八(一七二三)・七・二〇 [実][寛]八・七・二四	北	享保一六(一七三一)・九・一九	田安家家老
稲生正武	下野守	勘定奉行	享保一六(一七三一)・九・一九	北	元文三(一七三八)・二・一五	大目付
松波正春	筑後守	勘定奉行	元文元(一七三六)・八・三	南	元文四(一七三九)・九・一	大目付
石河政朝	土佐守	小普請奉行	元文三(一七三八)・二・二八	北	延享元(一七四四)・六・一 [実][寛]元・六・一一	大目付

氏名	称呼	前職	補職年月日	所在	転免年月日	後職
水野勝彦	備前守	作事奉行	元文四(一七三九)・九・一	南	元文五(一七四〇)・二・四 実なし 寛五・二・三	卒 実日付なし
島正祥	長門守	京都町奉行	元文五(一七四〇)・三・二六	南	延享三(一七四六)・六・一五 実なし 寛三・六・一四	卒 実日付なし
能勢頼一	甚四郎 肥後守	目付	延享元(一七四四)・六・一	北	宝暦三(一七五三)・三・二六	西丸鎗奉行 実寛西丸旗奉行

勘定奉行

氏名	称呼	前職	補職年月日	管掌	転免年月日	後職
水野忠順	対馬守 因幡守 讃岐守	普請奉行	正徳二(一七一二)・一〇・三		享保四(一七一九)・四・一	辞 実職ゆるさる 寛辞、寄合
水野信房 実寛守美	小左衛門 伯耆守	駿府町奉行	正徳三(一七一三)・三・二六		享保八(一七二三)・三・二一	旗奉行
伊勢貞数(勅) 実寛貞勅	伊勢守	普請奉行	正徳四(一七一四)・正・二六		享保六(一七二一)・三・一六	辞 実病免、寄合寛辞、寄合
大久保忠位	下野守	普請奉行	享保元(一七一六)・二・一三		享保八(一七二三)・一二・一五	留守居
駒木根政方	肥後守	作事奉行	享保四(一七一九)・四・一三 寛享保四		享保一七(一七三二)・五・七	大目付
筧正鋪 実重賢	平大夫 播磨守	目付	享保五(一七二〇)・八・二六		享保一九(一七三四)・一二・二八	辞 実老免、寄合寛辞、寄合
久松定持	豊前守 大和守	作事奉行	享保八(一七二三)・三・二一	勝手	享保一四(一七二九)・三・二六 実一四・三・二二寛一四・三・二二	辞 実職ゆるされ寄合寛辞、寄合
稲生正武	次郎左衛門 下野守	目付	享保八(一七二三)・一一・九 実寛八・一一・一九		享保一六(一七三一)・九・一九	町奉行
松波正春	筑後守	小普請奉行	享保一四(一七二九)・一二・二五		元文元(一七三六)・八・三	町奉行

氏名	称呼	前職	補職年月日	管掌	転免年月日	後職
杉岡能連	弥太郎 佐渡守	勘定吟味役	享保六(一七二一)・一〇・一		元文三(一七三八)・七・二 [実]なし	卒
細田時以	弥三郎 丹波守	勘定吟味役	享保六(一七二一)・一〇・一		元文二(一七三七)・九・一 [実]なし	卒
松平政澄 [実][寛]政穀	兵蔵 隼人正	佐渡奉行	享保七(一七二二)・五・一 [実][寛]七・閏五・一		享保一九(一七三四)・三・五	辞 [実]病免、寄合
神谷文〔久〕敬 [実][寛]久敬	武右衛門 志摩守	勘定吟味役	享保九(一七二四)・三・一		寛延二(一七四九)・六・一五 [実]なし	卒
石野範種	筑前守	小普請奉行	享保九(一七二四)・三・一二		元文二(一七三七)・六・一	大目付
河野通喬	豊前守	小普請奉行・船手 [実]小普請奉行	元文元(一七三六)・八・一三		寛保二(一七四二)・八・二 [実][寛]二・八・六	大目付
神尾春尹〔央〕 [実][寛]春央	五郎三郎 若狭守	勘定吟味役	元文二(一七三七)・六・一	勝手	宝暦三(一七五三)・五・三 [実]なし[寛]三・五・五	卒
水野忠伸〔伸〕 [実][寛]忠伸	対馬守	普請奉行	元文三(一七三八)・八・一三 [実][寛]三・七・一三		延享元(一七四四)・三・一五	大目付
桜井政英	九右衛門 河内守	一橋家用人	元文三(一七三八)・八・一三 [実][寛]三・七・一三		元文四(一七三九)・一〇・一九 [実][寛]四・一〇・一五	辞 [実]病免、寄合[寛]辞、寄合
木下信名	伊賀守	作事奉行	元文四(一七三九)・一〇・二六 [寛]四・一〇・二七		延享三(一七四六)・三・一	西丸留守居
萩原美雅	伯耆守	長崎奉行	寛保三(一七四三)・正・一一		延享二(一七四五)・四・四 [実]なし	卒
逸見忠栄	八之助 出羽守	佐渡奉行	延享元(一七四四)・三・一五		寛延元(一七四八)・三・二七	免職、小普請

9代　徳川家重

徳川家重画像　絹本着色。箱書に金蒔絵で「御画像」とみえる。他に画像が残されており、本画と同様の画像が奈良長谷寺にもある。

徳川家重（とくがわいえしげ）　一七一一―六一

江戸幕府九代将軍。一七四五―六〇在職。正徳元年（一七一一）十二月二十一日、当時紀伊藩主であった徳川吉宗の長子として紀伊藩の赤坂屋敷に生まれる。生母はお須磨《すま》の方（深徳院）。幼名は長福。翌二年二月十一日赤坂の氷川社（東京都港区）へ宮参りした。同三年九月十一日髪置、同五年十一月十一日袴着始の儀を行なった。享保元年（一七一六）父吉宗が将軍職を継ぐと、八月四日江戸城二丸に入る。同九年十一月十五日、将軍継嗣として若君と称すようになり、老中安藤信友《あんどうのぶとも》、若年寄松平乗賢《まつだいらのりかた》らが西丸の家重付役人として命じられた。同年十二月一日家重と名乗り、翌年四月九日に元服、従二位権大納言に叙任した。同年六月十九日西丸へ移徙する。同十一年五月十五日袖留の儀を行い、同十二年十一月十五日前髪執《まえがみどり》の儀を行なった。享保十六年十二月十五日、伏見宮《ふしみのみや》邦永《くになが》親王の姫、比宮培子《なみのみやますこ》（証明院）と婚姻する。寛保元年（一七四一）八月七日、右近衛権大将を兼ね右馬寮御監に任じられる。延享二年（一七四五）九月一日、父吉宗の隠退により家督を譲られ、同月二十五日本丸に移徙し、上様と称せられる。十一月二日将軍宣下を受け、正二位内大臣に叙任する。

家重の性格は温厚で、花卉を好んだ。将軍職就任後も中奥よりも大奥にいることが多かったので、近習する者たちであっても会うことが希で、小性や小納戸は暇なことが多かった。頭に油をつけるのを嫌って髪はいつも乱れ、髭も剃らずに長く伸びていたので、幕府の公式儀礼の日は近習の者が気色を伺いながらようやく剃っていたという。

家重は吉宗の時代に活躍した老中松平乗邑《まつだいらのりさと》を罷免し、代わって大岡忠光《おおおかただみつ》を登用した。家重は、生来病弱なうえに若くから酒色にふける生活を続けたために健康を損ない言語障害もあり、忠光のみが家重の言葉を理解できたといわれる。家重は政治を忠光に任せきりで、忠光は重用されて宝暦六年（一七五六）側用人となり権勢をふるったが、忠光があまり野心のある人物ではなかったため、政治的には安定していたという。また、享保改革の名残りで幕府財政も表面的には安定していた。しかし、各地で農民一揆が大規模化し始めるのが、この時代の特徴である。宝暦三年の備後福山藩一揆（阿部氏十万石）、同四年の筑後久留島藩一揆（有馬氏二十万石）、同年の美濃郡上八幡藩一揆（金森氏三万八千石）、同十一年の信州上田藩一揆（松平氏五万八千石）など、藩領全体が参加したいわゆる全藩一揆と呼ばれる大一揆が起こっている。このうち郡上八幡藩一揆は、藩主金森頼錦《かなもりよりかね》の奏者番就任に伴う支出増加を、それまでの定免法を止めて有毛検見法に改める年貢増徴策によって補おうとしたことに、農民が反発したことに始まる。城下での強訴、江戸の幕府老中への駕籠訴などを行い、最終的には農民による目安箱への箱訴がなされ、家重がこの事件に幕府要人が絡んでいるとの疑念を抱いたことにより、評定所で審理されることとなった。結果、農民側も多数処罰されたが、藩主の頼錦は改易、さらに頼錦から老中、若年寄、大目付、勘定奉行らが請託をうけていたことが明らかとなり、彼らも改易などの処罰を受けるといった異例な一揆であった。ほかに、この時代になると、時代の変化をうかがわせる思想も現れた。医師の安藤昌益《あんどうしょうえき》は、万人直耕の平等主義を説いて、上下の支配関係のない自然世を理想とし、封建的身分制度を批判した思想を展開した。また、竹内式部《たけのうちしきぶ》は、垂加神道に基づく尊皇論を説いて幕藩制社会への批判を含んでいたが、若手公卿らに思想的影響を与えたことにより、宝暦事件で処罰されている。

宝暦十年二月四日右大臣に転任、同年三月二十三日には五十歳を祝う五十之御賀を行う。同年四月一日将軍職を辞職して隠退、五月十二日には二丸へ移り、大御所と称せられた。将軍在職は十五年間であった。翌十一年六月十二日、五十一歳で死去。増上寺に葬られる。法号は惇信院殿。同年七月二十四日に正一位太政大臣を追贈される。子に次期将軍徳川家治(母はお幸の方、至心院)と御三卿の清水徳川家初代の重好《しげよし》(母はお遊喜の方、安祥院)の二子がいる。

参考文献　『徳川実紀』九(『新訂増補国史大系』、吉川弘文館、一九六六年)、『徳川諸家系譜』一(続群書類従完成会、一九七〇年)、井上光貞他編『日本歴史大系』三(山川出版社、一九八八年)

(竹村　誠)

〔家族〕

証明院（しょうめいいん）　一七一一―三三

九代将軍徳川家重の正室。比宮増子《なみのみやますこ》、培子《ますこ》と称した。伏見《ふしみの》宮邦永《みやくになが》親王の娘で、母は小宰相。正徳元年（一七一一）十月十九日生まれる。享保十六年（一七三一）五月七日に京都より江戸へ到着し、六月十八日に江戸城西丸において結納、十二月十五日将軍世子である家重との婚礼の儀が行われ、この日より御簾中様と称した。家重が将軍職に就く以前の享保十八年九月十日、懐妊していたが健康状態が悪く、家重みずから夜まで薬などを指示するも翌十一日早産であった。その後十月三日、二十三歳で死去した。同月二十五日従二位を贈られる。寛永寺（東京都台東区）に葬られる。法名は証明院。

参考文献　『徳川実紀』八（『新訂増補国史大系』、吉川弘文館、一九六五年）、『徳川諸家系譜』二・三（続群書類従完成会、一九七四・七九年）、『系図纂要』一下（名著出版、一九九六年）

（竹村　誠）

至心院（ししんいん）　?―一七四八

九代将軍徳川家重の側室。十代将軍徳川家治の生母。幸《こう》と称す。生年不詳。梅渓通条《うめだにみちえだ》の長女。享保十六年（一七三一）家重正室の増子《ますこ》（証明院）の輿入れの際に江戸に入る。一説に享保二十年十月に江戸に入ったとする。増子死去後の元文二年（一七三七）五月二十二日西丸で竹千代（のちの十代将軍家治）を出産し、御部屋様と称された。寛保元年（一七四一）六月二丸に移り、延享二年（一七四五）九月家重が将軍職に就任すると本丸に移り、同年八月には従三位に叙せられた。延享五年二月十六日死去。寛永寺（東京都台東区）に葬られる。法名は至心院。

参考文献　『徳川諸家系譜』二・三（続群書類従完成会、一九七四・七九年）

（竹村　誠）

安祥院（あんしょういん）　一七二一―八九

九代将軍徳川家重の側室。小性組の松平又十郎親春《まつだいらまたじゅうろうちかはる》の養女で、実父は浪人の三浦五郎左衛門義周。遊《ゆう》、千瀬《ちせ》、遊喜と称す。享保六年（一七二一）生まれる。元文元年（一七三六）十月に西丸大奥に御次として出仕し、のちに中臈となる。延享二年（一七四五）二月十五日家重の次男万次郎（のちの清水徳川家初代当主重好《しげよし》）を生み、御内証之方と称した。同年九月家重が将軍職に就任すると本丸に移り、宝暦十年（一七六〇）家重が隠居した際に二丸に移った。同十一年六月、家重死去の際に落飾して安祥院と号した。同年十二月西丸の新屋敷に移り、安永元年（一七七二、一説に明和四年（一七六七））屋敷が類焼したため清水御殿に一時仮住まいし、のちに桜田御用屋敷

(東京都千代田区)に移った。浜御殿(東京都中央区)に住んだともいわれる。寛政元年(一七八九)四月六日、六十九歳で死去。寛永寺(東京都台東区)に葬られる。

参考文献 『徳川諸家系譜』二・三(続群書類従完成会、一九七四・七九年)

(竹村　誠)

清水重好(しみずしげよし) 一七四五―九五

九代将軍徳川家重の次男。御三卿清水徳川家の初代当主。延享二年(一七四五)二月十五日、江戸城西丸で生まれる。生母は側室遊喜(安祥院)の方。幼名は万次郎、初めは松平を称した。同四年十一月髪置、寛延二年(一七四九)十一月袴着、宝暦七年(一七五七)五月具足初の儀式を行う。この間宝暦三年十二月に賄料三万俵を遣わされる。同月二十一日はじめて御守衆を付けられ、同七年五月二十一日にはのちの清水付家老の役職となる御守として、村上義方《むらかみよしかた》、永井《ながい》武氏《たけうじ》が付属された。同八年表に居住し、同年十二月には江戸城清水門内に屋敷地を賜り、清水屋形と称した。同九年十五歳で元服し、従三位宮内卿に叙任され、左近衛権中将を兼ねた。この際徳川を称し、将軍の一字をもらい重好を名乗った。同年清水屋形の普請ができ、十二月十五日移った。同十二年賄料として武蔵、上総、下総、甲斐、大和、播磨、和泉国のうちに十万石の領知を賜る。同年十二月四日伏見宮貞健親王の姫宮(田鶴宮貞子、落飾後は貞章院と称す)と清水屋形で婚姻の儀を行う。天明元年(一七八一)十二月参議、寛政四年(一七九二)権中納言に任じられ、この際清水を称す。同七年毎年金三千両を賜り、同年七月八日五十一歳で死去。上野凌雲院に葬られる。法名俊徳院殿。重好は嫡子のいないまま死去したため領知は収公され、清水門内の屋敷や高田や浜町にあった屋敷も幕府の御用屋敷となり、清水付の邸臣(家臣)団は幕臣として召し抱えられた。それまで清水付家老であった柘植《つげ》正寔《まさたね》が清水勤番支配となり、そのもとで清水勤番組頭、清水奥向勤番、清水表向勤番、柘植長門守支配小普請、貞章院殿附などの役職に組み入れられた。その後、文化二年(一八〇五)八月朔日に将軍徳川家斉七男菊千代(のちの紀伊藩主徳川斉順《とくがわなりゆき》)に清水相続の命が出されるまで、清水徳川家は当主不在の明屋形であった。

参考文献 稲生家文書(埼玉県立文書館所蔵)、『徳川諸家系譜』一・二(続群書類従完成会、一九七〇・七四年)

(竹村　誠)

〔関連人物〕

安藤昌益（あんどうしょうえき）　一七〇三―六二

医者、農本思想家。筆名は確龍堂安氏正信《かくりゅうどうあんししょうしん》、のち確龍堂良《りょう》中《ちゅう》。昌益は医号である。元禄十六年（一七〇三）、秋田藩領出羽国秋田郡南比内二井田《にいだ》村（秋田県大館市）の、元肝煎で当時は小百姓の孫左衛門家に次男以下として生まれる。二井田村では医者大黒玄道《だいこくげんどう》らから漢方医学を学び、その後離村して延享元年（一七四四）には、八戸藩領陸奥国三戸郡八戸城下十三日町（青森県八戸市）にて地所・屋敷持ちの町人身分として医業を営み、藩主の側医や神職触頭らを門弟としていた。生家の当主が死去すると、宝暦八年（一七五八）に二井田村へ帰村し、孫左衛門家を継いだ。帰村後の昌益は百姓身分で、村役人層に門人がおり、自家の旧所持地を買い戻して二十石余の高持となった。また、宝暦の飢饉後には、祭事・神事中止といった二井田村の改革を主導した。昌益の思想については、延享・寛延期（筆名安氏正信）は、『太平記大全《たいへいきたいぜん》』『教童暦談《きょうどうれきだん》』などを抄録して自身の見解を付しており、「大雑書《おおざっしょ》」からも影響を受けていること、宝暦年間（筆名確龍堂良中）については、刊本『自然真営道《しぜんしんえいどう》』、『統道真伝《とうどうしんでん》』、稿本『自然真営道』などを著しており、気一元論・神仏分離論・尊王斥覇論に立脚し、領主制・農奴制・主従制を激しく批判し、すべての人間が直接生産活動に従事する「自然の世」への復帰を説いていたことが明らかにされている。宝暦十二年十月十四日、六十歳の時に二井田村で没した。

参考文献　『安藤昌益全集』（農山漁村文化協会、一九八二―二〇〇四年）、三宅正彦編『安藤昌益の思想的風土』（そしえて、一九八三年）、同編『安藤昌益の思想史的研究』（岩田書院、二〇〇一年）、若尾政希『安藤昌益からみえる日本近世』（東京大学出版会、二〇〇四年）

（小田　真裕）

安藤信友（あんどうのぶとも）　一六七一―一七三二

老中。寛文十一年（一六七一）備中松山藩主安藤重博《しげひろ》の長男として生まれ、寺社奉行、大坂城代と進み、享保七年（一七二二）、久世重之《くぜしげゆき》、井上正岑《いのうえまさみね》の病死に伴い老中となった。安藤家は、先祖の重信《しげのぶ》が二代将軍徳川秀忠の代に老職を務めており、家柄としても十分な任用だった。在任中は、六代将軍徳川家宣十三回忌法要の総奉行を務めたほか、八代将軍徳川吉宗の嫡男徳川家重の補佐役を命ぜられた。享保十七年七月二十五日没。六十二歳。冠里《かんり》と号した俳人としても知られ、榎本其角《えのもときかく》門下の筆頭に上げられている。

参考文献　大石学『吉宗と享保の改革（改訂新版）』（『教養の日本史』、東京堂出版、二〇〇一年）、『高梁市史（増補版）』

（二〇〇四年）、山本博文『お殿様たちの出世―江戸幕府老中への道―』（『新潮選書』、新潮社、二〇〇七年）

（山端　穂）

石谷清昌（いしがやきよまさ）　一七一五―八二

幕臣。八代将軍徳川吉宗の将軍職継承の際、江戸に付き従い幕臣となった石谷清全《きよのり》の子として正徳五年（一七一五）に生まれる。享保十六年（一七三一）十七歳で吉宗にはじめて謁見し、他の紀州藩出身の幕臣と同様、小納戸、小性、西丸小十人頭、西丸目付と将軍側近職を歴任した。宝暦六年（一七五六）に佐渡奉行に就任。二代官と佐渡奉行の併設が佐渡の支配に混乱を引き起こしているとし、代官の廃止を軸にした奉行所の機構改革と鉱山仕法の大改革を実施した。同九年十月には勝手方勘定奉行に就任、同十二年から明和七年（一七七〇）の長崎奉行兼帯、その後の田安家家老兼帯の時期を含め、以後、安永八年（一七七九）まで二十年間にわたり勘定奉行として精勤し、田沼期の経済政策において重要な役割を果たした。この間、石谷は長崎表の取締りを強化するとともに、輸出用の銅を確保するため大坂銅座を設置。また銅と同様に主要な輸出品であった俵物の増産を命じた法令を公布。こうして確保した銅・俵物の代わりに大量の銀を輸入し、五匁銀や南鐐二朱銀の原料とする一方、幕府財政の建て直しを図った。さらに内政面では、長崎近郊で盛んであった「杉木指」に注目し、諸国御林の育成を実施。兵庫・西宮とその周辺を畿内経済圏の中心である大坂との関係で一元的に支配しようと尼崎藩領を中心に篠山・小泉・古河藩領など旗本領も含めて上知を実施。関東においても明和―安永期（一七六四―八一）にかけて河岸問屋株の設定を強行し、運上金の増徴と商品流通の掌握を図った。天明二年（一七八二）十一月十日没。六十八歳。

参考文献　『新潟県史』通史編四（一九八八年）、深井雅海「田沼政権の主体的勢力―紀州藩出身幕臣の動向と関連して―」（『徳川将軍政治権力の研究』、吉川弘文館、一九九一年）、田原昇「長崎奉行兼帯勘定奉行石谷清昌による差木事業―信州伊那山を事例に―」（『徳川林政史研究所研究紀要』三九、二〇〇五年）、藤田覚『田沼意次―御不審を蒙ること、身に覚えなし―』（『ミネルヴァ日本評伝選』、ミネルヴァ書房、二〇〇七年）

（山端　穂）

板倉勝清（いたくらかつきよ）　一七〇六―八〇

老中。宝永三年（一七〇六）上野安中藩主板倉重同《しげあつ》の長男として生まれる。享保二年（一七一七）八月、父の死去に伴い、遺跡一万五千石を継ぎ陸奥泉藩主となり、同五年、従五位下伊予守に叙任。大番頭、奏者番を経て、同二十年若年寄となり佐渡守と改められた。延享二年（一七四五）九代将軍徳川家重の就任に伴い、享保改革末期の年貢増徴政策を強力に推し進めた勝手掛老中松平乗邑《まつだいらのりさと》が突然罷免されると同四年に勝手掛に就任。老中堀田正亮《ほったまさすけ》らとともに幕府政治を主導し、寛延元年(一七四八)には朝鮮通信使の来聘を処理した功績により五千石を加増された。同二年、上野安中に転封、安中城を賜って城主となり、宝暦十年(一七六〇)には大岡忠光《おおおかただみつ》の後任として側用人に就任、従四位下に昇進した。さらに明和四年(一七六七)西丸老中となり一万石を加増され、合わせて三万石を領し、同六年に老中となった。安永九年(一七八〇)六月二十八日没。七十五歳。遺領は長男勝暁《かつとし》に引き継がれた。八代将軍徳川吉宗の引退から、田沼意次《たぬまおきつぐ》が幕政の全権を掌握する天明元年(一七八一)までの幕政を大岡忠光、松平武元《まつだいらたけちか》らとともに、幕閣の中心として運営した。

参考文献 『新訂寛政重修諸家譜』二(続群書類従完成会、一九六四年)、大石学「享保改革と社会変容」(同編『享保改革と社会変容』、吉川弘文館、二〇〇三年)、藤田覚『田沼意次—御不審を蒙ること、身に覚えなし—』(『ミネルヴァ日本評伝選』、ミネルヴァ書房、二〇〇七年)

(山端　穂)

稲葉正明 (いなばまさあき)　一七二三—九三

御側御用取次。『寛政重修諸家譜』では「まさあきら」。享保八年(一七二三)山城淀藩主稲葉正親《まさちか》の三男として生まれる。享保二十年五月、兄稲葉正福《まさとみ》が病気のため養子となり、八月遺跡を継いで三千石の旗本となった。元文二年(一七三七)八月には徳川家治の小性となり西丸に勤め、従五位下越中守に叙任。宝暦五年(一七五五)には小性組番頭格、十二月には御側御用取次となり、中奥において権勢を誇った。田沼期には、田沼意次の孫を通して婚姻関係で結ばれており、田沼の腹心としても活躍した。明和六年(一七六九)には上総・常陸国内で二千石を加増。安永六年(一七七七)、田沼とともに、将軍の日光社参の供をした功により二千石を加増された。さらに天明元年(一七八一)九月には安房・上総国内で三千石が加増され一万石の大名となり、安房館山藩初代藩主となった。その後、三千石加増され、一万三千石を領したが、同六年十代将軍家治が死去し、田沼が老中を辞すると稲葉も御用取次を罷免され、加増分の三千石を削減、謹慎を命じられ幕府政治から排除された。寛政五年(一七九三)八月五日没。七十一歳。稲葉家は四男正武《まさたけ》に引き継がれた。

参考文献 『新訂寛政重修諸家譜』一〇(続群書類従完成会、一九六五年)、大石学「享保改革と社会変容」(同編『享保改革と社会変容』、吉川弘文館、二〇〇三年)、藤田覚『田沼意次—御不審を蒙ること、身に覚えなし—』(『ミネルヴァ日本評伝選』、ミネルヴァ書房、二〇〇七年)

(山端　穂)

大岡忠光（おおおかただみつ）　一七〇九―六〇

九代将軍徳川家重の側用人。宝永六年（一七〇九）、知行三百石の旗本、大岡忠利《ただとし》の長男として生まれる（『寛政重修諸家譜』）。なお、『武州岩槻藩大岡家史料』では宝永九年生まれとなっている。八代将軍徳川吉宗の側近として享保改革を支えた大岡忠相《ただすけ》とは縁戚関係であった。享保七年（一七二二）吉宗に謁見し、十六歳で吉宗の嫡男家重の小性となり二丸に勤仕。翌年から西丸勤めとなり、以後家重の側近として仕えた。延享三年（一七四六）家重が九代将軍となると御用取次に就任。宝暦四年（一七五四）には若年寄となり、将軍近侍の奥勤めを兼務した。先代の柳沢吉保《やなぎさわよしやす》や間部《まなべ》詮房《あきふさ》が、将軍側近役の奥勤めから側用人になり、大老や老中の格式を与えられたとはいえ、忠光の就任は奥と表の職を同時に兼ねるという新しい形態であり、その後、奥勤めと老中を兼務する田沼意次《たぬまおきつぐ》、水野《みずの》忠成《ただあきら》の先駆けとなった。しかし、宝暦六年に側用人となることで奥勤めに戻っている。幼いころから近侍していた忠光は、言語不明瞭な家重の言葉を唯一理解できたため、重用され異例の出世を遂げたといわれており強い権勢をふるったが、幕府政治は松平武元《まつだいらたけちか》など老中たちとの協力関係の下に運営された。宝暦十年四月二十六日没。五十二歳。同年には家重が引退し、世子徳川家治が十代将軍となった。

参考文献　『新訂寛政重修諸家譜』一六（続群書類従完成会、一九六五年）、『武州岩槻藩大岡家史料』（岩槻市教育委員会、一九七五年）、藤田覚『田沼意次―御不審を蒙ること、身に覚えなし―』（『ミネルヴァ日本評伝選』、ミネルヴァ書房、二〇〇七年）

（山端　穂）

竹田出雲（たけだいずも）

浄瑠璃作者。初代から三代目まで、大坂の人形芝居竹本座《たけもとざ》の座本を務める。初代出雲（？―一七四七）は、本名未詳、号は千前軒奚疑《せんぜんていけいぎ》。大坂道頓堀（大阪府大阪市中央区）のからくり芝居の名代・座本であった初代武田近江《おうみ》の次男に生まれ、宝永二年（一七〇五）の顔見世から竹本座の座本となり、初代・二代目の竹本義太夫《たけもとぎだゆう》、近松門左衛門とともに竹本座の運営を担った。享保九年（一七二四）に専属作者であった近松が没して作者不在となった折には、みずから座本と作者を兼任してこの局面を乗り切り、長谷川千四《はせがわせんし》や文耕堂《ぶんこうどう》を起用して複数の作者による合作体制を定着させていった。作風は、親子恩愛劇を好み、単独作十二編・合作十一編の浄瑠璃を残した。なお、三好松洛《みよししょうらく》らとの合作による延享三年（一七四六）の作品『菅《すが》原伝授手習鑑《わらでんじゅてならいかがみ》』は、子である二代目出雲の実質的作品とする見解もある。延享四年六月四日に没した。二代目出雲（一六九一―一七五六）は、本名清定《きよさだ》、号は小出雲《こいずも》・千前軒・外記《げき》で、親方出雲とも呼ばれる。元禄四年（一六九一）に初代出雲の子として生まれ、延享四年の初代出雲没後、二代目出雲を襲名した。延享四年に『義経千本桜《よしつねせんぼんざくら》』、寛延元年（一七四八）に『仮名手本忠臣蔵《かなてほんちゅうしんぐら》』を合作で分担執筆するなど、二十七編の浄瑠璃に名を連ねている。宝暦六年（一七五六）十一月四日に、六十六歳で没した。三代目出雲（生没年不詳）は、本名清宜、号は和泉掾・因幡掾・伊豆掾などである。二代目出雲の子として生まれ、三代目出雲を襲名するも、竹本座の座運が傾いた時期にあたり、明和四年（一七六七）に退転し、安永二年（一七七三）に名代は吉川屋惣兵衛に渡った。

参考文献　祐田善雄『浄瑠璃史論考』（中央公論社、一九七五年）、安田富貴子「初代近江と先代出雲」（『芸能史研究』六六、一九七九年）、服部幸雄編『仮名手本忠臣蔵を読む』（吉川弘文館、二〇〇八年）

（小田　真裕）

竹内式部（たけのうちしきぶ）　一七一二―六七

垂加神道家、尊王論者。名は敬持《たかもち》、号は羞斎《しゅうさい》・周斎・正庵など。式部は通称である。正徳二年（一七一二）、越後国新潟（新潟県新潟市）の医家に生まれる。享保十三年（一七二八）ごろに上京して公家の徳大寺《とくだいじ》家に仕え、松岡雄淵《まつおかおぶち》（仲良）・玉木正英《たまきまさひで》から垂加神道を、若林強斎《わかばやしきょうさい》から崎門《きもん》朱子学を学び、のちに家塾を開く。式部の主張は、それまでの垂加神道と異なって王政復古を説くもので、天皇の歴史的正統性を強調し、天皇への絶対的忠誠を説く君臣論に特徴がある。門人は、徳大寺公城《きんむら》・正親町三条公積《おおぎまちさんじょうきんつむ》・烏丸光胤《からすまるみつたね》といった清華家《せいがけ》と羽林家《うりんけ》の上級公家・名家の近習衆が中心で、そうした少壮公家たちに式部の議論は大きな影響を与えたが、宝暦事件で処罰される。まず、宝暦六年（一七五六）、京都洛外で公家衆に軍学・武術を指南しているとの風聞が立ち、京都奉行所にて取り調べを受ける。これは解決するが、宝暦八年、式部に入門する公卿の増加と、近習衆による桃園《ももぞの》天皇への垂加神道に基づく『日本書紀』神代巻進講を問題視した前関白一条道香《いちじょうみちか》（「みちよし」とも）らが、式部の講説に幕府批判が含まれていると京都所司代に申し入れる。一年近い取り調べの結果、式部は宝暦九年、京都追放に処される。その後は谷川士清《たにかわことすが》らを頼って伊勢国宇治山田（三重県宇治山田市）で暮らしていたが、桃園天皇を弔うために上京したことが問題となって明和事件で逮捕され、八丈島に流罪に処される。明和四年（一七六七）、五十六歳の時、八丈島への護送の途中に三宅島で病死した。

参考文献　高埜利彦「後期幕藩制と天皇」（永原慶二他編『講座・前近代の天皇』二、青木書店、一九九三年）、藤田覚『江戸時代の天皇』（『天皇の歴史』六、講談社、二〇一一年）

（小田　真裕）

建部清庵（たけべせいあん）　一七一二―八二

一関藩医。名は由正《よしまさ》、字は元策《げんさく》、清庵は号。正徳二年（一七一二）、仙台藩の支藩、一関藩の藩医の家に生まれる。享保十五年（一七三〇）より江戸に遊学し、帰藩して藩医となった。宝暦五年（一七五五）の東北地方の大飢饉に際し、飢饉への備えや草木の食法・解毒法などを記した救荒書『民間備荒録《みんかんびこうろく》』を著して藩に献策した。この献策はすぐに取り上げられて写本が頒布され、明和八年（一七七一）には出版されて広く普及する。また食用になる草木を図解した『備荒草木図《びこうそうもくず》』も作成している。清庵はオランダ医学に深い関心をもっており、明和七年、門人衣関甫軒《きぬどめほけん》にオランダ医学に対する質問状を託して江戸の諸医を尋ねさせたが、清庵の疑問は解消しなかった。安永二年（一七七三）正月、甫軒は江戸再遊でようやく杉田玄白《すぎたげんぱく》の返答を得る。玄白はこの質問状を「千載之奇遇」と喜び、詳しい返書と同じ安永二年正月に出版された『解体約図《かいたいやくず》』を甫軒に託したのである。両者は書簡の往復を重ねて親交を結び、清庵の四男亮策《りょうさく》、五男勤《つとむ》、門人大槻玄沢《おおつきげんたく》らは玄白に入門した。勤はのちに玄白の養嗣子伯元《はくげん》となった。清庵と玄白の往復書簡は、『蘭学問答《らんがくもんどう》』『瘍医問答《よういもんどう》』として天真楼塾《てんしんろう》入門者に蘭学創始の由来を教諭する書とされ、寛政七年（一七九五）には門人の手により『和蘭医事問答《オランダいじもんどう》』として出版された。天明二年（一七八二）三月八日没。七十一歳。

参考文献　『日本農書全集』一八（農山漁村文化協会、一九八三年）、『洋学』上（『日本思想大系』六四、岩波書店、一九七六年）、平野満「建部清庵と杉田玄白の往復書簡集『和蘭医事問答』をめぐる新事実―新史料『蘭学問答』『瘍医問答』『蘭学杉建文章問答後編』を手掛かりに―」（『明治大学人文科学研究所紀要』六五、二〇〇九年）　（矢森小映子）

田沼意次（たぬまおきつぐ）　一七一九―八八

側用人、老中。享保四年（一七一九）、旗本田沼意行《おきゆき》の長男として生まれる。母は紀伊藩士田代七右衛門高近の養女。幼名は龍助。享保十七年、八代将軍徳川吉宗にはじめて謁見し、同十九年、嫡男家重の小性となり、翌年には父の死去により遺領六百石を継いだ。元文二年（一七三七）に従五位下主殿頭となり、延享二年（一七四五）には徳川家重の九代将軍就任に伴って江戸城本丸に異動。小性組番頭格と御用取次見習を兼務し、さらに小性組番頭兼同見習、小性組番頭兼御用取次へと昇進。宝暦八年（一七五八）には、評定所への出席を命じられ、美濃郡上一揆の再吟味を果断に処理し、政治的・行政的な力量を見せ、幕政進出のきっかけを摑んだ。この間、役職による足高もあり、領地が急激に増加。同年九月には合わせて一万石となり、大名の仲間入りを果たした。同十年、意次を重用した家重が引退。意次は御用取次を辞し家重に付き従うのが通例であったが、家重の進言によりそのまま十代将軍徳川家治の御用取次に就任。新将軍の信任を得、明和四年(一七六七)側用人、同六年には側用人を兼任しながら老中格に昇進し、さらに同九年には老中に就任した。また、天明三年(一七八三)には、長男の田沼意知《おきとも》が若年寄に就任。中奥の役人の頂点である側用人、幕府職制の頂点である老中、若年寄を父子で占め、権勢の絶頂期をむかえ、同五年には石高も五万七千石となった。こうした中で意次は、幕府財政の安定化を目指し、幕初以来の伝統的な重農主義から、流通面に新たな財源を求める重商主義へと大きく方針を転換。株仲間を積極的に公認したほか、幕府直営の座を結成させ、専売体制の整備を行なった。また、商人資本による新田開発を推奨、下総国印旛沼の干拓などを企てたが、普請の途中で洪水にあい中断した。さらに新貨幣の鋳造、長崎貿易の拡大、幕府主導の中央金融機関の設立なども計画したが、新たな負担を強いられる庶民や寺社、町人への幕府の介入を嫌う諸大名の反対にあった。その他、勘定奉行石谷清昌《いしがやきよまさ》の建議による尼崎藩灘地域の上知や蝦夷地調査をはじめとする北方政策などさまざまな改革を行なったが、天明二年からの東北地方を中心とする飢饉や浅間山噴火など天災・飢饉が重なり、幕府の財政は悪化を余儀なくされた。こうして絶大な権勢を誇った意次だったが、天明四年に意知が旗本佐野《さの》善左衛門政言《まさこと》に江戸城桔梗の間で斬られ死去するという事件が発生するとその力は急速に衰え、同六年八月に、その後ろ盾であった家治が病に倒れると老中をみずから辞職。同年閏十月には、政策の失敗により二万石の没収と屋敷の返上、謹慎を命ぜられ、さらに同七年十月には在職中の不正を理由に二万七千石の没収と下屋敷での隠居謹慎という厳しい処罰が科せられた。同八年七月二十四日没。七十歳。

参考文献 大石学「享保改革と社会変容」(同編『享保改革と社会変容』、吉川弘文館、二〇〇三年)、藤田覚『田沼意次—御不審を蒙ること、身に覚えなし—』(『ミネルヴァ日本評伝選』、ミネルヴァ書房、二〇〇七年)、深谷克己『田沼意次—「商業革命」と江戸城政治家—』(『日本史リブレット』、山川出版社、二〇一〇年)、藤田覚『田沼時代』(『日本近世の歴史』四、吉川弘文館、二〇一二年)

(山端　穂)

富永仲基 (とみながなかもと)　一七一五—四六

儒学者。字は子仲《しちゅう》・仲子、通称三郎兵衛、号は南関《なんかん》・謙斎《けんさい》など。正徳五年(一七一五)、懐徳堂《かいとくどう》創設に尽力した五同志の一人、大坂の富商富永芳春《ほうしゅん》(道明寺屋《どうみょうじや》)の三男として生まれる。

幼少から懐徳堂で学ぶも、古代中国思想の発展を説いた『説《せっ》蔽《へい》』を著したことで師匠三宅石庵《みやけせきあん》から破門されたと伝えられる。後発の学説は、先行する学説を乗り越えるために、より古い典拠を求め、議論も複雑になるという加上説《かじょうせつ》を説いた。著書のうち、延享元年(一七四四)の自序をもつ『出定後語《しゅつじょうこうご》』における仏教批判は、のちに本居宣長《もとおりのりなが》や平田篤胤《ひらたあつたね》に注目されることとなった。また、延享三年刊行の『翁《おきな》の文《ふみ》』において、仏教に加えて儒教・神道も批判して「誠の道」の尊重を説いている点は、荻生徂徠《おぎゅうそらい》が説く「先王の道」へのアンチテーゼとしても捉えられている。延享三年八月二十八日、三十二歳で没した。

参考文献　宮川康子『富永仲基と懐徳堂』(ぺりかん社、一九九八年)、西村玲『近世仏教思想の独創』(トランスビュー、二〇〇八年)、清水光明「「声」と「今」」(『日本思想史学』四一、二〇〇九年)

(小田　真裕)

西川正休（にしかわせいきゅう）　一六九三―一七五六

幕臣、天文方。通称忠次郎。名の読みは仮の音読みである。西川如見《にしかわじょけん》の三男(一説に次男)。元禄六年(一六九三)十一月十四日生まれ。享保二十年(一七三五)より天文御用を命じられ、毎年銀子を下賜された。『有徳院殿御実紀』附録によれば、それ以前は江戸で明末清初の天文書『天経或問《てんけいわくもん》』を講じていたという。元文五年(一七四〇)十一月二十三日、御目見以下無格譜代御家人に取り立てられて寺社奉行支配となり、翌寛保元年(一七四一)二月一日以後、吹上御庭において暦術測量御用を勤めた。同二年二月五日、同月上旬に出現した星について下問を受けた。延享三年(一七四六)十月、幕府は改暦に着手するが、天文方渋川則休《しぶかわのりよし》は改暦に必要な知識を有していなかったことから、則休とともに改暦御用を命じられ、若年寄支配となった。同四年正月二十日、天文方に任じられて二百俵を給され、神田佐久間町(東京都千代田区)に新設された天文台で測量に従事した。寛延三年(一七五〇)二月、京都で測量を行うために則休と上京するが、宝暦元年(一七五一)六月に後ろ盾であった大御所徳川吉宗が死去し、同二年六月、帰府するよう命じられた。同五年八月、測量に携わることは無用とされ、測量所の御用を勤める者との交際を禁じられた。翌六年五月一日、死去。六十四歳。功績として、『天経或問』に訓点を施し、自著『大略天学名目鈔《たいりゃくてんがくめいもくしょう》』を付して出版したこと、測量器具を製作したことが挙げられる。

参考文献　『天文方代々記』(『東京市史稿』市街篇一〇、一九三一年)、古賀十二郎『長崎洋学史』上(長崎文献社、一九六六年)、渡辺敏夫『近世日本天文学史』上(恒星社厚生閣、一九八六年)

(杉　岳志)

山県大弐（やまがただいに）　一七二五―六七

儒者、尊王論者。幼名三之助、名は惟貞の後に昌貞《まささだ》、号は柳荘《りゅうそう》、医号は洞斎。通称は軍次で、のちに大弐と称した。享保十年（一七二五）、甲斐国巨摩郡篠原村（山梨県甲斐市）に、甲府勤番与力の父村瀬為信と山県氏出身の母の次男として生まれ、やがて甲府に居住する。橘家神道の流れを汲む神職で三宅尚斎《みやけしょうさい》・玉木正英《たまきまさひで》らから学んだ加々美光章《かがみみつあき》に入門し、加々美の説く尊王斥覇論から大きな影響を受ける。また、寛保元年（一七四一）には徂徠学系の儒者で古方派漢方医の五味釜川《ごみふせん》に師事している。延享二年（一七四五）に二十一歳で家督を継いで、甲府勤番与力となるが、寛延三年（一七五〇）に弟武門の殺人・逃亡のため扶持召放となり、以後は母方の山県姓を名乗った。その後、江戸四谷坂町（東京都新宿区）に移住して町医者を開業し、宝暦四年（一七五四）に、当時若年寄だった岩槻藩主大岡忠光《おおおかただみつ》に仕官し、七人扶持を与えられて勝浦陣屋の代官を務め、宝暦六年には医官兼儒官となる。この時期の見聞をもとに、宝暦九年には『柳子新論《りゅうししんろん》』を書き上げている。宝暦十年に忠光が死去すると致仕し、江戸八丁堀長沢町（東京都中央区）に家塾を開き、医学や武田流兵学などを教授する。そして、門人の小幡藩家老吉田玄蕃《よしだげんば》の仲介によって小幡藩織田家中に兵学を講義するようになるが、明和三年（一七六六）、門人のうち牢人四名から幕府に謀反の疑いがあると出訴されると、藤井右門《ふじいうもん》らとともに捕えられ、明和四年八月二十二日（一説に二十一日）処刑された（明和事件）。享年四十三。大弐の思想については、尊王斥覇論を説いた点が注目されており、多くの著述をのこしているが、生前に出版されたものは明和二年刊行の『素難評医事撥乱《そなんひょういじはつらん》』のみである。

参考文献　廣瀬廣一『山県大弐先生事蹟考』（山梨県教育会、一九二二年）、飯塚重威『山県大弐正伝』（三井出版商会、一九四三年）、藤田覚『江戸時代の天皇』（『天皇の歴史』六、講談社、二〇一一年）

（小田　真裕）

山脇東洋（やまわきとうよう）　一七〇五―六二

医家。名は尚徳《たかのり》、字は玄飛《げんぴ》または子樹《しき》、通称は道作《どうさく》、はじめ移山《いざん》と号した。宝永二年（一七〇五）十二月十八日、丹波国亀山《かめやま》（京都府亀岡市）の医家清水東軒《しみずとうけん》の長男として生まれる。東軒の師山脇玄修《やまわきはるなが》の養子となり家督を継ぐ。享保十四年（一七二九）には法眼《ほうげん》に叙せられ、養寿院《ようじゅいん》の号も継いだ。はじめ養父より李朱医学を宗とする後世派《ごせいは》の医学を学んだが、のち古医《こい》方派《ほうは》の後藤艮山《ごとうこんざん》に師事し、また古学派の荻生徂徠《おぎゅうそらい》の影響を受け、実証主義に基づく古方派医学を確立した。延享三年（一七四六）には、唐代の医学全書『外台秘要方《げだいひようほう》』を翻刻して刊行する。同書は野呂元丈《のろげんじょう》の発議で清国にも送られた。東洋は中国の陰陽五行説に基づく五臓六腑説《ごぞうろっぷせつ》に疑問をもち、艮山の教示で獺《かわうそ》の解剖を試みたが疑問は解消しなかった。宝暦四年（一七五四）閏二月七日、京都六角獄舎《ろっかくごくしゃ》（京都市）において、官許を得て日本最初の人体解剖が行われた。これに立ち合った東洋はその観臓《かんぞう》の成果を『蔵志《ぞうし》』にまとめ、宝暦九年に刊行した。また観臓の一ヵ月後には慰霊祭を行なっている。その解剖には不備も多く、また解剖は非人道的であるという反対論や医療に役立たないとする無用論も多く寄せられた。しかし五臓六腑説の誤りを指摘し、実証的精神をもってなされた解剖の意義は大きく、その後つぎつぎと解剖が行われるようになり、後年の杉田玄白《すぎたげんぱく》らによる小塚原《こづかっぱら》（東京都荒川区）での腑分《ふわ》けと『解体新書《かいたいしんしょ》』刊行にもつながった。宝暦十二年八月八日没。五十八歳。

参考文献　大塚敬節・矢数道明編『後藤艮山・山脇東洋』（『近世漢方医学書集成』一三、名著出版、一九七九年）、山田慶兒・栗山茂久編『歴史の中の病と医学』（思文閣出版、一九九七年）

（矢森小映子）

〔関連事項〕

木曾川治水工事（きそがわちすいこうじ）

宝暦年間（一七五一―六四）、薩摩藩が請け負った木曾・長良・揖斐三川の治水工事。中央アルプスの山々から濃尾平野を流れ伊勢湾にそそぐ三川は、平野部で支流が相互に複雑に交錯し、たびたび洪水を引き起こしていた。江戸時代初期に徳川家康が尾張方面への洪水を防ぐために木曾川左岸に御囲堤を築いてからは特に下流西南部において水害が多発していたため、宝暦三年、幕府は薩摩藩主島津重年に手伝普請を命じ、三川を分流する大規模な河川改修工事を行うこととした。これに対し薩摩藩内では手伝普請を断固拒否して幕府と一戦交えるべしとの議論も出されたという。当初十五万両と見込まれた工事経費であったが、実際には大幅に上回る四十万両にのぼり、薩摩藩の財政を大きく圧迫した。工事の総奉行は薩摩藩家老平田靭負《ひらたゆきえ》正輔《ただすけ》が務め、約千人の藩士が現地で工事に従事した。不慣れな土地での過酷かつ困難な作業により病死者三十三名、割腹者五十二名（薩摩藩士五十一名、幕臣二名）という多数の犠牲者を出し、宝暦五年に工事は完成した。平田は工事終了後に責任を取り自刃。そのほか多くの割腹者を出す事態にまでなったことから宝暦治水事件とも称する。明治三十三年(一九〇〇)に宝暦治水の碑が建てられ、昭和十三年(一九三八)には薩摩藩士を祀る治水神社が建立された。

参考文献　坂口達夫『宝暦治水・薩摩義士』(春苑堂出版、二〇〇〇年)

(水村　暁人)

郡上一揆(ぐじょういっき)

宝暦四年(一七五四)から宝暦八年にかけて起こった美濃国郡上藩領における強訴および駕籠訴、箱訴。郡上八幡藩主金森兵部少輔頼錦《よりかね》は藩財政の建て直しのため地方巧者黒崎佐一右衛門を登用し、定免法から検見法へと切り替えることで年貢の増徴を図った。しかしこれに領内農民は反発し、宝暦四年八月、城下に押し寄せ強訴を行なった。藩は家老を通じ江戸藩邸へ一揆の要求を通達することをいったんは約したものの、結局それを反故にしたため再び農民らは不満を高め、領内農民の代表四十名が江戸へ出訴することとなった。江戸では農民の代表が藩邸に訴状を提出したほか、藩主の次男にあたる井上遠江守正辰《まさとき》にも訴状を提示したが聞き届けられず、宝暦五年十一月、切立村(岐阜県郡上市)喜四郎・前谷村(郡上市)定次郎らにより老中酒井左衛門尉忠寄《ただより》への駕籠訴が行われた。訴願人は評定所で吟味の上釈放され、帰国後は藩により村預けとされるが、その後藩は農民の要求を聞き入れず事態は膠着。やがて立百姓(一揆参加者)・寝百姓(一揆不参加者・脱落者)間の対立も生じ、宝暦八年には寝百姓と藩の足軽が頭取の一人歩岐島《ほきじま》村(郡上市)四郎左衛門を襲撃すると、一揆側と藩側との乱闘となり両者に多数の負傷者が出た。これを受け喜四郎・定次郎らは再び江戸へ出て評定所へ出訴した。吟味には北町奉行依田和泉守政次に加え老中田沼意次も加わった。吟味の末、一件に関与した老中本多伯耆守正珍《まさよし》の逼塞、若年寄本多長門守忠央《ただなか》の改易のほか、郡上藩主金森氏も改易となるなど厳しい処罰が下った。一方、農民側は多くの牢死者を出し、頭取の一人定次郎は郡上にて獄門となった。

参考文献　白石博男『郡上藩宝暦騒動史』(岩田書院、二〇〇五年)、高橋教雄『郡上宝暦騒動の研究』(名著出版、二〇〇五年)

(水村　暁人)

久留米騒動(くるめそうどう)

宝暦四年(一七五四)閏二月、久留米藩主有馬《ありま》頼徸《よりゆき》により領内に人別銀を課すことが決定されたことを受け、久留米藩領全域に起きた強訴および打ちこわし。同時多発的に起きた城下町人による藩札引き換え要求および領内各村における地域分散的な小作料引下げ運動もこの騒動に含まれる。竹野郡の八幡河原などに複数にわたり農民が結集し、大庄屋らに打ちこわしを行なったため、結果藩当局は人別銀を撤回した。

参考文献　『久留米市史』二(一九八二年)

(水村　暁人)

五社騒動（ごしゃそうどう）

宝暦六年（一七五六）、徳島藩領において藩の藍専売強化と凶作を契機として起こった強訴未遂。藍玉一揆ともいう。徳島藩は享保十八年（一七三三）以降実施していた藍の専売制を宝暦四年に一層強化し新税を徴収した。同六年に暴風雨の影響で凶作となった同藩では専売と凶作による困窮を理由に農民らのあいだで強訴参加を求める廻状が出回った。藩が農民らの動向を察知したため大規模な一揆は阻止されたが、名西郡高原村（徳島県名西郡石井町）の農民常左衛門ら五人が磔刑とされた。天明元年（一七八一）の二十五回忌に際し村内に小祠が建てられ五社大明神とされた。

参考文献　三好昭一郎他編『阿波の歴史』（講談社、一九七五年）

（水村　暁人）

中期藩政改革（ちゅうきはんせいかいかく）

十八世紀半ば以降における社会の基礎構造の変動に対処し、藩財政の行き詰まりを打開して、藩政を立て直すために行われた政治改革。特に、熊本藩宝暦改革（細川重賢《ほそかわしげかた》と堀勝名《ほりかつな》）、米沢藩明和・安永、寛政改革（上杉治憲《うえすぎはるのり》と竹俣当綱《たけのまたまさつな》・莅戸善政《のぞきよしまさ》）、秋田藩寛政改革（佐竹義和《さたけよしまさ》）を筆頭に多くの藩での改革が知られ、これらは「明君・賢宰」による改革として特徴づけられる。改革では、支配行政機構の改編と人材登用、歴史や藩政記録などの編纂事業、備荒貯蓄などをはじめとする農村立て直し策、藩校設置や民衆教化、殖産・専売制、財政改革など、さまざまな改革政策が総合的に実施された。これらの政策による藩領自給経済確立の試みと領域意識の高まりは、幕末に至る幕藩対立の起点になったともいわれるが、統治技術や理念の交換・流通などによって幕府・諸藩の政策的一体性が生み出された面も見落とせない。これには荻生徂徠《おぎゅうそらい》や太宰春台《だざいしゅんだい》、細井平洲《ほそいへいしゅう》ら儒学者などの経世書や教説などが大きな役割を果たしたが、総じて十七世紀以来の政治や為政者についての学問・知識は、諸集団を説得する理念の案出、改革主体の形成、改革構想や政策の立案、人材育成や民衆教化など、改革のさまざまな局面で機能した。かつては上からの強制という側面が強調されたこともあるこれらの改革は、単に領主層の独断・強権によって実施されたわけではなく、社会的合意を得ながら改革政治・政策を実行するための理念（「国益」「教化」「復古」など）や説得が必要とされた。また、これに呼応して殖産や民衆教化といった改革政策の立案・実施過程に関与する人々（藩役人から地域民衆に至るまで）も現れた。かくて中期藩政改革は、家臣団はもちろん、地域民衆、学者や商人（金主）など、藩内外の諸主体・諸集団に規定される形で展開したのである。以上のような内容を持つ改革政治は、当代の藩主を

「明君」とする意識を基軸に、同時代から書物として描き出され始めた。藩主の言動を描いた明君録がいくつも作られ、その写本が全国の諸階層に伝播・流通したのである。船頭のような民間人をも巻き込んで創出された明君像は、結果として、幕藩の為政者による政治を掣肘する方向に働くとともに、総体としての幕府諸藩の政治・民政技術を高める役割をも果たしたとみることができる。『徳川実紀』において十代将軍徳川家治が「明君」として描かれるのも、これら諸藩の「明君」の創出・記憶と無関係ではないのかもしれない。

参考文献　吉永昭・横山昭男「国産奨励と藩政改革」(『岩波講座日本歴史』近世三、岩波書店、一九七六年)、藤田覚『近世の三大改革』(山川出版社、二〇〇二年)、金森正也『藩政改革と地域社会』(清文堂、二〇一一年)、小関悠一郎『〈明君〉の近世』(吉川弘文館、二〇一二年)

(小関悠一郎)

銅座　(どうざ)

諸国銅山から出る荒銅の集荷および精錬をして、御用銅(輸出向)の統制と地売銅(国内売向)の流通統制を行なった機関。幕府は貿易による金銀の国外流出を防ぐため、元禄十四年(一七〇一)に銀座の加役として大坂の石町《こくまち》(大阪市中央区)に銅座を設置した。その後、正徳二年(一七一二)に廃止され、元文三年(一七三八)に再び設置されたが、延享三年(一七四六)に廃止された。二度の改廃を経て、明和三年(一七六六)六月に大坂過書町《かしょまち》(大阪市中央区)にある長崎銅会所を銅座に取り立てた。明和の銅座設立により、すべての銅を銅座で買い上げることとなり、御用銅については明和以前から行われていた御用三銅山(秋田、盛岡、別子立川)への割り当てと公定値段による買い上げが続けられた。地売銅は、銅の売り出し値段を銅座に利益があるように定め、この利益中から銅座の経費、銅山への手当金などを出すように決められた。地売銅売買から生じる利益は幕府が収取する目的もあった。銅座は地売銅価格を統制する過程で問屋、吹屋、仲買の利潤を統制し、銅価格全般を統制しようとした。寛政九年(一七九七)五月には大坂町奉行が銅座を支配することとなり、従来支配していた勘定奉行・長崎奉行とあわせて三奉行の支配となった。銅座の経営は困難が多かったため、文政二年(一八一九)から三井家と住友家を銅座の掛屋に登用し経営を任せた。銅座は明治元年(一八六八)七月に鉱山局が設置されるまで存続した。

参考文献　小葉田淳『鉱山の歴史』(『日本歴史新書』、至文堂、一九五六年)、永積洋子「大坂銅座」(地方史研究協議会編『日本産業史大系』六、一九六〇年)、賀川隆行『江戸幕府御用金の研究』(法政大学出版局、二〇〇二年)

(大橋　毅顕)

姫路藩寛延一揆（ひめじはんかんえんいっき）

寛延元年（一七四八）、播磨国印南・加古郡などで起こった強訴・打ちこわし。寛保元年（一七四一）に姫路に入封した松《まつ》平明矩《だいらあきのり》が領内へ御用金を賦課したことに対し、領内農民が市川河原に集結。藩が年貢延納を認めたため一度は収束に向かったが、翌年正月以降、大庄屋のみならず藩の御用商人・特権商人を標的とした打ちこわしに発展した。一揆を組織した飾西《しきさい》郡古知之庄《こちのしょう》村（兵庫県姫路市）の滑甚《なめらじん》兵《べ》衛《え》は自宅を「なめら会所」として地域自治運営を試みたとされる。一揆関係者は大坂奉行所にて吟味を受け、大坂城代酒井《さかい》忠用《ただもち》の裁定により滑甚兵衛が磔となったほか、遠島や過料も含めれば二百人近い処罰者を出した。

参考文献　『姫路市史』三（一九九一年）、島田清『寛延二年姫路藩百姓一揆と滑甚兵衛』（寛延義民顕彰する会、一九八七年）

（水村　暁人）

宝暦事件（ほうりゃくじけん）

宝暦八（一七五八）―九年に、幕府が竹内式部《たけのうちしきぶ》らを処罰した事件。垂加神道を学んだ、公家の徳大寺家《とくだいじけ》家臣竹内式部による神書・儒書の講釈は、宝暦年間に少壮公家の間で影響力をもっていた。しかし、このような動向が問題視され、宝暦六年には京都町奉行所によって、京都洛外で式部が公家衆に軍学・武術を指南しているという風聞に関する取り調べが行われる。この風聞は事実無根とされるが、その後、式部から思想的影響を受けていた徳大寺公城《とくだいじきんむら》・正親町三条公積《おおぎまちさんじょうきんつむ》・坊城俊《ぼうじょうとし》逸《はや》・烏丸光胤《からすまるみつたね》らが桃園《ももぞの》天皇に対して『日本書紀』神代巻を進講すると、天皇への神書進講を中止させようとして果たせなかった上層公家たちのうち、前関白一条道《いちじょうみち》香《か》（「みちよし」とも）らは、宝暦八年に式部を京都所司代へ告訴する。取り調べの結果、式部が説く垂加神道説が問題視され、徳大寺公城ら八名の公卿は罷官・永蟄居となり、十数名の公卿は謹慎、翌宝暦九年には京都所司代から、式部と子の主計《かずえ》に京都からの重追放が命じられた。宝暦事件の位置づけについては、幕府による尊王論者弾圧という側面に注目する見解があった。しかし近年は、神道説・宗教説および朝廷政治の主導権をめぐる事件、すなわち秩序回復に対する強い意図を持った関白と摂家衆が幕府の力を借りて、天皇と近習を関白両役が統制できなくなった事態の解決を図ったものとする見解が示されている。

参考文献　高埜利彦「後期幕藩制と天皇」（永原慶二他編『講座・前近代の天皇』二、青木書店、一九九三年）、藤田覚『江戸時代の天皇』（『天皇の歴史』六、講談社、二〇一一年）

（小田　真裕）

宝暦暦（ほうりゃくれき）

宝暦五年（一七五五）から寛政九年（一七九七）まで、四十三年間にわたって施行された暦法。また、この暦法に基づく暦本も宝暦暦という。天文暦学に強い関心を抱く八代将軍徳川吉宗は、西川如見《にしかわじょけん》の息子正休を召し出し、延享三年（一七四六）十月、正休と渋川則休《しぶかわのりよし》に改暦御用を命じた。両名は神田佐久間町（東京都千代田区）に新設された天文台で測量に従事し、寛延二年（一七四九）に新たな暦法の稿本を完成させた。翌寛延三年、両名は新暦法の稿本の校正と測量を陰陽頭《おんみょうのかみ》の土御門《つちみかど》泰邦《やすくに》と行うために上京した。しかし、同年に則休、宝暦元年に大御所吉宗が死去し、孤立した正休は泰邦と対立して失脚。この結果、貞享改暦の際に幕府天文方へ移った改暦の主導権は、再び陰陽頭が握ることとなった。泰邦の主導で編纂された暦法は宝暦四年に完成し、同年十月十九日に改暦が宣下された。新暦法は宝暦甲戌元暦と名付けられ、翌五年から施行された。しかし、西川正休と土御門泰邦のいずれも算術に詳しくなかったために宝暦暦は不完全なものとなり、宝暦十三年九月一日、暦本には記載されていない日食が発生した。幕府は翌明和元年（一七六四）、佐々木長秀《ささきながひで》（吉田秀長《よしだひでなが》）を天文方に任命して宝暦暦の修正にあたらせた。修正宝暦甲戌元暦は同六年十二月に完成し、八年から施行された。

参考文献　広瀬秀雄「宝暦の改暦について」（『陰陽道叢書』三、名著出版、一九九二年）、渡辺敏夫『日本の暦』（雄山閣、一九七六年）、同『近世日本天文学史』上（恒星社厚生閣、一九八六年）

（杉　岳志）

蓑虫騒動（みのむしそうどう）

寛延元年（一七四八）二月、福井藩領で起こった御用金賦課を原因とする強訴。蓑笠をつけた農民が福井城下に押し寄せたことからその名がある。藩財政逼迫による御用金賦課は福井藩札の信用を落とし藩札騒ぎも起こった。福井藩家老松平主馬宅に二十四ヵ村の農民が押しかけたため、藩は御用金賦課を免じるとともに困窮者へ救籾二百七十五俵を放出することを決め、騒動は沈静化した。

参考文献　『福井県史』通史編四（一九九六年）

（水村　暁人）

老中

氏名	称呼	前職	補職年月日	転免年月日	後職
松平輝貞	右京大夫	溜詰	享保一五(一七三〇)・七・二	延享二(一七四五)・三・二	辞 実致仕
本多忠良	中務大輔	元側用人	享保一九(一七三四)・六・六	延享三(一七四六)・六・一	免 実寛職ゆるさる
松平乗賢	能登守	西丸若年寄 実若年寄	享保二〇(一七三五)・五・二三	延享三(一七四六)・五・八	卒
酒井忠恭	雅楽頭	大坂城代	延享元(一七四四)・五・一	寛延二(一七四九)・正・一五	溜詰
西尾忠直〔尚〕 実寛忠尚	隠岐守	若年寄	延享二(一七四五)・九・一	宝暦一〇(一七六〇)・三・一〇	卒
堀田正亮	相模守	大坂城代	延享二(一七四五)・三・三 実寛二・一一・三	宝暦一一(一七六一)・二・一一 実寛一一・二・八	卒
松平武元	右近将監	寺社奉行 実奏者番寛奏者番兼寺社奉行	延享三(一七四六)・五・一五	安永八(一七七九)・七・二九 実寛八・七・二五	卒
本多正珍	紀伊守 伯耆守	寺社奉行 実寛奏者番兼寺社奉行	延享三(一七四六)・一〇・二五	宝暦八(一七五八)・九・二三 実寛八・九・二	免職、差控
秋元凉朝	但馬守	西丸若年寄	延享四(一七四七)・九・三	明和元(一七六四)・三・二四 寛元・二・二四	辞
酒井忠寄	左衛門尉	譜代席	寛延二(一七四九)・九・二六	明和元(一七六四)・五・二六 実寛元・五・一六	辞 実病免
松平輝高	右京大夫	京都所司代	宝暦八(一七五八)・一〇・一八	天明元(一七八一)・九・二六 実寛元・九・二五	卒

京都所司代

氏名	称呼	前職	補職年月日	転免年月日	後職
牧野貞道 [実][寛]貞通	越中守 備後守	寺社奉行[実][寛]奏者番兼寺社奉行	寛保二(一七四二)・六・一	寛延二(一七四九)・九・一八 [寛]二・九・一三	卒
松平資訓	豊後守	奏者番 [実]なし	寛延二(一七四九)・一〇・一五	宝暦二(一七五二)・三・二六 [実]なし	卒 [実]なし
酒井忠用	修理大夫 讃岐守	大坂城代	宝暦二(一七五二)・四・七	宝暦六(一七五六)・四・七 [実][寛]六・四・一〇	免職[実]職をゆるされ雁間詰[寛]職をゆるさる
松平輝高	右京大夫	大坂城代	宝暦六(一七五六)・五・七	宝暦八(一七五八)・一〇・一八	老中
井上利容 [実][寛]正経	河内守	大坂城代	宝暦八(一七五八)・一一・二八	宝暦一〇(一七六〇)・三・三	老中

大坂城代

氏名	呼称	前職	補職年月日	転免年月日	後職
堀田正亮	相模守	寺社奉行[実][寛]奏者番兼寺社奉行	延享元(一七四四)・五・一	延享二(一七四五)・一一・一三	老中
阿部正就 [実][寛]正福	伊勢守	御詰 [実][寛]なし	延享二(一七四五)・一一・一三	延享四(一七四七)・三・一〇	免 [実]辞、雁間詰[寛]辞
酒井忠用	修理大夫 讃岐守	寺社奉行[寛]奏者番兼寺社奉行	延享四(一七四七)・三・一三 [実][寛]四・三・一三	宝暦二(一七五二)・四・七	京都所司代
松平輝高	右京亮 右京大夫	寺社奉行[実][寛]奏者番兼寺社奉行	宝暦二(一七五二)・四・七	宝暦六(一七五六)・五・七	京都所司代
井上正賢 [実][寛]正経	河内守	寺社奉行[実][寛]奏者番兼寺社奉行	宝暦六(一七五六)・五・七	宝暦八(一七五八)・一一・二八	卒 [実][寛]所司代
青山忠朝	因幡守	寺社奉行[寛]奏者番兼寺社奉行	宝暦八(一七五八)・一一・二八	宝暦一〇(一七六〇)・七・一五 [実]なし	卒 [実]なし

氏名	称呼	前職	補職年月日	転免年月日	後職
松平康福	周防守	寺社奉行 ［実］奏者番 ［寛］奏者番兼寺社奉行	宝暦一〇（一七六〇）・八・一五（将軍不在位時補職）	宝暦一二（一七六二）・三・九	西丸老中

側用人

氏名	称呼	前職	補職年月日	転免年月日	後職
大岡忠光	出雲守	若年寄	宝暦六（一七五六）・五・二一	宝暦一〇（一七六〇）・四・二六	卒
板倉勝清	佐渡守	若年寄	宝暦一〇（一七六〇）・四・一	明和四（一七六七）・七・一	西丸老中 ［実］老中

寺社奉行

氏名	称呼	前職	補職年月日	転免年月日	後職
大岡忠相	越前守	町奉行	元文元（一七三六）・八・一二	宝暦元（一七五一）・一一・二	辞 ［実］［寛］病、加役ゆるさる
山名豊就	因幡守	大番頭	元文四（一七三九）・三・一五	延享四（一七四七）・九・二 ［実］なし ［寛］四・八・二八	卒 ［実］なし
松平武元	右近将監 主計頭	奏者番	延享元（一七四四）・五・一五	延享三（一七四六）・五・一五	西丸老中
秋元涼朝	摂津守	奏者番	延享三（一七四六）・五・二八	延享四（一七四七）・六・一	若年寄 ［実］［寛］西丸若年寄
小出英智 ［実］［寛］英持	信濃守	奏者番	延享三（一七四六）・三・一	寛延元（一七四八）・七・一	若年寄
酒井忠用	修理大夫	奏者番	延享四（一七四七）・三・一一見習 延享四（一七四七）・六・一本役	延享四（一七四七）・三・一三	大坂城代

氏名	称呼	前職	補職年月日	転免年月日	後職
松平忠恒	宮内少輔	奏者番	延享四(一七四七)・九・二	寛延元(一七四八)・閏一〇・一	若年寄
稲葉正甫 [実][寛]正益	丹後守	奏者番	延享四(一七四七)・三・二三	寛延三(一七五〇)・三・一八	免 [実]両職ゆるされ、雁間詰 [寛]両職ゆるさる
青山忠朝	因幡守	奏者番	寛延元(一七四八)・八・三	宝暦八(一七五八)・二・二八	大坂城代
酒井忠休	山城守	奏者番	寛延元(一七四八)・閏一〇・一	寛延二(一七四九)・七・六	西丸若年寄
本多忠英 [実][寛]忠央	兵庫頭 長門守	奏者番	寛延二(一七四九)・七・二三	宝暦八(一七五八)・三・二八	西丸若年寄
松平輝高	因幡守 右京亮	奏者番	宝暦元(一七五一)・正・一五	宝暦二(一七五二)・四・七	大坂城代
鳥居忠孝 [実][寛]忠意	伊賀守	奏者番	宝暦二(一七五二)・四・二三	宝暦一〇(一七六〇)・三・二三	若年寄
井上正賢 [実][寛]正経	河内守	奏者番	宝暦三(一七五三)・三・二六	宝暦六(一七五六)・五・七	大坂城代
阿部正右	伊予守	奏者番	宝暦六(一七五六)・五・七	宝暦一〇(一七六〇)・三・三	京都所司代
朽木玄綱	土佐守	奏者番	宝暦八(一七五八)・四・七	宝暦九(一七五九)・閏七・一六	辞 [実]病、加役免 [寛]加役辞
松平康福	周防守	奏者番	宝暦九(一七五九)・正・一五	宝暦一〇(一七六〇)・八・一五	辞、後大坂城代 [実][寛]大坂城代
毛利匡平 [実][寛]政苗	讃岐守	奏者番 [実]柳間席	宝暦一〇(一七六〇)・閏七・二八 [実][寛]九・閏七・二八 (将軍不在位時補職)	明和元(一七六四)・二・五 [実][寛]元・二・四	免 [実][寛]両職罷免、逼塞

若年寄

氏名	称呼	前職	補職年月日	転免年月日	後職
水野忠定	壱岐守	大番頭	享保八(一七二三)・三・六	寛延元(一七四八)・六・二五 [実][寛]元・六・二六	卒
本多忠統	伊予守	寺社奉行 [実][寛]奏者番兼寺社奉行	享保一〇(一七二五)・六・二	寛延三(一七五〇)・一〇・二	辞 [実][寛]病免
飯倉勝清	伊予守 佐渡守	寺社奉行 [寛]奏者番兼寺社奉行	享保二〇(一七三五)・六・五	宝暦一〇(一七六〇)・四・一	側用人
戸田氏房	右近将監 淡路守	奏者番	延享元(一七四四)・一一・一三	宝暦八(一七五八)・三・一九 [実][寛]八・三・一八	辞 [実]老免
堀田正陳	出羽守 加賀守	大番頭	延享二(一七四五)・七・一	宝暦元(一七五一)・七・三	雁間詰 [寛]職ゆるさる
加納久通	遠江守	側衆	延享二(一七四五)・九・一	寛延元(一七四八)・八・一九	卒
堀直旧	式部少輔	大番頭	延享二(一七四五)・九・一	寛延元(一七四八)・六・一九 [実][寛]元・六・二〇	卒
三浦義次 [実][寛]義理	志摩守	奏者番	延享二(一七四五)・三・二	寛延二(一七四九)・六・二九	辞 [実]病免
秋元涼朝	摂津守 但馬守	寺社奉行 [実][寛]奏者番兼寺社奉行	延享四(一七四七)・六・一	延享四(一七四七)・九・三	西丸老中
小出英智 [実]英時・英持 [寛]英持	伊勢守 信濃守	寺社奉行 [寛]奏者番兼寺社奉行	寛延元(一七四八)・七・一	明和四(一七六七)・一〇・一五 [寛]四・一〇・一六	卒
小堀政峯〔岑〕 [実][寛]政峯	和泉守	奏者番	寛延元(一七四八)・七・一	宝暦元(一七五一)・七・三	雁間詰 [実]職ゆるさる
松平忠恒	宮内少輔 摂津守	奏者番 [実][寛]奏者番兼寺社奉行	寛延元(一七四八)・閏一〇・一	明和五(一七六八)・一一・九	卒

氏名	称呼	前職	補職年月日	転免年月日	後職
酒井忠休	山城守 石見守	奏者番兼寺社奉行 実寛奏者番	寛延二(一七四九)・七・六	宝暦一二(一七六二)・八・三	雁間詰 実職ゆるさる
大岡忠光	出雲守	側衆	宝暦四(一七五四)・三・一	宝暦六(一七五六)・五・二一	側用人
小堀政峯〔岑〕 実寛政峯	和泉守	雁間詰 実奏者番	宝暦六(一七五六)・六・一一	宝暦一〇(一七六〇)・三・一三	辞 実免
本多忠英 実寛忠央	長門守	寺社奉行番兼寺社奉行 実寛奏者	宝暦八(一七五八)・三・二八	宝暦八(一七五八)・九・一四	免職、差控 実寛のち改易
水野忠見	壱岐守	奏者番	宝暦八(一七五八)・九・二八	安永四(一七七五)・八・二〇 実寛 四・八・一九	卒
鳥居忠孝 実寛忠意	伊賀守	寺社奉行番兼寺社奉行 実寛奏者	宝暦一〇(一七六〇)・三・一三	宝暦一二(一七六二)・八・三	免 実雁間詰寛職ゆるさる

町奉行

氏名	称呼	前職	補職年月日	所在	転免年月日	後職
島正祥	長門守	京都町奉行	元文五(一七四〇)・三・二六	南	延享三(一七四六)・六・一五 実なし寛 三・六・一四	卒 実日付なし
能勢頼一	甚四郎 肥後守	目付	延享元(一七四四)・六・一一	北	宝暦三(一七五三)・三・二六	西丸鎗奉行 実寛西丸旗奉行
馬場谷〔尚〕繁 実寛尚繁	讃岐守	京都町奉行	延享三(一七四六)・七・二一	南	寛延三(一七五〇)・正・二六 実なし寛 三・正・二七	卒 実日付なし
山田利延	肥後守 伊豆守	作事奉行	寛延三(一七五〇)・三・一六 実寛 三・三・一一	南	宝暦三(一七五三)・一一・二四 実なし寛 三・一一・二七	卒 実日付なし
依田政次	和泉守 豊前守	作事奉行	宝暦三(一七五三)・四・七	北	明和六(一七六九)・八・一五	大目付

氏名	称呼	前職	補職年月日	所在	転免年月日	後職
土屋正方	越前守	京都町奉行	宝暦三(一七五三)・三・二四	南	明和五(一七六八)・五・一九 〔実〕なし	卒 〔実〕日付なし

勘定奉行

氏名	称呼	前職	補職年月日	管掌	転免年月日	後職
神谷文〔久〕敬 〔実〕〔寛〕久敬	武右衛門 志摩守	勘定吟味役	享保一九(一七三四)・三・一		寛延二(一七四九)・六・一五 〔実〕なし	卒
神尾春尹〔央〕 〔実〕〔寛〕春央	五郎三郎 若狭守	勘定吟味役	元文二(一七三七)・六・一	勝手	宝暦三(一七五三)・五・三 〔実〕なし〔寛〕三・五・五	卒
木下信名	伊賀守	作事奉行	元文四(一七三九)・一〇・二六 〔寛〕四・一〇・二七		延享三(一七四六)・三・一	西丸留守居
萩原美雅	伯耆守	長崎奉行	寛保三(一七四三)・正・二		延享二(一七四五)・四・四 〔実〕なし	卒
逸見忠栄	八之助 出羽守	佐渡奉行	延享元(一七四四)・三・一五		寛延元(一七四八)・三・二七	免職、小普請
松浦信正	河内守	大坂町奉行	延享三(一七四六)・四・二八		宝暦三(一七五三)・二・一三	免職、小普請
曲淵英元〔允〕 〔実〕〔寛〕英元	越前守 豊後守 豊前守	作事奉行	寛延元(一七四八)・七・三	公事	宝暦七(一七五七)・六・一	大目付
遠藤易純〔続〕 〔実〕〔寛〕易続	六郎右衛門 伊勢守	佐渡奉行	寛延二(一七四九)・正・二		宝暦元(一七五一)・八・二	田安家家老 〔実〕〔寛〕一橋家家老
三井良恭〔竜〕 〔実〕〔寛〕良竜	下野守 下総守	京都町奉行	寛延二(一七四九)・七・六		宝暦元(一七五一)・一一・二六 〔実〕なし〔寛〕元・一一・二五	卒
永井直之 〔実〕〔寛〕尚方	丹波守	京都町奉行	宝暦二(一七五二)・正・二		宝暦三(一七五三)・九・一九 〔実〕なし〔寛〕三・九・一五	卒

氏名	称呼	前職	補職年月日	管掌	転免年月日	後職
一色政流(沆) [実][寛]政沆	周防守 安芸守	作事奉行	宝暦二(一七五二)・(一)三・一六 [実][寛]二・三・一六	勝手	明和二(一七六五)・二・一五	留守居
松平忠隆(陸) [実]忠睦[寛]忠陸	帯刀 玄蕃頭	佐渡奉行	宝暦三(一七五三)・三・一		宝暦四(一七五四)・四・二一	西丸留守居
大井満英	伊勢守	小普請奉行	宝暦三(一七五三)・六・一三		宝暦六(一七五六)・三・一	大目付
大橋親儀(義) [実][寛]親義	近江守	長崎奉行	宝暦四(一七五四)・四・九	公事	宝暦八(一七五八)・九・三 [実]八・一〇・二八[寛]八・一〇・二九	免職
中山時庸	遠江守	大坂町奉行	宝暦五(一七五五)・七・一三	勝手	宝暦七(一七五七)・八・五	免職、小普請
細田時俊 [実][寛]時敏	丹後守 丹波守	小普請奉行	宝暦六(一七五六)・三・一	勝手	宝暦九(一七五九)・五・一三	辞 [実]病免、寄合[寛]辞、寄合
菅沼定秀	下野守	長崎奉行	宝暦七(一七五七)・六・一	公事	宝暦八(一七五八)・一二・一二 [実]なし[寛]八・一二・一三	卒
稲生正英	下野守 播磨守	目付	宝暦八(一七五八)・一一・一五	公事	宝暦一〇(一七六〇)・七 [実]なし[寛]一〇・七・一一	卒
小幡景利	山城守	小普請奉行	宝暦八(一七五八)・一二・二七	公事	宝暦一一(一七六一)・九・七	鎗奉行
石谷清昌	備後守 豊前守 淡路守	佐渡奉行	宝暦九(一七五九)・一〇・四	勝手	安永八(一七七九)・四・一五	留守居
坪内定英(央) [実][寛]定央	駿河守	長崎奉行	宝暦一〇(一七六〇)・六・一三 (将軍不在位時補職)	公事	宝暦一一(一七六一)・一一・一六 [実]なし	卒

10代　徳川家治

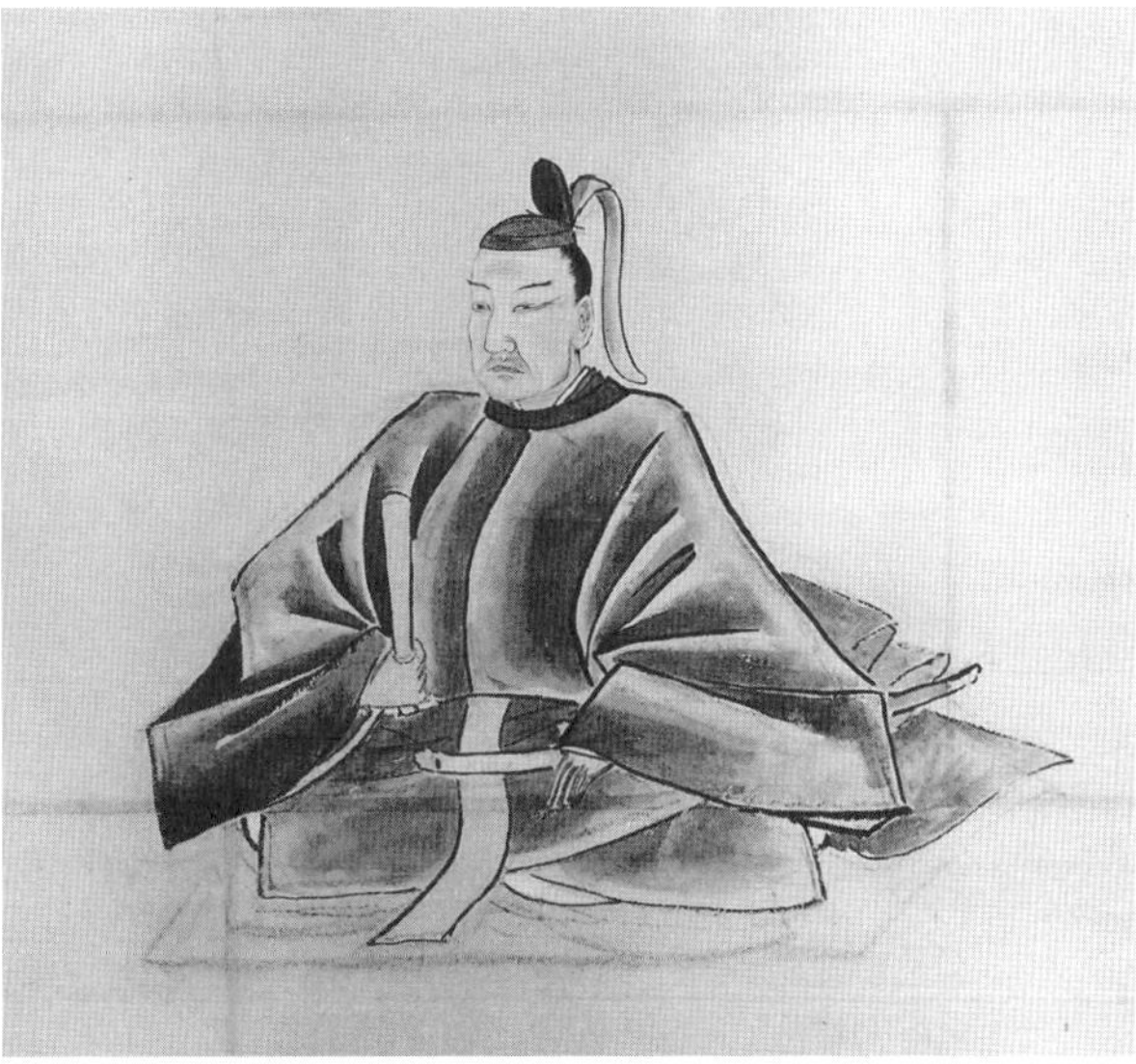

徳川家治画像　紙本淡彩。彩色を施してあり、画面には下書きの線が残る。元になった図は奈良長谷寺にある。吉宗に期待されたという孫の表情が描かれている。

徳川家治（とくがわいえはる）　一七三七―八六

江戸幕府十代将軍。一七六〇―八六在職。九代将軍徳川家重の第一子として元文二年（一七三七）五月二十二日江戸城西丸で生まれる。生母は家重側室お幸の方。幼名竹千代。同五年十二月に家治を名乗り、寛保元年（一七四一）八月、元服して従二位大納言任官。宝暦十年（一七六〇）二月四日、右近衛大将兼任、右馬寮御監に補せられる。四月には多病の家重から政務の委譲を受け、五月に本丸に移り代替りの御礼が行われた。九月二日将軍宣下をうけて正二位内大臣に叙任され、十代将軍の座に就いた。この間、宝暦四年に閑院宮直仁親王《かんいんのみやなおひとしんのう》の娘五十宮倫子《いそのみやともこ》との婚儀を行い、同六年千代姫が出生、同十一・十二年には、万寿姫・竹千代（のちの家基、生母は側室お知保）・貞次郎《さだじろう》（同お品）と子女の誕生が相ついだ。正室との間に二女を儲けたことや側室が二人だけだったことは家治の品行方正さを示すともいわれるが、世子に定めた家基も含めて安永八年までにすべての実子を亡くした（明和八年には倫子も死去）。他方、将軍襲職時には老中松平武元《まつだいらたけちか》に対して、自分は年が若く国家の事に習熟していないからよく諫言するようにと述べたという家治だが、幕政との関係で最も注目される事蹟は、田沼意次を重用したことであろう。家治は将軍襲職にあたり、家重の小性・御用取次を務め、六百石の旗本から一万石の大名にまで出世していた田沼意次を異例にもそのまま自身の御用取次に留まらせたのである。これは、家重が隠居にあたって、意次は律儀者であるから引き立てて用いるようにと諭し、孝心から家治が父の教えを守ったことによるという。こうして意次は、家重隠居所の二丸御殿の普請（宝暦十年）、家治将軍襲職に伴う一連の儀式と家重の葬儀（同十一年）、日光東照宮での徳川家康百五十回忌法会代参（明和二年（一七六五））、心観院（倫子）の一周忌法会（同九年）、乗台院（万寿姫）葬儀（安永二年（一七七三））、家重十三回忌法会（同年）、家治日光社参への供奉（同五年）など、家治とその家族の節目に関わる御用を勤めることになる。家治側室お知保との縁で大奥との関係も良好だった意次は、従四位下・城主・側用人（明和四年）、侍従・老中格（同六年）、側用人兼務の老中（同九年）と目覚ましい出世を遂げていった。安永九年に領地相良への初入部を許し、野袴二領・羽織とともに久保山と号する馬一頭を与えたことが示すように、家治は長らく意次を信任したのである。かくて、家治による信任は意次の権勢の根源となり、田沼時代と呼ばれる幕政の一段階を現出せしめ、大胆かつ積極的な意次色の濃い政策が、家治の治世につぎつぎと実施されていった。株仲間の公認や民間からの献策の政策化による運上・冥加金の追求、人参や白砂糖の国産化、蘭学などの知識と結びついた殖産興業といった興利策、兵庫・西宮上知令、大名への拝借金停止などの幕府利益追求策、下総印旛沼《いんばぬま》の干拓工事、ロシア貿易と蝦夷地開発に向けた蝦夷地調査、明和五匁銀と鉄銭の鋳造、南鐐二朱銀の発行、大坂貸金会所設立と御用金令などである。こうした意次の動向に比して、幕政面での存在感が大きいとはいえない家治だが、日光社参に関して、費用の問題から老中らがとどめること三たびに及ぶも、一度も祖廟に参らずして天下の人民に孝悌の道を教え諭すことができようかとして敢行したという逸話も残る。『浚明院殿御実紀附録』によれば、そもそも家治は、温和・慈愛・聡明の性質により徳川吉宗(有徳院殿)の寵愛を受けて育ち、文武の諸芸に通じていたという。吉宗は天下を治める心構えなどを家治に絶えず教え、弓馬・鉄砲の嗜みを後見し、ことに読書については国家を治め万民の父母となる身に必須のものとして、成島道筑《なるしまどうちく》らの儒臣に命じて聖人経国の要道・和漢治乱の事実を学ばせたという。こうしたことから家治は、弓馬の古式旧法を重んじてこれを盛んにし、鷹狩により臣下の剛臆・下情を察し、臣下に寛容でそれぞれの器に応じた任用を行なったとされ、また、華美を好まず、孝行の心篤く、大火・大水・地震・噴火などの際には、みずから対策を指示したり、異変の原因を成島和鼎《なるしまかずさだ》らに問い尋ねたりするなど、職責に対する高い意識を持った将軍として明君であったかに描かれる家治だが、幕政に積極的に関わろうとした事実は見いだされず、『浚明院殿御実紀附録』からもむしろ、絵画・将棋などを深く好んだ家治の一面が読み取られる。家治の治世は、思想や文化に新しい動きが現れてくる一方で、社会の基礎構造が変動し、民衆運動が高揚し、そこに「そろり々々と天下のゆるゝ兆」(藁科松柏書簡、『鷹山公世紀』)を読み取る一知識人が現れた時代(宝暦・天明期と呼ばれる)でもあった。全国御用金令・大和金峰山《きんぷせん》開発・下総印旛沼干拓工事などの中止(天明六年(一七八六))に見られるように、晩年には、田沼意次による重要政策も反発を受けて行き詰まっていく。家治は天明六年八月に入り病気に罹り江戸城本丸で没するが(五十歳)、その死は公式発表の九月八日より早く八月二十五日であるとされる。かくて翌々二十七日、田沼意次は老中を罷免され、家治の死は、その信任が生み出したともいえる田沼時代の終焉をもたらした。没後、十月四日に出棺、東叡山寛永寺に葬送された。法名浚明院殿贈正一位大相国公。

参考文献 『徳川実紀』一〇(『新訂増補国史大系』、吉川弘文館、一九六六年)、『徳川諸家系譜』一(続群書類従完成会、一九七〇年)、藤田覚『田沼意次』(『ミネルヴァ日本評伝選』、ミネルヴァ書房、二〇〇七年)

(小関悠一郎)

〔家族〕

心観院（しんかんいん）　一七三八―七一

徳川家治正室。閑院宮直仁親王《かんいんのみやなおひとしんのう》の娘、五十宮倫子《いそのみやともこ》。元文三年（一七三八）正月二十日生まれ。寛延元年（一七四八）、京都所司代牧野貞通を御使として家治との婚約が取り決められ、翌年京都から江戸に入り、しばらく浜御殿で生活した。宝暦三年（一七五三）十一月に縁組を披露、翌年十二月には婚儀が行われて西丸に入輿、御簾中様（将軍世嗣夫人の称）と称せられた。同十年四月、家治将軍襲職に伴い本丸に移って御台所様と称され、九月に従三位に叙せられた。同十三年には閑院宮へ家重正室培子《ますこ》から金三百両が進ぜられた。この間、同六年に長女千代姫（華光院）を出産、翌年夭逝するも、同十一年には次女万寿姫（乗台院）を出産。順調に育った万寿姫は、明和五年（一七六八）に尾張の徳川治休《とくがわはるよし》との縁組みが定まり結納も済んだが、同八年八月に入り体調を崩した心観院は、諸家からの見舞いも空しく同月二十日に三十四歳で死去した。安永二年（一七七三）には万寿姫も早世することになるが、将軍正室としては珍しく二人の子女を儲けることができたのは、家治の素行が品行方正だったことによるともいわれる。法名は心観院殿浄池蓮生大姉、東叡山に葬られ、鳴物十日・普請五日停止、従二位追贈、供料米五百俵。天明三年（一七八三）八月の十三回忌の際に従一位を追贈された。心観院の墓は、四代徳川家綱正室らの墓とともに、宝塔が谷中墓地の一角に並ぶ。

参考文献　『徳川実紀』九・一〇（『新訂増補国史大系』、吉川弘文館、一九六六年）、『徳川諸家系譜』一・二（続群書類従完成会、一九七〇・七四年）、高柳金芳『徳川妻妾記』（『江戸時代選書』九、雄山閣、二〇〇三年）

（小関悠一郎）

蓮光院（れんこういん）　一七三七―九一

徳川家治側室。お知保《ちほ》の方。はじめ蔦《つた》と称す。書院番津田《つだ》信成《のぶしげ》（内記・宇右衛門）の娘、伊奈忠宥《いなただおき》の養女。元文二年（一七三七）生まれ。寛延二年（一七四九）徳川家重の御次として奉公に上がると、はやくも同四年には中﨟に昇進した。蓮光院は、お幸《こう》の方（家重の愛妾で家治の生母）と権勢を争うほどだったお逸の方の縁者ともいわれ、この破格の立身出世はその推挙によるともいわれる。宝暦十一年（一七六一）の家重没後、家治付中﨟に転じると、翌年十月二十四日に若君（家基）を出産、翌月には老女上座となった。明和六年（一七六九）家基とともに西丸に入り、安永三年（一七七四）十一月には御部屋様と称されることになった。かくて蓮光院は将軍生母となるはずであったが、家基は同八年に死去、天明六年（一七八六）九月に家治が没すると落飾して蓮光院と名乗った。この間、父信成の三男で実弟の津田信之《のぶゆき》(通称鋳次郎、日向守・内匠頭)は、宝暦七年に家督相続後、同九年従五位下日向守に叙任され、小納戸・小性・新番頭・小性組番頭・御側などをつとめ、天明八年の隠居時には、当初の家禄五百俵から六千石の大身旗本に立身していた。ここに蓮光院の権勢のほどが知られるのであるが、これには津田氏が田沼意次との縁を有したことも関わっていよう。蓮光院は、田沼意次が大奥に影響力を及ぼす回路の要としての役割をも果たしたのである。寛政三年(一七九一)三月八日死去、五十五歳。鳴物七日・普請三日停止、東叡山に葬る。文政十一年(一八二八)、従三位追贈。

参考文献 『新訂寛政重修諸家譜』二〇(続群書類従完成会、一九六六年)、『徳川諸家系譜』一・二(続群書類従完成会、一九七〇・七四年)、高柳金芳『徳川妻妾記』(『江戸時代選書』九、雄山閣、二〇〇三年)、藤田覚『田沼意次』(『ミネルヴァ日本評伝選』、ミネルヴァ書房、二〇〇七年)

(小関悠一郎)

養蓮院 (ようれんいん) ?―一七七八

徳川家治側室。お品《しな》の方。従二位藤井兼矩の息女で、寛延二年(一七四九)二月、家治正室五十宮倫子《いそのみやともこ》の供として江戸に下向した。宝暦四年(一七五四)の倫子入輿にあたり西丸に移り、のち御簾中付中﨟、宝暦十年四月、家治将軍襲職に伴い本丸に移る。養蓮院を大奥年寄松島の養女とし、家治の側室に奨めたのが田沼意次であったといわれる。結果として養蓮院は、大岡忠光《おおおかただみつ》を後ろ盾としたとされ意次とも接点を持った蓮光院(お知保の方)と家治の寵愛を争うことになり、宝暦十二年十二月、蓮光院に続いて男子(貞次郎《さだじろう》)を出産したが、貞次郎は生後三ヵ月で夭逝した。安永七年(一七七八)十月二十七日没、上野凌雲院に葬る。

参考文献 『徳川実紀』一〇(『新訂増補国史大系』、吉川弘文館、一九六六年)、『徳川諸家系譜』一(続群書類従完成会、一九七〇年)、高柳金芳『徳川妻妾記』(『江戸時代選書』九、雄山閣、二〇〇三年)

(小関悠一郎)

華光院 (かこういん) 一七五六―五七

徳川家治長女。千代《ちよ》姫。母は家治正室心観院(五十宮倫子《いそのみやともこ》)。心観院は家治との間に二人の子女を儲けたが、これは歴代将軍の御台所としては珍しいことであった。家治部屋住み時代の宝暦六年(一七五六)七月二十一日、西丸で誕生した千代姫はその第一子である。生後、蟇目《ひきめ》の式・篦刀《へらがたな》献上、諸大名らの総出仕、三七夜祝、色直し、山王社への宮参り等々の諸行事が執り行われたが、同七年四月十二日に千代姫は二歳で夭逝する。鳴物停止三日、上野凌雲院に葬る。

参考文献 『徳川実紀』九（『新訂増補国史大系』、吉川弘文館、一九六六年）、『徳川諸家系譜』一（続群書類従完成会、一九七〇年）、高柳金芳『徳川妻妾記』（『江戸時代選書』九、雄山閣、二〇〇三年）　（小関悠一郎）

乗台院（じょうだいいん）　一七六一―七三

徳川家治次女。万寿《ます》姫。宝暦十一年（一七六一）八月一日生まれ。母は家治正室心観院（五十宮倫子《いそのみやともこ》）。心観院の第一子千代姫（華光院）は夭逝したが、万寿《ます》姫（乗台院）は、蟇目《ひきめ》の式・篦刀《へらがたな》献上（御用掛松平武元《まつだいらたけちか》・水野忠見《みずのただちか》・田沼意次《たぬまおきつぐ》）、七夜祝、色直し、宮参り、髪置き、深曾木《ふかそぎ》などの諸行事を経て、順調に成長した。かくて明和五年（一七六八）、万寿姫は、尾張中将徳川治休《はるよし》との縁組みが決まる。三月三日、老中から水戸中将徳川治保《はるもり》・紀伊中納言徳川重倫《しげのり》らに対して、内々に定婚の旨が伝えられた後、二十七日には、松平武元・松平輝高を使者として、尾張中納言徳川宗睦《むねちか》（治休父）に万寿姫降嫁のことが伝えられた。水戸家・紀伊家にも阿部正右《あべまさすけ》を使いとして同日正式に伝えられた。宗睦・治休は直ちに出仕・拝謁し、翌日には姫君降嫁を賀して総出仕が行われた。四月二十三日には結納が執り行われ、二十五日群臣が老中に拝謁、万石以上から樽肴が献じられるなど、婚儀に向けた段取りが着々と進められたが、この間、母心観院が明和八年に没している。さらに、安永二年（一七七三）に入って万寿姫は体調を崩し、二月六日には治休から様子伺いの使者が遣わされるなどしたが、容態はなお悪化し、二十日、万寿姫は死去した。十三歳。鳴物十日、普請五日停止、二十五日に乗台院と諡号。東叡山への葬送（三月五日）、同山春性院での法会（同六日）は、田沼意次・水野忠友らが総督し、法会終了後、両名には八丈紬などが下賜された。

参考文献 『徳川実紀』一〇（『新訂増補国史大系』、吉川弘文館、一九六六年）、『徳川諸家系譜』一・二（続群書類従完成会、一九七〇・七四年）　（小関悠一郎）

徳川家基（とくがわいえもと）　一七六二―七九

徳川家治長男。母は家治側室お知保の方（蓮光院）。万寿姫（宝暦十一年（一七六一）八月）・貞次郎《さだじろう》（同十二年十二月）と家治子女の誕生が相つぐなか、宝暦十二年十月二十四日本丸に誕生、翌月家治正室（五十宮倫子《いそのみやともこ》、心観院）の養いとなり竹千代と称した。色直・宮参・髪置などの儀礼を経て、明和二年（一七六五）名を家基と改め、翌年元服（若君五歳の定例行事、将軍家世子の披露目の意味を持つ）、従二位大納言任官、同六年には世子として西丸入りした。明和八年に養母心観院が亡くなり、生母お知保の方が御部屋様となるということも起きたが、その後も、具足召初（安永三年（一七七四））、浅草筋にてのはじめての放鷹(同四年)、同七年に前髪をとるなど、順調に諸行事をこなした。ところが、同八年二月二十一日、鷹狩りの途上でにわかに発病し、翌日からの祈禱や群臣の気色伺いも空しく、二十四日に死去した。十八歳。普請十四日・鳴物二十一日停止、群臣総出仕などの後、板倉勝清《いたくらかつきよ》らの総督により三月十九日出棺、東叡山に葬送、孝恭院殿・正二位内大臣を贈られる。以後、諸事の整理には田沼意次らがあたった。なお、神沢杜口《かんざわとこう》『翁草《おきなぐさ》』は大奥女中の間での田沼毒殺説の広がりを記す。家治は、家基の早世を深く悲しんだが、慰める老臣に対して、天下の政治を譲る子が亡くなり、重ねて不時の事態が起これば、天下の人民はどうなるのかと嘆いているのだと述べたという。家治後の将軍職は三卿の一橋家斉が継ぐことになる。

参考文献　『徳川実紀』一〇(『新訂増補国史大系』、吉川弘文館、一九六六年)、『徳川諸家系譜』一・二(続群書類従完成会、一九七〇・七四年)

(小関悠一郎)

崇善院(すうぜんいん)　一七六二―六三

徳川家治次男。貞《さだ》次郎。母は家治側室お品の方(養蓮院)。母お品の方は田沼意次を後ろ盾として側室となった人物で、背後に家治寵臣大岡忠光《おおおかただみつ》が控えるお知保の方(蓮光院)と家治の寵愛を争った。宝暦十二年(一七六二)十月お知保の方に長子竹千代が産まれ、同年十二月十九日にお品の方も男子を出産すると、争いはいよいよ激烈になったという。この男子が貞次郎である。若君誕生に伴う諸行事は奥右筆組頭臼井藤右衛門・目付松平縫殿頭忠香らの管掌で行われ、七夜祝の折には貞次郎と命名されて御台所養いとされたが、翌年三月十六日貞次郎は生後三ヵ月で夭逝した。上野凌雲院に葬る。

参考文献　『徳川実紀』一〇(『新訂増補国史大系』、吉川弘文館、一九六六年)、『徳川諸家系譜』一(続群書類従完成会、一九七〇年)、高柳金芳『徳川妻妾記』(『江戸時代選書』九、雄山閣、二〇〇三年)

(小関悠一郎)

貞恭院(ていきょういん)　一七六五―九四

徳川家治養女。種《ふさ》姫(「たねひめ」とも)、聡子《としこ》。実父は田《た》安宗武《やすむねたけ》、生母山村氏、近衛久公女森姫養女。明和二年(一七六五)七月五日生まれ。安永四年(一七七五)十一月、家治の養女となって種姫君様と称され、家治嫡子家基の妹という縁続きとして本丸に入る。この養子縁組はのちに家基正室に迎える意図の下に行われたともいわれるが、同八年家基は死去する。同九年正月水痘を煩うも平癒、十一月に実名を聡子とした。天明二年(一七八二)二月、紀州徳川家の世子岩千代(のち治宝《はるとみ》)との縁組が取り決められ、翌年四月には結納が済まされた。同七年十一月に入輿し、赤坂御守殿にて婚礼が執り行われた。

「御入輿行列図」には、種姫が乗る白絵の蓬萊模様を施した輿をはじめ、この時の入輿の様子が詳細に描かれている。寛政三年(一七九一)には成人の儀式として袖留《そでとめ》を行い、翌年には江戸城本丸に逗留、上野惣御霊屋などを参詣した。絵画に堪能で秀麗な遺筆を多くのこしたという種姫であったが、同五年十二月二十五日から疱瘡を患い、同六年正月八日死去した。三十歳。鳴物七日停止。紀州徳川家からの願いにより、紀州浜中長保寺(紀州徳川家歴代の墓所)に葬ることとなり、二月二十七日に和歌山に到着して即日葬送、三月二日から八日まで紀伊東照宮別当寺大相院で法事が行われた。位牌は増上寺鑑蓮社にも安置された。法名貞恭院殿芳蘭慈室大姉。

参考文献　『徳川諸家系譜』一・二(続群書類従完成会、一九七〇・七四年)、堀内信編『南紀徳川史』二(名著出版、一九七〇年)、徳川記念財団編『徳川将軍家ゆかりの女性』(徳川記念財団、二〇〇八年)

(小関悠一郎)

〔関連人物〕

赤井忠晶(あかいただあきら)　一七二七―九〇

十代将軍徳川家治期の勘定奉行。享保十二年(一七二七)に生まれる。父は小性組頭赤井忠道《ただみち》。延享三年(一七四六)八月三日に小納戸に列し、十月十二日には小性にうつった。寛延三年(一七五〇)十二月二十七日遺跡を継ぐ。宝暦十年(一七六〇)五月十三日より、二丸で大御所徳川家重に仕えるが、翌年六月の家重死去により、八月四日に寄合となる。明和元年(一七六四)小十人頭、安永二年(一七七三)先弓頭をつとめ、同三年三月二十日に京都町奉行に就任する。在任中は、同四年に公璋《こうしょう》法親王(輪王寺門跡)の関東下向や、後桃園院葬儀(同八年)の御用をつとめ、さらに御所の普請を奉行した。天明二年(一七八二)十一月二十五日、安藤惟要《あんどうこれとし》の後任として勘定奉行となり、同じく勘定奉行であった松本秀持《まつもとひでもち》とともに、印旛沼・手賀沼の干拓事業や御用金令発布などを推進し、後期の田沼政権を支えた。しかし、同六年八月に田沼意次が失脚すると、これらの政策は中断・廃止された。同年十一月十五日に西丸留守居へ左遷され、その後寄合となる。さらに同七年十二月五日には、勘定奉行在任中に不正があったとして、知行地の半分を上地され、小普請入りと逼塞を命じられた。なお、このとき一緒に処罰されたのは、松本のほかに、忠晶勘定奉行在任中に勘定吟味役だった飯塚英長《いいづかふさなが》、勘定組頭だった土山孝之《つちやまたかゆき》などであった。同八年に罪を許されたが、寛政二年(一七九〇)四月二十五日に死去。六十四歳。法名は宗寛。菩提寺は谷中の臨江寺。

参考文献 『新訂寛政重修諸家譜』四(続群書類従完成会、一九六四年)、藤田覚『田沼意次―御不審を蒙ること、身に覚えなし―』(『ミネルヴァ日本評伝選』、ミネルヴァ書房、二〇〇七年)

(吉成　香澄)

池大雅 (いけのたいが)　一七二三―七六

江戸時代中期の文人画家(南画家)、書家。本姓は池野、名は勤《きん》のちに無名《ありな》、字は公敏《こうびん》のち貨成《かせい》。大雅、三岳道者《さんがくどうしゃ》、九霞《きゅうか》山樵《さんしょう》などと号した。享保八年(一七二三)五月八日、京都銀座下役の家に生まれるが、四歳の時に父を失う。六歳で素読を、七歳で書を学び始め、宇治の黄檗山万福寺で書を披露して絶賛されている。書の師は、唐様《からよう》の書で知られた寺井養拙《てらいようせつ》の門人清光院一井《いっせい》だが、絵の師は知られておらず、中国の画譜類から独学で学んだと考えられている。元文二年(一七三七)、十五歳のときに、画扇と印刻の店を開いたのが、職業画家としてのはじまりとされる。最も早期の絵画作品は、延享元年(一七四四)、二十二歳のときに描いた「渭城柳色図《いじょうりゅうしょくず》」(敦井美術館所蔵)である。大雅は旅と登山を好み、二十代後半から三十代に江戸や奥羽、北陸など各地に出掛け、富士山、立山、白山の三名山を踏破して三岳道者と号している。これは中国文人画家の重視する「万巻の書を読み、万里の道を往く」という理念に則ったものと考えられ、その成果は「陸奥奇勝図《むつきしょうず》巻」(重文、九州国立博物館所蔵)、「浅間山真景図《あさまやましんけいず》」(個人蔵)などに直結している。代表作は四十代以降の円熟期に多く、明和八年(一七七一)、四十九歳のときに与謝蕪村《よさぶそん》と聯作した「十《じゅう》便十宜図冊《べんじゅうぎずさつ》」(国宝、川端康成記念会所蔵)のうちの「十便図」や、「山亭雅会《さんていがかい》図襖絵」(国宝、高野山遍照光院所蔵)、「岳陽楼《がくようろう》図・酔翁亭《すいおうてい》図屏風」(国宝、東京国立博物館所蔵)などが知られている。また筆の代わりに手指で描く指頭《しとう》画に優れ、障壁画「五百羅漢図」(重文、万福寺所蔵)を遺している。のびやかな線、点描を多用した清明な色彩、雄大で奥深い空間構成が特徴で、その業績は、祇園南海《ぎおんなんかい》や柳沢淇園《やなぎさわきえん》ら前代の文人画家たちが移入した中国の文人画を、その模倣に留まらず、独自の画風に昇華させ、「日本の文人画」を大成したことにある。門人に妻の池玉瀾《いけのぎょくらん》、青木夙夜《あおきしゅくや》、木村蒹葭堂《きむらけんかどう》らがいる。安永五年(一七七六)四月十三日没。五十四歳。

参考文献 菅沼貞三『池大雅―人と芸術―』(二玄社、一九七七年)、河野元昭『新編名宝日本の美術』二六(小学館、

一九九一年）、武田光一『日本の南画』（『世界美術双書』八、東信堂、二〇〇〇年）
（奥田　敦子）

伊藤宗鑑（いとうそうかん）　一七〇六―六一

七世将棋名人、三代伊藤宗看《そうかん》。二代伊藤宗印の次男で幼名印寿《いんじゅ》。宝永三年（一七〇六）生まれ。徳川吉宗がはじめて式日を定めた享保元年（一七一六）の御城将棋（家元の大橋本分家・伊藤家による将軍御前での対局）に十一歳で初勤し、同十三年には名人・将棋所（寺社奉行支配で将軍の指南・免状発行権などを持つ）を襲位、同十九年に『象戯図式《しょうぎずしき》』を献上。晩年将棋を好んだ徳川家治の対手を務めた。「鬼宗看」「独立の名人」と呼ばれ伊藤家全盛時代を築いた。宝暦十一年（一七六一）没。五十六歳。本所本法院の駒型墓碑は裏に「名人」と刻む。

参考文献　『徳川実紀』一〇（『新訂増補国史大系』、吉川弘文館、一九六六年）、山本亨介「人とその時代五（三代伊藤宗看）」（大山康晴『日本将棋大系』五、筑摩書房、一九七八年）、伊藤宗看・伊藤看寿『詰むや詰まざるや』（平凡社、一九八〇年）
（小関悠一郎）

上杉治憲（うえすぎはるのり）　一七五一―一八二二

出羽国米沢藩主。家老竹俣当綱《たけのまたまさつな》・莅戸善政《のぞきよしまさ》らの「賢宰」を信任して、中期藩政改革の典型とされる同藩の明和・安永改革、寛政改革を遂行した「明君」として著名である。宝暦元年（一七五一）七月二十日、日向国高鍋藩主秋月種美《あきづきたねみ》の次男として江戸に生まれ、幼名は直松・直丸。宝暦十年八代藩主上杉重定《しげさだ》の養子となって治憲を名乗り、明和三年（一七六六）従五位下弾正大弼任官。翌年襲封し、大倹を皮切りに改革政治を開始、郷村出役設置などの農村支配機構再編、儒者細井平洲《ほそいへいしゅう》招聘や藩校設置などの教学政策、民衆教化、借財整理と資金獲得、桑・漆・楮《こうぞ》植立てなどの殖産政策など、総合的な改革政策を実施した。この改革の過程で「地利」「国産」、「教化」「教導」といった理念が強く打ち出されたことは、改革政治の遂行に一定の社会的合意の取得が不可欠だったことを示している。天明二年（一七八二）の竹俣失脚をうけ同五年隠居したが、同七年には在職中の善政を徳川家斉から賞された。また、明和・安永改革における備荒貯蓄策や記録所の拡張・編纂事業などは、幕府寛政改革の先取りともいわれる。寛政三年（一七九一）からは、藩主後見として、領外商人から融資を得て殖産興業をさらに進める側面を持ちつつ、農村再建を基調とした寛政改革を実施、化政年間に一応の成功をみたとされる。文政五年（一八二二）三月十二日没。七十二歳。治憲の言行・政治は、『上杉家近来政事大略』（安永年間（一七七二―八一）成立）・『翹楚篇《ぎょうそへん》』（寛政元年成立）などの明君録により、在任中から全国的に広く知られ、幕末期には政治論の基準として参照されるに至った。こうして確立した治憲明君像は、時代による変容を蒙りながら、検定・国定教科書への記載に見られるように、近代以降に至るまで大きな影響を与え続けたのである。

参考文献　池田成章編『鷹山公世紀』(吉川弘文館、一九〇六年)、横山昭男『上杉鷹山』(『人物叢書』、吉川弘文館、一九六八年)、小関悠一郎『〈明君〉の近世』(吉川弘文館、二〇一二年)

(小関悠一郎)

上田秋成(うえだあきなり)　一七三四—一八〇九

和学者、読本作者。本名東作《とうさく》、号は無腸《むちょう》など。享保十九年(一七三四)六月二十五日、大坂曾根崎新地(大阪府大阪市北区)の茶屋に、大和国葛上《かつじょう》郡樋野《ひの》村(奈良県御所市)の旧家松尾氏の娘の子として生まれる。四歳で堂島永来《えら》町(大阪市北区)の紙・油商上田家の養子となる。五歳で痘瘡を患い、指に後遺症を残す。宝暦十年(一七六〇)に植山たまと結婚し、翌宝暦十一年には養父を失う。明和三年(一七六六)に処女作の浮世草子『諸道聴耳世間狙《しょどうききみみせけんざる》』、翌四年に『世間妾形気《せけんてかけかたぎ》』を出版し、明和五年に三十五歳で『雨月物語《うげつものがたり》』の初稿を完成させる。明和八年、火災のため家財を失うと大坂郊外の加島《かしま》村(大阪市淀川区)に拠点を移し、都賀庭鐘《つがていしょう》のもとで医業を学ぶとともに、すでに交流のあった建部綾足《たけべあやたり》と同じ賀茂真淵《かものまぶち》門の加藤宇万伎《かとううまき》に入門し、古典などの学びを深めていく。安永五年(一七七六)には、大坂尼ヶ崎町(大阪市中央区)で町医者として開業し、『雨月物語』を出版する。このころから宇万伎・真淵・荷田春《かだのあずま》満《まろ》の著述の校訂・刊行に携わり、宇万伎が没した天明年間(一七八一—八九)には本居宣長《もとおりのりなが》の著述と接す。そして、天明六年ごろから宣長と上代の音韻や日の神をめぐる論争を繰り広げる。天明七年、淡路庄《あわじのしょう》村(高畑村・増島村、大阪市東淀川区)に退隠し、寛政五年(一七九三)には京都へ移る。そして、晩年は目が不自由になりつつも、文化五年(一八〇八)に『春《はる》雨物語《さめものがたり》』を成稿させ、翌文化六年六月二十七日に七十六歳で没した。

参考文献　高田衛『上田秋成年譜考説』(明善堂、一九六四年)、『上田秋成全集』(中央公論社、一九九〇—九五年)、飯倉洋一・木越治編『秋成文学の生成』(森話社、二〇〇八年)、一戸渉『上田秋成の時代』(ぺりかん社、二〇一二年)

(小田　真裕)

内山永清(うちやまながきよ)　一七二二—?

徳川家治の近習。通称七兵衛。享保七年(一七二二)生まれ。元文五年(一七四〇)徳川吉宗に拝謁、寛保二年(一七四二)書院番、翌年西丸小納戸に進んで家治に近侍した。家治が御伽衆に紙鳶《たこ》(凧)を揚げさせた折、御伽だった永清は弓籠手を拝領し後々まで家に蔵したという。また家治が近習に命じた猿楽習得に代え永清は狂言を学んだという。ついで宝暦二年(一七五二)家督相続(知行百石・蔵米百俵カ)、同十年家治将軍襲職に伴い本丸勤仕。永清は家治若年から放鷹に近侍したが、明和七年(一七七〇)鷹匠頭に転じ天明六年(一七八六)まで務めた。翌年致仕。この間、日光社参では特に近侍を命じられるなど、久しく家治と昵懇であった。

参考文献　『徳川実紀』一〇(『新訂増補国史大系』、吉川弘文館、一九六六年)、『新訂寛政重修諸家譜』四(続群書類従完成会、一九六四年)

(小関悠一郎)

大槻玄沢　(おおつきげんたく)　一七五七―一八二七

蘭学者。名は茂賢《しげかた》、字は子煥《しかん》、号は磐水《ばんすい》。宝暦七年(一七五七)九月二十八日生まれ。父玄梁《げんりょう》は阿蘭陀流外科医であり、明和二年(一七六五)より仙台藩の支藩一関藩に仕える。玄沢は明和六年より、父の同僚である一関藩医建部清庵《たけべせいあん》に師事する。安永七年(一七七八)江戸に出て、清庵と交渉のあった杉田玄《すぎたげん》白《ぱく》の天真楼《てんしんろう》塾で医学を学び、前野良沢《まえのりょうたく》にオランダ語を学んだ。天明五年(一七八五)福知山藩主朽木昌綱《くつきまさつな》の出資で長崎に遊学し、本木良永《もときよしなが》・吉雄耕牛《よしおこうぎゅう》ら通詞にオランダ語を学ぶ。翌六年帰府後、本藩である仙台藩の江戸詰藩医となる。また私塾芝《し》蘭堂《らんどう》を開き、全国から集まった門人たちの教育にあたった。代表的な門人に稲村三伯《いなむらさんぱく》、宇田川玄真《うだがわげんしん》、橋本宗吉《はしもとそうきち》、山村才助《やまむらさいすけ》らがいる。著訳書も多く、玄白の委嘱による『重訂解体新書《ちょうていかいたいしんしょ》』や、蘭学入門書として蘭学の普及と啓蒙に大きく貢献した『蘭学階梯《らんがくかいてい》』などがある。また文化元年(一八〇四)にロシア使節レザノフに伴われて仙台領の漂流民が帰国すると、藩命で漂流談を聞き取り『環海異聞《かんかいいぶん》』を編集して藩に提出した。海外事情の研究としては、ほかにイギリスの脅威を説いた『捕《ほ》影問答《えいもんどう》』などがある。文化八年に幕府が天文方に翻訳局を設置すると、玄沢は江戸蘭学における第一人者として蛮書和解《ばんしょわげ》御用《ごよう》を命ぜられ、『厚生新編《こうせいしんぺん》』の訳述事業に従事した。文政十年(一八二七)三月三十日没。七十一歳。

参考文献　『洋学』上(『日本思想大系』六四、岩波書店、一九七六年)、洋学史研究会編『大槻玄沢の研究』(思文閣出版、一九九一年)

(矢森小映子)

大橋印寿　(おおはしいんじゅ)　一七四四―九九

八世将棋名人、九代大橋宗桂《そうけい》(八代宗桂嫡子)。延享元年(一七四四)生まれ。宝暦五年(一七五五)御城将棋(家元による御前対局)に初勤、安永三年(一七七四)九代目を継ぐも天明四年(一七八四)まで印寿と称す。みずから『象棋攷格《しょうぎこうかく》』を著した将棋好きの徳川家治は、たびたび奥御用として印寿に相手を命じ拝領物を下賜したという。家治が始めた近習との御好対局(印寿は三十番を指す)は、大胆な戦法が試みられ新戦術の母胎となったともいわれる。印寿は天明六年『象戯図式《しょうぎずしき》』を献上、寛政元年(一七八九)名人を襲位した。寛政十一年没。五十六歳。

参考文献 『徳川実紀』一〇(『新訂増補国史大系』、吉川弘文館、一九六六年)、山本亨介「人とその時代七(九代大橋宗桂)」(有吉道夫『日本将棋大系』七、筑摩書房、一九七九年)

(小関悠一郎)

小笠原信喜(おがさわらのぶよし) 一七一八—九一

徳川家重・家治期の御側御用取次。享保三年(一七一八)に生まれる。同十九年家督を継いで八百石を知行し、小普請となる。元文二年(一七三七)西丸小納戸に就任、同三年西丸小性に移る。延享二年(一七四五)、将軍職に就任した徳川家重に従って本丸勤仕となる。同四年小性組番頭格となり、千二百石加増される。宝暦元年(一七五一)御側に進む。同十年隠居した家重に従って二丸勤めとなるが、翌十一年家重の死去により本丸勤めに戻り、十代将軍徳川家治に仕えた。安永四年(一七七五)二月十四日、辞職して菊之間広縁に候す。同年十二月三日西丸(家基)御側となり、同五年西丸御側御用取次となる。同六年十二月一日に千石加増。同八年徳川家基が死去したため、本丸勤務となる。天明元年(一七八一)閏五月十一日、一橋家から将軍家の養子となった豊千代(のち十一代将軍徳川家斉)に付属して、西丸御側御用取次となる。同五年二月八日二千石加増。同六年閏十月一日家斉が将軍家を相続したことにより、本丸の御側御用取次になる。このころ、同僚には横田準松《よこたのりとし》・本郷泰行《ほんごうやすあき》・田沼意致《たぬまおきむね》といった田沼派の人物が揃っていた。そのなかで信喜は、将軍家斉の実父である一橋《ひとつばし》治済《はるさだ》の意向をうけて、田沼派を一掃して松平定信の老中就任を実現するために活動した。同七年五月一日に二千石を加増され、計七千石を知行する。寛政三年(一七九一)四月三日、死去。七十四歳。法名は日省。墓所は谷中安立寺。

参考文献 『新訂寛政重修諸家譜』一九(続群書類従完成会、一九六六年)、深井雅海「天明末年における将軍実父一橋治済の政治的役割—御側御用取次小笠原信喜宛書簡の分析を中心に—」(『徳川林政史研究所研究紀要』昭和五十六年度、一九八二年)

(吉成　香澄)

小野一吉(おのくによし) 一七〇〇—八三

十代将軍徳川家治期の勘定奉行。元禄十三年(一七〇〇)に細工所同心小野勝豊《かつとよ》の子として生まれる。勝豊は徳川綱吉の神田館に仕え、徳松《とくまつ》(綱吉の子)に付いて西丸に入り、幕府の御家人となった。一吉は大奥進物取次上番、表火番を経て徒目付になった。元文二年(一七三七)、勘定に昇進して俸禄五十俵の旗本となる。宝暦五年(一七五五)に勘定吟味役(俸禄百俵、のちに武蔵国比企郡・入間郡のうちより三百十石の知行地を得る)、同十二年に勘定奉行になり、安房国安房郡のうち二百石を加増されて計五百十石の知行となる。在任中は米価御用や東照宮百五十回忌法会御用などをつとめた。明和八年(一七七一)大目付になる。御家人の出自から勘定奉行、さらに大目付まで昇り詰めた一吉について、多くの評価がある。なかでも平賀源内《ひらがげんない》は、自身が勘定奉行になったとしても、小野一吉の真似であって、珍しいと思われないだろう、と舌を巻いたという。また、京都町奉行所与力の神沢杜口《かんざわとこう》は、著書『翁草』において、才力抜群のうえ職務に専心した点で及ぶ者はいない、と讃えている。安永五年(一七七六)に西丸旗奉行となり、同八年に本丸旗奉行となるが、天明元年(一七八一)に再び西丸勤めになった。同三年二月三日、死去。八十四歳。法名は夢外。墓地は浅草の東岳寺(のちに東京都足立区に移転)。

参考文献　『新訂寛政重修諸家譜』二〇(続群書類従完成会、一九六六年)、藤田覚『田沼意次—御不審を蒙ること、身に覚えなし—』(『ミネルヴァ日本評伝選』、ミネルヴァ書房、二〇〇七年)

(吉成　香澄)

狩野典信　(かのうみちのぶ)　一七三〇—九〇

絵師。木挽町狩野家六代当主。通称庄三郎、号栄川・栄川院。享保十五年(一七三〇)生まれ。享保十六年二歳で家督相続、寛保元年(一七四一)徳川吉宗に御目見。宝暦十二年(一七六二)法眼、翌年奥御用、安永二年(一七七三)御医師格、同九年法印。この間、朝鮮国王への屏風製作(宝暦十四年)、江戸城本丸・黒書院の障壁画御用などを務めた。同五年日光社参では徳川家治に随従。絵画を好んだ家治の側に常々近侍し、家治自身の画には典信が御印を捺すのが常だったという。安永二年の御医師格への昇格も、家業精練に加え日々絵画のことで家治を慰撫したことによる。家治およびその嫡子家基の死去時には、その肖像画・霊廟障壁画を製作した。寛政二年(一七九〇)八月十六日没。六十一歳。

参考文献　『徳川実紀』一〇(『新訂増補国史大系』、吉川弘文館、一九六六年)、『新訂寛政重修諸家譜』二一(続群書類従完成会、一九六六年)、『東洋美術大観』五(審美書院、一九〇九年)

(小関悠一郎)

賀茂真淵　(かものまぶち)　一六九七—一七六九

国学者、歌人。名は政藤・春栖などののち、田安家出仕前後から真淵、通称は庄助・三四などののち、田安家出仕後は衛士、号は県主《あがたぬし》のち県居《あがたい》。元禄十年(一六九七)三月四日、遠江国敷智《ふち》郡伊場《いば》村(静岡県浜松市)賀茂新宮の神職の子として生まれる。生家の岡部家は、京都の賀茂氏の末裔を称する神職家の分家であった。幼少時は、荷田春満《かだのあずままろ》の姪真崎《まさき》・真崎の夫杉浦国頭《すぎうらくにあきら》・森暉昌《もりてるまさ》から和歌・神書などを、渡辺蒙庵《わたなべもうあん》から漢学を学ぶ。浜松宿本陣梅谷家の養子となるが、享保十八年(一七三三)に三十七歳で上京し、荷田春満の教えを受ける。元文元年(一七三六)に春満が没すと、翌二年に四十一歳で江戸へ出府し、古典講義を行うようになる。五十歳となった延享三年(一七四六)からは、田安家に和学御用として出仕し、古典や有職の注釈を著す。宝暦七年(一七五七)ごろから県居の号を使用し始め、同年には『冠辞考《かんじこう》』を刊行する。宝暦十年、六十四歳で和学御用を致仕するが、この数年前ごろから古道宣揚の意図が窺えるようになること、晩年には古典の忠実な理解に留まらず、自身の創出した原理に基づく古典の再解釈を行なっていたことが指摘されている。真淵の議論は、神道と対立する儒教を批判し、『万葉集』を中心とした古典の解釈から古意・古道を明らかにしようとするものであった。著書には、『国意考《こくいこう》』など「五意考」のほか、『延喜式祝詞解《えんぎしきのりとかい》』『祝詞考《のりとこう》』などがある。明和六年(一七六九)十月三十日、七十三歳で没した。

[参考文献]『賀茂真淵全集』(続群書類従完成会、一九七七―九二年)、南啓治編「賀茂真淵研究主要文献目録」(真淵生誕三百年記念論文集刊行会編『賀茂真淵とその門流』、続群書類従完成会、一九九九年)、松本久史「賀茂真淵の古道観」(『荷田春満の国学と神道史』、弘文堂、二〇〇五年)

(小田　真裕)

柄井川柳　(からいせんりゅう)　一七一八―九〇

雑俳点者。川柳号は、十五代脇屋《わきや》川柳まで続いている。初代は、幼名が勇之助、のちの字は正通。通称は八右衛門で、緑亭・無名庵とも号した。享保三年(一七一八)、江戸浅草新堀橋(東京都台東区)に生まれる。父が隠居した宝暦五年(一七五五)、三十八歳で竜宝寺門前町(東京都台東区)の名主役を継ぎ、宝暦七年八月二十五日にははじめて万句合興行を行なって前句付点者として立机する。以後、月三日、五の日に開かれた会は寛政元年(一七八九)まで休むことなく続けられる。なお、点者となる以前の川柳の経歴については、談林俳諧の宗匠大島蓼太《おおしまりょうた》の門人などの諸説があるが、未詳である。明和二年(一七六五)、呉陵軒可有《ごりょうけんあるべし》を編者として、川柳評の万句合勝句抜句集『誹風柳多留《はいふうやなぎだる》』初篇が出版されると、川柳万句合の人気はいっそう高まっていく。そして、前句題を不要とする一句立の川柳風狂句という様式が生まれた。呉陵軒が天明八年(一七八八)に没すると、翌寛政元年に追善角力句合を載せた『柳多留』第二十三編を編む。そして、同年九月二十五日の会で点者としての生活を終え、寛政二年九月二十三日に七十三歳で没した。初代川柳作の句は、四句しか伝わっていない。初代川柳の没後、文化三年(一八〇六)に、初代の長男弥惣右衛門幸孝が二代川柳を襲号する。そして、二代川柳が文政元年(一八一八)十月十七日に六十歳で没すると、一橋家に仕えていた初代の五男八蔵幸達が三代川柳を襲名するが、社中の不評を買って文政七年に引退することとなり、四代からは社中から選ばれるようになった。

参考文献　鈴木勝忠『柄井川柳』(新典社、一九八二年)、『初代川柳選句集』(『岩波文庫』、岩波書店、一九九五年)

(小田　真裕)

工藤平助（くどうへいすけ）　一七三四—一八〇〇

医者・経世家、『赤蝦夷風説考《あかえぞふうせつこう》』の著者。享保十九年(一七三四)、紀州藩医長井常安《ながいつねやす》の三男として生まれ、江戸定詰仙台藩医工藤丈庵《くどうじょうあん》の養子となり、宝暦五年(一七五五)家督を相続した。前野良沢《まえのりょうたく》、中川淳庵《なかがわじゅんあん》、桂川甫周《かつらがわほしゅう》、大槻玄沢《おおつきげんたく》ら蘭学者と親交があり、彼らを通じて海外情報を入手した。天明四年(一七八四)には『赤蝦夷風説考』を老中田沼意次《たぬまおきつぐ》に献上し、ロシアの南下策への対応と蝦夷地開発の急務を献策した。同書は上下巻からなり、下巻では蘭書を通じて得た知識をもとにロシアやカムチャツカの歴史・地理を論じ、上巻ではロシアの南下策への対応を論じた。平助は、松前藩関係者から帝政ロシアの蝦夷地到来と密貿易に関する情報を、長崎蘭通詞吉雄耕牛《よしおこうぎゅう》から蘭書にもとづいた地理・歴史に関する知見を入手していた。著作の特徴は第一にベニョフスキーのもたらした帝政ロシアの領土的侵略意図を否定し、ロシアが交易開始を望んでいると論じた点、第二にロシアとの交易を積極的に行うこと、その資源として蝦夷地の金銀山を開発すること、さらには交易で得られる利潤を資本にして蝦夷地の警衛を強化することを提言した点にあった。それまで異国として位置付けられていた蝦夷地の積極的開発を提言した点で画期的な書物であり、その後の北方脅威論とは性格を異にしていた。同書の提言は田沼意次に採用され、天明五年に青島俊蔵《あおしましゅんぞう》・山《やま》口鉄五郎《ぐちてつごろう》・庵原弥六《いはらやろく》らを中心としたはじめての大規模な蝦夷地調査の契機となった。寛政十二年(一八〇〇)十二月十日、六十七歳で没。

参考文献　佐藤昌介「経世家崋山と科学者長英」(同編『渡辺崋山・高野長英・工藤平助・本多利明』、中央公論社、一九七二年)、秋月俊幸『日本北辺の探検と地図の歴史』(北海道大学図書刊行会、一九九九年)

(檜皮　瑞樹)

恋川春町（こいかわはるまち）　一七四四—八九

黄表紙・洒落本作者、狂歌師、浮世絵師。本名は倉橋格《くらはしいたる》、通称寿平、狂名は酒上不埒《さけのうえのふらち》・寿山人。春町は、私淑していた浮世絵師勝川春章《かつかわしゅんしょう》と駿州小島《おじま》藩邸のある江戸小石川春日町(東京都文京区)にちなんだ筆名。延享元年(一七四四)、紀州田辺藩士桑島九蔵勝義の子として生まれ、宝暦十三年(一七六三)、二十歳の年に伯父の駿州小島藩士倉橋忠蔵の養子となり、江戸藩邸に住み、留守居役・重役加判などの職を務めた。芦中という俳号を持つ養父のもと、藩医寸長から俳諧を学び、座中の鳥山石燕《とりやませきえん》からは絵を学んでいる。そして、安永二年(一七七三)に洒落本『当世風俗通《とうせいふうぞくつう》』の挿絵を描くと、安永四年に自画作で発表した『金々先生栄花夢《きんきんせんせいえいがのゆめ》』が好評を博し、後年、黄表紙の祖と目されるようになった。安永五年に家督を相続し、天明七年(一七八七)には年寄本役に昇進している。しかし、天明八年に田沼意次の失脚を題材にした『悦昆布《よろこんぶ》贔《ひい》屓《きの》蝦《え》夷《ぞ》押《おし》領』、寛政元年(一七八九)に寛政改革下の武士を揶揄した『鸚鵡返文武二道《おうむがえしぶんぶのふたみち》』を発表すると、寛政元年四月に松平定信から出頭を命ぜられる。春町は、この召喚には病を口実として出頭しなかったが、ほどなく四十六歳で没した。由緒書には、同年七月七日に病死した旨が記されているが、主家と養父を憚った自殺ではないかと考えられている。生涯で約三十編の黄表紙を残したほか、洒落本・狂歌を制作し、黄表紙の挿絵も残した。

参考文献 浜田義一郎「恋川春町」(『国語と国文学』三六ノ八、一九五九年)、加藤定彦「若き日の恋川春町」(神保五弥編『江戸文学研究』、新典社、一九九三年)

(小田 真裕)

佐竹義和 (さたけよしまさ) 一七七五—一八一五

出羽国秋田藩主。安永四年(一七七五)正月元日、八代藩主佐竹義敦《よしあつ》の長子として江戸藩邸に出生。幼名直丸・次郎。字子政、号泰峨・如不及斎など。天明五年(一七八五)襲封、同八年に従四位下侍従叙任、右京大夫を襲称。その事蹟は「文化人」としての色彩が濃厚だが、秋田藩寛政改革を断行した「明君」として知られる。同改革は、藩政の混迷、財政の窮状、在地構造の変容といった事態の中、藩主・藩権力の強化と正統性再構築を最大の課題に行われた。改革では、諸産物・産業の育成と先進技術導入が行われて民間からの国益論を生み出す一方、郡方役人の在方常勤体制を構築しての仁政的支配(備荒貯蓄・帰農強制・農民撫育など)の執行が図られた。寛政元年(一七八九)の入部と同四年の親裁開始を機に設立・始動した藩校は、改革と以降の藩政を担う政策主体としての下級官僚集団を形成させた。かかる権力構造の再編は、記録方・藩校での編纂事業などによる義和明君像と相俟って幕末期に至る藩体制の起点といわれる。幕府との関係では、寛政四年・享和二年(一八〇二)に普請手伝いが課され、文化四年(一八〇七)には松前出兵を命じられた。また松平定信(幕府老中)とは、常に「修道、明義、撫民、善俗之事」を「言論反復」したという。義和＝明君認識はこれらの事蹟によって成り立っているが、同時期の明君として並称される細川重賢《ほそかわしげかた》・上杉治憲《うえすぎはるのり》と異なり、義和明君像が江戸時代に広く知られた事実は確認されていない。「事蹟の世に顕はれざる(中略)遺憾」と述べた秋田市長大久保鉄作→伊藤博文→「聖上陛下」という「天樹公政績一班」の献上(明治四十二年(一九〇九))を一契機として広がった義和明君像は、近代に生み出されたという側面を持っているといえよう。文化十二年(一八一五)七月八日没。四十一歳。

参考文献 大久保鉄作『天樹院佐竹義和公』(一九一六年)、金森正也『藩政改革と地域社会』(清文堂、二〇一一年)

(小関悠一郎)

佐野政言 (さのまさこと) 一七五七―八四

若年寄田沼意知《たぬまおきとも》に対して刃傷沙汰に及んだ旗本。十代将軍徳川家治期の新番。宝暦七年(一七五七)に生まれる。安永二年(一七七三)父政豊《まさとよ》の隠居により家督相続する。知行五百石。同六年二月七日に大番となり、同七年六月五日に新番に転じた。天明四年(一七八四)三月二十四日、江戸城内で若年寄田沼意知に斬りかかり、重傷を負わせた。四月二日に意知が死去したため、当時の慣例に従って、政言は乱心の上の事件として切腹を命じられた。取り調べによると、主な動機は次のようなものである。佐野家は徳川の譜代の家柄で、田沼家は系図上佐野家の家来筋であった。そこから、事件の三〜四年前に意知の要望で、政言が所持していた佐野家の系図を貸し出したが、返却されなかった。その上、再三の催促をうけた意知は、政言が所属する新番の組頭である蜷川親文《にながわちかぶん》に、政言は短慮で無礼な人物なので出入り禁止にすると申し渡したという。また、佐野家の知行地内にある佐野大明神と称する社を、意知の命で田沼大明神と改めさせられた上、社を横領された。さらに、小納戸もしくは小普請組頭の役職を世話するといって、計六百二十両の金子を受け取りながら、約束が果たされなかった。以上のほか、多くの遺恨を抱えていたという。四月三日、揚座敷前庭において切腹。二十八歳。佐野家の菩提寺である浅草徳本寺に葬られた。事件の情報は即座に広まり、政言に庶民の同情が集まった。また、事件発生の時期に、高騰していた米価が一時的に下がったことから、「世直し大明神」として崇められた。なお、徳本寺の過去帳によると、政言の読み方は「まさつね」となっており、「まさこと」とする『寛政重修諸家譜』と相違している。

参考文献 山田忠雄「佐野政言切腹余話」(『史学』五七ノ四、

一九八八年)、白根孝胤「田沼意知刺殺事件の真相」(竹内誠他『江戸時代の古文書を読む―田沼時代―』、東京堂出版、二〇〇五年)　(吉成　香澄)

志筑忠雄　(しづきただお)　一七六〇―一八〇六

江戸時代中後期の蘭学者。科学史の分野では『暦象新書《れきしょうしんしょ》』、歴史学の分野では『鎖国論《さこくろん》』の著者として名高い。通称忠次郎。宝暦十年(一七六〇)、長崎に生まれる。阿蘭陀通詞志筑家へ養子に入り、安永五年(一七七六)、養父孫次郎の跡を継いで稽古通詞となった。しかし、翌六年、病身を理由に退役を願い出た。正式に退役したのは、天明年間(一七八一―八九)と考えられている。その後、本姓中野に復し、蘭書の研究と翻訳に専念した。著作は五十点近くにのぼり、その分野は天文・物理から地理、海外事情、さらにオランダ語まで多岐にわたる。主著『暦象新書』は、ジョン＝キール『真正なる自然学および天文学への入門書』の蘭訳本を翻訳し、志筑自身の説を付した天文書である。ニュートン力学を解説した同書を執筆するにあたって志筑が造語した「重力」「遠心力」「楕円」などの用語は、今日でも用いられている。『鎖国論』は、ケンペル『日本誌』の抄訳に注釈を加えた書物で、「鎖国」という語の初出とされる。オランダ語に関する著作としては、『助字考《じょじこう》』『和蘭詞品考《おらんだしひんこう》』などがあり、「動詞」「代名詞」といった品詞名や、「現在」「過去」「未来」といった時制の名称を生み出した。彼のオランダ語文法研究の成果は、門人の馬場《ばば》佐十郎《さじゅうろう》や大槻玄幹《おおつきげんかん》によって江戸にもたらされ、江戸の蘭学界に影響を与えた。文化三年(一八〇六)七月八日(一説に九日)、四十七歳で死去。

参考文献　渡辺庫輔『阿蘭陀通詞志筑氏事略』(『長崎学会叢書』四、長崎学会、一九五七年)、『蘭学のフロンティア―志筑忠雄の世界―』(長崎文献社、二〇〇七年)、吉田忠「志筑忠雄」(ヴォルフガング＝ミヒェル・鳥井裕美子・川嶌眞人編『九州の蘭学―越境と交流―』、思文閣出版、二〇〇九年)　(杉　岳志)

杉田玄白　(すぎたげんぱく)　一七三三―一八一七

蘭方医、若狭国小浜藩医。名は翼《たすく》、字は子鳳《しほう》、号は鷧斎《いさい》、のち九幸《きゅうこう》。享保十八年(一七三三)九月十三日、江戸に生まれる。宮瀬竜門《みやせりゅうもん》に漢学を、西玄哲《にしげんてつ》に蘭方外科を学ぶ。宝暦四年(一七五四)の山脇東洋《やまわきとうよう》による解剖の報に感銘を受けたという。明和八年(一七七一)前野良沢《まえのりょうたく》・中川淳庵《なかがわじゅんあん》らと江戸小塚原《こづかっぱら》(東京都荒川区)での腑分《ふわ》けに立会い、『ターヘル＝アナトミア』と呼ばれるオランダ解剖学書の図の正確さに驚嘆して翻訳を企てる。安永三年(一七七四)に『解体新書《かいたいしんしょ》』として刊行した。翻訳事業の苦心については、晩年の回想録『蘭学事始《らんがくことはじめ》』に詳しい。玄白は刊行にあたって幕府の取締りを受けないよう、前年に『解体約図《かいたいやくず》』を刊行して反応をうかがい、『解体新書』出版に先立って将軍家や朝廷・幕府の要路に献本している。『解体新書』刊行後は蘭学創始の功労者として名声を博す。藩医としての勤務の傍ら開業医としての診療と、天真楼《てんしんろう》塾における後進の育成につとめ、大槻玄沢《おおつきげんたく》らの門人を育てた。玄白のもとには各地から百四人もの門人が集まったという。文化十四年(一八一七)四月十七日没。八十五歳。著作に『形影夜話《けいえいやわ》』『狂医之言《きょういのげん》』などの医学論や、『後見草《のちみぐさ》』『野叟独語《やそうどくご》』などの政治批判の書がある。また陸奥国一関《いちのせき》(岩手県一関市)の医師建部清庵《たけべせいあん》と往復したオランダ医学に関する書簡は、『和蘭医《オランダい》事問答《じもんどう》』として出版された。

参考文献　片桐一男『杉田玄白』(『人物叢書』、吉川弘文館、一九七一年)、『洋学』上(『日本思想大系』六四、岩波書店、一九七六年)

(矢森小映子)

鈴木春信(すずきはるのぶ)　?—一七七〇

江戸時代中期の浮世絵師。生年は享保十年(一七二五)と伝えられる。本姓は穂積のちに鈴木。通称は次郎兵衛または次兵衛。思古人《しこじん》、長栄軒《ちょうえいけん》と号した。一説に京都に出て西川祐信《にしかわすけのぶ》に学んだとされる。また、江戸神田白壁町(東京都千代田区)の戸主で、同じ町に住む平賀源内《ひらがげんない》とも交流があったと伝えられる。明和二年(一七六五)に絵暦《えごよみ》の交換会(大小会《だいしょうえ》)が流行した際、大小会をリードした大久保忠舒《おおくぼただのぶ》(俳名菊簾舎巨川《きくれんしゃきょせん》)、阿部正寛《あべまさひろ》(俳名水光亭莎鶏《すいこうていさけい》)ら好事家によって、絵暦の下絵師として抜擢されたことを機に、浮世絵界を牽引する存在へと成長する。絵暦の多くは古典を当世化する見立《みたて》の方法をとっており、春信の叙情的でたおやかな美人画は、その雅な雰囲気に適していた。また、春信の描く手足の華奢な中性的美人は大ブームとなり、春信の錦絵に描かれた谷中笠森稲荷の茶屋鍵屋の娘お仙、浅草楊枝店柳屋の娘お藤といった市井の美人たちが、江戸の人気者となる社会現象が起こった。また、鈴木春重《はるしげ》(司馬江漢《しばこうかん》)、礒田湖龍斎《いそだこりゅうさい》をはじめ、ほとんどの絵師が、春信の影響を受けて春信風の美人を描いており、こうした傾向は明和年間(一七六四—七二)中続いた。明和七年六月十五日没。

参考文献　小林忠『春信』(三彩社、一九七〇年)、由良哲次編『総校日本浮世絵類考』(画文堂、一九七九年)、小林忠「青春の画家鈴木春信」(『青春の浮世絵師鈴木春信—江戸のカラリスト登場—』、千葉市美術館、二〇〇二年)

(奥田　敦子)

高岳(たかおか)　生没年不詳

将軍徳川家治の上臈年寄。宿元は浦賀奉行の林藤五郎で、又従兄弟の続柄となっている。明和初年の大奥で、一番の実力者であったといわれる。明和二（一七六五）―四年ごろ、仙台藩主伊達重村が官位昇進運動を行なった際に、高岳へも工作が行われ、高岳から田沼意次への取り持ちが行われた。また、その後の重村からの書状では、将軍から羽織を下賜されたことで高岳に謝辞が記されている。これは、高岳から将軍へ働きかけがあったことと、それが可能な存在であったことが伺える。「諸事伺之留」（内閣文庫蔵）によると、明和九年三月二十五日の大奥老女の順位は、松島・高岳・花園・飛鳥井・滝川・清橋・浦田とある。安永三年（一七七四）二月二十二日では、高岳・花園・飛鳥井・滝川・清橋・花島となっており、この間に松島が死去または退職して、高岳が筆頭になっていることがわかる。天明六年（一七八六）十月二十一日の女中の人事異動においても、上臈年寄として、高岳が老女の筆頭にあげられている。しかし松平定信の大奥粛正により、寛政二年（一七九〇）七月三日に滝川とともに辞職した。

[参考文献]『伊達家文書』（東京大学史料編纂所編『大日本古文書』）、高沢憲治「田沼意次の勢力伸張」（『学習院大学史料館紀要』一、一九八三年）　（吉成　香澄）

多紀元悳（たきもとのり）　一七三二―一八〇一

徳川家治らの侍医。号藍渓。享保十七年（一七三二）生まれ。寛延三年（一七五〇）徳川家重に初目見、明和三年（一七六六）家督相続、同年寄合医師、安永五年（一七七六）奥医師・法眼、天明八年（一七八八）御匙《おさじ》（将軍の側で診療）、翌々年法印。この間、父多紀元孝《もとたか》設置の医学館躋寿館《せいじゅかん》での教育、『太平聖恵方《たいへいせいけいほう》』百巻書写、二丸製薬所建設などによりたびたび下賜を受く。学館類焼（明和九年）の際、再建の募金を願い出、家治は江戸中の医師に毎年の寄付（銀二匁限り）を令した。著作の一つ『広《こう》恵済救方《けいさいきゅうほう》』は、下々の者を救う意図で家治が著述を命じたものという。生涯の事蹟に、家治在任時の政治における医への志向（後世におけるその描出）を読み取ることができる。享和元年（一八〇一）没。七十歳。

[参考文献]『徳川実紀』一〇（『新訂増補国史大系』、吉川弘文館、一九六六年）、『新訂寛政重修諸家譜』一八（続群書類従完成会、一九六六年）、森潤三郎『多紀氏の事蹟』（日本医史学会、一九三三年）　（小関悠一郎）

田沼意知（たぬまおきとも）　一七四九―八四

十代将軍徳川家治期の若年寄。田沼意次の長男。寛延二年（一七四九）に生まれる。明和元年（一七六四）正月二十八日に徳川家治に初御目見、菊之間縁頰詰となる。同六年雁之間詰となる。天明元年（一七八一）十二月十五日に奏者番に就任する。部屋住みの身で、かつ父親が老中という状況での奏者番選任は異例のことであった。同三年十一月一日には若年寄になるが、月番を免じられ、代わりにときどき奥の御用を勤めるようにと命じられる。父意次と同様、将軍の側近としての職務を果たすことになったのである。同四年三月二十四日、役務を終えた意知は、同僚とともに御用部屋を退出し、新番所前廊下を通って中之間へと進んだ。そこで新番組の詰所から出てきた番士の佐野政言《さのまさこと》に、背後から斬りつけられた。意知の傷は、肩一ヵ所・背中三ヵ所・股二ヵ所に及び、逃げた先の桔梗之間で再び斬りつけられたときのものは股に、長さ四寸、骨に達するほどの深さであった。重傷を負った意知は下部屋で治療を受け、その後父意次の神田橋邸に引き取られた。しかし、四月二日に死去し、駒込勝林寺に葬られた。法名は仁良院殿孝嶽元忠。三十六歳。斬りつけた佐野政言は、意知の死去により、切腹を命じられた。また、事件当時、現場に複数の人物が居合わせたが、いち早く政言を取り押さえたのは老齢の大目付松平忠郷であった。ほかの諸役人は躊躇して対応が遅れ、それが意知を死亡させた要因であると判断され、多くの役人が出仕を止められる処分をうけた。

[参考文献] 白根孝胤「田沼意知刺殺事件の真相」(竹内誠他『江戸時代の古文書を読む—田沼時代—』、東京堂出版、二〇〇五年)、藤田覚『田沼意次—御不審を蒙ること、身に覚えなし—』(『ミネルヴァ日本評伝選』、ミネルヴァ書房、二〇〇七年)

(吉成　香澄)

田沼意誠（たぬまおきのぶ）　一七二一—七三

元文から安永期の一橋家家老。田沼意次の弟。享保六年(一七二一)に生まれる。同十七年四月朔日に召しだされ、徳川吉宗の子の小五郎(のちの一橋宗尹《ひとつばしむねただ》)の小性となる。元文元年(一七三六)正月二十一日、蔵米二百俵を賜り、のち永く一橋家に付属された。小十人頭・目付役などを経て用人となる。寛延三年(一七五〇)十二月十八日布衣を着することをゆるされ、そののち番頭から側用人に転じる。宝暦九年(一七五九)三月四日、一橋家家老となり、安房国平・安房両郡の内で五百石の知行を賜り、従五位下能登守に叙任された。明和七年(一七七〇)三月十五日、三百石加増され、知行八百石の旗本になった。意誠は、意次の弟という関係から、意次への繋がりを求める大名などの依頼をうけて、意次への取り持ちを行なっていた。安永二年(一七七三)十二月十九日死去。五十三歳。法名道毅。墓地は駒込の勝林寺。

[参考文献]『新訂寛政重修諸家譜』一八(続群書類従完成会、一九六五年)、藤田覚『田沼意次—御不審を蒙ること、身に覚えなし—』(『ミネルヴァ日本評伝選』、ミネルヴァ書房、二〇〇七年)

(吉成　香澄)

田沼意致（たぬまおきむね）　一七四一—九六

将軍徳川家治期の西丸御側御用取次。寛保元年（一七四一）に生まれる。父は田沼意次の実弟で一橋家家老の意誠《おきのぶ》。宝暦十二年（一七六二）九月二十八日小性となり、同十三年二月二十二日小納戸になる。同年七月十五日、世子家基付となり、安永四年（一七七五）八月五日西丸目付、十一月十五日本丸目付となる。同五年四月、徳川家治の日光社参に供奉。翌六年九月、久能山東照宮修復御用掛を勤めたことにより黄金五枚を賜る。同七年七月二十八日に一橋家家老となる。このとき、徳川家斉の将軍家養子入りのことを取り扱ったことで、のちに褒賞される。天明元年（一七八一）閏五月十九日、西丸小性組番頭格（御側御用取次見習）となる。同二年四月二十三日、西丸御側御用取次となり、千二百石が加増されて計二千石となる。同六年、意次が老中を辞職したのちの十月十七日に、病を理由に御用取次を辞する。閏十月四日、家斉の移徙に従って本丸御側となる。同月二十六日、家治の御遺物として兼元の刀を拝領する。天明七年四月、家斉の将軍宣下の祝いとして時服を賜るが、五月に大規模な江戸打ちこわしが発生し、御側御用取次の本郷泰行《ほんごうやすあき》（二十四日病免）・横田準松《よこたのりとし》（二十九日解任）と並んで二十八日に病免（実質的には罷免）され、菊之間縁頬詰となった。横田は田沼意次派の牙城と目されていた人物であり、この解任は松平定信擁立派と田沼派の政争によるものでもあった。寛政六年（一七九四）十二月二十七日大番頭となり、同八年六月二十五日死去する。五十六歳。法名は惟徳《い》。駒込の勝林寺に葬られる。なお、後妻に一橋家家老の伊丹直賢《たみなおかた》の孫娘を迎えている（直賢の娘は、伯父意次の妻）。

参考文献　『新訂寛政重修諸家譜』一八（続群書類従完成会、一九六五年）、藤田覚『田沼意次—御不審を蒙ること、身に覚えなし—』（『ミネルヴァ日本評伝選』、ミネルヴァ書房、二〇〇七年）

（吉成　香澄）

手島堵庵（てじまとあん）　一七一八—八六

心学者。名は信、字は応元、俗称ははじめ近江屋《おうみや》源右衛門、のち嘉左衛門。堵庵は号である。享保三年（一七一八）五月十三日、京都の富商の家に生まれる。享保二十年十月、十八歳で石田梅岩《いしだばいがん》に入門して心学を学び、元文三年（一七三八）十一月に二十一歳で開悟する。梅岩没後の宝暦十一年（一七六一）に四十四歳で家業を長男和庵《かあん》に譲ってからは、天明六年（一七八六）二月九日に六十九歳で死去するまで心学の普及に専心した。著述は、『為学玉箒《いがくたまぼうき》』『知心弁疑《ちしんべんぎ》』など多数にのぼる。堵庵は、心学者の組織化・統制を図り、京都の明倫舎《めいりんしゃ》をはじめとする心学講舎を各地に設立し、その数は生涯で十ヵ国二十二舎に及んだ。また、教化方法の平易化を図り、さまざまな教材を使用するとともに、心学書の出版活動を積極的に行うことで、心学普及の実効性を高めた。こうした堵庵の活動については、教義を平易化・大衆化して心学の普及に貢献したと評価される一方で、梅岩の教説に見られる社会批判的な側面を捨象したと見なされてきた。しかし近年、堵庵が梅岩の教えを「披露」する「取次」の立場に自身を定置していたこと、心学の創始者として梅岩を位置付ける見解も堵庵によって示されたものだったことに着目し、石門心学を「創出」した存在として堵庵を位置付ける見解が示されている。

参考文献　石川謙『石門心学史の研究』(岩波書店、一九三八年)、柴田実編『増補手島堵庵全集』(清文堂出版、一九七三年)、高野秀晴「手島堵庵による石門心学の創出」(『日本思想史学』三五、二〇〇三年)

(小田　真裕)

徳川治済(とくがわはるさだ)　一七五一—一八二七

一橋徳川家二代当主。十一代将軍徳川家斉の実父。宝暦元年(一七五一)十一月六日、宗尹《むねただ》の四男として生まれる。同八年十二月に世子となり、十二年十二月に元服して徳川民部卿治済と称した。明和元年(一七六四)十一月従三位左近衛権中将に叙任され、同年閏十二月に父の遺領を相続した。天明元年(一七八一)閏五月息子豊千代が十代将軍徳川家治の養君となり、十二月に家斉と称した。同月、治済は参議となった。若年で将軍となった家斉を支えるため、御三家とともに田沼政治を匡正すべく活動し、大奥女中とも連携して松平定信を老中に就任させた。同八年将軍家斉は、治済を西丸に呼び寄せて大御所の称を与えたいという意向を示したが、当時朝廷において尊号一件がおこっていたこともあり、定信が反対して実現はかなわなかった。寛政初期には治済の定信に対する不信が深くなっており、それが定信の老中解任の一端となったとされる。寛政三年(一七九一)三月権中納言に昇進。同十一年正月二十七日長年の願いが通り、家督を六男の斉敦《なりあつ》に譲って隠居すると、同日従二位権大納言に叙任されて新たに賄料五万俵と年金五千両が与えられた。文政元年(一八一八)六月五日剃髪して穆翁と称した。同三年四月従一位、同八年三月准大臣となる。同十年二月二十日死去。七十七歳。東叡山寛永寺に葬られた。同十一年正月二十九日内大臣、同十二年二月八日太政大臣を追号された。

参考文献　深井雅海「天明末年における将軍実父一橋治済の政治的役割—御側御用取次小笠原信喜宛書簡の分析を中心に—」(『徳川林政史研究所研究紀要』昭和五十六年度、一九八二年)、辻達也『江戸幕府政治史研究』(続群書類従完成会、一九九六年)、高澤憲治『松平定信政権と寛政改革』(清文堂出版、二〇〇八年)

(吉成　香澄)

中井竹山（なかいちくざん）　一七三〇—一八〇四

儒学者。名は積善《せきぜん》、字は子慶《しけい》、通称は善太《ぜんた》、号は竹山居士・同関子《どうかんし》などがあり、晩年は渫翁《せつおう》と号した。諡は文恵先生である。享保十五年（一七三〇）五月十五日、懐徳堂《かいとくどう》の預り人兼学主であった中井甃庵《しゅうあん》の長子として大坂に生まれる。元文四年（一七三九）に五井蘭洲《ごいらんしゅう》が帰坂し、懐徳堂で講義をするようになると、弟の履軒《りけん》とともに蘭洲に師事した。宝暦六年（一七五六）、京都西岡革嶋村（京都府京都市西京区）の名家革嶋氏の女順と結婚し、このころ、明代の書『左伝比事《さでんひじ》』の注釈書『左《さ》伝比事蹟《でんひじてい》』を著す。宝暦八年、懐徳堂の二代学主であった父甃庵が死去すると、預り人として懐徳堂の運営に携わるようになり、孝子・貞婦の顕彰を積極的に行う。そして、天明二年（一七八二）に三代学主三宅春楼《みやけしゅんろう》が死去すると、五十三歳で懐徳堂の四代学主となり、懐徳堂発展のために尽力した。そして、光格《こうかく》天皇や朝廷周辺の求心力の高まり、老中松平定信による新政を意識するなかで天明八年、来坂した定信から学問や政治経済に関する諮問を受けると、寛政三年（一七九一）まで『草茅危言《そうぼうきげん》』を書き継ぎ、定信に献上した。寛政四年に大火で懐徳堂の堂舎が焼失すると、懐徳堂を公儀の学校として再建することを目指すが、学校再建は果たしたものの懐徳堂官学化は成し遂げられず、寛政九年に六十八歳で学主の座を息子の蕉園《しょうえん》に譲り、文化元年（一八〇四）二月五日、七十五歳で没した。著書は、『論語徴《ろんごちょう》』『非徴《ひちょう》』『逸史《いつし》』など多数。

参考文献　高橋章則編『中井竹山資料集』（『近世儒家資料集成』三・四、ぺりかん社、一九八九年）、小堀一正『近世大坂と知識人社会』（清文堂出版、一九九六年）、湯浅邦弘編『懐徳堂研究』（汲古書院、二〇〇七年）、清水光明「「御新政」と「災後」」（『日本歴史』七六五、二〇一二年）

（小田　真裕）

長久保赤水（ながくぼせきすい）　一七一七—一八〇一

地理学者、漢学者。名は守道《もりみち》、のちに玄珠《はるたか》、字は子玉《しぎょく》、通称源五兵衛《げんごべえ》。享保二年（一七一七）十一月六日、常陸国多賀郡赤浜《あかはま》村（茨城県高萩市）の庄屋の家に生まれる。儒医鈴木玄淳《すずきげんじゅん》に学び、ついで水戸藩儒名越南渓《なごやなんけい》に師事し、立原蘭渓《たちはららんけい》らと親交を結ぶ。玄淳およびその門下の七人は、赤水を含め松岡七賢人、あるいは松岡七友と称され、宝暦三年（一七五三）には作詩によって藩から賜金の褒賞を受けている。宝暦十年には奥州北陸を旅して『東奥紀行《とうおうきこう》』を、明和四年（一七六七）には漂流民受け取りのため長崎に赴き『長崎行役日記《ながさきこうえきにっき》』を著した。赤水は儒学を大成したのち天文・地理も学んだ。安永四年（一七七五）完成の『改正日本輿地路程全図《かいせいにほんよちろていぜんず》』は緯線と方角線を引角した最初の日本地図であり、柴野栗山《しばのりつざん》の序文が付されている。安永八年大坂で刊行されたのち改版を重ね、模倣・類似の地図も出回って江戸時代後期に最も流布し、庶民にも広く親しまれた。ほかに『改正地球万国全図《かいせいちきゅうばんこくぜんず》』『大清広輿図《だいしんこうよず》』などの地図がある。明和五年学問出精により水戸藩の郷士格となり、安永六年には水戸藩主徳川治保《とくがわはるもり》の侍講に抜擢され江戸に出仕、藩主の信任を得た。農民出身の赤水は『芻蕘談《すうじょうだん》』などの農政論も著し、安永七年には藩主治保に『農民疾苦《のうみんしっく》』を上書して藩の農政を批判し改革を訴えている。寛政三年(一七九一)に致仕したのちは、『大日本史』地理志の編纂に従事した。享和元年(一八〇一)七月二十三日、赤浜村にて没。八十五歳。

参考文献　茨城県郷土文化研究会編『長久保赤水』(茨城県郷土文化研究会、一九七〇年)、長久保片雲『地政学者長久保赤水伝』(暁印書館、一九七八年)、馬場章「地図の書誌学—長久保赤水『改正日本輿地路程全図』の場合—」(黒田日出男他編『地図と絵図の政治文化史』、東京大学出版会、二〇〇一年)

(矢森小映子)

成島和鼎(なるしまかずさだ)　一七二〇—一八〇八

徳川家治の近臣・学者。通称梅之助・忠八郎、号竜州。享保五年(一七二〇)生まれ。寛延元年(一七四八)鷹匠見習、宝暦八年(一七五八)勘定、同十年家督相続し、勘定格奥詰、明和六年(一七六九)儒者格。安永五年(一七七六)日光社参では家治に近侍、参詣記編述の命をうけて五月に社参記録三冊を献上。同九年書物奉行に准じた。家治は学問をはじめたびたび和鼎に質問し、浅間山噴火などの災害時にはその原因などを日々尋ねたという。和歌・和学にも通じ、家治正室心観院の好みに応じて『岷江入楚《みんごうにっそ》』(『源氏物語』注釈書)を校合・清書して献上した。天明七年(一七八七)から時々の御前講書を務め、同年種姫《ふさひめ》入輿にあたり絵巻物に詞書を添えた。寛政十一年(一七九九)七月三日致仕。文化五年(一八〇八)没。八十九歳。

参考文献　『徳川実紀』一〇(『新訂増補国史大系』、吉川弘文館、一九六六年)、『新訂寛政重修諸家譜』一九(続群書類従完成会、一九六六年)、森繁夫編・中野荘次補訂『名家伝記資料集成』(思文閣出版、一九八四年)

(小関悠一郎)

塙保己一(はなわほきいち)　一七四六—一八二一

和学者、平曲家。姓は荻野氏のち塙氏、名は保木野一《ほきのいち》・保己一、通称は寅之助のち辰之助・千弥《せんや》、号は水母子・温故堂など。延享三年(一七四六)五月五日、武蔵国児玉郡保木野村(埼玉県本庄市)の百姓荻野宇兵衛の長子として生まれる。宝暦二年(一七五二)、七歳で肝の病のために失明し、宝暦七年に十二歳で母を失う。宝暦十年、十五歳で江戸へ出て雨富《あめとみ》検校須賀一に入門し、須賀一のもとに寄宿して按摩・琵琶・琴・三絃などを習う。その後、須賀一の配慮で萩原宗固《はぎわらそうこ》、川島貴《かわしまたか》林《しげ》らに入門し、須賀一の隣家であった松平乗尹《まつだいらのりただ》、山岡浚明《やまおかまつあき》、品川東禅寺(東京都品川区)の僧孝首座のもとにも通った。明和六年(一七六九)、二十四歳の時に宗固の勧めで賀茂真淵《かものまぶち》に入門し、真淵がこの年の冬に没するまで六国史を学ぶ。安永四年(一七七五)に勾当に進んだ後、安永八年、三十四歳の時に天満宮で国書収集・校訂・出版の誓いを立てて以降、編纂活動に励むようになる。天明三年(一七八三)に三十八歳で検校に進んだ翌天明四年、門人屋代弘賢《やしろひろかた》の家で立原翠軒《たちはらすいけん》と会い、天明五年に翠軒の仲介により水戸藩から五人扶持を与えられ(のちに十人扶持となる)、水戸藩の『源平盛衰記』『大日本史』校訂に携わった。また、寛政五年(一七九三)には江戸麴町(東京都千代田区)に和学講談所《わがくこうだんしょ》を開設し、『武家名目抄《ぶけみょうもくしょう》』『史料』などの編集を行なった。文政二年(一八一九)、『群書類従《ぐんしょるいじゅう》』六百七十冊が刊行された後、文政四年九月十二日に七十六歳で没した。

参考文献　加藤康昭『日本盲人社会史研究』(未来社、一九七四年)、温故学会編『塙保己一研究』(ぺりかん社、一九八一年)、「塙保己一関係参考文献一覧」(『温故叢誌』五〇、一九九八年)、温故学会編『中江義照記念論文集―塙保己一研究―』(温故学会、二〇〇四年)

(小田　真裕)

林子平　(はやししへい)　一七三八―九三

経世家。名は友直、晩年の号は六無斎。元文三年(一七三八)六月二十一日、江戸で幕臣岡村(林)源五兵衛良通の次男として生まれる。父が咎を受けて浪人となったため、叔父の町医者林従吾通明に養われる。延享四年(一七四七)、子平の姉なほが仙台藩主伊達宗村《だてむねむら》の側室になると、翌寛延元年(一七四八)に養父従吾が仙台藩から月俸三十石を受けることとなり、従吾が宝暦二年(一七五二)に没すると子平の兄嘉膳がその俸を継ぐ。そして、なほが宗村の死後仙台に下ると、宝暦七年に子平は父良通・兄嘉膳とともに仙台へ移住する。仙台に移った後の子平は、無禄厄介の身分を活かして江戸へたびたび遊学して工藤平助《くどうへいすけ》や大槻玄沢《おおつきげんたく》らと交わり、長崎へも安永四年(一七七五)・安永六年・天明二年(一七八二)の三度赴き、オランダ商館長や通詞と接点を持つことで海外に関する知識を得ていった。子平は、仙台藩に明和二年(一七六五)・天明元年・天明五年の三度にわたって上書を提出しており、専売制などについて論じている。また、ロシアの南下に危機感を抱くなかで、天明六年には蝦夷地開発を主張した『三国通覧図《さんごくつうらんず》説《せつ》』、天明七年から寛政三年(一七九一)にかけては江戸湾防備を主張した『海国兵談《かいこくへいだん》』を出版する。しかし、これらの書物は出版統制令に抵触するとされ、寛政三年暮に幕府へ召喚され、翌寛政四年五月に製本および版木の没収と、仙台蟄居を命ぜられる。そして、寛政五年六月二十一日に、五十六歳で没した。子平の思想については、父良通も影響を受けていた荻生徂徠《おぎゅうそらい》や太宰春台《だざいしゅんだい》の議論との関係が指摘されている。

参考文献 平重道『林子平―その人と思想―』(『仙台藩の歴史』四、宝文堂、一九七七年)、『新編林子平全集』(第一書房、一九七八―八〇年)、玉懸博之「林子平の思想」(『日本近世思想史研究』、ぺりかん社、二〇〇八年)

(小田 真裕)

平賀源内(ひらがげんない) 一七二八―七九

本草・物産学者、戯作者、浄瑠璃作者。名は国倫《くにとも》、字は子彝《しい》、号は鳩渓《きゅうけい》、戯作者としては風来山人《ふうらいさんじん》、浄瑠璃作者としては福内鬼外《ふくうちきがい》などの筆名がある。享保十三年(一七二八)、讃岐国寒川郡志度浦《しどうら》(香川県さぬき市)に高松藩の蔵番の子として生まれる。宝暦二年(一七五二)長崎に遊学し、ついで大坂を経て江戸に出て、本草学者の田村藍水《たむららんすい》に師事した。八代将軍徳川吉宗、さらに田沼意次の時代には国益増進をめざす殖産興業政策が推進され、本草学も物産学として急速に発展していた。このような世相の中で宝暦七年、源内の発案、藍水の主催で日本最初の物産会《ぶっさんえ》が開かれる。これは国内資源の開発によって自給自足の態勢を整え、国益の増進をはかろうとするものだった。同九年には源内が主催者となり、同十二年には源内主催の大規模な物産会が開かれ、それらの成果は『物類品隲《ぶつるいひんしつ》』にまとめられた。なお宝暦十一年に高松藩を正式に辞職している。源内はまた秩父・秋田の鉱山開発や輸出用の陶器製造、緬羊飼育による毛織物の製造など、国益のためさまざまな事業を試みるが成功しなかった。滑稽本『根南志具佐《ねなしぐさ》』『風流志道軒伝《ふうりゅうしどうけんでん》』、浄瑠璃『神霊矢口渡《しんれいやぐちのわたし》』、狂文『放屁論《ほうひろん》』なども著し、好評を博した。また長崎で西洋画を学び、安永二年(一七七三)鉱山調査に招かれた秋田藩で藩士小田野直武《おだのなおたけ》に教え、秋田蘭画に大きな影響を与える。安永五年には長崎遊学の際入手したエレキテル(摩擦起電機)の復原に成功し、評判となった。安永八年十一月、誤って人を殺し、十二月十八日牢内で病死した。五十二歳。

参考文献 平賀源内先生顕彰会編『平賀源内全集』上・下(平賀源内先生顕彰会、一九三二・三四年)、城福勇『平賀源内』(『人物叢書』、吉川弘文館、一九七一年)、芳賀徹『平賀源内』(『朝日評伝選』二三、朝日新聞社、一九八一年)

(矢森小映子)

藤井右門(ふじいうもん) 一七二〇―六七

尊王論者、明和事件の中心人物。幼名吉太郎、名は直明《まさあきら》、

別名以貞。右門は通称で、大神定之《みわさだゆき》とも称した。享保五年（一七二〇）、越中国射水郡小杉村（富山県射水市）に、元赤穂藩浅野家の江戸詰家老藤井又左衛門宗茂と、射水郡大手崎村（富山県射水市）の百姓赤井屋九郎平の女の長男として生まれる。父の没後、十五歳の時に京都へ遊学し、二代藩主前田正甫《まえだまさとし》の庶子前田民部利寛《としひろ》の恩顧を受ける。京都では、伊藤東涯《いとうとうがい》に入門し、染谷正勝から剣術を学んだ。そして、元文年間（一七三六―四一）に、利寛の家臣藤井大和守忠義の養嗣子となり、直明と称するようになる。宝暦元年（一七五一）、養父の職を継いで従五位下大和守となる。このころ、八十宮《やそのみや》内親王の家司となり、皇学所の講師も兼務する。京都では、竹内式部《たけのうちしきぶ》と親交を持って堂上方を往来し、軍学を教授していたが、宝暦事件に際して追及を受けたため、宝暦八年に京都から逃亡し、名も右門と変えて江戸の山県大弐《やまがただいに》のもとに身を寄せる。江戸では、大弐の説く尊王斥覇論から影響を受け、町医宮沢準曹《みやざわじゅんそう》や浪人桃井久馬《もものいきゅうま》らと時事を談義していたが、明和三年（一七六六）に大弐が謀叛を企てていると幕府に密告されると、大弐とともに幕府に捕らえられる。吟味では、右門に謀反の証拠は認められなかったが、江戸での兵書談義のなかで江戸城や甲府城の攻略について話したことなどが不敬であるとして獄門を申しつけられ、翌明和四年、四十八歳で死去した。結審を待たずに獄中で病死したともいわれている。

参考文献　廣瀬廣一『山県大弐先生事蹟考』（山梨県教育会、一九三一年）、飯塚重威『山県大弐正伝』（三井出版商会、一九四三年）、藤田覚『江戸時代の天皇』（『天皇の歴史』六、講談社、二〇一一年）

（小田　真裕）

ベニョフスキー　Móric Benyovszky　一七四六―八六

ハンガリー出身の軍人。十八世紀後半にロシアの南下策とその脅威を幕府に伝えた。一七四六年生まれ。オーストリア、ポーランドの軍隊に勤務。ポーランドに内政干渉したロシアに対するパルチザン闘争に参加したが捕虜となった。一七七〇年に政治犯としてカムチャッカ政庁所在地ボリシェレツクへ流刑となったが、翌一七七一年（明和八）に他の流刑囚などとともに反乱を起こし、カムチャッカ長官ニーロフを殺害、官船「聖ピョートル号」を奪い脱走した。マカオへの逃亡中には、水・食料などを求めて土佐の佐喜浜、奄美大島などに立ち寄り、長崎のオランダ商館長に宛てて書簡を送った。この書簡のなかでロシアの千島列島や蝦夷地への侵略計画を知らせ、その脅威を警告した。この情報を幕府は無視したが、オランダ人や蘭通詞を経由して広まり、蝦夷地やロシアに対する関心の高まる契機となった。林子平《はやししへい》も安永四年（一七七五）の長崎遊学の際、オランダ商館長フェイトからベニョフスキーのもたらした情報を入手したことがきっかけとなり、『三国通覧図説』を書き「三国通覧図」を刊行した。マカオに到着したベニョフスキーは、フランス政府援助を得てマダガスカルの植民地経営に関わったが失敗、再び英米の商社と契約してマダガスカル支配に乗り出すもフランス軍と衝突し、一七八六年に死亡した。カムチャッカ脱走以来の経過について虚実を交えて叙述した『回想録』は、彼の死後に出版され評判となった。また、彼の名は当時のオランダ商館長の訳語名「はんぺんごろう」として知られている。

参考文献　秋月俊幸『日本北辺の探検と地図の歴史』(北海道大学図書刊行会、一九九九年)、渡辺京二『黒船前夜』(洋泉社、二〇一〇年)

(檜皮　瑞樹)

細川重賢(ほそかわしげかた)　一七二〇—八五

肥後国熊本藩主。享保五年(一七二〇)十二月二十六日生まれ。六代藩主細川宣紀《のぶのり》五男、生母は岩瀬利可子。幼名六之助、享保十七年兄宗孝《むねたか》の藩主就任時に民部紀雄と改称。延享三年(一七四六)宗孝の仮養子となるまでの部屋住時代が人格形成に影響を与えたともいわれる。同四年の宗孝死去により、元服して越中守重賢を名乗り藩主に就く。翌寛延元年(一七四八)初入部、人材登用と行政機構改革を進め、宝暦二年(一七五二)には大奉行制を復活して堀平太左衛門勝名《ほりへいたざえもんかつな》を登用、宝暦改革を実施した。同四年藩校時習館、武芸所東榭《とうしゃ》・西榭《せいしゃ》、同六年医学校再春館を設立、同五年には追放刑を減じ懲役刑を設ける刑法改正や衣服令細則制定を行う。この間、堀は江戸廻送分の米銀全ての大坂廻送、御用達への財政一任などにより加島屋作兵衛からの融資獲得に成功している。農村支配に関しては、櫨方《はぜかた》役所や藩営製蠟所の設置(寛延二年(一七四九)・宝暦十三年)、製品の買上・販売、養蚕奨励などの貨殖・殖産専売仕法を進め、宝暦七年からは地引合せを行なって隠田畑を摘発した。宝暦改革は『以徳政要』(宝暦十三年)をはじめ多くの明君録に描き出され、特に『肥後侯賢行録』(安永年間(一七七二—八一))・『肥後物語』(天明七年(一七八七))・『銀台遺事』(寛政二年(一七九〇))などにより、学政・刑法・機構改革などの面で全国の藩に大きな影響を与えた。この重賢明君像創出は、船頭などの民間人までもが担い手となって行われたものである。こうして宝暦改革は「明君・賢宰」の改革として知られることになるが、他方で、武芸や書道に達し、読書家、博物学者として高く評価されることのある重賢の藩政上の事蹟は、藩主就任時の人事に尽きるともいわれる。天明五年(一七八五)十月二十二日没。六十六歳。

参考文献　森田誠一「細川重賢と堀平太左衛門」(『日本人物史大系』四、朝倉書店、一九五九年)、吉村豊雄「細川重賢

と宝暦の改革の評価をめぐって」(『市史研究くまもと』一一、二〇〇〇年)、小関悠一郎『〈明君〉の近世』(吉川弘文館、二〇一二年)

(小関悠一郎)

本郷泰行（ほんごうやすあき）　一七四五―?

十代将軍徳川家治期の御側御用取次。延享二年(一七四五)に本郷三泰《みつやす》の嫡男として生まれる。妻は小性組番頭秋山正苗《あきやままさみつ》の娘。後妻は小普請組支配石河貞貴の娘。宝暦十三年(一七六三)二月二十二日に小納戸となる。同年四月十三日に徳川家治の小性になると、同年十月十日に家治筆「梅に山鵲」の絵を賜る。こののち鷹狩りに扈従し、鳥を射止めて時服三領を拝領する。明和元年(一七六四)十一月十三日、従五位下伊勢守に叙任し、のちに葵紋彫りの銀の銚子を賜る。安永五年(一七七六)の日光社参に供奉。同八年十二月十五日に小性組番頭格御用取次見習となり(『徳川実紀』には、このほかに天明元年(一七八一)閏五月十一日にも小性組番頭格御用取次見習を命じられたとある)、同二年四月二十三日に御側御用取次となる。のちに、家治筆の龍の絵を賜る。同六年に家治が死去すると、遺物として(高田《たかだ》)藤原統行《ふじわらむねゆき》の刀と狩野探幽《かのうたんゆう》筆の掛軸を拝領した。同七年五月二十四日、御用取次を解任される。直後の二十八日に同役の田沼意致《たぬまおきむね》が、二十九日には横田準松《よこたのりとし》といった田沼派の中心勢力が罷免されており、泰行の解任もこの時期の政争に関連するものととらえられる。ただし泰行は平御側として幕府に残留し、寛政五年(一七九三)に御側御用取次の者が病気になった際には、仰せをうけて仮に御側御用取次を勤めた。同七年三月五日、小金原御鹿狩に扈従して鹿を賜ったことを記した「鹿碑《ろくひ》」が豊島区指定文化財になっている。文化十年(一八一三)三月十四日、老年まで勤務していることを褒賞されて泊番と御供を免除される。没年月日は不明だが、『続徳川実紀』によると、文化十年十二月に本郷泰固《やすかた》が祖父泰行の遺跡を継いだという。

参考文献　『新訂寛政重修諸家譜』八(続群書類従完成会、一九六五年)、『徳川実紀』一〇(『新訂増補国史大系』、吉川弘文館、一九九九年)

(吉成　香澄)

前野良沢（まえのりょうたく）　一七二三―一八〇三

中津藩医、蘭学者。名は熹《よみす》、字は子悦《しえつ》、号は楽山《らくざん》または蘭《らん》化《か》。享保八年(一七二三)生まれ。伯父で淀藩医の宮田全沢《みやたぜんたく》に養育され、古医方《こいほう》を学ぶ。姻戚関係にあった中津藩医前野家の養子となり、藩主奥平昌鹿《おくだいらまさか》の藩医を勤めた。四十代で青木《あおき》昆陽《こんよう》にオランダ語を学び、長崎に遊学して解剖学書『ターヘル=アナトミア』を購入した。明和八年(一七七一)江戸小塚《こづか》原《ぱら》(東京都荒川区)で腑分《ふわ》けを実見して同書の図の正確さに驚嘆し、杉田玄白《すぎたげんぱく》・中川淳庵《なかがわじゅんあん》らと会読を開始した。唯一オランダ語を解した良沢はこの翻訳事業の中心となったが、安永三年(一七七四)の『解体新書《かいたいしんしょ》』刊行に際しては、みずからの名の掲載を拒絶した。かつて長崎遊学の途次、太宰府《だざいふ》天満宮で蘭学修得に己の功名を求めないと誓ったためとも、不十分な翻訳での出版に賛成できなかったためともいわれている。『解体新書』刊行後は、語学・天文学・物理学・兵学・歴史学・地理学など多方面の訳述や研究を行なったが、出版することはなく写本で流布した。著作に、良沢がみずからの西洋観・学問観を表明している西洋自然科学の紹介書『管蠡秘言《かんれいひげん》』や、オランダ語学書の『和蘭訳筌《オランダやくせん》』『和蘭訳文略《オランダやくぶんりゃく》』などがある。また良沢が蘭書から翻訳した『魯西亜本紀《ロシアほんぎ》』などのロシア関係の著作は、ロシア研究の最初の文献であり、幕末まで用いられた。交際を嫌い弟子も少なかったが、代表的な門人に大槻《おおつき》玄沢《げんたく》や江馬蘭斎《えまらんさい》がいる。藩主奥平昌鹿は良沢の学問の庇護者であり、戯れに良沢を「阿蘭陀人の化物」と称したことから、みずから蘭化の号に改めたという。享和三年(一八〇三)十月十七日没。八十一歳。

参考文献　岩崎克己『前野蘭化』(『東洋文庫』、平凡社、一九九六―九七年)、大分県立先哲史料館編『前野良沢資料集』(『大分県先哲叢書』、大分県教育委員会、二〇〇八―一〇年)、鳥井裕美子「前野良沢―晩学の異才―」(ヴォルフガング・ミヒェル他編『九州の蘭学―越境と交流―』、思文閣出版、二〇〇九年)

(矢森小映子)

松島(まつしま)　生没年不詳

十代将軍徳川家治の時代に大奥で権勢を振るった老女。田《た》沼意次《ぬまおきつぐ》が権力を掌握する過程で、大奥において重要な役割を果たした。九代将軍徳川家重の時代に奉公にあがり、家治の長男家基を生むお知保、家治の御台所倫子《ともこ》に随行して大奥に入り、その後、松島の養女となって、やがて家治の次男貞次郎を生むお品を家治の側室に推薦し、将軍との結び付きを強め大奥を取り仕切っていたといわれている。肥前国平戸藩主松浦静山《まつらせいざん》の執筆した随筆『甲子夜話』には、当時の松島について、御法度にも関わらず大奥に素人芝居の女たちを招き入れ、それを咎めた門衛の長官に激怒し退役させるなど、表向きの役人人事にまで影響を及ぼす様子が描かれている。

参考文献　松浦静山『甲子夜話』(徳間書店、一九七八年)、竹内誠「大奥老女の政治力」(『図説人物日本の女性』六、小学館、一九八〇年)

(山端　穂)

松平康郷(まつだいらやすさと)　一六九三―一七八九

十代将軍徳川家治期の御側御用取次。久松松平氏。元禄六年(一六九三)生まれ。はじめは千石の寄合であったが、兄康《やす》顕《あき》の養子となって、正徳三年(一七一三)に遺跡を継ぐ。享保元年（一七一六）十二月十九日小性となり、同九年閏四月七日小性組番頭にすすむ。同十年と同十一年に徳川吉宗が行なった小金原での鷹狩に従った。同十一年五月二十八日書院番頭にうつり、同十五年正月十一日大番頭となる。元文四年（一七三九）九月六日駿府城代となる。宝暦元年（一七五一）三月二十五日西丸御側にうつり、同二年十二月二十五日より御用取次に任じられる。この年七月十日に吉宗の御遺物である和泉守来金道の刀を賜る。同十二年十二月二十五日貞次郎生誕の際、蟇目《ひきめ》の役を勤める。明和二年（一七六五）正月、千石を加増されて計六千石を知行する。同八年十二月十四日老年により辞職を願い出たが許されず、御用取次と宿直は免じられ、安永二年（一七七三）致仕した。このとき、こののちは心に任せて登城し、将軍に御機嫌伺いをするようにと命じられる。これより以前に、家治親筆の「釈迦達磨」「葦に鴈」の絵画などを賜る。寛政元年（一七八九）六月十三日死去。九十七歳。法名道仙。墓地は橋場の総泉寺。

参考文献　『新訂寛政重修諸家譜』一（続群書類従完成会、一九六四年）

（吉成　香澄）

松本秀持（まつもとひでもち）　一七三〇―九七

江戸時代中期の勘定奉行。享保十五年（一七三〇）に生まれる。父は忠重《ただしげ》。同十九年に遺跡を継ぐ。天守番をつとめたのち、宝暦十二年（一七六二）勘定となり、廩米百俵・月俸五口の旗本となる。以後、勘定所生え抜きのコースをたどり、明和三年（一七六六）十二月勘定組頭、安永元年（一七七二）七月勘定吟味役となり、同八年四月勝手方勘定奉行に昇進した。このとき四百石を加封され、廩米をあらためられて上総国市原郡のうちで五百石を知行した。天明二年（一七八二）十一月田安家家老を兼帯したが、同月勘定奉行に昇進した赤井《あかい》忠皛《ただあきら》とともに老中田沼意次の腹心として、田沼政権後期の経済政策を支えた。特に、蝦夷地開発については構想段階から中心的な役割を果たした。しかし、印旛沼・手賀沼の干拓事業や貸金会所設立令など、秀持在任中の政策は失敗に終わるものが多かった。田沼が失脚すると、同六年閏十月職を解かれて小普請となり逼塞を命じられ、封地を半減された。同七年十二月、前職在任中の不正を理由に、さらに知行地百石を削られて百五十石となり、再度逼塞を命じられた。寛政八年（一七九六）五月に許されたが、同九年六月五日死去。六十八歳。法名日旃。墓地は浅草幸竜寺。田沼意次と繋がりの深い奥医師千賀道隆の子を養子に迎えたが、田沼の失脚後に離縁している。

参考文献　『新訂寛政重修諸家譜』六（続群書類従完成会、一九六四年）、高沢憲治「田沼意次の勢力伸張」（『学習院大

学史料館紀要』一、一九八三年)、藤田覚『田沼意次―御不審を蒙ること、身に覚えなし―』(『ミネルヴァ日本評伝選』、ミネルヴァ書房、二〇〇七年)

(吉成　香澄)

水野忠友 (みずのただとも)　一七三一―一八〇二

十代将軍徳川家治期の若年寄・側用人・老中。享保十六年(一七三一)に生まれる。水野家はもともと信濃国松本七万石の藩主であったが、忠友の祖父忠恒《ただつね》が享保十年に江戸城内で刃傷沙汰に及んだため、領知を没収された。しかし、由緒により忠恒の養子忠穀《ただよし》は七千石の旗本として名跡相続した。忠友は元文四年(一七三九)に将軍徳川家重の長男竹千代(のち家治)の御伽《おとぎ》となり、翌三年に西丸(家治)付の小性、宝暦八年(一七五八)西丸小性頭取から小性組番頭格御用取次見習となり、その後西丸御側御用取次となった。宝暦十年(一七六〇)五月、家治の将軍就任に伴って本丸に転じると、明和二年(一七六五)千石を加増されている。同五年に奥兼帯勝手掛若年寄に進むと、五千石を加増され、采地をあらためられて三河国大浜一万三千石の大名となった。安永五年(一七七六)の家治の日光社参では、前年九月に松平武元《まつだいらたけちか》とともに道路検分を行い、社参にも供奉している。同六年側用人に昇進し、七千石を加増されて領知を転じ、駿河国沼津に城を築くことを許された。天明元年(一七八一)九月には老中格となり五千石を加増、十月からは勝手掛を勤めた。同五年、奥兼帯の勝手掛老中に就任し、さらに五千石を加増されて計三万石を知行した。忠友は安永三年に田沼意次の四男忠徳《ただのり》を養子に迎え、公私ともに意次との関係を緊密にしていたが、意次失脚直後に離縁した。天明八年に松平定信が将軍補佐に就任すると、忠友は老中を解任されたが、八年後の寛政八年(一七九六)に徳川家慶付の西丸老中となった。在職中の享和二年(一八〇二)九月十九日に没した。七十二歳。法名は修徳院譲誉興仁懿翁。墓地は小石川の伝通院。明和五年から享和二年までの日記(『水野忠友日記』計三十五冊)が、東京大学史料編纂所に所蔵されている。

参考文献　『新訂寛政重修諸家譜』六(続群書類従完成会、一九六四年)、高沢憲治「田沼意次の勢力伸長」(『学習院大学史料館紀要』一、一九八三年)

(吉成　香澄)

最上徳内 (もがみとくない)　一七五五―一八三六

幕吏。蝦夷地調査・開拓に従事。宝暦五年(一七五五)、出羽国村山郡楯岡村(山形県村山市)の百姓家に生まれる。天明元年(一七八一)には江戸に上り、天明三年には本多利明《ほんだとしあき》の音羽塾に入る。天明五年に幕府が青島俊蔵《あおしましゅんぞう》・山口鉄五郎《やまぐちてつごろう》を中心に蝦夷地調査隊を派遣する際、本多利明の推挙により青島俊蔵の従者として調査に参加、翌天明六年にかけてクナシリ島、エトロフ島、ウルップ島に上陸した。しかし、老中田沼意次《たぬまおきつぐ》の失脚によって蝦夷地開発策は中止となり、寛政二年（一七九〇）正月には青島俊蔵一件に連座し入牢するが、八月には無罪放免となり、同月普請役下役に登用され、十二月には普請役となった。寛政三年には再び蝦夷地調査に参加し、翌寛政四年には唐太（サハリン島）に上陸・調査を行なった。その後も多くの蝦夷地調査に参加し、寛政十年には近藤重蔵《こんどうじゅうぞう》とともに蝦夷地に赴き、エトロフ島に「大日本恵登呂府、寛政十年七月、重蔵徳内以下十五人記名」と記した標木を建て、文化二年（一八〇五）から文化三年には遠山景晋《とおやまかげみち》の手付として蝦夷地調査に従事した。文化四年四月には箱館奉行支配調役並となり、文化七年に帰府するまでサハリン島調査や江差に在勤した。文化七年十月には御簾中様御広敷番を命ぜられ、同時に勘定方として官材監督などに従事した。文政七年（一八二四）隠居し家督を效之進に譲ったが、その後もシーボルトと交流するなど活発に活動した。天保七年（一八三六）九月五日、八十二歳で没。主な著作に『蝦夷草紙』がある。

参考文献　島谷良吉『最上徳内』（『人物叢書』、吉川弘文館、一九七七年）

（檜皮　瑞樹）

山口鉄五郎（やまぐちてつごろう）　?—一八二一

地方支配や蝦夷地調査で業績を挙げた幕吏、山口鉄五郎高品《たかかず》。寛延元年（一七四八）ごろ、越後国蒲原郡の百姓家の生まれといわれているが、出生地を含めた前半生は不明な点が多い。宝暦十二年（一七六二）に普請役見習に採用され、その後も勘定方として地方支配に従事した。天明五年（一七八五）老中田沼意次《たぬまおきつぐ》が蝦夷地の大規模な調査を計画すると、勘定奉行支配普請役であった山口鉄五郎は青島俊蔵《あおしましゅんぞう》・庵原弥六《いはらやろく》・佐藤《さとう》玄六郎《げんろくろう》・皆川沖右衛門《みながわおきえもん》とともに調査の責任者に任命された。天明五年には青島俊蔵と同行して東蝦夷地からクナシリ島まで調査を行い、翌天明六年にエトロフ島・ウルップ島の周回と地図作製に成功した。山口・青島の調査隊には最上徳内《もがみとくない》が従者として参加していた。しかし、天明六年八月、田沼が失脚すると蝦夷地調査事業は中止となり一時的に無役となった。その後、勘定方に復帰し、寛政四年（一七九二）には普請役元締格となり、美濃国笠松代官鈴木門三郎の手付に任命された。さらに、寛政五年に勘定奉行所支配勘定格となり、菅谷嘉平次《すげのやかへじ》と立会で吹上陣屋での幕領支配に従事した。また、文化二年（一八〇五）に創設された関東取締出役に関して、武蔵国久喜代官早川正紀《はやかわまさとし》・信濃国御影代官榊原長義《さかきばらながよし》・上野国岩鼻陣屋吉川栄左衛門《よしかわえいざえもん》とともに創設の建議を行なった。文化元年支配勘定、文化十年正式の代官となり、文政四年（一八二一）六月に死去するまで地域支配に尽力した。

参考文献　西沢淳男『代官の日常生活』（『講談社選書メチエ』、講談社、二〇〇四年）　（檜皮　瑞樹）

横田準松（よこたのりとし）　一七三四―九〇

十代将軍徳川家治期の御側御用取次。享保十九年（一七三四）に横田栄松《しげとし》の三男として生まれ、横田清松《きよとし》の養子となる。宝暦元年（一七五一）五月十二日に小納戸となり、七月十八日に西丸勤務に転じる。その後西丸で徳川家治の小性となり、同十年四月朔日、家治の移徙に従って本丸勤務になり、翌十一年小性頭取となる。明和八年（一七七一）七月二十日に小性組番頭格となり、御用取次見習を仰せ付けられる。安永二年（一七七三）七月十八日に御側御用取次に就任し、田沼意次派の中心的存在となった。同八年十二月十五日に千石、天明七年（一七八七）五月朔日に三千石を加増されて、計九千五百石の禄高となる。この直後、田沼政治を匡正して松平定信を擁立しようとしていた一橋治済《ひとつばしはるさだ》や御三家は、準松を失脚させようと、大奥年寄の大崎《おおさき》へ相談を持ちかけた。しかし、当時の準松は、大崎でも「この儀は甚だむずかしく、私手際には参りかね候」というほどであった（『文公御筆類』一二七二）。ところが、同月二十日に発生した江戸打ちこわしの情報を、準松は将軍徳川家斉に報告していなかった。それが大奥から将軍の耳に入ったため、家斉が激怒し、不届を理由として御側御用取次を解任されたといわれる。準松の失脚により、一橋治済を中心とする松平定信擁立派は、同年六月に定信の老中就任を実現させた。準松は、同年十二月七日に家臣の罪科の責を問われて拝謁停止となる（同月二十一日に赦免）。寛政二年（一七九〇）三月七日死去。五十七歳。

参考文献　『新訂寛政重修諸家譜』七（続群書類従完成会、一九六五年）、山田忠雄「田沼意次の失脚と天明末年の政治状況」（『史学』四三ノ一・二、一九七〇年）、竹内誠『寛政改革の研究』（吉川弘文館、二〇〇九年）　（吉成　香澄）

与謝蕪村（よさぶそん）　一七一六―八三

俳人、画家。本姓は谷口《たにぐち》氏で、宝暦七年（一七五七）の帰京後に与謝《よさ》（「よざ」とも）氏を称す。初号は宰町《さいちょう》（宰鳥）、庵号は夜半亭《やはんてい》・紫狐庵《しこあん》・落日庵《らくじつあん》など、画号に子漢《しかん》・四明・謝長庚《しゃちょうこう》・謝春星《しゃしゅんせい》・謝寅《しゃいん》などがあり、蕪村号は、延享元年（寛保四、一七四四）から用いている。享保元年（一七一六）、摂津国東成郡毛《け》馬《ま》村（大阪府大阪市都島区）の農家に生まれる。享保末年から元文初年ごろに、二十歳前後で江戸へ出て、元文二年（一七三七）六月ごろ、二十二歳で早野宋阿《はやのそうあ》（夜半亭巴人《はじん》）に入門し、やがて宰鳥号で江戸俳壇に知られるようになるとともに、画事も嗜む。寛保二年（一七四二）の宋阿没後は、結城（茨城県結城市）の砂岡雁宕《いさおかがんとう》、下館（茨城県筑西市）の中村風篁《なかむらふうこう》などのもとに寄宿しながら関東・奥羽を遊歴し、『寛保四年宇都宮歳旦帖《さいたんちょう》』ではじめて蕪村号を使用する。延享・寛延年間(一七四四―五一)ごろには江戸に出た様子もある。雁宕に誘われて宝暦元年八月に上京すると、宝暦四―七年は丹後国宮津(京都府宮津市)に滞在し、帰京後は宝暦十三年の「山水図」「野馬図」など、明和初年にかけて屏風絵を多数完成させていく。明和三年(一七六六)、三菓(蕪村)社中の定例句会を始めると、同年九月から明和五年四月までは主に讃岐に滞在し、丸亀(香川県丸亀市)妙法寺に多くの襖絵を残している。帰京後は、明和七年三月に五十五歳で夜半亭二世を襲名し、明和八年八月には池《いけの》大雅《たいが》の「十便図」に併せて「十宜図」を揮毫する。天明三年(一七八三)十二月二十五日に六十八歳で没した。

参考文献　清水孝之『与謝蕪村の鑑賞と批評』(明治書院、一九八三年)、松尾靖秋他編『蕪村事典』(桜楓社、一九九〇年)、『蕪村全集』(講談社、一九九二―二〇〇九年)

(小田　真裕)

〔関連事項〕

浅間山噴火（あさまやまふんか）

天明三年(一七八三)四月から七月にかけて起こった浅間山の大規模な噴火。特に七月六日から八日の大爆発により発生した吾妻火砕流・鎌原火砕流および鬼押出溶岩流は浅間北麓へと流れ出し、周辺村々に壊滅的な打撃を与えた。さらに偏西風の影響で主に南東方面へと広がった火山灰は、上州・武州全域に降り積もり、農作物に深刻な被害を出した。また軽井沢(長野県北佐久郡軽井沢町)をはじめとする近隣の村々では、一～二メートルほど灰や軽石が堆積し、落石による死者も出た。鎌原火砕流は火口から約一五キロ北方の鎌原《かんばら》村(群馬県吾妻郡嬬恋村)を埋没させ、さらに下って利根川支流の吾妻川へとなだれ落ち、川をせき止めるに至った。その後川は決壊して吾妻川両岸および利根川合流地域の人びとや家屋を飲み込み、人牛馬の死体は江戸や銚子まで流れ込んだといわれる。幕府は噴火の直後、勘定吟味役根岸九郎左衛門鎮衛《やすもり》、目付柳生主膳正久通に被害実態の調査を行わせ、その後彼らの報告に基づいて食糧支援のほか被害村落の減免、耕地の復旧、治水工事を行なった。それに先立ち近隣の大笹村(嬬恋村)黒岩長左衛門、干俣《ほしまた》村(嬬恋村)干川小兵衛、大戸村(群馬県吾妻郡東吾妻町)加部安左衛門らは自発的にいち早く炊き出しを行い、生存した農民らをあらたに夫婦や養子として組み合わせ、家族の再構成を推進したことが知られる。幕府は大方の復興資金を支出した後に、復旧の手伝普請を肥後熊本藩に命じ、計九万六千九百両余りを藩に肩代わりさせた。

参考文献　大石慎三郎『天明三年浅間大噴火』(『角川選書』、角川書店、一九八六年)、渡辺尚志『浅間山大噴火』(『歴史文化ライブラリー』、吉川弘文館、二〇〇三年)

(水村　暁人)

印旛沼干拓(いんばぬまかんたく)

利根川下流右岸に位置する湖沼印旛沼を対象として、享保・天明・天保の三度に渡って計画・実施された干拓事業の総称。印旛沼周辺地域は、洪水時に利根川の逆流を受けてたびたび水害に見舞われており、水害の解消が課題であった。まず一度目は、徳川吉宗が新田開発を奨励する高札を江戸日本橋(東京都中央区)に掲げた二年後の享保九年(一七二四)に、下総国千葉郡平戸《ひらと》村(千葉県八千代市)の名主源右衛門らが印旛沼の水を江戸湾に落として新田開発をすることを幕府に願い出たことを契機とする。幕府から派遣された勘定井沢弥惣兵《いざわやそべ》衛《え》らの見積もりに基づき、源右衛門らは幕府から数千両を借用して普請を実施したが、多額の負債を抱えることとなり、資金不足のために普請は中止された。二度目は、幕府領印旛郡惣深新田《そうふけしんでん》(千葉県印西市)の名主平左衛門と島田村(千葉県八千代市)の名主治郎兵衛が、安永九年(一七八〇)に幕府代官宮《みや》村《むら》孫左衛門《まござえもん》の手代に目論見書を提出したことに端を発するもので、印旛沼口の平戸橋から検見川《けみがわ》村(千葉県千葉市)地先の海面までの普請を行い、利根川からの逆流を防ぐべく笠神埜《かさがみや》原新田《わらしんでん》(千葉県印西市)から安食《あじき》村(千葉県印旛郡栄町)までを締め切る、商人などからの資金を期待した計画であった。この干拓は天明二年(一七八二)から開始されたが、浅間山噴火による関東一帯の大洪水や田沼意次の失脚によって、天明六年に中止された。三度目は、異国船による江戸湾封鎖に備えて、東北方面からの物資を銚子から江戸へ運ぶ水運路を開くことを主眼としていた。天保十四年(一八四三)六月十日、沼津・庄内・鳥取・貝淵・秋月の五藩に手伝普請が命ぜられ、幕府側の責任者として江戸南町奉行鳥居耀蔵《とりいようぞう》ら四名が普請掛に任ぜられた。しかし、費用問題や災害、老中水野忠邦の失脚といった要因によって普請続行が困難となり、五藩の手伝普請は解任されて公儀普請となる。そして、翌天保十五年五月の江戸城本丸全焼によって、普請は完全に中止された。

参考文献　鏑木行廣「印旛沼の堀割普請」(『千葉県の歴史』通史編近世一、二〇〇七年)、同「天保期印旛沼堀割普請の

潰れ地と起返し」(根岸茂夫他編『近世の環境と開発』、思文閣出版、二〇一〇年)、佐々木克哉「在地村役人の視点から見る天保期の印旛沼堀割普請」(地方史研究協議会編『北総地域の水辺と台地』、雄山閣、二〇一一年)

(小田　真裕)

上田騒動 (うえだそうどう)

宝暦十一年(一七六一)、上田藩領において起こった強訴・打ちこわし。上田藩は宝暦年間に入り紙漉運上などの新税を実施したほか、定免を検見法に切り替えるなどして収入増を目指したが、これに領内の反発は高まり、宝暦十一年十二月、浦野組夫神《おがみ》村(長野県小県郡青木村)の農民が蜂起したのをきっかけとして藩全域の百姓が結集して上田城下に押し寄せた。城代家老岡部九郎兵衛重教は訴状を受けとり江戸へ出府。藩は経費節減、新税取り下げなどの対応をとり一揆の沈静化につとめた。一揆はその後、村役人の特権や不正への糾弾、寺院や穢多による藩への権利主張など多様な展開をみせた。翌十二年正月以降は首謀者の捕縛が本格化し、夫神村半平、浅之丞らが処刑された。

参考文献　雨宮由幾「信州上田藩宝暦騒動の研究」(『お茶の水史学』八、一九六八年)、横山十四男『上田藩農民騒動史』(上田小県資料刊行会、一九六八年)

(水村　暁人)

大坂の打ちこわし (おおさかのうちこわし)

天明三年(一七八三)二月、米価高騰や綿不作、田沼政権下における貨幣政策を背景として大坂で起きた打ちこわし。折からの米価高騰に加え、明和五年(一七六八)の幕府による真鍮四文銭発行を画期として大坂の銭相場が低落したことにより都市下層民の生活が大きな打撃を受けたことも一因とされる。米の買い占めを行い暴利をむさぼったとの悪評が高かった大坂玉水町の加島屋久右衛門が打ちこわされ、堂島新地の松安庄右衛門らが打ちこわしの対象とされたが警備を固めたことにより免れた。

参考文献　『新修大阪市史』四(一九九〇年)、岩田浩太郎『近世都市騒擾の研究』(吉川弘文館、二〇〇四年)

(水村　暁人)

大原騒動 (おおはらそうどう)

安永二年(一七七三)、飛驒国幕府領で検地に反対して起きた一連の強訴および江戸越訴の総称。騒動を誘引した高山代官大原紹正《つぐまさ》からその名がある。安永に入り幕府は年貢増徴を企図し元禄以来の再検地を実施。しかし不当な検地方法と代官不信があいまって飛驒国大野・益田・吉城郡の農民代表大沼村(岐阜県高山市丹生川町)の久左衛門、町方村(高山市丹生川町)の治兵衛らが代官に連判状を提出。これを拒否され二名が江戸へ召喚されると、舟津村(岐阜県飛騨市)太郎兵衛らは江戸へ向かい老中松平武元へ駕籠訴、また前原村(高山市)藤右衛門らも勘定奉行松平忠郷の屋敷へ駈込訴した。さらに高山では集会や強訴が相つぐと、代官は郡上藩など隣接諸藩に派兵を要請し、一揆勢は鎮圧された。

参考文献　図説・大原騒動刊行会編『図説・大原騒動』(郷土出版社、一九九二年)

(水村　暁人)

解体新書（かいたいしんしょ）

日本最初の西洋医学の本格的翻訳書。本文四巻と解体図一巻からなる。当時『ターヘル＝アナトミア』と呼ばれた、ドイツ人クルムスの解剖書の蘭訳本(一七三四年刊)について、注をのぞく本文のみを漢文で訳述した。所々に杉田玄白《すぎたげんぱく》の私見が加えられている。前野良沢《まえのりょうたく》・杉田玄白・中川淳庵《なかがわじゅんあん》は、明和八年(一七七一)江戸小塚原《こづかっぱら》(東京都荒川区)で腑分《ふわ》けを見学し、『ターヘル＝アナトミア』の図の正確さに驚嘆して翻訳を決意、翌日から会読が始まった。翻訳事業の苦心については、玄白の回想録『蘭学事始《らんがくことはじめ》』に詳しい。玄白は本書出版により幕府の咎めを受けないよう、安永二年(一七七三)に内容見本的な『解体約図《かいたいやくず》』を出版して幕府や世間の反響をうかがい、本書刊行に先立っては将軍家や幕府・朝廷の要路にも献本した。なお翻訳事業の中心であった前野良沢の名が『解体新書』序文以外に記されていないのは、良沢みずからが拒絶したためであり、また玄白が万一にも累が良沢に及ぶのを避けたためともいわれている。『解体新書』は安永三年に須原屋市兵衛《すはらやいちべえ》より刊行される。序文は長崎のオランダ通詞吉雄耕牛《よしおこうぎゅう》が書き、解剖図は平賀源内《ひらがげんない》に洋画を学んだ秋田藩士小田野直武《おだのなおたけ》が模写した。本書によって解剖学に基づく西洋医学が体系的に理解され、以後蘭書の翻訳が活発になされるようになる。「蘭学《らんがく》」という名称がこの訳述事業の過程で創出され、自然と通称になったように、オランダ語を通じた西洋学術研究すなわち蘭学は、『解体新書』訳述・刊行によって本格的に開始されたといえよう。文政九年(一八二六)に大槻玄沢《おおつきげんたく》によって改訳増補された『重訂解体新書《ちょうていかいたいしんしょ》』が出版され、中伊三郎《なかいさぶろう》による銅版の解剖図が付された。

参考文献　小川鼎三『解体新書—蘭学をおこした人々—』(『中公新書』、中央公論社、一九六八年)、『洋学』下(『日本思想大系』六五、岩波書店、一九七二年)、酒井恒訳編『ターヘル・アナトミアと解体新書』(名古屋大学出版会、一九八七年)

(矢森小映子)

黄表紙（きびょうし）

小説の一ジャンルである草双紙《くさぞうし》の一時期の呼び名で、安永四年(一七七五)から文化三年(一八〇六)ごろに出版されたものを示す。草双紙とは、絵を主として余白に文章を綴った小説で、表紙の色や体裁などによって呼び方が異なり、時系列に列挙すると赤本、黒本、青本、そして黄表紙がある。黄表紙の登場は、安永四年出版の恋川春町《こいかわはるまち》画作の『金々先生栄花《きんきんせんせいえいがの》夢《ゆめ》』からで、それまでの童話や演劇、伝説説話を題材とした子供向けのものと比べて、古典や芝居を下敷きにしつつも、現実社会を反映し、滑稽さと軽妙さを持ち洒落や皮肉を効かせた大人向きの読物であった。やがてその現実を諷刺した皮肉な性質が政道批判と結びつき、寛政の改革では、朋誠堂喜《ほうせいどうき》三二《さんじ》の『文武二道万石通《ぶんぶにどうまんごくとおし》』や春町の『鸚鵡返文武二道《おうむがえしぶんぶにどう》』などが幕府より圧力を受けることとなった。そうした背景と同時期に流行した読本の影響を受け、教訓的な内容や敵討物《かたきうち》が主となり長編化し、合巻《ごうかん》というジャンルへと移行した。黄表紙で活躍した作者は、春町、喜三二のほかに、山東京伝、式亭三馬、十返舎一九、曲亭馬琴らがおり、挿絵担当の浮世絵師には、鳥居清経《とりいきよつね》・清長《きよなが》、富川吟雪《とみかわぎんせつ》、北尾政演《きたおまさのぶ》(山東京伝の絵師名)・政美《まさよし》、また喜多川歌麿や葛飾北斎などがいる。

参考文献　水野稔『黄表紙・洒落本の世界』(『岩波新書』、岩波書店、一九七六年)、棚橋正博『黄表紙の研究』(『近世文学叢書』五、若草書房、一九九七年)、竹内誠『寛政改革の研究』(吉川弘文館、二〇〇九年)

(奥田　敦子)

行人坂の大火（ぎょうにんざかのたいか）

安永元年(一七七二)二月二十九日に発生した目黒行人坂大圓寺(東京都目黒区)を火元とする大火事。明暦の大火(明暦三年(一六五七))、文化の大火(文化三年(一八〇六))とともに江戸三大大火に数えられる。火は午下刻から未上刻(十三時ごろ)に出たとみられ、翌晦日の午下刻から申中刻(十三時ごろから十六時ごろ)まで一昼夜以上燃え続けた。火事は折からの南風(春風)によって白銀・麻布・西久保・桜田へと広がり、和田倉御門や日比谷御門、郭内の評定所や町奉行所、老中・若年寄の役屋敷を焼き、本町・石町・神田などの町方を巻き込んで、さらに下谷・浅草・千住まで焼いた。火はおおむね江戸の南西から北東に燃え広がったといえる。二十九日酉刻(十八時ごろ)には別に本郷菊坂町(東京都文京区)の道具屋与八宅からも出火し、駒込・千駄木・谷中を焼き、寛永寺の一部に燃え移った。これらの火事でおよそ幅一里(三・九キロ)、長さ四～五里(一五・六～一九・五キロ)が被災し、見付八、大名屋敷一六九、町九三四、橋一七〇、寺三八二が焼けた。山王神社や神田明神も焼け、日本橋もこのとき焼け落ちている。この火事で多数の女中が御堀で溺死し、浅草の寺院や吉原土手下などへ焼死体が積み上がったとされる。死者は一万四千七百人、行方不明者は四千六十人余という。大圓寺放火犯として長五郎(坊主真秀)が捕らえられ、六月に火刑となった。火災後しばらくは材木はじめ諸職人手間賃などが高騰した。

参考文献 『東京市史稿』産業編二三(一九七九年)、『江戸町触集成』七(塙書房、一九九七年)、吉原健一郎「江戸災害年表」(西山松之助編『江戸町人の研究』五、吉川弘文館、一九七八年)

(松本剣志郎)

国学(こくがく)

近世中期に形をなした、記紀や『万葉集』など日本古代の記録や文献の考証を通じて、日本固有の文化・精神を解明することを目指した学問。神道・歴史・有職故実などに関する学問を含む、広義の概念として用いられることもある。「国学」という語自体は、明治に入ってから多く用いられるようになったため、狭義の国学を「古学」、広義の国学を「和学」という近世に多く用いられた語で表現すべきとする見解もある。

近世における国学の学統としては、元禄年間(一六八八―一七〇四)ごろに『万葉集』研究を通じ、古人の心に即して古語・古典を理解しようとする学問的態度を示した契沖《けいちゅう》の後に続く、荷田春満《かだのあずままろ》・賀茂真淵《かものまぶち》・本居宣長《もとおりのりなが》・平田篤胤《ひらたあつたね》を「国学の四大人」として捉える見解がある(大国隆正《おおくにたかまさ》など)。また、文学論の観点から契沖や村田春海《むらたはるみ》を評価する見方もある。徳川家治が将軍となった宝暦十年(一七六〇)は真淵が和学御用を致仕した年で、宣長は宝暦十三年に真淵と出会ったころから古代研究を深化させていく。同時期の上方には宣長と論争を繰り広げた上田秋成《うえだあきなり》らが居り、天明末年ごろから活発化する春海や加《か》藤千蔭《とうちかげ》らの文化的活動は「江戸派」成立につながっていく。近世後期から幕末にかけて、国学受容層は地域的な広がりを見せる。そして、彼らは、国学をさまざまな形で受容・展開していく。

参考文献 松本久史『荷田春満の国学と神道史』(弘文堂、二〇〇五年)、岡田千昭『本居宣長の研究』(吉川弘文館、二〇〇六年)、田中康二『江戸派の研究』(汲古書院、二〇一〇年)、一戸渉『上田秋成の時代』(ぺりかん社、二〇一二年)

(小田　真裕)

上州絹一揆(じょうしゅうきぬいっき)

天明元年(一七八一)、上州・武州の絹織物・生糸市場における改会所設置に対し、西上州の農民数万が設置取り消しを求め、幕府に対し訴願。また設置を企んだ関係者に対し打ちこわしが行われた。蜂起は同年八月藤岡町(群馬県藤岡市)を端緒として高崎藩領、川越藩前橋分領、小幡藩領、吉井藩領、七日市藩領、安中藩領など西上州一帯を席巻し、会所設置賛同者百軒前後が打ちこわされた。幕府は会所設置を断念し、一揆首謀者の小幡藩領甘楽《かんら》郡白倉村(群馬県甘楽郡甘楽町)伊三郎・清助・清蔵らは遠島に処せられた。

参考文献　中島明『上州の百姓一揆』(上毛新聞社、一九八六年)

（水村　暁人）

川柳（せんりゅう）

雑俳の一様式。川柳風狂句とも呼ぶ。俳句と同じ十七音句を基準とするが、世相・人情・風俗などを主題とする点、季語・切字を必要としない点で俳句と異なる。呼称は時期による変化が見られ、初代川柳のころには前句、川柳点と呼ばれていたが、文政年間(一八一八—三〇)に四世川柳賤丸《しずまる》が俳風狂句、安政年間(一八五四—六〇)に五世川柳佃《たつくり》が柳風狂句と称し、明治三十年代ごろからの革新運動のなかで、川柳のみで呼ばれることが一般化した。元禄年間(一六八八—一七〇四)の江戸で、不角《ふかく》を中心として展開した古風前句付は、享保末年ごろから初代収月《しゅうげつ》らによって洗練・都会化されていく。宝暦七年(一七五七)に立机した初代川柳も、この新風前句付の点者として活躍し、川柳評の万句合摺物から句を抜き、前句なしで鑑賞するように編まれた『誹風柳多留《はいふうやなぎだる》』初編が明和二年(一七六五)に刊行されると、これが百六十七編まで続くほどの好評を博すようになる。そして、初代川柳没後の文化四年(一八〇七)に文日堂《ぶんにちどう》撰で編まれた『柳多留』第三十七編には前句のない十七音句の様式が確認され、一句立の様式は江戸近郊だけでなく、東海・近畿・東北にも流行していく。しかし、作者人口が拡大する一方で、前句と結びつくことで得られていた叙情性の喪失、幕政改革の影響による主題の制約などによって観念的な駄洒落句も多く作られるようになる。

参考文献　宮田正信『雑俳史の研究』(赤尾照文堂、一九七二年)、鈴木勝忠『近世俳諧史の基層』(名古屋大学出版会、一九九二年)

（小田　真裕）

樽廻船（たるかいせん）

江戸時代に上方から江戸に酒荷を輸送した廻船。大坂や西宮から江戸へ積み送られた酒荷専用船で、十七世紀中期より廻船輸送がみられる。寛文年間(一六六一—七三)に伊丹酒を中心に酢・醬油・木綿などの荒荷を積み合い、江戸へ積み下した。これが樽廻船のはじまりである。元禄七年(一六九四)には、上方—江戸間の海上輸送が頻繁化する一方で、船頭や水主《かこ》が積荷を私物化するなどの不正が見られた。そのため、江戸十組問屋を結成し、船頭や水主に対する管理を強めていった。江戸の酒問屋も酒店組として十組問屋の中に入った。享保十五年(一七三〇)に酒荷主は十組問屋を脱退し、新たに樽廻船独自の組織を作ることになり、樽廻船と菱垣廻船《ひがきかいせん》は分離された。酒荷は樽廻船一方積、その他の諸商品は菱垣廻船一方積という集荷協定が結ばれた。その後、酒荷の上荷として菱垣廻船積荷を洩積みするようになり、菱垣廻船と紛争が絶えなかったため、明和七年(一七七〇)には、両者協議して、米・糠・阿波藍玉・灘目素麺《なだもくそうめん》・酢・溜醤油・阿波蠟燭の七品目については、樽廻船への積み込みに同意した。天保十二年(一八四一)の株仲間の解散により、菱垣・樽両廻船の制度も廃止されたため、荷主は便利な方に積みこむことになり、この機に乗じて樽廻船は菱垣廻船を完全に圧倒していった。

参考文献　柚木学『近世海運史の研究』(『叢書・歴史学研究』、法政大学出版局、一九七九年)、同「樽廻船の成立」(森泰博編『物流史の研究』、御茶の水書房、一九九五年)

(大橋　毅顕)

俵物(たわらもの)

近世長崎交易の中心的な輸出品。海産物を俵詰めにしたための呼称。煎海鼠《いりなまこ》・干鮑《ほしあわび》・鱶鰭《ふかひれ》などの俵物三品は対清国交易で高級食料品として珍重された。松前(蝦夷地)や東北地方(津軽・南部)が生産・集荷の中心地であった。十八世紀初頭以後、銅産出量および長崎廻着量の減少に伴い、俵物が長崎交易品として銅と並ぶ存在となった。寛保三年(一七四三)には俵物集荷体制を強化するため、長崎俵物問屋一手請方制が導入された。これは、従来の俵物取扱問屋を俵物一手請方問屋に指定し、請方問屋に俵物の独占的集荷の権利を与えるものであった。しかし、俵物買取り価格の高騰や抜け荷によって俵物の集荷量は増加せず、請方問屋の経営も困難な状態となった。その対応として、天明五年(一七八五)に請方問屋による独占集荷体制を廃止し、長崎会所(俵物役所)を通じた直接的集荷体制を新設した。幕府は、同年会所役人などを諸国に派遣し、俵物の自由売買を禁止し、献上品以外は全て長崎会所へ売却することを命じた。この請方問屋による間接的集荷体制から、長崎会所(俵物役所)を通じた直接的集荷体制への転換とは、幕府が俵物の流通・輸出を独占することを目指したものであり、田沼期の経済政策の一環をなすものであった。しかし、幕府による長崎交易品の直接的独占体制への試みは、諸藩の抜け荷や生産者の抵抗によって所期の目的を達成することはできなかった。

参考文献　小川国次『江戸幕府輸出海産物の研究』(吉川弘文館、一九七三年)

(檜皮　瑞樹)

鉄座・真鍮座(てつざ・しんちゅうざ)

幕府の重商主義政策のもとで設立された機関。安永九年(一七八〇)八月二十八日の触書によれば、銀座加役として鉄座・真鍮座を設置し、御殿勘定所勝手方が監査した。鉄座は大坂に置かれ、諸国から採取した鉄・鋼を大坂問屋へ廻送した。これを問屋から大坂鉄座へ納めさせ、鉄座より指定の仲買に卸し、仲買を経て需要者の手に渡すこととした。その結果、鉄の価格が低くおさえられ、生産者である鉄師(鉄山業者)は全国的に大打撃を受けた。また、天明の飢饉で鉄山に依存する農村が困窮し、全国的な反対運動が展開された。一方、仲買は鉄座から鉄を買い占めて値段を引き上げて売るなど、大坂の鉄商人や職人にとり大きな脅威となった。真鍮座は江戸・京都・大坂に置かれ、真鍮の吹立と販売を独占した。幕府の目的は冥加・運上収入と、明和五年(一七六八)から鋳造されていた真鍮銭の原料確保にあった。真鍮需要の細工人などは、真鍮座から株札を下付された仲買から購入した。仲買は真鍮座から売り出し代銀百匁につき銀二匁の口銭を得て、業務に従事した。しかし、天明六年(一七八六)に十代将軍徳川家治の死去に伴い、田沼意次が失脚し、翌七年八月には松平定信が老中首座に就くと、田沼政治を一新するため、九月に鉄座・真鍮座は「差障之筋有之」(『古事類苑』)という理由で廃止された。その後、吹立および販売は自由となった。

参考文献 向井義郎「中国山脈の鉄」(地方史研究協議会編『日本産業史大系』七、一九六〇年)、武井博明『近世製鉄史論』(三一書房、一九七二年)、藤田覚『田沼意次―御不審を蒙ること、身に覚えなし―』(『ミネルヴァ日本評伝選』、ミネルヴァ書房、二〇〇七年)

(大橋　毅顕)

伝馬騒動 (てんまそうどう)

明和元年(一七六四)、武州の中山道筋を中心に、上州・信州の一部を巻き込み起こった強訴・打ちこわし。幕府の増助郷に反対した武州児玉・那賀・賀美・榛沢《はんざわ》・男衾《おぶすま》・秩父郡の村々は、同年十二月に児玉郡十条河原(埼玉県本庄市)に集結し、江戸出訴のため中山道を南下。途中、忍藩兵との衝突も起きたため幕府は増助郷計画を撤回した。しかし一揆は沈静化せず、増助郷を計画し利を得ようとした豪農商への打ちこわしへと転化し、足立郡川田谷《かわたや》村(埼玉県桶川市)高橋甚左衛門宅などが打ちこわされた。一揆後数百名が江戸南町奉行所の吟味を受け、強訴の発起人の一人である児玉郡関村(埼玉県児玉郡美里町)の名主兵内が獄門とされた。

参考文献 山田忠雄『一揆打毀しの運動構造』(校倉書房、一九八四年)、大舘右喜『近世関東地域社会の構造』(校倉書房、二〇〇一年)

(水村　暁人)

天明の飢饉 (てんめいのききん)

天明年間(一七八一―八九)に諸国で起こった飢饉の総称で、江戸時代三大飢饉の一つ。特に天明三―四年の東北地方では冷害による凶作により大飢饉となって多くの死者を出した。天明三年七月に浅間山が大噴火し、甲信越から東北地方にかけて火山灰が降り、飢饉となった。さらにこの年は、冷害により東北地方を中心に作柄が皆無同前の大凶作となり、弘前藩領で廻米反対の米騒動や仙台藩領で安倍清右衛門騒動などが起き、翌年にかけて東北地方では三十万人以上の餓死・疫死者を出し、近世最悪の飢饉といわれている。津軽藩などのように、四十万俵を江戸・大坂へ廻米したため、藩領内の米穀が欠如したことも飢饉の大きな要因となった。この飢饉発生の背景には、田沼時代の重商主義的な経済政策の限界があったとされる。幕府・諸藩は、米・銭の施与、御救米の払下げ、御救小屋の設置、米穀買占めの禁令などで対応した。天明四年に幕府は、米価高騰のため江戸へ自由な米の持ち込みと販売を認め、春から夏にかけて流行した疫病に対しては、享保十八年(一七三三)の疫病対策法を再び諸国に触れた。また天明六年には、大雨により関東大洪水となった。浅間山大噴火の降灰による川床の上昇も、その一因といわれる。西国は暴風雨に襲われて凶作となり、翌年にかけて米価は高騰した。幕府による江戸への廻米政策のため、天明七年五月に大坂・江戸など各地で打ちこわしが起こり、同年六月に松平定信が老中首座となって寛政の改革を行う大きな契機となった。

参考文献　菊池勇夫『飢饉の社会史』(校倉書房、一九九四年)、同『近世の飢饉』(『日本歴史叢書』、吉川弘文館、一九九七年)

(栗原　健一)

中野騒動(なかのそうどう)

信濃国中野代官支配の高井・水内両郡で起きた強訴。明和四年(一七六七)以来、中野代官所と領内農民の間では年貢皆済期をめぐりせめぎ合いが生じていたが、安永六年(一七七七)正月、皆済期限を目前に野坂田村(長野県飯山市)年番名主定右衛門、年番組頭治左衛門、農民治部左衛門らにより廻状が作成され、両郡百三十ヵ村のうち七十一ヵ村が参加して年貢皆済期を請け合った名主宅などを打ちこわし、中野陣屋に強訴に及んだ。代官所が皆済期限の据え置きを請け合うと沈静化した。

参考文献　『長野県史』通史編五(一九八八年)

(水村　暁人)

南鐐二朱銀(なんりょうにしゅぎん)

安永元年(一七七二)に幕府が発行した銀貨。南鐐とは上質な銀(純度九八%)の意味である。表面には、「以南鐐八片換小判一両(南鐐八枚をもって小判一両と換える)」と極印されている。つまり、銀貨でありながら二朱という金の単位で流通する計数銀貨であり、金貨の補助貨幣としての役割をもった。裏面には、「銀座常是」の文字が極印されている。南鐐二朱銀の流通は、なかなか進まなかったが、幕府がさまざまな流通促進策を実施したこともあり、全国へ普及していった。大坂の儒者中井竹山《なかいちくざん》は『草茅危言《そうぼうきげん》』の中で、「元来二朱ハ便利成者ニテ、民情ニ能合テ、三都ニ滞リ無流布」していたことを述べている。南鐐二朱銀の流通が盛んになると、金貨の流通が増大することになるが、金貨(元文金)および南鐐二朱銀の流通量に比べ、秤量銀貨(元文銀)の流通量が減少したため、金相場安値・銀相場高値となり物価に混乱をもたらした。安永二年ごろには金一両＝銀六十四匁前後であったが、天明八年(一七八八)ごろには金一両＝銀五十五匁ほどになった。このため、松平定信政権は南鐐二朱銀の永代通用を認めつつも、その鋳造を停止した。発行以来、鋳造停止になるまでの南鐐二朱銀の鋳造高は五百九十三万三千四百二両余であった。その後、銀相場も下がったため、寛政十二年(一八〇〇)に、払底を理由に南鐐二朱銀の鋳造が再開され、文政六年(一八二三)まで続けられた。

参考文献 小葉田淳『日本の貨幣』(『日本歴史新書』、至文堂、一九五八年)、田谷博吉『近世銀座の研究』(吉川弘文館、一九六三年)、竹内誠『寛政改革の研究』(吉川弘文館、二〇〇九年)

(大橋　毅顕)

新潟湊騒動 (にいがたみなとそうどう)

明和五年(一七六八)、越後国新潟湊(新潟市)の町民が行なった打ちこわしおよび町民自治。長岡藩支配下の新潟町は藩に対し御用金の義務があったが、明和五年は港の不況のため多額の御用金を支払えず、涌井藤四郎ら町民は延納を嘆願すべく西祐寺へ集合。これを徒党として訴え出たものがあり涌井らは入牢などの処分を受けた。これに立腹した町民らが集まり、密告した八木市兵衛宅などを打ちこわしたが、町奉行所は鉄砲で応戦した。騒動はいったん釈放された涌井の説得で沈静化し、以後町政は約二ヵ月にわたり自治運営された。しかしその後涌井と岩船屋佐次兵衛は藩にとらえられ斬首された。

参考文献 『新潟県史』通史編四(一九八八年)、『新潟市史』通史編二(一九九七年)

(水村　暁人)

錦絵 (にしきえ)

多色刷りの浮世絵版画の最終発達段階の呼称。浮世絵版画は、はじめ墨一色で摺った墨摺《すみずり》絵、続いてそれに筆で彩色した丹《たん》絵、紅《べに》絵、漆《うるし》絵、やがて二、三色の簡単な色摺版画である紅摺《べにずり》絵へと発展し、次に十色以上に及ぶ多色摺版画の錦絵が誕生した。そのきっかけは、明和二年(一七六五)に流行した絵暦《えごよみ》の交換会である大小会《だいしょうえ》による。絵暦とは、江戸時代の太陰太陽暦を主とした暦において、年ごとにかわる大の月(一ヵ月が三十日間)と小の月(一ヵ月が二十九日間)の配列を、文字や絵で判じ絵風に表わした一枚の摺物のことである。このときに大小会をリードした旗本の大久保忠舒《おおくぼただのぶ》(俳名菊簾舎巨川《きくれんしゃきょせん》)、阿部正寛《あべまさひろ》(俳名水光亭莎鶏《すいこうていさけい》)ら好事家が、絵暦の美しさや豪華さを追求し、版画の技術が発展した。また彼らによって絵暦の下絵師として鈴木春信《すずきはるのぶ》が抜擢され、こののちの浮世絵界を牽引していく。大小会のブームは短く、明和三年前半ごろには終焉を迎えたが、その美しさに目をつけた版元らが、暦や注文者の名を削り取り、プライベート用の摺物であった絵暦を一般販売用へと商品化した。こうして生まれた一般販売用の多色摺版画は、錦のように美しいことから錦絵、または東《あずま》(吾妻)錦絵《にしきえ》と呼ばれ、江戸の新たな名物となった。なお、錦絵のような多色摺版画が登場できた背景には、重ね摺りの際に目印となる「見当《けんとう》」が工夫されたこと、重ね摺りに耐えられる上質の丈夫な紙が普及したことなどが挙げられる。

参考文献　小林忠「青春の画家鈴木春信」(『青春の浮世絵師鈴木春信―江戸のカラリスト登場―』、千葉市美術館、二〇〇二年)、大久保純一『カラー版浮世絵』(『岩波新書』、岩波書店、二〇〇八年)、竹内誠『江戸社会史の研究』(弘文堂、二〇一〇年)　(奥田　敦子)

虹の松原一揆　(にじのまつばらいっき)

明和八年(一七七一)、肥前国唐津藩領において起こった強訴。水野和泉守忠任《ただとう》は唐津入封に際し、転封費用の捻出のため免税地の再検地および御用捨高の廃止を命じた。これに対し領内では廻状が出回り虹の松原(佐賀県唐津市)へと農民が集結。参加者数は二万三千ともいわれる。一揆勢は無年貢地からの徴税を撤回することなど六ヵ条にわたる願書を提示した。これに対し藩側は、横田村(唐津市)常吉太左衛門ら郡中庄屋を介して一揆勢の説得を行い、新税を廃止するなど藩側が譲歩することで一揆は沈静化したものの、首謀者として平原村(唐津市)大庄屋冨田才治、半田村(唐津市)名頭麻生又兵衛、同村常楽寺和尚智月らが処刑された。

参考文献　『佐賀県史』中(一九六八年)、坂本智生「虹濱菌臭秘録　解題」(『日本庶民生活史料集成』六、三一書房、一九六八年)　(水村　暁人)

飛騨郡代　(ひだぐんだい)

飛騨国大野郡高山(岐阜県高山市)に設置された江戸幕府郡代の一つ。『天保年間諸役大概順』によると、勘定奉行支配、役料四百俵高、躑躅間《つつじのま》席、布衣《ほい》以上の役職である。飛騨国は元禄五年(一六九二)七月に高山藩主金森頼旹《かなもりよりとき》が出羽国上之山《かみのやま》に転封されて幕領となり、のちに高山陣屋が設置された。そして、安永六年(一七七七)代官大原紹正《おおはらつぐまさ》が飛騨郡代に昇進した。これは安永検地を強行にすすめて、飛騨国の石高の増加を行なった功績によるものといわれている。しかし、これ以後、高山陣屋への赴任者はすべて飛驒郡代に就任しており、検地の功績だけが飛驒郡代の成立の理由とはいえないと考えられるが、詳細については不明である。飛驒郡代には、大原《おおはら》正純《まさずみ》・飯塚政長《いいづかまさなが》・小出照方《こいでてるみち》・田口喜古《たぐちよしふる》・榊原長義《さかきばらながよし》・芝正盛《しばまさもり》・大井永昌《おおいながまさ》・豊田友直《とよだともなお》・小野高福《おのたかとみ》・福王忠篤・増田頼興・高柳元曙・新見正功《しんみまさかつ》が任命された。支配地は、天保九年(一八三八)には飛驒国と美濃・越前両国の一部、越前・加賀の白山麓で十一万四千五十二石であった。出張陣屋として、越前国本保《ほんぼ》陣屋(福井県武生市)、美濃国下川辺《しもかわべ》陣屋(岐阜県加茂郡川辺町)があった。下僚には手付・手代以外に、金森氏の旧家臣である地役人が置かれ、郡代が手限りで任用した。飛驒郡代は明治元年(一八六八)には新政府の東山道鎮撫使の入国により廃止された。

参考文献　村上直『天領』(人物往来社、一九六五年)、『岐阜県史』通史編近世上(一九六八年)、西沢淳男『幕領陣屋と代官支配』(岩田書院、一九九八年)、同編『江戸幕府代官履歴辞典』(岩田書院、二〇〇一年)、太田尚宏「飛驒国山林地域における元伐生産と御榑木方地役人―宝暦期を中心に―」(『徳川林政史研究所研究紀要』三七、二〇〇三年)、同「飛驒幕領における元伐稼と山方村々「相続方」―嘉永～安政期の御材木伐出方改正一件を事例に―」(同四四、二〇一〇年)、高橋伸拓『近世飛驒林業の展開―生業・資源・環境の視点から―』(岩田書院、二〇一一年)

(高橋　伸拓)

伏見一揆（ふしみいっき）

天明五年(一七八五)、伏見奉行小堀和泉守政方《まさみち》の苛政に対し、伏見下板橋二丁目(京都市)の元年寄文殊九助、京町北七丁目(京都市)の丸屋九兵衛らにより行われた江戸直訴。伏見騒動ともいう。文殊ら七名が中心となり江戸の寺社奉行松平伯耆守資承《すけつぐ》への駕籠訴が行われ、小堀は領知召上げとなったが、代表者の多くは京都にて拘束され相ついで牢死し、文殊も江戸に召喚され吟味中に牢死した。出訴した文殊ら七名の遺髪塔は京都伏見大黒寺にある。また彼らを顕彰するため明治十九年(一八八六)には、御香宮神社内に伏見義民碑が建てられた。

参考文献　原田伴彦「雨中之鑵子　解題」(『日本庶民生活史料集成』六、三一書房、一九六八年)、朝尾直弘他編『京都府の歴史』(山川出版社、一九九九年)

(水村　暁人)

明和事件（めいわじけん）

明和三年(一七六六)、幕府が山県大弐《やまがただいに》・藤井右門《ふじいうもん》らを捕え、翌明和四年に大弐らを処罰した事件。大弐は、江戸の家塾で儒学や兵学を講じ、尊王論を説いていた。また、藤井右門は宝暦事件に際して京都から逃れ、大弐の許に寄宿して甲府城や江戸城攻撃の軍法を論じていた。事件は、大弐の門人である上野国小幡藩家老の吉田玄蕃《よしだげんば》が藩主織田信邦《おだのぶくに》の政治顧問に推挙されるも、これに反対する小幡藩の用人相原郡大夫《あいはらぐんだゆう》らの讒言によって藩から処罰されたことを契機とする。この処罰が大弐との交際によるものであるという噂が流れたため、大弐の門人であった浪人桃井久馬《もものいきゅうま》・町医者宮沢準曹《みやざわじゅんそう》らが自分たちに禍が及ぶことを恐れ、大弐に幕府への謀反の企てがあるとして、交遊関係を記して明和三年十二月に老中へ直訴する。これを受けて幕府は、大弐・右門ら関係者三十名余りを捕えて取り調べを行う。結局、謀反の確証は得られなかったが、尊王論や幕府批判の思想が展開されていることを問題視した幕府は、翌明和四年に大弐を死罪、右門を獄門刑とし、宝暦事件で京都から追放され、伊勢で暮らしていた竹内式部《たけのうちしきぶ》に対しても、重追放の身にもかかわらず京都へ立ち入ったことを理由として遠島に処した。天皇・朝廷の存在が多様な意義を持ち始めた当時の思潮が窺える、宝暦事件と並ぶ政治史・思想史上で重要な位置を占める出来事である。

参考文献　廣瀬廣一『山県大弐先生事蹟考』(山梨県教育会、一九三一年)、飯塚重威『山県大弐正伝』(三井出版商会、一九四三年)、藤田覚『江戸時代の天皇』(『天皇の歴史』六、講談社、二〇一一年)

(小田　真裕)

明和蓑虫騒動（めいわみのむしそうどう）

明和五年(一七六八)、越前国福井藩領で起こった強訴・打ちこわし。古蓑や破笠をまとって農民らが城下に押し寄せたので蓑虫騒動の名がある。越前大一揆ともいう。定免継続による年貢過重に加え、城下の火災や米価の高騰、藩札の発行による世情不安などたび重なる災厄を原因として城下に押し寄せた農民らは、商家に対し酒食の強要や打ちこわしを行なった。その後騒動は越前各地に波及し十三日間に及んだ。福井城下には三万人が押し寄せたという。

参考文献　『福井県史』通史編四(一九九六年)

(水村　暁人)

蘭学（らんがく）

江戸時代にオランダを通じて伝来した、西洋学術および西洋事情の研究。はじめ長崎のオランダ通詞らによって医術を中心に学ばれる。八代将軍徳川吉宗が殖産興業政策のために実学を奨励し、漢訳洋書輸入の禁を緩和し、青木昆陽《あおきこんよう》・野呂《のろ》元丈《げんじょう》にオランダ語を学ばせたことが勃興の機運を開いた。国益増進をはかる殖産興業政策は、十代将軍徳川家治に重用された田沼意次によってさらに推進される。日蘭関係も従来より緩和されて江戸参府のオランダ人との対話も一層盛んになり、商人層の富裕や社会生活の向上とも結びついて、オランダ趣味の風潮も生まれた。このような政治的・社会的環境のもと、安永三年(一七七四)に日本最初の西洋医学の本格的翻訳書『解体新書《かいたいしんしょ》』が出版される。これを画期に蘭学はめざましく発展し、医学・本草学・天文暦学を中心に研究が進んだ。「蘭学」という名称もこの訳述過程で創出されている。文化・文政期には、ロシアの南下やフェートン号事件など対外関係の緊張から、世界地理・西洋情報など人文科学系の研究も進展する。文化八年(一八一一)には幕府によって蛮書和解御用《ばんしよわげごよう》が設けられ、蘭学の公学化がはかられる一方、三都を中心に民間にも多くの蘭学塾が生まれた。幕末期にはアヘン戦争の影響を受け、武士層を中心に軍事科学が進展したが、一方で天保年間(一八三〇―四四)以降、在村蘭方医たちによる地域蘭学もより広く浸透している。幕末期以降は、オランダ以外の西洋諸国との交渉が始まり、英学・仏学・独学なども含めた西洋学全般を指す「洋学《ようがく》」という名称が広く用いられるようになった。

[参考文献] 沼田次郎『洋学』(『日本歴史叢書』、吉川弘文館、一九八九年)、青木歳幸「蘭学における中央と地方」(荒野泰典他編『近世的世界の成熟』、吉川弘文館、二〇一〇年)

(矢森小映子)

大老

氏名	称呼	前職	補職年月日	転免年月日	後職
井伊直幸	掃部頭		天明四(一七八四)・一一・六	天明七(一七八七)・九・一	辞 [実][寛]職ゆるさる

老中

氏名	称呼	前職	補職年月日	転免年月日	後職
堀田正亮	相模守	大坂城代	延享二(一七四五)・三・三 [実][寛]二・一一・三	宝暦一一(一七六一)・二・一 [実][寛]一一・二・八	卒
松平武元	右近将監	寺社奉行 [実]奏者番[寛]奏者番兼寺社奉行	延享三(一七四六)・五・一五	安永八(一七七九)・七・二九 [実][寛]八・七・二五	卒

氏名	称呼	前職	補職年月日	転免年月日	後職
秋元凉朝	但馬守	西丸若年寄	延享四(一七四七)・九・三	明和元(一七六四)・三・二四 寛元・二・二四	辞
酒井忠寄	左衛門尉	譜代席	寛延二(一七四九)・九・二六	明和元(一七六四)・五・二六 実寛元・五・一六	辞 実病免
松平輝高	右京大夫	京都所司代	宝暦八(一七五八)・一〇・一八	天明元(一七八一)・九・二六 実寛元・九・二五	卒
井上利容 実寛正経	河内守	京都所司代	宝暦一〇(一七六〇)・一二・三	宝暦一三(一七六三)・三・一三	辞
松平康福	周防守	大坂城代	宝暦一二(一七六二)・一二・九	天明八(一七八八)・四・三	免 実寛職ゆるさる
阿部正右	伊予守	京都所司代	明和元(一七六四)・五・一	明和六(一七六九)・七・一二	卒
秋元凉朝	但馬守	雁間詰	明和二(一七六五)・一二・一三	明和四(一七六七)・六・二八	辞 実病免
板倉勝清	佐渡守	側用人	明和四(一七六七)・七・一	安永九(一七八〇)・六・二八	卒
阿部正允	飛騨守 豊後守	京都所司代	明和六(一七六九)・八・一八	安永九(一七八〇)・七・二四 実寛九・一一・二四	卒
田沼意次	主殿頭	側用人	明和六(一七六九)・八・一八	天明六(一七八六)・八・二七	免職 実病免寛辞
久世広明	出雲守 大和守	京都所司代	天明元(一七八一)・閏五・一一	天明五(一七八五)・正・二四 実五・正・二三	卒
鳥居忠孝 実寛忠意	丹波守	若年寄	天明元(一七八一)・九・一八	寛政五(一七九三)・二・二九	辞 実病免寛職ゆるさる
水野忠友	出羽守	側用人	天明元(一七八一)・九・一八	天明八(一七八八)・三・二八	免 実寛職ゆるさる

氏名	称呼	前職	補職年月日	転免年月日	後職
牧野貞長	越中守 備後守	京都所司代	天明四(一七八四)・五・一一	寛政二(一七九〇)・一一・一一	辞 [実]病免[寛]職ゆるさる

京都所司代

氏名	称呼	前職	補職年月日	転免年月日	後職
井上利容 [実][寛]正経	河内守	大坂城代	宝暦八(一七五八)・一一・二八	宝暦一〇(一七六〇)・一二・三	老中
阿部正右	伊予守	寺社奉行[実][寛]奏者番兼寺社奉行	宝暦一〇(一七六〇)・一二・三	明和元(一七六四)・五・一	西丸老中
阿部正允	飛騨守	大坂城代	明和元(一七六四)・六・二一	明和六(一七六九)・八・一八	西丸老中
土井利里	大炊頭	寺社奉行[実][寛]奏者番兼寺社奉行	明和六(一七六九)・八・一八	安永六(一七七七)・八・一四	卒
久世広明	出雲守	大坂城代	安永六(一七七七)・九・一五	天明元(一七八一)・閏五・一一	老中 [実][寛]西丸老中
牧野貞長	越中守	大坂城代	天明元(一七八一)・閏五・一一	天明四(一七八四)・五・一一	老中
戸田忠寛	因幡守	大坂城代	天明四(一七八四)・五・一一	天明七(一七八七)・一二・一六	免 [実]旧班にかえさる[寛]聴をゆるさる

大坂城代

氏名	呼称	前職	補職年月日	転免年月日	後職
松平康福	周防守	寺社奉行 [実]奏者番 [寛]奏者番兼寺社奉行	宝暦一〇(一七六〇)・八・一五	宝暦一二(一七六二)・一二・九	西丸老中

氏名	呼称	前職	補職年月日	転免年月日	後職
阿部正允	飛騨守	御詰 [実][寛]なし	宝暦一三(一七六三)・一二・九	明和元(一七六四)・六・三	京都所司代
松平乗祐 [実][寛]乗佑	和泉守	寺社奉行 [実][寛]奏者番兼寺社奉行	明和元(一七六四)・六・三	明和六(一七六九)・九・四	卒
久世広明	出雲守	寺社奉行 [実][寛]奏者番兼寺社奉行	明和六(一七六九)・九・二六 [実][寛]六・九・二四	安永六(一七七七)・九・一五	京都所司代
牧野貞長	越中守	寺社奉行 [実][寛]奏者番兼寺社奉行	安永六(一七七七)・九・一五	天明元(一七八一)・閏五・二	京都所司代
土岐定経	美濃守	寺社奉行 [実][寛]奏者番兼寺社奉行	天明元(一七八一)・五・二 [実][寛]元・閏五・二	天明二(一七八二)・八 [実]なし[寛]二・八・二〇	卒 [実]なし
戸田忠寛	因幡守	寺社奉行 [実][寛]奏者番兼寺社奉行	天明二(一七八二)・九・一〇	天明四(一七八四)・五・二	京都所司代
阿部正殷 [実][寛]正敏	能登守	奏者番	天明四(一七八四)・五・二	天明七(一七八七)・四・二	卒

側用人

氏名	称呼	前職	補職年月日	転免年月日	後職
板倉勝清	佐渡守	若年寄	宝暦一〇(一七六〇)・四・一	明和四(一七六七)・七・一	西丸老中 [実]老中
田沼意次	主殿頭	御側	明和四(一七六七)・七・一	安永元(一七七二)・正・一五	老中
水野忠友	出羽守	若年寄	安永六(一七七七)・四・二一	天明五(一七八五)・正・二九	老中

氏名	称呼	前職	補職年月日	転免年月日	後職
阿部正右	伊予守	奏者番	宝暦六(一七五六)・五・七	宝暦一〇(一七六〇)・三・三	京都所司代
毛利匡平 実寛政苗	讃岐守	奏者番 実柳間席	宝暦一〇(一七六〇)・閏七・二八 実寛九・閏七・二八	明和元(一七六四)・二・五 実寛元・二・四	免 実寛両職罷免、逼塞
小堀政方	土佐守	西丸御側	宝暦一〇(一七六〇)・一〇・一三 実寛一〇・三・一三	宝暦一二(一七六二)・七・一八	辞 実病免、菊間縁詰寛辞、菊間縁詰
松平乗祐 実寛乗佑	和泉守	奏者番	宝暦一〇(一七六〇)・八・一五	明和元(一七六四)・六・二一 実寛元・六・二一	大坂城代
太田資俊	摂津守	奏者番	宝暦一〇(一七六〇)・三・三	宝暦一五(一七六五)・五・一九 実寛三・五・一九	辞 実病、加役免寛加役辞
酒井忠香	飛騨守	奏者番	宝暦一二(一七六二)・七・一三 実寛一二・七・一三	明和二(一七六五)・八・二一	西丸若年寄
鳥居忠孝	伊賀守	実寛雁間詰	宝暦一三(一七六三)・五・二四	宝暦一三(一七六三)・三・九	若年寄 実寛西丸若年寄
土井利里	大炊頭	奏者番	宝暦一三(一七六三)・二・一八	安永四(一七七五)・八・二五 実寛〔土井家譜〕明和六・八・一八	京都所司代
松平忠順	伊賀守	奏者番	明和元(一七六四)・六・二一 実寛元・二・一五	天明元(一七八一)・五・二一 実寛安永四・八・二五	若年寄
土岐定経	美濃守	奏者番	明和元(一七六四)・八・二六 実寛元・六・二一	天明元(一七八一)・五・二一 実寛元・閏五・二一	大坂城代
久世広明	出雲守	奏者番	明和二(一七六五)・八・二一	明和六(一七六九)・九・二四	大坂城代
牧野貞長	越中守	奏者番	明和六(一七六九)・八・二六	安永六(一七七七)・九・一五	大坂城代
土屋篤直	能登守	奏者番	明和六(一七六九)・一〇・一	安永五(一七七六)・四・一 実寛五・五・二〇	卒

氏名	称呼	前職	補職年月日	転免年月日	後職
太田資愛	備後守	奏者番	安永四(一七七五)・八・二六	天明元(一七八一)・閏五・一一	西丸若年寄
戸田忠寛	因幡守	奏者番	安永五(一七七六)・六・五	天明二(一七八二)・九・一〇	大坂城代
牧野惟成	豊前守	奏者番	安永六(一七七七)・九・一五	天明三(一七八三)・一・一 実寛三・七・二三	卒
阿部正綸(倫) 実寛正倫	備中守	奏者番	安永六(一七七七)・九・一五見習 安永八(一七七九)・四・三本役	天明七(一七八七)・三・七	老中
井上正定	河内守	奏者番	天明元(一七八一)・閏五・一一	天明六(一七八六)・二・一 実寛六・三・二〇	卒
安藤信明(成) 実寛信成	対馬守	奏者番	天明元(一七八一)・閏五・一一	天明四(一七八四)・四・一五	若年寄
堀田正順	相模守	奏者番	天明三(一七八三)・七・二六	天明七(一七八七)・四・一九	大坂城代
松平輝和	右京亮 右京大夫	奏者番	天明四(一七八四)・四・二六	寛政一〇(一七九八)・三・八	大坂城代
松平資永(承) 実(本庄資承) 寛資承	伯耆守	奏者番	天明四(一七八四)・四・二六	天明六(一七八六)・閏六・二 実寛六・閏一〇・二	辞 実寛病、加役ゆるさる
土井利和	大炊頭	奏者番	天明六(一七八六)・三・二四	天明八(一七八八)・六・二六	辞 実寛加役免
松平乗完	和泉守	奏者番	天明七(一七八七)・三・一二 (将軍不在位時補職)	天明七(一七八七)・一二・一六	京都所司代

若年寄

氏名	称呼	前職	補職年月日	転免年月日	後職
小出英智 ［実］英時・英持［寛］英持	伊勢守 信濃守	寺社奉行兼寺社奉行 ［寛］奏者番	寛延元(一七四八)・七・一	明和四(一七六七)・一〇・一五 ［寛］四・一〇・一六	卒
松平忠恒	宮内少輔 摂津守	奏者番兼寺社奉行 ［実］［寛］奏者番	寛延元(一七四八)・閏一〇・一	明和五(一七六八)・一一・九	卒
酒井忠休	山城守 石見守	奏者番兼寺社奉行 ［実］［寛］奏者番	寛延二(一七四九)・七・六	宝暦一二(一七六二)・八・三	雁間詰 ［実］職ゆるさる
小堀政峯〔岑〕 ［実］［寛］政峯	和泉守	雁間詰 ［実］奏者番	宝暦六(一七五六)・六・一一	宝暦一〇(一七六〇)・三・二三	辞 ［実］免
水野忠見	壱岐守	奏者番	宝暦八(一七五八)・九・二八	安永四(一七七五)・八・二〇 ［実］［寛］四・八・一九	卒
鳥居忠孝 ［実］［寛］忠意	伊賀守	寺社奉行番兼寺社奉行 ［実］［寛］奏者	宝暦一〇(一七六〇)・三・二三	宝暦一二(一七六二)・八・三	免 ［実］雁間詰［寛］職ゆるさる
酒井忠休	石見守	雁間詰	宝暦一二(一七六二)・八・一五	天明七(一七八七)・四・一〇 ［実］［寛］七・四・一八	雁間詰 ［実］［寛］卒
鳥居忠孝 ［実］［寛］忠意	伊賀守 丹波守	寺社奉行番兼寺社奉行 ［実］［寛］奏者	宝暦一三(一七六三)・三・九	天明元(一七八一)・九・一八	西丸老中
酒井忠香	飛驒守	奏者番兼寺社奉行 ［実］［寛］奏者番	明和二(一七六五)・八・二一	天明八(一七八八)・三・一九	雁間詰 ［実］病免［寛］職ゆるさる
加納久堅	遠江守	奏者番	明和四(一七六七)・一〇・二六	天明六(一七八六)・七・二四 ［実］［寛］六・八・二四	卒
水野忠友	豊後守 出羽守	側衆	明和五(一七六八)・一一・一五	安永六(一七七七)・七・二一 ［実］［寛］六・四・二一	側用人
松平忠順	伊賀守	奏者番兼寺社奉行	安永四(一七七五)・八・二六 ［実］［寛］四・八・二五	天明三(一七八三)・二・八	卒

氏名	称呼	前職	補職年月日	転免年月日	後職
米倉昌晴	丹後守	奏者番	安永六(一七七七)・四・二六 実寛六・四・二	天明五(一七八五)・三・二〇	卒
太田資愛	備後守 備中守	奏者番兼寺社奉行	天明元(一七八一)・閏五・一一	寛政元(一七八九)・四・一一	京都所司代
井伊直朗	兵部少輔	奏者番	天明元(一七八一)・九・一八	文化九(一八一二)・三・二五	病免
田沼意知	山城守	奏者番	天明三(一七八三)・一一・一	天明四(一七八四)・四・二	卒
安藤信明 実寛信成	対馬守	奏者番兼寺社奉行	天明四(一七八四)・四・一五	寛政五(一七九三)・八・二四	老中
松平忠福	玄蕃頭	奏者番	天明五(一七八五)・三・二四	天明八(一七八八)・四・一一	辞 実病免

町奉行

氏名	称呼	前職	補職年月日	所在	転免年月日	後職
依田政次	和泉守 豊前守	作事奉行	宝暦三(一七五三)・四・七	北	明和六(一七六九)・八・一五	大目付
土屋正方	越前守	京都町奉行	宝暦三(一七五三)・三・二四	南	明和五(一七六八)・五・一九 実なし	卒 実日付なし
牧野成賢	大隅守	作事奉行 実寛勘定奉行	明和五(一七六八)・五・二六	南	天明四(一七八四)・三・三	大目付
曲淵景漸	甲斐守	大坂町奉行	明和六(一七六九)・八・一五	北	天明七(一七八七)・六・一	西丸留守居
山村良旺	信濃守	勘定奉行	天明四(一七八四)・三・一二	南	寛政元(一七八九)・九・七	清水家家老

勘定奉行

氏名	称呼	前職	補職年月日	管掌	転免年月日	後職
一色政流〔沅〕 実寛政沅	周防守 安芸守	作事奉行	宝暦二(一七五二)・(二)三・一六 実寛二・三・一六	勝手	明和二(一七六五)・二・一五	留守居
小幡景利	山城守	小普請奉行	宝暦八(一七五八)・三・二七	公事	宝暦一一(一七六一)・九・七	鎗奉行
石谷清昌	備後守 豊前守 淡路守	佐渡奉行	宝暦九(一七五九)・一〇・四	勝手	安永八(一七七九)・四・一五	留守居
坪内定英〔央〕 実寛定央	駿河守	長崎奉行	宝暦一〇(一七六〇)・六・一三	公事	宝暦一一(一七六一)・一一・二六 実なし	卒
安藤雄〔惟〕要 実寛惟要	弾正少弼	作事奉行	宝暦一一(一七六一)・九・七	公事・勝手	天明二(一七八二)・一一・一	大目付
牧野成賢	大隅守	作事奉行	宝暦一一(一七六一)・三・九	公事	明和五(一七六八)・五・二六	町奉行
小野一吉	左大夫 日向守	勘定吟味役	宝暦一三(一七六三)・六・六	勝手	明和八(一七七一)・七・一三	大目付
伊奈忠宥	半左衛門 備前守	勘定吟味役・代官 実関東郡代・勘定吟味役	明和二(一七六五)・二・一五	勝手	明和六(一七六九)・二・七	辞 実寛致仕
松平忠冬〔郷〕 実寛忠郷	庄九郎 対馬守	目付 寛目付・船手	明和五(一七六八)・六・二六 実寛五・五・二六	公事	安永二(一七七三)・二・七 実寛二・三・五	大目付
川井久敬	次郎兵衛 越前守	勘定吟味役	明和八(一七七一)・二・六	公事・勝手	安永四(一七七五)・一〇・二六 実なし	卒
太田正房 実寛大田	播磨守	小普請奉行	安永二(一七七三)・三・五	公事	安永七(一七七八)・七・一六 実なし	卒
新見正栄	加賀守	作事奉行	安永四(一七七五)・一・四	勝手	安永五(一七七六)・九・二五 実なし寛五・九・二七	卒

氏名	称呼	前職	補職年月日	管掌	転免年月日	後職
桑原成貞〔盛員〕 実寛盛員	能登守 伊予守	作事奉行	安永五(一七七六)・七・八	公事・勝手・公事	天明八(一七八八)・一一・一五	大目付
山村良旺	信濃守	京都町奉行	安永七(一七七八)・閏七・五 実寛七・閏七・二〇	公事	天明四(一七八四)・三・一三 実寛四・三・一二	町奉行
松本秀持	十郎兵衛 伊豆守	勘定吟味役	安永八(一七七九)・四・一五	勝手	天明六(一七八六)・一一・一五 実寛六・閏一〇・五	免職、小普請
赤井忠晶 実寛忠皛	越前守 豊前守	京都町奉行	天明二(一七八二)・一一・二五	勝手・公事	天明六(一七八六)・一一・一五	西丸留守居
久世広民	丹後守 備中守 下野守	長崎奉行	天明四(一七八四)・三・一三	公事・勝手・公事	寛政九(一七九七)・六・五	小性組番頭 西丸小性組番頭 実寛
柘植正寔	長門守	作事奉行	天明六(一七八六)・閏一〇・二一 (将軍不在位時補職)	公事	天明八(一七八八)・七・二五	清水家家老
青山成存	但馬守	普請奉行	天明六(一七八六)・三・一 寛安永六・三・一 (将軍不在位時補職)	公事・勝手・公事	天明七(一七八七)・一一・一三 寛安永七・一一・一三	田安家家老

11代　徳川家斉

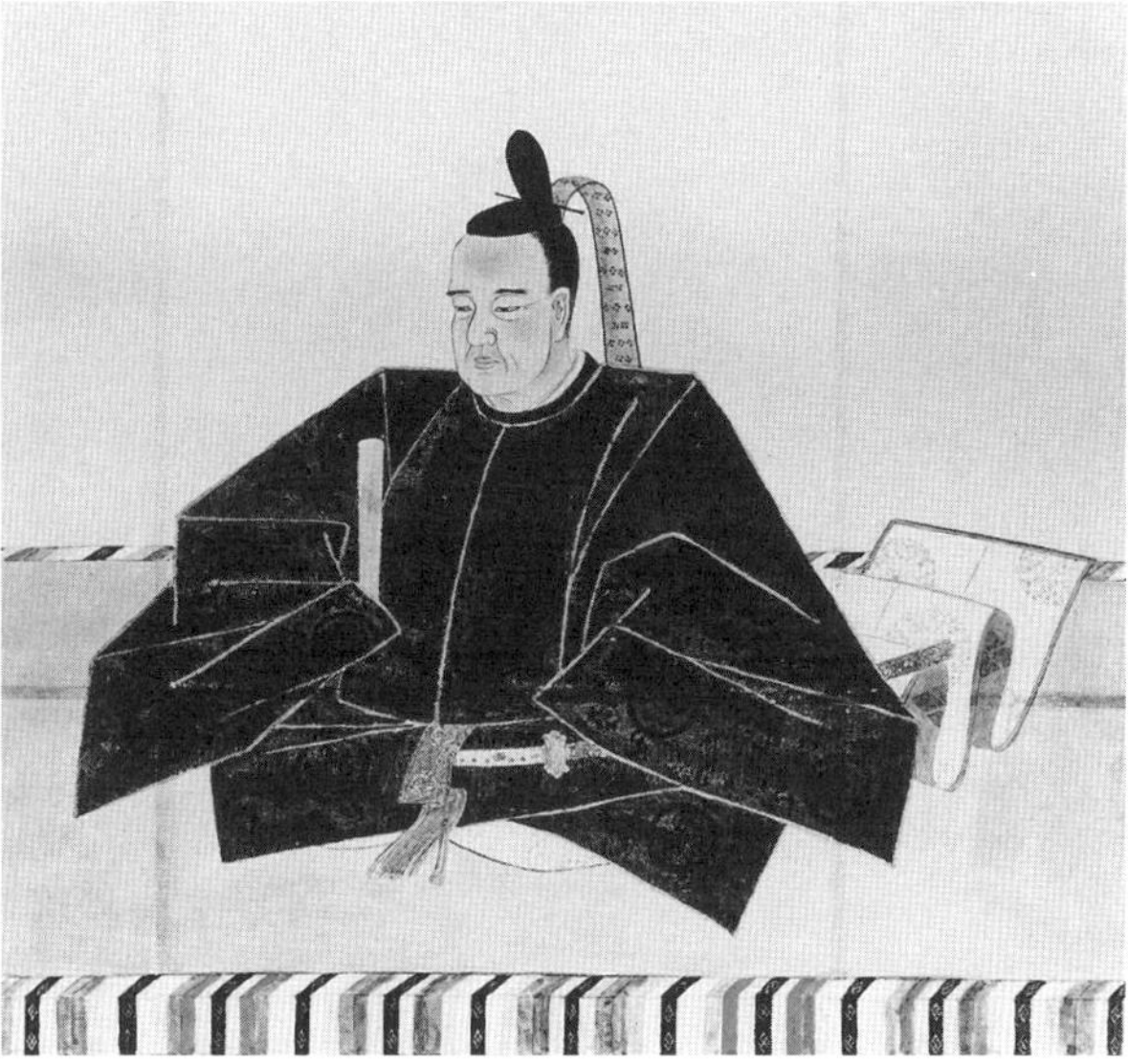

徳川家斉画像　『古画備考』には、家斉逝去の天保12年(1841)に狩野《かのう》晴川院《せいせんいん》養信《おさのぶ》が制作したとの記述がみえる。

徳川家斉（とくがわいえなり） 一七七三―一八四一

江戸幕府十一代将軍。一七八六―一八三七在職。安永二年（一七七三）十月五日、御三卿の一つ一橋家二代当主治済《はるなり》の四男として一橋邸に生まれる。生母は側室岩本内膳正正利娘於富（於登美）の方（慈徳院）。幼名は豊千代。

安永八年二月二十四日、十代将軍徳川家治の世子家基《いえもと》が十八歳で急死。家治の二男二女の実子はすべて死去していたため、次期将軍となる養子を迎え入れることになる。天明元年（一七八一）四月十五日に老中田沼意次《たぬまおきつぐ》・若年寄酒井忠休《さかいただよし》・留守居依田政次《よだまさつぐ》が将軍世子御用掛を命じられ、閏五月十八日に九歳の豊千代が養子と決まって江戸城西丸に入り、十二月二日に家斉と名乗った。豊千代の養子決定から二ヵ月後の七月十五日に田沼意次は将軍継嗣問題の功績として一万石の加増をうけている。豊千代の養子決定に際し、意次の弟田沼意誠《たぬまおきのぶ》、甥田沼意致《たぬまおきむね》が一橋家の家老であったことも有利に働いたと考えられる。

天明二年四月三日に元服、従二位権大納言に叙任され、天明六年九月八日に将軍家治が没すると、翌七年四月十五日に征夷大将軍、正二位内大臣に任じられた。

この間、家斉の将軍継嗣に尽力した田沼意次が老中を罷免され、隠居を命じられている。家斉の父一橋治済は尾張の徳川宗睦《むねちか》・水戸の徳川治保《はるもり》宛ての書翰のなかで徳川家重時代の大岡忠光《おおおかただみつ》以来側近が老中を差し置いて政治を行なっていることを非難し、徳川吉宗の政治のあり方（「享保之御仁政ニ立帰り」）を理想としていた。すなわち、将軍側近を排除し、将軍親政に戻そうとしたと考えられる。しかし、十五歳で将軍に就任した家斉に親政を望むこともできず、将軍輔佐として登場するのが松平定信《まつだいらさだのぶ》である。定信は天明八年八月、家斉に対して「御心得之箇条」（『有所不為斎雑録』三）のなかで「六十余州は禁廷より御預り」したものであるから「将軍と被為成天下を御治被遊候は、御職分に御座候」と説き、若い将軍に武家の棟梁としての自覚を促すとともに、将軍は朝廷から預かった日本六十余州を統治することが職任であり、天下を統治することが朝廷への「御勤」であり、先祖に対する「孝心」であると論じた（大政委任論）。ところが、家斉・治済と定信との間の確執が表面化する。天明八年、光格天皇がその父である閑院宮典仁親王《かんいんのみやすけひと》に太上天皇の尊号を贈ろうとして幕府に拒否された事件（尊号一件）が起こる。この時期、家斉は治済を江戸城西丸に入れて「大御所」の尊号を与えようとしたが、定信が朝廷に対して尊号を拒否しているため、将軍に対しても同様の対応をとることとなった。家斉の成長に際し、定信起用の目的は達成され、定信は自身で幕政を執行していくという、相互の思惑の矛盾が露呈されるに至った。定信は寛政五年(一七九三)七月二十三日に将軍輔佐・老中職を免ぜられる。

文化十三年(一八一六)四月二日に右大臣に転任し、文政五年(一八二二)二月六日に従一位左大臣に昇叙転任、左近衛大将を兼任し、将軍在職四十年の文政十年二月十六日には将軍在職中に太政大臣に転任している。四代将軍徳川家綱から十代将軍徳川家治までは、将軍就任時に正二位内大臣、その後に内大臣に昇進するのが徳川将軍家の家例となっていた。家斉もまた、元服時、将軍就任時の官位、その後の右大臣昇進と家例に従っていた。ところが、文政五年の従一位左大臣への昇進、文政十年の太政大臣への昇進は、歴代将軍を越えた先例のない昇進であった。さらに、実父治済も従一位准大臣となり、位階のうえでは四代から十代までの将軍より高くなり、子の徳川家慶《いえよし》も将軍襲職以前に官職は内大臣、位階は従一位という極位にのぼり、四代以降の将軍よりすでに位階は高く、官職も将軍就任時のものと同位になっている。また、御台所も文政五年三月一日に従二位、生母(文化十四年五月八日死去)も文政十一年二月一日に従二位という高位に叙位されている。家斉自身のみならず、実父・実子・妻・母を前例にない高位・高官にのぼらせることによって、将軍家を荘厳化し、権威づけようとした。後述するように、家斉は子女の縁組み先の大名と養子にいった家斉の子、さらに御三家の官位を上昇させる。このことは将軍自身と直系親族を天皇権威によって権威づけることになるのである。

天保八年(一八三七)四月二日、家斉は将軍職を家慶に譲り、「大御所」と称するものの幕政の実権は握り続けた。将軍在職五十四年は歴代将軍の中で最も長い期間である。

天保十二年閏正月七日(『井関隆子日記』)に死去(『続徳川実紀』は閏正月晦日)。六十九歳。二月十七日に正一位が贈られた。二月二十日に出棺、同夜東叡山寛永寺(東京都台東区)に葬られ、文恭院殿と号した。

度重なる家斉と姻戚関係にある大名家への厚遇に対する諸大名の不満が噴出し、家斉の死去後の天保十二年十二月六日に家斉時代の官位の上昇は以後の先例とはならないと宣言(「享保寛政之御政事ニ被復候旨被仰出候上者、諸家官位迚も同様ニ而、近年之例者御取用有之間敷間、向後右體之内願不被申聞候様、萬石以上之面々江寄々可被達候」『徳川禁令考』第二三九八号)することとなった。

この時期の幕政の弛緩の象徴として捉えられてきたものに、家斉の豪奢な生活と、好色家としての側面がある。正室は薩摩国鹿児島藩八代藩主島津重豪《しまづしげひで》の娘寔子《ただこ》(近衛経熙《このえつねひろ》の養女となり茂姫《しげ》)で、寛政元年二月四日に結婚するが、側室の数は四十人ないし五十人にもおよび、そのため大奥は巨大化し、大奥女中の数は九百人を超えた。

歴代徳川将軍の子女は、死亡率も高いが、男子の多くは独立する傾向にあり、女子は家門・譜代・外様へ嫁ぐ傾向にある。なかでも圧倒的な子女数(五十五人)を誇る家斉は、御三家・御三卿はもとより、家門・譜代・外様と広範囲において養子・縁組が行われている。子女のうち、二十九名が死亡しているが、将軍家は二十六名の受入先を準備しなければならない。家慶は寛政九年三月一日に元服し、天保八年九月二日に将軍宣下を請け十二代将軍となっているが、その他は二十の大名家と養子・縁組を行なっている。特に文化十年以降になると、その養子・縁組先が家門(四名)から譜代(四名)・外様(七名)へと変化する。このことは、子女の数が家門だけでは支えきれないほどの人数であったことを意味している。

峯姫が嫁いだ水戸藩では、毎年二万両の化粧料が必要であり、江戸城大奥そのままの生活を維持するため、多数の奥女中を扶養したり、食膳には毎日鯛を供さなければならなかったという(山川菊栄『覚書幕末の水戸藩』、岩波書店、一九七四年)。文姫《ふみ》が嫁いだ高松藩では、江戸・大坂・京都の商人から五百万両を借り入れた。溶姫《よう》が嫁いだ加賀藩では、住居(御守殿)と、その門(現東京大学赤門)を建立している。このように、子女を受け入れることで大名家の財政を圧迫する様子が知られる。その一方で、子女を受け入れることによって家格の上昇や所領高の増加を願い出て、成功する大名家もあった。淑姫《ひで》は、寛政十一年十一月十五日に、尾張徳川家に入輿する。その際、幕府から五万両が与えられ、以後、五年間にわたって七千両が下賜される。このように、幕府から持参金代わりに大金を貸与されたが、藩庫からもそれを上回る出費を必要としたのである。浅姫《あさ》は、文政二年十一月二十九日に、福井藩主松平斉承《まつだいらなりつぐ》の正室として嫁ぐ。婚約の成立は、文化十四年九月のことで、翌文政元年五月にはその縁で二万石の加増があり、福井藩の所領高は三十二万石に増大した。ところが、斉承は在職十年足らずの天保六年閏七月に二十五歳で死去したため、幕府は松平斉善《まつだいらなりさわ》を後継の藩主として再び縁組みを行い、天保八年には中将に昇進している。斉民《なりたみ》は、文化十四年九月十八日に津山藩松平家の聟養子となり、津山藩は十月七日に五万石の加増をうけている。斉衆《なりひろ》は、文化十四年九月十八日に鳥取藩池田家へ聟養子となり、文政七年三月二十八日に元服、従四位上侍従民部大輔へ昇進する。これによって、葵の紋と揚羽蝶の紋の混用から葵の紋の専用へと変化する。しかし、文政九年に斉衆は疱瘡によって死去してしまったため、泰姫《やす》が天保二年九月十六日に池田斉訓《いけだなりみち》に嫁ぎ、天保十一年十二月三日に入輿する。しかし、翌年九月十三日に斉訓が死去したため「御戻り」となる。斉省《なりさだ》は、文政十年七月二日に川越藩松平家の養子となり、三万石加増、侍従に昇進している。斉宣《なりのぶ》は、天保十一年二月に明石藩松平家の養子となり、二万石の加増をうけている。幕府との関係を築くため、鳥取藩・福井藩のように、二度の縁組みを行う藩もあった。

以上のように、家斉の子女の扱いは、幕府および大名家の財政に大きな負担をもたらしたばかりでなく、藩相互の間にも藩内部においてもさまざまな思惑や反発を生み、大名家格制に歪みを生じさせることになった。将軍家の血が他家へ流入することによって、それを背景として家格や所領高の上昇が起こり、これまで均衡を保ってきた大名間のバランスを崩すことにもなる。以後、幕府は、大名間の秩序を維持させることに腐心していくことになるのである。

参考文献　『徳川諸家系譜』一・二(続群書類従完成会、一九七〇・七四年)、菊池謙二郎「松平定信入閣事情」(『史学雑誌』二六ノ一、一九一五年)、荒川秀俊「「千年山御伝略」に見えたる十一代将軍家斉の子女」(『日本歴史』一七七、一九六三年)、横山則孝「家斉の将軍就任と一橋治済」(『史叢』一一、一九六七年)、大口勇次郎「寛政―文化期の幕府財政」(尾藤正英先生還暦記念会編『日本近世史論叢』下、吉川弘文館、一九八四年)、藤田覚『松平定信』(『中公新書』、中央公論社、一九九三年)、大口勇次郎「文化・文政の時代」(井上光貞他編『幕藩体制の展開と動揺』下、山川出版社、一九九六年)、藤田覚「天保期の朝廷と幕府」(『日本歴史』六一六、一九九九年)、同『近世政治史と天皇』(吉川弘文館、一九九九年)、永井博「福井藩主松平宗矩の家格昇進運動」(『茨城県立歴史館報』三二、二〇〇五年)、竹内誠『寛政改革の研究』(吉川弘文館、二〇〇九年)、佐藤宏之『近世大名の権力編成と家意識』(吉川弘文館、二〇一〇年)

（佐藤　宏之）

〔家族〕

慈徳院（じとくいん）　?―一八一七

徳川家斉の生母。お登美、お富の方という。幕臣で御側勤役の岩本内膳正正利（はじめ二百石であったが、のちに二千石に加増される）の女。母は大奥の老女梅田の養女とされる。明和年間（一七六四―七二）、本丸へ奥勤に出る。安永元年（一七七二）三月、御三卿の一橋徳川家の二代当主徳川治済《とくがわはるさだ》の目にとまり、一橋屋敷へと引き移されて中﨟となった。翌二年十月五日、のちに十一代将軍となる豊千代（徳川家斉）を出産する。同五年には力之助（のちの尾張藩主徳川治国《はるくに》）、安永六年に雅之助（のちの福岡藩主黒田斉高《くろだなりたか》）、同九年に好之助（のちの一橋徳川家当主徳川斉敦《なりあつ》）を産んだ。天明元年（一七八一）、豊千代が十代将軍徳川家治の養子となり江戸城西丸に入った際、お富の方もともに移った。家治の没後は本丸へ移り、将軍生母として大奥において大きな力を有した。文化十四年（一八一七）五月八日に死去。鳴物は二十七日、普請は七日間禁止された。同月二十一日に上野寛永寺の塔頭である凌雲院に葬られた。法名は慈徳院殿善教成大姉。文政十一年（一八二八）正月二十日、従二位が追贈され、同年十二月十九日には御贈位法会が執り行われた。なお、凌雲院に建立されていた一橋徳川家の墓所は、昭和三十五年（一九六〇）ころに谷中霊園内の寛永寺墓地に改葬されている。

参考文献　『徳川諸家系譜』一・二（続群書類従完成会、一九七〇・七四年）、山本博文監修『大奥列伝』（世界文化社、二〇〇八年）

（夏目　琢史）

広大院（こうだいいん）　一七七三―一八四四

徳川家斉の正室。茂《しげ》姫、寔子《ただこ》、篤姫ともいう。鹿児島藩主の島津重豪《しまづしげひで》の息女として安永二年（一七七三）六月十八日に生まれる。その後、右大臣近衛経熙《つねひろ》の養女となり、同五年に一橋豊千代（のちの十一代将軍家斉）と縁組。これは、島津継豊《つぐとよ》の室である竹姫（浄岸院）の遺言によるともいわれる。天明元年（一七八一）閏五月十八日、一橋屋敷へと引移る。家斉が将軍継嗣となると江戸城西丸に入り、御縁女様と称した。同三年二月四日に実父島津重豪と対面している。同八年四月十八日に結納。翌十九日には万石以上の大名が祝儀として樽肴を献上。寛政元年（一七八九）二月四日には婚礼内祝が行われ、同日より将軍御台所となった。同八年三月十九日、家斉との間に一児（敦之助《あつのすけ》、早世）をもうける。同九年三月、従三位に叙任され、同月二十八日にはその祝儀として総出仕が命じられた。文政五年（一八二二）四月一日には従二位に昇進する。家斉の姫君たちは御台所である寔子の養女となっていたため、ご機嫌伺いと称して頻繁にあいさつに訪れたという。家斉の没後は落飾し、広大院と称した。天保十三年(一八四二)二月二十五日には、従一位にまで昇進。一位様と呼ばれる。生前に従一位に上るのは、桂昌院(綱吉生母)、天英院(家宣の正室)以来のことであった。弘化元年(一八四四)十一月十日に死去。享年七十二。増上寺に葬られる。法名は広大院殿超誉妙勝貞仁大姉。

参考文献 『徳川諸家系譜』一・二(続群書類従完成会、一九七〇・七四年)、関口すみ子『大江戸の姫さま』(『角川選書』、角川学芸出版、二〇〇五年)、大田南畝「当御代譜」(『日本随筆大成』別巻五、吉川弘文館、二〇〇七年)、山本博文監修『大奥列伝』(世界文化社、二〇〇八年)

(夏目　琢史)

契真院 (けいしんいん)　?―一八三五

徳川家斉の側室。お万、お満武、御内証御方などという。小納戸頭取平塚伊賀守為善《ためよし》の女。天明年間(一七八一―八九)本丸御次となり、のちに中臈へと昇進した。寛政元年(一七八九)三月二十五日、家斉の最初の子である淑《ひで》姫を出産した。当時、家斉は十七歳であった。このときすでに家斉は将軍に就任していたため、祝賀も盛大に執り行われ、譜代大名は総出仕が命じられ、外様大名も使者をもって祝儀を申し上げるように命じられた。同年四月、お万は、老女(年寄)上座となり、合力金百五十両を賜る。大奥の女中のなかで最有力の地位を得た。寛政二年十月一日姫君を出産するが早世。同四年七月十三日には男子を出産。徳川家ゆかりの幼名である竹千代と名づけ、微罪者を釈放する大赦が行われたが、翌年に早世。同五年九月、お万は、御内証御方と称し、金五百両を賜った。同八年七月十一日には綾《あや》姫を出産するが、同十年三月二十八日、わずか三歳で夭折した。お万は、家斉との間に合計四人の子をもうけたが、綾姫を最後にその後出産の記録はない。天保六年(一八三五)正月十一日に死去。芝の増上寺に葬られた。家斉の側室は記録に残るだけでも十六名いたが、増上寺に埋葬されたのはお万の方一人だけである。これは、夭折した竹千代の墓所が増上寺に建てられたことが理由として考えられる。法名は契真院殿登誉宝岸了智大姉(『徳川幕府家譜』などでは勢真院とする)。戦後行われた将軍家の遺骨の調査によると、契真院は鼻が高く、額が広かったとされる。

参考文献 『徳川諸家系譜』二(続群書類従完成会、一九七四年)、鈴木尚『骨は語る徳川将軍・大名家の人びと』(東京大学出版会、一九八五年)、山本博文監修『大奥列伝』(世界文化社、二〇〇八年)、秋元茂陽『徳川将軍家墓碑総覧』(パレード、二〇〇八年)

(夏目　琢史)

香琳院（こうりんいん）　?—一八一〇

徳川家斉の側室。お楽《らく》、お羅久などという。小性組の押田藤次郎敏勝《としかつ》の女。母は天野伝蔵久豊《ひさとよ》の女とされる。天明七年（一七八七）七月二十九日、田安中納言宗武《むねたけ》の娘である種姫付の中﨟として大奥に奉公へ上がった。同年十一月二十七日、種姫が紀伊中将徳川治宝《はるとみ》のもとへと輿入れしたため、御簾中付の中﨟として赤坂の紀州徳川家の御守殿へ種姫とともに入った。しかし、寛政元年（一七八九）十二月十九日に本丸へと召し返され、本丸の中﨟として家斉の寵愛を受けることになった。寛政五年五月十四日、のちに十二代将軍となる家斉の第四子敏《とし》次郎（徳川家慶）を出産。これにより、同年六月十三日に中﨟上座となり、九月二十一日には年寄上座へと昇進を果たした。合力金百五十両、二十人扶持を賜り、将軍継嗣の生母として大奥における屈指の実力者となった。しかし、文化七年（一八一〇）五月二十日に死去する。享年は四十五とも伝わるが、確かなことはわからない。死去の翌日には、江戸城西丸へ役人の総出仕が命じられている。鳴物は十日、普請は五日間、禁止された。上野の寛永寺に葬られ、福聚院を別当寺とした。法名は香琳院正諦映心大姉。文政十一年（一八二八）正月二十日、将軍継嗣の生母として従三位が追贈されている。

参考文献　『徳川諸家系譜』一・二（続群書類従完成会、一九七〇・七四年）、高柳金芳『徳川妻妾記』（雄山閣、二〇〇三年）、山本博文監修『大奥列伝』（世界文化社、二〇〇八年）

（夏目　琢史）

真性院（しんしょういん）　?—一七九四

徳川家斉の側室。お梅という。父は小性組の水野権十郎忠芳、母は木村弥十郎応計《まさかず》の女とされる。寛政四年（一七九二）閏二月十三日、淑姫《ひで》の抱守として本丸大奥へ入った。淑姫は、寛政元年三月にお万の方（契真院）が産んだ家斉の第一子で、寛政四年には、尾張藩の九代藩主徳川宗睦《むねちか》の子五郎太と婚約していた。お梅の方は、その侍女として奉公に上がっていたとみられる。しかし、同年十一月十九日には、家斉の目にとまり、中﨟となって寵愛を受けた。同六年五月九日には男子（端正院、女子とする説もある）を産むが、この子は出生した即日、命名される以前に夭折してしまう。お梅自身も産後に病を患い、桜田御用屋敷内にある養生所へ移り治療にあたっていたが、端正院の死のわずか一ヵ月後の六月二日、桜田屋敷内にて死去。同月四日には小石川伝通院へと葬られた。家斉の子女を産んだ十六人の側室（このほかに四十人の側室がいたともいわれる）のなかで、お梅の方は、最も早くに死去した女性である。その死去に際しては、香華料として金百五十両が寄せられたという。法名は真性院清香如蓮大姉。なお、『幕府祚胤伝』などには、真性院の俗名についての記載はみられないが、文政八年(一八二五)に出版された冊子『千年山御略伝』などには端正院の母としてお梅の名が確認できる。

参考文献　『徳川諸家系譜』一・二(続群書類従完成会、一九七〇・七四年)、高柳金芳『徳川妻妾記』(雄山閣、二〇〇三年)、山本博文監修『大奥列伝』(世界文化社、二〇〇八年)

(夏目　琢史)

宝池院（ほうちいん）　?—一八五一

徳川家斉の側室。お満天、鷹、お宇多などという。小普請組の戸田中務の支配に属していた水野内蔵丞忠直の女。母は稲生平次郎正喜の女という。お宇多の方は、寛政四年(一七九二)十一月、本丸に御次として奉公に出ている。翌五年正月には、早くも中﨟となり、一時名を鷹と改めたが、のちに宇多に戻している。同七年十二月十日、家斉の四男にあたる敬《たか》之助を出産。同十年二月十日には豊三郎、同十一年十二月十六日には五百《いそ》姫、享和二年(一八〇二)五月七日には舒《ゆき》姫を相ついで出産。家斉との間に二男二女をもうけた。しかし、四人の子供のうち、敬之助は尾張藩の九代藩主徳川宗睦《むねちか》の養子に入ったが、寛政九年三月十二日にわずか三歳で夭折。このほかの三人の子もいずれも早世してしまった。享和二年以降、お宇多の方が子女を産んだ記録はみられない。天保十二年(一八四一)に大御所家斉が死去すると、お宇多の方も落飾。宝池院と称し、二丸に住んだ。嘉永四年(一八五一)八月七日に死去。寛永寺に埋葬された。なお、埋葬された塔頭についての記録はみられないが、ほかの側室と同様に凌雲院に葬られたとみられる。法名は宝池院恵月心明大姉。昭和九年(一九三四)、凌雲院に建造されていた徳川家の墓所は谷中霊園内の寛永寺墓地に移され、その後、合祀墓が建造されている。

参考文献　『徳川諸家系譜』一・二(続群書類従完成会、一九七〇・七四年)、卜部典子『人物事典江戸城大奥の女たち』(新人物往来社、一九八八年)、山本博文監修『大奥列伝』(世界文化社、二〇〇八年)、秋元茂陽『徳川将軍家墓碑総覧』(パレード、二〇〇八年)

(夏目　琢史)

慧明院（けいみょういん）　?—一八一三

徳川家斉の側室。お志賀と名乗る。大番《おおばん》組頭の能勢市兵衛頼能《よりよし》の女。母は美濃部与藤次茂雅《もちまさ》の女といわれる。大番は、平時には江戸城・二条城・大坂城などの警固をする重要な役職で、旗本の子弟から家柄と武芸の優れた者が選ばれた。そのことからお志賀の方の実家である能勢家も家柄のはっきりした旗本家であったことがわかる。お志賀の方は、天明元年(一七八一)六月二十九日に本丸呉服之間に奉公に上っている。

家斉との間に子女をもうけたほかの側室とは異なり、家斉の在世以前の十代家治の時代から奥勤に出ていたことになる。寛政四年(一七九二)正月二十一日に中臈となり、家斉の寵愛を受けた。同八年十月十五日に総《ふさ》姫を出産し、御客会釈《おきゃくあしらい》格(御三家・御三卿・諸大名からの女使の接待役)へと昇進した。合力金(衣裳などの手当)四十両、五人扶持を賜り、永岡と称した。しかし、総姫は生まれた翌九年四月二十四日に早世してしまう。お志賀の方は、寛政十年正月にも懐妊しているが、これは流産に終わったという。桜田御用屋敷内の養生所で長く療養していたとみられるが、文化十年(一八一三)閏十一月二十六日に病死。小石川伝通院に葬られた。法名は慧明院智岳貞輪大姉。墓碑には、実家である能勢家の中輪に細桜の家紋が彫られている。

参考文献　『徳川諸家系譜』一・二(続群書類従完成会、一九七〇・七四年)、高柳金芳『徳川妻妾記』(雄山閣、二〇〇三年)、山本博文監修『大奥列伝』(世界文化社、二〇〇八年)、秋元茂陽『徳川将軍家墓碑総覧』(パレード、二〇〇八年)

(夏目　琢史)

超操院　(ちょうそういん)　?―一八〇〇

徳川家斉の側室。お利尾、お里尾などという。書院番の安藤伊予守組に属する朝比奈舎人矩春の女。書院番は、江戸城の要所などの警固を主とする重要な役柄で、譜代旗本の中から選出される慣例であった。よって、お利尾の方の実家である朝比奈家も確かな由緒をもつ家柄であったとみられる。寛政六年(一七九四)五月十九日に本丸御次として奉公に上がる。同八年には家斉の寵愛を受け、中臈へと昇進した。そして、同十年八月五日には家斉の六女格《ただ》姫を出産している。しかし格姫は翌十一年六月二十四日に生後わずか十ヵ月で夭折。また、お利尾の方自身も、産後の経過が悪く、病を患い治療にあたっていたが、その甲斐なく同十二年三月九日に桜田屋敷内にある養生所において病死した。大奥の御手付中臈は、病気になっても親許に戻り療養することは許されておらず、二丸か桜田屋敷の養生所で治療にあたり、死亡した場合もそこから葬儀が出される慣例であった。お利尾の方の遺骸は小石川伝通院に葬られている。法名は超操院暁岳恵雲大姉。墓碑の笠中央部に実家である朝比奈家の三巴の家紋が彫られている。なお、墓碑には、「超操院暁岳慧雲大姉」と「恵」ではなく「慧」の字を用いた戒名が書かれている。

参考文献　『徳川諸家系譜』一・二(続群書類従完成会、一九七〇・七四年)、山本博文監修『大奥列伝』(世界文化社、二〇〇八年)、秋元茂陽『徳川将軍家墓碑総覧』(パレード、二〇〇八年)

(夏目　琢史)

妙操院（みょうそういん）　?―一八三二

徳川家斉の側室。はじめお以登、その後、お登勢と名乗る。小普請組の滝川長門守に属する梶久三郎勝後《かつちか》の女。寛政五年（一七九三）五月十八日、本丸に召出され、同八年十一月十五日には家斉の寵愛を受け、本丸中臈となった。同十二年閏四月、家斉の八女峯《みね》姫を出産。その後、享和元年（一八〇一）九月九日に七男菊千代（のちの徳川斉順《なり(のぶ)》）、同三年十月十五日に十一女寿《(ひさ)》姫、文化二年（一八〇五）十二月四日に十三女晴《(はれ)》姫を出産した。家斉との間に一男三女をもうけた。斉順は、のちに御三卿の清水家を経て、御三家の紀伊家へと養子に入り、和歌山藩の十一代藩主を継承した。一方の峯姫も、水戸徳川家八代藩主の徳川斉脩《なりのぶ》に嫁いでいる。斉順の次男である慶福《よしとみ》は、のちに十四代将軍に就任する徳川家茂であるから、お登勢の方は、家茂の祖母にあたる。また、同じく斉脩の異母弟である徳川斉昭の七男が、のちに十五代将軍に就任する徳川慶喜であり、お登勢の方の子息は、幕末の将軍家にとって重要な位置を占めることになった。しかし、お登勢の方自身は、天保三年（一八三二）十月十九日に病死。小石川伝通院に葬られた。法名は妙操院性月良仁大姉。お登勢の方の供養塔は、紀伊徳川家の江戸での菩提寺である池上本門寺（日蓮宗）にも建立されている。墓碑には、十月二十五日が没日とあるが、正確な没日は十月十九日といわれている。

参考文献　『徳川諸家系譜』一・二（続群書類従完成会、一九七〇・七四年）、山本博文監修『大奥列伝』（世界文化社、二〇〇八年）、秋元茂陽『徳川将軍家墓碑総覧』（パレード、二〇〇八年）

（夏目　琢史）

速成院（そくせいいん）　?―一八五二

徳川家斉の側室。お八百、お伊野、お蝶などという。西丸新番の酒井近江守に属する曾根弥三郎重辰《しげとき》の女。母は天野杢左衛門正方の養女とされる。新番組とは、大番、書院番、小性番のほかに寛永二十年（一六四三）八月に新設された番衆であり、格式は両番よりも下がる。寛政八年（一七九六）、本丸御次として奉公に上がった。翌年には家斉の目にとまり中﨟となった。一時、名を若山と改め、御客会釈《おきゃくあしらい》となったが、再び中臈となる。享和元年（一八〇一）四月に家斉の十四子となる享《(みち)》姫を出産。同三年八月一日には時之助、文化三年（一八〇六）二月十一日には虎千代、同六年二月二十一日には友松、同七年六月十三日に要之丞（のちの徳川斉荘《なりたか》）、同十年正月十四日には和姫、同十二年八月十五日には久五郎と、家斉との間に五男二女をもうけた。ただし七人の子供のうち、五人は早世している。このうち要之丞（斉荘）は、はじめ御三卿の一つ田安家の聟養子に入るが、のちに尾張徳川家に養子へ入った。このとき、尾張藩上からは激しい反対の声が聞かれたという。また、和姫は、毛利家十二代藩主斉広《なりとお》の正室となっている。大御所になった家斉が、天保十二年(一八四一)閏正月に死去した後、お蝶の方も落飾して速成院と称し、西丸で暮らした。嘉永五年(一八五二)六月七日に死去。上野寛永寺に葬られた。法名は速成院妙智円成大姉というが、本門寺(日蓮宗)にある供養塔には速成院殿妙提日利大姉とある。

参考文献 『徳川諸家系譜』二(続群書類従完成会、一九七四年)、高柳金芳『徳川妻妾記』(雄山閣、二〇〇三年)、秋元茂陽『徳川将軍家墓碑総覧』(パレード、二〇〇八年)

(夏目 琢史)

芳心院(ほうしんいん) ?—一八〇八

徳川家斉の側室。お八十、お筆、お美尾と名乗る。西丸小性組頭の津田山城守に属した小性組木村七右衛門重勇《しげとし》の女。小性組の役目は書院番とほぼ同じで、俸禄はおおむね三百俵程度であったといわれる。寛政五年(一七九三)七月二十八日、本丸御次として奉公に上がる。同十年五月十五日には中臈に昇進し、お美尾と名を改めた。享和二年(一八〇二)七月五日に男子を産むが死産に終わる。その後、翌三年十二月十日には家斉の十九子となる浅《あさ》姫を出産した。浅姫は、はじめ松平政千代(仙台藩の九代藩主伊達《だて》周宗《ちかむね》)との縁組が進められていたが、文化九年(一八一二)四月に周宗が死亡したため、輿入れは実現されなかった。その後、越前松平家の十四代藩主となる松平斉承《なりつぐ》(当時、仁之助)のもとに嫁いでいる。このとき、越前松平家は、特別の思召により、二万石の加増を受けたとされる。文化五年(一八〇八)閏六月六日、お美尾の方は、御《お》客応答《きゃくあしらい》上座に昇進する。しかし、病気を患い桜田御用屋敷内の養生所で治療にあたっていたが、その甲斐なく、同月八日、同所にて病死。同月十日に小石川伝通院に葬られた。法名は芳心院柔順蓮蘂大姉。墓碑の笠正面部には、実家である木村家の丸に釘抜きの家紋が彫られている。

参考文献 『徳川諸家系譜』一・二(続群書類従完成会、一九七〇・七四年)、山本博文監修『大奥列伝』(世界文化社、二〇〇八年)、秋元茂陽『徳川将軍家墓碑総覧』(パレード、二〇〇八年)

(夏目 琢史)

清昇院(せいしょういん) ?—一八一〇

徳川家斉の側室。お喜曾、お屋知、お利尾などという。書院番である菅沼伊賀守に属した諸星千之助信邦《のぶくに》の養女。実父は新番の飯田能登守に属した大岩庄兵衛盛英《もりふさ》であるという。享和元年(一八〇一)六月十三日に本丸呉服之間勤として奉公に出る。翌二年十一月二十八日に御次となった。文化元年(一八〇四)八月二十一日、中臈に昇進し、名をお利尾と改めたが、間もなくお屋知に改名している。同三年三月一日に家斉の十四女となる高《たか》姫を出産。続いて同五年七月二日には十六女の元《もと》姫を出産し、計二女子の生母となった。このうち高姫は早世するが、元姫は文政四年(一八二一)二月二十三日、会津松平家の七代藩主である松平容衆《まつだいらかたひろ》のもとへと輿入れし、正室となった。しかし、結婚後わずか六ヵ月、十四歳の若さで急死している。お屋知の方は、元姫出産の二年後の文化七年三月六日に病気療養中であった桜田御用屋敷内の養生所において病死。同月八日には小石川伝通院に葬られた。法名は清昇院瓊林慈照大姉。墓碑の笠正面には、実家である大岩家の花菱紋が彫られた。なお、生母であるお屋知の方の墓碑を遥かにしのぐ大きさの元姫(貞鑑院)の宝篋印塔墓が、同じ伝通院内に建立されている。

参考文献　『徳川諸家系譜』一・二(続群書類従完成会、一九七〇・七四年)、山本博文監修『大奥列伝』(世界文化社、二〇〇八年)、秋元茂陽『徳川将軍家墓碑総覧』(パレード、二〇〇八年)

(夏目　琢史)

本性院　(ほんしょういん)　?—一八三〇

徳川家斉の側室。お保能、お袖という。幕府の船舶を管理する役職である船手頭吉江左門政福《まさよし》の女。享和二年(一八〇二)三月、本丸三之間勤めとして奉公に上がる。文化元年(一八〇四)五月には本丸御次となり、同四年十月には中臈へと昇進している。これはお志賀の方が、御客会釈《おきゃくあしらい》に転役したので、その跡を継いだとみられる。同年十一月十四日に早くも家斉の二十三子である岸《きし》姫を出産。同六年七月十日には文《ふみ》姫、同八年正月二十二日には艶《つや》姫、同十年正月二十三日には孝《よし》姫、文政元年(一八一八)五月十五日に陽七郎、同三年四月二十八日に恒之丞、同五年八月五日に富八郎を出産。ほぼ隔年のペースで家斉との間に三男子四女子の計七子女をもうけた。このうち、恒之丞(のちの徳川斉彊《なりかつ》)は、異母兄の斉昭が死去したことに伴い、清水徳川家の五代当主となり、その後、紀伊徳川家の十二代藩主を継承した。文姫は、高松松平家の十代藩主である松平頼胤《よりたね》へ嫁ぎ、正室となった。お袖の方は、天保元年(一八三〇)閏三月十日に病死(八日の説もある)。同月十八日に寛永寺山内の凌雲院に葬られた。法名は、本性院観妙普光大姉。凌雲院に建立された徳川将軍家の墓所は、昭和九年(一九三四)に谷中霊園内の寛永寺墓地に改葬され、その後、合祀墓が新設されている。この合祀墓には、お袖の方の法名が「本性院妙諦普光大姉」とされているが、これは誤記である。

参考文献　『徳川諸家系譜』一・二(続群書類従完成会、一九七〇・七四年)、山本博文監修『大奥列伝』(世界文化社、

二〇〇八年）、秋元茂陽『徳川将軍家墓碑総覧』（パレード、二〇〇八年）　（夏目　琢史）

皆善院（かいぜんいん）　？―一八四三

徳川家斉の側室。お八重という。小普請組石川右近将監支配に属する土屋忠兵衛知光《ともみつ》の養女。実父は清水徳川家の家臣牧野多門忠克とされる。文化五年（一八〇八）三月、はじめて本丸大奥の雛遊を拝見。同月より御次として召しだされ、閏六月には中﨟となり、美尾と改名した。翌年十二月四日には家斉の二十七子にあたる保《やす》之丞（斉明《とし》）を出産。同八年三月十二日に盛《もり》姫、同九年四月四日に乙五郎（斉衆《なりひろ》）、同十一年七月二十九日に銀之助（斉民《なりたみ》）、同十四年正月二十日に信《のぶ》之進、文政元年（一八一八）七月八日に喜代《きよ》姫、同二年十月二十四日に徳之佐（斉良《なりよし》）、同四年九月十九日に松菊（斉裕《なりひろ》）を出産。家斉との間に六男子二女子をもうけた。お八重の方の子は、信之進を除き、無事成長したものが多い。清水徳川家の四代当主を継承した徳川斉明（保之丞）や、佐賀鍋島家の十代藩主である鍋島直正の正室となった盛姫などをはじめ、多くの子息が養子・縁組を遂げている。天保十四年（一八四三）三月十三日に死去した。上野寛永寺に葬られた。法名は皆善院妙因日了大姉。『徳川諸家系譜』などによれば、お八重の方の院号は「皆春院」とされているが、現在谷中霊園内の寛永寺墓地にある徳川家の合祀墓の銘にみえる「皆善院」が正しい院号とされる。

参考文献　『徳川諸家系譜』一・二（続群書類従完成会、一九七〇・七四年）、高柳金芳『徳川妻妾記』（雄山閣、二〇〇三年）、山本博文監修『大奥列伝』（世界文化社、二〇〇八年）、秋元茂陽『徳川将軍家墓碑総覧』（パレード、二〇〇八年）　（夏目　琢史）

専行院（せんこういん）　？―一八七二

徳川家斉の側室。お美代、お伊根という。『幕府祚胤伝』などによれば、本丸小納戸頭取中野播磨守清茂の養女であり、実父は内藤造酒允就相《よりすけ》というが、下総国中山法華経寺の寺内にあった智泉院（日蓮宗）の住職日啓の娘とする説もある。文化三年（一八〇六）三月、本丸に御次として奉公に上がる。同七年には中﨟となった。同十年三月二十七日に溶姫、つづいて同十二年十月十七日に仲姫、同十四年九月十八日に末姫を出産する。仲姫は文化十四年五月二十三日に夭折したが、溶姫は加賀中将前田《まえだ》斉泰《なりやす》のもとへ嫁ぎ、末姫も安芸少将浅野《あさの》斉《なり》粛《たか》のもとへ嫁いでいる。養父である中野清茂は、文政六年（一八二三）には五百石加増され、同十年二月には新番頭格で二千石を賜っている。隠居後は中野碩翁と号した。家斉の没後は専行院と称したが、十二代将軍徳川家慶の命で剃髪は許されなかった。お美代の方は、家斉の側室として唯一明治まで存命で、明治五年(一八七二)六月十一日に死去している。東京駒込の長元寺(日蓮宗)に埋葬された。長元寺はお美代の方の息女である溶姫の嫁いだ金沢前田家の準菩提寺である(同家の本菩提寺は下谷の広徳寺(臨済宗)である)。法名は専行院殿舜沢亮照大禅定尼。なお、長元寺に建立されていたお美代の方の墓所は、大正初期に前田侯爵家の墓所である野田山(石川県金沢市)に改葬されたと伝えられる。

参考文献　『徳川諸家系譜』一・二(続群書類従完成会、一九七〇・七四年)、高柳金芳『徳川妻妾記』(雄山閣、二〇〇三年)、山本博文監修『大奥列伝』(世界文化社、二〇〇八年)、秋元茂陽『徳川将軍家墓碑総覧』(パレード、二〇〇八年)

(夏目　琢史)

智照院　(ちしょういん)　?—一八一三

徳川家斉の側室。お喜宇、お八百という。実父は西丸納戸役の阿部九右衛門正芳《まさよし》であるが、その叔父である先手弓頭の阿部勘左衛門正盈《まさみつ》の養女となったという。お喜宇は、家斉の十六女元姫の生母であるお屋知の方(清昇院)が死亡したことに伴い、文化七年(一八一〇)七月、御次の増人のなかから召し出され、中臈へと昇進した。このとき八百と改名している。同十年十月二日、家斉の三十五子にあたる興《おき》五郎を出産。しかし、与五郎は翌十一年四月四日に生後わずか六ヵ月で夭折してしまう。また、生母であるお八百の方自身も、産後の経過が悪く、『幕府祚胤伝』などによれば、桜田御用屋敷内の養生所で治療をうけていたが、文化十年閏十一月八日に同所にて死去したと伝えられる。同月十日に小石川伝通院に葬られた。法名は智照院皓月慧忍大姉。墓碑の笠正面部には、実家である阿部家の丸に違い鷹の羽の家紋が彫られている。なお、墓碑には、お八百の方の没日について「文化十癸酉年十月初二日」と刻まれており、桜田屋敷に療養に出た初日に死去していた可能性も考えられる。

参考文献　『徳川諸家系譜』一・二(続群書類従完成会、一九七〇・七四年)、高柳金芳『徳川妻妾記』(雄山閣、二〇〇三年)、山本博文監修『大奥列伝』(世界文化社、二〇〇八年)、秋元茂陽『徳川将軍家墓碑総覧』(パレード、二〇〇八年)

(夏目　琢史)

本輪院　(ほんりんいん)　?—一八五〇

徳川家斉の側室。お以登、お波奈という。奥右筆組頭の高木新三郎広充《ひろみつ》の女。母は横山富五郎直央《なおなか》の女とされる。奥右筆は、老中・若年寄に提出される書類を整理し、先例の調査や検討を行う幕政において重要な役職で、大きな権限を有したといわれる。文化十年(一八一三)、お以登は、本丸御次として奉公に上がったが、間もなく中臈へと昇進した。同十二年六月二十六日には家斉の三十七子にあたる琴《こと》姫を出産。つづいて、文政二年(一八一九)正月十四日に永《なが》姫、同三年九月二十四日に民之助(のちに越前松平家の十五代藩主となる松平《まつだいら》斉善《なりさわ》)、同六年正月二十八日(二十二日という説もある)に紀《とし》五郎(のちの松平斉省《なりさだ》)、同八年三月九日に周《ちか》丸(のちに明石松平家の九代藩主となる松平斉宣《なりのぶ》)を出産。家斉との間に三男二女をもうけ、計五子女の生母となった。なお、永姫は、一橋徳川家の五代当主である徳川斉位《とくがわなりくら》の正室となっている。天保十二年(一八四一)に家斉が没した後は落飾し、本輪院と称した。嘉永三年(一八五〇)三月十三日(十二日とする説もある)に死去。上野寛永寺に埋葬された。凌雲院などに建てられた将軍家の墓所は、昭和九年(一九三四)に谷中霊園内の徳川家墓地に改葬されている。なお、池上本門寺(日蓮宗)にも、お以登の方の供養塔が存在する。法名は、寛永寺では「本輪院修達了顕大姉」、本門寺では「本輪院殿妙珠日真大姉」と異なっている。

参考文献　『徳川諸家系譜』二(続群書類従完成会、一九七四年)、山本博文監修『大奥列伝』(世界文化社、二〇〇八年)、秋元茂陽『徳川将軍家墓碑総覧』(パレード、二〇〇八年)

(夏目　琢史)

青蓮院（しょうれんいん）　?—一八四四

徳川家斉の側室。お八百、お瑠璃という。小性組の浅野佐渡守に属する小性衆戸田四郎右衛門政方の女。小性組は、江戸城や二条城、大坂城の警衛や将軍への随従を主務とする役職で、格式も高かった。文政元年(一八一八)、お瑠璃は、小性として大奥へ勤めたと記録にある。一般的に小性は七、八歳のころから大奥に上がり御台所や姫君の身の回りの世話をする役柄で、十三歳で元服する。お瑠璃の生没年については記録がないが、このころにはすでに元服小性となっていたとみられる。翌二年、中臈に昇進し、家斉の寵愛を受けた。同年五月二十九日には早くも四十五子にあたる直七郎(のちの尾張藩十一代藩主徳川斉温《なりはる》)を出産。同十年十月二日には家斉の最後の子となる泰《やす》姫を出産した。家斉は第一子の淑《ひで》姫から五十三子の泰姫に至るまで、生涯三十数度に及ぶ嫁入りと婿入りを行わせ、御三家・御三卿をはじめとする多くの諸大名家に多大な影響を与えたといわれる。お瑠璃の方は家斉の没後も手当金として年間三百両を賜った。弘化元年(一八四四)十一月二十七日に死去。お瑠璃の方の葬地や法号、没年などの記録は残されていないが、池上本門寺(日蓮宗)と上野寛永寺(浄土宗)にある供養塔・墓碑から没年が明らかにされた。しかし、お瑠璃の方が寛永寺に埋葬されたという記録は存在しない。法名は青蓮院殿妙香日詣大姉。なお、戦後に新設された徳川家の合祀墓にも、お瑠璃の方の法名は確認されない。

参考文献　『徳川諸家系譜』二(続群書類従完成会、一九七四年)、高柳金芳『徳川妻妾記』(雄山閣、二〇〇三年)、山本博文監修『大奥列伝』(世界文化社、二〇〇八年)、秋元茂陽『徳川将軍家墓碑総覧』(パレード、二〇〇八年)

(夏目　琢史)

清湛院（せいたんいん）　一七八九—一八一七

徳川家斉の長女。淑姫《ひで》という。実名は鎮子。母は側室お万の方(契真院)。寛政元年(一七八九)三月二十五日、家斉の最初の子として生まれる。このとき家斉はまだ十七歳であったが、すでに将軍職にあったため、譜代大名には総出仕が命じられ、盛大な祝賀が行われた。翌二年三月二十三日、山王権現へ宮参り。同年八月二十五日には早くも尾張大納言徳川宗睦《むねちか》の嗣子である五郎太と縁組し、同五年には結納を済ませたが、同六年九月三日に五郎太が死去したため中断された。同八年二月五日に一橋徳川家の愷千代《やすちよ》(のちの斉朝《なりとも》)に再縁。同年十一月十五日に結納を済ませた。寛政十年四月十三日、愷千代が宗睦の養子となったため、尾張徳川家の正室となった。同十一年三月十三日には将軍御台所である広大院とともに浜御殿へと入っている。同年十一月に婚礼道具が調えられ、同月十五日に入輿。翌十六日には総出仕が命じられた。文化十四年(一八一七)五月二十九日(十九日ともいう)に死去。享年二十九。鳴物が十日間、普請が五日間禁止された。翌六月一日には総出仕が命じられている。同月十二日、御守殿より出棺され、実家の菩提寺である増上寺へ葬られた。法名は清湛院純誉貞心旋了大姉。

参考文献　『徳川諸家系譜』一・二(続群書類従完成会、一九七〇・七四年)、高柳金芳『徳川妻妾記』(雄山閣、二〇〇三年)、山本博文監修『大奥列伝』(世界文化社、二〇〇八年)

(夏目　琢史)

瓊岸院（けいがんいん）　一七九〇—九〇

徳川家斉の次女。母は側室お万の方(契真院)。寛政二年(一七九〇)十月一日に誕生後すぐ翌二日に死去する。鳴物の使用が三日間禁止されたが、普請については禁止されなかった。同月三日に総出仕が命じられる。翌四日には上野寛永寺山内にある凌雲院へと葬られた。法名は瓊岸院蓮池浄育大童女。

参考文献　『徳川諸家系譜』一・二(続群書類従完成会、一九七〇・七四年)

(夏目　琢史)

孝順院（こうじゅんいん）　一七九二—九三

徳川家斉の長男。寛政四年(一七九二)七月十三日、江戸城に生まれる。生母は小納戸頭取平塚伊賀守為喜の娘於万の方

（契真院）。家斉にとってはじめての男子の誕生であったため、同七月十九日の七夜にて竹千代と名付け、世子に定められる。同年十二月朔日に西丸御殿へ移り、翌五年正月に西丸へ年始出仕があり、同年三月十一日には髪置の儀（三歳時に、髪を櫛で左右に梳き分けた「髪を伸ばし始める」お祝いの儀式）が行われた。ところが、同年六月二十四日に夭折する。同六月晦日に増上寺（東京都港区）へ葬られ、孝順院と号した。

参考文献『徳川諸家系譜』二（続群書類従完成会、一九七四年）（佐藤　宏之）

端正院（たんせいいん）一七九四―九四

徳川家斉の三男（女子とする説もある）。母は側室お梅の方（真性院）。寛政六年（一七九四）五月九日に誕生するが、まもなく死去。鳴物は三日の間停止されたが、普請については禁止されなかった。同月十一日に上野寛永寺山内の凌雲院へと葬られた。法名は端正院真徳智契大童子（女）。徳川家の合祀墓には「瑞正院」と刻まれているが、これは誤記である。

参考文献『徳川諸家系譜』一・二（続群書類従完成会、一九七〇・七四年）（夏目　琢史）

瑞巌院（ずいがんいん）一七九五―九七

徳川家斉の三男。寛政七年（一七九五）十二月七日、江戸城に生まれる。生母は小普請組戸田中務配下の水野内蔵丞忠直の娘於宇多の方（宝池院）。幼名は敬《たか》之助。寛政八年三月二十三日、尾張徳川家九代当主徳川宗睦《とくがわむねちか》の養子となる。ところが、同九年三月十二日に死去する。三歳。同十六日に伝通院（東京都文京区）へ葬られ、瑞巌院と号した。

参考文献『徳川諸家系譜』一・二（続群書類従完成会、一九七〇・七四年）（佐藤　宏之）

体門院（たいもんいん）一七九六―九九

徳川家斉の五男。寛政八年（一七九六）三月十九日、江戸城に生まれる。生母は御台所（正室）で近衛経熙《このえつねひろ》の養女（薩摩藩藩主島津重豪《しまつしげひで》の娘）寔子《ただこ》（茂子、広大院）。幼名は敦《あつ》之助。御台所が男子を出生するのは、二代将軍徳川秀忠の正室於江の方以来のことである。しかし、側室於楽の方（香琳院）が寛政五年五月十四日に産んだ敏《とし》次郎（のちの十二代将軍徳川家慶）が将軍世子と定められていたため（同年九月十五日）、寛政十年十一月十五日に、明屋形となっていた清水家を再興した。ところが、同十一年五月七日に死去する。四歳。同九日に上野凌雲院（寛永寺子院）へ葬られ、体門院と号した。

参考文献『徳川諸家系譜』一・二（続群書類従完成会、一九七〇・七四年）（佐藤　宏之）

麗玉院（れいぎょくいん）一七九六―九八

徳川家斉の四女。綾《あや》姫という。母は側室お万の方（契真院）。

寛政八年(一七九六)七月十一日に生まれる。同十三日には溜詰以下の出仕が命じられる。同十八日には御台所の御養となり、名前が決められ七夜の祝が行われた。十一月十三日には色直・箸初の儀が奥にて執り行われた。同九年閏七月三日、松平政千代(のちの仙台藩主伊達《だて》周宗《ちかむね》)と縁組。九月六日には山王社へ宮参りに出ている。しかし、翌十年三月二十八日に夭折。三歳。鳴物が三日の間停止された。増上寺に葬られた。同二十九日には溜詰・高家以下出仕が命じられた。法名は麗玉院光顔如幻大童女。

参考文献 『徳川諸家系譜』一・二(続群書類従完成会、一九七〇・七四年)　(夏目　琢史)

棲真院(せいしんいん)　一七九六—九七

徳川家斉の五女。総《ふさ》姫という。母は側室お志賀の方(慧明院)。寛政八年(一七九六)十月十五日(五日とする説もあり)に誕生。溜詰以下の出仕が命じられた。同九年二月十九日、色直、箸初の祝儀が執り行われた。三月十八日に綾姫とともに山王権現へ宮参りの予定であったが延引となる。同年四月二十四日、生後わずか六ヵ月で夭折。溜詰以下の出仕が命じられ、鳴物の使用が三日の間禁止された。同二十六日、上野寛永寺山内にある凌雲院へ葬られる。法名は棲真院智宝妙薫大童女。

参考文献 『徳川諸家系譜』一・二(続群書類従完成会、一九七〇・七四年)　(夏目　琢史)

良元院(りょうげんいん)　一七九八—九八

徳川家斉の六男。寛政十年(一七九八)二月晦日、江戸城に生まれる。生母は小普請組戸田中務配下の水野内蔵丞忠直の娘於宇多の方(宝池院)。幼名は豊三郎。同年七月二十四日に死去する。同二十六日に上野凌雲院(寛永寺子院)へ葬られ、良元院と号した。

参考文献 『徳川諸家系譜』一・二(続群書類従完成会、一九七〇・七四年)　(佐藤　宏之)

冲縁院(ちゅうえんいん)　一七九八—九九

徳川家斉の六女。格《ただ》姫という。母は側室お里尾の方(超操院)。寛政十年(一七九八)八月五日に生まれる。同月六日、溜詰高家以下出仕が命じられた。同月十一日に御台所の御養となり、名が付けられた。十二月六日、色直しと箸初の儀が執り行われた。お里尾の方の唯一の子であったが、同十一年六月二十四日に夭折。二歳。鳴物の使用が三日間禁止された。同月二十六日、上野寛永寺山内の凌雲院に葬られる。法名は冲縁院明相馨信大童女。

参考文献 『徳川諸家系譜』二(続群書類従完成会、一九七四年)　(夏目　琢史)

瑩光院（えいこういん）　一七九九―一八〇〇

徳川家斉の七女。五百姫《（いそ）》という。母は側室お宇多の方（宝池院）。寛政十一年（一七九九）十二月十六日に誕生する。同月十八日に高家・溜詰以下の出仕が命じられ、同十二年四月二十三日には色直、箸初の祝儀が執り行われた。同日、御台所の御養となった。しかし、同年閏四月三日に夭折した。二歳。鳴物の使用が三日間にわたり禁止された。同月六日、上野寛永寺山内にある凌雲院に葬られた。法名は瑩光院理善普照大童女。

参考文献　『徳川諸家系譜』二（続群書類従完成会、一九七四年）

（夏目　琢史）

峯寿院（ほうじゅいん）　一八〇〇―五三

徳川家斉の八女。峯《みね》姫と名乗る。諱は美子。母は側室お登勢の方（妙操院）。寛政十二年（一八〇〇）閏四月四日に生まれる。翌日五日には溜詰・高家以下の出仕が命じられた。同月十一日に七夜の祝儀が行われ、峯姫と名前が決定された。翌五月十一日に御台様御養となる。享和二年（一八〇二）三月十一日、髪置。同三年六月一日、水戸徳川家の鶴千代（のちの水戸藩主徳川斉脩《なりのぶ》）と縁組。同年十二月二十三日には水痘治癒の祝事である酒湯を受ける。文化二年（一八〇五）二月十三日、結納。同年四月二十八日に輿入れを果たす。このときの御用掛は牧野備前守忠精《ただきよ》が勤めた。同七年五月十五日、鶴千代ははじめて江戸城に登り、七月二日に元服し、左衛門督斉脩と称した。以後、婚礼道具の準備が調えられ、同十年十月十九日に家斉と正室広大院が上覧。翌十一年十一月に婚礼道具の引き移しが行われた。同十三年閏八月、水戸藩主の徳川治紀《はるとし》が死去したのに伴い、夫の斉脩が家督を継承。文政十二年（一八二九）十月十六日、斉脩の死去に伴い、同年十一月五日に落飾、峯寿院と称した。嘉永六年（一八五三）六月二十六日に死去。享年五十四。水戸徳川家の歴代藩主と正室の墓地である瑞龍山（茨城県常陸太田市）に葬られた。法名は峯寿院殿観誉無量貞覚大姉。

参考文献　『徳川諸家系譜』二（続群書類従完成会、一九七四年）、霞会館資料展示委員会編『大御所時代』（霞会館、二〇〇二年）、秋元茂陽『徳川将軍家墓碑総覧』（パレード、二〇〇八年）

（夏目　琢史）

唯乗院（ゆいじょういん）　一八〇一―〇二

徳川家斉の九女。亨姫《（みち）》という。母は側室お蝶の方（速成院）。享和元年（一八〇一）四月二十二日の朝に生まれる。同月二十八日に御台様の御養となり、名前が与えられた。八月二十三日に色直の祝儀が行われた。同二年三月二十六日に宮参り。しかし、同年六月四日に夭折。二歳。鳴物が三日の間禁止された。同月五日、溜詰その他布衣以上の出仕が命じられた。八日に上野寛永寺山内の凌雲院に葬られた。法名は唯乗院諦理明真大童女。

参考文献 『徳川諸家系譜』一・二(続群書類従完成会、一九七〇・七四年)

(夏目　琢史)

徳川斉順（とくがわなりのぶ）　一八〇一—四六

徳川家斉の七男。享和元年(一八〇一)九月九日、江戸城に生まれる。生母は梶久三郎勝俊の娘於登勢の方(妙操院)。幼名は菊千代。文化七年(一八一〇)十一月朔日、御三卿の一つ清水家(賄料三万俵)を相続し、同十二年二月九日に元服、従三位左近衛権中将兼式部卿に叙任。徳川家斉の偏諱を受け、名を斉順と改めた。同十三年六月三日、紀伊徳川家十代当主徳川治宝《とくがわはるとみ》の五女豊姫《とよひめ》(鶴樹院)の婿養子となり、十一月二十八日に紀伊藩邸に入り、即日婚姻。これより紀伊中将と呼ばれた。文政六年(一八二三)五月から六月にかけて、旱魃による水争いを起因として、積年の年貢増徴にあえいでいた紀ノ川流域の農民十数万人が和歌山城下近くまで押し寄せる大規模な百姓一揆が起こった。その責任を取って、治宝は隠居し、同七年六月六日に家督を相続し、十二月朔日に中納言に任じられた。同八年三月十五日にはじめて国許への暇を命じられることになる。同十一年二月十五日に従二位権大納言に任じられ、同十二年十二月三日に浜御庭へ移る。斉順は、焼失した湊御殿の再建を天保三年(一八三二)に命じ、同五年五月に完成した御殿へと移る。これにより、藩政は隠居後も実権を握る西浜御殿の治宝と湊御殿の斉順の二極に分化し、深刻な対立が生じた。この対立は、斉順死後の後継をめぐる争いまで続くことになる。斉順は、家督相続から二十二年後の弘化三年(一八四六)閏五月八日、四十六歳で没し、顕龍院と号した。墓は紀州徳川家の菩提寺である長保寺(和歌山県海南市)にある。

参考文献 『徳川諸家系譜』二(続群書類従完成会、一九七四年)、『和歌山市史』二(一九八九年)

(佐藤　宏之)

感光院（かんこういん）　一八〇二—〇三

徳川家斉の十女。舒《(ゆき)》姫という。母は側室お宇多の方(宝池院)。享和二年(一八〇二)五月七日に生まれる。同月十三日に七夜の儀が行われ、名前が決められた。同日、御台様御養となった。九月十五日には色直の祝儀が執り行われている。しかし、翌三年三月四日に夭折。二歳。鳴物の使用が三日の間禁止された。同月五日、小石川伝通院に葬られた。法名は感光院蒼岳芳倫大童女。

参考文献 『徳川諸家系譜』一・二(続群書類従完成会、一九七〇・七四年)

(夏目　琢史)

法如院（ほうにょいん）

徳川家斉の男子。母は側室であったお美尾の方（芳心院）。享和二年（一八〇二）七月五日に死産。魔除けの矢を射る蟇目《ひきめ》役を東条信濃守長祇、へその緒を切断する篦刀役を高井山城守実徳、矢取役を東条源右衛門長熙がそれぞれ担当することになっていた。死産であったため、通常規制される鳴物の使用は禁止されなかった。翌日の六日に上野寛永寺山内の凌雲院に葬られる。法名は法如院性相円常大童子（「円」ではなく、「玄」という説もある）。『幕府祚胤伝』には「御流体」と記載されている。

参考文献　『徳川諸家系譜』二（続群書類従完成会、一九七四年）

（夏目　琢史）

真空院（しんくういん）

徳川家斉の男子。母は側室お登勢の方（妙操院）。紀伊徳川家を相続した徳川斉《なり》順《（のぶ）》の異母弟にあたる。享和三年（一八〇三）五月九日に流産（『幕府祚胤伝』には「御血荒」とある）。このことは表向きには公表されなかった。大切の品として長持とともに寛永寺塔頭の凌雲院に葬られた。法名は真空院幻漚覚夢大童子。谷中霊園内の寛永寺墓地に改葬され、新設された徳川家の合祀墓にも真空院の法号・没年が確認されるが、没年については誤記がみられる。

参考文献　『徳川諸家系譜』二（続群書類従完成会、一九七四年）

（夏目　琢史）

天淵院（てんえんいん）　一八〇三―〇五

徳川家斉の八男。享和三年（一八〇三）八月朔日、江戸城に生まれる。生母は西丸新番組酒井近江守配下の番衆曾根弥三郎重辰の娘於蝶の方（速成院）。幼名は時之助。文化二年（一八〇五）九月十四日に死去する。三歳。同十六日に上野凌雲院（寛永寺子院）へ葬られ、天淵院と号した。

参考文献　『徳川諸家系譜』一・二（続群書類従完成会、一九七〇・七四年）

（佐藤　宏之）

蓉香院（ようこういん）　一八〇三―〇四

徳川家斉の十一女。寿姫《（ひめ）》という。母は側室お登勢の方（妙操院）。享和三年（一八〇三）十月十五日の暁に生まれる。同月二十一日に名前が決められ、十一月二日に公表された。文化元年（一八〇四）二月十九日に、生まれて百一日目の祝儀である色直・箸初の祝が執り行われた。しかし、同年六月二十四日、生後わずか八ヵ月で夭折。鳴物の使用は禁止されなかった。翌々日の二十六日に小石川伝通院へ葬られる。法名は蓉香院殿映清涼池大童女。

参考文献　『徳川諸家系譜』一・二（続群書類従完成会、一九七〇・七四年）

（夏目　琢史）

松栄院（しょうえいいん）　一八〇三—五七

徳川家斉の十二女。浅《あさ》姫という。諱は瀰子《すみこ》。母は側室お美尾の方(芳心院)。享和三年(一八〇三)十二月十日に生まれる。同月十六日、寛政の三博士の一人である柴野栗山《しばのりつざん》(彦助)によって命名された。文化元年(一八〇四)四月十五日、誕生百一日目の祝儀である色直・箸初の祝。同三年十一月二十七日に水痘の酒湯行事が行われた。同四年三月二十七日に山王権現へ宮参り。帰参の際に西丸大奥へと立ち寄る。六月十一日に御台所の御養となり、同日に松平政千代(伊達周宗《だてちかむね》)と縁組するが、その五年後の同九年四月二十四日に周宗が死去したため、入輿は行われなかった。同十四年九月二十七日、福井藩主の松平治好《はるよし》の嫡子である仁之助と再縁組。これにより福井藩には二万石が加増された。文政四年(一八二一)九月十五日、常盤橋の福井藩屋敷へはじめて入る。同七年、仁之助は元服し、家斉から一字貰い受け斉承《なりつぐ》と名乗る。翌年には父治好が死去したため、福井藩十四代藩主となった。同九年八月十二日に菊姫(はじめ寛姫という)を出産。天保六年(一八三五)閏七月二日、斉承が死去すると、落飾し松栄院と称した。安政四年(一八五七)五月十日に死去。五十五歳。越前藩松平家の江戸での菩提寺である芝の天徳寺に葬られた。法名は松栄院殿勁誉彰月禎寿大姉。越前松平家の墓所は大正十二年(一九二三)の関東大震災により大きな被害にあい、同十五年四月に品川の海晏寺に改葬され、合祀墓が建てられている。

参考文献　『徳川諸家系譜』一・二(続群書類従完成会、一九七〇・七四年)、秋元茂陽『徳川将軍家墓碑総覧』(パレード、二〇〇八年)

（夏目　琢史）

晃輝院（こうきいん）　一八〇五—〇七

徳川家斉の十三女。晴《はれ》姫という。母は側室お登勢の方(妙操院)。文化二年(一八〇五)十二月四日に生まれる。同月十一日に書物奉行の成島衡山《なるしまこうざん》の進上によって名前が決められ、十五日に公表された。同三年四月五日に、生誕百一目の祝儀である色直・箸初の祝を執り行う。しかし、同四年五月十二日、生後わずか一年五ヵ月で夭折。鳴物の使用は禁止されなかった。同月十四日に寛永寺山内の凌雲院へ葬られる。法名は晃輝院殿理玄明性大童女。

参考文献　『徳川諸家系譜』一・二(続群書類従完成会、一九七〇・七四年)

（夏目　琢史）

俊岳院（しゅんがくいん）　一八〇六—一〇

徳川家斉の九男。文化三年(一八〇六)二月十一日、江戸城に生まれる。母は西丸新御番組酒井近江守配下の番衆曾根弥三郎重辰の娘於蝶の方(速成院)。幼名は虎千代。文化六年(一八〇九)十二月十一日、紀州藩主徳川治宝《とくがわはるとみ》の長女である鍇姫《かたひめ》と婚約し、治宝の婿養子となる。同七年五月三日、紀州藩邸にはじめて入り、八月二十一日に金一万両を拝領する。十月二日に死去する。五歳。同七日に増上寺(東京都港区)へ葬られ、俊岳院と号した。

参考文献　『徳川諸家系譜』一・二(続群書類従完成会、一九七〇・七四年)

(佐藤　宏之)

円琮院（えんそういん）　一八〇六—〇六

徳川家斉の十四女。高姫《たか》という。母は側室お屋知の方(清昇院)。文化三年(一八〇六)三月一日に生まれる。同月七日に名前が決められ、十五日に公表された。同年七月三日、誕生百一日目の祝儀である色直・箸初が行われたが、同月二十三日に夭折。鳴物の使用は禁止されなかった。同月二十七日に上野寛永寺山内の凌雲院へ葬られる。法名は円琮院殿宝乗真善大童女。

参考文献　『徳川諸家系譜』一・二(続群書類従完成会、一九七〇・七四年)

(夏目　琢史)

精純院（せいじゅんいん）　一八〇七—一一

徳川家斉の十五女。岸姫《きし》という。母は側室お袖の方(本性院)。文化四年(一八〇七)十一月十四日生まれる。同月二十一日に安姫と名前が決められ、十二月一日に公表された。同六年十一月十五日に髪置の祝儀が行われたが、表向の御祝はなかった。十二月十一日には岸姫と改名している。同八年七月二十七日に死去。五歳。鳴物停止はなかった。同月三十日、寛永寺山内塔頭の凌雲院に葬られる。法名は精純院殿楊彩周善大童女。

参考文献　『徳川諸家系譜』一・二(続群書類従完成会、一九七〇・七四年)

(夏目　琢史)

貞鑑院（ていかんいん）　一八〇八—二一

徳川家斉の十六女。元姫《もと》、幸子《さちこ》と名乗る。母は側室お屋知の方(清昇院)。文化五年(一八〇八)七月二日に生まれる。同八日に名前が付けられ、二十九日に公表された。十一月九日に色直・箸初の儀が執り行われる。同七年十一月二十八日に髪置の祝儀。同九年五月二十八日に異母兄弟の友松・文姫・保之丞・要之丞とともに御台所の御養となった。同十二年九月二十一日に山王権現へ宮参り。その帰途、西丸大奥へと立ち寄る。同十四年四月十五日に会津松平家の七代藩主である肥後守容衆《かたひろ》と縁組。文政二年(一八一九)八月八日には和田蔵門内の廃地千七百二十坪を預かる。翌三年十一月十五日には、林大学頭乗衡《のりひら》の考案により実名を幸子とした。同四年二月二十三日に輿入れするが、同年八月二十二日に十四歳の若さで急死。このとき夫の容衆は国許の会津へ出ていて留守であった。鳴物の使用が七日間禁止されたが、普請は許された。九月四日に出棺。元姫は、婚家の会津松平家の菩提寺である下谷の広徳寺(臨済宗大徳寺派)ではなく徳川家の菩提寺である小石川伝通院に葬られた。元姫のように、徳川将軍家から他家に嫁いだ息女の多くは実家である徳川家の菩提寺に埋葬されている。法名は貞鑑院殿性誉円明浄覚大姉。なお、夫の松平容衆も元姫の死の翌五年二月二十九日に二十歳の若さで死去している。

参考文献『徳川諸家系譜』二(続群書類従完成会、一九七四年)、秋元茂陽『徳川将軍家墓碑総覧』(パレード、二〇〇八年)

(夏目　琢史)

了湛院(りょうたんいん)　一八〇九―一三

徳川家斉の十男。文化六年(一八〇九)二月二十一日、江戸城に生まれる。生母は西丸新番組酒井近江守配下の番衆曾根弥三郎重辰の娘於蝶の方(速成院)。幼名は友松。文化十年六月二日に死去する。五歳。同五日に上野凌雲院(寛永寺子院)へ葬られ、了湛院と号した。

参考文献『徳川諸家系譜』一・二(続群書類従完成会、一九七〇・七四年)

(佐藤　宏之)

霊鏡院(れいきょういん)　一八〇九―三七

徳川家斉の十七女。文姫《よみ》と名乗る。諱は結子《ゆいこ》。母は側室お袖の方(本性院)。文化六年(一八〇九)七月十日に生まれる。同月十六日に名前が決められ、二十九日に公表された。十一月十一日、生まれて百一日目の祝儀である色直・箸初が執り行われる。同八年十一月十五日に髪置の祝(胎髪をとり、この日より髪を伸ばし始める儀式)が行われた。翌九年五月二十八日より、ほかの側室の子女と同じく御台所の御養となった。同十二年十一月六日、山王権現へ宮参の帰途に、西丸大奥へと立ち寄る。文政元年(一八一八)三月九日に疱瘡治癒の祝事である酒湯を受けた。文政二年十二月三日、高松松平家へと養子に入った貞五郎(のちに高松藩十代藩主となる松平頼胤《まつだいらよりたね》)と縁組。同七年十二月十六日、貞五郎は元服し、従四位下侍従に叙任され、宮内大輔頼胤と名乗った。同九年十一月二十七日に文姫は輿入れし、神田小川町(東京都千代田区)の屋敷へと移った。しかし、天保八年(一八三七)三月十四日に死去(三月十六日とする説もある)。享年二十九。高松松平家の菩提寺である浅草の清光寺(浄土宗)ではなく、実家の徳川家の菩提寺である小石川伝通院(浄土宗)に葬られた。文姫の墓所は、夫である松平頼胤の墓碑と並んで建立されている。墓碑に刻まれた法名は、霊鏡院殿円誉智照慧高大姉であるが、『徳川諸家系譜』などでは「慧高」の部分が、「恵光」とされている。なお、文姫ゆかりの太刀や茶壺が、香川県歴史博物館に保管されている。

参考文献　『徳川諸家系譜』一・二(続群書類従完成会、一九七〇・七四年)、霞会館資料展示委員会編『大御所時代』(霞会館、二〇〇二年)、秋元茂陽『徳川将軍家墓碑総覧』(パレード、二〇〇八年)

(夏目　琢史)

徳川斉荘　(とくがわなりたか)　一八一〇―四五

徳川家斉の十一男。文化七年(一八一〇)六月十三日、江戸城に生まれる。生母は西丸新番組酒井近江守配下の番衆曾根弥三郎重辰の娘於蝶の方(速成院)。幼名は要之丞。文化十年十二月二十五日、田安徳川家三代当主田安斉匡《たやすなりまさ》の聟養子となり、文政三年(一八二〇)六月五日に元服し、将軍家斉から諱字を下賜されて斉荘と名乗り、従三位左近衛中将兼右衛門督に叙任された。文政九年二月十八日に斉匡の娘猗姫(貞慎院)を正室に迎え、文政十二年七月六日に宰相に任じられる。天保七年(一八三六)八月二十一日、斉匡の致仕に伴って田安家四代を相続し、天保八年八月二十三日に中納言に任じられた。天保十年三月二十七日、異母弟である尾張藩十一代藩主徳川斉温《なりはる》に世子がなかったため、尾張徳川家を相続して十二代藩主となり、従二位大納言に任じられた。この相続に対し、藩内では分家の美濃国高須藩主松平義建《まつだいらよしたつ》の子秀之助(のちの徳川慶勝《よしかつ》)を推す者が多く、幕府による一方的な養子決定に反発した藩士らが金鉄組を組織。付家老の成瀬正住《なるせまさずみ》や竹腰正富《たけのこしまさとみ》らが藩内の説得にあたった。このことが幕末の反幕・尊王攘夷派への流れとなって、竹腰家を中心とした佐幕派との対立、成瀬正住の蟄居につながった。弘化二年(一八四五)三月二十五日、田安斉匡の十男匡賢《まさかた》を聟養子に迎えるが、同年七月二十一日に死去。三十六歳。尾張徳川家の菩提寺である徳興山建中寺(名古屋市東区筒井)に葬られ、源懿殿と号した。

参考文献　『徳川諸家系譜』一・二(続群書類従完成会、一九七〇・七四年)、小山譽城『徳川御三家付家老の研究』(清文堂出版、二〇〇六年)

(佐藤　宏之)

徳川斉明　(とくがわなりとし)　一八〇九―二七

徳川家斉の十男。文化六年(一八〇九)十二月四日、江戸城に生まれる。生母は清水家の家臣牧野多門忠克の娘で小普請組石川右近将監配下の土屋忠兵衛知光の養女となった於八重(屋衛)の方(皆善院)。幼名は保之丞。文化十三年十二月一日、清水徳川家当主の徳川斉順《なりのぶ》(家斉七男)が紀伊国和歌山藩主徳川治宝《はるとみ》の養嗣子になったため、清水徳川家四代当主となり、賄料三万俵を賜る。文政三年(一八二〇)六月五日に元服、将軍家斉から諱を下賜されて斉明と名乗り、従三位左近衛権中将兼式部卿に叙任された。文政六年二月十六日には、かねてより婚約中であった兵部卿伏見宮貞敬《ふしみのみやさだゆき》親王の娘教宮英子を正室に迎え、十月十三日に十万石を与えられた。ところが、文政十年六月十日に死去する。十九歳。同月二十四日に上野凌雲院（寛永寺子院）へ葬られ、寛量院と号した。斉明には後嗣がなかったが、六月十一日に「式部卿御逝去ニ候得共、思召も有之ニ付、只今迄被　遺置候御領知其儘ニ被成置候、御附人御抱人之もの共は、清水附と可被成置候」（『御触書天保集成』第五三五六号）と領知と家臣団をそのままにしておくよう命令が出され、十月十五日に徳川斉《なり》彊《かつ》（家斉二十男）が相続するまで「明屋形」とされた。

参考文献　『徳川諸家系譜』一・二（続群書類従完成会、一九七〇・七四年）、竹村誠「御三卿の領知変遷」（大石学編『近世国家の権力構造』、岩田書院、二〇〇三年）

（佐藤　宏之）

法量院（ほうりょういん）　一八一一—一一

徳川家斉の十八女。艶《つや》姫と名乗る。母は側室お袖の方（本性院）。文化八年（一八一一）正月二十二日に生まれる。同二十八日に名前が付けられ、二月一日に公表。四月二十七日に色直・箸初の祝儀が執り行われた。しかし、同年六月三十日、生後わずか五ヵ月で夭折した。享年一。鳴物停止とはならなかった。七月三日に上野寛永寺山内塔頭の凌雲院へと葬られた。法名は法量院殿寂照軌玄大童女（「軌」ではなく「机」の説もある）。

参考文献　『徳川諸家系譜』一・二（続群書類従完成会、一九七〇・七四年）

（夏目　琢史）

孝盛院（こうせいいん）　一八一一—四七

徳川家斉の十九女。盛《もり》姫という。実名は国《くに》子。母は側室お八重の方（皆善院）。文化八年（一八一一）三月十二日に生まれる。同月十八日に名前が決められ、四月二日に公表された。九月二十八日、色直・箸初の祝儀。十一月三日には水痘治癒の祝事である酒湯が行われた。同十年十一月十五日に髪置の祝。同十三年三月九日に御台所の御養となる。文政二年（一八一九）十二月三日、佐賀鍋島家の鍋島貞丸（のちの十代藩主直正）と縁組する。同五年九月十八日、山王宮参りの帰途、西丸大奥へ立ち寄る。同七年四月一日、喜代《きよ》姫・永《なが》姫とともに麻疹の酒湯を受けた。同八年十一月二十七日に輿入れし、日比谷の屋敷へ引移る。夫の貞丸は、同十年十一月十五日にはじめて将軍家斉と御目見。同年十二月二十二日に元服し、家斉より一字を貰い受け、鍋島斉正《なりまさ》と名乗った（のちに直正に改名）。斉正は、病気で隠居した父斉直に替わり、天保元年（一八三〇）二月四日より家督を継ぎ、藩政改革に尽力した。一方、正室となった盛姫は夫に先立ち、弘化四年（一八四七）二月三日に死去。享年三十七であった。婚家の鍋島家の菩提寺である麻布の賢崇寺（曹洞宗）ではなく、実家の菩提寺である増上寺（浄土宗)に葬られた。その後、明治六年(一八七三)に増上寺に埋葬されていた遺骨は賢崇寺内の夫直正の墓所の右隣に移された。法名は孝盛院殿天誉順和至善大姉。なお、鍋島直正と盛姫の婚礼に関する詳細な記録が現存する。

参考文献　『徳川諸家系譜』二(続群書類従完成会、一九七四年)、霞会館資料展示委員会編『大御所時代』(霞会館、二〇〇二年)、高柳金芳『徳川妻妾記』(雄山閣、二〇〇三年)、秋元茂陽『徳川将軍家墓碑総覧』(パレード、二〇〇八年)

(夏目　琢史)

池田斉衆　(いけだなりひろ)　一八一二―二六

徳川家斉の十二男。文化九年(一八一二)四月四日、江戸城に生まれる。生母は清水家の家臣牧野多門忠克の娘で小普請組石川右近将監配下の土屋忠兵衛知光の養女となった於八重(屋衛)の方(皆善院)。幼名は乙五郎。文化十四年九月十八日、因幡国鳥取藩八代藩主池田斉稷《なりとし》の聟養子となり、同年十二月十八日に斉稷邸に移る。文政二年(一八一九)十二月十六日、因幡守、少将に任じられ、文政七年三月二十八日に元服、将軍家斉から諱字を下賜されて斉衆と名乗り、従四位上侍従、民部大輔に叙任された。これにより、これまでの葵の紋と揚羽蝶の紋の混用から葵の紋の専用に変化した。ところが、文政九年三月十四日、疱瘡によって家督を相続することなく死去。十五歳。同月二十一日に牛頭山弘福寺(東京都墨田区)に葬られ、英俊院と号した。

参考文献　『徳川諸家系譜』一・二(続群書類従完成会、一九七〇・七四年)

(佐藤　宏之)

貞惇院　(ていとんいん)　一八一三―三〇

徳川家斉の二十女。和《かつ》姫という。諱は操子。母は側室お蝶の方(速成院)。文化十年(一八一三)正月十四日生まれる。同年二月一日に名前が公表された。同年五月十五日に色直・箸初。同十二年十一月九日に髪置の儀が執り行われる。同十四年七月二十二日に溶《よう》姫・銀之助とともに御台様の御養となる。また、文政六年(一八二三)二月九日には末姫・喜代《きよ》姫とともに疱瘡治癒の祝事である酒湯を受けた。同年六月十八日、毛《もう》利《り》斉熙《なりひろ》の嫡子(毛利斉元の養子となる)である松平保三郎(のちに萩十二代藩主となる毛利斉広《なりとお》)と縁組。同七年四月二十五日には巣鴨下邸四千坪の添地を賜った。同九年九月二十一日、山王宮参りの帰りに、西丸広敷に立ち寄る。同十二年十一月二十七日に輿入れした。十二月三日にははじめて大奥へ入っている。天保元年(一八三〇)三月十三日保三郎は元服し、斉広と名乗ったが、七月二十日に江戸藩邸にて和姫は死去。享年十八。同年八月二日に上野寛永寺の塔頭である円珠院に葬られた。これは、円珠院が萩藩二代藩主毛利綱広によって開基された塔頭であることにちなむとみられる。その後、大正八年(一九一九)十月に萩毛利家の菩提寺である大照院(山口県萩市)に改葬された(斉広は和姫の死後六年にあたる天保七年に死去、同寺に埋葬された)。法名は貞惇院殿聖胎実成大姉。和姫ゆかりの畳紙(結髪道具)などが毛利博物館に伝わる。

参考文献 『徳川諸家系譜』二(続群書類従完成会、一九七四年)、霞会館資料展示委員会編『大御所時代』(霞会館、二〇〇二年)、秋元茂陽『徳川将軍家墓碑総覧』(パレード、二〇〇八年)

(夏目　琢史)

淳脱院 (じゅんだついん)　一八一三—一四

徳川家斉の二十一女。孝姫《よしひめ》。母は側室お袖の方(本性院)。文化十年(一八一三)正月二十三日に生まれる。同月二十九日に名が与えられ、二月一日公表される。六月一日、色直・箸初の祝儀が執り行われた。しかし、同十一年七月二十一日に夭折。二歳。鳴物の使用は禁止されなかった。同月二十四日に上野寛永寺塔頭の凌雲院に葬られる。寺社奉行の松平右近将監武厚、小普請司の土屋紀伊守廉直、目付の荒川常次郎義行、奥右筆の山田八郎右衛門直行がこれを担当した。法名は淳脱院殿厳惶映顕大童女。

参考文献 『徳川諸家系譜』二(続群書類従完成会、一九七四年)

(夏目　琢史)

景徳院 (けいとくいん)　一八一三—六八

徳川家斉の二十二女。溶《(よう)》姫と名乗る。諱は諧子《ともこ》。母は側室お美代の方(専行院)。文化十年(一八一三)三月二十七日に生まれる。文政六年(一八二三)四月十一日に加賀藩前田家の十二代藩主である斉泰《なりやす》と縁組。同九年十一月二十七日に輿入れし、前田家の正室となった。現在の東京大学の赤門は、溶姫の婚礼の際に建造された本郷加賀藩邸の御守殿門であり、江戸の名所として錦絵などにも描かれた。斉泰は、同七年七月に父の斉広が死去したことに伴い藩政の実権を握り、以後、藩政改革に尽力する。溶姫は、天保元年(一八三〇)五月四日に犬千代(のちに加賀藩十三代藩主となる前田慶寧《よしやす》)、同三年七月二日に駒次郎、同五年に亀丸(のちに因幡国鳥取藩十一代藩主となる池田慶栄《よしたか》)を生んだ。一方、溶姫の生母であるお美代の方は、自身の孫にあたる前田犬千代を将軍職に就ける計画を企てたとして、同十二年三月二十三日、上﨟年寄上座として加賀藩邸に移されたといわれる。明治元年(一八六八)三月、倒幕の気運が高まるなか、溶姫は金沢に移ったが、そのわずか二ヵ月後の同年五月一日、母に先立ち死去。五十六歳。前田家の墓所である野田山の天徳院に葬られた。法名は景徳院殿舜操惟喬大禅定尼。溶姫は、十一代将軍家慶の異母妹であり、十三代将軍家定と十四代将軍家茂の叔母にあたる。

参考文献　『徳川諸家系譜』二（続群書類従完成会、一九七四年）、卜部典子『人物事典江戸城大奥の女たち』（新人物往来社、一九八八年）、秋元茂陽『徳川将軍家墓碑総覧』（パレード、二〇〇八年）

（夏目　琢史）

常境院（じょうきょういん）　一八一三—一四

徳川家斉の十四男。文化十年（一八一三）十月二日、江戸城に生まれる。生母は西丸納戸役阿部九右衛門正芳の娘で、のちに伯父の先手組弓頭阿部勘左衛門正盈の養女となった於八百の方（智照院）。幼名は興《おき》五郎。文化十一年四月四日に死去する。同七日に上野凌雲院（寛永寺子院）へ葬られ、常境院と号した。

参考文献　『徳川諸家系譜』一・二（続群書類従完成会、一九七〇・七四年）

（佐藤　宏之）

松平斉民（まつだいらなりたみ）　一八一四—九一

徳川家斉の十四男。文化十一年（一八一四）七月二十九日、江戸城に生まれる。生母は清水家の家臣牧野多門忠克の娘で小普請組石川右近将監配下の土屋忠兵衛知光の養女となった於八重（屋衛）の方（皆善院）。幼名は銀之助。文化十四年九月十八日、美作国津山藩八代藩主松平康孝（斉孝《なりたか》）の聟養子となる。将軍家との縁組みによって、津山松平家は以後さまざまな恩恵を蒙ることとなる。津山藩は文化十四年十月七日に五万石を加増され、十万石となる。文政七年（一八二四）三月二十八日に元服、従四位上侍従、三河守に任じられ、将軍家斉の諱字を下賜され斉民と名乗る。文政九年十二月十六日に左近衛権少将、文政十二年七月二十七日に斉孝の娘従と婚姻、同年十二月十六日に正四位下中将、越後守に任じられる。天保二年（一八三一）十月一日に嫡子が生まれたが、この日に従は死去している。その後、同年十一月十六日に斉孝の弟良四郎維賢《これかた》の娘敏と再婚し、十一月二十二日に十八歳で家督を相続した。天保三年の初帰国に際して、その費用として五千両が与えられる。天保六年十二月五日に正四位下、左近衛権中将、同八年八月二十五日には正四位上に昇った。初官従四位下が家例であった津山松平家は、これ以後、従四位上に上昇した。嘉永三年（一八五〇）八月十四日には、家事困苦のため金一万両を、嘉永六年四月十五日には家事不足のため年々米五千俵を与えられた。このように、家斉の子女を受け入れることで、将軍家とより深い関係が築かれるばかりではなく、幕府からの経済的援助を引き出し、官位昇進による家格の上昇、所領高の増加という実利を得ることとなった。安政二年（一八五五）五月三日、養子松平慶倫《よしとも》（前藩主斉孝の三男）に家督を譲って隠居し、確堂と称する。安政五年、大老井伊《いい》直弼《なおすけ》は十四代将軍徳川家茂の後見として斉民を据えようと画策する。直弼は斉民に対して清水徳川家を相続することが国家鎮護のためであり、禍を未然に防ぐことになると働きかけたものの、斉民は「御未熟御病身之趣」のため辞退した(東京大学史料編纂所編纂『大日本維新史料』類纂之部井伊家史料八、安政五年八月井伊直弼書簡)。津山で迎賓館西御殿に居住した斉民に対し、文久三年(一八六三)四月に幕府は毎年一万俵の隠居料を与えた。藩内では、前藩主斉民を中心とする佐幕派と、現藩主慶倫を中心とする勤王派とに分かれ、藩論の統一に腐心した。明治元年(一八六八)五月三日、江戸開城に伴い新政府より田安亀之助(徳川家達《とくがわいえさと》)の後見人を命じられた。明治十四年十二月に従三位に昇進し、明治十五年六月には麝香《じゃこうの》間《ま》祇候に任じられた。明治二十四年三月二十三日に死去した。七十八歳。谷中霊園(東京都台東区)に葬られ、文定院と号した。

参考文献 『徳川諸家系譜』一・二・四(続群書類従完成会、一九七〇・七四・八四年)、『津山市史』四・五(一九七四・九五年)、佐藤宏之『近世大名の権力編成と家意識』(吉川弘文館、二〇一〇年)

(佐藤　宏之)

浄薫院(じょうくんいん)　一八一五―一六

徳川家斉の二十三女。琴《こと》姫と名乗る。母は側室お以登の方(本輪院)。文化十二年(一八一五)六月二十六日生まれる。七月三日に名前が与えられ、同月二十八日に公表された。十月二十八日に色直・箸初の儀式が執り行われた。しかし、翌十三年正月十一日にわずか二歳で夭折。鳴物停止はなかった。同月十六日に寛永寺塔頭の凌雲院に葬られる。法名は浄薫院殿韶光幻応大童女。

参考文献 『徳川諸家系譜』二(続群書類従完成会、一九七四年)

(夏目　琢史)

浄門院(じょうもんいん)　一八一五―一七

徳川家斉の十六男。文化十二年(一八一五)十月十七日、江戸城に生まれる。生母は西丸新番組酒井近江守配下の番衆曾根弥三郎重辰の娘於蝶の方(速成院)。幼名は久《ひさ》五郎。文化十四年十月十六日に死去する。三歳。同二十日に伝通院(東京都文京区)へ葬られ、浄門院と号した。

参考文献 『徳川諸家系譜』一・二(続群書類従完成会、一九七〇・七四年)

(佐藤　宏之)

華成院(かじょういん)　一八一五―一七

徳川家斉の二十四女。仲《なか》姫と名乗る。母は側室お美代の方(専行院)。文化十二年(一八一五)十月十七日に生まれる。同月二十三日に名付、翌十一月二日に公表された。同十三年三月一日に色直・箸初の儀式が執り行われる。しかし、翌十四年五月二十三日に夭折。三歳。御機嫌伺・鳴物停止ともに御構なしとされた。同月二十七日に上野寛永寺山内の塔頭凌雲院に葬られる。法名は華成院殿縁性妙意大童女。

参考文献　『徳川諸家系譜』二(続群書類従完成会、一九七四年)

(夏目　琢史)

影幻院（えいげんいん）　一八一七―一七

徳川家斉の十七男。文化十四年(一八一七)正月二十日、江戸城に生まれる。生母は御三卿の一つ清水家の家臣牧野多門忠克の娘で、のちに小普請組石川右近将監配下の土屋忠兵衛知光の養女となった於八重の方(皆善院)。幼名は信《のぶ》之進。文化十四年六月十六日に死去する。同二十日に伝通院(東京都文京区)へ葬られ、影幻院と号した。

参考文献　『徳川諸家系譜』一・二(続群書類従完成会、一九七〇・七四年)

(佐藤　宏之)

泰栄院（たいえいいん）　一八一七―七二

徳川家斉の二十五女。末姫、貴子という。母は側室お美代の方(専行院)。文化十四年(一八一七)九月十八日に生まれる。同月二十七日に名前が決められ、翌十月十六日に公表された。文政元年(一八一八)正月二十一日に色直・箸初。同二年十一月二十二日に髪置。同四年四月四日に御台所様の御養となった。同六年六月十八日に広島藩浅野家の九代当主浅野斉賢《なりかた》の嫡子松平勝吉(のち十代当主となる浅野斉粛《なりたか》)と縁組。翌十九日に溜詰以下の出仕が命じられた。同八年十月二十六日、石川主水正千七百坪と上田左太郎二千十坪の添地を賜る。同十一年九月十一日には山王権現への宮参りの帰途、西丸広敷へ立ち寄った。天保元年(一八三〇)に広島の浅野家では斉賢が死去したことに伴い、長男の勝吉が家督を継いだ。天保四年十一月、末姫は輿入れを果たした。斉粛が藩主の時代、広島藩では飢饉や事業が重なり、藩政は多難をきわめたといわれる。明治五年(一八七二)十一月一日、末姫は五十六歳で死去。広島藩浅野家の江戸での菩提寺にあたる愛宕の青松寺(曹洞宗)に葬られた。法号は泰栄院。墓所は昭和四十九年(一九七四)十一月に青松寺から広島の新庄山に改葬されている。

参考文献　『徳川諸家系譜』一・二(続群書類従完成会、一九七〇・七四年)、秋元茂陽『徳川将軍家墓碑総覧』(パレード、二〇〇八年)

(夏目　琢史)

正徳院（しょうとくいん）　一八一八―二一

徳川家斉の十八男。文政元年(一八一八)五月十五日、江戸城に生まれる。生母は吉江左門政福の娘於袖の方(本性院)。幼名は陽七郎。文政四年四月十日に死去する。四歳。同十二日に伝通院(東京都文京区)へ葬られ、正徳院と号した。

参考文献　『徳川諸家系譜』二(続群書類従完成会、一九七四年)

(佐藤　宏之)

晴光院（せいこういん）　一八一八―六八

徳川家斉の二十六女。喜代《きよ》姫と名乗る。諱は都子《みや》。母は側室お八重の方(皆善院)。文政元年(一八一八)七月八日に生まれる。同月十八日に公表された。十一月九日に誕生百一日目の祝儀であ十八日に公表された。十一月九日に誕生百一日目の祝儀である色直・箸初が行われた。同三年十一月二十一日には髪置が行われた。同四年四月四日には、ほかの側室の子女と同じく御台所の御養となった。同五年六月二十一日に雅楽頭系酒井家の十三代当主であり姫路藩五代藩主となる酒井忠学《ただのり》と縁組。天保三年(一八三二)十二月二十八日に正室として竜の口の酒井家上屋敷に輿入れした。この際、酒井家では格式を越えた仲仕切門を建設したとして、幕府より注意を受け、落成した門は結局撤去となり、家老の河合準之助が責任をとって切腹するという事態にまで発展した。輿入れの翌々年の天保五年三月一日、喜代姫は、第一子喜曾姫を出産。本家に男子が産まれなかったため、分家から酒井忠宝《ただとみ》が聟養子として入り、喜曾姫が正室となった。喜代姫は、明治元年(一八六八)十二月二十四日、姫路にて五十一歳で死去。同地の景福寺(曹洞宗)に葬られた。法名は晴光院殿済月静充大姉。なお、喜代姫の墓碑は、酒井家の菩提寺である群馬県前橋市の龍海院(曹洞宗)にも建立されている。

参考文献　『徳川諸家系譜』二(続群書類従完成会、一九七四年)、秋元茂陽『徳川将軍家墓碑総覧』(パレード、二〇〇八年)

（夏目　琢史）

誠順院（せいじゅんいん）　一八一九―七五

徳川家斉の二十七女。永《なが》姫という。諱は賢子《かつ》。母は側室お以登の方(本輪院)。文政二年(一八一九)正月十四日に生まれる。同月二十二日に名前が与えられ、同月二十八日に公表された。誕生百一日目の祝儀である色直・箸初の祝が、同年閏四月五日に無事行われている。同四年十一月二十一日には髪置の祝儀が執り行われ、翌五年四月五日にほかの側室の子女と同じく御台様御養となった。同六年三月九日には溶《よう》姫とともに疱瘡治癒の祝事である酒湯を受けている。同八年二月六日、田安徳川家から一橋徳川家へと養子に入った郁之助(同年二月八日に豊之助に改名、のちに一橋徳川家の五代当主となる斉位《なりくら》)と縁組。同十一年十一月二十八日に結納を済ませ、天保六年(一八三五)十一月五日に輿入れを果たした。同八年五月に斉位が死去したことに伴い、落飾し、誠順院と称した。明治八年(一八七五)九月二十三日に死去。享年五十七。上野寛永寺の塔頭である凌雲院に埋葬された。これは当時、夫の斉位の墓所が凌雲院に建立されていたことによる。のちに一橋徳川家の墓所は谷中霊園内の寛永寺墓地に改葬されている。

法名は誠順院殿修徳円成大姉。茨城県立歴史館に所蔵の一橋家婚礼調度品のなかに永姫ゆかりのものが確認される。

参考文献　『徳川諸家系譜』二(続群書類従完成会、一九七四年)、霞会館資料展示委員会編『大御所時代』(霞会館、二〇〇二年)

(夏目　琢史)

徳川斉温（とくがわなりはる）　一八一九—三九

徳川家斉の十八男。文政二年(一八一九)五月二十九日、江戸城に生まれる。生母は小性衆戸田四郎左衛門政方の娘於瑠璃の方(青蓮院)。幼名は直七郎。文政五年六月十三日、御三家の尾張徳川家十代藩主徳川斉朝《なりとも》の養子となる。文政九年五月二十八日に元服、従三位左近衛権中将に任じられ、将軍家斉の諱字を下賜され尾張中将斉温と名乗る。文政十年八月十五日、藩主斉朝が隠居したため、九歳で家督を相続し、尾張徳川家十一代藩主となった。文政十一年十一月十五日には田安家三代当主田安斉匡《たやすなりまさ》の娘愛姫を正室に迎えた。文政十三年四月十八日に宰相、天保元年(一八三〇)四月十八日に参議、天保二年十二月一日に中納言に任じられる。天保三年十二月八日に愛姫(俊恭院)が死去、天保七年十一月九日に近衛基前《このえもとさき》の養女(鷹司政熙《たかつかさまさひろ》の娘)定子(琮樹院)と再婚する。天保八年八月二十三日に従二位権大納言に任じられる。斉温は、天保九年に焼失した江戸城西丸の再建に九万両と木曾檜を献上したり、江戸藩邸に数百羽の鳩を飼育したりと、藩財政を圧迫することになる。斉温は藩主就任から一度も尾張藩領内に入ることはなく、天保十年三月二十六日に死去。二十一歳。同年四月二十九日に江戸より国元へむけて発棺し、尾張徳川家の菩提寺である徳興山建中寺(名古屋市東区筒井)に葬られ、源僖殿と号した。これが尾張への初入国となった。死去に際し、世子がなかったため田安家四代当主徳川斉荘《なりたか》(家斉の十二男)を末期養子として、天保十年三月二十七日に十二代藩主として迎えた。

参考文献　『徳川諸家系譜』一・二(続群書類従完成会、一九七〇・七四年)、小山譽城『徳川御三家付家老の研究』(清文堂出版、二〇〇六年)

(佐藤　宏之)

松平斉良（まつだいらなりよし）　一八一九—三九

徳川家斉の十九男。文政二年(一八一九)十月二十四日、江戸城に生まれる。生母は清水家の家臣牧野多門忠克の娘で小普請組石川右近将監配下の土屋忠兵衛知光の養女となった於八重(屋衛)の方(皆善院)。幼名は徳之佐。文政五年六月二十八日、上野国館林藩三代藩主松平武厚《たけあつ》の聟養子となる。このとき武厚は四品に任じられ、帝鑑間席に列せられる。さらに、同年九月十五日には葵の紋を家紋とすることが許され、同十一月十五日には徳之佐の飯厨料として廩米五千俵を賜る。文政十一年二月十五日、初御目見し、年々五千俵を加増され、都合一万俵を賜ることとなる。同十二月六日に武厚は侍従に任じられ、文政十二年十二月二十四日には武厚・徳之佐ともに大広間席に列せられる。文政十三年十一月二十七日に元服、将軍家斉から諱字を下賜されて斉良と名乗り、従四位上侍従、上総介に任じられた。天保二年(一八三一)六月一日には五千俵を加えられ、都合一万五千俵を賜ることとなる。父武厚もまた、天保五年十一月に将軍家斉から諱字を下賜されて斉厚《なりあつ》と名乗り、従四位上左近衛権少将に任じられ、天保七年三月に石見国浜田藩六万石の初代藩主として国替えとなった。天保六年十一月十八日、斉良は斉厚の娘との婚姻が調い、同年十二月五日に従四位上少将に任じられる。ところが、天保十年六月二十二日、家督を相続することなく死去。二十一歳。大智院と号した。

参考文献 『徳川諸家系譜』一・二(続群書類従完成会、一九七〇・七四年)　(佐藤　宏之)

徳川斉彊(とくがわなりかつ)　一八二〇—四九

徳川家斉の二十一男。文政三年(一八二〇)四月二十八日、江戸城に生まれる。生母は吉江左門政福の娘於袖の方(本性院)。幼名は恒之丞。文政十年十月十五日、斉彊は八歳で御三卿の清水家(十万石)を相続し、同十一月二十三日に清水館へと移る。天保四年(一八三三)十二月に元服し、将軍家斉の偏諱を受けて斉彊と名を改め、従三位左近衛権中将兼宮内卿に任じられた。同十年十一月に、近衛忠広《このえただひろ》の娘豊子(観如院)を正室に迎え、同十一年十二月に中納言に叙せられた。弘化三年(一八四六)閏五月八日、異母兄で清水家先々代当主でもある和歌山藩主の徳川斉順《なりゆき》が死去する。斉順は徳川慶福《よしとみ》が生まれる前に死去し、なおかつほかに嗣子がいなかったため、隠居として健在であった前藩主徳川治宝《はるとみ》は和歌山藩の連枝である伊予国西条藩主の松平頼学《まつだいらよりさと》の擁立を幕府に要請した。一方、付家老水野忠央《みずのただなか》は将軍徳川家慶の十二男で自身の甥(妹琴が生んだ子)である田鶴若を擁立しようとしたが、斉彊が斉順の養嗣子として家督を継いだ。同年七月二十六日には、落雷のため和歌山城天守閣や櫓などが焼失した。同年八月二十七日には、従二位権大納言に任じられた。ところが、家督相続から三年後の嘉永二年(一八四九)三月二十七日、三十歳で没し、憲章院と号した。墓は紀州徳川家の菩提寺である長保寺(和歌山県海南市)にある。

参考文献 『徳川諸家系譜』二(続群書類従完成会、一九七四年)、『和歌山市史』二(一九八九年)　(佐藤　宏之)

松平斉善(まつだいらなりさわ)　一八二〇—三八

徳川家斉の二十一男。文政三年(一八二〇)九月二十四日、

江戸城に生まれる。生母は奥右筆組頭高木新三郎広充の娘於似登の方(本輪院)。幼名は民之助、文政五年十二月二十八日に千三郎と改める。天保六年(一八三五)閏七月十一日、越前国福井藩十四代藩主松平斉承《なりつぐ》の養子となり、従四位上少将に任じられ、八月二十八日に養父の後を受けて家督を相続する。同年十月二十八日、正四位下少将に叙任。将軍家斉の諱字を下賜され斉善と名乗る。天保八年八月二十五日には左近衛権中将に任じられる。天保六年十二月には財政難を理由に領地の加増を願い、およそ九十万両の赤字を幕府へ届け、助成を仰いでいる。天保八年の江戸上屋敷の焼失の際には、その再建費用として幕府より二万両を貸与されている。また同年八月には不作を理由に一万両を助成され、天保九年七月初旬には斉承の正室松栄院(浅姫、十一代将軍徳川家慶の異母妹)の住居普請のため一万五千両を拝領している。斉善は病弱のため就任以来在府を続けていたが、天保九年にようやく初入国を果たすことになる。ところが、閏四月の江戸出発からわずか四ヵ月後の八月二十四日に死去。十九歳。福井藩松平家の菩提寺である運正寺(福井県福井市)に葬られ、諦観院と号した。斉善の死は相続などの事情も勘案して伏せられ、松栄院(浅姫)の願いもあり、九月四日松平慶永《よしなが》は正式に斉善の養子となった。その結果、斉善の死を知らせる使者は九月二日に江戸に到着していたものの、死去は八月二十八日、使者の江戸到着は九月六日とされ、その後、十月二十日、十六代藩主慶永が誕生した。

参考文献 『徳川諸家系譜』一・二(続群書類従完成会、一九七〇・七四年)、『福井県史』通史編四(一九九六年)、『越前松平家家譜』慶永一(『福井県文書館資料叢書』四、福井県文書館、二〇一〇年)　(佐藤　宏之)

蜂須賀斉裕(はちすかなりひろ)　一八二一—六八

徳川家斉の二十二男。文政四年(一八二一)九月十九日、江戸城に生まれる。生母は清水家の家臣牧野多門忠克の娘で小普請組石川右近将監配下の土屋忠兵衛知光の養女となった於八重(屋衛)の方(皆善院)。幼名は松菊。文政十年閏六月三日、阿波国徳島藩主蜂須賀斉昌《なりまさ》の養子に迎えられた。天保六年(一八三五)十二月五日に元服、従四位上侍従に任じられ、同八年八月二十五日に少将、同十四年十月五日に藩主斉昌が病気ゆえに隠居し、家督を相続することとなる。藩主となった斉裕は、藩財政を充実させ、軍制改革に取り組み、淡路島の由良(洲本)と岩屋に砲台を設けるなど藩領沿岸部の海防に力を注いだ。嘉永六年(一八五三)のペリー来航の際には、徳島藩に江戸湾の大森・羽田の警備が幕府から割り当てられ、文久二年(一八六二)には幕府の陸軍総裁に就任し、海軍総裁を兼ねた。斉裕は、朝廷のもとで大名の連合体が規模を縮小した幕府と協力しながら日本を統治するという構想を持っていた。ところが、家臣団の多くから公武合体に対して批判的な意見が出され、藩論を統一することができなかった。慶応元年(一八六五)には徳島城下に洋学校を設けて人材の育成に努め、また英公使パークスとアーネスト＝サトウを徳島に招いて国際情勢についての説明を求めるなど開明的藩主として活動した。明治元年(一八六八)正月六日、四十八歳で没し、大龍院と号した。墓は徳島藩種蜂須賀家の墓所である興源寺墓所(徳島市下助任町)の仏式拝み墓と万年山墓所(徳島市佐古山町)の儒式墓にある。

参考文献　小出植男『蜂須賀斉裕』(『翼賛叢書』、大政翼賛会徳島県支部、一九四三年)、『徳島県史』三・四(一九六五年)、松本博『明治維新と阿波の軌跡』(教育出版センター、一九七七年)、石躍胤央・高橋啓編『徳島の研究』四(清文堂出版、一九八二年)

(佐藤　宏之)

春光院　(しゅんこういん)　一八二二―二三

徳川家斉の二十四男。文政五年(一八二二)八月五日、江戸城に生まれる。生母は吉江左門政福の娘於袖の方(本性院)。幼名は富八郎。文政六年二月二十日に疱瘡にかかり、同二十七日に死去する。同二十九日に伝通院(東京都文京区)へ葬られ、春光院と号した。

参考文献　『徳川諸家系譜』一・二(続群書類従完成会、一九七〇・七四年)

(佐藤　宏之)

松平斉省　(まつだいらなりさだ)　一八二三―四一

徳川家斉の二十四男。文政六年(一八二三)正月二十八日、江戸城に生まれる。生母は奥右筆組頭高木新三郎広充の娘於似登の方(本輪院)。幼名は紀《とし》五郎。文政十年七月二日、武蔵国川越藩四代藩主松平斉典《なりつね》の聟養子となり、同二十七日に父子ともに葵の紋の使用を許され、同十二月十三日に斉典邸へ移る。天保六年(一八三五)十二月五日に元服、従四位上侍従、大蔵大輔に叙任され、将軍家斉の諱字を下賜され斉省と名乗る。天保八年八月二十五日には左近衛権少将に任じられる。斉典は将軍家斉の御側御用取次水野《みずの》忠篤《ただあつ》や紀五郎の生母於似登の方を通じて大奥に画策を入れ、出羽国庄内藩十四万八千石への転封の幕命を出させることに成功した。庄内藩主酒井《さかい》忠器《ただかた》は越後国長岡藩へ、越後国長岡藩主牧野《まきの》忠雅《ただまさ》は川越藩へ転封されることになった(三方領知替え)。しかし、庄内藩領民の反対強訴で転封が滞るうちに、天保十二年閏正月七日に家斉、天保十二年五月十六日に斉省(十九歳)が相ついで死去したため、幕命は撤回され、転封は中止となった。それと引き替えに、川越藩は二万石の加増をうけ、十七万石になった。

参考文献　『徳川諸家系譜』一・二(続群書類従完成会、一九七〇・七四年)、上白石実「三方領知替事件における川越藩—幕藩領主と「人気」—」(『地方史研究』六〇ノ五、二〇一〇年)

(佐藤　宏之)

松平斉宣　(まつだいらなりのぶ)　一八二五—四四

徳川家斉の二十五男。文政八年(一八二五)三月九日、江戸城に生まれる。生母は奥右筆組頭高木新三郎広充の娘於似登の方(本輪院)。幼名は周《(ちか)》丸。文政十年七月二日、播磨国明石藩七代藩主松平斉韶《なりつぐ》の養子となり、明石藩は二万石を加増され、八万石となる。天保八年(一八三七)三月九日に元服、従四位上侍従、兵部大輔に任じられ、将軍家斉の諱字を下賜され斉宣と名乗る。同年八月二十五日には左近衛権少将に任じられる。天保十一年二月二十六日に家督を相続し、同年十一月一日には八万石でありながら十万石格となった。天保十二年十一月十九日、播磨国姫路藩酒井忠実《さかいただみつ》の娘桃と婚姻するが、嗣子なく弘化元年(一八四四)五月二日に死去。二十歳。明石松平家の菩提寺である長寿院(兵庫県明石市)に葬られ、至徳院と号した。肥前国平戸前藩主松浦静山《まつらせいざん》は『甲子夜話』のなかで斉宣の行状を次のように述べている。斉宣が参勤交代で尾張藩領(当時の藩主は斉宣の異母兄にあたる徳川斉荘《とくがわなりたか》)を通過中に三歳の幼児が行列を横切った。斉宣の家臣たちはこの幼児を捕らえて宿泊先の本陣へ連行した。村民たちが斉宣のもとへ押し寄せて助命を願ったが斉宣は許さず、幼児を無礼討ちにした。この処置に尾張藩は今後領内の通行を断ると斉宣らに伝えた。このため明石藩は行列を立てず、藩士たちは脇差し一本を帯び、農民や町人に変装して尾張領内を通行したという。また、三田村鳶魚《みたむらえんぎょ》は随筆『帝国大学赤門由来』において、幼児の父親である猟師が鉄砲で斉宣を射殺したと記述している。さらに、天保年間(一八三〇—四四)に斉宣が参勤交代で江戸へ向かう途中、暴れ馬を抑えようとして行列を横切った萩原宿の馬方佐吾平を、無礼討ちにしたと伝わる「孝子佐吾平遭難遺跡」の碑(愛知県尾西市)が建てられている。

参考文献　『徳川諸家系譜』一・二(続群書類従完成会、一九七〇・七四年)、三田村鳶魚『三田村鳶魚全集』一(中央公論社、一九七六年)

(佐藤　宏之)

泰明院　(たいめいいん)　一八二七—四三

徳川家斉の二十八女。泰《(やす)》姫と名乗る。諱は益子《ますこ》。母は側室お瑠璃の方(青蓮院)。文政十年(一八二七)十月二日に生まれる。泰姫は、家斉の五十三番目の子であり、末子にあたる。同月九日に名前が決められ、十六日に公表された。同十二年十一月十五日に髪置。天保二年(一八三一)三月十七日にはほかの側室の子女と同じく御台所の御養となる。同年九月二十六日、松平誠之助(のちに鳥取池田家の九代藩主となる池田斉訓《いけだなりみち》)と縁組、名代は牧野越中守貞幹が勤めた。同年十一月十三日、誠之助は元服し、家斉から偏諱を受け、斉訓と改名。従四位下侍従に叙任され、因幡守と称す。泰姫は、天保十一年に輿入れを果たした。しかし、夫である斉訓は、同十二年五月十六日、江戸にて死去。その二年後の同十四年正月四日、泰姫も十七歳の若さで死去した。二人の間に継嗣は生まれなかったため、分家の池田仲律《なかのり》の長男である慶行《よしゆき》が斉訓の養子として跡を継いだ。泰姫は、池田家の江戸での菩提寺である向島の弘福寺(黄檗宗)ではなく徳川家の増上寺(浄土宗)に葬られている。法名は泰明院殿馨誉法香貞順大姉。なお、増上寺の徳川家墓所は、昭和三十三年(一九五八)に改葬されているが、そのときの調査では泰姫の墓碑は所在不明とされている。

参考文献 『徳川諸家系譜』一・二(続群書類従完成会、一九七〇・七四年)、秋元茂陽『徳川将軍家墓碑総覧』(パレード、二〇〇八年)

(夏目　琢史)

〔関連人物〕

伊奈忠尊(いなただたか)　一七六四—九四

幕臣。代官。関東郡代。家禄三千九百六十石余。はじめ岩之丞、忠郁《ただしげ》。明和元年(一七六四)に備中松山藩主板倉勝澄《いたくらかつずみ》の十一男として生まれ、旗本伊奈忠敬《ただひろ》の養子となり、名を忠尊、通称を半左衛門に改めた。任官後、摂津守、右近将監。安永七年(一七七八)六月、十五歳にて遺跡を継ぎ、代官職に就任した。同年十二月に布衣の着用を許され、天明四年(一七八四)四月、老中支配、同五年七月、勘定吟味役上首と席次を進め、また江戸城奥向に関わる御用なども勤めた。天明六年七月の江戸洪水時の救恤活動、天明七年五月の江戸打ちこわし鎮撫や米穀払底対策など活躍し、農民・町人からは敬われた。寛政三年(一七九一)十一月、家中騒動や自身の不行跡から出仕停止となったものの翌四年正月には許された。しかし、養子忠善が、寛政三年三月に出奔していたにもかかわらず、幕府に未報告であったことなどが不埒とされ、同四年三月、知行を没収され、実兄である板倉勝政《いたくらかつまさ》のもとに預けられ蟄居の身となった。寛政六年八月、預替えとなった南部家において三十一歳で死去した。失脚の理由は、関東郡代としてさまざまな機能が集中し強大な支配力を誇示していた忠尊の存在が幕府にとって桎梏化していたという説が有力である。伊奈家の名跡は、同族の伊奈忠盈《ただみつ》が千石の旗本家として相続し残された。忠尊の墓所は、駒込吉祥寺の板倉家墓所の旁にある。

参考文献　『新訂寛政重修諸家譜』一五(続群書類従完成会、一九六五年)、本間清利『関東郡代(増補新版)』(埼玉新聞社、一九八三年)、竹内誠「関東郡代伊奈忠尊の失脚とその歴史的意義」(『寛政改革の研究』、吉川弘文館、二〇〇九年)、太田尚宏『幕府代官伊奈氏と江戸周辺地域』(岩田書院、二〇一〇年)

(野本　禎司)

伊能忠敬　(いのうただたか)　一七四五—一八一八

測量家。わが国初の実測日本地図である『大日本沿海輿地《だいにほんえんかいよち》全図《ぜんず》』を作製した。延享二年(一七四五)正月十一日上総国山辺郡小関村《こせき》(千葉県山武郡九十九里町)生まれ。母の死後、父の実家であった武射郡《むしゃ》小堤村《おんづみ》(同横芝光町)神保家に移り、宝暦十二年(一七六二)下総国香取郡佐原村《さわら》(同香取市)の伊能家へ婿養子に入る。名主としての功を認められ、天明三年(一七八三)旗本領主より苗字帯刀を許される。寛政六年(一七九四)に隠居した後、江戸に住み、幕府天文方高橋至時《たかはしよしとき》に師事。寛政十二年幕命を受け、「佐原村元百姓浪人」の身分で蝦夷地東南岸の測量に赴いた。忠敬の全国測量実施については、当時天文方支配の若年寄であった堀田正敦《ほったまさあつ》の関与が大きく、幕府だけでなく堀田個人へも地図を上程するなど、忠敬自身も特別な配慮をみせた。蝦夷地測量後は、順次東日本各地の測量を行い、作製された東日本の沿海地図が、文化元年(一八〇四)九月六日、江戸城大広間にて第十一代将軍徳川家斉の上覧に供された。この功績により、小普請組に編せられ、天文方出仕を命ぜられる。以降、文化十三年まで幕府御用として日本全国の測量を行い、文政元年(一八一八)四月十三日、江戸八丁堀亀嶋町(東京都中央区)で没した。七十四歳。高橋至時の子景保《かげやす》や弟子たちにより最終的に完成をみた『大日本沿海輿地全図』は、三年後の文政四年七月十日に幕府に献上された。

参考文献　大谷亮吉『伊能忠敬』(岩波書店、一九一七年)、『伊能忠敬測量日記』一(『千葉県史料』近世篇、千葉県、一九八八年)、星埜由尚『伊能忠敬―日本をはじめて測った愚直の人―』(『日本史リブレット』、山川出版社、二〇一〇年)

(酒井　一輔)

大崎　(おおさき)　生没年不詳

徳川家斉付の大奥年寄。天明六年(一七八六)九月に十代将軍徳川家治が没したのち、一橋治済《ひとつばしはるさだ》が田沼政治の匡正をはかって御三家とともに活動を始めた。このとき大崎は治済と御三家に協力して、幕閣の意向を内々に伝える役目を担った。徳川治保《はるもり》の覚書(『文公御筆類』一三七二)によると、同七年五月に一橋邸を訪れた際には治済から、田沼派の牙城である御側御用取次横田準松《よこたのりとし》を排除できないかと相談を受けている。これに対して大崎は、「この儀は甚だむずかしく、私手際には参りかね候」と返答している。裏返せば、大奥年寄が将軍側近の人事に口をだすことがあったということだろう。また、松平定信の老中就任についても大崎が関与した。大崎は事前に幕閣の意向を御三家側に伝え、御三家はその情報をもとに行動した。しかし、同年六月に定信が老中首座に就任すると、大崎は役を解かれた。海保青陵《かいほせいりょう》の『経済話《けいざいわ》』によると、老中になった松平定信に「以来は同役」と言ったことが原因で、定信は「老中に向かって、同役とは何事か」と叱りつけたという。大崎の行動は、定信が大奥予算の削減を断行したことに対する抗議ともいわれる。大奥を去る大崎に従って、多数の女中も暇を願い出たという。

参考文献　辻達也『江戸幕府政治史研究』(続群書類従完成会、一九九六年)、竹内誠『寛政改革の研究』(吉川弘文館、二〇〇九年)

(吉成　香澄)

大田南畝(おおたなんぽ)　一七四九―一八二三

江戸時代後期の文人・幕臣。通称直次郎・七左衛門。諱は覃《ふかし》。号は南畝のほかに蜀山人《しょくさんじん》・四方赤良《よものあから》・玉川漁翁《たまがわぎょおう》などがあるほか、寝惚《ねぼけ》先生・山手馬鹿人《やまてのばかひと》などの称もある。寛延二年(一七四九)三月三日生まれ。大田家は武蔵国多摩郡恋ヶ窪村(東京都国分寺市)出身の曾祖父太左衛門が幕府の徒に取り立てられて以来、代々徒を務める御家人の家系である。幕臣としての南畝は、明和二年(一七六五)に徒に召し出され、寛政六年(一七九四)、幕府の人材登用試験である学問吟味において、御目見得以下の部で最高の成績を残し、同八年に支配勘定に進んだ。同十一年に孝行奇特者取調御用を命じられ、『官刻孝義録』の編纂にあたり、翌年勘定所諸帳面取調御用を命じられると、勘定所の書類を整理し、有用な記録を選んで『竹橋蠹簡《ちっきょうとかん》』『竹橋余筆』『竹橋余筆別集』という史料集にまとめている。その後の南畝は各地に出役として赴任することが多くなり、享和元年(一八〇一)に大坂銅座詰、文化元年(一八〇四)に長崎奉行所詰、翌五年に玉川巡視などを務めている。

一方、文人としての活動は宝暦十三年(一七六三)に内山椿軒《うちやまちんけん》、明和三年(一七六六)に松崎観海《まつざきかんかい》に入門して漢学を学ぶが、同四年に狂詩集『寝惚先生文集』を出版すると一躍注目を浴び、狂詩の流行を生み出す。南畝が次に活躍の場を見出したのが狂歌で、江戸狂歌というジャンルを確立させ、さらに彼は洒落本・黄表紙なども手がけたほか、三十一人の浮世絵師の考証を行なった『浮世絵類考』を著すなど、田沼時代の文芸界に多大な足跡を残している。しかし、改革下の寛政年間(一七八九―一八〇二)には狂歌の舞台から身を引き、後半生は能吏として活躍するかたわら、『半日閑話』『一話一言』『壬戌紀行《じんじゅつきこう》』『調布日記』などの随筆・紀行・日記類を多く残している。文政六年(一八二三)四月六日没。七十五歳。白山本念寺に葬られた。

参考文献 浜田義一郎他編『大田南畝全集』(岩波書店、一九八五―九〇年)、浜田義一郎『大田南畝』(『人物叢書』、吉川弘文館、一九八六年)

(滝口 正哉)

岡田寒泉(おかだかんせん) 一七四〇―一八一六

近世後期の儒学者。政治家でもある。はじめの名を善里《よしさと》、のち恕《はかる》、字を中卿・子強といい、通称は又次郎、または式部、清助ともいう。泰斎とともに寒泉はその号である。元文五年(一七四〇)十一月江戸牛込に旗本の庶出として生まれる。父善富は千二百石の旗本である。学問は、崎門派の村士《すぐり》玉水《ぎょくすい》にうけ、田安徳川家の儒者黒沢《くろさわ》雉岡《ちこう》とも親交があった。長じてからは儒医を生業とした。寛政元年(一七八九)五十歳のとき、幕府の儒者に抜擢され廩米二百俵を給付される。時は、老中松平定信による改革が推進されるなかで、先に登用された柴《しば》野栗山《のりつざん》とともに、林大学頭信敬《のぶたか》を助け、聖堂の学政事業についた。なお寒泉の登用には雉岡の推薦があったらしい。寛政四年に信敬が没した後も、跡を継いだ林述斎を栗山、尾藤《びとう》二《じ》洲《しゅう》らとともに支え、学問吟味の実施や『藩翰譜《はんかんふ》』の続修などに関わった。栗山、二洲とあわせて寛政の三博士(のちに寒泉は古賀精里《こがせいり》と入れ替わる)と総称される。寛政六年十二月、代官職に転じ、常陸国五万石余(七郡百八十二村)の地を管理することになる。代官としての寒泉は、風俗教化・荒地の開墾・備荒貯蓄の奨励・人口増殖のための諸制度など、貧民救済を主とした民政に力をいれた。文化五年(一八〇八)に代官職を辞し、その後四年間、再び聖堂に出講した。文化九年寄合に列し、同十三年八月九日、死去。七十七歳。大塚の先儒墓所(東京都文京区)へ葬られた。

参考文献 高橋梵仙「幕府三代官の人口増殖政策―竹垣直温・岡田寒泉・寺西封元―」(『大東文化大学紀要経済学部』三、一九六五年)、阿部吉雄「先儒の精神―岡田寒泉と敬の教育―」(『斯文』六三・六四、一九七一年)、重田定一『岡田寒泉―善政を施した名代官―』(『ふるさと文庫』、筑波書林、一九八〇年)

(綱川 歩美)

古賀精里(こがせいり) 一七五〇―一八一七

近世後期の儒学者。名は樸《すなお》、通称は弥助、字は淳風、精里は号である。寛延三年(一七五〇)肥前国佐賀郡古賀村(佐賀市)に生まれた。父古賀忠能は佐賀藩の藩士である。はじめ、陽明学を好んだ。しかしのちの京都への遊学の際、福井《ふくい》小車《しょうしゃ》・

西依成斎《にしよりせいさい》らに学び、大坂の詩社で片山北海《かたやまほっかい》が盟主であった混沌社で、尾藤二洲《びとうじしゅう》や頼春水《らいしゅんすい》らと交流して朱子学を奉じるようになる。精里は佐賀藩に帰藩の後、「政府司議裏行」を拝名して、藩財政の再建策の諮問に答えるなど、藩政へ参画する。天明元年(一七八一)設立の藩校弘道館の教授に就任すると、藩士を対象とした「造士」という政治主体の育成を課題として取り組んだ。これは藩政を担う人材を組織的に育成する試みであった。寛政八年(一七九六)、幕府の昌平黌御儒者(切米二百俵)に抜擢される。藩校での実績を評価されてのことである。このとき、三男の洞庵を伴って江戸へ移住する。柴野栗山《しばのりつざん》、尾藤二洲らとともに、寛政異学の禁をはじめとする、昌平黌の学政を推進した。これにより「寛政の三博士」の一角を担う。また、外交政策においては文化八年(一八一一)林大学頭述斎《じゅっさい》を補佐して朝鮮通信使の聘礼の対応にあたっている。通信使との間に交わされる漢文による筆談唱酬が、幕府御儒者の重要な任務であった。文化十四年(一八一七)五月三日死去、江戸大塚の先儒墓所(東京都文京区)に埋葬された。六十八歳。

参考文献　眞壁仁『徳川後期の学問と政治』(名古屋大学出版会、二〇〇七年)、梅澤秀夫『早すぎた幕府御儒者の外交論古賀精里・侗庵』(『肥前佐賀文庫』、出門堂、二〇〇八年)、荻生茂博『近代・アジア・陽明学』(ぺりかん社、二〇〇八年)

(綱川　歩美)

柴野栗山　(しばのりつざん)　一七三六―一八〇七

近世後期の儒者。諱は邦彦、彦輔と称す。栗山、古愚軒は号である。元文元年(一七三六)讃岐国三木郡牟礼村(香川県高松市)に、父柴野平左衛門、母お沢の間に生まれる。延享二年(一七四五)、はじめ高松藩儒後藤芝山《ごとうしざん》に学ぶ。宝暦三年(一七五三)江戸へ赴き、林榴岡《りゅうこう》に学ぶ。以後、十数年林家の学舎で学ぶ。明和二年(一七六五)京都へ遊学し、芝山の師である高橋図南《たかはしとなん》に国学を学ぶ。また、皆川春洞の息子皆川淇園《みながわきえん》らとの交流が始まる。これが縁となって、当時春洞の女婿合田氏が仕えていた徳島藩へ、栗山も百五十石(のちに四百石)の待遇で仕えることになる。徳島藩儒となった栗山は、翌明和四年より江戸において世子教育にあたった。明和九年に再び京都へ戻り、堀川で私塾を開く。このころ西依成斎《にしよりせいさい》、赤松滄洲《あかまつそうしゅう》、皆川淇園らと詩文の会、三白社を結成する。天明八年(一七八八)幕府に招かれ、寄合儒者(切米二百俵)となり、同年正月二十四日に松平定信と謁見している。最初の仕事は『国鑑《くにがみ》』の編修であった。また、同年の京都火災で焼失した京都御所の再建について、定信や林家塾頭林信敬《のぶたか》らとともに関与した。同じく幕命をうけて寛政四年(一七九二)には、表右筆屋代弘《やしろひろ》賢《かた》、藤井貞幹《ふじいていかん》とともに畿内諸寺社の古書画の採訪を行なった。この際、内裏の聖賢障子の修理に携わり、陵墓の調査も行なっている。寛政二年から九年間、昌平黌の教官となり、信敬を補佐し聖堂の諸制度の改革に取り組んだ。この改革で林家塾内では朱子学を奉じ、他学を禁じることが明確にされた(寛政異学の禁)。その後、信敬の跡を継いだ林述斎をも補佐し、尾藤二洲《びとうじしゅう》、岡田寒泉《おかだかんせん》、古賀精里《こがせいり》らと昌平黌の学政にあたり、「寛政の三博士」の一人と称される。文化四年(一八〇七)十二月一日、江戸にて死去。七十二歳。

参考文献　香川県教育会編『栗山先生年譜稿本』(香川県教育会、一九〇六年)、西村天囚『学界の偉人』(梁江堂書店、一九一一年)、眞壁仁『徳川後期の学問と政治』(名古屋大学出版会、二〇〇七年)

(綱川　歩美)

大黒屋光太夫(だいこくやこうだゆう)　一七五一―一八二八

ロシアへの漂流民。宝暦元年(一七五一)、伊勢国若松《わかまつ》(三重県鈴鹿市)生まれの船頭。天明二年(一七八二)十二月、紀州藩の物資を積んで白子浦から江戸に向けて出航したが、遠州沖で大時化《おおしけ》に遭い太平洋を漂流、アリューシャン列島のアムチトカ島に漂着した。ここで出会ったアウレート人の通報によって、ロシア人狩猟者に救助され、その後イルクーツクに送還された。イルクーツク滞在中に帰国の請願を棄却されていたが、キリル＝ラクスマン(博物学者、アダム＝ラクスマンの父)の仲介でペテルブルグに赴き、エカテリナ二世に謁見し、帰国の請願も認められた。寛政四年(一七九二)、ロシア最初の遣日使節であるアダム＝ラクスマンに伴われ、同じ漂流民の磯吉らとともにネモロ(根室)に帰着した。幕府はロシアとの交渉使節として宣諭使《せんゆし》を蝦夷地に派遣し、寛政五年松前でラクスマンとの交渉が行われ、光太夫たちの帰国が認められた。その後、幕吏に付き添われ江戸に送られ、幕府の取り調べを受け、さらに同年九月には将軍徳川家斉に謁見した。帰国後は、番町・御薬園に屋敷を与えられ、幕府の監視下に置かれたが、比較的自由な生活であった。光太夫のもたらした情報は、同時代ロシア知識の源泉として非常に貴重であった。幕府奥医師桂川甫周《かつらがわほしゅう》は、光太夫から得た情報をもとに、ロシア研究書である『北槎聞略《ほくさぶんりゃく》』を著した。また、大槻玄沢《おおつきげんたく》や鷹《たか》見泉石《みせんせき》などの蘭学者とも交流するなど、蘭学の発展にも貢献した。文政十一年(一八二八)四月十五日、七十八歳で没。

参考文献　亀井高孝『大黒屋光太夫』(『人物叢書』、吉川弘文館、一九八七年)、秋月俊幸『日本北辺の探検と地図の歴史』(北海道大学図書刊行会、一九九九年)、山下恒夫『大黒屋光太夫』(『岩波新書』、岩波書店、二〇〇四年)

(檜皮　瑞樹)

寺西封元（てらにしたかもと）　一七四九―一八二七

江戸時代後期、民政に活躍した幕府代官。寛延二年（一七四九）に安芸国豊田郡三原（広島県三原市）で浅野家旧臣の寺西弘篤の子として生まれる。畔（畦）松・重次郎と称した。妻は閑院宮家司木村石見守秀辰の息女。後妻は太田岩次郎政武の養女。幼少時に備後国龍興寺に入ったが、宝暦十三年（一七六三）に還俗して封元と改名した。安永元年（一七七二）に西丸御徒として幕臣となり、七十俵五人扶持を賜った。のちに本丸勤めとなり、寛政四年（一七九二）に御徒組頭に転ずるが、同年には塙《はなわ》（福島県東白川郡塙町）の代官に任ぜられ、小名浜領（福島県いわき市）も管轄した。天明飢饉後の農村復興を担い、寛政五年に「寺西八箇条」や『子孫繁昌手引草』を領内に配布し、間引きや堕胎の禁止、小児養育金制度などにより農村人口の増加をはかった。また産業を育成し、荒地起返しや土木事業を行い、心学講話による農民の教化などに力を尽くした。文化十年（一八一三）に陸奥国伊達郡桑折《こおり》（福島県伊達郡桑折町）の代官に転じたが、塙・小名浜領は、次男元栄《もとなが》が代官見習として残り、計十一万石と半田銀山を管轄することとなった。同十三年に領内から罷免の動きもあったが、川俣領も加えて計十四万石の幕領も管轄した。塙代官に長期在陣したのは江戸時代を通じても異例のことであった。文政元年（一八一八）には、勘定組頭格を兼務して江戸在勤となったが、同二年には再び桑折代官の専任となった。同七年には、百俵五人扶持に加増され、同九年には布衣を許されたが、関東代官や直轄都市以外の代官としては稀有なことであった。代官として三十六年在職したが、文政十年二月十八日に在職のまま桑折代官陣屋で没した。七十九歳。墓所は無能寺（福島県伊達郡桑折町）にある。

参考文献　『新訂寛政重修諸家譜』一九（続群書類従完成会、一九六六年）、村上直『江戸幕府の代官群像』（同成社、一九九七年）、西沢淳男『幕領陣屋と代官支配』（岩田書院、一九九八年）

（栗原　健一）

戸田氏教（とだうじのり）　一七五四―一八〇六

老中。館林藩主松平武元《まつだいらたけちか》の五男として宝暦四年（一七五四）に生まれる。大垣藩主戸田氏英《うじひで》の死去に際し、その養子となり、明和五年（一七六八）六月に同藩十万石を襲封した。翌月には十代将軍徳川家治にはじめて御目見し、寛政元年（一七八九）六月に奏者番、同年十一月より寺社奉行を兼帯する。翌年四月には側用人へ昇任し、十一月に老中となった。以後、氏教は文化三年（一八〇六）四月二十五日に五十三歳で死去するまで、老中の職にあり続けた。老中就任時、氏教は松平定信のもとで寛政の改革を推進した。しかしその真価は、むしろ定信の辞任後、寛政の遺老として松平信明《のぶあきら》などと幕政にあたった際に発揮された。たとえば享和二年(一八〇二)十月、幕府は大目付井上利恭《いのうえとしやす》を介して諸藩の重役に、自藩の留守居を処分するように指示した。この結果、処分された留守居は六十余名にのぼり、幕閣は以後、追加処分を希望する者と事件を収束させたい者とで意見が対立する。以上の状況に対して氏教は、諸藩への積極的な介入により藩政が混乱すれば幕府権威の失墜に繫がると主張して、以後の議論を主導している。また氏教は大垣藩においても改革に着手した。その内容は、倹約の励行および藩士の知行・切米の削減、低湿地の排水改善のため揖斐川へ鵜森伏越樋を設置する、などであった。結果、大垣藩財政は次第に立ち直り、城詰米も蓄積できたといわれている。

参考文献　『井上日記』(国立公文書館所蔵)、『柳営補任』一(東京大学出版会、一九六三年)、『新訂寛政重修諸家譜』一四(続群書類従完成会、一九六五年)、『新修大垣市史』通史編一(臨川書店、一九八七年)
(山本　英貴)

根岸鎮衛(ねぎしやすもり)　一七三七―一八一五

十一代将軍徳川家斉治世に勘定奉行・町奉行を歴任した幕臣。鋳蔵《てつぞう》・九郎左衛門・肥前守を称し、守信《もりのぶ》・守臣《もりおみ》とも名乗った。元文二年(一七三七)旗本安生定洪《あんじょうさだひろ》の三男として生まれ、宝暦八年(一七五八)二月に旗本根岸衛規《もりのり》の末期養子となり、五月に家督を継いだ。生家の安生家は館林藩主時代の徳川綱吉に出仕した家柄で、定洪は、相模国津久井郡若柳村(神奈川県津久井郡相模湖町)鈴木家出身で、徒の株を買って安生家を継いだとされている。また養家根岸家は甲府の徳川綱豊《とくがわつなとよ》に出仕した家柄で、ともに家禄百五十俵であった。鎮衛は宝暦八年十一月に勘定となったのを皮切りに、同十三年二月に評定所留役を兼務し、明和五年(一七六八)十二月に勘定組頭、安永五年(一七七六)十一月に勘定吟味役に進み、布衣を許されている。その後浅間山噴火後の復興工事の巡検役を務めた鎮衛は、天明四年(一七八四)三月に佐渡奉行に抜擢され五十俵加増、さらに同七年七月に勝手方勘定奉行に昇進して家禄五百石に加増され、同年十二月に肥前守に叙任されている。この人事は松平定信が老中に就任したことによるもので、翌年七月には公事方に転じて十年間その任にあった。寛政十年(一七九八)十一月に南町奉行となり、精勤により文化十二年(一八一五)六月には加増されて家禄千石となっている。鎮衛は勘定奉行時代から公事には定評があり、下情に通じ豪放磊落なその性格とともに逸話も少なくない。またその異例の出世から、出自をめぐって車引きなどさまざまな憶測が生まれている。なお、鎮衛は佐渡奉行時代から書き継いだ全十巻千話におよぶ随筆『耳嚢《みみぶくろ》』(『岩波文庫』に収録、長谷川強校注、一九九一年)を残している。文化十二年十一月九日没。七十九歳。麻布善学寺に葬られた。

参考文献 山本博文『武士の評判記―『よしの冊子』にみる江戸役人の通信簿―』(新人物往来社、二〇一一年)

(滝口　正哉)

長谷川平蔵 (はせがわへいぞう)　一七四五―九五

幕臣。延享二年(一七四五)、江戸で生まれる。父は京都町奉行などを勤めた宣雄《のぶお》。母は長谷川家の采地上総から奉公に上った女性。家禄は四百石。幼名銕三郎《てつさぶろう》、諱は宣以《のぶため》、通名は平蔵。妻は旗本大橋親英《おおはしちかひで》の娘。屋敷は本所《ほんじょ》二ッ目。明和五年(一七六八)十二月五日、二十三歳で十代将軍徳川家治に御目見え。安永二年(一七七三)六月二十二日に父が京都町奉行在職中に死去し、九月八日に家督を認められる。この当時、遊里での放蕩に耽ったといわれる。翌三年四月十三日、西丸書院番士となる。同四年十一月十一日、進物に関する事項を担当する。天明四年(一七八四)十二月八日、西丸徒士頭に転役し、同月十六日に布衣を許される。天明六年七月二十六日、先手弓頭となる。同七年九月十九日より同八年四月二十八日まで火付盗賊改助役を兼ねる。同年十月二日、火付盗賊改本役を兼ねる。火付盗賊改在職中には目明し・岡引きを巧みに利用したといわれ、盗賊神道徳次郎《しんとうとくじろう》を捕縛するなど活躍した。ただし、平蔵の後任として火付盗賊改となった森山孝盛《もりやまたかもり》など、彼に対して批判的な者も存在した。寛政二年(一七九〇)二月十九日、加役方《かやくかた》人足寄場取扱を命じられる。寛政四年六月四日に人足寄場取り扱いを罷免される。寛政六年十月二十九日、火付盗賊改を長年務めたことに対して、時服を拝領する。翌年、病に倒れ、将軍徳川家斉は五月六日に側衆を派遣し、薬を下賜している。五月十日に平蔵は死去する。五十歳(『寛政重修諸家譜』)。長谷川家は五月十四日に御役御免願を出し、十六日に認められたのち、十九日に喪を発した。戒名は海雲院殿光遠日耀居士。

参考文献 『新訂寛政重修諸家譜』一四(続群書類従完成会、一九六五年)、瀧川政次郎『長谷川平蔵』(『中公文庫』、中央公論社、一九九四年)

(坂本　達彦)

林述斎 (はやしじゅっさい)　一七六八―一八四一

江戸時代後期の儒者。明和五年(一七六八)六月二十三日、美濃国岩村藩松平乗薀《まつだいらのりもり》の三男として生まれる。幼名を熊蔵、諱を衡《たいら》(はじめは乗衡《のりひら》)といい、述斎は号である。大塩鼇渚《おおしおごうしょ》や服部仲山《はっとりちゅうざん》、渋井太室《しぶいたいしつ》らに学ぶ。寛政五年(一七九三)林信敬《のぶたか》の養子となる。当時、後継者を欠き断絶の危機にあった林家に、幕府の介入を経て述斎が指命された。同年十二月には林家を継ぎ、大学頭を名乗る。大学頭としての述斎は、幕府の文教政策の主たる担い手であった。寛政の改革のなかで、幕府の強い管轄下に置かれた昌平黌《じょうへいこう》で、学制や施設、人事など全般の整備に関わった。また歴史書や地誌の編纂事業も精力的に行なっている。『寛政重修諸家譜』『徳川実紀』『新編武蔵風土記稿』などは、述斎の手によるものである。さらに、内外政治の局面においても重要な役割を果たしたことが知られている。将軍家一門の院号選定に加えて、文政十年(一八二七)には徳川家斉の太政大臣宣下の際の儀礼についての諮問にも対応している。それまで先例のなかった任官における詔書発行という事態に、意見を述べ朝幕間の折衝に影響を与えた。外交面についても、家斉の将軍襲職を祝う朝鮮通信使の易地聘礼(この場合、江戸以外の場所での応対)のため対馬へ赴き、一行を迎えている。ロシアとの関係では文化元年(一八〇四)レザノフの来航や、天保八年(一八三七)モリソン号事件の際にもその対応について幕府から諮問をうけた。天保十二年七月二十日七十四歳で死去、牛込山伏町下屋敷に儒葬される。なお述斎の三男は町奉行鳥居《とりい》忠耀《ただてる》である。

参考文献　高橋章則「近世後期の歴史学と林述斎」(『日本思想史研究』二一、一九八九年)、小野将「近世後期の林家と朝幕関係」(『史学雑誌』一〇二ノ六、一九九三年)、白井哲哉『日本近世地誌編纂史研究』(思文閣出版、二〇〇四年)、藤田覚『近世後期政治史と対外関係』(東京大学出版会、二〇〇五年)、荻生茂博『近代・アジア・陽明学』(ぺりかん社、二〇〇八年)

(綱川　歩美)

尾藤二洲(びとうじしゅう)　一七四七―一八一三

近世後期の儒者。延享四年(一七四七)十月八日、伊予国宇摩郡川之江(愛媛県四国中央市)に生まれる。名を孝肇《たかもと》、字を志尹《しいん》、通称で良佐《りょうすけ》とした。二洲・約山などは号である。川之江という地は、四国各地からの陸路の要地であり、内海水路の一拠点でもあった。この地で、二洲の家は代々廻船業を営んでいた。五歳のときに足を負傷し、後遺症を抱えることとなった。祖父のすすめで句読を習い、十四歳からは陽明学の系統にあった儒医宇田川楊軒に師事する。明和七年(一七七〇)大坂へ上り、片山北海《かたやまほっかい》に学ぶ。徂徠学系統から発して、折衷学の傾向にあった北海は、混沌社という詩社を主宰し、その周辺には多くの文人たちが集まっていた。二洲は頼春水《らいしゅんすい》や中《なか》井《い》竹山《ちくざん》、古賀《こが》精里《せいり》らと交わり、朱子学を奉じるようになる。寛政三年(一七九一)五月十七日、四十五歳のとき昌平黌の教授に抜擢される。折しも、天明七年(一七八七)に老中となった松平定信のもとで、寛政の改革が実施される中のことであった。とりわけ寛政二年にはいわゆる「異学の禁」が達せられている。二洲の登用は、天明七年の著書で朱子学を「正学《せいがく》」とした手引き書『正学指掌』を評価されてのことといわれている。また、二洲には武家社会の定準として朱子学の「忠孝」の理念を定着させようとする構想があった。幕府管轄下の昌平黌では、柴野栗山《しばのりつざん》、岡田寒泉《おかだかんせん》、二洲のあとから登用された古賀精里らとともに、前後して学政をとり、「寛政三博士」の一人に数えられている。文化十年（一八一三）十二月十四日、江戸で死去し、大塚の先儒墓所（東京都文京区）へ埋葬される。六十七歳。

参考文献　頼惟勤「尾藤二洲について」（『日本思想大系』三七、岩波書店、一九七二年）、清水教好「尾藤二洲の思想世界―明末清初思想と武家社会の朱子学のはざま―」（『奈良史学』二四、二〇〇六年）、眞壁仁『徳川後期の学問と政治』（名古屋大学出版会、二〇〇七年）、荻生茂博『近代・アジア・陽明学』（ぺりかん社、二〇〇八年）

（綱川　歩美）

本多忠籌（ほんだただかず）　一七三九―一八一二

江戸幕府の老中格。泉藩主本多守忠如《ただゆき》の嫡男として元文四年（一七三九）十二月八日に生まれる。宝暦四年（一七五四）七月朔日、九代将軍徳川家重にはじめて御目見し、八月二十九日に十六歳で泉藩一万五千石を襲封した。天明七年（一七八七）七月十七日より若年寄を務め、翌年五月十五日に側用人となる。寛政二年（一七九〇）四月十六日に老中格となり、中奥の務めを継続した。この時、五千石を加増され、城主に准ぜられている。忠籌の昇任が老中格に留まったのは、老中が三万石以上の譜代大名が務める役職であったからである。なお忠籌は老中格として、老中首座の松平定信が推進する寛政の改革に尽力した。なかでも忠籌は、大倹約により泉藩の財政を立て直した経験を買われ、幕府の財政政策を担当している。水野為長の『よしの冊子』によれば、忠籌の職務ぶりは米や糠の値段にまで口を挟み、役人衆の役得を許さない徹底したものであった。その人柄は同書の、忠籌は賄賂を使わない清廉な人柄であった、という記載からもうかがえる。この点が老中首座になったばかりの定信に評価され、老中格に至る抜擢へと繋がったのであろう。一方『よしの冊子』には、忠籌は中奥の役人衆よりその弱腰を非難されることがあった、という逸話も記されている。忠籌は寛政十年十月二十六日に職を辞し、翌年に致仕した。そして文化九年（一八一二）十二月十五日、七十四歳で死去している。

参考文献　『柳営補任』一（東京大学出版会、一九六三年）、『新訂寛政重修諸家譜』一一（続群書類従完成会、一九六五年）、山本博文『お殿様たちの出世―江戸幕府老中への道―』（『新潮選書』、新潮社、二〇〇七年）、同『武士の評判記―

『よしの冊子』にみる江戸役人の通信簿―』（新人物往来社、二〇一一年）　（山本　英貴）

松平定信（まつだいらさだのぶ）　一七五八―一八二九

寛政改革を主導した幕府老中。田安宗武《たやすむねたけ》の七男として宝暦八年（一七五八）十二月二十七日に生まれる。安永三年（一七七四）三月に白河藩主松平定邦の養子となり、同四年閏十二月に十代将軍徳川家治にはじめて御目見した。天明三年（一七八三）十月に白河藩十一万石を襲封し、同七年六月には老中首座、翌年三月より将軍補佐となった。老中首座の定信に求められたのは、田沼意次失脚後の政治空白を埋めることと、天明の打ちこわし後の治安を回復することであった。定信は八代将軍徳川吉宗の政治を範とする幕政改革を宣言し、旗本・御家人の借財整理、奢侈品の製造売買の禁止、物価の引き下げなど多くの施策を打ち出した。さらに、田沼期の幕府要職者を更迭し、本多忠籌《ほんだただかず》など新たな人材を登用している。その際、基準の一つとなったのが、清廉さであった。定信の田安時代からの近習であった水野為長が記した『よしの冊子』によれば、定信は老中に就いても賄賂を受け取らなかったので、白河藩の経費は二ヵ月余で二千三百三十二両も増加したと記されている。なお定信の施策は、倹約令を基調とする緊縮財政であり、江戸市中の商人層や大奥からは不評であった。また辞職願の提出を繰り返し、そのつど慰留されて権力を確認する、という政治手法は十一代将軍徳川家斉とその実父一橋治済《ひとつばしはるさだ》との対立を生み、寛政五年（一七九三）七月、将軍補佐と老中職を解かれた。退任後は藩政に専念する一方、自叙伝『宇下人言《うげのひとこと》』や古物図鑑『集古十種』など多くの著作を残している。文政十二年（一八二九）五月十三日に七十二歳で死去。

参考文献　渋沢栄一『楽翁公伝』（岩波書店、一九三八年）、藤田覚『松平定信―政治改革に挑んだ老中―』（『中公新書』、中央公論社、一九九三年）、山本博文『武士の評判記―『よしの冊子』にみる江戸役人の通信簿―』（新人物往来社、二〇一一年）、高澤憲治『松平定信』（『人物叢書』、吉川弘文館、二〇一二年）　（山本　英貴）

松平信明（まつだいらのぶあきら）　一七六〇―一八一七

老中。吉田藩主松平信礼《のぶうや》の嫡男として宝暦十年（一七六〇）に生まれる。明和七年（一七七〇）七月十二日、十一歳で吉田藩七万石を相続し、安永六年（一七七七）三月十九日、十代将軍徳川家治にはじめて御目見した。天明四年（一七八四）十月二十四日に奏者番となり、同八年二月二日に側用人へ転任した。同年四月四日に老中へ昇任するが、中奥の兼帯は寛政四年（一七九二）十月三日まで続いた。寛政の改革は当初、老中松平定信を首座として、同役牧野貞長・鳥居忠意《ただおき》・松平信明の四名で始動した。このうち牧野と鳥居は田沼期よりの老中であり、水野為長の『よしの冊子』によれば、寛政の改革は定信・信明・若年寄本多忠籌《ただかず》の三名が推進し、牧野と鳥居は飾りのみで役に立たないと噂されていた。しかし同書によれば、実際に近くで接する役人の間では、鳥居がよく先例を覚えていて決裁を滞らせないのに対し、信明は理屈を述べるのみといわれていた。そして定信の人物像と比較して、定信の詰問は筋が通っていて納得できるが、信明は詰問のみで困ると噂されていた。このように、役人衆からは不評であったが、信明は老中に在任中、慶賀使の応接掛(寛政二年)などを大過なく務めている。享和三年(一八〇三)に病のため職を辞すが、文化三年(一八〇六)に再任され、老中首座となる。以後、五十八歳で死去する同十四年八月二十九日まで老中の職にあり、定信辞任後の寛政改革を継承したのである。

参考文献　『柳営補任』一(東京大学出版会、一九六三年)、『新訂寛政重修諸家譜』四(続群書類従完成会、一九六四年)、竹内誠『寛政改革の研究』(吉川弘文館、二〇〇九年)、山本博文『武士の評判記―『よしの冊子』にみる江戸役人の通信簿―』(新人物往来社、二〇一一年)
（山本　英貴）

松平乗完（まつだいらのりさだ）　一七五二―九三

老中。西尾藩主松平乗佑《のりすけ》の五男として宝暦二年(一七五二)に生まれる。明和五年(一七六八)六月、十代将軍徳川家治にはじめて御目見し、同六年十月に西尾藩六万石を襲封した。安永元年(一七七二)二月の江戸大火では江戸城において防火に励み、四月にその功績を賞せられている。天明元年(一七八一)四月に奏者番となり、同七年三月より寺社奉行を兼帯した。同年十二月には京都所司代へ昇任し、従四位下侍従に昇進している。水野為長の『よしの冊子』によれば、乗完は良い人材であり、京都所司代への抜擢はもっともであると噂されていた。寛政元年(一七八九)四月に老中へ昇任し、同五年八月十九日に四十二歳で死去するまで、その職にあり続けた。在任中は、老中首座の松平定信のもと、寛政の改革を推進している。なお乗完の祖父乗邑《のりさと》は八代将軍徳川吉宗のもと勝手掛老中として改革政治を推進し、父乗佑は大坂城代を務めている。そのため乗完が京都所司代に就いたことについて、家柄的にはとりわけ抜擢ともいえない。それにもかかわらず抜擢と噂されたのは、乗邑が九代将軍徳川家重の勘気を蒙って強制的に隠居させられるとともに、一万石の新恩地を収公された、という経歴を持っていたからであろう。また、乗完の嫡男乗寛《のりひろ》は京都所司代を経て老中に、孫の乗全《のりたけ》は大坂城代を経て老中に就いている。この点から乗完は、将軍の勘気を蒙って昇任ルートより外れかかった家を、父乗佑とともに立て直した、西尾藩松平家にとっての重要人物といえよう。

参考文献 『柳営補任』一(東京大学出版会、一九六三年)、『新訂寛政重修諸家譜』一(続群書類従完成会、一九六四年)

(山本　英貴)

水野忠成(みずのただあきら)　一七六二―一八三四

老中。旗本岡野《おかの》知曉《ともさと》の次男として宝暦十二年(一七六二)十二月一日に生まれる。旗本水野忠隣《ただちか》の養子となり、安永六年(一七七七)十二月に十代将軍徳川家治へはじめて御目見する。小納戸、小性を務めた後、天明四年(一七八四)十二月より将軍世子徳川家斉の小性として西丸へ出仕した。同六年閏十月、家斉の将軍就任とともに本丸へ移り、十二月には老中水野忠友の聟養子となった。享和二年(一八〇二)十一月、忠友の死去により沼津藩三万石を襲封した。忠成は小性時代に得た将軍家斉からの信任を背景に、奏者番、寺社奉行、若年寄を経て世子徳川家慶(西丸)の側用人となった。文化十四年(一八一七)八月に老中格となり、文政元年(一八一八)二月より勝手掛を兼任した。同年八月には西丸の側用人を兼帯のまま老中に就任し、天保五年(一八三四)二月二十八日に七十三歳で死去するまで、その職にあり続けた。忠成は在任中、田沼意次の子意正《おきまさ》や側衆林忠英《はやしただふさ》を若年寄に起用して専横を振るい、賄賂政治を横行させたので、世評は芳しくなかった。しかし一方において、八度にわたる文政金銀の改鋳により幕府財政を再建し、また商品生産と農村荒廃という社会構造の変化に対処するため、改革組合村を設置して関東の治安維持と商業統制を図るなど、文政の改革を主導した。忠成の死後、その側近が記した『公徳弁』には、忠成の合理主義者としての側面を表す逸話が多く収録されている。

参考文献 『柳営補任』一(東京大学出版会、一九六三年)、『新訂寛政重修諸家譜』六(続群書類従完成会、一九六四年)、森安彦『幕藩制国家の基礎構造』(吉川弘文館、一九八一年)

(山本　英貴)

本居宣長(もとおりのりなが)　一七三〇―一八〇一

江戸時代中・後期の国学者。徹底した『古事記』研究により、膨大な注釈書『古事記伝』を完成させ、「道」と「和歌」の二つの学問を思想的に統合して国学を確立した。享保十五年(一七三〇)五月七日、伊勢松坂に生まれる。幼名は富之助、名を栄貞、弥四郎を通称とした。生家は商家であったが、父の死去後、寛延元年(一七四八)今井田家の養子となるも、同三年に離縁。宝暦二年(一七五二)三月、上京して堀景山《ほりけいざん》へ師事する。これを機に本姓である本居を名乗る。遊学は漢学と医学修行が目的であったが、古典文学や詩歌などさまざまな学問・学芸に触れた。同七年十月に帰郷し、医者を生業とする一方で、『源氏物語』の講義を始めた。宝暦十三年五月に松坂を訪れた賀茂真淵《かものまぶち》に面会を果たし、同年暮に入門する。真淵から書簡の往復により教えをうけ、自身の古典研究を深めていった。やがて国学者として知られ、諸国に門人を抱えるようになる。その一人、尾張藩重臣横井千秋のすすめで、天明七年(一七八七)十二月、紀州藩主徳川治貞《とくがわはるさだ》へ経世論『秘本玉くしげ』を献呈した。さらに八年十一月には、幕臣鈴木邦教を通じて松平定信へ『玉くしげ』を献上したようである。寛政二年(一七九〇)十一月に完成した『古事記伝』一帙を妙法院宮へ献上し、賞賛の意を得る。四年十二月、松坂居住のまま紀州藩へ出仕し、五人扶持をうけて士分へ列する。六年・十年・十二年と和歌山へ赴いて御前講義を行なった。同十二年七月、遺言書を作成して、みずからの墓所や葬式をさだめる。享和元年(一八〇一)九月二十九日死去。七十二歳。翌十月に遺言の通りに葬礼を行い、山室山へ埋葬された。

参考文献　田原嗣郎『本居宣長』(『講談社現代新書』、講談社、一九六八年)、野崎守英『本居宣長の世界』(『塙新書』、塙書房、一九七二年)、吉川幸次郎『本居宣長』(筑摩書房、一九七七年)、日野龍夫「宣長学成立まで」(『日本思想大系』四〇、岩波書店、一九七八年)、岡田千昭『本居宣長の研究』(吉川弘文館、二〇〇六年)

(綱川　歩美)

森山孝盛(もりやまたかもり)　一七三八―一八一五

江戸時代後期の幕臣。元文三年(一七三八)、森山権次郎盛芳《もりとう》の次男として生まれる。幼名を熊五郎、通称を源五郎といい、のちに闇窓と号した。実父盛芳の家督は、宝暦七年(一七五七)十一月十二日に養子の盛明《もりあきら》が継いだが、盛明は明和八年(一七七一)三月二十六日に隠居し、養子となった孝盛が家督を相続した。孝盛は、安永元年(一七七二)十二月にはじめて十代将軍徳川家治に御目見し、同二年四月には大番に列した。その後、大坂在番、二条在番を務め、天明四年(一七八四)九月から小普請組支配組頭となり、寛政二年(一七九〇)九月に徒頭となった。同三年五月に目付へ進み、同年中には学問吟味のことに携わり、翌四年閏二月四日には関東川々普請見分御用を担当した。同五年正月に浦々巡見御用を命ぜられ、三月には老中松平定信に随行して伊豆・相模・安房・下総の浦々を海防巡視している。同六年三月に先手鉄炮頭となり、翌七年五月からは火付盗賊改の加役を務めた。同八年六月に加役を解かれ、同年十二月には将軍世嗣の家慶付きとなって西丸勤務となる。そして、西丸持弓頭、西丸鎗奉行となり、文化九年(一八一二)六月に職を辞して寄合となり、同年十一月、家督を養子の盛年に譲った。文化十二年(一八一五)五月十四日に死去。七十八歳。法名は孝盛院順翁浄和居士。牛込の宗参寺に葬られた。随筆『蜑《あま》の焼藻《たくも》の記』や『賤《しず》のをだまき』を著し、『自家年譜』と題された日記を残している。

参考文献 『新訂寛政重修諸家譜』九（続群書類従完成会、一九六五年）、竹内誠「森山孝盛日記（解題）」（原田伴彦他編『日本都市生活史料集成』二、学習研究社、一九七七年）

（高橋　伸拓）

柳生久通（やぎゅうひさみち）　?—一八二八

勘定奉行。宝暦十二年（一七六二）四月十八日、十代将軍徳川家治にはじめて御目見し、九月二十八日に西丸の書院番に就く。以後、小納戸→小性→西丸の小性→西丸の小十人頭→小十人頭→西丸の目付→目付→小普請奉行→町奉行のごとく転任と昇任をかさねた。そして天明八年（一七八八）九月十日に勘定奉行となり、その在任は文化十四年（一八一七）二月二十六日に至る。勘定奉行に在任中、禁裏造営の御用などを担当し、その精勤は幕府および朝廷からも賞せられ、各種の褒美を賜っている。精勤ぶりは日常においても同様で、老中松平定信からの信任がきわめて厚かった。水野為長の『よしの冊子』によれば、根岸鎮衛《やすもり》をはじめ勘定奉行一統は松平定信に対し、評定所留役を務める万年頼度《よりのり》と羽田保定《やすさだ》を勘定組頭格に起用したいと願い出たが、一向に取り合ってもらえなかった。しかしこの案件を、禁裏造営より帰府してきた同役の柳生久通を介して定信に願い出たところ、すぐに許可されたという逸話が記されている。また久通の精勤ぶりは、それを理由に寛政十一年（一七九九）十一月十六日、幕府より五百石の加増を受けたことからも判明する。一方、久通は何事においても細かく優柔不断であった。さらに日々暮れまで職務に励むため、退勤できない勘定所の役人衆から不評であった。久通は勘定奉行より留守居に昇任し、文政十一年（一八二八）八月二十四日に在任のまま死去している。

参考文献 『柳営補任』一（東京大学出版会、一九六三年）、『新訂寛政重修諸家譜』二二（続群書類従完成会、一九六六年）、山本博文『武士の評判記—『よしの冊子』にみる江戸役人の通信簿—』（新人物往来社、二〇一一年）

（山本　英貴）

〔関連事項〕

荒地起返・小児養育手当貸付金（あれちおきかえし・しょうにょういくてあてかしつけきん）

幕府公金貸付の名目の一つ。幕府からの下げ金を諸国の代官が近郷の富農層へ村に年利一割前後（九分～一割二分）で貸し付け、その利金で荒地起返し・帰農・小児養育手当など百姓経営の助成を行うという仕法である。荒地起返しは耕地面積の復旧・増大、帰農・小児養育手当は村人口の増加を意図したものである。この仕法は、窮民をかかえる村への直接的な救済貸付ではなく、その救済手当を捻出するために、近隣の富農層へ公金を貸し付けたもので、その前提には、公金を借り受けて年々利子を代官に差し出すことのできる近郷の村々が存在していたことが指摘されている。富農層は、寛政年間（一七八九―一八〇一）には幕領・私領に関わらずに貸し付けられていたが、文化十一年（一八一四）の触では、私領の富農層へ貸付を限定するとされた。これは、公金貸付による村への負担を幕領村落にはかけたくないという幕府の意図があったという。利子の配分は、幕府金蔵へ五〇～九四％が納入され、一部は但馬国生野銀山への普請入用にあてられ、六～一一％が代官の諸入用とされ、代官財政の補塡になったとされる。この仕法による貸付高は、寛政十二年には、十四万二千九百三十四両に上り、天保十三年（一八四二）の畿内・中国筋代官取扱の公金貸付の中でも大きな割合を占めていることが確認されている。地域的には、関東・東北地方よりも畿内・中国地方の村々が多い傾向にあるという。この仕法により、代官が村の金融市場に大きな役割を果たすようになった。

参考文献　竹内誠『寛政改革の研究』（吉川弘文館、二〇〇九年）

（栗原　健一）

異国船打払令（いこくせんうちはらいれい）

文政八年（一八二五）二月十八日に幕府が発布した異国船取扱法。無二念打払令《むにねんうちはらいれい》とも。文政七年五月にイギリス捕鯨船の乗組員が常陸国大津浜《おおつはま》（茨城県北茨城市）に上陸した大津浜事件、同年八月にはイギリス船乗組員が宝島《たからじま》（鹿児島県鹿児島郡十島村）に上陸して狼藉を行なった宝島事件が相ついで発生した。幕府は文化四年（一八〇七）正月にロシア船を対象とした異国船打払令をすでに発布していたが、一連の事件を受け、打払いの対象をすべての外国船に拡大し、より強硬な姿勢で外国船に対応するようになった。その対応方法は、沿岸に接近する外国船を見かけたら「一図」に打払うというものであった。外国船が逃げた場合は追跡しないが、もし外国船の乗組員が上陸したならば捕らえるか、または「打留」める、通商を行なっているオランダ船を誤って砲撃してもやむを得ないので、とにかく「無二念打払」いを心掛けるようにと強硬な方針を示している。しかし、その一方、対外的危機が内憂《ないゆう》と結びつくことを懸念した幕府は、沿岸防備に関しては「土地相応」「実用専一」を心掛けるように命じるなど軽微な態勢に留め、民衆に転嫁される負担の軽減に努めている。天保八年(一八三七)六月、幕府はアメリカ捕鯨船モリソン号の来航を受けた際、同法令の主旨に沿って打払いを実行している。この時は浦賀奉行太田運八郎《おおたうんぱちろう》の判断で平根山台場《ひらねやまだいば》(神奈川県横須賀市)から砲撃を加え、さらに野比村《のびむら》沖(同)に待避したモリソン号を追撃して退帆させた。

(神谷　大介)

参考文献　藤田覚『近世後期政治史と対外関係』(東京大学出版会、二〇〇五年)、上白石実『幕末期対外関係の研究』(吉川弘文館、二〇一一年)、『新横須賀市史』通史編近世(二〇一一年)

江戸名所図会（えどめいしょずえ）

江戸の総合的地誌。全七巻二十冊に及び、天保五年(一八三四)に一―三巻、同七年に四―七巻が刊行された。安永九年(一七八〇)に京都とその郊外の名所を紹介した『都名所図会』が刊行されると、綿密な考証に基づく詳細な記述と墨摺の豊富な挿絵を伴うその体裁が好評を博し、以後つぎつぎと刊行されていく名所図会シリーズの嚆矢となった。当時すでに経済的・文化的に成熟し、上方を超える都市的発展を遂げた江戸では、神田雉子町(東京都千代田区神田司町二丁目)に住む町名主斎藤幸雄《さいとうゆきお》(長秋《ちょうしゅう》)がこうした動きに触発されて江戸独自の地誌編纂を始めた。幸雄は出版許可を取った直後の寛政十一年(一七九九)に死去し、養子の幸孝《ゆきたか》(莞斎《かんさい》)が事業を引き継ぐこととなるが、幸孝は刊行時期を遅らせてまで収録範囲を意識的に東は船橋、西は八王子あたりまで、北は大宮、南は六浦《むつら》(神奈川県横浜市金沢区)にまで広げた。しかし、文政元年(一八一八)に幸孝が刊行を見ぬうちに死去してしまったため、息子の幸成《ゆきなり》(月岑《げっしん》)が時間・歴史の視点を新たに加えて刊行にこぎつけたのが本書である。ことに幸孝は綿密な考証を行い、当時流布していた編纂物・絵図・古文書・地誌・縁起・随筆類などを盛んに入手し、徹底的な比較検討を行う一方で、碑文を写し取り、土地の古老の聞き取りをするなど、綿密な実地調査を行なった。幸孝が収録範囲を郊外に広げたことの背景には、江戸を実証的に分析していくなかで、近郊の社会との共存関係で成り立つ当時の江戸社会の実像がみえてきたからにほかならない。なお、月岑の刊行になる江戸の年中行事を庶民の視点で広く紹介した『東都歳事記』や、江戸の庶民の総合年表ともいうべき『武江《ぶこう》年表』は、本書の副産物である。

参考文献 市古夏生・鈴木健一校訂『新訂江戸名所図会』（『ちくま学芸文庫』、筑摩書房、一九九六—九七年）、鈴木章生『江戸の名所と都市文化』（吉川弘文館、二〇〇一年）

（滝口　正哉）

エトロフ航路（エトロフこうろ）

ロシアの南下策・千島列島経営に対抗するため、幕府は寛政十一年（一七九九）正月に東蝦夷地・南千島の七年間仮上知を決定した。寛政七年にシェリホフが政府の許可を得て植民団をウルップ島に派遣していたことに対抗するため、幕府はエトロフ島の警備・開発を中心に蝦夷地経営を進めた。寛政十一年には高田屋嘉兵衛《たかたやかへえ》を蝦夷地御用御雇とし、エトロフ島への航路確立と開発を命じた。高田屋嘉兵衛は明和六年（一七六九）淡路国津名郡都志本村（兵庫県洲本市）に生まれ、樽廻船の水主から船持船頭となり、北前船航路で活躍した。寛政八年にはじめて箱館に赴き、寛政十年（一七九八）に箱館に支店を設け蝦夷地での交易活動を拡大していた。嘉兵衛は近藤重蔵《こんどうじゅうぞう》の指揮下で、寛政十一年七月エトロフ島への航路開発に成功し、翌寛政十二年には、エトロフ島に十七ヵ所の漁場を開き、会所に通詞二人・番人二十人・稼ぎ方三十人を居住させ、エトロフ島開発に従事させた。さらに、享和元年（一八〇一）十月に蝦夷地御用定雇船頭（三人扶持・苗字帯刀御免）となり、東蝦夷地からエトロフへかけての交易活動を主導した。その後、嘉兵衛はゴロヴニーン捕囚事件に関連して文化九年（一八一二）八月ロシア軍艦に捕えられカムチャツカに連行されたが、艦長リカルドとの信頼関係をきずき、翌文化十年五月クナシリ島へ送還されゴロヴニーン解放に尽力した。

参考文献 秋月俊幸『日本北辺の探検と地図の歴史』（北海道大学図書刊行会、一九九九年）、高田屋嘉兵衛展実行委員会編『豪商高田屋嘉兵衛』（高田屋嘉兵衛展実行委員会、二〇〇〇年）

（檜皮　瑞樹）

大塩平八郎の乱（おおしおへいはちろうのらん）

大坂町奉行与力大塩平八郎が、天保八年（一八三七）二月十九日、大坂天満の自邸に火を放ち、「救民」旗を掲げて蜂起した反幕府的行動。事前に計画が漏れたこともあり、わずか半日で鎮圧された。この蜂起に加わった人数は三百名ほどで、大塩平八郎・格之助父子はしばらく潜伏したが、三月二十七日に油掛町の町家を急襲され、自刃して果てた。これにより大坂市中の家屋三千三百八十九軒、百十二町が焼失し、被災範囲は五分の一に及んだ。蜂起の関係者は評定所で取り調べを受け、処罰者は総勢七百五十名余を数えた。同年四月から七月にかけて備後国三原の一揆（広島県）、越後国柏崎の生田《いくた》万《よろず》の乱(新潟県)、摂津国能勢の騒動(大阪府)など、「大塩門弟」「大塩味方」を名のる一揆や騒動が続けて起きた。水戸藩主の徳川斉昭《とくがわなりあき》は、「大坂の奸賊(大塩)」に共鳴した一揆や騒動が起こる背景について、「下々」が「上を怨」むだけでなく「上を恐れざる」状況にあるためと指摘した(「戊戌封事《ぼじゅつふうじ》」)。大塩が挙兵に至る直前までの行動として、蔵書を売り払って得た計六百二十両余を貧民に施行したことや「檄文《げきぶん》」を配布していたことはよく知られているが、挙兵前日に老中六名宛の建議書、水戸藩主徳川斉昭宛、幕府儒官林述斎《はやしじゅっさい》宛の書簡を江戸に送っていたこともわかっている。大塩が挙兵に至った理由は、天保の飢饉下における大坂町奉行や豪商の対応に不満があったためとされる。とくに天保七年の凶作の最中に、東町奉行跡部良弼《あとべよしすけ》が行なった江戸への廻米政策を批判した。大塩の乱は、これまで貧民救済の義挙として評価されてきた。しかし、町奉行与力という立場がもたらす大塩自身の廻米や商人に対する関係のあり方など疑問視される点も指摘されている。大塩平八郎の乱の歴史的評価の再検討が迫られている。

参考文献　宮城公子『大塩平八郎』(『朝日評伝選』、朝日新聞社、一九七七年)、藤田覚『天保の改革』(『日本歴史叢書』、吉川弘文館、一九八九年)、仲田正之編『大塩平八郎建議書』(文献出版、一九九〇年)、相蘇一弘『大塩平八郎書簡の研究』(清文堂出版、二〇〇三年)、平川新『開国への道』(『全集日本の歴史』一二、小学館、二〇〇八年)

(野本　禎司)

オランダ正月　(オランダしょうがつ)

長崎出島のオランダ人や江戸の蘭学者の間で行われた、太陽暦の元旦を祝う行事。出島のオランダ商館では、祖国のさまざまな生活様式が踏襲されており、毎年太陽暦の一月一日に長崎奉行所の役人や通詞、出島の責任者である出島乙名《おとな》などを招いて西洋料理を振る舞い、祝宴を催していた。これを地元長崎では「阿蘭陀正月」と呼んでいたが、大通詞吉雄耕牛《よしおこうぎゅう》(一七二四―一八〇〇)もオランダの家具などを配した自宅で開催することで知られ、やがて江戸の蘭学者の間でも独自に行われるようになっていった。すなわち、長崎遊学中に吉雄の屋敷に招かれた経験のある大槻玄沢《おおつきげんたく》(一七五七―一八二七)が、西暦一七九五年元旦にあたる寛政六年閏十一月十一日に京橋水谷町(東京都中央区八丁堀一・二丁目)の家塾芝蘭堂《しらんどう》で開催したのをその嚆矢とする。そのときの光景を描いた「芝蘭堂新元会図」では、西洋医学の祖ヒポクラテスの肖像を床間に飾り、ワインやオランダ料理が出されている様子を伝えている。以来大槻家では新元会と称して多くの蘭学者や舶来趣味の好事家を招いて行い、玄沢の子磐里《ばんり》(玄幹《げんかん》)が没する天保八年（一八三七）まで四十四回続けられた。なお、西暦の元旦は冬至の暦とのズレが毎年異なっていたため、大槻家では、二回目以降は冬至から十一日目に開催するのを常としていた。蘭学の重要性が高まる十九世紀になると、オランダ正月は蘭学者たちが学問の発展を願い、情報交換や相互の親睦を図る場として機能していった。

参考文献　片桐一男『江戸の蘭方医学事始』（『丸善ライブラリー』、丸善、二〇〇〇年）、森銑三『新編おらんだ正月』（『岩波文庫』、岩波書店、二〇〇三年）
（滝口　正哉）

改革組合村（かいかくくみあいむら）

文政十年（一八二七）、関東取締出役《かんとうとりしまりしゅつやく》の活動を支えるため、幕府が関八州に設置した村連合。幕領・私領の区別なく近隣三〜五ヵ村を目安に小組合を編成し、さらに小組合を十前後集めたものを大組合として編成した。ただし、小組合の存在しない組合もある。また、各改革組合村内の交通・経済の要所、主に宿場などの在郷町を寄場に指定し、関東取締出役は当地を拠点に廻村活動を行なった。改革組合村の運営は各小組合から一名ずつ選ばれる小惣代、大組合から数名選出される大惣代、寄場から選出される寄場役人によって行われた。改革組合村は御用を遂行した際に発生する入用を組合全体で負担することで、一村・一軒単位の負担を軽くする役割を期待されていた。改革組合村の編成や運営は天保〇《ぜろ》年代を通じて安定し、次第に商業統制や百姓の生活面に関する統制など機能を多様化させる。さらに、嘉永年間（一八四八—五四）には改革組合村単位で非常人足を動員し、大規模な博徒・悪党の取締りを実施した。開港後には関東取締出役と道案内が保《ほ》土《ど》ケ谷《がや》宿（神奈川県横浜市）に常駐するほか、外国人遊歩《ゆうほ》地《ち》警備のため見張番屋が設置され、遊歩地内に位置した改革組合村の大惣代から取締触次が任命されている。見張番屋設置により、遊歩地域の改革組合村は攘夷派浪士の取締りの一端も担うようになる。また、慶応二年（一八六六）に発生した武州世直し一揆後には、組合村単位で農兵の取り立てが命じられるなど、武装化が進んだ。明治維新により関東取締出役は廃されるが、改革組合村は維新後もしばらくの期間存続し続け、治安維持などで重要な役割を果たすのである。

参考文献　伊藤好一「神奈川県における大小区制の施行過程」（『駿台史学』一七、一九六五年）、山中清孝「幕藩制崩壊期における武州世直し一揆の歴史的意義」（『歴史学研究』別冊特集、一九七四年）、茂木陽一「幕末期幕領農兵組織の成立と展開—多摩郡蔵敷村組合農兵を例として—」（『歴史学研究』四六四、一九七九年）、森安彦『幕藩制国家の基礎構造』（吉川弘文館、一九八一年）、増田節子「幕末維新期の東

叡山組合」(『論集きんせい』六、一九八一年)、大口勇次郎『徳川時代の社会史』(吉川弘文館、二〇〇一年)、関東取締出役研究会『関東取締出役』(岩田書院、二〇〇五年)

(坂本　達彦)

囲米（かこいまい）

幕府・藩・町村などが、軍事・米価調節・備荒貯蓄(飢饉対策)を目的として穀物を貯えた制度。囲籾《かこいもみ》・囲穀《かこいこく》などともいった。ほかにも、民間の人々が穀物を出して自治的に共同管理する社倉《しゃそう》、凶荒の備えとして人々から徴収もしくは富裕層の寄付した穀物を官府が運営する義倉《ぎそう》、貯蔵穀物の売買を通じて市場価格の調節を目的とした常平倉《じょうへいそう》(以上を三倉という)など多くの呼称が付されているが、それぞれの語義と施行の実態とは異なるものも多い。幕府では、初期より軍事兵糧や非常備えなどを目的とした城詰米《じょうづめまい》が行われ、諸藩では明暦元年(一六五五)に会津藩で保科正之《ほしなまさゆき》が日本初の社倉を始めたといわれ、天和三年(一六八三)以降、幕府はたびたび諸藩などへ囲米を指示している。天明の飢饉後には、老中松平定信による寛政の改革で「天下之御備」令が出された。諸藩などの領主に囲米を奨励し、江戸の七分積金による町会所の囲籾をはじめ、大坂・京都などの都市や、宿場町でも囲籾として穀物が貯蔵された。幕領村落でも百姓が出穀する貯穀が開始され、村々では郷蔵《ごうぐら》も多く建てられたため、郷蔵制度ともいわれている。私領村落でも囲籾を行なったところが多い。積み立てられた囲米は、天保の飢饉などで実際に運用された。以降、幕末に至るまで全国各地で多様な囲米が行われ、明治維新後も、紆余曲折しながら地域では制度を何らかのかたちで引き継いでいったところも多い。

参考文献　藤田覚『松平定信—政治改革に挑んだ老中—』(『中公新書』、中央公論社、一九九三年)、菊池勇夫『近世の飢饉』(『日本歴史叢書』、吉川弘文館、一九九七年)

(栗原　健一)

化政文化（かせいぶんか）

文化・文政期(一八〇四—三〇)を中心に発展した文化。文化・文政期は、十一代将軍徳川家斉のいわゆる大御所時代ともいわれている。泰平の大御所時代は豊かな遊びの文化を育成した。寛政改革で、風俗・出版取締りを厳しく推進していた老中松平定信が失脚すると、江戸を中心とした新たな町人文化や地方独自の文化が活発な展開をみせた。歌舞伎では五代目松本幸四郎、七代目市川團十郎、三代目尾上菊五郎らが華々しく活躍し、舞台機構がほぼ完成した時期でもある。四代目鶴屋南北の代表作『東海道四谷怪談』は、早変わりやからくり仕掛けが多用され評判を呼んだ。南北は、時代の世相風俗を取り入れて、一般社会で起こった事件に素材を求めた生世話物《きぜわもの》という新しいジャンルを生み出した。浮世絵では、それまでの遊里や芝居の世界から風景画という新しいテーマに挑み「富嶽三十六景」を描いた葛飾北斎や「東海道五十三次図」の歌川広重が注目された。書物では、勧善懲悪の史伝物で雄大なストーリーの『南総里見八犬伝』、『椿説弓張月《ちんせつゆみはりづき》』などの読本《よみほん》を書いた滝沢馬琴が作家として人気を集め、十返《じっぺん》舎一九《しゃいっく》の『東海道中膝栗毛』、式亭三馬の『浮世風呂』『浮世床』などの滑稽本、婦女子の心を捉えた柳亭種彦《りゅうていたねひこ》の『修紫田《にせむらさきい》舎源氏《なかげんじ》』など、新たな文学がつぎつぎと出版された。これら人気の書物は、各地にできた貸本屋によって広がっていった。俳諧は、与謝蕪村《よさぶそん》らが活躍し全盛期を迎えており、地方にも俳壇が続々と生まれていた。信濃出身で川柳や民謡・方言を自在に駆使して「一茶調」といわれる独特の作風を作り出した小林一茶《こばやしいっさ》は地方から生まれた代表的な俳人である。また、十八世期末には、入場料の安い寄席が出現していたが、化政期には、日雇層の人々までが寄席に通い、大盛況を呈していた。したがって、声色、物真似、落語、講談など多彩な芸能が発展し、両国、上野山下、浅草奥山では見世物小屋が並び、曲芸なども盛んであった。茶、花、香、書、歌、俳諧、絵などの分野には多数の町人や農民が入門して家元制度ができ上がった。高級な手作り工芸品や盆栽、園芸植物なども商品として取引されるようになり、目覚ましい発展を遂げた。このように化政文化は、江戸でも地方でも、都市でも農村でも、一般の人々が文化の創造者になり、享受者にもなり得たといえよう。

参考文献　竹内誠「寛政—化政期江戸における諸階層の動向」(西山松之助編『江戸町人の研究』一、吉川弘文館、一九七二年)、林屋辰三郎『化政文化の研究』(岩波書店、一九七六年)、青木美智男『文化文政期の民衆と文化』(文化書房博文社、一九八五年)、守屋毅『近世芸能文化史の研究』(弘文堂、一九九二年)、倉地克直『江戸文化をよむ』(吉川弘文館、二〇〇六年)

(木村　涼)

勘定所御用達(かんじょうしょごようたし)

寛政改革の際、幕府から任命された江戸の富裕町人。天明八年(一七八八)十月に、三谷三九郎、仙波太郎兵衛、鹿島清兵衛(鹿島屋)、堤弥三郎(伊勢屋)、松沢孫八(大坂屋)、中井新右衛門(播磨屋)、田村十右衛門(豊島屋)の七名、寛政元年(一七八九)九月に、川村伝左衛門(川村屋)、森川五郎右衛門(伏見屋)、竹原文右衛門(竹原屋)の三名が任命され、この十名が当初のメンバーであった。幕府勘定所の下勘定所に付属し、苗字を許され、三人扶持を与えられた。構成員の交代変遷はあるものの、幕末まで一貫して江戸に居住する豪商、なかでも両替商を中心に任命されつづけ、天明の打ちこわしの対象となった米商や札差は任命されなかった。松平定信が「東西の位よくせん」(『宇下人言』)と述べたように、上方の市場に対して江戸市場の位置を引き上げようとする幕府の意図が読み取れる。勘定所御用達が果たした具体的な役割として、寛政元年の棄捐令《きえんれい》に伴い設置された猿屋町会所、同三年の七分積金に伴い設置された町会所の運営、同八年、松沢孫八の伊豆七島島方会所の頭取就任、中井新右衛門の馬喰町御貸付方役所の御用請負などがある。寛政改革以後も、幕府の御用金の調達、天保三年(一八三二)の霊岸島油寄会所の改革仕法、同十四年の棄捐令発令に伴う札差対策などに関与するなど、幕府の経済政策において重要な役割を果たした。

参考文献　竹内誠『寛政改革の研究』(吉川弘文館、二〇〇九年)

(野本　禎司)

寛政異学の禁　(かんせいいがくのきん)

寛政二年(一七九〇)五月二十四日付けで林大学頭錦峰《きんぽう》、柴《しば》野栗山《のりつざん》、岡田寒泉《おかだかんせん》らへ対して「学派維持ノ儀ニ付申達」が達せられた。直接的には、林家・聖堂内に限定された学派統制勧告である。朱子学が「慶長以来御代々御信用」の学問であり、林家創設以来の正統な学問であることが宣言された。その影響は結果として聖堂外へも広がり、非朱子学諸派への規制の役割を果たした。こうした事実を寛政異学の禁と総称する。徂徠学や折衷学、陽明学など朱子学以外の諸派を異学として排斥する動向は、明和―安永期(一七六四―八一)の大坂において、正学派朱子学を奉じる儒者たちによって主張される。当時の、学説乱立からくる風俗頽廃の現状から、単一の道徳原理による風俗教化が希求されたためである。その中心となった尾藤二洲《びとうじしゅう》や頼春水《らいしゅんすい》、古賀精里《こがせいり》らの主張は、広島藩や佐賀藩で採用された。その後、西山拙斎《にしやませっさい》や柴野栗山らの介入により、松平定信にも達し、幕臣層の風俗教化を担う教学として、学問の統一の気運が持ち上がる。とりわけ任官登用の学問吟味において、朱子学のみが採用されたことで、諸学派への統制が強調されることになった。こうした異学の禁に対しては、徂徠学・折衷学から反対論が起こる。それは朱子学そのものへの反対ではなく、学問を朱子学に限定することへの批判であった。学問研究に一定の自由がなければ、かえって根本的な道徳精神を失うことになるという趣旨である。しかし、徂徠学や折衷学も、学問としての存在意義を政教の一端として位置づける点においては共通していた。このように政治の一助を担う学問という共通認識のもと、学的正統として朱子学が、幕府瓦解に至るまでの教学理念として策定された画期として、寛政異学の禁を位置づけることができる。

参考文献　辻本雅史「寛政異学の禁における正学派朱子学の意義」(『日本の教育史学』二七、一九八四年)、高橋章則「寛政異学の禁再考」(『日本思想史学』二六、一九九四年)、清水教好「尾藤二洲の思想世界—明末清初思想と武家社会の朱子学のはざま—」(『奈良史学』二四、二〇〇六年)、眞壁仁『徳川後期の学問と政治』(名古屋大学出版会、二〇〇七年)、荻生茂博『近代・アジア・陽明学』(ぺりかん社、二〇〇八年)

(綱川　歩美)

寛政重修諸家譜(かんせいちょうしゅうしょかふ)

徳川幕府が編纂した武家の系譜書。国主・領主をはじめとした御目見以上の武家について、神代より寛政年間(一七八九—一八〇一)までの家譜をまとめたもの。ただし、徳川氏の三家、三卿、一門は除かれている。本文千五百二十巻と目録・序・条令十巻の総計千五百三十巻からなる。記載内容は、母氏、生誕、養子、初見、元服、賜号、婚姻、官爵、襲封、領知、秩禄、職掌、恩賞、罪科、進献、善行、致仕、卒去、法名、葬地、妻室など多岐にわたる。編纂段階で編者による吟味が細かく行われ、諸説異同を示すなど、疑問がある場合にはその旨を記して慎重な態度を示している。寛政十一年(一七九九)、若年寄の堀田正敦《ほったまさあつ》を総裁、堀田正穀《ほったまさざね》を副総裁とし、大目付・目付・奥右筆ほか、他部署からの出役で構成され、大学頭の林述斎《はやしじゅっさい》が監督にあたった。同書の条令からは、山岡景《やまおかかげ》風《かぜ》・山本正邦《やまもとまさくに》・深尾元隆《ふかおもとたか》・松平一乗・柴村盛庸《しばむらもりつね》の五名を中心に、人員は計六十六名にのぼり、浄書にも二十六名が従事したことがわかる。大目付・目付と昌平黌を主体とした幕府の編纂事業の一環として、主に堀田正敦の屋敷で作業が行われた。寛政三年五月、松平定信が目付の平賀貞愛《ひらがさだえ》らに命じて、旗本諸家へ先祖書を提出させたことに始まる。林述斎らは徳川家光政権期に編纂された『寛永諸家系図伝』の続集編纂を企図したが、新資料の発見や訂正などが多かったため、改訂(重修)へと方針を変更した。寛政末期、松平定信の老中解任など幕閣内部の対立・政策変更などによって編纂事業は中断したが、同十一年に組織が整備され再開された。同年に集中的な調査が行われ、関連調査として堀田正敦による徳川綱吉政権期の家譜調査「貞享書上」の増補・分類編集の結果、『譜牒余録《ふちょうよろく》』が完成された。また、大名・旗本から提出させた家譜を書き上げのまま浄書・編綴した「諸家系譜」や、提出された系譜の増補・訂正など加除添削がある稿本といわれる「略譜」が残されている。文化九年(一八一二)十月に完成・献上され、翌月には従事者らが褒賞を受けている。日光東照宮へも副本一部が納められている。

参考文献『内閣文庫未刊史料細目』下（国立公文書館内閣文庫、一九七八年）、福井保『江戸幕府編纂物』（雄松堂出版、一九八三年）、高橋章則「近世後期の歴史学と林述斎」（『日本思想史研究』二一、一九八九年）、白井哲哉『日本近世地誌編纂史研究』（思文閣出版、二〇〇四年）
（工藤　航平）

寛政の改革（かんせいのかいかく）

老中松平定信が天明七年（一七八七）より寛政五年（一七九三）に至り主導した幕政改革。定信は同年六月に老中首座、翌年三月からは将軍徳川家斉の補佐役を兼任し、強大な指導権を掌握した。さらに、田沼期よりの老中を解任し、松平信明《まつだいらのぶあきら》や本多忠籌《ほんだただかず》など信頼する大名をつぎつぎと老中に起用した。そして、政策の決定に際しては御三家および家斉の実父一橋治済《ひとつばしはるさだ》に相談し、その権力基盤を安定させている。なお定信が老中に就けたのは、就任に反対する田沼派の御側御用取次が、天明七年五月に起こった江戸の打ちこわしについて、将軍家斉に正しく報告せず罷免されたからである。そのため定信は寛政の改革において、打ちこわしの主体勢力となった下層社会への対策を充実させ、その再発を防止すること、すなわち江戸の秩序維持に力を入れている。具体的には、旧里帰農令、物価引き下げ令、石川島人足寄場の設置、七分積金令などがあげられる。さらに旧里帰農令からもうかがえるが、寛政年間の都市政策は農村との関連で打ち出されている点が特徴である。また定信は、幕府の官僚機構を担う旗本・御家人および対外問題について多くの政策を打ち出した。旗本・御家人に関わる政策をみれば、札差への借金返済を不要とした棄捐《きえん》令《れい》、旗本が御家人の職に就いて勤功を積むことを許可した家格令、代官所における手付制の開始がある。さらに、定信は幕府権威の回復を意図して大名・旗本に、先祖書を提出するように指示している。これは、歴代将軍に対する各家の忠誠を歴史的に跡づけ、将軍を頂点とする大名・旗本の階層秩序を再確認するためであった。対外政策では、寛政三年九月に異国船の来航時における取り扱い方法を定め、翌年十一月には、諸藩が配置している人員と船数および大筒の有無、隣領間での取り決めを幕府に報告するように指示している。ロシアの蝦夷地接近に対しては、松前藩に警備を委任する、北国郡代を設置して南部・津軽の両藩に北方警備を担当させることなどを検討した。同五年には伊豆・相模の海岸を巡見し、諸藩に沿岸防備を強化するように指示している。このほか、定信は朱子学以外の儒学および好色本や政治批判・時事風刺を内容とする出版物を禁止するなど、思想・情報の統制に力を注いだ。これは、幕府権威の回復を図るには忠実な役人を育成するのみならず、思想およびそれを形成する出版・情報に対しても統制を加えなければならない段階に、定信らが直面していたことを示している。

参考文献　安藤優一郎『寛政改革の都市政策』(校倉書房、二〇〇〇年)、藤田覚「近代の胎動」(『日本の時代史』一七、吉川弘文館、二〇〇三年)、同『近世後期政治史と対外関係』(東京大学出版会、二〇〇五年)、高澤憲治『松平定信政権と寛政改革』(清文堂書店、二〇〇八年)、竹内誠『寛政改革の研究』(吉川弘文館、二〇〇九年)

(山本　英貴)

寛政暦（かんせいれき）

寛政十年(一七九八)から天保十四年(一八四三)まで、四十六年間にわたって施行された暦法。また、この暦法に基づく暦本も寛政暦という。不備の目立つ修正宝暦暦からの改暦を企図した幕府は、寛政七年三月、西洋の暦学に通じた大坂の医師・天文暦学者麻田剛立《あさだごうりゅう》の門弟である高橋至時《たかはしよしとき》と間重富《はざましげとみ》を出府させ、至時に測量御用手伝、重富に頒暦御用所での御用を命じた。両名のうち、武士身分である至時は同年十一月に天文方に任じられ、翌八年八月五日、先任の天文方である吉《よし》田《だ》秀升《ひでのり》・山路徳風《やまじよしつぐ》と至時の三名に改暦御用が命じられた。三名は貞享改暦・宝暦改暦の先例に基づいて上京し、京都で測量を行なった。寛政九年十月、新暦法の推算法を記した『暦法新書』八巻が完成し、同月十九日、改暦が宣下された。新暦法は寛政暦と名付けられ、翌十年から施行された。寛政暦法は清の『暦象考成』後編に依拠して、太陽と月の運動にケプラーの楕円軌道説を取り入れた。しかし惑星の運動については楕円運動を取り入れることができず、『暦象考成』上下編に依拠して円運動で説明された。惑星の運動に楕円運動を導入するにはさらなる研究が必要であり、その実現は天保の改暦まで待たねばならなかった。

参考文献　渡辺敏夫『日本の暦』(雄山閣、一九七六年)、同『近世日本天文学史』上(恒星社厚生閣、一九八六年)

(杉　岳志)

関東取締出役（かんとうとりしまりしゅつやく）

江戸幕府が、文化二年(一八〇五)に関東地方の治安維持強化や風俗統制のため設置した役職。代官の手付・手代から選ばれる。給金は年十～二十両である。勘定奉行支配。定員は当初八名であるが、時期により変動する。次第に増加する傾向で、天保年間(一八三〇—四四)には十名、元治・慶応期(一八六四—六八)には二十～二十五名であった。また、文政九年(一八二六)以降、臨時取締出役も任命されている。容疑者の探索・捕縛、内偵などのため、宿場や村から道案内を雇用した。支配を越えて廻村活動を行い、非領国地帯であるため統一的な治安取締りや施策実施が困難という関東農村の問題点へ対応した。ただし、水戸藩のように進入を拒否する領主も存在した。当初は入用負担を厭う村方の協力を得られず、文政十年に水戸・川越・小田原藩領を除く関東全域に改革組合村を設置し、活動に協力させる体制を構築した。職務は時代とともに多様化する。天保年間には農政に深く関わるようになり、農間余業調査や鉄炮改、酒造改などを実施している。横浜開港後の万延元年(一八六〇)には、横浜警備のために道案内とともに保土ヶ谷に常駐することとなる。これ以降、外国人遊歩地《ゆうほち》では関東取締出役と神奈川奉行が連携し、攘夷派浪士を取締った。文久三年(一八六三)の将軍上洛時に将軍留守中の関東における取締り強化策の中心的役割を果たした。廃止の時期は不明であるが、明治元年(一八六八)三月ごろまで廻状にその名を確認できることから、この前後に活動を停止したようである。なお、その下部組織であった改革組合村は維新後もしばらく存続し、新政権に活用されている。

参考文献　松平太郎『校訂江戸時代制度の研究』(柏書房、一九七一年)、森安彦『幕藩制国家の基礎構造』(吉川弘文館、一九八一年)、高橋実『幕末維新期の政治社会構造』(岩田書院、一九九五年)、大口勇次郎『徳川時代の社会史』(吉川弘文館、二〇〇一年)、関東取締出役研究会『関東取締出役』(岩田書院、二〇〇五年)

(坂本　達彦)

棄捐令(きえんれい)

幕府が、寛政元年(一七八九)九月に出した旗本・御家人層に対する札差の債権を破棄または軽減するための法令。江戸の札差は、田沼時代には、幕府資金の貸し下げなどの保護もあり、繁栄を極めていた。十八大通《じゅうはちだいつう》ともてはやされた通人中の通人たちが、吉原などで豪遊し、豪奢な生活を誇示していた。こうした札差の生活の陰に、多数の旗本・御家人の財政窮乏があった。旗本らの莫大な借金の金利の上に、札差の繁栄は成り立っていた。棄捐令は、㈠天明四年(一七八四)以前の債権は無条件に破棄、㈡天明五年以降の債権については、年利を六%に引き下げ、俸禄米百俵につき年三両ずつの年賦償還とする、㈢寛政元年夏借米から冬切米までの貸付は年利一二%とし冬切米で決済し、高額貸付の場合は㈡に準ずる、などの内容であった。棄捐令発布により、長年にわたる旗本への貸付債権のかなりの部分が廃棄され、残った債権は長年賦となり、新規貸付の利子は低く設定された。札差は幕府から大弾圧を受け、棄捐させられた額は百十八万両余にのぼった。帳消し額が最大となった伊勢屋四郎左衛門は八万三千両、ついで、伊勢屋喜太郎は六万六百九十両、笠倉屋平八は四万八千六百両であった。棄捐令による債権破棄の見返りとして、猿屋町会所が同年十二月に完成し、二万両を札差に資金として年五分の金利で貸与した。そのため、廃業に追い込まれる札差が続出することはなかった。

参考文献　土肥鑑高『江戸の米屋』(『江戸選書』七、吉川弘文館、一九八一年)、北原進『江戸の札差』(『江戸選書』一〇、吉川弘文館、一九八五年)、同『江戸の高利貸』(『歴史文化セレクション』、吉川弘文館、二〇〇八年)

(大橋　毅顕)

旧里帰農奨励令（きゅうりきのうしょうれいれい）

寛政の改革における政策の一つで、寛政二年(一七九〇)十一月に出された江戸下層町人に対する帰村や帰農を奨励した法令。天明の飢饉などにより十八世紀後半以降は、離農した各地の貧農層が大量に江戸へ流入する事態となり、下層町人による打ちこわしの発生に伴って、江戸に滞留する離農者に対して故郷へ帰村するよう促した。法の内容は、㈠在方から江戸へ出てきた者で帰農を希望する者へは、吟味したうえで旅費や夫食・農具代を支給する、㈡故郷以外で農業を営みたい者へは、吟味のうえ手余り地のある国へ派遣し、相応の田畑を支給する、㈢幕領・私領の区別なく、当年から寛政四年までの三年間に願い出た者に対して実施し、幕領・旗本領・寺社領の者へは幕府より手当てを下付し、大名領の者は領主へ引き渡したうえで帰村させる、㈣この法令は、寛政元年までに江戸へ出てきた離村者に対して適用する、というものであった。同内容の触書は、寛政三年・五年にも出されたが、寛政三年の触書に応じて町奉行へ願い出た者がわずか四名だったように、法は強制力もなく、帰村のための資金手当ても不十分だったため、ほとんど実効がなかったと評価されている。

参考文献　藤田覚『松平定信―政治改革に挑んだ老中―』(『中公新書』、中央公論社、一九九三年)、竹内誠『寛政改革の研究』(吉川弘文館、二〇〇九年)

(栗原　健一)

郡内一揆・加茂一揆（ぐんないいっき・かもいっき）

天保七年(一八三六)に、甲斐国と三河国で起こった百姓一揆。この年の八月、米価高騰や米商人の売り惜しみにより困窮した甲斐国郡内地方(山梨県都留郡一帯)の百姓が、下和田《しもわだ》村(山梨県大月市)次左衛門(武七)、犬目《いぬめ》村(山梨県上野原市)兵助を頭取として蜂起(郡内一揆)。同国国中《くになか》地方(山梨県山梨・八代・巨摩郡一帯)熊野堂村(山梨県笛吹市)の豪商奥右衛門宅を打ちこわしたのち、頭取を含む郡内勢は帰村したが、これに大挙して合流していた国中地方の貧農・無宿は特に要求を出さずに、引き続き各所で、多数の豪農商を打ちこわした。代官所の武力では対処できず、周辺諸藩の出兵により、ようやく鎮圧された。そのほぼ一ヵ月後の九月、今度は三河国加茂郡・額田《ぬかた》郡で大規模な一揆が発生(加茂一揆)。幕領、挙母《ころも》・岡崎など五藩領、十九旗本知行地、四寺領にわたる広域闘争で、参加者は推定一万数千人。凶作や米の買い占めによる米価高騰に反発した百姓が、米価・諸物価の引き下げや頼母子《たのもし》講《こう》の二年休会を要求し、領主や豪農商に強訴したものであったが、郡内一揆と同様、多数の貧農が途中から参加したことにより、豪農商の打ちこわしを目的とした闘争に変化した。各所で豪農商を打ちこわし、挙母城下(愛知県豊田市)に向かったところを、挙母・岡崎など諸藩の藩兵が迎え討って鎮圧。両一揆はいずれも、天保九年に水戸藩主徳川斉昭《とくがわなりあき》が執筆した「戊戌封事《ぼじゅつふうじ》」において、「内憂外患」の具体例として言及されている。

参考文献　『豊田市史』二(一九八一年)、歴史教育者協議会編『図説日本の百姓一揆』(民衆社、一九九九年)、『山梨県史』通史編四(二〇〇七年)　(小酒井大悟)

孝義録　(こうぎろく)

江戸幕府の編纂物。享和元年(一八〇一)刊行。五十巻。『官刻孝義録』『官板孝義録』ともいう。寛政元年(一七八九)三月、老中松平定信《まつだいらさだのぶ》より、全国の幕領および私領における孝行者・奇特者の在所・名前・行状に関する書上の提出が命じられ、各地からの表彰事例が書き上げられた。各地の事例は、林述《はやしじゅっ》斎《さい》・柴野栗山《しばのりつざん》・尾藤二洲《びとうじしゅう》・古賀精里《こがせいり》らの昌平黌《しょうへいこう》の儒官のほかに、勘定所役人の山上定保《やまがみさだやす》・大田南畝《おおたなんぽ》(覃《ふかし》)らにより整理され、同十二年八月に編集が完了し、翌年刊行された。諸藩による官選・私選の孝子伝や良民伝が主たる素材となった。本書に採録された善行者は八千六百件余で、飛驒国を除く全国の事例を、国別に配列し、善行・姓名・身分・支配関係・褒美の年月を書き連ね、総件数の約一割の七百五十九件は表彰の内容を記した略伝文が付されている。善行の内容は、孝行者・忠義者・貞節者・兄弟睦者・家内睦者・一族睦者・風俗宜者・潔白者・奇特者・農業出精者に分類。上製本とともに比較的安価な普及版が作られ、刊行当初から広範な普及が目指された。編纂のねらいは、孝行奇特者の顕彰のためではなく、寛政改革の諸政策のなかで、民衆の生き方の模範を示し、「孝」を中心とする封建的徳目を教化することにあったとされる。その後、この種の編集は文化年間(一八〇四—一八)にも企図され、全国の孝行奇特者の行状が集約された。集約された書上は、嘉永元年(一八四八)に林韑《あきら》の指揮により整理されたが、刊行されることはなく、『続編孝義録料』(全九十九巻序目一巻、現存は九十冊)として内閣文庫に伝えられている。

参考文献　菅野則子校訂『官刻孝義録』(東京堂出版、一九九九年)、菅野則子『江戸時代の孝行者—「孝義録」の世界

―』（『歴史文化ライブラリー』、吉川弘文館、一九九九年）、妻鹿淳子「『官刻孝義録』の編纂と岡山藩」（『近世の家族と女性―善事褒賞の研究―』、清文堂出版、二〇〇八年）

（榎本　博）

国訴（こくそ）

畿内近国で、十八世紀後半から十九世紀にかけて起こった、綿・菜種の販売価格上昇と肥料の値下げを主目的とした、広域訴願闘争（運動）のこと。十九世紀の畿内において、最大規模のものは千ヵ村を超える村々が連合して、訴願を行なった。現在までに、摂津・河内・和泉・大和・播磨で発見されている。運動の担い手については、訴願内容から帰結した在郷商人説が一九五〇年代には提起されたが、発見者の津田秀夫は村役人説を提起し、現在では定説化している。国訴の背後には、日常の地域的な村落結合である郡中議定があり、「頼み証文」により組織化された。これは、地域的共同性を志向するとともに、村内奉公人や日用を押さえ込む負の側面もあった。国訴はあくまでも訴願運動であるから、百姓一揆研究が主流の際には、「合法」であるがゆえに後景にひき、一九九〇年代のように「公共性」が議論の焦点である場合には、その内容を巡り議論が活発化するなど、研究潮流が反映しやすいテーマでもある。国訴を、列島規模の地域間対立の中において考える平川新や、国訴の共同性を国益論＝富の増殖論として持論を発展させる藪田貫、社会経済情勢や農村構造との密接な関係を分析した谷川正道などの研究が重要である。

参考文献　藪田貫『国訴と百姓一揆の研究』（校倉書房、一九九二年）、谷山正道『近世民衆運動の展開』（高科書店、一九九四年）、平川新『紛争と世論―近世民衆の政治参加―』（東京大学出版会、一九九六年）

（福澤　徹三）

御所千度参り（ごしょせんどまいり）

天明の飢饉の最中、京都御所付近に京都近郊の民衆が集まり賽銭や願書が投げ込まれた事件。全国的な凶作によって天明七年（一七八七）に大飢饉が起こった。同年六月七日ごろ京都御所のまわりに人が集まり始め、日によっては三万人あるいは五万人にも及び、南門や唐門内に毎日賽銭四十貫文が投げ込まれたという。また十二文を包んだ願書も投げ込まれた。御所千度参りが起こった理由は『落穂集』（国立公文書館内閣文庫蔵）に、奉行所へ飢饉を訴えたが取り上げてもらえなかったため御所へ訴えたと記されている。暑い時期のため有栖川宮邸では茶所が設置され、後桜町上皇よりりんご三万個が配られた。事態を深刻に受け止めた光格天皇は、朝廷ないし幕府からの施し米を求め、所司代戸《と》田《だ》忠寛《ただとお》は老中と相談の上救い米千石の放出を決定した。天皇・朝廷側が幕府にこのような要求をしたことはなく、寛政年間（一七八九―一八〇一）の尊号一件とともに朝幕関係の変化として位置付けられている。御所千度参りは二ヵ月ほど続いた。

参考文献　藤田覚「御所千度参りと朝廷」（『近世政治史と天皇』、吉川弘文館、一九九九年）、同「国政に対する朝廷の存在」（『近世天皇論』、清文堂出版、二〇一一年）

（西村慎太郎）

三橋会所（さんきょうかいしょ）

文化六年（一八〇九）に江戸で設立を認可された菱垣廻船《ひがきかいせん》積問屋仲間の会所。「御国恩冥加」として大川筋の永代橋・新大橋・大川橋の掛替えと修復を引き受け、無銭での往来とする旨を問屋仲間が申し出たことにより設立した。頭取には会所設立の中心人物である杉本茂十郎が任命された。茂十郎は、安永元年（一七七二）に甲斐国八代郡夏目原《なつめはら》村（山梨県笛吹市御坂町）の百姓次左衛門の子として生まれ、寛政十年（一七九八）に江戸の定飛脚問屋大坂屋（杉本）茂兵衛の養子となり翌年家業を継ぐと、飛脚の運賃値上げをめぐり十組問屋仲間と争うなど、その存在感を増していった。文化五年に砂糖問屋と十組問屋仲間の紛争を調停して十組問屋仲間内で発言力を増した茂十郎は、当時大幅に数を減らしていた菱垣廻船の再建と流通構造の再編をめざし、特権保護を望む十組問屋仲間を説得して三橋会所設立に至らしめた。運営には頭取である茂十郎の意向が強く反映され、年々一万二百両の「御国恩冥加金」が仲間内から三橋会所を通じて強制的に上納された。また、大坂・江戸で大量の買米を行い幕府の経済政策に協力した。この結果、文化十年に菱垣廻船積問屋仲間六十五組に対して株札が渡され以後の新規加入が禁止となり、特権的株仲間としての地位が保障された。しかし、頭取茂十郎による強権的な運営は問屋仲間内外の反発を招き、文政二年（一八一九）に幕府の命により会所は廃止となった。

参考文献　大蔵省編『日本財政経済史料』三（財政経済学会、一九二二年）、伊東弥之助「杉本茂十郎の研究」（『三田学会雑誌』四七ノ九・一〇、一九五四年）、北島正元編『江戸商業と伊勢店』（吉川弘文館、一九六二年）、林玲子『江戸問屋仲間の研究』（御茶の水書房、一九六七年）、中井信彦「江戸町人の結合論理について」（豊田武教授還暦記念会編『日本近世史の地方的展開』、吉川弘文館、一九七三年）、『続海事史料叢書』三・四（成山堂書院、一九七八・九年）、弦間耕一「杉本茂十郎の研究―生没年について―」（磯貝正義先生喜寿記念論文集刊行会編『甲斐の成立と地方的展開』、角川書店、一九八九年）、『東京市史稿』産業篇四七―四九（二〇〇六―〇八年）

（寺内健太郎）

シーボルト事件（シーボルトじけん）

文政十一年（一八二八）、シーボルトによる禁制品の国外持ち出しが発覚して関係者が処罰された事件。シーボルトは文政六年にオランダ商館付医員として来日。文政九年、商館長の江戸参府に随行し、江戸の洋学者らと交流して日本研究の資料を収集した。幕府天文方《てんもんかた》高橋景保《たかはしかげやす》からはクルーゼンシュテルンの航海記類と交換に日本地図や蝦夷地図類を贈られ、幕府眼科奥医師土生玄碩《はぶげんせき》からは開瞳術伝授と交換に将軍拝領の葵の紋服を贈られた。文政十一年の帰国の直前に発覚し、シーボルトは取調べの末、翌十二年国外追放、再来日禁止の処分を受ける。高橋が同十二年獄死したのち死罪の判決を受け、土生が改易の処分を受けたほか、多数の関係者や洋学者が処罰され、洋学者らに衝撃を与えた。なおこの事件の発覚については、台風によって座礁したオランダ船の積荷臨検が端緒とされてきたが、近年商館長日記の分析によって否定され、間宮林蔵《まみやりんぞう》が文政十一年に受領したシーボルトの書簡類を幕府に届けたことが事件発覚の要因であったことが明らかにされている。シーボルトは地図類を謄写してほかの重要資料とともに国外に持ち出すことに成功し、その成果は大著『日《にっ》本《ぽん》』などの著作にまとめられ、ヨーロッパにおける日本文化の紹介に貢献した。

参考文献　板沢武雄『シーボルト』（『人物叢書』、吉川弘文館、一九六〇年）、呉秀三『シーボルト先生―其生涯及功業―』（『東洋文庫』、平凡社、一九六七―六八年）、梶輝行「蘭船コルネリス・ハウトマン号とシーボルト事件―オランダ商館長メイランの日記に基づく考察を中心に―」（『シーボルト記念館鳴滝紀要』六、一九九六年）

（矢森小映子）

七分積金（しちぶつみきん）

寛政の改革において江戸で開始された町入用の節約による積立制度。寛政三年（一七九一）に七分積金の町触が出され、江戸の物価を引き下げるために町入用を減少させ、その節減した金額の七分（七〇％）を積金とし、囲籾《かこいもみ》や貧困者への手当などに利用することとした。残りの一分は町入用の増手当、二分は地主の増手当とされた。同四年に積金が開始され、向柳原（東京都台東区）に籾蔵が建てられ、敷地内に江戸町会所が設置され、金穀の管理運営にあたった。町会所定掛《じょうがかり》には勘定所・町奉行所の役人が任ぜられ、定掛肝煎《じょうかかりきもいり》年番名主が積金の取次ぎや町々への布告などを勤め、金穀の運用は十名の勘定所御用達によってなされた。町人による積金へは幕府からも差加金二万両が出金された。この積金は、備荒貯蓄としての囲籾とともに貸付金としても運用された。町名主に貸し付けられて町支配機構に役立てられ、下層窮民への災害助成として米金が支給され、場末の小地主層へも低利で貸し付けられている。明治元年(一八六八)に明治政府は積金の廃止や再開の布告を出したが、結局、同五年に町会所は廃止された。その後積金は営繕会議所に移管され、さまざまな使途に変更されて利用され続けた。

参考文献　東京都編『七分積金—その明治以降の展開—』(『都史紀要』七、一九六〇年)、吉原健一郎『江戸の町役人』(吉川弘文館、一九八〇年)、吉田伸之『近世巨大都市の社会構造』(東京大学出版会、一九九一年)
(栗原　健一)

出版統制令(しゅっぱんとうせいれい)

寛政改革における風俗取締政策の一つ。天明七年(一七八七)六月、八代将軍徳川吉宗の孫にあたる白河藩主松平定信が老中首座に就任した。改革に着手した定信は、文武奨励、質素倹約を旨とした。すでに前年八月に失脚した田沼意次はこの年十月閉門を命ぜられた。江戸の書肆蔦屋重三郎《つたやじゅうざぶろう》(一七五〇—九七)は江戸の人々の時事的関心の盛り上がりを見逃さず、政治社会面にうがつという趣向をもってつぎつぎと黄表紙などを出版した。蔦谷の求めに応じて、山東京伝《さんとうきょうでん》(一七六一—一八一六)は、『(将門秀郷)時代世話二挺鼓《じだいせわにちょうつづみ》』を、駿州小島藩の江戸詰家臣倉橋格こと恋川春町《こいかわはるまち》(一七四四—八九)は、田沼の蝦夷地開発計画に伴う賄賂その他の悪徳の横行を風刺した『悦《よろ》贔屓蝦夷押領《こんぶひいきのえぞおし》』を創作した。さらに題材は寛政改革の文武奨励策や倹約令にも向けられ、恋川春町の『鸚鵡返文武二道《おうむがえしぶんぶのふたみち》』、山東京伝の『孔子縞于時藍染《こうしじまときにあいぞめ》』『(仁田四郎)富士之人穴見物《ふじのひとあなけんぶつ》』などが続々と出版された。ところが、武士の創作活動を快く思っていなかった定信の注目するところとなり、恋川春町は定信に呼び出された。しかし病気と称して出頭せず、自殺したとも噂された。家譜によれば春町は、寛政元年(一七八九)四月二十四日に病気のため御役御免となり、同年七月七日に病死したとある。定信は、言論・出版の統制弾圧に乗り出し、法的措置として、寛政二年五月、出版統制令を発令した。まず、摘発されたのが蔦谷板山東京伝の洒落本三部作(『娼妓絹《しょうぎきぬ》籭《ぶるい》』『青楼昼之世界錦之裏《せいろうひるのせかいにしきのうら》』『仕懸文庫《しかけぶんこ》』)であった。作者京伝は手鎖五十日、板元蔦谷は身上に応じ重過料が申しつけられた。寛政四年には海防の必要を力説する林子平《はやししへい》(一七三八—九三)が処罰された。『三国通覧図説《さんごくつうらんずせつ》』と『海国兵談《かいこくへいだん》』は絶版となり、子平は仙台藩家臣の兄嘉膳《かぜん》のもとに蟄居することになった。出版統制令は、明らかに政治批判の言論・出版に対する弾圧であった。

参考文献　今田洋三「江戸の出版資本」(西山松之助編『江戸町人の研究』三、吉川弘文館、一九七四年)、水野稔『黄表紙・洒落本の世界』(『岩波新書』、岩波書店、一九七六年)、

竹内誠『寛政改革の研究』(吉川弘文館、二〇〇九年)

(木村　涼)

朱引図（しゅびきず）

文政元年(一八一八)、幕府により定められた江戸の範囲を決めた図。朱で、その範囲を示す線が引かれたことによる。江戸は、徳川家康の関東入部以来拡大していった。享保年間(一七一六―三六)には、江戸の町方人口は五十万人を越え、武士と合わせると人口は百万人に達した。町数も八百八町と称されるほど増えていった。その中で、江戸の範囲(御府内)は十八世紀末ごろには次の四つの認識があった。㈠町奉行支配の範囲、㈡江戸追放の範囲で、品川・板橋・千住・本所・深川・四谷大木戸より内側、㈢寺社建立のため寄付を募ることを許された地域で、東は中川、北は荒川・石神井川下流、西は神田上水、南は目黒川と品川南を境とした周辺部の農村を含んだ場所、㈣変死者や迷子の特徴を記した高札を立てた地域で、ほぼ㈢と同じ範囲。御府内と認識された指標は複数あったので、たとえば旗本などの武士が江戸の外に出る場合は届け出が必要であったが、どこまでが江戸の範囲かがわからないので、その判断に迷うことがあった。このような事情もあり、幕府は文政元年に評定所で吟味をして、老中阿部正《あべまさ》精《ちか》が正式見解を示し、江戸絵図面に朱線を引いて、㈢とほぼ同じ範囲を御府内と決定した。御府内は、延享二年(一七四五)に寺社地が含まれ決定した町奉行支配地よりも大分広く、江戸が拡大を続けていく様子がわかる。江戸の周辺農村部の都市化を幕府が追認したのであった。

参考文献　玉井哲雄『江戸―失われた都市空間を読む―』(『イメージ・リーディング叢書』、平凡社、一九八六年)、竹内誠『江戸と大坂』(『大系日本の歴史』一〇、小学館、一九九三年)

(望月　良親)

薪水給与令（しんすいきゅうよれい）

文化三年(一八〇六)正月に幕府が発布した異国船取扱法。この薪水給与令はロシア船を対象にしたものだが、他の外国船への対応の基準にもなった。文化元年九月、ロシア使節レザノフが日本人漂流民を乗せて長崎に来航し、幕府に対して通商の開始を求めた。レザノフの要求を拒否して帰帆させた幕府はロシアとの関係悪化を予想し、ロシア船来航時の対応をこの規定した薪水給与令を発布したのである。同法令による主な対応方法は、まず外国船を発見したら早々に警備の人員を配置して見分の者を派遣し様子を窺い、ロシア船であれば説得して可能な限り穏やかに帰帆させるというものである。ロシア船に食物・水・薪などが乏しく、すぐに帰帆できない場合は相応に品物を与えること、外国人の上陸は決して許さないこと、警備の番船を配置すること、見物を禁止することなどが規定されている。また、ロシア船が幕府の申し入れを拒否し、帰帆しない場合は「時宜《じぎ》」に応じて打ち払うとある。打払いの事態になった場合は、寛政三年(一七九一)の規定に準じてロシア船へ乗り移り、切り捨て、あるいは召し捕らえることになっていた。ただし、この薪水給与令の発令後、蝦《え》夷《ぞ》地《ち》や松前《まつまえ》(北海道松前郡松前町)にロシア船が着岸した場合に関しては、薪水給与令でなく、黒印状の主旨に基づき対応することに改められた。この改定は、享和三年(一八〇三)に幕府が箱館奉行に対して、外国船が着岸した場合の対応として、外国船をその場所に繋留させたまま報告せよという主旨の黒印状を発していたことによるものである。

参考文献　藤田覚『近世後期政治史と対外関係』(東京大学出版会、二〇〇五年)、上白石実『幕末期対外関係の研究』(吉川弘文館、二〇一一年)
(神谷　大介)

新編武蔵風土記稿　(しんぺんむさしふどきこう)

徳川幕府編纂による武蔵国の地誌。一般的には浄書本(献上本)の内題である「新編武蔵風土記」を正式名称とするが、後続の『新編相模国風土記稿』の書名や幕府の志向を踏まえ、外題の「新編武蔵国風土記稿」を正式書名とする考え方もある。武蔵国総国の沿革や国造・国司の任国表、山川や芸文などを収載したもの一巻、武蔵国二十二郡を郡ごとにまとめた郡誌・町村誌を収載したもの二百五十七巻、編纂者名・役職を記した付録一巻の計二百五十九巻からなる。町村については、町村名の起源沿革、地形、土質、近隣町村、道路、江戸日本橋よりの行程、田畑の割合、物産、戸数、検地年代、支配、高札場、小名、山川池沼、用水、寺社などが詳細に記述されている。寛政年間(一七八九—一八〇一)以降の幕府による地理調査は、関東郡代伊奈家改易に伴う江戸周辺地域と、対外危機意識に基づく日本全土という二重構造での日本地理の再掌握が目指された。当初は関東郡代兼帯勘定奉行を中心とする勘定所が主体であったが、享和元年(一八〇一)ごろより林大学頭を中心とする昌平黌《しょうへいこう》へ主体が移った。同三年に昌平黌に地誌調所《ちししらべしょ》が設置され、全国の各藩および幕府各役所へ地誌編纂に着手すべき旨の内命が下る。関東の地誌編纂は地誌調所が担うこととなり、文化七年(一八一〇)に『新編武蔵風土記』の編纂が建議され、本格的な編纂事業が開始された。翌八年に武蔵国久良岐《くらき》郡より調査を開始し、調査結果に基づいて草稿が作成され、必要に応じて追加調査や改訂が加えられた。当初は聞き取り中心であったが、文政五年(一八二二)ごろからは雛形を示し、「地誌御調書上帳」を用意させる方式へと変更された。また、本文を仮名文とすること、『五畿内志』

や中国の地誌ではなく『筑前国続風土記』を手本とすること、絵図などの図版を入れることが指示され、これまでの地誌とは異なる形式が採られた。天保元年（一八三〇）に浄書が終了し、幕府へ二部献上され、紅葉山文庫と地誌調所へ納められた。地誌調所の職員は、頭取、頭取助、取締、出役、手伝の役職があり、学問所勤番のほか、書院番・小性組番、徒《かち》、小普請組などからの出役の者で構成され、このほかに地誌調所付の者たちが存在した。特に、多摩・高麗《こま》・秩父の三郡は、八王子千人同心が調査から草稿執筆までを担った。初期段階より千人同心の動員は計画されていたが、理由は定かではない。その内容は、関東の平和と繁栄は家康以来の徳川一門がもたらしたという言説を底流に持ち、徳川家の由緒の有無が選択基準となっているとも指摘されている。編纂の中心人物である林述斎《はやしじゅっさい》の考えは、当初は「国志」の編纂を目指したが、その材料収集に止まる「風土記」の編纂へと転換したと考えられる。

参考文献　福井保『江戸幕府編纂物』（雄松堂出版、一九八三年）、蘆田伊人編集校訂・根本誠二補訂『新編武蔵風土記稿』（『大日本地誌大系』、雄山閣出版、一九九六年）、白井哲哉『日本近世地誌編纂史研究』（思文閣出版、二〇〇四年）

（工藤　航平）

尊号一件（そんごういっけん）

閑院宮典仁《かんいんのみやすけひと》親王への太上天皇宣下をめぐる朝廷と幕府との間での軋轢。尊号とは尊称の意で天皇・太上天皇・皇后などの称号を指すが、特にこの事件の尊号とは太上天皇号のことである。研究史上、尊号事件とも称される。後桃園天皇の死後、閑院宮家から相続した光格天皇は実父である典仁親王が『禁中并公家諸法度』の規定に従えば摂関家の現任大臣の下の座順であることを疑問視した。天明二年（一七八二）典仁親王一代に限り千石が加増され、同五年六月には太上天皇宣下に関する具体的な交渉が武家伝奏・所司代間で始まった。寛政元年（一七八九）八月、光格天皇は後堀河天皇の父後高倉院と後花園天皇の父後崇光院の事例をもって典仁親王への太上天皇宣下の内慮を幕府へ伝えた。老中松平定信以下幕閣は、経済的援助のみで拒絶。寛政三年十二月に公卿三十五名の支持で太上天皇宣下を幕府に求めたが再度拒絶。事態を重く見た幕府は責任者の武家伝奏正親町公明《おおぎまちきんあき》と議奏中山愛親《なかやまなるちか》を江戸に召喚し尋問した結果、中山は閉門、正親町は逼塞、武家伝奏万里小路政房《までのこうじまさふさ》と議奏広橋伊光《ひろはしこれみつ》は差控に処された。幕府が天皇・朝廷への相談なしにこのような厳罰を下した例はないのと同時に、公家の主体的な群議より幕府に要求をしたこともなく、近世朝幕関係の大きな転換点を示す事件である。

参考文献　高埜利彦「江戸幕府の朝廷支配」(『日本史研究』三一九、一九八九年)、同「後期幕藩制と天皇」(永原慶二他編『講座・前近代の天皇』二、青木書店、一九九三年)、藤田覚『近世政治史と天皇』(吉川弘文館、一九九九年)、同「国政に対する朝廷の存在」(『近世天皇論』、清文堂出版、二〇一一年)
(西村慎太郎)

天保金銀（てんぽうきんぎん）

天保年間(一八三〇—四四)の中ごろから安政年間(一八五四—六〇)にかけて幕府が発行した貨幣。天保年間に入ると、幕府財政は悪化した。そのうえ、天保四年・同七年には大飢饉が発生したため、農村では百姓一揆、都市では打ちこわしが頻発した。同八年には大塩平八郎の乱が起こり、社会不安が高まった。このような状況の中、幕府は天保金銀を発行した。天保八年に五両判、小判、一分判の貨幣改鋳を行なった。五両判は慶長金と同等の品位で、鋳造高は十七万二千二百七十五両であった。また、天保小判・同一分判は、裏面に「保」の字が刻印されていたため、保字金とも呼ばれた。鋳造高は八百十二万四百五十両であった。また、天保九年には、大判を鋳造し、万延元年(一八六〇)まで鋳造された。銀貨は、天保八年に一分銀を新鋳、丁銀および小玉銀(豆板銀)を改鋳した。天保一分銀は分単位の定位銀貨である。一分銀は安政元年まで鋳造され、鋳造高は千九百七十二万九千百三十九両であった。また、天保丁銀・同小玉銀は裏面に「保」の字が刻印されていたため、保字銀と呼ばれた。鋳造期間は安政五年四月までで、鋳造高は十八万二千百八貫目であった。天保十三年には、「文政度の文字金銀、草字二分判、二朱銀、一朱銀など、此度残らず通用停止」(『吹塵録』)を命じ、二朱金を除く文政金銀の通用が停止された。文政年間(一八一八—三〇)には小額貨幣が多く鋳造され複雑であったが、天保年間には、金は五両判、小判・一分判、二朱金の三種、銀は丁銀・小玉銀、一分銀の二種と整理された。

参考文献　小葉田淳『日本の貨幣』(『日本歴史新書』、至文堂、一九五八年)、田谷博吉『近世銀座の研究』(吉川弘文館、一九六三年)、藤田覚『天保の改革』(吉川弘文館、一九八九年)
(大橋　毅顕)

天保の飢饉（てんぽうのききん）

天保三(一八三二)—九年にかけて起こった全国的な大飢饉。享保の飢饉・天明の飢饉と並べて、江戸時代の三大飢饉といわれる。江戸時代のほかの多くの飢饉のような単年の大凶作ではなく、「七年飢渇」ともいわれた連年にわたる大凶作という点がこの飢饉の特徴の一つであろう。天保三年の凶作に始まり、同四年には奥羽地方で大洪水や冷害に見舞われ、関東地方でも大風雨があり、全国的に平年の二分~六分の作柄で、米価は高騰し、餓死・他散・行倒れ・捨子などが起こった。同五・六年も全国的に不作で米価は高騰し続け、さらに同七年には天候不順による冷害や暴風雨のため、全国平均で四分の作柄という大凶作となり、同八年にかけて大飢饉の様相となった。連年の飢饉といっても、年によって強弱があり、地域差も大きかったことはいうまでもない。当然、領主も対応をせまられる。幕府や各藩では、酒造制限、小売値引下げ令、囲米の売却、廻米政策、隠し米禁止などを行なったが、各藩の飯米確保によって江戸・大坂への廻米が激減した。江戸では、窮民救済として町会所による米銭の大量給付がなされ、幕府は御救小屋を御府内や江戸四宿に設置した。また、商人らによる施行も全国各地で行われた。しかしながら全国的にみると、この飢饉による死者は疫病によるものも含めて二十万~三十万人に及ぶと推定されている。この飢饉を契機とした一揆・打ちこわしなどは、大塩平八郎の乱や生田《いくた》万《よろず》の乱など、各地で続発した。

参考文献 菊池勇夫『近世の飢饉』(『日本歴史叢書』、吉川弘文館、一九九七年)
(栗原　健一)

天保の国絵図・郷帳 (てんぽうのくにえず・ごうちょう)

天保期に、江戸幕府が、諸大名らに命じて作成・提出させた一国ごとの絵図と郷帳。元禄国絵図の改訂事業として、天保二年(一八三一)十二月にまず郷帳の改訂を開始し、同五年に全国八十五冊の郷帳改訂を終えた。ついで翌六年より国絵図改訂に着手し、同九年十二月までに収納を終えている。幕府担当者は当初勘定奉行村垣定行《むらがきさだゆき》であったが、天保三年に死去したため、勘定吟味役(のちに勘定奉行)の明楽茂村《あけらしげむら》が担当した。改訂にあたっては、従来の表高記載とは異なる、実高の記載を要請したため、これに当惑したいずれの藩も郷帳の提出が遅れ、幕府による催促は再三に及んだ。また国絵図は、従来のような諸国からの献上方式によらず、諸藩が変更箇所を訂正した懸紙修正図を幕府が一括して改訂する方式をとった。幕府文庫と勘定所に保管された二組をあわせた百十九鋪がすべて国立公文書館に収蔵されており、一括して国の重要文化財に指定されている。

参考文献 福井保『内閣文庫書誌の研究』(『日本書誌学大系』一二、青裳堂書店、一九八〇年)、藤田覚「天保国絵図の作成過程について」(『東京大学史料編纂所報』一五、一九八〇年)、同「国高と石高—天保郷帳の性格—」(『千葉史学』四、一九八四年)、川村博忠『江戸幕府撰国絵図の研究』(古今書院、一九八四年)、同『国絵図』(『日本歴史叢書』、吉川弘文館、一九九〇年)、杉本史子『領域支配の展開と近世』(山川

出版社、一九九九年)、国絵図研究会編『国絵図の世界』(柏書房、二〇〇五年)
(佐々木克哉)

天明の打ちこわし（てんめいのうちこわし）
天明七年(一七八七)五月、天明の大飢饉による米価高騰を背景に、江戸、大坂など全国各地の主要都市でほぼ同時的に打ちこわしが起きた。江戸では五月二十日から二十四日までの五日間にわたって本格的な打ちこわしが行われた。参加者は、総計五千人と伝えられ、店借層など都市下層貧民層のほか、周辺農村から江戸に流入してきた者も含まれていた。打ちこわしの対象は、江戸の各町内もしくは近隣地域を含む範囲の米屋や富商の家々で、南は品川、北は千住まで江戸市中全域に及んだ。打ちこわし勢は、米を道にまき散らしたり、井戸に埋めたりし、米を盗むことはしなかった。また、打ちこわしに至るまでには、相対での安売り要求→喧嘩・口論と、米屋の拒否姿勢に対する買い手の行動の激化がみられ、さらに打ちこわし後に「押買《おしがい》」(安売りの強制行動)を行なった。幕府は、長谷川平蔵《はせがわへいぞう》ら先手頭を中心に市中巡視や捕縛を命じ、騒擾の鎮静化につとめた。この騒動の責任を問われ、田沼意次派の将軍側近役人が御役御免となり、同年六月に松平定信が老中に就任した。天明の打ちこわしは、結果的にではあるが、田沼意次政権から松平定信政権への政権交代の契機となるものであった。

参考文献　『東京市史稿』産業編三〇・三一(一九八六・八七年)、片倉比佐子『天明の江戸打ちこわし』(『新日本新書』、新日本出版社、二〇〇一年)、岩田浩太郎『近世都市騒擾の研究』(吉川弘文館、二〇〇四年)、竹内誠『寛政改革の研究』(吉川弘文館、二〇〇九年)
(野本　禎司)

徳川実紀（とくがわじっき）
幕府官選による徳川家の歴史書。歴代将軍ごとに、編年体で叙述される本編と、将軍の事績・言行・逸話をまとめた附録からなる。当時においては、初代徳川家康の『東照宮御実紀』と十五代徳川慶喜の『慶喜公御実紀』を除き、それぞれの将軍の諡名を冠して『大猷院殿御実紀』などと称され、将軍献上本は『御実紀』と題された。現在では、天保十四年(一八四三)に献上された十代徳川家治までを『徳川実紀』、続けて編纂されたが完成には至らずに稿本が残る十一代徳川家斉から十五代徳川慶喜までを『続徳川実紀』と称している。その内容は、将軍の動静を中心に、幕府の施策・施設、行事、人事などを幅広く記述している。寛政十一年(一七九九)に林《はやし》大学頭述斎《じゅっさい》によって建議され、享和元年(一八〇一)に事業の方向性が決められた。文化六年(一八〇九)二月に起稿され、天保十四年十二月に完成・献上された。献上本が紅葉山文庫へ納められたことから、代わりとして嘉永二年(一八四九)十一月に副本が作成・献上されている。安政四年(一八五七)四月、日光東照宮献納本の浄書が行われた。十一代徳川家斉の編纂は天保十四年以降に開始されたと考えられるが、献上された形跡はない。十二代徳川家慶以降のものは、それぞれの将軍の没後もしくは辞職後に編纂が開始されたと考えられる。日本の『文徳実録』や『三代実録』、中国の実録を模範としたが、利用に重点を置いたため、漢字仮名混じり文が採用された。『右筆所日記』を中心史料とし、諸記録や編纂物、林家の蓄積した膨大な蔵書などが利用され、主観を挟まず史料に忠実に記載する方法が採られた。名称や採録する記事などについては家格に応じて独自の基準が設けられたが、曖昧さを残す部分も多く、編者の主観が大きく作用したり、通時的に統一性を欠く箇所も見受けられる。モニュメント的な性格による記事の信頼性への疑問、漢字仮名混じり文の採用による記事への操作性なども指摘されており、利用には注意も要する。林述斎が統括し、奥儒者の成島司直《なるしまもとなお》が編集主任(御当家御実録取調)として執筆にあたった。また、編集御用出役として増員が認められ、完成時には二十七名の者が褒賞を受けている。当初の編纂所は成島司直邸に設けられたが、天保十四年に司直が隠居謹慎を命じられて以降は、昌平坂学問所へ移され、明治維新前後まで継続された。現在確認できるものは、将軍献上本と学問所の副本が国立公文書館内閣文庫、日光東照宮献納本が同所、稿本が徳川林政史研究所(徳川宗家本)と静嘉堂文庫に伝来しており、献上された副本は関東大震災により焼失している。経済雑誌社版『徳川実紀』『続徳川実紀』により、はじめて完結した刊本が揃い、昭和初年には新訂増補国史大系版が出された。前書は献上された副本を底本とし、後書は稿本である徳川宗家本を利用して前書を校正し直したものである。

参考文献 福井保『江戸幕府編纂物』(雄松堂出版、一九八三年)、藤實久美子「徳川実紀の編纂について」(『史料館研究紀要』三二、二〇〇一年)、小宮木代良「徳川実紀・続徳川実紀」(皆川完一・山本信吉編『国史大系書目解題』下、吉川弘文館、二〇〇一年)

(工藤 航平)

人足寄場(にんそくよせば)

江戸の石川島《いしかわじま》に置かれた入墨などの軽罪の仕置き済みの無宿および無罪の無宿を収容した更生施設。寛政元年(一七八九年)、老中首座松平定信が、当時社会問題化していた無宿の収容施設について意見を求めた際、先手頭兼火付盗賊改長谷川《はせがわ》平蔵《へいぞう》が意見を上申したことをきっかけに、翌二年に設置した。この際、享保年間(一七一六―三六)の新規溜案、安永年間(一七七二―八一)の無宿養育所、熊本藩の徒刑制度、中井竹山《なかいちくざん》の『草茅危言《そうぼうきげん》』も参考にしたといわれる。石川島の石川正勲《まさよし》の屋敷裏の地が与えられ、施設の名称も加役方《かやくかた》人足寄場と決まった。当初は長谷川が責任者であったが、寛政四年六月四日に任から解かれた。以後は寄場奉行が置かれ、名称も寄場と改まった。収容された者は、紙漉き、藁細工、江戸城の堀浚いなどで生活費を稼ぎ、一部を溜銭として出所後のために蓄えさせた。享和元年(一八〇一)以前および、天保十四年(一八四三)以後は女性も収容した。寛政七年五月には運営に町奉行所も加わるようになる。文政三年(一八二〇)より江戸払以上の追放刑の者も収容する。天保九年には天保飢饉に起因する収容者の増加により江戸払以上の者の収容を中止している。天保十二年には寄場収容者の作業不足を補うため、油絞りを開始する。同年には再度、江戸払以上の者の収容を再開する。この時期の寄場の規模は敷地一万六千三十坪で内三千六百坪が丸太矢来で囲まれた寄場施設であった。ほかに付属地一万六千七百坪余があり、町人に貸与したり、人足のための野菜畑として利用した。明治元年(一八六八)五月、新政府の鎮台府に引き継がれる。

参考文献　石井良助『江戸の刑罰』(『中公文庫』、中央公論社、一九六四年)、人足寄場顕彰会編『人足寄場史』(創文社、一九七四年)、塚田孝『身分制社会と市民社会』(柏書房、一九九二年)、瀧川政次郎『長谷川平蔵』(『中公文庫』、中央公論社、一九九四年)、高塩博・神崎直美「矯正研修所所蔵「寄場起立御書付其外共」―解題と翻刻―」(『国学院大学日本文化研究所紀要』七七、一九九六年)、高塩博「寄場手業掛山田孫左衛門」(『国学院法学』一八三、二〇〇九年)、平松義郎『江戸の罪と罰』(『平凡社ライブラリー』、平凡社、二〇一〇年)

(坂本　達彦)

フェートン号事件　(フェートンごうじけん)

江戸時代後期、イギリスの軍艦による長崎不法入港事件。文化五年八月十五日(一八〇八年十月四日)、海軍大佐F・ペリューを艦長とする軍艦フェートン号が長崎に来航した。オランダ国旗を掲揚していたため入港手続きをしようとしたところ、船に出向いたオランダ商館員二人が拉致された。事態をうけて長崎奉行松平康英《まつだいらやすひで》はフェートン号の焼き討ちも想定したが、警衛当番である肥前藩の兵が百五十人程度であったことや、オランダ商館長ドゥーフの諫言により、ペリューの要求通り薪水・野菜・牛・山羊を与えた。人質はまもなく解放され、フェートン号は同月十七日、長崎港から退去した。松平康英は奉行所において自刃し、肥前藩主鍋島斉正《なべしまなりまさ》は警衛の任を怠ったことから逼塞となった。イギリス側から事件をみると、フェートン号の来航は、長崎港の敵国艦隊の有無と軍事的機能を確認するためであった。ナポレオン戦争の展開の中でポルトガルが弱体化したことをうけ、イギリスはポルトガルのアジア拠点であるマカオの長期占領を企図しており、まず周辺海域の要地の状況を把握しておく必要があった。そのため長崎でオランダ船の不在を確認した後、退去したのである。事件以降、長崎奉行所は入港手続きを改定し、防備体制が強化された。異国船とオランダ船を明瞭に区別できるように信号旗を毎年変え、二回の検問と旗合わせののち入港を認めることとし、それまでは港外の伊王島に停泊させた。また、新砲台や台場の建設も行われた。

参考文献　片桐一男「フェートン号事件が蘭船の長崎入港手続に及ぼしたる影響」(『法制史学』一九、一九六七年)、宮地正人「ナポレオン戦争とフェートン号事件」(『幕末維新期の社会的政治史研究』、岩波書店、一九九九年)、梶嶋政司「フェートン号事件と長崎警備」(『九州文化史研究所紀要』五〇、二〇〇七年)

(酒井　雅代)

文政金銀(ぶんせいきんぎん)

文政年間(一八一六―三〇)から天保初めにかけて幕府が発行した貨幣。十一代将軍徳川家斉の時代になると、商品経済の発達や将軍家の奢侈な生活などにより支出が増大し、幕府財政は窮乏の一途をたどった。そのため、老中の水野忠成《みずのただあきら》は、文政元年(一八一八)以後、金銀の新鋳あるいは改鋳を実施し、その出目をもって財政を補塡しようとした。貨幣改鋳に際し、金座《きんざ》御金改役《おかねあらためやく》の後藤《ごとう》三右衛門光亨《みつのり》の運動も背景にあった。文政年間に鋳造された金貨は、文政真文二分金(文政元年)、文政小判(同二年)、文政一分金(同二年)、文政一朱金(同七年)、文政草文二分金(同十一年)、天保二朱金(天保三年(一八三二))の六種である。銀貨は、文政丁銀(文政三年)、文政豆板銀(同三年)、文政南鐐二朱銀(同七年)、文政南鐐一朱銀(同十二年)の四種である。文政金銀発行による幕府の改鋳益金は、金貨については、文政元年から同九年まで百八十四万八千五百四十両余(『己亥雑記』)、銀貨については、文政三年から天保六年七月までで三百八十三万八千五百六十七両(『御用留便覧』)であった。幕府は、年平均四十～五十万両余の改鋳益金をおさめることにより、幕府財政は収支の均衡を保つことができた。また、文政金銀が大量に発行された結果、約八十年にわたり安定貨幣の役割を果たしてきた元文金銀に代わり、文政金銀が元建《もとだて》の地位を占めることとなった。しかし、品位の低い文政金銀の流通が増大したことにより、物価騰貴や江戸での金相場下落・銀相場上昇など、経済が混乱した。

参考文献　小葉田淳『日本の貨幣』(『日本歴史新書』、至文堂、一九五八年)、田谷博吉『近世銀座の研究』(吉川弘文館、一九六三年)、北島正元『幕藩制の苦悶』(『日本の歴史』一八、中央公論社、一九七四年)

(大橋　毅顕)

ラクスマンの来航　(ラクスマンのらいこう)

十八世紀前半より帝政ロシアは北極海から太平洋への航路を求め、探険隊をオホーツク海へ派遣した。二度に渡るベーリング隊の派遣では、別働隊のシュパンベルグが千島列島を経由して仙台藩領に到着した。安永七年(一七七八)にはイルクーツク総督の派遣したシャバーリンが根室に来航、翌年にも再び来航し松前藩士に交易開始を要求した。さらに、寛政四年(一七九二)九月には、帝政ロシア最初の遣日使節であるアダム＝ラクスマンが、漂流民大黒屋光太夫《だいこくやこうだゆう》らを伴って根室に来航し、翌年に江戸へ向かうことを松前藩主に通報したうえで根室に上陸、越年した。松前藩からの通報を受けた幕府は、老中松平定信を中心に老中・三奉行が評議を行い、宣諭《せんゆ》使《し》として目付石川忠房《いしかわただふさ》・村上義礼《むらかみよしあや》を松前に派遣した。ラクスマンは翌寛政五年(一七九三)には根室から箱館に廻航し、幕府の指定した交渉地である松前に移動した。松前での交渉において、幕府は漂流民の受け取りは承諾したが、ラクスマンが持参したエカテリナ二世の国書受け取りを拒否した。また、交易の交渉に関しては、長崎港への入港証である信牌を交付した。ラクスマンは同年七月に箱館を出航し、長崎には向かわずイルクーツクを経由して一七九四年にペテルブルクに到着、交渉の成果を報告した。ラクスマンの来航は、寛政元年のクナシリ・メナシの蜂起と合わせて、ロシアの南下によって蝦夷地に危機が生じていることを認識させ、寛政期の大規模な蝦夷地調査や、寛政十一年正月には東蝦夷地・南千島の七年間仮上知をもたらした。

参考文献　秋月俊幸『日本北辺の探検と地図の歴史』(北海道大学図書刊行会、一九九九年)、藤田覚『近世後期政治史と対外関係』(東京大学出版会、二〇〇五年)

(檜皮　瑞樹)

レザノフの来航　(レザノフのらいこう)

帝政ロシア最初の遣日使節であるアダム＝ラクスマンの来航後も、ロシアは幕府との交易開始を模索していた。文化元年(一八〇四)九月にはニコライ＝レザノフ(ロシア宮廷侍従長、ロシア領アメリカ会社総支配人)が、ラクスマンに交付された信牌を携帯して長崎に来航、アレクサンドル一世の国書の受け取りと交易開始を要求した。対応にあたった長崎奉行はレザノフの要求を拒否し、翌文化二年三月に江戸から派遣された遠山景晋《とおやまかげみち》も「鎖国」が幕府の「祖法」であり、新規の通信・通商関係も祖法によって禁じられているとの理由から国書の受け取りも交易開始も明確に拒絶し、即刻出港することを要求した。この幕府の対応に憤慨したレザノフは、海軍士官フヴォストフとダヴィドフにサハリン島や南千島の幕府施設破壊を命じた。フヴォストフは文化三年九月にサハリン島のクシュンコタンを襲撃し、運上家や倉庫を焼き払い、番人を捕虜とした。さらに、翌文化四年四月にはフヴォストフとダヴィドフがエトロフ島を襲撃し、津軽・南部両藩の守備隊三百名と交戦しこれを敗退させ、ついでサハリン島・利尻島を襲撃した。幕府は最初のサハリン島襲撃の情報がもたらされる以前の文化四年三月に全蝦夷地の上知を決定していたが、フヴォストフの襲撃事件は深刻な危機感をもたらした。同年十一月にはロシア船の打払い令が布告され、蝦夷地の要地に三千名の東北諸藩藩兵が配置された。レザノフの来航は、「鎖国祖法観」形成の契機となり、同時に幕府・ロシアの関係を一時的に悪化させることとなった。

参考文献　秋月俊幸『日露関係とサハリン島』(筑摩書房、一九九四年)、藤田覚『近世後期政治史と対外関係』(東京大学出版会、二〇〇五年)

(檜皮　瑞樹)

和学講談所（わがくこうだんしょ）

塙保己一《はなわほきいち》が幕府の援助のもとに創設した和学の教育研究機関。寛政五年(一七九三)二月、保己一は寺社奉行に和学講談所および文庫の設立とそのための敷地の貸与を願い出る。これは寛政の改革における文教政策と一致して許可が下り、裏《うら》六番町《ろくばんちょう》(東京都千代田区)に設立され、十一月九日より会読が始まっている。学校は松平定信により温故堂《おんこどう》(温古堂)と名づけられた。寛政七年、永続手当として年五十両が支給されること、林大学頭《はやしだいがくのかみ》の支配下におかれることが定められ、官立に準ずる機関となった。なお文化二年(一八〇五)敷地狭隘のため表六番町《おもてろくばんちょう》(東京都千代田区)に移転している。和学講談所の活動は、国史や律令の教授、図書の編纂および刊行、幕命によって有職故実そのほかの調査研究を行う和学御用《わがくごよう》、和書検閲、文庫の図書収蔵およびその利用など多岐にわたる。『群書《ぐんしょ》類従《るいじゅう》』『続《ぞく》群書類従』『史料《しりょう》』『武家《ぶけ》名目抄《みょうもくしょう》』などの編纂・刊行がなされ、中山信名《なかやまのぶな》・屋代弘賢《やしろひろかた》らがこれに従事した。文政四年(一八二一)保己一没後は子の忠宝《ただとみ》が跡を継ぎ、和学講談所付五人扶持となる。文久二年(一八六二)忠宝が暗殺されると、子の忠韶《ただつぐ》が勘定格《かんじょうかく》和学所付を仰付けられ、二十人扶持となる。忠韶は稽古所《けいこしょ》を設けて門人の養成に努めたが、幕末の混乱期に経営は困難を極め、明治元年(一八六八)維新変革にあたって廃止された。和学講談所の修史事業は明治政府の修史局《しゅうしきょく》に引き継がれ、のち東京大学史料編纂所へと発展した。

参考文献　太田善麿『塙保己一』(『人物叢書』、吉川弘文館、一九六六年)、山下武「和学講談所の実態」(温故学会編『塙保己一研究』、ぺりかん社、一九八一年)、斎藤政雄『和学講談所御用留』の研究』(国書刊行会、一九九八年)

(矢森小映子)

大老

氏名	称呼	前職	補職年月日	転免年月日	後職
井伊直幸	掃部頭		天明四(一七八四)・一一・二八	天明七(一七八七)・九・一一	辞 実寛職ゆるさる
井伊直亮	掃部頭		天保六(一八三五)・一二・二三 実欠	天保一三(一八四二)・五・一三	免 実職ゆるさる

老中

氏名	称呼	前職	補職年月日	転免年月日	後職
松平康福	周防守	大坂城代	宝暦一三(一七六三)・一二・九	天明八(一七八八)・四・三	免 実寛職ゆるさる
鳥居忠孝 実寛忠意	丹波守	若年寄	天明元(一七八一)・九・一八	寛政五(一七九三)・二・二九	辞 実病免寛職ゆるさる
水野忠友	出羽守	側用人	天明元(一七八一)・九・一八	天明八(一七八八)・三・二八	免 実寛職ゆるさる
牧野貞長	越中守 備後守	京都所司代	天明四(一七八四)・五・一一	寛政二(一七九〇)・二・二	辞 実病免寛職ゆるさる
阿部正倫	備中守 伊勢守	奏者番兼寺社奉行	天明七(一七八七)・三・七	天明八(一七八八)・二・二九	辞 実病免
松平定信	越中守		天明七(一七八七)・六・一九	寛政五(一七九三)・七・二三	免 実寛職ゆるさる
松平信明	伊豆守	側用人	天明八(一七八八)・四・四	享和三(一八〇三)・一二・二二	卒 実病免
松平乗完	和泉守	京都所司代	寛政元(一七八九)・四・一一	寛政五(一七九三)・八・一五 実寛五・八・一九	卒

氏名	称呼	前職	補職年月日	転免年月日	後職
本多忠籌	弾正大弼	側用人	寛政二(一七九〇)・四・一六	寛政一〇(一七九八)・一〇・二六	病免 【寛】職ゆるさる
戸田氏教	采女正	側用人	寛政二(一七九〇)・一〇・一六 【実】【寛】二・一一・一六	文化三(一八〇六)・四・二六	卒
太田資愛	備中守	雁間詰	寛政五(一七九三)・三・一	享和元(一八〇一)・六・七	辞 【実】病免
安藤信成	対馬守	若年寄	寛政五(一七九三)・八・二四	文化七(一八一〇)・五・二四	卒
水野忠友	出羽守	雁間詰	寛政八(一七九六)・一一・二九	享和二(一八〇二)・九・二〇	卒
牧野忠精	備前守	京都所司代	享和元(一八〇一)・七・一一	文化一三(一八一六)・一〇・一三	辞 【実】病免
土井利厚	大炊頭	京都所司代	享和二(一八〇二)・一〇・一九	文政五(一八二二)・七・八 【実】五・七・九	卒
青山忠裕	下野守	京都所司代	文化元(一八〇四)・正・二三	天保六(一八三五)・五・六 【実】欠	病免 【実】欠
松平信明	伊豆守	雁間詰	文化三(一八〇六)・五・二五	文化一四(一八一七)・八・二九	卒
松平乗保	能登守	大坂城代	文化七(一八一〇)・六・二五	文政九(一八二六)・七・八	卒
酒井忠進	讃岐守 若狭守	京都所司代	文化一二(一八一五)・四・一五	文政一一(一八二八)・正・二六	卒
阿部正精	備中守	奏者番兼寺社奉行	文化一四(一八一七)・八・二五	文政六(一八二三)・一〇・一一	卒 【実】病免
水野忠成	出羽守	西丸側用人	文政元(一八一八)・八・二〇 【実】文化一四・八・二三	天保五(一八三四)・二・二八 【実】欠	卒 【実】欠
大久保忠真	加賀守	京都所司代	文政元(一八一八)・八・二	天保八(一八三七)・三・一九	卒
松平乗寛	和泉守	京都所司代 【実】寺社奉行	文政五(一八二二)・九・三	天保一〇(一八三九)・一一・二 【実】一〇・一一・三	卒

氏名	称呼	前職	補職年月日	転免年月日	後職
松平輝延	右京大夫	雁間詰、元大坂城代	文政六(一八二三)・一一・三 実六・一一・二三	文政八(一八二五)・二・一七	卒
植村家長	駿河守	若年寄	文政八(一八二五)・四・一八	文政一一(一八二八)・一一・三 実一一・一〇・三	卒
松平康任	周防守	京都所司代	文政九(一八二六)・一一・二三	天保六(一八三五)・九・二九 実欠	免 実欠
牧野忠精	備前守	譜代席	文政一一(一八二八)・二・五	天保二(一八三一)・四・一八	隠居 実致仕
水野忠邦	越前守	京都所司代	文政一一(一八二八)・一一・二三 実一一・一一・二三	天保一四(一八四三)・閏九・一三	免職、差控
松平宗発 実〔本庄宗発〕	伯耆守	京都所司代	天保二(一八三一)・五・二五	天保一一(一八四〇)・九・一八 実一一・九・一九	辞 実卒
太田資始	備後守	京都所司代	天保五(一八三四)・四・一一 実欠	天保一二(一八四一)・六・三	辞 実病免
脇坂安董	中務大輔	奏者番兼寺社奉行	天保七(一八三六)・二・一六 実七・二・一五	天保一二(一八四一)・二・二四	卒
松平信順	伊豆守	京都所司代	天保八(一八三七)・五・一六 (将軍不在位時補職・転免)	天保八(一八三七)・八・五 実八・八・六	辞 実病免
堀田正篤	備中守	大坂城代	天保八(一八三七)・七・九 (将軍不在位時補職)	天保一四(一八四三)・閏九・八	溜詰格 実職ゆるさる

京都所司代

氏名	称呼	前職	補職年月日	転免年月日	後職
戸田忠寛	因幡守	大坂城代	天明四(一七八四)・五・一一	天明七(一七八七)・三・一六	免 実旧班にかえさる 寛聴をゆるさる

氏名	称呼	前職	補職年月日	転免年月日	後職
松平乗完	和泉守	奏者番 実寺社奉行 寛奏者番兼寺社奉行	天明七(一七八七)・三・一六	寛政元(一七八九)・四・一八 実寛元・四・一一	老中
太田資愛	備中守	若年寄	寛政元(一七八九)・四・一八 実寛元・四・一一	寛政四(一七九二)・四・七 実寛四・八・七	免 実病免、雁間詰 寛職をゆるさる
堀田正順	相模守 大蔵大輔	大坂城代	寛政四(一七九二)・八・二七 寛四・八・一四	寛政一〇(一七九八)・一一・六	辞 実病により職とかれ、旧班に復す
牧野忠精	備前守	大坂城代	寛政一〇(一七九八)・三・八	享和元(一八〇一)・七・一一	老中
土井利厚 寛利和	大炊頭	奏者番兼寺社奉行 実寺社奉行	享和元(一八〇一)・七・一一	享和二(一八〇二)・一〇・一九	老中
青山忠裕	下野守	大坂城代	享和二(一八〇二)・一〇・一九	文化元(一八〇四)・正・二三	老中
稲葉正謀	丹後守	大坂城代	文化元(一八〇四)・正・二三	文化三(一八〇六)・八・二四 実なし	卒 実なし
阿部正由	播磨守	大坂城代	文化三(一八〇六)・一〇・一三	文化五(一八〇八)・一一・一三 実なし	卒 実なし
酒井忠進	靫負佐 讃岐守	奉者番兼寺社奉行	文化五(一八〇八)・三・一〇	文化一二(一八一五)・四・一五	老中
大久保忠真	加賀守	大坂城代	文化一二(一八一五)・四・六 実一二・四・一六	文政元(一八一八)・八・六 実元・八・二	老中
松平乗寛	和泉守	奉者番兼寺社奉行	文政元(一八一八)・八・二	文政五(一八二二)・九・三	老中
内藤信敦	紀伊守	若年寄	文政五(一八二二)・九・三	文政八(一八二五)・四・八 実なし	卒 実なし
松平康任	周防守	大坂城代 実なし	文政八(一八二五)・五・一五	文政九(一八二六)・一一・二三	老中
水野忠邦	左近将監 越前守	大坂城代	文政九(一八二六)・一一・二三	文政一一(一八二八)・一一・二三	西丸老中 実老中

氏名	称呼	前職	補職年月日	転免年月日	後職
松平資始 実(本庄宗発)	伯耆守	大坂城代	文政一一(一八二八)・一一・二二	天保二(一八三一)・五・二五	西丸老中
太田資始	備後守	大坂城代	天保二(一八三一)・五・二五	天保五(一八三四)・四・一一 実欠	西丸老中 実欠
松平信順	伊豆守	大坂城代 実欠	天保五(一八三四)・四・一一 実欠	天保八(一八三七)・五・一六	老中
土井利位	大炊頭	大坂城代	天保八(一八三七)・五・一六 (将軍不在位時補職)	天保九(一八三八)・四・一一	西丸老中

大坂城代

氏名	呼称	前職	補職年月日	転免年月日	後職
堀田正順	相模守	奏者番兼寺社奉行 実寛奏者番	天明七(一七八七)・四・一九	寛政四(一七九二)・八・二七 寛四・八・一四	京都所司代
牧野忠精	備前守	奏者番兼寺社奉行 実寺社奉行	寛政四(一七九二)・八・二七 実寛四・八・二八	寛政一〇(一七九八)・三・八	京都所司代
松平輝和	右京亮 右京大夫	奏者番兼寺社奉行 実寺社奉行(寛政三・二一・三条奏者番兼寺社奉行)	寛政一〇(一七九八)・三・八	寛政一二(一八〇〇)・九・二〇	卒
青山忠裕	下野守	西丸若年寄	寛政一二(一八〇〇)・一〇・一	享和二(一八〇二)・一〇・一九	京都所司代
稲葉正諶	丹後守	奏者番	享和二(一八〇二)・一〇・一九	文化元(一八〇四)・正・二三	京都所司代
阿部正苗 実寛正由	播磨守	奏者番兼寺社奉行	文化元(一八〇四)・正・二三	文化三(一八〇六)・一〇・一三	京都所司代

氏名	呼称	前職	補職年月日	転免年月日	後職
松平乗保	能登守	若年寄	文化三(一八〇六)・一〇・三	文化七(一八一〇)・六・二五	西丸老中
大久保忠真	安芸守 加賀守	奏者番兼寺社奉行	文化七(一八一〇)・六・二五	文化一二(一八一五)・四・一六	京都所司代
松平輝延	右京亮 右京大夫	奏者番兼寺社奉行 実なし	文化一二(一八一五)・四・二九	文政五(一八二二)・六・一 実五・七・一	辞 実病免、雁間詰
松平康任	周防守	奏者番兼寺社奉行 実寺社奉行	文政五(一八二二)・七・八	文政八(一八二五)・五・一五	京都所司代
水野忠邦	左近将監	奏者番兼寺社奉行 実なし	文政八(一八二五)・五・一五	文政九(一八二六)・一一・二三	京都所司代
松平宗発	伯耆守	奏者番兼寺社奉行 実寺社奉行	文政九(一八二六)・一一・二三	文政一一(一八二八)・一一・二二	京都所司代
太田資好 実(資始)	摂津守 備後守	奏者番兼寺社奉行 実寺社奉行	文政一一(一八二八)・一一・二二	天保二(一八三一)・五・二五	京都所司代
松平信順	伊豆守	奏者番兼寺社奉行	天保二(一八三一)・五・二五	天保五(一八三四)・四・一一 実欠	京都所司代 実欠
土井利位	大炊頭	奏者番兼寺社奉行 実欠	天保五(一八三四)・四・一一 実欠	天保八(一八三七)・五・一六	京都所司代
堀田正篤	備中守	奏者番兼寺社奉行 実寺社奉行	天保八(一八三七)・五・一六 (将軍不在位時補職・転免)	天保八(一八三七)・七・九	西丸老中
間部詮勝	下総守	奏者番兼寺社奉行 実寺社奉行	天保八(一八三七)・七・二〇 (将軍不在位時補職)	天保九(一八三八)・四・一一	京都所司代

側用人

氏名	称呼	前職	補職年月日	転免年月日	後職
松平信明	伊豆守	奏者番	天明八(一七八八)・二・二	天明八(一七八八)・四・四	老中
本多忠籌	弾正少弼 弾正大弼	若年寄	天明八(一七八八)・五・一五	寛政二(一七九〇)・四・一六	老中格
戸田氏教	釆女正	奏者番兼寺社奉行	寛政二(一七九〇)・四・一六	寛政二(一七九〇)・一一・一六	老中
水野忠成	出雲守	若年寄	文化九(一八一二)・四・四	文政元(一八一八)・八・二	老中
田沼意正	玄蕃頭	若年寄	文政八(一八二五)・四・一八	天保五(一八三四)・四・二六 実欠	辞

寺社奉行

氏名	称呼	前職	補職年月日	転免年月日	後職
堀田正順	相模守	奏者番	天明三(一七八三)・七・二八	天明七(一七八七)・四・一九	大坂城代
松平輝和	右京亮 右京大夫	奏者番	天明四(一七八四)・四・二六	寛政一〇(一七九八)・三・八	大坂城代
土井利和	大炊頭	奏者番	天明六(一七八六)・三・二四	天明八(一七八八)・六・二六	辞 実寛加役免
松平乗完	和泉守	奏者番	天明七(一七八七)・三・三	天明七(一七八七)・一二・一六	京都所司代
稲葉正諶	丹後守	奏者番	天明七(一七八七)・四・一九	天明八(一七八八)・六・二八 実寛八・六・二六	加役免
牧野忠精	備前守	奏者番	天明七(一七八七)・九・五見習 天明七(一七八七)・一二・二三本役	寛政四(一七九二)・八・二八	大坂城代
松平信通 実寛譜信道	紀伊守	奏者番	天明八(一七八八)・四・一五見習 天明八(一七八八)・六・二六本役	寛政三(一七九一)・八・一八	卒

氏名	称呼	前職	補職年月日	転免年月日	後職
板倉勝政	周防守	奏者番 [譜]なし	天明八(一七八八)・六・二五 [実][寛]八・六・二六[譜]なし〔板倉家譜〕八・五・二六	寛政一〇(一七九八)・五・一 [譜]なし	辞 [実]病、加役免[寛]加役辞[譜]なし
戸田氏教	釆女正	奏者番	寛政元(一七八九)・一一・二四	寛政二(一七九〇)・四・一六	側用人
脇坂安董	淡路守 中務大輔	奏者番	寛政三(一七九一)・八・二〇 [実][寛][譜]〔脇坂家譜〕三・八・一八	文化一〇(一八一三)・閏一一・一三 [実]〔脇坂家譜〕一〇・閏一一・一三[譜]一〇・閏一一・九	免 [実][譜]病免、帝鑑間席〔脇坂家譜〕病免
立花種周	出雲守	大番頭	寛政四(一七九二)・九・二〇	寛政五(一七九三)・八・二五	若年寄
青山忠裕	下野守	奏者番	寛政五(一七九三)・九・二四 [寛]五・八・二四	寛政八(一七九六)・一一・二九	若年寄 [実][寛][譜]西丸若年寄
土井利和 [実]〔土井家譜〕利厚	大炊頭	奏者番	寛政八(一七九六)・三・二四	享和元(一八〇一)・七・一一	京都所司代
松平康貞〔定〕 [実][寛][譜]康定	周防守	奏者番	寛政一〇(一七九八)・五・晦	享和三(一八〇三)・八・一 [実][譜]三・七・二四	寺社計辞 [実][譜]病、加役免
植村家長	駿河守	奏者番	寛政一一(一七九九)・正・一一	寛政一二(一八〇〇)・一一・一	西丸若年寄 [譜]若年寄
堀田正穀	豊前守	奏者番	寛政一二(一八〇〇)・一一・一	文化三(一八〇六)・五・二	依願寺社辞 [実]病、加役ゆるさる[譜]免
阿部正由	播磨守	奏者番	享和元(一八〇一)・七・一七	文化元(一八〇四)・正・二三	大坂城代
青山幸完	大膳亮	奏者番 元若年寄	享和二(一八〇二)・正・二〇	享和二(一八〇二)・四・九	辞 [実][譜]病、加役ゆるさる
松平輝延	右京亮	奏者番	享和二(一八〇二)・四・二六	文化二(一八〇五)・四・二九	大坂城代
水野忠成	出羽守	奏者番	享和三(一八〇三)・八・九見習 文化元(一八〇四)・正・二六本役 [実][譜]享和三・八・九本役	文化三(一八〇六)・一〇・一三	若年寄

氏名	称呼	前職	補職年月日	転免年月日	後職
大久保忠真	安芸守	奏者番	文化元(一八〇四)・正・二六	文化七(一八一〇)・六・二五	大坂城代
阿部正精	主計頭 備中守	奏者番	文化三(一八〇六)・五・六	文化五(一八〇八)・九・一〇	辞 実病、加役免(阿部家譜)病、加役辞
酒井忠進	靭負佐 若狭守	奏者番	文化五(一八〇八)・九・三 実譜五・九・一〇	文化五(一八〇八)・一二・一〇	京都所司代
松平乗寛	和泉守	奏者番	文化六(一八〇九)・正・三 実六・正・二三 譜六・正・一	文化一〇(一八一三)・六・九・ 譜一〇・六・七	辞 実譜病、加役免
有馬誉純	左兵衛佐	奏者番	文化七(一八一〇)・六・二六	文化九(一八一二)・四・四	西丸若年寄
阿部正精	備中守	奏者番	文化七(一八一〇)・九・二六	文化一四(一八一七)・八・二五	老中
内藤信敦	豊前守	奏者番	文化一〇(一八一三)・六・二四 譜なし	文化一四(一八一七)・七・二四	若年寄
松平武厚	右近将監	奏者番	文化一〇(一八一三)・三・一	文政五(一八二二)・六・二八	免 実両職免、帝鑑間席
青山幸孝	大蔵少輔	奏者番	文化一二(一八一五)・五・二八	文化一二(一八一五)・一一・一 実なし 譜一二・一一・二五	卒 実なし
松平乗寛	和泉守	奏者番	文化一二(一八一五)・三・二八 譜一二・三・三	文政元(一八一八)・八・二	京都所司代
松平康任	周防守	奏者番	文化一四(一八一七)・八・二四	文政五(一八二二)・七・八	大坂城代
水野忠邦	和泉守 左近将監	奏者番 譜なし	文化一四(一八一七)・九・一〇 譜なし	文政八(一八二五)・五・一五 譜なし	大坂城代 譜なし
松平宗発 実(本庄)	伯耆守	奏者番	文政元(一八一八)・八・二四 譜八・八・二四	文政九(一八二六)・一一・二三	大坂城代
本多正意	豊前守	奏者番	文政五(一八二二)・七・三	文政八(一八二五)・四・二八	若年寄

氏名	称呼	前職	補職年月日	転免年月日	後職
太田資治〔始〕 実譜〔資始〕	摂津守	奏者番	文政五(一八二二)・七・一七 実なし	文政一一(一八二八)・一一・二二	大坂城代
松平信順	伊豆守	奏者番	文政八(一八二五)・五・六	天保二(一八三一)・五・二二	大坂城代
土井利位	大炊頭	奏者番	文政八(一八二五)・五・二四	文政一二(一八二九)・三・六	辞 実病、加役ゆるさる
堀親寚	大和守	奏者番	文政九(一八二六)・三・一	文政一一(一八二八)・一〇・二五	若年寄
土屋彦直	相模守	奏者番	文政一一(一八二八)・一一・一 譜一一・一・一	天保五(一八三四)・三・二三 実欠譜五・一・一	辞 実欠譜病、加役辞
松平光年 実〔戸田光壮〕譜〔光壮〕・光年	丹波守	奏者番	文政一一(一八二八)・三・三	天保元(一八三〇)・一〇・二五	依願加役免 実病、加役免譜加役免
脇坂安董	中務大輔	奏者番 実譜帝鑑間席	文政一二(一八二九)・一〇・二四	天保七(一八三六)・二・二六 実七・二・一五〔脇坂家譜〕八・七・九	西丸老中格
土井利位	大炊頭	奏者番	天保元(一八三〇)・一一・八	天保五(一八三四)・四・一一 実欠	大坂城代
間部詮勝	下総守	奏者番 実なし	天保元(一八三〇)・一一・八見習 天保二(一八三一)・五・二八本役 〔間部家譜〕二・一・一本役	天保八(一八三七)・七・二〇 〔間部家譜〕八・一・一	大坂城代
井上正春	河内守	奏者番	天保五(一八三四)・四・一八 実欠譜五・四・八	天保九(一八三八)・四・一一	大坂城代
堀田正篤	相模守 備中守	奏者番	天保五(一八三四)・八・八 実欠譜五・八・一	天保八(一八三七)・五・一六 譜八・一・一	大坂城代
牧野忠雅	備前守	奏者番 実欠	天保七(一八三六)・二・二六	天保一一(一八四〇)・正・一三	京都所司代
青山忠良	因幡守	奏者番 実なし	天保八(一八三七)・五・六 実譜八・五・一六 (将軍不在位時補職)	天保一一(一八四〇)・一一・三	大坂城代

氏名	称呼	前職	補職年月日	転免年月日	後職
阿部正瞭	能登守	奏者番	天保八(一八三七)・七・二〇(将軍不在位時補職)	天保九(一八三八)・五・一 [実]なし [譜](阿部家譜)九・五・三	卒 [実]なし

若年寄

氏名	称呼	前職	補職年月日	転免年月日	後職
酒井忠休	石見守	雁間詰	宝暦一二(一七六二)・八・一五	天明七(一七八七)・四・一〇 [実][寛]七・四・一八	雁間詰 [実][寛]卒
酒井忠香	飛騨守	奏者番兼寺社奉行 [実][寛]奏者番	明和二(一七六五)・八・三	天明八(一七八八)・三・一九	雁間詰 [実]病免[寛]職ゆるさる
太田資愛	備後守 備中守	奏者番兼寺社奉行	天明元(一七八一)・閏五・一一	寛政元(一七八九)・四・一一	京都所司代
井伊直朗	兵部少輔	奏者番	天明元(一七八一)・九・一八	文化九(一八一二)・三・二五	病免
安藤信明 [実][寛]信成	対馬守	奏者番兼寺社奉行	天明四(一七八四)・四・一五	寛政五(一七九三)・八・二四	老中
松平忠福	玄蕃頭	奏者番	天明五(一七八五)・三・二四	天明八(一七八八)・四・二	辞 [実]病免
本多忠籌	弾正少弼	帝鑑間席	天明七(一七八七)・七・一七	天明八(一七八八)・五・一五	側用人
青山幸完	大膳亮	奏者番	天明八(一七八八)・三・三	寛政三(一七九一)・九・一八	辞 [実]病免
京極高久	備前守 備中守	大番頭	天明八(一七八八)・六・一八	文化五(一八〇八)・四・二〇	卒
堀田正敦	摂津守	大番頭	寛政二(一七九〇)・六・一〇	天保三(一八三二)・正・二九	隠居 [実]致仕
立花種周	出雲守	奏者番兼寺社奉行	寛政五(一七九三)・八・二五	文化二(一八〇五)・一一・二九 [実]二・一一・一九	免職、差控

氏名	称呼	前職	補職年月日	転免年月日	後職
青山忠裕	下野守	奏者番兼寺社奉行	寛政八(一七九六)・一一・二九	寛政一二(一八〇〇)・一〇・一	大坂城代
松平乗保	能登守	奏者番	寛政一〇(一七九八)・七・二四	文化三(一八〇六)・一〇・一二	大坂城代
植村家長	駿河守	奏者番兼寺社奉行	寛政一二(一八〇〇)・一一・一	文政八(一八二五)・四・一八	西丸老中格 実老中格
青山幸完	大膳亮	奏者番	文化元(一八〇四)・八・一五	文政五(一八二二)・一一・八	卒
小笠原貞温	近江守	奏者番	文化二(一八〇五)・一二・一三	文政五(一八二二)・二・二三	卒
水野忠成	出羽守	奏者番兼寺社奉行	文化三(一八〇六)・一〇・一二	文化九(一八一二)・四・四	西丸側用人
水野忠韶	壱岐守	奏者番	文化五(一八〇八)・一一・二〇	文政一一(一八二八)・五・二六	卒
有馬誉純	左兵衛佐	奏者番兼寺社奉行	文化九(一八一二)・四・四	文政二(一八一九)・八・六	卒 実病免
京極高備	周防守 上総介	大番頭	文化九(一八一二)・一二・二五	文政一一(一八二八)・一一・一二 実一一・一〇・一二	辞 実病免
内藤信敦	豊前守 紀伊守	奏者番兼寺社奉行	文化一四(一八一七)・七・二四	文政五(一八二二)・九・三	京都所司代
田沼意正	玄蕃頭	大番頭	文政二(一八一九)・八・八	文政八(一八二五)・四・一八	西丸側用人
森川俊知	紀伊守 内膳正	奏者番	文政五(一八二二)・八・一五	天保九(一八三八)・八・八 実なし	卒 実なし
増山正寧	河内守 弾正少弼	奏者番	文政五(一八二二)・九・三	天保一三(一八四二)・六・二七	辞 実病免
林忠英	肥後守	側衆	文政八(一八二五)・四・二三	天保一二(一八四一)・四・一六 実一二・四・一七	免職、減封、差控

氏名	称呼	前職	補職年月日	転免年月日	後職
本多正意	豊前守 遠江守	奏者番兼寺社奉行	文政 八(一八二五)・四・二六	文政一二(一八二九)・五・二七	卒
永井尚佐	肥前守	奏者番	文政一〇(一八二七)・三・二〇	天保一〇(一八三九)・四・一九 実なし	卒 実なし
堀親寚	大和守	奏者番兼寺社奉行	文政一一(一八二八)・一一・二五 実一一・一〇・二五	天保一二(一八四一)・七・一	側用人
小笠原長貴	相模守	奏者番	文政一二(一八二九)・六・二	天保一一(一八四〇)・三・八 実なし	卒 実なし
本多助賢	豊後守	奏者番	天保 三(一八三二)・二・九	天保一二(一八四一)・八・七	免 実職ゆるさる
大岡忠固	主膳正	奏者番	天保 七(一八三六)・九・四	嘉永 五(一八五二)・七・四 実なし	卒 実なし
堀田正衡	摂津守	奏者番	天保 七(一八三六)・九・四	天保一四(一八四三)・一〇・二四	免 実職ゆるさる

町奉行

氏名	称呼	前職	補職年月日	所在	転免年月日	後職
曲淵景漸	甲斐守	大坂町奉行	明和 六(一七六九)・八・一五	北	天明 七(一七八七)・六・一	西丸留守居
山村良旺	信濃守	勘定奉行	天明 四(一七八四)・三・三	南	寛政元(一七八九)・九・七	清水家家老
石河政武	土佐守	寄合、元小普請組支配	天明 七(一七八七)・六・一〇	北	天明 七(一七八七)・九・一六 実なし 寛七・九・一九	卒 実日付なし
柳生久通	主膳正	普請奉行 実寛小普請奉行	天明 七(一七八七)・九・二七	北	天明 八(一七八八)・九・一〇	勘定奉行上席
初鹿野信興	伝右衛門 河内守	浦賀奉行	天明 八(一七八八)・九・一〇	北	寛政 三(一七九一)・一二・二〇 実なし	卒 実日付なし

氏名	称呼	前職	補職年月日	所在	転免年月日	後職
池田長恵	筑後守	京都町奉行	寛政元(一七八九)・九・七	南	寛政七(一七九五)・六・二八	大目付
小田切直年	土佐守	大坂町奉行	寛政四(一七九二)・正・一八	北	文化八(一八一一)・四・二〇 [実]なし	卒 [実]日付なし
坂部広吉 [実]広高[寛]広吉・広高	能登守	大坂町奉行	寛政七(一七九五)・六・二八	南	寛政八(一七九六)・九・一八 [実][寛]八・九・二八	西丸留守居
村上義礼	大学 肥後守	目付	寛政八(一七九六)・九・一八 [実][寛]八・九・二八	南	寛政一〇(一七九八)・一〇・二七 [実]なし[寛]一〇・一〇・二三	卒 [実]日付なし
根岸鎮衛	肥前守	勘定奉行	寛政一〇(一七九八)・一一・一一	南	文化一二(一八一五)・一一・九 [実]なし	卒 [実]日付なし
永田正道	備後守	勘定奉行	文化八(一八一一)・四・二六	北	文政二(一八一九)・四・二三 [実]なし	卒 [実]日付なし
岩瀬氏記〔紀〕 [実][寛]氏紀	加賀守 伊予守	勘定奉行	文化一二(一八一五)・一一・二四	南	文政三(一八二〇)・二・八	大目付
榊原忠之	主計頭	勘定奉行	文政二(一八一九)・閏四・一	北	天保七(一八三六)・九・二〇	大目付
荒尾成章	但馬守	大坂町奉行	文政三(一八二〇)・三・一七	南	文政四(一八二一)・正・二三 [実]四・正・二三	辞 [実]病免
筒井政憲	和泉守 伊賀守 紀伊守	長崎奉行	文政四(一八二一)・正・二九	南	天保一二(一八四一)・四・二八	西丸留守居
大草高好	安房守	勘定奉行	天保七(一八三六)・九・二〇	北	天保一一(一八四〇)・正・一八 [実]なし	卒 [実]日付なし

勘定奉行

氏名	称呼	前職	補職年月日	管掌	転免年月日	後職
桑原成貞〔盛員〕 [実][寛]盛員	能登守 伊予守	作事奉行	安永五(一七七六)・七・八	公事・勝手・公事	天明八(一七八八)・一一・一五	大目付

氏名	称呼	前職	補職年月日	管掌	転免年月日	後職
久世広民	丹後守 備中守 下野守	長崎奉行	天明四(一七八四)・三・三	公事・勝手・公事	寛政九(一七九七)・六・五	小性組番頭 実寛西丸小性組番頭
柘植正寔	長門守	作事奉行	天明六(一七八六)・閏一〇・一二	公事	天明八(一七八八)・七・二五	清水家家老
青山成存	但馬守	普請奉行	天明六(一七八六)・三・一 寛安永六・三・一	公事・勝手・公事	天明七(一七八七)・一一・三 寛安永七・一一・三	田安家家老
根岸鎮衛	肥前守	佐渡奉行	天明七(一七八七)・七・一	勝手・公事	寛政一〇(一七九八)・一一・一一	町奉行
久保田政邦	十左衛門 佐渡守	佐渡奉行	天明八(一七八八)・五・一〇	勝手	寛政四(一七九二)・閏四・八 実寛四・閏二・八	西丸留守居
柳生久道(通) 実寛久通	主膳正	町奉行	天明八(一七八八)・九・一〇	勝手	文化一四(一八一七)・二・二六	留守居
曲淵景漸	甲斐守	小普請組支配	天明八(一七八八)・一一・二四	公事	寛政九(一七九七)・二・一二	留守居
佐橋佳如	長門守	日光奉行	寛政四(一七九二)・閏四・八 実寛四・閏二・八	勝手	寛政六(一七九四)・九・一六	辞 実病免、寄合寛 辞、寄合
間宮信好	諸左衛門 筑前守	目付	寛政六(一七九四)・九・一二	勝手・公事	寛政九(一七九七)・九・一〇 実なし	卒
中川忠英	飛驒守	長崎奉行	寛政九(一七九七)・二・一二	勝手	文化三(一八〇六)・正・三〇 実なし	大目付 実なし
石川忠房	左近将監	作事奉行	寛政九(一七九七)・八・二七	勝手・公事	文化三(一八〇六)・三・一四 実三・一二・一五	西丸留守居
菅沼定喜	下野守	京都町奉行	寛政九(一七九七)・一〇・一二	公事	享和二(一八〇二)・五・二七	免職
松平豊(貴)強 実寛貴強	石見守	長崎奉行	寛政一〇(一七九八)・三・三	勝手	寛政一一(一七九九)・一一・二六 実なし	卒
小笠原長幸	三九郎 和泉守 伊勢守	勘定吟味役	寛政一二(一八〇〇)・九・一五 実一二・九・五	勝手	文化九(一八一二)・九・二九 実なし	卒

氏名	称呼	前職	補職年月日	管掌	転免年月日	後職
松平信行	淡路守 兵庫頭	小普請奉行	享和二(一八〇二)・六・一一	公事	文化九(一八一二)・一一・二四	西丸旗奉行
水野忠道〔通〕 実忠通・〔忠道〕寛忠通	若狭守	小普請奉行	文化三(一八〇六)・三・一四 実三・三・一五	公事	文化七(一八一〇)・三・一四	大目付
肥田頼常	豊後守	作事奉行	文化七(一八一〇)・三・一四	勝手	文化一二(一八一五)・六・一七	西丸留守居
永田正道	備後守	広敷用人 実御台所用人	文化七(一八一〇)・三・一四	公事	文化八(一八一一)・四・二六	町奉行
有田貞勝	播磨守	作事奉行	文化八(一八一一)・四・二六	公事	文化九(一八一二)・二・一七	大目付 三〇〇俵
曲淵景露	甲斐守	長崎奉行	文化九(一八一二)・二・一七	公事	文化一三(一八一六)・七・二四	大目付
小長谷政長〔良〕 実〔政長〕	和泉守	京都町奉行	文化九(一八一二)・三・一九	公事	文化一一(一八一四)・一〇・一六 実なし	卒
岩瀬氏記〔紀〕 実〔氏紀〕	加賀守	作事奉行	文化一一(一八一四)・一〇・二八	公事	文化一二(一八一五)・一一・二四	町奉行
榊原忠之	主計頭	小普請奉行	文化一二(一八一五)・六・一七	勝手・公事	文政二(一八一九)・閏四・一	町奉行
服部貞勝	備後守 伊賀守	松前奉行	文化一三(一八一六)・五・四	勝手・公事	文政二(一八一九)・九・一三	小普請組支配
土屋簾〔廉〕直 実〔廉直〕	紀伊守	作事奉行	文化一三(一八一六)・七・二四	公事	文政二(一八一九)・八・二四	西丸留守居
古川氏清	和泉守 山城守	広敷用人 実御台所用人	文化一三(一八一六)・八・四		文政三(一八二〇)・六・一三 実なし	卒 実なし
村垣定行	淡路守	作事奉行	文政元(一八一八)・九・二〇	勝手	天保三(一八三二)・三・一〇 実なし	卒

氏名	称呼	前職	補職年月日	管掌	転免年月日	後職
石川忠房	右(左)近将監 主水正	小普請組支配	文政二(一八一九)・九・五	公事	文政一一(一八二八)・八・二六	留守居
遠山景晋	左衛門尉	作事奉行	文政二(一八一九)・九・二四	公事・勝手	文政一二(一八二九)・二・七 実なし	辞 実なし
松浦忠	伊勢守	京都町奉行	文政三(一八二〇)・七・二六	公事	文政六(一八二三)・九・二六	大目付
曾我助弼	豊後守	京都町奉行	文政六(一八二三)・二・八	公事	天保六(一八三五)・三・九 実欠	免職 実欠
土方勝政	出雲守	西丸留守居	文政一一(一八二八)・九・一〇	公事・勝手	天保七(一八三六)・八・一〇	卒 実病免、寄合
内藤矩佳	隼人正	大坂町奉行	文政一二(一八二九)・三・二六	公事・勝手	天保一二(一八四一)・六・七 実なし	卒
明楽茂村	飛驒守	留守居番次席勘定吟味役	天保三(一八三二)・三・一五	勝手	天保一二(一八四一)・正 実なし	卒
大草高好	能登守	作事奉行 実欠	天保六(一八三五)・三・三 実欠	公事	天保七(一八三六)・九・二〇	町奉行
矢部定謙	駿河守	大坂町奉行	天保七(一八三六)・九・二〇	勝手	天保九(一八三八)・二・二 実九・二・三	西丸留守居
神尾元孝	備中守 山城守	作事奉行	天保七(一八三六)・九・二〇	公事	天保八(一八三七)・七・八	大目付
深谷盛房	遠江守	作事奉行	天保八(一八三七)・七・二〇 (将軍不在位時補職)	公事	天保一二(一八四一)・四・二六	小普請組支配

12代　徳川家慶

徳川家慶画像　紙本着彩。額が強調されて描かれている。
家慶画像としては乗馬図も残されている。

徳川家慶（とくがわいえよし）　一七九三―一八五三

江戸幕府十二代将軍。一八三七―五三在職。徳川家斉の次男。母は側室の楽（香琳院）。幼名を松平敏次郎と名乗る。寛政五年（一七九三）五月十四日、江戸城本丸にて生まれる。養育は正室の広大院が行なった。同八年十二月朔日、諱を家慶とする。翌九年三月朔日、従二位大納言に叙せられる。同年五月、江戸城西丸へ移る。文化六年（一八〇九）十二月朔日、有《あり》栖《す》川《がわの》宮《みや》織《おり》仁《ひと》親王の王女である楽《さざの》宮《みや》喬《たか》子《こ》と婚姻。同十三年四月二日に右近衛大将を兼任、文政五年（一八二二）三月朔日に正二位内大臣に叙せられる。同十年三月十八日には、父家斉への太政大臣の叙任に併せ、将軍就任前としては異例の従一位とされる。家斉は、将軍自身や直系親族が高位高官を得ることで将軍権威の強化を志向しており、翌年には世子の家慶を兼任の右近衛大将から左近衛大将へ昇進させようと画策するが、これは実現することはなかった。天保八年（一八三七）四月二日、本丸へ移り、上様と称される。同十五日、右大臣を経ずに左大臣に叙せられる。同年九月二日、将軍宣下が行われ、征夷大将軍、源氏長者となる。ただし、将軍就任後もしばらくは、政治の実権は依然として大御所の家斉とその側近が握っていた。天保九年と嘉永五年（一八五二）に江戸城西丸の炎上に遭う。また、弘化元年（一八四四）五月には江戸城本丸が焼失し、弘化二年二月の本丸普請竣工まで西丸へ移る。性格は『続徳川実紀』では「温良謹慎」と評されているが、積極的な主導性を見せないためか、周囲からは「そうせい様」と陰口されていたという。家慶が生き、将軍として在職していた十九世紀前半は、内憂外患の危機に直面した時代であり、幕藩体制の大きな転換点に位置していた。大御所の家斉によって政治の実権が握られていた時期は、内憂外患への対処が見られず、賄賂政治による幕府の腐敗、みずからの子女を通じた姻戚関係のある大名を恣意的に優遇するなど、幕藩関係は悪化していた。家慶の時代には、十八世紀末から十九世紀初頭にかけて昌平黌《しょうへいこう》を中心として進められ、将軍権威を高めることを目的とした文武忠孝に基づくイデオロギー統制を志向する編纂事業の成果として、『徳川実紀』などが完成され献上された。家慶自身も、天保十四年四月に六十七年ぶりとなる将軍の日光社参を、三十万人ともいわれる大行列を組むなど壮大な規模で実施した。また、嘉永二年には、幕府直轄の小金原《こがねはら》牧において、軍事調練を兼ねた鹿狩を実施して、将軍以下の武威を示そうとした。一方、天皇・朝廷の権威を利用した将軍家の権威づけも積極的に行い、結果として公武融和の状況が生み出された。家慶は武威の発揚や天皇・朝廷の利用によって将軍家の権威を高め、将軍権力の回復と幕藩体制の維持を図ろうとしたのである。そのため、この時期には多くの朝廷儀礼の復古・再興がなされるとともに、天保十一年の光格天皇の死去に伴い、現代につながる「諡号＋天皇号」という称号が約九百六十年ぶりに再興されるといった天皇・朝廷権威の浮揚が見られた。知識人などからは、内憂外患の危機に対して、天皇を核とする国民統合が説かれるようになった。政治面では、家慶と老中水野《みずの》忠邦《ただくに》らにより、天保十二年閏正月の家斉死去を機に家斉側近らが処罰され、同年五月に天保改革の断行が宣言された。これは、大御所政治を一掃し、享保・寛政の時代に復古することを志向したもので、綱紀粛正、倹約、風俗是正に重点を置いたものである。高騰する物価問題に対しては、自由な流通・営業を目的とした株仲間解散令を出し、江戸の町名主のうちから掛名主を任命して円滑な政策実現を図ったほか、良貨への貨幣改鋳、奢侈・風俗の取締を強化した。特に歌舞伎と役者を江戸市中から隔離、多くの寄席を取り潰して制限し、さらに出版の統制や検閲を行うなど、町人文化や思想に対する厳しい取締りが実施された。農村問題では、農村労働力の減少と都市下層民の増大への対策として人返し令を出して対応した。また、逼迫する幕府財政問題に対しては、幕府領での耕地と収穫量の再把握による厳しい年貢増徴、大名への多額の御用金賦課などが行われた。しかし、幕府内外の反対もあり、なかなか効果的な成果を上げることはできなかった。海防問題では、家慶の将軍就任と同じ年に発生したモリソン号事件、実権を掌握した直後の天保十三年にもたらされたアヘン戦争情報を契機とし、大きく政策が転換されることとなった。特に後者では、イギリスとの紛争を避けるため、文政の異国船打払令を撤回し、漂流した異国船へ食料や燃料を与える薪水給与令を出した。また、鎖国体制を維持するため、江戸湾をはじめ全国的な海防態勢を強化する方針が打ち出され、諸大名へ海防の強化を命じるとともに、下田奉行の復活、羽田奉行・新潟奉行の新設、幕府への海岸防備掛(海防掛)の設置などが実施された。西洋流の軍備を導入することで、軍事力の増強も図られた。非常時における全国からの物資供給を実現するため、印旛沼から江戸内湾までの水路造成工事が庄内藩などの大名家を動員して行われた。この時期の重要な政策として、江戸城と大坂城の周辺約十里(約四〇キロ)四方の私領を幕府領とする上知令が出された。幕府は所領が錯綜した非領国地域における取締強化と説明したが、年貢収量の増加による幕府財政対策や、対外的危機に対する海岸防備・領民支配が目的であったとも指摘されている。これら家慶と水野忠邦らによる内憂外患に対する積極的な施策自体は評価できるものであり、ペリー来航以後にも引き継がれたものであった。しかし、性急に成果を上げようとしすぎたこともあり、大名から農民まであらゆる階層の激しい抵抗に遭い、幕府の弱体化と幕藩制国家としての危機を進めることとなってしまった。水野忠邦の失脚後、老中首座阿部《あべ》正弘《まさひろ》による幕政運営では、従来の専制的な政策決定方法が見直され、雄藩大名らへの情報公開や諮問など協調体制が執られることとなった。嘉永六年五月十五日、家慶還暦の祝いとして高田馬場で流鏑馬が行われるが、その一ヵ月後の六月二十二日に病没。六十一歳。墓所は増上寺(東京都港区)、法名は慎徳院殿天蓮社順誉道仁大居士。

[参考文献]『続徳川実紀』二(『新訂増補国史大系』、吉川弘文館、一九六六年)、『徳川諸家系譜』一・二・三(続群書類従完成会、一九七〇・七四・七九年)、北島正元『水野忠邦』(『人物叢書』、吉川弘文館、一九六九年)、青木美智男・山田忠雄編『天保期の政治と社会』(『講座日本近世史』六、有斐閣、一九八一年)、藤田覚『幕藩制国家の政治史的研究』(校倉書房、一九八七年)、同編『近代の胎動』(『日本の時代史』一七、吉川弘文館、二〇〇三年)、国立歴史民俗博物館編『企画展示 武士とはなにか』(国立歴史民俗博物館、二〇一〇年)

(工藤　航平)

〔家族〕

浄観院　(じょうかんいん)　一七九五—一八四〇

徳川家慶の正室。有栖川宮織仁《ありすがわのみやおりひと》親王の六女。幼名を楽宮《さざのみや》といい、のち喬子《たかこ》を名乗る。寛政七年(一七九五)六月十四日に京都に生まれる。実母は側室の常盤木(有栖川宮の家臣中川出羽守の娘か)。享和三年(一八〇三)九月に家慶との婚儀が決まり、翌文化元年(一八〇四)九月に江戸城本丸、十一月十五日に西丸に入る。下向に際しては、留守居の松浦越前守信程《のぶきよ》、用人の東條信濃守長祇《ながまさ》、目付の伊東長兵衛祐香《すけか》、使番の石野新左衛門広温《ひろはる》が道路護送の事を命じられ、江戸では留守居の酒井因幡守忠敬《ただゆき》、用人の中島伊予守行敬《ゆきたか》が御用掛を命じられる。同六年十二月朔日、婚姻の儀を行う。この時家慶は十七歳、喬子は十五歳。これ以後、御簾中様と称される。九日・十日と江戸城で婚儀祝いの御能が盛大に行われた。文化十年に嫡男竹千代(玉樹院)、同十二年に儔姫《(とも)》(瑞芳院)、同十三年に最玄院をもうけるが、いずれも夭折である。文政五年(一八二二)三月、従三位に叙せられる。天保八年(一八三七)、家慶の将軍職襲封により大奥に入り、御台所様と称せられる。同十一年正月二十四日、四十六歳にて死去。同年二月に従二位、弘化二年(一八四五)六月に従一位が追贈される。兄に有栖川《ありすがわ》宮韶仁《みやつなひと》親王、梶井宮承真法親王、輪王寺宮舜仁入道親王、知恩院宮尊超《そんちょう》入道親王など、妹に吉子女王(貞芳院《ていほういん》、水戸藩主徳《とく》川斉昭《がわなりあき》簾中、十五代将軍徳川慶喜の母)などがいる。墓所は寛永寺(東京都台東区)、法名は浄観院殿慈門妙信大姉。京都知恩院塔頭の一心院に遺髪供養塔が建立される。この笠部には正・裏に三つ葉葵紋、左右面に十六菊花紋が刻まれており、徳川家と宮家との関係が良好であったことをうかがわせる。また、高野山の高台院と奥院にも供養塔が建立される。墓所の発掘調査により、爪(公家文化である爪切りの風習)や、墨書榼葉(念仏榼葉)、厨子入り念持仏など特徴的な副葬品が出土している。遺骨から、推定身長は当時の平均よりやや低い一四三・六センチで、顔面の輪郭は細長く、二等辺三角形に近いことが推定されている。

参考文献 『続徳川実紀』一・二(『新訂増補国史大系』、吉川弘文館、一九六六年)、『徳川諸家系譜』一・二(続群書類従完成会、一九七〇・七四年)、高柳金芳『徳川妻妾記』(『江戸時代選書』九、雄山閣、二〇〇三年)、寛永寺谷中徳川家近世墓所調査団編『東叡山寛永寺徳川将軍家御裏方霊廟』一・三(吉川弘文館、二〇一二年)

(工藤 航平)

清涼院 (せいりょういん) ?—一八四七

徳川家慶の側室。小性組の押田丹波守勝長の娘。久《ひさ》、定、貞と名乗る。家慶の生母である香琳院は押田勝長の妹であり、その姪にあたることから、早くから香琳院のもとに部屋子として引き取られた。部屋子となった後、西丸御次となる。香琳院の後ろ楯によって家慶の寵愛をうけ、中﨟となり、名を久と改める。文化十一年(一八一四)に長女達《みち》姫(深珠院)、文政二年(一八一九)に次男紀《とし》次郎(登《のり》次郎のち、嘉《よし》千代、璿玉《せんぎょく》院《いん》)をもうけるが、いずれも夭折である。達姫出産により、十人扶持を加給される。また、文政二年十月に名を定(貞)と改める。このころに年寄上位という待遇をうける。同八年に初之丞(発之丞、のち徳川慶昌《とくがわよしまさ》)をもうける。達姫は清涼院が生母であるが、簾中の喬子《たかこ》が養母となって育てた。弘化四年(一八四七)二月五日に死去し、同月十二日に二丸広敷を出棺、増上寺(東京都港区)へ向けて葬送が行われた。墓所は増上寺、法名は清涼院浄譽香潔妙薫大姉。

参考文献 『続徳川実紀』二(『新訂増補国史大系』、吉川弘文館、一九六六年)、『徳川諸家系譜』一・二(続群書類従完成会、一九七〇・七四年)、高柳金芳『徳川妻妾記』(『江戸時代選書』九、雄山閣、二〇〇三年)

(工藤 航平)

妙華院 (みょうげいん) 一八〇三—二六

徳川家慶の側室。旗本で小普請組の太田内蔵頭資寧の娘。加久《かく》と名乗る。享和三年(一八〇三)五月十一日に生まれる。

文政三年(一八二〇)、西丸御次として大奥に入る。同四年には中﨟となる。翌五年六月二十三日、三男の円常院を出産するが、早世している。同年八月、十人扶持を加給され、子女を出産した側室の処遇の先例となる。同九年に五女の咸姫(諦明院)を出産するが、早世している。また、この出産の際、産後の経過が芳しくなく、文政九年四月六日、療養中の桜田御用屋敷で死去。二十四歳。墓所は伝通院(東京都文京区)、法名は妙華院香屋清薫大姉。

参考文献　『徳川諸家系譜』一・二(続群書類従完成会、一九七〇・七四年)、高柳金芳『徳川妻妾記』(『江戸時代選書』九、雄山閣、二〇〇三年)

（工藤　航平）

本寿院（ほんじゅいん）　一八〇七―八五

徳川家慶の側室、十三代将軍徳川家定の生母。書院番諏訪備前守頼存支配の跡部《あとべ》正賢《まさかた》の娘。美津《みつ》、堅子と名乗る。文化四年(一八〇七)に生まれる。家慶の弟千三郎に仕える姉の浜尾を訪ねて大奥へ泊まりにいった際、家慶に気に入られたという。文政五年(一八二二)に西丸御次として大奥に出仕し、翌六年に中﨟となる。同七年四月八日、政之介(のち十三代将軍徳川家定)を出産する。政之助の出生日は後に四月十五日と改められ、乳母の歌橋によって養育される。同年五月には、妙華院の先例に倣って、十人扶持が加給される。同九年に春之丞(覚性院)、同十一年に悦五郎(充誠院)を出産するが、いずれも早世である。同十一年四月十五日には、政之介とともに江戸城大奥へ移る。家慶が将軍職を襲封すると、年寄上座となっている。家慶が将軍職を襲封すると、政之介とともに江戸城大奥へ移る。嘉永六年(一八五三)六月、家慶が死去すると、落飾して本寿院と号す。一方、家定の将軍就任に際し、将軍生母として本丸大奥に居を構え、家定死後も大奥に残り続けた。十三代将軍の継嗣問題では、大奥は紀伊藩主の徳川慶福《とくがわよしとみ》を推し、本寿院も水戸藩主徳川斉昭《とくがわなりあき》の子息である一橋慶喜の就任に反対している。文久元年(一八六一)九月下旬、江戸城二丸へ引き移る。明治元年(一八六八)四月の江戸開城により、天璋院とともに江戸城大奥を出て、一橋邸へ移る。明治十八年(一八八五)二月三日、一橋邸において死去、七十九歳。墓所は寛永寺谷中墓地(東京都台東区)、法名は本寿院遠常妙堅大姉。遺骨の鑑定により、推定身長は江戸庶民平均や近代平均よりもやや低い一四〇・七㌢と推定されている。また、胸郭、肩甲骨、橈骨に広範囲な骨折の治癒途中の痕跡があり、死亡時より少し前(二ヵ月未満)に生じた怪我と考えられる。一方、右親指にはヘバーデン結節が見られることから、家事や手仕事などを頻繁に行なっていた可能性が考えられている。人柄については、「本寿院様御履歴」には「品格高尚ニシテ謙遜柔和ノ徳ヲ備ヘ居事、歓喜微笑御満足ノ御様子ニ伺ハレタリ、和歌ヲ好ミ玉ヒ、御筆跡美麗ナリ」と記されている。

参考文献 『徳川諸家系譜』一・二(続群書類従完成会、一九七〇・七四年)、辻達也編『新稿一橋徳川家記』(続群書類従完成会、一九八三年)、高柳金芳『徳川妻妾記』(『江戸時代撰書』九、雄山閣、二〇〇三年)、寛永寺谷中徳川家近世墓所調査団編『東叡山寛永寺徳川将軍家御裏方霊廟』一・三(吉川弘文館、二〇一二年)

（工藤　航平）

波奈（はな）　生没年不詳

徳川家慶の側室。幕臣で小納戸組の菅谷平八郎政徳の娘。生年月日は不詳。母は朝比奈弥太郎泰諳《やすなり》の娘。文政二年(一八一九)三月、西丸御次として大奥に入る。同七年に米姫(瑤台院)を出産するが、早世している。米《よね》姫を出産したことにより、先例通りに十人扶持を加給される。同九年、暉姫(貞明院)を出産。家慶の娘で嫁いだのは暉姫のみである。暉姫を出産したのちの波奈の経歴については不詳である。『徳川将軍家墓碑総覧』によると、増上寺の徳川将軍家の墓所には、一つだけ続柄不詳である成人女性(香共院)が存在するという。嘉永五年(一八五二)という没年から十一代徳川家斉もしくは十二代徳川家慶の側室と考えられるが、これらの側室のなかで埋葬地が不詳であるのは波奈のみであることから、この香共院(法名は香共院遍誉側空戒心大姉)が波奈である可能性が高いと指摘している。

参考文献 『徳川諸家系譜』一・二(続群書類従完成会、一九七〇・七四年)、高柳金芳『徳川妻妾記』(『江戸時代選書』九、雄山閣、二〇〇三年)、秋元茂陽『徳川将軍家墓碑総覧』(パレード、二〇〇八年)、鈴木尚他編『増上寺徳川将軍墓とその遺品・遺体(第三版)』(東京大学出版会、二〇〇九年)

（工藤　航平）

殊妙院（じゅみょういん）　?—一八四四

徳川家慶の側室。小普請組神尾豊後守守富《もりとみ》支配の稲生八左衛門正方《まさかた》の娘。筆と名乗る。生年月日は不詳。文政年間(一八一八—三〇)、奥勤めとなる。文政十二年に八男の直丸(詮量院)、天保三年(一八三二)に九男の銀之丞(彩恍院)、同六年に八女の千恵《ちえ》姫(妙珠院)、同九年に十男の亀五郎(憲宗院)、同十三年に十一女の若姫(蓬玉院)を出産するが、いずれも早世である。同十五年六月二十日、江戸城において死去。遺骨の鑑定により、享年は約三十歳と推定されている。墓所は増上寺(東京都港区)、法名は殊妙院暁月法雲大姉。墓所の発掘調査により、見光院(金)とともに、遺骸を棺に納めずに、常滑焼の甕を棺に用いた埋葬方法や小形の板石で畳んだ小規模な石室という特殊な事例であることが判明している。また、頭骨からは超狭顔型に属し、江戸の女子と比較して鼻は狭く高かったと考えられている。

参考文献　『徳川諸家系譜』一・二（続群書類従完成会、一九七〇・七四年）、高柳金芳『徳川妻妾記』（『江戸時代選書』九、雄山閣、二〇〇三年）、秋元茂陽『徳川将軍家墓碑総覧』（パレード、二〇〇八年）、鈴木尚他編『増上寺徳川将軍墓とその遺品・遺体（第三版）』（東京大学出版会、二〇〇九年）

（工藤　航平）

見光院（けんこういん）　？―一八四三

徳川家慶の側室。幕臣で小納戸役の竹本安芸守正民の娘、竹本沢右衛門正路《せいじ》の妹。金《きん》と名乗る。生年月日は不詳。天保四年（一八三三）に七女の里《さと》姫（麗娟院《れいえいいん》）、同七年に九女の吉《きち》姫（麗台院《れいだいいん》）、同十年に十女の万釵姫《まきひめ》（瓊玉院《けいぎょくいん》）、同十四年九月十四日に十一男の照耀院《しょうよういん》を出産するが、いずれも早世である。照耀院を出産した際に母子ともに死去した。遺骨の骨格からは、三十歳台の若さであったと推定されている。墓所は増上寺（東京都港区）、法名は見光院即得無生大姉。墓所の発掘調査により、殊妙院（筆）とともに、遺骸を棺に納めずに、常滑焼の甕を棺に用いた埋葬方法や小形の板石で畳んだ小規模な石室という特殊な事例であることが判明している。また、埋葬品として硝子玉が発掘されている。狭顔型に近い中顔型であり、当時の一般女子と比較して若干は高い鼻をもっていたと考えられる。

参考文献　『徳川諸家系譜』一・二（続群書類従完成会、一九七〇・七四年）、高柳金芳『徳川妻妾記』（『江戸時代選書』九、雄山閣、二〇〇三年）、秋元茂陽『徳川将軍家墓碑総覧』（パレード、二〇〇八年）、鈴木尚他編『増上寺徳川将軍墓とその遺品・遺体（第三版）』（東京大学出版会、二〇〇九年）

（工藤　航平）

妙音院（みょうおんいん）　？―一八六〇

徳川家慶の側室。小普請組津田美濃守正人支配の杉源八郎重明《しげあき》の娘。紀伊新宮（和歌山県新宮市）城主である水野忠啓《みずのただあき》の息女ともいわれている。広《ひろ》、琴《こと》と名乗る。生年月日は不詳。弘化元年（一八四四）に十二女の鐐《よし》姫（玉蓉院《ぎょくよういん》）、弘化二年に十二男の田鶴若《たづわか》（瑞岳院）、嘉永元年（一八四八）に十三女の鏞《のぶ》姫（輝光院）、嘉永五年に十四男の長吉郎（景徳院）を出産するが、いずれも早世である。万延元年（一八六〇）四月八日、江戸城において死去。墓所は増上寺（東京都港区）、法名は妙音院琴誉直弦操心大姉。

参考文献　『徳川諸家系譜』一・二（続群書類従完成会、一九七〇・七四年）、鈴木尚他編『増上寺徳川将軍墓とその遺品・遺体（第三版）』（東京大学出版会、二〇〇九年）

（工藤　航平）

秋月院（しゅうげついん）　?―一八八八

徳川家慶の側室。幕臣の押田勝延の娘。家慶側室の清涼院の姪である。津由《つゆ》、泰露子と名乗る。生年月日は不詳。嘉永二年（一八四九）に十三男の斉信院を出産するが、早世している。明治二十一年（一八八八）五月五日、死去。家慶の側室のうち、明治まで生きたのは本寿院と秋月院の二名である。墓所は増上寺（東京都港区）、法名は秋月院徳誉露潤行超法尼。

参考文献　高柳金芳『徳川妻妾記』（『江戸時代選書』九、雄山閣、二〇〇三年）、秋元茂陽『徳川将軍家墓碑総覧』（パレード、二〇〇八年）、鈴木尚他編『増上寺徳川将軍墓とその遺品・遺体（第三版）』（東京大学出版会、二〇〇九年）

（工藤　航平）

玉樹院（ぎょくじゅいん）　一八一三―一四

徳川家慶の長男。幼名は竹千代。母は正室の喬子《たかこ》（浄観院）。文化十年（一八一三）十月晦日、江戸城西丸で生まれる。同年十一月六日、七夜の祝儀が行われ、竹千代と名付けられる。翌十一年二月二日に色直しが行われ、三月三日にはじめて表向へ出る。同年八月二十六日、江戸において早世、二歳。寺社奉行の内藤豊前守信敦、留守居の石河《いしこ》若狭守貞通《さだみち》、作事奉行の岩瀬加賀守氏紀《うじのり》、目付の村上監物義雄《よしかつ》らに葬儀の取り仕切りが命じられる。翌二十七日、御三家をはじめ総出仕。同年九月四日、江戸城を出棺し、増上寺（東京都港区）へ葬送される。墓所は増上寺、法名は玉樹院殿智月英昭大童子。家慶が儲副であった時の子であったためか、墓所は資材や構造が丁重に作られている。墓所の発掘調査により、副葬品として葵紋の付いた蒔絵の残簡と短刀が出土している。

参考文献　『続徳川実紀』一（『新訂増補国史大系』、吉川弘文館、一九六六年）、『徳川諸家系譜』一・二（続群書類従完成会、一九七〇・七四年）、鈴木尚他編『増上寺徳川将軍墓とその遺品・遺体（第三版）』（東京大学出版会、二〇〇九年）

（工藤　航平）

深珠院（しんじゅいん）　一八一四―一八

徳川家慶の長女。達《（みち）》姫。母は側室の久（清涼院）。文化十一年（一八一四）九月二十四日、江戸城西丸で生まれる。翌二十五日、誕生の祝儀として、布衣以上の者が出仕。十月四日、七夜の儀が行われ、達姫と名付けられる。翌十二年二月十五日、以後は正室の喬子《たかこ》（浄観院）が養育することが達せられる。文政元年（一八一八）十二月二十四日、江戸において早世、五歳。翌二十五日、布衣以上の者が出仕。二十六日、江戸城を出棺し、寛永寺（東京都台東区）へ葬送される。墓所は寛永寺凌雲院、法名は深珠院殿性源明暉大童女。

参考文献　『続徳川実紀』一・二（『新訂増補国史大系』、吉

川弘文館、一九六六年)、『徳川諸家系譜』一・二(続群書類従完成会、一九七〇・七四年)　(工藤　航平)

瑞芳院（ずいほういん）　一八一五―一五

徳川家慶の次女。儔姫。母は正室の喬子《たかこ》(浄観院)。文化十二年(一八一五)二月十七日、江戸城西丸で生まれる。翌十八日、誕生祝儀として、御三家をはじめ総出仕。二十三日、七夜の儀が行われ、儔姫と名付けられる。同月二十八日、江戸において早世、一歳。寺社奉行の松平右近将監武厚、留守居の駒木根大内記政永《まさなが》、小普請奉行の榊原主計頭忠之《ただゆき》、目付の彦坂三大夫紹芳《つぐか》らに葬儀の取り仕切りが命じられる。翌二十九日、溜詰や高家など布衣以上の者が出仕。晦日、江戸城を出棺し、寛永寺(東京都台東区)へ葬送される。墓所は寛永寺凌雲院、法名は瑞芳院殿映性充潤大童女。

参考文献　『続徳川実紀』一(『新訂増補国史大系』、吉川弘文館、一九六六年)、『徳川諸家系譜』一・二(続群書類従完成会、一九七〇・七四年)　(工藤　航平)

最玄院（さいげんいん）　一八一六―一六

徳川家慶の三女。母は正室の喬子《たかこ》(浄観院)。文化十三年(一八一六)十月二十三日、江戸城西丸で生まれる。しかし、生まれて間もない同日中に早世、一歳。留守居の石河甲斐守貞通《さだみち》、目付の牧助右衛門義珍《よしたか》らに葬儀の取り仕切りが命じられる。同月二十六日、江戸城を出棺し、寛永寺(東京都台東区)へ葬送される。墓所は寛永寺凌雲院、法名は最玄院殿本理性如大童女。

参考文献　『続徳川実紀』一(『新訂増補国史大系』、吉川弘文館、一九六六年)、『徳川諸家系譜』一・二(続群書類従完成会、一九七〇・七四年)　(工藤　航平)

璿玉院（せんぎょくいん）　一八一九―二〇

徳川家慶の次男。幼名は紀《（とし）》次郎、『徳川諸家系譜』では登《のり》次郎、嘉《（よし）》千代。母は側室の久(清涼院)。文政二年(一八一九)七月二十三日、江戸城西丸で生まれる。はじめ松平紀次郎と名乗るが、同年九月十五日に嘉千代と改める。以後、正室の喬子《たかこ》(浄観院)が養育することとなる。同年十月朔日、月次の拝賀例の際、水戸藩主徳川斉脩《なりのぶ》、紀伊藩主徳川治宝《はるとみ》と対面する。同日、駿府城代の松平伊予守定能《さだまさ》、西丸書院番頭の小笠原石見守政恒《まさつね》を側役とし、小性の岡田出雲守栄助《えいすけ》、西丸小性の松平図書頭勝政《かつまさ》、小納戸の井上助之進利忱《としただ》、西丸小納戸の尾島定右衛門信彦《のぶひこ》、西丸奥医師の木村玄長、人見玄徳、篠崎三伯を嘉千代付きとすることが指示される。十二月九日、色直しの儀が行われる。翌三年三月十九日、病気のため、江戸において早世、二歳。翌二十日、総出仕が命じられる。同月二十三日、江戸城を出棺し、増上寺(東京都港区)へ葬送される。米倉丹後守昌寿《まさなが》が法会中の増上寺の警衛を命じられる。墓所は増上寺、法名は瑠玉院殿俊山嘉光大童子。墓所の発掘調査により、副葬品として、短刀一振、経巻の軸頭の水晶のほか、うぶ毛とカミソリを納めた小箱一個が出土している。

参考文献 『続徳川実紀』二(『新訂増補国史大系』、吉川弘文館、一九六六年)、『徳川諸家系譜』一・二(続群書類従完成会、一九七〇・七四年)、鈴木尚他編『増上寺徳川将軍墓とその遺品・遺体(第三版)』(東京大学出版会、二〇〇九年)

(工藤　航平)

円常院 (えんじょういん)　一八二二―二二

徳川家慶の三男。母は側室の加久(妙華院)。文政五年(一八二二)五月二十三日、江戸城西丸で生まれる。生まれて間もない同月二十七日、江戸城において早世、一歳。死去の月日については、「幕府祚胤伝」八では六月二十七日と記されているが、ここでは墓碑に刻まれている五月二十七日とした。晦日、江戸城を出棺し、寛永寺(東京都台東区)へ葬送される。墓所は寛永寺凌雲院、法名は円常院殿慧性寂心大童子。

参考文献 『徳川諸家系譜』一・二(続群書類従完成会、一九七〇・七四年)

(工藤　航平)

瑤台院 (ようだいいん)　一八二四―二九

徳川家慶の四女。米《よね》姫。母は側室の波奈(院号不詳)。文政七年(一八二四)四月二十三日、江戸城西丸で生まれる。五月朔日、七夜の儀が行われ、米姫と名付けられる。同九年二月朔日には、正室の喬子《たかこ》(浄観院)が教育することが達せられる。文政十二年三月五日、疱瘡のため、江戸城において早世、六歳。同月七日、江戸城西丸を出棺し、寛永寺(東京都台東区)へ葬送される。墓所は寛永寺凌雲院、法名は瑤台院芳薫蓮萼大童女。

参考文献 『続徳川実紀』二(『新訂増補国史大系』、吉川弘文館、一九六六年)、『徳川諸家系譜』一・二(続群書類従完成会、一九七〇・七四年)

(工藤　航平)

徳川慶昌 (とくがわよしまさ)　一八二五―三八

徳川家慶の五男。御三卿一橋徳川家の六代当主。幼名は初之丞、発之丞。母は側室の久(清涼院)。文政八年(一八二五)三月十四日、江戸城西丸に生まれる。同月二十八日、松平初之丞と名付けられたことが、表向へ達せられる。天保二年(一八三一)三月十八日、以後は正室の喬子《たかこ》(浄観院)が養育することが達せられる。天保六年九月二十七日、江戸城二丸へ移る。同八年五月四日、一橋徳川家当主の徳川斉位《なりくら》に実子がなかったため、幕命により末期養子として一橋徳川家に入る。同月六日、徳川初之丞と改める。六月六日、徳川斉位の遺領を継ぎ、一橋徳川家の当主となる。八月十九日、元服の上、従三位左近衛権中将兼刑部卿に叙される。また、父家慶より偏諱を受け、慶昌と名乗る。しかし、翌九年五月十四日、江戸において死去、十四歳。のち五月十二日に忌日を改められる。二十七日に寛永寺凌雲院へ葬送され、翌月二日に葬儀が営まれる。一橋徳川家の当主として活動したのは一年弱と短い。慶昌にも嫡子がなかったため、七月になって同じ御三卿の田安斉匡《たやすなりまさ》の子息房之助(のち慶寿《よしひさ》)を迎え、一橋徳川家を継がせる。慶昌死後の天保十五年五月四日、参議が追贈される。墓所は寛永寺凌雲院、法名は英徳院殿出渓義玄大居士。

参考文献 『続徳川実紀』二(『新訂増補国史大系』、吉川弘文館、一九六六年)、『徳川諸家系譜』一・二・三(続群書類従完成会、一九七〇・七四・七九年)、辻達也編『新稿一橋徳川家記』(続群書類従完成会、一九八三年)

(工藤　航平)

諦明院 (ていめいいん)　一八二六—二六

徳川家慶の五女。咸《みな》姫。母は側室の加久(妙華院)。文政九年(一八二六)正月十二日、江戸城西丸で生まれる。正月十八日、咸姫と名付けられる。同月二十八日には、正室の喬子《たかこ》(浄観院)が養育することが達せられる。五月十五日、色直しの儀が行われる。同年七月十六日、江戸城において早世、一歳。十八日、江戸城を出棺し、寛永寺(東京都台東区)へ葬送される。墓所は寛永寺凌雲院、法名は諦明院殿真脱元性大童女。

参考文献 『続徳川実紀』二(『新訂増補国史大系』、吉川弘文館、一九六六年)、『徳川諸家系譜』一・二(続群書類従完成会、一九七〇・七四年)

(工藤　航平)

覚性院 (かくせいいん)　一八二六—二七

徳川家慶の六男。幼名は春之丞。母は側室の美津(本寿院)。文政九年(一八二六)二月九日、江戸城西丸で生まれる。十五日、春之丞と名付けられる。五月朔日、色直しの儀が行われる。翌十年九月二十六日、江戸城において早世、二歳。二十九日、江戸城を出棺し、寛永寺(東京都台東区)へ葬送される。墓所は寛永寺凌雲院、法名は覚性院殿良真智明大童子。

参考文献 『続徳川実紀』二(『新訂増補国史大系』、吉川弘文館、一九六六年)、『徳川諸家系譜』一・二(続群書類従完成会、一九七〇・七四年)

(工藤　航平)

貞明院 (ていめいいん)　一八二六—四〇

徳川家慶の六女。暉《てる》姫。母は側室の波奈(院号不詳)。文政九年(一八二六)五月十四日、江戸城西丸で生まれる。同月二十一日、暉姫と名付けられる。天保二年(一八三一)三月十八日、正室の喬子《たかこ》(浄観院)が養育することが達せられる。同八年正月、本丸へ移る。天保十年八月、御三卿の田安徳川家五代当主の徳川慶頼《とくがわよしより》と縁組みが決まる。これにより、太田備後守資始と脇坂中務大輔安董が御使として田安徳川家へ遣わされる。しかし、翌十一年五月八日、疱瘡により死去、十五歳。太田備後守資始、松平玄蕃頭忠恵、寺社奉行の稲葉丹後守正守、留守居の牧丹波守義珍、勘定奉行の佐橋長門守佳富《よしとみ》、小普請奉行の野田伊勢守元矩《もとのり》、目付の水野舎人忠一《ただかず》、池田修理長溥《ちょうふ》に葬儀の取り仕切りが命じられる。翌九日に総出仕、十一日に江戸城を出棺し、寛永寺(東京都台東区)へ葬送される。墓所は寛永寺春性院、法名は貞明院殿華月清蓮大姉。徳川慶頼との婚儀が決定していたことから、慶頼の正室と記載されている史料もある。貞明院の遺骸が寛永寺の徳川家廟所へ埋葬されたことが、正式には慶頼の正室とはなっていないことに起因するのか、徳川宗家の子女であるためなのかは判明していない。墓所の発掘調査によると、身長は一三九・八チセンと推定され、成長途中であるためか、江戸庶民や近代の平均身長よりも低いことがわかる。

参考文献 『続徳川実紀』二(『新訂増補国史大系』、吉川弘文館、一九六六年)、『徳川諸家系譜』一・二(続群書類従完成会、一九七〇・七四年)、寛永寺谷中徳川家近世墓所調査団編『東叡山寛永寺徳川将軍家御裏方霊廟』一・三(吉川弘文館、二〇一二年)

(工藤　航平)

充誠院(じゅうせいいん)　一八二八—二九

徳川家慶の七男。幼名は悦五郎。母は側室の美津(本寿院)。文政十一年(一八二八)九月十一日、江戸城西丸で生まれる。同月十八日、七夜の儀が行われ、悦五郎と名付けられる。十一月二十七日、色直しの儀が行われる。翌十二年三月二十四日、疱瘡により早世、二歳。二十六日、江戸城を出棺し、寛永寺(東京都台東区)へ葬送される。墓所は寛永寺凌雲院、法名は充誠院殿善信晃融大童子。

参考文献 『続徳川実紀』二(『新訂増補国史大系』、吉川弘文館、一九六六年)、『徳川諸家系譜』一・二(続群書類従完成会、一九七〇・七四年)

(工藤　航平)

詮量院(せんりょういん)　一八二九—三〇

徳川家慶の八男。幼名は直丸。母は側室の筆(殊妙院)。文政十二年(一八二九)六月二十五日、江戸城西丸で生まれる。七月二日七夜の儀、直丸と名付けられる。九月朔日、色直しの儀が行われる。翌天保元年(一八三〇)七月八日江戸城で早世。十日出棺し、寛永寺(東京都台東区)へ葬送される。二歳。墓所は寛永寺凌雲院、法名は詮量院法壽湛如大童子。

参考文献 『続徳川実紀』二(『新訂増補国史大系』、吉川弘文館、一九六六年)、『徳川諸家系譜』一・二(続群書類従完成会、一九七〇・七四年)

(工藤　航平)

彩恍院（さいこういん）　一八三三―三三

徳川家慶の九男。幼名は銀之丞。母は側室の筆（殊妙院）。天保三年（一八三二）三月五日、江戸城西丸で生まれる。同月十一日、銀之丞と名付けられる。五月二十一日、色直しの儀が行われる。翌四年十二月六日、江戸城において早世、二歳。十日、江戸城を出棺し、寛永寺（東京都台東区）へ葬送される。墓所は寛永寺凌雲院、法名は彩恍院智月恵照大童子。

参考文献　『続徳川実紀』二（『新訂増補国史大系』、吉川弘文館、一九六六年）、『徳川諸家系譜』一・二（続群書類従完成会、一九七〇・七四年）、秋元茂陽『徳川将軍家墓碑総覧』（パレード、二〇〇八年）

（工藤　航平）

麗娟院（れいえいいん）　一八三三―三四

徳川家慶の七女。里姫。母は側室の金（見光院）。天保四年（一八三三）七月晦日、江戸城西丸で生まれる。八月七日、里姫と名付けられる。十二月朔日、色直しの儀が行われる。翌五年七月七日、江戸城において早世、二歳。十日、江戸城を出棺し、寛永寺（東京都台東区）へ葬送される。墓所は寛永寺凌雲院、法名は麗娟院智操光潤大童女。

参考文献　『徳川諸家系譜』一・二（続群書類従完成会、一九七〇・七四年）、秋元茂陽『徳川将軍家墓碑総覧』（パレード、二〇〇八年）

（工藤　航平）

妙珠院（みょうじゅいん）　一八三五―三六

徳川家慶の八女。千恵《ちえ》姫。母は側室の筆（殊妙院）。天保六年（一八三五）七月十四日、江戸城西丸で生まれる。閏七月朔日、千恵姫と名付けられたことが、表向へ達せられる。翌七年六月十六日、江戸城において早世、二歳。十九日、江戸城を出棺し、寛永寺（東京都台東区）へ葬送される。墓所は寛永寺凌雲院、法名は妙珠院照月本浄大童女。

参考文献　『徳川諸家系譜』一・二（続群書類従完成会、一九七〇・七四年）、秋元茂陽『徳川将軍家墓碑総覧』（パレード、二〇〇八年）

（工藤　航平）

麗台院（れいだいいん）　一八三六―三七

徳川家慶の九女。吉《きち》姫。母は側室の金（見光院）。天保七年（一八三六）三月二十三日、江戸城西丸で生まれる。四月二十八日、吉姫と名付けられたことが、表向へ達せられる。翌八年正月、本丸へ移る。同年八月十六日、江戸城において早世、二歳。同月二十日、江戸城を出棺し、寛永寺（東京都台東区）へ葬送される。墓所は寛永寺凌雲院、法名は麗台院慈性妙心大童女。

参考文献　『続徳川実紀』二（『新訂増補国史大系』、吉川弘文館、一九六六年）、『徳川諸家系譜』一（続群書類従完成会、一九七〇年）

（工藤　航平）

憲宗院（けんそういん）　一八三八―三九

徳川家慶の十男。幼名は亀五郎。母は側室の筆（殊妙院）。天保九年（一八三八）五月二十四日、江戸城本丸で生まれる。二十八日、亀五郎と名付けられたことが、表向へ達せられる。翌十年五月二十四日、江戸城において早世、二歳。二十六日、江戸城を出棺し、寛永寺（東京都台東区）へ葬送される。墓所は寛永寺凌雲院、法名は憲宗院清嶺慈雲大童子。

参考文献　『続徳川実紀』二（『新訂増補国史大系』、吉川弘文館、一九六六年）、『徳川諸家系譜』一（続群書類従完成会、一九七〇年）、秋元茂陽『徳川将軍家墓碑総覧』（パレード、二〇〇八年）

（工藤　航平）

瓊玉院（けいぎょくいん）　一八三九―四〇

徳川家慶の十女。万釵姫《まさ》。母は側室の金（見光院）。天保十年（一八三九）九月二十七日、江戸城本丸で生まれる。十月十五日、万釵姫と名付けられたことが、表向へ達せられる。翌十一年五月二十三日、江戸城において早世した、二歳。同月二十六日、江戸城を出棺して、寛永寺（東京都台東区）へ葬送される。墓所は上野寛永寺凌雲院、法名は瓊玉院鏡山円浄大童女。

参考文献　『続徳川実紀』二（『新訂増補国史大系』、吉川弘文館、一九六六年）、『徳川諸家系譜』一（続群書類従完成会、一九七〇年）、秋元茂陽『徳川将軍家墓碑総覧』（パレード、二〇〇八年）

（工藤　航平）

蓬玉院（ほうおういん）　一八四二―四三

徳川家慶の十一女。若姫《わか》。母は側室の筆（殊妙院）。天保十三年（一八四二）六月四日、江戸城本丸で生まれる。二十八日、若姫と名付けられたことが、表向へ達せられる。翌十四年六月二日、江戸城において早世、二歳。同月七日、江戸城を出棺し、増上寺（東京都港区）へ葬送される。墓所は増上寺、法名は蓬玉院殿浄月清光大童女。墓所の発掘調査によると、副葬品として、寛永通宝や経文二巻などが出土している。

参考文献　『続徳川実紀』二（『新訂増補国史大系』、吉川弘文館、一九六六年）、『徳川諸家系譜』一（続群書類従完成会、一九七〇年）、秋元茂陽『徳川将軍家墓碑総覧』（パレード、二〇〇八年）、鈴木尚他編『増上寺徳川将軍墓とその遺品・遺体（第三版）』（東京大学出版会、二〇〇九年）

（工藤　航平）

精姫（あきひめ）　一八二五―一九一三

徳川家慶の養女。十一代久留米藩主有馬頼咸《ありまよりしげ》の正室。有栖川宮《ありすがわのみや》韶仁《つなひと》親王の娘。韶子《あきこ》とも。文政八年（一八二五）に生まれる。天保十三年（一八四二）九月に下向し、同年十一月五日に家慶の養女となる。世子徳川家祥（のち十三代将軍家定）の妹と位置づけられ、姫君と同様の扱いとされる。嘉永二年(一八四九)、久留米藩主有馬慶頼《よしより》(前諱は頼多《よりかず》、のち頼咸)へ嫁ぐ。頼多は、徳川家慶から偏諱を賜って慶頼《よしより》と改名している。当時の久留米藩では、藩財政の建て直しのため、前藩主有馬頼永《ありまよりとお》によって改革が行われた。その政策を引き継いだ頼咸であったが、精姫の入嫁によって藩論が分裂するに至った。将軍家の養女で皇室出身となると多額の出費が予想されるため、財政建て直し段階における婚儀の可否を巡って、前藩主頼永側近派と江戸詰藩政主導派とが対立したのである。新御殿の新築や献上品・贈物など縁組みの諸経費のために金七万七千両余もの大金が用意され、実際に六万両近くが費やされた。その半分以上が借金であり、幕府や領内、江戸や京都からの借金のほか、参勤交代の費用からの流用も三万両弱に及んだ。頼永以降の改革政策では借金は行わない方針を打ち出していたことから、精姫との婚儀により、改革政治は事実上失敗に終わったとも評されている。精姫は和歌をよく嗜んだという。大正二年(一九一三)に死去。八十九歳。

参考文献　『続徳川実紀』二(『新訂増補国史大系』、吉川弘文館、一九六六年)、『徳川諸家系譜』一(続群書類従完成会、一九七〇年)、『久留米市史』二(一九八二年)

（工藤　航平）

照耀院（しょうよういん）　一八四三—四三

徳川家慶の十一男。母は側室の金(見光院)。天保十四年(一八四三)九月十四日、江戸城本丸で生まれる。しかし、出産した際に母子ともに死去、一歳。同月十九日、江戸城を出棺し、増上寺(東京都港区)へ葬送される。墓所は増上寺、法名は照耀院殿光月明顕大童子。墓所の発掘調査によると、中棺から袋に入ったままの抹香、水晶軸の巻物が出土している。

参考文献　『続徳川実紀』二(『新訂増補国史大系』、吉川弘文館、一九六六年)、『徳川諸家系譜』一(続群書類従完成会、一九七〇年)、秋元茂陽『徳川将軍家墓碑総覧』(パレード、二〇〇八年)、鈴木尚他編『増上寺徳川将軍墓とその遺品・遺体(第三版)』(東京大学出版会、二〇〇九年)

（工藤　航平）

玉蓉院（ぎょくよういん）　一八四四—四五

徳川家慶の十二女。鐐姫《とも》。母は側室の広(妙音院)。弘化元年(一八四四)八月二十三日、江戸城本丸で生まれる。二十八日、鐐姫と名付けられたことが、表向へ達せられる。翌弘化二年七月七日、江戸城において早世、二歳。同月十三日、江戸城を出棺し、寛永寺(東京都台東区)へ葬送される。墓所は寛永寺凌雲院、法名は玉蓉院清白妙香大童女。

参考文献　『続徳川実紀』二(『新訂増補国史大系』、吉川弘

文館、一九六六年)、『徳川諸家系譜』一(続群書類従完成会、一九七〇年)　(工藤　航平)

瑞岳院（ずいがくいん）　一八四五—四六

徳川家慶の十二男。幼名は田鶴、田鶴若《たづわか》。母は側室の広(妙音院)。弘化二年(一八四五)十二月二日、江戸城で生まれる。同月十五日、田鶴若と名付けられたことが、表向へ達せられる。翌三年七月晦日、江戸城において死去、二歳。八月六日、江戸城を出棺し、増上寺(東京都港区)へ葬送される。墓所は増上寺、法名は瑞岳院殿瑩光如幻大童子。発掘調査によると、副葬品として手の付近から念珠が出土している。

参考文献　『続徳川実紀』二(『新訂増補国史大系』、吉川弘文館、一九六六年)、秋元茂陽『徳川将軍家墓碑総覧』(パレード、二〇〇八年)、鈴木尚他編『増上寺徳川将軍墓とその遺品・遺体(第三版)』(東京大学出版会、二〇〇九年)
(工藤　航平)

輝光院（きこういん）　一八四八—四八

徳川家慶の十三女。鏞姫《のぶ》。母は側室の広(妙音院)。嘉永元年(一八四八)二月四日、江戸城本丸で生まれる。同年九月二十八日、江戸城において早世、一歳。墓所は増上寺(東京都港区)、法名は輝光院華月円明大童女。

参考文献　『続徳川実紀』二(『新訂増補国史大系』、吉川弘文館、一九六六年)、『徳川諸家系譜』一(続群書類従完成会、一九七〇年)、秋元茂陽『徳川将軍家墓碑総覧』(パレード、二〇〇八年)、鈴木尚他編『増上寺徳川将軍墓とその遺品・遺体(第三版)』(東京大学出版会、二〇〇九年)　(工藤　航平)

斉信院（さいしんいん）　一八四九—四九

徳川家慶の十三男。母は側室の津由《つゆ》(秋月院)。嘉永二年(一八四九)九月二十六日、江戸城本丸で生まれる。翌二十七日、江戸城において早世、一歳。二十九日、江戸城を出棺し、寛永寺(東京都台東区)へ葬送される。墓所は寛永寺凌雲院、法名は斉信院善住功徳大童子。

参考文献　『続徳川実紀』一(『新訂増補国史大系』、吉川弘文館、一九六六年)、『徳川諸家系譜』一(続群書類従完成会、一九七〇年)、秋元茂陽『徳川将軍家墓碑総覧』(パレード、二〇〇八年)
(工藤　航平)

線教院（せんきょういん）　一八三五—五六

徳川家慶の養女。十代水戸藩主徳川慶篤《とくがわよしあつ》の正室。有栖川宮《ありすがわのみや》幟仁《たかひと》親王の娘。線姫《いと》、線宮《いとのみや》、幟子《たかこ》と名乗る。天保六年(一八三五)十一月朔日に生まれる。母は侍女の山西千世といわれる。嘉永元年(一八四八)十一月に水戸藩主徳川慶篤へ入嫁の内意が伝えられる。嘉永三年八月十八日に家慶の養女となり、世子徳川家祥(家定)の妹と位置づけられて姫君と同様の扱いとされる。同年十一月に慶篤との婚儀が行われた。同七年閏七月、長女隋姫を出産する。安政三年(一八五六)十一月七日に死去、二十二歳。海防問題を抱えていた幕府老中の阿部正弘《あべまさひろ》は、徳川斉昭《とくがわなりあき》の協力を得るためにも、こじれていた水戸藩との関係融和を進めた。その一環として、斉昭子息で藩主慶篤の弟である昭致《あきむね》(のち慶喜)の一橋家相続や、将軍徳川家慶の養女である線姫の慶篤への入嫁が行われたといえる。三田村鳶魚『大名生活の内秘』「水戸侯斉昭の内寵」では、義父の徳川斉昭との関係から自殺したと伝えているが定かではない。

参考文献 『続徳川実紀』二(『新訂増補国史大系』、吉川弘文館、一九六六年)、『徳川諸家系譜』一(続群書類従完成会、一九七〇年)、『水戸市史』中四(一九八二年)

(工藤 航平)

景徳院(けいとくいん) 一八五二—五三

徳川家慶の十四男。幼名は長吉郎。母は側室の広(妙音院)。嘉永五年(一八五二)八月三日、江戸城本丸で生まれる。翌年八月十六日、江戸城において早世、二歳。墓所は伝通院(東京都文京区)、法名は景徳院殿理證玉英大童子。

参考文献 『徳川諸家系譜』一(続群書類従完成会、一九七〇年)、秋元茂陽『徳川将軍家墓碑総覧』(パレード、二〇〇八年)

(工藤 航平)

〔関連人物〕

姉小路(あねがこうじ) 一七九五—一八八〇

十二代将軍徳川家慶の大奥上﨟《じょうろう》年寄。寛政七年(一七九五)、橋本実誠《はしもとさねなり》の娘として生まれる。本名いよ。文化六年(一八〇九)楽宮《さぎのみや》(有栖川喬子《ありすがわたかこ》)の徳川家慶(当時は将軍世子)への入輿に従って江戸へ下った。文政十二年(一八二九)、十一代将軍徳川家斉の娘和姫が毛利斉広《もうりなりとお》に入輿した。このとき和姫付小上﨟として毛利家へ入るが、八ヵ月後に和姫が死去したため江戸城へ召し返しとなり、西丸へ戻った。天保八年(一八三七)、徳川家慶の征夷大将軍就任に伴って本丸大奥に移り、上﨟年寄となる。これにより、大奥での実権を握ったとされる。大御所家斉の死去後、老中水野忠邦が改革に抵抗する西丸勢力の粛正をはかったときに、姉小路が協力してこれを成功させたといわれる。一方で、水野が大奥の経費削減を申しいれた際、「男女の欲望は同じであるが、大奥女中は男性から隔離されているのだから、その抑圧から食事や衣服が驕奢に流れるのはやむを得ないこと」と述べた上で、複数の妾を抱えていた水野の生活態度を痛烈に揶揄したという逸話が、三田村鳶魚や大槻如電によって紹介されている。また、天保十二年の江戸城の火災に際しては、姉小路の部屋が火元であったのを、別の女中に罪をかぶせたともいわれている。嘉永六年（一八五三）、家慶没後に落飾して勝光院《しょうこういん》と称する。徳山藩主毛利元蕃《もとみつ》に引き取られることになり、麻布下屋敷の敷地内に隠居した。しかしその後も、和宮の生母観行院の叔母という立場から、上洛して和宮降嫁を斡旋するなど、依然として影響力を持っていた。明治十三年（一八八〇）八月九日に死去した。八十六歳。

参考文献 畑尚子『江戸奥女中物語』（『講談社現代新書』、講談社、二〇〇一年）、氏家幹人『江戸の女の底力』（世界文化社、二〇〇四年）
（吉成　香澄）

江川英龍（えがわひでたつ）　一八〇一―五五

江戸時代後期の幕臣で、代官。享和元年（一八〇一）五月十三日、韮山代官江川英毅《ひでたけ》の次男として生まれる。幼名を芳次郎といい、のちに邦次郎に改めた。通称太郎左衛門。字は九《きゅう》淵《えん》、坦庵《たんなん》と号した。天保六年（一八三五）五月、代官となった。所管地は、はじめ武蔵・相模・伊豆・駿河の四ヵ国合わせて五万四千石で、天保九年には甲斐の幕領を加え、十二万石余に及んだ。民政にはげみ、二宮尊徳に意見をもとめたりした。英龍は、海岸沿いの伊豆・相模を支配したことから、海防問題に関心を寄せ、幡崎鼎《はたざきかなえ》・渡辺崋山・高野長英ら蘭学者と親交を結び、世界情勢と西洋の軍事技術に関する情報収集を進めた。そして、幕府に対して積極的に海防政策を建議した。天保十二年四月、高島秋帆《たかしましゅうはん》に入門し、西洋砲術を習得し、翌十三年九月に西洋砲術教授を幕府より許可された。弘化三年（一八四六）五月、鉄砲方兼帯を命じられ、西洋砲術（高島流）は幕府の採用する正式な砲術流派の一つとなった。嘉永六年（一八五三）六月のペリー来航を受けて、勘定吟味役格、八月には海防掛に任じられた。同月、江戸湾内海台場築造の命を受け、品川沖に十二基の台場の築造を計画し、安政元年（一八五四）十一月までに六基の台場が竣工した。嘉永六年十二月には、鉄製砲鋳造用の反射炉を、伊豆国賀茂郡本郷村（静岡県下田市）において着工し、のちに田方郡中村（静岡県伊豆の国市）に移転した。安政二年正月十六日、本所南割下水の江戸屋敷において死去。五十五歳。法名は修功院殿英龍日淵居士。伊豆韮山本立寺《ほんりゅうじ》に葬られた。

参考文献 戸羽山瀚編著『江川坦庵全集』（巌南堂書店、一九五四年）、仲田正之『江川坦庵』（『人物叢書』、吉川弘文館、一九八五年）、仲田正之『韮山代官江川氏の研究』（吉川弘文館、一九九八年）、西沢淳男編『江戸幕府代官履歴辞典』（岩田書院、二〇〇一年）、静岡県教育委員会文化課編『江川文庫古文書史料調査報告書』（『静岡県文化財調査報告書』五九、静岡県教育委員会、二〇〇七年）
（高橋　伸拓）

大原幽学（おおはらゆうがく）　一七九七―一八五八

村落指導者。尾張藩士の次男との説もあるが、出自は未詳である。通称は左門、号は幽玄堂《ゆうげんどう》、のち幽学。寛政九年（一七九七）三月十七日に、尾張藩士大道寺玄蕃《だいどうじげんば》の子として生まれたという。文化十一年（一八一四）十八歳の時に勘当されて出奔し、西国各地を漂泊する。信州上田（長野県上田市）に滞在していた天保元年（一八三〇）三十四歳のころ、救世済民の実践を行うことを決意し、翌天保二年にはじめて房総の地を訪れる。天保六年、下総国香取郡長部《ながべ》村（千葉県旭市）の名主遠藤《えんどう》伊兵衛《いへえ》の求めに応じて同村を訪れ、同村の村政改革に着手すると、先祖株組合結成・耕地整理・村暦や年中行事の変更・預り子および取替子の実施などを行う。天保飢饉の影響下にあった東総地域では、二十余ヵ村から村役人・神主などを中心とした人々が「道友《どうゆう》」と呼ばれる幽学門人となり、幽学は彼らに、『大学』『中庸』といった儒学のテクストに立脚した性学・性理学の教えを伝えていった。しかし、嘉永三年（一八五〇）に新たな教導所「改心楼《かいしんろう》」が落成すると、関東取締出役は翌嘉永四年に内偵を命じ、嘉永五年には改心楼乱入事件を契機として幽学を摘発する。江戸での審理は、嘉永六年からの中断期間を挟んだ後、安政四年（一八五七）十月に教導所の破壊と組合の解散、幽学に対しては兄高山彦四郎《たかやまひこしろう》預りでの百日間謹慎が命ぜられた。そして幽学は、謹慎を終えて長部村に戻った後の安政五年（一八五八）三月八日に割腹し、六十二歳の生涯を終えた。

参考文献　『大原幽学全集』（千葉県教育会、一九四三年）、木村礎編『大原幽学とその周辺』（八木書店、一九八一年）、『国立歴史民俗博物館研究報告』一一五（二〇〇四年）、高橋敏『大原幽学と幕末村落社会』（岩波書店、二〇〇五年）、高橋敏『大原幽学と飯岡助五郎』（『日本史リブレット人』、山川出版社、二〇一一年）

（小田　真裕）

国定忠次（くにさだちゅうじ）　一八一〇―五〇

近世後期の博徒の親分。本名は長岡忠次郎。俗称は忠治・忠次。文化七年（一八一〇）、上野国佐井郡国定村《さいぐんくにさだむら》（群馬県伊勢崎市）の百姓与五左衛門《よござえもん》の子として生まれる。実家は隣村に小作地も持つ富農であったといわれる。正妻は鶴《つる》。ほかに町《まち》・徳《とく》・貞という女性がいた。十七歳で殺人事件を起こし、無宿となり村を出て、博徒大前田《おおまえだ》（田島）栄五郎《えいごろう》と交流し兄弟分となった。天保五年（一八三四）七月二日の夜、縄張りを接する博徒島村（町田）伊三郎を殺害し、一時信州に逃れた。その後、上州に戻り一家を構え、根城の田部井《ためがい》村（群馬県伊勢崎市）で賭場を開帳した。子分には日光円蔵・八寸才市《はちすさいいち》・山王民五郎・神崎《こうざき》友五郎・三木文蔵などがいた。天保六年秋より上州玉村《たまむら》宿《じゅく》(群馬県佐波郡玉村町)博徒京蔵・主馬の兄弟と対立する。天保飢饉中はみずからの縄張りの窮民救済を行なったといわれる。天保九年三月二十六日、世良田《せらだ》(群馬県太田市)の賭場を関東取締出役の捕り手に急襲され、文蔵・友五郎・才一らは捕縛・処刑された。忠治も会津《あいづ》に逃亡するが、天保十三年に戻る。同年八月十九日、田部井村の賭場に手入れがあり、忠治はこの手引きをした道案内勘助を子分に殺害させる。これにより、関東取締出役の忠治の探索は厳しくなり、大戸《おおど》の関所(群馬県吾妻郡東吾妻町)を破って逃亡した。弘化三年(一八四六)の冬に赤城《あかぎ》に戻り、嘉永二年(一八四九)十一月、跡目を子分の境川安五郎に譲る。嘉永三年七月二十一日、田部井村で中風を発症し、八月二十四日に捕縛され、十二月二十一日上州大戸関所での磔となった。四十一歳。その後遺体は盗まれ、首は国定村の長岡家の菩提寺でもある養寿寺に安置された。法名長岡院法誉花楽居士。また、善応寺(伊勢崎市)には徳が建立した情深墳がある。彼への評価は、強きを挫き弱きを助ける侠客とするものと、博徒・無頼の大悪人とするものがある。

[参考文献] 田村栄太郎『やくざの生活』(雄山閣出版、一九八一年)、高橋敏『国定忠治の時代』(『平凡社選書』、平凡社、一九九一年)、三田村鳶魚『捕物の話』(『鳶魚江戸文庫』、中央公論社、一九九六年)、阿部昭『江戸のアウトロー』(『講談社選書メチエ』、講談社、一九九九年)、高橋敏『国定忠治』(『岩波新書』、岩波書店、二〇〇〇年)、落合延孝『八州廻りと博徒』(『山川日本史リブレット』、山川出版社、二〇〇二年)

(坂本　達彦)

高野長英（たかのちょうえい）　一八〇四—五〇

蘭学者。名は譲《ゆずる》、はじめ卿斎《きょうさい》と称し、のちに長英と改める。号は瑞皐《ずいこう》。文化元年(一八〇四)五月五日、奥州胆沢郡水沢《みずさわ》(岩手県奥州市)に生まれる。本姓は後藤だが、文化十年(一八一三)母方の伯父高野玄斎《げんさい》の養嗣子となる。文政三年(一八二〇)養父の反対を押し切って江戸に遊学し、はじめ杉田伯元《すぎたはくげん》、ついで吉田長淑《よしだちょうしゅく》に学ぶ。文政八年長崎に遊学し、シーボルトの鳴滝塾《なるたきじゅく》に学びドクトルの称号を授けられる。十数通の蘭語論文を提出し、シーボルトの日本研究を助けた。シーボルト事件が起きると連坐を恐れて逃亡し、天保元年(一八三〇)には江戸に戻り開業。研究にも従事し、天保三年、わが国最初の生理学書『医原枢要《いげんすうよう》』を著す。このころの著作には、『漢洋内景説《かんようないけいせつ》』などの医書のほか、天保飢饉に際して著した救荒書『二物考《にぶつこう》』『避疫要法《ひえきようほう》』、自然哲学史『西洋学師《せいようがくし》ノ説《せつ》』などがある。また渡辺崋山《わたなべかざん》のために蘭書を翻訳してその西洋研究を助けた。モリソン号事件にあたり幕府の対外政策を批判して、天保九年『戊戌夢物語《ぼじゅつゆめものがたり》』を著す。これが翌年の蛮社《ばんしゃ》の獄《ごく》で幕政批判の罪に問われ永牢の判決を受ける。獄中では『蛮社遭《ばんしゃそう》厄小記《やくしょうき》』を草して無実を訴えた。弘化元年(一八四四)脱獄。当時アヘン戦争の影響で西洋兵学書翻訳の需要が高まっており、長英は『三兵答古知幾《さんぺいたくちき》』などの兵書翻訳に従事した。嘉永元年(一八四八)伊達宗城《だてむねなり》に招かれて宇和島に下り、蘭学教授と翻訳を行う。嘉永二年江戸に戻り、沢三伯《さわさんぱく》の名で医業を営むが、翌三年十月三十日、捕吏に襲われ死亡した。四十七歳。

参考文献　高野長運『高野長英伝(第二増訂版)』(岩波書店、一九四三年)、高野長英全集刊行会編『高野長英全集』(第一書房、一九七八—八二年)、佐藤昌介『高野長英』(『岩波新書』、岩波書店、一九九七年)

(矢森小映子)

為永春水(ためながしゅんすい)　一七九〇—一八四三

江戸時代後期の人情本・読本・合巻作者。本名鷦鷯《ささき》貞高。通称越前屋長次郎。二代目振鷺亭《しんろてい》主人・三鷺《さんろ》・二世南仙笑楚《なんせんしょうそ》満人《まひと》・狂訓亭主人・金竜山人、講釈師として為永正輔・為永金竜とも称した。寛政二年(一七九〇)生まれ。文政四年(一八二一)、二世南仙笑楚満人と号し、兄とされる戯作者滝亭《りゅうてい》鯉丈《りじょう》との合作『明烏後正夢《あけがらすのちのまさゆめ》』初編を出版した(文政二年の説もあり)。以後、文政末まで三十点ほどの人情本を出版し、戯作者としての地位を確立していった。文政十二年に為永春水を名乗る。春水の作品は、洒落本の描いた遊里から次第に遠ざかり、事件の発展を辿る情痴的な恋愛と執念の濃艶な世界へと移っていった。天保三年(一八三二)に、代表作『春色梅児誉美《しゅんしょくうめごよみ》』初・二編を発表した(翌四年、全四編完結)。この作品で春水は、江戸情緒を背景に、色男を取り巻く芸者や町娘らの恋の駆け引きを描いて、多くの人々、特に婦女子の読者層を拡大していった。読者の好評を受けて、天保四年から六年にかけて、春水は『春色梅児誉美』の続編『春色辰巳園《たつみのその》』四編、同七年『春色恵《めぐみ》の花《はな》』二編、同九年『春色英対暖語《えいたいだんご》』五編、同十二年から十三年にかけて『春色梅美婦禰《うめみぶね》』五編を出版した。春水は人情本の第一人者として活躍していたが、天保改革に際し、天保十三年六月、女性向けの恋愛を主題にした内容が風俗を乱すとして、手鎖五十日の罰を受けた。翌十四年十二月二十二日、五十四歳で没。

参考文献　神保五弥『為永春水の研究』(白日社、一九六四年)、青木美智男『文化文政期の民衆と文化』(文化書房博文社、一九八五年)、藤田覚「近代の胎動」(同編『近代の胎動』、吉川弘文館、二〇〇三年)

(木村　涼)

遠山景元(とおやまかげもと)　一七九三—一八五五

江戸時代後期の幕臣。寛政五年(一七九三)八月、長崎奉行・

勘定奉行などを歴任した遠山景晋《かげみち》の子として生まれる。幼名は通之進。任官後は大隅守・左衛門尉を名乗った。文政八年(一八二五)三月、十一代将軍徳川家斉にはじめて拝謁し、十二月十三日には部屋住のまま西丸小納戸となった。同十二年には景晋が隠居し、家督を相続した。天保三年(一八三二)には小納戸頭取格となり、従五位下大隅守に叙任された。西丸小納戸頭取、小普請奉行、作事奉行を経て、同九年二月からは勘定奉行(公事方)となった。天保十一年三月、町奉行(北町奉行所)に就任し、同十四年二月には大目付へ転じるが、弘化二年(一八四五)三月には町奉行(南町奉行所)に再任された。景元は、天保十二年から始まった水野忠邦による天保の改革の下で、江戸の都市政策に取り組み、江戸の庶民生活の実態を踏まえた施策の必要性を主張した。しかし、景元の意見は、人返しの施策や芝居町の移転、娯楽・風俗統制などの分野で、原則論的な水野の意見に対立するものであった。このように、景元は改革政治に忠実な立場ではないことから、一時、町奉行を外された。しかし、水野の失脚後に再び町奉行に就任していることから、当時の都市政策を展開する上で、必要とされていたことがうかがえる。嘉永五年(一八五二)三月二十四日に職を辞して、その翌月に隠居し、剃髪して帰雲と号した。安政二年(一八五五)二月二十九日に死去。六十三歳。墓所は巣鴨の本妙寺(東京都豊島区)にある。

参考文献 『新訂寛政重修諸家譜』一三(続群書類従完成会、一九六五年)、藤田覚『遠山金四郎の時代』(校倉書房、一九九二年)、岡崎寛徳「嘉永元年・安政二年の遠山左衛門尉景元」(『大倉山論集』五〇、二〇〇四年)、岡崎寛徳編『遠山金四郎家日記』(『岩田書院史料叢刊』、岩田書院、二〇〇七年)、岡崎寛徳『遠山金四郎』(『講談社現代新書』、講談社、二〇〇八年)

(高橋　伸拓)

鳥居忠耀　(とりいただてる)　一七九六―一八七三

幕臣。耀《てる》・耀蔵《ようぞう》・甲斐守とも称した。寛政八年(一七九六)十一月二十四日、林述斎《はやしじゅつさい》の四男(第七子)として生まれる。文政三年(一八二〇)、旗本鳥居成純《なりずみ》の長女とよと結婚し、養子となる。家禄二千五百石。翌年、家督を継ぐ。文政六年三月二十九日、小普請組より中奥番となる。天保五年(一八三四)六月八日には徒頭に転じた。天保七年五月四日に西丸目付、同九年(一八三八)四月十二日より目付となった。八月、大塩平八郎の乱の関係者に対する裁決にかかわる。同年十二月、江戸湾調査・見分の正使となる。副使は代官の江川英龍《えがわひでたつ》。翌年調査が実施され、これが一つの契機となり、蛮社の獄、高《たか》島秋帆《しましゅうはん》処罰事件へとつながる。天保十二年十二月二十八日に町奉行となり、甲斐守となる。天保の改革において、江戸の都市政策を推進し、「妖怪」(耀甲斐)と呼ばれ、人々に恐れられた。翌年十二月十五日、市中取締りと物価引き下げに関して、金五枚と時服三を下賜される。十四年五月十四日には改革に精勤したとして、五百石の加増を受ける。翌六月十一日に、印旛沼《いんばぬま》普請御用を命じられる。天保十四年六・七月、鳥居は物価騰貴の要因は劣悪な貨幣にあり、貨幣改革が必要と主張する。八月十三日より勘定奉行勝手掛を兼任する。当初、水野忠邦に従っていた鳥居であるが、上知令では反対派にまわる。十月十七日に内願により、勘定奉行を御免となる。天保十五年九月六日に町奉行を辞し寄合となる。町奉行在職中の勤め向きについて取調べを受け、弘化二年(一八四五)、丸《まる》亀藩《がめはん》京極家《きょうごくけ》預けとなる。御預中、狭い庭で体を動かし、健康管理につとめた。また、漢方の知識を生かし、病人の治療も行う。明治元年(一八六八)大赦により東京へ帰る。以後、長男成文《なりふみ》とともに東京・静岡で生活。明治六年十月三日、東京で没した。七十八歳。

参考文献　『続徳川実紀』二(『新訂増補国史大系』、吉川弘文館、一九六六年)、北島正元『水野忠邦』(『人物叢書』、吉川弘文館、一九六九年)、松岡英夫『鳥居耀蔵』(『中公新書』、中央公論社、一九九一年)、藤田覚『水野忠邦―政治改革にかけた金権老中―』(東洋経済新報社、一九九四年)、『柳営補任』二・三(『大日本近世史料』、東京大学出版会、一九九七年)、野口武彦『幕末気分』(講談社、二〇〇二年)

(坂本　達彦)

二宮尊徳　(にのみやそんとく)　一七八七―一八五六

農政家、村落指導者。通称は金次郎で、尊徳は諱。天明七年(一七八七)七月二十三日、相模国足柄上郡栢山《かやま》村(神奈川県小田原市)に百姓利右衛門・よし夫婦の長男として生まれる。十四歳で父を、十六歳で母を失い伯父の家に預けられたが、農作業に励み、やがて生家の再興を果たす。文化九年(一八一二)、二十六歳で小田原藩家老服部家の若党になり、一時帰農するが文政元年(一八一八)に服部家の財政再建を引き受け、同家の家政を回復させる。このことが評価され、文政四年に小田原藩主の分家の旗本宇《う》津《つ》家知行所である下野国桜町領の調査を命ぜられ、翌年から復興の仕法を任される。一家で桜町領に移住した尊徳は、天保飢饉に見舞われつつも天保八年(一八三七)ごろには仕法を成功させる。桜町仕法によって尊徳の名声は高まり、天保四年以降に青木村(茨城県桜川市)、天保五年に谷田部藩・茂木領、天保七年に烏山藩といった北関東各地で請われて仕法を実施し、幕府からも天保十三年に普請役格の幕臣に登用され、利根川分水路工事の調査を命ぜられた。弘化二年(一八四五)には、相馬藩でも仕法を開始するとともに、翌年にかけて日光領仕法雛形を作成し、嘉永六年(一八五三)に同領仕法を命ぜられる。しかし、一家で今市(栃木県今市市)の仕法役所に移住した翌年の安政三年(一八五六)十月二十日、七十歳で病死した。おのおのの経済力に応じた支出の限度「分度」を設け、自己・家や他人などに一部を譲る「推譲」の実践を促すという尊徳による村・家の復興法は、報徳仕法(尊徳仕法)と呼ばれ、尊徳の没後は各地に作られた報徳社によって実践されていった。

参考文献 『二宮尊徳全集』(龍渓書舎、一九七七年)、大藤修『近世の村と生活文化』(吉川弘文館、二〇〇一年)、早田旅人「二宮尊徳の出現」(小田原近世史研究会編『近世南関東地域史論』、岩田書院、二〇一二年)

（小田　真裕）

平田篤胤（ひらたあつたね）　一七七六―一八四三

国学者。号は大角・大壑《だいがく》など。安永五年(一七七六)八月二十四日、出羽国秋田郡久保田城下下谷地町(秋田県秋田市)にて、秋田藩士大和田清兵衛《おおわだせいべえ》の四男として生まれる。寛政七年(一七九五)に二十歳で脱藩して江戸へ出た後、寛政十二年、二十五歳の時に備中松山藩士平田藤兵衛《ひらたとうべえ》の養子となる。享和三年(一八〇三)にはじめて著述を読んだ本居宣長《もとおりのりなが》の学問に傾倒し、宣長の没後門人を自称するようになる。文化元年(一八〇四)からは、家号を真菅乃屋《ますげのや》と称して講釈を始め、当時の対外危機を強く意識して情報を収集しつつ、文化年間には『古《こ》道大意《どうたいい》』などの講本を書き上げ、死後安心論を展開する『霊《たま》能真柱《のみはしら》』を出版する。文化十三年の下総・常陸旅行以降は、家号を伊吹乃屋(気吹舎《いぶきのや》)と改め、文政六年(一八二三)には学業のために藩士を辞して浪人となり、同年十二月に吉田家から学師に任命される。文政・天保年間には、江戸・旅先での講釈や書物出版を通じて、各地に村役人層・神職を中心とした門人を増やしていく。天保元年(一八三〇)、五十五歳の時に尾張藩から三人扶持を給され、翌年には水戸藩主徳川斉昭《とくがわなりあき》とも対面し、著書を献上するようになるが、天保五年に幕府からの圧力で尾張藩からの扶持が召し上げられる。天保八年には門人であった生田万《いくたよろず》のことで寺社奉行に召喚され、天保十一年には『大扶桑国考《だいふそうこくこう》』絶版、翌天保十二年正月一日には著述差し止め・国許への帰還を命ぜられる。天保十四年閏九月十一日、秋田にて六十八歳で没した。

参考文献 『新修平田篤胤全集』(名著出版、一九七六―八一年)、『明治維新と平田国学』(国立歴史民俗博物館、二〇〇四年)、遠藤潤『平田国学と近世社会』(ぺりかん社、二〇〇八年)、中川和明『平田国学の史的研究』(名著刊行会、二〇一二年)、吉田麻子『知の共鳴』(ぺりかん社、二〇一二年)

（小田　真裕）

水野忠邦（みずのただくに）　一七九四―一八五一

老中。天保の改革の指導者。寛政六年（一七九四）六月二十三日、江戸芝西久保（東京都港区）にある唐津《からつ》藩上屋敷で藩主水野《みずの》忠光《ただあきら》の次男として誕生した。母は御家人中川維孝《なかがわこれたか》の娘で側室恂《じゅん》。兄芳丸が寛政八年に四歳で死去したため、嗣子となる。享和二年（一八〇二）、於《お》菟《と》五郎と称した。文化二年（一八〇五）九月、諱を忠邦とつけられ、翌十月に幕府に届けて、正式に忠光の世子となることが許された。文化四年八月十一日、十一代将軍徳川家斉ならびに世子家慶に御目見得を許される。同年に元服し、従五位下・式部少輔となる。文化九年八月、父の隠居に伴い唐津藩六万石を継ぎ、和泉守となった。藩主就任後は積極的に藩政を執る。同十二年十一月、二十二歳で奏者番、同十四年九月十日に寺社奉行の加役となり、左近将監督に転じる。その翌日に遠州浜松へ国替えを命じられた。文政八年（一八二五）五月十日、大坂城代に昇進し、従四位下となる。翌九年十一月二十三日、京都所司代に転じ、侍従に任じられ、越前守と称した。文政十一年十一月二十二日に西丸老中となり、天保五年（一八三四）三月一日、本丸老中となる。天保八年三月勝手掛となる。十年三月に一万石の加増を受ける。十二年五月十五日、天保の改革を開始する。十四年六月一日、上知令を発布するが、強い反発を受ける。閏九月七日に上知令は撤回となり、同月十二日に忠邦は老中を罷免される。弘化元年（一八四四）六月二十一日、再び老中首座となるが、翌年二月二十一日に老中を辞職。同年九月二日、勤役中の不正が露見し、加増地一万石と本高内一万石および居屋敷・家作の没収、隠居、下屋敷での謹慎を命じられる。嘉永四年（一八五一）二月十五日に謹慎は赦免になる。実は同月十日に死去しており、赦免の翌日に公表された。五十八歳。

参考文献　北島正元『水野忠邦』（『人物叢書』、吉川弘文館、一九六九年）、北島正元校訂『丕揚録・公徳弁・藩秘録』（近藤出版社、一九七一年）、藤田覚『水野忠邦―政治改革にかけた金権老中―』（東洋経済新報社、一九九四年）

（坂本　達彦）

渡辺崋山（わたなべかざん）　一七九三―一八四一

三河国田原藩の家老、蘭学者、画家。名は定静《さだやす》、字は子安《しあん》または伯登《はくと》、通称は登《のぼり》（一部の俳画などでは「のぼる」）。寛政五年（一七九三）九月十六日、江戸に生まれる。藩の財政難による減俸政策で幼少より家計は窮迫し、生計のために画を学ぶ。金子《かねこ》金陵《きんりょう》・谷《たに》文晁《ぶんちょう》らに師事し、代表作に「一掃百態《いっそうひゃくたい》」「鷹《たか》見泉石像《みせんせきぞう》」がある。天保三年（一八三二）に江戸詰家老となり、藩校成章館《せいしょうかん》の振興や、家禄制から職務給制へと切り替える格高制の創設など、「教化」「養才」に重点をおいた藩政改革に積極的に取り組む。また大蔵永常《おおくらながつね》を招いて殖産興業策をはかり、報民倉《ほうみんそう》の建設を願い出るなど天保飢饉対策にもあたった。崋山は鷹見星皐《たかみせいこう》・佐藤一斎《さとういっさい》・松崎慊堂《まつざきこうどう》らに儒学を学ぶ一方、洋学にも関心を寄せ、高野長英《たかのちょうえい》・小関三英《こせきさんえい》らに蘭書の翻訳を依頼して研究を進めた。崋山の洋学の特徴はその優れた世界認識にあるが、一八一〇―三〇年代に刊行された蘭書を典拠に、当時最新の知識によってなされている点も注目される。「蘭学にて大施主」との評判も広まり、江川英龍《えがわひでたつ》ら幕臣や古賀《こが》侗庵《どうあん》ら儒者とも交わる。天保九年、モリソン号再渡来に関する風説を知り、幕府の対外政策を批判して『慎機論《しんきろん》』を著す。翌年の蛮社《ばんしゃ》の獄《ごく》では、この『慎機論』と、江川の依頼で執筆した『西洋事情書《せいようじじょうしょ》』の初稿が押収されて幕政批判の罪に問われ、在所蟄居の判決を受ける。田原(愛知県田原市)での蟄居生活は困窮を極め、門人福田半香《ふくだはんこう》は崋山の画を販売してその窮状を救おうとした。これが悪評を招き、藩主に禍が及ぶのを恐れて、天保十二年十月十一日自殺した。四十九歳。

参考文献 佐藤昌介『渡辺崋山』(『人物叢書』、吉川弘文館、一九八六年)、小澤耕一・芳賀登監修『渡辺崋山集』(日本図書センター、一九九九年)、別所興一『渡辺崋山―郷国と世界へのまなざし―』(『愛知大学綜合郷土研究所ブックレット』七、あるむ、二〇〇四年)

(矢森小映子)

〔関連事項〕

上知令 (あげちれい)

上知とは幕府が大名・旗本などから知行地を没収することで、懲罰の場合と幕府の全国統治上の必要から行われる場合とがあった。「じょうちれい」ともいう。天保十四年(一八四三)六月、幕府は江戸・大坂十里四方と新潟を上知する政策を開始した。この二つの上知政策のうち、江戸・大坂十里四方の上知は、諸大名・旗本の反対にあって同年閏九月に撤回され、新潟の上知は唐物抜荷の取締りと海防のため実現した。江戸・大坂十里四方の上知の目的は、「御取り締まりのため」とだけ記され、その意図をめぐって諸説が出されている。主として、㈠生産力の低い幕領と生産力の高い江戸・大坂周辺の私領を交換することで幕府財政の建て直しを図った、㈡知行地の錯綜がもたらす支配の弱体化を解消し、幕府権力の再強化を図った、㈢対外的危機に備え、海防の強化を図った、という三説である。なお当時の上知対象者の不満は、㈠幕府は生産性の高い地域のみ上知し、そうでないところは上知しないという噂があること、㈡自己の利益のために反対するのではなく、先祖代々の本貫の地であること、㈢懲罰をうける謂われはないこと、などがあった(『井関隆子日記』)。なお、江戸・大坂十里四方の上知は撤廃されたが、「郷村高帳」「宗門帳」「五人組帳」など上知令関係文書が残されている村方も確認されており、政策が具体的に進んでいた村もあった。

参考文献 神崎彰利「相模国の旗本領」(村上直・神崎彰利編『近世神奈川の地域的展開』、有隣堂、一九八六年)、藤田覚『天保の改革』(『日本歴史叢書』、吉川弘文館、一九八九年)、藪田貫編『天保上知令騒動記』(『清文堂史料叢書』、清文堂出版、一九九八年)

(野本　禎司)

生田万の乱（いくたよろずのらん）

天保八年(一八三七)、国学者生田万らが桑名藩領柏崎陣屋(新潟県柏崎市)を襲撃した事件。柏崎騒動ともいう。生田は、館林藩の出身で、文政七年(一八二四)に江戸で平田《ひらた》篤胤《あつたね》の門に入り、国学を学んだ。帰藩後、藩政改革を求めた上書が原因で藩から追放処分を受け、江戸や上野国などを流浪。天保二年に赦免されるが、同七年、平田門人の神職樋口英哲に招かれて柏崎に移住した。柏崎では、九月に桜園塾を開き、国学を教授。ここで、天災が相ついだ越後国の飢饉の実情を目撃し、尾張藩浪人鷲尾甚助・水戸藩浪人鈴木城之助ら五名の同志とともに蜂起するに至った。天保八年五月晦日、生田らは刈羽郡荒浜村(柏崎市)の村役人を襲い、数名の農民を煽動して、翌六月一日明け方、柏崎陣屋を襲撃した。一時陣屋は混乱に陥るが、陣屋支配の村役人層の協力を得られなかったこともあり、乱は小規模かつ短期間のうちに収束。生田は負傷して自刃した。ほかに、生田の同志は、一名が自刃、三名が死亡、一名が自首。陣屋側は、死者三名・負傷者七名を出した。生田の妻鎬《こう》は、捕縛されるも、二日夜、二児を絞殺して自害した。結果、一時的に柏崎陣屋は扶持米を配布する措置を執り、米商は小売価格を下げたとされる。同年二月に大坂で起きた大塩平八郎の乱後には、摂津国能勢騒動など各地で呼応する動きが相ついだが、生田万の乱もその一つに位置づけられる。

参考文献 新沢佳大「近世支領統治の一考察―生田万の乱の社会的構造―」(豊田武教授還暦記念会編『日本近世史の地方的展開』、吉川弘文館、一九七三年)、『新修生田万全集』(教育出版センター、一九八六年)、『柏崎市史』中(一九九〇年)

(宮間　純一)

市川團十郎の江戸追放（いちかわだんじゅうろうのえどついほう）

天保改革において、老中首座水野忠邦は、風俗取締りを強化し、江戸三座の猿若町強制移転を手始めに、歌舞伎弾圧の政策をとった。その象徴的な事例として、江戸歌舞伎役者七代目市川團十郎(一七九一―一八五九)の江戸追放という処断があった。七代目團十郎は、寛政年間（一七八九―一八〇一）に登場し、天保年間（一八三〇―四四）には人気実力ともに兼ね備え、江戸歌舞伎を代表する役者であり、天保三年三月には、長男に八代目團十郎を襲名させ、自身は以後、五代目市川海老蔵と名乗った。中村座と市村座が猿若町に移転し、木挽町五丁目に残った河原崎座で歌舞伎十八番の内『景清』の主人公悪七兵衛景清を演じていた海老蔵は、天保十三年四月、南町奉行鳥居《とりい》忠耀《ただてる》（耀蔵《ようぞう》）に検挙された。理由は天保十二年十月発令の奢侈禁止令に背いたというものであった。検挙された海老蔵は、鳥居耀蔵直々の調べを受け、その結果、手鎖の上、家主預けとなり、追って沙汰があるまでの謹慎を命じられた。検挙から二ヵ月以上を経た同年六月二十二日、海老蔵は江戸十里四方追放を申し渡された。追放申し渡し文には、海老蔵の奢侈が具体的に記されていた。日常生活においては住居や庭の造り、調度品や小間物、雛道具などの華美が身分をも顧みず、奢侈僭上の至りと咎められ、芝居においても革製・鉄製の甲冑など本物を用い、珊瑚の根付けや高蒔絵の印籠など高価な物を身につけたことが奢侈禁止令に抵触しているとされた。海老蔵の居宅は破却され、物品は取り上げられた。江戸追放という重罰を課せられたのは、江戸歌舞伎役者の中では五代目市川海老蔵ただ一人であった。

参考文献　西山松之助『市川団十郎』（『人物叢書』、吉川弘文館、一九六〇年）、北島正元『水野忠邦』（『人物叢書』、吉川弘文館、一九六九年）、藤田覚『天保の改革』（『日本歴史叢書』、吉川弘文館、一九八九年）、木村涼「市川海老蔵と天保改革―天保改革期を中心として―」（『法政史学』六三、二〇〇五年）

（木村　涼）

江戸三座移転（えどさんざいてん）

天保改革における歌舞伎統制政策の一つ。天保改革の江戸市中の風俗取締りの過酷さは寛政改革を上回り、風俗の乱れ・身分秩序の動揺・奢侈増長の元凶と考えられていた江戸歌舞伎には一層の弾圧が加えられた。その手始めに、堺町・葺屋町・木挽町五丁目にあった江戸三座（中村座・市村座・河原崎座（森田座の控え櫓））は、浅草への移転を命じられた。天保十二年（一八四一）十月七日、堺町中村座から出火した火事は付近の市街に延焼し、葺屋町市村座をも焼失させた。幕府はこれを好機として堺町・葺屋町両座の再建を同月二十日禁止した。江戸三座を市中繁華の土地から辺鄙な場所へ隔離させようという案は、それまでにも繰り返し議論の対象となっていたが実現はしなかった。ところが、天保改革推進の老中首座水野忠邦は芝居取り潰しまでも考えていた。しかし、北町奉行遠山景元の建議によって、芝居取り潰しという最悪の事態は免れ、同年十二月、まず中村座と市村座が浅草への移転を命じられた。翌十三年正月に、中村座座元勘三郎らが北町奉行所白洲へ呼び出され、両座の替え地は浅草寺の裏、山之宿町の西北方、聖天町の西側で、丹波園部藩主小出伊勢守英発《ふさおき》の下屋敷であった場所と遠山景元から申し渡された。同年四月、浅草の替地が猿若町と名付けられた。天保十三年十二月には、木挽町五丁目の河原崎座にも移転が命じられ、最終的には猿若町一丁目に中村座、二丁目に市村座、三丁目に河原崎座の芝居小屋が建てられ、江戸三座の猿若町への移転は完了した。猿若町での芝居再開は、中村座が天保十三年十月五日、市村座が同年九月二十一日、河原崎座が翌十四年五月五日であった。

参考文献　松原剛「政令と演劇―天保改革と猿若町三座成立事情考―」(『日本大学芸術学部紀要』八、一九七八年)、藤田覚『幕藩制国家の政治史的研究―天保期の秩序・軍事・外交』(校倉書房、一九八七年)、服部幸雄「江戸・猿若町名縁起」(『日本歴史』六六八、二〇〇四年)

(木村　涼)

江戸湾防備体制　(えどわんぼうびたいせい)

近世後期以降、外国船の来航に対応するために構築された江戸湾(現東京湾)防備の体制のこと。寛政四年(一七九二)、ロシア使節ラクスマンの根室(北海道根室市)来航を受けた老中松平定信《まつだいらさだのぶ》は、江戸湾防備の重要性を認識し、翌五年にみずから伊豆・相模の二ヵ国を巡見したが、同年七月に老中を罷免された。同七年二月には三浦《みうら》半島側を会津藩、房総半島側を白河藩が防備する体制が整備された。また、文政元年(一八一八)五月のイギリス商船ブラザース号の浦賀沖(神奈川県横須賀市)来航以降、三浦半島側は浦賀奉行所主導で小田原藩・川越藩、房総半島側は代官森覚蔵《もりかくぞう》主導で久留里藩《くるりはん》・佐倉藩《さくらはん》が援兵《えんぺい》を派遣する体制がとられた。天保十年(一八三九)、老中水野忠邦《みずのただくに》は防備強化を目指して目付鳥居忠耀《とりいただてる》と韮山代官江川《えがわ》英龍《ひでたつ》を江戸近海に派遣し、羽田奉行新設、下田奉行復活などを計画したが、みずから断行した天保改革の挫折により実現しなかった。その後、川越藩(三浦半島)と忍藩《おしはん》(房総半島)が配置されたが、弘化三年(一八四六)閏五月にビッドル率いるアメリカ東インド艦隊の来航を迎え、老中阿部正弘《あべまさひろ》は既存の防備体制の不備を認識するに至った。阿部は翌四年、三浦半島側に川越藩・彦根藩、房総半島側に会津藩・白河藩を配置し、浦賀奉行所が外国船応接を管掌する体制に切り替えたが、嘉永六年(一八五三)六月にペリー来航を受け、江戸内海への外国船侵入を許した。

参考文献　藤田覚『幕藩制国家の政治史的研究』(校倉書房、一九八七年)、原剛『幕末海防史の研究』(名著出版、一九八

八年）、上白石実『幕末期対外関係の研究』（吉川弘文館、二〇一一年）

（神谷　大介）

大御所時代（おおごしょじだい）

十一代将軍徳川家斉およびその側近が実権を握った文化・文政期（一八〇四―三〇）を中心とする時期のこと。家斉が大御所になった後も権力を握り続けていたことから、こう呼ばれる。幕政を主導したのは文政元年（一八一八）から老中格となる水野《みずの》忠成《ただあきら》である。彼の出世コース、側用人を兼ねたことなどから、田沼時代の再来といわれた。また、贈収賄が横行し、幕政の腐敗が指摘されている。ただし、幕府は当時の内憂外患を克服するため、さまざまな施策を試みている。財政改善のため文政元年以降貨幣改鋳を行なった。本施策は改鋳の際、貨幣の質を低下させることで貨幣量を増やし、出目を幕府の収入にするものである。この結果、物価の高騰や貨幣流通量が増加し、農村部への貨幣経済の浸透が進んだ。物価統制のため十組問屋の特権を強化し、文化十年（一八一三）に菱垣《ひがき》廻船積問屋仲間を結成する。十八世紀以降、関東各地において特産品生産が活発になる。同時に農民層の分解、潰百姓・荒地・手余地の増加という問題も発生し、さらに無宿者や博徒の横行も盛んになった。この状況に対応すべく、文化二年に関東取締出役《かんとうとりしまりしゅつやく》を、文政十年にそれを支えるために改革組合村を関八州に設置した。文政四・五年には、往来の者・輸送業従事者・宿助郷の者による不法行為の取締りや、宿・助郷村々の保護など交通制度の改革も行われている。本施策は天保改革期にも引き継がれた。対外的にはロシアの南下、フェートン号事件などにより緊張が高まったため、文政八年に異国船打払令が発布される。また、蝦夷地の直轄化も行われるが、財政の行き詰まりから文政四年に支配権を松前藩に返還する。朝鮮関係では、寛政年間（一七八九―一八〇一）に実施が決定した易地聘礼《えきちへいれい》が文化八年に行われた。なお、当代の否定的な評価は近代以降の歴史学者によりなされたものであり、幕末から明治に生きた幕府関係者の中には幕府隆盛の時代と理解し、肯定的に懐古する人びとも存在した。

参考文献　北島正元「化政期の政治と民衆」（『岩波講座日本歴史』一四、岩波書店、一九六三年）、同『水野忠邦』（『人物叢書』、吉川弘文館、一九六九年）、杉仁「化政期の社会と文化」（青木美智男・山田忠雄編『講座日本近世史』六、有斐閣、一九八一年）、藤田覚編『近代の胎動』（『日本の時代史』一七、吉川弘文館、二〇〇三年）、坂本達彦「天保改革期における幕府交通政策と地域社会」（『徳川林政史研究所研究紀要』三九、二〇〇五年）、久住真也『幕末の将軍』（『講談社選書メチエ』、講談社、二〇〇九年）

（坂本　達彦）

株仲間解散令（かぶなかまかいさんれい）

天保十二年（一八四一）、天保の改革の一環として発布された全国の株仲間を解散させる法令。株仲間解散は天保改革の主要な政策の一つであり、これにより老中水野忠邦《みずのただくに》は高騰していた諸物価の引き下げを狙った。解散令の対象となったのは、江戸の十組問屋・大坂の二十四組問屋などの代表的な株仲間のみではなく、全ての問屋仲間・組合であり、人為的に価格や流通量の調整を行う組織がすべからく解散を命じられた。株仲間解散の実現の背景には、十組問屋の利権保護を目指した町奉行矢部定謙《やべさだのり》と老中水野の対立があったとされる。幕府は、株仲間からの多額の冥加金を失ったが、自由な営業と競争により、物価下落を期待した。物価対策として、町奉行所には諸色掛与力が設置され、諸色掛の町名主が置かれた。株仲間の解散により、幕府は享保年間（一七一六—三六）以来の株仲間を間接的に統治する方式を放棄し、長年積み重ねられてきた慣行から自由な立場になった。このような方式は、天保改革時の幕府政策の特徴であり、大名・農村などへの政策にも通底する。株仲間解散は、従来の研究では、のちの問屋仲間再興などを踏まえて、失敗であったと評価されているが、近年では白米・塩・味噌・醬油・酒・水油の諸品は、解散令直後から価格が下がっており、物価引き下げに一定の効果があったとされる。

参考文献　宮本又次『株仲間の研究』（有斐閣、一九三八年）、林玲子『江戸問屋仲間の研究』（御茶の水書房、一九六七年）、藤田覚『天保の改革』（『日本歴史叢書』、吉川弘文館、一九八九年）、平川新『開国への道』（『全集日本の歴史』一二、小学館、二〇〇八年）

（望月　良親）

三方領地替（さんぽうりょうちがえ）

天保十一年（一八四〇）十一月一日に発令された、三大名の間で行われた領地替え。武蔵国川越藩松平《かわごえはんまつだいら》家は出羽国庄内《しょうない》へ、庄内藩酒井《さかい》家は越後国長岡《ながおか》へ、長岡藩牧野《まきの》家は川越への転封を命じたもの。川越藩主松平斉典《なりつね》は、十一代将軍（天保八年より大御所）徳川家斉の二十四子斉省《なりさだ》を養子に迎えたのを好機として、本家である越前国福井藩松平家の協力も仰ぎ、より生産力の高い土地への転封を大御所家斉へ働きかけて実現したといわれる。この所替えは、その理由が明示されていないため、松平家の転封先が庄内に決まった詳細は不明であるが、庄内藩・長岡藩の領内支配、特に酒田《さかた》・新潟両港不取締りが背景にあったようである。しかし、庄内藩とその領民が反対運動を展開し、さらに、天保十二年正月十五日には大広間を殿席とする外様大名が、老中宛に所替えの理由を詰問する伺書を提出した。五月には十二代将軍徳川家慶が、御庭番より所替えに対する風聞書を受け取り、領地替え困難を察知した家慶は、老中首座水野忠邦に中止を促した。しかし、忠邦は納得せず、大名の所替えは将軍の意志で自由にできるもの、と主張した。家慶は再度御庭番に情報収集させ、七月十一日に忠邦らを呼んで、所替え中止を命じ、翌十二日に中止が発表された。忠邦は領地替え失敗を理由に辞職を申し出るが、家慶の慰留により留任している。なお、領地替え中止に伴い、松平家には二万石の加増、酒井家には九月十四日付で溜間詰から帝鑑間席への格下げが申し渡された。

参考文献　北島正元『水野忠邦』(『人物叢書』、吉川弘文館、一九六九年)、浅見隆「天保改革論」(青木美智男・山田忠雄編『講座日本近世史』六、有斐閣、一九八一年)、藤田覚『幕藩制国家の政治史的研究』(校倉書房、一九八七年)、同『天保の改革』(『日本歴史叢書』、吉川弘文館、一九八九年)、同『水野忠邦―政治改革にかけた金権老中―』(東洋経済新報社、一九九四年)

(坂本　達彦)

薪水給与令（しんすいきゅうよれい）

天保十三年(一八四二)七月に幕府が発布した異国船取扱法。幕府は文政八年(一八二五)に異国船打払令《いこくせんうちはらいれい》を発布したが、清国がアヘン戦争に敗れたとの情報が伝わると、外国との紛争を引き起こす可能性が高い打払令を撤回し、天保十三年七月二十三日、穏便な薪水給与令に切り替えた。この薪水給与令の基本原則は、外国船に対し、あくまで穏便に対応するところにある。文化三年(一八〇六)の薪水給与令がロシア船を対象としたものであったのに対し、天保十三年の薪水給与令はすべての外国船を対象としたものであった。法令の内容をみると、まず外国の者であっても漂流などで食物・薪水を乞いに渡来しているので、その事情を知らずに「一図に打払」うことは万国に対する処置として不適切だとしている。そこで、外国船を発見したら様子を窺い、食料・薪水などが乏しく帰帆しがたいことを確認したならば、「望の品」を与えて帰帆するよう申し諭すようにとされている。また、外国人の上陸は許さず、警衛を厳重にし、兵士や武器などの手当を一段と手厚くして「心弛ミ」がないようにすること、外国船が海岸に向けて鉄砲を打っても動揺せずに「御憐恤《ごれんじゅつ》の御主意《ごしゅい》」を貫くようにすることなどが記されている。ただし、外国船から「乱妨《らんぼう》の始末」があるか、「望の品」を与えても帰帆せずに「異議」に及ぶようなことがあれば速やかに打払うよう命じているなど、「臨機の取計」も認めていた。

参考文献　藤田覚『近世後期政治史と対外関係』(東京大学出版会、二〇〇五年)、上白石実『幕末期対外関係の研究』(吉川弘文館、二〇一一年)

(神谷　大介)

天保の改革（てんぽうのかいかく）

内憂外患に対応するため、老中首座水野忠邦が主導した幕政改革。天保十二年（一八四一）五月十五日、改革の断行が宣言される。享保・寛政の政治を模範とし、その時代への復古を標榜した。諸政策は、水野が保守派と洋学派双方の幕府役人の政策提起を、取捨選択しながら進められた。改革が宣言された日は十二代将軍徳川家慶の誕生日であり、改革が将軍の上意との演出であった。また、将軍親裁をアピールするため、同年八月十八日には公事上聴も行われた。さらに、天保十四年には日光社参を行い将軍権力・権威の再強化をはかった。領主層の財政悪化や下層民の生活困窮に結び付く物価高騰問題に対応するため、天保十二年十二月に江戸の十組仲間に株仲間解散を命じる。さらに翌年三月には全国の問屋・株仲間に解散を命じる。物流の自由化により物価の下落を狙った施策であるが、かえって混乱が生じ、期待した効果を得られなかった。また、江戸では直前の天保の飢饉において、困窮民の救済が問題となっていた。そこで天保十三年には、江戸の下層民減少と農村人口増加を目的とした人返し令が発布されるが、こちらも成果はあがらなかった。一方、農村では倹約と出稼ぎの許可制が実施された。対外関係ではアヘン戦争における清の敗北を受け、大きな政策転換を確認できる。天保十三年にはそれまでの打ち払い令を撤回し、薪水給与令が発布された。近世後期には民衆文化が発達したが、改革ではこれらも取締りの対象となった。天保十一年、江戸の下層町人の娯楽である寄席を二百十一軒から十五軒に減少させ、内容も勧善懲悪で民衆教化に役立つものに限定された。翌年十月には、享保・寛政の奢侈禁令を修正した町触が公布される。天保十三年には江戸歌舞伎三座を浅草猿若町に移転させるほか、江戸の宮地芝居を撤廃した。出版物については全て出版前に幕府機関による検閲を受ける制度となった。天保十四年の日光社参後には重要政策が多く発布されている。年貢増徴のため御料所改革が実施されるが、百姓の激しい抵抗と一部の代官の非協力により天保改革の終了とともに中止された。また、外国船による江戸湾封鎖を危惧し、印旛沼《いんばぬま》掘割工事を行い、銚子から利根川経由の海運路の造成を試みた。しかし、本工事途中に高波により破壊され、水野の失脚とともに中止となっている。また、同年には上知令も発布される。本施策は江戸・大坂周辺地域の収公を意図したものであるが、上知対象地の領主層や民衆が強く反発し、撤回された。これにより水野は失脚し、天保の改革も中止となった。

〔参考文献〕北島正元『水野忠邦』（『人物叢書』、吉川弘文館、一九六九年）、大口勇次郎「天保期の性格」（『岩波講座日本歴史』一四、一九七六年）、青木美智男・山田忠雄編『天保期の政治と社会』（『講座日本近世史』六、有斐閣、一九八一年）、藤田覚『幕藩制国家の政治史的研究』（校倉書房、一九八七年）、同『天保の改革』（『日本歴史叢書』、吉川弘文館、一九八九年）、坂本忠久『天保改革の法と政策』（創文社、一九九七年）、藤田覚『近世政治史と天皇』（吉川弘文館、一九九九年）、同編『近代の胎動』（『日本の時代史』一七、吉川弘文館、二〇〇三年）
（坂本　達彦）

天保暦（てんぽうれき）

弘化元年（一八四四）から太陽暦が施行される明治六年（一八七三）まで、二十九年間にわたって施行された暦法。また、この暦法に基づく暦本も天保暦という。寛政暦法は西洋近代天文学の知識を取り入れて編纂されたが、日月食の推算と観測結果の間に誤差が生じることがあった。寛政の改暦後も研究と観測を続けた天文方の高橋至時《たかはしよしとき》は、フランスの天文学者ラランドの天文書の蘭訳本を入手し、その研究の成果を『ラランデ暦書管見』十一冊にまとめたが、翻訳を完成させることのないまま、志半ばで没した。訳業を引き継いだ長男の景保《かげやす》と間重富《はざましげとみ》も完成させることができず、次男で渋川家に養子入りした景佑《かげすけ》と足立信頭《あだちのぶあきら》が天保七年（一八三六）に『新巧暦書』四十冊として完成させ、幕府に献上した。天文方山路諧孝《やまじゆきたか》もまた、オランダ人ペイボ＝ステーンストラの天文書を翻訳し、同八年に『西暦新編』と名付けて献上した。同十二年十一月二十四日、幕府は渋川景佑と足立信頭に対し、『新巧暦書』によって改暦を行うよう命じた。両名は『新法暦書』九巻を編纂し、景佑は同十三年四月に上京して七月に帰府、信頭は同年九月に上京して十月に帰府した。十月六日に改暦が宣下されて天保壬寅元暦と名付けられ、弘化元年から施行された。寛政までの改暦に際しては、天文方は土御門家の門人という立場で改暦にかかわり、京都で数年にわたって測量を実施したが、天保の改暦では土御門家の門人となることなく、独自の立場で改暦を実施した。

参考文献　渡辺敏夫『日本の暦』（雄山閣、一九七六年）、同『近世日本天文学史』上（恒星社厚生閣、一九八六年）
（杉　岳志）

徳丸が原砲術演習（とくまるがはらほうじゅつえんしゅう）

天保十二年（一八四一）、高島秋帆《たかしましゅうはん》とその門人たちによって武蔵国徳丸が原（東京都板橋区高島平）で行われた西洋砲術の演習。天保十一年、アヘン戦争（一八四〇―四二）で清が劣勢との情報が幕府に伝わると、幕府は軍備の強化を急いだ。翌天保十二年、老中水野忠邦《みずのただくに》は、西洋砲術を研究していた長崎の町年寄高島秋帆を江戸に呼び寄せ、幕閣の前で西洋流砲術

(のちに高島流砲術とよばれる)の演習を行うよう命じた。その会場となったのが、享保以前から幕府の砲術場であった徳丸が原である。高島秋帆はモルチール砲(臼砲《きゅうほう》)やホーウィッスル砲(榴弾砲《りゅうだんほう》)や野戦砲の砲撃、馬上短銃やゲベール銃の操練など、ヨーロッパで行われていた歩兵・騎兵・砲兵からなる三兵《さんぺい》戦術に対応した砲術を披露した。同席した幕府鉄砲方は西洋流砲術を実用性に乏しいと酷評するが、幕府は代官江《え》川英龍《がわひでたつ》と旗本下曾根信敦《しもそねのぶあつ》を高島秋帆に弟子入りさせ、西洋流砲術を学ばせた。これは、西洋流砲術が幕府公認の武術となったことを意味する。天保十四年に鉄砲方となった江川英龍は、海防強化や江戸内海台場・反射炉建設など、幕府軍備の強化に貢献する。高島秋帆は「火技之中興洋兵之開祖」とされ、徳丸が原砲術演習の折に滞在した松月院(東京都板橋区赤塚)には大正十一年(一九二二)建立の記念碑がある。また、徳丸が原は、高島秋帆の砲術演習にちなみ昭和四十四年(一九六九)に高島平と改称されている。

参考文献　仲田正之『江川坦庵』(『人物叢書』、吉川弘文館、一九八五年)、有馬成甫『高島秋帆』(『人物叢書』、吉川弘文館、一九八九年)、高橋典幸・山田邦明・保谷徹・一ノ瀬俊也『日本軍事史』(吉川弘文館、二〇〇六年)

(中西　崇)

問屋仲間再興　(とんやなかまさいこう)

天保十二年(一八四一)に廃止された株仲間が、嘉永四年(一八五一)に問屋に限り再興を許可されたこと。株仲間の再興は、早くは弘化二年(一八四五)に町奉行遠山景元《とおやまかげもと》により主張されていた。翌年には以前町奉行であった筒井政憲《つついまさのり》によっても老中へ株仲間再興の上申があった。筒井は、物価引き下げのためと株を担保にした借金の必要性を説き、その再興を主張した。遠山は、その後も十組問屋などの再興を目指し、上申をした。嘉永三年には、勘定奉行もそれに同意する動きをみせ、翌年に冥加金なしで問屋仲間の再興が許可された。文化年間(一八〇四—一八)以後認められていた冥加金の免除により独占的な特権を得ていた江戸の十組問屋仲間などは、その特権の保証がなくなったのである。この再興時には、株札は渡されず、株数も固定されなくなった。仲間は、幕府によって仕入高や売上高が一定額以上の問屋を元組・古組、それ以下の問屋を仮組・新組に編成された。幕府は、寛政年間(一七八九—一八〇一)以前のように仲間を通じて再び商品流通を把握しようとしたのである。幕府による取締りは強化されたが、仮組にも包摂されない商人などの動きも活発になり、問屋内部からもその取決めが破られるなど、仲間の機能はこれ以降弛緩していった。

参考文献　宮本又次『株仲間の研究』(有斐閣、一九三八年)、林玲子『江戸問屋仲間の研究』(御茶の水書房、一九六七年)、平川新『開国への道』(『全集日本の歴史』一二、小学館、二〇〇八年)

(望月　良親)

新潟上知（にいがたあげち）

天保十四年(一八四三)六月に、当時長岡藩領であった新潟(新潟市)を収公し、幕府領とした政策。天保十二年六月、川越藩と庄内藩と長岡藩の所替(いわゆる三方領知替)の撤回を将軍徳川家慶が命じた際、長岡藩領の新潟や庄内藩領の酒田(山形県酒田市)、その他私領の要港の収公を検討することが指示されたことに始まる。天保十四年正月、老中は目付佐々《さ さ》木《き》一陽《かずあき》の意見を採用し、唐物抜荷の取り締まりと海岸防備のため、新潟を長岡藩から収公し、幕府領とすることを伺い出た。将軍家慶はこれを裁可。同年六月、幕府から長岡藩に新潟の収公が命じられた。長岡藩には、代替地として、越後国三島郡高梨《たかなし》村(新潟県小千谷市)が与えられたが、新潟から毎年上納される多額の運上金収入を失った同藩の財政はこれ以降悪化した。幕府領となった新潟には、新潟奉行を設置。初代奉行には、勘定吟味役の川村修就《かわむらながたか》が任じられた。奉行所の組織は、江戸で任命された組頭二名・広間役六名・定役二十名・並役三十名を中心に構成され、彼らは新潟で採用された足軽二十名とともに新潟の行政にあたった。また、海防の目的から、水主頭取十名、足留水主三十名を雇い、非常時に備えた。明治元年(一八六八)五月、新潟は米沢藩預所となり、新潟奉行も廃止された。

参考文献　『新潟県史』通史編五(一九八八年)、藤田覚『天保の改革』(『日本歴史叢書』、吉川弘文館、一九八九年)、『新潟市史』通史編二(一九九七年)

(小酒井大悟)

蛮社の獄（ばんしゃのごく）

天保十年(一八三九)五月に起こった蘭学者弾圧事件。「蛮社」は「蛮学社中」すなわち蘭学者一派を指す。モリソン号事件翌年の天保九年十月、渡辺崋山《わたなべかざん》・高野長英《たかのちょうえい》は、モリソン号再渡来の風説と打払令の適用を主張した評定所一座の答申案を知る。これを幕府の方針と誤解し、崋山は『慎機論《しんきろん》』、長英は『戊戌夢物語《ぼじゅつゆめものがたり》』を著して批判した。両者は逮捕され、幕政批判の罪で崋山は在所蟄居、長英は永牢の判決を受ける。同志であった蘭学者小関三英《こせきさんえい》も、崋山逮捕後連坐を恐れて自殺している。この事件は明治以降、蘭学者弾圧の側面が注目されてきたが、背景には幕府官僚内の対立があり、林家出身の鳥居《とりい》耀蔵《ようぞう》ら守旧派が、崋山による『外国事情書《がいこくじじょうしょ》』の上申を阻み、崋山に連なる江川英龍《えがわひでたつ》ら開明派の失脚を図った政治疑獄としての側面もあったことが指摘されている。またこの事件では、異国人との応接と国外脱出を目的に無人島(小笠原諸島)への渡海を企てたとして、常陸の僧侶と江戸の町人らが捕らえられ、冤罪であったにもかかわらず、うち四名が取調べ中の拷問で獄死している。近年の研究ではこの点に注目し、文政から天保にかけて蘭学者や民衆の間で「鎖国」の排外的閉鎖性が緩み始める中で、これに危機感をもった鳥居の告発をもとに老中水野忠邦が指揮を取り、引き締めとして捏造された事件であったという説も提起されている。

参考文献　藤田茂吉『文明東漸史』(報知社、一八八四年)、佐藤昌介『洋学史研究序説—洋学と封建権力—』(岩波書店、一九六四年)、田中弘之『「蛮社の獄」のすべて』(吉川弘文館、二〇一一年)

(矢森小映子)

ビッドルの来航　(ビッドルのらいこう)

アメリカ合衆国最初の遣日使節。一八四四年に清国と望厦《ぼうか》条約を締結したアメリカ合衆国は、翌弘化二年(一八四五)同条約批准書交換のため中国に派遣されるアレクサンダー＝エヴェレット公使に対して、幕府に対する通商条約交渉に関する全権を与えた。同時に、アメリカ東インド艦隊司令官ジェイムズ＝ビッドルにエヴェレット公使の支援が命じられた。しかし、病気のためエヴェレット公使は途中で下艦し、ビッドルにその任務が引き継がれた。ビッドルは、同年十二月マカオに入港し望厦条約批准書交換を行い、翌弘化三年江戸湾に向けて出航、同年閏五月二十七日に軍艦二艘(コロンバス号・ヴィンセンス号)が浦賀沖に到着した。対応にあたった浦賀奉行に対して、ビッドルは清国と同様な条約の締結を口頭で要求した。幕府はビッドルの来航に対して、天保十三年(一八四二)の薪水給与令に則り水や食料を提供し、その要求に対しては「諭書」を交付し新規に通信・通商関係を結ぶことは国禁であり、外交交渉は長崎でのみ扱うと回答した。ビッドルは幕府との交渉継続を断念し、同年六月七日に浦賀沖を抜錨、「諭書」の広東への移送をヴィンセンス号に託し、自身はカリフォルニアへ向かった。ビッドルの来航は幕府内にも衝撃を与え、老中阿部《あべ》正弘《まさひろ》は薪水給与令の停止と打払令の復活を諮問したものの、海防掛・三奉行ともこれを否定したため見送られた。

参考文献　藤田覚『近世後期政治史と対外関係』(東京大学出版会、二〇〇五年)

(檜皮　瑞樹)

人返しの法　(ひとがえしのほう)

天保の改革における政策の一つで、天保十四年(一八四三)三月に出された、江戸の人口を減少させて村に人口を戻そうとした法令。十八世紀半ば以降、村落の人別が江戸へ流入することが顕著となり、関東以北の村落は人別が減少して手余り地が増大し、江戸は下層町人が増加した。町人の半ば以上を占めるようになった下層町人は「其日稼ぎ」といわれ、飢饉となればすぐに救済の対象となり、有効な対策を講じなければ、打ちこわしなどの騒動を引き起こすなど、不安定な存在であったが、天保の飢饉により事態は深刻化していた。そのため、幕府は天保九年に代官へ対策を諮問した。同十二年に老中は町奉行に強制的な帰村政策の評議を命じたが、町奉行はその困難さを回答し、奢侈の取締りと人別改めの強化で対処したいと回答した。そして、以下のような法が出されるに至った。㈠新規に在方の村人が江戸に移住して江戸の人別帳に入ることを禁止、㈡出稼ぎや奉公稼ぎなどで短期間に江戸へ出る者は、村役人による領主の奥印のある免許状を必要とし、免許状のない者は江戸で住居を貸すことも奉公させることも禁止、また、出稼ぎ者などを江戸の人別帳へ記載することを禁止、㈢江戸の町では、毎年四月に人別改めを行い、人別帳を一冊ずつ南北町奉行所に提出し、一冊は町名主方に保管して、九月にその間の人別の異動を報告させ、さらに江戸市中内の人別送りを行うこと、㈣廻国六部順礼に出たり、出家したりするのを領主の許可制とすること、㈤最近江戸へ出てきて、裏店に住んで妻子のいないような者は帰村させること、であった。しかし、その効果はあまりなかったと評価されている。

参考文献　南和男『幕末江戸社会の研究』(吉川弘文館、一九七八年)、藤田覚『天保の改革』(『日本歴史叢書』、吉川弘文館、一九九六年)

(栗原　健一)

別段風説書(べつだんふうせつがき)

アヘン戦争を機に天保十一年(一八四〇)から作成・送付された、オランダ風説書の一類型。一八四〇年五月二十六日、オランダ領東インド政庁は、バタフィア(インドネシアのジャカルタ)の政庁内で中国関連情報を記した書面を作成し、「別段風説書」として商館長が日本側に提出することを決定した。この新たな風説書は、政庁の決議・決定に基づいてバタフィアで作成されるという点で、長崎において通詞の聞き取りで作成される従来の風説書とは異なっている。別段風説書**Apart Nieuws**の**Apart**は「別立ての」「特別の」といった意味をもち、これと区別して従来の風説書を「通常の」風説書**Gewoon Nieuws**と呼ぶようになる。また十九世紀以降は特定の情報を伝えるため、不定期に書面での情報提供がなされることもあり、これを別段風説書と称することもあった。別段風説書は安政四年(一八五七)まで、新聞記事などをもとに毎年作成・送付され、商館長より長崎奉行に提出され、オランダ通詞による翻訳を添えて江戸へ送られた。その内容は当初アヘン戦争を中心とする清英関係に特化していたが、中国情勢の安定化により弘化三年(一八四六)から世界各国の時事情報が伝えられるようになる。それに伴い内容の重複した「通常の」風説書は、日本往来の船舶関連情報などに限定され、さらに短く簡略なものとなった。別段風説書のバタフィアからの送付は安政五年に中止され、翌六年には幕府の要請に応えて長崎の商館長によって作成された。

参考文献 安岡昭男「和蘭別段風説書とその内容」(『法政大学文学部紀要』一六、一九七〇年)、松方冬子『オランダ風説書と近世日本』(東京大学出版会、二〇〇七年)、同編『別段風説書が語る一九世紀』(東京大学出版会、二〇一二年)

(矢森小映子)

ペリー来航 (ぺりーらいこう)

嘉永六年(一八五三)六月三日、アメリカ東インド艦隊司令長官マシュー=カルブレイス=ペリーが四隻の艦隊を率いて浦賀沖(神奈川県横須賀市)に来航したことに始まる一連の事件。ペリーが率いた四隻は蒸気船のサスケハナ号(旗艦)とミシシッピー号、帆船のプリマス号とサラトガ号である。城ケ《じょうが》島村《しまむら》(神奈川県三浦市)の漁師が松輪村《まつわむら》沖(同)でペリー艦隊を発見し、三崎《みさき》(同)詰めの浦賀奉行所役人に通報した。これを受けて浦賀奉行戸田氏栄《とだうじひで》配下の与力中島三郎助《なかじまさぶろうすけ》や同香山栄左《かやまえいざ》衛門《えもん》らが通詞とともに浦賀沖で交渉にあたり、長崎への回航を要求したが、ペリー側は断固として拒否した。六月四日にペリー来航の知らせを受けた老中首座阿部正弘《あべまさひろ》は、六日に布衣以上の諸有司を総登城させて評議を行い、ペリーが要求するアメリカ合衆国大統領の国書受理を決定した。九日、ペリーは士官・陸戦隊・軍楽隊ら三百人余とともに久里浜村《くりはまむら》海岸(神奈川県横須賀市)に上陸し、浦賀奉行の戸田氏栄と井戸《いど》弘《ひろ》道《みち》に国書を渡した。国書受理に際しては、会津藩・忍藩《おしはん》が海上警備、彦根藩・川越藩が陸上警備を担当した。国書の中でアメリカ側は主として㈠通商、㈡アメリカ捕鯨船その他難破漂流民の保護、㈢アメリカ船への石炭・食料・薪水補給のための開港を日本側に要求している。その後ペリー艦隊は江戸内海の測量を行い、十二日に浦賀沖を退帆、琉球の那覇(沖縄県那覇市)に向かった。ペリー来航は武士や庶民にとって興味の的であり、来航時の様子を記した記録などが全国各地に残されることとなった。

参考文献 山口宗之『ペリー来航前後』(ぺりかん社、一九八八年)、加藤祐三『黒船前後の世界』(『ちくま学芸文庫』、筑摩書房、一九九四年)、三谷博『ペリー来航』(『日本歴史叢書(新装版)』、吉川弘文館、二〇〇三年)、『新横須賀市史』通史編近世(二〇一一年)

(神谷　大介)

モリソン号事件（モリソンごうじけん）

天保八年（一八三七）、漂流民を送還し通商を求めて来航したアメリカ船モリソン号が砲撃され退去した事件。広東のアメリカ貿易商社の支配人チャールズ＝キングは、マカオに居住していた日本人漂流民計七人を日本に送還することをきっかけに、日本との通商を開こうと画策した。そこで、キング夫妻に加えイギリスの貿易監督官付の通訳官ギュツラフが参加し、アメリカ船籍の商船モリソン号で日本へ向かった。天保八年六月二十七日（一八三七年七月二十九日）、モリソン号は、江戸湾の入り口である浦賀に接近した。翌日、異国船来航の知らせが浦賀奉行太田《おおた》資統《すけのり》にもたらされ、異国船打払令にしたがって小田原藩・川越藩が沿岸より砲撃した。砲撃は翌日も続けられ、モリソン号はやむをえず江戸湾を退去した。その後、鳥羽港（三重県）に入ろうとしたが天候不順で失敗し、さらに山川港（鹿児島県）に立ち寄り漂流民を上陸させようとしたところ薩摩藩の砲撃を受け、断念してマカオに帰航した。モリソン号来航の次第は、翌年になってオランダ商館長から幕府に知らされた。事件を機に江戸湾の警備体制が見直され、幕府は目付鳥居忠耀《とりいただてる》（耀蔵《ようぞう》）と代官江川英龍に江戸湾備場の見分を命じるなど、江戸湾防備体制の強化が計画された。一方、モリソン号への砲撃に対して、渡辺崋山は『慎機論《しんきろん》』を、高野長英は『戊戌夢物語《ぼじゅつゆめものがたり》』を著し、異国船打払いを断行する幕府の政策を批判したため、蛮社の獄を招くに至った。

参考文献　田保橋潔『近代日本外国関係史』（刀江書院、一九三〇年）、佐藤昌介『洋学史研究序説』（岩波書店、一九六四年）

（酒井　雅代）

大老

氏名	称呼	前職	補職年月日	転免年月日	後職
井伊直亮	掃部頭		天保六(一八三五)・一二・二八 実欠	天保一二(一八四一)・五・一三	免 実職ゆるさる

老中

氏名	称呼	前職	補職年月日	転免年月日	後職
松平乗寛	和泉守	京都所司代 実寺社奉行	文政五(一八二二)・九・三	天保一〇(一八三九)・一二・二 実一〇・一二・一三	卒
水野忠邦	越前守	京都所司代	文政一一(一八二八)・一一・二二 実一一・一一・二二	天保一四(一八四三)・閏九・一三	免職、差控
松平宗発 実(本庄宗発)	伯耆守	京都所司代	天保二(一八三一)・五・二五	天保一一(一八四〇)・九・一八 実一一・九・一九	辞 実卒
太田資始	備後守	京都所司代	天保五(一八三四)・四・一一 実欠	天保一二(一八四一)・六・三	辞 実病免
堀田正篤	備中守	大坂城代	天保八(一八三七)・七・九	天保一四(一八四三)・閏九・八	溜詰格 実職ゆるさる
土井利位	大炊頭	京都所司代	天保九(一八三八)・四・一一	弘化元(一八四四)・一〇・一二	辞 実病免
間部詮勝	下総守	京都所司代	天保一一(一八四〇)・正・一三	天保一四(一八四三)・閏九・一一	辞 実病免
井上正春	河内守	大坂城代	天保一一(一八四〇)・一一・三	天保一四(一八四三)・正・二九	辞 実病免
真田幸貫	信濃守	譜代席	天保一二(一八四一)・六・一三	弘化元(一八四四)・五・一三	病免
阿部正弘	伊勢守	奏者番兼寺社奉行	天保一四(一八四三)・閏九・一一	安政四(一八五七)・六・二七 実四・六・二八	卒
牧野忠雅	備前守	京都所司代	天保一四(一八四三)・一一・三	安政四(一八五七)・九・一〇	免 実溜詰格
戸田忠温	日向守 山城守	奏者番兼寺社奉行	天保一四(一八四三)・一一・三	嘉永四(一八五一)・七・二六 実四・七・二七	卒
堀親寚	大和守	側用人	天保一四(一八四三)・一二・一三	弘化二(一八四五)・四・二九	免 実病免
水野忠邦	越前守	雁間席	弘化元(一八四四)・六・二一	弘化二(一八四五)・二・二二	辞 実病免

氏名	称呼	前職	補職年月日	転免年月日	後職
青山忠良	下野守	大坂城代	弘化元(一八四四)・三・二六	嘉永元(一八四八)・九・三	辞 [実]病免
松平乗全	和泉守	大坂城代	弘化二(一八四五)・二・一五 [実]二・三・一八	安政二(一八五五)・八・四 [実]欠	辞 [実]欠
松平忠優	伊賀守	大坂城代	嘉永元(一八四八)・一〇・一八	安政二(一八五五)・八・四 [実]欠	辞 [実]欠
久世広周	出雲守 大和守	奏者番兼寺社奉行	嘉永元(一八四八)・一〇・一八	安政五(一八五八)・一〇・二七	辞 [実]病免
内藤信親	紀伊守	京都所司代	嘉永四(一八五一)・一二・二一	文久二(一八六二)・五・二六	免

京都所司代

氏名	称呼	前職	補職年月日	転免年月日	後職
土井利位	大炊頭	大坂城代	天保八(一八三七)・五・一六	天保九(一八三八)・四・一一	西丸老中
間部詮勝	下総守	大坂城代	天保九(一八三八)・四・一一	天保一一(一八四〇)・正・一三	西丸老中
牧野忠雅	備前守	奉者番兼寺社奉行 [実]寺社奉行	天保一一(一八四〇)・正・一三	天保一四(一八四三)・一一・三	老中
酒井忠義	若狭守	奉者番兼寺社奉行 [実]寺社奉行	天保一四(一八四三)・一一・三	嘉永三(一八五〇)・七・二六	溜詰格
内藤信親	紀伊守	大坂城代	嘉永三(一八五〇)・九・一	嘉永四(一八五一)・一二・二一	西丸老中
脇坂安宅	淡路守	奉者番兼寺社奉行	嘉永四(一八五一)・一二・二一	安政四(一八五七)・八・一一	老中

大坂城代

氏名	呼称	前職	補職年月日	転免年月日	後職
間部詮勝	下総守	奏者番兼寺社奉行 〔実〕寺社奉行	天保八(一八三七)・七・二〇	天保九(一八三八)・四・一一	京都所司代
井上正春	河内守	奏者番兼寺社奉行 〔実〕寺社奉行	天保九(一八三八)・四・一一	天保一一(一八四〇)・一一・三	西丸老中
青山忠良	因幡守 下野守	奏者番兼寺社奉行 〔実〕なし	天保一一(一八四〇)・一一・三	弘化元(一八四四)・一二・二八	老中
松平乗全	和泉守	奏者番兼寺社奉行	弘化元(一八四四)・一二・二八	弘化二(一八四五)・三・一五 〔実〕二・三・一八	西丸老中
松平忠優	伊賀守	奏者番兼寺社奉行	弘化二(一八四五)・三・一五 〔実〕二・三・一八	嘉永元(一八四八)・一〇・一八	老中
内藤信親	紀伊守	奏者番兼寺社奉行 〔実〕寺社奉行	嘉永元(一八四八)・一〇・一八	嘉永三(一八五〇)・九・一	京都所司代
土屋寅直	釆女正	奏者番兼寺社奉行 〔実〕寺社奉行	嘉永三(一八五〇)・九・一	安政五(一八五八)・一一・二六	辞 〔実〕病免、雁間詰

側用人

氏名	称呼	前職	補職年月日	転免年月日	後職
堀親審	大和守	若年寄	天保一二(一八四一)・七・一	弘化元(一八四四)・六・三 〔実〕天保一四・一二・二三	老中 〔実〕老中格

氏名	称呼	前職	補職年月日	転免年月日	後職
牧野忠雅	備前守	奏者番 実欠	天保七(一八三六)・二・二六	天保一一(一八四〇)・正・一三	京都所司代
青山忠良	因幡守	奏者番 実なし	天保八(一八三七)・五・六 実譜八・五・一六	天保一一(一八四〇)・一一・三	大坂城代
松平忠優	伊賀守	奏者番 実欠	天保九(一八三八)・四・一四 実九・四・二〇〔松平家譜〕九・四・一	天保一四(一八四三)・二・二三 実一四・二・二六〔松平家譜〕一四・二・一	思召有、役免 実譜両職免
稲葉正守	丹後守	奏者番 実欠	天保九(一八三八)・六・一 実九・六・二	天保一三(一八四二)・四・一四 実一三・四・二 譜一三・四・一	役免 実病免、雁間詰 譜病、辞
戸田忠温	因幡守 日向守	奏者番 実欠	天保一一(一八四〇)・二・一九 実なし 譜一一・二・一五	天保一四(一八四三)・一一・三	西丸老中 譜老中
阿部正弘	伊勢守	奏者番	天保一一(一八四〇)・五・一九見習 天保一一(一八四〇)・一一・一八本役 実見習なし	天保一四(一八四三)・閏九・一一	老中
酒井忠義	若狭守	奏者番 譜雁間詰	天保一三(一八四二)・五・二九	天保一四(一八四三)・一一・三	京都所司代
松平乗全	和泉守	奏者番	天保一四(一八四三)・二・二四 譜一四・二・一	弘化元(一八四四)・三・二六 譜元・三・一	大坂城代
久世広周	大和守 出雲守	奏者番	天保一四(一八四三)・一〇・八 実なし	嘉永元(一八四八)・一〇・一八	西丸老中
青山幸哉	大和守 大膳亮	奏者番	天保一四(一八四三)・一一・三	弘化三(一八四六)・一〇・二〇 実なし 譜三・一〇・二三	依願加役免 実なし 譜依願免
内藤信親	紀伊守	奏者番	天保一四(一八四三)・一一・晦 譜なし〔内藤家譜〕一四・一・一	嘉永元(一八四八)・一〇・一八〔内藤家譜〕元・一・一	大坂城代
松平忠優	伊賀守	奏者番	弘化元(一八四四)・三・一八 実元・三・二八	弘化二(一八四五)・三・一五 実二・三・一八	大坂城代

氏名	称呼	前職	補職年月日	転免年月日	後職
脇坂安宅	淡路守	奏者番	弘化二(一八四五)・五・九	嘉永四(一八五一)・三・三	京都所司代
本多忠民	中務大輔	奏者番	弘化三(一八四六)・三・一五	安政四(一八五七)・八・一一	京都所司代
土屋寅直	釆女正	奏者番	嘉永元(一八四八)・正・二三見習 嘉永元(一八四八)・一〇・一八本役 ［譜］見習なし［譜］元・一・一本役	嘉永三(一八五〇)・九・一	大坂城代
松平信篤	紀伊守 豊前守	奏者番	嘉永元(一八四八)・一〇・一八	安政五(一八五八)・一一・二六	大坂城代
太田資功	摂津守	奏者番	嘉永二(一八四九)・正・二八見習 嘉永三(一八五〇)・九・一本役	安政三(一八五六)・九・一八 ［実］なし	辞　［実］なし［譜］病、加役免
安藤信睦	長門守 対馬守	奏者番	嘉永四(一八五一)・六・九見習 嘉永四(一八五一)・三・二二本役 ［譜］見習なし	安政五(一八五八)・八・二	若年寄
松平輝聴	右京亮	奏者番	嘉永五(一八五二)・七・八見習 安政三(一八五六)・九・二四本役	万延元(一八六〇)・七・一 ［実］なし［譜］元・七・二	卒

若年寄

氏名	称呼	前職	補職年月日	転免年月日	後職
森川俊知	紀伊守 内膳正	奏者番	文政五(一八二二)・八・一五	天保九(一八三八)・八・八 ［実］なし	卒　［実］なし
増山正寧	河内守 弾正少弼	奏者番	文政五(一八二二)・九・三	天保一三(一八四二)・六・二七	辞　［実］病免
林忠英	肥後守	側衆	文政八(一八二五)・四・二三	天保一二(一八四一)・四・一六 ［実］一二・四・一七	免職、減封、差控
永井尚佐	肥前守	奏者番	文政一〇(一八二七)・三・二〇	天保一〇(一八三九)・四・一九 ［実］なし	卒　［実］なし

氏名	称呼	前職	補職年月日	転免年月日	後職
堀　親審	大和守	奏者番兼寺社奉行	文政一一(一八二八)・二・二五 [実]一一・一〇・二五	天保一三(一八四二)・七・一	側用人
小笠原長貴	相模守	奏者番	文政一二(一八二九)・六・二	天保一一(一八四〇)・三・八 [実]なし	卒 [実]なし
本多助賢	豊後守	奏者番	天保三(一八三二)・二・九	天保一三(一八四二)・八・七	免 [実]職ゆるさる
大岡忠固	主膳正	奏者番	天保七(一八三六)・九・四	嘉永五(一八五二)・七・四 [実]なし	卒 [実]なし
堀田正衡	摂津守	奏者番	天保七(一八三六)・九・四	天保一四(一八四三)・一〇・二四	免 [実]職ゆるさる
松平忠篤 [実](忠恵・忠篤)	玄蕃頭	奏者番	天保九(一八三八)・八・二〇	安政元(一八五四)・一〇・二	辞 [実]病免
水野忠貫 [実](忠実)	壱岐守	奏者番	天保一〇(一八三八)・五・三〇	天保一三(一八四二)・三・一六	卒 [実]病免
内藤頼寧	大和守 駿河守	奏者番	天保一一(一八四〇)・三・二四	天保一三(一八四二)・七・一三	辞 [実]病免
本多忠徳	越中守	奏者番	天保一三(一八四二)・七・一三	万延元(一八六〇)・六・一八 [実]なし	卒 [実]なし
遠藤胤統	但馬守	大坂定番	天保一三(一八四二)・八・一〇	文久元(一八六一)・七・一五	免 [実]老免
本庄道貫	伊勢守 安芸守	奏者番 [実]なし	天保一三(一八四二)・九・一四	安政五(一八五八)・八・一六 [実]なし	卒 [実]なし
酒井忠毗	右京亮	大坂定番	天保一四(一八四三)・一二・一五	文久二(一八六二)・六・一八	免
鳥居忠挙	丹波守	奏者番	嘉永四(一八五一)・一二・一三	安政四(一八五七)・八・一〇 [実]なし	卒 [実]なし
森川俊民	出羽守	奏者番	嘉永五(一八五二)・七・八	安政二(一八五五)・九・一三 [実]なし	辞 [実]なし

町奉行

氏名	称呼	前職	補職年月日	所在	転免年月日	後職
筒井政憲	和泉守 伊賀守 紀伊守	長崎奉行	文政四(一八二一)・正・二九	南	天保一二(一八四一)・四・二八	西丸留守居
大草高好	安房守	勘定奉行	天保七(一八三六)・九・二〇	北	天保一一(一八四〇)・正・一八 実なし	卒 実日付なし
遠山景元	左衛門尉	勘定奉行	天保一一(一八四〇)・三・二 実一一・三・二	北	天保一四(一八四三)・二・二四	大目付
矢部定謙	左近将監 駿河守	小普請組支配	天保一二(一八四一)・四・二八	南	天保一二(一八四一)・一二・二一	思召有役免、差控
鳥居忠輝〔耀〕 実忠耀	耀蔵 甲斐守	目付	天保一二(一八四一)・一二・二八	南	弘化元(一八四四)・九・六	辞 実病免、寄合
阿部正蔵	遠江守	大坂町奉行	天保一四(一八四三)・二・二四	北	天保一四(一八四三)・一〇・一	西丸小性組番頭 実小性組番頭
鍋島直孝	内匠 内匠頭	小普請組支配	天保一四(一八四三)・一〇・一〇	北	嘉永元(一八四八)・一一・八	大番頭
跡部良弼	能登守	勘定奉行	弘化元(一八四四)・九・一五	南	弘化二(一八四五)・三・一五	小性組番頭
遠山景元	左衛門尉	大目付	弘化二(一八四五)・三・一五	南	嘉永五(一八五二)・三・二四	辞 実病免、寄合
牧野成綱	駿河守	勘定奉行	嘉永元(一八四八)・一一・八	北	嘉永二(一八四九)・七・六 実なし	卒 実日付なし
井戸覚弘	対馬守	長崎奉行	嘉永二(一八四九)・八・四	北	安政三(一八五六)・一一・一八	大目付 実大目付留守居次席
池田頼方	播磨守	勘定奉行	嘉永五(一八五二)・三・二〇	南	安政四(一八五七)・一二・二八 実なし	大目付

勘定奉行

氏名	称呼	前職	補職年月日	管掌	転免年月日	後職
内藤矩佳	隼人正	大坂町奉行	文政一二(一八二九)・三・二六	公事・勝手	天保一二(一八四一)・六・七 実なし	卒
明楽茂村	飛驒守	留守居番次席勘定吟味役	天保三(一八三二)・三・一五	勝手	天保一二(一八四一)・正 実なし	卒
矢部定謙	駿河守	大坂町奉行	天保七(一八三六)・九・二〇	勝手	天保九(一八三八)・二・二 実九・二・三	西丸留守居
深谷盛房	遠江守	作事奉行	天保八(一八三七)・七・二〇	公事	天保一二(一八四一)・四・二八	小普請組支配
遠山景元	左衛門尉	作事奉行	天保九(一八三八)・二・二三	公事	天保一一(一八四〇)・三・二	町奉行
佐橋佳富	長門守	京都町奉行	天保一一(一八四〇)・四・八	公事	天保一三(一八四二)・二・七 実一三・二・一七	作事奉行
梶野良材	土佐守	作事奉行	天保一一(一八四〇)・九・二四	勝手	天保一四(一八四三)・一〇・九	免職
田口喜行	加賀守	長崎奉行	天保一二(一八四一)・四・一五	勝手	天保一三(一八四二)・五・一四 実一三・五・一五	免職、小普請
土岐頼旨	丹波守	作事奉行	天保一二(一八四一)・五・一三	公事・勝手	天保一三(一八四二)・四・一五	書院番頭
松平政周	豊前守	普請奉行 実小普請奉行	天保一二(一八四一)・六・一〇 実一二・六・二〇	公事	天保一二(一八四一)・一二・一二 実一二・一二・八	大目付
跡部良弼	能登守	大目付	天保一二(一八四一)・一二・一二 実一二・一二・八	公事	弘化元(一八四四)・九・一五	町奉行
戸川安清	播磨守	長崎奉行	天保一三(一八四二)・二・一七	公事・勝手	弘化元(一八四四)・八・二六 実元・八・二三	西丸留守居
岡本成	近江守	留守居番次席勘定吟味役	天保一三(一八四二)・五・二四	勝手	天保一四(一八四三)・五・一〇	鎗奉行

氏名	称呼	前職	補職年月日	管掌	転免年月日	後職
井上秀栄 実〔栄信〕	備前守	西丸留守居	天保一三(一八四二)・五・二四	勝手	天保一四(一八四三)・閏九・六 実一四・閏九・七	免職
佐々木一陽	近江守	普請奉行次席目付	天保一四(一八四三)・七・二八	勝手	天保一四(一八四三)・一〇・一〇	小普請奉行
鳥居忠耀	甲斐守	町奉行	天保一四(一八四三)・八・一三	勝手	天保一四(一八四三)一〇・一七 実一四・一〇・一六	町奉行
石河政平	土佐守 山城守	作事奉行	天保一四(一八四三)・閏九・二〇	公事・勝手	安政二(一八五五)・八・九 実欠	田安家家老 実欠
榊原忠義	主計頭	新番頭次席目付 実西城新番頭格目付	天保一四(一八四三)・一〇・一〇	勝手	弘化元(一八四四)・八・一三	免職
中坊広風	駿河守	日光奉行	弘化元(一八四四)・八・二八	公事	弘化二(一八四五)・三・二〇	甲府勤番支配
松平近直	四郎 河内守	目付	弘化元(一八四四)・八・二八	勝手	安政四(一八五七)・七・二四	田安家家老
久須美祐明	佐渡守	大坂町奉行 実普請奉行次席大坂町奉行	弘化元(一八四四)・一〇・二四	公事	嘉永三(一八五〇)・七・八	西丸旗奉行
牧野成綱	駿河守 大和守	堺奉行	弘化二(一八四五)・三・二〇	公事	嘉永元(一八四八)・一一・八	町奉行
池田頼方	播磨守	普請奉行	嘉永元(一八四八)・一一・八	公事	嘉永五(一八五二)・三・三〇	町奉行
伊奈忠告	遠江守	小普請奉行	嘉永三(一八五〇)・七・八	公事	嘉永三(一八五〇)・一一・二六 実なし	卒
一色直休	丹後守	長崎奉行	嘉永三(一八五〇)・一一・二九	公事	嘉永五(一八五二)・七・一〇	田安家家老
本多安英	加賀守	大坂町奉行	嘉永五(一八五二)・四・二八	公事	安政五(一八五八)・一一・二六 実なし	卒

氏名	称呼	前職	補職年月日	管掌	転免年月日	後職
川路聖謨	左衛門尉	大坂町奉行	嘉永五(一八五二)・九・一〇	公事・勝手	安政五(一八五八)・五・六	西丸留守居
田村顕影	伊予守	作事奉行	嘉永六(一八五三)・一〇・八(将軍不在位時補職)	公事	安政二(一八五五)・八・九 〔実〕欠	田安家家老 〔実〕欠

13代 徳川家定

徳川家定画像 髭跡が描かれている。家定逝去翌年、安政6年(1859)狩野勝川院雅信が制作したとの記録がある。奈良長谷寺にも同じ構図の画像が残る。

徳川家定（とくがわいえさだ）　一八二四―五八

江戸幕府十三代将軍。一八五三―五八在職。文政七年（一八二四）四月八日、徳川家慶の七男として江戸城西丸に生まれる。生母は、側室おみつの方（本寿院）。幼名は松平政之助。文政八年四月十五日、はじめて誕生日之祝が行われた。文政九年十一月朔日、髪置、同十年十二月三日、家祥《いえさき》（「いえさち」とも）と名乗り、同十一年正月二十一日、袴着の儀式を行なった。同年四月四日、元服、従二位権大納言に叙せられ、以後、大納言様と称される。同十二年、紅葉山御宮・山王社へ宮参を行なった。天保三年（一八三二）五月十一日、読初・手習始、同月十五日、下帯結初、同七年五月五日、具足召初の儀式を行い、同八年三月二十八日、四書を読み終えた。天保八年九月二日、父家慶の十二代将軍宣下と同時に、右大将兼任となり、従一位に叙せられた。

天保十一年三月二十四日、疱瘡を患ったが快復し、同年九月二十七日、快然の祝儀能が催された。家慶の子女の多くは早世しており、家定も元来ひ弱な体質であったといわれ、「幼少にて重き疱瘡に罹り給ひ、満面の痘痕に醜くならせられ、且病身がちなる上、俗に謂ゆる癇症にて、眼口時々痙攣し、首また之に従ひ、一見笑ふべき奇態を成し、言語も亦稍吶して吃るが如くなりけり」とされる（『徳川慶喜公伝』）。ただし将軍世子時代の家定は、頻繁に鷹狩や御成など江戸城外に出かけており、嘉永六年（一八五三）五月十五日には、家慶の還暦を祝って高田馬場で流鏑馬も行なった（『続徳川実紀』『浅草寺日記』）。

家定は三度婚礼を挙げている。将軍世子時代に二度、将軍に就任した後に一度の計三回である。天保十二年十一月二十一日、関白鷹司政通《たかつかさまさみち》の養女である有君《ありぎみ》（任子《ただこ》、天親院）と婚礼したが、嘉永元年六月に疱瘡のため死去した。嘉永二年十一月、関白一条忠良《いちじょうただよし》の五女である寿明君《（すめ）》（秀子《ひでこ》、澄心院）と婚礼したが、嘉永三年六月二十四日に死去した。側室にお志賀の方がいたが、子はなく、嘉永三年の秋ごろには三度目の正室を迎える問題が浮上し、公家からではなく広大院の先例にならって薩摩藩島津家から迎えようとする動きが幕閣からでてきた。これをうけて嘉永六年三月一日、薩摩藩主島津斉彬《しまづなりあきら》は一門の子を養女とし、十日、篤姫《あつひめ》（敬子《すみこ》、天璋院）と名を改めさせ、十月には江戸の薩摩藩芝屋敷に入れた。しかし、篤姫と家定が婚礼を挙げるのは、それから三年後、安政二年（一八五五）の大地震を経た安政三年十二月十八日である。

家定の将軍在位期の大半は、従来の体制の転換を迫られる対外問題と国内政局と困難な両局面に対処した時期であった。嘉永六年六月三日にペリーが浦賀に来航した三日後の嘉永六年六月六日、父家慶が病に伏せ、同月二十二日に死去した。幕府の慣例により発喪は一ヵ月後の七月二十二日になされたが、この間に前水戸藩主徳川斉昭《なりあき》が海防参与に就任している。家定は同年十月二十一日に西丸から本丸に移り、十一月二十三日に征夷大将軍、内大臣に任じられ、十三代将軍に就任した。

ペリー来航問題に対処した幕閣の中心は、老中阿部正弘である。阿部は、ペリーの要求について諸大名や朝廷などに広く意見を求め、公論衆議の尊重の立場を明確にした。公論衆議の尊重は、以後も通商条約締結、公武合体政策、大政奉還など幕末の重要な政治局面において論点となっている。各大名が提出した意見書のうち、およそ三分の二は開国論・避戦論であった。安政元年三月三日に日米和親条約が締結されるが、開国という選択肢は諸大名の支持を得てなされたことになる。

鎖国体制を打ち破る日米和親条約締結の翌月、阿部は辞意を表明する。しかし、家定や徳川斉昭などが留任を求め、その信任を得て阿部は老中を続け、安政の改革に着手した。この改革における特徴の一つは人材登用である。岩瀬忠震《いわせただなり》・永井尚志《ながいなおゆき》・大久保忠寛《おおくぼただひろ》など、外交・海防に従事し、日米修好通商条約締結の立役者となる開明的な人材が登用された。また、軍制改革も行われ、長崎海軍伝習所や講武所が設置され、海軍・陸軍創設の下地が築かれた。また、品川台場(東京都港区台場)建設や慶長十四年(一六〇九)発布の大船建造の禁を解除するなど海防強化を図った。家定自身もこれら諸軍事施設を上覧している。

和親条約に基づき、安政三年七月二十一日、アメリカ総領事タウンゼント＝ハリスが江戸に着任、翌年十月二十一日、家定は江戸城に登城したハリスと謁見した。その際の家定の対応がハリスの日記に記されている。「遠方の国から、使節をもって送られた書翰に満足する。同じく、使節の口上に満足する。両国の交際は、永久につづくであろう」と述べたという(『ハリス日本滞在記』)。

外国との通商を迫られ混迷する政局に追い討ちをかけたのが将軍継嗣問題である。家定は、前述のような体質にかかわる記録や、庭のアヒルを追いかけたり、豆を煎って家臣に与えるのを好んだなどの記録があり、将軍的資質を欠くと噂された。また子がなかったため、十四代将軍をめぐる将軍継嗣問題が生じた。一橋家の徳川慶喜(徳川斉昭の子)を推す一橋派、紀州藩主徳川慶福《よしとみ》を推す南紀派で対立し、大奥も巻き込んで政局を大きく二分した。徳川宗家に血縁が近い慶福が選ばれるのが自然といえたが、一橋派は鎖国攘夷を希望する天皇を中心に朝廷工作し、英明の聞こえ高い慶喜の擁立を図った。ただし一橋派も一枚岩ではなく、尾張藩主徳川慶勝《よしかつ》は将軍継嗣を希望、阿波藩主蜂須賀《はちすか》斉裕《なりひろ》は「副将軍」を希望していた。この政争は、井伊直弼が大老に就任したことにより、就任二ヵ月後に慶福(家茂)の将軍継嗣が発表されて決着をみた。

大老に就任した井伊直弼は、安政五年六月、幕府は朝廷に無断で日米修好通商条約に調印した。老中堀田《ほった》正睦《まさよし》を京都に派遣して調印許可を要請したが、孝明天皇が拒否した故の大老井伊の決断であった。

家定は将軍就任当初から将軍としての権力を発揮することなく、阿部正弘や徳川斉昭、そして井伊直弼と政権運営を任せてきたといえる。井伊家側の史料によれば、家定は決して暗君ではなく、賢明な将軍であり、家定は自身の意見を井伊に伝えていたという。なお家定をめぐるさまざまな言説は、将軍継嗣問題同様に一橋派の史料か南紀派の史料か、その史料批判をふまえて検討する必要が指摘されている。今後、十三代将軍家定および将軍継嗣問題の評価について、政治構造、権力構造をふまえた新たな展開が期待される。

家定は、安政五年七月に脚気の症状が悪化し、幕閣は伊東《いとう》玄朴《げんぼく》や戸塚《とつか》静海《せいかい》などの蘭方医を奥医師に迎え、診療にあたらせたが、七月六日に死去した。三十五歳。家定の死は八月八日に公にされ、同月十八日に出棺、寛永寺に葬送された。院号は温恭院殿。

参考文献　『徳川諸家系譜』一・二(続群書類従完成会、一九七〇・七四年)、石井孝『日本開国史』(吉川弘文館、一九七二年)、守屋嘉美「阿部政権論」(青木美智男・河内八郎編『講座日本近世史』七、有斐閣、一九八五年)、吉田常吉『安政の大獄』(『日本歴史叢書』、吉川弘文館、一九九一年)、大石学「徳川家定の将軍的資質をめぐって」(同編『時代考証の窓から—篤姫とその世界—』、東京堂出版、二〇〇九年)、久住真也『幕末の将軍』(『講談社選書メチエ』、講談社、二〇〇九年)、野本禎司「安政期の政局と大河ドラマ『篤姫』」(大石学編『時代考証にみる新江戸意識』、名著出版、二〇一一年)

(野本　禎司)

〔家族〕

天親院（てんしんいん）　一八二三―四八

徳川家定の正室。鷹司任子《たかつかさただこ》。文政六年（一八二三）九月五日、鷹司政熙《まさひろ》の末女として誕生。有君《ありぎみ》と称した。天保二年（一八三一）九月十五日、関白鷹司政通《たかつかさまさみち》の養女として江戸に下向し、江戸城広敷に入城した。天保十二年五月十五日、十三代将軍家定との縁組の内示があり、同年五月二十八日、縁組、同年十一月一日、結納、同年十一月二十一日に婚礼が行われた。婚礼の様子については、「将軍徳川家礼典附録巻之十一　右大将様御婚礼之次第」（『徳川礼典録』）に詳しく記されている。嘉永元年（一八四八）六月、疱瘡のため死去。増上寺に埋葬され、従二位が追贈された。天親院殿有誉慈仁智誠大姉。二十六歳。

参考文献　松平慶永等編『徳川礼典録』中（尾張徳川黎明会、一九四二年）、『徳川諸家系譜』一（続群書類従完成会、一九七〇年）

（野本　禎司）

澄心院（ちょうしんいん）　一八二五―五〇

徳川家定の正室。一条秀子《いちじょうひでこ》。文政八年（一八二五）十月十三日、関白一条忠良《ただよし》の五女として誕生。寿明《（すめ）》君と称した。嘉永二年（一八四九）十月、十三代将軍家定と縁組、十一月には婚礼が行われた。家定にとっては鷹司任子《たかつかさただこ》についで二度目の婚儀であった。婚礼からわずか七ヵ月後の翌嘉永三年六月二十四日に死去。同年八月に従二位が贈位され、九月に墓所を造営、寛永寺御裏方霊廟に埋葬された。寛永寺御裏方霊廟発掘調査に伴う人類学的調査によれば、身長が推定一三三・五センチと低身長であったとされる。澄心院殿珠現円照大姉。二十六歳。

参考文献　寛永寺谷中徳川家近世墓所調査団編『東叡山寛永寺徳川将軍家御裏方霊廟』（吉川弘文館、二〇一二年）

（野本　禎司）

天璋院（てんしょういん）　一八三六―八三

徳川家定の正室。天保七年（一八三六）十二月十九日、鹿児島にて今和泉島津家当主島津忠剛《しまづただたけ》の長女として生まれる（「島津氏正統系図」によれば天保六年十二月十九日）。名は於一で、その読みについて、当初は「かつ」であったかもしれないが、史料上「於市」と記されていることから、今和泉島津家において生活していた大半の時期は「おいち」と呼ばれていたようである。嘉永六年（一八五三）三月一日、薩摩藩主島津斉彬《しまづなりあきら》の養女となり、十日、篤姫と名を改め、同年十月、江戸の薩摩藩芝屋敷に入った。安政三年（一八五六）七月、近衛忠熙《このえただひろ》の養女となり、敬子《すみ》と名を改める。同年十一月十一日、江戸城本丸広敷に入り、十二月十八日、十三代将軍家定と婚礼、御台様と称す。安政五年八月、家定死去に伴い落飾して天璋院と称す。篤姫(天璋院)と家定の婚礼は、次期将軍をめぐって、一橋慶喜を擁立する一橋派と徳川慶福《とくがわよしとみ》(のちの十四代将軍徳川家茂)を擁立する紀州派との将軍継嗣問題が展開していた時になされた。天璋院は、養父島津斉彬が推す一橋慶喜を継嗣にすべく江戸城大奥に入ったが、大奥は紀州派であり、その中で天璋院も次第に紀州派に傾いていった。明治維新に際しては、和宮《かずのみや》とともに自筆の書状にて徳川家救済のための使者を新政府軍に派遣した。新政府軍への江戸城引き渡しがなされる前日の明治元年(一八六八)四月十日、江戸城西丸から一橋邸に移った。その後、明治元年七月、元和歌山藩赤坂中屋敷へ、同三年八月、元名古屋藩屋敷牛込戸山下屋敷へ、同五年九月には元人吉藩赤坂下屋敷へと住居を移動しながら生活した。明治十年に千駄ヶ谷徳川邸に移り、死去する明治十六年十一月二十日まで過ごした。明治期の天璋院は、十六代徳川家達、その婚約者の近衛泰子の教育を行なった。墓所は、上野寛永寺の温恭院(徳川家定)墓と並んで建立され、埋葬された。法名は天璋院敬順貞静大姉。四十七歳。

参考文献　『天璋院—薩摩の篤姫から御台所—』(鹿児島県歴史資料センター黎明館、一九九五年)、柳田直美・藤田英昭「史料紹介『天璋院様御履歴』」(『徳川記念財団会報』一〇、二〇〇七年)、寺尾美保『天璋院篤姫』(高城書房、二〇〇七年)、畑尚子『幕末の大奥—天璋院と薩摩藩—』(『岩波新書』、岩波書店、二〇〇七年)、NHK・NHKプロモーション編『天璋院篤姫展』(NHK・NHKプロモーション、二〇〇八年)、大石学「篤姫と大奥」(同編『時代考証の窓から—「篤姫」とその世界—』、東京堂出版、二〇〇九年)、崎山健文「大河ドラマと地域史—篤姫と鹿児島城大奥を中心に—」(大石学・時代考証学会編『大河ドラマと地域文化—「篤姫」「龍馬伝」と鹿児島—』、高城書房、二〇一二年)

(野本　禎司)

〔関連人物〕

阿部正弘（あべまさひろ）　一八一九―五七

幕末の老中。福山藩主。文政二年（一八一九）十月十六日、阿部正精《まさきよ》の六男として江戸で生まれる。天保七年（一八三六）、正精の死去に伴い兄正寧《まさやす》の養嗣となり、さらに正寧が隠居したため、福山藩主となった。天保九年、奏者番となり、同十一年十一月、寺社奉行に就任。同十四年閏九月、二十五歳で老中に就任し、天保の改革を行なった水野忠邦《みずのただくに》のあとをついで、老中首座となった。阿部政権は、天保の改革で取り組まれてきた国内問題とペリー来航をはじめとした対外問題とに対応した政権である。その政権運営の特色は、いわゆる雄藩大名や諸有司まで含んだ衆議を尊重することであった。安政元年（一八五四）四月、阿部は日米和親条約締結の責任をとって辞任の意志を表明したが、将軍をはじめ徳川斉昭《とくがわなりあき》や諸有司が留任を求めたため老中職を続け、安政の改革に着手した。品川台場建設や大船製造の解禁などの海防強化策、講武所や長崎海軍伝習所の設置などの軍制改革を行い、陸海軍創設の下地を築いた。また、筒井政憲《つついまさのり》や川路聖謨《かわじとしあきら》などのブレーンのほか、堀利熙《ほりとしひろ》や永井尚志《ながいなおゆき》、岩瀬忠震《いわせただなり》、大久保忠寛《おおくぼただひろ》などを海防掛目付に抜擢し、彼らは通商条約締結の立役者となるとともに、安政の改革の主体的勢力となった。また、外交問題を処理するための海防局の構想や、蕃書調所の開設など幕臣以外にも門戸を開いた教育体制にも力を注いだ。安政四年六月十七日、死去し、浅草新堀端西福寺に埋葬される。三十九歳。

参考文献　『阿部正弘事蹟』二（『続日本史籍協会叢書』、東京大学出版会、一九七八年）、守屋嘉美「阿部政権論」（青木美智男・河内八郎編『講座日本近世史』七、有斐閣、一九八五年）、福地桜痴著・佐々木潤之介校註『幕末政治家』（『岩波文庫』、岩波書店、二〇〇三年）

（野本　禎司）

幾島（いくしま）　一八〇八―七〇

十三代将軍徳川家定の御台所となった篤姫《あつひめ》付の女中。父は薩摩藩士で側用人などを歴任した朝倉景矩、母は秋田藩士の阿比留軍吾の娘。文化五年（一八〇八）六月十八日生まれる。十三歳の時に、薩摩藩主の島津斉興《しまづなりおき》の養女で近衛忠熙《このえただひろ》に嫁いだ郁姫《いくひめ》の女中となり、藤田と名乗って京の近衛邸で仕え、側女中から年寄まで昇進した。嘉永三年（一八五〇）郁姫が死亡したのちも京に留まり、出家して得浄院と号し郁姫の菩提を弔った。薩摩藩主島津斉彬《しまづなりあきら》の養女篤姫が将軍家定の輿入れに際し近衛家の養女となると、近衛家は得浄院を篤姫付の女中とした。安政三年（一八五六）、得浄院は幾島と名乗り、篤姫の住む江戸の薩摩藩邸に下った。この際、格付けのため近衛家家士今大路《いまおおじ》孝由《たかよし》の実子ということにされ、中年寄となった。篤姫の将軍輿入れとともに江戸城大奥に入り、篤姫が御台所になったのちは年寄となり、つぼね（局とも表記する）と称した。つぼねは、薩摩藩江戸藩邸の老女小の島と手紙をやり取りし、将軍継嗣問題など大奥の内情などを薩摩藩に伝えている。福井藩士中根雪江《なかねせっこう》の著した『昨夢紀事』には、心逞しく胆が太い本性で、金銀を湯水のように使って、古くから大奥に仕えていた女中の権勢を傾けたという。また、こぶがあったために陰では「こぶこぶ」と呼ばれ恐れはばかられたとある。幕府瓦解の際には老齢で歩行不自由のため引退していたが、天璋院（篤姫）の徳川家救済の嘆願書を西郷吉之助（隆盛）に届けている。明治三年（一八七〇）四月二十六日、六十三歳で死去。島津家の江戸の菩提寺大圓寺（東京都港区伊皿子、現在東京都杉並区に移転）に葬られる。幾島の招魂墓が、鹿児島県鹿児島市の唐湊《とそ》墓地に朝倉家の墓とともにある。

参考文献　辻ミチ子『女たちの幕末京都』（『中公新書』、中央公論新社、二〇〇三年）、畑尚子『幕末の大奥』（『岩波新書』、岩波書店、二〇〇七年）、寺尾美保「江戸開城と天璋院」（古閑章編『新薩摩学―天璋院篤姫―』、南方新社、二〇〇八年）、ＮＨＫプロモーション編『天璋院篤姫展』（ＮＨＫ・ＮＨＫプロモーション、二〇〇八年）、大石学「大奥の「内政」と「外交」」（同編『時代考証の窓から―「篤姫」とその世界―』、東京堂出版、二〇〇九年）
（竹村　誠）

岩瀬忠震（いわせただなり）　一八一八―六一

幕末期の幕臣。字は善鳴、通称ははじめ篤三郎・忠三郎、のち修理、叙爵して伊賀守・肥後守と称し、蟾洲《せんしゅう》・百里・鷗《おう》処《しょ》などと号した。文政元年（一八一八）十一月二十一日、徒頭の設楽貞丈《しだらさだとも》の三男として生まれる。母は林述斎《はやしじゅっさい》の女で、林大学頭述斎の孫にあたる。天保十一年（一八四〇）二月、書院番の岩瀬忠正の養嗣子となり、忠正の長女と結婚する。同十四年、昌平坂学問所の乙科試験に合格した。嘉永四年（一八五一）四月に昌平坂学問所教授となる。その後、小性組白須甲斐守組学問所出役、徒頭を経て、安政二年（一八五五）正月に目付（海防掛）となり、同三年八月にはハリスとの交渉のために下田表へ遣わされた。十月外国貿易取調掛となり、翌四年八月、日蘭追加条約に調印、九月には日露追加条約に調印した。翌五年正月、老中堀田正睦《ほったまさよし》の条約勅許奏請に川路聖謨《かわじとしあきら》とともに随行を命ぜられて上京した。将軍継嗣問題では一橋慶喜を推したことにより、同月、大老に就任した南紀派の井伊直弼に疎まれた。同年六月十九日、日米修好通商条約に調印し、七月から九月には、蘭・露・英・仏四国と修好通商条約を結んだ。この間七月、外国奉行に就任したが、九月五日に作事奉行となり、十二月からは宗門改加役となっている。翌六年八月、御役御免となり、部屋住切米も召し上げられ、差控に処された。御役御免後、江戸向島の別墅に閑居し、文久元年（一八六一）七月十一日没した。四十四歳。江戸小石川白山の蓮華寺に葬られ、のち東京都豊島区の雑司ヶ谷墓地に改葬された。大正四年（一九一五）贈正五位。

参考文献　松岡英夫『岩瀬忠震―日本を開国させた外交家―』（『中公新書』、中央公論社、一九八一年）

（高橋　伸拓）

川路聖謨（かわじとしあきら）　一八〇一―六八

幕末期の幕臣。享和元年（一八〇一）四月二十五日に豊後国日田代官所の属吏内藤吉兵衛歳由の子として生まれる。八十吉・弥吉・三左衛門と称し、従五位下左衛門尉に叙任された。隠居して敬斎、のちに頑民斎と号した。文化五年（一八〇八）に父が幕府の徒士組に転じたことで江戸に移り、同九年に小普請組川路三左衛門光房の養子となり、翌年家督を相続した（九十俵三人扶持）。小普請組、支配勘定、勘定、評定所留役、寺社奉行吟味物調役などを経て、天保六年（一八三五）十一月、勘定吟味役となった。その後、佐渡奉行、小普請奉行、普請奉行、奈良奉行、大坂町奉行を歴任し、嘉永五年（一八五二）九月には勘定奉行（公事方）に就任し、海防掛を兼任した。翌年十月には勝手方に移った。安政元年（一八五四）十二月、大目付筒井《つつい》政憲《まさのり》とともに日露和親条約に調印した。安政五年正月には、条約調印の勅許を得るために、目付岩瀬《いわせ》忠震《ただなり》とともに老中堀田《ほった》正睦《まさよし》の随行を命ぜられ、上京した。これにより、聖謨は堀田正睦につながる開明派とみなされた。また、将軍継嗣問題でも一橋慶喜を推すなどし、大老井伊直弼に疎まれ、同五年五月、西丸留守居に左遷された。翌六年八月には御役御免・隠居、差控を命ぜられ、家督は嫡孫の太郎（号は寛堂）が継いだ。その後、文久三年（一八六三）五月、外国奉行となったが、同年十月には職を辞し、慶応二年（一八六六）二月以降は二度目の中風発作で体の自由を失った。明治元年（一八六八）三月十五日、割腹ののちピストルで自害した。六十八歳。法名は誠恪院殿嘉訓明弼大居士。葬地は上野池端《いけのはた》の大正寺（東京都台東区）。

参考文献　川路寛堂編『川路聖謨之生涯』（吉川弘文館、一九〇三年）、『川路聖謨文書』（『日本史籍協会叢書』、東京大学出版会、一九三二―三四年）、松岡英夫『岩瀬忠震―日本を開国させた外交家―』（『中公新書』、中央公論社、一九八一年）

（高橋　伸拓）

近衛忠熙（このえただひろ）　一八〇八―九八

幕末・明治期の公家。文化五年（一八〇八）七月十四日誕生。

父は左大臣近衛基前《もとさき》、母は名古屋藩主徳川宗睦《とくがわむねちか》の娘静子。夫人は薩摩藩主島津斉興《しまづなりおき》の養女郁姫《いくひめ》(興子)。薩摩藩島津家と関係が深く、藩主島津斉彬《しまづなりあきら》の要請を受け、斉彬の養女篤子《あつこ》をみずからの養女とし、安政三年(一八五六)十二月に近衛家から十三代将軍徳川家定に嫁がせた(篤姫、のちの天璋院)。これは島津斉彬や福井藩主松平慶永《まつだいらよしなが》らが進めた一橋慶喜を将軍継嗣に定める運動の一環で、安政五年正月には斉彬から将軍継嗣に一橋慶喜を立てるよう内勅降下も要請されている。朝廷内において慶喜擁立を運動したため、和歌山藩主徳川慶福《とくがわよしとみ》(のちの十四代将軍徳川家茂)を推す幕府の井伊直弼《いいなおすけ》と結ぶ関白九条尚忠《くじょうひさただ》と対立関係となる。同年八月水戸藩への「戊午《ぼご》の密勅」降下にも参画し、九月には内覧となったが幕府の圧力により翌月に辞した。安政の大獄により、同六年三月に左大臣を辞して落飾謹慎を命じられ、翠山と号した。文久二年(一八六二)四月に参朝を許され、六月には復飾して関白・内覧になり、十二月には国事御用掛を兼ねた。島津久光ら薩摩藩が政治活動を行う際、朝廷内の重要なパイプ役となったが、攘夷運動の隆盛に伴い翌三年正月に関白を、三月に内覧を辞した。同年八月十八日の政変(文久政変)後、朝議などに復帰したが、慶応三年(一八六七)十二月の王政復古政変により国事御用掛が廃止され、参朝も停止される。翌明治元年(一八六八)正月に参朝が許されるが、以後政務に関与せず、同三十一年三月十八日死去。九十一歳。

参考文献　「大日本維新史料稿本」(東京大学史料編纂所所蔵)、『近衛家書類』一・二(『日本史籍協会叢書』、東京大学出版会、一九六七年)、『天璋院篤姫展』(NHKプロモーション、二〇〇八年)

(白石　烈)

島津斉彬　(しまづなりあきら)　一八〇九―五八

幕末の薩摩藩主。文化六年(一八〇九)九月二十八日、島津斉興の子として生まれる。箕作阮甫《みつくりげんぽ》や高野長英らを招き、洋学を通して世界的見識を深める。弘化三年(一八四六)、世子でありながら、藩主をこえて琉球のイギリス・フランス・アメリカ軍艦来航問題の処理にあたった。嘉永四年(一八五一)二月、襲封し、薩摩守を称す。老中阿部正弘、水戸藩主徳川斉昭、福井藩主松平慶永《まつだいらよしなが》、宇和島藩主伊達宗城《だてむねなり》、高知藩主山《やま》内豊信《うちとよしげ》らと親交を深め、国事に関する情報を交換した。養女篤姫《あつひめ》を十三代将軍徳川家定の御台所とし、幕府への政治発言を強化させた。一方、藩内では洋式の造船事業・造兵事業に力を入れ、砲台を築造し、洋式軍事調練を行なった。安政四年(一八五七)八月、諸製作工場を集成館と総称し、鋼鉄鋳造・大小砲鋳造・火薬・板ガラス・薩摩切子・洋式紡績などの製造事業を展開させた。将軍継嗣問題では一橋慶喜の擁立を支持したが、井伊直弼が大老に就任すると、和歌山藩主徳川慶《とくがわよし》福《とみ》が将軍の世子と決まった。その後一橋派の弾圧が行われるとの風聞が起こると、斉彬は集成館で洋式銃三千挺の製造を命じるなど有事に備えた。安政五年七月八日から天保山《てんぽうざん》(鹿児島市)で諸隊の連合大演習を実施するが、その帰途七月十六日に病により急死した。五十歳。藩主としては七年と短命であったが、その後の薩摩藩の姿勢には大きな影響力を与えた。墓は鹿児島市池之上町の福昌寺跡墓地にある。

参考文献 中村徳五郎『島津斉彬公』(文章院出版部、一九三三年)、芳即正『島津斉彬』(『人物叢書(新装版)』、吉川弘文館、一九九三年)、池田俊彦『島津斉彬公伝』(『中公文庫』、中央公論社、一九九四年)

(刑部 芳則)

滝山(たきやま) 一八〇六―七六

幕末に大奥に使えた女中。瀧山、多喜とも。文化三年(一八〇六)に鉄砲百人組の大岡義方の長女として生まれる。十六歳で大奥に奉公し、のちに西丸年寄となり、十三代将軍徳川家定の将軍職就任とともに本丸の年寄となった。家定の後継の将軍問題では一橋慶喜擁立に反対の立場を取った。江戸城開城前の慶応三年(一八六七)十月に、大奥を辞めたために慶喜の正室美賀子から白銀二十枚を贈られている。その後大奥で自分に仕えていた侍女の仲野の生家を頼って二軒在家《にけんざいけ》村(埼玉県川口市朝日)に住み、瀧山家を興し養子を迎えて老後を過ごした。明治九年(一八七六)一月十四日、七十一歳で死去した。法名は瀧音院殿響誉松月祐山法尼。墓は錫杖寺(埼玉県川口市)にあり、同寺には瀧山所用の駕籠などが遺されている。

参考文献 韮塚一三郎『埼玉の女たち』(さきたま出版会、一九八〇年)、平野清次『錫杖寺 川口』(『さきたま文庫』二二、さきたま出版会、一九九〇年)、東京都江戸東京博物館編『江戸城展』(東京都江戸東京博物館・読売新聞東京本社、二〇〇七年)、畑尚子『幕末の大奥』(『岩波新書』、岩波書店、二〇〇七年)

(竹村 誠)

伊達宗城(だてむねなり) 一八一八―九二

幕末の伊予宇和島藩主。文政元年(一八一八)八月一日、伊達宗紀《むねただ》の従兄弟である旗本山口直勝の次男として生まれ、文政十二年に宗紀の養嗣子となる。宗紀の政策を引き継ぎ、富国強兵策に重点を置いた。また殖産興業にも力を入れ、蠟の専売制を行なった。大村益次郎や高野長英らを招き、洋式兵学の導入を成功させた。老中阿部正弘、水戸藩主徳川斉昭、薩摩藩主島津斉彬《しまづなりあきら》、福井藩主松平慶永《まつだいらよしなが》、高知藩主山内豊信《やまうちとよしげ》らと連携を強め、海防および軍事問題の情報を交換した。安政五年(一八五八)の将軍継嗣問題では、斉昭の子一橋慶喜の擁立を支持。だが、和歌山藩主の徳川慶福《とくがわよしとみ》を推す井伊直弼が大老に就任し、安政の大獄が断行されると、十一月に退隠を命じられた。文久二年(一八六二)暮に上洛してからは、朝廷と幕府の宥和を図り、薩摩藩の島津久光とも関係を深める。文久三年十二月には朝議参与を命じられ参与会議に臨むが、横浜鎖港問題で一橋慶喜と久光が対立し、元治元年(一八六四)三月には朝政参与を辞退する。慶応元年(一八六五)および二年、イギリス公使のアーネスト＝サトウが宇和島を来訪した際には、天皇を中心とした雄藩連合政権樹立の構想を示した。慶応三年五月の四侯会議では、長州処分を先決とする久光の意見に同調するが、慶喜と意見が合わなかった。明治二十五年(一八九二)十二月二十日没。七十五歳。

参考文献　兵頭賢一著・近藤俊文校注『伊達宗城公伝』(創泉堂出版、二〇〇五年)、藤田正「伊達宗城と有志大名の交流」(四国地域史研究連絡協議会編『四国の大名—近世大名の交流と文化—』、岩田書院、二〇一一年)

(刑部　芳則)

筒井政憲(つついまさのり)　一七七八—一八五九

幕臣。海防掛大目付。雅号は鑾渓。家禄三百俵、のち八百石。安永七年(一七七八)五月二十一日、久世広景の三男として生まれ、寛政十年(一七九八)に筒井左膳の養子となった。文化九年(一八一二)西丸徒頭、同十年二丸目付、同十二年目付と昇進し、同十四年には長崎奉行に就任した。文政四年(一八二一)町奉行に就任し、天保十三年(一八四二)に免職となるまで二十一年間勤めた。仙石騒動を扱った際に連座して免職され、寄合となった。その後、弘化二年(一八四五)に西丸留守居役学問所御用を命じられ、林復斎《はやしふくさい》と同様の役を務め、老中阿部正弘《あべまさひろ》からたびたび諮問を受け、信任された。嘉永六年(一八五三)プチャーチン来航に際しては、川路聖謨《かわじとしあきら》とともに応接掛を務め、翌年のロシア使節再来時における和親条約締結にも尽力した。安政元年(一八五四)七月、海防掛大目付となり、引き続き対外問題を扱った。なお海防掛には、筒井をはじめ、岩瀬忠震《いわせただなり》や永井尚志《ながいなおゆき》など昌平坂学問所の学問吟味及第者が多く、当該期の幕府の政治決定において重要な地位を占めるようになっていた。また、この間、旗本家臣となった知行所名主と情報交流をしていた。安政四年に鎗奉行に就任、安政六年六月八日死去した。八十二歳。墓所は、東京都新宿区常円寺にある。

参考文献　上白石実「筒井政憲—開港前後の幕臣の危機意識について—」(『史苑』五四ノ一、一九九三年)、石山秀和「幕末期における旗本用人の情報入手とその伝達」(『一滴』一〇、二〇〇二年)、眞壁仁『徳川後期の学問と政治』(名古屋大学出版会、二〇〇七年)

(野本　禎司)

徳川斉昭（とくがわなりあき）　一八〇〇―六〇

水戸徳川家九代当主。寛政十二年（一八〇〇）三月十一日、七代徳川治紀《はるとし》の三男として江戸小石川邸に生まれる。母は補《ます》子《こ》（烏丸資補の女）。幼名は虎三郎（のち敬三郎）、諱ははじめ紀教《のりたか》。正室は有栖川宮織仁親王《ありすがわのみやおりひと》の第十二王女登美宮吉子《とみのみやよしこ》。第八王女の楽宮喬子《さざのみやたかこ》は、十二代将軍徳川家慶の御台所なので、正室を介して家慶と斉昭とは義兄弟だった。実兄で八代徳川斉脩《なりのぶ》の後継をめぐっては、十一代将軍徳川家斉の二十一男恒《つね》之丞《のじょう》（斉彊《なりかつ》）を擁立する動きもあったが、藤田東湖《ふじたとうこ》ら下級藩士の後ろ盾や斉脩の遺命により、文政十二年（一八二九）十月に襲封した。当主の座につくと人材を登用し、武備充実や民政を重視した天保改革を実施した。藩校弘道館を設置し、尊王理念に基づく教育方針を家中に徹底した。徳川家門としての意識を強く持ち、天保九年（一八三八）八月に幕政改革を要求する「戊戌封事《ぼじゅつふうじ》」を著し、翌年家慶に提出した。弘化元年（一八四四）五月、改革の行き過ぎを幕府から咎められ、隠居・謹慎に処せられる（十一月に解除）。弘化二年には、徳川家康・秀忠・家光・吉宗の「明訓」を解説した『明訓一斑抄《めいくんいっぱんしょう》』を、老中阿部正弘《あべまさひろ》を通じて家慶や世子家祥《いえさき》（「いえさち」とも）に呈上し、理想の将軍像を説いた。ペリー来航後に家慶が死去すると、嘉永六年（一八五三）七月には海防の議に参与した。だが、必戦を想定する斉昭の主張は、幕閣とことごとく対立することとなり、いっぽうで攘夷派からは信仰にも似た期待が寄せられた。十三代将軍徳川家定の後継問題では、次期将軍に強い指導力を求めて、自身の七男一橋慶喜を擁立するが挫折した。通商条約をめぐっては、大老井伊直弼《いいなおすけ》の無勅許調印に反発し、不時登城して詰問するが、反対に幕府から急度慎を命じられた。安政六年（一八五九）八月、国許に永蟄居となった。万延元年（一八六〇）八月十五日に水戸城中で死去した。六十一歳。諡《おくりな》は烈公《れっこう》。

参考文献　『近世武家思想』（『日本思想大系』三七、岩波書店、一九七四年）、『水戸市史』中三・四（一九七六・八二年）、『茨城県史』近世編（一九八五年）、茨城県立歴史館編『幕末日本と徳川斉昭』（茨城県立歴史館、二〇〇八年）

（藤田　英昭）

永井尚志（ながいなおゆき）　一八一六―九一

幕末・維新期の幕臣、官吏。「なおむね」ともいう。文化十三年（一八一六）十一月三日、三河国奥殿藩主大給《おぎゅう》（松平）乗尹《のりただ》の庶子として生まれる。天保十一年（一八四〇）に使番永井求馬尚徳（家禄千石）の養子となる。はじめ岩之丞と称した。昌平黌甲科を及第し、小性組進物番、徒頭を経て、嘉永六年（一八五三）十月に目付（海防掛）となった。安政二年（一八五五）

に目付在職のまま長崎海軍伝習所の監督に任じられ、同年十一月に玄蕃頭と改称した。同四年十二月に勘定奉行(勝手掛)となり、翌五年七月、外国奉行に任じられ、露・英・仏と通商条約を結んだ。同六年二月、軍艦奉行に就任した。しかし、安政の大獄の余波で同年八月に罷免され、切米三百俵は召上げられて差控となり、隠棲して介堂と称した。文久二年(一八六二)七月、軍艦操練所用掛として復帰し主水正と改称した。京都町奉行を経て、同年十一月に家督を継ぎ、元治元年(一八六四)二月、大目付となった。慶応元年(一八六五)五月に辞職して寄合に列し、同年十月、大目付に再任された。同三年二月に若年寄格に任じられ、将軍徳川慶喜を補佐して大政奉還の上表文を起草し、同年十二月に若年寄となった。明治元年(一八六八)正月三日からの鳥羽・伏見の戦では幕府軍を率いて参加し、同年二月に免職、寄合に列した。同年八月、箱館戦争に参加し、明治二年五月に新政府軍に降伏した。同五年正月に赦免され、開拓使御用掛、元老院権大書記官となり、翌九年に免職、隠退した。同二十四年七月一日に七十六歳で死去。法名は崇文院殿介堂日彰大居士。墓は東京都荒川区西日暮里の本行寺にある。

参考文献　戸川安宅「永井玄蕃頭伝」(『旧幕府』五、一八九七年)、「永井介堂君履歴稿本」(『江戸』一巻三綴、一九一五年)、松岡英夫『岩瀬忠震―日本を開国させた外交家―』(『中公新書』、中央公論社、一九八一年)

(高橋　伸拓)

野村休成(のむらきゅうせい)　生没年不詳

幕臣、数寄屋坊主《すきやぼうず》、のち同組頭。井伊直弼《いいなおすけ》に、十三代将軍徳川家定の立場や家定の日常生活に関する情報を提供した(『大日本維新史料』類纂之部井伊家史料)。数寄屋坊主は、江戸城において茶を調進する役で、諸大名出仕の際は出入りの大名家、多くは溜間詰大名の案内を勤めたという。身分的には下位であっても将軍や幕閣の側に仕え、幕府政争における重要な情報源となった。

参考文献　吉田常吉『安政の大獄』(『日本歴史叢書』、吉川弘文館、一九九一年)、母利美和「安政期の政局における「政策」と「政権」―水戸藩と幕政の動向を中心に―」(『茨城県史研究』八八、二〇〇四年)

(野本　禎司)

橋本左内(はしもとさない)　一八三四―五九

越前松平家当主松平慶永《まつだいらよしなが》の側近。天保五年(一八三四)三月十一日、福井藩奥外科医橋本長綱《はしもとながつな》の長男として福井城下に生まれる。母は坂井郡箕浦《みのうら》村(福井市)の大行寺住職の女梅尾。名は綱紀《つなのり》、左内を通称とする。十五歳の嘉永元年(一八四八)、士道の頽廃を憂える『啓発録《けいはつろく》』を著し、十六歳で大坂の緒方《おがた》洪庵《こうあん》塾(適々斎塾《てきてきさいじゅく》)に入門して蘭学を学んだ。嘉永五年に家督相続。安政元年(一八五四)に江戸に遊学し、翌年には藩医を免ぜられ、書院番に抜擢された。このころから水戸藩士の藤《ふじ》田《た》東湖《とうこ》や薩摩藩士西郷隆盛らと国事を談じ、識見を高めていった。安政三年に藩校明道館の中核となり、政治と学問の一体を目指す学制改革や、儒学精神に裏打ちされた洋学導入などに尽力した。安政四年八月に出府し、主君松平慶永の侍読兼内用掛に任じられ国事に専念することとなる。すなわち、慶永が唱導する徳川(一橋)慶喜の擁立を各方面に説き、建白書案文の作成に従事するなど、十三代将軍徳川家定の継嗣問題に関与した。対外関係においては、日露同盟論を提唱し、積極的に海外へ進出し富国強兵を実現することを企図していた。こうした積極的開港を進めるうえでは、英明の誉れ高い将軍慶喜を擁した幕府のもとに、松平慶永や徳川斉昭《とくがわなりあき》・島津《しまづ》斉彬《なりあきら》ら有力大名を結集し、陪臣・処士などを適所に配置した幕藩連合的統一国家の樹立が不可欠だと認識していた。安政五年二月に入京し、将軍継嗣決定の内勅降下と日米修好通商条約勅許の朝廷工作をしたが、大老井伊直弼《いいなおすけ》が紀伊徳川家の徳川慶福《とくがわよしとみ》を将軍世子に決定したことで運動は挫折した。七月に慶永が隠居・謹慎に処せられると、運動を取り止めるが、軽輩の身で将軍継嗣問題への関与を問題視され、安政六年十月七日、江戸伝馬町獄舎で斬首に処せられた。二十六歳。

参考文献 山口宗之『橋本左内』(『人物叢書』、吉川弘文館、一九六二年)、吉田常吉『安政の大獄』(『日本歴史叢書』、吉川弘文館、一九九一年)、高木不二『横井小楠と松平春嶽』(『幕末維新の個性』二、吉川弘文館、二〇〇五年)

(藤田 英昭)

堀田正睦(ほったまさよし) 一八一〇―六四

幕末の老中、佐倉藩主。初め正篤《まさひろ》。安政三年(一八五六)に十三代将軍徳川家定と婚礼をあげた篤姫の名を憚り、正篤から正睦に改名した。相模守、備中守。文化七年(一八一〇)八月一日、堀田正時《まさとき》の次男として生まれる。文化八年四月に死去した父正時の後を継いだ病弱な兄正愛《まさちか》の養子となり、文政八年(一八二五)三月、佐倉藩主となった。文政十二年に奏者番となり、天保五年(一八三四)八月、寺社奉行の兼務を命じられ、備中守と改めた。天保八年五月、大坂城代に任命されたが、わずか二ヵ月後の同年七月、西丸老中を命じられた。同十二年三月、本丸老中に就任し、水野忠邦が行なった改革政治に参与するが、同十四年閏九月に辞任し、溜間詰となった。正睦は、天保年間、藩政の改革を進め、成徳書院《せいとくしょいん》の制や蘭医佐藤泰然《さとうたいぜん》による順天堂の開設など藩学にも力を入れた。安政二年十月、老中阿部正弘の推挙をうけて、阿部に代わって老中首座となった。正睦は蘭学好きであったため、同年八月に幕政参与についた前水戸藩主徳川斉昭《とくがわなりあき》からは「蘭癖」と呼ばれた。安政五年正月、日米通商修好条約締結の勅許を得るため上京したが、実現できなかった。将軍継嗣問題に際しては一橋派にあり、井伊直弼の大老就任によって安政五年六月、老中を罷免され、翌六年九月、正倫《まさとも》に家督を譲った。文久二年(一八六二)には蟄居処分となり、佐倉城内で蟄居した。元治元年(一八六四)三月二十一日、死去。五十五歳。

参考文献　木村礎・杉本敏夫編『譜代藩政の展開と明治維新―下総佐倉藩―』(文雅堂銀行研究社、一九六三年)、福地桜痴著・佐々木潤之介校註『幕末政治家』(『岩波文庫』、岩波書店、二〇〇三年)

(野本　禎司)

堀利熙（ほりとしひろ）　一八一八―六〇

幕末期の幕臣。諱ははじめ利忠、通称は省之介・織部、字は欽文・士績、号は有梅・梅花山人。文政元年(一八一八)六月十九日、大目付の堀伊豆守利堅《としかた》(高二千八百石)の四男に生まれた。天保四年(一八三三)惣領となり、同十二年部屋住で小性組に番入りした(切米三百俵)。天保十四年(一八四三)、岩瀬忠震《いわせただなり》・矢田堀鴻《やたぼりこう》らとともに昌平坂学問所乙科に合格している。嘉永五年(一八五二)閏二月十日、小性組溝口讃岐守組から徒頭となった。同年七月には外国奉行兼帯となり、嘉永六年五月十四日、ペリー来航の直前に目付に抜擢されて海防掛となった。安政元年(一八五四)正月二十二日、蝦夷松前の御用を仰せ付けられて、同年二月四日、同地に出張し、同年七月二十一日に箱館奉行となり、織部正を称した。同五年七月八日外国奉行を兼帯し、翌年六月四日には神奈川奉行も兼ねて、修好通商条約の締結や関係業務の処理にあたった。万延元年(一八六〇)プロシア使節と商議して条約案をまとめたが、これと対朝廷策との関連をめぐって老中安藤信正と意見対立をし、同年九月に神奈川奉行兼帯御免となり、同年十一月六日自刃した。四十三歳。法号は爽烈院殿粛誉利熙欽文居士。墓は東京都文京区小石川二丁目の源覚寺にある。

参考文献　松岡英夫『岩瀬忠震―日本を開国させた外交家―』(『中公新書』、中央公論社、一九八一年)

(高橋　伸拓)

松平慶永（まつだいらよしなが）　一八二八―九〇

越前松平家十七代当主。文政十一年(一八二八)九月二日、田安家三代当主徳川《とくがわ》(田安《たやす》)斉匡《なりまさ》の八男として、江戸城内の田安屋形に誕生する。生母は木村氏(れい、閑院宮《かんいんのみや》用人木村政辰の女)。幼名は錦之丞。号は春嶽《しゅんがく》。十一代将軍徳川家斉の甥、十二代将軍徳川家慶の従弟、徳川(田安)慶頼《よしより》の兄にあたる。当初は伊予松山松平家の養子となる予定であったが、十六代松平斉善《なりさわ》(家斉二十四男、慶永の従兄)の死により越前松平家の養子となり、天保九年(一八三八)十月二十日に家督を相続した。これは十五代松平斉承《なりつぐ》の正室浅姫(家斉十二女、松栄院)の意向もあったという。元服して慶永と名乗る。家督後は中《なか》根雪江《ねせっこう》らを登用し、財政再建や教学刷新などの藩政改革を断行した。嘉永二年(一八四九)に肥後国熊本城主細川斉護《ほそかわなりもり》の女勇姫と婚姻。早くより徳川斉昭《とくがわなりあき》・島津斉彬《しまづなりあきら》・山内豊信《やまうちとよしげ》・伊達《だて》宗城《むねなり》らと親交を持ち、国家的危機意識を強めた。嘉永六年のペリー来航に際しては対外強硬論を展開し、征夷大将軍の武威発揚を主張した。その後、貿易による富国強兵をはかるべく積極開国論へと転じ、あわせて幕政改革の一環で徳川(一橋)慶喜を擁立する運動を展開してその中心となった。将軍継嗣の政争にやぶれ、安政五年(一八五八)に隠居・急度慎を命じられるが、文久二年(一八六二)に復権、政事総裁職に就任して、持論であった参勤交代制の緩和や大名妻子の帰国をはじめ、将軍上洛や幕府儀礼の簡素化といった文久幕政改革を指導した。慶永の構想は、従来の幕政を改め、有力大名の幕政参加を通じた将軍権力の再編をはかることにあったが、幕府内の反発や尊王攘夷論の台頭などで実現は難しかった。政事総裁職を辞職した後も、たびたび上洛し諸侯会議に加わるが、主張が実現することなく王政復古を迎えた。新政府のもとでは議定・内国事務総督・民部卿などを歴任する一方で、朝敵とされた十五代将軍慶喜の救済活動に関わった。明治三年(一八七〇)に官を辞し、文筆活動に入り、『幕儀参考《ばくぎさんこう》』『逸事《いつじ》史補《しほ》』を著すとともに、伊達宗城らとともに『徳川礼典録』の編纂も行い、幕府の儀礼・制度を後世に伝えた。また、徳川宗家十六代当主徳川家達《いえさと》の伯父として、その養育にも関与した。宗家だけではなく、越前松平家歴代当主への崇敬の念も強く、特に不行跡を理由に処罰された二代松平忠直の追孝活動に幕末期から尽力した。明治二十三年六月二日に死去。六十三歳。海晏寺(東京都品川区)の墓域に神式で葬られた。

参考文献　高木不二「幕末文久期の中央政局と越前藩」(『近代日本研究』一四、一九九七年)、印牧信明「松平慶永と茂昭による忠直追孝活動について」(『福井市立郷土歴史博物館研究紀要』七、一九九九年)、高木不二『横井小楠と松平慶永』(『幕末維新の個性』二、吉川弘文館、二〇〇五年)、刑部芳則「麝香間祗候の歴史編纂事業」(『日本歴史』七三四、二〇〇九年)
（藤田　英昭）

水野忠央　(みずのただなか)　一八一四―六五

和歌山藩付家老、紀伊国新宮城《しんぐうじょう》九代城主。文化十一年(一八一四)十月一日生まれ。江戸定府という立場を利用して幕府との人脈形成に努め、水野家の家格上昇(譜代大名昇格)をねらった。当時、紀州藩では十代藩主徳川治宝《とくがわはるとみ》が隠居後も藩権力を握っていたが、十一、十二代藩主には十一代将軍徳川家斉の子(斉順《なりゆき》、斉彊《なりかつ》)を迎え、幕府との関係を強めた。旗本杉重明の養女として江戸城大奥に入れた妹の広《ひろ》は、十二代将軍徳川家慶の側室となり、ほかの兄弟も将軍側近の旗本家と縁組みさせ、幕府関係者への人脈を強化した。嘉永二年(一八四九)閏四月三日、紀州藩十三代藩主に四歳の菊千代(慶福《よしとみ》、のちの十四代将軍徳川家茂)が就任し、治宝が嘉永五年十二月に死去すると、同じ紀州藩付家老の安藤直裕《あんどうなおひろ》と連携して藩の実権を握り、譜代大名昇格への動きを積極化した。このころ、将軍継嗣問題が取り沙汰されており、江戸城大奥や幕府内に形成した人脈を活かして、慶福を十四代将軍に擁立すべく南紀派として行動した。慶福が十四代将軍に就任すると、譜代大名並に江戸城内の菊之間席の待遇を求めたが、実現しなかった。なお、忠央には国史や有職故実をまとめた『丹鶴叢書』などの著作があり、ほかに幕府記録類の収集・筆写を行うなど文化事業に功績を残した。慶応元年(一八六五)三月二十五日没。五十二歳。

参考文献 『南紀徳川史』(南紀徳川史刊行会、一九三一年)、『丹鶴城旧蔵幕府史料』(ゆまに書房、二〇〇七―一〇年)、小山誉城『徳川御三家付家老の研究』(清文堂出版、二〇〇六年)、同「紀州藩付家老水野忠央と将軍継嗣問題」(安藤精一・高嶋雅明・天野雅敏編『近世近代の歴史と社会』、清文堂出版、二〇〇九年)
(野本　禎司)

薬師寺元真(やくしじもとざね)　生没年不詳

幕臣、徒頭、筑前守。文政八年(一八二五)十二月に小納戸に就任、十二代将軍徳川家慶付小性、十三代将軍徳川家定付小性を経て、安政元年(一八五四)五月より安政六年四月まで徒頭をつとめた。将軍継嗣問題に際して、徳川斉昭《なりあき》が十三代将軍家定を押込めようと企てているなどの動静を、井伊直弼《いいなおすけ》に頻繁に入説するなど、さまざまな情報を南紀派に提供した。南紀派の紀伊藩付家老水野忠央《みずのただなか》とは姻戚関係にあった。文久二年(一八六二)八月、井伊大老追罰の一環で隠居を命じられた。

参考文献 吉田常吉『安政の大獄』(『日本歴史叢書』、吉川弘文館、一九九一年)、母利美和「安政期の政局における「政策」と「政権」―水戸藩と幕政の動向を中心に―」(『茨城県史研究』八八、二〇〇四年)、同『井伊直弼』(『幕末維新の個性』六、吉川弘文館、二〇〇六年)
(野本　禎司)

横井小楠(よこいしょうなん)　一八〇九―六九

幕末期の肥後藩士。儒学者。政治思想家。文化六年(一八〇九)八月十三日、肥後藩士横井時直(世禄百五十石)の次男として熊本城下内坪井町(熊本市)に生まれる。母はかず(永嶺仁右衛門の女)。幼名を又雄といい、名は時存《ときあり》、通称は平四郎、小楠を号とした。藩校時習館の居寮長を経て天保十年(一八三九)に江戸に遊学し、松崎慊堂《まつざきこうどう》・藤田東湖《ふじたとうこ》らと交流する。翌年酒失のため帰国、逼塞の命を受けた。天保末年ごろから長岡監物《ながおかけんもつ》・元田永孚《もとだながざね》らと研究会をつくり、真の朱子学である実学を志した。私塾小楠堂でも子弟を教え、門人には藩士子弟だけではなく豪農の子弟もいた。嘉永四年(一八五一)に上方から北陸を遊歴。越前松平家(福井藩)との接触が生じて、翌年には同藩の求めに応じて、学政一致による道徳政治の実践を説いた『学校問答書』を著した。安政元年(一八五四)、兄横井時明の病死により家督相続。同五年には、松平慶永《まつだいらよしなが》から招聘の命を受け、翌年から富国策などの福井藩政を指導し、その成果を『国是三論』にまとめた。文久二年(一八六二)には、松平慶永の幕政参加を勧め、政事総裁職となった慶永を補佐して幕政改革を推進した。将軍後見職の徳川(一橋)慶喜や老中からも小楠の議論に感服し、小楠を将軍の奥詰に登庸しようとする案も持ち上がったが、小楠は応じなかった。同年末、宴席で刺客に襲われ、丸腰で逃げたという理由で熊本に帰って士籍剝奪の処分を受けた。逼塞中も思想活動は衰えず、儒教的理想主義による政治刷新と儒教を主体とする東西文化の統合をめざした。明治元年(一八六八)、新政府に招かれ士籍に復して参与となったが、明治二年正月五日、十津川郷士ら尊攘主義者に暗殺された。六十一歳。

参考文献 圭室諦成『横井小楠』(『人物叢書』、吉川弘文館、一九六七年)、松浦玲『横井小楠(増補版)』(『朝日選書』、朝日新聞社、二〇〇〇年)、高木不二『横井小楠と松平春嶽』(『幕末維新の個性』二、吉川弘文館、二〇〇五年)

(藤田　英昭)

吉田松陰 (よしだしょういん) 一八三〇―五九

幕末期の思想家。萩藩士。幼名は虎之助、のちに大次郎・松次郎・寅次郎と称す。名は矩方、字は義卿または子義。松陰のほか、二十一回猛士・蓬頭生・無一と号す。天保元年(一八三〇)八月四日、長門国萩(山口県萩市)に萩藩士杉百合之助、滝の次男として生まれる。天保五年、萩藩士で山鹿流兵学師範を家職とする叔父吉田大助の仮養子となり、翌六年家督を相続した。同九年、家学教授見習として藩校明倫館へ出仕し、翌十年から家学を教授。嘉永二年(一八四九)、御手当内用掛となり、領内の沿岸防備状況を視察した。翌三年八月から年末まで九州を遊歴し、平戸の葉山佐内《はやまさない》らに従学。嘉永四年には、藩主の参勤交代に従って江戸へ上り、山鹿素水らに学んだ。翌五年、江戸藩邸を出奔して東北行を敢行。水戸・白河・会津などを遊歴し、五月自首。生家での謹慎を命じられ、十二月に御家人召放の処分を受けた。嘉永六年には藩から他国修行を許可され、再度江戸へ上り、佐久間象山《さくましょうざん》に従学。安政元年(一八五四)、下田にて米艦に乗り込み、外国密航を企てた廉で自藩幽閉に処された。翌二年に実家預けとなって以後、松下村塾を実質的に主宰。高杉晋作・久坂玄瑞《くさかげんずい》らを指導した。安政五年、幕府が勅許を得ずに日米修好通商条約を締結すると、これを痛烈に批判。藩により、再び幽囚生活を送ることになる。翌六年、いわゆる安政の大獄に際して江戸へ護送され、幕府の訊問に際してはペリー来航以来の一連の幕政を徹底批判。死罪が決定し、同年十月二十七日、処刑された。三十歳。

参考文献　山口県教育会編『吉田松陰全集』(大和書房、一九七二―七四年)、田中彰『吉田松陰―変転する人物像―』(『中公新書』、中央公論新社、二〇〇一年)、海原徹『吉田松陰―身はたとひ武蔵の野辺に―』(『ミネルヴァ日本評伝選』、ミネルヴァ書房、二〇〇三年)

(宮間　純一)

〔関連事項〕

安政の大地震(あんせいのおおじしん)

安政二年(一八五五)十月に江戸を襲った大地震のこと。マグニチュードは、六・九とされる。江戸町方の被害は、幕府の地震直後の調査によると、死傷者は約七千人余、倒壊家屋は一万五千軒以上、倒壊土蔵は千四百余であった。武家地の被害は、大名屋敷は百十七藩で死者が二千人弱、旗本・御家人の家屋の被害は一万七千軒余であった。江戸城も被害を受け、将軍徳川家定は一時城内の吹上庭に避難した。江戸城内では、大番所が潰れ、そこから火の手が上がるなどの損害があった。武家方の被害は、不鮮明な部分があるが、いずれにしても江戸での被害は甚大であった。特に震源に近く、場末と称され、貧困層が多数居住した下町である本所・柳島・下谷などでは大きな被害があった。死傷者は、地震直後の建物倒壊によるものが多く、地震による火災の被害は少なかった。地震直後から、読売かわら版とよばれる地震の被害を伝える速報が江戸市中などに溢れた。これは、主に地震により崩れた場所や出火場所などを示したものであったが、多量の地震鯰絵などの戯画・戯文も書かれていた。一ヵ月後の十一月に幕府はこれら瓦版を禁止したが、それ以降も盛んに出版された。瓦版からは、甚大な被害にも拘わらず、人々は地震による世直りを歓迎し、期待していた様子が読み取れる。

参考文献 『東京市史稿』皇城篇三(一九一二年)、佐山守『安政江戸地震災害誌』(東京都、一九七三年)、北原糸子「安政江戸地震における江戸諸藩邸の被害について」(『歴史地震』一、一九八五年)、同『地震の社会史—安政大地震と民衆—』(『読みなおす日本史』、吉川弘文館、二〇一三年)

(望月　良親)

安政の改革 (あんせいのかいかく)

安政年間(一八五四—六〇)に行われた幕府・諸藩による軍備強化を主な目的とする改革。幕府では老中首座阿部《あべ》正弘《まさひろ》が中心となって推進した。ペリー来航を受け、正弘は前水戸藩主徳川斉昭《とくがわなりあき》を海防参与に任じ、安政元年六月、幕政改革案三十七ヵ条を諸有司に示した。その改革案は、人材の登用、冗費の節減、武備の強化などを柱とするものであった。正弘は同年七月、諸大名に対して荷船以外の五百石積み以上の大船建造を解禁し、海防の強化を図った。また、外国船の江戸内海侵入を想定して品川沖(東京都品川区・港区)に十一基の台場を建設する計画を立てた。しかし、財政難のため、最終的には六基を完成するに止まった。台場建設に伴い大砲鋳造も政策課題となったが、材料の銅が不足していたため、幕府は諸国寺院の梵鐘を鋳直して銅の補塡を試みた。安政二年八月、正弘と斉昭は対立する老中の松平乗全《まつだいらのりやす》と松平忠優《まつだいらただます》を罷免し、幕閣改造を断行した。同年七月、幕府はオランダ人教官を招聘して長崎海軍伝習所《ながさきかいぐんでんしゅうじょ》を開設し、旗本・御家人・諸藩士に洋式海軍に関する技術教育を行なった。同三年四月には講武所《こうぶしょ》を開設して旗本・御家人やその子弟のうち有志者に槍・剣・弓・砲術などの教育を行なった。さらに同四年に蕃書調所《ばんしょしらべしょ》(のち洋学所《ようがくしょ》)を開設して洋学の摂取を進めた。この時期、薩摩藩・佐賀藩・長州藩などの諸藩も軍制改革を断行し軍備の西洋化を進め、のちに雄藩として台頭する基礎を整えた。

参考文献 渡辺修二郎『阿部正弘事蹟』(『続日本史籍叢書』、東京大学出版会、一九七八年)、守屋嘉美「阿部政権論」(青木美智男・河内八郎編『開国』、有斐閣、一九八五年)、家近良樹編『幕政改革』(『幕末維新論集』三、吉川弘文館、二〇〇一年)

(神谷　大介)

越中島調練場 (えっちゅうじまちょうれんじょう)

安政四年(一八五七)四月二十五日に築地(東京都中央区)に開設された講武所の砲術調練場として、同年十二月六日に設置された。文久三年(一八六三)九月に越中島の忍藩中屋敷が幕府に返上されると、旧忍藩中屋敷も越中島調練場に組み込まれ、越中島全域が越中島調練場となる。越中島調練場が設置される以前から江戸周辺には徳丸ヶ原(東京都板橋区)や四谷角筈《つのはず》村大砲場(東京都新宿区)、下渋谷村砲術角場(東京都渋谷区)、赤坂今井谷砲術角場(東京都港区)があったが、周辺に人家があり流れ弾による被害の可能性があった。そのため、嘉永五年(一八五二)六月に江戸内湾沿いの大森村(東京都大田区)に大砲町打場が開設されている。一方、越中島は、江戸城から近く、埋め立てにより調練場の拡張が可能であり、江戸城下の中でも軍事調練に関する規制が緩い本所・深川に所在していたため、江戸近辺随一の砲術調練場となった。毎月二十六日・二十七日が講武所の「大砲定日稽古」の日(文久三年十二月以降は二十八日も)、毎月七日と二十一日が幕府陸軍大砲隊の「町打稽古」の日であった。そして、講武所や幕府陸軍が使用していない時は大名や旗本・御家人も備え付けの大砲を用いて調練を行うことが認められていた。文久三年には六日に一度の割合で調練が行われ、福知山藩や岡崎藩の利用も確認できる。なお、越中島調練場設置後の安政五年三月十九日に、十三代将軍徳川家定が調練を上覧に訪れている。

参考文献　安藤直方『講武所』(『東京市史』外篇三、一九三〇年)、『江東区史』上(一九九七年)、中西崇「近世後期の江戸湾警衛体制―深川越中島を中心として―」(『江東区文化財研究紀要』一七、二〇一二年)

(中西　崇)

海防掛（かいぼうかかり）

弘化二年(一八四五)七月から常置職となった海防問題への対応を主な職務とする幕府の外交機関。老中・若年寄(大名)、勘定奉行・勘定吟味役・大目付・目付(旗本)から任命された。前者は、寛政年間(一七八九―一八〇一)、天保年間(一八三〇―四四)に一時的に設置された海防掛を嚆矢とし、常置職となって以降、基本的には月番体制で、安政三年(一八五六)十月から同五年六月までは老中堀田正睦《ほったまさよし》が専任で勤めた。後者は、諮問機関として、七、八名、多いときは二十名近くが任命され、その建議の内容をめぐって、勘定奉行・勘定吟味役側(勘定方)と大目付・目付側(目付方)とで政策対立することもあった。会所貿易と鎖国政策を遵守する勘定方と、自由貿易を主張し通商条約締結を推進する目付方という、いわば保守対開明の対立軸の様相を呈した。この対立の背景には、筆算吟味による勘定方、学問吟味及第者を含む目付方と、その登庸過程の違いも影響しており、「計(勘定)・監(目付)両黨、相軋すること仇敵の如し」(『西使続記』)と幕臣間で認識されるほどであった。ただし、こうした対立は、弘化二年設置当初から明確に表面化していたわけではなく、目付方が積極的な通商論へと至る時期について、建議内容や儒者の影響などから、その段階過程が明らかにされてきている。安政五年七月八日の外国奉行の設置によって、勘定方、目付方の海防掛は廃止となった。海防掛の設置期間は、阿部正弘《あべまさひろ》が老中に就任していた時期に重なっており、老中阿部政権の象徴的存在としても注目される。

参考文献　石井孝『日本開国史』(吉川弘文館、一九七二年)、上白石実「安政改革期における外交機構」(『日本歴史』五三七、一九九三年)、眞壁仁『徳川後期の学問と政治』(名古屋大学出版会、二〇〇七年)、後藤敦史「海防掛の制度に関する基礎的考察」(『日本歴史』七三二、二〇〇九年)、同「開国期の幕府外交と海防掛」(『ヒストリア』二二三、二〇一〇年)

(野本　禎司)

講武所（こうぶしょ）

武芸の総合訓練施設。ペリー来航を受けて既存の軍備の問題点を認識した老中阿部正弘《あべまさひろ》は、洋式陸海軍建設を目的とした軍事教育施設の設置を企図した。当初は浜御庭《はまおにわ》に置かれ、校武所と称していた。安政元年(一八五四)に江戸築地(東京都中央区)の堀田正篤《ほったまさひろ》中屋敷、筋違橋門外《すじかいばしもんがい》・四谷門外《よつやもんがい》・神田橋門《かんだばしもん》外《がい》・深川越中島《ふかがわえっちゅうじま》(東京都江東区)に講武場(講武所)を設置することが計画されたが、実際に完成したのは築地の講武所と越中島の砲術調練場のみであった。同二年二月、幕府は留守居二名、大番頭三名、書院番頭二名、小性組番頭二名の計十名を総裁、使番鵜殿十郎左衛門《うどのじゅうろうざえもん》、徒頭男谷精一郎《おだにせいいちろう》ら六名を頭取、小性組杉浦主馬《すぎうらしゅめ》ら四名を出役に任命した。ただし、翌三年三月には職制の改編により総裁が減員となり、久貝正典《くがいまさのり》と池田《いけだ》長顕《ながあき》の二名が「主役」として講武所を統括した。同三年四月には築地講武所が竣工、十三日に将軍徳川家定出御のもとで開所式が行われた。稽古対象は旗本・御家人、次三男、厄介らであり、剣術・槍術をはじめ、砲術・弓術・柔術・水練などの稽古が流派の区別なく奨励された。特に剣術・槍術では試合、砲術では洋式調練が重視されるなど、実戦的な稽古が企図された。同四年閏五月、築地の講武所構内に軍艦教授所《ぐんかんきょうじゅしょ》(のち軍艦操練所《ぐんかんそうれんじょ》)が開設されたため、講武所は神田小川町《かんだおがわちょう》(東京都千代田区)に移転した。その後、万延元年(一八六〇)正月、総裁に代わって講武所奉行が新たに設置され、二月には大老井伊直弼《いいなおすけ》臨席のもと開校式が行われた。同年九月旧式の弓術・犬追物《いぬおうもの》・柔術稽古は中止となった。慶応二年(一八六六)十一月、軍制改革の一環として講武所は陸軍所《りくぐんしょ》となり、旗本・御家人らを対象とした砲術・士官教育が進められた。

参考文献　勝安房『陸軍歴史』下(『明治百年史叢書』、原書房、一九六七年)、倉沢剛『幕末教育史の研究』一(吉川弘文館、一九八三年)、安藤直方『講武所』(『東京市史』外篇、聚海書林、一九八八年)

(神谷　大介)

渋染一揆（しぶぞめいっき）

安政三年（一八五六）に起こった、備前国岡山藩領内五十三の被差別部落による強訴。岡山藩が安政二年十二月に布達した二十九ヵ条の倹約令の最後の五ヵ条「別段御触書」は、「皮多百姓」に対し、着用できる衣類を無紋かつ渋染・藍染に限り、雨天時における傘・下駄の使用を禁ずるといった差別を強制するものであった。この布達が翌安政三年正月に皮田判頭たちへ申し渡されると、判頭たちは寄合を開いて協議を重ね、備前国被差別部落の旦那寺である常福寺で開かれた惣寄合などを経て、自分たちが年貢を上納する御百姓であることと、番役などの御用を務めていることを主張する嘆願書を二月十八日に郡奉行所へ提出した。その後、藩側による「別段御触書」への請印強要に応じる村が出てくると、嘆願書を引き継いだ神下村《こうのした》（岡山県岡山市）の判頭と小前の指導者層は、方針を藩家老伊木氏への強訴に転換する。そして、六月十三日から十四日にかけて八日市村（岡山県瀬戸内市）吉井河原には、飛脚・廻文での参加要請に呼応した千数百人（三千人とも）が集結し、虫明《むしあげ》（瀬戸内市）へと向かう途中での伊木家家臣団を主力とした鎮圧勢との交渉で、藩の重臣による会議での「別段御触書」再吟味の約束を得て、六月十五日に解散した。評定の結果、調印は求められたものの一揆勢の要求はほぼ認められた。しかし、九月から行われた取り調べによって指導者層十二名が入牢し、一名が釈放されたものの六人は牢死、残りの五人は安政六年六月十四日にいたり釈放された。この背景には、旦那寺を介した釈放嘆願などがあったことが知られている。

参考文献　柴田一『渋染一揆論』（八木書店、一九七一年）、斎藤洋一「「えた」身分と一揆」（保坂智編『一揆と周縁』、青木書店、二〇〇〇年）

（小田　真裕）

下田協約（しもだきょうやく）

安政四年五月二十六日（一八五七年六月十七日）、伊豆国賀茂郡下田町（静岡県下田市）の了仙寺《りょうせんじ》において、初代アメリカ総領事のタウンゼント＝ハリス Townsend Harris（一八〇四―七八）と下田奉行の井上信濃守清直《いのうえしなののかみきよなお》、中村出羽守時万《なかむらでわのかみときかず》の間で締結された、日米和親条約を修補する条約。下田条約とも呼ぶ。下田協約によって、長崎の開港（第一条）、下田と箱館における米国市民の居留と箱館での副領事の駐在（第二条）、日米貨幣交換比率と米国人による吹き替え費用の支払い（第三条）、領事裁判権（第四条）、船舶修理費の支払い方（第五条）、領事の自由旅行権（第六条）、領事の商品直買特権（第七条）、公式言語としてのオランダ語の使用（第八条）、条約の発効日（第九条）が定められている。なお、第三条の規定は、のちに金の国外流出という問題につながる。

参考文献 『安政雑記』(『内閣文庫所蔵史籍叢刊』三六、汲古書院、一九八三年)、ハリス『日本滞在記』(坂田精一訳、岩波書店、一九五三―五四年)

(ルー＝ルー＝ブレンダン)

種痘所(しゅとうじょ)

疱瘡《ほうそう》(天然痘)の予防を目的に、江戸の神田松枝町(東京都千代田区岩本町二丁目)に開設された牛痘接種機関。江戸時代の日本では、疱瘡は誰もが罹りうる伝染病として非常に恐れられていたが、西洋では十八世紀末にエドワード＝ジェンナーが開発した牛痘による天然痘予防法が普及しつつあった。このジェンナー式牛痘接種法は鎖国下の日本ではなかなか広まらなかったが、出島のドイツ人医師オットー＝モーニケが嘉永二年(一八四九)に長崎に日本最初の種痘施設を開設すると、佐賀藩主鍋島直正(閑叟《かんそう》)らがその効果を認め、京都の日野鼎哉《ひのていさい》や大坂の緒方洪庵《おがたこうあん》が同様の施設を開くなど、ようやく普及に向けた動きが活発化していく。江戸では安政四年(一八五七)八月に蘭方医の伊東玄朴《いとうげんぼく》・大槻俊斎《おおつきしゅんさい》・林洞海《はやしどうかい》・箕作阮甫《みつくりげんぽ》らが幕府に開設を願い、翌年正月に許可を受け、同年五月に江戸の蘭方医八十三名と薬種問屋神崎屋源蔵が資金を出し合って開設したのが種痘所である。種痘所は大槻俊斎を所長とし、当初幕臣川路聖謨《かわじとしあきら》の神田松枝町(於玉ヶ池や元誓願寺前の通称がある)の拝領屋敷があてられたが、同年十一月に大火で焼失し、翌年九月に下谷和泉橋通りの伊東玄朴の家塾に隣接して再建された。これには銚子の醬油問屋浜口梧陵《はまぐちごりょう》の支援によるところが大きいといわれる。万延元年(一八六〇)十月に幕府直営となると、西洋医療技術の教育の場としての機能を備えるようになる。そして翌文久元年(一八六一)になると、幕府はこれを教授・解剖・種痘の三科からなる西洋医学所に改めるが、その流れは東京大学医学部へと受け継がれた。

参考文献 深瀬泰旦「お玉ヶ池種痘所開設をめぐって」(『日本歴史』三八八、一九八〇年)、同「池田文書からみたお玉ヶ池種痘所開設の前夜」(『日本医史学雑誌』四八ノ三、二〇〇二年)

(滝口 正哉)

大船建造の解禁(たいせんけんぞうのかいきん)

嘉永六年(一八五三)九月に発布された大船建造を解禁した法令。幕府は慶長十四年(一六〇九)に西国諸大名の所有する五百石積み以上の大船を没収、その建造を禁じ、さらに寛永十二年(一六三五)の『武家諸法度』で五百石積み以上の大船建造の禁止を成文化していた。その後、同十五年、五百石積み以上の荷船に限って建造が許可された。嘉永六年六月にペリー艦隊が江戸内海に侵入するなど、既存の海防体制の欠点が露呈すると、同年八月二十六日、老中阿部正弘《あべまさひろ》は大目付・

目付に対し禁令の解禁について諮問した。これに対し大目付・目付は、諸外国において航海術が発達し、「大艦火輪船等」の建造が相ついでいることから、国内でも大船を建造するべきだと答申した。そこで幕府は同年九月十五日、諸大名に対して荷船以外の大船建造を許可する老中達を出し、海防強化を図った。同年十一月二日、幕府は勘定奉行石河《いしこ》政平《まさひら》・同松平《まつだいら》近直《ちかなお》・目付堀利忠《ほりとしただ》・勘定吟味役竹内保徳《たけうちやすのり》らを大船等製造掛《たいせんとうせいぞうがかり》に任命し、浦賀奉行・水戸藩・薩摩藩などに幕府の出資による大船の建造を命じた。浦賀奉行は嘉永六年から翌年までの間に浦賀(神奈川県横須賀市)で鳳凰丸《ほうおうまる》を建造した。また水戸藩が嘉永七年に石川島《いしかわじま》(東京都中央区)で旭日丸《あさひまる》の建造に着手し、安政三年(一八五六)五月に竣工した。薩摩藩では安政二年、ペリー来航前に建造を許可されていた琉球大砲船を桜島の瀬《せ》戸村《とむら》(鹿児島市黒神町)で改造し、昇平丸《しょうへいまる》(のち昌平丸)と名付けて幕府に献納した。鳳凰丸・旭日丸・昇平丸はいずれも洋式帆船であったが、当時の西洋諸国の海軍では蒸気船が主力になっていた。そのため、幕府・諸藩では洋式帆船の国産から蒸気船の輸入へと大船の入手方法が次第に切り替わっていった。

参考文献　安達裕之『異様の船』(『平凡社選書』、平凡社、一九九五年)、石井謙治『和船』二(『ものと人間の文化史』、法政大学出版局、一九九五年)
（神谷　大介）

台場造営（だいばぞうえい）

近世後期から幕末期にかけて幕府・諸藩が行なった海岸防備(海防)のための砲台建設のこと。近世後期、外国船が日本近海に頻繁に出没しはじめると、幕府・諸藩は沿岸部に台場を建設していった。とりわけ嘉永六年(一八五三)八月に始まる品川台場の建設は、代官江川英龍《えがわひでたつ》の意見を採用したもので、十一基の台場建設を予定する大規模なものであった。安政元年(一八五四)七月に一番～三番台場、同年十一月に五番・六番台場が完成したものの、資金難のため四番・七番台場の建設は途中で中止となった。品川台場建設の手順は、海中に土砂や石を流し込んで台場の基盤を作り、木杭を打ち込んだ上で石垣などを築き、地均しをした後に砲台や小屋場などの諸施設を建築するというものであった。それ以前の台場が自然の地形の一部を掘削して造成したものであるのに比べ、品川台場は海を埋め立てて新たな地所を造成するという点で建設の工法が大きく異なり、より多くの資材・労働力を必要とした。また、伊豆半島や三浦半島から多くの石材が石垣用として供給され、総工費は約七十五万両にものぼったといわれる。その後、文久三年(一八六三)五月に軍艦頭取小野《おの》友五郎《ともごろう》と軍艦組望月大象《もちづきたいぞう》が連名で江戸内海台場増築の意見書を提出したことを受け、品川四番・七番台場、さらに越中島砲台《えっちゅうじまほうだい》・佃島《つくだじま》砲台《ほうだい》などの建設が始まった。しかし、台場建設を請け負った民間業者らが資金難に陥ったことなどから、工事は途中で中止となった。

参考文献 『品川区史』通史編上(一九七三年)、冨川武史「文久期の江戸湾防備—小野友五郎・望月大象連名復命書を中心として—」(『文化財学雑誌』一、二〇〇五年)、淺川道夫『お台場—品川台場の設計・構造・機能—』(錦正社、二〇〇九年)、神谷大介「幕末の台場建設と石材請負人」(小田原近世史研究会編『近世南関東地域史論』、岩田書院、二〇一一年)

(神谷　大介)

長崎海軍伝習所(ながさきかいぐんでんしゅうじょ)

安政二年(一八五五)、幕府が長崎奉行所西役所に設置した洋式海軍術の教育施設。ペリー来航以後、洋式海軍創設を企図した老中阿部正弘《あべまさひろ》は、オランダに蒸気船など数隻を発注するとともに、技術習得のためオランダ人教官の招聘を商館長クルチウスに依頼した。クルチウスは、日本人による航海術習得の必要性を説き、バタビア(ジャワ)から蒸気軍艦スンビン号を呼び寄せた。安政元年七月、長崎に入港したスンビン号艦長ファビウスは三回にわたって海軍創設のための意見書を長崎奉行に提出し、長崎地役人や佐賀藩士らに対して予備伝習を行なった。翌安政二年六月にペルス=ライケン大尉以下二十二名の第一次教育班が来日すると、幕府は翌七月、長崎在勤目付永井尚志《ながいなおむね》に長崎海軍伝習所の統括を命じ、九月に開所式を行なった。伝習所では観光丸(スンビン号を改称)を練習艦とし、航海術・運用術・造船術はもちろん、数学・地理・語学などの基礎学問も教授された。伝習には、鉄砲方井上氏・田付氏の与力・同心、韮山代官江川氏の手代・手付、浦賀奉行所の与力・同心や長崎地役人のほか、佐賀藩・鹿児島藩・萩藩・福岡藩などの諸藩士も参加した。安政四年、帰府した永井に代わって木村喜毅《きむらよしたけ》が伝習を統括し、ペルス=ライケンに代わって第二次教育班カッテンディーケ中尉以下三十七名が教育を担当するようになった。安政六年二月、一定の成果を上げたとして伝習所は閉鎖され、以後幕府の海軍教育の拠点は築地の軍艦教授所(軍艦操練所)へ引き継がれた。

参考文献 倉沢剛『幕末教育史の研究』二(吉川弘文館、一九八四年)、藤井哲博『長崎海軍伝習所』(『中公新書』、中央公論社、一九九一年)

(神谷　大介)

鯰絵(なまずえ)

安政二年(一八五五)十月二日の大地震直後の江戸で、大鯰を題材に描かれた風刺的錦絵。鯰絵の構図は、地震を引き起こす大鯰が普段は鹿島明神に要石《かなめいし》で押さえつけられているという俗信を背景に、神無月(十月)ゆえに鹿島明神が出雲に出掛けている隙に大鯰が暴れ出したとするもので、大鯰を主人公に据えて江戸庶民の震災に対する反応を表現したものとなっている。これらの大半は一枚摺だが、二枚続・三枚続のものもまれにみられ、約二ヵ月間で三百〜四百種ほどが出されたといわれている。鯰絵が一般の錦絵と大きく異なるところは、絵師や版元名の記載がなく、名主の改印のない無許可の無断出版物で、むしろ速報性を重視するかわら版に近い性質を持っている点である。作者は無名の彫師・摺師が多く、一部には歌川派一門の浮世絵師や、筆耕の梅素亭玄魚《ばいそていげんぎょ》(宮城喜三郎)などがみられる。鯰絵は地震後の経過によって内容に変化がみられるというのが通説で、地震直後の大鯰は破壊者として捉えられ、今後は地震が起こらないようにと要石や鹿島大明神に祈っているものや、被害を受けた人々が鯰を打ち据えるもの、そして大鯰が鹿島大明神に謝罪し、あるいは損壊家屋を片付け、被災者を治療するものなどがこれに該当する。その後、大鯰は救済者として描かれていき、大鯰が金持ちから取り上げた金銀で施行《せぎょう》をしている姿や、復興景気で儲けた職人たちが大鯰に感謝している内容などに変化していく。こうした鯰絵には被災者への励ましや癒しの意図が込められていると同時に、そこでは江戸の社会にとってこの地震が庶民に「世直し」の期待をもたらしたことを表現しているのである。

参考文献　高田衛・宮田登監修『鯰絵―震災と日本文化―』(里文出版、一九九五年)、北原糸子『地震の社会史―安政大地震と民衆―』(『読みなおす日本史』、吉川弘文館、二〇一三年)

(滝口　正哉)

日米和親条約(にちべいわしんじょうやく)

安政元年三月三日(一八五四年三月三十一日)にアメリカ合衆国と日本との間に締結された最初の条約。江戸幕府が「鎖国」政策を破り、はじめて西洋列強と結んだ国際条約である。神奈川条約とも呼ぶ。アメリカ海軍の東インド艦隊司令長官兼遣日大使ペリー **Matthew Calbraith Perry**(一七九四―一八五八)は、前年六月(一八五三年七月)に相州久里浜村(神奈川県横須賀市)海岸で幕府代表に渡したフィルモア米国大統領からの国書への回答を得るため、安政元年正月十六日(一八五四年二月十三日)に再び来日し、武州金沢の小柴(神奈川県横浜市金沢区)沖に碇泊した。米国政府は、増大していた捕鯨船の避難・補給港と遭難海員救助、当初の狙いであった中国への太平洋横断航路に必要な寄航地・貯炭所の設置について日本と交渉するためにペリーを派遣したが、幕府側は石炭・薪水・食糧の提供と遭難海員救助は認めたものの、港の開港をおよそ五年後に決定するまでそれらの措置を長崎で取ることに決めていた。交渉の場所として、幕府側は浦賀や鎌倉などを提案したが、アメリカ側は江戸に近い場所を強く要求したので、正月二十八日(二月二十五日)に武州神奈川近くの横浜村(神奈川県横浜市)に決定した。交渉の場であった応接所の建設は、二月七日に完成し、最初の日米会談は同月十日に行われた。この日、ペリーははじめて横浜村に上陸し、応接掛として老中阿部正弘《あべまさひろ》から任命された全権の林大学頭復斎《はやしだいがくのかみふくさい》、井《い》戸《ど》対馬守覚弘《つしまのかみさとひろ》、伊沢美作守政義《いざわみまさかのかみまさよし》、鵜殿民部少輔長鋭《うどのみんぶのしょうながとし》と交渉に入った。米国側は、一八四四年に締結された米清修好通商条約(望厦《ワンシア》条約)の写し(漢文)とそれに基づいた条約草案を幕府側に渡し、同様の日米修好通商条約を要求した。公式の交渉は、二月十日・十九日・二十五日・三十日の四回行われたが、それらの間に事前打ち合わせや事後確認作業も幕府側の通詞(通訳官)を含んだ実務担当者と米国使節との間で行われた。交渉はオランダ語と中国語(筆談)を用いて進み、最初に決定した条約はオランダ語版であった。それに基づいて、両交渉団が漢文版を作成し、確認作業を行い、それぞれの英語版と日本語版を作成した。なお、日本側と米国側の漢文版とオランダ語版がそれぞれ二種類、それに日本語版と英語版、計六種類の条文が作成されたが、どれにも両国の代表が一緒に署名したものはない。漢文版の作成の際、誤認により内容の異なるものができ、結果として実際の英語版と日本語版がいくつかの点において異なる内容となっている(特に領事駐在に関する問題が重要視される)。十二条からなるこの条約により、物資補給(薪水給与)のための下田・箱館の開港(第二条)とそれらにおける遊歩圏(第五条)、遭難海員の救助・送還(第三条)、片務的最恵国待遇(第九条)が主に定められたが、貿易に関する規定は含まれていない。

参考文献 東京大学史料編纂所編『幕末外国関係文書』五(『大日本古文書』、東京大学出版会、一九七二年)、同編『大日本維新史料』第二編(東京大学出版会、一九八四・八五年)、ペリー『日本遠征日記』(金井圓訳、雄松堂出版、一九八五年)、三谷博『ペリー来航』(『日本歴史叢書』、吉川弘文館、二〇〇三年)、石井孝『日本開国史』(吉川弘文館、二〇一〇年)、今津浩一「日米和親条約における領事駐在規定をめぐる考察」(『開国史研究』一〇・一一、二〇一〇・一一年)

(ル＝ルー＝ブレンダン)

日章旗総船印　(にっしょうきそうふなじるし)

日本の国旗である日の丸の旗。嘉永六年(一八五三)八月、江戸近海の海防を担当する浦賀奉行は幕府に提出した大型船の仕様書の中で、外国船と日本船とを区別するため、本檣上に日の丸の吹貫《ふきぬき》、艫《とも》に日の丸の四半《しはん》を掲げることを提案した。この提案を受け、評定所で議論がなされた結果、年貢米を輸送する幕府御用船の標識として日の丸がすでに用いられていたことから、日本国惣船印《にほんこくそうふなじるし》には日の丸を用いないこととなった。しかし、同年九月、幕府が海防強化を図るため大船建造を解禁すると、日本国惣船印を定めておくことが必要になった。安政元年(一八五四)七月九日、老中阿部正弘《あべまさひろ》は薩摩藩主島津斉彬《しまづなりあきら》や海防参与徳川斉昭《とくがわなりあき》らの意見に基づき、白地に日の丸を記した旗を日本国惣船印と定めた。さらに、幕府艦船はトップマストにあたる中檣《ちゅうしょう》に白と紺の布、帆には白地に中黒の布を掲げること、諸藩艦船は白地の帆を用いないことなどを定めた。安政六年正月、幕府は規定を改め、日の丸の旗を船尾に備え付けてある繫留用の艫綱へ引き揚げ、帆には白布を用いること、その上で幕府の「軍艦」は中黒の細旗を中檣に引き揚げること、諸藩の船印の雛形を幕府に提出させることなどを大目付・目付へ達した。さらに翌七年正月には、長崎奉行・箱館奉行・外国奉行・下田奉行に対して、日の丸が日本国惣船印であることを条約締結国に周知徹底するように命じている。こうして日の丸は日本国惣船印として次第に定着していったのである。

参考文献　安達裕之『異様の船』(『平凡社選書』、平凡社、一九九五年)、石井謙治『和船』二(『ものと人間の文化史』、法政大学出版局、一九九五年)
（神谷　大介）

ハリスの将軍謁見（ハリスのしょうぐんえっけん）

安政四年十月二十一日(一八五七年十二月七日)にアメリカ駐日総領事タウンゼント＝ハリスは将軍徳川家定に謁見し、日米間の通商を求める大統領ピアースの親書を捧呈した。謁見は江戸城大広間で行われた。将軍は錦で覆われた畳七枚の上に座り、前には御簾が下がっていた。ハリスは立ったまま礼をして挨拶を述べると、将軍は頭を左肩の方に反らすと同時に、足を踏み鳴らして「遠境の処使節をもって書簡差し越し、口上の趣満足せしめ候、猶幾久しく申し通ずべし、此段大統領へ宜しく申し述ぶべし」と返答した。その後ハリスは通訳のヒュースケンから親書を受け取り老中へ渡し、老中は将軍の前に置いた。将軍とハリスは礼をして儀式が終わった。家定は立烏帽子、小直衣の装束で、ハリスは国務省指定の金モールのデザインの制服でエナメルの革靴を履いていた。安政三年七月二十一日に下田に来航したハリスは、玉泉寺を領事館としていたが、江戸へ出府し、幕府の外交担当者と直接交渉して通商条約を締結しようとした。幕府は、諸外国の先例になることを恐れ、また、水戸藩主徳川斉昭《とくがわなりあき》らの攘夷派を考慮して、ハリスを下田に留めて置こうとした。しかし、ハリスの再三の出府要求や海防掛目付派による出府許可などの意見に押され、老中首座で外国事務取扱であった堀田正睦《ほったまさよし》は、ハリスの江戸出府を許可した。ハリスは安政四年十月七日に下田を出発し、十四日に江戸に到着した。江戸滞在時の宿舎は蕃書調所であった。将軍との謁見を終えたハリスは、堀田に通商条約の必要性を説いて幕府の意見をまとめさせ、条約締結交渉を始めた。条約は翌年六月十九日に無勅許のまま調印された。

参考文献 ハリス『日本滞在記』(坂田精一訳、『岩波文庫』、岩波書店、一九五三・五四年)、坂田精一『ハリス』(『人物叢書』、吉川弘文館、一九六一年)、カール・クロウ『ハリス伝―日本の扉を開いた男―』(田坂長次郎訳、『東洋文庫』、平凡社、一九六六年)、宮永孝『開国の使者―ハリスとヒュースケン―』(『東西交流叢書』、雄松堂出版、一九八六年)、東京都江戸東京博物館編『特別展ペリー&ハリス―泰平の眠りを覚ました男たち―』(東京都江戸東京博物館・名古屋ボストン美術館・読売新聞社、二〇〇八年)

(竹村　誠)

反射炉(はんしゃろ)

金属の溶解・精錬に用いる炉の一種。炉内に熱を反射させて温度を高める構造となっている。日本で最初の反射炉は佐賀藩のものだが、ペリー来航後、幕府は江戸湾防備用の台場に配備する鉄製大砲鋳造のため、嘉永六年(一八五三)十二月、耐火レンガ用の良質な粘土が近くで採れ、錐《きり》で砲身を繰り抜くための水車が利用でき、資材輸送や台場への大砲搬送に便利な伊豆国下田《しもだ》周辺の同国加茂郡本郷村《ほんごうむら》(静岡県下田市)に反射炉を着工した。建設にあたったのは、高島秋帆の弟子の幕府代官江川英龍《えがわひでたつ》である。しかし、本郷村は日米和親条約で定められたアメリカ人の上陸許可範囲内であり、翌安政元年(一八五四)三月にはアメリカ兵が築造現場に立ち入る事件もおきた。そのため、機密保持の観点から下田での築造は中止となり、反射炉建設地は伊豆半島内陸部で江川英龍の韮山《にらやま》代官所に程近く管理の容易な伊豆国田方郡中村字鳴滝《なるたき》(静岡県伊豆の国市)に急遽変更された。韮山反射炉は安政元年六月に着工し、安政四年に完成した。当初は安価で丈夫な鉄製の大砲を鋳造する予定であったが、良質な銑鉄が得られなかったため、鋳造に成功した鉄製砲はわずか三門であった。幕府は多数の大砲を短期間で調達する必要から鉄製砲を諦め、安政六年正月以降は高価ではあるが製造が容易な青銅砲の鋳造に移行した。元治元年(一八六四)十一月、幕府は韮山反射炉を手放し、以後江川氏が運用し、大名の注文に応じて青銅砲の製造を行なった。

参考文献　仲田正之『江川坦庵』(『人物叢書』、吉川弘文館、一九八五年)、金子功『反射炉―大砲をめぐる社会史―』二(『ものと人間の文化史』、法政大学出版局、一九九五年)、『韮山町史』一二(一九九六年)
(中西　崇)

蕃書調所（ばんしょしらべしょ）

幕府が創設した洋学の教育研究機関兼翻訳機関。洋書の蒐集や検閲も行なった。嘉永六年(一八五三)のペリー来航後、外交事務が著しく増大し、天文方《てんもんかた》から分離独立した翻訳局が必要とされるようになる。さらに外圧に対処するための西洋式軍備の充実も緊急の課題とされた。これらの対応のために、安政元年(一八五四)より洋学所《ようがくしょ》の創設が図られ、安政三年に「蕃書調所」と改称し、九段坂《くだんざか》下(東京都千代田区九段南)の竹《たけ》本図書頭《もとずしょのかみ》屋敷を改修して校舎とし、安政四年正月から開講した。当初入学は幕臣に限られていたが、のち諸藩士にも開放された。古賀謹一郎《こがきんいちろう》を頭取とし、箕作阮甫《みつくりげんぽ》・杉田成卿《すぎたせいけい》が教授職に、高畠五郎《たかばたけごろう》・川本幸民《かわもとこうみん》ら七名が教授手伝に、ほか三名が句読《くとう》教授に任命された。彼らの多くは陪臣だったが、逐次直参に登用し、また人員を追加した。当初は語学教育が中心だったが、万延元年(一八六〇)以降時局の要請に対応して、精《せい》煉学《れんがく》(化学)・物産学・数学など専門諸学科が開設され、語学の分野もはじめオランダ語が主であったが英語・フランス語・ドイツ語の教育が盛んになっていく。文久二年(一八六二)一ツ橋門外(東京都千代田区神田錦町)に校舎を新築して規模を拡大し、名称も洋書調所《ようしょしらべしょ》と改められる。文久三年には開成所《かいせいじょ》と改称された。開成所の名称は『易経《えききょう》』の「開物成務《かいぶつせいむ》」に由来し、実地実物による実験を主とする学術の習得と諸器械の製作をめざすこととなった。

参考文献　沼田次郎『幕末洋学史』(刀江書院、一九五〇年)、倉沢剛『幕末教育史の研究一―直轄学校政策―』(吉川弘文館、一九八三年)、原平三『幕末洋学史の研究』(新人物往来社、一九九二年)
(矢森小映子)

ペリー再来航（ペリーさいらいこう）

安政元年(一八五四)正月十一日にペリーが横浜(神奈川県横浜市)沖に再来航した事件。ペリーは旗艦サスケハナ号など七隻の艦隊を率いて横浜沖(小柴《こしば》沖)に停泊した。これに対し、浦賀奉行は臨戦態勢を敷き、支配の村々に見物人の取締りを命じた。幕府は儒者林韑《はやしあきら》を「首席」とし、大目付井戸弘道《いどひろみち》、町奉行井戸覚弘《いどさとひろ》、目付鵜殿長鋭《うどのながとし》、儒者松崎純倹《まつざきじゅんけん》らをアメリカ応接掛に任命し、ペリーとの交渉にあたらせた。幕府側は鎌倉(神奈川県鎌倉市)か浦賀(同横須賀市)で応接する旨をペリー側に伝えたが拒否された。双方の主張は平行線をたどったため、ペリー側の参謀長アダムスと浦賀奉行支配組頭黒川《くろかわ》嘉《か》兵《へ》衛《え》が西浦賀村《にしうらがむら》字《あざ》館浦《やかたうら》(横須賀市)で交渉を行なった結果、横浜を応接地とすることで意見がまとまった。二月十日、ペリー一行は浦賀奉行組与力の中島三郎助《なかじまさぶろうすけ》・香山栄左衛門《かやまえいざえもん》、通詞の堀達之助《ほりたつのすけ》らの案内で横浜村に上陸し、仮設の大広間で日米和親条約(神奈川条約)締結交渉に臨んだ。幕府側はアメリカ応接掛や浦賀奉行所役人らがペリー側との交渉にあたり、三月三日、横浜の応接所で同条約十二ヵ条に調印、下田(静岡県下田市)・箱館(北海道函館市)の開港、漂流民の保護、欠乏品の供給、領事駐在、最恵国待遇などが取り決められた。浦賀沖をあとにしたペリー艦隊は下田に寄港し、五月二十二日、開港場使用に関する細則である日米和親条約付録(下田条約)十三ヵ条に調印した。ペリー艦隊は帰国の途次、琉球王国と通商条約を調印した後、艦隊の活動拠点である香港に戻った。

参考文献 宮永孝『ペリー提督』(『有隣新書』、有隣堂、一九八一年)、加藤祐三『黒船前後の世界』(『ちくま学芸文庫』、筑摩書房、一九九四年)、三谷博『ペリー来航』(『日本歴史叢書(新装版)』、吉川弘文館、二〇〇三年)、加藤祐三『幕末外交と開国』(『ちくま新書』、筑摩書房、二〇〇四年)

(神谷　大介)

大老

氏名	称呼	前職	補職年月日	転免年月日	後職
井伊直弼	掃部頭		安政五(一八五八)・四・二三	万延元(一八六〇)・三・三〇	免

老中

氏名	称呼	前職	補職年月日	転免年月日	後職
阿部正弘	伊勢守	奏者番兼寺社奉行	天保一四(一八四三)・閏九・一一	安政四(一八五七)・六・二七 実 四・六・二八	卒
牧野忠雅	備前守	京都所司代	天保一四(一八四三)・一一・三	安政四(一八五七)・九・一〇	免 実 溜詰格
松平乗全	和泉守	大坂城代	弘化二(一八四五)・二・一五 実 二・三・一八	安政二(一八五五)・八・四 実 欠	辞 実 欠

氏名	称呼	前職	補職年月日	転免年月日	後職
松平忠優	伊賀守	大坂城代	嘉永元(一八四八)・一〇・一八	安政二(一八五五)・八・四 [実]欠	辞 [実]欠
久世広周	出雲守 大和守	奏者番兼寺社奉行	嘉永元(一八四八)・一〇・一八	安政五(一八五八)・一〇・二七	辞 [実]病免
内藤信親	紀伊守	京都所司代	嘉永四(一八五一)・一二・二一	文久二(一八六二)・五・二六	免
堀田正睦	備中守	溜詰 [実]欠	安政二(一八五五)・一〇・九 [実]欠	安政五(一八五八)・六・二三	免
脇坂安宅	淡路守 中務大輔	京都所司代	安政四(一八五七)・八・一一	万延元(一八六〇)・一一・二九	辞 [実]病免
松平忠固	伊賀守	帝鑑間席 [実]なし	安政四(一八五七)・九・一三	安政五(一八五八)・六・二三	免
太田資始	備後守	隠居 [実]なし	安政五(一八五八)・六・二三	安政六(一八五九)・七・二三 [実]なし	辞 [実]なし
間部詮勝	下総守	雁間詰 [実]なし	安政五(一八五八)・六・二三	安政六(一八五九)・一二・二四	辞 [実]病免
松平乗全	和泉守	溜詰格 [実]なし	安政五(一八五八)・六・二三	万延元(一八六〇)・四・二八	病免

京都所司代

氏名	称呼	前職	補職年月日	転免年月日	後職
脇坂安宅	淡路守	奉者番兼寺社奉行	嘉永四(一八五一)・一二・二一	安政四(一八五七)・八・一一	老中
本多忠民	中務大輔 美濃守	奉者番兼寺社奉行 [実]寺社奉行	安政四(一八五七)・八・一一	安政五(一八五八)・六・二六 [実]なし	溜詰格 [実]なし
酒井忠義	若狭守	溜詰格 [実]なし	安政五(一八五八)・六・二六 [実]なし	文久二(一八六二)・六・三〇	免職、帝鑑間席

大坂城代

氏名	呼称	前職	補職年月日	転免年月日	後職
土屋寅直	釆女正	奏者番兼寺社奉行 [実]寺社奉行	嘉永三(一八五〇)・九・一	安政五(一八五八)・一一・二六	辞 [実]病免、雁間詰
松平信篤(信義) [実](信義)	豊前守	奏者番兼寺社奉行	安政五(一八五八)・一一・二六 (将軍不在位時補職)	万延元(一八六〇)・三・二六	老中

寺社奉行

氏名	呼称	前職	補職年月日	転免年月日	後職
本多忠民	中務大輔	奏者番	弘化三(一八四六)・三・一五	安政四(一八五七)・八・一一	京都所司代
松平信篤	紀伊守 豊前守	奏者番	嘉永元(一八四八)・一〇・一八	安政五(一八五八)・一一・二六	大坂城代
太田資功	摂津守	奏者番	嘉永二(一八四九)・正・二八見習 嘉永三(一八五〇)・九・一本役	安政三(一八五六)・九・一八 [実]なし	辞 [実]なし [譜]病、加役免
安藤信睦	長門守 対馬守	奏者番	嘉永四(一八五一)・六・九見習 嘉永四(一八五一)・一二・二一本役 [譜]見習なし	安政五(一八五八)・八・二	若年寄
松平輝聴	右京亮	奏者番	嘉永五(一八五二)・七・八見習 安政三(一八五六)・九・二四本役	万延元(一八六〇)・七・一 [実]なし [譜]元・七・二	卒
板倉勝静	周防守	奏者番 [譜]なし	安政四(一八五七)・八・一一 [譜]なし	安政六(一八五九)・二・二 [実]六・正・一 [譜]なし	思召有、役免 [譜]なし
松平宗秀 [実](本庄)	伯耆守	奏者番	安政五(一八五八)・一〇・九 (将軍不在位時補職)	万延元(一八六〇)・三・二六	大坂城代
水野忠精	左近将監	奏者番 [譜]なし	安政五(一八五八)・一一・二六 [譜]なし (将軍不在位時補職)	万延元(一八六〇)・三・一五 [譜]なし	若年寄 [譜]なし

若年寄

氏名	称呼	前職	補職年月日	転免年月日	後職
松平忠篤 実(忠恵・忠篤)	玄蕃頭	奏者番	天保九(一八三八)・八・二〇	安政元(一八五四)・一〇・二	辞 実病免
本多忠徳	越中守	奏者番	天保一三(一八四二)・七・一三	万延元(一八六〇)・六・二八 実なし	卒 実なし
遠藤胤統	但馬守	大坂定番	天保一三(一八四二)・八・一〇	文久元(一八六一)・七・一五	免 実老免
本庄道貫	伊勢守 安芸守	奏者番 実なし	天保一三(一八四二)・九・一四	安政五(一八五八)・八・二六 実なし	卒 実なし
酒井忠毗	右京亮	大坂定番	天保一四(一八四三)・三・一五	文久二(一八六二)・六・一八	免
鳥居忠挙	丹波守	奏者番	嘉永四(一八五一)・三・三	安政四(一八五七)・八・一〇 実なし	卒 実なし
森川俊民	出羽守	奏者番	嘉永五(一八五二)・七・八	安政二(一八五五)・九・一三 実なし	辞 実なし
本郷泰固	丹後守	側衆	安政四(一八五七)・八・二八	安政五(一八五八)・七・六	免職、差控
牧野康哉	遠江守	奏者番	安政五(一八五八)・六・二五	万延元(一八六〇)・三・一五	免
稲垣太知	安芸守 長門守	奏者番	安政五(一八五八)・六・二五	万延元(一八六〇)・五・二八	辞 実病免
安藤信睦 実(信睦・信行)	対馬守	奏者番兼寺社奉行	安政五(一八五八)・八・二	万延元(一八六〇)・正・一五	老中

町奉行

氏名	称呼	前職	補職年月日	所在	転免年月日	後職
井戸覚弘	対馬守	長崎奉行	嘉永二(一八四九)・八・四	北	安政三(一八五六)・一一・一八	大目付 実大目付留守居次席
池田頼方	播磨守	勘定奉行	嘉永五(一八五二)・三・三〇	南	安政四(一八五七)・一二・二八 実なし	大目付
跡部良弼	甲斐守	留守居席大目付 実留守居次席大目付	安政三(一八五六)・一一・一八	北	安政五(一八五八)・五・二四	元清水附支配
伊沢正義 実政義	美作守	大目付	安政四(一八五七)・一二・二六 実なし	南	安政五(一八五八)・一〇・九	大目付
石谷穆清	因幡守	勘定奉行	安政五(一八五八)・五・二四	北	文久二(一八六二)・六・五	一橋家家老
池田頼方	播磨守	留守居次席大目付	安政五(一八五八)・一〇・九 (将軍不在位時補職)	南	文久元(一八六一)・五・二六	辞 実病免

勘定奉行

氏名	称呼	前職	補職年月日	管掌	転免年月日	後職
石河政平	土佐守 山城守	作事奉行	天保一四(一八四三)・閏九・二〇	公事・勝手	安政二(一八五五)・八・九 実欠	田安家家老 実欠
松平近直	四郎 河内守	目付	弘化元(一八四四)・八・二六	勝手	安政四(一八五七)・七・二四	田安家家老
本多安英	加賀守	大坂町奉行	嘉永五(一八五二)・四・二六	公事	安政五(一八五八)・一一・二六 実なし	卒
川路聖謨	左衛門尉	大坂町奉行	嘉永五(一八五二)・九・一〇	公事・勝手	安政五(一八五八)・五・六	西丸留守居
田村顕影	伊予守	作事奉行	嘉永六(一八五三)・一〇・八	公事	安政二(一八五五)・八・九 実欠	田安家家老 実欠

氏名	称呼	前職	補職年月日	管掌	転免年月日	後職
水野忠徳	筑後守	長崎奉行	安政元(一八五四)・三・二四	勝手	安政四(一八五七)・三・三	田安家家老
石谷穆清	因幡守	普請奉行 実欠	安政二(一八五五)・八・九 実欠	公事	安政五(一八五八)・五・二四	町奉行
土岐朝昌	豊前守 摂津守 下野守	書院番頭	安政四(一八五七)・七・二四	勝手	安政六(一八五九)・三・九 実なし	駿府城代 実なし
永井尚志	玄蕃頭	目付	安政四(一八五七)・三・三	勝手	安政五(一八五八)・七・八	外国奉行
佐々木顕発	信濃守	小普請奉行	安政五(一八五八)・五・二四	公事	安政六(一八五九)・二・二	免職
立田正明	主水正	留守居番次席勘定吟味役	安政五(一八五八)・七・二	勝手	安政六(一八五九)・四・一七 実なし	卒
大沢秉哲	豊後守	作事奉行	安政五(一八五八)・二・二〇(将軍不在位時補職)	公事	安政六(一八五九)・九・一〇 実なし	一橋家家老 実なし

14代　徳川家茂

徳川家茂画像　全体が薄い彩色で、束帯の正面の紋は描くが、両袖の紋は略す。太い眉、切れ長の目、高い鼻、下ぶくれの顔が特徴として描かれている。作者は、狩野立信、狩野勝川院雅信の両説がある。

徳川家茂（とくがわいえもち）　一八四六―六六

江戸幕府十四代将軍。一八五八―六六在職。弘化三年（一八四六）閏五月二十四日、和歌山藩主徳川斉順《なりゆき》の長子として江戸和歌山藩邸に生まれる。母は同藩士松平晋の娘みさ（のちの実成院）。幼名は菊千代。同四年四月和歌山藩主徳川斉彊《なりかつ》の養子となり、嘉永二年（一八四九）閏四月藩主となる。同四年十月に元服し従三位左近衛権中将に叙任、十二代将軍徳川家慶の偏諱を賜い慶福《よしとみ》と改名した。安政二年（一八五五）十二月に宰相に任じられる。同五年六月十三代将軍徳川家定の継嗣となり江戸城に移る。翌七月の家定死去に伴い、同月二十一日に名を家茂と改め、同年十月二十四日正二位権大納言、翌二十五日内大臣・征夷大将軍の宣下があり、十二月一日、江戸城において宣旨伝達を受けた。幼少のため、家定の遺言として田安家当主徳川慶頼《よしより》が後見職を勤めた（文久二年五月免職）。日米修好通商条約の勅許問題や将軍継嗣問題で悪化した朝幕関係修復のため、文久二年（一八六二）二月に孝明天皇の妹宮にあたる和宮《かずのみや》（のちの静寛院《せいかんいん》）と婚儀を挙げる。これにより孝明天皇の義弟となる。

同年六月、勅使大原重徳《おおはらしげとみ》が江戸に下向し朝廷の意向が伝えられると、翌七月将軍後見職一橋慶喜・政事総裁職松平春嶽《まつだいらしゅんがく》を任命し、参勤交代の緩和・軍制・学制の改革を行なった（文久の幕政改革）。同年十二月には攘夷別勅使三条実美《さんじょうさねとみ》の江戸下向に対して攘夷実行を奉承し、具体的方策などについて諸大名に諮問した。その回答などのために翌三年三月に三代将軍徳川家光以来となる京都上洛を果たした。しかし攘夷急進論の隆盛のため一橋慶喜を通じて朝廷に求めた幕府への政権委任の確認も限定的になるなど、諮問も有名無実化した。孝明天皇の攘夷祈願の加茂社行幸に供奉し、石清水行幸供奉は辞退したが、結局攘夷実行期限を五月十日と回答せざるを得ず、六月に東帰した。

文久三年八月十八日の政変後、朝廷の召命により元治元年（一八六四）正月に海路再上洛し、横浜鎖港実現を朝廷に回答する。諸侯の国政参加を求めた薩摩藩国父島津久光・松平春嶽・前宇和島藩主伊達宗城《だてむねなり》らの朝議参予大名の免職後、在京大名に国是に関する諮問を行い、四月に政権委任を再確認する勅書（国是）が下された。翌月の離京の際には、孝明天皇より、以後の相互協力を希望する宸翰が渡されている。七月の禁門の変後は朝廷より長州追討を命じられる。征長総督に尾張藩徳川慶勝《よしかつ》を任じて出兵させたが、長州藩の謝罪を受けて解兵された。

しかし、その後の同藩の処分内容が決定しないまま、長州再征のための将軍進発を発令し、慶応元年（一八六五）五月に上洛、その後大坂城に駐屯した。同年九月に英・仏・米・蘭四ヵ国艦隊が大坂湾に来航し条約勅許などを要求すると、朝廷に奏聞せずに兵庫港先期開港を決定した老中阿部正外《あべまさと》・松《まつ》前崇広《まえたかひろ》らの決定をめぐって朝幕間が鋭く対立した。この間、家茂は将軍職辞任の上書を朝廷に提出し、江戸に向けて大坂を出発した。途中、禁裏守衛総督一橋慶喜・京都守護職松平《まつだいら》容保《かたもり》の説得を容れて入京し、十月五日条約勅許を得た(兵庫開港は不許可)。同月二十七日には参内し、孝明天皇の意向もあり幕府へ政務を委任する従来の方針が再確認され、朝幕間の分裂が回避された。しかし孝明天皇の意向により口頭で行われるなど、朝廷内における対立勢力の存在が無視できない状況になっていた。

慶応二年正月には長州処分案が勅許されたが、同藩はこの受諾を拒否し、六月七日より戦闘が開始された。征長軍の敗報が続く中、七月二十日大坂城で病没した。二十一歳。八月二十日に発喪され、遺骸は海路江戸に送られ増上寺(東京都港区)に埋葬された。法号は昭徳院殿。

家茂の在職中は、歴史的事実に基づくものではなかった、朝廷から幕府への政権委任の論理が成文化されるなど、朝幕関係が逆転した点が最大の特徴である。幕政においても、国内外の重大問題をめぐって幕閣の大規模な人事交代と政策転換が頻繁に行われたが、家茂本人の関与の程度は不明な部分が多い。しかし、松平春嶽や勝海舟らからその英明な資質が評価されるなど、幕臣から強い忠誠を得られる側面があった。また、特に乗馬を好み、大坂城駐屯時にも家臣の乗馬を上覧する以外にも、しばしばみずから乗馬していたことが知られる。

参考文献 「大日本維新史料稿本」(東京大学史料編纂所所蔵)、久住真也『長州戦争と徳川将軍』(岩田書院、二〇〇五年)、『徳川家茂とその時代』(徳川記念財団、二〇〇七年)、久住真也『幕末の将軍』(『講談社選書メチエ』、講談社、二〇〇九年)、奈良勝司『明治維新と世界認識体系』(有志舎、二〇一〇年)

(白石　烈)

〔家族〕

実成院（じつじょういん）　一八二一—一九〇四

和歌山藩主徳川斉順《とくがわなりゆき》の側室。十四代将軍徳川家茂の生母。名前はみさ。文政四年（一八二一）に和歌山藩士松平晋の子として生まれ、天保三年（一八三二）に和歌山藩徳川家の側詰となり、同五年に中﨟となってのちに藩主徳川斉順の側室となる。弘化三年（一八四六）閏五月二十四日、江戸和歌山藩邸において菊千代（のちの徳川家茂）を生む。菊千代が藩主となり徳川慶福《とくがわよしとみ》と改名すると落飾して実成院と名乗った。慶福は安政五年（一八五八）に十三代将軍徳川家定の継嗣となり江戸城に移り、征夷大将軍となる。その後の文久元年（一八六一）二月十八日、実成院も将軍生母として江戸城本丸に移り、実成院殿と称された。家茂の発喪後の慶応二年（一八六六）八月二十五日、実成院様と改称され、席次は本寿院（十三代将軍徳川家定生母）の次とされた。明治元年（一八六八）の江戸開城後は田安徳川家屋敷に移る。同三十七年十一月東京千駄ヶ谷の和歌山徳川邸において死去、寛永寺（東京都台東区）に葬られる。八十四歳。法名は実成院殿清操妙寿大姉。実成院は派手好きな性格で、飲酒などの素行も伝えられる。

参考文献　「大日本維新史料稿本」（東京大学史料編纂所所蔵）、『南紀徳川史』二・三・五（南紀徳川史刊行会、一九三一年）、望月良親「徳川将軍とその生母—十四代将軍家茂の生母実成院を中心に—」（徳川記念財団編『徳川将軍家ゆかりの女性』、徳川記念財団、二〇〇八年）

（白石　烈）

静寛院（せいかんいん）　一八四六—七七

徳川家茂の正室。和宮。諱は親子《ちかこ》。仁孝天皇の皇女で孝明天皇の妹宮にあたる。弘化三年（一八四六）閏五月十日、典侍橋本経子を生母に誕生し、嘉永四年（一八五一）に有栖川宮熾《ありすがわのみやたる》仁《ひと》親王と婚約する。万延元年（一八六〇）に至り、日米修好通商条約の勅許問題や将軍継嗣問題で悪化した朝幕関係修復のため、徳川幕府より和宮の将軍徳川家茂への降嫁が求められた。皇女を将軍夫人に迎える計画は大老井伊直弼《いいなおすけ》在職中の安政五年（一八五八）秋ごろから検討されていたが、奏請理由には七代将軍徳川家継と霊元天皇皇女八十宮《やそのみや》との婚約の先例も挙げられていた。当初反対していた孝明天皇も、幕府が七年から十ヵ年以内の条約破棄などを誓約したため勅許した。文久元年（一八六一）四月には内親王宣下を受けて親子の名を賜る。同年中山道を経て江戸に下向し、翌文久二年二月に婚儀を挙げる。政略結婚ではあったが、徳川家茂との仲は睦まじかったと伝えられる。家茂の三度の上洛の際には、芝増上寺の御札を勧進し、御百度を踏んで家茂の安全を祈願している。

家茂の死去後の慶応二年(一八六六)十二月には薙髪し、静寛院と称する。戊辰戦争に際しては、徳川家救済や征討軍の江戸進撃猶予をたびたび嘆願した。明治二年(一八六九)二月に京都へ移住する。同七年七月に再び東京へ戻り、同十年九月二日死去した。三十二歳。

参考文献 「静寛院宮御日記」一―五(宮内庁書陵部図書寮文庫所蔵)、武部敏夫『和宮』(『人物叢書』、吉川弘文館、一九六五年)、辻ミチ子『和宮―後世まで清き名を残したく候―』(『ミネルヴァ日本評伝選』、ミネルヴァ書房、二〇〇八年)

(白石　烈)

〔関連人物〕

安藤信正(あんどうのぶまさ)　一八一九―七一

幕末期の老中。陸奥国平(磐城平)城主で安藤家十代当主。文政二年(一八一九)十一月二十五日、九代安藤信由《のぶより》の長男として江戸で生まれる。母は三河国吉田城主松平(大河内)信明の女。幼名は欽之進・欽之助。名は信睦《のぶゆき》、ついで信行・信正と改めた。弘化四年(一八四七)八月に家督を継ぎ雁之間詰となる。以後奏者番・寺社奉行・若年寄を歴任し、安政六年(一八五九)には大老井伊直弼《いいなおすけ》の意を受けて水戸藩邸に赴き、同藩に下った「戊午《ぼご》の密勅《みっちょく》」の返納を求め、以後も水戸藩へ圧力を加えた。万延元年(一八六〇)正月、老中に昇進し外国御用取扱となり、老中久世広周《くぜひろちか》とともに幕政の中心となった(久世・安藤政権)。外交問題では、ポルトガルやプロシアと通商条約を締結し、米国公使館通訳ヒュースケン暗殺事件、水戸浪士の英国仮公使館東禅寺襲撃事件、ロシア船ポサドニック号の対馬滞泊事件などを処理した。その外交手腕は、外国公使から賞賛され、英国総領事オールコックは、久世・安藤政権のもとで両都両港開市開港延期談判のため欧州に派遣された竹内保徳《たけうちやすのり》一行を側面から支援し、交渉成立に導いている。さらに信正は、小笠原諸島の日本領有を主張し、同島の開拓も進めた。国政においては、皇妹和宮の十四代将軍徳川家茂への降嫁を実現させ、幕府の財政再建にも手腕を発揮した。井伊大老の路線を引き継ぎ、国持大名の幕政参加に批判的だった。外国との協調政策は尊攘派志士の反感を買い、文久二年(一八六二)正月十五日、江戸城坂下門外で水戸浪士らに襲撃され負傷した。その後再登城するが、島津《しまづ》久光《ひさみつ》らの進言などもあり老中を罷免、溜詰格となった。その後、在職中の失政により隠居・急度慎を命じられ、さらに永蟄居の追罰も受けた。慶応二年(一八六六)に赦免。戊辰戦争では奥羽越列藩同盟に加わって新政府軍に対抗したが降伏、再び永蟄居を命じられ、明治二年(一八六九)に赦された。同四年十月八日、五十三歳で死去。法号は謙徳院。

参考文献　中根淑「安藤家十代対馬守信正履歴」(『旧幕府』三ノ四、一八九九年)、藤沢衛彦『閣老安藤対馬守』(平陽社、一九一四年)、福地桜痴『幕末政治家』(佐々木潤之介校注、『岩波文庫』、岩波書店、二〇〇三年)

(藤田　英昭)

井伊直弼　(いいなおすけ)　一八一五―六〇

幕末期の大老。近江国彦根城主で井伊家十三代当主。文化十二年(一八一五)十月二十九日、十一代当主井伊直中《なおなか》の十四男として彦根城の第二郭槻《けやき》御殿で生まれる。母は富(君田十兵衛の女)。幼名は鉄之介、のちに鉄三郎と改めた。天保二年(一八三一)に城下第三郭にある尾末《おすえ》町屋敷へ引き移り、この屋敷を埋木舎《うもれぎのや》(のちに柳和舎《やぎわのや》)と称して文武諸芸に励んだ。あわせて儒教的秩序意識に裏付けられた茶道の奥義を極め、本居派の国学者長野《ながの》義言《よしとき》と師弟の契りを結んで国学研究に傾倒した。十二代当主で兄直亮《なおあき》の嗣子直元《なおもと》(直中の十一男)が死去したため、弘化三年(一八四六)に直亮の嗣子となり、嘉永三年(一八五〇)に直亮が死去したことで、遺領を継いで十三代当主となった。安政五年(一八五八)四月二十三日に大老に就任し、時の政治課題である将軍継嗣問題と通商条約調印問題にあたった。将軍継嗣においては、十三代将軍徳川家定の意向に従い、紀伊徳川家の徳川慶福《とくがわよしとみ》を擁立し、徳川(一橋)慶喜を推す勢力と対立した。そもそも直弼は、老中阿部《あべ》正弘《まさひろ》のように家定を幕政の埒外に置かず、何事も政治状況を報告し、家定の意向を尊重する政治手法を執ったため、家定から信頼を得ていた。家定の御前に一人で召されることも頻繁で、直弼は家定を「御賢明」「御仁憐之御方」と高く評価している。条約問題では、「異国」と「皇国」の風儀の違いを明確にした上で、開港すべきという対等の交渉を主張していた。調印においても、朝廷を尊重し勅許獲得に意を用いたが、それは叶わず、しかも諸大名の合意を得ることなく調印に及んだため、反発する御三家らの不時登城事件を引き起こした。無勅許調印によって朝幕関係が悪化するなか、朝廷は幕府とは別に水戸藩へ勅命を下し(戊午《ぼご》の密勅《みっちょく》)、これを受けた直弼は水戸藩を中心に密勅関係者の弾圧に着手した(安政の大獄)。従来、直弼が独断で過酷な処分を下したとされてきたが、近年の研究では大老の専権ではなく、幕閣の合意のもとでなされたものと評価されている。万延元年(一八六〇)三月三日、江戸城桜田門外で水戸浪士らの襲撃に遭い暗殺された。四十六歳。法号は宗観院。

参考文献　吉田常吉『井伊直弼』(『人物叢書』、吉川弘文館、一九六三年)、彦根城博物館編『井伊直弼―その人と生涯―』(彦根城博物館、一九九〇年)、母利美和『井伊直弼』(『幕末維新の個性』六、吉川弘文館、二〇〇六年)、彦根城博物館編『政治の時代―井伊直弼と幕末の群像―』(彦根城博物館、二〇〇九年)

（藤田　英昭）

宇津木景福（うつぎかげよし）　一八〇九―六二

彦根藩家臣。六之丞。文化六年(一八〇九)生まれ。文政四年(一八二一)、宇津木三右衛門家の家督を継ぎ、文政十一年、十二代藩主井伊直亮《いいなおあき》の側供として江戸詰を命じられた。その後、天保十三年(一八四二)に城使役、弘化三年(一八四六)には表用人役を兼帯した。翌年、彦根藩が相州警衛に配備されたことにより、相州預所の御用掛や奉行兼帯も務めた。城使は江戸城に出仕して幕府と藩との連絡調整を行う役職で、幕閣との折衝にもあたっていた宇津木は、十三代藩主井伊直弼《いいなおすけ》が大老に就任すると、公用人兼帯となった。宇津木は、直亮、直弼と二代に渡って藩主の側近を務めた。また、関白九条尚《くじょうひさ》忠《ただ》の家来島田龍章《しまだたつあき》などを通じて京都での情報収集や政治工作を行なっていた長野義言《ながのよしとき》と書簡などで頻繁に連絡をとりあい井伊大老の政治を支えた。桜田門外の変で井伊大老が暗殺された後も、十四代藩主井伊直憲《いいなおのり》のもと藩政に関与したが、文久二年(一八六二)に藩の情勢は一変し、宇津木や長野など直弼の腹心は退けられた。宇津木が中心となって記録・編纂したとされる『公用方秘録』は、日米通商条約締結や将軍継嗣問題など、井伊大老期の政治事情を理解する上で欠くことのできない重要な史料の一つである。文久二年十月二十七日に斬首された。五十四歳。

参考文献　吉田常吉『井伊直弼』(『人物叢書』、吉川弘文館、一九六三年)、母利美和『井伊直弼』(『幕末維新の個性』六、吉川弘文館、二〇〇六年)、佐々木克編『史料公用方秘録』(『彦根城博物館叢書』、サンライズ出版、二〇〇七年)

（野本　禎司）

大久保忠寛（おおくぼただひろ）　一八一七―八八

幕臣、明治期の官僚・政治家。一翁《いちおう》と号する。文化十四年

(一八一七)十一月二十九日、旗本大久保忠尚《ただひさ》の子として生まれる。徳川家斉の小性を務めていたが、老中の阿部《あべ》正弘《まさひろ》に抜擢され、嘉永七年(一八五四)五月、目付・海防掛となる。なお、ペリー来航に伴う意見書の提出に際して勝海舟を阿部に推挙している。安政三年(一八五六)には外国貿易取調掛・蕃書調所総裁を務め、翌年四月、駿府町奉行に異動した。同六年二月、京都東町奉行となるが、大老井伊直弼の下での安政の大獄には、自身が一橋派に近い考えであったことなどから批判的であり、このため、六月に西丸留守居に左遷され、八月に罷免・寄合とされた。文久元年(一八六一)、蕃書調所頭取に再任され、以降、外国奉行、大目付、御側御用取次、講武所奉行を歴任するが、翌年十一月、安政の大獄の追罰により罷免された。元治元年(一八六四)七月、勘定奉行に任ぜられるが五日間で辞職し、隠居して一翁と号した。鳥羽伏見の敗戦後、会計総裁、若年寄となり、勝海舟らとともに江戸の無血開城に尽力した。早くからの大政奉還論者で、大目付在任時の文久二年十月に、朝廷に開国路線が容れられない場合は大政奉還の上、徳川氏は駿河・遠江・三河を領して諸侯の列に下るべきことを建言している。明治維新後は、明治五年(一八七二)に東京府知事となり、のちに元老院議官などを務め、同二十年には子爵に叙せられている。翌二十一年七月三十一日、従二位に叙せられたが、同日、七十二歳で没した。

参考文献　勝海舟著・江藤淳編『氷川清話』(講談社、一九七四年)、日本史籍協会編『続再夢紀事』一(『日本史籍協会叢書』一〇、東京大学出版会、一九八八年)、松岡英夫『大久保一翁—最後の幕臣—』(『中公新書』、中央公論社、一九七九年)

(門松　秀樹)

大原重徳(おおはらしげとみ)　一八〇一—七九

公家。大原家は庭田《にわた》家の庶流の新家であり、家格は羽林家《うりんけ》である。重徳は大原家の六代目。享和元年(一八〇一)十月十六日に誕生、文化十二年(一八一五)十二月十九日に元服・昇殿、以後累進して天保六年(一八三五)四月二十三日に正三位。天保九年八月二十八日に父重成《しげなり》が没したため大原家の家督を継いだ。重徳は、島津久光の建言に基づく文久二年(一八六二)の勅使東下の際の勅使として名を馳せるが、勅使の使命は叡策の三事の幕府への伝達であった。三事とは、将軍徳川家茂の上洛、五大老の設置、一橋慶喜と松平春嶽《まつだいらしゅんがく》の登用であり、最も重視されて実現の目指されたものは一橋慶喜と松平春嶽の登用であったという。勅使大原重徳と島津久光は文久二年五月二十二日に京を発ち、六月七日に江戸へ到着して六月十日に江戸城で将軍家茂と対面して勅命を伝達している。この際、勅書の文面では三事のいずれかの実行が命じられていたが、重徳と久光は一橋慶喜と松平春嶽の登用の実現を望んでいたといわれ、重徳は江戸城で家茂に対し、三事ではなく、一橋慶喜と松平春嶽の登用のみを要求したという。この後、帰洛した重徳は国事御用掛に就任したが、勅命をそのまま伝達しなかった責任を問われ、落飾・閉門となるも、元治元年(一八六四)正月九日に還俗して再度活躍した。明治十二年(一八七九)四月一日没。七十九歳。

参考文献『孝明天皇紀』三(吉川弘文館、一九六七年)、高橋秀直『幕末維新の政治と天皇』(吉川弘文館、二〇〇七年)、橋本政宣編『公家事典』(吉川弘文館、二〇一〇年)

(野村　玄)

オールコック　Rutherford Alcock　一八〇九―九七

初代イギリス駐日総領事・公使。一八〇九年五月二十五日ロンドン西郊イーリングに生まれる。外科医となり軍医としてイベリア半島の王位継承戦争に参加。従軍中に患ったリウマチ熱が原因で手に障害を負い医者の道を断念して領事官に転じた。一八四四年に最初の福州領事として中国へ渡る。上海・広東領事を歴任して安政五年(一八五八)十一月十七日に初代駐日総領事兼外交事務官に任命され、翌安政六年六月七日高輪東禅寺《たかなわとうぜんじ》(東京都港区高輪)に初のイギリス公館を開いた。同年十一月七日に特命全権公使兼総領事に昇格する。文久元年(一八六一)長崎から陸路江戸まで旅行、五月二十八日これを憤った水戸藩浪士により公使館を襲撃されたが無事だった(東禅寺事件)。幕府の両都両港開市開港延期要求に対して賜暇帰国中幕府遣欧使節と英外相を仲介し、文久二年五月五ヵ年延期を認めるロンドン覚書が調印された。元治元年(一八六四)正月日本に帰任、長州藩の下関海峡封鎖に対し同年八月仏蘭米の外交代表の協力を得て四国連合艦隊を下関に派遣、下関砲台を占領し長州藩を屈服させた(下関戦争)。本国政府は武力行使に慎重だったがオールコックは条約体制を擁護することを重要な課題とし、限定的ながら武力行使を躊躇しなかった。一八六五年駐清公使に転じ一八七一年に外交界から引退した。一八九七年十一月二日に死去。八十八歳。『大君の都』The Capital of the Tycoonなど日本関係の著作も多い。

参考文献　石井孝『増訂明治維新の国際的環境』(吉川弘文館、一九六六年)、増田毅『幕末期の英国人―R・オールコック覚書―』(神戸大学研究双書刊行会、一九八〇年)、佐野真由子『オールコックの江戸』(『中公新書』、中央公論新社、二〇〇三年)

(吉崎　雅規)

勝海舟(かつかいしゅう)　一八二三―九九

幕末期の旗本、明治期の政治家。通称麟太郎《りんたろう》。のち義邦《よしくに》。明治維新後は安芳《やすよし》。号は海舟。妻は民子(旗本岡野孫一郎養女で、元町人の娘と伝わる）。旗本小普請の勝小吉の長男として、文政六年（一八二三）正月三十日に生まれる。父小吉は御家人男谷《おだに》家の三男で、勝家の養子となっていた。従弟の男谷精一《おだにせいいち》郎《ろう》やその高弟島田虎之助《しまだとらのすけ》に師事して剣術（直心影流《じきしんかげりゅう》）を、佐久《さく》間象山《ましょうざん》に師事して蘭学・西洋軍学を学ぶ。天保九年（一八三八）に家督を相続して小普請入となる。嘉永六年（一八五三）のペリー来航に際して幕府が海防意見を広く求めた時に、勝は意見書を提出し、それが老中阿部正弘《あべまさひろ》、海防掛目付大久保忠寛《おおくぼただひろ》（一翁）の目に留まったことから、安政二年（一八五五）に異国応接掛蕃書翻訳御用出役として初出仕した。同年七月に長崎表蒸気船運用其外伝習御用として、長崎に新設された海軍伝習所に派遣され、伝習生・教官として五年間を過ごす。その後、講武所砲術師範役・軍艦操練所教授方頭取を経て、万延元年（一八六〇）には、日米修好通商条約の批准のための遣米使節（旗艦ポーハタン号）に随行して咸臨丸《かんりんまる》艦長として渡米する。帰国後、蕃書調所頭取助・講武所砲術師範役を歴任し、文久二年（一八六二）より軍艦操練所頭取、さらに同年軍艦奉行並となる。勝の幕府海軍における昇進は、文久幕政改革における幕府海軍の編成方針において、勝の主張する補給と修理を中心とする方針が採用されたことによる。翌文久三年には神戸海軍操練所の運営を任されて神戸に赴任し、坂本龍馬をはじめ、他藩士や脱藩者も含めた海軍士官の育成を行う。翌元治元年（一八六四）には作事奉行格軍艦奉行へと昇進、安房守に叙任される。勝家の家禄は四十一俵余であったが、軍艦操練所頭取昇進時に百俵に増加し、軍艦奉行並昇進時に千石、軍艦奉行就任時には二千石を足高で支給されている。しかし、同年十一月、長州戦争に反対したことを理由に罷免され、以後二年間の蟄居を余儀なくされる。慶応二年（一八六六）五月、第二次長州戦争の泥沼化の中で軍艦奉行に再任され、幕府側使者として宮島へ赴き長州藩と停戦交渉を行う。しかし、長州戦争の方針をめぐって徳川慶喜と意見が合わず江戸へ帰還。翌慶応三年には海軍伝習掛兼帯となる。明治元年（一八六八）正月の鳥羽伏見戦争後、徳川慶喜が江戸城に帰還したのち、徳川家の方針は維新政府への恭順と決まり、徳川家陸軍総裁に任じられる（のち軍事取扱）。同年三月には江戸薩摩藩邸において西郷隆盛と江戸城総攻撃の中止と、徳川慶喜の助命を交渉し成功している。維新後は、徳川家が移封された駿河府中藩（静岡藩）において、幹事役（藩政補翼）として維新後の徳川家の再建にあたるが、明治二年には維新政府に召し出されて外務大丞となり、以後、兵部大丞・海軍大輔・参議・海軍卿・元老院議官を歴任し、明治二十年に伯爵を受爵。明治期の勝は、徳川家や旧幕臣と維新政府とのパイプ役として、徳川家の名誉回復や旧幕臣の仕官を斡旋する一方、静岡に隠棲する徳川慶喜家と、東京の徳川宗家との後見役でもあった。また、『海軍歴史』『陸軍歴史』『吹塵録』などをはじめ、維新の戦火や静岡への移封によって失われてしまった江戸幕府の記録史料の収集、編纂に情熱を燃やす一方、往事の出来事や時勢・人物評などを積極的に発信した。長男小鹿が急死したため、徳川慶喜十男精《くわし》を婿養子に迎えて家を相続させた。明治三十二年一月十九日死去。七十七歳。墓地は洗足池公園墓地。

参考文献　勝部真長・松本三之介・大口勇次郎編『勝海舟全集』(勁草書房、一九七二―八二年)、江藤淳編『勝海舟全集』(講談社、一九七二―九四年)、石井孝『勝海舟』(『人物叢書(新装版)』、吉川弘文館、一九八六年)

(三野　行徳)

木村喜毅（きむらよしたけ）　一八三〇―一九〇一

幕臣。軍艦奉行などのほか、咸臨丸《かんりんまる》渡米の際は司令官を務めた。天保元年(一八三〇)二月五日、旗本で浜御殿奉行の木村喜彦《よしひさ》の子として生まれる。天保十三年三月、浜御殿奉行見習として出仕し、その後、昌平黌に学び賢才を知られる。安政二年(一八五五)、講武所出役、西丸目付となり、翌年、老中阿部《あべ》正弘《まさひろ》の抜擢により目付に登用される。安政四年、長崎海軍伝習生監督となり、伝習所の教育環境の向上に努めた。同六年十一月、軍艦奉行、従五位下摂津守に任ぜられ、日米修好通商条約批准のための遣米使節副使、咸臨丸司令官となり、太平洋横断を指揮する。文久元年(一八六一)五月、海陸御備向・軍制取調となり、軍艦組の創設や船手組との統合などを進め、幕府海軍の組織化に尽力した。翌年六月、日本沿海を六の軍管区に分け、約二百隻の艦船と六万名の兵員で十五の艦隊を編制する海軍建設構想と、有能な人材の抜擢のため西洋式の階級・俸給制の導入を老中に建言したが容れられず、同三年九月、軍艦奉行を辞した。元治元年(一八六四)、開成所頭取となり、間もなく目付となって幕政に復帰するが、慶応元年(一八六五)、兵庫鎖港問題をめぐり老中小笠原《おがさわら》長行《ながみち》と対立して罷免された。翌年、軍艦奉行並となり、再び幕府海軍の整備にあたる。明治元年(一八六八)二月には海軍所頭取、三月には勘定奉行となり、江戸城開城の事務処理にあたった。その後は七月に辞職・隠居して芥舟《かいしゅう》と号し、明治政府の出仕要請に一切応じず、福沢諭吉と交友し、詩文に親しむ余生を過ごした。明治三十四年十二月九日、七十二歳で没した。

参考文献　木村喜毅『三十年史』(『続日本史籍協会叢書』、東京大学出版会、一九七八年)、土居良三『軍艦奉行木村摂

津守―近代海軍誕生陰の立役者―』(『中公新書』、中央公論社、一九九四年)

(門松　秀樹)

久世広周（くぜひろちか）　一八一九―六四

幕末期の老中。下総国関宿城主で久世家七代当主。文政二年(一八一九)四月十二日、旗本大草高好の次男に生まれる。久世広運《ひろたか》の養子となり、天保元年(一八三〇)十月に養父の遺領を継いだ。同六年に阿部正精《あべまさきよ》三女の鈕《とし》(老中阿部正弘《あべまさひろ》の妹)と婚姻。奏者番・寺社奉行・西丸老中を歴任し、嘉永四年(一八五一)十二月に本丸老中となった。阿部正弘と縁戚であったため、安政の将軍継嗣問題では徳川(一橋)慶喜の擁立をはかる松平慶永《まつだいらよしなが》が広周に入説を試みた。大老井伊直弼《いいなおすけ》の政権下では、外国御用取扱を務めるが、通弁御用として外国公使と応接した福地源一郎(桜痴《おうち》)にいわせれば、広周は「いかにも御役人慣れて、通常の大名の迂闊《うかつ》なるには似ざれども、到底大局面に当たるべき宰相の器にはあらざりし」であったという。また、軍艦奉行・目付などを歴任した木村喜毅《きむらよしたけ》(芥舟《かいしゅう》)は、広周をして「此人温和寛裕頗る大臣の體を具へ、輿望の期する所たりしといへ共、単に平穏を旨として」いたと評価している。安政五年(一八五八)七月、幕府が不時登城を行なった御三家らの処分を決定した際、広周は十三代将軍徳川家定大病時のため処分に反対した。しかし受け入れられず、以後病と称して登城せず、十月には老中を免ぜられ雁之間詰となった。井伊大老の死後、万延元年(一八六〇)閏三月に再び老中となり、勝手掛や国益主法掛、十四代将軍徳川家茂と和宮の御縁組御用取扱・外国御用取扱などを担当した。長州(萩)藩士長井雅楽《ながいうた》の航海遠略策に共鳴して、その公武周旋を支援するが、長井の運動は失敗。文久二年(一八六二)六月に老中を辞した。八月には在職中の失政により隠居・急度慎を命じられ、のちに永蟄居の追罰も受けた。元治元年(一八六四)六月二十五日、四十六歳で死去。法号は自譲院。

参考文献　木村芥舟「幕府名士小伝」(『旧幕府』一ノ二、一八九七年)、『続徳川実紀』三(『新訂増補国史大系』、吉川弘文館、一九六六年)、福地桜痴『幕末政治家』(佐々木潤之介校注、『岩波文庫』、岩波書店、二〇〇三年)、佐々木克編『史料公用方秘録』(彦根城博物館、二〇〇七年)

(藤田　英昭)

孝明天皇（こうめいてんのう）　一八三一―六六

仁孝《にんこう》天皇の第四皇子。母は新待賢門院雅子(正親町《おおぎまち》氏)。天保二年(一八三一)六月十四日に誕生、熙宮《ひろのみや》。天保六年九月十八日に親王宣下、統仁《おさひと》親王となる。天保十一年三月十四日に立太子の儀が行われ、弘化三年(一八四六)二月十三日に仁孝天皇の病没をうけて践祚、弘化四年九月二十三日に即位式を挙行した。慶応二年(一八六六)十二月二十五日に病没。三十六歳。在位中は、天皇自身が政治の表舞台に立たねばならない幕末の激動期であったが、その立場は特に安政五年(一八五八)の幕府による日米修好通商条約の無勅許調印から劇的に変化したとされている。すなわち、すでに天皇は嘉永六年(一八五三)に幕府からペリー来航の報告を受け、また安政元年には日米和親条約調印の報告も受けていたから、外交案件に接触した経験はあった。しかし、つづく日米修好通商条約の際は幕府での意見が割れ、その分裂を統合するための勅許奏請が老中堀田正睦《ほったまさよし》を上洛させてまでなされており、これは幕府が天皇に明確な政治判断を求めたものであったとされる。近年の研究によると、その際、天皇は攘夷論者として振る舞いつつも、諸大名の意見を聴取するよう命じる現実的な回答を行なったとされ、天皇は勅許を拒絶したわけではなかったという。ところが、幕府は勅許を求めておきながら無勅許調印をするという行為に出、孝明天皇の立場を失わせ、天皇を攘夷論と開国論の対立の只中に追い込んでしまった。以後、天皇は実行の不可能な攘夷論を標榜しつつ、内心は幕府を支持して開国論に傾くという複雑な立場に立たざるを得なくなり、その最中、病没した。

参考文献　『孝明天皇紀』(吉川弘文館、一九六七―六九年)、藤井譲治・吉岡眞之監修『孝明天皇実録』(ゆまに書房、二〇〇六年)、高橋秀直『幕末維新の政治と天皇』(吉川弘文館、二〇〇七年)

(野村　玄)

島津久光　(しまづひさみつ)　一八一七―八七

薩摩藩重富領主。文化十四年(一八一七)十月二十四日、薩摩藩主島津斉興の五男として鹿児島城内で生まれる。生母は側室の由羅《ゆら》。安政六年(一八五九)、異母兄の斉彬《なりあきら》の遺言により、久光の子忠義が家督を相続し、久光は国父の称号を受けて藩政の実権を握るようになる。久光は、藩内の突出計画には慎重論を示していたが、桜田門外の変、和宮降下など政局の変化につれ率兵上洛を決意する。文久二年(一八六二)五月、上洛した久光は幕政改革を求める勅使派遣を求める建言を提出し、勅使の大原重徳《おおはらしげとみ》を警護して江戸に下向。その帰路では久光の行列を遮るイギリス人を殺害する生麦事件を起こし、これが翌文久三年六月の薩英戦争に至る。滞京せず鹿児島に戻った久光は武備充実を認識していたが、戦争を経て攘夷の難しさを痛感した。孝明天皇の求めに応じて、三月に久光は再び上洛するが、攘夷論の台頭を感じて帰国。十月に三度目の上洛を果たし、元治元年(一八六四)正月には朝政参与に任じられる。だが、参与会議では横浜鎖港問題をめぐって一橋慶喜との間で意見が対立すると、久光は朝政参与を辞退して帰国する。慶応三年(一八六七)四月、四度目の上洛で臨んだ四侯会議では、前年に薩長盟約を結んだこともあり長州藩寛典処分の先決を主張したが慶喜と意見が合わなかった。慶喜に失望した久光は、公武合体から倒幕へと路線を変更した。明治二十年(一八八七)十二月六日没。七十一歳。

参考文献　日本史籍協会編『島津久光公実紀(覆刻版)』一・二(東京大学出版会、一九七七年)、芳即正『島津久光と明治維新』(新人物往来社、二〇〇二年)、町田明広『島津久光=幕末政治の焦点』(『講談社選書メチエ』、講談社、二〇〇九年)、同『幕末文久期の国家政略と薩摩藩―島津久光と皇政回復―』(岩田書院、二〇一〇年)
（刑部　芳則）

杉浦誠（すぎうらまこと）　一八二六―一九〇〇

幕臣、明治時代初期の官僚。文政九年(一八二六)正月九日、旗本久須美《くすみ》祐義《すけよし》の子として生まれ、嘉永元年(一八四八)、旗本杉浦求馬《きゅうま》の養子となる。同四年、大番衛士に任ぜられ幕府に出仕する。のち、鉄砲弾薬奉行、洋書調所頭取を経て、文久二年(一八六二)八月、老中板倉勝静《いたくらかつきよ》の抜擢により目付に任ぜられる。同三年七月には目付筆頭となり、諸大夫・兵庫頭に任官した。元治元年(一八六四)六月、横浜鎖港・攘夷決行に消極的であった板倉に対する罷免論が出たため、目付を辞職する。慶応二年(一八六六)正月、箱館奉行に任ぜられ、箱館に赴任する。箱館では、英国人による「アイヌ人骨盗掘事件」問題を解決したほか、樺太《からふと》における日露両国間の紛争の解決に努めるなど、対外問題の処理においても活躍した。明治元年(一八六八)閏四月二十七日、前年の大政奉還により、箱館裁判所総督(のちに箱館府知事)清水谷公考《しみずだにきんなる》に平穏裡に箱館奉行所の引渡しを完了して六月に江戸に帰還した。その後、十二月に駿府藩公儀人に任ぜられるが、日露問題への対応のため、明治二年八月、外務省出仕を経て開拓使権判官となった。開拓使本庁の札幌移転後は、開拓使中判官として函館支庁の責任者となっている。同九年七月、明治天皇の函館行幸に際して先導を務めたが、同十年一月に開拓使を辞した。以後は梅潭《ばいたん》と号し、向山黄村《むこうやまこうそん》・稲津南洋《いなづなんよう》らとともに晩翠吟社を創立して詩作に没頭した。同三十三年五月三十日、七十五歳で没する。

参考文献　『函館市史』通説編二(一九九〇年)、『杉浦梅潭箱館奉行日記』(杉浦梅潭日記刊行会、一九九一年)、『杉浦梅潭目付日記』(杉浦梅譚日記刊行会、一九九一年)、田口英爾『最後の箱館奉行の日記』(『新潮選書』、新潮社、一九九五年)
（門松　秀樹）

徳川茂徳（とくがわもちなが）　一八三一―八四

尾張徳川家十五代当主。一橋徳川家十代当主。天保二年

（一八三二）五月二日、尾張徳川家の分家である高須松平家十代当主松平義建《まつだいらよしたつ》の三男として江戸四谷に生まれる。母は山福久兵衛の女（尾崎氏とも）。兄に徳川慶勝《よしかつ》（尾張家十四代・十七代）、弟に松平容保《かたもり》（会津松平家当主）、松平定敬《さだあき》（桑名松平家当主）らがいた。幼名は鎮三郎。元服して建重《たつしげ》を名乗る。兄慶勝が本家尾張家を相続したため、嘉永二年（一八四九）八月に嫡子となり、義比《よしちか》と名を改め、翌三年十月に高須松平家の家督を継いだ。嘉永六年十二月、二本松城主丹羽長富《にわながとみ》の五女政姫と婚儀を挙げた。安政五年（一八五八）七月、慶勝が隠居・謹慎に処せられると、幕命により尾張家を相続し、茂徳と名を改めた。当主となると、慶勝を支持した尊王攘夷派の家臣を罷免し、付家老竹腰正諟《たけのこしまさあと》ら親幕府的な家臣を登用した。しかし、慶勝の復権に伴い、慶勝を支持する家臣から忌避され、文久三年（一八六三）九月に退隠、玄同《げんどう》と称した。慶応元年（一八六五）四月には長州再征の先手総督を命じられたが、尾張藩内からの批判もあり辞退、結局旗本後備《うしろぞなえ》を務めることとなった。同年閏五月には茂栄《もちはる》と改名している。大坂城に滞陣する十四代将軍徳川家茂から大きな信頼を寄せられ、父親のごとくに慕われていた。慶応二年正月、江戸留守役を命じられ、大坂を離れる際には、自身が描いた陣羽織姿の家茂肖像画を持ち帰るほどだった。家茂の死後、その肖像画は十三代将軍徳川家定の御台所天璋院《てんしょういん》に遺影として進呈された。家茂の御台所和宮に対しても、家茂の遺影を制作し、贈呈している。同年四月に、御三卿清水家を相続するよう家茂から内意を受けていたこともあり、徳川慶喜に批判的な旗本たちから推戴され、実際に家茂の後継者の一人としてその名を連ねていた。慶喜が十五代将軍となると一橋家を相続。清水家は慶喜の弟徳川昭武《あきたけ》が相続した。明治元年（一八六八）の戊辰戦争では、朝敵とされた慶喜や弟松平容保・定敬を救済するため歎願活動を行なった。明治十七年三月六日に五十四歳で死去し、東京上野の凌雲院に葬られた。院号は顕樹院。兄の慶勝と同様、写真術に関心を示していたことで知られる。

参考文献 「三世紀事略」（名古屋市教育委員会編『名古屋叢書』五、名古屋市教育委員会、一九六二年）、『徳川諸家系譜』三（続群書類従完成会、一九七九年）、『海津町史』史料編三（一九八〇年）、「尾張徳川家系譜」（名古屋市蓬左文庫編『名古屋叢書三編』一、名古屋市教育委員会、一九八八年）、藤田英昭「慶応元年前後における徳川玄同の政治的位置」（『日本歴史』六五八、二〇〇三年）、徳川記念財団編『徳川家茂とその時代』（徳川記念財団、二〇〇七年）、徳川美術館編『尾張の殿様物語』（徳川美術館、二〇〇七年）

（藤田　英昭）

徳川慶勝（とくがわよしかつ）　一八二四―八三

尾張徳川家十四代・十七代当主。文政七年（一八二四）三月十五日、尾張徳川家の分家である高須松平家十代松平義建《まつだいらよしたつ》の次男として江戸四谷に生まれる。母は水戸家七代徳川治紀《はるとし》の女規姫。徳川斉昭《なりあき》の甥、十五代将軍徳川慶喜《よしのぶ》の従兄にあたる。弟に徳川茂徳《もちなが》（尾張徳川家十五代）、松平容保《かたもり》（会津松平家当主）、松平定敬《さだあき》（桑名松平家当主）らがいた。幼名は秀之助、諱ははじめ義恕《よしくみ》。嘉永二年（一八四九）閏四月、二本松城主丹羽長富《にわながとみ》の次女矩姫《かねひめ》と婚儀を挙げた。同年六月に本家の尾張家を相続し、この時慶恕《よしくみ》と改める。当主となると、九代徳川宗睦《むねちか》の治世を範に人材登用、財政改革、武備充実などの藩政改革を行なった。島津斉彬《しまづなりあきら》・伊達宗城《だてむねなり》・黒田斉溥《くろだながひろ》らと交流して海外情報も入手。通商条約調印問題では無勅許調印に反発し、不時登城を行い、安政五年（一八五八）七月に隠居・謹慎に処せられた。万延元年（一八六〇）九月に謹慎が解除され、慶勝と名を改めた。その後、尊王攘夷派の家臣から支持され、前藩主として藩政や国政に関与し、文久三年（一八六三）正月には入京した。国内政治においては公武融和をめざして将軍の長期滞京を求め、対外問題では攘夷期限の決定に尽力するなど対外強硬論者だった。将軍後見職の徳川慶喜の帰府によって、将軍補翼を命じられる。元治元年（一八六四）の第一次長州戦争では、征長総督に就任するが、実際に戦闘することなく終結させた。慶応三年（一八六七）の王政復古により議定《ぎじょう》。翌年正月の鳥羽・伏見の戦いで新政府軍が勝利した後、親幕府的な家臣を処断し、あわせて東海道・中山道筋の譜代諸藩・旗本に対して勤王誘引を行なった。明治三年（一八七〇）、三男義宜《よしのり》が病のために名古屋藩知事を免じられると、同年十二月に同藩知事となり、同八年に義宜が死去すると、再び家督を継いだ。困窮する旧藩士族を救済するため、名古屋で士族授産事業を行い、さらに北海道八雲開拓も推進した。同十三年に隠居し、同十六年八月一日に死去した。六十歳。諡は文公。墓は東京都新宿区の西光庵にある。幕末期から写真研究に熱心だったことで知られる。また浮世絵や風刺画を収集し、博物学へも関心を示すなど、多方面にわたる活動が注目されている。

参考文献　「三世紀事略」（名古屋市教育委員会編『名古屋叢書』五、名古屋市教育委員会、一九六二年）、「尾張徳川家系譜」（名古屋市蓬左文庫編『名古屋叢書三編』一、名古屋市教育委員会、一九八八年）、徳川美術館編『尾張の殿様物語』（徳川美術館、二〇〇七年）、NHKプラネット中部編『写真家大名・徳川慶勝の幕末維新』（日本放送出版協会、二〇一〇年）

（藤田　英昭）

徳川慶頼（とくがわよしより）　一八二八―七六

御三卿田安家の五代・八代当主。文政十一年（一八二八）十月十三日、三代斉匡《なりまさ》の九男として江戸城内の田安屋形に誕生する。生母は幕府奥医師篠崎三伯の養女（実は御目見医師武藤三益の女）。幼名は群之助。十一代将軍徳川家斉の甥、十三代徳川家達の実父、越前松平家当主松平慶永《まつだいらよしなが》の弟にあたる。四代斉荘《なりたか》が尾張徳川家を相続したあと、天保十年（一八三九）三月には田安家を継いだ。同年、十二代将軍徳川家慶の六女暉姫と縁組したが、翌十一年に暉姫は死去したため、その後閑院宮孝仁親王《かんいんのみやたつひと》第三王女瑩宮（のち睦宮）光子《あきこ》と婚儀をあげた。嘉永四年（一八五一）十二月に権中納言。十三代将軍徳川家定の継嗣問題では、実兄の松平慶永とは政治路線を異にして、十一代家斉の孫にあたる紀伊徳川家の徳川慶福《よしとみ》を擁立した。安政五年（一八五八）八月八日、家定の発喪と同日、慶福が幼少であったことから将軍後見に任じられた。政敵の徳川斉昭《なりあき》を切腹に処すべしとする強硬派で、兄慶永の処分も厭わなかった。慶永にいわせれば「慶頼は一身の働きをなすことあたはす、井伊掃部頭《いいかもんのかみ》の奴隷と見做して可なり」（松平慶永『逸事史補』）と、厳しい評価であった。同年十二月に従二位権大納言に昇進するが、文久二年（一八六二）五月には正二位昇叙のうえ将軍後見を免じられることになった。文久改革の進展のなか翌三年正月、官位一等降下（従三位中納言）のうえ隠居し、長男寿千代（三歳）に家督を譲った。慶応元年（一八六五）二月に寿千代が死去すると、三男亀之助（四歳）が田安家の当主となった。この年閏五月に田安屋形が焼失すると、「明御屋形」であった清水屋敷に引き移った。これにより清水屋敷は田安仮屋形となった。明治元年（一八六八）正月、十五代徳川慶喜が「朝敵」となって上野寛永寺大慈院に謹慎した際には、十一代家斉の十六男（十四男とも）松平斉民《なりたみ》（前津山松平家当主）とともに江戸城を預かることになり、旧幕臣の取締にあたった。三月以降、徳川首脳部が江戸城を後にすると田安仮屋形が徳川方の拠点となり、このころから清水屋敷の称も併用するようになった（静寛院宮が引き移った清水家とは、実際は田安仮屋形の奥を指す）。徳川家の処分が発せられた五月二十四日、田安家は藩屏に取り立てられ、慶頼は再び田安家当主（藩主）となった。明治九年九月二十一日に死去した。四十九歳。院号は有宗院。

参考文献　『徳川諸家系譜』三（続群書類従完成会、一九七九年）、柳田直美・藤田英昭「史料紹介『天璋院様御履歴』」（『徳川記念財団会報』一〇、二〇〇七年）、藤田英昭「慶応四年の徳川宗家」（『日本歴史』七二九、二〇〇九年）

（藤田　英昭）

庭田嗣子（にわたつぐこ）　一八二〇―六七

将軍徳川家茂の御台所和宮《かずのみや》の女官。文政三年（一八二〇）、公家の羽林家で権大納言の庭田重能《しげよし》の娘として誕生。天保五年（一八三四）十二月宮中に出仕し、同七年典侍《ないしのすけ》となる。仁孝《にんこう》・孝明《こうめい》天皇に仕え、新《しん》典侍《すけ》、宰相《さいしょうの》典侍《すけ》と称した。万延元年（一八六〇）十月和宮が将軍徳川家茂に降嫁することが決定すると、その補導を命じられ、文久元年（一八六一）和宮付として江戸城大奥に入った。以後、和宮の側近として仕えた。慶応三年（一八六七）十一月九日江戸で死去する。四十八歳。『庭田嗣子日記』『庭田嗣子詠草』などを残した。なかでも『静寛院宮御側日記』は、もとは「心おぼえ」と題したもので、補導の命を受けてから死去する数日前まで、和宮やその周囲の動向を記録したものである。和宮降嫁に至る顚末や、江戸へ向かう道中の様子、入輿と婚儀の内容から、江戸城内における和宮の日常、政変の進展が及ぼした大奥の状況などを細大漏らさず記してあり、大奥生活を知る上で貴重な史料である。

参考文献　『静寛院宮御日記』（『続日本史籍協会叢書』、東京大学出版会、一九七六年）、武部敏夫『和宮』（『人物叢書（新装版）』、吉川弘文館、一九八七年）、辻ミチ子『和宮―後世まで清き名を残したく候―』（『ミネルヴァ日本評伝選』、ミネルヴァ書房、二〇〇八年）

（吉成　香澄）

松平容保（まつだいらかたもり）　一八三五―九三

会津藩九代藩主。京都守護職。美濃高須藩主松平義建《よしたつ》の子として天保六年（一八三五）十二月二十九日に生まれる。弘化三年（一八四六）会津藩主松平容敬《かたたか》の養子になり嘉永五年（一八五二）襲封。文久二年（一八六二）五月より御用部屋入りを許され、同年閏八月に新設の京都守護職に任命された。元治元年（一八六四）二月―四月まで軍事総裁職（はじめは陸軍総裁職）に転じたが、京都守護職に復帰する。慶応三年（一八六七）十二月九日免職。同職は将軍直隷である点が京都所司代と異なる。京都滞在中は朝廷上位の朝幕関係と、諸侯排除の幕政を基調にした公武合体を目指し、禁裏守衛総督一橋慶喜・京都所司代（桑名藩主）松平定敬《さだあき》とともに「一会桑」と称された。将軍および幕閣が長期間京都（または大坂）に滞在し、朝幕関係の融和に努める将軍直衛策を一貫して主張した。計三回の将軍徳川家茂の上京（坂）のうち、三度目は将軍の大坂滞在が一年以上続いた。この間、一橋慶喜と交代で京都―大坂間を往来し、長州処分問題・条約勅許問題などをめぐる朝幕間の合意形成に尽力した。慶応二年の長州再征失敗後は関白二条《にじょう》斉敬《なりゆき》や朝彦《あさひこ》親王（尹宮《いんのみや》）らの朝廷内協力者の立場が弱まったため、一橋慶喜の徳川宗家相続（同年十二月将軍宣下）を将軍みずから京都で政治問題などに対処する将軍直衛策が実現したと解釈し、辞表を提出した。しかし、帰国する機会を摑めず、鳥羽伏見の敗戦後は会津若松で奥羽越列藩同盟の協力を得て戦ったが、明治元年(一八六八)九月二十二日に降伏開城した。明治二十六年十二月五日死去。五十九歳。

参考文献　『会津藩庁記録』一—六(『日本史籍協会叢書』、東京大学出版会、一九六九年)、『幕末会津藩往復文書』上・下(『会津若松史』史料編一・二、二〇〇〇年)、家近良樹『幕末政治と倒幕運動』(吉川弘文館、一九九五年)、白石烈「「公武合体」をめぐる会津藩の政治活動」(『史学研究』二三五、二〇〇二年)、同「将軍空位期における「政令一途」体制構築問題と諸侯会議」(家近良樹編『もうひとつの明治維新』、有志舎、二〇〇六年)　(白石　烈)

松平定敬　(まつだいらさだあき)　一八四六—一九〇八

幕末の桑名藩主。京都所司代。会津藩主松平容保《かたもり》の弟。美濃高須藩主松平義建《よしたつ》の子として弘化三年(一八四六)十二月二日に江戸藩邸で生まれる。安政六年(一八五九)養子として桑名藩主になる。文久三年(一八六三)と翌元治元年(一八六四)の二度の将軍上洛に随従の後、同年四月京都所司代に就任。同職は本来譜代大名が勤める職であったが、家門大名(溜間)のまま任じられ、兄の京都守護職松平容保と諸事協議することが命じられた。以後、家臣団の中に公用人と周旋方を設置し、朝廷・幕府・諸藩間の交渉や情報収集に従事させ、禁裏守衛総督一橋慶喜や京都守護職松平容保らとともに、いわゆる一会桑勢力の一角として朝廷上位・諸侯排除の公武合体を推進した。慶応三年(一八六七)四月には、営中に限り老中同様に御用向を取扱うことが命じられる。明治元年(一八六八)の鳥羽伏見の敗戦以降は、北陸・奥羽方面を転戦。最後は五稜郭へ渡ったが、家老の説得もあり開城以前に蝦夷地を脱出し、津藩に永預となった。西南戦争に際しては旧桑名藩士の志願兵徴募に積極的であったという。明治二十七年には松平容保の後を継いで日光東照宮八代宮司に就任、神職の俸給改正や東照宮の修繕に取り組んだ。また、同五年には海外遊学願を提出するなど、西洋に対する関心が高かったことも指摘されている。明治四十一年七月二十一日死去。六十三歳。

参考文献　加太邦憲「桑名藩京都所司代中の事情」(『維新史料編纂会講演速記録』一、東京大学出版会、一九七七年)、杉本竜「新出「文久日記」に見る松平定敬」(桑名市博物館編『京都所司代松平定敬—幕末の桑名藩—』、桑名市博物館、二〇〇八年)、奈良勝司「幕末政局と桑名藩」(同)、藤田英昭「「松平定敬の後半生」(同)　(白石　烈)

間部詮勝　(まなべあきかつ)　一八〇四—八四

幕末期の老中。越前国鯖江《さばえ》を居所とした間部家の八代当主。

文化元年(一八〇四)二月十九日、六代間部詮熙《あきひろ》の三男として鯖江に誕生する。母は詮熙の側室とめ(永田氏)。幼名は鉞之進。兄で七代の詮允《あきざね》が急死したため、文化十一年九月に家督を継ぎ詮良と称し、文政元年(一八一八)二月に元服し詮勝と改めた。同六年には石見国浜田城主の松平康任《まつだいらやすとう》の女簾を正室に迎えた。奏者番・寺社奉行・大坂城代・京都所司代を歴任し、天保十一年(一八四〇)には西丸老中となった。この年、無城から城主に格上げされ、十二代将軍徳川家慶から築城の許可が下りたが、結局実現はしなかった。天保改革を進める老中水野忠邦《みずのただくに》と対立関係にあったため、天保十四年に西丸老中を辞任。その後安政五年(一八五八)六月、大老井伊直弼《いいなおすけ》の命により老中に就任し、勝手掛・外国掛を務めた。同年九月、無勅許で条約を調印した事情を朝廷に弁解するため上京する。これは所司代経験者であることを理由に、詮勝自身が願い出たことといわれているが、同役の老中久世広周《くぜひろちか》によれば、詮勝は「外国の事情なとハ特に不案内にて候へハ、京師の御疑惑を解釈せん事ハ甚覚束なく候」(『昨夢紀事』四)と危惧された。折しも、水戸藩に密勅《みっちょく》が降下した時期と重なり、詮勝は在京の幕政批判勢力を弾圧する任も帯びた(安政の大獄)。十月に参内すると条約調印の事情を説明し、攘夷猶予の勅を賜り、翌安政六年三月に帰府。同年六月に外国掛の専任となり、外国公使と洋銀通用・神奈川居留地の設定などの交渉に臨んだ。しかし外交については素人で、英国総領事オールコックは、詮勝をして「あまり知性がなさそうに見えるやせこけた行者風の老人」と評している(オールコック『大君の都』)。同年十二月に老中を辞任。文久二年(一八六二)には安政の大獄を指導したことから隠居・急度慎に処せられる。慶応元年(一八六五)に赦免。その後明治元年(一八六八)十月にも、新政府から国許謹慎を命じられるが、同年十二月に赦された。明治十七年十一月二十八日に死去。八十一歳。法号は顕妙院。

（藤田　英昭）

参考文献　隼田嘉彦「解説」(間部家文書刊行会編『間部家文書』四、鯖江市、一九八六年)、竹内信夫『鯖江藩の成立と展開』(二〇〇八年)

山内豊信（やまうちとよしげ）　一八二七―七二

幕末の高知藩主。文政十年(一八二七)十月九日、山内氏分家南屋敷山内豊著《とよあきら》の長男として高知城下に生まれる。嘉永元年(一八四八)藩主山内豊惇《とよあつ》の病没に際して養子となり、十二月二十七日に十五代藩主に就任。嘉永六年にペリーが来航すると、幕政への関与を深めていく。安政五年(一八五八)の将軍継嗣問題では、老中阿部正弘、薩摩藩主島津斉彬《しまづなりあきら》、福井藩主松平慶永《まつだいらよしなが》、伊予宇和島藩主伊達宗城《だてむねなり》らと提携し、徳川斉昭の子一橋慶喜の擁立を支持した。紀州藩主の徳川慶福《とくがわよしとみ》を推す井伊直弼が大老に就任すると、安政の大獄が開始され、弾圧は山内にも及ぶ。安政六年二月、山内は依願隠居し容堂と号することとしたが、十一月には幕府から謹慎を命じられた。これより山内は二年間、品川鮫洲の別邸に謫居した。この間に藩内では公武合体派と尊攘激派が対立し、山内の信任の厚い参政吉田東洋が土佐勤皇党に暗殺された。文久三年(一八六三)正月、上洛した山内は朝廷と幕府の宥和を画策するが成果はあがらず、三月には帰国し、尊攘激派の弾圧を進めた。同年末には朝議参与を命じられ、元治元年(一八六四)正月の参与会議に臨んだが、意見対立が起こると病気を理由に帰国。慶応三年(一八六七)十月には後藤象二郎の建策を容れ、大政奉還を将軍徳川慶喜に建白した。徳川家の権威保持に配慮したが、十二月九日の王政復古の政変により構想はついえた。明治五年(一八七二)六月二十一日没。四十六歳。

参考文献　平尾道雄『容堂公記伝』(大日本出版社峯文荘、一九四三年)、同『山内容堂』(『人物叢書』、吉川弘文館、一九六一年)

(刑部　芳則)

〔関連事項〕

安政の大獄（あんせいのたいごく）

安政五年(一八五八)から翌年にかけて大老井伊直弼が行なった幕政を批判する大名・皇族・公家・幕臣・諸藩士などに対する弾圧事件。大獄を引き起こした要因は、将軍継嗣問題と条約勅許問題をめぐる政治勢力の対立であった。内外の危機が深刻化する中、幕府権力強化のため、病弱で子がなかった十三代将軍徳川家定の後継者問題が発生。改革派大名との協力推進を企図し、一橋慶喜の擁立を目論む一橋派と、紀伊藩主徳川慶福《とくがわよしとみ》を推す保守的な南紀派に分かれ、朝廷をも巻き込んだ政治抗争となった。また、安政五年二月、老中首座堀《ほっ》田正睦《たまさよし》が上京し、日米修好通商条約の勅許を奏請したが、有志大名の工作や廷臣八十八卿列参事件も手伝って孝明天皇と朝廷は強硬に反対の意思を表明した。同年四月、将軍継嗣・条約勅許の両問題を解決し、幕権を再建すべく彦根藩主井伊直弼が大老に就任。井伊は、勅許を得ないまま条約に調印し、将軍継嗣を慶福に決定した。一橋派の徳川斉昭・慶篤《よしあつ》、松平慶永、一橋慶喜らは、無勅許調印について井伊を詰問するため不時に一斉登城を決行。八月、天皇は調印を断行した幕府を問責し、公武合体の永続を願う勅書を水戸藩などへ密かに降下した(戊午の密勅)。これに対して、井伊は反対派への徹底した粛清を進めていく。徳川斉昭・慶篤、松平慶永、一橋慶喜、山内豊信《やまうちとよしげ》、伊達宗城《だてむねなり》らを隠居・謹慎に処し、岩瀬忠震《いわせただなり》、川路聖謨《かわじとしあきら》、永井尚志《ながいなおゆき》ら幕臣も処分された。九月には、朝廷で親幕派の関白九条尚忠《くじょうひさただ》が排除されるに至り、老中間部詮勝《まなべあきかつ》が上京して青蓮院宮尊融《そんゆう》法親王、前関白鷹司政通《たかつかさまさみち》、左大臣近衛《このえ》忠熙《ただひろ》、右大臣鷹司輔熙《すけひろ》、前内大臣三条実万《さんじょうさねつむ》、内大臣一条忠香《いちじょうただか》をはじめとする皇族・上級公家の大弾圧を実施した。さらには、諸藩士、公家の家臣、百姓、町人などもつぎつぎと捕らえ、吉田松陰(長州)、橋本左内(越前)、頼三樹三郎《らいみきさぶろう》(儒者)、梅田雲浜《うめだうんぴん》(若狭小浜)、日下部伊三治《くさかべいそうじ》(薩摩)、藤井但馬守尚弼《なおすけ》(西園寺家家臣)、安島帯刀《あじまたてわき》(水戸)らが死罪に処されるかあるいは獄死した。大獄に連座した者は百名を超えた。万延元年(一八六〇)三月、弾圧に奮激した尊攘激派により、井伊は暗殺(桜田門外の変)。井伊の死によって大獄は終息し、幕府の専制政治路線は頓挫した。井伊による一連の弾圧策により、一時的に幕権は強化した。しかし、安政の大獄は、幕政への批判を強力に助長し、幕府から人材を失ったとする観点から、結果的に幕府の弱体化を招いたとされる。

参考文献　島田三郎『開国始末』一・二(『続日本史籍協会叢書』、東京大学出版会、一九七八年)、吉田常吉『安政の大獄』(『日本歴史叢書』、吉川弘文館、一九九六年)

(宮間　純一)

改税約書(かいぜいやくしょ)

幕末に幕府がイギリス・フランス・オランダ・アメリカと調印した新たな税則協定。ほかの項目と合わせて江戸協約ともいう。文久三年(一八六三)の長州藩によるアメリカ商船、フランス軍艦砲撃に対する報復として、翌元治元年(一八六四)に四ヵ国連合艦隊による下関砲台砲撃(下関事件)が実行された。その後、幕府と四ヵ国の間で講和協定(下関取極書)が結ばれ、賠償金三百万ドルの支払いが既定された。しかし、当時の幕府の財政は窮乏化しており、賠償金支払い延期の代償として、税則の改定交渉が行われた。交渉は慶応元年(一八六五)十一月から始められ、税則改正案については慶応二年三月下旬ごろまでに四ヵ国での同意が得られた。新税則案では関税率が、安政五ヵ国条約貿易章程に定められた従価税(五〜三〇%)から、従量税(一律五%)に変更された。また、税則以外の項目では、諸藩の貿易活動に対する制限の撤廃や外国船購入の自由、日本人の海外渡航の自由、諸港や瀬戸内海などへの灯台設置が明記された。新税則を含む草案は慶応二年四月十八日に幕府に提出されたが、幕府内では税則以外の項目が含まれたため、受諾に難色を示した。しかし、フランス公使ロッシュの勧告もあり、慶応二年五月十三日に四ヵ国駐日代表との間で調印が行われ、新税則は同年五月十九日から施行された。新税則を含む新たな協定は、単なる関税率の改定にとどまらず、広範な自由貿易協定としての歴史的意味を持つ。

（檜皮　瑞樹）

参考文献　石井孝『増訂明治維新の国際的環境』（吉川弘文館、一九六六年）、鵜飼政志『幕末維新期の外交と貿易』（校倉書房、二〇〇二年）

奇兵隊（きへいたい）

幕末期、長州藩で組織された武士とそれ以外の身分からなる非正規軍。長州藩は、攘夷の期限とされた文久三年（一八六三）五月十日、下関海峡において外国船を砲撃し、戦闘状態に陥った。そのため、長州藩は軍事力の拡充を図り、藩士高杉晋作の提言を取り入れて、藩士・陪臣・軽卒・農民・町人などさまざまな身分で混成される奇兵隊を結成した。奇兵とは正規軍である正兵に対する呼称。奇兵隊は、西洋式の装備と集団操練を取り入れて編成され、定員は三百名から五百名程度であった。指揮官を総管といい、初代総管には高杉が、のちに赤根《あかね》武人《たけと》や河上弥一らが就任した。旧来の家臣団からなる軍団とは異なり、身分を問わずに希望者の入隊を許可。農民など武士以外の身分が有していた士分格への上昇願望をくみ取るかたちで奇兵隊は結成された。これを契機として、藩内では文久三年から慶応年間（一八六五―六八）にかけて御楯《みたて》隊《たい》・遊撃隊・鴻城隊《こうじょうたい》など諸隊の結成が相ついだ。以後、奇兵隊をはじめとする諸隊は、幕長戦争や戊辰戦争に際して、長州藩の基礎的軍事力となった。内乱が終結した明治二年（一八六九）の兵制改革により、諸隊は整理・解散された。この時、大多数の兵士が解雇されたため、諸隊からの脱退が続出して反乱を起こしたが、翌年木戸孝允の指揮する征討軍に鎮圧された。奇兵隊の結成から解散時までの活動記録に『奇兵隊日記』がある。

（宮間　純一）

参考文献　田中彰『高杉晋作と奇兵隊』（『岩波新書』、岩波書店、一九八五年）、同『長州藩と明治維新』（吉川弘文館、一九九八年）、青山忠正『高杉晋作と奇兵隊』（『幕末維新の個性』七、吉川弘文館、二〇〇七年）

京都守護職（きょうとしゅごしょく）

所司代、京都町奉行などを配下に置き、京都とその周辺の警察・軍事を担当した幕府の役職。政治的にも公武合体を推進した。文久二年（一八六二）閏八月朔日、会津藩主松平容保《まつだいらかたもり》が任命されたことを契機に設置され、慶応三年（一八六七）十二月九日の王政復古の大号令によって廃止された。また、元治元年（一八六四）二月に容保が軍事総裁に就任するに伴い、松平春嶽《しゅんがく》が一時就任したが、四月七日に再び容保が復帰した。

文久年間に入ると、京都の治安維持は幕府にとって最重要課題となり、外様雄藩と朝廷の結合を防ぐため、禁裏を守護し、強力な軍事力をもって治安を担う役割を、幕府は会津藩に求めた。当初は守護職の権限は明確ではなかったが、文久三年六月に滞京していた将軍が帰府して以降、所司代以下地役人の支配、非常時の近国大名、大坂・奈良・伏見奉行の指揮権などが認められた。また、浪士集団である新選組を配下に置き、治安維持にあたらせたが、次第に尊攘派浪士や長州藩と対立関係に入り、文久三年八月十八日政変では、中心的役割を果たした。また元治元年三月に一橋慶喜《ひとつばしよしのぶ》が禁裏守衛総督《きんりしゅえいそうとく》・摂海防禦指揮《せっかいぼうぎょしき》に就任すると、その下で、所司代の桑名藩主松平定敬《さだあき》(同年四月に就任)とともに、公武合体推進に大きな役割を果たした。そして、同年七月の禁門の変では、長州藩の攻撃対象となり、慶応年間は薩摩藩とも対立した。他方で、孝明天皇の信頼は終始厚く、桑名藩とともに、最後まで徳川方の最強硬派と目された。

参考文献 家近良樹『幕末政治と倒幕運動』(吉川弘文館、一九九五年)、山川浩編述『京都守護職始末(復刻版)』(マツノ書店、二〇〇四年)、原口清『幕末中央政局の動向』(『原口清著作集』一、岩田書院、二〇〇七年)

(久住　真也)

禁門の変 (きんもんのへん)

元治元年(一八六四)七月に御所付近で起きた戦闘。蛤御門の変、元治甲子の変ともいう。文久三年(一八六三)八月十八日の政変によって京都での地位を失っていた長州藩は、藩主父子の雪冤、尊攘派公家七名の赦免を願い出たが不許可。また、藩内では状況を打開すべく上京挙兵し、天皇奪回を企図する進発論とこれに反対する慎重論が議論されていた。元治元年六月に、京都の旅宿池田屋で新選組による長州藩士を含む尊攘激派の殺傷事件(池田屋事件)が起きると、長州藩内で一気に挙兵論が高まった。周布政之助《すふまさのすけ》や高杉晋作らは鎮静化につとめたものの、三家老国司信濃《くにししなの》、福原越後《ふくはらえちご》、益田右衛門介らをはじめとする積極派は挙兵を断行し、孝明天皇への藩主の雪冤直訴を名目として京都へ攻め上った。国司、福原、久坂玄瑞《くさかげんずい》、来島又兵衛らはそれぞれ山崎天王山、嵯峨天龍寺、伏見長州屋敷に陣営を敷き、戦闘体制を整えた。朝廷内では、長州に対する強硬・宥和の意見があったが、孝明天皇の支持を得た禁裏御守衛総督一橋慶喜は長州勢の京都からの一掃に乗り出す。七月十九日、御所蛤御門付近で長州藩兵と会津・桑名藩兵が衝突し、戦闘が勃発。乾門の警衛にあたっていた薩摩藩兵も会津側に加勢。長州勢は、敗北・壊滅した。来島、久坂、寺島忠三郎らは戦死。京都市街の広範囲が焼失した。

この騒擾により、長州は朝敵とみなされ、第一次幕長戦争が引き起こされた。

参考文献 末松謙澄『修訂防長回天史』(覆刻版、柏書房、一九八〇年)、原口清「禁門の変の一考察」一・二(『名城商学』四六ノ二・三、一九九六年)

(宮間 純一)

軍役改定(ぐんやくかいてい)

江戸幕府は、石高制にもとづき知行高に応じて各大名家や旗本家に対して規定された人馬・武器などの数量を供出させる軍役体制をとっていた。しかし、文久二年(一八六二)、こうした軍役体制による軍事体制のほかに、新たに陸海軍の職制を創設し、陸軍奉行、海軍奉行以下の役職が設置された。これにより幕府直属の軍隊が編制されることになり、陸軍では、歩兵・砲兵の兵卒について、旗本家の軍役高の半分に相当する人数を差し出させ、それを充てることとした(旗本兵賦令)。旗本知行所から徴発された農民は、銃卒として屯所に常駐させられた。これまで陣夫役(非戦闘員)として用いられていた農民を兵卒(戦闘員)扱いする点で従来の軍事体制に大きな変換を迫るものであった。なお、海軍は、幕府軍制掛により、全国の沿岸を六管区にわけ、十五艦隊を設置する大構想が提出されたが、実際には一艦隊の編制計画となった。この文久の軍制改革以後も軍役改定はさらに進み、慶応二年(一八六六)八月、旗本家が動員すべき軍役人数が銃卒に一元化され、幕府が直接その銃隊を編制した。翌慶応三年には、平均収納金の半分を差し出すことで旗本軍役の金納化が図られた。一連の軍役改定の中で、旗本番士自身も士官となるか、奥詰銃隊の一員となるかを迫られた。また、大名家に対しては、慶応二年十月からこれまでの軍役体系を改定する制度が模索されたが実現しなかった。

参考文献 久留島浩「近世の軍役と百姓」(朝尾直弘他編『日本の社会史』四、岩波書店、一九八六年)、熊澤徹「幕府軍制改革の展開と挫折」(坂野潤治他編『日本近現代史』一、岩波書店、一九九三年)、同「幕末の旗本と軍制改革―旗本本間日記の分析から―」(吉田伸之・渡辺尚志編『近世房総地域史研究』、東京大学出版会、一九九三年)

(野本 禎司)

慶応の打ちこわし(けいおうのうちこわし)

開港や長州戦争などの影響により生じた主に米価高騰に対して、江戸や大坂の周辺都市で慶応二年(一八六六)五月、九月に起きた打ちこわし。江戸では五月二十八日、品川宿から打ちこわしが始まり、六月初めころまでに芝、赤坂、四谷、牛込、神田、本所などの範囲で打ちこわしが起こった。打ちこわしの対象となったのは、米屋・酒屋・質屋などであった。

同年八月、九月になると、さらに米価が高騰し、九月十二日ころから二十一日ころにかけて、本所・深川辺りから、浅草、下谷、神田、本郷と広範囲で打ちこわしが起こった。この時、大商人だけでなく、武家に対しても施米・施金、御救小屋の設置を要求しており、上野付近では米国公使を民衆が包囲するという事件も起きた。また江戸町奉行所の門前に「御政事売切申候」という落書が貼られた。大坂では、慶応二年五月、摂津国西宮で起きた米屋の打ちこわしに始まり、兵庫、神戸、尼崎など、「大坂十里四方は一揆起こらざる所なし」といわれた。畿内周辺では文久三年(一八六三)の将軍上洛や長州戦争などに伴い幕藩領主層の長期滞在のため、労働力需要は膨張する一方、飯米供給が滞り、打ちこわしが引き起こされた。

参考文献　南和男『幕末江戸社会の研究』(吉川弘文館、一九七八年)、牛米努「慶応期の都市騒擾と維新期の町法改正」(東京都江戸東京博物館都市歴史研究室編『明治維新期を都市市民はどう生きたか―江戸東京学の現状と課題―』、東京都歴史文化財団東京都江戸東京博物館、一九九七年)、岩城卓二「畿内の幕末社会」(明治維新史学会編『幕末政治と社会変動』、有志舎、二〇一一年)

(野本　禎司)

遣米使節団(けんべいしせつだん)

日米修好通商条約批准書交換のため派遣され、世界一周の航海を行なった遣外使節。安政五年(一八五八)六月に締結された日米修好通商条約第十四条には、本条約が一年後に発効すること、発効日かそれ以前にワシントン市において批准書を交換することが定められた。幕府は当初、外国奉行の水野《みずの》忠徳《ただのり》や岩瀬忠震《いわせただなり》の派遣を計画していたが、水野はロシア艦隊乗組員殺害事件の責任をとっての解職、岩瀬は将軍継嗣問題で蟄居となったため計画は頓挫・延期された。その後、安政六年九月に正使新見正興《しんみまさおき》、副使村垣範正《むらがきのりまさ》、監察小栗忠順《おぐりただまさ》にアメリカ派遣が発令された。使節の出航は将軍継嗣問題や条約勅許問題でさらに延期され、万延元年(一八六〇)正月となり、使節三名のほかに、諸役人十七人、従者五十一人、賄方六人の合計七十七人がアメリカの蒸気船ポーハタン号で横浜から出航した。また、使節の荷物運搬や航海技術習練のため、護衛艦咸臨丸《かんりんまる》(提督木村喜毅《きむらよしたけ》・艦長勝海舟《かつかいしゅう》)も同時に派遣された。使節はホノルル・サンフランシスコ・パナマを経由してワシントンに到着、万延元年閏三月十八日大統領ブキャナンに謁見、四月三日批准書交換を行なった。帰路はナイアガラ号に乗船し、五月十二日ニューヨークを出航、喜望峰まわりでバタビア・香港を経由し万延元年九月二十八日帰国した。

参考文献　宮永孝『万延元年の遣米使節団』(『講談社学術文庫』、講談社、二〇〇五年)

(檜皮　瑞樹)

公武合体（こうぶがったい）

幕府（武家）と朝廷（公家）が融和することで国家権力の一元化を図ろうとする政治的な理論ないし運動のこと。近世の天皇は伝統的権威を体現する存在に止まり、政治の実権は幕府が握っていたが、阿部正弘《あべまさひろ》政権の挙国一致策により、朝廷が国政に関与するようになった。松平春嶽《まつだいらしゅんがく》や島津斉彬《しまづなりあきら》といった一橋派は、日米修好通商条約調印をめぐって諸大名への諮問、朝廷への報告を主張して、幅広い政治勢力の合意に基づく政治を実現しようとしたが、孝明天皇《こうめいてんのう》は条約を勅許しなかった。さらに大老井伊直弼《いいなおすけ》による無勅調印問題、十三代将軍徳川家定の将軍継嗣《しょうぐんけいし》問題などを機に天皇の政治的重要性は次第に増していった。一方、桜田門外《さくらだもんがい》の変で井伊が殺害されるなど、幕府権力は失墜していった。老中の安藤信正《あんどうのぶまさ》と久世広周《くぜひろちか》は、幕府権力の回復を図るため、皇女和宮《かずのみや》（孝明天皇の妹）の十四代将軍徳川家茂への降嫁《こうか》を実現した。これは公武合体政策の一環であり、朝廷との融和を図る幕府側から要請したものであったが、侍従岩倉具視《いわくらともみ》らは幕府の要請を逆に利用して朝廷の政治的立場を上昇させようと画策した。こうした幕府の公武合体政策に対する反発は大きく、安藤が登城中に襲撃される坂下門外《さかしたもんがい》の変が起き、久世・安藤政権は崩壊した。その後、長州藩は長井雅楽《ながいうた》の「航海遠略策」によって公武合体運動を展開したが、結果として朝廷の支持を得られず、藩論を尊王攘夷へと転換させた。一方、薩摩藩は島津久光《しまづひさみつ》が率兵上京し、勅使大原重徳《おおはらしげとみ》を奉じて幕府に対して改革を要請した。これを受けて松平春嶽が政事総裁職《せいじそうさいしょく》、一橋慶喜《ひとつばしよしのぶ》が将軍後見職《しょうぐんこうけんしょく》に就任、公武合体運動が展開していった。公武合体による幕府権力回復を目指した家茂は、孝明天皇からの政権再委任を実現したが、それは限定的なものに止まり、一方で五月十日を期日とする攘夷実行を受け入れざるを得なかった。尊王攘夷運動は高揚をみせるが、薩摩藩・会津藩などが主導した八月十八日の政変で尊王攘夷派勢力を京都から一掃すると、一橋慶喜・松平春嶽・松平容保《まつだいらかたもり》・山内豊信《やまうちとよしげ》・伊達宗城《だてむねなり》・島津久光らを中心に国政を審議する参与会議《さんよかいぎ》が開かれた。こうして公武合体派は政局の主流をしめたが、横浜鎖港問題をめぐり開国を主張する久光と鎖港を主張する慶喜とが対立し参与会議は解体、公武合体論は衰退し、公議政体論へと展開していった。

参考文献　毛利敏彦『明治維新政治史序説』（未来社、一九六七年）、三上一夫『公武合体論の研究』（御茶の水書房、一九七九年）、宮地正人『天皇制の政治史的研究』（校倉書房、一九八一年）、大久保利謙「幕末政治と政権委任問題」（『大久保利謙著作集』一、吉川弘文館、一九八六年）

（神谷　大介）

国事御用掛（こくじごようがかり）

国事に関する朝議を決定するため、文久二年（一八六二）十二月九日に朝廷に新設された役職。なかでも攘夷問題の審議が朝廷内の重要課題となったことが設置の要因。慶応三年（一八六七）十二月九日の王政復古により廃止され、その間合計四十一名が任命された。本来の朝廷政務機構である関白―議奏―武家伝奏を組み込み、宮・親王や四位・五位のいわゆる中下層の殿上人など、従来は朝廷内の意思決定過程外にあった者が多く任じられたことが特徴。特に青蓮院宮《しょうれんいんのみや》（のちの中《なか》川宮朝彦《がわのみやあさひこ》親王）や議奏中山忠能《なかやまただやす》・正親町三条実愛《おおぎまちさんじょうさねなる》が設置を推進したとされる。審議の場は小御所が宛てられ、当初は各自月に十日ずつ執務することとされた。ただし、朝廷内外における攘夷急進論の増加に伴い、翌文久三年二月に国事参政《こくじさんせい》・国《こく》事寄人《じようど》が設けられると、慎重論が多い国事御用掛は対立するようになる。そのため、同年八月十八日に孝明天皇や朝彦親王らにより政変が行われると、国事参政・国事寄人は廃止されたが国事御用掛は存続した。その後の朝議は条約勅許問題や長州処分問題をめぐって、徳川幕府への大政委任を原則とする一会桑勢力（禁裏守衛総督一橋慶喜・京都守護職会津藩主松平容保《まつだいらかたもり》・京都所司代桑名藩主松平定敬《まちだいらさだあき》）を支持する派と、有力諸侯の合議による決定を主張する薩摩藩・越前藩などを支持する派の間で対立する場面がみられるようになった。

参考文献　『中山忠能履歴資料』四（『日本史籍協会叢書』、東京大学出版会、一九七三年）、家近良樹『幕末政治と倒幕運動』（吉川弘文館、一九九五年）、仙波ひとみ「「国事御用掛」考」（『日本史研究』五二〇、二〇〇五年）

（白石　烈）

五品江戸廻送令（ごひんえどかいそうれい）

万延元年（一八六〇）閏三月十九日に雑穀・呉服・糸・水油・蠟の五品に限り、地方から横浜への直送を禁じ、貿易品は全て江戸を経て廻し、江戸問屋の買取品から貿易することを命じた法令。当時の江戸問屋は諸問屋再興から日が浅いこともあり、株仲間解散令以前と比べ、弱体化していた。この状況下で、貿易商が自己の利益を追求したため、江戸において諸色が不足した。幕府は本法令により、江戸問屋を通じての流通規制体系の再編をはかった。五品問屋はおのおの本令に基づく貿易取締りについての具体的計画を立案する。各問屋の対応で特徴的な点は通例の口銭のほか、貿易荷物に限って改料・積金をとり、それによって貿易荷物仕入れの前貸金に用いようとした。この際、横浜に出店して、貿易取締りを行う計画を立てるが、横浜商人らの抵抗により実現できなかった。地方荷主と横浜売込み商の直接取引を規制できなかったため、本令は無力化した。しかし、文久三年(一八六三)に横浜鎖港が問題化すると、幕府は九月二十四日に糸問屋に対し五品江戸廻し令の励行を命じる。さらに同二十七日には全国に五品江戸廻し令の趣旨を徹底し、十一月九日には九月二十七日の触書を徹底させている。この時期、幕府はみずからの主導で貿易を締めつけようとした。この結果、主要輸出品であった生糸の貿易は不振に陥る。この措置に諸外国は反発し、特に四国連合艦隊による下関砲台攻撃後、幕閣らへ生糸の貿易制限を撤廃するよう強い抗議を行う。元治元年(一八六四)九月五日、町奉行は生糸問屋の買取制度を廃止した。これより本令は事実上廃止された。

参考文献 『横浜市史』二(一九五九年)、吉田伸之「伝統都市の終焉」(『日本史講座』七、東京大学出版会、二〇〇五年)

(坂本　達彦)

コレラの流行 (コレラのりゅうこう)

安政五年(一八五八)から翌年にかけてコレラが流行したこと。コレラが日本国内で流行したのは、文政五年(一八二二)以来のことであった。文政五年のコレラは、長崎から侵入し、中国・畿内へと広まったが、流行は限定的であった。安政五年五月、長崎に入港したアメリカ軍監ミシシッピ号には、清国でコレラに感染した乗組員がいた。長崎では、同年六月には罹患者が三十人に及んだ。その後、流行地域は急速に広がり、六月下旬には東海道に、七月には江戸にまで至り、全国的な流行となった。八月中旬には、そのピークに達した。江戸でのコレラによる死者は、三万人とも四万人ともいわれる。江戸では死者が多く、商用で江戸を訪れる人も少なくなり、商売も休み同様の店が多く、不景気になったとされる。多人数での病気退参の祈禱が頻繁に行われていたらしく、それらを禁止する触なども幕府から出された。この時人々は、コレラの流行の原因を「アメリカ狐」「千年モグラ」などの空想上の異獣に求めた。これは、折からの黒船来航など、「異界」からの侵入者のイメージと合わさり生まれたものであった。大坂でも死者は一万人を超えたとされる。九月ころには流行は終わったが、翌年の安政六年七月下旬には再び流行した。流行した地域は、大坂・京都など畿内が中心であった。京都での死者は、二千人を超えた。安政七年にも多少の流行はあったが、大きな広がりとはならなかった。

参考文献 山本俊一『日本コレラ史』(東京大学出版会、一九八二年)、高橋敏『幕末狂乱―コレラがやって来た!―』(『朝日選書』、朝日新聞社、二〇〇五年)

(望月　良親)

坂下門外の変 (さかしたもんがいのへん)

文久二年(一八六二)正月十五日、老中安藤信正《あんどうのぶまさ》(事件当時は

信行)が江戸城坂下門外で浪士に襲撃された事件。井伊直弼の没後の幕政は老中久世《くぜ》広周《ひろちか》・安藤信正が主導、桜田門外の変で失墜した幕府の権威を回復するため公武合体を企図し、将軍徳川家茂と孝明天皇の異母妹和宮《かずのみや》親子内親王《ちかこないしんのう》の婚姻を朝廷に要請する。天皇は当初拒絶の意向を示したが、岩倉具視の建言もあり万延元年(一八六〇)十月十八日降嫁に勅許をあたえた。このため信正が和宮を人質として孝明天皇の譲位を迫ろうとしているという噂が流れ、尊王攘夷派の志士は信正への反感を強めた。江戸郊外小梅村(東京都墨田区向島)に思誠《しせい》塾《じゅく》を開いていた尊王の儒学者大橋訥菴《おおはしとつあん》(宇都宮藩士)はこの情勢を見て、宇都宮の商人で義弟の菊池教中《きくちきょうちゅう》を金主とし水戸藩の急進派と提携して信正襲撃の準備を進めた。訥菴は直前の文久二年正月十二日に南町奉行所の与力に逮捕されたが、水戸・下野・越後人からなる刺客六名は十五日四ッ時(午前十時)登城途中の信正を坂下門外に襲い背中に傷を負わせた。事件が契機となり、信正は四月十一日に老中を辞し、六月二日には久世広周も辞職、久世・安藤政権は終焉を迎えた。これ以降老中の政治指導力が低下するとともに尊王攘夷運動が烈しくなった。大橋訥菴は同年七月七日勅使大原重徳《おおはらしげとみ》の下向により出獄したが、直後に劇疾を発し十二日に死去した。

参考文献　『宇都宮市史』六(一九八二年)、秋本典夫「大橋訥庵と菊池教中の末路—坂下門事件の黒幕—」(『宇都宮大学教養部研究報告第一部』二〇、一九八七年)

(吉﨑　雅規)

桜田門外の変　(さくらだもんがいのへん)

万延元年(一八六〇)三月三日、大老井伊直弼《いいなおすけ》が江戸城桜田門外で水戸・薩摩藩の浪士によって殺害された事件。安政五年(一八五八)六月、井伊直弼は勅許を得ないまま日米修好通商条約に調印した。これに対し朝廷は幕府の無断調印を責める勅諚を同年八月幕府と水戸藩に下し(戊午《ぼご》の密勅《みっちょく》)幕政に不信感を表した。これを契機として幕府は九月より反幕府派を捕らえて取り調べを進め、翌安政六年に御三家・摂家の当主を含む大名・公家・藩士・志士らに苛酷な処罰を行なった(安政の大獄)。近年の研究では刑を重く決めたのは必ずしも直弼とはいえないことが指摘されているが、この処罰は志士の反発を呼び、水戸・薩摩・長州などの藩士のなかには提携して兵を挙げ、直弼を襲撃しようとする動きが強まっていく。さらに幕府は安政六年十二月以降勅諚の返納を水戸藩に迫ったため、高橋多一郎《たかはしたいちろう》・金子孫二郎《かねこまごじろう》・関鉄之介《せきてつのすけ》ら藩内激派はこれに反発して薩摩藩の有志とともに除奸計画を具体化させ、直弼暗殺に呼応して薩摩藩が京都で挙兵する計画を立てた。万延元年三月三日の雪の朝、関ら脱藩した水戸藩浪士十七名と薩摩藩浪士有村次左衛門《ありむらじざえもん》は、上巳の節句のため登城する直弼を外桜田門外の杵築藩邸前で襲いその首級を挙げた。事件は幕府と将軍家の権威を大きく凋落させる契機となった。

参考文献　吉田常吉『井伊直弼』(『人物叢書』、吉川弘文館、一九六三年)、井上勲「大老井伊直弼」(『学習院史学』三五、一九九七年)、母利美和『井伊直弼』(『幕末維新の個性』六、吉川弘文館、二〇〇六年)、『新修彦根市史』三(二〇〇九年)

(吉崎　雅規)

薩英戦争(さつえいせんそう)

文久三年(一八六三)七月に鹿児島湾で勃発した薩摩藩とイギリス艦隊の戦闘。文久二年八月二十一日に起きた生麦事件について、イギリス政府は日本政府(幕府)に対して公式謝罪と償金一〇万ポンドの支払いを要求し、幕府はこれに応じた。ついで、薩摩藩に対しては、文久三年六月二十二日にイギリス東インドシナ艦隊司令長官キューパー率いる七隻の艦隊が横浜を発ち、二十七日鹿児島湾へ入湾。翌日、薩摩藩へ、㈠海軍司令官立ち会いのもとで犯人を裁判にかけ処刑すること、㈡被害者四名の関係者に分配するため二万五〇〇〇ポンドの賠償金を支払うこと、の二項目の要求が伝えられた。しかし、交渉は進展せず、七月二日明け方に薩摩藩の汽船天祐丸など三隻が拿捕され、これを発端として正午ごろ砲撃戦が開始。薩摩藩は、天保山砲台などから応戦した。戦闘は、翌三日まで続いたが、四日、イギリス艦隊は物資欠乏・船体破損のため横浜へ退去。この戦闘の結果、イギリス側は、旗艦ユーリアラス号の艦長ジョスリングをはじめ戦死十三名、負傷五十名を出し、薩摩藩は、戦死五名、負傷十数名を出したほか城下に大きな被害を受けた。薩摩藩では、対英和平が主唱されるようになり、幕府の仲介もあって十月五日講和が成立。それは、幕府からの借用による償金の支払い、生麦事件の下手人捜索に関する誓約書の手交、イギリスによる薩摩藩の軍艦購入周旋などの条件で妥結した。以後、薩摩藩とイギリスの関係は急速に接近していった。

参考文献　石井孝『明治維新の国際的環境(増訂版)』(吉川弘文館、一九七三年)、鹿児島県立図書館編『薩英戦争関係資料』(鹿児島県立図書館、一九九六年)、鵜飼政志「一八六三年前後におけるイギリス海軍の対日政策」(『学習院史学』三七、一九九九年)

(宮間　純一)

薩長盟約(さっちょうめいやく)

薩摩藩と長州藩が幕府と対抗するために交わした軍事的な盟約、提携。薩長同盟、薩長連合、薩長提携とも。禁門の変に敗れた長州藩は、内裏に発砲したとして「朝敵」となった。第一次長州戦争では開戦には至らなかったものの、慶応元年

（一八六五）五月、幕府は将軍徳川家茂の長州再征を公表した。一方、幕府の専断的な長州処分に反発を強めた薩摩藩は、長州藩に対して次第に融和的な態度を取りはじめ、同年八月までには長州藩に軍艦・小銃を斡旋するに至った。九月には長州藩主毛利敬親《もうりたかちか》とその子広封《ひろあつ》が薩摩藩主島津茂久《しまづもちひさ》とその父久《ひさ》光《みつ》に対して支援の礼状を出すなど、両藩の関係は次第に軟化していった。慶応二年正月、長州藩の木戸孝允《きどたかよし》は京都二本松《にほんまつ》（京都府京都市）の薩摩藩邸に入り、薩摩藩の小松帯刀《こまつたてわき》、大久《おおく》保《ぼ》利通《としみち》、西郷隆盛《さいごうたかもり》らと長州処分の諾否をめぐる会談を重ねた。処分の受諾を求める薩摩藩とそれを拒否する長州藩の主張は平行線をたどったが、坂本龍馬《さかもとりょうま》と中岡慎太郎《なかおかしんたろう》の仲介により、同月二十一日に薩長盟約が成立した。二十三日、木戸は薩長盟約の内容を六ヵ条にまとめた書簡を坂本に送り、添削を求めた。この書簡を受け取った坂本は内容に間違いがないことを裏書し、二月五日付で木戸に返送した。六ヵ条の内容は、開戦した場合、薩摩藩は京坂の守りを固める（第一条）、長州藩の勝利・敗北あるいは幕府兵の東帰、いずれの場合も薩摩藩は朝廷に対して長州藩の復権を求める（第二～四条）、一橋《ひとつばし》慶喜《よしのぶ》、会津藩主松平容保《まつだいらかたもり》、桑名藩主松平定敬《まつだいらさだあき》らが朝廷を擁して「周旋尽力の道」を遮るときは決戦に及ぶ（第五条）、皇国のため皇威回復を目指して誠心を尽くす（第六条）というものである。これらは藩主同士が取り交わした正式な同盟ではなく、一部首脳が極秘事項として当面の軍事提携を了承したものにすぎない。ただし、両藩への拘束力は強く、第二次長州戦争に際して薩摩藩は幕府からの出兵要請を拒否するなど、盟約の趣旨に即して行動し、長州藩は幕府軍に勝利を収めた。

参考文献　青山忠正『明治維新と国家形成』（吉川弘文館、二〇〇〇年）、三宅紹宣「薩長盟約の歴史的意義」（『日本歴史』六四七、二〇〇二年）

（神谷　大介）

参勤交代の緩和（さんきんこうたいのかんわ）

文久二年（一八六二）閏八月、幕府は参勤交代の緩和策を打ち出した。緩和の要点は、在府の時期（春夏秋冬）によって諸大名を四種に分け、それまで隔年交代制であった大名の参勤交代を三年に一度に改め、江戸在留期間も百日とすること、嫡子の参府・在国・在邑は自由とするが、妻子は帰国を許すこととし、在府の家臣を減少させて冗費を省かせることにあった。すなわち、参勤交代が諸大名の国力を疲弊させていたため、緩和することによって、結果的に全国一致の武備充実を可能にするところにあった。閏八月十五日に発令された緩和令では、追々海軍建設を視野に、まず領内での富国強兵の実現を指示している。そして、二十二日には具体的な参府割が示され、妻子の帰国も許可された（『昭徳院殿御実紀』）。これを推進したのは、政事総裁職の松平春嶽《まつだいらしゅんがく》と、そのブレーンの横《よこ》井《い》小楠《しょうなん》であった。横井は幕政改革の方針を「国是七条」としてまとめた。そのなかに「止諸侯参勤為述職（諸侯の参勤を止めて述職となせ）」とあり、徳川氏に忠誠を誓いに来る参勤をやめて、「述職」すなわち地方官として中央政府に政治の報告に来ることに改めようというのである。また、「帰諸侯室家（諸侯の室家を帰せ）」と、妻を人質として江戸に永住させていることも廃止すべきであると述べている。幕府が嘉永六年（一八五三）七月にアメリカ大統領フィルモアの親書ならびに全権使節ペリーの書翰に和解を示し、策定すべき対外交方針について全大名に諮問した際、答申のあった百九十の大名のうち九名の答申書のなかに参勤交代の緩和要請があった。その理由は、藩領の海岸に異変が生じた際、藩主が国許にあることが望ましいうえに、ほとんどの藩の財政支出の半分は江戸でなされ、参勤交代を緩和させるならば江戸での支出を抑えることができ、その分を海防費に振り分けることができるというのである。参勤交代は、権力の中心が江戸にあることを視覚的に天下に知らしめる、権力の表象としての役割があった。したがって、この緩和策は将軍と大名の君臣関係（上下関係）を確認する重要な要素を削減することを意味したのである。

参考文献　丸山雍成『日本近世交通史の研究』（吉川弘文館、一九八九年）、児玉幸多編『日本交通史』（吉川弘文館、一九九二年）、三谷博『明治維新とナショナリズム』（山川出版社、一九九七年）、丸山雍成『参勤交代』（『日本歴史叢書』、吉川弘文館、二〇〇七年）

（佐藤　宏之）

三兵（さんぺい）　歩兵・騎兵・砲兵のこと。文久二年（一八六二）十二月、江戸幕府は、歩兵・騎兵・砲兵からなる陸軍を創設した。三兵の組織は、西洋陸海軍の将士各階級の和訳である「海軍二軍将士階級順序」によれば西洋の軍事組織に対応しており、文久三年二月までに次の役職が新設された（以下、カッコ内は西洋階級を示す）。まず、三兵を統括する役職として陸軍奉行（ロイナンドゼネラール、中将）が新設された。さらに歩兵・騎兵については、老中支配の役職として奉行（ゼネラルマヨール、少将）、頭（コロネル、大佐）、頭並（ロイテナンドコロネル、中佐）が、若年寄支配の役職として総目付（マヨール、少佐）が、歩兵・騎兵奉行支配の役職として差図役頭取（カピテイン、大尉）、差図役（一等ロイテナンド、中尉）、差図役並（二等ロイテナンド、少尉）が新設された。砲兵は、老中支配の役職として大砲組之頭（ロイテナンドコロネル、中佐）、大砲組差図役頭取（カピテイン、大尉）、差図役（一等ロイテナンド、中尉)、持小筒組頭、同並が新設された。これらの役職は士官に相当し、当初の就任者は、講武所関係者が大半を占めた。とくに砲術関係者が多く、幕府は西洋式軍隊を創設するにあたり、西洋の軍事知識をもった者を指揮官に任命したと考えられている。その後、幕府は本格的に士官養成に取り組み、慶応三年(一八六七)には士官学校を設立した。

参考文献 『陸軍歴史』一―三(勝部真長・松本三之介・大口勇次郎編『勝海舟全集』一五―一七、勁草書房、一九七六―七七年)、宮崎ふみ子「幕府の三兵士官学校設立をめぐる一考察」(近代日本研究会編『幕末・維新の日本』、山川出版社、一九八一年)

(野本 禎司)

下関戦争 (しものせきせんそう)

元治元年(一八六四)八月、イギリス、フランス、オランダ、アメリカ四ヵ国の連合艦隊が、下関海峡から長州藩を砲撃した事件。四国連合艦隊下関砲撃事件、馬関戦争ともいう。攘夷実行の期日とされていた文久三年(一八六三)五月十日、長州藩は下関海峡にてアメリカ商船ペムブロック号を砲撃。ついで、フランスとオランダの軍艦も砲撃した。これに対して、アメリカが六月一日に反撃を開始して、長州藩の船二隻を撃沈。フランスもこれに続いた。イギリス公使オールコックは、攘夷運動の急先鋒であった長州藩に打撃を加えるべく、列国で連携し、連合艦隊遠征を企図。実際に協力体制を樹立した。また、中国にあった極東イギリス陸海軍の兵力を横浜へ集結させた。元治元年七月二十七・二十八日、イギリス海軍中将キューパーを総司令官として、艦船十七隻(イギリス九、フランス三、オランダ四、アメリカ一)、兵数五千名の四国連合艦隊が横浜を出港。八月五日、下関への砲撃を開始した。陸戦隊約二千名は、上陸して砲台を破壊・占拠し、大砲合計六十二門を奪取した。同月八日、長州藩は休戦交渉を申し入れ、十四日に下関海峡通行の保証、賠償金の支払いなどを条件に休戦が締結された。九月四日、四国の代表と幕府の間で協約が結ばれ、賠償金三〇〇万ドルは幕府が肩代わりすることになった。幕府瓦解後、未払い分は明治新政府へ引き継がれ、明治七年(一八七四)に至って完済された。

参考文献 石井孝『明治維新の国際的環境(増訂版)』(吉川弘文館、一九七三年)、保谷徹『幕末日本と対外戦争の危機―下関戦争の舞台裏―』(『歴史文化ライブラリー』、吉川弘文館、二〇一〇年)

(宮間 純一)

将軍後見職 (しょうぐんこうけんしょく)

若年である将軍の政治後見役。十四代将軍徳川家茂のおり、御三卿の田安慶頼《たやすよしより》と一橋慶喜《ひとつばしよしのぶ》が就任し、特に慶喜は政治的に目立った活動をしたことで知られる。まず、幕府の達《たっし》では、

「御後見」とあるように、本来老中のような職制に位置づけられる存在ではない。登城に際しても平河門から御風呂屋口を通り、城中の控所に入るなど、御三卿の待遇と変わらない。しかし、慶喜以降は、史料でも「後見職」の語が多く見られ、役職に近いものとして捉えられていたようである。田安慶頼は、十二代将軍徳川家定の喪が発せられた安政五年(一八五八)八月八日に、遺言によって次期将軍家茂の幼年を理由に後見を命じられ、大老井伊直弼らと協調関係を保った。しかし、一橋派大名が復権するなかで、文久二年(一八六二)五月九日に家茂の成長を理由に免じられた。そののち、勅使大原重徳《おおはらしげとみ》が東下し、六月十日に登城して家茂に慶喜の将軍後見就任を要求した。それが契機となり、七月六日に、慶喜は一橋家を再相続のうえ(安政大獄により隠居処分を受けていた)、後見役に任じられた。しかし、これは実質的に朝廷の人事介入による、特殊な政治情勢によるものであった。慶喜はかつて家茂と将軍継嗣を争った存在であり、ほかにも種々の理由によって、老中以下諸役人の反発が強く、その就任は難行した。しかし、文久三年と元治元年(一八六四)の二度にわたる将軍上洛では、家茂を補佐し、政治活動に尽力するなど、存在感は高まっていった。のち、元治元年三月に朝廷から禁裏守衛《きんりしゅえい》総督《そうとく》・摂海防禦指揮《せっかいぼうぎょしき》に任じられたことによって免じられた。

参考文献 家近良樹『徳川慶喜』(『幕末維新の個性』一、吉川弘文館、二〇〇四年)、原口清『幕末中央政局の動向』(『原口清著作集』一、岩田書院、二〇〇七年)、久住真也『幕末の将軍』(『講談社選書メチエ』、講談社、二〇〇九年)

(久住 真也)

将軍上洛(しょうぐんじょうらく)

将軍が京都にのぼること。幕末期では文久三年(一八六三)と、元治元年(一八六四)の二度に渡る十四代将軍徳川家茂の上洛と滞京、滞坂などの一連の動きをいう。なお、慶応元年(一八六五)の長州再征の間も上洛・滞京しているが、ここでは含めない。文久三年の上洛は、三代将軍徳川家光が寛永十一年(一六三四)に行なって以来、二百二十九年振りの大きな出来事であった。その背景には、将軍自身が天皇のもとに祗候して君臣の関係を明確化し、公武合体・挙国一致を目指すという大きな目的があったと考えられる。また前年に朝廷に約した攘夷の策略の言上という使命もあった。家茂は陸路東海道を経て入京し、三月四日に参内するが、朝廷からは従来の大政委任ではなく、攘夷実行のための「征夷将軍」の委任がなされ、公武合体に反して政令は分岐してしまった。そして、三月十一日には家茂は賀茂下上両社への行幸に随従し、以後も五月十日を期限とする攘夷実行に備え、大坂湾を巡視したが、江戸での生麦事件賠償金問題の処理をきっかけとした政局の混乱の中、六月に天皇の許しを得て海路江戸に帰還した。のち同年の八月十八日政変により政局が転換すると、再び将軍上洛のうえ国家の最高方針を樹立し、公武合体を実現しようという機運が高まった。そのため家茂は海路を経て、翌元治元年正月十五日に二条城に入り、公武一和に尽力した（五月に海路帰府）。この間、四月二十日に、朝廷から大政委任を確認する沙汰書が下り（ただし、国家の重大事は奏聞を義務づけたもの）、前年の上洛で未解決であった政令一途《せいれいいっと》が実現するかに見えた。しかし、対外的方針については、最後まで国内諸勢力の合意を形成できず、長州藩の大挙上洛による七月十九日の禁門の変によって国内は分裂し、大政委任の形骸化も進んでいった。

参考文献　原口清『幕末中央政局の動向』（『原口清著作集』一、岩田書院、二〇〇七年）、同『王政復古への道』（『原口清著作集』二、岩田書院、二〇〇七年）、久住真也『幕末の将軍』（『講談社選書メチエ』、講談社、二〇〇九年）

（久住　真也）

新選組（しんせんぐみ）

京都守護職（会津藩）預りとして、のちには幕府の組織として、幕末期の京都で市中警衛と政治活動を行なった集団。出羽庄内郷士清川八郎《きよかわはちろう》と、幕臣松平忠敏《まつだいらただとし》が中心となって組織した浪士組を母体とし、浪士組の上洛後の文久三年（一八六三）三月、攘夷方針をめぐって浪士組が分裂し、京都に残った近《こん》藤勇《どういさみ》ら試衛場勢と、芹澤鴨《せりざわかも》ら水戸勢を中心とする十七名は、京都守護職に対し、そのまま京都に残って、京都・将軍・天皇の警衛を願い出る（攘夷が決した後には将軍とともに江戸へ戻って攘夷を行う）。この願いが認められ、浪士組は同年三月十二日より、「京都守護職御預」となる。京都に残った浪士組は、京都守護職の軍事力の一翼を担い、日常的には市中警衛や探索活動などを行い、同年八月十八日の政変では、京都守護職配下として御所の警備を勤めて戦功を褒賞され、同月に新選組の名を与えられている。元治元年（一八六四）六月には、長州藩士らによる御所焼き討ち計画の情報をつかみ、池田屋での会合を襲撃している（池田屋事件、焼き討ち計画の有無には疑義も呈されている）。翌七月の禁門の変でも出動し、変後には天王山（京都府乙訓郡大山崎町）や大坂など周辺地域へ長州藩士の残党探索に赴いている。一方で近藤勇は、京都守護職勢力の周旋方のような立場で政治活動を行なっていたことが、諸藩周旋方の記録や、近藤が郷里に宛てて出した書簡から明らかになっている。近藤および新選組の政治思想は尊王攘夷の実現であり、将軍が中心となって攘夷を実現することを政治目標としていた。新選組はたびたび隊士を募集し、慶応元年(一八六五)五月ごろには二百人程度の規模を持っていた。このころの組織は、局長(総長)の近藤勇、副長土方歳三《ひじかたとしぞう》、参謀伊東甲子太郎以下、一—十番隊に編成され、隊の規律をあらわした法度も明文化されていたようである。剣術のみではなく、歩兵・砲兵も含めた隊列を組むなど、洋式陸軍の導入も検討されていた。一方で、結成以来、芹澤一派や伊東甲子太郎一派の暗殺など、たび重なる粛正を行なっている。慶応三年六月には幕臣となり、近藤は見廻組与力格(三百俵)、土方は見廻組肝煎格(七十俵五人扶持)、以下、職階に応じて見廻組に準ずる格と扶持を与えられ、近藤は旗本、土方以下は御家人の身分を得ることになった。慶応三年十二月の王政復古以後、新選組は徳川家・会津藩とともに大坂へ移り、鳥羽伏見戦争では会津藩とともに布陣し、敗戦後は大坂へ戻った。翌年正月十日に海路で江戸へ戻ると、徳川家若年寄大久《おおく》保《ぼ》忠寛《ただひろ》(一翁《いちおう》)より、東上してくる維新政府軍から甲府を守るよう命じられ、(甲陽)鎮撫隊として、甲州道中を東へ向かう。この時、近藤は徳川家の若年寄格に、土方は寄合席格に任じられ、大久保剛・内藤隼人と改名している。鎮撫隊は韮山での維新政府軍との戦闘に敗れて江戸へ戻り、以後、北関東を転戦する。しかし、流山で近藤が捕縛されて処刑され、残った土方は、江戸や北関東で反維新政府的な立場の諸階層を糾合して新選組を再編し、東北へ転戦して奥羽越列藩同盟・箱館政府の一翼を担う。明治二年(一八六九)五月の戦闘で土方は戦死し、残りの隊士も降伏し、新選組の歴史は幕を閉じた。新選組は、子母澤寛《しもざわかん》・司馬遼太郎《しばりょうたろう》らの文学作品で大きく取り上げられて広く知られる一方、歴史学の分野での研究は立ち後れている。史料の発掘と併せて、実態に即した新選組像の解明は今後の課題である。

参考文献 松浦玲『新選組』(『岩波新書』、岩波書店、二〇〇三年)、大石学『新選組—「最後の武士」の実像—』(『中公新書』、中央公論新社、二〇〇四年)、宮地正人『歴史のなかの新選組』(岩波書店、二〇〇四年)、中村武生『池田屋事件の研究』(『講談社現代新書』、講談社、二〇一一年)

(三野 行徳)

政事総裁職(せいじそうさいしょく)

文久二年(一八六二)に幕府に設けられた役職。同年七月九日に家門の前越前藩主である松平春嶽《まつだいらしゅんがく》が任命され、翌三年三月に春嶽が免じられると、同年十月十一日に同じく家門の川越藩主松平直克《なおかつ》が就任した。そして、翌元治元年(一八六四)六月に直克が免じられて以降は置かれなかった。職制上は老中より上に置かれたが、職務上の権限は明確ではなく、松平春嶽と直克それぞれの就職時のあり方についても比較検討が必要である。同職設置のきっかけは、文久二年六月に勅使大《おお》原重徳《はらしげとみ》が下向したおり、将軍に春嶽を「大老」に就任させることを要求したことに求められる。大老は近世後期は溜間詰の井伊家が就任しており、家門大名の就任は慣例に反し、越前藩内にも強い反対があった。しかし、結局、政事総裁職という名称で、春嶽の幕政参加が実現した。このように、名称も春嶽を「大老」相当の職につけるための便宜的なもので、朝廷の強い意向を受けた人事である。春嶽は基本的に毎日登城し、登城の際、御門や城内では総下座、往来制止などの扱いを受け、その威勢は大老を超越したといわれる。しかし、幕府内での実質的な力は、譜代老中らの力を凌ぐものとは言い難いものがあり、しばしば登城拒否を行い、抗議の意を表明している。それでも、将軍徳川家茂の個人的な信頼と、幕閣や有司層の一部の協力を獲得して、文久改革と公武合体政策を推し進めた。また、松平直克は、春嶽同様に朝廷や公武合体派勢力から人望があったが、叡慮を奉じて、横浜鎖港実現を強力に目指したことで、幕府内部の混乱を加速させ、その結果免じられるに至った。

参考文献　中根雪江『奉答紀事』(『新編日本史籍協会叢書』一、東京大学出版会、一九八〇年)、高木不二『横井小楠と松平春嶽』(『幕末維新の個性』二、吉川弘文館、二〇〇五年)、原口清『王政復古への道』(『原口清著作集』二、岩田書院、二〇〇七年)、久住真也『幕末の将軍』(『講談社選書メチエ』、講談社、二〇〇九年)

(久住　真也)

尊王攘夷　(そんのうじょうい)

中国の儒学思想に根源をもつ尊王論と攘夷論が融合した幕末日本に固有の思想ないし運動のこと。尊王は名分論に基づき王室を尊ぶ主張、攘夷論は自国を文明・道徳に優れた「華」とする一方で他国を劣った「夷狄《いてき》」と捉え、これを掃攘する主張である。十八世紀末から十九世紀にかけて、対外的危機の高まりを背景に、尊王論と攘夷論が結びついて尊王攘夷論が生まれた。尊王攘夷論は、会沢正志斎《あいざわせいしさい》の『新論《しんろん》』などの著作を通じて、武士層や豪農商層に至るまで広く浸透していった。万延元年(一八六〇)の桜田門外《さくらだもんがい》の変は、尊王攘夷論に基づく政治運動、すなわち尊王攘夷運動として表出したものである。大老井伊直弼《いいなおすけ》を中心とする幕閣は、天皇の勅許を得られないまま日米修好通商条約に調印し、それに反対する尊王攘夷派には安政《あんせい》の大獄《たいごく》で徹底的な弾圧を加えた。そのため尊王攘夷派は井伊政権打倒という明確な政治目的を掲げて過激化し、登城中の井伊を殺害するに至ったのである。その後も老中安藤信正《あんどうのぶまさ》を襲撃した坂下門外《さかしたもんがい》の変や外国人殺傷事件などを引き起こし、一方では公卿・藩士・豪農商層らとの結び付きを深め、京都を中心にその勢力基盤を固めていった。文久三年(一八六三)の将軍徳川家茂上洛時には、攘夷祈願のため孝明天皇《こうめいてんのう》が石清水八幡宮に行幸し、五月十日を攘夷期限とすることを幕府側に認めさせた。しかし、同年五月の下関戦争(下関事件)、七月の薩英戦争は攘夷実現が不可能であることを明確なものとした。同年八月十八日の政変によって会津・薩摩藩を中心とする公武合体派の策謀により、三条実美《さんじょうさねとみ》ら尊王攘夷派公卿らは京都から一掃された(七卿《しちきょう》落《お》ち)。さらに元治元年(一八六四)七月、勢力挽回を期した長州藩尊王攘夷派が禁門《きんもん》の変で敗北すると、尊王攘夷運動は挫折を余儀なくされ、討幕運動へと転換を遂げていくこととなった。

参考文献 丸山真男『日本政治思想史研究』(東京大学出版会、一九五二年)、田中彰『明治維新政治史研究』(青木書店、一九六三年)、尾藤正英「尊王攘夷思想」(朝尾直弘編『岩波講座日本歴史』一三、岩波書店、一九七七年)

(神谷　大介)

寺田屋騒動 (てらだやそうどう)

文久二年(一八六二)、山城国紀伊郡伏見(京都市伏見区)の船宿寺田屋において起きた薩摩藩激派の弾圧事件。同年、幕政改革・公武合体を企図した薩摩藩主島津忠義の実父久光の上洛に呼応し、薩摩藩精忠組の有馬新七・田中謙助らが反幕を念頭においた挙兵を目論んだ。入京した久光は、激派の鎮静を図ったが、有馬らはこれに従わず、久留米藩水天宮祠官真木保臣《まきやすおみ》、岡藩士小河一敏《おごうかずとし》、長州藩士久坂玄瑞《くさかげんずい》・吉村寅太郎ら藩外の人物とも連携して挙兵の機会を窺った。計画の内容は、京都市街に放火し、その騒ぎに乗じて親幕派と目されていた関白九条尚忠《くじょうひさただ》と京都所司代酒井忠義を襲撃。京都を一気に占領し、勅命をもって久光を反幕挙兵に巻き込もうとするものであった。四月二十三日夜、久光は、奈良原繁《ならはらしげる》・大山綱《おおやまつな》良《よし》・山口直秀・森岡昌純《もりおかまさずみ》らを激派約三十名が屯集する寺田屋へ派遣し、挙兵の中止命令を伝えたが、有馬らはこれも拒絶。ついに、鎮撫使側が上意討ちに及び、斬り合いとなった。結果、激派側では有馬をはじめ柴山愛次郎・橋口壮助らが、鎮撫使側では道島正邦が死亡した。翌日、重傷を負った二名が切腹を命じられ、後日さらに一名が自刃。捕縛された西郷従《さいごうつぐ》道《みち》・大山巌《おおやまいわお》・篠原国幹《しのはらくにもと》・三島通庸《みしまみちつね》ら約二十名は帰国の上謹慎処分に、真木らは藩地送還、田中河内介・瑳磨介父子は護送中に謀殺された。この騒動により、京都挙兵計画は未遂に終わり、薩摩藩における激派の行動は沈静化した。

参考文献 渡辺盛衛編『有馬新七先生伝記及遺稿』(海外社、一九三一年)、佐々木克『幕末政治と薩摩藩』(吉川弘文館、

二〇〇四年)、町田明広『幕末文久期の国家政略と薩摩藩—島津久光と皇政回復—』(岩田書院、二〇一〇年)

(宮間　純一)

天狗党の乱（てんぐとうのらん）

元治元年(一八六四)に起きた水戸藩尊攘激派による筑波山挙兵とそれ以後の争乱。「天狗党の乱」の呼称は、水戸藩内において新参軽格の士が多数を占める尊攘激派が、譜代門閥の保守派から「天狗」という蔑称で呼ばれたことに由来するとされる。安政年間(一八五四—六〇)から水戸藩改革派の活動は盛況となったが、安政五年八月に降下された戊午の密勅に対する取り扱いをめぐって二派に分裂した。のちに、激派は天狗党へとつながり、ゆるやかな幕政改革を目指す鎮派は譜代門閥や弘道館諸生と結び付いて反天狗の諸生党を結成した。同三年ごろから激派の多くは、農村の富裕層からの資金徴発を背景に、水戸藩南部の郷校に拠点をおいて活動していた。元治元年三月二十七日、激派の首領格藤田小四郎は、郷校に屯集していた同志を募り、横浜鎖港を主唱して筑波山に挙兵した。これに呼応した者は、尊攘激派の藩士のほかに郷士・神官・村役人などがおり、一時期は千名を超えるほどに勢力が拡大したという。天狗党は、挙兵後、日光へ向かい、その後も北関東各地を横行した。これに対し、幕府は天狗党討伐に乗り出し、常総の諸藩へ出兵を命令。水戸藩からも諸生党が追討へ向かった。一党は、那珂湊(茨城県ひたちなか市)で敗れると元家老武田《たけだ》耕雲斎《こううんさい》を総裁として、京都を目指して西上し、下野・上野・信濃・飛彈の各地を転戦した。十二月、八百二十三名が加賀藩に降伏し、翌年二月に武田や藤田ら三百五十二名は斬罪。ほかは遠島・追放などに処された。その後も天狗党と諸生党の抗争は鎮静化せず、明治元年(一八六八)の弘道館の戦いにて終息をみた。

参考文献　『茨城県史』近世編(一九八五年)、『水戸市史』中五(一九九〇年)、高橋裕文『幕末水戸藩と民衆運動』(青史出版、二〇〇五年)

(宮間　純一)

天誅組の変・生野の変（てんちゅうぐみのへん・いくののへん）

文久三年(一八六三)に大和と但馬国生野(兵庫県朝来市)で起きた尊攘激派の挙兵事件。文久三年八月十三日に、攘夷祈願のため孝明天皇の大和行幸が決定した。これを契機として、公家の中山忠光を擁し、吉村寅太郎(土佐)、松本奎堂《まつもとけいどう》(刈谷)、藤本鉄石《ふじもとてっせき》(備前)らが、十四日、大和にて挙兵した。中山ら天誅組は、十七日に五条代官所を襲撃し、代官鈴木源内ら五名を殺害。本拠地を桜井寺におき、五条を「天朝直轄地」と称して周辺の幕府領に年貢半減の令を布くと触れた。しかし、翌八月十八日の政変により、京都から尊攘派勢力が一掃され、大和行幸は取り止めとなった。このため、天誅組は十津川郷士を糾合して高取城を攻撃するものの敗退。以後、彦根・津・和歌山藩と抗戦し、九月後半に壊滅した。吉村、松本、藤村らは戦死し、中山らは長州藩大坂藩邸へ逃れた。学習院出仕平野国臣《ひらのくにおみ》は、孤立化した天誅組に呼応すべく挙兵を企てていた。平野は、但馬国で豪農北垣晋太郎らが組織していた農兵組織を利用し、長州にいた沢宣嘉《さわのぶよし》を総裁に迎えて、計画を実行に移そうとした。しかし、天誅組は挙兵前に壊滅。平野は、中止を主張するが、元長州藩奇兵隊の河上弥一らによって退けられた。一党は、十月十二日に生野代官所を占領し、年貢半減などを掲げて農兵を募ったが、姫路藩などにより鎮圧された。天誅組・生野の二つの変は、尊攘激派の浪士や豪農層が公家を担いで起こした挙兵事件として多くの共通点をもつ。

参考文献 沢宣一・望月茂『生野義挙と其同志』(春川会、一九三二年)、久保田辰彦『いはゆる天誅組の大和義挙の研究』(大阪毎日新聞社、一九四一年)、高木俊輔『明治維新草莽運動史』(勁草書房、一九七四年)

(宮間 純一)

生麦事件 (なまむぎじけん)

文久二年(一八六二)八月二十一日、横浜近郊生麦村(横浜市鶴見区生麦)において薩摩藩士がイギリス商人を殺傷した事件。文久二年六月薩摩藩主島津茂久《しまづもちひさ》の実父島津久光《ひさみつ》は幕政改革を企図して勅使大原重徳《おおはらしげとみ》を守護して江戸に入り、七月に徳川慶《とくがわよし》喜《のぶ》の将軍後見職、松平春嶽《まつだいらしゅんがく》の政事総裁職への登用を実現させる。八月二十一日に久光は江戸を出発、東海道を南下し帰途についた。この日イギリス人の生糸貿易商W・マーシャル、義妹のボロデール夫人マーガレット、ハード商会のW・C・クラーク、上海から来遊中の貿易商C・L・リチャードソンの四人は騎乗して川崎大師へ向かっていたが、武蔵国橘樹《たちばな》郡生麦村で久光の行列に交錯。リチャードソンは薩摩藩士供頭《ともがしら》奈良原喜左衛門《ならはらきざえもん》らに斬殺され、ほか二人も従士に斬られ重傷を負った。横浜の外国居留民会は即座に報復措置をとることを外交代表に要請したがイギリス代理公使ニールは戦争に発展する可能性を恐れ、居留民を抑えて慎重な態度を持した。文久三年二月十九日ニールは横浜に集結したイギリス極東艦隊の存在を背景に本国政府の指示に基づき事件の謝罪と一〇万ポンドの賠償金を幕府に求めた。交渉は難航し一時開戦の危機もあったが、五月九日老中格小笠原長行《おがさわらながみち》は賠償金をイギリス側に交付した。イギリスは薩摩藩にも犯人の処罰と賠償金を要求したが薩摩藩は応ぜず、七月鹿児島湾において薩英戦争が勃発した。十一月一日薩摩藩はイギリス側に賠償金二万五〇〇〇ポンドを幕府から借用して支払い事件は終結をみた。事件を契機として英仏両国は居留地防衛のため軍隊を駐屯させる許可を幕府から得て、文久三年から明治八年（一八七五）三月まで両国の軍隊が横浜に駐留した。

参考文献　萩原延壽『遠い崖―アーネスト・サトウ日記抄―』一・二（朝日新聞社、一九八〇・九八年）、宮澤眞一『「幕末」に殺された男―生麦事件のリチャードソン―』（新潮社、一九九七年）、横浜市歴史博物館『生麦事件と横浜の村々』（横浜市ふるさと歴史財団、二〇一二年）　（吉崎　雅規）

日米修好通商条約　（にちべいしゅうこうつうしょうじょうやく）

安政五年六月十九日（一八五八年七月二十九日）に調印された日本とアメリカ合衆国との間の修好通商条約。初代アメリカ総領事のタウンゼント＝ハリス Townsend Harris（一八〇四―七八）が安政四年五月二十六日（一八五七年六月十七日）に締結した下田協約が通商条約でないことを不満に思い、中央政府の所在地である江戸で直接に幕府と交渉を計り、十月二十一日（一八五七年十二月七日）に江戸城に登城し、十三代将軍徳川家定に謁見して米国大統領の親書を読み上げた。幕府は、ハリスが伝えた清国をはじめ世界における状況を聞いて、最小限度の枠内で通商を許容することに決し、下田奉行の井上《いの》上清直《うえきよなお》と目付の岩瀬忠震《いわせただなり》を全権委員に任命した。なお、井上と岩瀬は安政五年七月八日（一八五八年八月十六日）に設置された外国奉行の最初の五名のうちの二人となった。両国全権委員は蕃書調所において十四回の交渉を重ねた結果、安政五年正月ごろ妥結して調印する準備ができたが、御三家の徳川《とくがわ》斉昭《なりあき》（水戸藩主）と徳川慶恕《よしくみ》（尾張藩主）をはじめとする諸大名の反対によって調印ができなくなった。老中堀田正睦《ほったまさよし》は条約の勅許を得て反対派を抑えるために同月に京都へ出発したが、孝明天皇をはじめ廷臣が条約調印に猛反対したため失敗に終わり、四月に江戸に戻った。堀田が帰府した直後、将軍継嗣問題などの影響で四月二十三日に大老に就任した彦根藩主井《い》伊直弼《いなおすけ》は、勅許を得るのに必要な時間を稼ぐためにハリスに条約調印の期日延期を要求したが、朝廷における開国反対派の活動によって、延期になった期日内条約に調印することができなかった。その時、六月中旬に清国におけるアロー戦争の英仏連合軍の勝利をハリスは外交的契機と見て、幕府に事態の急を報じた。井伊は勅許なしに調印できないと強調し続けたが、国家の存亡の問題と捉え将軍の裁可を仰いだ。結局、派遣された全権委員の岩瀬と井上は、安政五年六月十九日に神奈川沖に碇泊していたアメリカ合衆国海軍軍艦ポーハタン号の艦上で日米修好通商条約に調印した。この条約によって、外交官の相互派遣とそれらの旅行の自由（第一条）、日本と欧米諸国との間の紛争の際の米国大統領の仲裁、米国軍艦の日本船扶助(第二条)、神奈川、箱館(函館)、長崎、兵庫、新潟の開港と江戸、大坂(大阪)の開市、米国人居留地への出入りの自由、貿易の自由(第三条)、関税に関する規定(条約付録の「貿易の章程」に定められている)とアヘンの禁輸(第四条)、貨幣交換に関する規定(第五条)、領事裁判権(第六条)、米国人(外交官を除く)の行動の制限(第七条)、在留米国人の信仰の自由(第八条)、日本による軍用品の買入、米国専門家の雇用の自由(第十条)、下田協約の破棄と、本条約と重ならない神奈川条約の条項の連続(第十二条)、条約の改正期限を百七十一ヵ月後(つまり一八七二年七月四日)に設定すること(第十三条)、条約の実行期日を次年六月五日(つまり一八五九年七月四日)、批准書のワシントンでの交換、条文が日本語・英語・オランダ語で作成されるがオランダ語版が解釈のために優先されること(第十四条)などが定められている。同安政五年七月に日蘭・日露・日英修好通商条約、九月に日仏修好通商条約のいわゆる「安政五ヵ国条約」の残り四つの条約が締結されたが、その内容は日米条約とほぼ同じとされているにもかかわらず、それぞれの列強によって異なるニュアンスも含まれている。なお、第六条の領事裁判権については、のちに不平等な治外法権であるとした明治政府が条約の修正に努力したが、「不平等」であるかどうかについて、議論の余地があると思われる。

参考文献 『旧条約彙纂』(外務省条約局、一九三〇―三六年)、ハリス『日本滞在記』(坂田精一訳、岩波書店、一九五三―五四年)、東京大学史料編纂所編『幕末外国関係文書』一八―二一(『大日本古文書』、東京大学出版会、一九七二年)、坂田精一「日本の近代化と安政の日米修好通商条約―不平等条約の定説批判―」(『拓殖大学論集』一〇四・一〇五、一九七六年)、近藤久雄「日米修好通商条約の研究―『大日本古文書幕末外国関係文書』を中心に―」(『大正大学大学院研究論集』二八、二〇〇四年)、ル・ルー・ブレンダン「一九世紀の政権交代と外交―「安政五カ国条約」を問うて―」(大石学編『一九世紀の政権交代と社会変動―社会・外交・国家―』、東京堂出版、二〇〇九年)

(ル＝ルー＝ブレンダン)

幕長戦争(ばくちょうせんそう)

幕末期、幕府が長州藩を攻撃して起きた戦争。長州征討、長州征伐ともいう。元治元年(一八六四)と慶応元(一八六五)―二年の二度出兵があったが、実質的に戦闘が行われたのは第二次のみであるので、幕長戦争という場合、後者だけを指すこともある。第二次は、長州側では四境戦争とも呼ばれる。

第一次は、元治元年に起きた禁門の変で朝敵となった長州に対して、同年七月二十三日、征討の朝命が下ったことにより勃発。幕府は、二十一の諸侯へ出兵を命じたが、出兵に消極的な諸藩も多くあったため、軍事的衝突を避けて政治的解決を画策。対して、禁門の変と下関戦争の敗北を受け、尊攘派に代わって政権を握っていた長州藩保守派は、禁門の変の指揮者であった三家老の首級を差し出して恭順の意を表明した。十二月二十七日、幕府はこれを受諾して撤兵を布告した。しかし、高杉晋作らが諸隊を率いて下関で挙兵し、保守派を打倒して政権を掌握。反幕的態度を示すようになると、幕府は慶応元年四月に再征を決し、将軍徳川家茂が大坂へ進発。九月、勅許を得た。翌年六月、征長軍の大島口攻撃により開戦。征長軍の敗退が続く中、七月に家茂が急死。戦争の完遂を断念した幕府は、九月に休戦協定を結んで、十二月、孝明天皇の崩御を機に解兵した。幕府敗退の要因には、長州と同盟を結んだ薩摩の出兵拒否、諸藩の厭戦気分、江戸・大坂での一揆・打ちこわしなどがあげられる。第二次幕長戦争での敗北は、幕府の権威失墜の大きな要因となった。

参考文献　久住真也『長州戦争と徳川将軍―幕末期畿内の政治空間―』(岩田書院、二〇〇五年)、『山口県史』史料編幕末維新四(二〇一〇年)

(宮間　純一)

バタビヤ新聞（バタビヤしんぶん）

幕末期に日本ではじめて出された日本語の新聞。鎖国下の日本では、出島のオランダ商館長が幕府に提出した『阿蘭陀風説書』が海外の情報を知る貴重な情報源であったが、幕府は開国後の文久二年(一八六二)正月、蕃書調所《ばんしょしらべしょ》でバタビア(現在のインドネシアの首都ジャカルタ)のオランダ総督府の機関紙『ヤパニッシュ＝クーラント』を抄訳し、『官版バタビヤ新聞』として出版するようになった。内容はオランダ国内のできごとや国際情勢を報じたもので、形態は木版活字を使って印刷した和綴じの冊子状であり、二十三巻まで刊行された。同年三月に『官板海外新聞』と改称し、同年六月に蕃書調所が洋書調所と改称されたのちも同様のものが刊行されたが、この年を限りに中止となった。開国以来、日本には新たに外国人居留地ができ、それに伴って彼らを対象とした外国語の新聞が出されるようになったが、日本人向けに海外の情報を提供すべく刊行されたものはこの『官版バタビヤ新聞』が嚆矢であり、「新聞」と名付けられたのも本誌が最初である。なお、これに続いてジョセフ＝ヒコ(浜田彦蔵)が元治元年(一八六四)に『海外新聞』(のち『新聞誌』と改称)を刊行したが、国内情報を国内向けに提供する日刊誌がつぎつぎに刊行されるのは、維新後のことである。

参考文献　片山隆康『明治新聞ものがたり』(大阪経済法科大学出版部、一九八九年)、春原昭彦『日本新聞通史』(新泉社、二〇〇三年)

(滝口　正哉)

八月十八日の政変（はちがつじゅうはちにちのせいへん）

文久三年(一八六三)八月十八日、薩摩藩と会津藩が朝廷内の公武合体派の公家と図り、長州藩をはじめ、尊攘派の公家を京都から排除した政変。孝明天皇は、幕府が外国と結んだ修好通商条約の破約を望んでいたが、倒幕は期待していなかった。その思いとは異なり、尊攘派の公家三条実美らは、過激な攘夷を主張する長州藩を背景に朝議を独占していた。八月十三日に攘夷親征の大和行幸が布告されると、薩摩藩と会津藩の藩士は、彼らを朝廷内から排除する策を練った。この計画は、中川宮朝彦《あさひこ》親王や前関白近衛《このえ》忠熙《ただひろ》らが同意し、天皇が決断を下したことで実現する。政変は八月十八日の子の刻に開始された。中川宮、近衛父子、右大臣二条《にじょう》斉敬《なりゆき》、守護職松平容保《まつだいらかたもり》、所司代稲葉正邦(淀藩主)らが参内し、薩摩・会津・淀の三藩が御所の九門の警備につくと、長州藩の御所警備が解かれて毛利慶親《もうりよしちか》ら藩首脳の入京が禁じられた。また大和行幸は延期、三条ら尊攘派公家の参内および面会が禁止され、彼らが朝儀を左右する官職として機能した国事参政や国事寄人が停廃となった。三条ら七人の公家は長州藩兵とともに長州へ下り(七卿落ち)、朝廷内から尊攘派の勢力は後退した。

参考文献　佐々木克『幕末政治と薩摩藩』(吉川弘文館、二〇〇四年)、高橋秀直『幕末維新の政治と天皇』(吉川弘文館、二〇〇七年)

(刑部　芳則)

文久の改革（ぶんきゅうのかいかく）

十四代将軍徳川家茂のもと、将軍後見職の一橋慶喜・政事総裁職の松平春嶽《まつだいらしゅんがく》らが参加した幕府により、挙国一致、武備充実による日本の強国化を目指して断行された改革。その内容は軍事・政治制度・儀礼などの広範囲に渡り、文久二年(一八六二)五月以降本格化した。まず、軍制改革では、歩兵・騎兵・砲兵三兵の創設など西洋式陸軍の制度が本格的に導入され、大海軍の建設も目指された。そして、全国挙げての海防態勢充実のため、参勤交代制度緩和・大名妻子江戸居住制の廃止が実行されるなど、幕藩関係の根本的改革が断行された。また、衣服や式日などの儀礼を改革あるいは廃止し、虚飾を排した実務的な幕府組織への改編が目指された。改革は将軍家茂の周辺にも及び、将軍側近人事の刷新、春嶽による家茂への教諭などによる、家茂の改革断行への強い意志が、改革を推進するうえで大きな役割を果たした。そのほか将軍上洛の決定や、春嶽以外にも山内容堂《やまうちようどう》など外様大名の幕政への一定程度の参加が見られるなど、挙国一致の理念が実行に移された。他方、改革の内容は、参勤制度改革や儀礼改変に見られるように、幕府の自己否定的な側面をもち、さらに、大名家族の国元への引揚げや、諸役人の登城時の供連れ廃止などは、大量の職人や武家奉公人から職を奪い、大きな社会問題を生んだ。この改革は、新しい時勢に沿って幕府の延命を図るために推進されたという側面をもつが、福地桜痴《ふくちおうち》が『幕府衰亡論』で述べたように、武家の秩序、格式を示す諸儀礼や、諸制度を大胆に変革したことで、将軍の御威光と、幕府支配を崩壊させる契機となったのも事実であった。

参考文献　三谷博『明治維新とナショナリズム』(山川出版社、一九九七年)、久住真也『幕末の将軍』(『講談社選書メチエ』、講談社、二〇〇九年)、高木不二『日本近世社会と明治維新』(有志舎、二〇〇九年)

（久住　真也）

万延の貨幣改鋳　(まんえんのかへいかいちゅう)

万延元年(一八六〇)に幕府が行なった貨幣改鋳のこと。安政六年(一八五九)の開港以降、日本の金貨が海外に流出し、騒ぎとなった。それは、日本の金銀比価(一対十)が国際的な金銀比価(一対十五)の一・五倍であったからである。そのため、日本の金貨が盛んに輸出され、外国商人が大儲けする事態が起こった。幕府は、海外への金貨流出に対処するため、天保・安政小判の銀貨に対する価値を約三倍引き上げることにより金銀比価の是正をはかった。幕府は万延元年(一八六〇)に、一両あたりの純金量を三分の一近くに減少させた万延の貨幣改鋳を行なった。万延金は万延大判、万延小判・同一分判、同二分判・同二朱金の五種であった。万延大判の金含有率は三六・六七%で、文久二年(一八六二)まで鋳造され、その鋳造高は一万七千九十七枚であった。万延小判と同一分判の金含有率は五六・七七%で、鋳造高は六十六万六千七百両であった。小判は慶応三年(一八六七)まで、一分判は元治元年(一八六四)まで鋳造された。万延二分判と同二朱金の金含有率は二二%であり、幕府鋳造の金貨のなかで最低の含有量であった。二分判は明治二年(一八六九)まで鋳造され、その鋳造高は四千六百八十九万八千九百三十二両であった。万延金のなかで二分判の鋳造高が多く、万延以降の主要な金貨であったことがわかる。二朱金は文久三年まで鋳造されて、その鋳造高は三百十四万両であった。万延金の通用期間は明治七年までであった。

参考文献　小葉田淳『日本の貨幣』(『日本歴史新書』、至文堂、一九五八年)、田谷博吉『近世銀座の研究』(吉川弘文館、一九六三年)

（大橋　毅顕）

横浜鎖港　(よこはまさこう)

文久三年(一八六三)四月二十日、上洛中の将軍徳川家茂は

孝明天皇に対して、五月十日を期限として攘夷を実行することを誓約した。これをうけて、長州藩は下関海峡通航のアメリカ商船、フランス軍艦などを砲撃した。イギリス・フランス・アメリカ・オランダの四ヵ国は幕府に長州藩への処罰を要求する「共同決議文」を提出した。同年八月十八日の政変で長州藩が京都から追放されたものの、八月十九日には京都守護職・京都所司代に攘夷督促の朝旨が、九月一日には一橋《ひとつばし》慶喜《よしのぶ》に横浜鎖港談判着手の朝旨が、同月十四日には老中酒井《さかい》忠績《ただしげ》に横浜鎖港督促の朝旨が伝えられた。幕府はアメリカ公使・オランダ総領事に横浜鎖港を打診したが即座に拒否され、イギリス・フランス公使も幕府との交渉を拒否した。これに対して、幕府は横浜での貿易活動を制限するため、五品江戸廻し令の励行を強化した結果、横浜への生糸廻送量が減少し横浜での交易が衰退した。一方、同年十二月に設置された参与会議では、積極的開国を主張した島津久光《しまづひさみつ》・松平慶永《まつだいらよしなが》らに対し、一橋慶喜を中心とした幕府は横浜鎖港を主張したため、元治元年(一八六四)三月に参与会議は崩壊した。元治元年正月二十七日には攘夷の国是決定を命ずる勅書が出され、これに対して二月十四日には将軍が横浜鎖港・沿岸警備を誓う回答を行うなど、横浜鎖港は避けられない事態となった。幕府は文久三年十二月に池田長発《いけだながおき》を正使とした使節を横浜鎖港談判のためヨーロッパに派遣した。使節はフランスと交渉を行なったが不調におわり、その後はイギリス訪問を断念し、元治元年七月帰国した。池田長発は帰国後積極的な対外政策を建議したが、役目不履行で蟄居を命じられた。

参考文献 石井孝『増訂明治維新の国際的環境』(吉川弘文館、一九六六年)、三谷博『明治維新とナショナリズム』(山川出版社、一九九七年)

(檜皮　瑞樹)

世直し一揆(よなおしいっき)

幕末維新期に世直し・世均《よなら》しの理想と期待をして、その実行を求めて闘われた百姓一揆の形態の一つ。世均しとは、貧富の差の平均化=経済的平等化を示す。堀江英一は江戸時代の百姓一揆を、前期の代表越訴型一揆、中後期の惣百姓型一揆に続いて、幕末期の世直し一揆と名づけ、中農層を中核とする一般農民層が村役人層を攻撃する一揆とした。佐々木潤之介は、文久三年(一八六三)—明治四年(一八七一)の各地で展開した豪農—半プロレタリアート間の階級闘争を一揆ではなく世直し騒動としている。一揆の要求は、諸負担の軽減や経済的自由の要求などから一歩進んで、社会的・政治的・経済的な変革を期待するものであった。具体的には、御用金・兵賦の取立反対、村役人・豪農商層の不正追及、質地・借金証文の破棄、質地・質物の無償返還、米価引き下げ、窮民救済など多様であり、運動は村役人・豪農商層への激しい打ちこわしを伴った。また、一揆の正当性を主張する根拠として、民衆意識のなかに、一揆百姓がみずからを「世直し神」などに比定するという動きがみられた点が重要である(天保七年(一八三六)三河加茂一揆など)。さらに幕末の一揆・打ちこわしの高揚期になると、民衆世界に「世直し大明神」が登場する(慶応二年(一八六六)奥州信達一揆など)。「ミロク(弥勒)の世」の到来を期待する一揆もあった。民衆意識には世直しへの希求が流れていた。

参考文献　佐々木潤之介『世直し』(『岩波新書』、岩波書店、一九七九年)

（栗原　健一）

浪士組（ろうしぐみ）

幕末期、上洛する将軍の警固に充てるために幕府が全国の浪士を取り立てて結成した組織。のちの新選組《しんせんぐみ》・新徴組《しんちょうぐみ》の母体となる。文久二年(一八六二)閏八月の幕政改革により、朝幕間の融和や、安政の大獄で処罰された大名や旗本が赦され、全国諸藩の政治参加の途が開かれると期待されるなか、出羽庄内郷士の清川八郎《きよかわはちろう》は同月、政事総裁職の松平春嶽《まつだいらしゅんがく》にあてて「上幕府執事書」とする建白書を提出する。幕府と朝廷の関係が疎遠になり、攘夷をめぐる議論が分裂しているなか、国事に奔走していた浪士たちのなかには国事犯となってしまった者もあり、彼らを大赦すれば、幕府や朝廷のもとで力を尽くすはずだ、という趣旨であった。この献策を、旗本で講武所剣術教授方の松平忠敏《まつだいらただとし》が、浪士を大赦したうえで幕府に取り立てれば、浪士たちは恩に感じて幕府のために働くだろうという見通しのもと、「巨魁」となる浪士を中心に取り立て、将軍上洛に供奉させるという内容で政策立案し、同年十二月に実現した。松平忠敏は浪士取扱に任じられ、「有志ノ輩」を取り立てる旨が触れられ、清川らの赦免、投獄されていた水戸藩士らの釈放が行われる一方、関東中で浪士の徴募が行われた。近藤勇《こんどういさみ》の場合、文久三年正月に永倉新八《ながくらしんぱち》よりこの情報を得て参加を決意し、多摩地域の仲間などに知らせている。文久三年二月四日に浪士は小石川伝通院に集められるが、そこには合計二百三十五名の浪士が集まっていた。集まった人々は、浪人を中心に、農民・町人・博徒などさまざまであった。浪士組は七組に編成され、同年二月八日に江戸を発し、二十三日には京都に到着する。翌二十四日、朝廷の学習院に、江戸に戻って即時攘夷を決行する旨の建白書を提出し、許可された。この時、清川らは直ちに江戸に戻って攘夷決行を主張する一方、芹澤鴨《せりざわかも》や近藤勇ら十七名は、上洛の本来の目的は、攘夷を天皇に約束するために上洛した将軍を守ることであり、攘夷を約束した将軍とともに、江戸へ戻って攘夷をすべきだと主張し、浪士組は分裂する。その後、京都に残った浪士組は、京都守護職預りとなり、京都の市中警衛と、一会桑政権の周旋方としての役割を果たし、文久三年八月十八日の政変後には新選組の隊名を与えられる。一方江戸に戻った浪士組は横浜での攘夷決行の準備を進めるが、事態を危ぶんだ幕府により、文久三年四月十三日に清川が暗殺され、翌十四日には出羽庄内藩などによって一斉に捕縛され、幹部は処罰され、以後、出羽庄内藩管下の新徴組となって、江戸の市中警衛に従事する。浪士組には全国から、特に農民身分の者が中心に集結しており、当時の地域リーダーたちの政治意識の発露の有様が凝縮された組織と考えられる。

参考文献　松浦玲『新選組』(『岩波新書』、岩波書店、二〇〇三年)、宮地正人『歴史のなかの新選組』(岩波書店、二〇〇四年)、平川新「中間層論からみる浪士組と新選組」(平川新・谷山正道編『地域社会とリーダーたち』、吉川弘文館、二〇〇六年)、三野行徳「幕府浪士取立計画の総合的検討」(大石学編『一九世紀の政権交代と社会変動』、東京堂出版、二〇〇九年)

(三野　行徳)

大老

氏名	称呼	前職	補職年月日	転免年月日	後職
井伊直弼	掃部頭		安政五(一八五八)・四・二三	万延元(一八六〇)・三・三〇	免
酒井忠績	雅楽頭		慶応元(一八六五)・二・一　実欠	慶応元(一八六五)・一一・一五	免、溜詰

老中

氏名	称呼	前職	補職年月日	転免年月日	後職
内藤信親	紀伊守	京都所司代	嘉永四(一八五一)・一二・二一	文久二(一八六二)・五・二六	免
脇坂安宅	淡路守 中務大輔	京都所司代	安政四(一八五七)・八・一一	万延元(一八六〇)・一一・二九	辞　実病免
太田資始	備後守	隠居　実なし	安政五(一八五八)・六・二三	安政六(一八五九)・七・二三　実なし	辞　実なし

氏名	称呼	前職	補職年月日	転免年月日	後職
間部詮勝	下総守	雁間詰 [実]なし	安政五(一八五八)・六・二三	安政六(一八五九)・一二・二四	辞 [実]病免
松平乗全	和泉守	溜詰格 [実]なし	安政五(一八五八)・六・二三	万延元(一八六〇)・四・二八	病免
安藤信正	対馬守	若年寄	万延元(一八六〇)・正・一五	文久二(一八六二)・四・一一	免
久世広周	大和守	雁間詰 [実]なし	万延元(一八六〇)・閏三・一	文久二(一八六二)・六・二	免 [実]病免
本多忠民	美濃守	溜詰格 [実]なし	万延元(一八六〇)・六・二五	文久二(一八六二)・三・一五	免
松平信義	豊前守	大坂城代 [実]なし	万延元(一八六〇)・一二・二八	文久三(一八六三)・九・五 [実]欠	辞 [実]欠
水野忠精	和泉守	若年寄	文久二(一八六二)・三・一五	慶応二(一八六六)・六・一九	免職、差控 [実]免
板倉勝静	周防守	奏者番兼寺社奉行	文久二(一八六二)・三・一五	元治元(一八六四)・六・一八 [実]欠	免 [実]欠
脇坂安宅	中務大輔	隠居	文久二(一八六二)・五・二三	文久二(一八六二)・九・六	辞 [実]病免
小笠原長行	図書頭	若年寄	文久二(一八六二)・九・一一	文久三(一八六三)・六・九	免
井上正直	河内守	寺社奉行	文久二(一八六二)・一〇・九	元治元(一八六四)・七・一三 [実]欠	免 [実]欠
太田資始	備中守	隠居	文久三(一八六三)・四・二七	文久三(一八六三)・五・一四	辞 [実]病免
酒井忠績	雅楽頭	溜詰 [実]欠	文久三(一八六三)・六・一八 [実]欠	元治元(一八六四)・六・一八 [実]欠	免 [実]欠
有馬道純	遠江守	若年寄 [実]欠	文久三(一八六三)・七・五 [実]欠	元治元(一八六四)・四・一三	免
牧野忠恭	備前守	帝鑑間席、元京都所司代 [実]欠	文久三(一八六三)・九・一三 [実]欠	慶応元(一八六五)・四・一九 [実]欠	辞 [実]欠

氏名	称呼	前職	補職年月日	転免年月日	後職
稲葉正邦	長門守 美濃守 民部大輔	京都所司代	元治元(一八六四)・四・一一	慶応元(一八六五)・四・一一 実欠	辞 実欠
阿部正外	越前守 豊後守	雁間詰 実欠	元治元(一八六四)・六・二四 実欠	慶応元(一八六五)・一〇・一	免職、謹慎
諏訪忠誠	因幡守	帝鑑間席 元若年寄 実欠	元治元(一八六四)・六・二九 実欠	慶応元(一八六五)・四・一九 実欠	辞 実欠
松前崇広	伊豆守	柳間席 実欠	元治元(一八六四)・七・七 実欠	慶応元(一八六五)・一〇・一	免職、謹慎
松平宗秀 実〔本庄宗秀〕	伯耆守	雁間詰 実欠	元治元(一八六四)・八・一八 実欠	慶応二(一八六六)・七・二五 実二・七・二四	免職
本多忠民	美濃守	溜詰格 実欠	元治元(一八六四)・一〇・一三 実欠	慶応元(一八六五)・三・一九 実元・三・二五	病免
松平康直	周防守	奏者番兼寺社奉行 実欠	慶応元(一八六五)・四・一三 実欠	慶応元(一八六五)・一〇・一六	免
小笠原長行	壱岐守		慶応元(一八六五)・九・四	慶応二(一八六六)・一〇・六	免職、逼塞 実二・一〇・六免職、翌日、逼塞
板倉勝静	阿波守 伊賀守	雁間詰	慶応元(一八六五)・一〇・三	明治元(一八六八)・正・二九	免、隠居
松平康直	周防守	帝鑑間席	慶応元(一八六五)・一一・二〇	明治元(一八六八)・二・五	免
井上正直	河内守	雁間詰	慶応元(一八六五)・一一・二六	慶応三(一八六七)・六・一七	免
稲葉正邦	民部大輔 美濃守	雁間詰	慶応二(一八六六)・四・一三	明治元(一八六八)・二・二一	免
松平乗謨	縫殿頭	若年寄	慶応二(一八六六)・六・一九	明治元(一八六八)・二・五	免

氏名	称呼	前職	補職年月日	転免年月日	後職
水野忠誠	出羽守	帝鑑間詰	慶応二(一八六六)・七・一三	慶応二(一八六六)・一〇・二八	卒

京都所司代

氏名	称呼	前職	補職年月日	転免年月日	後職
酒井忠義	若狭守	溜詰格 [実]なし	安政五(一八五八)・六・二六 [実]なし	文久二(一八六二)・六・三〇	免職、帝鑑間席
松平宗秀 [実](本庄)	伯耆守	大坂城代	文久二(一八六二)・六・三〇	文久二(一八六二)・八・二四	溜詰格
牧野忠恭	備前守	奏者番兼寺社奉行 [実]寺社奉行	文久二(一八六二)・八・二四	文久三(一八六三)・六・一一 [実]三・六・一〇	辞 [実]免、帝鑑間席
稲葉正邦	長門守	雁之間詰 [実]なし	文久三(一八六三)・六・一一 [実]三・六・一〇	元治元(一八六四)・四・一一 [実]元・四・一七	老中
松平定敬	越中守	溜詰	元治元(一八六四)・四・一一 [実]元・四・一七	慶応三(一八六七)・一二・九	辞 [実]病免

大坂城代

氏名	称呼	前職	補職年月日	転免年月日	後職
松平信篤(信義) [実](信義)	豊前守	奏者番兼寺社奉行	安政五(一八五八)・一一・二六	万延元(一八六〇)・一二・二八	老中
松平宗秀	伯耆守	奏者番兼寺社奉行 [実]なし	万延元(一八六〇)・一二・二八	文久二(一八六二)・六・三〇	京都所司代
松平信古	伊豆守 刑部大輔	奏者番兼寺社奉行	文久二(一八六二)・六・三〇	慶応元(一八六五)・二 [実]欠	溜間詰格 [実]欠

氏名	呼称	前職	補職年月日	転免年月日	後職
牧野貞明(貞直) 実(貞明)	越中守	奏者番兼寺社奉行 実欠	元治元(一八六四)・一一・一 実欠	明治元(一八六八)・二・二〇	免、雁間詰

側用人

氏名	称呼	前職	補職年月日	転免年月日	後職
水野忠寛	出羽守	奏者番	安政六(一八五九)・三・九	文久二(一八六二)・五・二九	免 実免、帝鑑間詰

寺社奉行

氏名	称呼	前職	補職年月日	転免年月日	後職
松平輝聴	右京亮	奏者番	嘉永五(一八五二)・七・八見習 安政三(一八五六)・九・二四本役	万延元(一八六〇)・七・一 実なし 譜元・七・二	卒
板倉勝静	周防守	奏者番 譜なし	安政四(一八五七)・八・二 譜なし	安政六(一八五九)・二・二 実六・正・一 譜なし	思召有、役免 譜なし
松平宗秀 実(本庄)	伯耆守	奏者番	安政五(一八五八)・一〇・九	万延元(一八六〇)・三・二八	大坂城代
水野忠精	左近将監	奏者番 譜なし	安政五(一八五八)・一一・二六 譜なし	万延元(一八六〇)・三・一五 譜なし	若年寄 譜なし
松平信古	伊豆守	奏者番	安政六(一八五九)・二・一三	文久二(一八六二)・六・晦	大坂城代
青山幸哉	大膳亮	奏者番	万延元(一八六〇)・七・八	文久元(一八六一)・三・一六 実なし	加役免 実なし
牧野貞明	越中守	奏者番	万延元(一八六〇)・三・二八	文久三(一八六三)・一一・二八 実欠	役免 実欠 譜両職ゆるされ、雁間詰

氏名	称呼	前職	補職年月日	転免年月日	後職
板倉勝静	周防守	雁間詰　譜なし	文久元(一八六一)・二・一　譜なし	文久二(一八六二)・三・一五　譜二・一・一	老中
井上正直	河内守	奏者番	文久元(一八六一)・三・八	文久二(一八六二)・一〇・九	老中
牧野忠恭	備前守	奏者番	文久二(一八六二)・三・二四	文久二(一八六二)・八・二四	京都所司代
有馬道純	左兵衛佐 遠江守	奏者番	文久二(一八六二)・六・晦　譜二・六・二九	文久三(一八六三)・正・三　譜三・正・二三	若年寄
諏訪忠誠	因幡守	帝鑑間席　元若年寄　譜元若年寄	文久二(一八六二)・一〇・九	文久二(一八六二)・一一・一一	若年寄
松平忠恕	摂津守	帝鑑間席　元奏者番	文久二(一八六二)・一一・一一	元治元(一八六四)・六・一八　実欠	役免　実欠譜両職免
土井利善	大隅守	雁間詰　元奏者番	文久三(一八六三)・正・三	文久三(一八六三)・五・一　実なし	陸軍奉行　実なし
松前崇広	伊豆守	柳間席　実譜〔松前家譜〕なし	文久三(一八六三)・四・二八　実なし	文久三(一八六三)・八・三　実欠	柳間席　実欠譜罷免
堀親義	大和守	柳間席　元奏者番　実譜奏者番	文久三(一八六三)・六・二四　実欠	文久三(一八六三)・一〇・一四　実欠	辞　実欠譜免
本多忠紀	能登守	帝鑑間席　実欠	文久三(一八六三)・一〇・一　実欠	元治元(一八六四)・七・六　実欠	若年寄　実欠
水野忠誠	出羽守	帝鑑間席より奏者番兼帯　実欠	文久三(一八六三)・一〇・三　実欠	元治元(一八六四)・一一・一〇　実欠譜元・八・一五	思召有、役免　実欠譜両職免
酒井忠氏	若狭守	帝鑑間席より奏者番兼帯	元治元(一八六四)・二・七	慶応二(一八六六)・六・一五　実なし	役免　実なし譜加役免
阿部正外	越前守	雁間詰　元町奉行　実欠	元治元(一八六四)・六・三　実欠	元治元(一八六四)・六・二四　実欠	老中　実欠
土屋寅直	釆女正	雁間詰より奏者番兼帯　元大坂城代　実欠	元治元(一八六四)・九・一〇　実欠	明治元(一八六八)・三・一　実なし譜元・一・一	辞　実なし

氏名	称呼	前職	補職年月日	転免年月日	後職
牧野貞明 [譜]貞利	越中守	雁間詰より奏者番兼帯 [実]欠	元治元(一八六四)・九・一〇 [実]欠	元治元(一八六四)・一一・一 [実]欠	大坂城代 [実]欠
松平近説	左衛門尉	奏者番 [実]なし	元治元(一八六四)・一一・一 [実]欠	元治元(一八六四)・一二・二七 [実]欠	辞 [実]欠[譜]依願加役免
松平親良	中務大輔	奏者番 [実]欠	元治元(一八六四)・一一・一九 [実]欠	慶応二(一八六六)・六・一五 [実]なし	役免 [実]なし[譜]加役免
松平康直 [譜]康英	周防守	奏者番 元町奉行 [実]欠	慶応元(一八六五)・正・二〇 [実]欠	慶応元(一八六五)・四・一三 [実]欠[譜]元・四・一五	老中 [実]欠
松平乗秩	主水正	奏者番 [実]欠	慶応元(一八六五)・四・一五 [実]欠[譜]元・四・―	慶応二(一八六六)・五・一四 [実]欠[譜]二・―・―	辞 [実]欠[譜]病、両職免、帝鑑間席
永井尚服	肥前守	講武所奉行より奏者番兼帯 [実][譜]なし	慶応二(一八六六)・六・一五 [実]なし	慶応三(一八六七)・六・二四 [実][譜]三・六・二五	若年寄 [実]若年寄兼会計奉行
松平近説	左衛門尉	奏者番 [実]なし	慶応二(一八六六)・六・一五 [実]なし[譜]二・六・―	慶応三(一八六七)・七・五 [譜]三・七・―	若年寄

若年寄

氏名	称呼	前職	補職年月日	転免年月日	後職
本多忠徳	越中守	奏者番	天保一二(一八四一)・七・一二	万延元(一八六〇)・六・二六 [実]なし	卒 [実]なし
遠藤胤統	但馬守	大坂定番	天保一二(一八四一)・八・一〇	文久元(一八六一)・七・一五	免 [実]老免
酒井忠毗	右京亮	大坂定番	天保一四(一八四三)・一二・一五	文久二(一八六二)・六・一八	免
牧野康哉	遠江守	奏者番	安政五(一八五八)・六・二五	万延元(一八六〇)・一二・一五	免
稲垣太知	安芸守 長門守	奏者番	安政五(一八五八)・六・二五	万延元(一八六〇)・五・二六	辞 [実]病免

氏名	称呼	前職	補職年月日	転免年月日	後職
安藤信睦 実(信睦・信行)	対馬守	奏者番兼寺社奉行	安政五(一八五八)・八・二	万延元(一八六〇)・正・一五	老中
堀之敏	出雲守	奏者番	万延元(一八六〇)・正・一五	文久二(一八六二)・三 実なし	卒 実なし
諏訪忠誠	因幡守	奏者番	万延元(一八六〇)・六・一	文久元(一八六一)・八・一一	辞 実免
水野忠精	左近将監 和泉守	奏者番兼寺社奉行	万延元(一八六〇)・三・一五	文久二(一八六二)・三・一五	老中
遠山友詳 実(友祥・友詳)	信濃守 美濃守	奏者番	文久元(一八六一)・七・一五	文久二(一八六二)・閏八・二五	免
加納久徴	遠江守	奏者番	文久元(一八六一)・七・一五	文久二(一八六二)・閏八・二五	免
田沼意尊	玄蕃頭	大坂定番	文久元(一八六一)・九・一四	慶応二(一八六六)・一〇・二四	免
稲葉正巳	兵部少輔	講武所奉行	文久二(一八六二)・三・一五	元治元(一八六四)・九・二七 実欠	辞 実欠
平岡道弘	丹波守	側衆	文久二(一八六二)・八・一四		
小笠原長行	図書頭	奏者番	文久二(一八六二)・閏八・一九	文久二(一八六二)・九・一一	老中格
諏訪忠誠	因幡守	寺社奉行	文久二(一八六二)・一一・一一	元治元(一八六四)・六・一八 実欠	免 実欠
有馬道純	遠江守	寺社奉行	文久三(一八六三)・正・一三	文久三(一八六三)・七・五 実欠	老中 実欠
酒井忠毗	飛騨守	雁間詰	文久三(一八六三)・四・二八	文久三(一八六三)・七・二八 実欠	免 実欠
松平乗謨	兵部少輔 縫殿頭	大番頭 実欠	文久三(一八六三)・八・二六 実欠	元治元(一八六四)・六・一八 実欠	免 実欠

氏名	称呼	前職	補職年月日	転免年月日	後職
立花種恭	出雲守	大番頭 実欠	文久三(一八六三)・九・一〇 実欠	明治元(一八六八)・正・一〇	老中格
秋月種樹	右京亮	学問所奉行 実欠	文久三(一八六三)・九・二八 実欠	元治元(一八六四)・五・二八	免
松平乗謨	縫殿頭	詰並 実欠	元治元(一八六四)・六・二九 実欠	元治元(一八六四)・九・二四 実欠	辞 実欠
本多忠紀	能登守	奏者番兼寺社奉行 実欠	元治元(一八六四)・七・六 実欠	元治元(一八六四)・三・三 実欠	免 実欠
土岐頼之	山城守	学問所奉行 実欠	元治元(一八六四)・七・六 実欠	慶応元(一八六五)・三・二九	辞 実病免
酒井忠毗	飛驒守	雁間詰 実欠	元治元(一八六四)・七・一九 実欠	慶応元(一八六五)・二・一七	免
遠山友詳	信濃守	柳間詰 実欠	元治元(一八六四)・一〇・一三 実欠	慶応三(一八六七)・六・一七	免
増山正修	対馬守	奏者番 実欠	慶応元(一八六五)・四・一三 実欠	慶応二(一八六六)・一〇・二四	免
稲葉正巳	兵部少輔	隠居	慶応元(一八六五)・二・一九	慶応二(一八六六)・三・一六	老中格
松平乗謨	縫殿頭	陸軍奉行	慶応元(一八六五)・三・一	慶応二(一八六六)・六・一五 実二・六・一九	老中格
京極高富	主膳正	大坂定番	慶応二(一八六六)・正・七	明治元(一八六八)・二・一四	免
保科正益	弾正忠	大坂定番	慶応二(一八六六)・五・二六	慶応三(一八六七)・七・一一	辞 実病免
本多忠紀	能登守	帝鑑間席	慶応二(一八六六)・六・一三	慶応三(一八六七)・四・二七	辞 実病免
大関増裕	肥後守	海軍奉行 実なし	慶応二(一八六六)・八・四 実なし	明治元(一八六八)・二 実なし	卒 実なし
松平正質 実〔大河内正質〕	弾正忠 豊前守	奏者番	慶応二(一八六六)・八・八	慶応三(一八六七)・一二・一五	老中格

町奉行

氏名	称呼	前職	補職年月日	所在	転免年月日	後職
石谷穆清	因幡守	勘定奉行	安政五(一八五八)・五・二四	北	文久二(一八六二)・六・五	一橋家家老
池田頼方	播磨守	留守居次席大目付	安政五(一八五八)・一〇・九	南	文久元(一八六一)・五・二六	辞 実病免
黒川盛泰	備中守	大目付 実目付	文久元(一八六一)・五・二六	南	文久二(一八六二)・閏八・二五	小性組番頭
小笠原長常	長門守	留守居次席勘定奉行	文久二(一八六二)・六・五	北	文久二(一八六二)・一〇・一七	書院番頭
小栗忠順	豊後守	勘定奉行	文久二(一八六二)・閏八・二五	南	文久二(一八六二)・一二・一	勘定奉行 歩兵奉行兼帯
浅野長祚	備前守	寄合肝煎 元小普請奉行	文久二(一八六二)・一〇・一七	北	文久三(一八六三)・四・一六 実なし	作事奉行 実なし
井上清直	信濃守	外国奉行	文久二(一八六二)・一二・一	南	文久三(一八六三)・八・一 実欠	免、差控 実欠
佐々木顕発	信濃守 飛騨守	作事奉行 実なし	文久三(一八六三)・四・一六 実なし	北	文久三(一八六三)・四・二三 実なし	西丸留守居 実なし
阿部正外	越前守	外国奉行	文久三(一八六三)・四・二三 実なし	北	元治元(一八六四)・三・四 実元・二・二四	免、雁間詰 実免
佐々木顕発	信濃守	西丸留守居 実欠	文久三(一八六三)・八・二 実欠	南	元治元(一八六〇)・六・二九 実欠	外国奉行 実欠
都筑峰暉	駿河守	勘定奉行	元治元(一八六四)・三・一四	北	元治元(一八六四)・七・六 実欠	清水附支配 実欠
松平康直	石見守	大目付 実欠	元治元(一八六四)・六・二九 実欠	南	元治元(一八六四)・一一・二〇 実欠	免、帝鑑間席 実欠
池田頼方	播磨守	書院番頭 実欠	元治元(一八六四)・七・六 実欠	北	慶応二(一八六六)・六・二九 実なし	免、勤仕並寄合 実なし
有馬則篤	出雲守	勘定奉行 実欠	元治元(一八六四)・一一・一二 実欠	南	元治元(一八六四)・一二・一二 実欠	大目付 実欠

氏名	称呼	前職	補職年月日	所在	転免年月日	後職
根岸衛奮	肥前守	小性組番頭席勘定奉行 実欠	元治元(一八六四)・三・二 実欠	南	慶応元(一八六五)・二・二 実なし	講武所奉行並 実なし
山口直毅	駿河守	大目付 外国奉行兼帯 実なし	慶応元(一八六五)・二・二 実なし	南	慶応二(一八六六)・八・五 実なし	歩兵奉行 実なし
井上清直	信濃守	勘定奉行 関東郡代兼帯 実なし	慶応二(一八六六)・六・二九 実なし	北	慶応三(一八六七)・三・二八 実なし	卒 実なし
有馬則篤	阿波守	大目付 実なし	慶応二(一八六六)・八・五 実なし	南	慶応二(一八六六)・一〇・二四	免、勤仕並寄合

勘定奉行

氏名	称呼	前職	補職年月日	管掌	転免年月日	後職
土岐朝昌	豊前守 摂津守 下野守	書院番頭	安政四(一八五七)・七・二四	勝手	安政六(一八五九)・三・九 実なし	駿府城代 実なし
佐々木顕発	信濃守	小普請奉行	安政五(一八五八)・五・二四	公事	安政六(一八五九)・二・二	免職
立田正明	主水正	留守居番次席勘定吟味役	安政五(一八五八)・七・二	勝手	安政六(一八五九)・四・一七 実なし	卒
大沢秉哲	豊後守	作事奉行	安政五(一八五八)・二・三〇	公事	安政六(一八五九)・九・一〇 実なし	一橋家家老 実なし
山口直信	丹波守	西丸留守居	安政六(一八五九)・二・三	公事	万延元(一八六〇)・三・一五	大目付
松平近韶	式部少輔	小性組番頭 実なし	安政六(一八五九)・三・九 実なし	勝手	万延元(一八六〇)・九・七	一橋家家老
水野忠徳	筑後守	外国奉行	安政六(一八五九)・四・八	勝手	安政六(一八五九)・一〇・二八	西丸留守居

氏名	称呼	前職	補職年月日	管掌	転免年月日	後職
村垣範忠・範正 実〔範正〕	淡路守	箱館奉行　外国奉行	安政六(一八五九)・四・八	勝手	安政六(一八五九)・一一・一　実なし	箱館奉行・外国奉行・神奈川奉行　実なし
塚越元邦	藤助 大蔵少輔	勘定吟味役	安政六(一八五九)・四・一三	勝手	文久元(一八六一)・正・二七　実なし	卒
松平康正	久之丞 出雲守	目付　実なし	安政六(一八五九)・九・一〇　実なし	公事・勝手	文久二(一八六二)・八・二四	留守居
竹田斯綏	豊前守	一橋家家老	安政六(一八五九)・一一・二六	公事	万延元(一八六〇)・九・一五　実元・九・七	清水付支配
酒井忠行	隠岐守 但馬守	小性組番頭次席　外国奉行　神奈川奉行	万延元(一八六〇)・九・一五	公事	文久二(一八六二)・一〇・二四	大目付
小笠原長常	長門守	大目付	万延元(一八六〇)・一二・一五	勝手	文久二(一八六二)・六・五	町奉行
竹内保徳	下野守	箱館奉行	文久元(一八六一)・正・一〇	勝手	元治元(一八六四)・八・五　実欠	大坂町奉行　実欠
一色直温	山城守	大坂町奉行	文久元(一八六一)・正・二〇	公事	文久元(一八六一)・一〇・一五	外国奉行
根岸衛奮	肥前守	外国奉行	文久元(一八六一)・一〇・一五	公事	文久二(一八六二)・一二・一八	小普請組支配
小栗忠順	豊後守	小性組番頭	文久二(一八六二)・六・五	勝手	文久二(一八六二)・閏八・二五	町奉行
川勝広運	縫殿助 丹波守	目付	文久二(一八六二)・七・五	勝手	文久三(一八六三)・八・一四　実欠	陸軍奉行並　実欠
津田正路	近江守	外国奉行	文久二(一八六二)・閏八・二五	勝手	文久三(一八六三)・七・一五　実欠	大目付　実欠
都筑峯暉	駿河守	先手火付盗賊改加役	文久二(一八六二)・一〇・二四	公事	元治元(一八六四)・三・一四	町奉行

氏名	称呼	前職	補職年月日	管掌	転免年月日	後職
小栗忠順	豊後守	町奉行	文久二(一八六二)・一二・一	勝手	文久三(一八六三)・四・二三 [実]なし	辞 [実]なし
一色直温	山城守	外国奉行	文久二(一八六二)・一二・一八	公事	文久三(一八六三)・一二・二九 [実]欠	一橋家家老 [実]欠
松平康直	石見守	外国奉行 [実]欠	文久三(一八六三)・八・一四 [実]欠	勝手	元治元(一八六四)・六・二四 [実]欠	大目付 [実]欠
立田正直	録助 主水正	勘定吟味役 [実]欠	文久三(一八六三)・一一・七 [実]欠	勝手	元治元(一八六四)・八・一〇 [実]欠	卒 [実]欠
木村勝教	敬蔵 甲斐守	勘定吟味役 [実]欠	文久三(一八六三)・一二・二九 [実]欠	公事	元治元(一八六四)・七・一三 [実]欠	辞 [実]欠
斎藤三理	摂津守 美作守	大番頭	元治元(一八六四)・四・八	公事	元治元(一八六四)・五・六	辞 [実]病免
有馬則篤	出雲守	大坂町奉行 [実]なし	元治元(一八六四)・五・一四 [実]なし	公事	元治元(一八六四)・一一・一二 [実]欠	町奉行 [実]欠
鈴木重嶺	大之進	勘定吟味役 [実]欠	元治元(一八六四)・七・二 [実]欠	勝手	元治元(一八六四)・七・一三 [実]欠	鑓奉行 [実]欠
根岸衛奮	肥前守	小性組番頭席大目付 [実]欠	元治元(一八六四)・七・一二 [実]欠	公事	元治元(一八六四)・一二・一二 [実]欠	町奉行 [実]欠
大久保忠寛	越中守	寄合 [実]欠	元治元(一八六四)・七・一二 [実]欠	勝手	元治元(一八六四)・七・二五 [実]欠	免、勤仕並寄合 [実]欠
松平正之	対馬守	留守居格大目付 [実]欠	元治元(一八六四)・八・三 [実]欠	勝手	慶応元(一八六五)・一〇・一六 [実]なし	免職 [実]なし
駒井朝温	甲斐守	大目付 [実]欠	元治元(一八六四)・八・一一 [実]欠	勝手	元治元(一八六四)・一二・一八 [実]欠	大目付 [実]欠
小栗忠順	上野介	勤仕並寄合 [実]欠	元治元(一八六四)・八・一二 [実]欠	勝手	元治元(一八六四)・一二・一八 [実]欠	軍艦奉行 [実]欠

氏名	称呼	前職	補職年月日	管掌	転免年月日	後職
井上清直	信濃守	外国奉行 実欠	元治元(一八六四)・一一・一三 実欠	公事	慶応二(一八六六)・九・二 実なし	町奉行 実なし
松平康正	備中守	大目付 実欠	元治元(一八六四)・三・一八 実欠	勝手	慶応元(一八六五)・一〇・一五 実なし	免 実なし
土屋正直	豊前守	大目付 実欠	元治元(一八六四)・三・一二 実欠	公事	慶応元(一八六五)・六・二七 実なし	書院番頭 実なし
小栗忠順	上野介	寄合 実欠	慶応元(一八六五)・五・四 実欠	勝手	明治元(一八六八)・正・一五	免、勤仕並寄合
小笠原政民	志摩守	大番頭 実なし	慶応元(一八六五)・六・二七 実なし	公事	慶応二(一八六六)・六・一五 実なし	大番頭 実なし
小栗政寧	下総守	京都町奉行	慶応元(一八六五)・一〇・一六	勝手	明治元(一八六八)・正・一八	免、勤仕並寄合
井上義斐	主水正 備後守	大坂町奉行	慶応元(一八六五)・一〇・一六	勝手	慶応二(一八六六)・三・一三	外国奉行
駒井朝温	甲斐守	講武所奉行並 実なし	慶応元(一八六五)・一一・二 実なし	勝手	慶応二(一八六六)・七・二 実なし	大目付 実なし
小笠原広業	摂津守	作事奉行格目付	慶応二(一八六六)・五・一〇	勝手	慶応二(一八六六)・一〇・二四	免、勤仕並寄合
都筑峯暉	駿河守 但馬守	勤仕並寄合 実なし	慶応二(一八六六)・六・一五 実なし	公事	明治元(一八六八)・二・二七	一橋家家老
服部常純	左衛門佐 筑前守	長崎奉行 実なし	慶応二(一八六六)・八・三 実なし	勝手	慶応三(一八六七)・五 実なし	海軍奉行並 実なし
朝比奈昌広	甲斐守	外国奉行	慶応二(一八六六)・八・二六(将軍不在位時補職)	公事	慶応三(一八六七)・三・一	外国奉行
浅野氏祐	美作守	外国奉行	慶応二(一八六六)・一〇・一五(将軍不在位時補職)	勝手	慶応二(一八六六)・四・七 実三・四・一三	若年寄並陸軍奉行
塚原(昌義)	但馬守	外国奉行 実なし	慶応二(一八六六)・一〇(将軍不在位時補職) 実なし	勝手	慶応三(一八六七)・六・二九	外国惣奉行

氏名	称呼	前職	補職年月日	管掌	転免年月日	後職
小笠原広業	摂津守	勤仕並寄合	慶応二(一八六六)・三・三(将軍不在位時補職)	公事	慶応三(一八六七)・正・三	一橋家家老

15代　徳川慶喜

徳川慶喜画像　板絵油彩。洋画家川村清雄《かわむらきよお》制作。川村は旧幕臣で、明治4年(1871)に徳川家の給費留学生として渡米、のち欧州で絵画を学ぶ。最後の御用絵師として知られ、欧米の手法で、慶喜の端正な顔立ちを描いている。

徳川慶喜（とくがわよしのぶ）　一八三七―一九一三

　江戸幕府十五代将軍。一八六六―六七在職。明治期の貴族院議員、伯爵。幼名七郎麻呂、のち昭致《あきむね》。号興山。字子邦。天保八年（一八三七）九月二十九日、御三家水戸徳川家の九代藩主徳川斉昭《なりあき》の七男として、江戸小石川水戸藩邸で生まれる。母は斉昭正室で有栖川宮織仁親王《ありすがわのみやおりひと》の十二女吉子女王（貞芳院）。生後すぐに父斉昭の方針により国許に移され、水戸で幼少期を過ごす。藩校弘道館で会沢正志斎《あいざわせいしさい》らに学び、そのほか弓術・剣術・馬術を水戸藩随一の師範から学ぶ。幼少期より英明で知られ、斉昭は、継嗣の長男慶篤《よしあつ》に何かあった場合、慶喜に水戸徳川家を嗣がせるため、養子には出さない方針であった。しかし、弘化四年（一八四七）九月に、十二代将軍徳川家慶の意向により、十一歳で御三卿一橋家を相続する。この際、家慶から「慶」の字を与えられ慶喜となり、同年末に従三位中将、刑部卿に叙任される。斉昭が慶喜の一橋家相続を了承したのは、慶喜が将来の将軍候補となる可能性を見越してのことで、事実、家慶にはたいへん気に入られ、一時は慶喜を将軍継嗣と考えていたようである。斉昭は、慶喜の婚姻についても、将軍候補にふさわしい相手となるよう、皇女や摂関家との縁組みを望んで運動し、今出川公久《いまでがわきんひさ》の娘延君（のち美賀君と改名）を一条家の養女とし、安政元年（一八五四）に婚姻を成立させた。一橋家の継嗣となった時点で慶喜自身も将軍候補となっていることを自覚しており、父斉昭に対して、自分には将軍となる気はないため噂話を鎮めるよう依頼していた。慶喜の将軍就任は安政四年ごろより本格的に取りざたされる。家慶は嘉永六年（一八五三）の黒船来航をめぐる混乱の最中に病死し、跡を嗣いだ十三代将軍徳川家定も、体調が優れないうえに子がなく、将軍継嗣を決める必要が生じたためである。将軍継嗣候補と、開国と攘夷をめぐる国政の方針をめぐり、和歌山藩主慶福《よしとみ》（のち家茂）を推す溜間詰譜代大名を中心とする南紀派と、慶喜を推す斉昭や福井藩主松平慶永《まつだいらよしなが》（春嶽）、薩摩藩主島津斉彬《しまづなりあきら》などの有志大名からなる一橋派との間で深刻な政治対立が起こる（将軍継嗣問題）。安政五年四月二十三日に彦根藩主井伊直弼《いいなおすけ》が大老に就任すると、勅許を得ないままで日米修好通商条約が調印され、一橋派はこの決定に猛反発し、慶喜も父斉昭、松平慶永らとともに登城して井伊を面責した。しかし、同年六月二十五日、井伊のもとで将軍継嗣は慶福に決し、慶喜は登城停止（のち隠居・謹慎）処分を受け、一橋派は、死刑・獄死・隠居・謹慎・御役御免など、百名以上が粛正された（安政の大獄）。

　万延元年（一八六〇）三月三日の桜田門外の変により井伊が暗殺されると、老中の久世広周《くぜひろちか》・安藤信正《あんどうのぶまさ》によって公武合体路線が採られ、慶喜は同年九月四日に謹慎を解除される。文久二年(一八六二)六月、勅使大原重徳《おおはらしげとみ》と薩摩藩国父島津久光《しまづひさみつ》が江戸に下向し、勅命によって幕閣人事に介入し、七月六日に慶喜を将軍後見職に、九日に松平慶永を政事総裁職に就けた(文久幕政改革)。両職は従来の幕府官僚制の枠外にあり、権限も定かでなかったため、直接幕政に関与できたわけではないが、勅使待遇改善、参勤交代の緩和、新たに京都守護職を設置して会津藩主松平容保《まつだいらかたもり》を任命するなど、従来の朝幕藩関係を大きく変化させる改革を実行した。また、三職に任じられた御三卿や徳川家門大名は、従来の譜代大名からなる幕閣には加われない立場であり、幕府内の権力構造にも変動をもたらした。幕府は公武合体の実現のため、孝明天皇に攘夷を約束することを条件に、文久二年二月に十四代将軍徳川家茂と天皇の妹和宮との婚儀を行なっていた(和宮降嫁)。同年には攘夷督促の勅使が派遣され、家茂は文久三年三月に上洛することとなった。慶喜は家茂に先立って将軍の名代として下交渉のために同年正月に上洛し、攘夷を約束する一方でその期日を延期することで折り合いをつけるべく朝廷工作を行なった。しかし、朝廷では急進的な攘夷論を主張する長州藩士らと若手公卿が主導権を握っており、かえって慶喜には攘夷期限を決定するよう勅使が下されるなど、工作は悉く不調に終わった。上洛した家茂は、孝明天皇の石清水八幡への攘夷祈願の行幸への供奉を命じられるが、攘夷祈願で孝明天皇から節刀を受け取れば、攘夷を実行せざるを得なくなるため、慶喜は家茂の随行を中止させている。この上洛で幕府は攘夷期限を五月十日と布告することを余儀なくされ、慶喜はその指揮のため五月八日に江戸へ戻り、攘夷の号令を下す一方で、攘夷の無期限延期を朝廷に奏請して将軍後見職辞表を提出している(このとき辞職はしていない)。京都では、文久三年八月十八日の会津藩・薩摩藩による八・一八の政変により、長州藩や若手公卿ら急進攘夷派が追放され、代わって島津久光・松平慶永・宇和島藩前藩主伊達宗城《だてむねなり》・土佐藩前藩主山内豊信《やまうちとよしげ》らが上洛を命じられ、慶喜もこの時上洛を命じられた。集められた諸侯は朝廷から参預に任じられ、朝廷のもとで参預会議を構成し、攘夷の実行や長州藩の処分を議した。参預会議が薩摩藩主導で開国を志向している一方、孝明天皇の攘夷意思が依然強いことや、幕閣が攘夷奉承路線へと変更したことを受けて、慶喜は攘夷(横浜鎖港)を主張し、慶喜の政治工作により翌元治元年(一八六四)二月に参預会議は解体した。慶喜は翌三月に幕府から任じられた将軍後見職を辞職する一方、朝廷から禁裏守衛総督摂海防禦指揮に任じられた。大坂湾の防衛と京都御所の守衛を朝廷から任じられるという、事実上の朝臣化であり、朝廷寄りの立場がより強くなり、幕府からはその立場に疑念が向けられることになる。同年六月、京都守護職配下の新選組が京都市中に潜伏していた長州藩士ら過激攘夷派を一斉検挙する事件が起き(池田屋事件)、多くの藩士を失った長州藩は、同年八月挙兵し、天皇の動座を目論んで京都・御所へ攻め込んだ(禁門の変)。慶喜は御所に参内して諸事一任を受けて戦闘を指揮し、長州軍を退けた。池田屋事件から禁門の変の過程で、京都から反幕府的な勢力が一掃されるとともに、一橋慶喜・松平容保・京都所司代桑名藩主松平定敬《さだあき》が、中川宮朝彦親王(尹宮)を通じて孝明天皇の全面的な信任を得て京都政局の主導権を握ったため、これ以後の京都の政治体制を一会桑体制・尹宮体制と呼ぶ。禁門の変に勝利した幕府側は、これを幕権復活の好機ととらえて長州藩への厳重な処分を主張する一方、京都で幕府から自立して勢力を形成する一会桑への警戒感を強める。第一次長州戦争は長州藩が恭順したため戦闘にならずに終結したが、元治元年末には長州藩内でクーデターがあり、対幕府強硬派が政権を掌握したため、慶応元年(一八六五)に入ると長州藩の再処分が問題となった。同年五月に長州征討の勅許が出され、将軍家茂の指揮のもと、第二次長州戦争が開始される。また、同年九月にはイギリスなど四ヵ国の公使が幕府に強く兵庫開港を求め、通商条約にも未だ勅許が出されていなかったため、慶喜はまず条約勅許を得るべく運動し、条約勅許を得た。第二次長州戦争は慶応二年六月に至ってようやく開戦となるが、再度の戦争に対して諸藩の反発は強く、薩摩藩は同年正月に長州藩の名誉回復を支援する薩長盟約(同盟)を結んでいたこともあり、幕府軍は敗戦を重ねた。さらに、同年七月二十日には家茂が大坂城で急死した。家茂には継嗣がなく、この難局に対処できるのは慶喜しかいなかった。板倉勝静《いたくらかつきよ》、松平慶永らは、江戸幕閣の反対意見を押さえて慶喜を次期将軍に推したが、慶喜はこれを固辞し、二十七日に至って徳川宗家相続のみ受諾し、八月二十日に相続した。慶喜が将軍に就任したのは十二月五日であり、この間、将軍不在状態となる。慶喜は宗家相続後、一旦は朝廷に対し長州戦争の継続とその指揮を執ることを約束し、孝明天皇から節刀を拝受したが、小倉城落城の報が入ると、一転して休戦を主張し、反対する会津藩や朝廷上層部を説得して休戦の詔勅を得た。慶喜は、人材登用や軍事力強化などの八箇条を掲げて幕政改革に乗り出し、フランス公使ロッシュと提携した軍事改革(三兵陸軍調練、軍事顧問団の招聘、横須賀製鉄所の建設)、陸軍・海軍・会計・国内事務・外国事務の五局制の採用と、老中格の専任総裁の任命などを行なっている(慶応幕政改革)。慶喜の将軍就任からまもない十二月二十五日、孝明天皇が死去し、睦仁親王が践祚した(明治天皇)。慶喜は天皇の大喪を理由に征長軍を解散するとともに、最大の政治課題であった兵庫開港に取り組む。大坂城で諸国公使と会見するなど、外交権者として諸外国の信任を得る一方、朝廷の意思を無視した兵庫開港には薩摩藩らが反発を強めた。慶応三年五月十四日、島津久光・松平慶永・伊達宗城・山内豊信が二条城で慶喜を糾弾したが慶喜はこれを抑え込み、同月二十七日、長州藩を寛大に処置するという勅許とともに、兵庫開港の勅許を得ている。

孝明天皇の死後も諸藩の合議体制を確立できず、むしろ慶喜のもとで幕権が強化されていくなかで、薩摩藩や土佐藩の反発はさらに強まり、同年五月には挙兵も視野に入れた薩土盟約が結ばれ、同年九月には薩摩藩・長州藩と広島藩の間で出兵盟約が結ばれるなど倒幕に向けた動きが活発化する。一方慶喜は、土佐藩の建白を受け入れて、同年十月十四日に政権返上を上奏し、翌日勅許された(大政奉還)。慶喜の狙いにはさまざまな評価があるが、朝廷には行政担当能力がないなかで、内戦状態にならずに再度朝廷から政権の委任を受け、諸侯会議の中心となって徳川政権の再編を目指したものと考えられる。また、同時期に薩摩藩や長州藩は朝廷から討幕の密勅を得ており、この動きの機先を制する対応でもあった。

朝廷は十五日に上奏を勅許するとともに、慶喜には、諸侯が上京するまではこれまで通り職務を行うよう命じている。しかし、同年十二月九日、王政復古が発せられ、摂政・関白以下の諸役と幕府は廃止された。これは、薩摩藩を中心とする勢力が、新政府から慶喜・徳川家を排除するべく主導したクーデターである。続く小御所会議では、慶喜も会議に参加させるべきだと主張する土佐藩山内豊信と、慶喜の内大臣の辞職(辞官)と徳川家領の返上(納地)を求める薩摩藩・岩倉具視《いわくらともみ》らとの間で激しく対立があったが、会議は薩摩藩に制せられ、辞官納地(納地は慶永の主張により半納に減免)が命ぜられた。慶喜は王政復古の前日にこの動きを慶永より知らされており、衝突を避けるために会津藩・桑名藩とともに大坂城に移動する一方、諸外国公使と会見し、自身が依然国政担当者であると主張した。大坂移動後も、慶喜は越前藩・土佐藩と連携して処遇の改善(辞官納地の再検討、新政府への参加)を運動し、衝突を恐れる公卿や多くの諸大名の同意を得て、十二月末には議定就任がほぼ確定するに至った。一方で大坂へ退去した幕臣達の薩摩藩への怒りは強く、翌明治元年(一八六八)正月三日に徳川軍は会津藩・桑名藩とともに京都へ向かい、道中の鳥羽・伏見において、薩摩藩・長州藩兵との交戦に至る。兵力では大きく上回っているにも関わらず、先制攻撃を受けた徳川軍はあっけなく敗退した。この戦闘と敗走により形勢は決し、翌四日には仁和寺宮嘉彰《よしあき》親王が征討将軍に任じられたことで徳川方は賊軍となり、慶喜の新政権参加の可能性は潰えた。大坂へ戻った慶喜は、正月六日に、松平容保や松平定敬を伴って幕府艦船開陽丸に乗って江戸へ帰還した。七日には慶喜を朝敵とする追討令が出され、二月九日には有栖川《ありすがわ》宮熾仁《たるひと》親王が東征大総督に任じられ、新政府軍が江戸へ進軍を開始する。江戸では、慶喜の東帰後、連日今後の方針をめぐって会議が開かれるが、慶喜は小栗忠順《おぐりただまさ》ら多数が支持する徹底抗戦を抑えて恭順を決定し、勝海舟《かつかいしゅう》や大久保一翁《おおくぼいちおう》を中心とする徳川家政府を組閣し、自身は上野の寛永寺大慈院で謹慎した。以後、静寛院宮・天璋院・諸大名・高家ら旗本による徳川家の家名存続と慶喜の助命嘆願がなされ、三月十三・十四日には新政府軍参謀西郷隆盛《さいごうたかもり》と勝海舟との間で交渉が行われ、江戸総攻撃の中止、江戸城の無血開城、慶喜の助命が決した。四月十一日には江戸城が新政府軍に引き渡され、慶喜は寛永寺から水戸へ向かった。徳川宗家は閏四月二十九日に田安亀之助(のち徳川家達《いえさと》)に相続が許され、五月二十四日には、徳川家の移封先が駿河府中(のち静岡)七十万石と決した。慶喜は七月二十三日に静岡へ移り、常盤町の宝台院で謹慎を続けた。明治二年九月に謹慎を解除され、紺屋町の元代官屋敷に移り住んだ。静岡へは幸と信の二人の側室とともに移り住み、明治二年には正室美賀子も静岡へ移っている。慶喜は江戸時代には子がなかったが、維新後は信と幸との間に十男十一女をもうけた。江戸時代とは打って変わり、維新後は国政はもとより、藩政・県政・徳川家政にも一切関わりを持たずに隠居生活を貫き、絵画、狩猟、投網、囲碁、謡曲、写真など多彩な趣味に没頭する日々を過ごした。廃藩置県により徳川宗家は東京へ移ったが、慶喜は静岡に残り、静岡から出ることはほとんどなかった。政治への不関与は徹底しており、明治十一年の明治天皇の静岡巡幸に際しても、所労を理由に参賀を辞退している。慶喜のこうした姿勢は、とくに明治初年の士族反乱などにより国政が安定しない段階では、慶喜自身の意向に関わらず、反政府活動の盟主に担がれる危険性があったことにもよる。また、明治期の徳川宗家の後見役でもあった勝海舟は、慶喜が政治勢力に利用されることを常に警戒しており、慶喜の政治への不関与、静岡在住を強いていたといわれる。この間、明治五年に従四位に、同十三年には将軍時代と同じ正二位に叙任され、同二十一年には従一位に陞叙されている。こうして名誉が回復されるなかにあっても、慶喜自身は静岡に住み続けた。慶喜が東京へ移ったのは明治三十年のことで、巣鴨(のち小日向)に移り住んだ。翌三十一年には、皇居(旧江戸城)に参内して明治天皇に拝謁した。明治三十三年には公爵を授爵し、徳川宗家とは別に徳川慶喜家を興し、貴族院議員に就任した。明治四十年には勲一等旭日大綬章が与えられた。明治四十三年に七男慶久に家督を譲って隠居し、大正二年(一九一三)十一月二十二日、風邪をこじらせて死去。七十七歳。

参考文献　渋沢栄一編『徳川慶喜公伝』史料編(『続日本史籍協会叢書』、東京大学出版会、一九七五年)、渋沢栄一『徳川慶喜公伝』(『東洋文庫』、平凡社、一九六六年)、大久保利謙校訂『昔夢会筆記』(『東洋文庫』、平凡社、一九六七年)、松浦玲『徳川慶喜』(『中公新書』、中央公論社、一九七五年)、大庭邦彦『父より慶喜殿へ』(集英社、一九九七年)、家近良樹『徳川慶喜』(『幕末維新の個性』一、吉川弘文館、二〇〇四年)、同『その後の慶喜』(『講談社選書メチエ』、講談社、二〇〇五年)、久住真也『幕末の将軍』(『講談社選書メチエ』、講談社、二〇〇九年)、奈良勝司『明治維新と世界認識体系』(有志舎、二〇一〇年)、松尾正人『徳川慶喜』(『日本史リブレット』、山川出版社、二〇一一年)

（三野　行徳）

〔家族〕

貞芳院（ていほういん）一八〇四―九三

徳川慶喜の母。徳川斉昭《とくがわなりあき》の正室。有栖川宮織仁《ありすがわのみやおりひと》親王の十二女として文化元年(一八〇四)九月二十五日に生まれる。幼名登美宮《とみのみや》。長じて吉子《よしこ》女王となる。天保元年(一八三〇)に九代水戸藩主徳川斉昭と婚約し、江戸へ降嫁した。十二代将軍徳川家慶に嫁いだ喬子《たかこ》女王、広島藩主浅野斉賢《あさのなりかた》に嫁いだ織子女王、長州藩主毛利斉房《もうりなりふさ》に嫁いだ幸子女王など、多くの姉が武家に嫁いでいる。斉昭には計三十七人の子があったが、吉子女王との間には長男慶篤《よしあつ》、次男次郎麿、七男慶喜を儲けた。斉昭は結婚から間もない弘化元年(一八四四)には、幕府から隠居と謹慎を命じられて藩主を退くが、嘉永二年(一八四九)には藩政への関与が許され、同六年には海防参与として、安政二年(一八五五)には軍制改革参与として幕政にも関与するなど、激しい浮沈を経験し、安政六年、安政の大獄により蟄居処分となり、翌万延元年(一八六〇)、蟄居処分のまま没した。吉子女王は斉昭の死後、落飾して貞芳院となり、十代水戸藩主徳川慶篤の後見となった。慶篤は明治元年(一八六八)四月に死去するため、維新後は慶篤の跡を嗣いだ十一代水戸藩主徳川昭武《とくがわあきたけ》の世話になり、向島の水戸藩小梅屋敷で暮らした。静岡の慶喜とはその後も頻繁に交流しており、静岡を訪問し、慶喜・慶喜の正室美賀子と連れだって久能山などへ赴いている様子が、慶喜家の家扶日記に記録されている。明治二十六年一月二十七日、九十歳で死去。文明夫人と諡された。墓所は茨城県常陸太田市にある瑞龍山水戸徳川家墓所。

参考文献　渋沢栄一『徳川慶喜公伝』一―四（『東洋文庫』、平凡社、一九六七・六八年）、日本史籍協会編『徳川慶喜公伝』史料篇一（『続日本史籍協会叢書』、東京大学出版会、一九七五年）、茨城県立歴史館編『幕末日本と徳川斉昭』（茨城県立歴史館、二〇〇八年）　（三野　行徳）

貞粛院（ていしゅくいん）　一八三五―九四

徳川慶喜の正室。幼名延君《のぶきみ》、のち美賀子《みかこ》（美賀君）。天保六年（一八三五）、公卿の今出川公久《いまでがわきんひさ》の娘として生まれる。徳川慶喜の婚姻は、一橋徳川家を相続した弘化四年（一八四七）ごろより取りざたされるようになり、翌嘉永元年（一八四八）、公卿の一条忠香《いちじょうただか》の娘千代君との婚約が成立する。しかし、慶喜の実父で前水戸藩主の徳川斉昭《とくがわなりあき》は千代君の容貌について不満を持ち、皇女や親王王女との婚姻を望んでいた。結果、嘉永六年三月に、千代君が「近頃病身」との理由により、婚約は破棄された。新たな婚約者の選定にあたっては、京都所司代に対し、摂関親王家の適齢の子女か、清華家の適齢の子女を摂関家の養女とするという方針のもと探索が命じられており、嘉永六年五月ごろ、今出川公久の娘延君を一条家の養女とし、一橋慶喜と婚姻することと決まった。安政元年（一八五四）には美賀子と改名。翌同二年九月に京都を発し、十月に江戸着、十二月三日に婚礼が行われた。しかし、慶喜と美賀子の夫婦関係には問題があったようで、慶喜が養祖母徳信院（一橋徳川慶寿《とくがわよしひさ》妻）と昵懇なのに嫉妬した美賀子が、安政三年に自殺未遂を図ったという噂が、福井藩士中根雪江《なかねせっこう》が主君松《まつ》平春嶽《だいらしゅんがく》周辺の事情を記録した『昨夢紀事《さくむきじ》』に記されている。慶喜は、一会桑の一翼となった文久三年（一八六三）以降、江戸と大坂・京都を頻繁に往復し、また慶応二年（一八六六）十二月に将軍に就任した後は、江戸へ戻ることはなかったため、美賀子は将軍正室として遇される一方、江戸の一橋屋敷で暮らし続け、江戸城大奥へ入ることはなかった。江戸城開城後は水戸藩の小石川屋敷へ移る。明治二年（一八六九）十一月に従者一色須賀《いっしきすが》とともに静岡紺屋町（静岡市）で謹慎する慶喜のもとへ移住した美賀子は、慶喜の正室として、以後、ともに暮らすことになる。静岡での夫婦関係は良好だったようで、安部川や清水港などに連れだって行く様子が、徳川慶喜家の家扶日記に記録されている。明治二十年代に入ると乳癌を患い、たびたび手術を受けるが完治せず、明治二十七年からは東京の千駄ヶ谷徳川宗家屋敷に移って治療にあたるが、同年七月九日に死去。六十歳。貞粛院と諡される。墓所は谷中の寛永寺墓地内の徳川慶喜墓の隣。慶喜との間には、安政五年に女子が産まれたが、早逝した。

参考文献　渋沢栄一『徳川慶喜公伝』一―四（『東洋文庫』、平凡社、一九六七・八六年）、日本史籍協会編『徳川慶喜公伝』史料篇一（『続日本史籍協会叢書』、東京大学出版会、一九七五年）、遠藤幸威『聞き書き徳川慶喜残照』（朝日新聞社、一九八二年）、前田匡一郎編『慶喜邸を訪れた人々―「徳川慶喜家扶日記」より―』（羽衣出版、二〇〇三年）

（三野　行徳）

新村信　（しんむらのぶ）　?―一九〇五

徳川慶喜の側室。旗本松平勘十郎の娘として生まれる。旗本荒居省吾の養女となり、さらに新村猛雄（一橋付広敷用人で、慶喜の宗家相続とともに旗本・小性頭取）の養女となる。静岡移住後は、駿府城下の紺屋町元代官屋敷や安部郡西草深（静岡市）の慶喜邸で過ごした。お信と呼ばれる。信が生んだ子女は、長男敬事《けいじ》、長女鏡子《きようこ》、三女鉄子《てつこ》、五男仲博《なかひろ》、六男斉《ひとし》、六女良子《よしこ》、九女経子《つねこ》、七男慶久《よしひさ》、十一女英子《えいこ》、十男精《くわし》。流産が多かった理由として、大河内富士子（十女糸子の娘、元高崎藩主大河内輝耕嗣子輝信夫人）は「過保護」の一言に尽きると語っている。同じ側室である中根幸《なかねこう》（旗本中根芳三郎の娘、成田信十郎（一橋小性頭取から慶喜の宗家相続とともに旗本・慶喜付小性頭取）養女）との仲は良好とされ、側室のどちらの子どもであるかは全く意識されなかったという。容姿は見るからに色白でやせ型の美人であったとされる。晩年になっても目鼻立ちが立派で、着付けが上手く、立ち居振る舞いの優雅な様子に周りの者は惚れ惚れしたといわれる。側室である信や幸は「側女中」とされ、慶喜のお湯殿当番や夜のお伽を交替で行うことを任務とし、忠実に仕えた。そのため子どもたちは自分の生母であっても信のことを呼び捨てにするのが常であり、子どもの将来について信が口出しすることは許されていなかったという。明治三十八年（一九〇五）二月八日没。墓は寛永寺谷中墓地。

参考文献　渋沢栄一『徳川慶喜公伝』四（平凡社、一九六八年）、遠藤幸戒『聞き書き徳川慶喜残照』（朝日新聞社、一九八二年）、前田匡一郎『慶喜邸を訪れた人々―「徳川慶喜家扶日記」より―』（羽衣出版、二〇〇三年）

（岩田　愛加）

中根幸　（なかねこう）　?―一九一五

徳川慶喜の側室。父は旗本中根芳三郎《なかねよしさぶろう》（講武所《こうぶしよ》剣術師範など）。成田新十郎《なりたしんじゆうろう》（一橋小性頭取《こしようとうどり》から慶喜の宗家相続とともに旗本・慶喜付小性頭取）の養女となり、慶喜の側室となったが、その年月日や詳細は明らかではない。なお、明治二十七年（一八九四）に、成田新十郎から離縁、除籍し中根家に復籍している。明治維新以後も新村信《しんむらのぶ》、一色須賀《いっしきすが》などとともに慶喜の側室として仕えており、慶喜との間に十人の子を儲けている。明治四年九月八日に次男善事《ぜんじ》、五年十月二十五日に三男琢磨《たくま》、七年二月二十一日に四男厚《あつし》、八年四月三日に次女金子《かねこ》、九年七月十七日に四女筆子《ふでこ》、十一年八月十七日に五女修子《しゅうこ》、十三年九月十七日に七女浪子《なみこ》、十五年一月二十三日に八女国子《くにこ》、十六年九月十八日に十女糸子《いとこ》、十八年九月二十二日に八男寧《やすし》、二十年十月三十一日に九男誠《まこと》を出生。また、明治十七年、二十四年に死産している。慶喜や夫人美賀子《みかこ》の付き添いとして、宝台院《ほうだいいん》（静岡市）や浅間神社（静岡市）への参詣や、写真館・釣り・蜜柑狩り・花火見物・湯治・海水浴場などへ同行する姿が記録されている。慶喜の身の回りの世話を最後まで行い、死を見届けたとされ、大正四年（一九一五）十二月二十九日に死去。墓は寛永寺谷中墓地にある。

参考文献　渋沢栄一『徳川慶喜公伝』四（平凡社、一九六八年）、遠藤幸威『女聞き書き徳川慶喜残照』（『朝日文庫』、朝日新聞社、一九八五年）、前田匡一郎『慶喜邸を訪れた人々―「徳川慶喜家扶日記」より―』（羽衣出版、二〇〇三年）

（杉山　綾）

一色須賀（いっしきすが）　一八三八―一九二九

一橋徳川家老女。徳川慶喜の側室とも伝わる。幼名みち、のち、さて、花浦、須賀、晩年は寿賀。天保九年（一八三八）に旗本一色貞之助の娘として生まれ、六歳で伯母の一橋徳川家老女杉浦の養女となり、慶喜が正室美賀子を迎えるにあたり、美賀子付となる。その後、慶喜のお手つき中﨟（側室）となりながらも、老女として徳川慶喜・美賀子に仕え続けたという。なお、慶喜との間に子供はなかった。明治維新後、どの時点で静岡へ移住したのかは不明だが、美賀子付であったことから、美賀子が東京から静岡へ移住する明治二年（一八六九）、静岡へ移住したものと思われる。静岡移住後は、慶喜家の女中・老女として家政を取り仕切る一方、美賀子・慶喜の供として行動している様子が慶喜家の家扶日記から確認できる。美賀子・慶喜の死後も徳川慶喜家に仕え続けた。この間、慶喜家は静岡から東京巣鴨へ移り、さらに小日向第六天（東京都文京区）に移っている。須賀は慶喜家では「すがばばあ」と呼ばれ、親しまれたという。昭和四年（一九二九）十月七日に、第六天の徳川家屋敷で死去。九十二歳。徳川家への勤仕は八十年以上にわたる。須賀の書を軸装したものには徳川家の家紋が用いられており、徳川家の年中行事でも、須賀の命日は家臣ではなく家族の欄に記入されていること、さらに、徳川慶喜家の墓地に埋葬されていることなどから、須賀は慶喜家の一員として遇されていたと考えられる。墓は寛永寺谷中墓地。

参考文献 遠藤幸威『聞き書き徳川慶喜残照』(朝日新聞社、一九八三年)、榊原喜佐子『徳川慶喜家の子ども部屋』(草思社、一九九六年)、松戸市戸定歴史館編『徳川慶喜家最後の家令』(松戸市戸定歴史館、二〇一〇年)　(三野　行徳)

敬事（けいじ）　一八七一―七二

徳川慶喜の長男。明治四年(一八七一)六月二十九日、駿府城下にあった当時の慶喜邸(紺屋町元代官屋敷)で生まれる。生母は新村信《しんむらのぶ》。同五年五月二十二日没。二十三日、宝台院(静岡市)に葬られる。戒名は敬信院殿賢徳智英大童子。

参考文献 渋沢栄一『徳川慶喜公伝』四(平凡社、一九六八年)、前田匡一郎『慶喜邸を訪れた人々―「徳川慶喜家扶日記」より―』(羽衣出版、二〇〇三年)　(岩田　愛加)

善事（ぜんじ）　一八七一―七二

徳川慶喜の次男。明治四年(一八七一)九月八日、駿府城下にあった当時の慶喜邸(紺屋町元代官屋敷)で生まれる。生母は中根幸《なかねこう》。同五年三月十日没。連日、徳川慶喜の侍医で静岡藩士の戸塚文海《とつかぶんかい》が看病にあたっていたとされる。十一日、宝台院(静岡市)に葬られる。戒名は達善院殿俊徳孝英大童子。

参考文献 渋沢栄一『徳川慶喜公伝』四(平凡社、一九六八年)、前田匡一郎『慶喜邸を訪れた人々―「徳川慶喜家扶日記」より―』(羽衣出版、二〇〇三年)　(岩田　愛加)

琢磨（たくま）　一八七二―七三

徳川慶喜の三男。明治五年(一八七二)十月二十五日、駿府城下にあった当時の慶喜邸(紺屋町元代官屋敷)で生まれる。生母は中根幸《なかねこう》。同六年七月五日午前八時半没。六日、宝台院(静岡市)に葬られる。戒名は光琢院殿直覚日照大童子。

参考文献 渋沢栄一『徳川慶喜公伝』四(平凡社、一九六八年)、前田匡一郎『慶喜邸を訪れた人々―「徳川慶喜家扶日記」より―』(羽衣出版、二〇〇三年)　(岩田　愛加)

徳川鏡子（とくがわきょうこ）　一八七三―九三

徳川慶喜の長女。母は新村信《しんむらのぶ》。明治六年(一八七三)六月二日に生まれる。駿府城下の商家である伊勢屋元次郎へ里子に行き、明治九年四月二十日に帰宅した。明治十二年十一月二十三日より素読の稽古を始めた記録が残っており、明治十四年七月より東京で勉学のため、千駄ヶ谷《せんだがや》邸(徳川宗家)に寄留した。明治二十年三月二十三日に伯爵田安《たやす》徳川家の徳川達孝《さとたか》へ嫁ぎ、明治二十三年一月九日に穀子《たねこ》を、明治二十四年三月三十一日に艶子《つやこ》を出生した。明治二十六年九月二十九日に二十一歳で死去し、十月十六日に上野凌雲院へ埋葬、九日に法会が行われた。

参考文献　前田匡一郎『慶喜邸を訪れた人々—「徳川慶喜家扶日記」より—』(羽衣出版、二〇〇三年)

(杉山　綾)

徳川厚（とくがわあつし）　一八七四—一九二七

徳川慶喜の四男。明治七年(一八七四)二月二十一日、駿府城下の紺屋町慶喜邸で生まれる。二十七日、厚と命名。生母は中根幸《なかねこう》。生後小林与七郎の里子となるが、年月日など詳らかではない。同十五年十一月に、徳川宗家を継いだ養兄徳川家達《いえさと》から分家して華族に列し、同十七年七月、男爵を授かる。同二十九年十二月十六日には、松平慶永(春嶽、旧福井藩主)の娘里子と結婚。貴族院議員などを勤め、昭和二年(一九二七)五月没。五十四歳。

参考文献　古林亀治郎『現代人名辞典』(中央通信社、一九一二年)、渋沢栄一『徳川慶喜公伝』四(平凡社、一九六八年)、前田匡一郎『慶喜邸を訪れた人々—「徳川慶喜家扶日記」より—』(羽衣出版、二〇〇三年)

(岩田　愛加)

金子（かねこ）　一八七五—七五

徳川慶喜の次女。母は中根幸《なかねこう》。明治八年(一八七五)四月三日に生まれる。同年七月二十二日に早世し、二十四日に宝台《ほうだい》院《いん》(静岡市)に葬送された。法名は金底院殿池生妙峯大童子。

参考文献　前田匡一郎『慶喜邸を訪れた人々—「徳川慶喜家扶日記」より—』(羽衣出版、二〇〇三年)

(杉山　綾)

徳川鉄子（とくがわてつこ）　一八七五—一九二一

徳川慶喜の三女。母は新村信《しんむらのぶ》。明治八年(一八七五)十月二十七日に生まれる。徳川慶喜家の『家扶日記』によれば、明治八年十月二十九日に駿府城下の植木屋権次郎へ里子に行き、明治十二年十月一日に帰宅する。夫婦に養育の御礼に五十円を渡している。明治二十三年十二月三十日に伯爵一橋徳川家の徳川達道《さとみち》(のちの一橋徳川家十一代当主)と結婚し、大正十年(一九二一)十二月に四十七歳で死去。

参考文献　前田匡一郎『慶喜邸を訪れた人々—「徳川慶喜家扶日記」より—』(羽衣出版、二〇〇三年)

(杉山　綾)

蜂須賀筆子（はちすかふでこ）　一八七六—一九〇六

徳川慶喜の四女。母は中根幸《なかねこう》。明治九年(一八七六)七月十七日生まれ。徳川慶喜家の『家扶日記』によれば、二日後の十九日、駿府城下の商家の伊勢屋元次郎へ里子に行き、十一月十五日に宮参りとして少将井社(静岡市)へ参詣している。明治十二年十月一日に帰宅し、夫婦に養育の御礼に五十円を渡している。明治二十八年に元徳島藩の侯爵蜂須賀《はちすか》正韶《まさあき》と結婚し、明治二十九年十二月一日に女子を出産、年子《としこ》と命名した。明治三十九年十二月に三十一歳で死去する。

参考文献　前田匡一郎『慶喜邸を訪れた人々―「徳川慶喜家扶日記」より―』(羽衣出版、二〇〇三年)

(杉山　綾)

池田仲博（いけだなかひろ）　一八七七―一九四八

徳川慶喜の五男。明治十年(一八七七)八月二十八日、駿府城下紺屋町慶喜邸で生まれる。生母は新村信《しんむらのぶ》。幼名博《ひろし》。同月三十日、駿府城下の米屋佐野源次郎の里子となる。のち同二十三年二月に侯爵池田輝知(旧因幡鳥取藩主池田慶徳の後嗣)の養子となる。二十七年、鳥取池田家を継ぎ仲博と改名。若いころから剣道が得意で、俳句や謡にも熱心だった。妻は先代池田輝知次女享子。昭和二十三年(一九四八)没。七十二歳。

参考文献　古林亀治郎『現代人名辞典』(中央通信社、一九一二年)、渋沢栄一『徳川慶喜公伝』四(平凡社、一九六八年)

(岩田　愛加)

修子（しゅうこ）　一八七八―七八

徳川慶喜の五女。母は中根幸《なかねこう》。明治十一年(一八七八)八月十七日に生まれる。翌日十八日に八幡村(静岡市)西野金左衛門へ預けられるが、同年十月八日に早去。法名は没清秋院殿麗光智艶大童子とされた。

参考文献　前田匡一郎『慶喜邸を訪れた人々―「徳川慶喜家扶日記」より―』(羽衣出版、二〇〇三年)

(杉山　綾)

斉（ひとし）　一八七八―七八

徳川慶喜の六男。明治十一年(一八七八)十一月十日、駿府城下の紺屋町慶喜邸で生まれる。生母は新村信《しんむらのぶ》。同月二十八日午前十一時死去。同日午後十一時、宝台院(静岡市)に葬られる。戒名は泰斉院殿暁雲滋孝大童子。

参考文献　渋沢栄一『徳川慶喜公伝』四(平凡社、一九六八年)、前田匡一郎『慶喜邸を訪れた人々―「徳川慶喜家扶日記」より―』(羽衣出版、二〇〇三年)

(岩田　愛加)

良子（よしこ）　一八八〇―八〇

徳川慶喜の六女。母は新村信《しんむらのぶ》。明治十三年(一八八〇)八月二十四日に生まれるが、同年九月二十九日に早去。宝台院《ほうだいいん》(静岡市)へ埋葬され、法名は良慎院殿慧日妙光大童子とされた。

参考文献　前田匡一郎『慶喜邸を訪れた人々―「徳川慶喜家扶日記」より―』(羽衣出版、二〇〇三年)

(杉山　綾)

松平浪子（まつだいらなみこ）　一八八〇―一九五四

徳川慶喜の七女。母は中根幸《なかねこう》。明治十三年(一八八〇)九月

十七日に生まれる。徳川慶喜家の『家扶日記』によれば、二日後の十九日に佐野源次郎へ預けられ、引き換えに五男の博《ひろし》が源氏郎方より帰宅している。明治二十九年十二月に元津山藩の男爵松平斉《まつだいらひとし》と結婚。昭和二十九年(一九五四)一月に七十三歳で死去。

参考文献　前田匡一郎『慶喜邸を訪れた人々―「徳川慶喜家扶日記」より―』(羽衣出版、二〇〇三年)

(杉山　綾)

大河内国子（おおこうちくにこ）　一八八二―一九四二

徳川慶喜の八女。母は中根幸《なかねこう》。明治十五年(一八八二)一月二十三日に生まれる。徳川慶喜家の『家扶日記』によれば、二日後の二十五日に八幡村(静岡市)西野金左衛門へ預けられ、二月二十四日に宮参りをしている。明治十八年九月二十九日に帰宅。明治二十一年三月十九日に小学校に入学。明治三十四年五月に元高崎藩の子爵大河内輝耕《おおこうちてるやす》と結婚し、昭和十七年(一九四二)九月に六十一歳で死去。

参考文献　前田匡一郎『慶喜邸を訪れた人々―「徳川慶喜家扶日記」より―』(羽衣出版、二〇〇三年)

(杉山　綾)

伏見宮経子（ふしみのみやつねこ）　一八八二―一九三九

徳川慶喜の九女。母は新村信《しんむらのぶ》。明治十五年(一八八二)九月二十三日に生まれる。山田友次郎に預けられ、明治十八年十月二十七日に帰宅する。明治三十年一月七日、皇族の伏見宮《ふしみのみや》博恭《ひろやす》へ輿入れ、婚儀が行われ王妃となる。昭和十四年(一九三九)八月に五十八歳で死去。

参考文献　前田匡一郎『慶喜邸を訪れた人々―「徳川慶喜家扶日記」より―』(羽衣出版、二〇〇三年)

(杉山　綾)

四条糸子（しじょういとこ）　一八八三―一九五三

徳川慶喜の十女。母は中根幸《なかねこう》。明治十六年(一八八三)九月十八日に生まれ、十一月二十九日に宮参りを行なった。相前後して、山田友右衛門へ里子に行き、明治十九年十月一日帰宅する。明治三十九年五月に元公家の侯爵四条隆愛《しじょうたかちか》と結婚している。昭和二十八年(一九五三)十月十一日七十歳で死去。

参考文献　前田匡一郎『慶喜邸を訪れた人々―「徳川慶喜家扶日記」より―』(羽衣出版、二〇〇三年)

(杉山　綾)

徳川慶久（とくがわよしひさ）　一八八四―一九二二

徳川慶喜の七男。明治十七年(一八八四)九月二日、紺屋町慶喜邸で生まれる。母は新村信《しんむらのぶ》。幼名久《ひさし》。父慶喜が明治三十五年に公爵に任ぜられ、併せて徳川宗家からの分家を認められると、慶久は徳川慶喜家の家督相続者となり慶久と改名。同四十一年十一月、実枝子(有栖川宮威仁《たけひと》親王第二王女)と結婚。同四十三年十二月、慶喜の隠居により公爵徳川慶喜家を継ぐ。貴族院議員、華族世襲財産審議会議長などを勤め、大正十一年(一九二二)十一月一日没。三十九歳。

参考文献 霞会館諸家資料調査委員会編『昭和新修華族家系大成』下(吉川弘文館、一九八四年)、前田匡一郎『慶喜邸を訪れた人々—「徳川慶喜家扶日記」より—』(羽衣出版、二〇〇三年)

(岩田 愛加)

寧(やすし) 一八八五—八六

徳川慶喜の八男。明治十八年(一八八五)九月二十二日、駿府城下の紺屋町慶喜邸で生まれる。生母は中根幸《なかねこう》。同月二十九日、八幡村西野金左衛門の里子となる。『家扶日記』によれば同十九年六月二十五日より、柏原学而《かしわばらがくじ》(徳川慶喜侍医)やその門人である大川医師(八幡村西野金左衛門方)、倉持鑄吾(新通三丁目)から連日診察を受けるもその甲斐なく、同年七月二日没。戒名は受生院殿楽邦清寧大童子。

参考文献 渋沢栄一『徳川慶喜公伝』四(平凡社、一九六八年)、前田匡一郎『慶喜邸を訪れた人々—「徳川慶喜家扶日記」より—』(羽衣出版、二〇〇三年)

(岩田 愛加)

徳川英子(とくがわえいこ) 一八八七—一九二四

徳川慶喜の十一女。母は新村信《しんむらのぶ》。明治二十年(一八八七)三月二十二日に生まれる。徳川慶喜家の『家扶日記』によれば、明治二十年三月二十四日に佐野源次郎へ預けられ、四月二十三日に宮参りを行なった。明治二十四年四月七日、静岡高等小学校付属幼稚園へ入る。明治四十四年四月に元水戸徳川家の公爵徳川圀順《とくがわくにゆき》と結婚。大正十三年(一九二四)七月五日に三十八歳で死去。

参考文献 前田匡一郎『慶喜邸を訪れた人々—「徳川慶喜家扶日記」より—』(羽衣出版、二〇〇三年)

(杉山 綾)

徳川誠(とくがわまこと) 一八八七—一九六八

徳川慶喜の九男。明治二十年(一八八七)十月三十一日、駿府城下の紺屋町慶喜邸で生まれる。生母は中根幸《なかねこう》。同年十一月二十日、小長井勝次郎(呉服町三丁目指物商)の里子となる。その後山本重礼の養子となってアメリカへ留学するが、帰国後離縁して徳川家へ戻る。男爵名和長憲《なわながのり》の子の名和亹子と結婚。大正二年(一九一三)十一月五日、父慶喜の死に際し、特旨を以て徳川慶喜家からの分家を認められ、華族に列し男爵を授かる。昭和四十三年(一九六八)没。

参考文献 霞会館諸家資料調査委員会編『昭和新修華族家系大成』下(吉川弘文館、一九八四年)、前田匡一郎『慶喜邸を訪れた人々—「徳川慶喜家扶日記」より—』(羽衣出版、二〇〇三年)

(岩田 愛加)

勝精（かつくわし）　一八八八―一九三二

徳川慶喜の十男。明治二十一年（一八八八）八月二十三日、安部郡西草深（静岡市）の慶喜邸にて生まれる。生母は新村信《しんむらのぶ》。同年九月八日、望月惣兵衛（横内町石工）の里子となる。同二十五年二月には、元旗本で伯爵の勝安芳《かつやすよし》（海舟）の養子となり、伊代子（安芳の長男小鹿《ころく》の長女）と結婚。明治三十二年一月安芳の死去後、勝家は伊代子が継いでいたが、女性戸主のため爵位返上となっており、精が同年二月に相続する。この時改めて伯爵を授かった。オリエンタル写真工業や浅野セメントなどの重役を歴任した。昭和七年（一九三二）十月没。四十五歳。

参考文献　渋沢栄一『徳川慶喜公伝』四（平凡社、一九六八年）、前田匡一郎『慶喜邸を訪れた人々―「徳川慶喜家扶日記」より―』（羽衣出版、二〇〇三年）

（岩田　愛加）

〔関連人物〕

板倉勝静（いたくらかつきよ）　一八二三―八九

備中国松山藩第七代藩主。幕末期に老中首座などを務めた。文政六年（一八二三）正月四日、陸奥国白河《しらかわ》藩主松平定永《まつだいらさだなが》の八男として生まれる。天保十三年（一八四二）、備中松山藩主板倉勝職《かつつね》の養子となり、嘉永二年（一八四九）、勝職の隠居に伴い襲封、従五位下周防守に任官した。市井の陽明学者山田方《やまだほう》谷《こく》を登用して藩校有終館《ゆうしゅうかん》を起こすなど藩政改革に努め、その治績を評価されて同四年奏者番となる。安政四年（一八五七）に寺社奉行兼帯となるが、安政の大獄に際して井伊直弼の強圧的な対応に批判的であったため、同六年、罷免された。文久元年（一八六一）二月、寺社奉行に再任され、翌年三月には老中となった。徳川家茂の上洛に供奉したが、文久三年六月の帰府後、攘夷断行の勅命の実行不能を訴え、辞職を願い出た。慰留されるも元治元年（一八六四）、老中を辞して帰藩した。第一次長州戦争に従軍後、慶応元年（一八六五）十月に老中に再任された。第二次長州戦争に対して寛典論を唱えるも容れられず、同二年七月、家茂が大坂城で没すると徳川慶喜の将軍就任などに尽力した。慶喜に厚く信任されて老中首座となり、幕政改革などに腐心したが、大政奉還に際しては、慶喜を補佐してその実現に努めた。鳥羽伏見の戦いでは、慶喜にしたがい海路を東帰した。その後、老中を辞して謹慎したが、榎本武揚《えのもとたけあき》の率いる旧幕府軍に加わり、箱館戦争に参加する。旧幕府軍の降伏直前に箱館を脱出して、明治政府に自訴して永預けとなるが、明治五年(一八七二)に赦免された。晩年には、同九年に上野東照宮の祀官となり、第八十六国立銀行の設立にも関与した。同二十二年四月六日に六十七歳で没した。

参考文献 朝森要『幕末史の研究—備中松山藩—』(岩田書院、二〇〇四年)、家近良樹『徳川慶喜』(『幕末維新の個性』一、吉川弘文館、二〇〇四年)
(門松　秀樹)

稲葉正巳 (いなばまさみ) 一八一五—七九

安房国館山《たてやま》藩第四代藩主。若年寄、海軍総裁などを務めた。官位は従四位下、兵部大輔。文化十二年(一八一五)十月十五日、第三代藩主正盛《まさもり》の長男として生まれる。文政三年(一八二〇)、父の急死に伴い家督を相続し、館山藩主となる。その後、市井の儒学者であった新井文山《あらいぶんざん》を郡奉行に抜擢するなど、人材登用に努め、藩政改革を成功させている。文久元年(一八六一)、講武所奉行となり、翌二年には若年寄に任ぜられる。同三年の徳川家茂の上洛に同行するが、五月二十日には参内して京都守護職松平容保《まつだいらかたもり》、老中水野忠精《みずのただきよ》・板倉勝静《いたくらかつきよ》らとともに将軍東帰の奏請を行なっている。また、同年六月の老中小笠原長行《おがさわらながみち》の率兵上京に際しては、制止のために枚方《ひらかた》(大阪府枚方市)に赴いている。元治元年(一八六四)には外国御用取扱勝手掛・海陸備向取扱となり、神戸海軍操練所の設立に尽力したが、十二月に若年寄を辞するとともに家督を養子の正善《まさよし》に譲り、隠居した。慶応元年(一八六五)十一月、若年寄に再任され、徳川慶喜が進めた慶応の改革の下で幕府海軍の整備にあたる。慶喜に信任され、翌二年には、陸軍奉行、老中格となり、同年十二月には海軍総裁となった。鳥羽伏見の敗戦の後、明治元年(一八六八)正月二十四日にすべての役職を辞し、改めて家督を譲った正善を上京させ、明治政府に恭順した。明治十二年九月十六日に六十五歳で没する。

参考文献 『館山市史』(一九七一年)、土居良三『軍艦奉行木村摂津守—近代海軍誕生の陰の立役者—』(『中公新書』、中央公論社、一九九四年)
(門松　秀樹)

岩倉具視 (いわくらともみ) 一八二五—八三

明治維新期の公家。文政八年(一八二五)九月十五日、前権中納言堀河康親の次男として京都堀河家に生まれる。天保九年(一八三八)八月八日、岩倉具慶《ともやす》の養子となり、具視と名のる。嘉永六年(一八五三)正月、関白鷹司政通の歌道の門人になると、政通に朝廷改革意見を述べる。政通に能力を見出された岩倉は、安政元年(一八五四)に孝明天皇の侍従を命じられ、さらに近習となる。同五年正月、老中の堀田正睦《ほったまさよし》が日米修好通商条約の勅許を求めて上洛すると、三月十二日には勅許の阻止を図り、中山忠能《なかやまただやす》ら八十八人の列参運動を画策した。さらに十四日には「神州万歳堅策」を内奏し、条約不承認を訴えた。これは岩倉の政治行動の嚆矢といえる。その後も世情に疎い公家が多いなかで岩倉は政治手腕を発揮していく。文久元年(一八六一)には、破約攘夷を幕府に求める一方で、朝幕間の宥和を図るため和宮降下を推進する。文久二年四月に薩摩藩の島津久光が上洛すると、同藩の意向を入れながら幕府への政治建言である「三事策」の作成に携わる。だが、同年八月には和宮降下の責任を問う尊攘派から糾弾を受け、辞官落飾の上、洛北岩倉村(京都市)での幽居を余儀なくされる。ここでも岩倉は、薩摩藩の大久保利通らから情報を収集し、朝廷への政治意見の提出を繰り返している。慶応三年(一八六七)十月十四日に大政奉還が行われ、十二月九日の王政復古の政変で新政府が発足すると政権復帰を果たした。明治十六年(一八八三)七月二十日没。五十九歳。

[参考文献]『岩倉公実記』上・下(皇后宮職、一九〇六年)、大久保利謙『岩倉具視(増補版)』(『中公新書』、中央公論社、一九九〇年)

(刑部　芳則)

岩崎弥太郎　(いわさきやたろう)　一八三四—八五

明治期の実業家。三菱財閥の創始者。諱は寛《ひろし》、東山《とうざん》と号す。天保五年(一八三四)十二月十一日、土佐国安芸《あき》郡井ノ口《いのくち》村(高知県安芸市)の地下浪人岩崎弥次郎《やじろう》の長男に生まれる。安政元年(一八五四)、奥宮慥斎《おくのみやぞうさい》の従者として江戸へ出て、安積艮斎《あさかごんさい》の下で儒学を学ぶ。翌年、父が投獄されたため帰郷して冤罪を訴えたが、みずからも投獄された。出獄後、蟄居中の吉田《よしだ》東洋《とうよう》が開く少林塾に入塾し、吉田や後藤象二郎《ごとうしょうじろう》らの知遇を得た。吉田の藩政復帰に伴い、その推挙で下横目役となるが、万延元年(一八六〇)、長崎での公金浪費などにより解職・謹慎となった。慶応三年(一八六七)、後藤の抜擢により、土佐商会主任・長崎留守居となる。また、坂本龍馬の脱藩が赦免され、亀山社中が海援隊として藩の支配となると、海援隊の経理も担当した。海援隊のいろは丸と紀州藩の明光丸の衝突事故では交渉を担当し、紀州藩から七万両の賠償金を得ている。明治元年(一八六八)の長崎土佐商会の閉鎖後は、大阪土佐商会(九十九《つくも》商会に改組・改称)に移り、貿易・海運業に従事する。廃藩置県に伴い、土佐藩の負債と藩所有の船舶三隻を引換えに九十九商会の経営を引き受けた。同六年、九十九商会を三菱商会に改称する。明治政府の保護の下、台湾出兵や西南戦争に際して輸送業務などを独占し、三菱は政商として大きく発展した。しかし、明治十四年の政変で支持者の大隈重信が失脚すると三菱批判が強まり、共同運輸会社が設立されて、海運業における熾烈な競争が展開された。その最中、同十八年二月七日、胃癌のため五十二歳で没した。なお、弥太郎の没後、両社は政府の仲介で合併し日本郵船となった。

参考文献 『岩崎弥太郎日記』(岩崎弥太郎岩崎弥之助伝記編纂会、一九七五年)、岩崎家伝記刊行会編『岩崎弥太郎伝』(東京大学出版会、一九八〇年)、武田晴人『岩崎弥太郎―商会之実ハ一家之事業ナリ―』(『ミネルヴァ日本評伝選』、ミネルヴァ書房、二〇一一年)
(門松　秀樹)

榎本武揚　(えのもとたけあき)　一八三六―一九〇八

幕末期の旗本、明治期の政治家、華族。通称釜次郎。妻は幕府奥医師林研海の娘たつ。榎本家は代々徒士を勤めた御家人家。武揚の父箱田良助は備後国安那郡箱田村(広島県福山市)の郷士で、江戸に出て高橋景保《たかはしかげやす》や伊能忠敬《いのうただたか》に師事して天文学・暦法を修め、忠敬の測量にも同行している。良助は千両で御家人榎本家の株を買って榎本円兵衛となり(榎本家の娘と養子縁組)、天文方に出仕したのち、勘定に昇進して旗本家となる。武揚は円兵衛の次男として天保七年(一八三六)八月二十五日に生まれる。幼少期より学才を示し、昌平坂学問所、中浜万次郎の英語塾などで学ぶ。安政三年(一八五六)に、幕府が開設した長崎海軍伝習所に二期生として入学し、航海術・化学・国際情勢などを学び、同五年、築地に新設された軍艦操練所において、軍艦操練教授方出役に任じられる。文久元年(一八六一)に軍艦組出役となり、翌二年には幕府派遣留学生としてオランダに留学し、造船や航海術、国際法、軍学を学ぶ。五年間の留学ののち、幕府がオランダに発注した軍艦開陽《かいよう》に乗って慶応三年(一八六七)三月に帰国。直ちに軍艦役となり、同七月に軍艦頭並、九月には軍艦頭となり、幕府艦隊旗艦開陽の艦長も勤めた。当時の身分は家禄百俵と別段御手当五百俵、御役金八百両である。なお、榎本家は兄勇之丞(大番格歩兵指差図役など)が継いでおり、武揚は勇之丞弟厄介から、慶応三年に別家を創立した。帰国後の榎本は、実質的に幕府海軍の指揮官となっていた。明治元年(一八六八)の鳥羽伏見戦争敗退後、江戸へ戻った徳川慶喜によって海軍副総裁に任じられるが、徳川家の恭順方針に反発し、徳川海軍(開陽など八艦)を率いて品川沖に停泊し、八月十九日に品川を出て北上する。仙台では東北戦争に参加していた旧幕府陸軍の諸隊が乗り込み、十月二十一日に蝦夷地(北海道)の箱館に上陸する。箱館奉行所はすでに維新政府に明け渡され箱館府が置かれていたが、新政府軍を攻略し、五稜郭を拠点とし、榎本は入札によって蝦夷島総裁に任じられる。新政府に対して徳川家・

旧臣に対する蝦夷地の割譲(開拓と北方警備)を要求する一方、蝦夷地内の物産調査などにも従事している。箱館政府は明治二年五月の新政府軍による総攻撃によって壊滅し、榎本ら首脳は五月十七日に降伏し、東京辰の口の兵部省糾問所に入れられる。しかし、新政府軍を率いた黒田清隆《くろだきよたか》による赦免運動により、榎本らは処刑を免れ、明治五年正月に釈放される。釈放後は、当時開拓使長官だった黒田のブレーンとして開拓使四等出仕として登用される。以後、駐露特命全権公使、海軍中将、外務省二等出仕、外務大輔、海軍卿などを歴任し、明治十八年には初代内閣の逓信大臣に就任し、以後、文部・外務・農商務大臣を勤める。明治二十三年子爵に叙任。黒田清隆の盟友として薩摩藩閥の一翼を担って栄進する一方、旧幕臣の象徴的な存在でもあり、明治二十二年に開催された江戸開府三百年祭では会長を勤め、日光東照宮を保存するために組織された保晃会でも会長を勤めた。また旧幕臣の互助・親睦会である旧交会・同方会、旧幕臣の子弟の教育のために結成された静岡育英会で会長を勤めている。さらに、静岡育英会を母体に育英校・私立東京農学校(のちの東京農業大学)を設立し、校主を勤めている。明治四十一年十月二十六日死去。七十三歳。

参考文献　井黒弥太郎『榎本武揚』(新人物往来社、一九七五年)、加茂義一『榎本武揚』(『中公文庫』、中央公論社、一九八八年)、樋口雄彦『箱館戦争と榎本武揚』(『敗者の日本史』一七、吉川弘文館、二〇一二年)　（三野　行徳）

大久保利通（おおくぼとしみち）　一八三〇―七八

明治維新期の薩摩藩士。天保元年(一八三〇)八月十日、薩摩藩士大久保次右衛門利世の長男として鹿児島城下加治屋町に生まれる。安政六年(一八五九)、誠忠組の同志と大挙脱藩して幕府首脳を襲撃する計画を立てるが未遂に終わる。一方で大久保は、吉祥院住職の真海《しんかい》を介して島津久光に接近し、久光から慎重な姿勢が認められるようになる。そのため万延元年(一八六〇)閏三月、勘定小頭に昇進し、文久元年(一八六一)十月には小納戸に任命された。文久二年五月の久光上洛に際しては、近衛忠熙《このえただひろ》・忠房の父子をはじめ、岩倉具視など有力公家の間を取り持つ役割を果たす。五月に江戸勅使差遣が決まると、久光とともに大久保も江戸に下向する。その帰路に起きた生麦事件では、横浜居留地を襲撃しようとする尊攘派志士を抑えた。これより大久保は、久光の命を受けて京都と鹿児島の往復を繰り返し、次第に薩摩藩を代表するようになった。その間に起きた参与会議、第一次長州戦争、第二次長州戦争、四侯会議などにより、大久保も「倒幕」による政治改革を鮮明にする。その理由は、長州藩の寛典処分や横浜鎖港問題をめぐり徳川慶喜と久光の意見が合わず、幕府の現状に失望したことが少なくなかったことである。慶応二年(一八六六)正月の薩長密約、翌三年六月の薩土盟約の締結では西郷隆盛とともに同席した。また岩倉と「討幕の密勅」降下を画策し、十二月九日の王政復古の政変に向けては公家の奮起を図るなど朝廷工作を行なった。明治十一年(一八七八)五月十四日、東京紀尾井坂で暗殺された。四十九歳。

参考文献 勝田孫弥『大久保利通伝』(同文館、一九一〇・一一年)、毛利敏彦『大久保利通』(『中公新書』、中央公論社、一九六九年)、佐々木克『大久保利通と明治維新』(『歴史文化ライブラリー』、吉川弘文館、一九九八年)、勝田政治『〈政事家〉大久保利通』(『講談社選書メチエ』、講談社、二〇〇三年)、笠原英彦『大久保利通』(『幕末維新の個性』三、吉川弘文館、二〇〇五年)

(刑部　芳則)

小笠原長行（おがさわらながみち）　一八二二―九一

肥前国唐津《からつ》藩世子。幕末期に老中などを務める。文政五年(一八二二)五月十一日、唐津藩主小笠原長昌《ながまさ》の長男として生まれる。しかし、翌年に長昌が没し、幼主の擁立が困難であったため、出羽国庄内《しょうない》藩主酒井忠徳《さかいただあり》の六男長泰《ながやす》を養嗣子として迎え、長行は庶子として扱われた。天保九年(一八三八)に江戸に出て、藤田東湖《ふじたとうこ》や安井息軒《やすいそくけん》、高島秋帆《たかしましゅうはん》らに師事し、しだいにその賢才を知られ、安政四年(一八五七)、当時の藩主小笠原長国《ながくに》の養嗣子となる。唐津藩世子の立場ながら、文久二年(一八六二)七月に奏者番、八月に若年寄となり、九月には老中格に抜擢され、十月に外国御用掛となった。生麦事件に際しては、事態の早期収拾を図るため、翌年五月、独断で英国に対して一〇万ポンドの賠償金を支払った。その後、幕府歩兵を率いて上京を図るが、淀《よど》(京都府京都市伏見区)で徳川家茂の親書により差し止められ、罷免・謹慎となった。元治元年(一八六四)九月、謹慎が解除され壱岐守となり、翌年九月に老中格に再任され、十月には老中となった。第二次長州戦争に際しては小倉口の総督となったが敗れ、慶応二年(一八六六)十月、その責により罷免されるが、徳川慶喜の要請により翌月には老中に復帰している。慶応三年六月には外国事務総裁となり、各国公使との折衝などを総括した。戊辰戦争に際しては明治政府への徹底抗戦を主張し、箱館戦争に参加したものの、敗戦直前に箱館を脱出、東京近郊に潜伏している。明治五年(一八七二)七月に明治政府に自首したが、翌月には赦免され、以後は駒込に閑居した。同十三年六月に従四位に叙されている。同二十四年一月二十五日に七十歳で没した。

参考文献 小笠原壱岐守長行編纂会編『小笠原壱岐守長行』

（土筆社、一九八四年）、岩井弘融『小笠原長行―開国の騎手―』（新人物往来社、一九九二年）
（門松　秀樹）

小栗忠順（おぐりただまさ）　一八二七―六八

幕末期の旗本。通称又一。妻は林田藩主建部《たけべ》政醇《まさあつ》の娘道子。文政十年（一八二七）に、使番・西丸目付・新潟奉行などを勤めた小栗忠高《ただたか》の子として生まれる。家禄二千五百石。知行所は上野国群馬郡権田《ごんだ》村（群馬県高崎市）など上野国・上総国・下総国に計十二ヵ村。小栗家の屋敷には儒学者安積艮斎《あさかごんさい》の私塾があり、そこで学んだ。安積塾の同窓に栗本鋤雲《くりもとじょうん》がいる。家督相続以前の弘化四年（一八四七）に西丸書院番に就き、安政二年（一八五五）の父の死去に伴い家督を相続。使番を経て安政六年に外国掛の目付に就任し、この昇進に伴い豊後守に叙任される。安政七年には日米修好通商条約の批准のため、遣米使節目付としてポーハタン号で渡米。帰国後は外国奉行に異動し、二百石を加増される。外国奉行在任中の文久元年（一八六一）にロシア軍艦による対馬占領事件が起こり、事件の処理にあたるが、処理方針をめぐって幕閣と意見が折り合わず、同年に外国奉行を辞している。小栗はきわめて優秀である一方、直情的な性格であったともいわれ、以後もたびたび職を辞している。翌文久二年に書院番頭に、のち勝手方勘定奉行に任じられ、さらに町奉行、歩兵奉行、講武所御用取扱の兼帯も命じられる。当時、幕府は文久幕政改革に取り組んでおり、小栗は幕府財政の再建、幕府陸海軍の再建に従事していた。このころ、栗本鋤雲を通じてフランス公使ロッシュと知己になり、横須賀製鉄所建設に着手した。翌文久三年に職を辞し、いったん陸軍奉行並に任じられるもすぐに免ぜられる。このころ、豊後守から上野介に叙任される。元治元年（一八六四）に再び勝手方勘定奉行となり、同年十二月に軍艦奉行に異動、翌慶応元年（一八六五）には栗本とともに横須賀製鉄所御用掛となる。同年、いったん御役ご免となったのち、勝手方勘定奉行に任じられ、翌慶応二年には海軍奉行兼帯となる。慶応元年十一月には横須賀製鉄所の建設が着工し、フランス人技師ヴェルニーが所長に任じられて進められた。また、小栗の主導でフランス式陸軍制度の幕府への導入が図られ、フランス軍事顧問団による幕府歩兵の訓練が開始され、横浜には仏蘭西語伝習所が設立された。このように、小栗は、文久・慶応幕政改革期、勝手方勘定奉行を軸に陸軍奉行・軍艦奉行・海軍奉行を歴任し、軍制改革・財政改革に従事した。大政奉還後は、慶応三年十二月に陸軍奉行並兼帯となる。明治元年（一八六八）の鳥羽伏見敗戦後、江戸城へ戻った徳川慶喜の前での評定では、一貫して維新政府との対決を主張するが、徳川家の方針は恭順と決し、小栗は直ちに罷免される。

同年二月、徳川家の勧奨に従い知行所の権田村へ土着するが、閏四月四日、維新政府の東山道軍指揮下の高崎藩兵らに捕らえられ、六日に斬首された。四十二歳。

参考文献 「小栗上野介日記」(『群馬県史料集』七、群馬県文化事業振興会、一九七二年)、村上泰賢編『幕末遣米使節小栗忠順従者の記録』(東善寺、二〇〇一年)、高橋敏『小栗上野介忠順と幕末維新』(岩波書店、二〇一三年)

(三野　行徳)

桂小五郎（かつらこごろう）　一八三三―七七

明治維新期の長州藩士。天保四年(一八三三)六月二十六日、萩藩医和田昌景の次男として萩に生まれ、桂九郎兵衛孝古の養子となる。藩校の明倫館で学び、ついで吉田松陰に師事した。嘉永五年(一八五二)九月、江戸遊学を願い出て斉藤弥九郎道場の塾頭を務める。翌年には韮山代官江川英龍の従僕に加わり、江戸湾から相模・伊豆の海岸防備および測量を見学。安政六年(一八五九)十一月、江戸藩邸の有備館御用掛、翌年四月に同舎長となる。万延元年(一八六〇)、水戸藩の西丸帯刀と会い幕閣改造を図る丙辰丸盟約を結ぶ。文久三年(一八六三)四月、機務参与を命じられ藩政に参画する。桂は尊王攘夷論であったが、雄藩との協調を無視する藩内の尊攘過激派の運動には反対であった。だが藩内の尊攘派を抑えることはできず、八月十八日の政変が起こる。これにより長州藩は京都政局から追われ、桂は時局の転換を図るも成果はあがらず十月に帰藩した。元治元年(一八六四)四月、京都留守居を命じられる。六月五日には新選組が池田屋を襲撃する事件が起きるが、桂は対馬藩邸に行っており難を逃れた。七月の禁門の変では戦闘に参加できず、その後は但馬出石に潜伏した。慶応元年(一八六五)四月、下関に戻り、政事堂用掛・国政方用談役心得に任命された。慶応二年正月、京都薩摩藩邸に向かい、土佐藩の坂本龍馬の仲介で薩長盟約を締結する。そして翌年九月・十月には薩摩藩の大久保利通や西郷隆盛と倒幕出兵の協同策を協議した。明治十年(一八七七)五月二十六日没。四十五歳。

参考文献 木戸公伝記編纂所編『松菊木戸公伝』上・下(明治書院、一九二七年)、大江志乃夫『木戸孝允』(『中公新書』、中央公論社、一九六八年)、松尾正人『木戸孝允』(『幕末維新の個性』八、吉川弘文館、二〇〇七年)

(刑部　芳則)

グラバー　**Thomas Blake Glover**　一八三八―一九一一

幕末のイギリス貿易商人。一八三八年六月六日、スコットランド東北岸のフレイザーバラで生まれる。安政六年(一八五九)八月二十三日長崎に来日し、文久元年(一八六一)三月二十二日同地でグラバー商会を設立。自己資金で取引する商人であるとともに、ジャーディン＝マセソン商会など大商社の長崎代理店も兼ねた。同年長崎で最初の茶の再製工場を設立して操業を開始、長崎の茶の輸出貿易で重要な位置を占めた。元治元年(一八六四)ごろより混沌とした国内情勢をみて商取引の重点を日本茶から艦船・武器類の販売に移して経営を拡大、長崎最大の貿易商に成長した。艦船・武器の売却先は薩摩・熊本・佐賀・長州藩など西南雄藩が多かったが、幕府や親藩とも取引関係があり、慶応元年(一八六五)には幕府より総額一八万ポンドに及ぶアームストロング砲の発注を受けている。文久三年七月の薩英戦争後、薩摩藩と急速に接近し、慶応元年の薩摩藩遣欧使節・留学生への支援、生糸買付資金の融資などを通じて同藩と関係を深めた。さらにイギリス公使パークスの鹿児島訪問(慶応二年六月)の仲介を行うなど、薩摩藩とイギリスの接近に一定の役割を果たした。慶応三年後半からグラバー商会の経営は不振に陥り、明治三年(一八七〇)七月に破産を宣告される。維新後は高島炭鉱《たかしまたんこう》の支配人をつとめ、ジャパン＝ブルワリー＝カンパニー(のちの麒麟麦酒《きりんビール》)の設立にも関与した。明治四十四年十二月十六日麻布富士見《あざぶふじみ》町《ちょう》(東京都港区南麻布)で死去。七十三歳。

参考文献　杉山伸也『明治維新とイギリス商人―トマス・グラバーの生涯―』(『岩波新書』、岩波書店、一九九三年)、内藤初穂『トーマス・B・グラバー始末―明治建国の洋商―』(アテネ書房、二〇〇一年)、マイケル・ガーデナ『トマス・グラバーの生涯―大英帝国の周縁にて―』(村里好俊・杉浦裕子訳、岩波書店、二〇一一年)

(吉崎　雅規)

栗本鋤雲　(くりもとじょうん)　一八二二―九七

幕末期の旗本、明治期のジャーナリスト。幼名哲三。諱は鯤《こん》。通称瀬兵衛、のち瑞見。号は匏庵《ほうあん》・鋤雲。奥医師喜多村槐園の三男として文政五年(一八二二)三月十日に生まれる。小栗忠順《おぐりただまさ》の屋敷にあった安積艮斎《あさかごんさい》の私塾に学び、天保十四年(一八四三)に昌平坂学問所に入学し、古賀侗庵《こがどうあん》・佐藤一斎に師事する。嘉永元年(一八四八)に奥医師栗本家の養子となり家督を相続。栗本家の家禄は三百石。六世瑞見となり、医学館で講書などを勤めるが、安政五年(一八五八)に処罰され(岡《おか》櫟仙院《れきせんいん》による讒訴のためとされるが詳細は不明)、蝦夷地箱館在住を命じられる。箱館では医学館や薬園の建設、山野の開拓、鉱物資源調査などに従事した。文久二年(一八六二)には医籍から士籍となって箱館奉行支配組頭に任じられ、南千島・樺太の探検に従事した。箱館は安政六年に開港しており、宣教師として赴任してきたフランス人メルメ＝ド＝カションとは、相互に日本語とフランス語を教えあう関係にあった。文久三年に江戸へ戻され、学問所頭取(七百石高)に異動。翌元治元年(一八六四)には目付に昇進。以後、先手過人・軍艦奉行並を勤め、慶応元年(一八六五)十一月に外国奉行(二千石高)に就任。この昇進に伴い安芸守に叙任する。江戸帰還後の栗本の栄進は、旧友小栗忠順のブレーンとなったためである。特に対外関係では、箱館で知己となったカションがフランス公使ロッシュの通訳官となっていたことから、小栗・栗本とカション、ロッシュとの間で、幕仏提携路線が模索され、横須賀製鉄所建設やフランス軍事顧問団による陸軍伝習、フランス語学校の建設などが実現した。また、軍艦奉行・外国奉行として兵庫開港問題や下関戦争の処理など困難な外交処理に従事した。慶応三年六月には、外国奉行兼勘定奉行格箱館奉行となってフランスへ派遣される。当時幕府はフランスから借款をして改革を行おうとしていたが、先に派遣されていた若年寄向山黄村《むこうやまこうそん》とカションとの折り合いが悪く、借款が難航していたため、急遽派遣されることになった。フランス滞在中に幕府崩壊の報を受け、明治元年(一八六八)五月に帰国。以後、維新政府には仕えず「在野の遺臣」として過ごす一方、ジャーナリストとなり、明治五年に横浜毎日新聞、翌六年に郵便報知新聞に入社し主筆を勤め、維新政府へ厳しい論調の文筆活動を展開して、藤田茂吉《ふじたもきち》・犬養毅《いぬかいつよし》・尾崎行雄《おざきゆきお》らを指導した。一方、勝義邦(海舟)や榎本武揚ら、維新政府で栄達を遂げた旧幕臣には厳しい目を向けた。著作にフランス滞在中の記録である『暁窓追録』や、『匏庵遺稿』などを残す。明治三十年三月六日死去。七十六歳。

参考文献　栗本鋤雲『匏庵遺稿』(東京大学出版会、一九七五年)、富田仁『メルメ・カション』(『有隣新書』、有隣堂、一九八〇年)、小野寺龍太『栗本鋤雲』(『ミネルヴァ日本評伝選』、ミネルヴァ書房、二〇一〇年)

(三野　行徳)

黒川嘉兵衛　(くろかわかへえ)　一八一五―?

幕臣、目付、家禄三百俵。文化十二年(一八一五)生まれ。天保十三年(一八四二)十二月に中間頭、同十四年三月に徒目付、弘化元年(一八四四)七月に小普請方、嘉永六年(一八五三)十二月、浦賀奉行支配組頭、安政元年(一八五四)四月、下田奉行支配組頭に就任し、ペリー再来時にはペリー艦隊の間を往復し、連絡調整にあたった。またアメリカ艦隊に乗り込もうとした吉田松陰《よしだしょういん》の取り調べを行なった。安政二年二月、広敷番頭、安政四年十一月、精姫《あき》用人並に昇進したが、安政六年九月に安政の大獄に連座、差控となり、甲府勝手小普請に遷された。その後、文久二年(一八六二)十一月に召し返され、同三年七月に一橋家用人見習となり、同年十月に一橋慶喜上洛時には用人格として随った。元治元年(一八六四)二月に番頭兼用人となり、「天下の権朝廷に在るべくして在らず幕府に在り、幕府に在るべくして在らず一橋に在り、一橋に在るべくして在らず平岡・黒川に在り」といわれ(『徳川慶喜公伝』)、平岡円四郎《ひらおかえんしろう》とともに名を成し、幕末の京都で一橋家と各藩との周旋活動を行なった。その後、一橋慶喜の宗家相続に伴い、慶応二年(一八六六)八月に若年寄支配となり、明治元年(一八六八)二月には目付に昇進、慶喜の救済に尽力した。明治維新後は、京都に住んだ。

参考文献　「一橋家側用人黒川嘉兵衛　明細短冊」(国立公文書館内閣文庫多聞櫓文書〇〇五六六八)、熊井保・大賀妙子編『江戸幕臣人名事典』二(新人物往来社、一九八九年)、渋沢栄一『徳川慶喜公伝』四(『東洋文庫』、平凡社、一九六八年)

(野本　禎司)

小松清廉　(こまつきよかど)　一八三五―七〇

明治維新期の薩摩藩士。天保六年(一八三五)十月十四日、薩摩国喜入(鹿児島市)領主肝付兼善の三男として生まれた。同国吉利(日置市)の領主であった小松清猷の養子となり、小松帯刀清廉と改名。藩主島津斉彬《しまづなりあきら》の小性となり、さらに当番頭を拝命した。文久元年(一八六一)五月、側役に昇進し、斉彬の跡を継いだ島津忠義の父久光の側近となった。大久保利通ら誠忠組の幕政改革運動に理解を示し、久光の率兵上洛に尽力する。文久二年三月、久光の上洛に同行し、五月に側詰、側役兼務江戸家老座出席に任命される。そして十二月には家老、側詰兼務へと昇格した。元治元年(一八六四)七月十九日の禁門の変では、軍務役の西郷隆盛とともに指揮を執り、長州藩と戦った。その後、京都にとどまり長州処分および兵庫開港問題など国事に奔走した。慶応二年(一八六六)正月二十一日、鹿児島を訪れた長州藩の桂小五郎との間に薩長盟約を結び、翌三年六月には土佐藩の後藤象二郎との間に薩土盟約の締結を行なった。十月十三日には後藤をはじめ、広島藩の辻将曹《つじしょうそう》らと将軍徳川慶喜に大政奉還を進言した。そして西郷・大久保らと鹿児島に戻り、久光と忠義に王政復古の必要性を説き、藩主の率兵上洛を迫った。明治三年(一八七〇)七月二十日没。三十六歳。

参考文献　鹿児島県史料刊行委員会編『小松帯刀伝・薩藩小松帯刀履歴・小松公之記事』(『鹿児島県史料集』二一、鹿児島県立図書館、一九八〇年)、瀬野富吉編『幻の宰相―小松帯刀伝―(改訂版)』(小松帯刀顕彰会、一九九一年)、高村直助『小松帯刀』(『人物叢書』、二〇一二年、吉川弘文館)

(刑部　芳則)

西郷隆盛　(さいごうたかもり)　一八二七―七七

明治維新期の薩摩藩士。文政十年(一八二七)十二月七日、

鹿児島城下加治屋町で西郷吉兵衛の長男として生まれる。弘化元年(一八四四)郡方書役助として藩に出仕し、約十年間農政部門を担当する。安政元年(一八五四)に西郷は中御小性・定御供・江戸詰を命じられ、江戸では島津斉彬《しまづなりあきら》の意向による将軍継嗣問題に奔走し、各藩有力者との交流を深めた。大老井伊直弼が安政の大獄を断行すると、西郷は僧月照を擁護するため鹿児島に戻るが、斉彬病没後の薩摩藩の状況は一変し、西郷らの意向は聞き入れられなかった。安政五年十一月、錦江湾に入水するが蘇生した。西郷は奄美大島に幽居させられる。文久二年(一八六二)正月、召還されると徒目付・庭方兼務を命じられたが、上洛を意図した島津久光の意見に対して延期を主張。また上洛に際しては久光から下関で待機を命じられたが、この命を無視して上京する。主命無視の罪により、六月に徳之島、さらに沖永良部島《おきのえらぶ》へ流刑となる。元治元年(一八六四)二月、召還され、三月に軍賦役・小納戸頭取となり、七月の禁門の変では藩兵参謀として長州藩と戦った。長州処分に際しては岩国で長州藩三家老を切腹させた。慶応二年(一八六六)正月に薩長盟約、慶応三年六月に薩土盟約を締結。その一方で大久保利通とともに岩倉具視と「討幕の密勅」降下を画策した。十二月九日の王政復古の政変では、諸藩兵を率いて宮門警護にあたった。明治十年(一八七七)西南戦争を起こし、九月二十四日自刃。五十一歳。

参考文献 勝田孫弥『西郷隆盛伝』一―五(西郷隆盛伝発行所、一八九四―九五年)、田中惣五郎『西郷隆盛』(『人物叢書』、吉川弘文館、一九五八年)、落合弘樹『西郷隆盛と士族』(『幕末維新の個性』四、吉川弘文館、二〇〇五年)

(刑部 芳則)

坂本龍馬 (さかもとりょうま) 一八三五―六七

幕末の志士。天保六年(一八三五)十一月十五日、土佐の豪商才谷屋《さいだにや》の分家で、土佐国土佐郡上街本町一丁目(高知県高知市上町一丁目)の土佐藩郷士(下級武士)坂本家に父八平、母幸の間の次男として生まれた。諱は直陰《なおかげ》、のちに直柔《なおなり》であり、龍馬は通称。嘉永六年(一八五三)、江戸に出て北辰一刀流千葉定吉の門に入る。同年のペリー来航で攘夷思想に影響されたが、安政元年(一八五四)に帰国すると、絵師の河田小龍《かわだしょうりょう》に接触し、世界への目を開かれた。文久元年(一八六一)、尊王攘夷を掲げた土佐勤王党の結成に参加するものの、翌年には脱藩し、江戸の勝海舟《かつかいしゅう》の門に入る。文久三年、勝が幕府から神戸海軍操練所と神戸私塾経営との許可を取りつけると、その設立準備に奔走する。ところが、元治元年(一八六四)に勝が軍艦奉行を罷免され、龍馬は土佐脱藩の仲間を引き連れて薩摩藩の庇護下に移り、慶応元年(一八六五)に長崎亀山で他藩浪士を含む船舶運用の社中(亀山社中)を結成し、薩摩藩の名義で長州藩の武器購入を仲介し、薩長同盟の基盤作りに貢献した。慶応二年正月の同盟成立直後に、桂小五郎《かつらこごろう》(のちの木戸孝允《きどたかよし》)から六ヵ条の薩長盟約の証人として裏書(宮内庁書陵部所蔵)が求められている。一方、軍備強化を急いでいた土佐藩は、参政後藤象二郎《ごとうしょうじろう》を介して海援隊《かいえんたい》を結成させ、龍馬の脱藩を免じて隊長に任命した。慶応三年、海援隊隊長となった龍馬は後藤とともに大坂に向かう船中で「船中八策」を構想し、これが土佐藩の大政奉還建白、それを受けた十五代将軍徳川慶喜の大政奉還上表へと発展した。この龍馬の構想は、当時の知識人がもつ共通認識だったのである。大政奉還から一ヵ月後の同年十一月十五日、京都河原町の近江屋で中岡慎《なかおかしん》太郎《たろう》とともに暗殺された。三十三歳。当初は新選組の関与が強く疑われたが、明治三年(一八七〇)、箱館戦争で降伏し捕虜になった元見廻組の今井信郎が、取り調べ最中に、与頭佐々木只三郎とその部下六人(今井信郎・渡辺吉太郎・高橋安次郎・桂隼之助・土肥伴蔵・桜井大三郎)が坂本龍馬を殺害したと供述し、これが現在では定説になっている。明治二十四年四月八日、正四位を追贈される。

参考文献　池田敬正『坂本龍馬』(『中公新書』、中央公論社、一九六五年)、宮地佐一郎編『坂本龍馬全集(増補四訂版)』(光風社出版、一九八八年)、飛鳥井雅道『坂本龍馬』(『講談社学術文庫』、講談社、二〇〇二年)、松岡司『定本坂本龍馬伝』(新人物往来社、二〇〇三年)、宮地佐一郎編『龍馬の手紙』(『講談社学術文庫』、講談社、二〇〇三年)、松浦玲『坂本龍馬』(『岩波新書』、岩波書店、二〇〇八年)、佐々木克『坂本龍馬とその時代』(河出書房新社、二〇〇九年)、大石学『龍馬とその時代』(『NHKシリーズ』、NHK出版、二〇一〇年)、佐藤宏之「時代考証という歴史叙述」(大石学・時代考証学会編『大河ドラマと地域文化』、高城書房、二〇一二年)

(佐藤　宏之)

三条実美　(さんじょうさねとみ)　一八三七―九一

明治維新期の公家。天保八年(一八三七)二月八日、贈右大臣三条実万《さねつむ》の四男として生まれる。家臣で尊攘志士の富田織部の訓育を受ける。安政元年(一八五四)、兄公睦《きんむつ》の死により三条家を継ぐ。文久二年(一八六二)、左近衛権中将、従三位、議奏加勢となり、ついで権中納言、議奏に任命される。同じころ、尊攘派の長州藩が京都政局の主導権を握ると、それを背景に実美は朝廷内で頭角を現す。同年八月、和宮降下を推進した岩倉具視らを弾劾する運動を行なった。九月には幕府に対する攘夷督促の勅使に任命され、十一月に江戸城内で勅書を交付。ここで勅使待遇の慣例を改め、朝廷優位の体制とした。十二月には新設された国事御用掛を務め、尊攘派公家の中心的な役割を果たすようになる。文久三年、実美らは攘夷親征の討幕挙兵を企図し、大和行幸の朝議決定に至る。だが八月十八日、薩摩藩らの策謀による政変により、尊攘派の実美ら七卿は京都を追われ長州へ逃れる事態となる(七卿落ち)。翌元治元年(一八六四)七月、京都での復権を図って上洛した長州藩は禁門の変で敗れて朝敵となり、第一次長州戦争で降伏する。幕府の長州処分に配慮した長州藩は、五卿(沢宣嘉《さわのぶよし》は脱走、錦小路頼徳《にしきのこうじよりのり》は病死)を筑前藩に引渡すことを決める。慶応元年(一八六五)二月、実美らは大宰府の延寿王院へと移る。ここで慶応三年十二月九日の王政復古の政変を迎え、政権復帰を果たすこととなる。明治二十四年(一八九一)二月十八日没。五十五歳。

[参考文献] 宮内庁図書寮編『三条実美公年譜』(宗高書房、一九六九年)、日本史籍協会編『七卿西竄始末(覆刻版)』(『日本史籍協会叢書』別編一七―二二、東京大学出版会、一九七二―七四年)

(刑部　芳則)

渋沢栄一 (しぶさわえいいち)　一八四〇―一九三一

幕臣、明治期の官僚、明治・大正期の実業家。天保十一年(一八四〇)二月十三日、武蔵国榛沢《はんざわ》郡血洗島《ちあらいじま》村(埼玉県深谷市)の富農渋沢市郎右衛門《いちろうえもん》の長男に生まれる。文久元年(一八六一)、江戸に出て海保漁村《かいほぎょそん》に儒学を、千葉栄一郎《ちばえいいちろう》に剣術を学ぶが、尊攘派志士との交流により尊王攘夷思想を抱く。同三年には高崎城占拠などを計画するが、従兄の尾高長七郎《おだかちょうしちろう》の説得で中止する。その後、江戸遊学中に知遇を得た一橋家臣平岡円四郎《ひらおかえんしろう》の推挙で一橋慶喜に仕え、領内の産業振興などにあたる。慶応二年(一八六六)、慶喜の将軍就任に伴い旗本となり、陸軍奉行支配調役に任ぜられる。翌年、パリ万国博覧会に出席する徳川昭武《とくがわあきたけ》に随行して渡欧し、欧州諸国の産業や社会制度などを学ぶ。同年十二月、大政奉還に伴い帰国した。帰国後は株式会社制度の実践を企図して、明治二年(一八六九)、静岡で商法会所を設立するが、大隈重信の説得により大蔵省に出仕する。大蔵大丞として国立銀行条例や新貨条例の立案に関与し、また、同大輔の井上馨《いのうえかおる》とともに明治政府の財政基盤確立を図るが、その緊縮財政路線に諸省が反発し、同六年、井上とともに大蔵省を辞した(明治六年の予算紛議)。その後は第一国立銀行の頭取となるなど実業界で活動し、東京ガスや王子製紙、東京証券取引所などさまざまな企業の設立に関わった。このほかにも商法講習所や大倉商業学校、日本女子大学校、東京女学館などの設立に関与し、商業教育や女子教育にも熱心であった。晩年は日本国際児童親善会を設立し、昭和二年(一九二七)には、米国から日本の子供に贈られた人形（「青い目の人形」）を仲介し、返礼として市松人形を米国に贈るなど、国際親善にも努めている。昭和六年十一月十一日、九十二歳で没した。

参考文献　渋沢栄一述・長幸男校注『雨夜譚―渋沢栄一自伝―』（『岩波文庫』、岩波書店、一九八四年）、木村昌人『渋沢栄一―民間経済外交の創始者―』（『中公新書』、中央公論社、一九九一年）、土屋喬雄『渋沢栄一』（『人物叢書』、吉川弘文館、一九八九年）

（門松　秀樹）

新門辰五郎（しんもんたつごろう）　一八〇〇―七五

幕末から維新期の江戸の町火消であり、浅草寺新門の番人。寛政十二年（一八〇〇）、下谷山崎町（東京都台東区下谷）の餝職中村金八の長男として生まれ、浅草寺伝法院の新門の番人町田仁右衛門の女婿となる。ただし、いずれも異説がある。新門辰五郎の新門とは、正式な名字ではなく、新門の番人であることによる通称である。町火消の組の頭となり、上野・浅草一帯を縄張りとしたといわれている。配下の町火消が、久留米藩の大名火消（有馬火消）と大喧嘩を起こした際に、責任を取って自首し、潔く追放となったことから、一躍もてはやされ、その名が広く知られるようになった。その後、ひそかに江戸に戻ったのを罰せられ、佃島の人足寄場に送られたが、弘化三年（一八四六）正月十五日の大火で、佃島に火が及んだ際、囚人を取りまとめて防火につとめた功を認められ、赦免されたという。文久三年（一八六三）の一橋慶喜の上洛の際には、子分を引き連れて警護にあたり、幕府崩壊後に慶喜が水戸に退き、さらに駿府に身を移した際にも身辺護衛の任を果たしたとされ、娘は慶喜の側室となった。勝海舟との親交もあったとされる。清水次郎長、会津小鉄とともに、いわゆる三侠客の一人と称されるが、一次史料がほとんど存在しておらず、逸話が多い。『浅草寺日記』によれば、十四代将軍徳川家茂の上洛の際にも、京都まで供をしたとの風聞があったようであるが、悴の仁右衛門は否定している。浅草寺においては、境内に「定小屋」と称される土地と見世の権利を所有しており見世物などに場所を貸して、それらの管理なども行なっていた。公式な幕府への届書などには、「定小屋辰五郎」と記されている。明治八年（一八七五）九月十五日、浅草の自宅で病死した。七十六歳。墓は、東京都豊島区西巣鴨の盛雲寺にある。

参考文献　尾形裕康「幕末任侠伝」（『歴史読本』一八―一、一九七一年）、浅草寺日並記研究会編『浅草寺日記』（吉川弘文館、一九七八―二〇一三年）、尾形鶴吉『本邦侠客の研究』（大空社、一九九九年）、勝海舟『氷川清話』（『講談社学術文庫』、講談社、二〇〇〇年）

（浦井　祥子）

高橋泥舟（たかはしでいしゅう）　一八三五―一九〇三

幕臣。講武所槍術師範、遊撃隊《ゆうげきたい》頭取などを務める。泥舟は晩年の号で、諱は政晃《まさあき》。勝海舟、山岡鉄舟《やまおかてっしゅう》とともに、「幕末の三舟《さんしゅう》」と呼ばれる。鉄舟は義弟にあたる。天保六年（一八三五）二月十五日、旗本山岡正業《まさなり》の次男に生まれる。嘉永五年（一八五二）、旗本の高橋包承《かねつぐ》の養子となる。長兄紀一郎《きいちろう》（静山《せいざん》）の下で槍術を学び、海内無双との評を得るほどに熟達する。安政二年（一八五五）、勘定方に出仕するが、翌年に講武所が開設されると槍術教授方出役となる。万延元年（一八六〇）閏三月、講武所槍術師範並となり、二丸留守居格布衣に任ぜられた。文久三年（一八六三）三月、一橋慶喜に従って上京し、京都にて徒頭となり、従五位下伊勢守に任官した。同年正月に清河《きよかわ》八郎《はちろう》が結成した浪士組《ろうしぐみ》が上京した際に浪士組取扱を命ぜられたが、清河らが攘夷断行を主張して東下し、浪士組が倒幕派志士と関係を持った嫌疑により罷免され、小普請差控となる。のちに槍術師範に復帰するが、慶応二年（一八六六）十一月、講武所の廃止とともに新設の遊撃隊頭取となり、槍術教授頭取を兼帯した。明治元年（一八六八）正月、鳥羽伏見の敗戦により慶喜が東帰すると恭順を説き、寛永寺で慶喜が謹慎すると、遊撃隊を率いて護衛にあたった。江戸開城後は慶喜に従い水戸に移り、のち徳川氏の静岡移封に従う。静岡では地方奉行を務めたが、廃藩置県後は職を辞して東京に隠棲した。書画骨董の鑑定で余生を過ごし、明治政府の出仕要請には一切応じなかった。明治三十六年二月十三日、六十九歳で没。

［参考文献］松本健一『幕末の三舟―海舟・鉄舟・泥舟の生きかた―』（『講談社選書メチエ』、講談社、一九九六年）、高橋泥舟著・安部正人編『泥舟遺稿―伝記・高橋泥舟―』（『伝記叢書』、大空社、一九九七年）

（門松　秀樹）

徳川家達（とくがわいえさと）　一八六三―一九四〇

徳川宗家十六代当主。明治から昭和戦前にかけての貴族院議長。文久三年（一八六三）七月十一日、田安家五代慶頼《よしより》の三男として江戸城内の田安屋形に誕生する。生母は田安家家臣高井房通養女（実は同家家臣津田元長の女）の武子。慶応元年（一八六五）二月、三歳で田安家七代当主となる。慶応二年七月、十四代将軍徳川家茂が大坂城で死去すると、十三代将軍徳川家定の後室天璋院《てんしょういん》から家茂の後継者に推薦された。前年、家茂は江戸を進発する際、万一の時には自身の又従弟にあたる亀之助を養君とするよう意を含めており、天璋院はこれを根拠に亀之助を将軍後継者としたのである。しかし、家茂の御台所和宮は、亀之助が幼少であることを憂い、結局実現しなかった（『静寛院宮御日記』二）。明治元年（一八六八）正月の鳥羽・伏見の敗戦により「朝敵」とされた十五代徳川慶喜は、上野寛永寺大慈院で謹慎し、新政府軍に恭順を示した。これを受けて徳川家内では、慶喜の後継をめぐる問題が起こるが、新政府は閏四月二十九日に、亀之助を徳川家名の相続者とし、五月二十四日には駿河府中(静岡)藩七十万石に封じた。明治二年六月、版籍奉還により静岡藩知事となる。翌三年三月には、祖先徳川家康が授与された日月の錦旗の返上願いを出し、太政官から返還を命じられた。廃藩置県により知藩事を罷免。明治十年から十五年までイギリスに留学し、議会の運用方法を学んだ。この時の経験は、三十年もの長きにわたる貴族院議長時代(明治三十六年—昭和八年)に活かされた。明治十七年に公爵。大正三年(一九一四)三月、山本権兵衛《やまもとごんべえ》内閣の総辞職により、組閣の内命があったが辞退した。第一次世界大戦後のワシントン会議では、全権委員となって出席し、国際協調に尽力した。昭和十五年(一九四〇)六月五日に七十八歳で死去し、寛永寺に埋葬された。院号は顕徳院。

参考文献　「会長徳川家達公追悼録」(『斯文』二二ノ八、一九四〇年)、辻達也「明治維新後の徳川宗家—徳川家達の境遇—」(『専修人文論集』六〇、一九九七年)、徳川記念財団編『家康・吉宗・家達—転換期の徳川家—』(徳川記念財団、二〇〇八年)、樋口雄彦『第十六代徳川家達』(『祥伝社新書』、祥伝社、二〇一二年)

(藤田　英昭)

パークス　Harry Smith Parkes　一八二八—八五

駐日イギリス公使。一八二八年二月二十四日バーミンガムの北方に位置するウォルサル近郊に生まれる。幼少時に父母を亡くし一八四一年姉を頼ってマカオに渡る。一八四三年広東のイギリス領事館に採用され中国語通訳として活躍。一八五四年厦門《アモイ》領事、一八六二年上海領事と転じた。慶応元年(一八六五)三月二日に駐日特命全権公使兼総領事に任命され同年閏五月十六日横浜に到着した。同年九月英仏蘭の外交代表とともに軍艦に搭乗し兵庫沖に進出、十月条約の勅許を獲得した。さらに輸入品の関税率を下げる交渉を主導し、翌慶応二年五月に幕府と改税約書を結んだ。パークスは本国政府の指示のもと対日貿易の伸張を企図しており、幕府の貿易制限策に対しては批判的であった。しかし政治的には必ずしも薩摩藩・長州藩などの倒幕勢力を支持していたわけではなく、国内情勢の安定を望み中立的な立場をとった。慶応三年三月、パークスは大坂城内で新将軍徳川慶喜と謁見、慶喜個人について「可能なかぎりかれを支援したい」と好意的な印象を本国に報告した。戊辰戦争時には局外中立を保ったが、新政府に慶喜の助命嘆願を行なっている。明治元年(一八六八)閏四月一日信任状を天皇に奉呈して新政府を最初に承認し、対日外交の主導権を握った。一八八三年に駐清特命全権公使に転じるまで駐日公使をつとめ日本の近代化に大きな影響をあたえる。一八八五年三月二十二日北京で没した。五十七歳。

参考文献 石井孝『増訂明治維新の国際的環境』(吉川弘文館、一九六六年)、萩原延壽『遠い崖―アーネスト・サトウ日記抄―』四・五(朝日新聞社、一九九九年)、**Gordon Daniels, "Sir Harry Parkes: British representative in Japan 1865-83" (Japan Library (Richmond), 1996).**

(吉崎 雅規)

原市之進（はらいちのしん） 一八三〇―六七

水戸藩士のち幕臣、目付。天保元年(一八三〇)正月六日、水戸藩士原雅言(十左衛門、百五十石)の次男として生まれ、弘道館にて学び、従兄でもある藤田東湖《ふじたとうこ》に師事した。嘉永六年(一八五三)、昌平坂学問所に入り、同年ロシア使節応接のため長崎に向かう川路聖謨《かわじとしあきら》に随行した。安政二年(一八五五)、藩命により帰藩したが、翌年には江戸に戻り塾を開いた。坂下門外の変における斬奸状は原の筆といわれる。文久二年(一八六二)十二月、上京前に水戸藩邸を訪問した一橋慶喜に謁見、幕政改革などを進言し、慶喜の目に留まった。同三年、十四代将軍徳川家茂の上洛に水戸藩主徳川慶篤《とくがわよしあつ》が随行することが決まり、その先発として上京、慶篤の帰府後も京都に留まり、周旋活動を行なった。元治元年(一八六四)三月、慶喜が禁裏守衛総督に就任した際、一橋家に雇で抱えられた。慶応元年(一八六五)一橋家御側御用取扱に就任、慶喜の宗家相続に伴い、奥番格奥詰、目付に就任した。兵庫開港の実現や薩摩藩家老小松帯刀《こまつたてわき》との密接な交流など京都における政局を動かす中心人物の一人であった。慶応三年八月十四日朝、出仕の準備中に幕臣数名に襲撃をうけ、殺害された。三十八歳。著作に『督府紀略《とくふきりゃく》』『尚不愧斎存稿』がある。

参考文献 渋沢栄一編『昔夢会筆記』(『東洋文庫』、平凡社、一九六七年)、渋沢栄一『徳川慶喜公伝』四(『東洋文庫』、平凡社、一九六八年)、家近良樹『幕末政治と倒幕運動』(吉川弘文館、一九九五年)、同『徳川慶喜』(『幕末維新の個性』一、吉川弘文館、二〇〇四年)

(野本 禎司)

平岡円四郎（ひらおかえんしろう） 一八二二―六四

幕臣、一橋家家老並、近江守、家禄百俵。文政五年(一八二二)生まれ。嘉永六年(一八五三)十二月、一橋家の雇小性となり、同七年三月、一橋家の小性に就任した。一橋家出仕の背景には、円四郎の実父岡本近江守成と親交のあった川路聖謨《かわじとしあきら》が円四郎の才能を水戸藩士藤田東湖《ふじたとうこ》らに伝えていたことがあったという。将軍継嗣問題が起こった際には、「慶喜公御言行私記」を越前藩主松平慶永《まつだいらよしなが》に提出し、越前藩士中根雪江《なかねせっこう》、橋《はし》本左内《もとさない》らと活動した。安政五年(一八五八)九月、小十人組に異動、安政の大獄に連座して同六年九月、御番御免小普請入を命じられ、同年十二月には甲府勝手小普請に遷された。一橋慶喜の将軍後見職就任後、文久二年(一八六二)十一月に召し返され、同三年四月に評定所留役となった。同年五月、一橋家用人に就任、同年十月に慶喜に従い上京した。その後、元治元年(一八六四)二月に側用人番頭を兼ね、五月に家老並となり、「天下の権朝廷に在るべくして在らず幕府に在り、幕府に在るべくして在らず一橋に在り、一橋に在るべくして在らず平岡・黒川に在り」(『徳川慶喜公伝』)とまでいわれた。元治元年六月十六日夜、一橋家家老渡辺孝綱訪問の帰途、暗殺された。四十三歳。

参考文献　「一橋家用人過人平岡円四郎　明細短冊」(国立公文書館内閣文庫多聞櫓文書〇〇二八五二)、熊井保・大賀妙子編『江戸幕臣人名事典』三(新人物往来社、一九九〇年)、渋沢栄一『徳川慶喜公伝』四(『東洋文庫』、平凡社、一九六八年)、岩下哲典「平岡円四郎の「慶喜公言行私記」について」(『徳川林政史研究所紀要』三二、一九九八年)

(野本　禎司)

福沢諭吉(ふくざわゆきち)　一八三四―一九〇一

幕臣、明治期の思想家、教育者。慶応義塾の創始者、『時事新報』の創刊者。天保五年(一八三四)十二月十二日、大坂堂《どう》島浜《じまはま》(大阪市)の中津藩蔵屋敷に、同藩の下級武士福沢百助《ひゃくすけ》の次男として生まれる。間もなく父の病没に伴い中津に戻り、幼少期を過ごす。嘉永七年(一八五四)二月、兄三之助《さんのすけ》の勧めもあり、長崎に遊学して蘭学を学び、ついで、大坂で緒方洪《おがたこう》庵《あん》の適塾に学ぶ。安政三年(一八五六)、兄の病死により中津に戻り家督を継ぐが、再び適塾に学び、翌年には塾頭となった。同五年、藩命により江戸へ出て、築地鉄砲洲《つきじてっぽうず》(東京都中央区)の同藩中屋敷内に蘭学塾を開く(のちの慶応義塾)。翌年、横浜見物の経験から英学に転向した。同七年正月の咸臨丸《かんりんまる》渡米の際は木村喜毅《きむらよしたけ》の従者として随行し、文久元年(一八六一)の幕府遣欧使節団にも翻訳方として同行して欧州各国の制度・文物を学んだ。帰国後も外国奉行の下で翻訳にあたり、元治元年(一八六四)十月に旗本に登用された。明治元年(一八六八)八月、職を辞して帰農し、明治政府からの出仕要請を固辞して啓蒙思想の普及や慶応義塾での教育活動にあたる。『西洋事情』や『学問のすゝめ』『文明論之概略』などの著作は文明開化の気風に多大な影響を及ぼした。大隈重信と親密な関係にあり、英国流の憲法草案作成などに協力したが、政府から警戒され、明治十四年の政変以降はさまざまな圧迫を受けた。明治十五年に『時事新報』を創刊して、帝国主義に対抗し、国内の対外的楽観論に警鐘を鳴らすため、「国権論」や「官民調和」を主張した。同三十四年二月三日、脳出血のため六十八歳で没する。

参考文献　小泉信三『福沢諭吉』（『岩波新書』、岩波書店、一九六六年）、福沢諭吉著・松崎欣一編『福翁自伝』（慶応義塾大学出版会、二〇〇九年）、小川原正道『福沢諭吉―「官」との闘い―』（文芸春秋、二〇一一年）
（門松　秀樹）

向山黄村（むこうやまこうそん）　一八二六―九七

幕末期の旗本、明治期の漢詩人。通称栄五郎。諱は一履。旗本一色仁左衛門の三男として文政九年（一八二六）正月十三日に生まれ、向山家の養子となる。養父の向山源大夫（篤・誠斎）は、奥右筆・勘定組頭・箱館奉行支配組頭勤方などを勤める一方、『蠹余一得《とよいっとく》』『吏徴《りちょう》』『誠斎雑記』などを著している。家禄百俵。万延元年（一八六〇）小十人組番士となる。養父源大夫は、箱館在任中の安政三年（一八五六）に、樺太からの帰途に宗谷《そうや》で没し、黄村は家督として箱館奉行支配調役に就任する。同五年には養父同様に箱館奉行支配組頭勤方となり、以後、表右筆・外国奉行支配組頭を歴任し、文久元年にはロシア軍艦による対馬占領事件が起こると、対州表御用として事後処理を行う。文久三年（一八六三）には外国掛目付となるが、老中小笠原長行《おがさわらながみち》の率兵上京に従ったことを咎められて罷免。元治元年（一八六四）に目付に再任されるが、翌慶応元年（一八六五）に、兵庫開港問題をめぐって再び罷免される。慶応二年十月に外国奉行に任じられ、従五位下隼人正に叙任。この外国奉行就任は、パリで開催される万国博覧会に使節を派遣するためのもので、御三卿清水徳川家昭武《あきたけ》（民部大輔）を将軍名代とし、黄村は若年寄格・徳川民部大輔付添としてフランスに派遣された。フランスでは通詞のメルメ＝カションと衝突して外交交渉に支障を来したため、公使を栗本鋤雲《くりもとじょうん》と交代して帰国。明治元年（一八六八）三月五日に徳川家若年寄に任じられるが、三月二十五日に辞任。維新後は徳川家に従って静岡（駿河府中藩）へ行き、徳川家が設立した静岡学問所の頭取に就任し、徳川家の教育政策の一翼を担う。廃藩置県後は東京へ戻り、杉浦梅潭《すぎうらばいたん》（誠）・田辺蓮舟《たなべれんしゅう》（太一）ら旧幕臣とともに漢学誌社晩翠吟社を結成し、維新後の漢詩壇で活躍した。明治三十年八月十二日、肝臓癌で死去。七十二歳。

参考文献　「向山黄村翁」（『旧幕府』七、一八九七年十月二十日）、田口英爾『最後の箱館奉行の日記』（『新潮選書』、新潮社、一九九五年）、樋口雄彦『静岡学問所』（『静新新書』、静岡新聞社、二〇一〇年）
（三野　行徳）

山岡鉄舟（やまおかてっしゅう）　一八三六―八八

幕臣、明治期の官僚、思想家。剣・禅・書の達人で、一刀《いっとう》正伝《しょうでん》無刀流《むとうりゅう》の開祖。勝海舟、高橋泥舟《たかはしでいしゅう》とともに「幕末の三舟《さんしゅう》」

として知られる。鉄舟は号で、諱は高歩《たかゆき》。天保七年(一八三六)六月十日、旗本小野高福《おのたかよし》の四男に生まれる。弘化二年(一八四五)、飛騨郡代となった父に従い、飛騨高山《たかやま》で幼少期を過ごす。嘉永五年(一八五二)に父の病没により江戸に出て、講武所で千葉周作《ちばしゅうさく》に剣を学び、その推挙で翌年に剣術教授方世話役となる。また、山岡静山《せいざん》に槍を学ぶが、静山の急死により、その妹の英子《ふさこ》を娶り、山岡家の養子となった。安政四年(一八五七)、清河八郎《きよかわはちろう》らとともに攘夷を掲げて虎尾《こび》の会を結成する。文久三年(一八六三)正月、清河の発案で浪士組《ろうしぐみ》が結成されると浪士取締役となり上京するが、清河が攘夷決行を唱えたため浪士組とともに東帰した。明治元年(一八六八)正月、精鋭《せいえい》隊《たい》歩兵頭格に任ぜられ、鳥羽伏見の敗戦後、寛永寺で謹慎中の徳川慶喜の護衛にあたった。二月、勝により慶喜恭順の意を征討大総督府に伝える使者に立てられ、三月九日、駿府で征討軍参謀の西郷隆盛と面会し、徳川氏への寛典を訴える。主戦派の鎮撫に尽力し、同月十三日・十四日の勝と西郷の会談にも立ち会うなど、江戸無血開城に貢献した。その後は徳川氏の静岡移封に従う。廃藩置県に伴い明治政府に出仕し、伊万里《いまり》県権令などを務める。鉄舟の人物を高く評価した西郷が明治天皇の侍従となるよう懇請し、明治五年、宮中に出仕した。宮内大丞、同少輔を歴任し、同十五年に致仕した。同二十年、子爵に叙せられる。同二十一年七月十九日、五十三歳で没した。

参考文献 牛山栄治編著『山岡鉄舟の一生』(春風館、一九六八年)、松本健一『幕末の三舟—海舟・鉄舟・泥舟の生きかた—』(『講談社選書メチエ』、講談社、一九九六年)、竹村英二『幕末期武士／士族の思想と行為—武人性と儒学の相生的素養とその転回—』(御茶の水書房、二〇〇八年)

(門松 秀樹)

ロッシュ Michel Jules Marie Léeon Roches 一八〇九—一九〇〇

幕末の駐日フランス公使。一八〇九年九月二十七日フランスのグルノーブルに生まれた。一八三二年に父親の農園を手伝うためアルジェに赴く。一八四五年に外務省に入り、タンジールの公使館書記官・代理公使、チュニスの総領事兼代理公使など北アフリカで経歴を積み重ねた。文久三年(一八六三)八月二十五日に駐日代理公使兼総領事に任命され、元治元年(一八六四)三月日本に着任する。横浜製鉄所・横須賀製鉄所の建設、フランス陸軍軍事顧問団の招請など、幕府の軍事力強化に支援を行う一方、仏国語学所の設立や蚕種貿易の進展を支援し、日本におけるフランスの影響力を拡大した。慶応三年(一八六七)二月新将軍徳川慶喜と大坂城で謁見、幕府の行政改革・軍事改革・兵庫開港などについて進言し、慶喜の政策にも一定の影響をあたえる。ロッシュは慶喜を「強い決意と豊かな知性を兼ね備え」ていると高く評価し、親幕府的な傾向を強めた。しかし慶応三年以降のロッシュの外交活動は、フランス外相の交代もあって本国政府の支援を得られず、個人外交の性格を強めた。一八六八年二月の辞令により全権公使に昇進するとともに帰国の許可を得て、明治元年(一八六八)五月四日に離日。帰国後は外交界から引退した。没した年月日と場所は近年の研究で一九〇〇年六月二十三日ボルドー郊外と訂正されている。九十歳。

参考文献　石井孝『増訂明治維新の国際的環境』(吉川弘文館、一九六六年)、Jean-Pierre Lehman, "Léon Roches—Diplomat Extraordinary in the Bakumatu Era: An Assessment of His Personality and Policy" (Modern Asian Studies, 14, 2, 1980)、中山裕史「レオン・ロッシュ対日政策の背景—駐日全権公使着任までの軌跡—」(『桐朋学園大学短期大学部紀要』一六、一九九八年)、萩原延壽『遠い崖—アーネスト・サトウ日記抄—』四・五(朝日新聞社、一九九九年)

(吉﨑　雅規)

〔関連事項〕

上野戦争（うえのせんそう）

明治元年(一八六八)五月、江戸の上野山内で起こった彰義隊と新政府軍との戦争。大政奉還後、十五代将軍徳川慶喜は上野寛永寺大慈院に謹慎したが、慶喜の一橋家時代からの家臣らを中心に結成された彰義隊は、慶喜の警護を名目として、当初の浅草本願寺から上野寛永寺内へと屯所を移した。四月十一日の江戸城開城以降、各地で旧幕臣らをはじめとした新政府への抵抗戦が繰り広げられたが、中でも彰義隊は、新政府にとって危惧すべき存在とされ、たびたび解隊命令が出された。しかし、彰義隊はこれに応じず、上野山内に立てこもった。四月十一日に水戸へ退いた慶喜に対し、東叡山寛永寺の山主である輪王寺宮公現《こうげん》法親王は京都への召還に応じず、なお山内に留まったままであった。幕府のお膝元であった江戸における彰義隊の人気は高く、事態を憂慮した新政府は、彰義隊討伐を決定。五月十五日、軍務官判事大村益次郎の計画にもとづき、上野の山を襲撃した。黒門口正面からは薩摩藩兵が、本郷団子坂方面からは長州藩兵が進撃。本郷の高台からの大砲による攻撃なども加わり、その日の内に彰義隊は壊滅した。山内の僧侶たちは、襲撃に先立って立ち退かされており、輪王寺宮も覚王院《かくおういん》義観《ぎかん》・大慈院《だいじいん》常達《じょうたつ》らとともに山内から脱し、しばしの江戸市中での潜伏の後、北へ逃れて奥羽越列藩同盟の盟主となった。上野戦争の勝利により、新政府は江戸支配を確実なものとし、以後は関東や周辺地帯の反政府勢力は徐々に弱まっていく。なお、寛永寺の記録によれば、「上野戦争」の名称は後になって使用されるようになったものであり、勃発当時は「山内騒擾」「山内異変」などと称されていたようである。

参考文献　山崎有信『彰義隊戦史』(隆文館、一九〇四年)、太政官編『復古記』四—六(内外書籍、一九二九—三一年)、原口清『戊辰戦争』(塙書房、一九六三年)

(浦井　祥子)

ええじゃないか (ええじゃないか)

慶応三年(一八六七)七月から翌年四月ごろまでの間に、各地で民衆が熱狂的に乱舞した社会現象。発生地域によって、「おかげ踊」「おかげ祭」「御札降り」「豊年踊」などと呼称はさまざまであったが、踊りに際して近江以西地域の民衆が唱えた囃子詞「ええじゃないか」がこの現象全体を示す用語となった。発生源は諸説あるが、七月から八月にかけて東海道筋で起きたのが最も早い段階のケースであり、以後東は江戸、西は安芸、南は四国阿波・土佐、北は京都、さらには信州松本辺でも発生が確認されている。一連の現象は、伊勢神宮などの御札や御祓の降下を発端とする。降ってきた御札は、祭壇に祀られ、日常の仕事が休止。富者から貧者へ酒食が振る舞われ、派手な衣装や仮装姿もしくは男装・女装姿で昼夜にわたって民衆が踊り歩いた。踊りの囃子詞には、猥雑な語句や世直し・倒幕を示唆する政治的表現が散見され、幕府滅亡を婉曲化した仮装行列、強盗行為、豪家の焼き打ちなどを伴う場合もあった。こうした狂乱的な現象が広範な地域に波及したのは、幕末の政情・社会不安を背景とした民衆の世直し熱の高まりと結びつけて理解されている。倒幕派による政治的画策が、背後にあったとする説もある。また、「ええじゃないか」には、その類似点などから江戸時代に約六十年ごとに流行した「お蔭参り」(お伊勢参り)の影響が指摘されている。

参考文献　藤谷俊雄『「おかげまいり」と「ええじゃないか」』(『岩波新書』、岩波書店、一九六八年)、田村貞雄『ええじゃないか始まる』(青木書店、一九八七年)、伊藤忠士『「ええじゃないか」と近世社会』(校倉書房、一九九五年)

(宮間　純一)

江戸開城 (えどかいじょう)

旧幕府・徳川家が江戸城を明治政府に明け渡したこと。明治元年(一八六八)正月、鳥羽伏見の戦いに敗れた徳川慶喜は江戸城に退去した。旧将軍が政務を行う場所である本丸御殿は文久三年(一八六三)の火災により焼失し、その再建が難しかったため元治元年(一八六四)に建てられた旧西丸仮御殿が使用された。明治元年二月十一日、慶喜は上野寛永寺の大慈院に蟄居して恭順の意を示す。だが新政府は、大総督に有栖《ありす》川宮熾仁《がわのみやたるひと》親王を任命し、東海・東山・北陸の三道から江戸に軍勢を進めた。三月十三日および十四日、江戸の薩摩藩邸における旧幕府陸軍総裁の勝安芳《かつやすよし》(海舟)と大総督参謀の西郷隆盛の会談により、江戸無血開城が実施された。四月四日、東海道先鋒総督の橋本実梁《はしもとさねやな》と、同副総督の柳原前光《やなぎわらさきみつ》が勅使として旧西丸仮御殿に入城し、大納言の田安慶頼《たやすよしより》に十一日を開城期限と定める朝旨が伝えられた。十一日、参謀の海江田信義らによる旧西丸仮御殿の各部屋および城内の武器の検分が行われ、二十一日に大総督宮・各先鋒総督・参謀らが入城した。以後旧西丸仮御殿は、新政府の関東支配の拠点として再利用される。五月十九日、城内に江戸鎮台《ちんだい》が置かれ、七月に鎮将《ちんしょう》府《ふ》と改名した。明治元年十月十三日、東幸により明治天皇が入城すると江戸城を東京城と改称。明治二年三月二十八日、天皇が再幸すると東京城は皇城《こうじょう》と改称された。このとき太政官が京都から東京へと移されると、仮御殿に各官の部屋が置かれた。

参考文献 太政官編『復古記』一―八(内外書籍、一九三〇年)、原口清『戊辰戦争論の展開』(『原口清著作集』三、岩田書院、二〇〇八年)、刑部芳則「維新政府の政治空間形成―東京城と皇城を中心に―」(『関東近世史研究』六八、二〇一〇年)

(刑部　芳則)

奥羽越列藩同盟 (おううえつれっぱんどうめい)

戊辰戦争に際し、主に朝敵指定された会津藩の救済を目的に東北・越後諸藩が結んだ同盟。明治元年(一八六八)三月に奥羽鎮撫総督九条道孝《くじょうみちたか》が参謀大山綱良《おおやまつなよし》・世良《せら》修蔵《しゅうぞう》らと仙台に入り、会津藩・庄内藩追討令が伝達されると部分的な出兵が行われた。一方、会津藩は仙台藩に対して、鎮撫総督府宛の謝罪嘆願書提出の斡旋を依頼した。これをうけて閏四月十一日、仙台・米沢両藩の呼びかけに応じ仙台藩白石城に参集した奥羽諸藩二十七藩の重臣が連署し、会津救解の嘆願書を総督府に提出した。しかし総督府はこれを却下し、仙台藩士は参謀世良修蔵を殺害した。その後、二十二日には白石城において、五月三日には仙台において盟約書の審議が続けられ、太政官への建白書提出と統一行動が評決され、奥羽列藩同盟が成立した。同六日には越後諸藩も加入し、奥羽越列藩同盟となる。さらに、輪王寺宮公現《こうげん》法親王(のちの北白川宮能久《きたしらかわのみやよしひさ》親王)を盟主として擁立、七月十四日には白石城に公議府を設け、諸藩の会議により同盟協同の政治や軍事を審議することとした。しかし、局地的な勝利を除いて軍事面での敗退が続き、降伏・離反する藩が相ついだ。会津若松城攻防戦の続く八月二十八日には米沢藩が、九月十五日には仙台藩が降伏し、同盟は瓦解した。なお、近年は王政復古政変前後の京都政局における仙台・米沢両藩の動向など、戊辰戦争以前の政治状況から同盟結成の要因を考察する研究も出ている。

参考文献　太政官『復古記』(東京大学出版会、一九七四—七五年)、佐々木克『戊辰戦争』(『中公新書』、中央公論社、一九七七年)、『戊辰戦争論の展開』(『原口清著作集』三、岩田書院、二〇〇八年)、栗原伸一郎「王政復古政変前後における仙台藩と米沢藩」(『日本歴史』七六八、二〇一二年)

(白石　烈)

王政復古（おうせいふっこ）

幕府・将軍、摂関の廃止と明治政府の樹立が宣言された政変。慶応三年(一八六七)十月十四日の大政奉還後、朝廷は、有力諸藩による諸侯会議において新体制を定めることとし、それまでの間、徳川慶喜および江戸幕府に全国統治の継続を命じた。このため、実質的には幕府が存続しており、かかる状況を憂慮した薩摩藩の西郷隆盛や大久保利通、公家の岩倉具視らは、親幕府的な摂政二条《にじょう》斉敬《なりゆき》や中川宮《なかがわのみや》朝彦《あさひこ》親王らを排除して朝廷の実権を掌握するためのクーデタを計画した。十二月八日、岩倉は薩摩・土佐・安芸・尾張・越前の諸藩の重臣を自邸に呼び、協力を要請した。翌九日、朝議の終了後に前述の五藩の藩兵が御所の九門を封鎖した上で岩倉らが参内し、総裁・議定・参与の三職の設置とその人事および明治政府の樹立を決定した。三職には、有栖川宮《ありすがわのみや》熾仁《たるひと》親王らの皇族、岩倉ら摂関家を除く公家、五藩の藩主などが任ぜられた。引き続き三職による会議が開かれ(小御所会議)、徳川慶喜の征夷大将軍辞職の聴許、京都守護職・京都所司代の廃止、江戸幕府の廃止、摂政・関白の廃止、三職の設置などからなり、明治政府の樹立を宣言する王政復古の大号令を決定した。十二月十四日に布告された王政復古の大号令では「公議《こうぎ》輿論《よろん》の尊重」などが示されたが、実質的には、慶喜と有力な佐幕勢力である会津・桑名両藩や、従来、朝議を主導してきた摂関家を政権から排除して、クーデタを推進した勢力を中心とする新政権の樹立を宣言するものであった。

参考文献　井上勲『王政復古—慶応三年十二月九日の政変—』(『中公新書』、中央公論社、一九九一年)、家近良樹『徳川慶喜』(『幕末維新の個性』一、吉川弘文館、二〇〇四年)

(門松　秀樹)

海援隊（かいえんたい）

坂本龍馬を隊長とし、脱藩浪士を中心として結成した組織。

龍馬は、慶応元年(一八六五)閏五月、幕府機関である神戸海軍操練所の解散に伴い、薩摩藩や商人(長崎商人小曾根家など)の援助を得て長崎の亀山において前身となる亀山社中を結成して貿易を行い、交易の仲介や物資の運搬などで利益を得ながら、海軍、航海術の習得に努め、その一方で国事に奔走していた。また、武器や軍艦などの兵器を薩摩藩名義で購入、長州へ渡すなどの斡旋を行い慶応二年三月の薩長同盟の締結に大きな役割を果たした。軍備強化を急いでいた土佐藩は、慶応三年に参政後藤象二郎《ごとうしょうじろう》と坂本龍馬を協議させ、脱藩を許された龍馬が隊長となり、土佐藩直属ではなく、長崎出崎官が管理する海援隊と改称される。海援隊は自給自足を原則としているが、隊長の要求があれば出崎官が費用を支給した。「海援隊約規」では「本藩を脱する者、および他藩を脱する者、海外の志のある者、この隊に入る」と、脱藩浪人、軽格の武士、庄屋、町民とさまざまな階層を受け入れ、その目的を「運輸、射利、投機、開拓、本藩の応援」とした。会社と海軍を兼ねた組織であり、航海術や政治学、語学などを学ぶ学校であると同時に、『和英通韻伊呂波便覧』『閑愁録』『藩論』などの出版活動を行なっていた。

[参考文献] 池田敬正『坂本龍馬』(『中公新書』、中央公論社、一九六五年)、平尾道雄『坂本龍馬海援隊始末記』(『中公文庫』、中央公論社、一九七六年)、宮地佐一郎編『坂本龍馬全集(増補四訂版)』(光風社出版、一九八八年)、飛鳥井雅道『坂本龍馬』(『講談社学術文庫』、講談社、二〇〇二年)、松岡司『定本坂本龍馬伝』(新人物往来社、二〇〇三年)、松浦玲『坂本龍馬』(『岩波新書』、岩波書店、二〇〇八年)、佐々木克『坂本龍馬とその時代』(河出書房新社、二〇〇九年)、大石学『龍馬とその時代』(『NHKシリーズ』、NHK出版、二〇一〇年)

(佐藤　宏之)

慶応の改革(けいおうのかいかく)

慶応二年(一八六六)以降、将軍徳川慶喜の主導で行われた幕政改革。慶喜政権は第二次長州戦争で失墜した幕権を挽回するため、勘定奉行の小栗忠順《おぐりただまさ》や栗本鯤《くりもとこん》(瀬兵衛《せべえ》・鋤雲《じょうん》)らを中心として、フランス公使ロッシュの援助のもと、諸藩の力を削減して中央集権の確立を目指した。慶応二年十二月、老中格稲葉正巳《いなばまさみ》を海軍総裁、同松平乗謨《まつだいらのりかた》を陸軍総裁とし、翌三年五月、老中稲葉正邦《いなばまさくに》(淀藩主)を国内事務総裁、同松平康英《まつだいらやすひで》を会計総裁、同小笠原長行《おがさわらながみち》を外国事務総裁に任命して五局制とした。これはロッシュの改革案に沿った官僚機構の再編であった。また、布衣以上の諸役に対する足高・役料などを廃止し、老中以下の役金を定めた。特に中央集権化に不可欠な軍事力を強化するため、旗本・御家人の兵賦《へいふ》・軍役を金納化し、銃隊の強化を図った。さらにフランスから軍事顧問団を招聘するなど、陸軍士官の教育を行なったほか、フランス海軍技師ヴェルニーを招聘して慶応元年九月に起工していた横須賀製鉄所の建設を継続し、造船技術の機械化を進めた。慶喜政権は軍制改革以外にも財政整理、新税徴発などを行い、産物会所の設置による全国市場の掌握などを企図した。慶応三年十月の大政奉還後も改革の諸政策は継続するが、翌明治元年(一八六八)正月の鳥羽伏見《とばふしみ》の戦いでの敗北、四月の江戸開城によって頓挫した。

参考文献 石井孝『増訂明治維新の国際的環境』(吉川弘文館、一九六六年)、亀掛川博正「慶応幕政改革について」(『政治経済史学』一六六、一九八〇年)、田中彰『幕末維新史の研究』(吉川弘文館、一九九六年)

(神谷 大介)

五か条の誓文(ごかじょうのせいもん)

明治天皇が諸侯や公家に対して示した明治政府の基本方針。史料上は「御誓文」という。明治元年(一八六八)正月、参与の由利公正《ゆりきみまさ》が政府の基本方針として五ヵ条からなる「議事之体大意」を起草し、副総裁の岩倉具視に提出した。制度取調参与の福岡孝悌《ふくおかたかちか》がこれを修正したが、「列侯会議」や、天皇と諸侯の「会盟」により布告するなど、かえって封建的な内容を含んだため、王政復古に反するものとして批判を受けた。このため、総裁局顧問であった木戸孝允が福岡の修正案を再度修正し、条文の順序なども整えた。さらに木戸は天皇が諸侯・公家を率いて天神地祇《てんじんちぎ》に誓う形式とすることで、福岡案の問題点を解消した。なお、福岡案では表題は「盟約」とされていたが木戸案では「誓」となっている。これは、副総裁三条実美の発案による修正である。三月十四日、京都御所紫宸殿《ししんでん》において木戸の発案に従って儀式が挙行され、『太政官日誌』を通じて、「御誓文」の内容は一般にも布告された。その内容は「公議輿論《こうぎよろん》の尊重」や「開国和親」など開明的なものであり、閏四月二十一日発布の政体書では、「御誓文」全文が引用されるなど、国是として重視されている。その後も明治八年の漸次立憲政体樹立の詔においても立憲政治の起点として「御誓文」が示されたほか、民撰議院設立運動や自由民権運動に際しても「御誓文」の実現が掲げられるなど、政治的な規範とされている。

参考文献 稲田正次『明治憲法成立史』上(有斐閣、一九六〇年)、松尾正人『木戸孝允』(『幕末維新の個性』八、吉川弘文館、二〇〇六年)

(門松 秀樹)

小御所会議(こごしょかいぎ)

慶応三年(一八六七)十二月九日の王政復古クーデターにおいて、新政府樹立のための重要な政策決定が行われた会議。

従来は、長州復権問題を議論していた廟議が同年十二月八日から徹夜で九日までずれ込み、その廟議が終了して摂政二条《にじょう》斉敬《なりゆき》らが退出後、岩倉具視ら王政復古派の公卿らが参内して、薩摩・土佐・尾張・越前・安芸の五藩兵が出動し、明治天皇が御学問所で王政復古の大号令を発し、三職の任命を行い、同九日夜に天皇が小御所に出御して小御所会議が行われ、徳川慶喜の辞官納地が議論されたという政治過程が描かれてきた。しかし、近年、王政復古の大号令の前に第一回小御所会議が開かれて、そこで号令の内容が議論され、その上で王政復古の大号令が出されており、大号令は新政府の議論をふまえた形式がとられていたこと、それをふまえて第二回小御所会議で京都守護職・京都所司代の解任と徳川慶喜の辞官納地が議論されたことが明らかにされた。この第二回の会議が従来いわれていた小御所会議である。その第二回小御所会議では、山内豊信《やまうちとよしげ》が慶喜の辞官納地を議論するならば慶喜を会議へ招致すべきだと主張し、幼い明治天皇を擁して議論を一方向に導こうとする者たちがいるとの批判を展開したところ、岩倉具視が豊信を叱責して豊信は謝罪したとの話が有名である。ところが、近年の研究では、その豊信の発言はあったものの、岩倉の叱責と豊信の謝罪は一次史料に記されておらず、実際には休憩中に暗殺を仄めかされた豊信らが折れて会議は決着したこと、岩倉の叱責と豊信の謝罪という話は『岩倉公実記』で付加されたものであること、その付加は、当時豊信らから実際に岩倉らの操り人形と見られてしまっていた明治天皇の地位を、後世、批判の許されない高みにまで押し上げる役割を果たしたことなどが指摘されている。

参考文献 『明治天皇紀』一(吉川弘文館、一九六八年)、高橋秀直『幕末維新の政治と天皇』(吉川弘文館、二〇〇七年)

(野村　玄)

五稜郭の戦い(ごりょうかくのたたかい)

戊辰戦争における最後の戦い。箱館戦争ともいう。明治元年(一八六八)八月二十日、榎本武揚《えのもとたけあき》に率いられる旧幕府軍は品川沖を脱走し、仙台を経由して十月二十一日、蝦夷地鷲ノ木《わしのき》(北海道茅部郡森町)に上陸した。旧幕府軍は緒戦において箱館府・松前藩を圧倒し、十二月十五日には蝦夷全島の平定と箱館政権の成立を宣言している。一方、明治政府は十一月二十七日に青森に撤退していた清水谷公考《しみずだにきんなる》箱館府知事を青森口総督、山田顕義《やまだあきよし》・黒田清隆《くろだきよたか》らを参謀として翌年春の雪解け後の反攻の準備を進めた。明治政府は、米国に局外中立の撤回とストーン=ウォール号(甲鉄艦、のちに東艦)の引渡しを要請し、これを容れられている。この間、旧幕府軍は旗艦開陽《かいよう》丸を失ったため海軍力が逆転し、頽勢を挽回するため、明治二年三月二十三日、甲鉄艦の奪取を企図して宮古《みやこ》湾に回天《かいてん》丸を突入させたが失敗した(宮古湾海戦)。四月九日、明治政府軍は蝦夷地への反攻上陸を開始し、山田が乙部《おとべ》(北海道爾志郡乙部町)に、黒田は江差《えさし》(北海道檜山郡江差町)にそれぞれ上陸し、箱館に向かって進撃を開始した。旧幕府軍は土方歳三《ひじかたとしぞう》や大鳥圭介《おおとりけいすけ》らが中心となり明治政府軍を迎撃したが、松前・木古内《きこない》(北海道上磯郡木古内町)・二股口《ふたまたぐち》(北海道北斗市)の各所で敗れた。五月十一日明治政府軍は箱館の包囲・攻撃を開始し、弁天台場など旧幕府軍の防衛拠点はつぎつぎと降伏・陥落した。五稜郭総攻撃を前に箱館病院院長高松凌雲《たかまつりょううん》の仲介で黒田と榎本が会見し、五月十八日に榎本が五稜郭の開城・無条件降服を受諾し、明治政府軍の勝利で終戦となった。

参考文献　加茂儀一『榎本武揚―明治日本の隠れたる礎石―』(中央公論社、一九六〇年)、『函館市史』通説編二(一九九〇年)、須藤隆仙編『箱館戦争史料集』(新人物往来社、一九九六年)

(門松　秀樹)

薩摩藩邸焼打ち事件　(さつまはんていやきうちじけん)

慶応三年(一八六七)十二月二十五日、江戸の薩摩藩芝《しば》屋敷(東京都港区芝)を幕府の命を受けた庄内《しょうない》藩ほかが焼き討ちした事件。慶応三年十月ごろより薩摩藩士益満休之介《ますみつきゅうのすけ》・伊牟田《いむた》尚平《しょうへい》らは江戸・関東各地での攪乱工作を企図し、薩摩藩の江戸における最も主要な屋敷であった芝(新馬場《しんばば》)屋敷に浪士数百名を集め、落合直亮《おちあいなおあき》・小島三郎《こじまさぶろう》(相楽総三《さがらそうぞう》)らに統括させて強盗・放火などを行わせた。これは旧幕府勢力を挑発して武力衝突の機会を得るのが目的であり、薩摩藩の武力倒幕構想の一部として位置づけられる。十一月三十日に江戸市中の警備は庄内・川越藩ほかに改めて任じられていたが、浪士は江戸市中での暴力行為を止めず十二月二十三日には庄内藩屯所への発砲事件を起こす。二十四日老中稲葉正邦《いなばまさくに》によって薩摩藩邸攻撃が命じられ、二十五日早朝から庄内藩を中心に上山《かみのやま》・鯖江《さばえ》・岩槻《いわつき》藩などが動員され薩摩藩芝屋敷を攻撃した。薩摩側の死傷者は数十人に達し、江戸留守居役篠崎彦十郎《しのざきひこじゅうろう》は闘死、益満は捕らわれた。伊牟田らは江戸湾に碇泊中の薩摩藩船翔《しょう》鳳丸《ほうまる》に搭乗、品川沖で旧幕府艦船回天《かいてん》と交戦したが逃げ延びた。薩摩藩芝屋敷は焼け近隣の町家にも被害が及んだ。大坂在城中の徳川慶喜は朝廷の命により上洛の準備をしていたが、この事件の概要が届いた結果、大坂城内の幕府・会津・桑名藩兵らの士気を鼓舞することになり、正月三日・四日の鳥羽・伏見の戦いに進展した。

参考文献　高木俊輔『明治維新草莽運動史』(勁草書房、一九七四年)、保谷徹『戊辰戦争』(『戦争の日本史』一八、吉川弘文館、二〇〇七年)

(吉崎　雅規)

静岡藩（しずおかはん）

幕府の解体と明治新政府の成立の過程で成立した藩。藩名は静《しず》・静機《しずき》・静岡の三つの候補の中から選ばれ、明治二年（一八六九）六月に静岡藩を称する。それ以前は駿河府中藩が正式名称だった。明治四年七月十四日の廃藩置県で消滅した。明治元年閏四月二十九日に六歳の田安亀之助（のちの徳川家達《とくがわいえさと》）が徳川家相続人となり、五月二十四日に亀之助が駿河府中城主とされたことで成立した。石高は七十万石（実高は二十一万二百十石余）。領知は当初、駿河一円と遠江・陸奥両国内とされたが、陸奥国は戦乱の渦中にあったため九月四日に三河国内に切り換えられた。駿河府中藩の成立によって、駿河・遠江に本領を持つ大名七家が上総・安房両国に移され、駿河・遠江・三河に領知や知行所を持っていた大名・旗本も房総地方などに代地が与えられた。転封させられた大名は計二十八家、代地を与えられた旗本は駿河四十九名、遠江五十四名であり、大量移動を伴う藩の成立であった。徳川家処分の過程で旧幕臣の去就も決定された。徳川家では、勘定所系諸役人や陸軍部隊五千四百人を新規召抱の藩士と想定していたが、それ以外は朝臣となるか、帰農商に転ずるか、または無禄で駿河に移住するかなど、それぞれの道を選択していった。無禄移住者は大多数にのぼり、彼らは海陸両路から駿河に入ったのち勤番組に編制され、明治二年正月に藩内に奉行所が置かれると各奉行所に配属された。同年八月には地方行政と勤番組が分離され、勤番組体制が確立した。明治四年八月段階の駿河移住士族（旧幕臣）の総計は一万三千七百六十四人、そのうち勤番組は一万九百八十五人にのぼった。藩庁の組織としては、老中制解体後の若年寄体制を受け継ぎ、家老のもと七人の中老《ちゅうろう》が藩政運営の中枢を担った。新政府との交渉にあたる幹事役には勝海舟《かつかいしゅう》と山岡鉄太郎《やまおかてつたろう》が就任した。また、渋沢《しぶさわ》栄一《えいいち》が中心となって、政府借用金札や豪農からの出金を元手に商法会所を運用して、貸付業務や商品販売などの商業活動を行なった。旧幕府の遺産を引き継いだ静岡藩は、教育政策において優れた業績をあげ、政府や諸藩の注目の的となった。沼津兵学校や静岡学問所は他藩からの留学生を受け入れ、さらに教授・生徒たちのなかには政府に出仕したり、御貸人として諸藩に派遣される場合もあった。一方、静岡藩は牧之原開墾などに従事していた攘夷派の旧幕臣も擁していたため、反政府活動を展開していた攘夷論者の格好の潜伏地ともなっていた。志士的側面を堅持する旧幕臣の中には、鹿児島藩の気風に共鳴する者もいた。静岡藩と鹿児島藩とが、維新の敵同士とは思えない交流を繰り広げていたことも注目すべき点である。

参考文献　原口清『明治前期地方政治史研究』上(塙書房、一九七二年)、飯島千秋「静岡藩の成立と財政」(『徳川林政史研究所研究紀要』昭和五十五年度、一九八一年)、『静岡県史』通史編五(一九九六年)、樋口雄彦『沼津兵学校の研究』(吉川弘文館、二〇〇七年)、東京都江戸東京博物館都市歴史研究室編『勝海舟関係資料海舟日記』五(『江戸東京博物館史料叢書』、東京都、二〇一一年)、藤田英昭「旧幕臣の駿河移住」(徳川黎明会・徳川林政史研究所監修『江戸時代の古文書を読む—徳川の明治維新—』、東京堂出版、二〇一一年)

(藤田　英昭)

神仏分離令（しんぶつぶんりれい）

明治元年(一八六八)三月十七日、諸神社の別当・社僧に還俗するように命じ、二十八日、神社から仏具・仏像などを除去するように命じた布達。二十四日には、「八幡大菩薩」の称号をやめさせた。さらに、閏四月四日には、還俗した別当・社僧は神主・社人の名称に転ずるように命じた。幕末維新期における政局の混乱時期に発令されており、明治維新期の重要な布達となる。この布達により、朝廷(皇室)においてもその当時まで続いた神仏習合の要素を払拭させるのが新政府のねらいであった。一方、それ以前からも神仏のあり方をめぐっては新たな潮流が生まれていた。江戸時代後半、水戸藩・長州藩・土佐藩などでは、僧侶への統制・寺院統合や正当な神々でないとされる路傍の石祠などの撤去が進められていた。さらに武蔵国府中六所神社では、元治年間(一八六四—六五)以降、神主により社僧の立場が制限されていく傾向が強まっていた。これらの背景を神仏分離令は後援することになり、在地社会の再編契機の一つになったとみられる。ただし、神仏分離をめぐる問題は、後年の廃仏毀釈と一体として捉えられる傾向があるが、個々にその特徴を地域実情にあわせて見通すことの重要性が示されている。そのため神仏分離令は、単に宗教の問題に収斂させずに、当該期の政治問題としても捉えていくべき事象といえる。

参考文献　田中秀和『幕末維新期における宗教と地域社会』(清文堂出版、一九九七年)、高埜利彦「江戸時代の神社制度」(同編『元禄の社会と文化』、吉川弘文館、二〇〇三年)、『明治初期宗教資料』(『鹿沼市史叢書』九、二〇〇四年)、菅野洋介「一九世紀における府中六所宮と武蔵国府復興—品川沖海上禊をめぐって—」(大石学編『一九世紀の政権交代と社会変動—社会・外交・国家—』、東京堂出版、二〇〇九年)

(菅野　洋介)

政体書（せいたいしょ）

明治初期において政治大綱および中央行政機構を規定した

法規。明治元年(一八六八)閏四月十一日の江戸城開城を受け、明治政府はそれまでの三職八局制を改め、閏四月二十一日に政体書を発して新たに政府の官制を定めた。政体書においては、太政官を中央政府として設置し、その下で立法・行政・司法の三権分立を規定した。立法部である議政官は、議定・参与などからなる上局と、各府藩県から選出された貢士からなる下局で構成された。また、行政部は行政・神祇・会計・軍務・外国の各官で構成され、司法部は刑法官とされた。なお、三職のうち首位とされた総裁が廃止され、代わって太政官の首班として輔相二名を置くこととし、三条実美と岩倉具視を任じた。また、地方制度としては、政府直轄の府県と大名領である藩による府藩県三治制を規定した。政体書官制では三権分立を掲げているが、行政部の長官を輔相が兼ね、行政の各官および刑法官は行政官の主導下に置かれたほか、上局の構成員である議定・参与の有力者が行政各官の長官などを兼任するなど、実態としては、行政部が立法・司法部を統制するきわめて行政優位の体制であった。政体書は、副島種《そえじまたね》臣《おみ》・福岡孝悌《ふくおかたかちか》が中心となって起草したが、福岡によれば、『西洋事情』およびアメリカ合衆国憲法を参考としている。政体書官制は、欧米諸国の諸制度を参考とするなど開明的な色彩が強かったため、保守的な諸侯・公家らの反発も強く、翌明治二年閏七月八日の職員令により太政官制を復活することになった。

参考文献　赤木須留喜『〈官制〉の形成』(日本評論社、一九九一年)、松尾正人『維新政権』(『日本歴史叢書』、吉川弘文館、一九九五年)

(門松　秀樹)

大政奉還(たいせいほうかん)

慶応三年(一八六七)十月、徳川慶喜が朝廷に国政の権限を奉還したこと。同年正月、坂本龍馬《さかもとりょうま》は長崎から京都に向かう船中、土佐藩参政の後藤象二郎《ごとうしょうじろう》とともに「船中八策《せんちゅうはっさく》」を立案した。これは大政奉還を行なって朝廷中心の集権国家をつくり、議会政治を開設するというもので、土佐藩の大政奉還論の骨子となった。同年六月、大政奉還を目指す盟約が土佐藩と薩摩藩との間で結ばれた(薩土盟約《さつどめいやく》)。後藤は公議政体論に基づいて大政を奉還することで武力討幕を回避しようとしたが、薩摩藩は大政奉還が実現しなかった場合、それを討幕の名目にしようと画策していた。十月三日、後藤は老中板倉勝《いたくらかつ》静《きよ》に前土佐藩主山内豊信《やまうちとよしげ》名義の大政奉還建白書を提出、さらに六日には広島藩も大政奉還を建白した。こうした動きを受け、十三日、慶喜は会津藩主松平容保《まつだいらかたもり》、桑名藩主松平定敬《まつだいらさだあき》をはじめ、在京の諸大名を二条城黒書院《にじょうじょうくろしょいん》に召して大政奉還の是非を諮問した。十三日付薩摩藩、十四日付長州藩に対して討幕の密勅が下ったものの、慶喜は十四日、大政奉還の上表文を天皇に奉呈し、十五日、勅許された。慶喜は大政奉還を行うことによって討幕の名目を封じ込め、新たな議会制度のもとで徳川家の政治力を保持しようと考えていた。さらに二十四日、慶喜は将軍職の辞表を提出した。一方、あくまで討幕を画策する薩摩藩・長州藩などの諸勢力は十二月九日に王政復古の大号令を発し、総裁《そうさい》・議定《ぎじょう》・参与《さんよ》からなる三職《さんしょく》を置いて新政府を樹立した(十二月九日政変)。小御所《こごしょ》での三職会議(小御所会議)で議定の豊信は政変を非難し、慶喜の新政府招致を主張したが、参与の岩倉具視《いわくらともみ》と大久保利通《おおくぼとしみち》らに反対され、慶喜の辞官納地《じかんのうち》が決定した。これにより旧幕府勢力と新政府勢力との抗争は必至となり、鳥羽伏見《とばふしみ》の戦いを皮切りに戊辰《ぼしん》戦争《せんそう》へと発展していった。

参考文献　大久保利謙「幕末政治と政権委任問題—大政奉還の研究序説—」(『大久保利謙歴史著作集』一、吉川弘文館、一九八六年)、飛鳥井雅道『天皇と近代日本精神史』(三一書房、一九八九年)、井上勲『王政復古』(『中公新書』、中央公論社、一九九一年)、青山忠正『明治維新と国家形成』(吉川弘文館、二〇〇〇年)

(神谷　大介)

築地居留地　(つきじきょりゅうち)

明治元年(一八六八)築地《つきじ》鉄砲洲《てっぽうず》(東京都中央区明石町)に開かれた外国人居留地。安政五年(一八五八)の修好通商条約によって、江戸の開市は文久元年十二月二日(一八六二年一月一日)と定められたが、国内情勢が不安定なため慶応三年十二月七日(一八六八年一月一日)に延期された。同年六月幕府は舟航に便利な築地鉄砲洲の旧軍艦操練所跡地一帯を外国人居留地として設定、十月に「外国人江戸ニ居留スル取極」を結んで居留地貿易・外国人遊歩・外国人住居などに関する協定がなされた。幕府瓦解に伴う混乱により期日通りの開市は不可能となったが、新政府が居留地の建設工事を行い、明治元年十一月十九日(一八六九年一月一日)東京開市に伴い築地居留地を開いた。狭義に居留地とは外国人のみが逗留(一時的な居住)できる区域のことで、関門によって出入口を囲まれ、外国人と日本人が貿易を行う開市場の一画に位置するが、開市場を含めて居留地という例が多い。築地居留地は、横浜とは異なり港を持たず商取引の場にとどまったことや外国人の居留地外への逗留などにより、対外貿易は不振であった。しかし、外国人によって外国公館・ホテル・病院・教会・学校などの諸施設が設立され、東京における西洋文化受容の窓口として重要な役割を果たした。明治三十二年七月十七日、治外法権撤廃を定めた通商航海条約の施行により築地居留地は廃止された。

参考文献　『築地居留地』(『都史紀要』四、東京都、一九五七年)、川崎晴朗『築地外国人居留地―明治時代の東京にあった「外国」―』(雄松堂出版、二〇〇二年)

(吉崎　雅規)

討幕の密勅　(とうばくのみっちょく)

慶応三年(一八六七)十月に、薩摩・長州両藩へ下された討幕を名分化するための勅書。同年九月後半、薩摩・長州・安芸三藩の間では第一次出兵協定が締結され、上方での挙兵が計画されていた。薩摩藩士大久保利通、長州藩士広沢真臣《ひろさわさねおみ》ら三藩の代表者は、挙兵を正当化するため「相当の宣旨」を降下されるよう前大納言中山忠能《なかやまただやす》、権中納言中御門経之《なかみかどつねゆき》へ奏請書・趣意書を提出した。しかし、予定の期日に薩摩の軍船が長州三田尻港(山口県防府市)に到着しなかったため、長州は出兵を中止。挙兵計画は頓挫した。そこで、大久保や広沢らは、帰国した上で国元へ出兵を促し、再度上方での挙兵を画策した。この方針転換に基づき、武家側からの要請を受けた公家討幕派が討幕の密勅を作成し、十月十三・十四日に薩長両藩へ交付された。内容は、徳川慶喜および松平容保《まつだいらかたもり》・定敬《さだあき》の誅殺命令、長州藩の復権沙汰書であった。密勅交付は、薩長の討幕派にとっては、挙兵を名分化して国元へ出兵を促すとともに、万一上方での挙兵が実現できない場合国元で挙兵するための正当性を確保する意味をもった。一方で、朝廷内の討幕派にとっては薩長を武力倒幕につなぎとめる意義を有していた。ところが、十月十四日、将軍徳川慶喜が大政奉還を上表した。そのため、二十日に中山らは薩長へ宛てた見合わせ沙汰書を作成し、大久保らもこれに同意して、この時点での内乱勃発は回避された。

参考文献　井上勲『王政復古』(『中公新書』、中央公論社、一九九一年)、高橋秀直「討幕の密勅と見合わせ沙汰書」(『日本史研究』四五七、二〇〇〇年)

(宮間　純一)

鳥羽伏見の戦い　(とばふしみのたたかい)

戊辰戦争における最初の戦い。この勝利によって明治政府の優位が確定した。小御所会議において徳川慶喜に対して官位と領地の返上を命ずる「辞官納地」が決定されたが、その後、松平慶永《まつだいらよしなが》らによってその懲罰的側面は消滅し、慶喜の議定としての政府参加への前提条件となるなど、慶喜の復権に向かって事態は推移していた。かかる状況を憂慮した武力討幕派の西郷隆盛や大久保利通らは、薩摩藩邸を拠点として無頼漢をけしかけて江戸で騒擾を起こすなど、旧幕府に対する挑発を続けた。このため、慶応三年(一八六七)十二月二十五日、庄内藩兵が薩摩藩邸を焼討するに至った。慶喜は旧幕臣中の過激派が明治政府側と衝突することを避けるために二条城から大坂城へ移っていたが、薩摩藩邸焼討の報に激昂した旧幕臣を統制することができず、明治元年(一八六八)正月一日、薩摩藩を非難し、その排除を求める「討薩表」を発して、翌日に京都に向けて進軍を開始した。明治政府は旧幕府軍の迎撃を決定し、薩長両藩を中心とする部隊を展開した。三日夕刻、鳥羽の関所において薩摩兵が旧幕府軍に発砲して戦端が開かれた。旧幕府軍は明治政府軍の約三倍の兵力を擁しながら、統一的な指揮を欠き、淀藩や津藩の離反もあって鳥羽・伏見・淀《よど》・橋本《はしもと》(京都府八幡市)の各所で敗退し、大坂へ退却した。六日、慶喜は大坂での徹底抗戦を命じたが、同日夜、松平容保《かたもり》や板倉勝静《いたくらかつきよ》など旧幕府軍首脳とわずかな側近を伴い海路で江戸へ脱出した。このため、旧幕府軍は戦意を喪失して総崩れとなり、江戸へ退却した。七日に徳川慶喜追討令が発せられ、諸外国も局外中立を宣言したため、旧幕府は日本政府としての地位を失い、賊軍として追討されることになった。

参考文献　佐々木克『戊辰戦争—敗者の明治維新—』(『中公新書』、中央公論社、一九七七年)、松尾正人『維新政権』(『日本歴史叢書』、吉川弘文館、一九九五年)、家近良樹『徳川慶喜』(『幕末維新の個性』一、吉川弘文館、二〇〇四年)

(門松　秀樹)

沼津兵学校（ぬまづへいがっこう）

明治維新後、徳川宗家(駿河府中藩、のち静岡藩)が沼津に設立した兵学校。沼津兵学校は通称で、正式名称は徳川家兵学校。明治元年(一八六八)三月の江戸城開城後、五月に徳川家の駿河府中七十万石への移封が決まり、七月二十三日には徳川慶喜が、八月十五日には徳川家達《とくがわいえさと》が駿府に到着した。徳川家では、江戸幕府が蓄積してきた膨大な和漢洋の書籍や、その研究に従事した人材を活用するため、静岡に学問所を、沼津に兵学校を設立した。兵学校が沼津に設立されたのは、移住家臣団のうち、陸軍関係者の移住先が沼津・藤枝と指定されたためで、沼津藩(水野家)から引き渡された沼津城が兵学校の校舎となり、二丸御殿が教室に充てられた。兵学校設立の中心は陸軍頭阿部潜《あべせん》で、同年八月ごろに「陸軍解兵御仕方書」という規則が定められた。十月以降教授陣の任命が始まり、頭取西周《にしあまね》以下、廃校までに五十六名(小学校を合わせれば八十五名)の教授陣が配された。教授陣は歩兵・砲兵・築造および数・漢・蘭・英・仏を専門とする一等から三等までの教授と、絵図方・化学方・火工方・書記方・書籍方・調馬方・喇叭《らっぱ》方・体操方が置かれた。同年十二月には「徳川家兵学校掟書」「徳川家兵学校付属小学校掟書」が制定され、入学資格・入試方法・進級制度・教授の種類と権限・任用方法・職務・

学科編成・休業や罰則規定が定められ、また学校の正式名称も徳川家兵学校となった。明治二年正月に開校。生徒の階梯は資業生・本業生・得業生の三段階で、資業生になるには付属小学校の生徒から入学試験を受ける必要があったが、最初の段階では、明治元年十月に任命された三百~五百名の三十歳未満の陸軍兵士が資業生となった。二百三十名ほどが資業生の及第となるが、廃藩置県に伴って兵学校は移管・廃止されたため、本業生に進んだ生徒はいなかった。原則的に静岡藩士の子弟が学ぶ学校であったが、付属小学校を中心に数十名に及ぶ他藩士の留学生を受け入れ、また、教授陣や資業生は御貸人として薩摩藩など六十ヵ所に合計約百七十名が招聘されて教授にあたるなど、他藩に与えた影響も大きかった。同校に付属して設けられた小学校は、洋算・地理・体操などの教科を教授する一方、一斉授業方式を取り入れ、藩校でありながら庶民にも入学を認めるなど先駆的な取り組みをしていた。沼津兵学校は明治四年七月の廃藩置県後、同年九月に兵部省に移管され、十二月には陸軍出張兵学寮となった。教授陣もそのまま兵部省に採用され、資業生の採用も続けられたが、翌五年二月、兵部省の陸軍省と海軍省との分離に伴い出張兵学寮の廃止と、陸軍兵学寮東京本校への吸収が決まり、教授陣・資業生も東京へ移住することとなった。

参考文献　沼津市明治史料館編『沼津兵学校の群像』(沼津市明治史料館、一九九四年)、樋口雄彦『旧幕臣の明治維新』(『歴史文化ライブラリー』、吉川弘文館、二〇〇五年)、熊澤恵里子『幕末維新期における教育の近代化に関する研究』(風間書房、二〇〇七年)、樋口雄彦『沼津兵学校の研究』(吉川弘文館、二〇〇七年)

(三野　行徳)

廃藩置県(はいはんちけん)　明治政府による中央集権化政策。藩を廃止して全国を明治政府の直轄とすることに成功した。版籍奉還後も政府直轄地である府県が全国の四分の一程度にすぎないことから、大蔵省の開明派は政府の財政基盤確立のため、税財政上の観点から廃藩を主張していた。また、近代的な軍隊創設を目指す兵部省も諸藩兵の解体と徴兵制実施の必要性から廃藩を望んでいた。他方、山口・尾張・熊本・徳島・鳥取などの諸藩は知藩事みずからが廃藩を建言するなど、中央集権化の必要性を認識していた。明治四年(一八七一)七月、兵部省少壮官僚の鳥尾《とりお》小弥太《こやた》・野村靖《のむらやすし》の廃藩置県断行論(「書生論」)が契機となり、西郷隆盛や木戸孝允など薩長両藩の有力者を中心に、板垣退助、大隈重信に代表される土肥両藩および岩倉具視らの間で合意が形成され、同月十四日、廃藩置県が断行された。この結果、二百六十一藩が廃止となり三府三百二県が全国に設置されたが、島津久光が強く不満を訴えたほかは、予想された軍事的な抵抗もなく廃藩置県は完了した。その後、同年十一月には三府七十二県に整理され、数次の再編を経て同二十三年の府県制により四十七道府県が確定した。なお、廃藩置県に伴い諸藩の債務を明治政府が一括して返還することになったが、天保年間(一八三〇—四四)以前の債務や旧幕府の債務を無効とする措置をとり、総額で三千四百八十六万円を処理した(藩債処分)。かかる債務処理や華族制度創設による知藩事の身分保障などが廃藩置県の成功の一因となったとみることもできる。

参考文献　松尾正人『廃藩置県』(『中公新書』、中央公論社、一九八六年)、同『廃藩置県の研究』(吉川弘文館、二〇〇一年)

(門松　秀樹)

パリ万国博覧会　(パリばんこくはくらんかい)

フランスの首都パリで一八六七年四月一日から十一月三日まで開催され、日本がはじめて参加した国際博覧会。パリ万博ともいう。パリ万国博覧会は一八五五年以来、八回開催されているが、日本は二回目にあたる慶応三年(一八六七)にはじめて参加し、幕府が多くの物産・工芸品や錦絵などを出品したほか、佐賀藩・薩摩藩も独自に出展した。幕府からは十五代将軍徳川慶喜の弟で御三卿清水家当主徳川昭武《とくがわあきたけ》(一八五三—一九一〇)が将軍名代として派遣され、このとき渋沢栄一も随行している。また、薩摩藩では国際社会に独立国として印象付けるため、このとき薩摩琉球国勲章を発行している。このとき幕府は抗議して葵勲章の制作を始めるが、実現には至らなかった。なお、徳川昭武は万博終了後も幕府使節の代表としてイギリス・イタリア・オランダ・スイス・ベルギーなどヨーロッパ各国を歴訪して日本の実情を紹介し、その後パリで留学生活を送っている。日本の万国博覧会への出品は、このパリ万博が契機となり、維新後も明治新政府は明治六年(一八七三)のウィーン万国博覧会以降公式参加するようになった。

参考文献　吉田光邦編『万国博覧会の研究』(思文閣出版、一九八六年)、松戸市教育委員会編『徳川昭武幕末滞欧日記』(山川出版社、一九九九年)

(滝口　正哉)

版籍奉還　(はんせきほうかん)

明治政府による中央集権化政策。名目上、大名の封建的領有権を否定したことで、のちの廃藩置県へとつながっていく。明治元年(一八六八)閏四月二十一日の政体書において、明治政府は政府直轄地に府県、大名領に藩を設置して府藩県三治制による地方制度を定めた。さらに十月には藩治職制を定めて政府による藩の統制を試みるが、十分な成果は得られなかった。このため、明治政府内では伊藤博文や大隈重信などの開明派を中心に、「封建」制を廃し「郡県」制への移行を企図する中央集権化政策が議論され、政府の権力基盤の強化を図ろうとしていた。木戸孝允や大久保利通らは、それぞれ毛利《もうり》敬親《たかちか》や島津久光の説得にあたり、明治二年正月二十日、薩長土肥の四藩主から領地(版)と領民(籍)を奉還する上表を出させることに成功する。諸藩も四藩に続いて版籍奉還の上表を提出したため、五月二十一日に上局会議が開かれ、大名を知藩事として藩の長官とすることなどが決定された。当初、大久保は知藩事を世襲とする漸進論であったが、木戸の主張などもあって世襲論は撤回された。六月十七日、版籍奉還の上表は聴許され、奉還が断行された。米沢藩のように封建的領有の廃止など制度の意義を理解していたのは少数で、多くは、江戸幕府治世下における知行宛行と同様に解していた。版籍奉還の断行に先立って戊辰戦争の戦功賞典(復古賞典)の実施が発表されたことや、版籍奉還と同時に華族制度が創設され、旧諸侯が華族に列せられたこととも相まって、ほぼ抵抗や混乱もなく版籍奉還は進められた。

参考文献 大久保利謙「版籍奉還の実施過程と華士族の生成」(『国史学』一〇二、一九七七年)、松尾正人『廃藩置県の研究』(吉川弘文館、二〇〇一年)、同『木戸孝允』(『幕末維新の個性』八、吉川弘文館、二〇〇六年)

(門松 秀樹)

老中

氏名	称呼	前職	補職年月日	転免年月日	後職
板倉勝静	阿波守 伊賀守	雁間詰	慶応元(一八六五)・一〇・二二	明治元(一八六八)・正・二九	免、隠居
松平康直	周防守	帝鑑間席	慶応元(一八六五)・一一・二〇	明治元(一八六八)・二・五	免
井上正直	河内守	雁間詰	慶応元(一八六五)・一一・二六	慶応三(一八六七)・六・一七	免
稲葉正邦	民部大輔 美濃守	雁間詰	慶応二(一八六六)・四・一三	明治元(一八六八)・二・二一	免

氏名	称呼	前職	補職年月日	転免年月日	後職
松平乗謨	縫殿頭	若年寄	慶応二(一八六六)・六・一九	明治元(一八六八)・二・五	免
小笠原長行	壱岐守		慶応二(一八六六)・一一・九	明治元(一八六八)・二・一〇	免
稲葉正巳	兵部少輔 兵部大輔	若年寄格陸軍奉行	慶応二(一八六六)・一二・一六	明治元(一八六八)・二・三 実元・二・一	免
松平定昭	式部大輔 伊予守	溜詰	慶応三(一八六七)・九・二三	慶応三(一八六七)・一〇・一九	免
松平正質 実(大河内正質)	豊前守	若年寄	慶応三(一八六七)・一二・一五 (将軍不在位時補職・転免)	明治元(一八六八)・二・九	免職、差控
酒井忠惇	雅楽頭	溜詰	慶応三(一八六七)・一二・三〇 (将軍不在位時補職・転免)	明治元(一八六八)・二・五	免
立花種恭	出雲守	若年寄	明治元(一八六八)・五・一〇 実元・正・一〇 (将軍不在位時補職・転免)	明治元(一八六八)・二・五	免

京都所司代

氏名	称呼	前職	補職年月日	転免年月日	後職
松平定敬	越中守	溜詰	元治元(一八六四)・四・一一 実元・四・一七	慶応三(一八六七)・一二・九	辞 実病免

大坂城代

氏名	呼称	前職	補職年月日	転免年月日	後職
牧野貞明(貞直) 実(貞明)	越中守	奏者番兼寺社奉行 実欠	元治元(一八六四)・一一・一 実欠	明治元(一八六八)・二・二〇	免、雁間詰

寺社奉行

氏名	称呼	前職	補職年月日	転免年月日	後職
土屋寅直	釆女正	雁間詰より奏者番兼帯　元大坂城代 [実]欠	元治元(一八六四)・九・一〇 [実]欠	明治元(一八六八)・三・一 [実]なし[譜]元・一・一	辞 [実]なし
永井尚服	肥前守	講武所奉行より奏者番兼帯 [実][譜]なし	慶応二(一八六六)・六・一五 [実]なし	慶応三(一八六七)・六・二四 [実][譜]三・六・二五	若年寄 [実]若年寄兼会計奉行
松平近説	左衛門尉	奏者番 [実]なし	慶応二(一八六六)・六・一五 [実]なし[譜]二・六・一	慶応三(一八六七)・七・五 [譜]三・七・一	若年寄
戸田忠友	土佐守	奏者番 [実]雁間詰[譜]元小性	慶応三(一八六七)・七・二五	明治元(一八六八)・二・一六 [実]なし	辞 [実]なし
内藤正誠	志摩守	奏者番 [実]欠	慶応三(一八六七)・一〇・二九	明治元(一八六八)・二・二五 [実]なし[譜]元・二・二六	辞 [実]なし[譜]免

若年寄

氏名	称呼	前職	補職年月日	転免年月日	後職
立花種恭	出雲守	大番頭 [実]欠	文久三(一八六三)・九・一〇 [実]欠	明治元(一八六八)・正・一〇	老中格
遠山友詳	信濃守	柳間詰 [実]欠	元治元(一八六四)・一〇・一三 [実]欠	慶応三(一八六七)・六・一七	免
稲葉正巳	兵部少輔	隠居	慶応元(一八六五)・一一・一九	慶応二(一八六六)・一二・一六	老中格
京極高富	主膳正	大坂定番	慶応二(一八六六)・正・七	明治元(一八六八)・二・一四	免
保科正益	弾正忠	大坂定番	慶応二(一八六六)・五・二六	慶応三(一八六七)・七・一一	辞 [実]病免
本多忠紀	能登守	帝鑑間席	慶応二(一八六六)・六・一三	慶応三(一八六七)・四・二七	辞 [実]病免

氏名	称呼	前職	補職年月日	転免年月日	後職
大関増裕	肥後守	海軍奉行 実なし	慶応二(一八六六)・八・四 実なし	明治元(一八六八)・二 実なし	卒 実なし
松平正質 実〔大河内正質〕	弾正忠 豊前守	奏者番	慶応二(一八六六)・八・八	慶応三(一八六七)・三・一五	老中格
石川総管	若狭守	陸軍奉行並	慶応三(一八六七)・正・一九	明治元(一八六八)・二・一九	辞 実免
永井尚志	主水正 玄蕃頭	大目付 実なし	慶応三(一八六七)・二・三〇	明治元(一八六八)・二・九	免
浅野氏祐	美作守	陸軍奉行並兼勘定奉行 実勘定奉行	慶応三(一八六七)・四・七	実なし	実なし
平山敬忠	図書頭	外国奉行	慶応三(一八六七)・四・二四	明治元(一八六八)・二・九	免
川勝広運	美作守 備後守	大目付	慶応三(一八六七)・六・一七	実なし	実なし
秋月種樹	右京亮	柳間席	慶応三(一八六七)・六・二二	慶応三(一八六七)・三・二五	辞 実免
永井尚服	肥前守	奏者番兼寺社奉行	慶応三(一八六七)・六・二四 実三・六・二五	明治元(一八六八)・二・六	辞 実免
松平近説	左衛門尉	奏者番兼寺社奉行	慶応三(一八六七)・七・五	明治元(一八六八)・二・六	辞 実免
戸田忠全〔至〕 実〔忠至〕	大和守	山陵奉行兼禁裏附頭取	慶応三(一八六七)・七・五	実なし	実なし
竹中重固	丹後守	陸軍奉行並	慶応三(一八六七)・一〇・二六	明治元(一八六八)・二・九	免職、差控
堀直虎	内蔵頭	柳間席、元大番頭	慶応三(一八六七)・三・五	明治元(一八六八)・二 実なし	卒 実なし
塚原 実〔昌義〕	但馬守	部屋住、元側衆格外国惣奉行	慶応三(一八六七)・三 実なし	明治元(一八六八)・二・九	免職、差控

氏名	称呼	前職	補職年月日	転免年月日	後職
大久保忠寛	越中守	会計総裁	明治元(一八六八)・二・八 (将軍不在位時補職)	実なし	実なし
服部常純	筑前守	側衆	明治元(一八六八)・二・二一 (将軍不在位時補職)	実なし	実なし
今川範叙	刑部大輔	高家	明治元(一八六八)・二・二五 (将軍不在位時補職・転免)	明治元(一八六八)・四・六	免
跡部良弼	遠江守	側衆格留守居	明治元(一八六八)・二・二六 (将軍不在位時補職・転免)	明治元(一八六八)・三・三	免
河津祐邦	伊豆守	外国事務総裁	明治元(一八六八)・二・二九 (将軍不在位時補職)	実なし	実なし
向山 実〔一履〕	隼人正	勘定奉行格外国奉行 実外国奉行	明治元(一八六八)・三・五 (将軍不在位時補職・転免)	明治元(一八六八)・三・二五	辞 実免

町奉行

氏名	称呼	前職	補職年月日	所在	転免年月日	後職
井上清直	信濃守	勘定奉行 関東郡代兼帯 実なし	慶応二(一八六六)・六・二九 実なし	北	慶応三(一八六七)・一二・二八 実なし	卒 実なし
駒井信興	相模守	寄合、元大目付 実寄合	慶応二(一八六六)・一〇・二四	南	明治元(一八六八)・正・五	陸軍奉行並
朝比奈昌広	甲斐守	外国惣奉行並	慶応三(一八六七)・七・四		明治元(一八六八)・正・一五	勘定奉行
小出実〔秀実〕	大和守	留守居	慶応三(一八六七)・一二・二七 (将軍不在位時補職・転免)	北	明治元(一八六八)・二・一六 実なし	辞 実なし
黒川盛泰	松陰 近江守	元大目付	明治元(一八六八)・正・一〇 (将軍不在位時補職・転免)	南	明治元(一八六八)・三・五	留守居

氏名	称呼	前職	補職年月日	所在	転免年月日	後職
石川〔利政〕 〔武〕重敬	河内守	外国奉行	明治元(一八六八)・二・一七(将軍不在位時補職・転免)	北	明治元(一八六八)・五・一九	免
松浦〔信寔〕 〔実〕諱なし	越中守	目付	明治元(一八六八)・三・五(将軍不在位時補職・転免)	南	明治元(一八六八)・三・一〇	辞 〔実〕免
佐久間〔信義〕	幡〔鐇〕五郎	目付	明治元(一八六八)・三・二五(将軍不在位時補職・転免)	南	明治元(一八六八)・五・一九	免

勘定奉行

氏名	称呼	前職	補職年月日	管掌	転免年月日	後職
小栗忠順	上野介	寄合 〔実〕欠	慶応元(一八六五)・五・四 〔実〕欠	勝手	明治元(一八六八)・正・一五	免、勤仕並寄合
小栗政寧	下総守	京都町奉行	慶応元(一八六五)・一〇・一六	勝手	明治元(一八六八)・正・二八	免、勤仕並寄合
井上義斐	主水正 備後守	大坂町奉行	慶応元(一八六五)・一〇・一六	勝手	慶応二(一八六六)・三・二三	外国奉行
都筑峯暉	駿河守 但馬守	勤仕並寄合 〔実〕なし	慶応二(一八六六)・六・一五 〔実〕なし	公事	明治元(一八六八)・二・二七	一橋家家老
服部常純	左衛門佐 筑前守	長崎奉行 〔実〕なし	慶応二(一八六六)・八・一三 〔実〕なし	勝手	慶応三(一八六七)・五 〔実〕なし	海軍奉行並 〔実〕なし
朝比奈昌広	甲斐守	外国奉行	慶応二(一八六六)・八・二六	公事	慶応三(一八六七)・三・一	外国奉行
浅野氏祐	美作守	外国奉行	慶応二(一八六六)・一〇・一五	勝手	慶応二(一八六六)・四・七 〔実〕三・四・二三	若年寄並陸軍奉行
塚原〔昌義〕	但馬守	外国奉行 〔実〕なし	慶応二(一八六六)・一〇 〔実〕なし	勝手	慶応三(一八六七)・六・二九	外国惣奉行
小笠原広業	摂津守	勤仕並寄合	慶応二(一八六六)・三・三	公事	慶応三(一八六七)・正・二三	一橋家家老

氏名	称呼	前職	補職年月日	管掌	転免年月日	後職
星野成美	録三郎 豊後守	勘定吟味役 実なし	慶応二(一八六六)・三・二五 実なし	勝手	慶応三(一八六七)・一〇・一	勘定奉行格禁裏付
溝口勝如	伊勢守	陸軍奉行並 実なし	慶応三(一八六七)・正・一六 実なし	公事	慶応三(一八六七)・三・二八	田安家家老
木村勝教	甲斐守 飛驒守	関東郡代 実なし	慶応三(一八六七)・正・二六 実なし	在方・在方兼勝手・在方兼公事	明治元(一八六八)・二・一三 実元・二・一三	辞 実免、若年寄支配寄合
河津祐邦	伊豆守	関東郡代 実なし	慶応三(一八六七)・正・二六 実なし	在方	慶応三(一八六七)・八・一五	長崎奉行
織田信重	市蔵 和泉守	目付	慶応三(一八六七)・六・二四 実三・六・二五	勝手	明治元(一八六八)・二・三	大目付
小出実〔秀実〕 実〔実〕	大和守	外国奉行 箱館奉行	慶応三(一八六七)・七・二七	勝手	慶応三(一八六七)・一〇・一三	留守居
羽田正見	十左衛門	留守居番格勘定吟味役	慶応三(一八六七)・八・一七	在方	慶応三(一八六七)・一一・五	作事奉行 実作事奉行並
小野〔広胖〕	友五郎 内膳正	勘定頭取	慶応三(一八六七)・一〇・一三	勝手	明治元(一八六八)・正・二八	免職
岡田忠養	安房守	作事奉行	慶応三(一八六七)・一一・五	在方	明治元(一八六八)・二・一六	清水小普請支配
佐藤	清五郎 石見守	奥右筆組頭	慶応三(一八六七)・一一・六	勝手	明治元(一八六八)・正・二八	免、勤仕並寄合
星野成美	豊後守	勘定奉行格禁裏付 実なし	慶応三(一八六七)・一二・九 実なし	勝手	明治元(一八六八)・二・九	免、勤仕並寄合 実免、若年寄支配寄合
加藤	余十郎 丹後守	広敷用人格評定所留役勘定組頭 実なし	明治元(一八六八)・正・三 実なし (将軍不在位時補職)	在方・公事・公事兼勝手		

氏名	称呼	前職	補職年月日	管掌	転免年月日	後職
朝比奈昌広	甲斐守	外国惣奉行並 実外国惣奉行兼町奉行	明治元(一八六八)・正・一五(将軍不在位時補職・転免)	勝手	明治元(一八六八)・正・二六	免、勤仕並寄合
菊地〔池〕隆吉 実菊池	丹後守 伊予守	外国奉行	明治元(一八六八)・正・一五(将軍不在位時補職・転免)	勝手	明治元(一八六八)・正・二六	免、勤仕並寄合
松平信敏	大隅守 河内守	大目付次席大坂町奉行 実大目付	明治元(一八六八)・正・一六(将軍不在位時補職・転免)	公事	明治元(一八六八)・二・九	免 実免、若年寄支配寄合
松本	寿大夫	大坂町奉行並	明治元(一八六八)・二・四(将軍不在位時補職・転免)	勝手	明治元(一八六八)・三 実なし	免 実なし
平岡〔準〕	和泉守 越中守	外国奉行	明治元(一八六八)・二・二(将軍不在位時補職)	公事・勝手		
原	弥十郎	炮兵頭	明治元(一八六八)・二・二六(将軍不在位時補職・転免)	公事	明治元(一八六八)・四・二五	作事奉行
木村嘉〔喜〕毅 実〔喜毅〕	兵庫頭	海軍所頭取	明治元(一八六八)・三・三(将軍不在位時補職)	勝手		

編者略歴
大石　学
一九五三年　東京都に生まれる
一九八二年　筑波大学大学院博士課程単位取得退学
現在　東京学芸大学教授
〔主要編著書〕
『享保改革の地域政策』(吉川弘文館、一九九六年)
『首都江戸の誕生』(角川書店、二〇〇二年)
『近世日本の統治と改革』(吉川弘文館、二〇一三年)
『近世文書論』(編著、岩田書院、二〇〇八年)

徳川歴代将軍事典

二〇一三年(平成二十五)九月二十日　第一刷発行

編者　大《おお》石《いし》　学《まなぶ》

発行者　前田求恭

発行所　株式会社　吉川弘文館
郵便番号一一三―〇〇三三
東京都文京区本郷七丁目二番八号
電話〇三―三八一三―九一五一〈代〉
振替口座〇〇一〇〇―五―二四四番
http://www.yoshikawa-k.co.jp/

印刷＝株式会社　東京印書館
製本＝誠製本株式会社
装幀＝山崎　登

ISBN978-4-642-01471-7

索　引

＊この索引は，将軍15代の解説中の見出し語と本文中より抽出した主要な語句を，読みの五十音順に配列したものである．読みについては確定できずに，便宜配列した場合がある．
＊索引項目のうち，太字は見出し語を示し，数字はページを，abはそれぞれ上段・下段を示す．見出し語のページ・段は太字とし，先頭においた．
＊同じ表記で異なる内容を示すものは，適宜（　）内に注記した．
＊索引語の別表記，人物の通称などは〔　〕に注記し，区別した．
＊→は，同一人物・事項で異名の索引語が存していることを表す．

あ

い

う

え

お

か

き

こ

さ

し

ち

つ

て

と

な

に

ぬ

ね

の

は

ひ

ふ

へ

ほ

ま

み

む

よ

ら

り

る

れ

ろ

わ